建设工程土建分包合同编制范例

（上册）

富强　曹珊　编著

中国建筑工业出版社

图书在版编目（CIP）数据

建设工程土建分包合同编制范例：上、下册/富强，曹珊编著. —北京：中国建筑工业出版社，2024.2
ISBN 978-7-112-29566-1

Ⅰ.①建… Ⅱ.①富…②曹… Ⅲ.①建筑工程—经济合同—范文—汇编—中国 Ⅳ.①D923.6

中国国家版本馆CIP数据核字（2023）第253138号

责任编辑：刘瑞霞 梁瀛元
责任校对：李美娜

建设工程土建分包合同编制范例
富强 曹珊 编著

*

中国建筑工业出版社出版、发行（北京海淀三里河路9号）
各地新华书店、建筑书店经销
北京建筑工业印刷有限公司制版
河北鹏润印刷有限公司印刷

*

开本：880毫米×1230毫米 1/16 印张：48¼ 字数：1861千字
2024年8月第一版 2024年8月第一次印刷
定价：**228.00**元（上、下册）
ISBN 978-7-112-29566-1
（42064）

版权所有 翻印必究
如有内容及印装质量问题，请联系本社读者服务中心退换
电话：（010）58337283 QQ：2885381756
（地址：北京海淀三里河路9号中国建筑工业出版社604室 邮政编码：100037）

编委会

顾　　问：（以下按姓氏拼音排序）

李礼平　练继建　刘锦章　马剑忠　秦玉秀　吴世春　吴佐民
肖绪文　弋　理　尹贻林　朱明跃

支持专家：（以下按姓氏拼音排序）

贾晓军　李　凯　齐　心　沈红华　王海燕　王铁宏　王彦林
苑希民　赵红蕊

主　　任：富　强

编　　著：富　强　曹　珊

编写人员：（以下按姓氏拼音排序）

白焕伟　曹　珊　陈　然　陈　悦　范项林　富　强　高　攀
管梦颖　郭勇初　国福旺　韩江涛　何学源　黄俊忠　黄舒雨
蒋亚军　李晓航　刘　梅　卢潇翔　路　强　马九红　马镱心
倪兰花　潘　敏　商义升　邵荣庆　孙信仲　庹惠铭　王　莉
王彦刚　王　洋　颜　妍　游　林　张　乐　张　琦　张业庆
郑　瑞　钟　泉

序 一

我是 1982 年大学毕业后开始与建筑业"结缘"的，是建筑行业发展的亲历者和见证者。改革开放以前，我国建筑业的产业规模较小，生产效率低下，管理体制僵化，技术水平落后。经过几十年的发展，如今建筑行业已经发生了翻天覆地的变化。2023 年，全国建筑业总产值为 31.6 万亿元，是全球规模最大的建筑市场；建筑业增加值为 8.57 万亿元，比上年增长 7.1%，高于全国 5.2% 的经济增长速度，在国内生产总值（GDP）中的占比为 6.8%；建筑业从业人员达 5254 万人，占全国就业人员总数的 7.1%。建筑业为推动我国经济社会持续健康发展、解决城乡人民群众就业问题做出了重要贡献，已成为国民经济的支柱产业之一。

从建筑行业开展国际合作的情况看，改革开放以来，特别是近 10 年来，中国建筑企业加快"走出去"步伐，深度参与"一带一路"建设，"中国建造"的品牌和"基建狂魔"的称号享誉全球。2023 年，我国对外承包工程业务完成营业额 11338.8 亿元人民币，比上年增长 8.8%，新签合同额 18639.2 亿元人民币，增长 9.5%。在全球建筑市场不景气的情况下，我国海外建筑企业表现亮眼，为推进"走出去"、共建"一带一路"做出了积极贡献。

当前，我国建筑业和房地产业一样，面临需求转弱、增速减缓、产业转型等新情况和新挑战。建筑产业链、供应链的上下游一致承压，建筑企业普遍面临揽活难、干活难（要兼顾工期、质量和成本）、干完活要钱更难的"三难"局面，拖欠工程款、合同纠纷矛盾愈演愈烈。由于工程建设活动具有合同标的大、合同周期长、合同条件不确定因素多等特点，合同双方很容易发生纠纷，一旦出现纠纷，建筑企业往往处于弱势地位，特别是对居于产业链、供应链末端的分包分供企业来说，处境势必更加艰难。

因此，建筑企业要实现可持续和高质量发展、融入国内国际"双循环"，在当前外部环境复杂严峻、国内有效需求不足特别是房地产形势不太景气、政府土地出让金收入锐减、各级政府都在"过紧日子"、大家手里都"差钱"的情况下，如何进一步加强工程发包、承包、分包、分供等各环节的合同管理，规范签订合同文本，规避合同纠纷风险，做好合同纠纷调解，保护合同双方权益，显得更加重要和紧迫。我想，这也是促进建筑行业高质量发展的应有之意。惟愿《建设工程土建分包合同编制范例》一书的出版能为此添砖加瓦。

是为序。

中国国际贸易促进委员会建设行业分会会长

2024 年 7 月于北京

序　二

壮丽七十五年　奋进新时代
——建设工程合同的"中国标准"为"一带一路"项目建设服务，推动建筑业高质量发展

今年是新中国成立75周年。国家从一穷二白、百废待兴到经济规模跃居全球第二，令世界瞩目。这是中国共产党领导全国各族人民经历了艰苦卓绝的不懈斗争和自力更生、奋发图强的社会主义建设所取得的伟大胜利。其中，建筑业为新中国建设作出了不可磨灭的贡献，也与新中国一道走过了不平凡的道路。特别是党的十八大以来，在以习近平同志为核心的党中央的坚强领导下，"中国建造"与"中国制造""中国创造"并驾齐驱，共同发力，共同改变着中国面貌。

一、七十年来建筑业走过的光辉历程

新中国成立后，我国建筑业由起步而成长，不断探索，几经起伏，造就了三次大规模建设高潮。改革开放以来，建筑业作为城市经济体制改革的突破口，率先进行全行业的改革，几代建筑人始终怀抱以刀刃向内的决心，勇立时代潮头，用五把改革之刀，实现了建筑业一次次的变革与创新。

三次建设高潮

建国初期的基本建设高潮。1953年我国进入大规模经济建设时期，至"一五"计划期末，建筑业进入了一个黄金时代。在城市建设方面，大规模新建改造三百多个城镇和工矿区。建国十周年大庆，首都北京仅用不到一年的时间就建成了人民大会堂、中国历史和中国革命博物馆等十大地标性公共建筑，创下了中外城市建筑史上的奇迹。在基础设施方面，在崇山峻岭中修筑的宝成、成昆、湘黔、贵昆和襄渝等铁路，在青藏高原地质条件十分复杂的地段修筑的西宁至格尔木铁路，都在施工难度极大的条件下成功贯通。在工业建设方面，建设了以苏联援建的第一汽车制造厂、第一拖拉机制造厂、哈尔滨三大动力厂等为代表的"156项重点工程"，完成了900余个大中型项目为重点的工业建设，奠定了新中国的工业基础，是中国大规模工业化的起步。

20世纪60年代"好人好马上三线"。从1964年开始，根据党和国家对世界革命形势的判断，全国重点建设向川、云、贵、陕、甘、宁等为主的内地三线转移，近半数设计施工力量在极端艰苦的条件下，先后建成包括攀枝花钢铁公司、六盘水煤矿等几百个大中型骨干建设项目和数目众多的小型配套工程，使这些地区工业生产能力迅速达到全国的约1/3，许多偏僻落后的乡镇迅速繁荣起来。

改革开放后的新型城镇化建设。改革开放以来，我国城市面貌发生了翻天覆地的变化，城镇化水平显著提高。1978年，全国只有193个城市和2000个小城镇。到2023年，城镇化率达到66.16%，地级以上城市293个，并且造就了上海、北京、深圳、广州等超大城市，城市面貌焕然一新。全国房屋竣工面积从1984年的3.5亿平方米，增长到2023年的9.98亿平方米，城镇居民人均住房面积从1978年的6.7平方米增长到2023年约40平方米。1978年末全国仅北京有轨道交通，线路总长度23.6公里。到2023年，中国大陆地区共55个城市开通城

轨交通运营，运营线路总长度 10165.7 公里。到 2022 年底，高速公路总里程突破 17.7 万公里。截至 2023 年底，铁路营业里程达到 15.5 万公里，高速铁路更是实现了从无到有，运营里程达到 4.37 万公里。

五把改革之刀

用工制度改革。上世纪 80 年代，借鉴河北邯郸二建在唐山地震后援建工程"包工"的经验，国家建委在全国推广建筑用工制度改革。1980 年，国家建委文件提出"原则上不再招收固定工，积极推行劳动合同制，增加合同工的比重"。到 1986 年，用工制度改革在全行业大面积推行，国营建筑企业农民合同制工人占到 15%，多数施工企业农村建筑队占一线生产工人的 50%。改革调动了劳动者的积极性，提高了劳动生产率，降低了国家建设的投资成本。

实行政企分开。1982 年，建筑业作为城市经济体制改革的突破口，率先在全行业进行改革。按照政企分开的原则，撤销国家建工总局，组建城乡建设环境保护部。将国家建工总局直属的第一至第六工程局，东北、西北、西南建筑设计院等，与专门从事对外承包业务的中国建筑工程公司合并组建中国建筑工程总公司。随后，国务院发文，推进建筑业全面改革，各省市建工局也相继改组成建工集团。"政企分开"扩大了企业自主经营权，推行"百元产值工资含量包干"，打破了"吃大锅饭"的平均主义，较好解决了国家、企业、个人三者的利益关系。

推行"项目法"施工。"六五""七五"时期国家重点工程鲁布革水电站，是中国第一个面向国际工程招投标的项目，日本大成公司中标总承包。现场只有 30 多个日本管理人员，却实现了工期提前、质量提高、成本降低。国家计委、建设部专门成立小组，总结出了以"项目法施工"为核心的"鲁布革经验"。1987 年，建筑业开始推行"鲁布革"工程项目管理经验，以"管理层与劳务层分离"为主要内容，以"项目法施工"为突破口，使总承包单位实现市场化、社会化配置资源，推动了我国建筑业组织方式变革和建设工程管理体制的深层次改革。

混合所有制改革。20 世纪 90 年代，随着改革开放的逐步深入，我国允许国内民间资本和外资参与国有企业改组改革。建筑业在这个时期就开始了混合所有制改革，现在大部分的国有建筑企业都通过整体上市、国有企业并购、民营企业参股、员工持股的方式完成了混改。而且建筑业的产业链也是混合经济体的产业链，供应商基本都是民营企业或混合所有制企业。实践证明，混合所有制能够激发建筑企业活力，让国企以更加市场化的形式参与竞争，履行社会责任，有效促进生产力发展。

建立现代企业制度。改革开放初期，我国经济制度仍以所有制来划分企业，颁布了《全民所有制工业企业法》（1988 年）。1992 年邓小平南方谈话之后，又颁布了公司法（1993 年）。国家解除了对企业承担的"无限责任"，转变成为市场经济下的"有限责任"，企业真正成为法人实体。同时，进一步完善中国特色现代国有企业制度和法人治理结构，实行混合所有制和股份制，有利于企业进入资本市场。如中建集团 2009 年上市后，以资本经营与生产经营相结合，以融投资带动工程总承包，企业规模、品牌、效益快速增长，实现了一次大的飞跃。

二、建筑业正处在前所未有的发展关键时刻

从国家层面，党的二十大报告中明确指出，要加快构建新发展格局，着力推动高质量发展，并强调"高质量发展是全面建设社会主义现代化国家的首要任务"这是以习近平同志为核心的党中央根据国际国内环境变化，特别是我国发展条件和发展阶段变化作出的重大判断。

从全球层面，"一带一路"国家项目的建设备受世界各国瞩目，一带一路旨在借用古代丝绸之路的历史符号，高举和平发展的旗帜，积极发展与合作伙伴的经济合作关系，共同打造政治互信、经济融合、文化包容的利益共同体、命运共同体和责任共同体。

中国正处在百年未有之大变局，确定性与不确定性交织，建筑业正处在前所未有的转型升级的关键时刻。

未来未知，但未来已来。建筑业高质量发展的历史使命标志着中国正从"建造大国"向"建造强国"迈进发展的关键时刻。

三、以中国标准服务"一带一路"国家项目建设

2013年9月和10月由中国国家主席习近平分别提出建设"新丝绸之路经济带"和"21世纪海上丝绸之路"的合作倡议。"一带一路"建设，是我国从适应和引领全球化，构建开放型经济新体系出发作出的重大决策部署，对于探寻经济增长之道，开创地区新型合作关系，促进人类命运共同体建设，让世界各国共享发展机遇和成果，具有十分重大的长远和现实意义。自"一带一路"倡议提出以来，得到国际社会广泛响应，已激发出巨大的合作潜力。

与欧美发达国家相比，我国工业化起步较晚，标准化建设滞后。21世纪以来，国家大力实施标准强国战略。习近平主席提出自主创新要与自主品牌、知识产权和标准化相结合，对技术专利化、专利标准化、标准产业化、标准国际化作出明确部署，我国标准化建设进入快速发展阶段。我们不仅需要建造技术标准，更需要能广泛应用的建设工程合同的中国标准。推进"一带一路"建设，是构建人类命运共同体的伟大实践，是创新全球治理、促进共同繁荣的中国倡议，中国标准理所应当发挥重要作用。各行各业都应牢固树立标准意识，高度重视标准、提高标准质量、严格执行标准，深入推进标准强国战略，全面提升中国标准的质量和水平。在"一带一路"重大工程建设中推广使用建设工程合同的中国标准，推进"中国技术＋中国标准＋中国装备＋中国建设"的全链条"走出去"，建设精品工程、示范工程，扩大中国标准国际影响力。

四、结语

20多年前，美国著名学者尼葛洛庞帝在《数字化生存》中预言了未来人类科技的发展，给我们更大的启示是，要深刻认识人与时代的关系。技术的最终形态都将为人的活动服务。对幸福生活的追求是推动人类文明进步最持久的力量。

历史的车轮滚滚向前，建筑业的每一次创新与变革，也同样是为着满足人民日益增长的对美好生活需要。愿走过七十五周年的中国建筑业，不忘初心，乘着发展与变革的东风，扬帆再出发！

中国建筑业协会副会长兼秘书长

（中国建筑集团原党组副书记、副总经理）

2024年7月于北京

序　三

自 1978 年党的十一届三中全会提出改革开放方针以来，我国建筑业不断学习发达国家建设项目管理经验。从 1980 年代开始陆续实施一系列改革，包括：项目招标投标、项目法人制、项目法施工、建设监理制、施工总承包和工程总承包以及总分包制、政府投资项目代建制、工程造价全过程咨询以及全过程工程咨询。其中招标投标制、合同制、项目法人制和工程监理制并称为"建筑业四制"。在此基础上形成的建设工程总分包制，总包商与分包商在供应链中扮演不同的角色，总包商承担更大的责任和管理职责，而分包商则专注于项目的特定专业部分。两者之间的合作关系受到法律法规和合同条款的约束，确保项目的顺利进行。建设工程总分包制是建筑产业链的重要环节，极大地提高了建筑业的生产效率，广泛地促进了农业人口就业，从而推进了中国城市化进程，在中国改革开放的历程中建设工程总分包制功不可没，值得深入研究。

一、日本的建设工程总分包

日本建筑业是该国支柱型产业，拥有多家闻名全球的领先建筑企业，日本采用了总分包制度，从我读研究生时的十大建设，到八大建设，建筑业的生产集中现象不断加剧，一直到"大手五社"的阶段。大林、鹿岛、清水、大成、竹中被称为日本的"大手五社"（指总承包型的综合工程公司）。

日本一直把中小企业看作是日本经济的基础，早在 1956 年，日本就制定了《分包价款迟延支付等防止法》（简称《分包法》），是世界上最早禁止拖欠中小企业分包价款的立法纪录。

近 70 年来，日本政府通过不断完善《分包法》、加强监管制度，建立了"分包调解寺"（调解机构）体制，同时推进《合作伙伴宣言》等措施。这些制度的建立在防止迟延支付中小企业分包款项上取得了较好效果，日本政府抓住了总包商对分包商迟延支付的牛鼻子，进而保障了中小企业专业分包商的合法权益，从而促进了日本建筑业总体健康稳步发展。这些经验对于我国支持中小企业发展，优化建筑产业链（供应链）建设具有重要意义。尤其是日本政府大力推动《合作伙伴宣言》机制，树立融合互利共同发展的理念。其机制是：由日本内阁制定《合作伙伴宣言》模板、规约和标识，企业经申报并获政府有关部门批准，在日本中小企业振兴机构协会门户网站上发布《合作伙伴宣言》，承诺遵守《中小企业分包振兴法》和《分包法》有关对发包企业的各种规定，致力于纠正各种妨碍与客户建立合作关系的交易行为，提出在整个供应链中与业务合作伙伴互利共赢的措施。经批准参与并发表《合作伙伴宣言》的企业，可将《合作伙伴宣言》标识用于企业宣传和企业公关活动。如果发现宣言企业未履行承诺，政府有关部门将取消其宣言企业的资格。

《合作伙伴宣言》机制于 2021 年 6 月建立，现在参与并发表宣言的企业已近万家，发展非常迅速。该制度虽然刚刚起步，但在优化分包交易，保护弱势中小企业，在供应链中合理负担成本、分享利润，促进增长和分配良性循环方面都已取得较好效果。据日本中小企业厅的问卷调查：分包企业中有五成"切实感受到宣言的效果"。

二、美国的建设工程总分包

在美国施工现场，总包与分包之间的职责通过合同来明确，不存在上下级关系，分包具有较高的独立性，在取得权利的同时也承担风险。

总承包商承包全部或部分工程，按照图纸和任务书，更快更经济地完成工程，并作为在现场协调生产全过程的指挥者。为此，总承包商要在工程开工前，系统安排施工过程中的各种作业，在施工阶段，为使工程顺利进展，要与各利益相关者进行协调并指挥现场施工。对于设计、技术上的差错和失误，则由建筑师、咨询顾问等设计者承担。

分包商则是在与总承包商签订分包合同书的基础上，指挥现场的专业工作并完成分包专业工程施工任务。美国的公共工程中，政府对总承包商指定了自行直接施工的比例。对建筑工程要求达到10%～30%，分包的专业工程不宜超过70%，土木工程对总承包商要求自行施工的比例更大。美国民间工程中，一般由发承包双方自行约定总承包商直接施工比例，政府不作规定。

美国的分包合同一般是总价合同。在这种情况下，由于总包将大部分风险转嫁给分包承担，因而能够在初级阶段控制总额，在预算管理方面是有优势的。但是在设计、说明书等没有确定而必须发包的情况下，则必须采用成本加酬金合同或单价合同等。

美国分包合同使用的一般条款采用AIA（美国建筑师协会）、AGC（美国总承包协会）的专用分包合同条件。AIA的分包合同条件合理地分配了双方风险分担，同时照顾到小企业的利益，受到了美国建筑业的欢迎。当然，我们也发现美国的总承包商会以AIA分包合同条件为基础，根据本企业的商业习惯作一些调整，征得分包商同意后使用。

美国为保护承揽分包业务的小企业，专门制定《小企业法》，该法案于1953年7月30日由美国参众两院制定，经过多次修订，最新版本通过2021年3月30日颁布的第117-6号法律修订，于2021年9月29日在其官方网站上发布。

这部《小企业法》定义了各种社会经济类别的中小企业，规定这些小企业有机会作为分包商参与联邦合同。美国在其《小企业法》中规定保护中小企业，涉及许多的子项计划和具体实施的操作程序。法律授权美国小企业管理局与其他机构签订所有类型的合同并监管联邦公共工程主要承包商作出真诚的努力，将其分包合同的一部分授予小企业，根据合同金额的大小，制定具体的小企业分包计划。可以看到美国联邦政府部门有义务在建筑工程、货物或服务的采购合同中制定帮扶中小企业的法律法规和公共政策，形成系统的公共合同扶持小企业的法律体系。

三、中国建设工程总分包

我国《建筑法》规定：建筑工程总承包单位可以将承包工程中的部分工程发包给具有相应资质条件的分包单位；但是，除总承包合同中约定的分包外，必须经建设单位认可。施工总承包的建筑工程主体结构的施工必须由总承包单位自行完成。

建筑工程总承包单位按照总承包合同的约定对建设单位负责；分包单位按照分包合同的约定对总承包单位负责。总承包单位和分包单位就分包工程对建设单位承担连带责任。禁止总承包单位将工程分包给不具备相应资质条件的单位。禁止分包单位将其承包的工程再分包。

自实施建设工程总分包制度后，我国建筑业飞速发展，生产力水平不断提高，生产效率大幅上升，我国成为举世瞩目的"基建狂魔"。我国的建设工程总分包制度开创于"鲁布革项目"经验的推广，当时国家计委推出"项目法施工"，强调施工企业划分前方和后方，后方建立基地，前方把管理层（含施工技术）与作业层分开，企业内部设立两个市场，即："内部劳务市场"和"内部机械租赁市场"。后来随着改革开放不断深入，施工企业内部市场外部化，形成了大量专业分包队伍组成的分包市场，促进了中国总分包市场的迅猛发展。尤其是我国建筑业实行"总承包—专业分包—劳务分包"新资质后，总包与分包的关系就成为影响工程质量、成本、安全和良好运作的关键要素。

四、中国建设工程总分包法律体系

我国建设工程总分包制度有非常严格的法律法规制度和体系，总体看，上位法有《中华人民共和国建筑法》，依据该法又制定了系列法规，包括《建设工程质量管理条例》和《建设工程安全生产管理条例》，2019年又发布了《房屋建筑和市政基础设施项目工程总承包管理办法》。上述法律法规体系对我国两类总分包进行了详细规定，这两类总分包是：施工总承包总分包和工程总承包总分包。无论哪种总分包，我国规定均适用相同的法律原则。这些原则可归纳为：对总承包单位与分包单位之间的责任问题进行了规制，主要原则即"总包承担总责""分包服从总包管理并承担分责""总包分包连带责任"。结合工程总承包形式特征，突出总承包单位对项目工程质量、安全、工期、造价全面负责，主要内容包括：①总承包单位对其承包范围内的全部工程质量负责（且总承包单位与项目经理双主体承担质量终身责任），分包单位对其分包工程的质量负责，分包不免除总承包单位的质量责任；②总承包单位对其承包范围内工程的安全生产负总责，分包单位应当服从总承包单位的管理，如因分包单位不服从管理产生安全事故的，分包单位应承担主要责任，但同时并不因分包免除总承包单位的安全责任；③工程保修方面，由总承包单位与业主签订工程保修书，并承担保修责任，总承包单位不得以其与分包单位之间保修责任划分而拒绝履行保修责任。

2020年新冠肺炎疫情前和疫情中，国内出现了迟延支付中小企业款项等违规行为，这个现象严重危害中小企业生存和发展。建设工程总分包中总承包商对分包商迟延支付等滥用市场优势的违规行为仍然普遍存在。对建设工程总分包制度造成很大的负面影响。鉴于此种迟延支付等问题，国家有关部门酝酿制定《保障中小企业款项支付条例》，2020年7月5日，中华人民共和国国务院令（第728号）公布，《保障中小企业款项支付条例》自2020年9月1日起施行。这一条例的颁布极大地促进了机关事业单位和大型企业及时支付中小企业款项，维护了中小企业合法权益，优化了营商环境，使我国建设工程总分包制度得以进一步健康发展。

五、中国建设工程总分包急需制定分包合同范本

为了进一步完善我国建设工程总分包，急需出台权威的"建设工程分包合同示范文本"。我的学生富强根据近20年在施工和工程总承包企业工作的经验，编写并整理了数百个总分包合同范例，集成了这本《建设工程土建分包合同编制范例》，按照我国建设工程总分包权利义务划分的商业惯例，贯彻党中央提出的"共同富裕"原则彻底梳理并分配了风险，使得总分包双方法律关系处于公平公正和均衡的状态。本书的出版发行，既填补了分包合同标准化的空白，又促进了我国两类建设工程总分包制度的顺利发展，也完善了我国建设工程合同法律制度。同时，本书的出版也是富强作为一个普通的中国人在改革开放中奋斗历程的剪影和凝结，我国改革开放46年，取得了举世瞩目的辉煌成就，就是靠富强这样千千万万平凡的小人物团结奋斗支撑起了这一伟大事业。

我非常高兴地为此书作序，在繁忙的工作之余连续熬夜赶写此序，感受到了我国的迅猛发展，深刻地体会到我国建筑业"从跟跑、并行到领跑"这一光辉历程，也深刻地认识到我国经济的飞速发展和迅速提升，全靠富强这样奋斗在改革开放第一线的优秀青年集体托举。基于此，我对中国现代化进程和实现中华民族伟大复兴的目标充满信心。

中国建设工程造价管理协会（CECA）副理事长、常务理事（原）
天津理工大学管理学院院长（原）、教授、国家级教学名师
2024年5月15日

前　言

我在提笔写这一篇前言之时，思绪万千，感慨无限！为什么呢？

二十九岁那年我在中国建筑工业出版社出版了《GCL2008图形算量软件应用及答疑解惑》一书，这是我们参加第五届全国算量软件大赛，以全国各地重点建设的工程项目实际案例为基础，总结应用预算软件的经验和技巧。是一个个年轻人，一腔热血的奋斗激情；是在工地一线发现问题的好奇，解决问题的执着；是用理想感动专业人士，携手努力，凝聚专业人士的目标和追求。

十年间还陆续出版了《广联达GBQ4.0计价软件应用及答疑解惑》《广联达GBQ4.0计价软件热点功能与造价文件汇编》《"华春杯"广联达工程造价软件应用丛书合订本》《广联达GGJ2009钢筋算量软件应用问答》《广联达GFY2012钢筋翻样软件应用问答》《广联达GQI2013安装算量软件实例应用及答疑解惑》《广联达审核软件GSH4.0和对量软件GSS2011应用及答疑解惑》，这些书籍服务的建设项目达数十万个，服务的读者达数百万人，在我国建筑业规模化、数字化高速发展的近十年，尽我们所能的以施工一线超高、超大、超深、超难的项目的实际经验，为专业人员的技术应用提供了经过实践检验的应用技巧、解决方案，助力建设行业发展。

2012年我们在建设工程项目施工管理一线工作中发现建设工程分包合同，千企千面，合同文本拟订的标准不同，合同管理专业人员的水平参差不齐，不利于我国建设行业上下游供应链体系健康、平稳发展，无法通过商务合同的签订体现合同各方主体公平、公正的利益，无法保证商务合同条款的有序执行，无法保障建设工程项目的顺利实施。随即我们开始着手准备《建设工程土建分包合同编制范例》编写的前期工作。

2013年国家提出"一带一路"倡议，建设工程合同为适应国际化的发展所带来标准化需求亦迫在眉睫，2017年国家相继发布了《建筑工程施工合同（示范文本）》（GF—2017—0201）、《建设项目工程总承包合同（示范文本）》（GF—2020—0216）让我们看到了行业标准化高质量发展的希望。根据现阶段分包合同管理实践，以及分判模式、分部分项工程的分类，对比2003年发布的《建设工程施工专业分包合同示范文本》（GF—2003—0213），已经经过二十余年的时间变迁，原文本已不适应建设工程分包模式发展的需求，无法规范合同各方主体权益，亟待建立合同标准化体系，以建设工程分包合同编制范例为基础，建立团体标准、行业标准、中国标准，以此作为建设行业纠纷调解的基础，化解房地产业、建筑业上下游的矛盾风险。

2018年我参加了雄安新区建设，在三年的工作中我经历了新冠疫情肆虐最为严重的时刻。疫情对施工项目的影响是可想而知的，我们深知时间的宝贵。在国家高标准建设雄安新区的总体要求下，在千年大计、国家大事的大背景下，各类施工技术应用迅猛发展，走在了世界前沿，如果各建设单位、施工单位、分包单位的建设工程分包合同的文本体系依然是各不相同，将为项目过程履约实施和后期的结算埋下了较多的隐患，所以我在2021年励志为这项坚持了11年的艰巨任务而继续努力工作，同时也是为了完成心底的一个夙愿——为国家贡献一份绵薄力量。

这个任务的艰难在于几个方面：一是时间跨度长；二是分包合同专业多；三是专业复合与实践经验结合要求高；四是以自身有利角度去分析解决眼前的问题，对应的换位思考使解决行业棘手问题成了"孤岛"；五是需要全行业多专业上下游各级单位配合协作；六是要有发起人、发起单位点燃火把照亮前进的路；七是多年的房地产业、建筑业高速发展掩盖了合同管理体系中各方主体间的矛盾。

2023年是我们面对百年未有之大变局的新时代起点，机遇与挑战并存，对于党和国家、对于人民、对于行业都是极为特殊的一年，极为不平凡的一年。我们在党和国家的坚强领导下战胜了肆虐的"新冠"疫情，国家提出了构建房地产发展新模式、推动房地产高质量发展的行业主基调，三大工程建设将成为未来一段时间的主要任务。这些国家的宏观形势和政策不断的涌向房地产业、建筑业，随之而来的是为了化解高速发展转向高质量发展所带来的不平衡问题所积蓄的巨大势能，债务风险、合同纠纷、贸易矛盾通过供应链体系，不断地从行业上游向行业下游传递，合同不规范的基础问题也更加凸显堵点、卡点完全展现。作为专业技术人员，我们应该尽个人的专业所能，实事求是，脚踏实地的通过微观的努力为宏观战略的实现打下坚实的基础。

在本书即将出版发行之际，在我的职业生涯的18年间，我先后经历了北京市CBD建设、沈阳市金廊工程建设、无锡市CBD建设、南京市青奥会配套工程及河西CBD建设、雄安新区建设、北京市"三城一区"科技成果转化区亦庄新城建设，历经了一批超高层地标建筑、大型商业综合体和城市综合体、体育设施和人居环境基础设施建设、高品质高标准住宅项目等重难点项目的建设过程。通过十二年的施工项目一线管理、三年的分公司经营管理、三年的股份公司创新央地合作协同联动结合产业发展拓展工作经验的积累，我根据实践经验从总结专业的预算软件的应用技术，拓展到了面向行业更为广泛、亟待解决的建设工程合同管理标准化的体系建立领域。回想这十多年，实在是一路闭门造车、披荆斩棘、竭尽全力、拨云见日的心路历程的浮现。

这一切的努力和使命，均源于我所在的单位中国建筑集团对于我的培养。为此我们也应该树立更为长远的发展目标，为了更广阔的"一带一路"国家发展战略，走出去，去建立并实践中国特色的建设工程合同管理和标准体系，并以此拓展到世界各地的建设项目中去，以中国特色建设工程合同管理实践和建造技术应用，建立中国标准，践行绘制中国制造、中国创造、中国建造的伟大蓝图。

最后仅以此书献给在我的工作过程中、学习生活中、在本书的写作过程中，给予我帮助、支持、鼓励的所有人，我要向您们表示我最为衷心的感谢和诚挚的敬意，祝福您们身体健康、工作顺利、心想事成！

2024年5月1日于北京

目　录

上　册

第一篇　土建部分

第一章　临建工程 2
　活动板房工程分包合同 3
　临时工程移交及接收合同 8
　土地及物业租赁合同 13
　现场临建施工分包合同 18
　办公电子设备采购安装合同 26
　安防监控设备合同 32
　临水临电工程分包合同 36
　临水临电照管协议 41
　箱式变压器安装工程合同 45
　活动厕所租赁合同 49
　门禁系统分包合同 54
　厕所清抽合同 59
　大门围挡分包合同 63
　汽车租赁合同 68

第二章　土方工程 73
　土方分包合同 74
　房心回填分包合同 82
　肥槽回填分包合同 87
　路基板租赁合同 97
　淤泥外运合同 102

第三章　降水工程 108
　降水施工分包合同 109
　排水分包合同 121

第四章　护坡工程 125
　钢支撑安装拆除分包合同 126
　钢支撑及钢围檩租赁安装拆除分包合同 138
　基坑内支撑拆除分包合同 150
　喷锚护坡工程施工分包合同 156
　基坑支护分包合同 168
　钢平台安装分包合同 176
　钢板桩施工分包合同 184
　剪刀撑施工分包合同 189

第五章　桩基础工程 198
　水泥粉煤灰碎石桩（CFG 桩）施工分包合同 199
　高压旋喷桩施工分包合同 212

三轴搅拌桩施工分包合同 217
　　　水泥搅拌桩施工分包合同 232
　　　现浇钢筋混凝土桩施工分包合同 244
　　　预制管桩施工分包合同 256
　　　围护桩、立柱桩及工程桩施工分包合同 260
　　　桩头剔凿施工分包合同 273

第六章　结构工程 285
　　　建设工程施工劳务分包合同 286

第七章　预应力工程 314
　　　预应力工程分包合同 315

第八章　加固改造工程 327
　　　加固改造工程分包合同 328
　　　混凝土破除施工分包合同 333
　　　植筋施工分包合同 342

第九章　防水工程 347
　　　卷材类防水分包合同 348
　　　涂料类防水分包合同 360

下　册

第十章　钢结构工程 371
　　　钢结构加工制作安装分包合同（总价合同） 372
　　　钢结构制作分包合同 386
　　　钢结构安装合同 396
　　　钢结构防火涂料分包合同 403
　　　钢结构设计合同 411
　　　起重机租赁合同 416
　　　钢结构工程合同（单价合同） 420

第十一章　粗装修工程 434
　　　二次结构及粗装修分包合同 435

第十二章　粗装修选择项 445
　　　供货安装合同 446

第十三章　人防工程 450
　　　人防设备供应及安装分包合同 451

第十四章　门窗工程 459
　　　塑钢门窗制作安装分包合同 460

第十五章　外装工程 465
　　　外墙保温分包合同 466
　　　幕墙施工分包合同 474

第十六章　室外工程 487
　　　室外正式道路及雨污水管线分包合同 488
　　　景观绿化分包合同 499
　　　室外工程分包合同 512

永久道路施工分包合同 520

第二篇　措施部分

第十七章　大型机械 530
  塔式起重机租赁分包合同 531
  塔式起重机安装拆除分包合同 537
  施工升降机租赁安装拆除分包合同 543
  外用电梯租赁合同 548
  混凝土泵租赁合同 553
  吊篮租赁安装拆除分包合同 558
  起重机租赁合同 562
  发电机租赁合同 567

第十八章　周转材料 572
  大钢模板租赁合同 573
  小钢模板租赁合同 581
  爬模设计供货回购分包合同 589
  专项操作脚手架搭设拆除分包合同 597
  外脚手架搭设拆除分包合同 605
  特殊硬防护、外用电梯层间防护脚手架分包合同 614

第十九章　测量及试验 623
  测量分包合同 624
  沉降观测分包合同 629
  检测试验分包合同 634
  第三方见证试验分包合同 638
  结构构件回弹检测分包合同 642
  钢结构探伤检测分包合同 645
  桩基类检测分包合同 649
  室内环境污染物浓度检测分包合同 653

第二十章　成品保护 656
  成品保护分包合同 657
  竣工保洁分包合同 662

第二十一章　警卫与安保 667
  安保服务分包合同 668
  消防安全保卫分包合同 672

第二十二章　垃圾清运 676
  垃圾清运分包合同 677

第二十三章　安全与防护 681
  高压防护安装维护拆除合同 682

第三篇　其　他

工程招标代理合同 690
建设工程咨询服务合同 697
科研课题技术服务合同 713
建筑信息模型（BIM）服务合同 717

专项法律服务合同 ··· 723
常年法律顾问聘用合同 ·· 727
实名制工伤三方协议 ··· 731
分包合同解除协议 ·· 734
安全生产与消防保卫协议 ··· 738

附录 ·· 745

第一篇 土建部分

第一章 临建工程

活动板房工程分包合同

合同编号：

工程名称：_____
工程地址：_____
甲　　方：_____
乙　　方：_____

_____年_____月_____日

_____工程活动板房工程分包合同

甲方（承包方）：_____

乙方（分包方）：_____

根据《中华人民共和国民法典》及其他有关法律、行政法规，遵循平等、自愿、公平和诚实信用的原则，甲方将_____工程活动板房分包工程委托给乙方，双方就相关事宜达成如下协议：

第一条　工程概况

1. 工程名称：_____。
2. 工程地点：_____。

第二条　分包承包内容

1. 承包范围：甲方现场工作及住宿临时用活动板房（总体要求：_____）供货、安装、拆除、仓储或迁移等（不含土建基础、吊顶及土建安装和室内装修）。规格尺寸如下：

序号	规格（mm）	数量	面积（m²）	单价（元/m²）	小计（元）
1					
2					
3					
4					
总计					

总价：_____元（大写：_____）。

2. 面积计算规则

板房面积＝外墙边长×宽×层数　　　　　　　　　　　　　　　　　　　　　　　　（1）

室外楼梯、走道面积＝自然投影面积　　　　　　　　　　　　　　　　　　　　　　（2）

雨篷面积＝平台水平投影面积×1/2　　　　　　　　　　　　　　　　　　　　　　（3）

总面积＝（1）＋（2）＋（3）

第三条　技术要求

1. 参见甲方临建施工方案及乙方构件说明；

2. 材料要求：板房外墙体采用_____板、内隔断均采用_____板，其中：钢板厚度不小于0.326mm，聚苯夹芯板密度不小于12kg/m³，C型钢及方管柱壁厚不小于2mm，二层走道花纹钢板厚度不小于2mm。（建议标准）

第四条　合同价款

1. 合同总价暂定_____元（大写：_____），其中不含增值税价格为_____元（大写：_____），增值税税额为_____元（大写：_____），增值税税率为_____%。若本合同履行过程中增值税税率发生变化，则总价的调整方式为：价税合计的价格相应调整，以开具发票时间为准。

2. 购买、回收单价及结算方式：甲方首先采用购买方式，按本条第1款价格结算；甲方使用完毕后（使用期在_____年以内，含_____年），如果甲方要求，乙方须无条件按原值的_____%回购。

3. 若因甲方原因需要将此活动板房移至其他地点，则甲方按每次_____元/m²将安装、拆除及运输费用支付给乙方；若甲方使用完成后暂无其他使用要求，乙方负责拆除后免费存放至乙方仓库。

4. 本合同单价为固定单价，在合同有效期内不因任何原因调整。本分包工程合同固定单价包工包料、包工期、包质量并包括所有相关的费用，如人工费、材料费、运输费、安装费、现场经费、企业管理费、开办费、利润、调价、工期费、雨期施工费、酷热天气施工费、安装期间成品保护费、技术资料费、赶工费、雨期施工防护措施费、治安保卫费、安全防护及文明施工费、工具使用费、垃圾清运费、竣工清理费、仓储费等。

5. 本合同总价为暂定总价，不作为结算依据，以完工结算量和固定单价计算出的总价为最终合同总价。

第五条　交付日期

自甲方提供具备安装条件的基础起_____日历天内交付，具体开工日期以甲方施工计划及书面施工指令为准。

第六条　付款方式与完工结算

1. 按照下列付款节点支付合同价款：

序号	付款节点	支付比例	支付金额	备注
1	材料、物品全部到现场			
2	安装验收合格后一个月内			
3	完工_____年后的_____天内			

2. 在满足上述约定付款节点后，乙方应向甲方提交付款申请，付款申请应包括以下内容：付款节点前货物到场／完工的情况，付款节点前计算的费用，付款节点前应扣除的费用。甲方应在收到乙方提交的付款申请后_____日内完成审核，并在审核确认后_____日内向乙方支付审核确定的费用。

3. 甲方以_____方式向乙方支付费用。在甲方按照约定向乙方支付费用前，乙方应按照甲方要求提供发票。

4. 若一方的收款信息发生变化，该方应以书面形式通知另一方，因未及时通知导致支付发生延迟或错误的，相关责任由该方承担。

5. 开票与收款信息：

	名称	
甲方	纳税人身份	□一般纳税人　　□小规模纳税人（请勾选）
	纳税人识别号	
	地址、电话	
	开户行（全称）及账号	
乙方	名称	
	纳税人身份	□一般纳税人　　□小规模纳税人（请勾选）
	纳税人识别号	
	地址、电话	
	开户行（全称）及账号	
		该账户为乙方已在税务局备案的账户

注：任何一方上述信息发生变更，应提前10日以书面形式通知另一方。乙方开具发票前，需向甲方确认上述开票信息。因乙方未向甲方确认导致开票信息与实际不符，造成发票无法抵扣等情况的，乙方承担全部责任，并赔偿甲方相应损失。

第七条　双方责任

1. 甲方责任

（1）负责安装现场的水电，提供现场现有设备。

（2）保证在安装前完成场地平整并保证道路畅通，同时应完成活动板房基础。进场当天，甲方应派至少一名代表到安装现场与乙方对接，协助乙方顺利开工。

（3）完工当天，甲方应至少派一名代表到安装现场同乙方共同按合同及附件要求进行验收，并签署验收合格证书，办理接收手续。如因甲方未到现场参与验收，乙方自行启用活动房的，视为验收手续完成。

（4）按本协议约定及时支付费用。

2. 乙方责任

（1）根据合同约定的标准按时完成工作。

（2）负责合同约定的材料、物品的运输、安装，以满足甲方的使用功能要求。

（3）遵守政府及甲方的现场管理规定，负责现场安装人员的施工安全。

（4）服从甲方人员的指挥，合理使用甲方提供的设备，因乙方使用不当造成设备损坏的，乙方承担赔偿责任。

（5）在甲方使用期间，因乙方原因发生的活动板房质量问题，乙方应无偿修补，赔偿甲方损失并承担相应责任。

第八条　违约责任

1. 任何一方不能全面履行本合同条款，均属违约；违约造成的损失、后果、责任，概由违约方承担。

2. 除非甲乙双方协商终止本合同，违约方承担前述条违约责任、损失后仍需严格履行本合同。

3. 乙方不得转包本分包工程。未经甲方书面同意，乙方将本合同项下的任何权利义务（包含债权、债务）转让给第三方的，甲方有权解除合同。乙方应按照本合同约定暂定总价的_____%向甲方支付违约金。

4. 乙方擅自中止或终止工程的，甲方有权解除合同。乙方应按照本合同约定暂定总价的_____%向甲方支付违约金。

5. 甲方未及时支付乙方价款的，应按照贷款市场报价利率（LPR）向乙方支付应付价款相应的利息。

第九条　知识产权条款

1. 乙方应保证用于本工程的材料、物品不存在侵犯他人知识产权及商业秘密等情形，甲方不需要因此向第三方寻求任何授权或支付任何费用，乙方应保证甲方免受第三方关于侵犯知识产权的起诉或权利主张。

2. 如任何第三方向甲方主张上述相关权利，乙方应承担由此引起的一切法律责任和费用，并赔偿甲方的一切损失。

第十条　不可抗力

本合同所约定不可抗力是指合同当事人在签订合同时不可预见，在合同履行过程中不可避免且不能克服的自然灾害和社会性突发事件，包括地震、海啸、瘟疫、骚乱、戒严、暴动、战争等。因不可抗力导致本合同不能继续履行的，任何一方均可解除本合同并不承担违约责任。

第十一条　送达

与本合同履行相关的通知、指令及其他书面文件，应送达下列地址：

甲方收件人：_____。联系方式：_____。

甲方确认其有效邮箱（必填）：_____。

甲方确认其有效送达地址：_____。

乙方收件人：_____。联系方式：_____。

乙方确认其有效邮箱（必填）：_____。

乙方确认其有效送达地址：_____。

第十二条　争议解决

双方因履行本合同或因与本合同相关的事项发生争议的，应通过协商方式解决，协商不成的，应首先提交_____调解中心进行调解，调解不成的，一方有权按照下列第_____项约定方式解决争议：

（1）向_____仲裁委员会申请仲裁；

（2）向_____人民法院提起诉讼。

第十三条　未尽事宜

本合同未尽事宜，双方应友好协商以补充协议形式完善明确。

第十四条　合同生效与终止

本合同经双方签字并盖章后生效，本合同内容全部完成并结清尾款后即告终止。

第十五条　其他约定

1. 本合同所述之内容与条款仅限_____工程使用，双方承诺不将本合同成交价格及本合同内容细节透露给任何第三方。

2. 本合同一式_____份，均具有同等法律效力，甲方执_____份，乙方执_____份。

（以下无正文）

（本页为签署页）

甲方：（公章）　　　　　　　　　　　　　　乙方：（公章）

法定代表人或其委托代理人：　　　　　　　　法定代表人或其委托代理人：
（签字）　　　　　　　　　　　　　　　　　（签字）

统一社会信用代码：_____　统一社会信用代码：_____
地址：_____　地址：_____
电话：_____　电话：_____
电子信箱：_____　电子信箱：_____
开户银行：_____　开户银行：_____
账号：_____　账号：_____

临时工程移交及接收合同

合同编号：

工程名称：_____
工程地址：_____
甲　　方：_____
乙　　方：_____

_____年_____月_____日

_____工程临时工程移交及接收合同

甲方（承包方）：_____
乙方（分包方）：_____

依照《中华人民共和国民法典》，双方经友好协商，本着平等互利、协商一致的原则，就_____工程现场内已有临时工程的转让事宜达成以下协议，共同遵守执行。

第一条　转让内容

1. _____工程内已有临建设施，包括_____。各项设施及其所在位置详见附件1（总平面布置图）。
2. 以上设施的产权（若有）、使用权（若有限定）、验收证明及相关手续、押金等。

第二条　转让方式与价格

1. 本协议为一次性有偿转让，总金额为_____元（大写：_____），其中不含增值税价格为_____元（大写：_____），增值税税额为_____元（大写：_____），增值税税率为_____%。若本合同履行过程中增值税税率发生变化，则转让金额的调整方式为：价税合计的价格相应调整，以开具发票时间为准。
2. 各项设施清单明细详见附件2（现场临时设施交接表）。

第三条　转让程序

1. 双方对交接清单所列项目进行现场确认，并签字（盖章），签字日期即为移交日期。
2. 移交后，乙方负责施工现场物品的保护、维护、保卫等工作。若发生破坏、损毁等，乙方承担全部责任并赔偿损失，甲方对此不承担任何责任。
3. 交接时限约定：甲方于_____年_____月_____日将设施全部移交给乙方，如甲方需要保留部分设施使用至其完成承包项目，双方友好协商另行确定具体时间。

第四条　双方责任

1. 甲方责任
（1）积极配合乙方办理临水、临电、网络交接转让手续。
（2）配合乙方进行水表、电表对数，协商临水、临电预付款项并进行核对。
（3）配合乙方将上述设施的产权（若有）、使用权（若有限定）、验收证明、押金条及相关手续归属持有人变更为乙方。
（4）交接清单签字确认后，允许乙方管理人员、保安、工人、物资、工具等进入现场。
（5）乙方付款后，甲方及时组织施工现场相关人员及物资退场，仅保留合理人员、物资、设备、机具，以完成剩余工作内容。

2. 乙方责任
（1）临水、临电、网络手续转让办理及费用由乙方承担。
（2）允许甲方 □无偿 □有偿 使用现场现有机械（包括挖掘机、垂直运输机械等）用于配合乙方工作及甲方未完工程施工。
（3）向甲方无偿提供临水、临电接驳位置，并满足施工及生活要求，甲方自备水电表，按照实际计量缴费。
（4）及时与甲方进行水表、电表对数，双方确定计量后，三天内将预缴的剩余费用返还甲方。
（5）向甲方无偿提供现场保安及保洁（包括土方车辆、砼运输车辆、材料运输车辆等）。
（6）向甲方无偿提供_____间办公及工人住宿用临时板房，供甲方完成剩余工作内容。
（7）交接清单签字确认后，乙方应保护各项设施，并对物品的破坏、损毁负责。
（8）需要交接的专业分项工程包括：_____。交接完成后，乙方负责上述各项工程的继续使用和维护，并且承担相关费用，全面负责施工现场的安全管理工作，出现任何事情与甲方无关，不得以任何理由向甲方索赔。

第五条　支付方式

1. 一次性支付：总金额为_____元（大写：_____）。

2. 支付时间：交接清单经相关各方签字（盖章）后生效，乙方应于_____天内将全部款项一次性汇入甲方提供的账户。
3. 开票与收款信息

甲方	名称	
	纳税人身份	□一般纳税人　　□小规模纳税人（请勾选）
	纳税人识别号	
	地址、电话	
	开户行（全称）及账号	
乙方	名称	
	纳税人身份	□一般纳税人　　□小规模纳税人（请勾选）
	纳税人识别号	
	地址、电话	
	开户行（全称）及账号	
		该账户为乙方已在税务局备案的账户

第六条　违约责任

若乙方不能按照合同约定向甲方支付价款，应按照合同价款的_____%支付违约金。甲方有权因此中止或终止转让。

第七条　不可抗力

本合同所约定不可抗力是指合同当事人在签订合同时不可预见，在合同履行过程中不可避免且不能克服的自然灾害和社会性突发事件，包括地震、海啸、瘟疫、骚乱、戒严、暴动、战争等。因不可抗力导致本合同不能继续履行的，任何一方均可解除本合同并不承担违约责任。

第八条　争议解决

双方因履行本合同或因与本合同相关的事项发生争议的，应通过协商方式解决，协商不成的，应首先提交_____调解中心进行调解，调解不成的，一方有权按照下列第_____项约定方式解决争议：

（1）向_____仲裁委员会申请仲裁；

（2）向_____人民法院提起诉讼。

第九条　其他约定事项

1. 本协议自双方盖章之日起生效，协议约定双方转让事宜办理完毕后自动失效。
2. 本合同一式_____份，均具有同等法律效力，甲方执_____份，乙方执_____份。
3. 本合同未尽事宜双方另行协商签订补充协议。
4. 本合同附件为本合同的有效组成部分，附件与本合同内容发生冲突的，若冲突的内容相较于本合同对履行合同义务提出更为严格的标准或要求，附件内容效力优先，否则以本合同为准。本合同附件包括：

附件1，总平面布置图。

附件2，现场临时设施交接表。

（以下无正文）

（本页为签署页）

甲方：（公章）   乙方：（公章）

法定代表人或其委托代理人：   法定代表人或其委托代理人：
（签字）   （签字）

统一社会信用代码：_____   统一社会信用代码：_____
地址：_____   地址：_____
电话：_____   电话：_____
电子信箱：_____   电子信箱：_____
开户银行：_____   开户银行：_____
账号：_____   账号：_____

附件1：总平面布置图

（本书略）

附件2：现场临时设施交接表

现场临时设施交接表

序号	内容	规格	数量	资产资料（有/无）	拟交接时间	交接单位/确认					备注
						甲方	乙方	监理	咨询	业主	
1											
2											
3											
4											
5											
6											
7											
8											
9											
10											
11											
12											
13											
14											
15											
16											

土地及物业租赁合同

合同编号：

工程名称：_____
工程地址：_____
甲　　方：_____
乙　　方：_____

_____年_____月_____日

_____工程土地及物业租赁合同

甲方（出租人）：_____
乙方（承租人）：_____
根据《中华人民共和国民法典》等有关法律、法规的规定，双方就租赁场地事宜经协商达成如下协议：

第一条　租赁场地

1. 乙方承租甲方取得土地使用权方授权（详见附件1）的场地，面积约_____亩，位置详见附件2（租赁场地位置简图）。乙方在签订合同前已实地勘察，了解实地情况。

2. 租赁场地的状态：_____。

第二条　租赁期限

1. 租赁期总日历天数为_____天，计划租赁起始日期为_____年_____月_____日，计划租赁截止日期为_____年_____月_____日。租赁期总日历天数与根据计划租赁起始、截止日期计算的天数不一致的，以租赁期总日历天数为准。除双方另有约定外，实际租赁起始日期为甲方实际移交租赁场地之日。

2. 若乙方需延长租赁期的，应在租赁期届满前_____日以书面形式通知甲方，双方协商一致后另行签订租赁合同。

第三条　租金

1. 本合同的租金暂定为_____元（大写：_____），其中不含增值税价格为_____元（大写：_____），增值税税额为_____元（大写：_____），增值税税率为_____%。若本合同履行过程中增值税税率发生变化，则租金的调整方式为：价税合计的价格相应调整，以开具发票时间为准。

2. 本合同为固定总价合同，已包含合同期内乙方应支付的场地租金及税金。合同签订且甲方提供满足乙方要求的合格发票后_____周内，乙方一次性付清价款。

3. 甲方提供给乙方完税发票后_____日内，若未收到乙方付款（_____万元），甲方有权单方面解除合同，并要求乙方赔偿合同价暂定租金_____%的违约金。

4. 开票与收款信息：

	名称	
甲方	纳税人身份	□ 一般纳税人　　□ 小规模纳税人（请勾选）
	纳税人识别号	
	地址、电话	
	开户行（全称）及账号	
乙方	名称	
	纳税人身份	□ 一般纳税人　　□ 小规模纳税人（请勾选）
	纳税人识别号	
	地址、电话	
	开户行（全称）及账号	该账户为乙方已在税务局备案的账户

第四条　甲方权利义务

1. 出具场地使用权方授权委托证明，并作为本合同的附件。
2. 保证租赁期内现有接入设施能正常使用。
3. 提供的场地应为平整压实后的场地，以便于乙方使用。
4. 除有明确约定外，租期内不得干涉乙方正常的经营活动。

5. 协调场地原租赁方的关系，避免乙方受到不必要的干扰。

6. 协调土地所有方的关系，便于乙方在租期内的正常使用。

7. 配合乙方协调租期内与场地所有方的水电费用缴纳事宜（水电费用乙方自理）。

第五条　乙方权利义务

1. 有权监督甲方履行合同约定的各项义务。

2. 场地用途为＿＿＿＿＿＿＿＿＿＿＿，乙方在甲方的协调下应按＿＿＿＿＿＿＿＿＿＿政府相关规定办理手续，严格按照上述用途使用，不得建设永久性建筑。

3. 场地内自建围挡、大门、化粪池等设施，不得影响周边地区的环境。

4. 租赁期内乙方一切使用事宜应符合国家法律及所在地政府部门的相关规定。租赁期间由于乙方原因发生的一切事故与甲方无关，相关经济及法律责任概由乙方承担。

5. 租赁期内乙方应加强己方人员管理及安全管理，处理好邻里关系并做好消防安全及防灾工作。

6. 乙方应妥善维护场地内现有设施及设备，租期内做好维护工作，租赁期满后交还甲方。若有损坏，乙方应赔偿并承担相应法律责任。

第六条　合同的解除

1. 双方均应遵守租赁期满＿＿＿＿＿＿＿年的约定，任何一方中止合同，须向另一方支付＿＿＿＿＿＿＿万元的违约金。

2. 因甲方自身原因或政府动迁改造致使提前解除合同或合同终止的，甲方除按约定支付乙方＿＿＿＿＿＿＿万元违约金外，还应返还乙方已交但尚未使用期间的租金，并退还租金利息。返租金＝＿＿＿＿＿＿＿元／天×未使用天数，利息按贷款市场报价利率（LPR）计算。在甲方按上述条款执行后，如遇政府行为，乙方应积极配合甲方工作，向政府申请补偿，政府赔偿归甲方所有。

3. 因不可抗力合同自动解除的，甲方不承担违约责任，但应如数返还未使用期租金。计算方式为：返还租金＝＿＿＿＿＿＿＿元／天×未使用天数，利息另计。

第七条　其他违约责任

1. 甲方未按约定提供场地或用水、用电等设施致使乙方不能正常使用的，应减免相应租金，乙方有权要求甲方继续履行或解除合同，并要求甲方赔偿相应的损失。

2. 未经甲方书面同意，乙方将本合同项下的任何权利义务（包含债权、债务）转让给第三方的，甲方有权解除合同。乙方应按照本合同约定暂定租金的＿＿＿＿＿＿＿%向甲方支付违约金。

第八条　续租

本合同续租适用以下方式：

1. 乙方有意在租赁期满后续租的，应提前＿＿＿＿＿＿＿日书面通知甲方，甲方应在租赁期满前对是否同意续租予以书面答复。甲方同意续租的，双方应重新签订租赁合同。租赁期满前甲方未做出书面答复的，视为甲方同意续租。续租为不定期租赁，租金标准同本合同相应条款。

2. 租赁期内乙方如无违约行为，则享有同等条件下合同场地的优先租赁权，如乙方无意续租，应在租赁期满前＿＿＿＿＿＿日内书面通知甲方；乙方有违约情形的，是否续租由甲方决定。

第九条　租赁场地交还

租赁期满未能续约或合同因甲方原因提前终止的，乙方在得到甲方上述相应条款的赔偿及退租金后，应于租赁期满或合同终止后＿＿＿＿＿＿＿日内将租赁的场地及甲方提供的配套设施交还甲方。乙方未按照约定交还的，甲方有权采取必要措施收回场地。场地内乙方所建临时设施及全部材料或投入均归乙方所有，甲方不得提出任何异议。

第十条　不可抗力

本合同所约定不可抗力是指合同当事人在签订合同时不可预见，在合同履行过程中不可避免且不能克服的自然灾害和社会性突发事件，包括地震、海啸、瘟疫、骚乱、戒严、暴动、战争等。因不可抗力导致本合同不能继续履行的，任何一方均可解除本合同并不承担违约责任。

第十一条　送达

1. 与本合同履行相关的通知、指令及其他书面文件，应按照下列送达地址予以送达：

甲方收件人：＿＿＿＿＿＿＿＿＿＿。联系方式：＿＿＿＿＿＿＿＿＿＿＿＿＿＿。

甲方确认其有效邮箱（必填）：_____。
甲方确认其有效送达地址：_____。
乙方收件人：_____。联系方式：_____。
乙方确认其有效邮箱（必填）：_____。
乙方确认其有效送达地址：_____。

2. 一方送达地址变更未及时告知相对方或者一方指定的收件人拒绝签收，导致文书未能被实际接收的，文书退回之日或用邮政特快专递寄出满三天视为送达。

3. 本合同中注明的电子邮箱须保证有效且能够正常使用，双方往来函件使用电子邮件等数据电文形式的，此数据电文进入指定的电子邮箱运营商服务器即视为送达。

第十二条　争议解决

双方因履行本合同或因与本合同相关的事项发生争议的，应通过协商方式解决，协商不成的，应首先提交_____调解中心进行调解，调解不成的，一方有权按照下列第_____项约定方式解决争议：

（1）向_____仲裁委员会申请仲裁；

（2）向_____人民法院提起诉讼。

第十三条　其他约定事项

1. 场地在租赁期限内所有权发生变动的，不影响本合同的效力。给乙方造成的直接损失由甲方承担。

2. 本合同一式_____份，均具有同等法律效力，甲方执_____份，乙方执_____份。

3. 双方对合同内容的变更或补充应采用书面形式，并由双方签字盖章作为合同附件，附件与本合同具有同等的法律效力。本合同附件包括：

附件1，授权委托协议书。

附件2，租赁场地位置简图。

（以下无正文）

甲方：（公章）   乙方：（公章）

法定代表人或其委托代理人：   法定代表人或其委托代理人：
（签字）   （签字）

统一社会信用代码：_____   统一社会信用代码：_____
地址：_____   地址：_____
电话：_____   电话：_____
电子信箱：_____   电子信箱：_____
开户银行：_____   开户银行：_____
账号：_____   账号：_____

附件 1：授权委托协议书

（本书略）

附件 2：租赁场地位置简图

（本书略）

现场临建施工分包合同

合同编号：

工程名称：_____
工程地址：_____
甲　　方：_____
乙　　方：_____

_____年_____月_____日

_____工程现场临建施工分包合同

甲方（承包方）：_____

乙方（分包方）：_____

根据《中华人民共和国民法典》和《中华人民共和国建筑法》及其他有关法律法规，遵循平等、自愿和诚信的原则，甲方将_____工程临建工程委托给乙方完成，经甲乙双方友好协商，达成以下协议：

第一条　工程概况

1. 工程名称：_____。
2. 工程地点：_____。

第二条　分包方式及内容

1. 分包工程内容：_____。
2. 承包方式：_____。
3. 乙方不得以任何形式转包、分包本分包合同工程。

第三条　工程价款

1. 本合同为固定单价合同

（1）本合同签字盖章生效后，合同单价不再做任何调整。乙方在其承包范围内，为履行本合同约定的义务和职责，满足国家相关法律法规、设计要求和业主、监理、甲方的合理要求，并承担自身经营风险所发生的一切相关费用均已包含在合同单价之内。

（2）任何因市场价格波动、生活费用变化、人员工资变化、政府税收与收费调整以及政府与行业主管部门红头文件颁发等因素引起的乙方的实际支出的增减，均属于乙方自身经营风险，视为已经事先充分估计并包含在合同单价之内。

（3）合同单价已包含因施工期间场内临时道路出现短期中断，以及部分工程施工时并无符合要求的临时道路可抵达，乙方需自行解决道路运输问题所增加的费用。

（4）合同单价已包含因施工现场水电不通导致施工难度增大等引起的费用增加。

（5）合同单价已包含因部分工程较为分散，而乙方需进行长距离倒运所增加的费用。

（6）合同单价已包含大面积施工与小面积及零星施工差异而引起的费用增加。

（7）合同单价已包含雨期施工措施（如临时排水、抽水、覆盖等）所需费用。

（8）合同单价已包含乙方按照甲方要求提供活动板房布置平面图及节点详图所需的费用。

（9）合同单价已包含乙方按照甲方企业要求进行外观设计的费用。

（10）合同单价已包含乙方提供施工脚手架、操作平台所需的费用，上述脚手架及操作平台应满足甲方要求。

（11）合同单价已包含由于设计单位及业主或其他特定条件导致的工程停滞所带来的工期延长等一切费用。

（12）合同单价已包含在保修期（本工程保修期至总承包工程竣工）内各种损坏构件的维修及更换费用，如：门窗开启不灵、锁具失灵、屋面或墙体渗漏、安装或装修质量缺陷以及产品质量缺陷等。

（13）合同单价已包含乙方向甲方提供一切符合政府税费缴纳要求的发票/凭证的费用。

2. 工程量计量规则

（1）工程量根据甲方批复给乙方的施工方案计算，计算规则参考《_____工程预算定额》，若现场实际情况与方案不符，应补充相关修改方案，并由甲方现场负责人员签字确认后才能作为结算依据。如临建规模缩减，未按施工方案如实完成相应工程量，则按现场实际发生的较小工程量计算。

（2）对于合同外零星用工之计算，以《合同外零星用工申请审批表》作为结算依据，详见附件2。

3. 合同价款

本合同暂估价款为_____元（大写：_____），其中不含增值税价格为_____元（大写：_____），增值税税额为_____元（大写：_____），增值税税率为_____%。若本合同履行过程中增值税税率发生变化，则价款的调整方式为：价税合计的价格相应调整，以开具发票时间为准。

4. 工程款支付

（1）工程预付款 □是 □否。

（2）月度付款前提：

① 月度施工内容经甲方同意；

② 施工进度在甲方的总控制计划之内；

③ 试验／复试报告证明所用材料合格或满足合同要求；

④ 经监理单位、甲方验收合格（分项验收时）；

⑤ 随月进度提交了相关技术资料（试验报告、验收资料等）。

（3）乙方于每月_____日向甲方递交本期（上月_____日到本月_____日）按合同约定应付的费用汇总表和请款报告，甲方收到报告后于次月的_____—_____日向乙方签发付款证书，在签发证书的下月_____—_____日支付进度款，付款比例为_____%。

5. 完工结算

（1）甲乙双方办理结算的前提是：甲方已经收到本工程业主方对甲方临建工程的单价及工程量的确认并足额支付相应工程款，或甲方根据实际现场施工条件书面要求乙方办理结算。如本合同各分部分项工程综合单价超出甲方和业主方所确认的结算综合单价，甲乙双方结算的综合单价将按甲方和业主方结算综合单价降低_____%执行。本合同分部分项工程综合单价如未超出业主确认的单价，则按本合同单价执行。

（2）分包工程完工后立即组织验收，分包工程验收合格后三个月内，双方办理结算。若双方对结算金额无争议，甲方将在六个月内，扣除保修金（结算总额的_____%）后，支付工程尾款。保修期满（保修期至总承包工程结束）后一个月内支付保修金。工程结算价款支付的前提是业主已经将相应部分的结算价款支付给甲方。

6. 开票与付款信息

甲方	名称	
	纳税人身份	□一般纳税人　　□小规模纳税人（请勾选）
	纳税人识别号	
	地址、电话	
	开户行（全称）及账号	
乙方	名称	
	纳税人身份	□一般纳税人　　□小规模纳税人（请勾选）
	纳税人识别号	
	地址、电话	
	开户行（全称）及账号	该账户为乙方已在税务局备案的账户

注：任何一方上述信息发生变更，应提前10日以书面形式通知另一方。乙方开具发票前，需向甲方确认上述开票信息。因乙方未向甲方确认导致开票信息与实际不符，造成发票无法抵扣等情况的，乙方承担全部责任，并赔偿甲方相应损失。

第四条　工期

1. 开工时间以甲方书面通知为准，总工期满足甲方要求。

2. 合同工程之工期应符合甲方认可的施工总进度计划、月计划、周计划和其他针对本合同工程计划的要求。

3. 若乙方延误工期，甲方有权对其进行罚款，每拖延一天罚款金额为合同总价的_____%，罚款总额度不超过合同总价的_____%。

第五条　技术与质量

1. 质量验收等级：按国家验收标准，施工图纸达到"合格"要求。

2. 因乙方施工质量未达到验收合格标准而导致的一切返工责任均由乙方承担,任何因返工导致的甲方损失亦由乙方承担。

3. 乙方为达到上述技术和质量要求而采取措施的所有费用应被视为已包含在合同单价中。若乙方在合同履行中因自身原因导致工程未能达到上述技术和质量要求,须向甲方支付技术质量违约罚款,罚款金额不超过合同总价的_____%。

第六条 安全文明施工

1. 乙方人员因违反国家现行安全标准及甲方安全要求而导致伤亡的,由乙方承担全部责任。

2. 乙方应对施工成品、半成品进行妥善保护,防止交叉施工对其造成污染与损害,并保证不损害其他施工单位的施工作业成果,如有损害乙方应自费予以修补或赔偿其损失。

3. 乙方在施工过程中严禁使用黏土砖,若由于乙方违规使用产生罚款,甲方有权从乙方工程款中扣除该罚款并另行处以任意额度罚款。

4. 若乙方在合同履行中因自身原因导致工程未能达到上述安全文明施工要求,乙方须向甲方支付安全文明施工违约罚款,罚款金额不超合同总价的_____%。

第七条 甲方代表及一般职责

1. 甲方的项目经理为_____,身份证号为_____;商务经理为_____,身份证号为_____。

2. 甲方应具备承包合同工程并予以分包的资质和权限,办理一切与此相关的手续和证件。

3. 甲方应负责以下指导和协调工作:

(1)编制施工进度计划,组织并部署现场施工,审核乙方详细施工作业计划;

(2)提供必需的施工图纸和设计文件,审核乙方提供的施工方案和技术措施、进行技术交底和现场技术指导;

(3)明确质量要求,审核乙方质量管理体系及人员设施配备,对施工质量进行过程控制,组织验收;

(4)进行安全交底及安全教育,审核乙方安全管理体系及人员设施配备,监督乙方班前安全交底和施工过程中的安全操作;

(5)指导并监督乙方消防、环卫、员工健康保障、生活设施配套等工作;

(6)协调乙方与现场其他分包方的配合、交替施工,以及其他在施工现场发生的影响施工顺利进行的事件(不包括乙方与其他分包方之间的经济往来事务);

(7)组织并主持与施工有关的各种会议、检查。

4. 甲方未能按照合同约定完成以上工作并造成乙方损失和/或工期延误的,工期予以后延,损失不予赔偿。乙方未按甲方或业主、监理要求的施工质量及施工进度进行现场施工的,甲方有权更换施工单位,乙方必须无条件撤场并承担给甲方带来的一切损失。

第八条 乙方代表及一般职责

1. 乙方的项目经理为_____,身份证号为_____。

2. 乙方应具备承包合同工程并进行施工的资质和权限,办理一切与此相关的手续和证件。

3. 乙方应配备完整的项目管理机构及人员;建立完善的质量管理体系并配备相应人员和设施;建立完善的安全管理体系并配备相应的人员和设施。

4. 乙方应及时、准确反映现场施工情况,并向甲方提出有利于现场施工的作业计划、技术措施、质量和安全等方面的改进措施。

5. 乙方应遵守并执行甲方的以下管理制度:

(1)乙方入场前应向甲方办理"分包入场会签"并遵守甲方各部门的管理规定;

(2)乙方应遵守甲方关于安全(包括交通安全)、消防、保卫、环卫和文明施工管理的规定;

(3)乙方应该采取一切合理的措施防止其人员实施违法或妨害社会治安和公共安全的行为,有完全的责任和义务保护工地周边其他人员和财产免受上述行为的危害,因上述行为造成一切的后果均由乙方负责;

(4)乙方应确保其现场施工人员具备在此现场进行其特定作业的所有证件,并为其配备足够的安全设施和用品,提供必要的生活及卫生条件,进行定期健康检查,建立传染病和职业病防治体系,确保现场施工人员的健康和安全,因乙方自身原因造成的人身伤害均由乙方自行承担。

6.乙方未能按照合同约定完成以上工作造成甲方损失和／或工期延误，乙方承担全部责任，包括赔偿甲方损失。

第九条　工作界面划分

详见附件1。

第十条　乙方资源保障

1.乙方应依据甲方之要求及时配备足够的、合格的管理人员、劳动力、材料和机械设备。

2.若乙方的上述资源配置满足不了现场施工生产需要，应无条件增加配置，并且不得以此为借口向甲方索要任何额外费用。

3.若乙方不能满足甲方上述要求，甲方可视情形对其进行罚款，或自行组织相应资源施工，所发生的费用从乙方结算金额中扣除。

第十一条　甲方资源使用

1.乙方应合理、节约地使用甲方资源，避免浪费，甲方有绝对权力对乙方浪费甲方资源的行为予以处罚。

2.乙方负责甲供材料的存储、保管以及使用，应特别采取措施防止其被破坏。

第十二条　合同文件组成

（1）本分包合同及附件；

（2）安全生产与消防保卫协议；

（3）职业安全卫生与环境管理协议；

（4）社会责任自我评价表和社会责任承诺书；

（5）履约授权管理协议；

（6）明确双方职责的会议纪要、谈判记录、往来函件；

（7）甲方认可的施工方案和技术措施；

（8）适用的标准；

（9）图纸、洽商变更、工程签证。

第十三条　违约

1.任何一方不能全面履行本合同条款，均属违约，违约责任如下：因乙方违约造成甲方损失和／或工期延误，乙方应赔偿甲方损失，工期不予后延。

2.除非合同终止，否则违约方承担前述条款违约责任后仍需严格履行本合同。

第十四条　其他约定

甲乙双方明确约定，对于在本合同项下产生的或与本合同相关的事宜产生的乙方对甲方拥有的债权，乙方不得将其转让给第三方，除非经过甲方的书面同意；否则，乙方应在违约转让债权之日起5日内，按照违约转让债权总额的_____%向甲方支付违约金，逾期支付并应承担违约付款责任。

第十五条　争议解决

双方因履行本合同或因与本合同相关的事项发生争议，应通过协商方式解决，协商不成的，应首先提交_____调解中心进行调解，调解不成的，一方有权按照下列第_____项约定方式解决争议：

（1）向_____仲裁委员会申请仲裁；

（2）向_____人民法院提起诉讼。

第十六条　不可抗力

本合同所约定不可抗力是指合同当事人在签订合同时不可预见，在合同履行过程中不可避免且不能克服的自然灾害和社会性突发事件，包括地震、海啸、瘟疫、骚乱、戒严、暴动、战争等。因不可抗力导致本合同不能继续履行的，任何一方均可解除本合同并不承担违约责任。

第十七条　送达

1.与本合同履行相关的通知、指令及其他书面文件，应按照下列送达地址予以送达：

甲方收件人：_____。联系方式：_____。

甲方确认其有效邮箱（必填）：_____。

甲方确认其有效送达地址：_____。

乙方收件人：_____。联系方式：_____。
乙方确认其有效邮箱（必填）：_____。
乙方确认其有效送达地址：_____。

2. 一方送达地址变更未及时告知相对方或者一方指定的收件人拒绝签收，导致文书未能被实际接收的，文书退回之日或用邮政特快专递寄出满三天视为送达。

3. 本合同中注明的电子邮箱须保证有效且能够正常使用，若双方往来函件使用电子邮件等数据电文形式，此数据电文进入指定的电子邮箱运营商服务器即视为送达。

第十八条　合同生效与终止

1. 本合同自双方盖章之日起生效，完成合同约定的全部内容并结清工程价款之日即告终止。

2. 出现以下情况时，甲方可单方面终止与乙方的合同关系，并将剩余工作交给其他分包方，因此导致甲方增加的费用从结算款中扣除：

（1）乙方严重违反合同条款；

（2）甲方有足够证据证明乙方不具备完成分包工程的能力。

3. 因乙方原因导致甲方单方面终止合同，乙方应根据甲方要求迅速退场并不得以任何形式拖延退场时间、胁迫甲方或借此向甲方索要任何额外费用，否则甲方有权对乙方处以任意额度罚款。

4. 因甲方原因导致乙方单方面终止合同的，甲方对乙方的赔偿应以实际损失为限。

第十九条　未尽事宜

本合同在执行中若有未尽事宜，双方经友好协商以补充协议的形式完善明确。

第二十条　合同份数

本合同一式_____份，均具有同等法律效力，甲方执_____份，乙方执_____份。

（以下无正文）

甲方：（公章）　　　　　　　　　　　　　　　乙方：（公章）

法定代表人或其委托代理人：　　　　　　　　　法定代表人或其委托代理人：
（签字）　　　　　　　　　　　　　　　　　　（签字）

统一社会信用代码：_____　　统一社会信用代码：_____
地址：_____　　　　　　　　地址：_____
电话：_____　　　　　　　　电话：_____
电子信箱：_____　　　　　　电子信箱：_____
开户银行：_____　　　　　　开户银行：_____
账号：_____　　　　　　　　账号：_____

附件1：双方工作界面划分表

序号	工作内容	甲方工作（仅限于此）	乙方工作（包括但不限于）
1	临时设施	现场既有条件	乙方临时设施的搭设、维护、拆除； 乙方施工所需的电箱电缆； 乙方施工所需的支管、水嘴； 乙方工作面施工照明； 乙方人员食宿
2	测量	提供控制轴线和标高控制线	小线投测； 配合甲方轴线和标高线投测，包括但不限于临时性的人员提供、为甲方测量人员提供安全可行的工作面、清除障碍
3	施工脚手架	—	提供脚手架及操作平台
4	试验	甲供材料的检验检测	乙供材料的检验检测
5	安全	现场既有条件	乙方人员安全防护用品/设施； 工作面及因乙方原因引起的临时防护的搭设、拆除、移动及恢复等
6	消防	现场既有条件	工作面消防器材配备
7	保卫	施工现场门禁； 施工现场内乙方保卫范围之外的保卫	乙方材料设备等的保卫
8	文明施工	将垃圾池中的垃圾运到政府指定地点； 化粪池排污	工作面和乙方生活区卫生打扫，并将垃圾清运到现场指定地点（垃圾池）； 施工降尘、降噪
9	成品保护	—	乙方成品和半成品的保护； 避免污染、损坏其他单位的成品和半成品
10	周边环境	—	修复因乙方行为导致的现场及周边之建筑物/构筑物、道路、市政设施损坏等
11	与其他分包方的配合	—	提供已有的脚手架和防护
12	过程资料与竣工资料	乙方工作之外的工作	过程资料和竣工资料的制作、整理
上述工作之费用由实施方自行承担			

注：1. 在表中任意一项"工作内容"中，甲方之工作仅限于"甲方工作"中明示的工作，"乙方工作"中明示的工作和该项"工作内容"下"甲方工作"和"乙方工作"中均未明示的工作均由乙方完成。

2. 如无特殊注明，表中所示"甲方工作"与"乙方工作"所需的所有人员、材料、设备和机械均由相应单位承担。

附件 2：合同外零星用工申请审批表

申请人			日期		
申请理由					
工作内容					
工作区域					
拟用人工数量及用工日					
计划开始时间	年 月 日		计划结束时间	年 月 日	
现场经理意见					
商务经理意见					
项目经理意见					
用工量统计							
日期	姓名	工种	用工量	日期	姓名	工种	用工量

办公电子设备采购安装合同

合同编号：

工程名称：_____
工程地址：_____
甲　　方：_____
乙　　方：_____

_____年_____月_____日

_____工程办公电子设备采购安装合同

甲方（承包方）：_____
乙方（分包方）：_____
根据《中华人民共和国民法典》及其他有关法律、行政法规，遵循平等、自愿、公平和诚实信用的原则，甲方将_____工程办公电子设备采购及安装委托给乙方。经充分协商，双方自愿就相关事宜达成如下协议：

第一条　工程概况
1. 工程名称：_____。
2. 工程地点：_____。

第二条　分包承包内容
1. 承包范围：甲方指定范围内（包括_____）办公电子设备提供和安装。
2. 质量标准
（1）所供产品应符合下列现行国家标准：
《计算机通用规范　第1部分：台式微型计算机》GB/T 9813.1
《计算机通用规范　第2部分：便携式微型计算机》GB/T 9813.2
《计算机通用规范　第3部分：服务器》GB/T 9813.3
《计算机通用规范　第4部分：工业应用微型计算机》GB/T 9813.4
《信息技术　办公设备　打印设备　吞吐量的测量方法　1类和2类打印机》GB/T 16685
（2）安装与设计满足下列现行国家标准：
《民用建筑电气设计标准》GB 51348
《综合布线系统工程设计规范》GB 50311
《综合布线系统工程验收规范》GB/T 50312

第三条　合同价款
1. 本工程合同总价为_____元（大写：_____），其中不含增值税价格为_____元（大写：_____），增值税税额为_____元（大写：_____），增值税税率为_____%。若本合同履行过程中增值税税率发生变化，则价款的调整方式为：价税合计的价格相应调整，以开具发票时间为准。
2. 报价组成：明细报价详见附件材料清单。
3. 结算方式：设备到位，系统安装调试完成，经甲方验收合格并办理完验收移交手续_____天之内付清。甲方按照约定向乙方支付费用前，乙方应按照甲方要求提供发票，否则甲方有权拒绝付款。
4. 移位及搬用：使用期_____年内，若因甲方原因需要将此系统或系统中的部分功能及系统移至其他地点，乙方应提供技术支持和免费人工服务，由此产生的辅料费用由甲方承担。
5. 本合同为固定总价合同，总价在本合同有效期内价款不因任何原因调整。本分包工程合同价款应视为乙方完成系统方案中所有施工项目和实现所有功能所需的费用，甲方包工包料、包工期、包质量，固定总价包括所有相关的费用，如人工费、材料费、运输费、安装费、现场经费、企业管理费、开办费、利润、税金、调价、工期费、完工调试费、维修保护费、首次拆除移位重新安装的技术支持人工服务费用。

6. 开票与付款信息

甲方	名称	
	纳税人身份	□ 一般纳税人　　□ 小规模纳税人（请勾选）
	纳税人识别号	
	地址、电话	
	开户行（全称）及账号	
乙方	名称	
	纳税人身份	□ 一般纳税人　　□ 小规模纳税人（请勾选）
	纳税人识别号	
	地址、电话	
	开户行（全称）及账号	该账户为乙方已在税务局备案的账户

注：任何一方上述信息发生变更，应提前10日以书面形式通知另一方。乙方开具发票前，需向甲方确认上述开票信息。因乙方未向甲方确认导致开票信息与实际不符，造成发票无法抵扣等情况的，乙方承担全部责任，并赔偿甲方相应损失。

第四条　交付日期

1. 施工工期：订货日期为＿＿＿＿年＿＿＿＿月＿＿＿＿日，其后加生产期限为＿＿＿＿个日历天。

2. 乙方保证在＿＿＿＿年＿＿＿＿月＿＿＿＿日前提供设备，并完成其安装、调试工作，直至系统正常运行。

3. 具体到货日期和开工日期以甲方指令为准，乙方应自合同签订之日起开始进行材料设备的采购订货，保证在合同约定的时间内完成全部工作。

第五条　技术要求

1. 系统安装配置要求详见通过甲方审核的相关文件。

2. 关于工程质量及验收的约定：

（1）本合同验收标准符合国家及行业相关标准。

（2）由于乙方原因造成的质量事故，其返工费用由乙方承担，工期不变。

（3）工程验收：乙方应该完工后＿＿＿＿个日历天内完成系统整体的调试及运行，并及时向甲方提出书面竣工验收申请，由甲方派施工管理人员一同进行整个系统的验收。如果在验收过程中，系统不能达到预定要求，乙方必须立即对系统进行拆改或重新调试，如果二次验收中仍存在问题，按乙方违约处理，由此对甲方造成的影响，甲方保留索赔权利。

（4）调试验收完成后，乙方负责对甲方具体操作人员进行免费培训，并提供系统使用手册和注意事项，以上工作全部完成后双方办理验收移交手续。

第六条　双方责任

1. 甲方责任

（1）提供安装现场的水电条件等必要条件。

（2）进场当天，甲方应派至少一名代表到安装现场做好施工中公用部位操作以及与其他工作人员的协调工作，协助乙方顺利安装。

（3）完工当天，甲方应派至少一名现场代表到安装现场同乙方共同按合同及附件进行验收，并签署验收合格证书，办理接收手续。

2. 乙方责任

（1）根据甲方的使用要求在约定的时间内完成任务。

（2）遵守政府部门及甲方的现场的一切管理规定，负责并保证到现场安装人员的操作安全。

（3）服从甲方人员的现场指挥，对甲方提供的设备要合理使用，损坏照价赔偿并承担误工费用。

（4）在使用期间，因乙方原因或乙方所提供的设备导致系统内的任何构件发生质量问题，则由乙方予以无偿更换，赔偿甲方损失并承担相应责任。

（5）严格甲方管理人员现场交底组织安装，安装前对工作人员进行安全交底。

（6）指派_____为乙方驻地代表，负责合同履行。按要求组织安装，保质、保量、按期完成合同内容，解决由乙方负责的各项事宜。

（7）乙方在施工中应采取必要的安全防护和消防措施，保障作业人员及企业办公人员的安全，防止企业办公设备毁坏等事故发生。如遇上述情况发生，属于甲方责任的，甲方负责并赔偿；属于乙方责任的，乙方负责并赔偿。

第七条　违约

1. 任何一方不能全面履行本合同条款，均属违约；违约所造成的损失、后果、责任，概由违约方承担。

2. 除非甲乙双方协商终止本合同，否则违约方承担前述条款违约责任，损失后仍需严格履行本合同。

3. 乙方不得转包本合同工程。

第八条　合同生效与终止

本合同自双方盖章之日起生效，本合同内容所涉产品或服务质保到期日即告终止。

第九条　争议解决

双方因履行本合同或因与本合同相关的事项发生争议的，应通过协商方式解决，协商不成的，应首先提交_____调解中心进行调解，调解不成的，一方有权按照下列第_____项约定方式解决争议：

（1）向_____仲裁委员会申请仲裁；

（2）向_____人民法院提起诉讼。

第十条　未尽事宜

本合同在执行中若有未尽事宜，双方经友好协商以补充协议的形式完善明确。

第十一条　不可抗力

本合同所约定不可抗力是指合同当事人在签订合同时不可预见，在合同履行过程中不可避免且不能克服的自然灾害和社会性突发事件，包括地震、海啸、瘟疫、骚乱、戒严、暴动、战争等。因不可抗力导致本合同不能继续履行的，任何一方均可解除本合同并不承担违约责任。

第十二条　其他约定

1. 本合同所述之内容与条款只限于本工程使用，双方承诺不将本合同成交价格及内容细节透露给任何第三方。

2. 本合同一式_____份，均具有同等法律效力，甲方执_____份，乙方执_____份。

3. 甲乙双方明确约定，对于在本合同项下产生的或与本合同相关的事宜产生的乙方对甲方拥有的债权，乙方不得将其转让给第三方，除非经过需方的书面同意；否则，乙方应在违约转让债权之日起_____日内，按照违约转让债权总额的_____%向甲方支付违约金，逾期支付并应承担违约付款责任。

4. 甲方项目经理部的物资经理是_____，身份证号为_____；商务经理是_____，身份证号为_____。所有有关合同变更、现场确认等事宜均须经二人共同签字后方为有效。

5. 合同签订后乙方必须向甲方项目经理部提交本单位具体负责该项目履约的经办人员岗位职责书。岗位职责书包括乙方需在相应文件、函件、会议纪要、单据、小票、结算书等文件中签字的人员，应列明上述管理人员的姓名、岗位名称、职责范围以及可签署文件范围并签名留样。岗位职责书由乙方法定代表人签字并加盖该单位公章。如有人员变动，应及时调整岗位职责书，或单独开具授权委托书。

6. 本合同的附件是本合同不可分割的组成部分，与合同正文具有同等法律效力。本合同的附件有：《材料清单》。

7. 乙方已完全理解以上各款含义，因乙方未遵守以上条款而导致的甲方无法结算、付款，由乙方承担责任。甲方项目经理部公章（方章）的使用范围为往来函件、会议纪要、洽商变更等履约过程中的文件，但不包括签署合同及其补充协议、办理结算。

（以下无正文）

（本页为签署页）

甲方：（公章） 乙方：（公章）

法定代表人或其委托代理人： 法定代表人或其委托代理人：
（签字） （签字）

统一社会信用代码：_____ 统一社会信用代码：_____
地址：_____ 地址：_____
电话：_____ 电话：_____
电子信箱：_____ 电子信箱：_____
开户银行：_____ 开户银行：_____
账号：_____ 账号：_____

附件：材料清单

项目	规格	数量	单位	单价	小计
合计					

安防监控设备合同

合同编号：

工程名称：_____
工程地址：_____
甲　　方：_____
乙　　方：_____

_____年_____月_____日

_____工程安防监控设备合同

甲方（承包方）：_____
乙方（分包方）：_____

根据《中华人民共和国民法典》及其他有关法律、行政法规，遵循平等、自愿、公平和诚实信用的原则，甲方将_____工程安防监控设备相关事宜委托给乙方。经双方充分协商，自愿就相关事宜达成如下协议：

第一条 工程概况

1. 工程名称：_____。
2. 工程地点：_____。

第二条 分包承包内容

承包范围：甲方指定范围内安防监控设备的提供、安装及维护。包含：

序号	产品名称	数量	单位	备注
1				
2				
3				
4				

第三条 合同价款

1. 本工程合同固定总价为_____元（大写：_____），增值税税额为_____元（大写：_____），增值税税率为_____%。若本合同履行过程中增值税税率发生变化，则转让金额的调整方式为：价税合计的价格相应调整，以开具发票时间为准。

2. 结算方式：设备到位，系统安装调试完成，经甲方验收合格并办理完验收移交手续后按合同额的_____%付清。

3. 本工程保修期为_____年。如保修期内出现质量问题，乙方_____小时内到达现场处理问题。保修期自产品安装完毕、双方验收合格之日起算。

4. 本合同为固定总价合同，本合同有效期内价款不因任何原因调整。本分包工程合同价款应视为乙方完成系统方案中所有施工项目和实现所有功能所需的费用，甲方包工包料、包工期、包质量，固定总价包括所有相关的费用，如人工费、材料费、运输费、安装费、现场经费、企业管理费、开办费、利润、调价、税金、工期费、完工调试费、维修保护费、首次拆除移位重新安装的技术支持人工服务费用。

5. 开票及付款信息：

甲方	名称	
	纳税人身份	□一般纳税人　　□小规模纳税人（请勾选）
	纳税人识别号	
	地址、电话	
	开户行（全称）及账号	
乙方	名称	
	纳税人身份	□一般纳税人　　□小规模纳税人（请勾选）
	纳税人识别号	
	地址、电话	
	开户行（全称）及账号	该账户为乙方已在税务局备案的账户

注：任何一方上述信息发生变更，应提前10日以书面形式通知另一方。乙方开具发票前，需向甲方确认上述开票信息。因乙方未向甲方确认导致开票信息与实际不符，造成发票无法抵扣等情况的，乙方承担全部责任，并赔偿甲方相应损失。

第四条 交付日期

乙方安装完毕日期为_____年_____月_____日。

第五条 技术要求

1. 本合同验收标准符合国家及行业相关标准。由于乙方原因造成的质量事故，产生的费用和损失由乙方承担，工期不变。

2. 乙方应于完工后_____个日历天内完成系统整体的调试及运行，并及时向甲方提出书面竣工验收申请，由甲方派施工管理人员一同进行整个系统的验收。如果在验收过程中，发现系统不能达到预定要求，乙方必须立即对系统进行拆改或调试，如果二次验收中仍存在问题，按乙方违约处理，因此对甲方造成的影响，甲方保留索赔权利。调试验收完成后，乙方负责对甲方具体操作人员进行免费培训，并提供系统使用手册和注意事项，以上工作全部完成后双方办理验收移交手续。

第六条 双方责任

1. 甲方责任

（1）提供安装现场的水电等必要条件。

（2）进场当天，甲方应派至少一名代表到安装现场做好施工中公用部位操作以及与其他工作人员的协调工作，协助乙方顺利安装。

（3）完工当天，甲方应派至少一名现场代表到安装现场同乙方共同按合同进行验收，并签署验收合格证书，办理接收手续。

2. 乙方责任

（1）根据甲方的使用要求在约定的时间内完成任务。

（2）遵守政府部门及甲方的现场的一切管理规定，负责并保证到现场安装人员的操作安全。

（3）服从甲方人员的现场指挥，对甲方提供的设备要合理使用，损坏照价赔偿并承担误工费用。

（4）在使用期间，因乙方原因或乙方所提供的设备导致系统内的任何构件发生质量问题，则由乙方予以无偿更换，赔偿甲方损失并承担相应责任。

（5）严格甲方管理人员现场交底组织施工，施工前对施工人员进行安全交底。

（6）乙方在施工中应采取必要的安全防护和消防措施，保障作业人员及企业办公人员的安全，防止企业办公设备毁坏等事故发生。如遇上述情况发生，属于甲方责任的，甲方负责并赔偿；属于乙方责任的，乙方负责并赔偿。

第七条 违约

1. 任何一方不能全面履行本合同条款，均属违约；违约所造成的损失、后果、责任，概由违约方承担。

2. 除非甲乙双方协商终止本合同，否则违约方承担前述条款违约责任，损失后仍需严格履行本合同。

3. 乙方不得转包本合同工程。

第八条 合同生效与终止

本合同自签订之日起生效，本合同内容所涉产品或服务质保到期日即告终止。

第九条 争议解决

双方因履行本合同或因与本合同相关的事项发生争议的，应通过协商方式解决，协商不成的，应首先提交_____调解中心进行调解，调解不成的，一方有权按照下列第_____项约定方式解决争议：

（1）向_____仲裁委员会申请仲裁；

（2）向_____人民法院提起诉讼。

第十条 未尽事宜

本合同在执行中若有未尽事宜，双方经友好协商以补充协议的形式完善明确。

第十一条 不可抗力

本合同所约定不可抗力是指合同当事人在签订合同时不可预见，在合同履行过程中不可避免且不能克服的自然灾害和社会性突发事件，包括地震、海啸、瘟疫、骚乱、戒严、暴动、战争等。因不可抗力导致本合同不能继续履行的，任何一方均可解除本合同并不承担违约责任。

第十二条 其他约定

1. 本合同所述之内容与条款只限于本工程使用，双方承诺不将本合同成交价格及内容细节透露给任何第三方。

2. 本合同一式_____份，均具有同等法律效力，甲方执_____份，乙方执_____份。

3. 甲乙双方明确约定，对于在本合同项下产生的或与本合同相关的事宜产生的乙方对甲方拥有的债权，乙方不得将其转让给第三方，除非经过需方的书面同意；否则，乙方应在违约转让债权之日起_____日内，按照违约转让债权总额的_____%向甲方支付违约金，逾期支付应承担违约付款责任。

4. 甲方项目经理部的物资经理是_____，身份证号为_____；商务经理是_____，身份证号为_____。所有有关合同变更、现场确认等事宜均须经二人共同签字后方为有效。

5. 乙方已完全理解以上各款含义，因乙方未遵守以上条款而导致的甲方无法结算、付款，由乙方自行承担责任。甲方项目经理部公章（方章）的使用范围为往来函件、会议纪要、洽商变更等履约过程中的文件，但不包括签署合同及其补充协议、办理结算。

（以下无正文）

甲方：（公章） 乙方：（公章）

法定代表人或其委托代理人： 法定代表人或其委托代理人：
（签字） （签字）

统一社会信用代码：_____ 统一社会信用代码：_____
地址：_____ 地址：_____
电话：_____ 电话：_____
电子信箱：_____ 电子信箱：_____
开户银行：_____ 开户银行：_____
账号：_____ 账号：_____

临水临电工程分包合同

合同编号：

工程名称：_____
工程地址：_____
甲　　方：_____
乙　　方：_____

_____年_____月_____日

_____工程临水临电工程分包合同

甲方（承包方）：_____
乙方（分包方）：_____

依照《中华人民共和国民法典》《中华人民共和国建筑法》及其他有关法律、行政法规，遵循平等、自愿、公平和诚实信用的原则，甲乙双方就_____工程临时用电、用水工程施工事项经协商达成一致，订立本协议，以资共同遵守。

第一条　工程概况

1. 工程名称：_____。
2. 工程地点：_____。

第二条　工程内容

1. 工程范围：_____。
2. 工作内容：_____。

第三条　合同价款及支付方式

1. 本工程采用总价包干，包干合同价（含税）：_____元（大写：_____）。包干总价为承包人包工、包料、包机械、包工期、包水电、包质量、包安全及文明施工、包物价上涨及市场风险、包税金、包工程验收质量达到合格标准、满足供电部门验收要求等所需的相关费用（根据实际情况调整）。

2. 乙方已充分了解现场施工环境及设计要求，本着平等互利原则做出如下承诺：

（1）包干费用不因施工工艺及环境因素而变化。

（2）包干费用不因材料、人员市场变化及政策性文件调整而变化。

3. 付款方式：

（1）设备进场前支付合同价款的_____%，供电公司验收合格并完成送电后7日内一次性付清剩余合同价款。

（2）每次付款前，在甲方要求的时间内（一般为双方确认后3日内），乙方开具符合合同约定税率、与甲方确认金额等额且票面信息准确的增值税专用发票（包含税务机关代开），并准确填写发票项目。甲方收到发票并验证其有效性后付款。如乙方未按要求提交发票，甲方有权拒绝支付当期合同款且不承担违约责任，乙方应继续履行合同义务。

（3）增值税专用发票应信息完整、内容规范，票面信息按甲方要求填写清楚，否则退回重开；乙方开具发票后，次月必须在税务网抄税。未经甲方同意，乙方不得擅自作废已开发票，否则应承担给甲方造成的所有责任及损失。

（4）支付方式：采取网上银行转账、银行承兑汇票、商业承兑汇票、供应链或其他合法有效的付款方式（乙方承担全部贴息费用和手续费）进行支付。

（5）开票及付款信息：

	名称	
甲方	纳税人身份	□一般纳税人　　□小规模纳税人（请勾选）
	纳税人识别号	
	地址、电话	
	开户行（全称）及账号	
乙方	名称	
	纳税人身份	□一般纳税人　　□小规模纳税人（请勾选）
	纳税人识别号	
	地址、电话	
	开户行（全称）及账号	该账户为乙方已在税务局备案的账户

注：任何一方上述信息发生变更，应提前10日以书面形式通知另一方。乙方开具发票前，需向甲方确认上述开票信息。因乙方未向甲方确认导致开票信息与实际不符，造成发票无法抵扣等情况的，乙方承担全部责任，并赔偿甲方相应损失。

第四条　合同工期

1. 开工日期：_____年_____月_____日（暂定），实际开工时间以甲方通知为准。
2. 完成送电、送水工期：开工后_____日历天。

第五条　工程质量（设备）标准

1. 设计方案及图纸应符合甲方要求并结合国家、行业标准，地方相关部门的规定，并通过图审。
2. 按照通过图审的图纸施工，施工质量要一次达到验收的标准，如出现质量问题，乙方无条件整改。
3. 设备安装调试标准必须按照国家相应标准执行，并通过相关部门验收。
4. 乙方采购材料设备的约定：所有材料必须符合设计要求、验收标准及政府有关规定。

第六条　双方责任

1. 甲方责任

（1）向乙方提供施工场地以及施工用水、电接驳点（水、电费用由乙方承担）。

（2）向乙方提供基础资料及文件，提供并确认工程标高，确定管道位置，及时办理移交手续。

（3）协调施工现场各合作方关系。

（4）按约定方式及时支付工程款。

2. 乙方责任

（1）按照合同约定完成甲方委托事项，承担由于自身责任造成的质量修改、返工的损失。

（2）科学安排作业计划，投入足够的人力、物力，保证工期，承担由于自身责任造成的工期拖延的损失。如因乙方原因，未能在合同规定的时间内完工，每逾期一天，按合同金额的_____%向甲方支付违约金。

（3）遵守工程建设安全生产有关管理规定，严格按照安全标准组织施工，并随时接受安全监督检查单位、甲方安全检查人员的监督检查，采取必要的安全措施，消除事故隐患。由于乙方安全措施不力造成事故的责任和因此发生的费用，由乙方承担。

（4）确保场地周围道路、沟渠、桥涵、建筑物、构造物和管线完好无损，施工结束后及时清理现场，严格执行主管部门及环保、消防、环卫等有关部门对施工现场的管理规定，承担造成上述损坏的赔偿与罚款。

（5）服从甲方的施工进度、作业顺序、技术要求、质量要求等管理要求。

（6）按施工图纸设计要求和标准组织各种材料进场并组织施工，承担施工过程中涉及施工降水的工作和费用。施工工序完工，需报供电职能部门验收，验收合格后方可进行下道施工工序。

（7）工程施工过程中乙方不得损坏已经完工的其他管道及设施，如有损坏应无条件恢复。

（8）工程结束，乙方自检合格后，按相关部门要求收集整理材料并报主管单位验收。

（9）工程完工后及时办理移交手续。

（10）工程未交付甲方前，乙方负责已完工程的保护工作，保护期间发生损坏、丢失，乙方自费修复或另行采购。因乙方责任对现场其他施工单位的工程或材料设备造成损坏的，乙方承担修复及赔偿责任，如乙方未能按照甲方的要求及时修补和赔偿，甲方有权交给其他分包方，费用及后果由乙方承担。

第七条　质量与安全

1. 工程质量必须达到设计要求和国家规定的质量验收标准。工程质量验收依据是：设计图纸及设计变更和技术资料，甲方的技术要求、质量要求和管理要求，国家现行专业施工验收标准。
2. 乙方在施工过程中应按时做好各项施工记录，要求真实、齐全、整洁。
3. 因乙方使用的材料质量不符合相应验收要求，造成所有损失由乙方负责。
4. 对发现的不符合标准要求等情况，乙方必须及时消除。若对使用人或公共线路造成影响，费用及后果由乙方承担。
5. 若发生质量事故，乙方必须报甲方共同研究处理，采取补救措施或返工，保证最终质量不受影响，发生的返工等费用由乙方承担且工期不顺延。
6. 乙方应确保安全施工，因乙方原因造成的损失均由乙方自行承担。
7. 质保期1年，质保期间，乙方负责对该工程设备进行维护，保证24小时正常运行，一旦出现故障，乙方应在报修后2小时内到达现场、进行维修，不影响施工。非由甲方人为造成的损坏，费用由乙方承担。

第八条　违约责任

1. 因乙方施工质量不符合本合同约定的质量标准，无法通过供电、供水部门验收通电、通水的，乙方应向甲方支付合同总价款的_____%的违约金，并及时对工程进行整改。

2. 合同履行期间，因乙方履行不符合合同约定或者有损害甲方利益情形的，且未按甲方要求改正的，乙方应向甲方支付合同总价款的_____%的违约金，同时，甲方有权视违约情形，终止本合同。

第九条　合同生效与终止

本合同自签订之日起生效，本合同内容所涉产品或服务质保到期日即告终止。

第十条　争议解决

双方因履行本合同或因与本合同相关的事项发生争议的，应通过协商方式解决，协商不成的，应首先提交_____调解中心进行调解，调解不成的，一方有权按照下列第_____项约定方式解决争议：

（1）向_____仲裁委员会申请仲裁；

（2）向_____人民法院提起诉讼。

第十一条　不可抗力

本合同约定不可抗力是指合同当事人在签订合同时不可预见，在合同履行过程中不可避免且不能克服的自然灾害和社会性突发事件，包括地震、海啸、瘟疫、骚乱、戒严、暴动、战争等。因不可抗力导致本合同不能继续履行的，任何一方均可解除本合同并不承担违约责任。

第十二条　未尽事宜

本合同在执行中若有未尽事宜，双方经友好协商以补充协议的形式完善明确。

第十三条　其他约定

1. 本合同所述之内容与条款只限于本工程使用，双方承诺不将本合同成交价格及内容细节透露给任何第三方。

2. 本合同一式_____份，均具有同等法律效力，甲方执_____份，乙方执_____份。

3. 甲乙双方明确约定，对于在本合同项下产生的或与本合同相关的事宜产生的乙方对甲方拥有的债权，乙方不得将其转让给第三方，除非经过需方的书面同意；否则，乙方应在违约转让债权之日起_____日内，按照违约转让债权总额的_____%向甲方支付违约金，逾期支付应承担违约付款责任。

4. 甲方项目经理部的物资经理是_____，身份证号为_____；商务经理是_____，身份证号为_____。所有有关合同变更、现场确认等事宜均须经二人共同签字后方为有效。

5. 乙方已完全理解以上各款含义，因乙方未遵守以上条款而导致的甲方无法结算、付款，由乙方自行承担责任。甲方项目经理部公章（方章）的使用范围为往来函件、会议纪要、洽商变更等履约过程中的文件，但不包括签署合同及其补充协议、办理结算。

（以下无正文）

（本页为签署页）

甲方：（公章） 乙方：（公章）

法定代表人或其委托代理人： 法定代表人或其委托代理人：
（签字） （签字）

统一社会信用代码：_____ 统一社会信用代码：_____
地址：_____ 地址：_____
电话：_____ 电话：_____
电子信箱：_____ 电子信箱：_____
开户银行：_____ 开户银行：_____
账号：_____ 账号：_____

临水临电照管协议

合同编号：

工程名称：_____

工程地址：_____

甲　　方：_____

乙　　方：_____

_____年_____月_____日

_____工程临水临电照管协议

甲方（承包方）：_____
乙方（分包方）：_____
根据《中华人民共和国民法典》，就乙方承担本工程临水临电维护及降水照管工作，经甲乙双方友好协商达成一致，具体协议如下：

第一条 工程概况

1. 工程名称：_____。
2. 工程地址：_____。

第二条 承包内容

乙方负责_____工程临水临电设施的维护及日常照管，包括_____的临水临电的维护保修及零星工作的施工。

第三条 合同价款

1. 本合同模式为包清工，固定单价，暂定工期，暂定总价。
2. 工期为_____年_____月_____日至_____年_____月_____日，工期暂定_____日历天；水电工暂定_____人，工价为_____元/(人·天)（全天 24 小时）。
3. 人工单价包括工人加班费、食宿费、交通费，工具使用费，乙方管理费，利润等，不包括增值税、城市建设维护税和教育费附加等_____省_____市政府规定应缴纳的费用。该单价为固定单价，不随工作量和工作内容的变化而增减。甲乙双方同意本协议单价不因当地政府有关部门颁布的政策性调价文件而做出任何调整。_____年_____月_____日以后的照管工作由甲乙双方另行协商。
4. 暂定合同总价为_____元（大写：_____），其中不含增值税价格为_____元（大写：_____），增值税税额为_____元（大写：_____），增值税税率为_____%。若本合同履行过程中增值税税率发生变化，则价款的调整方式为：价税合计的价格相应调整，以开具发票时间为准。

第四条 价格结算方法

根据每月甲方核实的实际人数进行结算。

第五条 双方责任

1. 甲方责任

（1）现场的组织管理工作，处理与施工组织有关的问题，竣工验收、支付工程进度款、签证等工作。

（2）对乙方的工作进行监督、检查、控制。

（3）为乙方提供维护临水临电设施所必需的技术支持。

2. 乙方责任（包括但不限于）

（1）配备必要的施工工具。

（2）随时提供有关工程量的技术资料。

（3）服从甲方关于现场工作内容和工作时间的安排，且保证现场常驻工人不得少于报价清单人员数量，全天候听从甲方安排，实行 24 小时看管、值班。

（4）严格遵守国家和甲方制定的各种管理规章制度，服从甲方现场施工的各项安排和指令。

（5）工程施工现场的一级箱、二级箱、变电室、施工现场、临时办公室、施工现场的临水临电的正常运行及日常维护。

（6）严格按照_____地区用电单位安全工作规程，委派有资质的技术人员维护设备，并将委派人员的资料（包括但不仅限于技术工人上岗证、特殊工种证等）供甲方备案审查，乙方的技术人员必须持有效的上岗证书、高压上岗证等证书，因上述证件不齐而产生的所有责任皆由乙方承担。

（7）乙方应严格遵守政府主管部门对临建的保护和安全等管理规定，因乙方不遵守上述管理规定，而导致甲方或第三方受到损失及发生的其他问题，乙方应承担全部责任。

（8）在乙方履行合同期间，因乙方的过错给甲方造成损失的，乙方应向甲方赔偿相关损失，且甲方有权更换分包队伍，以保证甲方不再受到任何损失。

第六条 材料使用规定

1. 本工程临水临电维护所需材料均由甲方提供。
2. 乙方每月将材料使用计划提交甲方审核，经甲方审核无误后，从甲方领取核定数量的材料。如乙方在材料使用中发生浪费、丢失等情况，甲方将按浪费、丢失的材料金额对乙方处以罚款。

第七条 工程安全文明保障及措施

1. 乙方所有现场人员必须统一着装，并应采取一切措施，保持现场施工环境清洁卫生，符合地方相关主管部门的各项要求。
2. 乙方必须有健全的安全检查制度和安全保障措施。因乙方施工安全保障措施不符合甲方要求或国家现行有关标准要求造成的甲方损失（包括工期和经济方面）由乙方承担。

第八条 工程款支付

1. 乙方每月_____日向甲方提供当月现场人数，甲方在一个月内审定后计算上月工程进度款并于审定后次月付款。
2. 开票及付款信息

	名称	
甲方	纳税人身份	□一般纳税人　　□小规模纳税人（请勾选）
	纳税人识别号	
	地址、电话	
	开户行（全称）及账号	
乙方	名称	
	纳税人身份	□一般纳税人　　□小规模纳税人（请勾选）
	纳税人识别号	
	地址、电话	
	开户行（全称）及账号	该账户为乙方已在税务局备案的账户

注：任何一方上述信息发生变更，应提前10日以书面形式通知另一方。乙方开具发票前，需向甲方确认上述开票信息。因乙方未向甲方确认导致开票信息与实际不符，造成发票无法抵扣等情况的，乙方承担全部责任，并赔偿甲方相应损失。

第九条 补充协议

本协议未尽事宜，经双方协商一致签订补充协议，补充协议与本合同有同等法律效力。

第十条 终止协议

若乙方未能积极保证_____工程的临水临电正常运行或触犯其他违反协议的约定，甲方可书面通知终止合同。乙方应补偿甲方一切损失，甲方可雇佣他人继续完成剩余工作。

第十一条 不可抗力

本合同所约定不可抗力是指合同当事人在签订合同时不可预见，在合同履行过程中不可避免且不能克服的自然灾害和社会性突发事件，包括地震、海啸、瘟疫、骚乱、戒严、暴动、战争等。因不可抗力导致本合同不能继续履行的，任何一方均可解除本合同并不承担违约责任。

第十二条 争议解决

双方因履行本合同或因与本合同相关的事项发生争议的，应通过协商方式解决，协商不成的，应首先提交_____调解中心进行调解，调解不成的，一方有权按照下列第_____项约定方式解决争议：

（1）向_____仲裁委员会申请仲裁；
（2）向_____人民法院提起诉讼。

第十三条 其他

1. 本合同自双方盖章之日起生效，在双方履行完本合同全部义务，本合同即告终止。
2. 本合同一式_____份，均具有同等法律效力，甲方执_____份，乙方执_____份。

（以下无正文）

甲方：（公章）   乙方：（公章）

法定代表人或其委托代理人：   法定代表人或其委托代理人：
（签字）   （签字）

统一社会信用代码：_____   统一社会信用代码：_____
地址：_____   地址：_____
电话：_____   电话：_____
电子信箱：_____   电子信箱：_____
开户银行：_____   开户银行：_____
账号：_____   账号：_____

箱式变压器安装工程合同

合同编号：

工程名称：_____
工程地址：_____
甲　　方：_____
乙　　方：_____

_____年_____月_____日

_____工程箱式变压器安装工程合同

甲方（承包方）：_____
乙方（分包方）：_____

根据《中华人民共和国民法典》，就乙方承担本工程箱式变压器安装工作，经甲乙双方友好协商一致，达成如下协议，双方共同遵守。

第一条 工程概况

1. 工程名称：_____。
2. 工程地点：_____。

第二条 工程内容

1. 工程范围：_____。
2. 工作内容：_____。

第三条 合同价款

1. 合同价款（含增值税）为人民币_____元（大写：_____）。此合同价为暂定价，最终以甲方确认的实际结算值为准。其中，不含税合同价款为人民币_____元，增值税为人民币_____元，税率_____%。若本合同履行过程中增值税税率发生变化，则价款的调整方式为：价税合计的价格相应调整，以开具发票时间为准。

2. 结算方式：设备到位，安装调试完成，经甲方验收合格并办理完验收移交手续后按合同额的_____%付清。

3. 本工程保修期为_____年。如在保修期内出现质量问题，乙方应在_____小时内到达现场处理问题。保修起始日期为产品安装完毕、双方验收合格之日。

4. 本合同为固定总价合同，在本合同有效期内价款不因任何原因调整。本分包工程合同价款应视为乙方完成系统方案中所有施工项目和实现所有功能所需的费用，甲方包工包料、包工期、包质量，固定总价包括所有相关的费用，如人工费、材料费、运输费、安装费、现场经费、企业管理费、开办费、利润、调价、税金、工期费、完工调试费、维修保护费、首次拆除移位重新安装的技术支持人工服务费用。

5. 开票及付款信息

	名称	
甲方	纳税人身份	☐一般纳税人 ☐小规模纳税人（请勾选）
	纳税人识别号	
	地址、电话	
	开户行（全称）及账号	
乙方	名称	
	纳税人身份	☐一般纳税人 ☐小规模纳税人（请勾选）
	纳税人识别号	
	地址、电话	
	开户行（全称）及账号	
		该账户为乙方已在税务局备案的账户

注：任何一方上述信息发生变更，应提前10日以书面形式通知另一方。乙方开具发票前，需向甲方确认上述开票信息。因乙方未向甲方确认导致开票信息与实际不符，造成发票无法抵扣等情况的，乙方承担全部责任，并赔偿甲方相应损失。

第四条 交付日期

乙方安装完毕日期为_____年_____月_____日。

第五条　技术要求

1. 本合同验收标准符合国家及行业相关标准。由于乙方原因造成的质量事故，产生的费用和损失由乙方承担，工期不变。

2. 乙方应于完工后_____个日历天内完成系统整体的调试及运行，并及时向甲方提出书面竣工验收申请，甲方派施工管理人员一同进行整个系统的验收。如果在验收过程中，发现系统不能达到预定要求，乙方必须立即对系统进行拆改或调试，如果二次验收中仍存在问题，按乙方违约处理，由此对甲方造成的影响，甲方保留索赔权利。调试验收完成后，乙方负责对甲方具体操作人员进行免费培训，并提供系统使用手册和注意事项，以上工作全部完成后双方办理验收移交手续。

第六条　双方责任

1. 甲方责任

（1）向乙方提供施工场地以及施工用水、电接驳点（水、电费用由乙方承担）。

（2）向乙方提供基础资料及文件，提供并确认工程标高，确定管道位置，及时办理移交手续。

（3）协调施工现场各合作方关系。

（4）按约定方式及时支付工程款。

2. 乙方责任（包括但不限于）

（1）根据甲方的使用要求和分包承包内容的标准，按约定的时间完成任务。

（2）遵守政府及甲方的现场的一切管理规定，负责并保证到现场安装人员的施工安全。

（3）服从甲方人员的现场指挥，合理使用甲方提供的设备，损坏照价赔偿并承担误工费用。

（4）严格按照甲方管理人员现场交底组织施工，施工前对施工人员进行安全交底。

指派乙方驻地代表_____，身份证号为_____，负责合同履行。按要求组织施工，保质、保量、按期完成施工任务，解决乙方负责的各项事宜。

（5）乙方在施工中应采取必要的安全防护和消防措施，保障作业人员及企业办公人员的安全，防止企业办公设备毁坏等事故发生。如遇上述情况发生，属于甲方责任的，甲方负责并赔偿；属于乙方责任的，乙方负责并赔偿。

第七条　违约责任

1. 任何一方不能全面履行本合同条款，均属违约；违约所造成的损失、后果、责任，概由违约方承担。

2. 除非甲乙双方协商终止本合同，否则违约方承担前述条款违约责任，损失后仍需严格履行合同。

3. 乙方不得转包本合同工程。

第八条　合同生效与终止

本合同自双方盖章之日起生效，本合同内容所涉产品或服务质保到期日即告终止。

第九条　争议解决

双方因履行本合同或因与本合同相关的事项发生争议的，应通过协商方式解决，协商不成的，应首先提交_____调解中心进行调解，调解不成的，一方有权按照下列第_____项约定方式解决争议：

（1）向_____仲裁委员会申请仲裁；

（2）向_____人民法院提起诉讼。

第十条　未尽事宜

本合同在执行中若有未尽事宜，双方经友好协商以补充协议的形式完善明确。

第十一条　不可抗力

本合同所约定不可抗力是指合同当事人在签订合同时不可预见，在合同履行过程中不可避免且不能克服的自然灾害和社会性突发事件，包括地震、海啸、瘟疫、骚乱、戒严、暴动、战争等。因不可抗力导致本合同不能继续履行的，任何一方均可解除本合同并不承担违约责任。

第十二条　其他约定

1. 本合同所述之内容与条款只限于本工程使用，双方承诺不将本合同成交价格及内容细节透露给任何第三方。

2. 本合同一式_____份，均具有同等法律效力，甲方执_____份，乙方执_____份。

3. 甲乙双方明确约定，对于在本合同项下产生的或与本合同相关的事宜产生的乙方对甲方拥有的债权，乙方不得将其转让给第三方，除非经过需方的书面同意；否则，乙方应在违约转让债权之日起_____日内，按照违约转让债权总额的

_____%向甲方支付违约金,逾期支付应承担违约付款责任。

4.甲方项目经理部的物资经理是_____,身份证号为_____;商务经理是_____,身份证号为_____。所有有关合同变更、现场确认等事宜均须经二人共同签字后方为有效。

5.乙方已完全理解以上各款含义,因乙方未遵守以上条款而导致的甲方无法结算、付款,由乙方自行承担责任。甲方项目经理部公章(方章)的使用范围为往来函件、会议纪要、洽商变更等履约过程中的文件,但不包括签署合同及其补充协议、办理结算。

(以下无正文)

甲方:(公章)　　　　　　　　　　　　　　乙方:(公章)

法定代表人或其委托代理人:　　　　　　　　法定代表人或其委托代理人:
(签字)　　　　　　　　　　　　　　　　　(签字)

统一社会信用代码:_____　统一社会信用代码:_____
地址:_____　地址:_____
电话:_____　电话:_____
电子信箱:_____　电子信箱:_____
开户银行:_____　开户银行:_____
账号:_____　账号:_____

活动厕所租赁合同

合同编号:

工程名称:_____
工程地址:_____
甲　　方:_____
乙　　方:_____

_____年_____月_____日

_____工程活动厕所租赁合同

甲方（承租方）：_____
乙方（出租方）：_____

根据《中华人民共和国民法典》及相关法律法规，遵循平等、自愿、公平和诚实信用的原则，甲、乙双方就甲方为_____工程租赁_____的事项协商一致，共同签订本合同，供双方共同遵守。

第一条 工程概况

1. 工程名称：_____工程。
2. 工程地点：_____市_____区_____路_____号。

第二条 承包范围

1. 活动厕所运输（包括往返）及装卸车；
2. 活动厕所租赁；
3. 活动厕所内的粪便清理、外运及消纳；
4. 活动厕所的维修。

第三条 租赁期

1. 租赁期总日历天数为_____天，计划租赁起始日期为_____年_____月_____日，计划租赁截止日期为_____年_____月_____日。租赁期总日历天数与根据计划租赁起始、租赁截止日期计算的天数不一致的，以租赁期总日历天数为准。除双方另有约定外，实际租赁起始日期为乙方实际交付租赁物之日。

2. 若甲方需延长租赁期的，应在租赁期届满前_____日以书面形式通知乙方，经双方协商一致后另行订立租赁合同，同等条件下甲方享有优先承租权。

第四条 租金

1. 合同总价暂定_____元（大写：_____），其中不含增值税价格为_____元（大写：_____），增值税税额为_____元（大写：_____），增值税税率为_____%。若本合同履行过程中增值税税率发生变化，则租金的调整方式为_____。

价格明细：

序号	移动厕所型号	数量（台）	时间（月）	月租金（元）	小计（元）	备注
1						
2						
3						
合计						

2. 本合同为单价合同，按照乙方实际提供租赁物及其综合单价计算租金。租赁物的综合单价已包括租赁物的使用费、折旧费、租赁物保险费、租赁进出场地费、运输费、合理损耗费、维修费、检验费及乙方应获的利润、税金、管理费、规费等一切费用。除本合同另有约定外，租赁物综合单价在本合同履行期限内不做调整。

3. 本合同的实际租金，以甲、乙双方结算确认的金额为准。

第五条 租赁物交付使用

1. 乙方应在收到甲方的租赁物进场通知之日起_____日内，按照甲方通知的租赁物型号、规格、数量等要求在_____（地点）向甲方交付租赁物。

2. 乙方的租赁物到达甲方指定的交付地点后，由_____方负责卸货。若租赁物需乙方在甲方指定地点进行组装，乙方需按照相关标准要求在_____日内完成组装，甲方应及时对到达指定交付地点的租赁物进行验收，验收不符合要求的租赁物，乙方应按照甲方要求进行维修、更换或退货。乙方实际交付的租赁物的型号、规格、数量以甲方签字确认的租赁物交付清单为准。

3. 乙方提供的租赁物均有生产（制造）许可证、产品许可证，在签订本合同前乙方已完成出租的租赁物的安全性能检测。乙方在交付租赁物时应向甲方提供对应的检测合格证明，否则甲方有权拒绝接收租赁物。

4. 本合同约定租赁期限内，租赁物发生故障和异常的，由_____方负责租赁物的维修并承担相关费用。

5. 本合同约定租赁期限内，租赁物毁损、灭失的风险由_____方承担。

第六条　租赁物返还

1. 租赁终止后，乙方应在接到甲方通知之日起_____日内在甲方指定的地点接收返还的租赁物。乙方应对返还租赁物进行清点，租赁物交付时由乙方负责组装的，则租赁物返还时由乙方负责拆卸。实际返还的租赁物的型号、规格和数量以双方签字确认的租赁物返还清单为准。

2. 若乙方未按照甲方通知的日期在指定地点接收甲方返还的租赁物，视为租赁物已在甲方通知的日期全部返还乙方，租赁物毁损、灭失的风险由乙方自行承担，且乙方应自甲方通知日期的次日起按照_____标准向甲方支付场地占用费用。

3. 除租赁物使用过程中的正常损耗外，甲方应承担租赁物缺失或损坏部分的赔偿责任，赔偿责任的承担方式为：_____。

第七条　租金支付方式

1. 本合同约定租金按照下列付款节点进行支付：

序号	付款节点	支付比例	支付金额	备注

2. 在满足上述约定付款节点后，乙方应向甲方提交付款申请，付款申请应包括以下内容：付款节点前交付、返还租赁物的情况；付款节点前计算的租金；付款节点前应扣除的费用。甲方应在收到乙方提交的付款申请后_____日内完成审核，并在审核确认后_____日内向乙方支付审核确定的租金。

3. 甲方以_____方式向乙方支付租金。在甲方按照约定向乙方支付租金前，乙方应按照甲方要求提供发票。

4. 若一方的付款方式中对应的信息发生变化，该方应以书面形式通知另一方，因未及时通知导致租金支付发生延迟或错误的，相关责任由该方承担。

第八条　甲方的权利和义务

1. 甲方有权对乙方提供的租赁物进行检查、验收，确认乙方提供的租赁物是否符合合同约定。

2. 租赁期限内，甲方有权不受限制地使用乙方提供的租赁物。

3. 甲方应按照合同约定向乙方支付租金。

4. 甲方应及时向乙方提供指定的卸货地点，应采取相应的措施保管租赁物。

第九条　乙方的权利和义务

1. 乙方有权按照约定收取租金。

2. 乙方应按照合同约定的质量标准、数量和时间及时装卸、提供租赁物，并保证租赁期限内甲方有权不受限制地使用乙方提供的租赁物。

3. 乙方应按照甲方要求定期保养维护租赁物，非人为原因造成租赁物破损，乙方负责维修，并提供正规服务发票。

4. 乙方在本工程现场时应遵守甲方的现场安全、环保等管理制度，服从甲方人员的指挥和管理。

5. 乙方承担己方人员在本工程现场的人身、财产安全责任。

6. 乙方人员在本工程现场给甲方或甲方人员造成损害的，应该承担损害赔偿责任。

第十条　合同变更与解除

1. 甲方有权根据本工程的施工需要对租赁物的型号、规格或数量以及交付时间进行变更。涉及变更事项的，甲方应及时以本合同约定的方式通知乙方，乙方应按照甲方通知要求及本合同约定办理相关手续。

2. 根据工程项目施工需要，甲方有权在提前_____日通知后解除合同，甲方解除合同的，应按照本合同约定暂定租金的_____% 向乙方支付违约金。

3. 乙方未按照甲方要求的质量标准、数量或时间提供租赁物，且经甲方合理催告后未能按照甲方要求的质量标准、数量或时间提供租赁物的，甲方有权解除合同。乙方应按照本合同约定暂定租金的_____%向甲方支付违约金。

4. 未经甲方书面同意，乙方将本合同项下的任何权利义务（包含债权、债务）转让给第三方的，甲方有权解除合同。乙方应按照本合同约定暂定租金的_____%向甲方支付违约金。

5. 乙方擅自中止或终止提供租赁物的，甲方有权解除合同。乙方应按照本合同约定暂定租金的_____%向甲方支付违约金。

第十一条　违约责任

1. 若甲方不能按照合同约定向乙方支付租金，甲方应按照_____标准向乙方支付违约金。但乙方不得以此为由中止或终止提供租赁物。

2. 若乙方不能按照甲方要求提供租赁物至甲方指定地点，包括乙方未按照甲方通知期限、数量提供租赁物和乙方提供的租赁物不符合合同约定，乙方应按照_____标准向甲方支付违约金，并赔偿甲方因此遭受的损失，包括但不限于甲方停工期间的现场工人工资、机械设备及周转材料租赁费用，以及第三方向甲方主张的工期延误赔偿等。

第十二条　知识产权条款

1. 乙方应保证甲方在本工程所在地使用租赁物不存在侵犯他人著作权、商标、专利、工业设计、商业秘密等情形，甲方不需要因此向第三方寻求任何授权或支付任何费用。乙方应保证甲方免受第三方关于侵犯著作权、商标权、专利权、工业设计权或其他知识产权的起诉或权利主张。

2. 如任何第三方向甲方主张上述相关权利的，乙方应承担由此引起的一切法律责任和费用及赔偿甲方的一切损失。

第十三条　不可抗力

1. 不可抗力系不能预见、不能避免且不能克服的客观情况。任何一方由于受到不可抗力的影响而不能执行合同时，履行合同的期限应予以延长，延长期限相当于不可抗力所影响的时间。

2. 任何一方没有采取有效措施导致损失扩大的，应对扩大的损失承担责任。因合同一方迟延履行合同义务，在迟延履行期间遭遇不可抗力的，不免除其违约责任。

第十四条　送达

1. 与本合同履行相关的通知、指令及其他书面文件，应按照下列送达地址予以送达：

甲方收件人：_____。联系方式：_____。

甲方确认其有效邮箱（必填）：_____。

甲方确认其有效送达地址：_____。

乙方收件人：_____。联系方式：_____。

乙方确认其有效邮箱（必填）：_____。

乙方确认其有效送达地址：_____。

2. 一方送达地址变更未及时告知相对方或者一方指定的收件人拒绝签收，导致文书未能被实际接收的，文书退回之日或用邮政特快专递寄出满三天视为送达。

3. 本合同中注明的电子邮箱须保证有效且能够正常使用，若双方往来函件使用电子邮件等数据电文形式的，此数据电文进入指定的电子邮箱运营商服务器即视为送达。

第十五条　争议解决

双方因履行本合同或因与本合同相关的事项发生争议的，应通过协商方式解决，协商不成的，应首先提交_____调解中心进行调解，调解不成的，一方有权按照下列第_____项约定方式解决争议：

（1）向_____仲裁委员会申请仲裁；

（2）向_____人民法院提起诉讼。

第十六条　其他

1. 本合同未约定事宜，双方可协商签订补充协议，补充协议与本合同具有同等法律效力。

2. 本合同一式_____份，均具有同等法律效力，甲方执_____份，乙方执_____份。

（以下无正文）

（本页为签署页）

甲方：（公章） 乙方：（公章）

法定代表人或其委托代理人： 法定代表人或其委托代理人：
（签字） （签字）

统一社会信用代码：_____ 统一社会信用代码：_____
地址：_____ 地址：_____
电话：_____ 电话：_____
电子信箱：_____ 电子信箱：_____
开户银行：_____ 开户银行：_____
账号：_____ 账号：_____

门禁系统分包合同

合同编号：

工程名称：_____
工程地址：_____
甲　　方：_____
乙　　方：_____

_____年_____月_____日

_____工程门禁系统分包合同

甲方（承包方）：_____
乙方（分包方）：_____

根据《中华人民共和国民法典》及其他有关法律、行政法规，遵循平等、自愿、公平和诚实信用的原则，甲方将_____工程工地门禁系统分包工程委托给乙方完成，双方就相关事宜协商一致，共同签订本合同，供双方共同遵守。

第一条 工程概况

1. 工程名称：_____工程。
2. 工程地点：_____市_____区_____路_____号。

第二条 工作内容

承包范围：甲方指定范围内现场门禁系统的设计、采购、安装及维修。

第三条 质量标准

1. 布线设计施工实施下列标准：
（1）现行国家标准《综合布线系统工程设计规范》GB 50311
（2）现行国家标准《综合布线系统工程验收规范》GB/T 50312
（3）现行国家系列标准《光缆总规范 第1部分：总则》GB/T 7424.1

2. 同时满足下列安装与设计规范：
（1）现行国家标准《民用建筑电气设计标准》GB 51348
（2）现行国家标准《智能建筑设计标准》GB 50314
（3）现行国家标准《建筑电气与智能化通用规范》GB 55024
（4）现行国家标准《出入口控制系统工程设计规范》GB 50396

第四条 合同价款

1. 本工程合同总价为_____元（大写：_____），报价组成明细详见明细表。
2. 移位及搬用：使用期_____年内，若因甲方原因需要将此系统或系统中的部分功能及系统移至其他地点，则乙方承诺为甲方提供技术支持和免费人工服务，由此产生的辅料费用由甲方自行承担。
3. 本合同价款为固定总价，在本合同有效期内不因任何原因调整。本分包工程合同价款应视为乙方完成系统方案中所有施工项目和实现所有功能所需的费用，甲方包工包料、包工期、包质量，固定总价包括所有相关的费用，如人工费、材料费、运输费、安装费、现场经费、企业管理费、开办费、利润、税金、调价、工期费、完工调试费、维修保护费、首次拆除移位重新安装的人工服务费用。

第五条 工程期限

1. 工程期限总日历天数为_____天，计划工程起始日期为_____年_____月_____日，计划工程截止日期为_____年_____月_____日。工期总日历天数与根据计划工程起始、工程截止日期计算的天数不一致的，以工期总日历天数为准。
2. 甲方因工程需要延长工期的，在合同届满前_____日内，签订延长工期的补充协议或重新签订合同。

第六条 价款支付方式

1. 本合同约定工程款按照下列付款节点进行支付：

序号	付款节点	支付比例	支付金额	备注

2. 在满足上述约定付款节点后，乙方应向甲方提交付款申请，付款申请应包括以下内容：付款节点前交付、工程进度的

情况；付款节点前计算的工程款；付款节点前应扣除的费用。甲方应在收到乙方提交的付款申请后_____日内完成审核，并在审核确认后_____日内向乙方支付审核确定的工程款。

3. 甲方以_____方式向乙方支付工程款。在甲方按照约定向乙方支付工程款前，乙方应按照甲方要求提供发票。

4. 若一方的付款方式中对应的信息发生变化的，该方应以书面形式通知另一方，因未及时通知导致价款支付发生延迟或错误的，相关责任由该方承担。

第七条 技术要求

1. 系统构件要求见乙方门禁系统正式通过甲方审核的施工方案和正式通过甲方审核的乙方构件明细说明。

2. 关于工程质量及验收的约定：本工程执行现行国家标准《综合布线系统工程验收规范》GB/T 50312 和《智能建筑设计标准》GB 50314 的其他同类标准、质量评定验收标准及本合同第三条中的标准要求。

3. 由于乙方原因造成质量事故，其返工费用由乙方承担，工期不变。

4. 工程验收：乙方应在完工当日完成系统的整体调试及运行，在第二日及时向甲方提出书面竣工验收申请，甲方派至少一名施工管理人员一同进行整个系统的验收。如果在验收过程中，发现系统不能达到预定要求，乙方必须立即对系统进行调试，如果二次验收中仍存在问题，按乙方违约处理，由此对甲方造成的影响，甲方将保留索赔权利。

5. 工程竣工：乙方应提前三天通知甲方验收，甲方应自接到通知三日内组织验收，并办理验收移交手续。如甲方在规定时间内不能参与验收须及时通知乙方，乙方须另行安排施工验收，另定验收日期。

第八条 甲方的权利和义务

1. 提供安装现场的可具备条件。

2. 进场当天，甲方应派至少一名代表到安装现场与乙方进行沟通，协助乙方顺利开工。

3. 完工当天，派一名代表到安装现场同乙方共同按合同进行验收，并签署验收合格证书，办理接收手续。

4. 按本协议约定及时支付费用。

第九条 乙方的权利和义务

1. 根据甲方的使用要求和分包承包内容的标准在约定的时间内完成任务。

2. 按工期规定要求负责以上物品的运输、安装并满足甲方的使用功能及要求。

3. 遵守政府及甲方的全部现场管理规定，负责并保证到现场安装人员的施工安全。

4. 服从甲方人员的现场指挥，对甲方提供的设备要合理使用，损坏照价赔偿并承担误工费用。

5. 在使用期间，因乙方原因或乙方提供的设备导致系统内的任何构件发生质量问题，则乙方予以无偿更换，赔偿甲方损失并承担相应责任。

6. 遵守国家、行业、地方以及甲方有关现场安全文明施工的各项管理规定。

7. 确保现场施工人员持有就业证、暂住证（非当地户籍人员）、健康证及上岗证，并报甲方备案。

8. 严格遵守有关消防、保卫、交通安全、环卫社会治安方面的规定。

9. 遵守国家及地方政府、业主、监理及甲方关于安全文明施工的要求，在合同履行中因自身原因导致工程未能达到上述安全文明施工要求，须向甲方支付安全文明施工违约罚款。

第十条 验收与维修

1. 分包工程施工、安装完成后，必须经甲方验收。

2. 本工程质量保证期为一年，维护期为三年，终身提供免费技术支持。

3. 乙方负责保修期内免费更换易损件，对质量问题及非人为损坏负责免费维修；人为故意损坏构件、配件只按材料成本价收取修复费用。若乙方不能及时修复，甲方可自行安排修理工作，相应费用由乙方承担，该费用将从保修金中扣除。在维护期内需要的维修及配件更换仅收取成本费。

第十一条 合同变更与解除

1. 甲方有权根据本工程的施工需要对工地门禁系统工程的技术要求以及交付时间进行变更。涉及变更事项的，甲方应及时以本合同约定的方式通知乙方，乙方应按照甲方通知要求及本合同约定办理相关手续。

2. 根据工程项目施工需要，甲方有权在提前_____日通知后解除合同，甲方解除合同的，应按照本合同约定暂定工程款的_____%向乙方支付违约金。

3. 乙方未按照甲方要求的质量标准或时间提供相关设备和服务，且经甲方合理催告后仍未落实的，甲方有权解除合同。

乙方应按照本合同约定暂定工程款的_____%向甲方支付违约金。

4. 未经甲方书面同意，乙方将本合同项下的任何权利义务（包含债权、债务）转让给第三方的，甲方有权解除合同。乙方应按照本合同约定暂定工程款的_____%向甲方支付违约金。

5. 乙方擅自中止或终止提供工地门禁系统工程，甲方有权解除合同。乙方应按照本合同约定暂定工程款的_____%向甲方支付违约金。

第十二条　违约责任

1. 若甲方不能按照合同约定向乙方支付工程款，甲方应按照_____标准向乙方支付违约金。但乙方不得以此为由中止或终止合同。

2. 若乙方不能按照甲方要求提供相关设备和服务，包括乙方未按照甲方通知期限、技术要求提供工地门禁系统工程和乙方提供的工地门禁系统工程不符合合同约定，乙方应按照_____标准向甲方支付违约金，并赔偿甲方因此遭受的损失，包括但不限于甲方停工期间的现场工人工资、机械设备及周转材料租赁费用，以及第三方向甲方主张的工期延误赔偿等。

第十三条　不可抗力

1. 不可抗力系不能预见、不能避免且不能克服的客观情况。任何一方由于受到不可抗力的影响而不能执行合同时，履行合同的期限应予以延长，延长期限相当于不可抗力所影响的时间。

2. 任何一方没有采取有效措施导致损失扩大的，应对扩大的损失承担责任。因合同一方迟延履行合同义务，在迟延履行期间遭遇不可抗力的，不免除其违约责任。

第十四条　送达

1. 与本合同履行相关的通知、指令及其他书面文件，应按照下列送达地址予以送达：

甲方收件人：_____。联系方式：_____。

甲方确认其有效邮箱（必填）：_____。

甲方确认其有效送达地址：_____。

乙方收件人：_____。联系方式：_____。

乙方确认其有效邮箱（必填）：_____。

乙方确认其有效送达地址：_____。

2. 一方送达地址变更未及时告知相对方或者一方指定的收件人拒绝签收，导致文书未能被实际接收的，文书退回之日或用邮政特快专递寄出满三天视为送达。

3. 本合同中注明的电子邮箱须保证有效且能够正常使用，若双方往来函件使用电子邮件等数据电文形式的，此数据电文进入指定的电子邮箱运营商服务器即视为送达。

第十五条　争议解决

双方因履行本合同或因与本合同相关的事项发生争议的，应通过协商方式解决，协商不成的，应首先提交_____调解中心进行调解，调解不成的，一方有权按照下列第_____项约定方式解决争议：

（1）向_____仲裁委员会申请仲裁；

（2）向_____人民法院提起诉讼。

第十六条　其他

1. 本合同未约定事宜，双方可协商签订补充协议，补充协议与本合同具有同等法律效力。

2. 本合同一式_____份，均具有同等法律效力，甲方执_____份，乙方执_____份。

（以下无正文）

（本页为签署页）

甲方：（公章） 乙方：（公章）

法定代表人或其委托代理人： 法定代表人或其委托代理人：
（签字） （签字）

统一社会信用代码：＿＿＿＿＿＿＿＿＿＿＿ 统一社会信用代码：＿＿＿＿＿＿＿＿＿＿＿
地址：＿＿＿＿＿＿＿＿＿＿＿＿＿＿＿＿＿ 地址：＿＿＿＿＿＿＿＿＿＿＿＿＿＿＿＿＿
电话：＿＿＿＿＿＿＿＿＿＿＿＿＿＿＿＿＿ 电话：＿＿＿＿＿＿＿＿＿＿＿＿＿＿＿＿＿
电子信箱：＿＿＿＿＿＿＿＿＿＿＿＿＿＿＿ 电子信箱：＿＿＿＿＿＿＿＿＿＿＿＿＿＿＿
开户银行：＿＿＿＿＿＿＿＿＿＿＿＿＿＿＿ 开户银行：＿＿＿＿＿＿＿＿＿＿＿＿＿＿＿
账号：＿＿＿＿＿＿＿＿＿＿＿＿＿＿＿＿＿ 账号：＿＿＿＿＿＿＿＿＿＿＿＿＿＿＿＿＿

厕所清抽合同

合同编号：

工程名称：_____
工程地址：_____
甲　　方：_____
乙　　方：_____

_____年_____月_____日

_____工程厕所清抽合同

甲方（承包方）：_____
乙方（分包方）：_____
根据《中华人民共和国民法典》及相关法律法规，遵循平等、自愿、公平和诚实信用的原则，甲、乙双方就_____
_____工程厕所清抽事项协商一致，共同签订本合同，供双方共同遵守。

第一条 工程概况
1. 工程名称：_____工程。
2. 工程地点：_____市_____区_____路_____号。

第二条 工作范围及内容
1. 范围：_____工程施工现场及生活区所有厕所粪池的清抽和工地生活垃圾代运。
2. 合同内容：所有厕所粪池的清抽、运输、消纳。

第三条 服务期限
1. 服务期总日历天数为_____天，计划服务起始日期为_____年_____月_____日，计划服务截止日期为_____年_____月_____日。服务期总日历天数与根据计划服务起始、服务截止日期计算的天数不一致的，以服务期总日历天数为准。
2. 甲方因工程需要延长服务期，在合同届满前_____日内，签订延长服务期限的补充协议或重新签订服务合同。

第四条 服务费用
1. 合同总价暂定_____元（大写：_____），其中不含增值税价格为_____元（大写：_____），增值税税额为_____元（大写：_____），增值税税率为_____%。若本合同履行过程中增值税税率发生变化，则总价的调整方式为_____。
2. 本合同为单价合同，按照乙方实际完成的工作内容及其综合单价计算服务费用。综合单价包括人工费、材料费、机械费、运费、消纳费、清洁费、管理费、利润及税金等一切费用。除本合同另有约定外，综合单价在本合同履行期限内不作调整。
3. 本合同的实际服务费用，以甲、乙双方结算确认的金额为准。

第五条 费用支付方式
1. 本合同约定服务费用按照下列付款节点进行支付：

序号	付款节点	支付比例	支付金额	备注

2. 在满足上述约定付款节点后，乙方应向甲方提交付款申请，付款申请应包括以下内容：付款节点前交付、服务进度的情况；付款节点前计算的服务费用；付款节点前应扣除的费用。甲方应在收到乙方提交的付款申请后_____日内完成审核，并在审核确认后_____日内向乙方支付审核确定的服务费用。
3. 甲方以_____方式向乙方支付服务费用。在甲方按照约定向乙方支付服务费用前，乙方应按照甲方要求提供发票。
4. 若一方的付款方式中对应的信息发生变化的，该方应以书面形式通知另一方，因未及时通知导致服务费用支付发生延迟或错误的，相关责任由该方承担。

第六条 甲方的权利和义务
1. 甲方为乙方提供道路畅通、作业便利的作业环境。
2. 甲方应按照合同约定向乙方支付服务费用。

第七条　乙方的权利和义务

1. 乙方有权按照约定收取服务费用。
2. 乙方应按照环卫行业标准为甲方提供厕所清抽服务。
3. 乙方在本工程现场应遵守甲方的现场安全、环保等管理制度，服从甲方人员的指挥和管理。
4. 乙方承担乙方及乙方人员在本工程现场的人身、财产安全责任。
5. 乙方及乙方人员在本工程现场给甲方或甲方人员造成损害的，应该承担损害赔偿责任。

第八条　合同变更与解除

1. 甲方有权根据本工程的施工需要对厕所清抽的内容或数量以及交付时间进行变更。涉及变更事项的，甲方应及时以本合同约定的方式通知乙方，乙方应按照甲方通知要求及本合同约定办理相关手续。
2. 根据工作范围的需要，甲方有权在提前_____日通知后解除合同，甲方解除合同的，应按照本合同约定暂定服务费用的_____%向乙方支付违约金。
3. 乙方未按照甲方要求的内容、数量或时间完成工作的，且经甲方合理催告后仍未能按照甲方要求的内容、数量或时间完成工作的，甲方有权解除合同。乙方应按照本合同约定暂定服务费用的_____%向甲方支付违约金。
4. 未经甲方书面同意，乙方将本合同项下的任何权利义务（包含债权、债务）转让给第三方的，甲方有权解除合同。乙方应按照本合同约定暂定服务费用的_____%向甲方支付违约金。
5. 乙方擅自中止或终止工作的，甲方有权解除合同。乙方应按照本合同约定暂定服务费用的_____%向甲方支付违约金。

第九条　违约责任

1. 若甲方不能按照合同约定向乙方支付服务费用，甲方应按照_____标准向乙方支付违约金。但乙方不得以此为由中止或终止厕所清抽工作。
2. 若乙方不能按照甲方要求完成厕所清抽工作，包括乙方未按照甲方通知期限、数量完成厕所清抽工作和乙方完成厕所清抽工作不符合合同约定，乙方应按照_____标准向甲方支付违约金，并赔偿甲方因此遭受的损失，包括但不限于甲方停工期间的现场工人工资、机械设备及周转材料租赁费用，以及第三方向甲方主张的工期延误赔偿等。

第十条　不可抗力

1. 不可抗力系不能预见、不能避免且不能克服的客观情况。任何一方由于受到不可抗力的影响而不能执行合同时，履行合同的期限应予以延长，延长期限相当于不可抗力所影响的时间。
2. 任何一方没有采取有效措施导致损失扩大的，应对扩大的损失承担责任。因合同一方迟延履行合同义务，在迟延履行期间遭遇不可抗力的，不免除其违约责任。

第十一条　送达

1. 与本合同履行相关的通知、指令及其他书面文件，应按照下列送达地址予以送达：

甲方收件人：_____。联系方式：_____。
甲方确认其有效邮箱（必填）：_____。
甲方确认其有效送达地址：_____。
乙方收件人：_____。联系方式：_____。
乙方确认其有效邮箱（必填）：_____。
乙方确认其有效送达地址：_____。

2. 一方送达地址变更未及时告知相对方或者一方指定的收件人拒绝签收，导致文书未能被实际接收的，文书退回之日或用邮政特快专递寄出满三天视为送达。
3. 本合同中注明的电子邮箱须保证有效且能够正常使用，双方往来函件使用电子邮件等数据电文形式的，此数据电文进入指定的电子邮箱运营商服务器即视为送达。

第十二条　争议解决

双方因履行本合同或因与本合同相关的事项发生争议，应通过协商方式解决，协商不成的，应首先提交_____调解中心进行调解，调解不成的，一方有权按照下列第_____项约定方式解决争议：

（1）向_____仲裁委员会申请仲裁；

（2）向_____人民法院提起诉讼。

第十三条　其他

1. 本合同未约定事宜，双方可协商签订补充协议，补充协议与本合同具有同等法律效力。

2. 本合同一式_____份，均具有同等法律效力，甲方执_____份，乙方执_____份。

（以下无正文）

甲方：（公章）　　　　　　　　　　　　　　乙方：（公章）

法定代表人或其委托代理人：　　　　　　　　法定代表人或其委托代理人：
（签字）　　　　　　　　　　　　　　　　　（签字）

统一社会信用代码：_____　　统一社会信用代码：_____
地址：_____　　地址：_____
电话：_____　　电话：_____
电子信箱：_____　　电子信箱：_____
开户银行：_____　　开户银行：_____
账号：_____　　账号：_____

大门围挡分包合同

合同编号：

工程名称：_____
工程地址：_____
甲　　方：_____
乙　　方：_____

_____年_____月_____日

_____工程大门围挡分包合同

甲方（承包方）：_____
乙方（分包方）：_____

根据《中华人民共和国民法典》及相关法律法规，遵循平等、自愿、公平和诚实信用的原则，甲、乙双方就_____工程大门围挡分包工程事项协商一致，共同签订本合同，供双方共同遵守。

第一条 工程概况

1. 工程名称：_____工程。
2. 工程地点：_____市_____区_____路_____号。

第二条 承包范围及承包方式

1. 范围：_____工程现场大门围挡施工工程。
2. 承包方式：_____（包工包料/包清工）。

第三条 工程期限

1. 工期总日历天数为_____天，计划工程起始日期为_____年_____月_____日，计划工程截止日期为_____年_____月_____日。工期总日历天数与根据计划工程起始、工程截止日期计算的天数不一致的，以工期总日历天数为准。
2. 甲方因工程需要延长工程期限的，应在合同届满前_____日内，签订延长工程期限的补充协议或重新签订合同。

第四条 工程价款

1. 本合同的工程价款暂定为_____元（大写：_____），其中不含增值税价格为_____元（大写：_____），增值税税额为_____元（大写：_____），增值税税率为_____%。若本合同履行过程中增值税税率发生变化，则租金的调整方式为：_____。
2. 本合同的价格形式为单价合同，按照乙方实际提供租赁物及其综合单价计算租金。租赁物的综合单价已包括租赁物的使用费、折旧费、租赁物保险费、租赁进出场地费、运输费、合理损耗费、维修费、检验费及乙方应获的利润、税金、管理费、规费等一切费用。除本合同另有约定外，租赁物综合单价在本合同履行期限内不作调整。
3. 本合同的实际租金，以甲、乙双方结算确认的金额为准。

第五条 价款支付方式

1. 本合同约定价款按照下列付款节点支付：

序号	付款节点	支付比例	支付金额	备注

2. 在满足上述约定付款节点后，乙方应向甲方提交付款申请，付款申请应包括以下内容：付款节点前交付、返还租赁物的情况；付款节点前计算的价款；付款节点前应扣除的费用。甲方应在收到乙方提交的付款申请后_____日内完成审核，并在审核确认后_____日内向乙方支付审核确定的价款。
3. 甲方以_____方式向乙方支付价款。在甲方按照约定向乙方支付价款前，乙方应按照甲方要求提供发票。
4. 若一方的付款方式中对应的信息发生变化，该方应以书面形式通知另一方，因未及时通知导致价款支付发生延迟或错误的，相关责任由该方承担。

第六条 甲方的权利和义务

1. 按照合同约定向乙方支付工程价款。
2. 负责协调乙方与现场其他分包方、施工工序之间的关系。

3. 及时向乙方提供施工所需指令、指示、洽商等相关施工文件。
4. 当甲方对工程材料、质量发生怀疑时，有权随时抽查。
5. 如果乙方在工程质量、进度、安全、现场管理等方面满足不了甲方、监理及业主任何一方的合理要求时，甲方有权将分包合同范围的工作指定给其他单位完成，所发生的分包费用、劳务费、材料费等从分包款中扣除。
6. 负责指定具有相应资质的单位进行本合同范围内的检验、试验工作。
7. 负责接洽政府有关部门对施工现场的检查。

第七条　乙方的权利和义务
1. 乙方有权按照约定收取工程价款。
2. 乙方应按照临建工程质量的验收标准提供大门围挡服务。
3. 乙方在本工程现场应遵守甲方的现场安全、环保等管理制度，服从甲方人员的指挥和管理。
4. 乙方承担乙方及乙方人员在本工程现场的人身、财产安全责任。
5. 乙方及乙方人员在本工程现场给甲方或甲方人员造成损害的，应该承担损害赔偿责任。
6. 按业主方、监理方、甲方及有关标准要求及时提供完整的技术资料及竣工资料。
7. 完成承包范围内甲方及有关政府部门、单位要求的各种试验及检测工作。

第八条　质量要求
1. 本工程属于临建工程，验收等级为：合格。
2. 临建工程质量的验收标准为中华人民共和国和_____省及_____市验收标准、甲方临建施工方案，当上述标准出现差异或不一致时以较高要求的标准为准。
3. 如果甲方对该工程有特殊的质量要求，应提前_____日通知乙方，乙方必须达到此要求。

第九条　施工方案
乙方进场前需向甲方提供完整施工方案，其中应包括以下内容：
（1）本工程施工依据现行国家标准及其他相关规定；
（2）采取的主要施工方法、工艺流程；
（3）根据工期要求和现场情况为每阶段施工安排的机具型号／数量；
（4）拟安排在每一施工阶段、区段现场作业人员、管理人员的数量；
（5）乙方现场管理人员组织结构和隶属关系及通信方式；
（6）施工进度计划；
（7）需要甲方配合的事项及其时间要求；
（8）各项保证工期、质量、安全的措施以及雨期施工措施。

第十条　材料物资管理
1. 计划管理
（1）乙方进场前_____日内，应依据甲方的总进度计划提交工程所需的材料、设备清单，其中须明确材料设备的名称、规格型号、单位、数量、供应时间及送达地点。
（2）进场的物资材料应满足甲方制定的月计划、周计划施工进度要求。
2. 物资进、退场要求
（1）所有物资、设备须经过甲方书面同意后方能进场。
（2）如乙方不按规定通知甲方参加验收或未按规定提供配套资料，甲方对材料设备的验收结果不负责，一切损失由乙方负责。
（3）所有进、退场材料物资应提前_____小时向甲方申报物资进、退场计划，经甲方相关人员签字同意后，由乙方向甲方申请填制生产要素出入许可证，报至甲方项目经理部相应部门确认后，方可组织物资进退场；否则严禁进退场。
（4）生产要素出入许可证（一式四份），需明确进出场时间、车号、物资名称、进出场理由及并由乙方负责人签名。
（5）所有材料进场前，乙方需提供相应的合格证、生产许可证、出厂证明、复试报告等合法资料，否则不得进场。

第十一条　违约责任
1. 若甲方不能按照合同约定向乙方支付工程价款，甲方应按照_____标准向乙方支付违约金。

但乙方不得以此为由中止或终止大门围挡工作。

2. 若乙方不能按照甲方要求完成大门围挡工作的，包括乙方未按照甲方通知期限、质量完成大门围挡工作和乙方完成大门围挡工作不符合合同约定，乙方应按照_____标准向甲方支付违约金，并赔偿甲方因此遭受的损失，包括但不限于甲方停工期间的现场工人工资、机械设备及周转材料的租赁费用，以及第三方向甲方主张的工期延误赔偿等。

第十二条　不可抗力

1. 不可抗力系不能预见、不能避免且不能克服的客观情况。任何一方由于受到不可抗力的影响而不能执行合同时，履行合同的期限应予以延长，延长期限等同于不可抗力影响的时间。

2. 任何一方没有采取有效措施导致损失扩大的，应对扩大的损失承担责任。因合同一方迟延履行合同义务，在迟延履行期间遭遇不可抗力的，不免除其违约责任。

第十三条　送达

1. 与本合同履行相关的通知、指令及其他书面文件，应按照下列送达地址予以送达：

甲方收件人：_____。联系方式：_____。

甲方确认其有效邮箱（必填）：_____。

甲方确认其有效送达地址：_____。

乙方收件人：_____。联系方式：_____。

乙方确认其有效邮箱（必填）：_____。

乙方确认其有效送达地址：_____。

2. 一方送达地址变更未及时告知相对方或者一方指定的收件人拒绝签收，导致文书未能被实际接收的，文书退回之日或用邮政特快专递寄出满三天视为送达。

3. 本合同中注明的电子邮箱须保证有效且能够正常使用，若双方往来函件使用电子邮件等数据电文形式的，此数据电文进入指定的电子邮箱运营商服务器即视为送达。

第十四条　争议解决

双方因履行本合同或因与本合同相关的事项发生争议的，应通过协商方式解决，协商不成的，应首先提交_____调解中心进行调解，调解不成的，一方有权按照下列第_____项约定方式解决争议：

（1）向_____仲裁委员会申请仲裁；

（2）向_____人民法院提起诉讼。

第十五条　其他

1. 本合同未约定事宜，双方可协商签订补充协议，补充协议与本合同具有同等法律效力。

2. 本合同一式_____份，均具有同等法律效力，甲方执_____份，乙方执_____份。

（以下无正文）

（本页为签署页）

甲方：（公章）   乙方：（公章）

法定代表人或其委托代理人：   法定代表人或其委托代理人：
（签字）   （签字）

统一社会信用代码：_____   统一社会信用代码：_____
地址：_____   地址：_____
电话：_____   电话：_____
电子信箱：_____   电子信箱：_____
开户银行：_____   开户银行：_____
账号：_____   账号：_____

汽车租赁合同

合同编号：

工程名称：_____
工程地址：_____
甲　　方：_____
乙　　方：_____

_____年_____月_____日

_____工程汽车租赁合同

甲方（承租方）：_____
乙方（出租方）：_____
根据《中华人民共和国民法典》及相关法律法规，遵循平等、自愿、公平和诚实信用的原则，甲、乙双方就_____工程汽车租赁事项协商一致，共同签订本合同，供双方共同遵守。

第一条 工程概况
1. 工程名称：_____工程。
2. 工程地点：_____市_____区_____路_____号。

第二条 租赁设备概况

序号	设备名称	车牌号	机械要求
1			定期保养、无故障运营，保证生命财产安全情况下使用
2			定期保养、无故障运营，保证生命财产安全情况下使用

第三条 租赁期
1. 租赁期总日历天数为_____天，计划租赁起始日期为_____年_____月_____日，计划租赁截止日期为_____年_____月_____日。租赁期总日历天数与根据计划租赁起始、租赁截止日期计算的天数不一致的，以租赁期总日历天数为准。除双方另有约定外，实际租赁起始日期为乙方实际交付租赁物之日。
2. 若甲方需延长租赁期的，应在租赁期届满前_____日以书面形式通知乙方，经双方协商一致后另行订立租赁合同，同等条件下甲方享有优先承租权。

第四条 费用的组成、计取、结算与支付
1. 费用确定的原则
本合同的各项费用是在参照了当期_____市同类汽车市场租赁价格后双方所商定的。若未发生下列情况，价格一旦确定，则合同双方不得以任何理由增减各项费用。若发生下列情况，所增减的费用双方另行协商或签订补充协议：
（1）由于甲方原因，所租汽车型号更改；
（2）如油费大幅度上涨或下跌超过签订合同当日中石化、中石油挂牌价的10%，双方另行商定解决。
2. 最终结算以甲方项目经理_____签字确认的对账单为准。如甲方更换指定负责人，甲方应以书面形式通知。
3. 费用组成

序号	设备名称	车牌号	租赁费（单程，元/次）	暂定数量（单程，次）	暂定总价	备注
1						
2						

本合同暂估总价为_____元（大写：_____）。
4. 费用结算与支付方式
（1）月租赁费按月结算，每月的_____日为结算日期。乙方在每月_____日前向甲方递交当月结算单。
（2）甲方应于次月_____日前支付乙方当月租赁费的_____%。
（3）待甲方确认乙方全部班车停止使用后_____个月内无息支付所有余款。

第五条 乙方权利与义务
1. 乙方联系人：_____。
2. 乙方提供的车辆必须符合国家及_____省_____市机动车管理条例，为有证运营车辆并通过年检，保险、车船税完税证明、营运证、车辆行驶证、驾驶员驾驶证复印件、健康证明、劳动合同、社会保险证明等所有要求提供资料及证明必须加盖公司公章交甲方两份备存。

3. 乙方提供的车辆必须车况良好、车容整洁、司机热情礼貌、服务周到；接送客人时车辆必须按时到达指定地点，迟到_____分钟以上视为迟到，当天结算价格扣除台班费_____%。

4. 乙方提供的车辆必须有合法有效的全额车辆保险，并定期在4S店进行保养维护，保证其性能正常完好。

5. 乙方提供的车辆如在运输过程中发生交通意外，乙方负责承担相应责任（以交管部门判定事故责任认定书为准）。并负责承担交管部门认定的责任比例，支付足额的医疗费用及甲方伤亡人员的全额伤亡赔付。

6. 乙方必须按甲方要求安排车辆，对甲方现场施工工人进行上下班接送，保证工人按时、安全地上下班，并保证路上行人及车辆安全，如发生交通事故须第一时间通知甲方。

7. 乙方必须遵守_____市交通规则，严格禁止闯红灯、超速等违规驾驶，因违反交通规则产生的全部后果由乙方自行承担。

8. 在运输过程中如遇不可抗力的因素（包括恶劣天气、道路堵车、道路施工等）所造成的到达目的地延时，乙方承担赔偿责任并承担所有因上述原因导致增加的费用。

9. 乙方与甲方签订的某个目的地的运价为固定单价，总价按实际使用汽车车次结算。

10. 在乙方服务的甲方用车时段内，因甲方乘车人员本人因素或本人身体因素所造成的人身意外，乙方不承担责任，但应提供相应施救措施。

11. 乙方有义务在行车期间协调管理甲方工人，按要求有序乘车。

12. 乙方有权按照约定收取租金。

第六条 甲方的权利与义务

1. 甲乙双方在签订汽车租赁合同后，在合同有效期内，如乙方不能达到甲方所有要求，甲方有权使用其他汽车公司的车辆，并终止与乙方签订的租赁合同，乙方须赔偿因此给甲方带来的一切经济损失。

2. 甲乙双方签订的汽车租赁合同所涉及的车辆运价、商业操作模式等相关信息，甲方不得向第三方泄露。

3. 甲方应向乙方提供相应的乘车人员、乘车时间、乘车地点和甲方负责人联系方式等相关信息。甲方联系人：_____。

4. 甲方应保证乘车人员做到以下几点，以便乙方进行安全生产管理：

（1）有序上下车，不在车内吸烟，保持车内整洁、卫生；

（2）乘车人员禁止携带国家法律法规明令禁止的一切危险品上车（包括有毒气体、液体、腐蚀性液体、易燃品、易爆品、炸药、管制刀具等），生产工具除外，但要放置在行李箱内。

（3）如违反上述两条规定造成火灾、爆炸等严重后果，造成人员伤亡，甲方承担相关责任。

5. 甲方应按照合同约定向乙方支付费用。

第七条 合同变更与解除

1. 甲方有权根据本工程的需要对租赁物的型号、数量以及使用时间进行变更。涉及变更事项的，甲方应及时以本合同约定的方式通知乙方，乙方应按甲方通知要求及本合同约定办理相关手续。

2. 根据工程需要，甲方有权在提前_____日通知后解除合同，甲方解除合同的，应按照本合同约定暂定租金的_____%向乙方支付违约金。

3. 乙方未按照甲方要求的型号、数量或时间提供租赁服务，且经甲方合理催告后未落实的，甲方有权解除合同。乙方应按照本合同约定暂定租金的_____%向甲方支付违约金。

4. 未经甲方书面同意，乙方将本合同项下的任何权利义务（包含债权、债务）转让给第三方的，甲方有权解除合同。乙方应按照本合同约定暂定租金的_____%向甲方支付违约金。

5. 乙方擅自中止或终止提供服务的，甲方有权解除合同。乙方应按照本合同约定暂定租金的_____%向甲方支付违约金。

第八条 违约责任

1. 若甲方不能按照合同约定向乙方支付租金，甲方应按照_____标准向乙方支付违约金。但乙方不得以此为由中止或终止汽车租赁服务。

2. 若乙方不能按照甲方要求提供服务至甲方指定地点，包括期限、型号、服务不符合合同约定，乙方应按照_____标准向甲方支付违约金，并赔偿甲方因此遭受的损失。

第九条　知识产权条款

1. 乙方应保证为甲方提供的汽车不存在侵犯他人著作权、商标、专利、工业设计、商业秘密等情形，甲方不需要因此向第三方寻求任何授权或支付任何费用，乙方应保证甲方免受第三方关于侵犯著作权、商标权、专利权、工业设计权或其他知识产权的起诉或权利主张。

2. 如任何第三方向甲方主张上述相关权利的，乙方应承担由此引发的一切法律责任和费用及并赔偿甲方的一切损失。

第十条　不可抗力

1. 不可抗力系不能预见、不能避免且不能克服的客观情况。任何一方由于受到不可抗力的影响而不能执行合同时，履行合同的期限应予以延长，延长期限相当于不可抗力所影响的时间。

2. 任何一方没有采取有效措施导致损失扩大的，应对扩大的损失承担责任。因合同一方迟延履行合同义务，在迟延履行期间遭遇不可抗力的，不免除其违约责任。

第十一条　送达

1. 与本合同履行相关的通知、指令及其他书面文件，应按照下列送达地址予以送达：

甲方收件人：_____。联系方式：_____。

甲方确认其有效邮箱（必填）：_____。

甲方确认其有效送达地址：_____。

乙方收件人：_____。联系方式：_____。

乙方确认其有效邮箱（必填）：_____。

乙方确认其有效送达地址：_____。

2. 一方送达地址变更未及时告知相对方或者一方指定的收件人拒绝签收，导致文书未能被实际接收的，文书退回之日或用邮政特快专递寄出满三天视为送达。

3. 本合同中注明的电子邮箱须保证有效且能够正常使用，若双方往来函件使用电子邮件等数据电文形式的，此数据电文进入指定的电子邮箱运营商服务器即视为送达。

第十二条　争议解决

双方因履行本合同或因与本合同相关的事项发生争议的，应通过协商方式解决，协商不成的，应首先提交_____调解中心进行调解，调解不成的，一方有权按照下列第_____项约定方式解决争议：

（1）向_____仲裁委员会申请仲裁；

（2）向_____人民法院提起诉讼。

第十三条　其他

1. 本合同未约定事宜，双方可协商签订补充协议，补充协议与本合同具有同等法律效力。

2. 本合同一式_____份，均具有同等法律效力，甲方执_____份，乙方执_____份。

（以下无正文）

（本页为签署页）

甲方：（公章） 乙方：（公章）

法定代表人或其委托代理人： 法定代表人或其委托代理人：
（签字） （签字）

统一社会信用代码：_____ 统一社会信用代码：_____
地址：_____ 地址：_____
电话：_____ 电话：_____
电子信箱：_____ 电子信箱：_____
开户银行：_____ 开户银行：_____
账号：_____ 账号：_____

第二章 土方工程

土方分包合同

合同编号：

工程名称：_____
工程地址：_____
甲　　方：_____
乙　　方：_____

_____年_____月_____日

_____工程土方分包合同

甲方（承包方）：_____

乙方（分包方）：_____

根据《中华人民共和国民法典》及相关法律法规，遵循平等、自愿、公平和诚实信用的原则，甲、乙双方就_____工程土方工程分包事项协商一致，共同签订本合同，供双方共同遵守。

第一条 工程概况

1. 工程名称：_____工程。
2. 工程地点：_____市_____区_____路_____号。

第二条 承包范围

1. 按照开挖图要求对相应施工区域的基坑土石方进行挖运。
2. 接管、处理开挖施工前后所有工程实施需要完成的工作，包括但不限于场地平整、道路疏通、地表及地下障碍物清除、垃圾清理外运等。

第三条 价款与说明

1. 合同总价暂定为_____元（大写：_____）。总价暂定，不直接作为结算依据。最终以施工图纸计算结算土方量，按合同约定单价计算总价。

2. 合同价款的说明

区域	单价（元/m³）	暂定数量（m³）	合价（元）	备注
A区				挖土难度不同
B区				挖土难度不同
合计：_____元				

合同单价为固定综合单价，包括乙方按本分包合同要求完成全部土方分包工程承包范围内工作所发生的一切费用。整个合同期间，合同单价不可调整。合同单价已考虑以下内容的金额：

（1）大面积开挖与局部开挖之间的各种差异；

（2）不同深浅、不同土质、不同开挖方式及运输方式、不同运距；

（3）分阶段、分断面、分区段挖土；

（4）基坑内修建临时通道、坡道等增加的工作面或放坡等零星机挖土的配合；

（5）清除任何挖土过程中遇到的障碍物，包括砖石、混凝土、桩头破碎物、废弃物、管沟、管线、废弃构筑物以及其他一切障碍物；

（6）机上人工费、机械费、运输费、能源动力费、渣土消纳费；

（7）施工机械进退场费；

（8）修理边坡、基坑排水沟、坑底预留的人工挖土部分等产生的机挖配合；

（9）向市容环卫等政府有关机构缴纳的费用；

（10）现场管理费、企业管理费、利润；

（11）除增值税以外的各项税费；

（12）任何因市场人工、材料、配件、能源、运输、税费的变动或政府及行业主管部门红头文件的颁发而引起的乙方的实际支出的增减，均属于乙方自身经营风险，视为已经事先充分估计并列入合同价款之中（本合同另有说明的除外）。

3. 土方结算价款的确定依据为本合同固定单价和按下列计算规则计算得到的实际工程量。如果乙方未按要求完成全部工程量，所有完成部分结算单价均在原单价基础上降低_____元，乙方对因此给甲方带来的一切后果和损失负全责，甲方保留追偿的权利。

甲方要求单独使用挖机设备时，其费用标准为：挖机每小时_____元；破碎炮每小时_____元。所有现场签证单必须经甲方现场经理和商务经理签字方生效。

4. 工程量计算规则

按土方开挖图计算工作量，按开挖前的密实体积计量。下列情况下的项目不予以计量：

（1）乙方强行施工的；

（2）未经甲方同意、超出开挖边线图的部分；

（3）基坑超挖部分。

第四条　价款支付方式

1. 本合同约定价款按照下列付款节点进行支付：

序号	付款节点	支付比例	支付金额	备注

2. 在满足上述约定付款节点后，乙方应向甲方提交付款申请，付款申请应包括以下内容：付款节点前的工程进度情况；付款节点前计算的价款；付款节点前应扣除的费用。甲方应在收到乙方提交的付款申请后_____日内完成审核，并在审核确认后_____日内向乙方支付审核确定的价款。

3. 甲方以_____方式向乙方支付价款。在甲方按照约定向乙方支付价款前，乙方应按甲方要求提供发票。迟延提交发票的，甲方有权相应顺延支付时间。

4. 若一方的付款方式中对应的信息发生变化，该方应以书面形式通知另一方，因未及时通知导致价款支付发生延迟或错误的，相关责任由该方承担。

第五条　工程期限

1. 工期总日历天数为_____天，计划工程起始日期为_____年_____月_____日，计划工程截止日期为_____年_____月_____日。工期总日历天数与根据计划工程起始、工程截止日期计算的天数不一致的，以工期总日历天数为准。

2. 因甲方需要延长工程期限的，在合同期限届满前_____日内，签订延长工程期限的补充协议或重新签订合同。

第六条　工期延误

1. 因以下任何一项原因造成乙方延误实施本分包工程的，经甲方项目经理书面确认，本分包工程的竣工时间相应延长。

（1）非乙方造成的工程延误，而且甲方根据总合同已经从业主处获得与分包合同相关的竣工时间的延长。

（2）甲方未按约定时间提供开工条件、施工条件等造成的延误。

（3）不可抗力（有关定义见第七条）等其他非乙方原因造成本分包工程的延误。

（4）施工过程中遇到不明物体、古建遗址、有地质研究价值的化石或物品、残旧危险爆炸物、古墓、历史文物等，政府有关部门发掘、处理此类事件造成的工期延误。

（5）施工过程中其他分包方施工发生异常（非乙方原因），影响乙方施工正常进行的：

① 出现滑坡迹象，如产生裂缝、发生滑动等；

② 基坑大范围渗水；

③ 局部坍塌；

④ 邻近地表、地物的开裂、变形。

（6）甲方认可的其他可以谅解的工期延误。

2. 因业主原因造成工期延误需经业主认可并同意给甲方进行工期补偿的，乙方的工期顺延。

3. 乙方在上述任一事件发生后的_____天内，就延误的工期以书面的形式向甲方提出报告。如果上述事件具有持续的影响，则乙方应每隔_____天发出一份报告，事件影响结束之日起_____天内提交最终报告给甲方。甲方在收到报告后_____天内就报告内容予以答复或提出修改意见，否则视为同意。

4. 非甲方原因（不可抗力除外）造成未按合同工期（包括合同约定可顺延的工期）交工的，双方约定：乙方除补偿甲方遭受的全部损失费用外，还须向甲方支付工期延误违约金，违约金标准为人民币_____元／天，从工程款中扣除。

第七条 不可抗力

1. 不可抗力系不能预见、不能避免且不能克服的客观情况。任何一方由于受到诸如战争、严重火灾、瘟疫、洪水、台风、地震等不可抗力的影响而不能执行合同时，履行合同的期限应予以延长，延长期限相当于不可抗力影响的时间。

2. 受影响的一方应在不可抗力事件发生后尽快用书面形式（包括传真、电子邮件方式）通知对方，并于不可抗力事件发生后14日内将相关部门出具的证明文件用特快专递或挂号信寄给对方审阅确认。受影响的一方应尽可能继续履行合同义务，采取合理的方案履行不受不可抗力影响的其他义务。

3. 不可抗力事件影响持续60日以上，双方通过友好协商，在合理时间内达成进一步履行或解除合同的协议。

4. 任何一方没有采取有效措施导致损失扩大的，该方应对责任承担扩大损失。因合同一方迟延履行合同义务，在迟延履行期间遭遇不可抗力的，不免除其违约责任。

第八条 施工方案

乙方进场前需向甲方提供完整的施工方案，其中应至少包括以下内容：

（1）本工程施工依据的现行国家标准及其他相关规定；

（2）采取的主要施工方法、工艺流程；

（3）根据工期要求和现场情况为每阶段施工安排的机具型号/数量；

（4）拟安排在每一施工阶段、区段现场作业人员、管理人员的数量；

（5）乙方现场管理人员组织结构和隶属关系及通信方式；

（6）进度计划；

（7）需要甲方配合的事项和最迟解决完成时间；

（8）各项保证工期、质量、安全的措施以及冬、高温、雨期施工措施。

第九条 材料物资管理

1. 计划管理

（1）乙方进场前_____日内，应根据甲方的总进度计划提交工程所需的材料、设备清单，其中须明确材料、设备的名称、规格型号、单位、数量、供应时间及送达地点。

（2）进场的物资材料、设备应满足甲方制定的月计划、周计划施工进度要求。

2. 物资、设备进退场要求

（1）所有物资、设备须经过甲方书面同意后方能进场。

（2）如乙方不按规定通知甲方参加验收或未按规定提供配套资料，甲方对材料设备的验收结果不负责，一切损失由乙方承担。

（3）所有进、退场材料物资、设备应提前_____小时向甲方申报物资进退场清单，经甲方相关人员签字同意后，乙方向甲方申请填制生产要素出入许可证，报至甲方项目经理部相应部门确认后，方可组织物资、设备进退场；否则严禁进退场。

（4）生产要素出入许可证（一式四份），需明确进出场时间、车号、物资名称、进出场理由并由乙方负责人签名。

（5）所有材料进场前，乙方需提供相应的合格证、生产许可证、出厂证明、复试报告等合法资料，否则不得进场。

（6）所有设备进场前，乙方需按规定提供相应的合格证、年检证明等，否则不得进场。

3. 物资存放管理

（1）由于材料堆放场地紧张，乙方不得将所有材料一次性运至现场储存。

（2）乙方须在现场以外的地区自行解决物资材料的仓储与周转，以确保进场材料满足施工进度与工期要求。

（3）进场物资堆放地点必须经过甲方批准，服从甲方的统筹安排。

（4）乙方现场物资堆放、保管、标识等必须符合甲方的管理规定。

（5）进场物资材料存放环境要符合干燥通风的要求。甲方提供库房场地，并建造围护结构，乙方自行建造房内设施。

（6）注意防日晒雨淋，远离火源，避免碰撞，乙方在库房外自备消防设备及防火标识。

第十条 变更与变更计价

1. 如果甲方认为有必要对分包工程或其中的任何部分的形式、质量、数量做出变更或调整，甲方有权指示乙方进行以下任何工作，乙方应遵照执行。该指示应该包括来自业主、设计、监理单位的设计变更、洽商、指示等，但均以甲方发送的为准。

（1）增加或减少合同中已经包含的工作量；

（2）改变工程做法、材料；

（3）改变分包工程任何部位的标高、位置或尺寸；

（4）改变施工顺序或时间安排；

（5）为确保工程质量和工程竣工而必需的任何附加的工作。

2. 如果上述变更是因为乙方违约或其自身原因造成的，则任何此类变更后增加的费用由乙方承担。

3. 乙方没有任何权利对合同工作内容提出变更，更不得在施工中擅自改变材料、施工顺序和做法，进行未经甲方许可的施工作业。

4. 如果合同中没有适用于变更工作的价格，由双方协商确定价格。

第十一条　技术质量要求

1. 总则

（1）乙方应严格按照本合同和施工方案及现行标准进行土方施工作业，确保施工质量满足标准和设计要求。

（2）乙方应选派业务水平高、经验丰富的专业施工技术人员和操作人员负责本工程的施工。

（3）乙方应保证提供的材料质量合格，满足标准、方案的要求，禁止提供假冒伪劣产品。

2. 标准

施工作业应满足现行国家、行业、地方标准及设计图纸要求。

第十二条　文物和地下障碍物

1. 在施工中遇到下列情况乙方应立即停止施工，甲方应立即保护好现场：

（1）古墓、古建筑遗址、历史文物；

（2）化石或其他有考古、地质研究等价值的物品；

（3）被怀疑为有危险的爆炸物，如残旧的炸弹、手榴弹、炮弹、地雷等；

（4）走向不明的管线、管沟、防空洞等。

2. 若能明显判断和怀疑为文物，甲方于_____小时内以书面形式通知建设单位，由其收到书面通知后报告当地文物管理部门，甲方按文物管理部门的要求采取妥善保护措施。乙方按文物部门的要求配合发掘工作。费用由乙方与建设单位商议确定。

3. 若被怀疑为有危险的爆炸物或不明物体，乙方应立即停止施工并报告甲方，甲方及时报告给公安机关或有关部门。甲方按相关部门的要求采取妥善保护措施，等待相关部门处置。若乙方疏忽大意未能及时发现，或发现后继续施工未及时报告而自行处置，造成的一切后果和责任由乙方承担。

4. 乙方发现文物或化石后隐瞒不报，致使文物化石遭受破坏、哄抢、私分的，乙方承担相应责任。

5. 发现不明管线、防空洞等，乙方应立即停止施工并向甲方报告，待政府市政管理部门调查处理，明确为废弃物后方可继续施工，相关处理费用在合同价款中已经综合考虑。若需采取一定的保护措施或需要全部或部分继续留存，则由甲方与建设单位或其他单位协商后处理。

6. 上述事件处理过程中，甲方应加强警卫，做好现场安全保卫工作，防止不法人员或无关人员进入现场。

第十三条　现场及人员管理

1. 乙方应遵守国家、行业、地方以及甲方有关现场安全文明施工的各项管理规定，在设施投入、现场布置等方面严格按照甲方的规定执行，并符合甲方的要求。

2. 现场施工人员必须统一着装，统一佩戴安全帽及胸卡，施工人员须持证进出现场。

3. 现场不允许出现乙方单位的宣传标识、标语。

4. 禁止将与施工作业无关的人员带到施工现场。

5. 乙方应该采取一切合理的措施防止其人员发生违法犯罪或妨害社会治安和公共安全的行为，并有完全的责任和义务保护周围其他人员和财产免受上述行为的危害，由此造成的一切后果（包括损害赔偿）由乙方承担。

6. 严格遵守有关消防、保卫、交通安全、环卫社会治安方面的规定。由于乙方对上述要求贯彻执行不得力而造成的一切事故、灾害，其经济及法律责任由乙方独自承担，由此造成的甲方损失由乙方赔偿。

第十四条　甲方的权利及义务

1. 甲方驻现场代表（项目经理）姓名：_____。

2. 检验建筑物的位置或场地的定位控制线（桩）、水准基点，并向乙方办理交验手续。

3. 提供详细的地勘资料。

4. 负责协调乙方与现场其他分包方、施工工序（如降水、支护、测绘、主体结构）之间的关系。

5. 向乙方提供土方开挖图、施工图纸，负责组织乙方的施工技术交底，并审查乙方图纸方案资料、施工组织设计。但这种审查通过并不能免除乙方承担因方案缺陷、错误导致各种后果的任何相关责任。

6. 及时向乙方提供施工所需指令、指示、洽商等相关施工文件。

7. 如果乙方在工程质量、进度、安全、现场管理等方面满足不了甲方、监理、业主中任何一方的要求，甲方有权将分包合同范围的工作指定给其他单位完成，所发生的费用从本合同应付款中扣除，对此乙方不得有任何异议。

8. 做好施工现场的用水、用电准备，以满足施工要求。

9. 开工前向乙方进行现场情况交底并提供施工场地。

10. 土方开挖前，设置位移观测标记，并做位移观测记录，用石灰做好土方开挖边线标志。

11. 开挖过程中随时观测、测量，乙方应严格控制标高避免基坑超挖。

12. 免费提供清洗进出车辆的水源，包括水管、水枪。甲方有权随时抽查监督乙方用水行为，若发现浪费或不良使用行为，甲方有权重罚。

13. 保证本合同工程不受场地内其他工程影响。

14. 按照合同文件的规定，按时足额支付工程款。

15. 组织工程验收。

16. 定期召开现场协调例会。

第十五条　乙方的权利及义务

1. 乙方驻现场代表（项目经理）姓名：_____。

2. 按合同约定及甲方要求的时间准时进场；严格按国家标准，以及设计、方案和施工顺序施工。

3. 向甲方提供施工人员名单及特殊工种的上岗证复印件（加盖单位公章）。

4. 在运输过程中，应遵守交通法规，安全行驶，严禁超载运输。无论何种原因发生交通事故，自行承担相关责任。

5. 根据施工区域的地形、土质、土层厚度、作业条件、工程量和工期综合考虑，优选土方机械数量和型号，并报甲方审批。

6. 土方运输车辆及挖掘机等施工机械应保证性能良好、外观清洁。

7. 乙方及其相关人员应及时了解市区交通及交通管制信息，选择最佳运输路径，避免或减少交通拥堵。

8. 乙方自行办理所属现场人员生命财产和机械设备的保险并支付保险费用。

9. 负责对进入现场人员进行安全交底，承担己方人员违反甲方安全管理规定造成安全事故的全部责任。

10. 乙方司机应服从甲方管理人员的指挥，进入现场施工区域后，未经甲方管理人员许可不得随意开行、停泊。

11. 土方开挖时，应防止邻近建筑物、构筑物、道路、管线等发生位移、下沉或变形。必须避免对原有建筑物、构筑物等一切支撑体系的破坏，如有破坏须负担全部赔偿。

12. 乙方严格依据国家相关施工验收标准以及当地有关标准进行施工，做好自检和工程隐蔽工作，做好施工原始记录和隐蔽工程记录的收集、整理工作，并及时向甲方上报合格的工程验收资料，确保工程质量，一切因乙方原因而引致的责任和产生的费用均由乙方承担。

13. 施工过程中，不得碰撞、破坏基坑周围控制点。

14. 乙方有义务保管、维护施工范围现场临水、临电、临时消防设施。

15. 乙方现场负责人需按时参加甲方项目经理部组织的有关安全、质量、进度、文明施工等方面的各种会议、检查活动，不得无故缺席。若乙方代表临时有其他紧急事务无法出席，需事先向甲方项目经理请假，并指派全权代表参加。会议所做出的决议、事项，双方需共同恪守，严格遵照执行。

16. 自行向政府有关部门办理土方挖运及渣土消纳的有关证件。因手续不全造成的罚款、处罚由乙方承担，甲方因此遭到处罚的，每发生一次乙方应承担_____元违约金，并赔偿甲方损失。

17. 乙方必须无条件执行现场基坑内修建临时道路、坡道等增加放坡及工作面等一切零星挖土的机械配合指令。

18. 乙方根据甲方要求清理所有挖掘所遇障碍物，包括砖石、混凝土、桩头破碎物、废弃物、管沟、管线、废弃构筑物等。

第十六条　竣工决算

1. 分包工程内容完成，经甲方验收合格后_____天内，乙方向甲方递交竣工结算报告及完整的结算资料，双方按照本合同约定的价款及价款调整方式，进行工程竣工结算。

2. 甲方收到乙方递交的竣工结算报告及结算资料后_____天内进行核实，给予确认或提出修改意见。

3. 双方对决算金额无异议的，甲方按合同约定支付工程尾款。

4. 双方对工程竣工结算价款发生争议时，按本合同争议解决条款的约定处理。

5. 乙方不得转包本合同工程。

第十七条　环保与职业安全

1. 本合同双方应共同遵守国家和地方有关的环境保护的法律、法规，努力营造绿色建筑。

2. 乙方进驻现场员工需接受环境管理、职业安全卫生知识的教育培训。

3. 乙方在运输过程中应执行当地政府关于禁止车辆运输泄漏遗撒的规定。

4. 乙方须采取有效措施，防止机械噪声超标或机械漏油污染环境。对于不符合要求的机械要及时采取必要的措施。

5. 车辆进入现场后禁止鸣笛。

第十八条　违约

1. 任何一方不能全面履行本合同条款，均属违约；违约所造成的损失、后果、责任，概由违约方承担。

2. 除非甲乙双方协商终止本合同，违约方承担前述条款违约责任、损失后，仍需严格履行本合同。

第十九条　合同生效与终止

本合同自双方签字并盖章之日起生效。技术资料齐全有效，双方履行全部合同义务，甲方确定主体建筑以及周边相邻建筑物无因乙方施工造成的安全隐患后，本合同即告终止。

第二十条　送达

1. 与本合同履行相关的通知、指令及其他书面文件，应按照下列送达地址予以送达：

甲方收件人：_____。联系方式：_____。

甲方确认其有效邮箱（必填）：_____。

甲方确认其有效送达地址：_____。

乙方收件人：_____。联系方式：_____。

乙方确认其有效邮箱（必填）：_____。

乙方确认其有效送达地址：_____。

2. 一方送达地址变更未及时告知相对方或者一方指定的收件人拒绝签收，导致文书未能被实际接收的，文书退回或用邮政特快专递寄出满三天视为送达。

3. 本合同中注明的电子邮箱须保证有效且能够正常使用，若双方往来函件使用电子邮件等数据电文形式的，此数据电文进入指定的电子邮箱运营商服务器即视为送达。

第二十一条　争议解决

双方因履行本合同或因与本合同相关的事项发生争议的，应通过协商方式解决，协商不成的，应首先提交_____调解中心进行调解，调解不成的，一方有权按照下列第_____项约定方式解决争议：

（1）向_____仲裁委员会申请仲裁；

（2）向_____人民法院提起诉讼。

第二十二条　其他

1. 本合同未约定事宜，双方可协商签订补充协议，补充协议与本合同具有同等法律效力。

2. 本合同一式_____份，均具有同等法律效力，甲方执_____份，乙方执_____份。

（以下无正文）

（本页为签署页）

甲方：（公章） 乙方：（公章）

法定代表人或其委托代理人： 法定代表人或其委托代理人：
（签字） （签字）

统一社会信用代码：_____ 统一社会信用代码：_____
地址：_____ 地址：_____
电话：_____ 电话：_____
电子信箱：_____ 电子信箱：_____
开户银行：_____ 开户银行：_____
账号：_____ 账号：_____

房心回填分包合同

合同编号：

工程名称：_____
工程地址：_____
甲　　方：_____
乙　　方：_____

_____年_____月_____日

_____工程房心回填分包合同

甲方（承包方）：_____
乙方（分包方）：_____

根据《中华人民共和国民法典》及相关法律法规，遵循平等、自愿、公平和诚实信用的原则，甲、乙双方就_____工程房心回填分包工程事项协商一致，共同签订本合同，供双方共同遵守。

第一条 工程概况

1. 工程名称：_____工程。
2. 工程地点：_____市_____区_____路_____号。

第二条 承包范围

1. 承包范围：本工程室内房心回填。
2. 承包形式：包工包料。

第三条 价款与说明

1. 合同总价暂定为：_____元（大写：_____）。
2. 合同价款的说明：

名称	暂定数量	单位	固定单价	暂定总价	备注说明
地下室房心级配碎石回填		m³			包工包料，以实际图纸方量计算（压实后），包括： 1. 级配碎石材料费_____元/m³； 2. 人工＋机械填实费_____元/m³
地下室地坪浇筑		m²			

房心回填的单价为固定单价，单价中包含房心回填工程承包范围内工作所需材料费、人工费、机械费、管理费、利润、税金以及施工中的各种损耗等一切费用。在合同期内不做任何调整。

3. 工程量计算规则：

（1）按照图纸计算工程量。

（2）下列情况下的项目不计工程量：

① 乙方强行施工的；

② 未经甲方同意回填的部分。

第四条 价款支付方式

1. 本合同约定价款按照下列付款节点进行支付：

序号	付款节点	支付比例	支付金额	备注

2. 在满足上述约定付款节点后，乙方应向甲方提交付款申请，付款申请应包括以下内容：付款节点前工程进度的情况，付款节点前计算的价款，付款节点前应扣除的费用。甲方应在收到乙方提交的付款申请后_____日内完成审核，并在审核确认后_____日内向乙方支付审核确定的价款。

3. 甲方以_____方式向乙方支付价款。在甲方按照约定向乙方支付价款前，乙方应按照甲方要求提供发票，迟延提交发票的，甲方有权顺延支付时间。

4. 若一方的付款方式中对应的信息发生变化的，该方应以书面形式通知另一方，因未及时通知导致价款支付发生延迟或错误的，相关责任由该方承担。

第五条 工程期限

1. 工期总日历天数为_____天，计划工程起始日期为_____年_____月_____日，计划工程截止日期为_____年_____月_____日。工期总日历天数与根据计划工程起始、工程截止日期计算的天数不一致的，以工期总日历天数为准。

2. 甲方因工程需要延长工程期限的，在合同期限届满前_____日内，签订延长工程期限的补充协议或重新签订合同。

第六条 不可抗力

1. 不可抗力系不能预见、不能避免且不能克服的客观情况。任何一方由于受到诸如战争、严重火灾、瘟疫、洪水、台风、地震等不可抗力的影响而不能执行合同时，履行合同的期限应予以延长，延长期限相当于不可抗力影响的时间。

2. 受影响的一方应在不可抗力事件发生后尽快用书面形式（包括传真、电子邮件方式）通知对方，并于不可抗力事件发生后14日内将相关部门出具的证明文件用特快专递或挂号信寄给对方审阅确认。受影响的一方应尽可能继续履行合同义务，采取合理的方案履行不受不可抗力影响的其他义务。

3. 不可抗力事件影响持续60日以上，双方通过友好协商，在合理时间内达成进一步履行或解除合同的协议。

4. 任何一方没有采取有效措施导致损失扩大的，该方应对责任承担扩大损失。因合同一方迟延履行合同义务，在迟延履行期间遭遇不可抗力的，不免除其违约责任。

第七条 施工步骤

1. 对级配碎石进行技术鉴定，应将碎石拌合均匀，其质量均应达到设计要求或满足标准规定。

2. 分层铺筑碎石

（1）铺筑碎石的每层厚度，一般为200～250mm，分层厚度可用标尺杆控制。

（2）碎石地基底面宜铺设在同一标高上，深度不同时，基土面应挖成踏步和斜坡形，搭槎处应注意压（夯）实。施工应按先深后浅的顺序进行。

（3）分段施工时，接槎处应做成斜坡，每层接槎处的水平距离应错开0.5～1.0m，并应充分压（夯）实。

3. 铺筑的碎石应级配均匀。

4. 洒水：铺筑级配碎石在夯实碾压前，应根据其干湿程度和气候条件，适当地洒水以保持碎石的最佳含水率（一般为8%～12%）。

5. 夯实或碾压：用木夯或蛙式打夯机时，应保持落距_____mm，一夯压半夯，夯夯相接，全面夯实，一般不少于_____遍。

6. 找平和验收

（1）施工时应分层找平，夯压密实，并应设置纯砂检查点，每500m²取一组样，用灌砂法取样。下层密实度合格后，方可进行上层施工。

（2）最后一层压（夯）完成后，表面应拉线找平，并且要符合设计规定的标高。

第八条 变更与变更计价

1. 如果甲方认为有必要对分包工程或其中的任何部分的形式、质量、数量做出变更或调整，甲方有权指示乙方进行以下任何工作，乙方应遵照执行。该指示应该包括来自业主、设计、监理单位的设计变更、洽商、指示等，但均以甲方发送的为准。

（1）增加或减少合同中已经包含的工作量；

（2）改变工程做法、材料；

（3）改变分包工程任何部位的标高、位置或尺寸；

（4）改变施工顺序或时间安排；

（5）为确保工程质量和工程竣工而必需的任何附加的工作。

2. 如果上述变更是因为乙方违约或其自身原因造成的，则任何此类变更后增加的费用由乙方承担。

3. 乙方没有权利对合同工作内容提出变更，亦不得在施工中擅自改变材料和做法、进行未经甲方许可的施工作业。

4. 如果合同中没有适用于变更工作的价格，由双方协商确定。

第九条 技术质量要求

1. 级配碎石的配料正确，拌合均匀，虚铺厚度符合规定，夯压密实。

2. 应于底板面建筑垃圾、杂物、抽水等清理完毕后进行施工。

3. 分层留接槎位置正确，方法合理，接槎夯压密实、平整。

4. 允许偏差项目见下表：

碎石地基的允许偏差

项次	项目	允许偏差（mm）	检验方法
1	顶面标高	±15	水平仪、拉线、尺量检查
2	表面平整度	20	用2m靠尺和楔形塞尺量检查

第十条 甲方的权利及义务

1. 甲方驻现场代表，项目经理为_____，技术负责人为_____。

2. 协调乙方与现场其他分包方、施工工序之间的关系。

3. 及时向乙方提供施工所需指令、指示、洽商等相关施工文件。

4. 如果乙方在工程质量、进度、安全、现场管理等方面满足不了甲方、监理、业主任何一方的合理要求时，甲方有权将乙方合同范围的工作指定给第三方完成，乙方不得有任何异议并且保证无条件提供合同施工内容项下的所有技术资料。

5. 做好施工现场的用水、用电准备，以满足施工要求。

6. 开工前向乙方进行现场情况交底并提供施工场地。

7. 及时组织对工程的验收。

8. 甲方应按照合同约定向乙方支付工程款。

第十一条 乙方的权利及义务

1. 按合同约定或甲方要求的时间准时进场；严格按国家标准、设计、方案以及施工顺序进行施工。

2. 向甲方提供施工人员名单及特殊工种的上岗证复印件（加盖单位公章）。

3. 在运输过程中，无论何种原因发生交通事故，乙方承担相关责任。

4. 乙方进入工地现场的所有人员需配备甲方认可的安全防护用品，包括但不限于安全帽、安全眼镜、安全鞋、安全马甲等，费用由乙方承担。

5. 乙方自行办理所属现场人员生命财产和机械设备的保险并支付保险费用；负责对进入现场人员进行安全交底，承担己方人员违反甲方安全管理规定造成安全事故的全部责任。

6. 乙方应保障甲方免于承担因乙方过失、失误造成的任何人员伤亡、财产损失的全部责任和索赔，另外还应保障甲方免于承担与此有关的一切索赔、诉讼、损害赔偿、抚恤费和其他相关开支。

7. 乙方严格依据国家相关施工验收标准以及当地有关专业规程、规定进行施工，做好自检和工程隐蔽工作，做好施工原始记录和隐蔽工程记录的收集、整理工作，并及时向甲方上报合格的工程验收资料，确保工程质量，因乙方原因导致的责任和费用均由乙方承担。

8. 乙方有义务保管、维护施工范围现场临水、临电、临时消防设施。

9. 乙方有权按照约定收取工程款。

第十二条 违约

1. 任何一方不能全面履行本合同条款，均属违约；违约所造成的损失、后果、责任，概由违约方承担。

2. 除非甲乙双方协商终止本合同，违约方承担前述条款违约责任、损失后，仍需严格履行本合同。

第十三条 合同生效与终止

本合同自乙方进场施工之日起生效。技术资料齐全有效，双方履行全部合同义务，甲方确认主体建筑以及周边相邻建筑物无安全隐患后，本合同即告终止。

第十四条 争议解决

双方因履行本合同或因与本合同相关的事项发生争议的，应通过协商方式解决，协商不成的，应首先提交_____调解中心进行调解，调解不成的，一方有权按照下列第_____项约定方式解决争议：

（1）向_____仲裁委员会申请仲裁；

（2）向_____人民法院提起诉讼。

第十五条　送达

1. 与本合同履行相关的通知、指令及其他书面文件，应按照下列送达地址予以送达：

甲方收件人：_____。联系方式：_____。

甲方确认其有效邮箱（必填）：_____。

甲方确认其有效送达地址：_____。

乙方收件人：_____。联系方式：_____。

乙方确认其有效邮箱（必填）：_____。

乙方确认其有效送达地址：_____。

2. 一方送达地址变更未及时告知相对方或者一方指定的收件人拒绝签收，导致文书未能被实际接收的，文书退回或用邮政特快专递寄出满三天视为送达。

3. 本合同中注明的电子邮箱须保证有效且能够正常使用，若双方往来函件使用电子邮件等数据电文形式的，此数据电文进入指定的电子邮箱运营商服务器即视为送达。

第十六条　其他

1. 本合同未约定事宜，双方可协商签订补充协议，补充协议与本合同具有同等法律效力。

2. 本合同一式_____份，均具有同等法律效力，甲方执_____份，乙方执_____份。

（以下无正文）

甲方：（公章）　　　　　　　　　　　　　乙方：（公章）

法定代表人或其委托代理人：　　　　　　　法定代表人或其委托代理人：
（签字）　　　　　　　　　　　　　　　　（签字）

统一社会信用代码：_____　　统一社会信用代码：_____
地址：_____　　地址：_____
电话：_____　　电话：_____
电子信箱：_____　　电子信箱：_____
开户银行：_____　　开户银行：_____
账号：_____　　账号：_____

肥槽回填分包合同

合同编号：

工程名称：_____
工程地址：_____
甲　　方：_____
乙　　方：_____

_____年_____月_____日

_____工程肥槽回填分包合同

甲方（承包方）：_____
乙方（分包方）：_____
根据《中华人民共和国民法典》及相关法律法规，遵循平等、自愿、公平和诚实信用的原则，甲、乙双方就_____工程肥槽回填分包工程事项协商一致，共同签订本合同，供双方共同遵守。

第一条　工程概况

1. 工程名称：_____工程。
2. 工程地点：_____市_____区_____路_____号。

第二条　承包方式及工作内容

1. 包工包料。
2. 乙方工作内容包括并不仅限于以下工作内容：
（1）提交满足总包要求的施工方案；
（2）施工图示基坑土石方的回填；
（3）地上、地下及周边管线的保护；
（4）提供满足质量、工期、安全要求的施工作业人员、管理人员及材料、机械设备等；
（5）回填方时道路的清理；
（6）所有的文明施工，设置专职文明施工人员及提供清扫、洒水等工具，负责现场区域及道路的清扫、洒水，负责本工程所在地政府要求的门前三包工作；
（7）须由乙方负责的其他事项。

第三条　价款与计量

1. 合同单价

序号	内容	单位	固定单价	暂定数量	合价	备注
1	级配砂石回填					
2	素土回填					
合计：_____元						

2. 本合同采取固定单价，工程量按施工图计算，除变更洽商外，任何情况不再予以调整。合同单价包括乙方为履行本合同约定义务，完成合同工作内容，承担自身经营风险，满足国家标准和设计要求，达到业主、监理、甲方要求所发生的一切相关费用。合同总价暂定为_____元（大写：_____）。

3. 本合同单价已经综合考虑以下内容：
（1）大面积回填与局部、小面积回填之间的各种差异；
（2）按标准、方案、图集规定所做局部特殊处理；
（3）分阶段、分断面、分区段回填；
（4）机上人工费、机械费、运输费、能源动力费、渣土消纳费；
（5）施工机械进退场费；
（6）向市容环卫等政府有关机构缴纳的费用；
（7）部分土方（如人防出口）须另行确定回填时间，乙方报价中须考虑二次进出场费用；
（8）人工费、材料费、机具费、附件或配件费、食宿交通费、试验检验费、保险费、运输装卸费、工具费、冬（雨）期施工费、成品保护费、临时设施（除甲方提供之外的乙方为完成本工程所必需的临时设施）费、赶工费、文明施工费、与其他分包方的配合照管费、资料费等；

(9)现场管理费、企业管理费、利润、各项税费；

(10)任何因市场人工、材料、配件、能源、运输、税费的变动或政府及行业主管部门红头文件颁发而引起的乙方的实际支出的增减，均为乙方自身经营风险，视为已经事先充分考虑并已列入合同价款之中（合同另有说明者除外）。

4. 工程量计算方法

(1)基本原则：根据工程量计算规则按经甲方确认的施工图按实际回填土方量计量。

(2)下列项目工程量不予计量：乙方强行施工的；未经甲方同意超出施工图要求回填的。

第四条 付款

1. 本合同约定价款按照下列付款节点进行支付：

序号	付款节点	支付比例	支付金额	备注

2. 在满足上述约定付款节点后，乙方应向甲方提交付款申请，付款申请应包括以下内容：付款节点前的工程进度情况；付款节点前计算的价款；付款节点前应扣除的费用。甲方应在收到乙方提交的付款申请后_____日内完成审核，并在审核确认后_____日内向乙方支付审核确定的价款。

3. 甲方以_____方式向乙方支付价款。在甲方按照约定向乙方支付价款前，乙方应按照甲方要求提供发票，迟延提交发票的，甲方有权顺延支付时间。

4. 若一方的付款方式中对应的信息发生变化，该方应以书面形式通知另一方，因未及时通知导致价款支付发生延迟或错误的，相关责任由该方承担。

第五条 工程期限

1. 工期总日历天数为_____天，计划工程起始日期为_____年_____月_____日，计划工程截止日期为_____年_____月_____日。工期总日历天数与根据计划工程起始、工程截止日期计算的天数不一致的，以工期总日历天数为准。

2. 因甲方需要延长工程期限，在合同届满前_____日内，签订延长工程期限的补充协议或重新签订合同。

第六条 工期延误

1. 因以下任何一项原因造成乙方延误实施分包工程的，经甲方项目经理书面确认，分包工程的竣工时间相应延长：

(1)非乙方造成工程延误，而且甲方根据总合同已经从业主处获得与分包合同相关的竣工时间的延长；

(2)甲方未按约定时间提供开工条件、施工现场等造成的延误；

(3)甲方发出错误的指令或者延迟发出指令确认批准造成分包合同工期延误；

(4)不可抗力（有关定义见第七条）等其他非乙方原因造成分包工程的延误。

2. 乙方在上述任一事件发生后的_____天内，就延误的工期以书面的形式向甲方提出报告。如果上述事件具有持续的影响，则乙方应每隔_____天发出一份报告，事件影响结束之日起_____天内提交最终报告给甲方商务部门。甲方在收到报告后_____天内就报告内容予以答复或提出修改意见，否则视为同意。

第七条 不可抗力

1. 不可抗力系不能预见、不能避免且不能克服的客观情况。任何一方由于受到诸如战争、严重火灾、瘟疫、洪水、台风、地震等不可抗力的影响而不能执行合同时，履行合同的期限应予以延长，延长期限相当于不可抗力影响的时间。

2. 受影响的一方应在不可抗力事件发生后尽快用书面形式（包括传真、电子邮件方式）通知对方，并于不可抗力事件发生后14日内将相关部门出具的证明文件用特快专递或挂号信寄给对方审阅确认。受影响的一方应尽可能继续履行合同义务，采取合理的方案履行不受不可抗力影响的其他义务。

3. 不可抗力事件影响持续60日以上，双方通过友好协商，在合理时间内达成进一步履行或解除合同的协议。

4. 任何一方没有采取有效措施导致损失扩大的，该方应对责任承担扩大损失。因合同一方迟延履行合同义务，在迟延履行期间遭遇不可抗力的，不免除其违约责任。

第八条 变更与变更计价

1. 如果甲方认为有必要对分包工程或其中的任何部分的形式、质量、数量做出变更或调整，甲方有权指示乙方进行以任何工作，乙方应遵照执行。该指示应该包括来自业主、设计、监理单位的设计变更、洽商、指示等。

（1）增加或减少合同中已经包含的工作量；

（2）改变工程做法、材料；

（3）改变分包工程任何部位的标高、位置或尺寸；

（4）改变施工顺序或时间安排；

（5）为确保工程质量和工程竣工而必需的任何附加的工作。

2. 上述变更指令发出后，双方应继续履行本合同，本分包合同不因以上变更而失效或者作废。因变更而导致合同价款发生变化则按相应条款规定调整：

（1）如果上述变更是因为乙方违约或其自身原因造成的，则任何此类变更后增加的费用由乙方承担；

（2）如果变更仅仅造成工程量发生变化，则其单价不变，仍按原合同单价执行；

（3）如果合同中没有适用于变更工作的价格，由双方协商确定价格。

第九条　技术质量要求

1. 总则

（1）乙方应严格按照本合约和现行标准提供材料、安排组织本分包工程的施工作业，确保施工质量满足标准和设计要求；

（2）乙方应选派业务水平较高、经验丰富的专业施工技术人员和操作人员；

（3）施工作业人员需持有有效的_____市劳动局和住建部门颁发的上岗证，并提供加盖单位公章的复印件，报甲方备案；

（4）除本合同约定内容，本分包工程质量要求见甲方确认的施工方案。

2. 施工质量要求

（1）质量标准

填土分层厚度及压实遍数

压实机具	分层厚度（mm）	每层压实遍数
机械夯实	≤350	≥3
人工打夯	≤300	≥3

填土工程质量检验标准

项目	序号	检查项目	允许偏差或允许值	检查方法
主控项目	1	标高	±50mm	水准仪
	2	分层压实系数	0.94	试验检查
一般项目	1	回填土料	素土及2∶8灰土/天然级配砂石	取样检查或直观鉴别
	2	分层厚度	300mm	水准仪及抽样检查
	3	表面平整度	20mm	靠尺或水准仪

（2）土工实验

素土和2∶8灰土由现场采用环刀法测其质量密度。检查点数量：肥槽回填2∶8灰土，每层取一组_____m的样，在每层压实后的下半部分取样；肥槽回填素土每层取一组_____m的样。

（3）回填表面平整度偏差过大，会致使地面混凝土垫层过厚或过薄，造成地面开裂、空鼓。应认真检查回填表面标高和平整度，防止造成返工损失。

（4）严格按照标准要求进行施工，分层厚度采用机械碾压时为300～350mm，人工夯实为250～300mm，分层夯实振实遍数不小于3遍。

（5）边缘和转角处夯压要密实，留接槎按规定搭接和夯实，防止局部下沉。

（6）在回填土未完成前，如遇大雨，必须采取措施防止地表水流入填方区。

（7）配料正确，拌合均匀，分层虚铺厚度符合规定，夯压密实，表面无松散、翘皮。
（8）管道下部必须人工夯实，防止管道下方空虚，造成管道折断渗漏。
（9）应配专人及时处理砂窝、石堆等问题，做到砂石级配良好。

第十条 材料管理

1. 计划管理

（1）所有物资、设备须经过甲方书面同意后方能进场。
（2）进场后一周内，乙方应向甲方提供工程所需主要材料物资供应计划书。
（3）进场的物资材料应满足甲方制定的月、周施工进度计划要求。
（4）所有材料进场前，乙方需提供相应的合格证、生产许可证、出厂证明、复试报告等合法资料，否则不得进场。
（5）物资、材料的进场后的申报程序执行工程所在地地方标准。
（6）所有进、退场材料物资应提前12小时向甲方申报物资进、退场计划，经甲方相关人员签字同意后，乙方向甲方申请填制生产要素出入许可证，报至甲方项目经理部相应部门确认后，方可组织物资进退场；否则严禁进退场。
（7）生产要素出入许可证（一式四份），需明确进出场时间、车号、物资名称、进退场理由并由乙方负责人签名。

2. 仓储管理

（1）由乙方自行负责妥善保管材料，防止人为破坏、偷盗以及不利自然条件的侵蚀，费用自理。如果乙方未采取适当的保管保护措施，甲方有权指派他人完成，发生的费用由乙方承担。
（2）进场物资堆放地点必须经过甲方批准，服从甲方的统筹安排。
（3）现场物资堆放、标识等须符合甲方的有关管理规定。

3. 材料存放要求

（1）材料存放环境要符合干燥通风的要求。甲方提供库房场地，乙方建造其围护结构及房内设施。
（2）材料包装必须密封，表面应有明确标志标明材料各组分名称、生产日期及有效期。
（3）材料严防日晒雨淋，远离火源，避免碰撞，乙方在库房外自备消防设备及防火标识。

第十一条 现场及人员管理

1. 乙方应遵守国家、行业、地方以及甲方有关现场安全文明施工的各项管理规定，在设施投入、现场布置等方面严格按照甲方的规定执行，并符合甲方的要求。
2. 现场施工人员必须统一着装，统一佩戴安全帽及胸卡，施工人员须持证进出现场。
3. 现场不允许出现乙方单位的宣传标识、标语。
4. 乙方应该采取一切合理的措施防止其人员发生违法犯罪或妨害社会治安和公共安全的行为，并有完全的责任和义务保护周围其他人员和财产免受上述行为的危害，由此造成的一切后果由乙方承担。
5. 严格遵守有关消防、保卫、交通安全、环卫社会治安方面的规定。由于乙方对上述要求贯彻执行不得力而造成的一切事故、灾害，其经济及法律责任由乙方独自承担，由此造成的甲方损失由乙方赔偿。

第十二条 甲方权利及义务

1. 甲方驻现场代表：项目经理为_____，技术负责人为_____。
2. 提供定位轴线。
3. 审核乙方的施工组织设计（施工方案）。注意：甲方的审核并不能免除或减少乙方所应承担的责任。
4. 提供现场基坑外临水临电设施（包括一级配电箱／二级配电箱、消火栓、水源），在此之后的所有实施本工程所必需的临水临电设施均由乙方负责；乙方应厉行节约，甲方有权随时抽查监督乙方用水用电行为，若发现有浪费或不良使用行为，甲方有权重罚。
5. 审核乙方完成的工作量。
6. 负责协调乙方与现场其他分包方、施工工序之间的关系，如降水、护坡、基础桩、测绘之间的关系。
7. 及时向乙方提供施工所需指令、指示、洽商等相关施工文件。
8. 甲方有权随时抽查工程材料、工程质量。
9. 监督检查分包工作质量，牵头组织分包工程的中间验收及隐蔽验收，如果乙方在工程质量、进度、安全、现场管理等方面满足不了甲方、监理、业主任何一方的合理要求，甲方有权将分包合同范围的工作指定给第三方完成，所发生的分包费用、劳务费、材料费等费用从分包款中扣除。

10. 协调解决乙方现场的材料堆放及库存场所。

11. 为便于乙方车辆顺利进入现场，甲方向乙方详细告知工程项目地理位置以及周边明显标志性建筑物。

12. 审核并接收乙方提交的符合标准并符合甲方要求的竣工资料与竣工图，负责将本工程竣工资料与竣工图移交业主及工程所在地市城建档案馆。注意：甲方的审核并不能免除或减少乙方所应承担的责任。

13. 负责接洽相关部门对施工现场的检查，并将检查后提出的要求及时通知乙方，所发生的费用由乙方按施工产值分摊。

14. 提供现场临水、临电线路图。

15. 负责定期召开现场协调例会。

16. 甲方为乙方提供下列施工便利：

（1）提供现场乙方临时办公场地，但办公设施由乙方自行提供；

（2）提供施工现场、出入口以及基坑周围的夜间照明设施；

（3）协调现场施工安排，确保场内运输道路的通畅；

（4）提供清洗进出车辆的水源接驳点；

（5）在施工现场供临时厕所设施，并负责定期清理；

（6）根据工期要求，若需夜间施工，负责向政府主管部门办理夜间施工手续；

（7）负责现场出入口的保卫工作。

第十三条　乙方的权利及义务

1. 按合同约定及甲方要求的时间准时进场；严格按甲方审核同意的施工组织设计、甲方代表依据本合同发出的指令要求组织施工，根据甲方审核同意的月（周）施工计划组织施工。

2. 乙方驻现场代表：项目经理为_____，技术负责人为_____。

3. 自备施工所需机具、工具及其他随身工具。

4. 自备符合标准要求的个人安全防护用品，如：安全帽、安全带、手套等。

5. 乙方施工前7天需向甲方提供基坑回填的完整技术方案，其中应包括以下内容：

（1）施工依据的现行国家标准及其他相关规定；

（2）主要施工方法；

（3）根据工期要求和现场情况为每阶段施工安排的机具型号、数量；

（4）每一阶段现场作业人员、管理人员数量；

（5）乙方现场管理人员组织结构和隶属关系以及通信联系方式；

（6）根据现场实际情况和可能出现的情况（包括有毒害环境作业），所采取的保证措施。

6. 负责协调处理相关部门提出的问题。

7. 向甲方提供施工人员名单（需向当地有关部门备案）及特殊工种的上岗证复印件（加盖乙方单位公章）。

8. 负责对施工现场的定位桩、水准控制点、高程控制点、沉降位移观测点的保护工作，确保不被破坏；乙方承诺不损害其他施工方已完项目，如有损害，乙方自费修理。

9. 清理运输车辆机身、轮胎的余土、黏土。

10. 根据施工区域的综合条件，优选土方机械数量、型号，并报甲方审批。

11. 接驳清洗车辆用的水源。

12. 在机械无法作业的部位，人工修整边坡坡度并清理。

13. 乙方负责提供除本合同约定的甲方提供资源和服务以外的所有实施本工程所需资源。负责在机械无法作业的部位，进行人工施工。

14. 乙方应随时准备接受业主方、甲方对工程质量、安全、文明施工的检验、检查，并为检验、检查提供安全、便利条件。

15. 负责将施工产生的泥浆、弃土、渣土进行清理并负责外运、消纳；否则甲方有权自行组织他人完成该项工作，费用从本合同款项中扣除。

16. 负责现场自身施工操作面及自设仓储区、生活区的消防保卫工作。

17. 未经甲方许可，乙方不得私自在现场包括生活区私搭乱建临时用房或未经甲方同意擅用、拆改甲方现场的临时设施。

18. 负责施工现场（直至本工程正式移交给甲方为止）的临水临电等临时设施的保管、保护、维护，保证整个施工现场的临时设施能正常运行，有关费用及工期影响已包含在合同价款及合同工期内，如因乙方责任造成损坏应负责修复或照价赔偿。

19. 未经甲方同意不得与本工程设计单位进行变更设计，确需变更时应先经甲方批准。

20. 负责承包范围内地下管线、文物保护工作，因乙方基坑支护施工而导致的现场内外各种管线、文物的破坏，乙方应承担相应责任，延误的工期不予顺延。

21. 每月_____日前向甲方报送本工程完成情况月报表（包括形象进度、工程量和工作量）及月度施工进度计划、材料设备计划，并按甲方要求提交周进度计划及日作业计划，所有材料一式三份。

22. 应遵守_____市关于扰民的规定，承担因自身施工不当或违反操作规程等原因引起的扰民和民扰事宜的处理，凡因乙方原因造成的扰民和民扰，其责任和经济损失由乙方承担，乙方应确保甲方免于承担该等责任。

23. 负责自身生活区及成本范围内工程的成品保护工作直至本工程结束，不得损坏其他方的成品、半成品，违反上述规定的责任和费用由乙方承担。分包工程交叉作业区域的成品保护工作由乙方自行解决。

24. 乙方按合同规定完成相关工作，整理齐全竣工资料后，向业主方、监理方、甲方提出分部验收要求，其程序按国家规定及业主方、监理方、甲方要求办理。

25. 必须为从事危险作业的职工办理意外伤害保险，并为施工场地内自有人员生命财产和施工机械设备及用于本工程的材料和待安装设备办理保险并支付保险费用。

26. 乙方雇佣的任何员工或其他人员因乙方原因造成意外事故或伤害所引起的一切损失或法律补偿费甲方概不承担责任。

27. 负责本工程的保修工作，保修期及保修内容均按照甲方与业主合同的相应规定执行，保修期满后并不免除乙方自身施工质量责任。

28. 乙方现场负责人需按时参加甲方项目经理部组织的有关安全、质量、进度、文明施工等方面的各种会议、检查活动，不得无故缺席。若乙方代表临时有其他紧急事务无法出席，须指派全权代表参加。会议所做出的决议、事项，双方需共同恪守，严格遵照执行。乙方承担任何因执行上述管理制度、规定不力或违反上述规定造成的一切损失及责任，并保证甲方免于承担因乙方过失造成的损失及承担的责任。

29. 乙方应保障甲方免于承担因乙方过失、失误造成的任何人员伤亡、财产损失的全部责任和索赔，另外还应保障甲方免于承担与此有关的一切索赔、诉讼、损害赔偿、抚恤费和其他相关开支。

30. 乙方的食堂和宿舍需接受甲方的统一监督管理，并严格执行_____市卫生防疫有关规定，采取必要措施，防止蚊蝇、老鼠、蟑螂等疾病传染源的孳生和疾病流行。

第十四条 检查与验收

1. 乙方应认真按照标准和设计图纸要求以及甲方依据合同发出的指令施工，随时接受甲方的检查检验，并为检查检验提供便利条件。

2. 工程质量达不到约定标准的部分，根据甲方的要求拆除并重新施工，直到符合约定标准。因乙方原因达不到约定标准，由乙方承担拆除和重新施工的费用，工期不予顺延。

3. 甲方的检查检验不应影响施工正常进行。如影响施工正常进行，检查检验不合格时，影响正常施工的费用由乙方承担。除此之外影响正常施工发生的费用由甲方承担，相应顺延工期。

4. 因甲方指令失误或其他非乙方原因发生的费用，由甲方承担。

5. 隐蔽工程和中间验收

（1）工程具备隐蔽条件时先由乙方进行自检，并在隐蔽验收前48小时以书面形式通知甲方验收。通知包括隐蔽的内容、验收时间和地点。甲方组织业主、监理单位进行验收。乙方准备验收记录，验收合格且甲方、监理单位在验收记录上签字后，乙方可进行隐蔽或继续施工。验收不合格，乙方在甲方限定的时间内修改后重新验收。

（2）甲方不能按时进行验收，应在验收前24小时告知乙方，延期不能超过48小时。甲方未能按以上时间提出延期要求，不进行验收，乙方可自行组织验收，甲方应承认验收记录。

（3）经甲方、监理单位验收，工程质量符合标准和设计图纸等要求，验收24小时后，甲方、监理单位不在验收记录上签字，视为甲方认可验收记录，乙方可以进行隐蔽或继续施工。

6. 重新检验

无论甲方是否进行验收，当其要求对已经隐蔽的工程重新检验时，乙方应按要求进行剥离或开孔，并在检验后重新覆盖或修复。检验合格，甲方承担由此发生的全部费用，赔偿乙方损失，并相应顺延工期。检验不合格，乙方承担发生的全部费用，工期不予顺延。

第十五条　环保与职业安全

1. 本合同双方应共同遵守国家和地方有关的环境保护的法律、法规，努力营造绿色建筑。

2. 乙方在施工作业过程中满足甲方制定并经国家权威部门认证的ISO 14001环境管理体系、现行国际标准《职业健康安全管理体系要求及使用指南》ISO 45001的要求，保证施工生产符合相关标准的要求。

3. 乙方进驻现场员工需接受经ISO 14001环境管理体系、现行国际标准《职业健康安全管理体系要求及使用指南》ISO 45001认证的教育培训。

4. 乙方在运输材料（包括废料）、机具过程中应执行《_____市人民政府关于禁止车辆运输泄漏遗撒的规定》。

5. 乙方须采取有效措施，防止运输机械噪声超标或机械漏油污染环境。运输车辆要定期进行噪声检测。对于不符合要求的机械要及时采取必要的措施。

6. 车辆进入现场后禁止鸣笛。

第十六条　安全施工

1. 进入施工现场人员应与本项目安全部门密切配合听从指挥，搞好安全工作。

2. 上岗前进行安全教育，考试合格后持卫生健康证方可上岗，特种作业人员应有特种作业证。

3. 进入现场的施工人员必须戴好安全帽，高空作业系好安全带。

4. 施工现场严禁吸烟、使用明火。

5. 工地配备一名专职电工负责现场接电，严禁其他人员接电。

6. 现场应备有必要的防火器材，如泡沫灭火器或干粉灭火器。

第十七条　技术资料

1. 乙方应严格工程所在地相关规定，及时、真实、准确地提供完整而规范的技术资料。乙方对资料的完整性、真实性负责。在资料不齐全时甲方有权扣留部分工程款抵押。

2. 如果政府、社会在建筑工程评比过程中对技术资料有特殊要求，乙方有义务竭力满足，不得以任何借口拒绝、推诿。

第十八条　合同文件组成与解释顺序

（1）补充协议书（若有）；

（2）本分包合同书；

（3）明确双方职责的会议纪要、往来函件；

（4）甲方制定的施工方案；

（5）本合同所列标准；

（6）乙方制定的施工总进度计划。

第十九条　违约

1. 合同双方任何一方不能全面履行本合同条款，均属违约；违约所造成的损失、后果、责任，概由违约方承担。违约方应按照_____标准向守约方支付违约金，并赔偿其因此遭受的损失。

2. 除非甲乙双方协商终止本合同，违约方承担前述条违约责任、损失后仍需严格履行本合同。

第二十条　竣工结算

1. 分包工程完工验收后，并且乙方按合同规定提交所有完工验收资料后，乙方向甲方提交结算报告及完整的结算资料，双方按本合同规定进行结算。

2. 甲方收到乙方递交的竣工结算报告及结算资料后_____天内进行核实后，甲方与乙方办理最终结算。乙方有义务协助甲方办理自身施工内容的结算工作。双方对工程竣工结算价款发生争议时，按本合同关于争议条款的约定处理。

3. 延期支付的工程款不计取利息。

第二十一条　提前退场

1. 如果乙方在工程施工过程中的履约不能在质量、进度、安全、文明施工、资源配置等方面达到合同约定的标准，甲方有权重新发包。重新发包的费用从乙方合同价款中扣除。

2. 提前退场结算原则：以乙方在现场实际完成工作量为基础，按合同约定单价及完成的工作量结算已完工程价款。

3. 在此情况下，乙方应及时组织工人、设备、机具在甲方规定的期限内退场，乙方不得有以下行为：

（1）索要任何名目的"退场费""遣散费""补偿费"；

（2）对结算问题纠缠不休；

（3）纠集、唆使工人闹事；

（4）蓄意破坏、损坏现场设施，材料及工程成品；

（5）隐匿、私藏、转移总包单位的材料物资；

（6）影响工程正常施工。

第二十二条　合同生效与终止

本合同自双方签字盖章之日起生效，技术资料齐全有效，履行完保修职责，保修期结束，本合同即告终止。

第二十三条　争议解决

双方因履行本合同或因与本合同相关的事项发生争议的，应通过协商方式解决，协商不成的，应首先提交_____调解中心进行调解，调解不成的，一方有权按照下列第_____项约定方式解决争议：

（1）向_____仲裁委员会申请仲裁；

（2）向_____人民法院提起诉讼。

第二十四条　送达

1. 与本合同履行相关的通知、指令及其他书面文件，应按照下列送达地址予以送达：

甲方收件人：_____。联系方式：_____。

甲方确认其有效邮箱（必填）：_____。

甲方确认其有效送达地址：_____。

乙方收件人：_____。联系方式：_____。

乙方确认其有效邮箱（必填）：_____。

乙方确认其有效送达地址：_____。

2. 一方送达地址变更未及时告知相对方或者一方指定的收件人拒绝签收，导致文书未能被实际接收的，文书退回之日或用邮政特快专递寄出满三天视为送达。

3. 本合同中注明的电子邮箱须保证有效且能够正常使用，若双方往来函件使用电子邮件等数据电文形式的，此数据电文进入指定的电子邮箱运营商服务器即视为送达。

第二十五条　其他

1. 本合同未约定事宜，双方可协商签订补充协议，补充协议与本合同具有同等法律效力。

2. 本合同一式_____份，均具有同等法律效力，甲方执_____份，乙方执_____份。

（以下无正文）

（本页为签署页）

甲方：（公章） 乙方：（公章）

法定代表人或其委托代理人： 法定代表人或其委托代理人：
（签字） （签字）

统一社会信用代码：_____ 统一社会信用代码：_____
地址：_____ 地址：_____
电话：_____ 电话：_____
电子信箱：_____ 电子信箱：_____
开户银行：_____ 开户银行：_____
账号：_____ 账号：_____

路基板租赁合同

合同编号:

工程名称:_____
工程地址:_____
甲　　方:_____
乙　　方:_____

_____年_____月_____日

＿＿＿＿＿＿＿＿＿＿工程路基板租赁合同

甲方（承租方）：＿＿＿＿＿＿＿＿＿＿＿＿＿＿＿＿＿＿＿＿＿＿＿＿
乙方（出租方）：＿＿＿＿＿＿＿＿＿＿＿＿＿＿＿＿＿＿＿＿＿＿＿＿

根据《中华人民共和国民法典》及相关法律法规，遵循平等、自愿、公平和诚实信用的原则，甲、乙双方就甲方为＿＿＿＿＿＿＿＿＿＿＿＿＿＿＿＿＿＿＿＿工程租赁＿＿＿＿＿＿＿＿＿＿＿＿＿＿＿＿＿＿＿＿＿的事项协商一致，共同签订本合同，供双方共同遵守。

第一条 工程概况

1. 工程名称：＿＿＿＿＿＿＿＿＿＿＿＿＿＿＿＿＿＿＿＿＿工程。
2. 工程地点：＿＿＿＿＿＿市＿＿＿＿＿＿区＿＿＿＿＿＿路＿＿＿＿＿＿号。

第二条 租赁物

序号	名称	型号	数量	要求
1	路基板			根据现场需要

第三条 租赁期

1. 租赁期总日历天数为＿＿＿＿＿＿天，计划租赁起始日期为＿＿＿＿＿＿年＿＿＿＿＿＿月＿＿＿＿＿＿日，计划租赁截止日期为＿＿＿＿＿＿年＿＿＿＿＿＿月＿＿＿＿＿＿日。租赁期总日历天数与根据计划租赁起始、租赁截止日期计算的天数不一致的，以租赁期总日历天数为准。除双方另有约定外，实际租赁起始日期为乙方实际交付租赁物之日。

2. 若甲方需延长租赁期的，应在租赁期届满前＿＿＿＿＿＿日以书面形式通知乙方，经双方协商一致后另行订立租赁合同，同等条件下甲方享有优先承租权。

第四条 租金

1. 本合同的租金暂定为＿＿＿＿＿＿元（大写：＿＿＿＿＿＿＿＿＿＿＿＿＿＿），其中不含增值税价格为＿＿＿＿＿＿元（大写：＿＿＿＿＿＿＿＿＿＿＿＿＿＿），增值税税额为＿＿＿＿＿＿元（大写：＿＿＿＿＿＿＿＿＿＿＿＿＿＿），增值税税率为＿＿＿＿＿＿%。若本合同履行过程中增值税税率发生变化，则租金的调整方式为：＿＿＿＿＿＿＿＿＿＿＿＿＿＿＿＿＿。

租金的组成：

序号	名称	暂定租赁时间	暂定租赁数量	租赁费	暂定总价	备注
1	路基板				/	每天 24 小时

2. 本合同的价格形式为固定单价，按照乙方实际提供的租赁物及其综合单价计算租金。综合单价已包括租赁物的使用费、折旧费、保险费、租赁进出场地费、运输费、合理损耗费、维修费、检验费及乙方应获的利润、税金、管理费、规费等一切费用。除本合同另有约定外，综合单价在本合同履行期限内不作调整。

3. 本合同的实际租金，以甲、乙双方结算确认的金额为准。

第五条 租赁物交付使用

1. 乙方应在收到甲方的租赁物进场通知之日起＿＿＿＿＿＿日内，按照甲方通知的租赁物型号、规格、数量等要求在＿＿＿＿＿＿＿＿＿＿＿＿地点向甲方交付租赁物。

2. 乙方的租赁物到达甲方指定的交付地点后，由＿＿＿＿＿＿方负责卸货。若租赁物需在甲方指定地点进行组装，乙方需按照标准要求在＿＿＿＿＿＿日内完成组装，甲方应及时对到达指定交付地点的租赁物进行验收，验收不符合要求的，乙方应按照甲方要求进行维修、更换或退货。乙方实际交付的租赁物的型号、规格、数量以甲方签字确认的租赁物交付清单为准。

3. 乙方应保证所提供的租赁物均有生产（制造）许可证、产品许可证，在签订本合同前乙方已对出租的租赁物的安全性能进行检测。乙方在交付租赁物时应向甲方提供相应检测合格证明，否则甲方有权拒绝接收租赁物。

4. 本合同约定租赁期限内，租赁物发生故障和异常的，由＿＿＿＿＿＿方负责租赁物的维修并承担相关费用。

5. 本合同约定租赁期限内,租赁物毁损、灭失的风险由_____方承担。

第六条　租赁物返还

1. 租赁终止后,乙方应在接到甲方通知之日起_____日内在甲方指定的地点接收甲方返还的租赁物。乙方应对返还租赁物进行清点,若交付时由乙方负责组装,则返还时由乙方负责拆卸。实际返还的租赁物的型号、规格和数量以双方签字确认的租赁物返还清单为准。

2. 若乙方未按照甲方通知的日期在甲方的指定地点接收甲方返还的租赁物的,视为租赁物已在甲方通知的日期全部返还乙方,租赁物毁损、灭失的风险由乙方自行承担,且乙方应自甲方通知日期的次日起按照_____标准向甲方支付场地占用费用。

3. 除租赁物使用过程中的正常损耗外,甲方应承担租赁物缺失或损坏部分的赔偿责任,赔偿责任的承担方式为:_____。

第七条　租金支付方式

1. 本合同约定租金按照下列付款节点进行支付:

序号	付款节点	支付比例	支付金额	备注

2. 在满足上述约定付款节点后,乙方应向甲方提交付款申请,付款申请应包括以下内容:付款节点前交付、返还租赁物的情况;付款节点前计算的租金;付款节点前应扣除的费用。甲方应在收到乙方提交的付款申请后_____日内完成审核,并在审核确认后_____日内向乙方支付审核确定的租金。

3. 甲方以_____方式向乙方支付租金。在甲方按照约定向乙方支付租金前,乙方应按照甲方要求提供发票。

4. 若一方的付款方式中对应的信息发生变化的,一方应以书面形式通知另一方,因未及时通知导致租金支付发生延迟或错误的,相关责任由该方承担。

第八条　甲方的权利和义务

1. 甲方有权对乙方提供的租赁物进行检查、验收,确认乙方提供的租赁物是否符合合同约定。

2. 租赁期限内,甲方有权不受限制地使用乙方提供的租赁物。

3. 甲方应按照合同约定向乙方支付租金。

4. 甲方应及时向乙方提供指定的卸货地点,应采取相应的措施对租赁物加以保管。

第九条　乙方的权利和义务

1. 乙方有权按照约定收取租金。

2. 乙方应按照合同约定的质量标准、数量和时间及时装卸、提供租赁物,并保证租赁期限内甲方有权不受限制地使用乙方提供的租赁物。

3. 乙方应定期对路基板进行检查,保证路基板的正常使用,如路基板出现断裂等影响使用的现象,乙方应在_____日内调换路基板。

4. 乙方在本工程现场时应遵守甲方的现场安全、环保等管理制度,服从甲方人员的指挥和管理。

5. 乙方承担乙方及乙方人员在本工程现场的人身、财产安全责任。

6. 乙方及乙方人员在本工程现场给甲方或甲方人员造成损害的,应该承担损害赔偿责任。

7. 乙方负责提供符合甲方要求的路基板,严格按照甲方约定时间进退场,达到甲方使用条件,并保证在租赁期间路基板不离开现场。

第十条　合同变更与解除

1. 甲方有权根据本工程的施工需要对租赁物的型号、规格或数量以及交付时间进行变更。涉及变更事项的,甲方应及时以本合同约定的方式通知乙方,乙方应按照甲方通知要求及本合同约定办理相关手续。

2. 根据工程项目施工需要,甲方有权在提前_____日通知后解除合同,甲方解除合同的,应按照本合同约定暂定租金的_____%向乙方支付违约金。

3. 乙方未按照甲方要求的质量标准、数量或时间提供租赁物,且经甲方合理催告后仍未能按照甲方要求的质量标准、数量或时间提供租赁物的,甲方有权解除合同。乙方应按照本合同约定暂定租金的_____%向甲方支付违约金。

4. 未经甲方书面同意,乙方将本合同项下的任何权利义务(包含债权、债务)转让给第三方的,甲方有权解除合同。乙方应按照本合同约定暂定租金的_____%向甲方支付违约金。

5. 乙方擅自中止或终止提供租赁物的,甲方有权解除合同。乙方应按照本合同约定暂定租金的_____%向甲方支付违约金。

第十一条 违约责任

1. 若甲方不能按照合同约定向乙方支付租金的,甲方应按照_____标准向乙方支付违约金。但乙方不得以此为由中止或终止提供租赁物。

2. 若乙方不能按照甲方要求提供租赁物至甲方指定地点,包括乙方未按照甲方通知期限、数量提供租赁物和乙方提供的租赁物不符合合同约定的,乙方应按照_____标准向甲方支付违约金,并赔偿甲方因此遭受的损失,包括但不限于甲方停工期间的现场工人工资、机械设备及周转材料租赁费用以及第三方向甲方主张的工期延误赔偿等。

第十二条 知识产权条款

1. 乙方应保证甲方在本工程所在地使用租赁物不存在侵犯他人著作权、商标、专利、工业设计、商业秘密等情形,甲方不需要因此向第三方寻求任何授权或支付任何费用,乙方应保证甲方免受第三方关于侵犯著作权、商标权、专利权、工业设计权或其他知识产权的起诉或权利主张。

2. 如任何第三方向甲方主张上述相关权利的,乙方应承担由此引起的一切法律责任和费用并赔偿甲方的一切损失。

第十三条 环保与职业安全

1. 本合同双方应共同遵守国家和地方有关的环境保护的法律、法规,努力营造绿色建筑。

2. 乙方在施工作业过程中满足甲方制定并经国家权威部门认证的 ISO 14001 环境管理体系、现行国际标准《职业健康安全管理体系要求及使用指南》ISO 45001 的要求,保证施工生产符合相关标准的要求。

3. 乙方进驻现场员工需接受经 ISO 14001 环境管理体系、现行国际标准《职业健康安全管理体系要求及使用指南》ISO 45001 认证的教育培训。

4. 乙方须采取有效措施,防止机械噪声超标或机械漏油污染环境。对于不符合要求的机械要及时采取必要的措施。

第十四条 不可抗力

1. 不可抗力系指不能预见、不能避免且不能克服的客观情况。任何一方由于受到诸如战争、严重火灾、瘟疫、洪水、台风、地震等不可抗力的影响而不能执行合同时,履行合同的期限应予以延长,延长期限相当于不可抗力所影响的时间。

2. 受影响的一方应在不可抗力事件发生后尽快用书面形式(包括传真、电子邮件方式)通知对方,并于不可抗力事件发生后 14 日内将有关当局出具的证明文件用特快专递或挂号信寄给对方审阅确认,同时受影响的一方应尽可能继续履行合同义务,积极采取合理的方案履行不受不可抗力影响的其他事项。

3. 不可抗力事件影响持续 60 日以上,双方通过友好协商,在合理时间内达成进一步履行或解除合同的协议。

4. 任何一方没有采取有效措施导致损失扩大的,应对扩大的损失承担责任。因合同一方迟延履行合同义务,在迟延履行期间遭遇不可抗力的,不免除其违约责任。

第十五条 送达

1. 与本合同履行相关的通知、指令及其他书面文件,应按照下列送达地址予以送达:

甲方收件人:_____。联系方式:_____。

甲方确认其有效邮箱(必填):_____。

甲方确认其有效送达地址:_____。

乙方收件人:_____。联系方式:_____。

乙方确认其有效邮箱(必填):_____。

乙方确认其有效送达地址:_____。

2. 一方送达地址变更未及时告知相对方或者一方指定的收件人拒绝签收,导致文书未能被实际接收的,文书退回之日或用邮政特快专递寄出满三天视为送达。

3. 本合同中注明的电子邮箱须保证有效且能够正常使用,若双方往来函件使用电子邮件等数据电文形式的,此数据电文进入指定的电子邮箱运营商服务器即视为送达。

第十六条　争议解决

双方因履行本合同或因与本合同相关的事项发生争议的，应通过协商方式解决，协商不成的，应首先提交_____调解中心进行调解，调解不成的，一方有权按照下列第_____项约定方式解决争议：

（1）向_____仲裁委员会申请仲裁；

（2）向_____人民法院提起诉讼。

第十七条　其他

1. 本合同未约定事宜，双方可协商签订补充协议，补充协议与本合同具有同等法律效力。

2. 本合同一式_____份，均具有同等法律效力，甲方执_____份，乙方执_____份。

（以下无正文）

甲方：（公章）　　　　　　　　　　　　　乙方：（公章）

法定代表人或其委托代理人：　　　　　　　法定代表人或其委托代理人：
（签字）　　　　　　　　　　　　　　　　（签字）

统一社会信用代码：_____　　统一社会信用代码：_____

地址：_____　　地址：_____

电话：_____　　电话：_____

电子信箱：_____　　电子信箱：_____

开户银行：_____　　开户银行：_____

账号：_____　　账号：_____

淤泥外运合同

合同编号：

工程名称：_____
工程地址：_____
甲　　方：_____
乙　　方：_____

_____年_____月_____日

_____工程淤泥外运合同

甲方（承包方）：_____
乙方（分包方）：_____

根据《中华人民共和国民法典》及相关法律法规，遵循平等、自愿、公平和诚实信用的原则，甲、乙双方就甲方为_____工程_____的事项协商一致，共同签订本合同，供双方共同遵守。

第一条　工程概况

1. 工程名称：_____工程。
2. 工程地点：_____市_____区_____路_____号。

第二条　承包范围

罐装车淤泥外运。

第三条　价款与说明

1. 合同总价暂定为_____元（大写：_____），不作为结算依据，按实际工程量作为结算方量。
2. 合同价款的说明：

名称	暂定数量	固定单价	暂定总价	备注
淤泥外运				罐装车运输

3. 固定单价为固定不变的综合单价，包括乙方按本分包合同要求完成全部泥浆外运所发生的一切费用。乙方承诺以罐装车外运淤泥至政府指定地点，整个合同期间，合同单价不可调整。合同单价已考虑以下几方面内容：

（1）机上人工费、机械费、运输费、能源动力费、渣土消纳费；
（2）施工机械进退场费；
（3）排浆管架设、拆除；
（4）淤泥外运形式不同所带来的费用增加；
（5）向市容环卫等政府有关机构缴纳的各项收费；
（6）现场管理费、企业管理费、利润；
（7）应该缴纳给政府有关部门的各项税费；
（8）消纳地点改变引起的淤泥外运费用的增加；
（9）任何因市场人工、材料、配件、能源、运输、税费的变动或政府及行业主管部门红头文件的颁发引起的乙方的实际支出的增减，均属于乙方自身经营风险，视为已经事先充分估计并已经列入合同价款之中（本合同另有说明的除外）。

结算价款的确定依据为本合同固定单价和按下列计算规则计算出的实际工程量。

4. 工程量计算规则

灌注桩淤泥外运工程量按成孔工程量的_____％计算。

淤泥方量计算：建设项目所在省市有规定时，执行地方定额规定；外运土方或泥浆工程量应根据现场签证确认的工程数量计量。

5. 工程量计量范围

_____年_____月_____日（含当日）以后_____剩余围护桩、立柱桩、抗拔桩、工程桩。

第四条　付款

1. 本合同约定价款按照下列付款节点进行支付：

序号	付款节点	支付比例	支付金额	备注

2. 在满足上述约定付款节点后，乙方应向甲方提交付款申请，付款申请应包括以下内容：付款节点前工程进度的情况；付款节点前计算的价款；付款节点前应扣除的费用。甲方应在收到乙方提交的付款申请后_____日内完成审核，并在审核确认后_____日内向乙方支付审核确定的价款。

3. 甲方以_____方式向乙方支付价款。在甲方按照约定向乙方支付价款前，乙方应按照甲方要求提供发票，迟延提交发票的，甲方有权顺延支付时间。

4. 若一方的付款方式中对应的信息发生变化的，一方应以书面形式通知另一方，因未及时通知导致价款支付发生延迟或错误的，相关责任由该方承担。

第五条　工程期限

1. 工期总日历天数为_____天，计划工程起始日期为_____年_____月_____日，计划工程截止日期为_____年_____月_____日。工期总日历天数与根据计划工程起始、工程截止日期计算的天数不一致的，以工期总日历天数为准。

2. 甲方因工程需要延长工程期限，在合同届满前_____日内，签订延长工程期限的补充协议或重新签订合同。

第六条　工期延误

1. 因以下任何一项原因造成乙方延误实施分包工程的，经甲方项目经理书面确认，分包工程的竣工时间相应延长：

（1）非乙方原因造成工程延误，而且甲方根据总包合同已经从业主获得与分包合同相关的竣工时间的延长；

（2）甲方未按约定时间提供开工条件、施工条件等造成的延误；

（3）甲方发出错误的指令或者延迟发出指令确认批准造成分包合同工期延误；

（4）不可抗力（有关定义见第七条）等其他非分包原因造成分包工程的延误；

（5）施工过程中其他分包施工发生异常，影响乙方施工正常进行时；

（6）甲方认可的其他可以谅解的工期延误；

（7）因业主原因造成工期延误且经业主认可并同意给甲方进行工期补偿。

2. 乙方在上述任一事件发生后的_____天内，就延误的工期以书面的形式向甲方提出报告。如果上述事件具有持续的影响，则乙方应每隔_____天发出一份报告，事件影响结束之日起_____天内提交最终报告给甲方商务部门。甲方在收到报告后_____天内就报告内容予以答复或提出修改意见，否则视为已经同意。

第七条　不可抗力

1. 不可抗力系指不能预见、不能避免且不能克服的客观情况。任何一方由于受到诸如战争、严重火灾、瘟疫、洪水、台风、地震等不可抗力的影响而不能执行合同时，履行合同的期限应予以延长，延长期限相当于不可抗力所影响的时间。

2. 受影响的一方应在不可抗力事件发生后尽快用书面形式（包括传真、电子邮件方式）通知对方，并于不可抗力事件发生后14日内将有关当局出具的证明文件用特快专递或挂号信寄给对方审阅确认，同时受影响的一方应尽可能继续履行合同义务，积极采取合理的方案履行不受不可抗力影响的其他事项。

3. 不可抗力事件影响持续60日以上，双方通过友好协商，在合理时间内达成进一步履行或解除合同的协议。

4. 任何一方没有采取有效措施导致损失扩大的，应对扩大的损失承担责任。因合同一方迟延履行合同义务，在迟延履行期间遭遇不可抗力的，不免除其违约责任。

第八条　现场及人员管理

1. 乙方应遵守国家、行业、地方以及甲方有关现场安全文明施工的各项管理规定，在设施的投入、现场的布置等各方面严格按照甲方的规定执行。

2. 现场施工人员必须统一着装，统一佩戴安全帽及胸卡，施工人员须持证进出现场。

3. 现场不得出现宣传乙方单位的标识、标语。

4. 禁止将与施工作业无关的人员带到施工现场。

5. 乙方应该采取一切合理的措施防止其人员实施违法或妨害社会治安和公共安全的行为，并有完全的责任和义务保护周围其他人员和财产免受上述行为的危害，由此造成的一切后果由乙方负责。

6. 严格遵守有关消防、保卫、交通安全、环卫社会治安方面的规定。凡是由于乙方对上述要求贯彻执行不得力而造成的一切事故、灾害，其经济及法律责任由乙方独自承担，由此造成甲方的损失由乙方赔偿。

第九条　甲方的权利义务

1. 甲方驻现场代表：项目经理为_____；技术负责人为_____。
2. 负责协调乙方与现场其他分包方、施工工序之间的关系。
3. 及时向乙方提供施工所需指令、指示、洽商等相关施工文件。
4. 如果乙方在质量、进度、安全、现场管理等义务的履行不符合合同要求，甲方有权将分包合同范围的工作指定给其他单位完成，所发生的分包费用从分包款中扣除。
5. 做好施工现场的用电准备，以满足乙方施工要求，电费由甲方承担。
6. 开工前向乙方进行现场情况交底。
7. 免费提供清洗进出车辆的水源。甲方有权随时抽查监督乙方用水行为，若发现有浪费或不良使用行为，甲方有权重罚。
8. 按照合同文件的规定，及时支付工程款。
9. 甲方负责定期召开现场协调例会。

第十条　乙方的权利义务

1. 按合同约定及甲方要求进行施工，并有权按照约定收取工程款。
2. 乙方驻现场代表为_____；乙方应向甲方提供现场负责人的授权委托书及施工人员名单（加盖单位公章）。
3. 在运输过程中，应遵守交通法规，安全行驶。无论何种原因发生交通事故，自行承担相关责任。
4. 根据施工区域的地形、土质、土层厚度、作业条件、工程量和工期综合考虑，优选土方机械数量和型号，并报甲方审批。
5. 土方运输车辆及挖掘机等施工机械应保证性能良好、外观清洁。并保证投入的机械数量满足甲方工期要求。
6. 乙方及其相关人员应及时了解市区交通及交通管制信息，选择最佳运输路径，避免或减少交通拥堵。
7. 乙方自行办理所属现场人员生命财产和机械设备的保险并支付保险费用。
8. 负责对进入现场人员进行安全交底，承担因乙方人员不遵守需方现场安全管理规定造成安全事故的全部责任。
9. 乙方司机应服从甲方人员的指挥，进入现场施工区域后，未经甲方指挥人员许可不得随意开行、停泊。
10. 施工过程中，不得碰撞、破坏基坑周围控制点。防止邻近建筑物、道路、管线等发生下沉或变形。
11. 乙方有义务保管、维护施工范围现场临水、临电、临时消防设施以及基坑底降水井等。如因乙方原因破坏了甲方已有设施或已完成工作，乙方负责修复，否则甲方将另行安排现场其他单位修复，费用由乙方承担，从当月工程款中直接扣除。
12. 乙方现场负责人需按时参加甲方项目经理部组织的有关安全、质量、进度、文明施工等方面的各种会议、检查活动，不得无故缺席。若乙方代表临时有其他紧急事务无法出席，须指派全权代表参加。会议所做出的决议、事项，双方需共同恪守，严格遵照执行。
13. 向政府有关部门办理泥浆消纳等有关证件。

第十一条　竣工决算

1. 乙方工作内容完成，经甲方验收合格后_____天内，乙方向甲方递交竣工结算报告及完整的结算资料，双方按照本合同约定的合同价款以及价款调整方式，进行工程竣工结算。
2. 甲方收到乙方递交的竣工结算报告及结算资料后_____天内进行核实，给予确认或者提出修改意见。
3. 双方对决算金额无争议，甲方按合同约定支付工程尾款。
4. 甲乙双方对工程竣工结算价款发生争议时，按本合同关于争议条款的约定处理。

第十二条　环保与职业安全

1. 本合同双方应共同遵守国家和地方有关的环境保护的法律、法规，努力营造绿色建筑。
2. 乙方在作业过程中满足甲方制定并经国家权威部门认证的 ISO 14001 环境管理体系、现行国际标准《职业健康安全管理体系要求及使用指南》ISO4 5001 的要求，保证施工生产符合相关标准的要求。
3. 乙方进驻现场员工需接受经 ISO 14001 环境管理体系、现行国际标准《职业健康安全管理体系要求及使用指南》ISO 45001 认证的教育培训。

4. 乙方在运输过程中应执行当地政府关于禁止车辆运输泄漏遗撒的规定。

5. 乙方须采取有效措施，防止机械噪声超标或机械漏油污染环境。对于不符合要求的机械要及时采取必要的措施。

6. 车辆进入现场后禁止鸣笛。

第十三条 合同文件组成与解释顺序

（1）补充协议书（若有）；

（2）本分包合同书；

（3）明确双方职责的会议纪要、往来函件；

（4）甲方制定的施工方案；

（5）本合同所列标准；

（6）乙方制定的施工总进度计划。

第十四条 违约

1. 合同双方任何一方不能全面履行本合同条款，均属违约；违约所造成的损失、后果、责任，概由违约方承担。违约方应按照_____标准向守约方支付违约金，并赔偿其因此遭受的损失。

2. 除非甲乙双方协商终止本合同，违约方承担前述条违约责任、损失后仍需严格履行本合同。

第十五条 合同生效与终止

本合同自双方签字盖章之日起生效，技术资料齐全有效，履行完保修职责，保修期结束，本合同即告终止。

第十六条 争议解决

双方因履行本合同或因与本合同相关的事项发生争议的，应通过协商方式解决，协商不成的，应首先提交_____调解中心进行调解，调解不成的，一方有权按照下列第_____项约定方式解决争议：

（1）向_____仲裁委员会申请仲裁；

（2）向_____人民法院提起诉讼。

第十七条 送达

1. 与本合同履行相关的通知、指令及其他书面文件，应按照下列送达地址予以送达：

甲方收件人：_____。联系方式：_____。

甲方确认其有效邮箱（必填）：_____。

甲方确认其有效送达地址：_____。

乙方收件人：_____。联系方式：_____。

乙方确认其有效邮箱（必填）：_____。

乙方确认其有效送达地址：_____。

2. 一方送达地址变更未及时告知相对方或者一方指定的收件人拒绝签收，导致文书未能被实际接收的，文书退回之日或用邮政特快专递寄出满三天视为送达。

3. 本合同中注明的电子邮箱须保证有效且能够正常使用，若双方往来函件使用电子邮件等数据电文形式的，此数据电文进入指定的电子邮箱运营商服务器即视为送达。

第十八条 其他

1. 本合同未约定事宜，双方可协商签订补充协议，补充协议与本合同具有同等法律效力。

2. 本合同一式_____份，均具有同等法律效力，甲方执_____份，乙方执_____份。

（以下无正文）

（本页为签署页）

甲方：（公章）   乙方：（公章）

法定代表人或其委托代理人：   法定代表人或其委托代理人：
（签字）   （签字）

统一社会信用代码：＿＿＿＿＿＿＿＿＿＿   统一社会信用代码：＿＿＿＿＿＿＿＿＿＿
地址：＿＿＿＿＿＿＿＿＿＿＿＿＿＿＿＿   地址：＿＿＿＿＿＿＿＿＿＿＿＿＿＿＿＿
电话：＿＿＿＿＿＿＿＿＿＿＿＿＿＿＿＿   电话：＿＿＿＿＿＿＿＿＿＿＿＿＿＿＿＿
电子信箱：＿＿＿＿＿＿＿＿＿＿＿＿＿＿   电子信箱：＿＿＿＿＿＿＿＿＿＿＿＿＿＿
开户银行：＿＿＿＿＿＿＿＿＿＿＿＿＿＿   开户银行：＿＿＿＿＿＿＿＿＿＿＿＿＿＿
账号：＿＿＿＿＿＿＿＿＿＿＿＿＿＿＿＿   账号：＿＿＿＿＿＿＿＿＿＿＿＿＿＿＿＿

第三章 降水工程

降水施工分包合同

合同编号：

工程名称：_____
工程地址：_____
甲　　方：_____
乙　　方：_____

_____年_____月_____日

_____工程降水施工分包合同

甲方（承包方）：_____
乙方（分包方）：_____

根据《中华人民共和国民法典》《中华人民共和国建筑法》《建设工程质量管理条例》及其他有关法律、行政法规，遵循平等、自愿、公平和诚实信用的原则，甲方将_____工程降水施工委托给乙方完成，双方就相关事宜达成如下协议：

第一条　工程概况

1. 工程名称：_____。
2. 工程地点：_____。
3. 基坑面积：_____。
4. 建设单位：_____。
5. 监理单位：_____。

第二条　分包范围

包括但不限于按设计图纸、施工方案、标准的要求完成_____项目的基坑降水施工，保证基底干燥无积水，满足基坑开挖、基坑支护以及地下室结构施工的要求，并保证基坑、边坡的稳定性，确保降水对周边环境的影响控制在标准要求的范围之内。

第三条　承包方式

包工包料。

第四条　乙方基本工作内容

完成包括工程设计图纸显示、建筑技术说明书所阐述的和根据图纸（包括岩土工程勘察报告）、施工方案、技术标准可合理推断出的为完成本合同工作内容所需进行的一切工作，包括但不限于：

1. 根据设计图纸、岩土工程勘察报告及施工现场的实际情况编制降水施工方案，降水系统的布设必须保证降水施工质量达到合同约定的标准。施工方案经业主方、设计、监理、甲方审批通过后方可实施，因设计方案缺陷、错误所导致的一切后果及责任全部由乙方承担。

2. 接受并接管现场现状及遗留问题，在工程履约过程中，乙方不得以此为借口索赔费用及工期等。

3. 施工区域场地清理、场地平整、测量定位放线、障碍物清除等。

4. 完成降水井（包括轻型井点、疏干井、疏干兼降压井）埋设护口管、成井（包括成孔、清孔换浆、下井管、埋填滤料等）、降水试运行、抽水、排水、管井水位监测、降水井管保护、拆除、封井并补好盖板等。

5. 完成承包范围内甲方、有关政府部门或单位要求的各种试验及检测工作，该等试验及检测由甲方指定具有相应资质的单位进行，完成此项工作所发生的全部费用由乙方承担。

6. 定期查看周边地面、邻近建（构）筑物，根据查看结果调整抽水井布设位置及抽水流量大小，保证降水施工质量达到合同约定的标准，因此可能发生的施工费用的增加已在合同价格中充分考虑，固定总价和固定单价均不得调整。

7. 施工必须符合甲方安全文明施工的标准并满足施工需要，保证施工现场基坑内无积水，费用已包含在本合同固定总价中。

8. 负责在甲方指定地点自行布设及修建泥浆池、弃土堆放池、管理人员办公室、加工棚、库房、材料堆放等与本工程施工相关的施工设施及场地，以上施工必须符合甲方安全文明施工的标准并满足施工需要，费用已包含在合同单价中。

9. 负责将施工产生的泥浆、渣土以及施工垃圾运至政府部门指定的消纳场地，自行向政府有关部门办理垃圾挖运及渣土消纳的有关证件。因手续不全造成政府罚款、处罚由乙方自行承担。

10. 根据甲方确认的布设方案，乙方自行布设自施范围内的临水临电，必须满足现场安全文明施工的标准要求以及工程施工的需要，费用由乙方自行承担。

11. 负责合同范围内工程施工完毕后的清理移交及整体工程竣工前的清理工作。

12. 对本工程基坑开挖局部加深区域制定针对性的技术措施及施工方案，经业主、设计、监理及甲方审批后执行，此部分施工难度及材料、人工、机械等的投入增加费用已在乙方报价时综合考虑。
13. 按业主方、监理方、甲方及有关标准要求及时提供完整的技术资料及竣工资料。
14. 提供完成合同工作内容所必需的机械设备、工具、机具、材料以及个人安全防护用品。
15. 提供满足甲方、监理及业主要求的钢管。
16. 提供满足质量、工期、安全要求的施工作业人员与管理人员。
17. 负责本合同范围内其所实施工程之保修工作。

第五条 价款与计量

1. 本合同降水系统布设、拆除及抽水运营费用总价。

本合同暂定价为人民币_____元（大写：_____）。（疏干井及降压井井管材料均为钢管）

除施工水电费由甲方提供以外，乙方负责实施完合同工作内容、达到验收标准所发生的一切材料、人工、机械、劳保、食宿、交通费用，行政事业收费，政府各项税费等；任何因人工、材料、机械运输费用及取费的变动或政府及行业主管部门红头文件的颁发而引起的乙方的实际支出的增减，均视为乙方已经事先充分估计并已经列入合同价格之中。

编号	项目名称	单位	数量	单价	小计	备注
1	降压井					降压井深度_____m
2	抽水井运行					运行_____个月（以实际运行时间确定）
3	井管接高					按实际结算
4	封井					
合计						

2. 本合同价格已综合考虑并包括了本合同显示的乙方的所有工作、职责、责任和义务，包括但不限于以下内容：
（1）完成本合同所需一切机械、设备、机具、配件、材料以及人工；
（2）大面积施工与局部分块施工之间的各种差异；
（3）分阶段、分断面、分区段施工造成的费用增加；
（4）特殊部位施工难度增加造成的费用增加；
（5）为满足现场施工需要（包括但不限于特殊工序要求、工期要求等）必须在夜间施工的增加费；
（6）根据现场实际情况，为达到合同约定的降水质量标准，业主方、甲方要求乙方调整降水施工方案造成的工程量增加、材料成本加大、机械设备增加等；
（7）为完成本合同工作内容所必须进行的地面及地坪以下3m以内障碍物清除及管线处理所需费用；
（8）扰民和民扰对现场施工造成的影响及乙方自身原因引起的扰民或民扰调停费；
（9）与其他分包方同一时间施工对施工造成的影响；
（10）施工现场交叉作业造成的窝工及工期延长；
（11）冬（雨）期施工增加的措施费；
（12）施工机械进退场费；
（13）技术服务费；
（14）施工人员个人安全防护用品费用；
（15）各项技术措施费、赶工措施费、节假日加班费、检验试验费、人员设备保险费；
（16）按甲方要求提供技术资料及竣工资料所需费用；
（17）完成合同内测量放线、试验检验、监测检测、竣工清理所需费用；
（18）降压井两个月的抽水运营费；
（19）抽水井12个月的抽水运营费；
（20）食宿交通费；

（21）成品保护费；

（22）与其他分包方（包含甲方指定的分包方、业主及乙方自己的分包方）的配合照管费；

（23）为达到甲方、监理及业主满意的降水效果所发生的一切费用；

（24）与土方分包的配合所发生的费用及管井等修理、维修费用；

（25）现场管理费、企业管理费、利润；

（26）应该缴纳给政府有关部门的各项税费。

3. 如果降压井抽水运营时间超过_____个月，则按_____元/（口·天）按实结算；如果抽水井点抽水运营时间超过12个月或不足12个月，则按_____元/（口·天）按实结算，抽水井运行的数量小于_____口，按照_____元/天计算。

4. 降水期运行费工程量计算方法。

（1）起始时间：降水试运行完成后，按甲方要求开始降水之日。

（2）终止时间：按甲方要求停止降水之日。

5. 下列情况不予以计量与付款：

（1）乙方强行施工的；

（2）不能证明施工质量合格的；

（3）乙方自身原因（包括施工质量、降水方案缺陷等）返工的；

（4）乙方原因造成的降水运行期延长；

（5）未经监理单位、甲方验收的（包括阶段验收）。

第六条 付款

1. 本工程无预付款。

2. 月度付款前提：

（1）月度施工内容经甲方同意；

（2）施工进度在甲方的总控制计划之内；

（3）试验/复试报告证明所用材料合格或满足合同要求；

（4）经监理单位、业主、甲方验收合格（分项验收时）；

（5）随月进度提交了相关技术资料（试验报告、验收资料）。

3. 付款程序和额度：

工程款按月支付，乙方在每月_____日向甲方上报当月完成工作量，并附详细的计算书，甲方接到申请后_____天内审核完毕，并于次月的_____—_____日按照审核工作量的_____%支付进度款，保留金为_____%，保留金作为工期、质量、安全文明施工、资料等的保证金，待抽水运营结束并通过甲方，监理及甲方验收合格，余款在地下室回填土完成并通过验收之日起_____个月内无息付清。每次付款时乙方需提供_____市税务局劳务发票。

第七条 甲供资源、材料

1. 施工图纸一套。

2. 基坑外临水临电设施，包括现场一级电箱、水源接驳点、现场周边的镝灯照明以及基坑周边的防护围挡。

3. 临建：现场厕所以及临时围挡、大门、道路、警卫室、试验室、制度牌等由甲方建造。

4. 测量：提供工程定位、轴线控制点及水准点。

5. 试验检验：甲方负责指定具有相应资质的试验单位，乙方负责本合同范围内的所有试验检验工作并承担全部费用。

6. 工程现场施工的水电费由甲方负责缴纳。

第八条 工期要求

1. 乙方按工程进度总控制进度计划编制乙方施工进度计划，按经甲方批准的施工进度计划及时组织施工。未按甲方要求施工，乙方承担违约责任。如由于分包乙方原因造成工期延误（包括由于乙方原因造成其他分包方工期延误的）按工期延误处理，具体处罚见相关约定，并承担因此给甲方及其他第三方造成的一切损失。

2. 以上总工期及阶段节点工期已经考虑下列因素：

（1）法定节假日或公休日；

（2）不利的条件（不可抗力除外）；
（3）与基坑支护、土方等施工工序间不可避免的交叉作业影响。

3. 乙方须按甲方之总控进度计划施工，确保每周的工作均在甲方之总控进度计划内完成；如乙方不能按甲方总控制进度计划完成其工作，乙方须按甲方指令无偿追加现场使用的设备、人员投入，以满足甲方、业主的合理进度要求。如乙方在追加现场使用的机械设备、人员后，仍然不能达到甲方、业主之合理要求，甲方有权另行聘请其他分包方承建上述工程，乙方承担所有相关费用并支付违约金，违约金金额为合同总价的_____%。

4. 根据本工程总体工期考虑，甲方有权要求乙方优先完成分包工程的某部位的工作，在现场条件许可的情况下，乙方应尽量满足并遵从甲方要求，且不得延误剩余部分的工作。

5. 非甲方原因（不可抗力除外）造成工期延误，每拖延一天支付违约金_____元，并承担甲方因工期延误发生的一切相关损失。

第九条 质量要求

1. 质量验收等级：按照现行国家标准《建筑工程施工质量验收统一标准》GB 50300，一次性验收通过，合格率达到100%。

2. 质量目标：该工程成为让业主完全满意的精品工程。乙方须保证工程质量满足上述要求，施工中须认真按本工程有关的技术标准要求，达到业主方、监理方及甲方要求。

3. 质量违约处罚：如乙方施工质量（包括降水方案缺陷造成的施工质量问题）未达到上述标准，乙方必须返修整改达到上述标准，返修费用全部由乙方承担，返修工期计入总工期考核。另外，乙方须按合同总价的_____%向甲方支付质量违约金。

第十条 工期延误

1. 因以下任何一项原因造成乙方延误实施分包工程的，经甲方项目经理书面确认，分包工程的竣工时间相应延长：
（1）非分包单位造成工程延误，而且总包单位根据总包合同已经从业主处获得与分包合同相关的竣工时间的延长；
（2）甲方发出错误的指令或者延迟发出指令确认批准造成分包合同工期延误；
（3）不可抗力（有关定义见第十一条）等其他非分包原因造成分包工程的延误；
（4）甲方认可的其他可以谅解的工程延误。

2. 乙方在上述任一事件发生后的_____天内，就延误的工期以书面的形式向总包单位提出报告。如果上述事件具有持续的影响，则分包单位应每隔_____天发出一份报告，事件影响结束之日起_____天内提交最终报告给甲方商务部门。甲方在收到报告后_____天内就报告内容予以答复或提出修改意见，否则视为已经同意。

第十一条 不可抗力

1. 不可抗力指业主、甲方、乙方都不可预见、不可避免、不能克服的超出一般防范能力的事件，此类事件的发生导致合同一方不可能履约。不可抗力包括：
（1）地震、洪水、海啸、飓风、台风、剧烈雷击等天灾以及恶劣气候（气象资料以中央气象台记录为准）；
（2）战争、敌对行动（无论是否宣战）；
（3）叛乱、暴动、军事政变、内战；
（4）暴乱、骚乱、游行示威或混乱（乙方自身及相关联的人员内部因从事本工程而发生的事件除外）；
（5）空中飞行物体坠落；
（6）音速或超声速飞行物或装置产生的压力波；
（7）国家重大庆典、国外政府首脑或国际政要到访、全国人大或政协会议、全国党代会等重大政治事件要求停工或进行各项管制而影响到工期；
（8）由于法律法规的变更或后续颁布的法律法规导致本合同不合法。

2. 不可抗力事件发生后，乙方应立即通知甲方，并在力所能及的条件下迅速采取措施，尽量减少损失，并根据总包合同的约定处理。不可抗力事件结束后_____小时内乙方向甲方通报受害情况和损失情况，及预计清理和修复的费用。不可抗力事件持续发生，乙方应每隔3天向甲方报告一次受害情况。不可抗力事件结束后_____天内，乙方向甲方提交清理和修复费用的正式报告及有关资料。

3. 因不可抗力事件导致的费用及延误的工期按以下方法分别承担：
（1）下列费用由甲方向业主索要后支付给乙方：

① 工程本身的损害、因工程损害导致第三方人员伤亡和财产损失以及运至施工场地用于施工的材料和待安装的设备的损害；

② 停工期间，乙方应甲方要求留在施工场地的必要的管理人员及保卫人员的费用；

③ 分包工程所需清理、修复费用。

（2）乙方人员伤亡由自身负责，并承担相应费用。

（3）乙方机械设备损坏及停工损失，由乙方自行承担。

（4）延误的工期相应顺延。

4.因合同一方迟延履行合同后发生不可抗力的，不能免除迟延履行方的相应责任。

第十二条　变更与变更计价

1.如果甲方认为有必要对分包工程或其中的任何部分的形式、质量、数量做出变更或调整，甲方有权指示乙方进行以下任何工作（包括来自业主、设计、监理单位的设计变更、洽商、指示等），乙方应遵照执行：

（1）增加或减少合同中已经包含的工作量；

（2）改变工程做法、材料；

（3）改变分包工程任何部位的标高、位置或尺寸；

（4）改变施工顺序或时间安排；

（5）为确保工程质量和工程竣工而必需的任何附加的工作。

2.上述变更指令发出后，双方应继续履行本合同，本分包合同不能因以上变更而失效或者作废。

3.如果上述变更是因为乙方违约或分包自身原因造成甲方不得不发出变更指令的，则任何此类变更后增加的费用由乙方自行承担。

4.无论什么时候，乙方没有任何权利对合同工作内容提出变更，更不得在施工中擅自改变材料及施工做法、进行未经甲方许可的施工作业。

5.如果变更仅仅造成工程量发生变化，则其单价不变，仍按原合同单价执行。

6.如果合同中没有适用于变更工作的价格，则双方协商一个合理的市场价格。

7.如果变更造成了降水运行期延长，则按延长的运行时间及合同约定单价调整降水期运行费。

第十三条　施工图和施工方案

1.甲方应于开工前7日向乙方提供本分包工程施工图纸。

2.协助甲方审查本工程图纸和技术说明中可能存在的任何缺陷、疏漏和不足是乙方的合同责任和义务，乙方应在甲方提供图纸后3日内将其认为相关图纸（包括工程标准和技术说明）中可能存在的任何缺陷、疏漏或不足以书面方式报告甲方，乙方可以在此书面报告中附上关于弥补或修改此类缺陷、疏漏、不足的建议或方案，乙方应将此类经甲方确认后的建议和方案全部纳入降水施工方案中，并且本合同的价格应视为已充分考虑了上述情况对合同价格的影响，乙方无权提出任何费用的补偿和工期顺延的许可。

如因乙方未按上述约定完成对工程图纸和技术说明的审核工作，导致本工程降水施工质量不合格，乙方将承担一切损失及责任。

3.乙方进场前需向甲方提供完整施工图（包括按甲方要求需完成的深化设计图）和施工方案，其中应包括以下内容：

（1）本工程施工依据的现行国家标准及其他相关规定；

（2）采取的主要施工方法、工艺流程；

（3）根据工期要求和现场情况为每阶段施工安排的机械设备、机具的型号/数量；

（4）拟安排在每一施工阶段、区段现场作业人员、管理人员的数量；

（5）乙方现场管理人员组织结构和隶属关系及通信方式；

（6）进度计划；

（7）需要甲方配合的事项和最迟解决完成时间；

（8）各项保证工期、质量、安全的措施以及冬（雨）期施工措施，此费用已包含在本合同价款中，不另计取。

4.乙方须按业主、监理和甲方最终确认的施工图和施工方案进行施工，但业主、监理和甲方的确认并不免除乙方承担因设计图、方案缺陷、错误所导致各种后果的一切相关责任。

第十四条　技术质量要求

1. 乙方应严格按照本合约和现行标准进行施工作业，确保施工质量满足标准和设计要求。
2. 乙方应选派业务水平较高、经验丰富的专业施工技术人员和操作人员在本工程施工。
3. 乙方提供的材料应严格确保其质量合格，满足标准、方案的标准要求。禁止提供假冒伪劣产品。
4. 施工作业人员需持有有效且符合当地政府规定要求的上岗证，并提供加盖单位公章的复印件，报甲方备案。
5. 标准

施工作业应满足现行国家、行业、地方标准，设计图纸和权威手册要求：

（1）《建筑地基基础设计规范》GB 50007；
（2）《岩土工程勘察规范》DGJ 08-37；
（3）《建筑基坑支护技术规程》JGJ 120；
（4）《建筑与市政工程地下水控制技术规范》JGJ 111；
（5）《建筑工程施工质量验收统一标准》GB 50300；
（6）《建筑施工安全检查标准》JGJ 59；
（7）《施工现场临时用电安全技术规范》JGJ 46；
（8）《建设工程施工现场供用电安全规范》GB 50194；
（9）《建筑工程资料管理规程》JGJ/T 185；
（10）《建筑边坡工程技术规范》GB 50330；
（11）《建筑桩基技术规范》JGJ 94；
（12）其他相关标准；
（13）国家、地方、行业后续颁布的标准。

上述标准若有不一致或矛盾之处，按较为严格标准执行。

6. 技术要求与参数：按业主、监理和甲方最终确认的施工方案执行。

第十五条　文物和地下障碍物

1. 正式施工前，甲方向乙方转交由业主方提供的地质勘察报告复印件一份，以供乙方施工参考。甲方不对此类资料的准确性负责，对此乙方不表示任何异议。
2. 在施工中遇到下列情况乙方应立即停止施工，甲方应立即保护好现场：

（1）古墓、古建筑遗址、历史文物；
（2）化石或其他有考古、地质研究等价值的物品；
（3）被怀疑为有危险的爆炸物，如残旧的炸弹、手榴弹、炮弹、地雷等；
（4）走向不明的管线、管沟、防空洞。

3. 若能明显判断和怀疑为文物，甲方于4小时内以书面形式通知建设单位，由其收到书面通知后报告当地文物管理部门，甲方按文物管理部门的要求采取妥善保护措施。乙方按文物部门的要求配合发掘工作，费用由乙方与建设单位自行商议。
4. 若被怀疑为有危险的爆炸物或不明物体，乙方应立即停止施工并立即报告甲方，甲方立即报告给公安机关。甲方按公安机关的要求采取妥善保护措施，由公安机关处置。若乙方疏忽大意未能及时发现或发现后继续施工未及时报告或自行处置，造成一切后果和责任由乙方自行承担。
5. 乙方发现文物或化石后隐瞒不报，致使文物化石遭受破坏或遭哄抢、私分，由乙方依法承担相应责任。
6. 发现不明管线、防空洞等，乙方应立即停止施工并向甲方报告，待政府市政管理部门调查处理，明确为废弃物后方可继续施工，相关处理费用在合同价款中已经综合考虑。若需采取一定的保护措施或需要全部或部分继续留存的，则待甲方与建设单位或其他单位协商后处理。
7. 上述事件处理过程中，甲方应加强警卫，做好现场安全保卫工作，防止不法人员或无关人员进入现场。

第十六条　机械设备、材料管理

1. 计划管理

（1）所有物资、机械设备须经过甲方书面同意后方能进退场。
（2）进场的物资材料、机械设备应满足甲方制定的月计划、周计划施工进度要求。

（3）所有材料进场前，乙方需提供相应的合格证、生产许可证、出厂证明、复试报告等合法资料，否则不得进场。

（4）物资、材料的进场后的申报程序执行_____省_____市的有关规定和要求。

（5）所有进、退场材料物资、机械设备应提前12小时向甲方申报物资进、退场计划，经甲方相关人员签字同意后，由乙方向甲方申请填制生产要素出入许可证，报至甲方项目经理部相应部门确认后，方可组织物资进退场，否则严禁进退场。

（6）提供生产要素出入许可证（一式四份），需明确进出场时间、车号、物资名称、进出场理由及乙方负责人签名。

2. 仓储管理

（1）由乙方自行负责对材料、机械设备加以妥善保管，防止人为破坏、偷盗以及不利自然条件的侵蚀，费用自理。如果乙方未采取适当的保管保护措施，造成的一切损失将由乙方自行承担。

（2）进场物资堆放地点，必须经过甲方批准，服从甲方的统筹安排。

（3）现场物资堆放、标识等须符合甲方的有关管理规定。

第十七条　现场及人员管理

1. 乙方应遵守国家、行业、地方以及甲方有关现场安全文明施工的各项管理规定，在设施的投入、现场的布置等各方面严格按照甲方的规定执行。

2. 乙方进入现场的施工人员必须持有符合地方政府要求的上岗证书，现场施工人员必须统一佩戴安全帽及胸卡，施工人员须持证进出现场。

3. 现场不允许出现宣传乙方单位的标识、标语。

4. 乙方所有现场施工人员需持有_____市政府指定卫生防疫部门核发的健康证，非_____市户籍人员需持有_____市有关政府部门核发的外来人员就业证、_____市公安局下属驻地派出所办理的暂住证。乙方上述证件不齐给甲方造成损失由乙方承担，办理证件所需费用乙方自理。

5. 乙方应采取一切合理的措施防止其人员实施违法或妨碍社会治安和公共安全的行为，并有完全的责任和义务保护周围其他人员和财产免受上述行为的危害，由此造成的一切后果由乙方负责。

6. 严格遵守有关消防、保卫、交通安全、环卫社会治安方面的规定。凡是由于乙方对上述要求贯彻执行不得力而造成的事故、灾害，其经济及法律责任由乙方独自承担。由此造成甲方的损失由乙方赔偿，此外甲方有权对其进行处罚。

第十八条　甲方一般职责

1. 甲方驻现场代表：项目经理为_____。项目经理代表甲方全面履行合同各项职责。

2. 甲方其他主要管理人员：生产负责人为_____；商务负责人为_____。

3. 负责协调乙方与现场其他分包方、施工工序之间的关系。

4. 及时向乙方提供施工所需指令、指示、洽商等相关施工文件。

5. 当甲方对工程材料、质量发生怀疑时，有权随时进行抽查。

6. 如果乙方在工程质量、进度、安全、现场管理等方面满足不了甲方、监理、业主任何一方的合理要求时，甲方有权将分包合同范围的工作指定给其他单位完成，所发生的分包费用、劳务费、材料费等费用从分包款中扣除，对此乙方不得有任何异议。

7. 协调解决乙方现场的材料堆放。

8. 负责基坑外临水临电设施，包括现场一级电箱、水源接驳点、现场周边的镝灯照明以及基坑周边的防护围挡。乙方根据甲方现场临水临电管线的布设，在得到甲方批准的情况下，根据施工需要，自行提供除一级电箱以外的电箱、电缆、接水管等将施工水电接引至施工地点。施工水电费用由甲方承担，乙方应厉行节约。甲方有权随时抽查监督乙方用水用电行为，若发现有浪费或不良使用行为，甲方有权重罚，并禁止乙方使用甲方提供的水电资源。

9. 提供工程定位、轴线控制点及水准点，乙方负责校核并承担除此以外的所有测量工作。

10. 负责指定具有相应资质的单位进行本合同范围内检验试验工作，完成此项工作所发生的全部费用由乙方承担。

11. 组织分部工程和工程竣工验收工作。

12. 提供施工现场公共部位、施工通道的照明，保证其通畅并负责其维护工作。

13. 在施工现场提供临时厕所设施，并负责定期清理。

14. 负责提供现场的出入口的保卫工作，但乙方须看管好己方机械设备及材料物资并配备消防设施。

15. 负责接洽政府有关部门对施工现场的检查，乙方应积极配合，因此造成乙方人员、机械等窝工损失由乙方自行承担。
16. 甲方负责定期召开现场协调例会，乙方驻工地负责人必须准时参加，并服从于会议决议以及甲方的协调管理。若乙方驻工地负责人无法正常参加，需事先向甲方项目经理请假，并指定全权代表参加。

第十九条　乙方一般职责

1. 按合同约定及甲方要求的时间准时进场；严格按业主方、监理方及甲方审批后的施工方案组织施工。
2. 乙方驻现场代表：项目经理为_____；技术负责人为_____。
3. 自备施工所需机械设备、机具、工具及其他随身工具。
4. 自备符合标准要求的个人安全防护用品，如：安全帽、安全带、口罩等。
5. 向甲方提供单位资质等证明文件及施工人员名单（需经地方政府有关部门备案）及特殊工种的上岗证复印件（加盖单位公章）。
6. 乙方应服从甲方总体安排，在甲方指定地点自行布设其管理人员办公场地、加工棚、库房、材料堆放等临时设施。
7. 施工中，乙方不得碰撞、破坏基坑周围控制点。
8. 施工过程中，要随时检查坑槽（壁）和边坡的状态，发现问题及时向甲方汇报。
9. 提供满足_____省住建部门和国家档案管理规定要求的分包工程竣工资料、技术资料，上述工作不限于技术资料的填写、收集、复制、归档、提交。
10. 负责自行施工范围的成品保护工作，并保证不损害其他施工方已完项目，如有损害乙方应自费予以修理。
11. 乙方应随时准备接受甲方对工程质量、安全、文明施工的检验、检查，并为检验、检查提供便利条件。
12. 乙方每天要向甲方汇报现场劳动力及机械设备配置情况，乙方配置的现场实际工作的劳动力及有效机械设备必须满足甲方现场需求，否则甲方有权更换劳动队伍或增加该区域的劳动力及机械设备，所发生费用从乙方工程款中扣除。
13. 降水井成井之前乙方应先探明每根桩处是否有障碍物及市政管线，如有障碍物乙方应负责清理及回填素土（不得含有块石和生活垃圾）分层夯实后施工，若有市政管线乙方应及时上报甲方，并同时呈报切实可行的解决方案，待业主方、监理方及甲方审批通过后由乙方实施。障碍物清除及管线处理费用乙方在报价时已经综合考虑，乙方不得向甲方进行任何形式的索赔。
14. 乙方负责与其他分包方之间的配合照管工作，乙方在施工安排上应充分考虑到本工程分包队伍多、交叉作业多及施工难度大的特点，确保本工程的工期及质量，乙方不得以此为借口向甲方提出工期或经济等方面的任何索赔。
15. 乙方应制定并采取切实有效措施，防止自身材料、机具失窃等，防止工作面交叉引起的打架斗殴等事件，共创文明工地，乙方应保障甲方免于承担发生任何本款提及的不良事件给甲方带来的损失和损害。
16. 乙方应保障甲方免于承担因乙方过失、失误造成的任何人员伤亡、财产损失的全部责任和索赔，另外还应保障甲方免于承担与此有关的一切索赔、诉讼、损害赔偿、抚恤费和其他相关开支。
17. 负责乙方施工区域的安全文明施工，做到工完场清，及时将自施区域的泥浆、渣土、施工垃圾运出施工现场，垃圾渣土运输及消纳必须符合_____市政府有关规定。否则甲方有权自行组织他人完成该项工作，费用从乙方款项中扣除。
18. 乙方现场负责人需按时参加甲方项目经理部组织的有关安全、质量、进度、文明施工等方面的各种会议、检查活动，不得无故缺席。若乙方代表临时有其他紧急事务无法出席，须指派全权代表参加。会议所做出的决议、事项，双方需共同恪守，严格遵照执行。
19. 未经甲方许可，乙方不得私自在现场包括生活区私搭乱建临时用房。
20. 负责作业面的施工照明，自行从甲方提供的水电接驳点将水源、电源引至其施工作业地点，所需配件、电线等设备设施自备。合理使用甲方提供的水电资源，杜绝浪费。
21. 乙方有义务保管、维护施工现场临水、临电、临时消防设施。
22. 在分包工程完工后，除非甲方同意，乙方必须按甲方要求拆除一切其搭设的临时设施（包括施工和生活设施），恢复原样。
23. 乙方自行解决现场施工人员食宿。
24. 乙方施工人员应在指定的区域使用卫生设施，注意保持卫生与清洁。
25. 乙方可免费使用甲方已设在现场的脚手架、操作平台、防护设施，但使用前必须向甲方提出申请，明确使用部位和使用时间，经甲方批准后方可使用，未经甲方同意擅自使用的，发生一切意外事故与责任由乙方独自承担。

26. 未经甲方许可，禁止乙方擅自使用和拆改现场安全防护设施、脚手架、操作平台。否则，发生一切意外事故与责任由乙方独自承担。

27. 乙方入场前需按甲方的要求提供乙方法人代表对相关人员的授权委托书，被授权人包括乙方在本工程的项目经理、技术人员、材料人员等。

28. 乙方必须与雇佣人员签订书面劳动合同，建立合法的劳动关系。在劳动合同中必须明确工资标准及支付形式、支付日期，不得以任何理由拖欠工人工资。每月的工资表报项目劳务管理员处备案。实行农民工劳动计酬手册制度、施工现场悬挂农民工权益告知牌制度、农民工上岗前常识培训制度，劳务承包人应严格遵照执行。

29. 乙方应严格执行_____市《外来人员管理规定》做到合法用工，并及时办理暂住证、身份证、健康证、施工许可证等_____市相关规定要求合法手续、证件。操作人员100%持证上岗，特殊工种100%持证上岗。所有的手续必须在进场时按项目劳务管理员、安全部的要求报项目备案。信号工必须严格按照操作规程指挥，不能违章指挥，否则乙方承担相应的安全责任及事故引发的经济损失。

30. 乙方应按照_____市相关规定到施工所在的区（县）社会保险经办机构为全部进入施工现场人员办理基本医疗保险和工伤保险手续。相关费用已包含在分包合同价款中。

第二十条 检查与验收

1. 乙方应认真按照标准、试验方案要求以及甲方依据合同发出的指令施工，随时接受业主、监理及甲方的检查检验，并为检查检验提供便利条件。

2. 工程质量达不到约定标准的部分，甲方有权要求拆除和重新施工，直到符合约定标准。因乙方原因达不到约定标准，由乙方承担拆除和重新施工的费用，工期不予顺延。

3. 甲方的检查检验不应影响施工正常进行。如影响施工正常进行，检查检验不合格时，影响正常施工的费用由乙方承担。除此之外影响正常施工的发生的费用由甲方承担，相应顺延工期。

第二十一条 竣工验收及竣工结算

1. 在分包工程具备验收条件后，乙方向甲方提供完整合格的竣工资料、竣工验收报告和竣工图，各一式六份。

2. 甲方在收到乙方提交的分包工程竣工验收报告之日起3日内通知业主验收，乙方应该配合甲方会同业主进行验收。验收不能通过，乙方应负责修复相应缺陷并承担相应的质量责任。

3. 分包工程竣工验收通过，分包工程竣工日期为乙方提供竣工验收报告的日期。需要修复的，通过竣工验收的实际竣工日期为修复后竣工报告的日期。

4. 乙方按时完成分包合同约定的所有工程内容，经甲方、设计单位、监理、业主四方验收，分包工程达到分包合同约定的质量标准，办理完成竣工工程移交手续，甲方在同业主办理完结算后的一个月内与乙方办理完工程结算，结算时按本分包合同约定的相关计量规则计算完成工作量，扣除乙方保修金及其他应扣款项后付清剩余款项（不计利息）。

5. 延期支付的工程款项不计取利息。

第二十二条 工程保修

在总包工程竣工交付使用后，乙方应按国家有关规定对分包工程承担保修责任。具体保修责任按照乙方与甲方签订的质量保修书执行，保修期按照甲方与业主签订的合同中规定的期限执行，保修期满后并不免除乙方施工质量责任。

第二十三条 环保与职业安全

1. 本合同双方应共同遵守国家和地方有关的环境保护的法律、法规，努力营造绿色建筑。

2. 乙方在施工作业过程中满足甲方制定并经国家权威部门认证的ISO 14001环境管理体系、现行国际标准《职业健康安全管理体系要求及使用指南》ISO 45001的要求，保证施工生产符合相关标准的要求。

3. 乙方进驻现场员工需接受经ISO 14001环境管理体系、现行国际标准《职业健康安全管理体系要求及使用指南》ISO 45001认证的教育培训。

4. 乙方在运输材料（包括废料）、机具过程中应执行_____省_____市政府有关道路交通等的管理规定。

5. 乙方须采取有效措施，防止运输机械噪声超标或机械漏油污染环境。运输车辆要定期进行噪声检测，对于不符合要求的机械要及时采取必要的措施。

6. 车辆进入现场后禁止鸣笛。

第二十四条　合同文件组成与解释顺序
1. 补充协议书（若有）；
2. 本分包合同书；
3. 明确双方职责的会议纪要、往来函件；
4. 本合同所列标准、图集；
5. 图纸、洽商、变更、方案及指导书；
6. 标准及有关技术文件；
7. 试验报告；
8. 补充协议（若有）。

第二十五条　合同使用的语言文字及适用法律
1. 合同语言：本合同文件使用汉语。
2. 适用法律法规：《中华人民共和国民法典》《中华人民共和国建筑法》《建设工程质量管理条例》《房屋建筑工程质量保修办法》以及其他现行法律/法规和规范性文件（含_____省_____市地方性法规）。

第二十六条　违约
1. 合同双方任何一方不能全面履行本合同条款，均属违约；违约所造成的损失、后果、责任，概由违约方承担。
2. 除非双方协商终止本合同，违约方承担前述条违约责任、损失后仍需严格履行本合同。
3. 不允许非法转包本分包合同工程。
4. 甲乙双方明确约定，对于在本合同项下产生的或与本合同相关的事宜产生的乙方对甲方拥有的债权，乙方不得将其转让给第三方，除非经过甲方的书面同意；否则，乙方应在违约转让债权之日起5日内，按照违约转让债权总额的5%向甲方支付违约金，逾期支付应承担违约付款责任。

第二十七条　合同生效与终止
本合同自双方签字盖章之日起生效，技术资料齐全有效、履行完保修职责，保修期结束，本合同即告终止。

第二十八条　争议解决
双方因履行本合同或因与本合同相关的事项发生争议的，应通过协商方式解决，协商不成的，应首先提交_____调解中心进行调解，调解不成的，一方有权按照下列第_____项约定方式解决争议：
（1）向_____仲裁委员会申请仲裁；
（2）向_____人民法院提起诉讼。

第二十九条　未尽事宜
本合同在执行中若有未尽事宜，双方经友好协商以补充协议、会议纪要、谈判记录等形式约定。

第三十条　其他约定
1. 双方承诺不将本合同成交价格透露给任何第三方。
2. 本合同所述之内容与条款只限于_____工程使用，乙方不得将本合同内容细节透露给任何第三方。
3. 本合同一式_____份，均具有同等法律效力，甲方执_____份，乙方执_____份。

（以下无正文）

（本页为签署页）

甲方：（公章） 乙方：（公章）

法定代表人或其委托代理人： 法定代表人或其委托代理人：
（签字） （签字）

统一社会信用代码：_____ 统一社会信用代码：_____
地址：_____ 地址：_____
电话：_____ 电话：_____
电子信箱：_____ 电子信箱：_____
开户银行：_____ 开户银行：_____
账号：_____ 账号：_____

排水分包合同

合同编号:

工程名称:_____
工程地址:_____
甲　　方:_____
乙　　方:_____

_____年_____月_____日

_____工程排水分包合同

甲方（承包方）：_____
乙方（分包方）：_____

根据《中华人民共和国民法典》《中华人民共和国建筑法》《建设工程质量管理条例》及其他有关法律、行政法规，遵循平等、自愿、公平和诚实信用的原则，甲方将_____工程排水工程分包合同（时间为_____年_____月_____日至_____年_____月_____日）委托给乙方完成，双方就相关事宜达成如下协议：

第一条 工程概况

1. 工程名称：_____。
2. 工程地点：_____。
3. 建筑面积：_____。
4. 结构形式：_____。

第二条 承包范围

按照甲方的要求进行_____年_____月_____日至_____年_____月_____日的现场排水工作，包括提供：

（1）排水的人工（24小时作业）（此处需要说明：乙方提供劳动力总人数不得少于_____人，施工过程中以抽水为主，但如果在施工过程中有现场文明施工、配合物资部、配合工程部等工作需要，甲方可以随时调遣）；

（2）排水所需要的设备，污水泵、清水泵共计不超过_____台；

（3）铁锹、小推车、雨鞋雨衣、手电筒、电线胶布等与抽水相关的所有物件（所发生的费用全部包含在合同价款内）。

第三条 合同价款

1. 本合同为固定单价合同，暂定合同总价为_____元（大写：_____）。
2. 组价明细。

此价格包括人工费、材料费、机械费、措施费、管理费、利润、税金等所有乙方可能发生的费用，在本合同有效期内不作任何调整。承包范围内说明的所有人工及设备工具均由乙方提供，甲方除提供以下物资和场所外，其他均不提供：

（1）10km范围内工人宿舍；

（2）提供电线及水泵的开关箱。

第四条 付款及结算方式

1. 付款前提

付款时乙方需要出具甲方工程部或现场经理签字确认的进退场及合同工作完成情况。乙方提供的材料质量及施工实际情况达到合同约定的要求，乙方按技术及质量要求履行全部合同义务且甲方收到业主相应之款项。

2. 付款

工程款按进度支付，每月_____日前乙方向甲方工程部报送本月完成的工程量进度报表（按照完成比例核算），甲方商务部于次月_____日前审定乙方工程进度报表，甲方在所有部门审核同意后（实行付款会签制度），于第三个月_____—_____日内按乙方已完工程量的_____%支付工程进度款。结算完毕后，三个月之内支付至结算额。

以下列方式之一支付进度款（在选项□里打√）

□转账支票　□银行承兑汇票，期限为_____个月　□网络银行结算

第五条 工期

1. 现场排水开工日期：_____年_____月_____日。竣工日期：（暂定）_____年_____月_____日。
2. 现场水电维护开工日期：_____年_____月_____日。竣工日期：（暂定）_____年_____月_____日。

第六条 不可抗力

1. 不可抗力指业主、甲方、乙方都不可预见、不可避免、不能克服的超出一般防范能力的事件。此类事件的发生导致合同一方不可能履约。

2. 因不可抗力事件导致的费用及延误的工期按以下方法分别承担：

（1）乙方人员伤亡由乙方负责，并承担相应费用；

（2）乙方机械设备损坏、材料损坏及停工损失，由乙方自行承担；

（3）延误的工期相应顺延。

第七条　验收

由于本工程的特殊性，不存在最后验收。乙方抽水需时时到位，满足甲方抽水的需要，听从甲方的抽水安排，保证在需要之时所有设备和人员满负荷工作，甲方随时进行验收。

第八条　技术要求

1. 乙方应选派业务水平较高、经验丰富的专业施工技术人员和操作人员在本工程施工。

2. 满足甲方排水的要求。

3. 临水临电的日常维护必须根据现场的实际情况随时到位。

第九条　双方责任

1. 甲方责任：

（1）按约定及时支付工程款；

（2）及时验收；

（3）甲方工地代表为＿＿＿＿＿＿＿＿，联系电话：＿＿＿＿＿＿＿＿＿＿。

2. 乙方责任

（1）按合同约定及甲方要求的时间准时进场；严格按标准、方案进行施工。

（2）非甲方原因造成任何安全事故及责任由乙方独自承担。

（3）负责对进入现场人员进行安全交底，承担乙方人员不遵守甲方现场安全管理规定造成安全事故的全部责任。

①乙方作业人员应服从甲方的指挥，水电工必须保证需时即到。

②乙方应严格遵守国家和地方政府以及甲方的现场管理的各项规定，并遵守工地所在地，如院落、街区、小区、场所的各项管理规章制度。任何因违反相关规定、要求造成的事故、责任由乙方自行承担。

③乙方现场负责人需按时参加甲方项目经理部组织的有关安全、质量、进度、文明施工等方面的各种会议、检查活动，不得无故缺席。若乙方代表临时有其他紧急事务无法出席，须指派全权代表参加。会议所做出的决议、事项，双方需共同恪守，严格遵照执行。

④乙方有义务保管、维护施工范围现场临水、临电、临时消防设施。

⑤施工中，如乙方责任者发生工伤、设备损坏等事故，由乙方自行负责处理及赔偿甲方保险（人身意外险）之外的赔偿，甲方概不负责。

⑥乙方在管理工人生活区的过程中，必须与甲方相关部门紧密配合，发现问题及时报告给甲方。必须保证工人生活区的安全与卫生。一旦发现有水、电、火等威胁场地安全的情况，必须马上采取措施进行整改，如因不整改导致威胁生活区财产、生命安全的，由乙方承担责任。

⑦工程实时验收，由甲方会同乙方等有关单位，对工程按规定进行总体验收，乙方负责通过政府相关部门的验收。

⑧乙方工地代表为＿＿＿＿＿＿＿＿，联系电话：＿＿＿＿＿＿＿＿＿＿。

第十条　违约

1. 合同双方任何一方不能全面履行本合同条款，均属违约；违约所造成的损失、后果、责任，概由违约方承担。

2. 除非甲乙双方协商终止本合同，违约方承担前述条违约责任、损失后仍需严格履行本合同。

3. 不允许非法转包本分包合同工程。

第十一条　合同生效与终止

本合同自签订之日起生效，本协议内容全部完成并结清尾款后即告终止。

第十二条　争议解决

1. 双方因履行本合同或因与本合同相关的事项发生争议的，应通过协商方式解决，协商不成的，应首先提交＿＿＿＿＿＿调解中心进行调解，调解不成的，一方有权按照下列第＿＿＿＿项约定方式解决争议：

（1）向＿＿＿＿＿＿＿＿＿＿仲裁委员会申请仲裁；

（2）向_____人民法院提起诉讼。

2. 甲乙双方明确约定，对于在本合同项下产生的或与本合同相关的事宜产生的乙方对甲方拥有的债权，乙方承诺不将其转让给第三方，除非经过甲方的书面同意，否则，乙方应在违约转让债权之日起5日内，按照违约转让债权总额的5%向甲方支付违约金，逾期支付应承担违约付款责任。

第十三条　未尽事宜

本合同在执行中若有未尽事宜，双方经友好协商以补充协议的形式进行解决。

第十四条　其他约定

1. 双方承诺不将本合同成交价格透露给任何第三方。
2. 本合同所述之内容与条款只限于_____工程使用，乙方不得将本合同内容细节透露给任何第三方。
3. 本合同一式_____份，均具有同等法律效力，甲方执_____份，乙方执_____份。

（以下无正文）

甲方：（公章）　　　　　　　　　　　　　　乙方：（公章）

法定代表人或其委托代理人：　　　　　　　　法定代表人或其委托代理人：
（签字）　　　　　　　　　　　　　　　　　（签字）

统一社会信用代码：_____　　统一社会信用代码：_____

地址：_____　　地址：_____

电话：_____　　电话：_____

电子信箱：_____　　电子信箱：_____

开户银行：_____　　开户银行：_____

账号：_____　　账号：_____

第四章 护坡工程

钢支撑安装拆除分包合同

合同编号：

工程名称：_____
工程地址：_____
甲　　方：_____
乙　　方：_____

_____年_____月_____日

_____工程钢支撑安装拆除分包合同

甲方（承包方）：_____

乙方（分包方）：_____

根据《中华人民共和国民法典》《中华人民共和国建筑法》《建设工程质量管理条例》及其他有关法律、行政法规，遵循平等、自愿、公平和诚实信用的原则，甲方将_____项目钢支撑安装拆除工程施工委托给乙方完成，双方就相关事宜达成如下协议：

第一条　工程概况

1. 工程名称：_____项目。
2. 工程地点：_____市_____区_____路_____号。
3. 基坑面积：_____。
4. 基坑周长：_____。
5. 建设单位：_____。
6. 监理单位：_____。

第二条　分包范围

1. 在甲方指定的施工范围内，按设计图纸、施工方案、相关标准的要求完成相应的施工。本合同的施工区域：_____。

2. 甲方有权根据现场施工情况及乙方履约能力在施工期间重新界定本合同施工区域，乙方不得因施工区域的变化要求甲方调整合同单价或对甲方提出任何索赔要求。

第三条　承包方式

本合同的承包方式：_____。

第四条　乙方基本工作内容

完成包括工程设计图纸显示、建筑技术说明书所阐述的和根据图纸、施工方案、设计变更、技术标准可合理推断出的为完成本合同工作内容所需进行的一切工作，包括但不限于：

1. 接受并接管现场现状及遗留问题，在工程履约过程中，乙方不得以此为借口索赔费用及工期等。
2. 施工区域场地清理。
3. 钢支撑、钢围檩及穿墙钢管材料的制作、运输、装卸、吊装、安装、预应力施加及拆除。
4. 起重设备进出场、拼装、吊装及场内搬运所发生的一切费用，在安装过程中如甲方的塔式起重机、挖机有条件配合则予以配合，甲方不另收取费用。
5. 线内钢立柱超出标高部分乙方负责割除，如出现因钢立柱标高差异产生的损失，由乙方承担。
6. 负责所有乙供材料的装卸车及场内材料的搬运。
7. 配合甲方进行和完成承包范围内甲方、有关政府部门或单位要求的各种试验。该等试验由甲方单独委托具有相应资质的单位进行，乙方负责上述试验的所有配合工作。
8. 负责将施工产生的施工垃圾运至施工现场内甲方指定的地点，由甲方指定单位负责将施工垃圾外运、消纳至政府指定地点并承担费用。
9. 甲方负责为施工提供预埋铁件等主材，在甲方埋设期间，乙方应派技术人员现场指导，因预埋铁件埋设偏差造成的损失，由乙方承担。
10. 根据甲方确认的布设方案，自行布设施工范围内的临水临电，必须满足现场安全文明施工的标准要求以及工程施工的需要，费用由乙方自行承担。
11. 按照甲方的要求及安全文明施工方案进行安全文明施工的相关工作，如果乙方未能按要求进行安全文明施工的相关工作，则甲方另行指令其他分包方进行，另行分包费用将在乙方工程款中扣除。
12. 负责合同范围内工程施工完毕后的清理移交及整体工程竣工前的清理工作。

13. 按建设单位、监理单位、甲方及有关标准要求及时提供完整的技术资料及竣工资料。

14. 提供完成合同工作内容所必需的机械设备、工具、机具、材料以及个人安全防护用品。

15. 提供满足质量、工期、安全要求的施工作业人员与管理人员。

16. 乙方负责本合同范围内其所实施工程之保修工作。

第五条 价款与计量

序号	项目名称	单位	暂定工程量	单价（元）	小计（元）	备注
1	钢支撑安装、拆除					含_____天租赁费
2	钢支撑租赁					超出_____天，单价_____
暂定总价：_____元						

本合同暂定总价为_____元（大写：_____）。不含税合同价为_____元（大写：_____），增值税为_____元（大写：_____），增值税税率为：_____%。

1. 本合同为固定单价合同，除合同明确约定由甲方负责缴纳和承担的费用外，乙方负责实施完合同工作内容、达到验收标准所发生的一切材料费、人工费、机械费、劳保费、食宿费、交通费、行政事业收费、政府税费等；任何因人工费、机械运输费、取费的变动或政府及行业主管部门红头文件的颁发而引起的乙方的实际支出的增减，均视为乙方已经事先充分估计并已经列入合同单价之中。除本合同另有约定外，合同单价不作任何调整。

2. 本合同单价已综合考虑并包括了本合同显示的乙方的所有工作、职责、责任和义务，包括但不限于以下内容：

（1）钢支撑安装、拆除单价已包含_____天租赁费用，其中租赁时间以钢支撑安装完成开始计算，至拆除完毕结束；

（2）钢支撑使用时间超过_____天以后，租赁单价以_____元/（t·天）按实计算；

（3）完成本合同所需一切机械、设备、机具、配件、材料以及人工；

（4）钢支撑材料及辅材的制作、运输、场内搬运、装卸、吊装、安装、预应力施加及拆除等与钢支撑相关的工作内容；

（5）起重设备进出场、拼装、吊装及场内搬运所发生的一切费用；

（6）大面积施工与局部分块施工之间的各种差异；

（7）分阶段、分断面、分区段施工造成的费用增加；

（8）特殊部位施工难度增加造成的费用增加；

（9）满足甲方及建设单位要求的安全文明施工工作所需费用；

（10）钢支撑做法改变所带来的施工难度及施工费用的增加；

（11）钢支撑与结构之间缝隙处理办法，乙方需保证填缝处理安全可靠并能通过监理及建设单位验收（如需混凝土、水泥砂浆填缝，混凝土、水泥砂浆由甲方提供）；

（12）拆除内支撑时搭拆脚手架及脚手架清理、场内运输费用，脚手架及碗扣由甲方提供；

（13）配合甲方施工所带来的施工降效；

（14）为完成本合同工作内容所必须进行的障碍物清除及管线处理；

（15）扰民和民扰对现场施工造成的影响及乙方自身原因引起的扰民或民扰调停费；

（16）与其他分包方同一时间施工对施工造成的影响；

（17）施工现场交叉作业造成的窝工及工期延长；

（18）冬（雨）期施工增加的措施费；

（19）施工机械进退场费；

（20）施工人员个人安全防护用品费用；

（21）各项技术措施费、赶工措施费、节假日加班费、检验试验费、人员设备保险费；

（22）按甲方要求提供技术资料及竣工资料；

（23）完成合同内测量放线、试验配合、竣工清理；

（24）食宿交通费；

（25）成品保护费；

（26）与其他单位（包含甲方指定的分包方、建设单位及乙方自己的分包方）的配合照管费；

（27）现场管理费、企业管理费、利润；

（28）应该缴纳给政府有关部门的各项税费。

3. 工程量计量原则：依据施工图纸，钢支撑、穿墙钢管工程量按实计算，乙方提供的材料比重表需经甲方及建设单位认可，零星铁件按实计算。

第六条 付款

1. 本工程预付款支付比例或金额为：＿＿＿＿＿＿＿＿。预付款支付期限为：＿＿＿＿＿＿＿＿。预付款应当用于材料、工程设备、施工设备的采购及组织施工队伍进场等。甲方要求乙方提供预付款担保的，乙方应在甲方支付预付款前 7 天提供预付款担保。预付款担保采用的形式为：＿＿＿＿＿＿＿＿＿＿＿＿＿。在预付款完全扣回之前，乙方应保证预付款担保持续有效。预付款在进度付款中扣回的约定：＿＿＿＿＿＿＿＿＿＿＿＿。在工程完工验收合格前本合同解除的，尚未扣完的预付款应与合同价款一并结算。

2. 工程进度款付款前提：

（1）月度施工内容经甲方同意；

（2）施工进度在甲方的总控制计划之内；

（3）试验、复试报告证明所用材料合格或满足合同要求；

（4）经监理单位、建设单位、甲方验收合格（分项验收时）；

（5）随工程进度提交了相关技术资料（试验报告、验收资料）。

3. 付款程序和额度：

（1）工程款按月支付，乙方每月＿＿＿＿＿＿＿日向甲方上报当月完成工作量，并附详细的计算书，甲方接到申请后次月审核完毕，并于次月的＿＿＿＿＿＿＿－＿＿＿＿＿＿＿日按照审核安装完成工作量的＿＿＿＿＿＿＿%支付进度款，扣除保修金和其他应扣除款项后的余款待分包范围内拆除工作全部完成并经甲方、建设单位及监理验收合格后＿＿＿＿＿＿＿个月内无息支付。每次付款时乙方需提供税务局发票。

（2）乙方负责按照法律要求实行农民工实名制管理，具备条件的应当通过相应的管理服务信息平台进行用工实名登记、管理。乙方负责建立农民工劳动计酬手册，记录施工现场作业农民工的身份信息、劳动考勤信息、工资结算信息。乙方确认，其每月农民工以及管理人员工资总额不会超过该月完成工程量价款的＿＿＿＿＿＿＿%，因此甲方的进度款支付比例足够乙方按照政府规定支付施工人员全部工资；除本合同另有约定外，乙方将其雇佣的农民工及其劳务分包中的农民工工资委托给甲方代发。

（3）甲方每月最多支付＿＿＿＿＿＿＿次工程款。

（4）甲方已确认的变更洽商及签证费用在工程结算时随结算工程款支付，不进行月度付款。

第七条 甲供资源、材料

1. 施工图纸＿＿＿＿＿＿＿套。

2. 基坑外临水临电设施，包括：＿＿。

3. 临建：＿＿＿＿＿＿＿＿＿＿＿＿＿＿等由甲方建造和提供，其余临建由乙方自行负责建造和提供。

4. 提供现场施工人员宿舍所需临时建筑。

5. 测量：提供工程定位、轴线控制点及水准点。

6. 试验：承担＿＿＿＿＿＿＿＿＿＿＿＿＿＿试验费（含第三方见证试验）。

7. 工程施工现场及工人生活区的水电费由甲方负责缴纳。

8. 甲方提供给乙方使用的机具机械材料等，双方指定专职人员验收，乙方从甲方领用。乙方退场时应将除实体性消耗材料以外的甲供材料、机具、机械清理后完好地返还甲方，丢失及损坏部分，均由乙方承担赔偿费用。

第八条 工期要求

1. 计划开工日期为＿＿＿＿＿＿＿年＿＿＿＿＿＿＿月＿＿＿＿＿＿＿日，计划完工日期为＿＿＿＿＿＿＿年＿＿＿＿＿＿＿月＿＿＿＿＿＿＿日，工期总日历天数为＿＿＿＿＿＿＿天。工期总日历天数与根据前述计划开工、完工日期计算的工期天数不一致的，以工期总日历天数为准。

2. 乙方需按工程进度总控制进度计划编制乙方施工进度计划，按经甲方批准的施工进度计划及时组织施工。未按甲方要求施工，乙方承担违约责任。如由于乙方原因造成工期延误（包括由于乙方原因造成其他分包方工期延误的）按工期延误处理，乙方应承担因此给甲方及其他第三方造成的一切损失。甲方有权对乙方进行处罚，具体处罚见相关条款约定。

3. 以上工期已经考虑下列因素：

（1）法定节假日、公休日或重大活动举办日期；

（2）不利的条件（不可抗力除外）；

（3）与降水、土方等施工工序间不可避免的交叉作业影响。

4. 乙方须按甲方的总控进度计划施工，确保每周的工作均在甲方总控进度计划内完成；如乙方不能按甲方总控制进度计划完成其工作，乙方须按甲方指令无偿追加现场使用的设备、人员投入，以满足甲方、建设单位的合理进度要求。如乙方在追加现场使用的机械设备、人员后，仍然不能达到甲方、建设单位之合理要求，甲方有权另行聘请其他分包方承建上述工程，乙方承担所有相关费用并支付违约金，违约金金额为合同总价的_____%。

5. 出于本工程总体工期考虑，甲方有权要求乙方优先完成分包工程的某部位的工作，在现场条件许可的情况下，乙方应尽量满足并遵从甲方要求，且不得延误剩余部分的工作。

6. 非甲方原因（不可抗力除外）造成工期延误，每拖延一天罚款_____元，并承担甲方一切相关损失。

第九条 质量要求

1. 分包工程质量应符合_____标准，并达到总包合同约定的分包工程的质量标准，本协议书约定质量标准与总包合同约定的质量标准不一致的，按照较严格的质量标准执行。

2. 质量目标：乙方须保证工程质量满足上述要求，施工中须严格遵守现行国家标准规定，达到建设单位、监理单位及甲方要求。

3. 质量违约处罚：如乙方施工质量未达到上述标准，乙方须按合同总价的5%向甲方支付质量违约金。且乙方必须返修整改达到上述标准，返修费用全部由乙方承担，工期不予顺延，返修工期计入总工期考核。

第十条 工期延误

1. 因以下任何一项原因造成乙方延误实施分包工程的，经甲方驻现场代表书面确认，分包工程的竣工时间相应延长：

（1）非乙方造成工程延误，而且甲方根据合同已经从建设单位获得与分包合同相关的竣工时间的延长；

（2）甲方未按约定时间提供开工条件、施工现场等造成的延误；

（3）甲方发出错误的指令或者延迟发出指令确认批准造成分包合同工期延误；

（4）不可抗力（有关定义见第十一条）等其他非分包原因造成分包工程的延误；

（5）甲方认可的其他可以谅解的工程延误。

2. 乙方在上述任一事件发生后的_____天内，就延误的工期以书面的形式向甲方提出报告。如果上述事件具有持续的影响，则乙方应每隔_____天发出一份报告，事件影响结束之日起_____天内提交最终报告给甲方。甲方在收到报告后_____天内就报告内容予以答复或提出修改意见。

第十一条 不可抗力

1. 不可抗力指建设单位、甲方、乙方都不可预见、不可避免、不能克服的超出一般防范能力的事件。此类事件的发生导致合同一方不可能履约。不可抗力包括：

（1）地震、洪水、海啸、飓风、台风、剧烈雷击等自然灾害以及恶劣气候（气象资料以中央气象台记录为准）；

（2）战争、敌对行动（无论是否宣战）；

（3）叛乱、暴动、军事政变、内战；

（4）暴乱、骚乱、游行示威或混乱（乙方自身及相关人员内部因从事本工程而发生的事件除外）；

（5）空中飞行物体坠落；

（6）声速或超声速飞行物或装置产生的压力波。

2. 不可抗力事件发生后，乙方应立即通知甲方，并在力所能及的条件下迅速采取措施，尽量减少损失，并根据总包合同的约定处理。不可抗力事件结束后48小时内乙方向甲方通报受害情况和损失情况及预计清理和修复的费用。不可抗力事件持续发生，乙方应每隔3天向甲方报告一次受害情况。不可抗力事件结束后7天内，乙方向甲方提交清理和修复费用的正式报告及有关资料。

3. 因不可抗力事件导致的费用及延误的工期按以下方法分别承担。

（1）下列费用由甲方支付给乙方：

① 工程本身的损害、因工程损害导致第三方人员伤亡和财产损失以及运至施工场地用于施工的材料和待安装的设备的损害；

② 停工期间，乙方应甲方要求留在施工场地的必要的管理人员及保卫人员的费用；

③ 分包工程所需清理、修复费用。

（2）乙方人员伤亡由自身负责，并承担相应费用。

（3）乙方机械设备损坏及停工损失，由乙方自行承担。

（4）延误的工期相应顺延。

4. 因合同一方迟延履行合同后发生不可抗力的，不能免除迟延履行方的相应责任。

第十二条 变更与变更计价

1. 如果甲方认为有必要对分包工程或其中的任何部分的形式、质量、数量做出变更或调整，甲方有权指示乙方进行以下任何工作，乙方应遵照执行。该指示应该包括来自建设单位、设计单位、监理单位的设计变更、洽商、指示等。

（1）增加或减少合同中已经包含的工作量；

（2）改变工程做法、材料；

（3）改变分包工程任何部位的标高、位置或尺寸；

（4）改变施工顺序或时间安排；

（5）为确保工程质量和工程竣工而必需的任何附加的工作。

2. 上述变更指令发出后，双方应继续履行本合同，本分包合同不能因以上变更而失效或者作废。因变更而导致合同价款发生变化，则按相应条款规定调整。

3. 如果上述变更是因为乙方违约或其自身原因造成甲方不得不发出变更指令，则任何此类变更后增加的费用由乙方承担。

4. 乙方不得在施工中擅自改变材料做法、进行未经甲方许可的施工作业。

5. 如果变更仅仅造成工程量发生变化，则其单价不变，仍按原合同单价执行。

6. 如果合同中没有适用于变更工作的价格，则双方协商一个合理的市场价格。

第十三条 施工图和施工方案

1. 甲方将于本分包工程开工前 7 天向乙方提供_____套施工图纸。

2. 协助甲方审查本工程图纸和技术说明中可能存在的任何缺陷、疏漏和不足是乙方的合同责任和义务，乙方应在甲方提供图纸后 3 天内将其认为相关图纸（包括工程标准和技术说明）中可能存在的任何缺陷、疏漏或不足以书面方式报告甲方，乙方可以在此书面报告中附上关于弥补或修改此类缺陷、疏漏、不足的建议或方案，以及按此建议或方案实施对合同价格的影响。如果乙方迟于上述期限提出图纸的缺陷、疏漏或不足，则在本分包工程的施工过程中，乙方只能提出技术变更，乙方必须按甲方批准或指示的变更实施，且不会得到任何费用的补偿和工期顺延的许可。

3. 乙方进场前需向甲方提供完整施工图（包括按甲方要求需完成的深化设计图）和施工方案，其中应包括以下内容：

（1）本工程施工依据的现行国家标准及其他相关规定；

（2）采取的主要施工方法、工艺流程；

（3）根据工期要求和现场情况为每阶段施工安排的机具型号／数量；

（4）拟安排在每一施工阶段、区段现场作业人员、管理人员的数量；

（5）乙方现场管理人员组织结构和隶属关系及通信方式；

（6）进度计划；

（7）需要甲方配合的事项和最迟解决完成时间；

（8）各项保证工期、质量、安全的措施以及冬（雨）期施工措施，此费用已包含在本合同价款中，不另计取。

4. 乙方须按建设单位、监理和甲方最终确认的施工图和施工方案进行施工，但建设单位、监理和甲方的确认并不免除乙方承担因设计图、方案缺陷、错误而导致后果的一切相关责任。

第十四条 技术质量要求

1. 乙方应严格按照本合同和现行标准进行施工作业，确保施工质量满足标准和设计要求。

2. 乙方应选派业务水平较高、经验丰富的专业施工技术人员和操作人员在本工程施工。

3. 乙方提供的材料应严格确保其质量合格，满足相关标准、方案的要求。禁止提供假冒伪劣产品。

4. 施工作业人员需持有有效的且符合当地政府规定要求的上岗证，并提供加盖单位公章的复印件，报甲方备案。

5. 满足国家、地方、行业后续颁布的标准及甲方发布的图纸要求，上述标准等有不一致或矛盾之处，按较为严格标准执行。

6. 技术要求与参数：按建设单位、监理和甲方最终确认的施工方案执行。

第十五条　文物和地下障碍物

1. 正式施工前，甲方向乙方转交由建设单位提供的地质勘察报告复印件一份，以供乙方施工参考。甲方不对此类资料的准确性负责，对此乙方不表示任何异议。

2. 在施工中遇到下列情况乙方应立即停止施工，并保护好现场：

（1）古墓、古建筑遗址、历史文物；

（2）化石或其他有考古、地质研究等价值的物品；

（3）被怀疑为有危险的爆炸物，如残旧的炸弹、手榴弹、炮弹、地雷等；

（4）走向不明的管线、管沟、防空洞。

3. 若能明显判断和怀疑为文物，应由甲方以书面形式通知建设单位，由其收到书面通知后报告当地文物管理部门，乙方按文物管理部门的要求采取妥善保护措施，并按文物管理部门的要求配合发掘工作。费用由甲乙双方与建设单位商议决定。

4. 若被怀疑为有危险的爆炸物或不明物体，乙方应立即停止施工并立即报告甲方，甲方立即报告给公安机关。乙方按公安机关的要求采取妥善保护措施，由公安机关处置。若乙方疏忽大意未能及时发现或发现后继续施工未及时报告或自行处置，造成一切后果和责任由乙方自行承担。

5. 乙方发现文物或化石后隐瞒不报，致使文物化石遭受破坏或遭哄抢、私分，由乙方依法承担相应责任。

6. 发现不明管线、防空洞等，乙方应立即停止施工并向甲方报告，待政府市政管理部门调查处理，明确为废弃物后方可继续施工，相关处理费用在合同价款中已经综合考虑。若需采取一定的保护措施或需要全部或部分继续留存的，则待甲方与建设单位或其他单位协商后处理。

7. 上述事件处理过程中，乙方应加强警卫，做好现场安全保卫工作，防止不法人员或无关人员进入现场。

第十六条　机械设备、材料管理

1. 计划管理

（1）所有物资、机械设备须经过甲方书面同意后方能进退场。

（2）进场的物资材料、机械设备应满足甲方制定的月计划、周计划施工进度要求。

（3）所有材料进场前，乙方需提供相应的合格证、生产许可证、出厂证明、复试报告等合法资料，否则不得进场。

（4）物资、材料的进场后的申报程序执行工程所在地有关规定和要求。

（5）所有进、退场材料物资、机械设备应提前12小时向甲方申报物资进退场计划，经甲方相关人员签字同意后，由乙方向甲方申请填制生产要素出入许可证，报至甲方相应部门确认后，方可组织物资进退场；否则严禁进退场。

（6）生产要素出入许可证需明确进出场时间、车号、物资名称、进出场理由，并有乙方负责人签名。

2. 仓储管理

（1）由乙方自行负责对材料、机械设备加以妥善保管，防止人为破坏、偷盗以及不利自然条件的侵蚀，费用自理。如果乙方未采取适当的保管保护措施，造成的一切损失由乙方自行承担。

（2）进场物资堆放地点，必须经过甲方批准，服从甲方的统筹安排。

（3）现场物资堆放、标识等须符合甲方的有关管理规定。

第十七条　现场及人员管理

1. 乙方应遵守国家、行业、地方以及甲方有关现场安全文明施工的各项管理规定，在设施的投入、现场的布置等各方面严格按照甲方的规定执行，并符合甲方的要求。

2. 乙方进入现场的施工人员必须持有符合地方政府要求的上岗证书，现场施工人员必须统一佩戴安全帽及胸卡，施工人员须持证进出现场。

3. 现场不允许出现宣传乙方单位的标识、标语。

4. 乙方所有现场施工人员（非当地户籍人员）需持有当地政府有关部门核发及要求的证件。办理证件所需费用乙方自理，上述证件不齐而给甲方造成损失由乙方承担。

5. 乙方应该采取一切合理的措施防止其人员实施违法或妨害社会治安和公共安全的行为，并有完全的责任和义务保护周围其他人员和财产免受上述行为的危害，由此造成的一切后果由乙方负责。

6. 严格遵守有关消防、保卫、交通安全、环卫、社会治安方面的规定。由于乙方对上述要求贯彻执行不得力而造成的一切事故、灾害，其经济及法律责任由乙方独自承担。由此造成甲方的损失由乙方赔偿，此外甲方有权对其进行处罚。

第十八条　甲方一般职责

1. 甲方驻现场代表：＿＿＿＿＿＿＿＿。甲方驻现场代表由甲方任命并派驻工作现场，代表甲方在其授权范围内履行合同各项职责。甲方驻现场代表的授权范围为：＿＿＿＿＿＿＿＿＿＿＿＿＿＿＿。

2. 甲方其他主要管理人员：技术负责人为＿＿＿＿＿＿＿＿＿。

3. 负责协调乙方与现场其他分包方、施工工序之间的关系。

4. 及时向乙方提供施工所需指令、指示、洽商等相关施工文件。

5. 当甲方对工程材料、质量发生怀疑时，有权随时进行抽查。

6. 拆除内支撑时，提供塔式起重机及脚手架材料给乙方。

7. 如果乙方在工程质量、进度、安全、现场管理等方面满足不了甲方、监理单位、建设单位任何一方的合理要求，甲方有权将分包合同范围的工作指定给其他单位完成，所发生的分包费用、劳务费、材料费等费用从分包款中扣除，对此乙方不得有任何异议。

8. 协调解决现场的乙方材料堆放场地。

9. 按照约定提供临水临电设施。乙方根据甲方现场临水临电管线的布设，在得到甲方批准的情况下，根据施工需要，自行提供除一级电箱以外的电箱、电缆、接水管等，并将施工水电接引至施工地点。施工水电费用由甲方承担，乙方应厉行节约。甲方有权随时抽查监督乙方用水用电行为，若发现有浪费或不良使用行为，甲方有权重罚，并禁止乙方使用甲方提供的水电资源。

10. 提供工程定位、轴线控制点及水准点，乙方负责校核并承担除此以外的所有测量工作。

11. 负责进行工程常规试验及第三方见证试验，并承担费用（乙方需安排固定的专职试验员配合甲方完成其承包范围内所有按规定要求进行的材料的检验、试验工作并提供试验模具）。

12. 组织分部工程和工程竣工验收工作。

13. 向乙方提供现场施工人员宿舍（临时建筑），排污费、垃圾外运费由乙方承担。宿舍床铺、衣柜、吊架等生活设施以及冬季取暖设施、夏季通风防蝇设施、食堂用具等由乙方自备。生活区内各项生活条件及管理必须符合政府相关法律法规及甲方的各项要求（包括 ISO 14001 环境管理体系的要求等），符合工程所在地建设管理部门安全文明工地的标准等的要求。

14. 提供施工现场公共部位、施工通道的照明，保证其通畅并负责其维护工作。

15. 在施工现场提供临时厕所设施，并负责定期清理。

16. 负责提供现场的出入口的保卫工作，但乙方须自行看管好其机械设备及材料物资并配备消防设施。

17. 负责接洽政府有关部门对施工现场的检查，乙方应积极配合，因此造成乙方人员、机械等窝工损失由乙方自行承担。

18. 负责定期召开现场协调例会（乙方驻工地负责人必须准时参加，并服从于会议决议以及甲方的协调管理。若乙方驻工地负责人无法正常参加，需事先向甲方驻现场代表请假，并指定全权代表参加）。

19. 为乙方提供钢支撑安装的工作面，负责立柱桩内混凝土剔凿、拼装过程中局部土方的清理、压顶梁预埋铁件与混凝土牛腿制作、混凝土填充等。

第十九条　乙方一般职责

1. 按合同约定及甲方要求的时间准时进场；严格按建设单位、监理单位及甲方审批后的试验方案组织施工。

2. 乙方项目经理：＿＿＿＿＿＿＿。项目经理应具备履行其职责所需的资格、经验和能力，并为乙方正式聘用的员工，乙方应向甲方提交项目经理与乙方之间的劳动合同，以及乙方为项目经理缴纳社会保险的有效证明。乙方不提交上述文件的，项目经理无权履行职责，甲方有权要求更换项目经理，由此增加的费用和／或延误的工期由乙方承担。项目经理在乙方授予的权限范围内履行本合同约定职责，项目经理的授权范围为：＿＿＿＿＿＿＿＿＿＿＿＿＿。技术负责人姓名为＿＿＿＿＿＿＿。

3. 乙方人员的资质、数量、配置和管理应能满足工程实施的需要。乙方应在接到开始工作通知之日起 14 天内，向甲方提交乙方的项目管理机构以及人员安排的报告，其内容应包括管理机构的设置、各主要岗位的关键人员名单及注册执业资格等证明其具备担任关键人员能力的相关文件，以及设计人员和各工种技术负责人的安排状况。

4. 乙方的现场管理人员离开施工现场每月累计不得超过_____天，离开施工现场每月累计超过_____天的，应书面通知甲方，征得甲方书面同意。现场管理人员因故离开施工现场的，可授权有经验的人员临时代行其职责，但乙方应将被授权人员信息及授权范围书面通知甲方并取得其同意。现场管理人员未经甲方同意擅自离开施工现场的，应按照约定承担违约责任。

5. 负责完成约定工作内容以内的所有工作。

6. 自备施工所需机械设备、机具、工具及其他随身工具。

7. 自备符合相关标准要求的个人安全防护用品，如安全帽、安全带、口罩等。

8. 向甲方提供单位资质等证明文件及施工人员名单（需经地方政府有关部门备案）及特殊工种的上岗证复印件（加盖单位公章）。

9. 服从甲方总体安排，在甲方指定地点自行布设其管理人员办公场地、加工棚、库房、材料堆放等临时设施。

10. 施工中，不得碰撞、破坏基坑周围控制点。

11. 提供满足_____省_____市工程资料管理规定和国家档案管理规定要求的分包工程竣工资料、技术资料；上述工作不只限于技术资料的填写、收集、复制、归档、提交。

12. 负责自行施工范围的成品保护工作，并保证不损害其他施工方已完项目，如有损害乙方应自费予以修理。

13. 随时准备接受甲方对工程质量、安全、文明施工的检验、检查，并为检验、检查提供便利条件。

14. 每天向甲方汇报现场劳动力及机械设备配置情况，乙方配置的现场实际工作的劳动力及有效机械设备必须满足甲方现场需求，否则甲方有权更换劳动队伍或增加该区域的劳动力及机械设备，所发生费用从乙方工程款中扣除。

15. 负责与其他分包方之间的配合照管工作，在施工安排上应充分考虑到本工程分包队伍多、交叉作业多及施工难度大的特点，确保本工程的工期及质量，并且不应以此为借口向甲方提出工期或经济等方面的任何索赔。

16. 制定并采取切实有效措施，防止自身材料、机具失窃等，防止工作面交叉引起的打架斗殴等事件，共创文明工地，保障甲方免于承担发生任何本款提及的不良事件而带来的任何损失和损害。

17. 保障甲方免于承担因乙方过失、失误造成的任何人员伤亡、财产损失的全部责任和索赔，另外还应保障甲方免于承担与此有关的一切索赔、诉讼、损害赔偿、抚恤费和其他相关开支。

18. 负责乙方施工区域的安全文明施工，做到工完场清，及时将乙方施工区域的施工垃圾运至施工现场内甲方指定地点，由甲方指定单位负责将垃圾运输并消纳至工程所在地政府的指定地点。

19. 乙方现场负责人需按时参加甲方组织的有关安全、质量、进度、文明施工等方面的各种会议、检查活动，不得无故缺席。若乙方代表临时有其他紧急事务无法出席，须指派全权代表参加。会议所做出的决议、事项，双方需共同恪守，严格遵照执行。

20. 未经甲方许可，不得私自在现场包括生活区私搭乱建临时用房。

21. 负责作业面的施工照明，自行从甲方提供的水电接驳点将水源、电源引至其施工作业地点，所需配件、电线等设备设施自备。合理使用甲方提供的水电资源，杜绝浪费。

22. 有义务保管、维护施工范围现场临水、临电、临时消防设施。

23. 在分包工程完工后，除非甲方同意，乙方必须按甲方要求拆除一切其搭设的临时设施（包括_____），恢复原样。

24. 自行解决现场施工人员吃饭问题，乙方人员必须在甲方指定的区域就餐，餐后及时清扫，保持区域卫生。

25. 乙方施工人员应在指定的区域使用卫生设施，注意保持卫生与清洁。

26. 可免费使用甲方在现场已设的脚手架、操作平台、防护设施，但使用前必须向甲方提出申请，明确使用部位和使用时间，经甲方批准后方可使用，未经甲方同意擅自使用的，发生一切意外事故与责任由乙方独自承担。

27. 未经甲方许可，不得擅自使用和拆改现场安全防护设施、脚手架、操作平台。否则，发生的一切意外事故与责任由乙方独自承担。

28. 入场前需按甲方的要求提供法定代表人对相关人员的授权委托书，被授权人包括乙方在本工程的项目经理、技术人员、材料人员等。

29. 必须与使用的人员签订书面劳动合同，建立合法的劳动关系。在劳动合同中必须明确工资标准及支付形式、支付日期，不得以任何理由拖欠工人工资。每月的工资表报项目劳务管理员处备案。应全面实行农民工劳动计酬手册制度、施工现场悬挂农民工权益告知牌制度、农民工上岗前常识培训制度。

30.严格执行外来人员管理规定，做到合法用工，并及时办理相关规定要求的合法手续、证件。操作人员100%持证上岗，特殊工种100%持证上岗。所有的手续必须在进场时按要求报甲方备案。乙方的人员必须严格按照操作规程指挥，不能违章指挥，否则乙方承担相应的安全责任及事故引发的经济损失。

31.按照相关规定到施工所在的区（县）社会保险经办机构为其全部进入施工现场人员办理基本医疗保险和工伤保险手续，相关费用已包含在分包合同价款中。

第二十条 检查与验收

1.乙方应认真按照相关标准和试验方案要求以及甲方依据合同发出的指令施工，随时接受建设单位、监理单位及甲方的检查检验，并为检查检验提供便利条件。

2.工程质量达不到约定标准的部分，甲方有权要求拆除和重新施工，直到符合约定标准。因乙方原因达不到约定标准，由乙方承担拆除和重新施工的费用，工期不予顺延。

3.甲方的检查检验不应影响施工正常进行。如影响施工正常进行，检查检验不合格时，影响正常施工的费用由乙方承担，除此之外影响正常施工的发生的费用由甲方承担，相应顺延工期。

4.因甲方指令失误或其他非乙方原因发生的费用，由甲方承担。

第二十一条 竣工验收及竣工结算

1.在分包工程具备验收条件后，乙方向甲方提供其施工区域内完整的施工资料，按甲方要求配合甲方进行验收工作。

2.甲方在收到乙方提交的完工报告之日起_____日内通知建设单位验收，乙方应该配合甲方会同建设单位进行验收。若验收未通过，乙方应负责修复相应缺陷并承担相应的质量责任。

3.分包工程竣工验收通过，分包工程竣工日期为乙方提供竣工验收报告的日期。需要修复的，通过竣工验收的实际竣工日期为修复后提交竣工报告的日期。

4.乙方按时完成分包合同约定的所有工程内容，经甲方、设计单位、监理单位、建设单位四方验收，分包工程达到分包合同约定的质量标准，办理完成竣工工程移交手续，甲方在工程通过甲方、建设单位及监理验收合格后_____日内和乙方办理完工程结算，按设计图纸显示及分包合同相关计量规则计算完成工作量，扣完乙方保修金及其他应扣款项后无息付清剩余款项。

第二十二条 工程保修

1.自总包工程竣工交付使用之日起或总包工程认定的保修期限起算之日起，乙方应按国家有关规定对分包工程承担保修责任。具体保修责任按照乙方与甲方签订的质量保修书执行，保修期按照甲方与建设单位签订的合同中规定的期限执行，且保修服务期满后，并不免除乙方施工质量责任。

2.工程款支付保留金为本分包合同价款的_____%。甲方在乙方每期工程进度款支付中以同等的比例扣除，工程完工前全部扣完；工程经甲方、建设单位、监理验收合格，双方办理完本分包工程结算后_____天内支付结算价款的_____%；若无遗留问题，其余_____%作为工程保修的保证金，自整体工程竣工并通过验收之日起_____年内无息付清。

第二十三条 环保与职业安全

1.本合同双方应共同遵守国家和地方有关的环境保护的法律、法规，努力营造绿色建筑。

2.乙方在施工作业过程中满足甲方制定并经国家权威部门认证的 ISO 14001 环境管理体系、现行国际标准《职业健康安全管理体系要求及使用指南》ISO 45001 的要求，保证施工生产符合相关标准的要求。

3.乙方进驻现场员工需接受经 ISO 14001 环境管理体系、现行国际标准《职业健康安全管理体系要求及使用指南》ISO 45001 认证的教育培训。

4.乙方在运输材料（包括废料）、机具过程中应执行工程所在地政府有关道路交通等的管理规定。

5.乙方须采取有效措施，防止运输机械噪声超标或机械漏油污染环境，运输车辆要定期进行噪声检测，对于不符合要求的机械要及时采取必要的措施。

第二十四条 合同文件组成与解释顺序

1.补充协议书（若有）；

2. 本分包合同书；

3. 明确双方职责的会议纪要、往来函件；

4. 本合同所列标准、图集；

5. 图纸、洽商、变更、方案及指导书；

6. 标准及有关技术文件；

7. 试验报告；

8. 甲方指令单（若有）。

组成合同的各项文件应互相解释，互为说明。除本合同另有约定外，解释合同文件的优先顺序应按照上述排列顺序确定。上述各项合同文件包括合同当事人就该项合同文件所做出的补充和修改，属于同一类内容的文件，应以最新签署的为准。在合同订立及履行过程中形成的与合同有关的文件均构成合同文件组成部分，并根据其性质确定优先解释顺序。

第二十五条 合同使用的语言文字及适用法律

1. 合同语言：本合同文件使用汉语，与合同有关的联络应使用汉语。

2. 适用法律法规：《中华人民共和国民法典》《中华人民共和国建筑法》《建设工程质量管理条例》《房屋建筑工程质量保修办法》，其他现行法律、法规和规范性文件（含工程所在地地方性法规）。

第二十六条 违约

1. 合同双方任何一方不能全面履行本合同条款，均属违约；违约所造成的损失、后果、责任，概由违约方承担。

2. 除非双方协商终止本合同，违约方承担前述条违约责任、损失后仍需严格履行本合同。

3. 不允许非法转包本分包合同工程。

4. 甲、乙双方明确约定，对于在本合同项下产生的或与本合同相关的事宜产生的乙方对甲方拥有的债权，乙方承诺不将其转让给第三方，除非经过甲方的书面同意，否则，乙方应在违约转让债权之日起5日内，按照违约转让债权总额的5%向甲方支付违约金，逾期支付应承担违约付款责任。

第二十七条 合同生效与终止

本合同自双方签字盖章之日起生效，技术资料齐全有效，履行完保修职责，保修期结束，本合同即告终止。

第二十八条 争议解决

双方因履行本合同或因与本合同相关的事项发生争议的，应通过协商方式解决，协商不成的，应首先提交_____调解中心进行调解，调解不成的，一方有权按照下列第_____项约定方式解决争议：

（1）向_____仲裁委员会申请仲裁；

（2）向_____人民法院提起诉讼。

第二十九条 未尽事宜

本合同在执行中若有未尽事宜，双方经友好协商以补充协议、会议纪要、谈判记录等形式约定。

第三十条 其他约定

1. 双方承诺不将本合同成交价格透露给任何第三方。

2. 本合同所述之内容与条款只限于_____工程使用，乙方不得将本合同内容细节透露给任何第三方。

3. 本合同一式_____份，均具有同等法律效力，甲方执_____份，乙方执_____份。

（以下无正文）

（本页为签署页）

甲方：（公章）   乙方：（公章）

法定代表人或其委托代理人：   法定代表人或其委托代理人：
（签字）   （签字）

统一社会信用代码：_____   统一社会信用代码：_____
地址：_____   地址：_____
电话：_____   电话：_____
电子信箱：_____   电子信箱：_____
开户银行：_____   开户银行：_____
账号：_____   账号：_____

钢支撑及钢围檩租赁安装拆除分包合同

合同编号：

工程名称：_____
工程地址：_____
甲　　方：_____
乙　　方：_____

_____年_____月_____日

_____工程钢支撑及钢围檩租赁安装拆除分包合同

甲方（承包方）：_____
乙方（分包方）：_____

根据《中华人民共和国民法典》《中华人民共和国建筑法》《建设工程质量管理条例》及其他有关法律、行政法规，遵循平等、自愿、公平和诚实信用的原则，甲方将_____工程钢支撑及钢围檩租赁、安装、拆除委托给乙方完成，双方就相关事宜达成如下协议：

第一条　工程概况

1. 工程名称：_____工程。
2. 工程地点：_____市_____区_____路_____号。
3. 基坑面积：_____。
4. 基坑周长：_____。
5. 建设单位：_____。
6. 监理单位：_____。

第二条　分包范围

在甲方指定的施工范围内，按设计图纸、施工方案、相关标准的要求完成相应的施工。本合同的施工区域暂定如下：

1. 施工区内钢支撑、钢围檩及穿墙套筒。
2. 甲方有权将本合同施工区域外的施工内容指令乙方完成，乙方需积极执行。
3. 甲方有权根据现场施工情况及乙方履约能力在施工期间重新界定本合同施工区域，乙方不得因施工区域的变化要求甲方调整合同单价。

第三条　承包方式

本合同的承包方式：_____。

第四条　乙方基本工作内容

完成包括工程设计图纸显示、建筑技术说明书所阐述的和根据图纸、施工方案、设计变更、技术标准可合理推断出的为完成本合同工作内容所需进行的一切工作，包括但不限于：

1. 接受并接管现场现状及遗留问题，在工程履约过程中，乙方不得以此为借口索赔费用及工期等。
2. 施工区域场地清理。
3. 钢支撑、钢围檩及穿墙钢管材料的制作、运输、装卸、吊装、安装、预应力施加及拆除。
4. 起重设备进出场、拼装、吊装及场内搬运所发生的一切费用，在安装过程中如甲方的塔式起重机、挖机有条件配合则予以配合，甲方不得另行收取费用。
5. 钢立柱超出标高部分由乙方负责割除，如出现因钢立柱标高差异产生的损失，由乙方负责。
6. 负责所有分包方供材料的装卸车及场内材料的搬运。
7. 配合甲方完成承包范围内甲方、有关政府部门或单位要求的各种试验。该等试验由甲方单独委托相应资质的单位进行，乙方负责上述试验的所有配合工作。
8. 负责将施工产生的施工垃圾运至施工现场内甲方指定的地点，由甲方指定单位负责将施工垃圾外运并消纳至政府指定地点并承担费用。
9. 甲方负责为施工提供预埋铁件等主材，在甲方埋设期间，乙方应派技术人员现场指导，因预埋铁件埋设偏差造成的损失，由乙方负责。
10. 根据甲方确认的布设方案，乙方自行布设自施范围内的临水临电，必须满足现场安全文明施工的标准要求以及工程施工的需要，费用由乙方自行承担。
11. 按照甲方的要求及安全文明施工方案进行安全文明施工的相关工作，如果乙方未能按要求进行安全文明施工的相关工作，则甲方另行指令其他分包方进行，另行分包费用将在乙方工程款中扣除。

12. 负责合同范围内工程施工完毕后的清理移交及整体工程竣工前的清理工作。

13. 按建设单位、监理单位、甲方及有关标准要求及时提供完整的技术资料及竣工资料。

14. 提供完成合同工作内容所必需的机械设备、工具、机具、材料以及个人安全防护用品。

15. 提供满足质量、工期、安全要求的施工作业人员与管理人员。

16. 乙方负责本合同范围内其所实施工程之保修工作。

第五条 价款与计量

序号	项目名称	单位	暂定工程量	单价（元）	小计（元）	备注
1	钢支撑、钢围檩、安装、拆除	t				含_____天租赁费
2	钢支撑、钢围檩租赁	t				超出_____天以后，每天_____元/t
3	穿墙钢管及其配件	套				不可拆除
暂定总价：_____元						

本合同暂定总价为_____元（大写：_____）。不含税合同价为_____元（大写：_____），增值税为_____元（大写：_____），增值税税率为：_____%。

1. 本合同为固定单价合同，除合同明确约定由甲方负责缴纳和承担的费用外，乙方负责实施完合同工作内容、达到验收标准所发生的一切材料费、人工费、机械费、劳保费、食宿费、交通费、行政事业收费、政府税费等；任何因人工费、机械运输费、取费的变动或政府及行业管理部门红头文件的颁发而引起的乙方的实际支出的增减，均视为乙方已经事先充分估计并已经列入合同单价之中。除本合同另有约定外，合同单价不作任何调整。

2. 对单价的说明

本合同单价已综合考虑并包括了本合同显示的乙方的所有工作、职责、责任和义务，包括但不限于以下内容：

（1）钢支撑、钢围檩安装、拆除单价已包含_____天租赁费用，其中租赁时间以钢支撑安装完成开始计算，至拆除完毕结束；

（2）钢支撑、钢围檩使用时间超过_____天以后，租赁单价以_____元/（t·天）按实计算；

（3）完成本合同所需一切机械、设备、机具、配件、材料以及人工；

（4）钢支撑、钢围檩材料及辅材的制作、运输、场内搬运、装卸、吊装、安装、预应力施加及拆除等与钢支撑、钢围檩相关的工作内容；

（5）起重设备进出场、拼装、吊装及场内搬运所发生的一切费用；

（6）超出标高部分切割的人工费，穿墙螺杆的切割费用；

（7）大面积施工与局部分块施工之间的各种差异造成的费用增加；

（8）分阶段、分断面、分区段施工造成的费用增加；

（9）特殊部位施工难度增加造成的费用增加；

（10）满足甲方及建设单位要求的安全文明施工工作所需费用；

（11）钢支撑、钢围檩做法改变所带来的施工难度及施工费用的增加；

（12）钢支撑与结构之间缝隙处处理办法，乙方需保证填缝处理安全可靠并能通过监理及建设单位验收（如需混凝土、水泥砂浆填缝，混凝土、水泥砂浆由甲方提供）；

（13）拆除内支撑时搭拆脚手架及脚手架清理、场内运输费用，脚手架及碗扣由甲方提供；

（14）配合甲方施工所带来的施工降效；

（15）为完成本合同工作内容所必须进行的障碍物清除及管线处理；

（16）扰民和民扰对现场施工造成的影响及乙方自身原因引起的扰民或民扰调停费；

（17）与其他分包方同一时间施工对施工造成的影响；

（18）施工现场交叉作业造成的窝工及工期延长；

（19）冬（雨）期施工增加的措施费；

（20）施工机械进退场费；
（21）施工人员个人安全防护用品费用；
（22）各项技术措施费、赶工措施费、节假日加班费、检验试验费、人员设备保险费；
（23）按甲方要求提供技术资料及竣工资料；
（24）完成合同内测量放线、试验配合、竣工清理；
（25）食宿交通费；
（26）成品保护费；
（27）与其他单位（包含甲方指定的分包方、建设单位及乙方自己的分包方）的配合照管费；
（28）现场管理费、企业管理费、利润；
（29）应该缴纳给政府有关部门的各项税费。

3. 工程量计量原则：依据施工图纸，钢支撑、钢围檩、穿墙钢管工程量按实计算，乙方提供的材料比重表需经甲方及建设单位认可，零星铁件按实计算。

第六条 付款

1. 本工程预付款支付比例或金额为：_____。预付款支付期限为：_____。预付款应当用于材料、工程设备、施工设备的采购及组织施工队伍进场等。甲方要求分包方提供预付款担保的，乙方应在甲方支付预付款前7天提供预付款担保。预付款担保采用的形式为：_____。在预付款完全扣回之前，分包方应保证预付款担保持续有效。预付款在进度付款中扣回的约定：_____。在工程完工验收合格前本合同解除的，尚未扣完的预付款应与合同价款一并结算。

2. 工程进度款付款前提：
（1）月度施工内容经甲方同意；
（2）施工进度在甲方的总控制计划之内；
（3）试验、复试报告证明所用材料合格或满足合同要求；
（4）经监理单位、建设单位、甲方验收合格（分项验收时）；
（5）随月进度提交了相关技术资料（试验报告、验收资料）。

3. 付款程序和额度：

（1）工程款按月支付，乙方每月_____日向甲方上报当月完成工作量，并附详细的计算书，甲方接到申请后次月审核完毕，并于_____月的_____日按照审核安装完成工作量的_____%支付进度款，扣除保修金和其他应扣除款项后的余款待分包范围内拆除工作全部完成并经甲方、建设单位及监理验收合格后_____个月内无息支付。每次付款时乙方需提供税务局发票。

（2）乙方负责按照法律要求实行农民工实名制管理，具备条件的应当通过相应的管理服务信息平台进行用工实名登记、管理。乙方负责建立农民工劳动计酬手册，记录施工现场作业农民工的身份信息、劳动考勤信息、工资结算信息。乙方确认，其每月民工以及管理人员工资总额不会超过该月完成工程量价款的_____%，因此甲方的进度款支付比例足够乙方按照政府规定支付施工人员全部工资；除本合同另有约定外，乙方将其雇佣的农民工及其劳务分包中的农民工工资委托给甲方代发。

（3）甲方每月最多支付_____次工程款。

（4）甲方已确认的变更洽商及签证费用在工程结算时随结算工程款支付，不进行月度付款。

第七条 甲供资源、材料

1. 施工图纸_____套。
2. 基坑外临水临电设施，包括：_____。
3. 临建：_____等由甲方建造和提供，其余临建由乙方自行负责建造和提供。
4. 提供现场施工人员宿舍所需临时建筑。
5. 测量：提供工程定位、轴线控制点及水准点。
6. 试验：承担试验费（含第三方见证试验）。
7. 工程施工现场及工人生活区的水电费由甲方负责缴纳。

8. 甲方提供给乙方使用的机具机械材料等，双方指定专职人员验收，乙方从甲方领用。乙方退场时应将除实体性消耗材料以外的甲供材料、机具、机械清理后完好地返还甲方，丢失及损坏部分均由乙方承担赔偿费用。

第八条 工期要求

1. 计划开工日期为_____年_____月_____日，计划完工日期为_____年_____月_____日，工期总日历天数为_____天。工期总日历天数与根据前述计划开工、完工日期计算的工期天数不一致的，以工期总日历天数为准。

2. 乙方需按工程进度总控制进度计划编制乙方施工进度计划，按经甲方批准的施工进度计划及时组织施工。未按甲方要求施工，乙方承担违约责任。如由于乙方原因造成工期延误（包括由于乙方原因造成其他分包方工期延误的）按工期延误处理，乙方应承担因此给甲方及其他第三方造成的一切损失。甲方有权对乙方进行处罚，具体处罚见相关条款约定。

3. 以上工期已经考虑下列因素：
（1）法定节假日、公休日或重大活动举办日期；
（2）不利的条件（不可抗力除外）；
（3）与降水、土方等施工工序间不可避免的交叉作业影响。

4. 乙方须按甲方总控进度计划施工，确保每周的工作均在甲方的总控进度计划内完成；如乙方不能按甲方总控制进度计划完成其工作，乙方须按甲方指令无偿追加现场使用的设备、人员投入，以满足甲方、建设单位的合理进度要求为止。如乙方在追加现场使用的机械设备、人员后，仍然不能达到甲方、建设单位之合理要求，甲方有权另行聘请其他分包方承建上述工程，乙方承担所有相关费用并支付违约金，违约金金额为合同总价的_____%。

5. 出于本工程总体工期考虑，甲方有权要求乙方优先完成分包工程的某部位的工作，在现场条件许可的情况下，乙方应尽量满足并遵从甲方要求，且不得延误剩余部分的工作。

6. 非甲方原因（不可抗力除外）造成工期延误，每拖延一天罚款_____元，并承担承包方一切相关损失。

第九条 质量要求

1. 分包工程质量应符合_____标准，并达到总包合同约定的分包工程的质量标准，本协议书约定质量标准与总包合同约定的质量标准不一致的，按照较严格的质量标准执行。

2. 质量目标：乙方须保证工程质量满足上述要求，施工中须认真按现行国家标准要求，达到建设单位、监理单位及甲方要求。

3. 质量违约处罚：如乙方施工质量未达到上述标准，乙方须按合同总价的_____%向甲方支付质量违约金。且乙方必须返修整改达到上述标准，返修费用全部由乙方承担，工期不予顺延，返修工期计入总工期考核。

第十条 工期延误

1. 因以下任何一项原因造成乙方延误实施分包工程的，经甲方驻现场代表书面确认，分包工程的竣工时间相应延长：
（1）非乙方造成工程延误，而且甲方根据总包合同已经从建设单位获得与分包合同相关的竣工时间的延长；
（2）甲方未按约定时间提供开工条件、施工现场等造成的延误；
（3）甲方发出错误的指令或者延迟发出指令确认批准造成分包合同工期延误；
（4）不可抗力（有关定义见第十一条）等其他非分包原因造成分包工程的延误；
（5）甲方认可的其他可以谅解的工程延误。

2. 乙方在上述任一事件发生后的两天内，就延误的工期以书面的形式向甲方提出报告。如果上述事件具有持续的影响，则乙方应每隔两天发出一份报告，事件影响结束之日起10天内提交最终报告给甲方。甲方在收到报告后10天内就报告内容予以答复或提出修改意见。

第十一条 不可抗力

1. 不可抗力指建设单位、甲方、乙方都不可预见、不可避免、不能克服的超出一般防范能力的事件。此类事件的发生导致合同一方不可能履约。不可抗力包括：
（1）地震、洪水、海啸、飓风、台风、剧烈雷击等自然灾害以及恶劣气候（气象资料以中央气象台记录为准）；
（2）战争、敌对行动（无论是否宣战）；
（3）叛乱、暴动、军事政变、内战；
（4）暴乱、骚乱、游行示威或混乱（乙方自身及相关人员内部因从事本工程而发生的事件除外）；
（5）空中飞行物体坠落；

（6）声速或超声速飞行物或装置产生的压力波。

2. 不可抗力事件发生后，乙方应立即通知甲方，并在力所能及的条件下迅速采取措施，尽量减少损失，并根据总包合同的约定处理。不可抗力事件结束后48小时内乙方向甲方通报受害情况和损失情况及预计清理和修复的费用。不可抗力事件持续发生，乙方应每隔3天向甲方报告一次受害情况。不可抗力事件结束后7天内，乙方向甲方提交清理和修复费用的正式报告及有关资料。

3. 因不可抗力事件导致的费用及延误的工期按以下方法分别承担。

（1）下列费用由甲方支付给乙方：

① 工程本身的损害、因工程损害导致第三方人员伤亡和财产损失以及运至施工场地用于施工的材料和待安装的设备的损害；

② 停工期间，乙方应甲方要求留在施工场地的必要的管理人员及保卫人员的费用；

③ 分包工程所需清理、修复费用。

（2）乙方人员伤亡由自身负责，并承担相应费用。

（3）乙方机械设备损坏及停工损失，由乙方自行承担。

（4）延误的工期相应顺延。

4. 因合同一方迟延履行合同后发生不可抗力的，不能免除迟延履行方的相应责任。

第十二条　变更与变更计价

1. 如果甲方认为有必要对分包工程或其中的任何部分的形式、质量、数量做出变更或调整，甲方有权指示乙方进行以下任何工作，乙方应遵照执行。该指示应该包括来自建设单位、设计、监理单位的设计变更、洽商、指示等。

（1）增加或减少合同中已经包含的工作量；

（2）改变工程做法、材料；

（3）改变分包工程任何部位的标高、位置或尺寸；

（4）改变施工顺序或时间安排；

（5）为确保工程质量和工程竣工而必需的任何附加的工作。

2. 上述变更指令发出后，双方应继续履行本合同，本分包合同不能因以上变更而失效或者作废。因变更而导致合同价款发生变化，则按相应条款规定调整。

3. 如果上述变更是因为乙方违约或其自身原因造成甲方不得不发出变更指令，则任何此类变更后增加的费用由乙方承担。

4. 无论何时，乙方没有任何权利对合同工作内容提出变更，更不得在施工中擅自改变材料做法、进行未经甲方许可的施工作业。

5. 如果变更仅仅造成工程量增减，则其单价不变，仍按原合同单价执行。

6. 如果合同中没有适用于变更工作的价格，则双方协商一个合理的市场价格。

第十三条　施工图和施工方案

1. 甲方将于本分包工程开工前7天向乙方提供＿＿＿＿＿＿套施工图纸。

2. 协助甲方审查本工程图纸和技术说明中可能存在的任何缺陷、疏漏和不足是乙方的合同责任和义务，乙方应在甲方提供图纸后3天内将其认为相关图纸（包括工程标准和技术说明）中可能存在的任何缺陷、疏漏或不足以书面方式报告甲方，乙方可以在此书面报告中附上关于弥补或修改此类缺陷、疏漏、不足的建议或方案，以及按此建议或方案实施对合同价格的影响。如果乙方迟于上述期限提出图纸的缺陷、疏漏或不足，则在本分包工程的施工过程中，乙方只能提出技术变更，必须按甲方批准或指示的变更实施，且不会得到任何费用的补偿和工期顺延的许可。

3. 乙方进场前需向甲方提供完整施工图（包括按甲方要求需完成的深化设计图）和施工方案，其中应包括以下内容：

（1）本工程施工依据的现行国家标准及其他相关规定；

（2）采取的主要施工方法、工艺流程；

（3）根据工期要求和现场情况为每阶段施工安排的机具型号/数量；

（4）拟安排在每一施工阶段、区段现场作业人员、管理人员的数量；

（5）乙方现场管理人员组织结构和隶属关系及通信方式；

（6）进度计划；

（7）需要甲方配合的事项和最迟解决完成时间；

（8）各项保证工期、质量、安全的措施以及冬（雨）期施工措施，此费用已包含在本合同价款中，不另计取。

4. 乙方须按建设单位、监理和甲方最终确认的施工图和施工方案进行施工，但建设单位、监理和甲方的确认并不免除乙方承担因设计图、方案缺陷、错误而导致各种后果的一切相关责任。

第十四条 技术质量要求

1. 乙方应严格按照本合同和现行标准进行施工作业，确保施工质量满足标准和设计要求。

2. 乙方应选派业务水平较高、经验丰富的专业施工技术人员和操作人员在本工程施工。

3. 乙方提供的材料应严格确保其质量合格，满足相关标准、方案的要求。禁止提供假冒伪劣产品。

4. 施工作业人员需持有有效且符合当地政府规定的上岗证，并提供加盖单位公章的复印件，报甲方备案。

5. 满足国家、地方、行业后续颁布的标准及甲方发布的图纸要求，上述标准等若有不一致或矛盾之处，按较为严格标准执。

6. 技术要求与参数：按建设单位、监理和甲方最终确认的施工方案执行。

第十五条 文物和地下障碍物

1. 正式施工前，甲方向乙方转交由建设单位提供的地质勘察报告复印件一份，以供乙方施工参考。甲方不对此类资料的准确性负责，对此乙方不表示任何异议。

2. 在施工中遇到下列情况乙方应立即停止施工，并保护好现场：

（1）古墓、古建筑遗址、历史文物；

（2）化石或其他有考古、地质研究等价值的物品；

（3）被怀疑为有危险的爆炸物，如残旧的炸弹、手榴弹、炮弹、地雷等；

（4）走向不明的管线、管沟、防空洞。

3. 若能明显判断和怀疑为文物，应由甲方以书面形式通知建设单位，由其收到书面通知后报告当地文物管理部门。乙方按文物管理部门的要求采取妥善保护措施，并按文物管理部门的要求配合发掘工作。费用由乙方与建设单位自行商议。

4. 若被怀疑为有危险的爆炸物或不明物体，乙方应立即停止施工并立即报告甲方，甲方立即报告给公安机关。乙方按公安机关的要求采取妥善保护措施，由公安机关处置。若乙方疏忽大意未能及时发现或发现后继续施工未及时报告或自行处置，造成一切后果和责任由乙方承担。

5. 乙方发现文物或化石后隐瞒不报，致使文物化石遭受破坏或哄抢、私分，由乙方依法承担相应责任。

6. 发现不明管线、防空洞等，乙方应立即停止施工并向甲方报告，待政府市政管理部门调查处理，明确为废弃物后方可继续施工。相关处理费用在合同价款中已经综合考虑。若需采取一定的保护措施或需要全部或部分继续留存的，则待甲方与建设单位或其他单位协商后处理。

7. 上述事件处理过程中，乙方应加强警卫，做好现场安全保卫工作，防止不法人员或无关人员进入现场。

第十六条 机械设备、材料管理

1. 计划管理

（1）所有物资、机械设备须经过甲方书面同意后方能进退场。

（2）进场的物资材料、机械设备应满足甲方制定的月计划、周计划施工进度要求。

（3）所有材料进场前，乙方需提供相应的合格证、生产许可证、出厂证明、复试报告等合法资料，否则不得进场。

（4）物资、材料进场后的申报程序执行工程所在地的有关规定和要求。

（5）所有进、退场材料物资，机械设备应提前12小时向甲方申报物资进退场计划，经甲方相关人员签字同意后，由乙方向甲方申请填制生产要素出入许可证，报至甲方相应部门确认后，方可组织物资进退场；否则严禁进退场。

（6）生产要素出入许可需明确进出场时间、车号、物资名称、进出场理由，并有乙方负责人签名。

2. 仓储管理

（1）由乙方自行负责对材料、机械设备加以妥善保管，防止人为破坏、偷盗以及不利自然条件的侵蚀，费用自理。如果乙方未采取适当的保管保护措施，造成的一切损失由乙方自行承担。

（2）进场物资堆放地点，必须经过甲方批准，服从甲方的统筹安排。

（3）现场物资堆放、标识等须符合甲方的有关管理规定。

第十七条 现场及人员管理

1. 乙方应遵守国家、行业、地方以及甲方有关现场安全文明施工的各项管理规定，在设施的投入、现场的布置等各方面严格按照甲方的规定执行，并符合甲方的要求。

2. 乙方进入现场的施工人员必须持有符合地方政府要求的上岗证书，现场施工人员必须统一佩戴安全帽及胸卡，施工人员须持证进出现场。

3. 现场不允许出现宣传乙方单位的标识、标语。

4. 乙方所有现场施工人员（非_____市户籍人员）需持有当地政府有关部门核发及要求的证件。办理证件所需费用乙方自理，上述证件不齐而给甲方造成损失由乙方承担。

5. 乙方应该采取一切合理的措施防止其人员实施违法或妨害社会治安和公共安全的行为，并有完全的责任和义务保护周围其他人员和财产免受上述行为的危害，由此造成的一切后果由乙方负责。

6. 严格遵守有关消防、保卫、交通安全、环卫、社会治安方面的规定。由于乙方对上述要求贯彻执行不得力而造成的一切事故、灾害，其经济及法律责任由乙方独自承担。由此造成甲方的损失由乙方赔偿，此外甲方有权对其进行处罚。

第十八条 甲方一般职责

1. 甲方驻现场代表姓名：_____。甲方驻现场代表由甲方任命并派驻工作现场，代表甲方在其授权范围内履行合同各项职责。甲方驻现场代表的授权范围为：_____。

2. 甲方其他主要管理人员：技术负责人为_____；生产负责人为_____。

3. 负责协调乙方与现场其他分包方、施工工序之间的关系。

4. 及时向乙方提供施工所需指令、指示、洽商等相关施工文件。

5. 当甲方对工程材料、质量发生怀疑时，有权随时进行抽查。

6. 拆除内支撑时，提供塔式起重机及脚手架材料给乙方。

7. 如果乙方在工程质量、进度、安全、现场管理等方面满足不了甲方、监理、建设单位任何一方的合理要求，甲方有权将分包合同范围的工作指定给其他单位完成，所发生的分包费用、劳务费、材料费等费用从分包款中扣除，对此乙方不得有任何异议。

8. 协调解决现场的乙方材料堆放场地。

9. 按照约定提供临水临电设施。乙方根据甲方现场临水临电管线的布设，在得到甲方批准的情况下，根据施工需要，自行提供除一级电箱以外的电箱、电缆、接水管等，并将施工水电引接至施工地点。施工水电费用由甲方承担，乙方应厉行节约。甲方有权随时抽查监督乙方用水用电行为，若发现有浪费或不良使用行为，甲方有权重罚，并禁止乙方使用甲方提供的水电资源。

10. 提供工程定位、轴线控制点及水准点，乙方负责校核并承担除此以外的所有测量工作。

11. 负责进行工程常规试验及第三方见证试验，并承担费用（乙方需安排固定的专职试验员配合甲方完成其承包范围内所有按规定要求进行的材料的检验、试验工作并提供试验模具）。

12. 组织分部工程和工程竣工验收工作。

13. 向乙方提供现场施工人员宿舍（临时建筑），排污费、垃圾外运费由乙方承担。宿舍床铺、衣柜、吊架等生活设施以及冬季取暖设施、夏季通风防蝇设施、食堂用具等由乙方自备。生活区内各项生活条件及管理必须符合政府相关法律法规及甲方的各项要求（包括 ISO 14001 环境管理体系的要求等），符合_____市建设管理部门安全文明工地的标准等的要求。

14. 提供施工现场公共部位、施工通道的照明，保证其通畅并负责其维护工作。

15. 在施工现场提供临时厕所设施，并负责定期清理。

16. 负责提供现场的出入口的保卫工作，但乙方须自行看管好其机械设备及材料物资并配备消防设施。

17. 负责接洽政府有关部门对施工现场的检查，乙方应积极配合，因此造成乙方人员、机械等窝工损失由乙方承担。

18. 负责定期召开现场协调例会（乙方驻工地负责人必须准时参加，并服从于会议决议以及甲方的协调管理。若乙方驻工地负责人无法正常参加，需事先向甲方驻现场代表请假，并指定全权代表参加）。

19. 为乙方提供钢支撑安装的工作面，负责立柱桩内混凝土剔凿、拼装过程中局部土方的清理、压顶梁预埋铁件与混凝土牛腿制作、混凝土填充等。

第十九条　乙方一般职责

1. 按合同约定及甲方要求的时间准时进场；严格按建设单位、监理单位及甲方审批后的试验方案组织施工。

2. 乙方项目经理：_____。项目经理应具备履行其职责所需的资格、经验和能力，并为乙方正式聘用的员工，乙方应向甲方提交项目经理与乙方之间的劳动合同，以及乙方为项目经理缴纳社会保险的有效证明。乙方不提交上述文件的，项目经理无权履行职责，甲方有权要求更换项目经理，由此增加的费用和／或延误的工期由乙方承担。项目经理在乙方授予的权限范围内履行本合同约定职责，项目经理的授权范围为：_____。技术负责人姓名：_____。

3. 乙方人员的资质、数量、配置和管理应能满足工程实施的需要。乙方应在接到开始工作通知之日起14日内，向甲方提交乙方的项目管理机构以及人员安排的报告，其内容应包括管理机构的设置、各主要岗位的关键人员名单及注册执业资格等证明其具备担任关键人员能力的相关文件，以及设计人员和各工种技术负责人的安排状况。

4. 乙方的现场管理人员离开施工现场每月累计不得超过_____天，离开施工现场每月累计超过_____天的，应书面通知甲方，征得甲方书面同意。现场管理人员因故离开施工现场的，可授权有经验的人员临时代行其职责，但乙方应将被授权人员信息及授权范围书面通知甲方并取得其同意。现场管理人员未经甲方同意擅自离开施工现场的，应按照约定承担违约责任。

5. 负责完成约定工作内容以内的所有工作。

6. 自备施工所需机械设备、机具、工具及其他随身工具。

7. 自备符合相关标准要求的个人安全防护用品，如安全帽、安全带、口罩等。

8. 向甲方提供单位资质等证明文件及施工人员名单（需经地方政府有关部门备案）及特殊工种的上岗证复印件（加盖单位公章）。

9. 服从甲方总体安排，在甲方指定地点自行布设其管理人员办公场地、加工棚、库房、材料堆放等临时设施。

10. 施工中，不得碰撞、破坏基坑周围控制点。

11. 提供满足_____省_____市工程资料管理规定和国家档案管理规定要求的分包工程竣工资料、技术资料；上述工作不只限于技术资料的填写、收集、复制、归档、提交。

12. 负责自行施工范围的成品保护工作，并保证不损害其他施工方已完项目，如有损害乙方应自费予以修理。

13. 随时准备接受甲方对工程质量、安全、文明施工的检验、检查，并为检验、检查提供便利条件。

14. 每天向甲方汇报现场劳动力及机械设备配置情况，乙方配置的现场实际工作的劳动力及有效机械设备必须满足甲方现场需求，否则甲方有权更换劳动队伍或增加该区域的劳动力及机械设备，所发生费用从乙方工程款中扣除。

15. 负责与其他分包方之间的配合照管工作，在施工安排上应充分考虑到本工程分包队伍多、交叉作业多及施工难度大的特点，确保本工程的工期及质量，并且不应以此为借口向甲方提出工期或经济等方面的任何索赔。

16. 制定并采取切实有效的措施，防止自身材料、机具失窃等，防止工作面交叉引起的打架斗殴等事件，共创文明工地，保障甲方免于承担发生任何本款提及的不良事件而带来的任何损失和损害。

17. 保障甲方免于承担因乙方过失、失误造成的任何人员伤亡、财产损失的全部责任和索赔，另外还应保障甲方免于承担与此有关的一切索赔、诉讼、损害赔偿、抚恤费和其他相关开支。

18. 负责乙方施工区域的安全文明施工，做到工完场清，及时将乙方施工区域的施工垃圾运至施工现场内甲方指定地点，由甲方指定单位负责将垃圾运输并消纳至_____市政府的指定地点。

19. 乙方现场负责人需按时参加甲方组织的有关安全、质量、进度、文明施工等方面的各种会议、检查活动，不得无故缺席。若乙方代表临时有其他紧急事务无法出席，须指派全权代表参加。会议所做出的决议、事项，双方需共同恪守，严格遵照执行。

20. 未经甲方许可，不得私自在现场包括生活区私搭乱建临时用房。

21. 负责作业面的施工照明，自行从甲方提供的水电接驳点将水源、电源引至其施工作业地点，所需配件、电线等设备设施自备。合理使用甲方提供的水电资源，杜绝浪费。

22. 有义务保管、维护施工范围现场临水、临电、临时消防设施。

23. 在分包工程完工后，除非甲方同意，乙方必须按甲方要求拆除一切其搭设的临时设施（包括_____），恢复原样。

24. 自行解决现场施工人员吃饭问题，乙方人员必须在甲方指定的区域就餐，餐后及时清扫，保持区域卫生。

25. 乙方施工人员应在指定的区域使用卫生设施,注意保持卫生与清洁。

26. 可免费使用甲方已设在现场的脚手架、操作平台、防护设施,但使用前必须向甲方提出申请,明确使用部位和使用时间,经甲方批准后方可使用,未经甲方同意擅自使用的,发生一切意外事故与责任由乙方承担。

27. 未经甲方许可,不得擅自使用和拆改现场安全防护设施、脚手架、操作平台。否则,发生的一切意外事故与责任由乙方承担。

28. 入场前需按甲方的要求提供法定代表人对相关人员的授权委托书,被授权人包括乙方在本工程的项目经理、技术人员、材料人员等。

29. 必须与使用的人员签订书面劳动合同,建立合法的劳动关系。在劳动合同中必须明确工资标准及支付形式、支付日期,不得以任何理由拖欠工人工资。每月的工资表报项目劳务管理员处备案。应全面实行农民工劳动计酬手册制度、施工现场悬挂农民工权益告知牌制度、农民工上岗前常识培训制度。

30. 严格执行外来人员管理规定,做到合法用工,并及时办理相关规定要求合法手续、证件。操作人员100%持证上岗,特殊工种100%持证上岗。所有的手续必须在进场时按要求报甲方备案。乙方的人员必须严格按照操作规程指挥,不能违章指挥,否则承担相应的安全责任及事故引发的经济损失。

31. 按照相关规定到施工所在的区(县)社会保险经办机构为其全部进入施工现场人员办理基本医疗保险和工伤保险手续,相关费用已包含在分包合同价款中。

第二十条 检查与验收

1. 乙方应认真按照相关标准和试验方案要求以及甲方依据合同发出的指令施工,随时接受建设单位、监理单位及甲方的检查检验,并为检查检验提供便利条件。

2. 工程质量达不到约定标准的部分,甲方有权要求拆除和重新施工,直到符合约定标准。因乙方原因达不到约定标准,由乙方承担拆除和重新施工的费用,工期不予顺延。

3. 甲方的检查检验不应影响施工正常进行。如影响施工正常进行,检查检验不合格时,影响正常施工的费用由乙方承担。除此之外影响正常施工的发生的费用由甲方承担,相应顺延工期。

4. 因甲方指令失误或其他非乙方原因发生的费用,由甲方承担。

第二十一条 竣工验收及竣工结算

1. 在分包工程具备验收条件后,乙方向甲方提供自施区域内完整的施工资料,按甲方要求配合甲方进行验收工作。

2. 甲方在收到乙方提交的完工报告之日起_____日内通知建设单位验收,乙方应该配合甲方会同建设单位进行验收。验收不能通过,乙方应负责修复相应缺陷并承担相应的质量责任。

3. 分包工程竣工验收通过,分包工程竣工日期为乙方提供竣工验收报告的日期。需要修复的,通过竣工验收的实际竣工日期为修复后提交竣工报告的日期。

4. 乙方按时完成分包合同约定的所有工程内容,经甲方、设计单位、监理、建设单位四方验收,分包工程达到分包合同约定的质量标准,办理完成竣工工程移交手续,承包方在工程通过甲方、建设单位及监理验收合格后_____日内和乙方办理完工程结算,按设计图纸显示及分包合同相关计量规则计算完成工作量,扣完乙方保修金及乙方其他应扣款项后无息付清剩余款项。

第二十二条 工程保修

1. 自总包工程竣工交付使用之日起或总包工程认定的保修期限起算之日起,乙方应按国家有关规定对分包工程承担保修责任。具体保修责任按照乙方与甲方签订的质量保修书执行,保修期按照甲方与建设单位签订的合同中规定的期限执行,且保修服务期满后,并不免除乙方施工质量责任。

2. 工程款支付保留金为本分包合同价款的_____%。甲方在乙方每期工程进度款支付中以同等的比例扣除,工程完工前全部扣完;工程经甲方、建设单位、监理验收合格,双方办理完本分包工程结算后_____天内支付结算价款的_____%;若无遗留问题,其余_____%作为工程保修的保证金,自整体工程竣工并通过验收之日起_____年内无息付清。

第二十三条 环保与职业安全

1. 本合同双方应共同遵守国家和地方有关环境保护的法律、法规,努力营造绿色建筑。

2. 乙方在施工作业过程中满足甲方制定并经国家权威部门认证的 ISO 14001 环境管理体系、现行国际标准《职业健康安全管理体系要求及使用指南》ISO 45001 的要求,保证施工生产符合相关标准的要求。

3. 乙方进驻现场员工需接受经 ISO 14001 环境管理体系、现行国际标准《职业健康安全管理体系要求及使用指南》ISO 45001 认证的教育培训。

4. 乙方在运输材料（包括废料）、机具过程中应执行_____省_____市政府有关道路交通等的管理规定。

5. 乙方须采取有效措施，防止运输机械噪声超标或机械漏油污染环境。运输车辆要定期进行噪声检测。对于不符合要求的机械要及时采取必要的措施。

第二十四条 合同文件组成与解释顺序

1. 补充协议书（若有）；
2. 本分包合同书；
3. 明确双方职责的会议纪要、往来函件；
4. 本合同所列标准、图集；
5. 图纸、洽商、变更、方案及指导书；
6. 标准及有关技术文件；
7. 试验报告；
8. 甲方指令单（若有）。

组成合同的各项文件应互相解释，互为说明。除本合同另有约定外，解释合同文件的优先顺序应按照上述排列顺序确定。上述各项合同文件包括合同当事人就该项合同文件所做出的补充和修改，属于同一类内容的文件，应以最新签署的为准。在合同订立及履行过程中形成的与合同有关的文件均构成合同文件组成部分，并根据其性质确定优先解释顺序。

第二十五条 合同使用的语言文字及适用法律

1. 合同语言：本合同文件使用汉语，与合同有关的联络应使用汉语。
2. 适用法律法规：《中华人民共和国民法典》《中华人民共和国建筑法》《建设工程质量管理条例》《房屋建筑工程质量保修办法》，其他现行法律、法规和规范性文件（含工程所在地地方性法规）。

第二十六条 违约

1. 合同双方任何一方不能全面履行本合同条款，均属违约；违约所造成的损失、后果、责任，概由违约方承担。
2. 除非双方协商终止本合同，违约方承担前述条款违约责任、损失后仍需严格履行本合同。
3. 不允许非法转包本分包合同工程。
4. 甲方和乙方明确约定，对于在本合同项下产生的或与本合同相关的事宜产生的乙方对甲方拥有的债权，乙方承诺不将其转让给第三方，除非经过甲方的书面同意；否则，乙方应在违约转让债权之日起五日内，按照违约转让债权总额的 5% 向甲方支付违约金，逾期支付并应承担违约付款责任。

第二十七条 合同生效与终止

本合同自双方签字盖章之日起生效，技术资料齐全有效，履行完保修职责，保修期结束，本合同即告终止。

第二十八条 争议解决

双方因履行本合同或因与本合同相关的事项发生争议的，应通过协商方式解决，协商不成的，应首先提交_____调解中心进行调解，调解不成的，一方有权按照下列第_____项约定方式解决争议：

（1）向_____仲裁委员会申请仲裁；
（2）向_____人民法院提起诉讼。

第二十九条 未尽事宜

本合同在执行中若有未尽事宜，双方经友好协商以补充协议、会议纪要、谈判记录等形式约定。

第三十条 其他约定

1. 双方承诺不将本合同成交价格透露给任何第三方。
2. 本合同所述之内容与条款只限于_____工程使用，乙方不得将本合同内容细节透露给任何第三方。
3. 本合同一式_____份，均具有同等法律效力，甲方执_____份，乙方执_____份。

（以下无正文）

（本页为签署页）

甲方：（公章） 乙方：（公章）

法定代表人或其委托代理人： 法定代表人或其委托代理人：
（签字） （签字）

统一社会信用代码：_____ 统一社会信用代码：_____
地址：_____ 地址：_____
电话：_____ 电话：_____
电子信箱：_____ 电子信箱：_____
开户银行：_____ 开户银行：_____
账号：_____ 账号：_____

基坑内支撑拆除分包合同

合同编号：

工程名称：_____
工程地址：_____
甲　　方：_____
乙　　方：_____

_____年_____月_____日

_____工程基坑内支撑拆除分包合同

甲方（承包方）：_____
乙方（分包方）：_____

根据《中华人民共和国民法典》《中华人民共和国建筑法》《建设工程质量管理条例》及其他有关法律、行政法规、遵循平等、自愿、公平和诚实信用的原则，甲方将_____项目的基坑内支撑拆除委托给乙方完成，双方就相关事宜达成如下协议：

第一条　工程概况

1. 工程名称：_____工程。
2. 工程地点：_____市_____区_____路_____号。
3. 基坑面积：_____。
4. 基坑周长：_____。
5. 建设单位：_____。
6. 监理单位：_____。

第二条　承包范围及承包方式

1. 在甲方指定的施工范围内，按设计图纸、施工方案、相关标准的要求完成相应的施工。本合同的施工区域：_____。
2. 承包方式：_____。

第三条　合同价款

本合同暂定总价为_____元（大写：_____）。不含税合同价为人民币_____元（大写：_____），增值税为人民币_____元（大写：_____），增值税税率为_____%。

1. 合同价款说明

乙方已认真研究基坑支撑图纸及现场情况，本合同基于甲方提供给乙方的图纸并与现场实际情况结合，考虑了固定拆除及清理费、固定钢筋回收量、暂定钢筋回收单价等。

（1）本合同中拆除及清理费用为固定总价，包括为完成所有基坑内支撑拆除的费用，单价包括拆除及运到首层地面指定位置的费用。除本合同另有约定外，该项目工程量、单价及总价在任何情况下不做调整。

（2）本合同中钢筋回收项目中回收量为固定量，除非合同中另有规定，否则不可调整。

（3）本合同中仅钢筋回收单价可调，调整方式按照合同约定执行。

（4）合同价款中已包括完成本合同内容所需一切机械、设备机具、配件以及人工费，支撑拆除详图设计费，材料损耗费，运输到场地内甲方指定地点的所有费用（包括交通管制限制期间特殊运费），安全文明施工费，保险费，劳动保险费，医疗费，材料保管及成品保护费，二次搬运、机械进出场及吊装费，扰民以及民扰对现场施工造成的影响及乙方自身原因引起的扰民或民扰调停费，与其他分包方同一时间施工对施工造成的影响、交叉作业造成的窝工及工期延长、施工增加的措施费，机械、人员进退场费，员工个人安全防护用品费用，节假日加班费、检验试验费及人员设备保险费，提供完整技术资料及竣工资料费，完成合同内测量放线及竣工清理费，食宿交通费，成品保护费，乙方（含甲方指定的分包方、建设单位及乙方自己的分包方）的配合照管费，现场管理费，企业管理费，利润，各项税费，风险费用等一切费用。

2. 合同价款调整

（1）工程量调整。本合同为以施工图纸为基础的总价合同，混凝土用量在任何情况下不给予调整。钢筋回收量是以图纸为基础计算确定的总量，如果拆除过程中有钢筋与图纸不相符的情况，在得到甲方及建设单位的共同确认后方可作为调整的依据，以调整与图纸的差量，其他任何情况下都不构成调整依据。

（2）单价调整。本合同下拆除及清理费为固定总价。钢筋回收费为固定单价，按合同中的约定调整。

（3）除上述条款的约定以外，本合同下的单价和总价，在其他任何情况下不做调整。

3. 合同结算

（1）工程竣工_____天内乙方向甲方提供结算书，双方结算确认完毕后，返还扣除应交但未交钢筋回收费用以外的履约保证金。

（2）合同执行中，关于适用的钢筋回收单价做如下规定：

考虑拆除工程跨月进行，每次拆除工作需由甲方发出拆除指令，指令范围内的拆除钢筋回收单价按发出指令当月的_____市信息指导价格计算。指令中拆除范围须由甲方驻场代表和乙方项目经理共同确认。

第四条 乙方向甲方支付的回收款

1. 开工之前，乙方向甲方支付人民币_____元（大写：_____）作为履约担保金，履约担保金在工程全部结束且扣除本合同约定费用后无息返还乙方。

2. 乙方在每道支撑拆除开始之前，缴纳该支撑的全部应返还费用。乙方应返还费用暂时以合同工程量乘以暂定回购项（本款第1、2项）中更有利于甲方的单价方式计算，最终工程完工时一并调整。

（1）暂定回收价格按合同第三条工程量清单中的价格计算；

（2）每道支撑拆除开始最近期的_____市信息指导价格中_____钢筋价格为基础按工程量清单的单价计算方式计算。

第五条 工期

1. 计划开工日期为_____年_____月_____日（具体以甲方通知的开工日期为准），计划竣工日期为_____年_____月_____日，工期总日历天数为_____天。工期总日历天数与根据前述计划开工、竣工日期计算的工期天数不一致的，以工期总日历天数为准。

2. 乙方须按甲方之总控进度计划施工，确保每周的工作均在甲方的总控进度计划内完成，如乙方不能按甲方总控制进度计划完成其工作，乙方须按甲方指令无偿追加现场使用的设备、人员投入，以满足甲方、建设单位的合理进度要求。如乙方在追加现场使用的机具后，仍然不能达到甲方、建设单位之合理要求，甲方有权另行聘请其他分包方承建上述工程，乙方承担相关费用。从乙方的履约保证金中扣除并由乙方承担人民币_____元的违约赔偿责任。

3. 以上工期已经考虑下列因素：

（1）法定节假日、公休日或重大活动举办日期；

（2）不利的条件（不可抗力除外）；

（3）与降水、土方等施工工序间不可避免的交叉作业影响。

4. 出于本工程总体工期考虑，甲方有权要求乙方优先完成分包工程的某部位的工作，在现场条件许可的情况下，乙方应尽量满足并遵从甲方要求，且不得延误剩余部分的工作。

5. 非甲方原因（不可抗力除外）造成工期延误，每拖延一天罚款_____元，并承担甲方一切相关损失。

第六条 双方责任

1. 甲方义务

（1）甲方驻现场代表：_____。甲方驻现场代表由甲方任命并派驻工作现场，代表甲方在其授权范围内履行合同各项职责。甲方驻现场代表的授权范围为：_____。

（2）负责协调乙方与现场其他分包方、施工工序之间的关系。

（3）及时向乙方提供施工所需指令、指示、洽商等相关施工文件。

（4）如果乙方在工程质量、进度、安全、现场管理等方面满足不了甲方、监理及建设单位任何一方的合理要求，甲方有权将分包合同范围的工作指定给其他单位完成，所发生的分包费用、劳务费、材料费等从押金中扣除，对此乙方不得有任何异议，应无条件接受。

（5）协调解决现场的乙方机械堆放场所，机械堆放必须按甲方要求有序进行，因不按照甲方要求堆放而带来的一切隐患及后果由乙方承担。

（6）负责指定具有相应资质的单位进行本合同范围内检验试验工作并承担此费用，乙方负责所有配合工作，乙方有责任及义务针对施工过程中的精确性、安全支撑等寻求第三方的监测，因此产生的费用已全部包含在工程单价中，不得另行索要。

（7）接洽政府有关部门对施工现场的检查，乙方应积极配合，由此造成乙方人员、机械等窝工损失由乙方自行承担。

2. 乙方义务

（1）乙方现场负责人：_____。现场负责人应具备履行其职责所需的资格、经验和能力，并为乙方正式聘用的员工，乙方应向甲方提交现场负责人与乙方之间的劳动合同，以及乙方为现场负责人缴纳社会保险的有效证明。乙方不提交上述文件的，现场负责人无权履行职责，甲方有权要求更换现场负责人，由此增加的费用和／或延误的工期由乙方承担。现场负责人在乙方授予的权限范围内履行本合同约定职责，现场负责人的授权范围为：_____。

（2）接受并接管现场现状及遗留问题，在工程履约过程中，乙方不得以此为借口索赔费用及延长工期等；乙方已经详细勘察现场，并详细了解现场的施工现状及施工难度，所有因不同施工难度所产生的费用已全部包含在合同单价或总价之中，乙方不得另行索要。

（3）对施工所产生的破碎物及施工区域垃圾，场地清理、场地平整等必须做到工完场清，在施工过程中不得因工作滞后而影响其他分包方的施工，如有影响，所有因此造成的损失将由乙方承担，并无条件从乙方履约保证金中扣除，乙方不得有任何异议。

（4）完成承包范围内甲方及有关政府部门、单位要求的各种试验及检测工作的所有配合工作，该等试验及检测由甲方指定具有相应资质的单位进行，完成此项工作发生的全部费用由甲方承担；乙方必须聘请单独的拆撑测量单位，并对基坑的稳定负有全部责任，因乙方过失及施工造成的后果全部由乙方承担，并赔偿甲方所有损失。

（5）负责在甲方指定地点自行修建加工棚及材料堆放等与本工程施工相关的施工设施及场地，以上工作必须符合甲方安全文明施工标准，费用已经包含在合同单价中。

（6）提供施工所需要的满足甲方及监理要求的所有材料、机械设备、机具、工具及其他随身工具。

（7）施工进度及质量必须满足后续施工需要，因乙方施工进度、质量问题给甲方及其他分包方造成的一切损失由乙方承担。

（8）自备符合标准要求的个人安全防护用品，如：安全帽、安全带、口罩等。

（9）保障甲方免于承担因乙方过失、失误造成的任何人员伤亡、财产损失的全部责任和索赔，另外还应保障甲方免于承担与此有关的一切索赔、诉讼、损害赔偿、抚恤费和其他相关开支。

（10）按建设单位、监理单位、甲方及有关标准要求及时提供完整的技术资料及竣工资料。

（11）管理人员及工人住宿所需各种生活用品提供、安全保卫、垃圾清运等所有工作均由乙方承担。

（12）可免费使用甲方已设在现场的脚手架、操作平台、防护措施，但使用前必须向甲方提出申请，明确使用部位和使用时间，经甲方批准后方可使用。未经甲方同意擅自使用的，发生一切意外事故与责任由乙方独自承担。

（13）必须与其雇佣人员签订书面劳务合同，建立合法的劳动关系。在劳动合同中必须明确工资标准及支付形式、支付日期，不得以任何理由拖欠工人工资。每月的工资表报项目劳务管理员处备案。全面实行农民工劳动计酬手册制度、施工现场悬挂农民工权益告知牌制度、农民工上岗前常识培训制度。

（14）严格执行外来人员管理规定，做到合法用工，并及时办理相关规定要求合法手续、证件。操作人员100%持证上岗，特殊工种100%持证上岗。所有的手续必须在进场时按要求报甲方备案。乙方的人员必须严格按照操作规程指挥，不能违章指挥，否则需承担相应的安全责任及事故引发的经济损失。

（15）按照_____市相关规定到施工所在的区（县）社会保险经办机构为其全部进入施工现场人员办理基本医疗保险和工伤保险手续。相关费用已包含在分包合同价款中。

（16）乙方已充分意识到该工程结构的特殊性（包括不限于层高、形状、结构形式、部分结构形式将改变等）以及施工的难度（包括但不限于其他分包工作面的交接处理），并保证不会在任何情况下提出任何索赔以及在履约过程中出现怠工、聚众闹事等现象。

第七条　甲供资源

1. 施工图纸_____套。
2. 基坑外临水临电设施，包括：_____。
3. 临建：_____等由甲方建造和提供，其余临建由乙方自行负责建造和提供。
4. 提供场地施工人员宿舍所需临时建筑（乙方施工人员的交通费用由乙方承担）。
5. 现场已搭设的架体。
6. 测量：提供工程定位、轴线控制点及水准点。

7. 试验：负责试验室的建造，承担试验费（含第三方见证试验）。

8. 工程现场施工的水电费由甲方负责缴纳。

9. 合同约定的甲方应提供给乙方使用的机具机械材料等，双方指定专职人员验收，乙方从甲方领用。乙方退场时应将除实体性消耗材料以外的甲供材料、机具、机械清理后完好地返还甲方，丢失及损坏部分均由乙方承担赔偿费用。

10. 以上所列之外的所有资源及费用均由乙方承担。

第八条　质量要求

1. 分包工程质量应符合＿＿＿＿＿＿＿＿＿＿标准，并达到总包合同约定的分包工程的质量标准，本协议书约定质量标准与总包合同约定的质量标准不一致的，按照较严格的质量标准执行。

2. 如果甲方对该工程有特殊的质量要求，乙方必须达到此要求。

第九条　施工方案

乙方进场前需向甲方提供完整施工方案，其中应包括以下内容：

（1）本工程施工所依据的现行国家标准及其他相关规定；

（2）采取的主要施工方法、工艺流程；

（3）根据工期要求和现场情况为每阶段施工安排的机具型号/数量；

（4）拟安排在每一施工阶段、区段现场作业人员、管理人员的数量；

（5）乙方现场管理人员组织结构和隶属关系及通信方式；

（6）进度计划；

（7）需要甲方配合的事项和最迟解决完成时间；

（8）各项保证工期、质量、安全的措施以及雨期施工措施。

第十条　材料物资管理

1. 计划管理

（1）乙方进场前＿＿＿＿＿＿＿天内，应依据甲方的总进度计划提交工程所需的材料、设备清单，其中须明确材料设备的名称、规格型号、单位、数量、供应时间及其送达地点。

（2）物资材料进场时间应满足甲方制定的月计划、周计划施工进度要求。

2. 物资进、退场要求

（1）所有物资、设备须经过甲方书面同意后方能进退场。

（2）如乙方不按规定通知甲方参加验收或未按规定提供配套资料，甲方对材料设备的验收结果不负责，一切损失由乙方负责。

（3）所有进、退场材料物资应提前12小时向甲方申报物资进、退场计划，经甲方相关人员签字同意后，由乙方向甲方申请填制生产要素出入许可证，报至甲方相应部门确认后，方可组织物资进退场；否则严禁进退场。

（4）生产要素出入许可，需明确进出场时间、车号、物资名称、进出场理由及乙方负责人签名。

（5）所有材料进场前，乙方需提供相应的合格证、生产许可证、出厂证明、复试报告等合法资料，否则不得进场。

第十一条　环保与职业安全

1. 本合同双方应共同遵守国家和地方有关环境保护的法律、法规，努力营造绿色建筑。

2. 乙方在整个施工作业过程中满足甲方制定并经国家权威部门认证的 ISO 14001 环境管理体系、现行国际标准《职业健康安全管理体系要求及使用指南》ISO 45001 的要求，保证施工生产符合相关标准的要求。

3. 乙方进驻现场员工需接受经 ISO 14001 环境管理体系、现行国际标准《职业健康安全管理体系要求及使用指南》ISO 45001 认证的教育培训。

4. 乙方须采取有效措施，防止机械噪声超标或机械漏油污染环境。对于不符合要求的机械，要及时采取必要的措施。

第十二条　违约

1. 合同双方任何一方不能全面履行本合同条款，均属违约；违约所造成的损失、后果、责任，概由违约方承担。

2. 除非甲乙双方协商终止本合同，违约方承担前述条违约责任、损失后仍需严格履行本合同。

3. 不允许非法转包本分包合同工程。

第十三条 合同生效与终止

本合同自双方签字盖章之日起生效,合同内容全部完成并结清结算尾款后,本合同即告终止。

第十四条 争议解决

1. 双方因履行本合同或因与本合同相关的事项发生争议的,应通过协商方式解决,协商不成的,应首先提交＿＿＿＿＿＿＿＿＿＿调解中心进行调解,调解不成的,一方有权按照下列第＿＿＿＿＿＿＿项约定方式解决争议:

（1）向＿＿＿＿＿＿＿＿＿＿仲裁委员会申请仲裁;

（2）向＿＿＿＿＿＿＿＿＿＿人民法院提起诉讼。

2. 甲乙双方明确约定,对于在本合同项下产生的或与本合同相关的事宜产生的乙方对甲方拥有的债权,乙方承诺不将其转让给第三方,除非经过甲方的书面同意,否则,乙方应在违约转让债权之日起 5 日内,按照违约转让债权总额的 5% 向甲方支付违约金,逾期支付并应承担违约付款责任。

第十五条 未尽事宜

本合同在执行中若有未尽事宜,双方经友好协商以补充协议、会议纪要、谈判记录等形式约定。

第十六条 其他约定

1. 双方承诺不将本合同成交价格透露给任何第三方。

2. 本合同所述之内容与条款只限于＿＿＿＿＿＿＿＿＿＿工程使用,乙方不得将本合同内容细节透露给任何第三方。

3. 本合同一式＿＿＿＿＿＿份,均具有同等法律效力,甲方执＿＿＿＿＿＿份,乙方执＿＿＿＿＿＿份。

（以下无正文）

甲方:（公章） 乙方:（公章）

法定代表人或其委托代理人: 法定代表人或其委托代理人:
（签字） （签字）

统一社会信用代码:＿＿＿＿＿＿＿＿＿＿＿＿＿＿ 统一社会信用代码:＿＿＿＿＿＿＿＿＿＿＿＿＿＿

地址:＿＿＿＿＿＿＿＿＿＿＿＿＿＿＿＿＿＿＿＿ 地址:＿＿＿＿＿＿＿＿＿＿＿＿＿＿＿＿＿＿＿＿

电话:＿＿＿＿＿＿＿＿＿＿＿＿＿＿＿＿＿＿＿＿ 电话:＿＿＿＿＿＿＿＿＿＿＿＿＿＿＿＿＿＿＿＿

电子信箱:＿＿＿＿＿＿＿＿＿＿＿＿＿＿＿＿＿＿ 电子信箱:＿＿＿＿＿＿＿＿＿＿＿＿＿＿＿＿＿＿

开户银行:＿＿＿＿＿＿＿＿＿＿＿＿＿＿＿＿＿＿ 开户银行:＿＿＿＿＿＿＿＿＿＿＿＿＿＿＿＿＿＿

账号:＿＿＿＿＿＿＿＿＿＿＿＿＿＿＿＿＿＿＿＿ 账号:＿＿＿＿＿＿＿＿＿＿＿＿＿＿＿＿＿＿＿＿

喷锚护坡工程施工分包合同

合同编号:

工程名称: _____
工程地址: _____
甲　　方: _____
乙　　方: _____

_____年_____月_____日

_____工程喷锚护坡工程施工分包合同

甲方（承包方）：_____
乙方（分包方）：_____

根据《中华人民共和国民法典》《中华人民共和国建筑法》《建设工程质量管理条例》及其他有关法律、行政法规、遵循平等、自愿、公平和诚实信用的原则，甲方将_____工程喷锚护坡工程施工委托给乙方完成，双方就相关事宜达成如下协议：

第一条　工程概况

1. 工程名称：_____。
2. 工程地点：_____。
3. 建设单位：_____。
4. 监理单位：_____。

第二条　分包范围

在甲方指定的施工范围内，按设计图纸、施工方案、相关标准的要求完成相应的施工。本合同的施工区域如下：

1. 喷锚护坡施工。
2. 甲方有权将本合同施工区域外的同类施工内容指令乙方完成，乙方需积极执行，单价按本合同执行（有补充协议的除外）。
3. 甲方有权根据现场施工情况及乙方履约能力在施工期间重新界定本合同施工区域，乙方不得因施工区域的变化要求甲方调整合同单价或对甲方提出任何索赔要求。

第三条　承包方式

本合同的承包方式：_____。

第四条　乙方基本工作内容

完成包括工程设计图纸显示、建筑技术说明书所阐述的和根据图纸（包括岩土工程勘察报告）、施工方案、技术标准可合理推断出的、为完成本合同工作内容所需进行的一切工作，包括但不限于下列内容。

1. 接受并接管现场现状及遗留问题，在工程履约过程中，乙方不得以此为借口索赔费用及工期等。
2. 施工区域场地清理、场地平整、场地硬化、测量定位放线、施工现场地坪以下3m以内障碍物清除等。
3. 钢筋加工场地清理、场地平整、场地硬化、钢筋加工制作及安装、现场倒运。
4. 喷锚护坡施工中施工混凝土由乙方提供：乙方负责提供满足甲方、建设单位、监理及标准要求的石子、砂及水泥，按甲方要求进行搅拌，保证混凝土强度等级达到甲方要求。
5. 喷锚护坡施工土钉（钢筋）的钉入、钢筋网片制作、运输、绑扎及混凝土浇筑、喷射。
6. 负责甲供材料的装卸车及场内材料的搬运。
7. 负责甲方提供材料的所有试验、检验工作并承担相应费用。
8. 甲方负责第三方检测、监测主材的提供。乙方在甲方指导下埋设，乙方并采取一切必要的预防措施，避免相邻的已有建筑物和构筑物等发生损坏，并使其沉降和变形减至最小。乙方配合甲方指定的检测单位对下述内容进行连续监测，这种测量应贯穿施工全过程，直至结构底板完成。监测内容包括但不限于：

（1）邻近建筑物、道路与管线等的沉降、倾斜、开裂情况与水平位移；

（2）支护结构水平位移，基坑边坡位移，土体分层沉降，柱体变形，基坑底部隆起，支撑轴力、桩墙内力，地下水位变化等。

9. 负责建造现场内钢筋加工场、泥浆池、弃土堆放池等与本工程施工相关的施工措施，必须符合甲方安全文明施工的标准并满足施工需要，费用已包含在合同单价中。
10. 根据甲方确认的布设方案，乙方自行布设自施范围内的临水临电，必须满足现场安全文明施工的标准要求以及工程施工的需要，费用由乙方承担。

11. 按照甲方的要求及安全文明施工方案进行安全文明施工的相关工作，如果乙方未能按要求进行安全文明施工的相关工作，则甲方另行指令其他分包方，另行分包费用将在乙方工程款中扣除。

12. 负责合同范围内工程施工完毕后的清理移交及整体工程竣工前的清理工作。

13. 按照设计方和甲方要求，提供和设置所有的键槽和预留插筋等。

14. 对暗浜区域的施工提出针对性的技术措施及施工方案，经甲方审批后执行，此部分施工难度乙方报价时已综合考虑。

15. 按建设单位、监理单位、甲方及有关标准要求及时提供完整的技术资料及竣工资料。

16. 提供完成合同工作内容所必需的机械设备、工具、机具、材料以及个人安全防护用品。

17. 提供满足质量、工期、安全要求的施工作业人员与管理人员。

18. 负责施工范围内的现场保护工作，包括但不限于雨期施工喷锚护坡等防护、防雨覆盖等工作。

19. 现场作业队伍比较多，作业面相对狭小，乙方对此应有充分认识，并考虑相应费用在固定单价中，乙方不得因各分包方交叉作业及现在条件限制而向甲方进行任何形式的索赔。

20. 负责本合同范围内其所实施工程之保修工作。

第五条　价款与计量

序号	项目名称	暂定工程量	固定单价	暂定总价	备注
1	喷射混凝土护壁				

本合同暂定总价为_____元（大写：_____），不含税合同价为_____元（大写：_____），增值税为_____元，（大写：_____），增值税税率为_____%。

1. 本合同为固定单价合同，除合同明确约定由甲方负责缴纳和承担的费用外，乙方负责实施完合同工作内容、达到验收标准所发生的一切材料费、人工费、机械费、劳保费、食宿费、交通费、行政事业收费、政府税费等；任何因人工费、机械运输费、取费变动或政府及行业主管部门红头文件的颁发而引起的乙方的实际支出的增减，均视为乙方已经事先充分估计并已经列入合同单价之中。除本合同另有约定外，合同单价不作任何调整。

2. 对单价的说明。

本合同单价已综合考虑并包括了本合同显示的乙方的所有工作、职责、责任和义务，包括但不限于以下内容：

（1）完成本合同所需一切机械、设备、机具、配件、材料以及人工费；

（2）甲供材料的超耗增加费；

（3）大面积施工与局部分块施工之间的各种差异造成的费用增加；

（4）分阶段、分断面、分区段施工造成的费用增加；

（5）特殊部位施工难度增加造成的费用增加；

（6）喷锚护坡施工混凝土多次喷射所带来的施工费用的增加；

（7）保证喷锚护坡斜坡段及平台段混凝土厚度不小于8cm造成的费用增加；

（8）土钉（钢筋）长度改变所带来的施工难度的增加造成的费用增加；

（9）满足甲方及建设单位要求的安全文明施工工作所需费用；

（10）为完成本合同工作内容所必须进行的地面及地面以下障碍物清除及管线处理所需费用；

（11）扰民和民扰对现场施工造成的影响及乙方自身原因引起的扰民或民扰调停费；

（12）与其他分包方同一时间施工对施工造成的影响；

（13）施工现场交叉作业造成的窝工及工期延长；

（14）冬（雨）期施工增加的措施费；

（15）施工机械进退场费；

（16）施工人员个人安全防护用品费用；

（17）各项技术措施费、赶工措施费、节假日加班费、检验试验费、人员设备保险费；

（18）按甲方要求提供技术资料及竣工资料；

（19）完成合同内测量放线、试验费用、竣工清理；

（20）食宿交通费；

（21）成品保护费；

（22）与其他分包方（包含甲方指定的分包方、建设单位及乙方自己的分包方）的配合照管费；

（23）现场管理费、企业管理费、利润；

（24）应该缴纳给政府有关部门的除完税证明中可免税费以外的各项税费；

（25）任何因市场人工、材料、配件、能源、运输、税费的变动或政府及行业主管部门红头文件的颁发而引起的乙方的实际支出的增减，均属于乙方自身经营风险，视为事先充分估计并已列入合同价款之中。

3. 如果甲方指令乙方完成其他部分同类工程的施工，乙方无条件接受并继续按本合同规定执行。

4. 本合同中约定工程量为暂定，并不作为结算依据，双方结算根据工程量计量原则进行。

5. 工程量计量原则：喷锚护坡面积按实际施工面积结算。

第六条 付款

1. 本工程预付款支付比例或金额：_____。预付款支付期限：_____。预付款应当用于材料、工程设备、施工设备的采购及组织施工队伍进场等。甲方要求乙方提供预付款担保的，乙方应不晚于甲方支付预付款前7日提供预付款担保。预付款担保采用的形式为_____。在预付款完全扣回之前，乙方应保证预付款担保持续有效。预付款在进度付款中扣回的约定：_____。在工程完工验收合格前本合同解除的，尚未扣完的预付款应与合同价款一并结算。

2. 工程进度款付款前提：

（1）月度施工内容经甲方同意；

（2）施工进度在甲方的总控制计划之内；

（3）试验／复试报告证明所用材料合格或满足合同要求；

（4）经监理单位、建设单位、甲方验收合格（分项验收时）；

（5）随月进度提交了相关技术资料（试验报告、验收资料）。

3. 付款程序和额度：

（1）工程款按月支付，乙方每月_____日向甲方上报当月完成工作量，并附详细的计算书，甲方接到申请后当月审核完毕，并于次月的_____－_____日按照审核工作量的60%支付进度款，保留金为40%，保留金作为工期、质量、安全文明施工、资料等的保证金，待分包范围内工作完成并退场且其范围内的施工经甲方、建设单位及监理单位验收合格并出具相应合格报告后双方办理结算，待结算办理完成后_____天内付至审核工程量的_____%，若无遗留问题，尾款在_____前无息付清。每次付款时甲方提供乙方完税证明，乙方需提供税务局发票。

（2）乙方负责按照法律要求实行农民工实名制管理，具备条件的应当通过相应的管理服务信息平台进行用工实名登记、管理。乙方负责建立农民工劳动计酬手册，记录施工现场作业农民工的身份信息、劳动考勤信息、工资结算信息。乙方确认，其每月农民工以及管理人员工资总额不会超过该月完成工程量的价款_____%，因此甲方的进度款支付比例足够乙方按照政府规定支付施工人员全部工资。

（3）甲方每月最多支付_____次工程款。

（4）甲方已确认的变更洽商及签证费用在工程结算时随结算工程款支付，不进行月度付款。

第七条 甲供资源、材料

1. 施工图纸_____套。

2. 钢筋原材。

3. 基坑外临水、临电设施，包括：_____。

4. 临建：_____等由甲方建造和提供，其余临建由乙方自行负责建造和提供。

5. 提供现场施工人员宿舍所需临时建筑。

6. 测量：提供工程定位、轴线控制点及水准点。

7. 试验：承担甲方供钢筋、混凝土试验费（含第三方见证试验）。

8. 工程现场施工的水电费由甲方负责缴纳。

9. 监测及检测：甲方提供预埋管线等主材并聘请专业监测及检测单位负责相关指导工作，由乙方负责埋点布设及其相关管线预埋和安装等相关配合工作。

10. 甲方提供给乙方的材料、机械、机具等，须由双方指定专职人员验收，乙方从甲方领用。乙方退场时应将除实体性消耗材料以外的甲供材料、机具、机械清理后完好地返还甲方，丢失及损坏部分，均由乙方承担赔偿费用。

11. 甲供材料结算原则。

钢筋：按施工图纸计算工程量，规定钢筋制作安装的损耗率为2%（含2%），超出损耗部分由乙方承担。此外，因乙方配筋单错误造成的钢筋损耗或采取其他措施费用，由乙方承担经济损失。

第八条　工期要求

1. 计划开工日期为_____年_____月_____日，计划完工日期为_____年_____月_____日，工期总日历天数为_____天。工期总日历天数与根据前述计划开工、完工日期计算的工期天数不一致的，以工期总日历天数为准。

2. 乙方按甲方工程进度总控制进度计划编制乙方施工进度计划，并按经甲方批准的施工进度计划及时组织施工。未按甲方要求施工，乙方承担违约责任。如由于乙方原因造成工期延误（包括由于乙方原因造成其他分包方工期延误的）按工期延误处理，具体处罚见相关约定，并承担因此给甲方及其他第三方造成的一切损失。

3. 以上工期已经考虑下列因素：

（1）法定节假日、公休日或重大活动举办日期；

（2）不利的条件（不可抗力除外）；

（3）与降水、土方等施工工序间不可避免的交叉作业影响。

4. 乙方须按甲方之总控进度计划施工，确保每周的工作均在甲方的总控进度计划内完成；如乙方不能按甲方总控制进度计划完成其工作，乙方须按甲方指令无偿追加现场使用的设备、人员投入，以满足甲方、建设单位的合理进度要求。如乙方在追加现场使用的机械设备、人员后，仍然不能达到甲方、建设单位之合理要求，甲方有权另行聘请其他分包方承建上述工程，乙方承担所有相关费用并支付违约金，违约金金额为合同总价的_____%。

5. 根据本工程总体工期考虑，甲方有权要求乙方优先完成分包工程某部位的工作，在现场条件许可的情况下，乙方应尽量满足并遵从甲方要求，且不得延误剩余部分的工作。

6. 非甲原因（不可抗力除外）造成工期延误，每拖延一天罚款_____元，且乙方应承担甲方一切相关损失。

第九条　质量要求

1. 分包工程质量应符合_____标准，并达到总包合同约定的分包工程的质量标准，本协议书约定质量标准与总包合同约定的质量标准不一致的，按照较严格的质量标准执行。

2. 质量目标：乙方须保证工程质量满足上述要求，施工中须认真按现行国家标准要求，达到建设单位、监理单位及甲方要求。

3. 质量违约处罚：如乙方施工质量未达到上述标准，乙方须按合同总价的5%向甲方支付质量违约金。且乙方必须返修整改达到上述标准，返修费用全部由乙方承担，工期不予顺延，返修工期计入总工期考核。

第十条　工期延误

1. 因以下任何一项原因造成乙方延误实施分包工程的，经甲方驻现场代表书面确认，分包工程的竣工时间相应延长：

（1）非乙方造成工程延误，而且甲方根据总包合同已经从建设单位获得与分包合同相关的竣工时间的延长；

（2）甲方未按约定时间提供开工条件、施工现场等造成的延误；

（3）甲方发出错误的指令或者延迟发出指令确认批准造成分包工程工期延误；

（4）不可抗力（有关定义见第十一条）等其他非分包原因造成分包工程的工期延误；

（5）甲方认可的其他可以谅解的工程工期延误。

2. 乙方在上述任一事件发生后的_____天内，就延误工期以书面的形式向甲方提出报告。如果上述事件具有持续的影响，则乙方应每隔_____天发出一份报告，事件影响结束之日起_____天内提交最终报告给甲方。甲方在收到报告后_____天内就报告内容予以答复或提出修改意见。

第十一条　不可抗力

1. 不可抗力指建设单位、甲方、乙方都不可预见、不可避免、不能克服的超出一般防范能力的事件。此类事件的发生导致合同一方不可能履约。不可抗力包括：

（1）地震、洪水、海啸、飓风、台风、剧烈雷击等自然灾害以及恶劣气候（气象资料以中央气象台记录为准）；

（2）战争、敌对行动（无论是否宣战）；

（3）叛乱、暴动、军事政变、内战；

（4）暴乱、骚乱、游行示威或混乱（乙方自身及相关人员内部因从事本工程而发生的事件除外）；

（5）空中飞行物体坠落；

（6）声速或超声速飞行物或装置产生的压力波。

2. 不可抗力事件发生后，乙方应立即通知甲方，并在力所能及的条件下迅速采取措施，尽量减少损失，并根据总包合同的约定处理。不可抗力事件结束后48小时内乙方向甲方通报受害情况和损失情况及预估清理和修复的费用。不可抗力事件持续发生，乙方应每隔3天向甲方报告一次受害情况。不可抗力事件结束后7天内，乙方向甲方提交清理和修复费用的正式报告及有关资料。

3. 因不可抗力事件产生的费用及延误的工期按以下方法分别承担。

（1）下列费用由甲方支付给乙方：

① 工程本身的损害、因工程损害导致第三方人员伤亡和财产损失以及运至施工场地用于施工的材料和待安装的设备的损害；

② 停工期间，乙方应甲方要求留在施工场地的必要的管理人员及保卫人员的费用；

③ 分包工程所需清理、修复费用。

（2）乙方人员伤亡由自身负责，并承担相应费用。

（3）乙方机械设备损坏及停工损失，由乙方自行承担。

（4）延误的工期相应顺延。

4. 因合同一方迟延履行合同后发生不可抗力的，不能免除迟延履行方的相应责任。

第十二条　变更与变更计价

1. 如果甲方认为有必要对分包工程或其中的任何部分的形式、质量、数量做出变更或调整，甲方有权指示乙方进行以下任何工作，乙方应遵照执行。该指示应该包括来自建设单位、设计、监理单位的设计变更、洽商、指示等。

（1）增加或减少合同中已经包含的工作量；

（2）改变工程做法、材料；

（3）改变分包工程任何部位的标高、位置或尺寸；

（4）改变施工顺序或时间安排；

（5）为确保工程质量和工程竣工所必需的任何附加的工作。

2. 上述变更指令发出后，双方应继续履行本合同，本分包合同不能因以上变更而失效或者作废。因变更而导致合同价款发生变化则按相应条款规定调整。

3. 如果上述变更是因为乙方违约或其自身原因造成甲方不得不发出变更指令，则任何此类变更后增加的费用由乙方自行承担。

4. 无论何时，乙方没有任何权利对合同工作内容提出变更，更不得在施工中擅自改变材料做法、进行未经甲方许可的施工作业。

5. 如果变更仅仅造成工程量增减，则其单价不变，仍按原合同单价执行。

6. 如果合同中没有适用于变更工作的价格，则双方协商一个合理的市场价格。

第十三条　施工图和施工方案

1. 甲方将于本合同工程开工前_____天向分包方提供_____套施工图纸。

2. 协助甲方审查本工程图纸和技术说明中可能存在的任何缺陷、疏漏和不足是乙方的合同责任和义务，乙方应在甲方提供图纸后_____天内将其认为相关图纸（包括工程标准和技术说明）中可能存在的任何缺陷、疏漏或不足以书面方式报告甲方，乙方可以在此书面报告中附上关于弥补或修改此类缺陷、疏漏、不足的建议或方案，以及按此建议或方案实施对合同价格的影响。如果乙方迟于上述期限提出图纸的缺陷、疏漏或不足，则在本分包工程的施工过程中，乙方只能提出技术变更。乙方必须按甲方批准或指示的变更实施，且将不会得到任何费用的补偿和工期顺延的许可。

3. 乙方进场前需向甲方提供完整施工图（包括按甲方要求需完成的深化设计图）和施工方案，其中应包括以下内容：

（1）本工程施工依据的现行国家标准及其他相关规定；

（2）采取的主要施工方法、工艺流程；
（3）根据工期要求和现场情况为每阶段施工安排的机具型号／数量；
（4）拟安排在每一施工阶段、区段现场作业人员、管理人员的数量；
（5）乙方现场管理人员组织结构和隶属关系及通信方式；
（6）进度计划；
（7）需要甲方配合的事项和最迟完成时间；
（8）各项保证工期、质量、安全的措施以及冬（雨）期施工措施，此费用已包含在本合同价款中，不另计取。

4. 乙方须按建设单位、监理和甲方最终确认的施工图和施工方案施工，但建设单位、监理和甲方的确认并不免除乙方承担因设计图、方案缺陷、错误所导致各种后果的一切相关责任。

第十四条　技术质量要求

1. 乙方应严格按照本合同和现行标准进行施工作业，确保施工质量满足标准和设计要求。
2. 乙方应选派业务水平较高、经验丰富的专业施工技术人员和操作人员在本工程施工。
3. 乙方提供的材料应严格确保其质量合格，满足相关标准、方案的要求。禁止提供假冒伪劣产品。
4. 施工作业人员需持有有效且符合当地政府规定的上岗证，并提供加盖单位公章的复印件，报甲方备案。
5. 标准

施工作业应满足设计图纸，现行国家、地方、行业标准要求，包括但不限于：

（1）_____。
（2）_____。
（3）其他相关标准。
（4）国家、地方、行业后续颁布的标准及甲方发布的图纸。
（5）上述标准若有不一致或矛盾之处，按较为严格标准执。

6. 技术要求与参数：按建设单位、监理和甲方最终确认的施工方案执行。

第十五条　文物和地下障碍物

1. 正式施工前，甲方向乙方转交由建设单位提供的地质勘察报告复印件一份，以供乙方施工参考。甲方不对此类资料的准确性负责，对此乙方不表示任何异议。

2. 在施工中遇到下列情况乙方应立即停止施工，甲方应立即保护好现场：

（1）古墓、古建筑遗址、历史文物；
（2）化石或其他有考古、地质研究等价值的物品；
（3）被怀疑为有危险的爆炸物，如残旧的炸弹、手榴弹、炮弹、地雷等；
（4）走向不明的管线、管沟、防空洞。

3. 若能明显判断和怀疑为文物，应由甲方以书面形式通知建设单位，由其收到书面通知后报告当地文物管理部门，乙方按文物管理部门的要求采取妥善保护措施，并按文物管理部门的要求配合发掘工作。费用由甲方、乙方与建设单位自行商议。

4. 若被怀疑为有危险的爆炸物或不明物体，乙方应立即停止施工并报告甲方，甲方立即报告给公安机关。乙方按公安机关的要求采取妥善保护措施，由公安机关处置。若乙方疏忽大意未能及时发现或发现后继续施工未及时报告或自行处置，造成一切后果和责任由乙方承担。

5. 乙方发现文物或化石后隐瞒不报，致使文物化石遭受破坏或遭哄抢、私分，由乙方依法承担相应责任。

6. 发现不明管线、防空洞等，乙方应立即停止施工并向甲方报告，待政府市政管理部门调查处理，明确为废弃物后方可继续施工。相关处理费用在合同价款中已经综合考虑。若需采取一定的保护措施或需要全部或部分继续留存的，则待甲方与建设单位或其他单位协商后处理。

7. 上述事件处理过程中，乙方应加强警卫，做好现场安全保卫工作，防止不法人员或无关人员进入现场。

第十六条　机械设备、材料管理

1. 计划管理

（1）所有物资、机械设备须经过甲方书面同意后方能进、退场。
（2）进场的物资材料、机械设备应满足甲方制定的月计划、周计划施工进度要求。

（3）所有材料进场前，乙方需提供相应的合格证、生产许可证、出厂证明、复试报告等合法资料，否则不得进场。

（4）物资、材料的进场后的申报程序执行_____省_____市的有关规定和要求。

（5）所有进、退场材料物资、机械设备应提前_____小时向承包方申报物资进、退场计划，经甲方相关人员签字同意后，由乙方向甲方申请填制生产要素出入许可证，报至甲方相应部门确认后，方可组织物资进退场；否则严禁进、退场。

（6）生产要素出入许可，需明确进出场时间、车号、物资名称、进出场理由及乙方负责人签名。

2. 仓储管理

（1）由乙方自行负责对材料、机械设备加以妥善保管，防止人为破坏、偷盗以及不利自然条件的侵蚀，费用自理。如果乙方未采取适当的保管保护措施，造成的一切损失将由乙方自行承担。

（2）进场物资堆放地点必须经过甲方批准，服从甲方的统筹安排。

（3）现场物资堆放、标识等须符合甲方的有关管理规定。

第十七条 现场及人员管理

1. 乙方应遵守国家、行业、地方以及甲方有关现场安全文明施工的各项管理规定，在设施的投入、现场的布置等各方面严格遵守甲方的规定，并符合甲方的要求。

2. 乙方进入现场的施工人员必须持有符合地方政府要求的上岗证书，现场施工人员必须统一佩戴安全帽及胸卡，施工人员须持证进出现场。

3. 现场不允许出现宣传乙方单位的标识、标语。

4. 乙方所有现场施工人员（非_____市户籍人员）需持有当地政府有关部门核发及要求的证件。凡因乙方上述证件不齐而给甲方造成的损失由乙方承担。办理证件所需费用乙方自理。

5. 乙方应采取一切合理的措施防止其人员实施违法或妨害社会治安和公共安全的行为，并有完全的责任和义务保护周围其他人员和财产免受上述行为的危害，由此造成的一切后果由乙方负责。

6. 严格遵守有关消防、保卫、交通安全、环卫、社会治安方面的规定。凡是由于乙方对上述要求贯彻执行不到位而造成的一切事故、灾害，其经济及法律责任由乙方独自承担。由此造成甲方的损失由乙方赔偿，此外甲方有权对其进行处罚。

第十八条 甲方一般职责

1. 负责协调乙方与现场其他分包方、施工工序之间的关系。

2. 及时向乙方提供施工所需指令、指示、洽商等相关文件。

3. 当甲方对工程材料、质量发生怀疑时，有权随时进行抽查。

4. 如果乙方在工程质量、进度、安全、现场管理等方面满足不了甲方、监理、建设单位任何一方的合理要求，甲方有权将分包合同范围的工作指定给其他单位完成，所发生的分包费用、劳务费、材料费等费用从分包款中扣除，对此乙方不得有任何异议。

5. 协调解决现场的乙方材料堆放场所。

6. 按照约定提供临水临电设施。乙方根据甲方现场临水临电管线的布设，在得到甲方批准的情况下，根据施工需要，自行提供除一级电箱以外的电箱、电缆、接水管等，并将施工水电接引至施工地点。施工水电费用由甲方承担，乙方应厉行节约。甲方有权随时抽查监督乙方用水用电行为，若发现有浪费或不良使用行为，甲方有权重罚，并禁止乙方使用甲方提供的水电资源。

7. 提供工程定位、轴线控制点及水准点，乙方负责校核并承担除此以外的所有测量工作。

8. 负责进行工程常规试验及第三方见证试验，并承担费用（乙方需安排固定的专职试验员配合甲方完成其承包范围内所有按规定要求进行的材料的检验、试验工作并提供试验模具）。

9. 组织分部工程和工程竣工验收工作。

10. 向乙方提供现场施工人员宿舍（临时建筑），生活水电费、排污费、垃圾外运费由乙方承担。宿舍床铺、衣柜、吊架等生活设施以及冬季取暖设施、夏季通风防蝇设施、食堂用具等由乙方自备。生活区内各项生活条件及管理必须符合政府相关法律法规及甲方的要求（包括 ISO 14001 环境管理体系的要求等），符合_____市建设管理部门安全文明工地的标准等的要求。

11. 提供施工现场公共部位、施工通道的照明，保证其通畅并负责其维护工作。

12. 在施工现场提供临时厕所设施，并负责定期清理。

13. 负责提供现场出入口的保卫工作，但乙方须自行看管好自己的机械设备及材料物资并配备消防设施。

14. 负责接洽政府有关部门对施工现场的检查，乙方应积极配合，因此造成乙方人员、机械等窝工损失由乙方自行承担。

15. 负责定期召开现场协调例会（乙方驻工地负责人必须准时参加，并服从于会议决议以及甲方的协调管理。若乙方驻工地负责人无法正常参加，需事先向甲方驻现场代表请假，并指定全权代表参加）。

第十九条　乙方一般职责

1. 按合同约定及甲方要求的时间准时进场；严格按建设单位、监理单位及甲方审批后的试验方案组织施工。

2. 自备施工所需机械设备、机具、工具及其他随身工具。

3. 自备符合相关标准要求的个人安全防护用品，如安全帽、安全带、口罩等。

4. 向甲方提供单位资质等证明文件及施工人员名单（需经地方政府有关部门备案）及特殊工种的上岗证复印件（加盖单位公章）。

5. 服从甲方总体安排，在甲方指定地点自行布设其管理人员办公场地、加工棚、钢筋加工场地、库房、材料堆放等临时设施。

6. 施工中，不得碰撞、破坏基坑周围控制点。

7. 施工过程中，要随时检查边坡的状态，发现问题及时向甲方汇报。

8. 提供满足_____省_____市工程资料管理规定和国家档案管理规定要求的分包工程竣工资料、技术资料；上述工作不只限于技术资料的填写、收集、复制、归档、提交。

9. 负责自行施工范围的成品保护工作，并保证不损害其他施工方已完项目，如有损害乙方应自费予以修理。

10. 随时准备接受甲方对工程质量、安全、文明施工的检验、检查，并为检验、检查提供便利条件。

11. 每天向甲方汇报现场劳动力及机械设备配置情况，乙方配置的现场实际工作的劳动力及有效机械设备必须满足甲方现场需求，否则甲方有权更换劳动队伍或增加该区域的劳动力及机械设备，所发生费用从乙方工程款中扣除。

12. 在施工之前应先探明施工处是否有障碍物及市政管线，如有地坪以下3m以内障碍物，应负责清理并回填素土（不得含有块石和生活垃圾），分层夯实后施工。若有市政管线，应及时上报甲方，并同时呈报切实可行的解决方案，待建设单位、监理单位及甲方审批通过后实施。现场地坪以下3m以内障碍物清除及管线处理费用乙方在报价时已经综合考虑，不得向甲方提出任何形式的索赔。

13. 负责与其他分包方之间的配合照管工作，在施工安排上应充分考虑到本工程分包队伍多、交叉作业多及施工难度大的特点，确保本工程的工期及质量，并且不应以此为借口向甲方提出工期或经济等方面的任何索赔。

14. 制定并采取切实有效措施，防止自身材料、机具失窃等，防止工作面交叉引起的打架斗殴等事件，共创文明工地，保障甲方免于承担发生任何本款提及的不良事件而带来的损失和损害。

15. 保障甲方免于承担因乙方过失、失误造成的任何人员伤亡、财产损失的全部责任和索赔，另外还应保障承包方免于承担与此有关的一切索赔、诉讼、损害赔偿、抚恤费和其他相关开支。

16. 负责乙方施工区域的安全文明施工，做到工完场清，及时将己方施工区域的泥浆、渣土、施工垃圾运至施工现场内甲方指定地点，由甲方指定单位负责将垃圾渣土淤泥运输并消纳至_____市政府的指定地点。

17. 乙方现场负责人需按时参加甲方组织的有关安全、质量、进度、文明施工等方面的各种会议、检查活动，不得无故缺席。若乙方代表临时有其他紧急事务无法出席，须指派全权代表参加。会议所做出的决议、事项，双方需共同恪守，严格遵照执行。

18. 未经甲方许可，不得私自在现场包括生活区私搭乱建临时用房。

19. 负责作业面的施工照明，自行从甲方提供的水电接驳点将水源、电源引至其施工作业地点，所需配件、电线等设备设施自备。合理使用甲方提供的水电资源，杜绝浪费。

20. 有义务保管、维护施工范围现场临水、临电、临时消防设施。

21. 在分包工程完工后，除非甲方同意，乙方必须按甲方要求拆除一切其搭设的临时设施（包括_____），恢复原样。

22. 自行解决现场施工人员餐饮问题，乙方人员必须在甲方指定的区域就餐，餐后及时清扫，保持区域卫生。

23. 乙方施工人员应在指定的区域使用卫生设施，注意保持卫生与清洁。

24. 可免费使用甲方已设在现场的脚手架、操作平台、防护设施，但使用前必须向甲方提出申请，明确使用部位和使用时间，经甲方批准后方可使用，未经甲方同意擅自使用的，发生一切意外事故与责任由乙方承担。

25. 未经甲方许可，不得擅自使用和拆改现场安全防护设施、脚手架、操作平台。否则，发生的一切意外事故与责任由乙方承担。

26. 入场前需按甲方的要求提供法定代表人对相关人员的授权委托书，被授权人包括乙方在本工程的项目经理、技术人员、材料人员等。

27. 必须与使用的人员签订书面劳动合同，建立合法的劳动关系。在劳动合同中必须明确工资标准及支付形式、支付日期，不得以任何理由拖欠工人工资。每月的工资表报项目劳务管理员处备案。应全面实行农民工劳动计酬手册制度、施工现场悬挂农民工权益告知牌制度、农民工上岗前常识培训制度。

28. 严格执行外来人员管理规定，并及时办理相关规定要求合法手续、证件。操作人员100%持证上岗，特殊工种100%持证上岗。所有的手续必须在进场时按要求报甲方备案。乙方人员必须严格按照操作规程指挥，不能违章指挥，否则需承担相应的安全责任及事故引发的经济损失。

29. 按照_____市相关规定到施工所在的区（县）社会保险经办机构为其全部进入施工现场人员办理基本医疗保险和工伤保险手续，相关费用已包含在分包合同价款中。

第二十条　检查与验收

1. 乙方应认真按照相关标准和试验方案要求以及甲方依据合同发出的指令施工，随时接受建设单位、监理单位及甲方的检查检验，并为检查检验提供便利条件。

2. 工程质量达不到约定标准的部分，甲方有权要求拆除和重新施工，直到符合约定标准。因乙方原因达不到约定标准，由乙方承担拆除和重新施工的费用，工期不予顺延。

3. 甲方的检查检验不应影响施工。如影响施工正常进行，检查检验不合格时，影响正常施工的费用由乙方承担。除此之外影响正常施工发生的费用由甲方承担，相应顺延工期。

4. 因甲方指令失误或其他非乙方原因发生的费用，由甲方承担。

第二十一条　竣工验收及竣工结算

1. 在分包工程具备验收条件后，乙方向甲方提供完整竣工资料及竣工验收报告，乙方应按甲方要求提供完整合格的竣工资料和竣工图各一式_____份。

2. 甲方在收到乙方提交的分包工程竣工验收报告之日起3日内通知建设单位验收，乙方应配合甲方会同建设单位进行验收。验收不能通过，乙方应负责修复相应缺陷并承担相应的质量责任。

3. 分包工程竣工验收通过，分包工程竣工日期为乙方提供竣工验收报告的日期。需要修复的，通过竣工验收的实际竣工日期为修复后提交竣工报告的日期。

4. 乙方按时完成分包合同约定的所有工程内容，经甲方、设计单位、监理、建设单位四方验收，分包工程达到分包合同约定的质量标准，甲方在乙方办理完成竣工工程移交手续后_____日内和乙方办理完工程结算，按设计图纸显示及分包合同相关计量规则计算完成工作量，扣完乙方保修金及其他应扣款项后付清剩余款项（不计利息）。

5. 若乙方混凝土钢筋等损耗超出合同约定的使用量，由乙方承担费用。

第二十二条　工程保修

1. 自总包工程竣工交付使用之日起或总包工程认定的保修期限起算之日起，乙方应按国家有关规定对分包工程承担保修责任。具体保修责任按照乙方与甲方签订的质量保修书执行，保修期按照甲方与建设单位签订的合同规定的期限执行，保修服务期满后，并不免除乙方施工质量责任。

2. 工程款支付保留金为本分包合同价款的_____%。甲方在向乙方支付的每期工程进度款中以同等比例扣除，工程完工前全部扣完；工程经甲方、建设单位、监理验收合格，双方办理完本分包工程结算后_____天内支付结算价款的_____%；若无遗留问题，其余_____%作为工程保修的保证金，自整体工程竣工并通过验收之日起_____年内无息付清。

第二十三条　合同文件组成与解释顺序

1. 补充协议书（若有）；

2. 本分包合同书；

3. 明确双方职责的会议纪要、往来函件；

4. 本合同所列标准、图集；

5. 图纸、洽商、变更、方案及指导书；

6. 标准及有关技术文件；

7. 试验报告；

8. 甲方指令单（若有）。

组成合同的各项文件应互相解释，互为说明。除本合同另有约定外，解释合同文件的优先顺序应按照上述排列顺序确定。上述各项合同文件包括合同当事人就该项合同文件所做出的补充和修改，属于同一类内容的文件，应以最新签署的为准。在合同订立及履行过程中形成的与合同有关的文件均构成合同文件组成部分，并根据其性质确定优先解释顺序。

第二十四条 合同使用的语言文字及适用法律

1. 合同语言：本合同文件使用汉语，与合同有关的联络应使用汉语。

2. 适用法律法规：《中华人民共和国民法典》《中华人民共和国建筑法》《建设工程质量管理条例》《房屋建筑工程质量保修办法》，其他现行法律、法规和规范性文件（含_____省_____市地方性法规）

第二十五条 违约

1. 合同双方任何一方不能全面履行本合同条款，均属违约；违约所造成的损失、后果、责任，概由违约方承担。

2. 除非双方协商终止本合同，违约方承担前述条违约责任、损失后仍需严格履行本合同。

3. 不允许非法转包本分包合同工程。

4. 甲乙双方明确约定，对于在本合同项下产生的或与本合同相关的事宜产生的乙方对甲方拥有的债权，乙方不将其转让给第三方，除非经过甲方的书面同意，否则，乙方应在违约转让债权之日起5日内，按照违约转让债权总额的5%向甲方支付违约金，逾期支付应承担违约付款责任。

第二十六条 合同生效与终止

本合同自双方签字盖章之日起生效，技术资料齐全有效，履行完保修职责，保修期结束，本合同即告终止。

第二十七条 争议解决

双方因履行本合同或因与本合同相关的事项发生争议的，应通过协商方式解决，协商不成的，应首先提交_____调解中心进行调解，调解不成的，一方有权按照下列第_____项约定方式解决争议：

（1）向_____仲裁委员会申请仲裁；

（2）向_____人民法院提起诉讼。

第二十八条 未尽事宜

本合同在执行中若有未尽事宜，双方经友好协商以补充协议、会议纪要、谈判记录等形式约定。

第二十九条 其他约定

1. 双方承诺不将本合同成交价格透露给任何第三方。

2. 本合同所述之内容与条款只限于_____工程使用，乙方不得将本合同内容细节透露给任何第三方。

3. 本合同一式_____份，均具有同等法律效力，甲方执_____份，乙方执_____份。

（以下无正文）

（本页为签署页）

甲方：（公章） 乙方：（公章）

法定代表人或其委托代理人： 法定代表人或其委托代理人：
（签字） （签字）

统一社会信用代码：_____ 统一社会信用代码：_____
地址：_____ 地址：_____
电话：_____ 电话：_____
电子信箱：_____ 电子信箱：_____
开户银行：_____ 开户银行：_____
账号：_____ 账号：_____

基坑支护分包合同

合同编号：

工程名称：_____
工程地址：_____
甲　　方：_____
乙　　方：_____

_____年_____月_____日

_____工程基坑支护分包合同

甲方（承包方）：_____
乙方（分包方）：_____
根据《中华人民共和国民法典》《中华人民共和国建筑法》及其他有关法律法规，遵循平等、自愿和诚信的原则，经甲乙双方友好协商达成以下协议：

第一条　工程概况

1. 工程名称：_____工程。
2. 工程地点：_____市_____区_____路_____号。
3. 建设单位：_____。
4. 监理单位：_____。

第二条　分包方式及内容

1. 本工程采用的承包方式：_____。
2. 分包工程内容主要是基坑支护工程，具体施工内容如下：

（1）土钉墙施工。钢筋土钉成孔、注浆、挂钢筋网喷射混凝土施工、喷射混凝土压边施工、根据土层积水情况在边坡埋设泄水管。

（2）甲方有权根据现场施工情况及乙方履约能力在施工期间重新界定本合同施工区域，乙方不得因施工区域变化要求甲方调整合同单价或对甲方提出任何索赔要求。

（3）配合现场其他分包方（包括但不限于临建、临水、临电、降水、土方开挖、防水、结构、钢结构、机电预留预埋）施工，乙方应尤其注意配合土方开挖单位进行土方开挖施工。

3. 乙方不得以任何形式转包、分包本合同工程。

第三条　工程价款

1. 本合同为固定单价合同

（1）本合同签字盖章生效后，除本合同另有约定外，合同单价不再做任何调整。乙方在其承包范围内，为履行本合同约定的义务和职责，满足国家相关法律法规、设计要求和建设单位、监理、甲方的合理要求，并承担自身经营风险所发生的一切相关费用均已包含在合同单价之内。

（2）任何因市场物价波动、生活费用变化、人员工资变化、政府税收与收费的调整以及政府与行业主管部门红头文件的颁发等因素引起的乙方的实际支出的增减，均属于乙方自身经营风险，视为已经事先充分估计并已经包含在合同单价之中。

（3）合同单价已包含乙方为完成本合同第二条所述工作所需之费用，乙方不得就该条所提到的工作在工程量清单项目之外另行索要任何费用。

（4）合同单价已包含乙方为完成分包工程所需遵守的甲方一切有关工期、质量、安全文明施工要求所需的费用。

（5）合同单价已包含乙方为应付在施工过程遇到的土质变化、水位变化、天气变化及政府的检查/指令所需的费用。

（6）合同单价已包含因施工期间场内临时道路出现短期中断以及部分工程施工时并无合乎要求的临时道路可抵达，而乙方需自行解决道路运输问题所增加的费用，且乙方为施工而修筑的临时道路费用也已包含在合同单价内。

（7）合同单价已包含乙方大面积施工与小面积及零星施工差异而引起的费用增加。

（8）合同单价已包含乙方因多家单位交叉施工、天气、图纸以及其他原因影响导致乙方不能连续施工所增加的费用。

（9）合同单价已包含乙方在护坡施工过程中根据现场情况在边坡上预留泄水孔以确保边坡安全及因适逢冬（雨）期施工，乙方所采取的冬（雨）期施工措施（如临时排水、抽水、覆盖及保温等）所需之费用。

（10）合同单价已包含乙方进行底部喷射混凝土护壁施工时向下施工至垫层底标高以下部分所需费用，此部分工程量不单独计算。

（11）合同单价已包含乙方在边坡形成之后、土钉墙和喷射混凝土施工完毕并具备足够强度之前，为防止出现滑坡和坍塌所采取的临时性支护所需的费用；无论何种原因发生边坡滑坡和坍塌，乙方都应及时配合甲方进行抢险／清理工作，并在边坡处理好后重新进行施工，若上述滑坡或坍塌因是乙方而发生的，乙方应承担全部责任。

（12）基坑支护工程中各项合同单价已包含乙方在施工过程中为保护基坑周边建筑物采取的必要措施和修复因乙方原因导致基坑周边地上建筑物或地下管线遭受破坏的费用，并确保甲方不会因该等上述状况而受到损失或者承担任何责任。

（13）合同单价已包含乙方在施工过程中处理扰民和民扰事项的费用，应保障甲方不会因此而支出任何费用或者承担任何责任所需之费用。

（14）合同单价已包含乙方在施工过程中与其他施工工序或其他施工单位交接而使施工难度加大或施工效率降低所产生的费用。

（15）合同单价已包含乙方为完成本合同文件其他部分之要求所需的一切费用。

（16）合同单价已包含乙方向甲方提供一切符合政府税费缴纳要求之发票／凭证的费用。

2.工程量计量规则

按照挂网喷射混凝土和喷射混凝土压边的面积计算工程量。

3.合同价款

本合同暂估价款为（人民币）_____元（大写：_____）。不含税合同价为（人民币）_____元（大写：_____元），增值税为（人民币）_____元（大写：_____）。增值税税率为_____%。（详见附件1）

4.工程款支付

（1）本工程无预付款。

（2）工程进度款付款前提：

①月度施工内容经甲方同意；

②施工进度在甲方的总控制计划之内；

③试验／复试报告证明所用材料合格或满足合同要求；

④经监理单位、甲方验收合格（分项验收时）；

⑤随月进度提交了相关技术资料（试验报告、验收资料等）。

（3）乙方于每月_____日向甲方递交本期（上月_____日至本月_____日）按合同约定应付的费用汇总表和请款报告，甲方收到报告后于次月的_____—_____日向乙方签发付款证书，在签发证书的下月_____—_____日支付进度款，付款比例为_____%。

（4）乙方负责按照法律要求实行农民工实名制管理，具备条件的应当通过相应的管理服务信息平台进行用工实名登记、管理。乙方负责建立农民工劳动计酬手册，记录施工现场作业农民工的身份信息、劳动考勤信息、工资结算信息。乙方确认，其每月农民工以及管理人员工资总额不会超过该月完成工程量价款的_____%，因此甲方的进度款支付比例足够乙方按照政府规定支付施工人员全部工资；除本合同另有约定外，乙方将其雇佣的农民工及其劳务分包中的农民工工资委托给甲方代发。

（5）甲方每月最多支付_____次工程款。

（6）甲方已确认的变更洽商及签证费用在工程结算时随结算工程款支付，不进行月度付款。

5.完工结算

（1）分包工程结算依据以下原则：

①依据本合同内约定图纸、工程量计算规则和单价计算结算金额；

②乙方未能依据本分包合同之要求导致甲方费用增加，此等费用须从结算金额中扣除；

③乙方未能依据本分包合同之要求导致甲方对其进行罚款，此等费用须从结算金额中扣除。

（2）分包工程完工后乙方向甲方提供完整的竣工结算报告和结算资料，甲方在收到上述文件后予以核实。若双方对决算金额无争议，双方办理完结算手续后12个月内支付至_____%。

第四条　工期

1.计划开工日期为_____年_____月_____日，计划完工日期为_____年_____月_____日，工期总日历天数为_____天。工期总日历天数与根据前述计划开工、完工日期计算的工期天数不一致的，以工期总日历天数为准。

2. 合同工程工期应符合甲方认可的施工总进度计划、月计划、周计划和其他针对本合同工程计划的要求。

3. 对于乙方延误工期，甲方有权对乙方进行罚款，每拖延一天罚款金额为合同总价的_____%，罚款总额度不超过合同总价的_____%。乙方为达到甲方工期要求而采取的措施的所有费用应被视为已全部包含在乙方的单价中。

第五条　技术与质量

1. 分包工程质量应符合_____标准，并达到总包合同约定的分包工程的质量标准，本合同约定质量标准与总包合同约定的质量标准不一致的，按照较严格的质量标准执行。

2. 因乙方施工质量未达到验收合格标准而导致的一切返工责任均由乙方承担，任何因返工导致的甲方损失亦由乙方承担。

3. 乙方为达到上述技术和质量要求而采取的措施的所有费用应被视为已全部包含在单价中。若乙方在合同履行中因自身原因导致工程未能达到上述技术和质量要求，除负责返工或修复外，乙方须向甲方支付技术质量违约罚款，罚款金额为合同总价的_____%。

第六条　安全文明施工

1. 乙方人员因违反国家现行安全标准及甲方安全要求而导致伤亡的，由乙方承担全部责任。

2. 乙方应遵守甲方及当地政府在质量及安全文明施工方面的要求。如果乙方出现违反该等要求的情况，甲方可视情形对乙方进行罚款或者终止合同，并要求乙方赔偿损失。

3. 乙方为达到甲方安全文明施工要求而采取的措施的所有费用应被视为已全部包含在乙方的单价中。若乙方在合同履行中因自身原因导致工程未能达到上述安全文明施工要求，乙方须向甲方支付安全文明施工违约罚款，罚款金额不超过合同总价的_____%。

第七条　甲方代表及一般职责

1. 甲方驻现场代表：_____。甲方驻现场代表由甲方任命并派驻工作现场，代表甲方在其授权范围内履行合同各项职责。甲方驻现场代表的授权范围：_____。

2. 甲方应具备承包合同工程并予以分包的资质和权限，办理一切与此相关的手续和证件。

3. 甲方应对乙方进行以下指导和协调工作：

（1）编制施工进度计划，组织并部署现场施工，审核乙方详细施工作业计划；

（2）提供必需的施工图纸和设计文件，审核乙方提供的施工方案和技术措施、进行技术交底和现场技术指导；

（3）明确质量要求，审核乙方质量管理体系及人员设施配备，对施工质量进行过程控制，组织验收；

（4）进行安全交底及安全教育，审核乙方安全管理体系及人员设施配备，监督乙方班前安全交底和施工过程中的安全操作；

（5）指导并监督乙方消防、环卫、员工健康保障、生活设施配套等工作；

（6）协调乙方与现场其他分包方的配合、交替施工，以及其他在施工现场发生的影响施工的事件（不包括乙方与其他分包方之间的经济往来事务）；

（7）组织并主持与施工有关的各种会议、检查。

4. 甲方未能按照合同约定完成以上工作造成乙方损失和／或工期延误，工期予以顺延，损失不予赔偿。

第八条　乙方代表及一般职责

1. 乙方项目经理：_____。项目经理应具备履行其职责所需的资格、经验和能力，并为乙方正式聘用的员工，乙方应向甲方提交项目经理与乙方之间的劳动合同，以及乙方为项目经理缴纳社会保险的有效证明。乙方不提交上述文件的，项目经理无权履行职责，甲方有权要求更换项目经理，由此增加的费用和／或延误的工期由乙方承担。项目经理在乙方授予的权限范围内履行本合同约定职责，项目经理的授权范围：_____。

2. 乙方应具备承包合同工程并进行施工的资质和权限，办理一切与此相关的手续和证件。

3. 乙方应配备完整的项目管理机构及人员；建立完善的质量管理体系并配备相应人员和设施；建立完善的安全管理体系并配备相应的人员和设施。

4. 乙方应及时、准确反映现场施工情况，并向甲方提出有利于现场施工的作业计划、技术措施、质量和安全等方面的改进措施。

5. 乙方应遵守并执行甲方的以下管理制度：

（1）乙方入场前应向甲方办理"分包入场会签"并遵守甲方各部门的管理规定；

（2）乙方应遵守甲方关于安全（包括交通安全）、消防、保卫、环卫、文明施工管理的规定；

（3）乙方应采取一切合理的措施防止其人员实施违法或妨害社会治安和公共安全的行为，有完全的责任和义务保护工地周边其他人员和财产免受上述行为的危害，因上述行为造成的一切后果均由乙方负责；

（4）乙方应确保其现场施工人员具备在此现场进行其特定作业的所有证件，并给其配备足够的安全设施和用品，提供必要的生活及卫生条件，进行定期的健康检查，建立传染病和职业病防治体系，确保现场施工人员的健康和安全。

6.乙方未能按照合同约定完成以上工作造成甲方损失和／或工期延误，乙方承担全部责任，包括赔偿甲方损失。

第九条　双方工作界面划分表

甲、乙双方工作界面划分详见附件2。

第十条　乙方资源保障

1.乙方应依据甲方要求及时配备足够的、合格的管理人员、劳动力、材料和机械设备资源。

2.若乙方在上述资源配置上满足不了现场施工生产需要，应无条件增加配置，并且不得以此为借口向甲方索要任何额外费用。

3.若乙方不能满足甲方上述要求，甲方可视情形对乙方进行罚款，或自行组织相应资源进行施工，所发生的费用从乙方结算金额中扣除。

第十一条　合同文件组成

1.本分包合同及附件；

2.履约授权管理协议；

3.明确双方职责的会议纪要、谈判记录、往来函件；

4.甲方认可的施工方案和技术措施；

5.适用的标准；

6.图纸、洽商变更、工程签证。

组成合同的各项文件应互相解释，互为说明。除本合同另有约定外，解释合同文件的优先顺序应按照上述排列顺序确定。上述各项合同文件包括合同当事人就该项合同文件所做出的补充和修改，属于同一类内容的文件，应以最新签署的为准。在合同订立及履行过程中形成的与合同有关的文件均构成合同文件组成部分，并根据其性质确定优先解释顺序。

第十二条　竣工验收及竣工结算

1.在分包工程具备验收条件后，乙方向甲方提供其施工区域内完整的施工资料，按甲方要求配合甲方进行验收工作。

2.甲方在收到乙方提交的完工报告之日起_____日内通知建设单位验收，乙方应该配合甲方会同建设单位进行验收。验收不能通过，乙方应负责修复相应缺陷并承担相应的质量责任。

3.分包工程竣工验收通过，分包工程竣工日期为乙方提供竣工验收报告的日期。需要修复的，通过竣工验收的实际竣工日期，为修复后提交竣工报告的日期。

4.乙方按时完成分包合同约定的所有工程内容，经甲方、设计单位、监理单位、建设单位四方验收，分包工程达到分包合同约定的质量标准，办理完成竣工工程移交手续，甲方在工程经甲方、建设单位及监理验收合格后_____日内和乙方办理完工程结算，按设计图纸显示及分包合同相关计量规则计算完成工作量，扣完乙方保修金及乙方其他应扣款项后无息付清剩余款项。

第十三条　工程保修

1.自总包工程竣工交付使用之日或总包工程认定的保修期限起算之日起，乙方应按国家有关规定对分包工程承担保修责任。具体保修责任按照乙方与甲方签订的质量保修书执行，保修期按照甲方与建设单位签订的合同中规定的期限执行，且保修服务期满后，并不免除乙方施工质量责任。

2.工程款支付保留金为本分包合同价款的_____%。承包方在分包方每期工程进度款支付中以同等的比例扣除，工程完工前全部扣完；基坑支护工程经甲方、建设单位、监理验收合格，双方办理完本分包工程结算后_____天内支付结算价款的_____%；若无遗留问题，其余_____%作为工程保修的保证金，在整体工程竣工并通过验收之日起_____年内无息付清。

第十四条　违约

1.合同双方任何一方不能全面履行本合同条款，均属违约，违约责任如下：

（1）甲方未能按照合同约定完成以上工作造成乙方损失和／或工期延误，工期不予后延，损失不予赔偿。

（2）因乙方违约造成甲方损失和／或工期延误，乙方应赔偿甲方损失，工期不予后延。

2. 除非合同终止，否则违约方承担前述条款违约责任后仍需严格履行本合同。

3. 甲乙双方明确约定，对于在本合同项下产生的或与本合同相关的事宜产生的乙方对甲方拥有的债权，乙方承诺不将其转让给第三方，除非经过甲方的书面同意，否则，乙方应在违约转让债权之日起5日内，按照违约转让债权总额的5%向甲方支付违约金，逾期支付并承担违约付款责任。

第十五条　争议解决

双方因履行本合同或因与本合同相关的事项发生争议的，应通过协商方式解决，协商不成的，应首先提交_____调解中心进行调解，调解不成的，一方有权按照下列第_____项约定方式解决争议：

（1）向_____仲裁委员会申请仲裁；

（2）向_____人民法院提起诉讼。

第十六条　合同生效与终止

1. 本合同自签字盖章之日起生效，完成合同约定的全部内容并结清工程价款之日即告终止。

2. 出现以下情况时，甲方可单方面终止与乙方的合同关系，并自行派人完成余下之工作，因此而导致甲方增加的费用从乙方结算金额中扣除：

（1）乙方严重违反合同条款；

（2）甲方有足够证据证明乙方不具备完成分包工程的能力。

3. 因乙方原因导致甲方单方面终止合同，乙方应根据甲方要求迅速退场并不得以任何形式拖延退场时间、胁迫甲方或借此向甲方索要任何额外费用，否则甲方有权对乙方进行罚款，罚款金额为乙方实际完成合同金额的_____%。

4. 因甲方原因导致乙方单方面终止合同，甲方应赔偿乙方损失。

第十七条　未尽事宜

本合同在执行中若有未尽事宜，双方经友好协商以补充协议的形式解决。

第十八条　合同份数

本合同一式_____份，均具有同等法律效力，甲方执_____份，乙方执_____份。

（以下无正文）

甲方：（公章）　　　　　　　　　　　　　　乙方：（公章）

法定代表人或其委托代理人：　　　　　　　　法定代表人或其委托代理人：

（签字）　　　　　　　　　　　　　　　　　（签字）

统一社会信用代码：_____　　　　　　统一社会信用代码：_____

地址：_____　　　　　　　　　　　　地址：_____

电话：_____　　　　　　　　　　　　电话：_____

电子信箱：_____　　　　　　　　　　电子信箱：_____

开户银行：_____　　　　　　　　　　开户银行：_____

账号：_____　　　　　　　　　　　　账号：_____

附件 1

工程量清单

序号	列项	暂定数量	单位	固定综合单价	暂定合价	备注
一	土钉墙施工					包工包料
	其中每平方米综合单价中包含					
1						已考虑因现场土质情况的影响而需引孔施工的费用,已考虑现场工期的要求
2						
3						
4						
5						
6						
7						
8						
	合计					

乙方签字(盖章):

附件 2

双方工作界面划分表

序号	工作内容	甲方工作（仅限于此）	乙方工作（包括但不限于此）
1	临建/临水临电	提供水、电	1. 乙方临时设施的搭设、维护、拆除； 2. 负责乙方施工所需的支管、水嘴； 3. 负责提供和布设乙方施工设备所需的临电设施
2	测量	测量场地标高	配合并参与土方开挖标高测量，包括但不限于临时性的人员提供、为甲方测量人员提供安全的工作面、清除障碍
3	试验及检测	土钉及锚索抗拉拔试验	除土钉及锚索抗拉拔试验之外的所有基坑支护所需试验
4	冬（雨）期施工	—	1. 乙方冬（雨）期施工措施和物资； 2. 乙方人员冬（雨）期生活和生产的防护用品/设施
5	安全	负责临边防护	乙方人员安全防护用品/设施
6	消防	现场既有条件	乙方施工所需的临时消防设施
7	保卫	一般性的现场保卫	乙方自有设施的保卫
8	文明施工	现场既有条件	1. 乙方工作面及临时设施标志维护、打扫卫生； 2. 乙方提供材料、机具的覆盖和保护； 3. 施工降尘、降噪
9	政府/建设单位检查	—	乙方工作面、临时设施为迎接政府/建设单位检查做的一切工作，包括但不限于遮挡掩盖、倒运、现场清理和重新布置
10	资料	—	编制、报验/报审、整理过程资料和竣工资料

注：1. 在表中任意一项"工作内容"中，甲方工作仅限于"甲方工作"中明示工作，"乙方工作"中明示工作和该项"工作内容"之下"甲方工作"和"乙方工作"中均未明示的工作均由乙方完成。
2. 如无特殊注明，表中所示"甲方工作"与"乙方工作"所需之所有人员、材料、设备和机械均由相应单位承担。
3. 上述工作之费用由实施方自行承担。

钢平台安装分包合同

合同编号：

工程名称：_____
工程地址：_____
甲　　方：_____
乙　　方：_____

_____年_____月_____日

_____工程钢平台安装分包合同

甲方（承包方）：_____
乙方（分包方）：_____

根据《中华人民共和国民法典》《中华人民共和国建筑法》及其他有关法律、行政法规，遵循平等、自愿、公平和诚实信用的原则，甲方将_____工程钢平台安装及压型钢板铺设工程委托给乙方完成，双方就相关事宜达成如下协议：

第一条 工程概况

1. 工程名称：_____工程。
2. 工程地点：_____市_____区_____路_____号。
3. 建设单位：_____。
4. 监理单位：_____。

第二条 分包范围

根据设计图纸、施工方案、相关标准要求完成_____工程钢平台的安装施工及压型钢板铺设施工。保证钢平台的安装及压型钢板的铺设质量及工期满足甲方、监理及建设单位的要求。

第三条 承包方式

本合同的承包方式：_____。

第四条 价款与计量

1. 合同暂定总价为（人民币）_____元（大写：_____），不含税合同价为（人民币）_____元（大写：_____）。增值税为（人民币）_____元（大写：_____），增值税税率为_____%。

序号	项目名称	单位	暂定数量	固定单价	合计	备注
1	钢平台安装					
2	压型钢板铺装					含加强板肋、支撑角钢、槽钢、膨胀螺栓等的制作及安装
3	栓钉安装					
暂定总价：_____元						

2. 本合同采用固定单价计价，包含钢平台安装的人工费、甲供材料之外的材料费、机械费、风险费、交通派遣费、钢构件二次到运费、钢构件卸车配合费、技术资料费、保险费、饮食费、管理费、利润、税金等一切费用。单价包含但不限于：

（1）栓钉、高强度螺栓焊接、连接费用；
（2）焊条、焊丝、CO_2气体等焊接用材料费及安装临时用螺栓、高强度螺栓等费用；
（3）材料损耗费用；
（4）现场检测及第三方检测、监测及试验配合费用；
（5）特殊部位施工难度增加造成的费用；
（6）按甲方要求完成限位盆式橡胶支座的安装、灌浆，保证其安装精度而产生的费用；
（7）乙方负责钢构件的卸车及临时堆放费；
（8）由于场地狭小而发生的钢构件二次倒运费；
（9）由于钢构件超长、超重导致二次倒运及安装难度的增加而产生的费用；
（10）与其他分包方同一时间施工对施工造成的影响所产生的费用；
（11）施工现场交叉作业造成的窝工及工期延长造成的费用；
（12）冬（雨）期施工增加的措施费；

（13）施工机械、人员进退场费；

（14）吊车吊卸配合及吊车指挥费；

（15）搭拆满足钢平台安装及压型钢板铺设要求的施工平台、防护措施等费用；

（16）临时支撑柱及承重胎架的制作、安装及拆除费；

（17）施工人员个人安全防护用品费用；

（18）赶工费、节假日加班费及人员设备保险费；

（19）按甲方要求提供技术资料及竣工资料的费用；

（20）完成合同内竣工清理工作的费用；

（21）钢平台标高、垂直度及轴线控制措施费用；

（22）成品保护费、交通费；

（23）现场管理费、企业管理费、利润；

（24）施工图纸及施工方案显示或可合理推断出的所有工作内容费用。

3. 工程量计算规则。

（1）钢梁安装：按甲方、设计及建设单位认可的图纸结算，按图纸显示构件尺寸计算重量并累加。辅材、措施性构件（如引弧板、拼接板、加强板、吊耳、承重胎架、临时支撑柱、高强度螺栓、锚栓、花篮螺栓等）费用含在固定单价中，不另计算重量。

（2）压型钢板铺设：按图示（扣除孔洞，重叠部分不计）以垂直投影面积按面积（单位：m^2）计算，措施性构件（如加强肋角钢、槽钢、膨胀锚栓、挡板、包边等）含在固定单价内，不另行计算。

（3）栓钉安装：按甲方、监理及建设单位认可的图纸安装数量计算。

第五条　付款条件

1. 本合同项下费用均以人民币支付。

2. 月度付款前提：

（1）月度施工内容经甲方同意；

（2）施工进度在甲方的总控制计划内；

（3）试验／复试报告证明所用材料合格或满足合同要求；

（4）经监理单位、建设单位、甲方验收合格（分项验收时）；

（5）随月进度提交了相关技术资料（试验报告、验收资料）。

3. 付款方式。

工程进度款支付方式和时间：工程款按进度支付，每月_____日乙方向甲方报送自上月_____至本月_____日完成工程量。甲方在隔月的_____—_____日按乙方已完成且经检验合格后审核工程量的_____%支付工程进度款。工程保留金为_____%，待乙方工程完成并通过甲方、监理及建设单位验收合格_____天内支付至审核工程量的_____%，在整体工程竣工验收合格后_____天内支付至审核工程量的_____%，余款作为保修金，待保修期满后_____天内无息支付。

4. 乙方负责按照法律要求实行农民工实名制管理，具备条件的应当通过相应的管理服务信息平台进行用工实名登记、管理。乙方负责建立农民工劳动计酬手册，记录施工现场作业农民工的身份信息、劳动考勤信息、工资结算信息。乙方确认，其农民工以及管理人员月工资总额不会超过该月完成工程量价款的_____%，因此甲方的进度款支付比例足够乙方按照政府规定支付施工人员全部工资；除本合同另有约定外，乙方将其雇佣的农民工及其劳务分包中的农民工工资委托给甲方代发。

5. 每次付款乙方需提供符合甲方要求的正规发票。

6. 甲方已确认的变更洽商及签证费用在工程结算时随结算工程款支付，不进行月度付款。

第六条　甲方责任及义务

1. 甲方驻现场代表：_____。甲方驻现场代表由甲方任命并派驻工作现场，代表甲方在其授权范围内履行合同各项职责。甲方驻现场代表的授权范围：_____。

2. 甲方提供至二级电箱（距离操作区域_____m范围以内），二级电箱以外的三级电箱、手提活动电箱及电缆等由乙方负责提供。

3. 提供现场施工人员住宿所需临时建筑。
4. 及时向乙方提供施工所需指令、指示、洽商等相关施工文件。
5. 负责协调乙方与现场其他分包方之间的关系。甲方负责定期召开现场协调例会（乙方驻工地负责人必须准时参加，并服从于会议决议以及甲方的协调管理。若乙方驻工地负责人无法正常参加，需事先向甲方请假，并指定全权代表参加）。
6. 提供钢构件卸车用的大型机械（如塔式起重机等）。
7. 负责提供搭拆操作平台及安全防护所用钢管、扣件、木跳板、大眼网、密目网。
8. 负责提供承重胎架、临时支撑柱所用原材料，由乙方负责制作、安装及拆除。
9. 限位盆式橡胶支座处灌浆用无收缩水泥砂浆。
10. 提供钢平台施工总控制进度计划，如需改变安装计划，需提前两天通知乙方。
11. 甲方负责施工用水用电费用，乙方应厉行节约。甲方有权随时抽查监督乙方用水用电行为，若发现有浪费或不良使用行为，甲方有权重罚，并禁止乙方使用甲方提供的水电资源。

第七条　乙方一般职责

1. 乙方项目经理：_____。项目经理应具备履行其职责所需的资格、经验和能力，并为乙方正式聘用的员工，乙方应向甲方提交项目经理与乙方之间的劳动合同，以及乙方为项目经理缴纳社会保险的有效证明。乙方不提交上述文件的，项目经理无权履行职责，甲方有权要求更换项目经理，由此增加的费用和／或延误的工期由乙方承担。项目经理在乙方授予的权限范围内履行本合同约定职责，项目经理的授权范围：_____。
2. 接受并接管现场现状及遗留问题，工程履约过程中，乙方不得以此为借口索赔费用及工期等。
3. 根据甲方、建设单位、施工图纸及相关标准要求保证钢平台的安装精度。
4. 积极执行甲方审核后的施工计划。
5. 负责现场钢构件的卸车、临时堆放及钢构件的二次倒运。
6. 严格按照施工现场的进度计划组织安装，安装前应仔细核对所安装的钢构件的型号及标高等，确保准确无误。
7. 负责搭设及拆除安装所需操作平台、脚手架及安全防护措施，且必须经甲方验收合格后才能进行安装作业施工。
8. 负责按甲方技术要求完成钢平台安装用承重胎架及临时支撑柱的制作、安装及拆除，此部分费用已经包含在固定单价中，不再另行计费。
9. 安装到位后的钢平台应保证外观清洁，满足涂装工序的要求，费用已含在固定单价中。
10. 负责限位盆式橡胶支座安装所需要的人工、辅材及机械，确保精度满足甲方、监理要求。
11. 向甲方提供施工人员名单及特殊工种的上岗证复印件（加盖单位公章）。
12. 负责对进入现场人员进行安全交底，承担乙方人员不遵守甲方现场安全管理规定造成安全事故的全部责任。
13. 保障甲方免于承担因乙方过失、失误造成的任何人员伤亡、财产损失的全部责任和索赔，另外还应保障甲方免于承担与此有关的一切索赔、诉讼、损害赔偿、抚恤费和其他相关开支。
14. 严格遵守国家、地方政府以及甲方的各项规定，并遵守工地所在地，如街区、小区、场所的各项管理规章制度。任何因违反相关规定、要求造成的事故、责任由乙方自行承担。
15. 负责修建加工棚及材料堆放等与安装工程施工相关的临时设施及场地，必须符合安装方安全文明施工标准，费用已经包含在合同单价中。
16. 乙方现场负责人需按时参加甲方组织的有关安全、质量、进度、文明施工等方面的各种会议、检查活动，不得无故缺席。若乙方代表临时有其他紧急事务无法出席，须指派全权代表参加。会议所做出的决议、事项，双方需共同恪守，严格遵照执行。
17. 做好施工记录，设置专职资料员（有上岗证），按工程资料管理规程及甲方的要求编制和整理属于承包范围内的工程技术资料，资料需独立组卷，按国家工程竣工验收有关规定，向甲方提供完整竣工资料_____套，并协助甲方完成此项资料的归档工作。
18. 有义务保管、维护施工范围现场临水、临电、临时消防设施。
19. 所有有关本工程钢平台的文件、资料、图纸、标准、工艺做法及建设单位／甲方要求的全部工作内容如所发资料前后存在异议，以日期居后的为准；图纸更改，甲方应及时通知乙方。设计单位、建设单位、甲方及其代表对文件、资料等的审批并不能免除属于乙方的责任。

20. 配合甲方做好施工中技术问题的处理。

21. 建设单位、监理、甲方随时有权对乙方的工作进行监督、检查、控制，乙方履约不力时甲方可另行发包该工程或由指定分包方完成，另行发包或指定分包的费用由甲方确定，无须征求乙方意见，相关费用从合同价中扣除并追加索赔。

22. 负责自身人员的人身保险、材料保险、设备保险。

23. 安装施工所需局部区域场地清理等。

24. 自备符合相关标准要求的个人安全防护用品，如安全帽、安全带、口罩等。

25. 自行解决所有二级电箱以外的临电及水源点以外的临水设施，必须满足甲方、监理及建设单位要求。

26. 其他分包方为完成钢平台安装工作所做的准备及配合工作由乙方负责监督指导，出现任何问题及因此给甲方造成的损失均由乙方承担。

第八条　工期责任

1. 计划开工日期为＿＿＿＿＿年＿＿＿＿＿月＿＿＿＿＿日，计划完工日期为＿＿＿＿＿年＿＿＿＿＿月＿＿＿＿＿日，工期总日历天数为＿＿＿＿＿天。工期总日历天数与根据前述计划开工、完工日期计算的工期天数不一致的，以工期总日历天数为准。

2. 乙方按工程进度总控制进度计划编制乙方施工进度计划，按经甲方批准的施工进度计划及时组织施工。未按甲方要求施工，乙方承担违约责任。由于乙方原因造成工期延误（包括因乙方原因造成其他分包方工期延误），每拖延一天（以施工进度计划之分项计划为准），乙方每日向甲方缴纳＿＿＿＿＿元违约金，并承担因此给甲方及第三方造成的一切损失。

3. 如乙方按甲方要求，在甲方规定的时间内（＿＿＿＿＿天以内并保证在＿＿＿＿＿年＿＿＿＿＿月＿＿＿＿＿日之前）完成钢平台的安装施工，并经甲方、监理及建设单位验收合格，甲方将给予乙方＿＿＿＿＿元/t的工期奖励。

4. 因甲方原因致使工期推迟，工期相应顺延。

5. 以上工期已经考虑下列因素：

（1）法定节假日、公休日或举办重要活动的日期；

（2）不利的条件（不可抗力除外）；

（3）施工工序间不可避免的交叉作业影响。

6. 根据本工程总体工期考虑，甲方有权要求乙方优先完成分包工程的某部位的工作，在现场条件许可的情况下，乙方应尽量满足并遵从甲方要求，且不得延误剩余部分的工作。

第九条　工程质量

1. 分包工程质量应符合＿＿＿＿＿标准，并达到总包合同约定的分包工程的质量标准，本协议书约定质量标准与总包合同约定的质量标准不一致的，按照较严格的质量标准执行。

2. 乙方承诺保证工程质量满足上述要求，施工中须认真按本工程的相关标准要求，达到建设单位、甲方及监理单位要求。如未达到上述标准，乙方应负责返工或修复，且甲方将按甲方与乙方结算总价的＿＿＿＿＿％对乙方进行违约扣款。为达到上述标准，乙方采取各种措施的费用已包含于合同价中，不再增加任何费用。

3. 如果甲方的要求与有关施工验收标准之间有不一致或差异，乙方应以标准较高者之要求执行。

第十条　标准

1. 乙方作业应满足设计图纸，现行国家、地方、行业标准要求，包括但不限于：

（1）＿＿＿＿＿＿＿＿＿＿＿＿＿＿＿；

（2）＿＿＿＿＿＿＿＿＿＿＿＿＿＿＿；

（3）其他相关标准。

上述标准若有不一致或矛盾之处，按较为严格标准执行。

2. 技术要求与参数按建设单位、监理和甲方最终确认的施工方案执行。

第十一条　安全施工及文明施工

1. 乙方承诺在施工过程中，严格遵照国家和上级有关部门下发的有关安全生产的方针、政策、法规、规定及其他文件，甲方关于安全管理体系的规定和本项目各阶段安全生产、文明施工设计方案，建立安全生产保证体系，并经甲方审批。按＿＿＿＿＿市规定，配置专职安全管理人员，以确保完善该安全体系。如在乙方承包范围内，由于乙方安全意识不到位、安全措施不及时、不力等，造成人员伤亡事故，不论伤（死）者是乙方自有工人，还是其他人员，均认为是乙方的责任。责任均由乙方承担，甲方将向乙方索赔所有的经济上及工期上的损失。

2.乙方承诺在施工过程中遵守有关施工作业时间、安全文明施工、环境管理等方面的规定，凡因违反政府有关规定产生的所有责任，均由乙方承担。

3.乙方承诺在施工过程中遵守有关消防、交通安全、社会治安等的规定，凡因违反政府有关规定产生的所有责任，均由乙方承担。

4.本工程安全、环保标准为：无安全事故；环保达标。乙方承诺保证安全、环保标准满足上述要求，施工中须认真按甲方及相关政府部门的标准，达到建设单位、甲方及监理单位要求；如有一项目标未达到上述的安全、环保标准，甲方将按乙方结算总价的3%对乙方进行罚款。为达到上述标准，乙方采取各种措施的费用已包含于合同价中，不再增加任何费用。

第十二条　工程保修

1.自总包工程竣工交付使用之日起或总包工程认定的保修期限起算之日起，乙方应按国家有关规定对分包工程承担保修责任。具体保修责任按照乙方与甲方签订的质量保修书执行，保修期按照甲方与建设单位签订的合同中规定的期限执行，且保修服务期满后，并不免除乙方施工质量责任。

2.工程款支付保留金为本分包合同价款的_____%。甲方在乙方每期工程进度款支付中以同等的比例扣除，工程完工前全部扣完；工程经甲方、建设单位、监理验收合格，双方办理完本分包工程结算后_____天内支付结算价款的_____%；若无遗留问题，其余_____%作为工程保修的保证金，在整体工程竣工并通过验收之日起_____年内无息付清。

第十三条　施工保障

1.人员保障

（1）管理人员：乙方委派的现场项目经理及其主要管理人员必须有承担类似工程的工作经验；乙方任命的主要管理人员需得到甲方认可，在合同履约过程中，乙方无权更换。如因特殊原因需更换上述人员，须事先向甲方提出申请并提交拟任命的管理人员的详细资料，经甲方审查批准后方可更换，否则将被视为违约。擅自更换管理人员，每人次违约扣款_____元；如果在履约过程中，甲方认为乙方的管理人员不能胜任其工作，有权要求乙方更换，乙方应在5日内提交拟更换的管理人员的详细资料，经甲方批准后更换。如乙方在5日内未提出新的人选，或两次提出的人选都不能令甲方满意，视为乙方违约，甲方有权终止合同，按违约条款处理。在施工中，乙方必须服从甲方管理，甲方保留更换分包队伍的权利。

（2）操作人员：现场操作人员必须是持有上岗证书的专业人员，并且有一定的施工经验，保证其能准确及时地完成分配的任务。未经甲方批准，擅自减少项目施工操作人员，每人次将处以_____元的违约扣款。

2.资源保障

（1）应配置足以满足工程进度、质量的设备、机具、工具、物资、材料、器材、设施等。若乙方在上述资源配置上满足不了现场施工生产需要，应无条件增加配置，并且不得以此为借口，向甲方索要任何额外费用。

（2）若乙方不服从甲方要求增加资源的指示，甲方有权自行组织相应资源，所发生的费用从乙方合同价中扣除。

（3）乙方自备包括但不限于磁力钻、电焊机等中小型机械及随机使用的电焊把线、电线和配件。乙方自备所有防护用品及劳动保护用品，包括但不限于安全帽、安全带、绝缘手套等。

3.乙方应保障甲方免于承担下述有关的全部损失和索赔

（1）任何因乙方过失造成的人员伤亡；

（2）任何因乙方原因造成的财产损失；

（3）任何因乙方与其他单位的经济、法律纠纷。

上述事件系在工程实施期间以及修补缺陷过程中引起或发生的，乙方应保障甲方免除为此及与此有关的一切索赔、诉讼、损害赔偿、诉讼费和其他开支。

第十四条　不可抗力

1.不可抗力指建设单位、甲方、乙方都不可预见、不可避免、不能克服的超出一般防范能力的事件。此类事件的发生导致合同一方不可能履约。不可抗力包括：

（1）地震、洪水、海啸、飓风、台风、剧烈雷击等天灾以及恶劣气候（气象资料以中央气象台记录为准）；

（2）战争、敌对行动（无论是否宣战）；

（3）叛乱、暴动、军事政变、内战；

（4）暴乱、骚乱、游行示威或混乱（乙方自身及相关人员内部因从事本工程而发生的事件除外）；

（5）空中飞行物体坠落；

（6）声速或超声速飞行物或装置产生的压力波。

2. 不可抗力事件发生后，乙方应立即通知甲方，并在力所能及的条件下迅速采取措施，尽量减少损失，并根据总包合同的约定处理。不可抗力事件结束后48小时内分包方向甲方通报受害情况和损失情况及预估的清理和修复的费用。不可抗力事件持续发生，乙方应每隔3天向甲方报告一次受害情况。不可抗力事件结束后7天内，乙方向甲方提交清理和修复费用的正式报告及有关资料。

3. 因不可抗力事件导致的费用及延误的工期按以下方法分别承担。

（1）下列费用由甲方支付给乙方：

① 工程本身的损害、因工程损害导致第三方人员伤亡和财产损失以及运至施工场地用于施工的材料和待安装的设备的损害；

② 停工期间，乙方应甲方要求留在施工场地的必要的管理人员及保卫人员的费用；

③ 分包工程所需清理、修复费用。

（2）乙方人员伤亡由自身负责，并承担相应费用。

（3）乙方机械设备损坏及停工损失，由乙方自行承担。

（4）延误的工期相应顺延。

4. 因合同一方迟延履行合同后发生不可抗力的，不能免除迟延履行方的相应责任。

第十五条 合同文件组成

1. 补充协议书（若有）；

2. 本分包合同书；

3. 明确双方职责的会议纪要、往来函件；

4. 本合同所列标准、图集；

5. 图纸、洽商、变更、方案及指导书；

6. 相关标准及有关技术文件；

7. 试验报告。

组成合同的各项文件应互相解释，互为说明。除本合同另有约定外，解释合同文件的优先顺序应按照上述排列顺序确定。上述各项合同文件包括合同当事人就该项合同文件所做出的补充和修改，属于同一类内容的文件，应以最新签署的为准。在合同订立及履行过程中形成的与合同有关的文件均构成合同文件组成部分，并根据其性质确定优先解释顺序。

第十六条 合同语言文字及适用法律

1. 合同语言：本合同文件使用汉语，与合同有关的联络应使用汉语。

2. 适用法律法规：《中华人民共和国民法典》《中华人民共和国建筑法》《建设工程质量管理条例》《房屋建筑工程质量保修办法》，其他现行法律、法规和规范性文件（含_____省_____市地方性法规）。

第十七条 违约责任

1. 如钢平台的安装质量或节点工期不符合合同及甲方要求，给甲方造成的损失均由乙方承担（包括法律责任和经济责任）。

2. 甲乙双方明确约定，对于在本合同项下产生的或与本合同相关的事宜产生的乙方对甲方拥有的债权，乙方承诺不将其转让给第三方，除非经过甲方的书面同意，方可转让，否则，乙方应在违约转让债权之日起5日内，按照违约转让债权总额的5%向甲方支付违约金，逾期支付并应承担违约付款责任。

第十八条 争议解决

双方因履行本合同或因与本合同相关的事项发生争议的，应通过协商方式解决，协商不成的，应首先提交_____调解中心进行调解，调解不成的，一方有权按照下列第_____项约定方式解决争议：

（1）向_____仲裁委员会申请仲裁；

（2）向_____人民法院提起诉讼。

第十九条　未尽事宜

本合同在执行中若有未尽事宜，双方经友好协商以补充协议、会议纪要、谈判记录等形式约定。

第二十条　其他约定

1. 本合同经甲、乙双方签字及盖章后生效。甲乙双方的所有责任和义务履行完毕，本合同自然终止。
2. 双方承诺不将本合同成交价格透露给任何第三方。
3. 本合同所述之内容与条款只限于_____市_____工程使用，乙方不得将本合同内容细节透露给任何第三方。
4. 本合同一式_____份，均具有同等法律效力，甲方执_____份，乙方执_____份。

（以下无正文）

甲方：（公章）　　　　　　　　　　　　　　乙方：（公章）

法定代表人或其委托代理人：　　　　　　　　法定代表人或其委托代理人：
（签字）　　　　　　　　　　　　　　　　　（签字）

统一社会信用代码：_____　　　统一社会信用代码：_____
地址：_____　　　地址：_____
电话：_____　　　电话：_____
电子信箱：_____　　　电子信箱：_____
开户银行：_____　　　开户银行：_____
账号：_____　　　账号：_____

钢板桩施工分包合同

合同编号：

工程名称：_____
工程地址：_____
甲　　方：_____
乙　　方：_____

_____年_____月_____日

_____工程钢板桩施工分包合同

甲方（承包方）：_____

乙方（分包方）：_____

根据《中华人民共和国民法典》《中华人民共和国建筑法》及其他有关法律、行政法规，遵循平等、自愿、公平和诚实信用的原则，甲方将_____工程的钢板桩工程施工委托给乙方完成，双方就相关事宜达成如下协议：

第一条　工程概况

1. 工程名称：_____。

2. 工程地点：_____。

3. 工程范围和内容：（单项工程详见工程图纸）

按基坑结构支护中钢板桩设计图纸、技术标准、施工方案的要求施工。

第二条　工程期限

1. 本工程合同总工期为_____天（日历天从开工之日算起）。

2. 本工程开工日期为_____年_____月_____日，竣工日期为_____年_____月_____日。

3. 如遇下列情况，经甲方签证后，工期作相应顺延，甲方以书面形式确定顺延期限。

（1）甲方在合同规定开工日期前_____天，不能交乙方施工场地、进场道路、施工用水，或电源未按规定接通，影响乙方进场施工。

（2）明确由甲方负责供应的材料、设备、成品或半成品等未能按双方认定的时间进场，或进场的材料、设备、成品或半成品等向乙方交验时发现有缺陷，需要修配、改、代、换而耽误施工进度。

（3）不属于包干系数范围内的重大设计变更。

（4）在施工中停水、停电连续影响24小时以上。

（5）因遇人力不可抗拒的自然灾害（如台风、水灾、自然原因发生的火灾、地震等）而影响工程进度。

第三条　工程合同款价

1. 本工程合同总价暂定为_____元（大写：_____）。不含税合同价为_____元（大写：_____），增值税为_____元（大写：_____），增值税税率为_____%。

2. 最终决算总价按实际完成工程量作相应调整，单价不变，各项工作报价如下：

项目内容	型号规格	计量单位	数量	综合单价（元）	合价（元）	备注
钢板桩打桩						
工程钻机引孔						
注浆						

3. 合同单价包括钢板桩施打、加固、支撑、围檩、垫板、施工用电线、电缆、施工机械起重机、焊机、焊条等所发生的所有人工费、机械设备费。

第四条　材料、设备供应

本工程所需主要材料工字钢及钢板由甲方提供，零星材料、构配件、设备由乙方承担。

第五条　工程质量和检查验收

1. 乙方必须严格按施工图纸、说明文件和现行有关国家标准进行施工，并接受甲方的监督检查。

2. 乙方确定的施工现场负责人及技术负责人、专门技术人员及管理人员，必须以书面形式将其姓名、身份、所分担的工作通知甲方。

3. 乙方应按工程进度，及时提供关于工程质量的技术资料，如材料、设备合格证、试验、试压、测试、报告等的复印件。材料代用必须经过设计单位和甲方同意并签字认可后，方可使用。

4. 隐蔽工程由乙方自检后，填写《隐蔽工程验收单》并通知甲方检查验收，经甲方签字认可后，方可进行下一工序施工。

5. 工程竣工验收，应以施工图纸、设计说明、技术交底纪要、设计更改通知、国家和工程所在地相关文件和质量检验标准为依据。

6. 工程竣工后，乙方按规定整理提供完整的技术档案资料，并发出竣工通知书，经双方协商确定验收时间，由甲方组织有关单位进行竣工验收。验收合格后，双方签署交工验收证书，并将工程移交给甲方管理。交工验收中如发现有不符质量要求，需要返工的工程，应分清责任，由乙方施工原因造成的，按双方验收时商定的时间，由乙方负责施工至合格再进行检验。竣工日期以最后检验合格的日期为准。

第六条 施工设计变更

1. 甲方交付的设计图纸、说明和有关技术资料，均为施工的有效依据，乙方均不得擅自修改。

2. 施工图的重大修改变更，必须经原批准、设计单位同意，并于修改前2天办理设计修改议定单。设计修改议定单经甲方签字确认后，乙方方可实施。

3. 当修改图纸的原因为设计错误、设备变更、建筑面积（容积）增加、结构改变、标准提高、工艺变化、地质条件与设计不符合实际时，其增加的费用（包括返工损失、停工、窝工、人员和机械设备调迁，材料、构配件积压的实际损失）由责任方负责并调整合同造价。

4. 乙方在保证工程质量和不降低设计标准的前提下，提出修改设计的合理化建议，经甲方、设计单位和有关部门同意后方可实施。

5. 在工程施工中发生下列各项事实之一时，乙方必须立即以书面通知甲方，要求确认：

（1）设计图纸和说明文件与工程现场状况不一致，如地质、地下水情况等，设计文件所标明的施工条件与实际不符；

（2）设计图纸和设计文件表示不明确或有错误、遗漏，图纸与说明书不符；

（3）设计图纸和说明文件中未标明的施工条件发生了预料不到的特殊困难等。

确认的事实必须在限期内解决，不能如期解决而造成停工的，工期损失由甲方承担。

第七条 双方负责事项

1. 甲方

（1）在开工前做好建筑红线以外的"三通"和红线以内的场地平整，按审定的施工组织设计或施工方案，提供在红线图以内水、电源连接点；

（2）根据施工地区供水、供电、水压、电压情况，采取措施满足施工用水、用电的需要；

（3）确定建筑物（或构筑物）道路、线路、上下水道的定位标桩、水准点和坐标控制点；

（4）组织双方和设计单位参加施工图纸交底；

（5）审核乙方工程进度月报，及时向乙方支付工程进度款；

（6）对工程进度、工程质量、隐蔽工程和合同执行进行监督检查，负责设计图纸问题的处理，设计变更的签证，工程中间验收、工程进度拨款签证和其他必须的签证；

（7）组织对工程的竣工验收。

2. 乙方

（1）施工场地的平整、施工界区以内的用水、用电、道路和临时设施的施工；

（2）编制施工组织设计（或施工方案），施工总进度计划，材料设备、成品、半成品等进场计划，用水、用电计划，开竣工通知书，隐蔽工程验收单等，并及时送甲方及有关单位；

（3）所有现场人员必须遵守甲方的各项规定；

（4）于每月底_____日前向甲方报送当月工程进度月报（包括工程量、工作量和形象进度等）；

（5）严格按照施工图与说明书进行施工，确保工程质量，按合同规定的时间如期完工和交付；

（6）已完工的建（构）筑物和安装的设备，在交工前应负责保管，并清理好场地；

（7）提供竣工验收技术资料，办理工程竣工结算，参加竣工验收；

（8）在合同规定的保修期内，出现属于乙方责任的工作质量问题，负责无偿修理。

第八条　工程价款的支付与结算

1. 本工程无预付款。工程完成验收后支付至合同价款的＿＿＿＿＿＿＿％，其余＿＿＿＿＿＿％作为保修金，在保修期限届满后付清。

2. 本工程造价结算方式按下列情况办理：

（1）以审查后的施工图及现场工程量签认进行结算。

（2）本工程结算总价按本合同第三条第2款中综合单价乘以工程量计算总价。

（3）本合同第三条第2款中综合单价为施工清包费，包括人工、设备、管理费及利润，其中含税，但不包含水电费。

（4）乙方以＿＿＿＿＿＿＿＿＿＿＿工程有限公司抬头出具发票，如甲方需扣除税金，则要向乙方提供代扣代缴证明。

（5）乙方在单项工程竣工验收后＿＿＿＿＿＿＿天内，将竣工结算文件送交甲方审查，甲方在接到结算文件＿＿＿＿＿＿＿天内审查完毕。

3. 在分包工程具备验收条件后，乙方向甲方提供其施工区域内完整的施工资料，按甲方要求配合甲方进行验收工作。甲方在收到乙方提交的完工报告之日起＿＿＿＿＿＿＿日内通知建设单位验收，乙方应该配合甲方会同建设单位进行验收。验收不能通过，乙方应负责修复相应缺陷并承担相应的质量责任。分包工程竣工验收通过，分包工程竣工日期为乙方提供竣工验收报告的日期。需要修复的，实际竣工日期为修复后提交竣工报告的日期。

4. 自总包工程竣工交付使用之日起或总包工程认定的保修期限起算之日起，乙方应按国家有关规定对分包工程承担保修责任。具体保修责任按照双方签订的质量保修书执行，保修期按照甲方与建设单位签订的合同中规定的期限执行，且保修服务期满后，并不免除乙方施工质量责任。工程款支付保留金为本分包合同价款的＿＿＿＿＿＿＿％。甲方在乙方每期工程进度款支付中以同等的比例扣除，工程完工前全部扣完；工程得到甲方、建设单位、监理验收合格，双方办理完本分包工程结算后＿＿＿＿＿＿＿天内支付结算价款的＿＿＿＿＿＿＿％；若无遗留问题，其余＿＿＿＿＿＿＿％作为工程保修的保证金，自整体工程竣工并通过验收之日起＿＿＿＿＿＿＿年内无息付清。

第九条　文明施工与安全管理

1. 乙方承诺在施工过程中，严格遵照国家和上级有关部门下发的有关安全生产的方针、政策、法规、规定及其他文件，甲方关于安全管理体系的规定和本项目各阶段安全生产、文明施工设计方案，建立安全生产保证体系，并经甲方审批，按＿＿＿＿＿＿＿＿市规定，配置专职安全管理人员，以确保完善该安全体系，如在乙方承包范围内，由于乙方安全意识不到位、安全措施不及时、不力等，造成人员伤亡事故。不论事故伤（死）者是乙方自有工人，还是其他人员，均认为是乙方的责任，该责任均由乙方承担，甲方将向乙方索赔所有的经济上及工期上的损失。

2. 乙方承诺在施工过程中遵守有关施工作业时间、安全文明施工、环境管理等方面的规定，凡因违反政府有关规定产生的所有责任，均由乙方承担。

3. 乙方承诺在施工过程中遵守有关消防、交通安全、社会治安等的规定，凡因违反政府有关规定产生的所有责任，均由乙方承担。

4. 本工程安全、环保标准为：无安全事故；环保达标。乙方承诺保证安全、环保标准满足上述要求，施工中须认真按甲方及相关政府部门的标准，达到建设单位、甲方及监理单位要求；如有一项目标未达到上述的安全、环保标准，甲方将按乙方结算总价的3%对乙方进行罚款。为达到上述标准，乙方采取各种措施的费用已包含于合同价中，不再增加任何费用。

第十条　违约责任与奖励规定

1. 乙方的责任

工程质量不符合合同约定的，负责无偿修理或返工。由于修理返工所造成损失均由乙方承担。

2. 甲方的责任

未能按照承包合同的约定履行自己应负的责任，除竣工日期得以顺延外，还应赔偿乙方因此发生的实际损失。

工程中途停建、缓建或由于设计变更以及设计错误造成的停工，应采取措施弥补或减少损失，同时，赔偿乙方由此而造成的停工、窝工、返工、倒运、人员和机械设备调迁、材料和构件积压的实际损失。

第十一条　争议解决

双方因履行本合同或因与本合同相关的事项发生争议的，应通过协商方式解决，协商不成的，应首先提交＿＿＿＿＿＿＿＿＿＿调解中心进行调解，调解不成的，一方有权按照下列第＿＿＿＿＿＿＿项约定方式解决争议：

（1）向＿＿＿＿＿＿＿＿＿＿＿＿＿＿仲裁委员会申请仲裁；

（2）向_____人民法院提起诉讼。

第十二条 特殊条款

本合同条款如对特殊情况有未尽事宜，双方可根据具体情况结合有关规定议定特殊条款。

第十三条 附则

1. 其他本合同未言明事项，由双方另行协商解决。
2. 本合同经双方签字盖章后生效，至合同工程竣工交验，结清工程尾款，保修期满后失效。
3. 本合同一式_____份，均具有同等法律效力，甲方执_____份，乙方执_____份。

（以下无正文）

甲方：（公章）　　　　　　　　　　　　　　　乙方：（公章）

法定代表人或其委托代理人：　　　　　　　　　法定代表人或其委托代理人：
（签字）　　　　　　　　　　　　　　　　　　（签字）

统一社会信用代码：_____　　　　　　统一社会信用代码：_____
地址：_____　　　　　　地址：_____
电话：_____　　　　　　电话：_____
电子信箱：_____　　　　　　电子信箱：_____
开户银行：_____　　　　　　开户银行：_____
账号：_____　　　　　　账号：_____

剪刀撑施工分包合同

合同编号：

工程名称：_____
工程地址：_____
甲　　方：_____
乙　　方：_____

_____年_____月_____日

_____工程剪刀撑施工分包合同

甲方（承包方）：_____
乙方（分包方）：_____

根据《中华人民共和国民法典》《中华人民共和国建筑法》及其他有关法律、行政法规，遵循平等、自愿、公平和诚实信用的原则，甲方将_____工程的剪刀撑工程施工委托给乙方完成，双方就相关事宜达成如下协议：

第一条 工程概况

1. 工程名称：_____。
2. 工程地点：_____。
3. 建设单位：_____。
4. 监理单位：_____。

第二条 分包范围

包括但不仅限于设计图纸、施工方案、相关标准要求完成的_____工程的剪刀撑工程内剪刀撑的主材及所有辅材供应、加工制作、运至施工现场并卸至甲方指定地点且安装到位。保证剪刀撑材质、加工制作、运输及安装满足甲方、监理及建设单位的要求，满足现场正常施工的需要。

第三条 承包方式

本合同的承包方式：_____。

第四条 价款与计量

1. 合同价款

合同暂定总价为人民币_____元（大写：_____），不含税合同价为人民币_____元（大写：_____）。增值税为人民币_____元（大写：_____），增值税税率为_____%。

序号	项目名称	单位	数量（暂定）	制作单价（固定）	安装单价（固定）	合计（暂定）
1	综合体剪刀撑					
2	出租车站剪刀撑					
暂定总价：_____元						

2. 本合同为固定综合单价合同，综合单价包含但不限于：剪刀撑材料费（包括所有主材、辅材）、剪刀撑的加工详图设计费、深化设计费、加工制作费、安装费、损耗费（包括原材运输损耗、加工制作损耗、辅材损耗及剪刀撑运输损耗等所有损耗）、包装费、加工场内及施工现场装卸费、材料检测费（包括材料复试、无损探伤、高强度螺栓摩擦试验）、保险费、措施费、技术资料费、风险费用、食宿费、管理费、利润等一切费用。

3. 合同固定单价已考虑：

（1）H型钢、连接板等原材及加工制作所用辅材费用；

（2）构件及配件运输所发生的相关费用；

（3）损耗材料（包括运输损耗、加工制作损耗等）；

（4）现场检测及第三方检测、监测及试验费用；

（5）高强度螺栓材料（包括主材、辅材）及制作、焊接、连接费用；

（6）剪刀撑的除锈及防腐措施费用；

（7）施工范围内场地、道路平整及硬化费用；

（8）剪刀撑焊接拼装、定位钢筋焊接及耗材费用；

（9）特殊部位施工难度的增加；

（10）与其他分包方同一时间施工对施工造成的影响；

（11）施工交叉作业造成的窝工及工期延长；

（12）冬（雨）期施工增加的措施费；

（13）施工机械、人员进退场费；

（14）施工人员个人安全防护用品费用；

（15）赶工费、节假日加班费、检验试验费及人员设备保险费；

（16）按甲方要求提供技术资料及竣工资料；

（17）完成合同内竣工清理工作；

（18）标高、垂直度及轴线控制措施费用；

（19）成品保护费、食宿交通费；

（20）现场管理费、企业管理费、利润、风险费；

（21）国家及地方性税费；

（22）完成剪刀撑制作、运输、装卸及安装所需的一切人工、材料及机械费；

（23）施工图纸及施工方案显示的或可合理推断出的所有工作内容费用。

4. 工程量计算规则：按甲方、设计院及建设单位认可的图纸结算，按图纸显示构件尺寸计算重量并累加。辅材、措施性材料及构件（如高强度螺栓等）等费用含在固定单价中，不另计算重量。

第五条 甲方一般职责

1. 甲方驻现场代表：＿＿＿＿＿＿＿。甲方驻现场代表由甲方任命并派驻工作现场，代表甲方在其授权范围内履行合同各项职责。甲方驻现场代表的授权范围为：＿＿＿＿＿＿＿。

2. 提供至二级电箱（距离操作区域＿＿＿＿＿m范围以内），二级电箱以外三级电箱、手提活动电箱及电缆等由乙方负责提供。

3. 提供现场施工人员宿舍所需临时建筑。

4. 提供剪刀撑施工总控制进度计划，如需改变剪刀撑运输计划，需提前＿＿＿＿＿＿＿天通知乙方。

5. 及时向乙方提供施工所需指令、指示、洽商等相关施工文件。

6. 负责协调乙方与现场其他分包方之间的关系。

7. 负责定期召开现场协调例会（乙方驻工地负责人必须准时参加，并服从于会议决议以及甲方的协调管理。若乙方驻工地负责人无法正常参加，需事先向甲方请假，并指定全权代表参加）。

8. 负责钢构件起吊的大型吊装机械，如塔式起重机、汽车起重机（50t及以上）、履带起重机等。

9. 负责提供搭拆操作平台及安全防护所用钢管、扣件、木跳板、大眼网、密目网。

10. 提供钢平台施工总控制进度计划，如需改变安装计划，需提前两天通知乙方。

11. 负责施工用水用电费用，乙方应厉行节约。甲方有权随时抽查监督乙方用水用电行为，若发现有浪费或不良使用行为，甲方有权重罚，并禁止乙方使用甲方提供的水电资源。

第六条 乙方一般职责

1. 按合同约定及甲方的要求负责图纸的深化设计、严格按国家标准、设计方案以及施工顺序进行施工。

2. 乙方驻现场代表（项目经理）：＿＿＿＿＿＿＿。项目经理应具备履行其职责所需的资格、经验和能力，并为乙方正式聘用的员工，乙方应向甲方提交项目经理与乙方之间的劳动合同，以及乙方为项目经理缴纳社会保险的有效证明。乙方不提交上述文件的，项目经理无权履行职责，甲方有权要求更换项目经理，由此增加的费用和/或延误的工期由乙方承担。项目经理在乙方授予的权限范围内履行本合同约定职责，项目经理的授权范围为：＿＿＿＿＿＿＿。

3. 根据甲方、建设单位、施工图纸及相关标准要求提供剪刀撑制作所需主材及所有辅材，保证其质量，其费用已经包含在固定单价中，不再另行计费。

4. 需在施工前＿＿＿＿＿＿＿日提出剪刀撑加工制作计划，以便甲方审核，并按计划提供满足要求的剪刀撑。

5. 应严格按照施工现场的进度计划组织安装，安装前应仔细核对所安装的钢构件的型号及标高等，确保准确无误。

6. 严格按照施工现场的进度计划组织剪刀撑的加工生产，并于安装前两天将加工好的剪刀撑运至现场统一地点，做好标识。安装前应仔细核对所安装的剪刀撑的型号和标高，确保准确无误。

7. 按相关标准，甲方、监理及建设单位要求完成无损检测、自检、互检及第三方检测并承担费用。

8. 按甲方、监理及建设单位要求做好成品保护并选择合适的包装运输方案，确保成品完好无损地运至施工现场，并按要求做好标识。不考虑包装物回收，如乙方需要回收，甲方不保证包装物的完整性。

9. 负责选择合适车辆将剪刀撑从加工场运至施工现场，并自行向政府有关部门办理剪刀撑运输车的道路运输通行证，因手续不全造成的政府罚款、处罚由乙方承担。在运输过程中，应遵守交通法规，安全行驶。无论何种原因发生交通事故，乙方自行承担相关责任。

10. 乙方及其相关人员应及时了解市区交通及交通管制信息，选择最佳运输路径，避免或减少交通拥堵。乙方司机应服从甲方人员的指挥，进入现场施工区域后未经甲方指挥人员许可不得随意开行、停泊。剪刀撑运输车辆不得携带与施工无关的人员及物件进入施工现场。

11. 剪刀撑运到现场后，由甲方项目经理部物资负责人及乙方项目负责人接收，并在送货单上签字。双方的签收仅是货物到场时间的证明，并不作为产品数量、产品合格及乙方凭此单据向甲方结算的依据，无论该收货凭证上是否载有单价或总价、合计等涉及价款的内容。

12. 运至施工现场的剪刀撑应保证外观清洁，费用已含在固定单价中。

13. 向甲方提供施工人员名单及特殊工种的上岗证复印件（加盖单位公章）。

14. 负责对进入现场人员进行安全交底，承担乙方人员不遵守甲方现场安全管理规定造成安全事故的全部责任。

15. 保障甲方免于承担因乙方过失、失误造成的任何人员伤亡、财产损失的全部责任和索赔，另外还应保障甲方免于承担与此有关的一切索赔、诉讼、损害赔偿、抚恤费和其他相关开支。

16. 严格遵守国家及地方政府以及甲方的各项规定，并遵守工地所在地（如街区、小区、场所）的各项管理规章制度。任何因违反相关规定、要求造成的事故、责任由乙方自行承担。

17. 负责修建加工棚及材料堆放等与本工程施工相关的施工设施及场地，以上必须符合甲方安全文明施工标准，费用已经包含在合同单价中。

18. 乙方现场负责人需按时参加甲方项目经理部组织的有关安全、质量、进度、文明施工等方面的各种会议、检查活动，不得无故缺席。若乙方代表临时有其他紧急事务无法出席，须指派全权代表参加。会议所做出的决议、事项，双方需共同恪守，严格遵照执行。

19. 做好施工记录，设置专职资料员（有上岗证），按工程资料管理规程及甲方的要求编制和整理属于承包范围内的工程技术资料，资料需独立组卷，按国家工程竣工验收有关规定，向甲方提供完整竣工资料_____套，并协助甲方完成此项资料的归档工作。

20. 有义务保管、维护施工范围现场临水、临电、临时消防设施。

21. 在进度计划表规定的时间内将产品运至施工现场指定地点，并负责本工程剪刀撑的保管工作。

22. 制作竣工资料，在施工过程中必须按甲方要求填报所有甲方要求及国家规定的工程技术及商务资料；设计单位、建设单位、甲方及其代表对文件、资料、材料、设备等的审批，并不能免除乙方的任何责任。

23. 乙方承担图纸及深化详图要求的全部剪刀撑加工制作运输及安装，乙方工作还应包括更改文件及图纸（包括补充图纸及更改）等所有有关本工程剪刀撑的文件、资料、图纸、标准、工艺做法及建设单位／甲方要求的全部工作内容，如所发资料前后存在异议，以日期居后的为准；图纸更改，甲方应及时通知乙方。

24. 乙方负责剪刀撑的加工详图设计工作，提供相应的剪刀撑构件加工详图（_____份），包括但不限于提供：剪刀撑构件加工制造图、节点图（节点编号要有索引，并且节点编号要反映在安装图上）、高强度螺栓定位图、焊缝详图，且各类节点图需在平面图中明确，并为其提供的加工详图的合理性、准确性和完备性负完全责任；因乙方设计详图错误造成的一切损失，均由乙方承担。

25. 按国家、行业、地方有关钢结构设计标准要求设计，出现不一致，执行较高标准。且建设单位、设计或甲方的审核并不能免除属于乙方的任何责任。

26. 乙方于加工前应提供中文版的加工制作详图及有关资料供建设单位、监理单位、设计方和甲方审批。

27. 负责施工中构件加工制作及安装问题的处理及承担其所发生的费用，并配合甲方做好施工中技术问题的处理。

28. 建设单位、监理、甲方随时有权对乙方的工作进行监督、检查、控制。乙方履约不力时，建设单位、甲方可另行发包该工程或由指定分包方完成。另行发包或指定分包的费用由建设单位、甲方确定，无须征求乙方意见，相关费用从合同价中扣除并追加索赔。

29. 乙方负责自身人员的人身保险、材料保险、自身设备保险。
30. 未经建设单位、甲方许可，乙方不得擅自更换材料、改变产品的标准。
31. 标准、施工图纸及监理审批的施工方案显示的或可合理推断的所有工作内容。

第七条　工期责任

1. 计划开工日期为＿＿＿＿年＿＿＿＿月＿＿＿＿日，计划完工日期为＿＿＿＿年＿＿＿＿月＿＿＿＿日，工期总日历天数为＿＿＿＿天。工期总日历天数与根据前述计划开工、完工日期计算的工期天数不一致的，以工期总日历天数为准。

2. 乙方按工程进度总控制进度计划编制乙方施工进度计划，按经甲方批准的施工进度计划及时组织施工。未按甲方要求施工，乙方承担违约责任。如由于乙方原因造成工期延误（包括因乙方原因造成其他分包方工期延误），每拖延一天，乙方应向甲方交纳违约金＿＿＿＿元，并承担因此给甲方及其他第三方造成的一切损失。

3. 因甲方原因致使工期推迟，工期相应顺延。

4. 以上工期已经考虑下列因素：
（1）法定节假日、公休日或重大活动举办日期；
（2）不利的条件（不可抗力除外）；
（3）施工工序间不可避免的交叉作业影响。

5. 根据本工程总体工期考虑，甲方有权要求乙方优先完成分包工程的某部位的工作，在现场条件许可的情况下，乙方应尽量满足并遵从甲方要求，且不得延误剩余部分的工作。

第八条　工程质量

1. 分包工程质量应符合＿＿＿＿＿＿＿＿＿＿标准，并达到总包合同约定的分包工程的质量标准，本合同约定质量标准与总包合同约定的质量标准不一致的，按照较严格的质量标准执行。

2. 乙方承诺工程质量满足上述要求，施工中须认真按本工程的技术标准要求，达到建设单位、甲方及监理单位要求。如未达到上述标准，甲方将按甲方与乙方结算总价的5%对乙方进行违约扣款。为达到上述标准，乙方采取各种措施的费用已包含于合同价中，不再增加任何费用。

3. 如果甲方的要求与中华人民共和国有关施工验收标准之间有不一致或差异，乙方应以标准较高者之要求执行。

第九条　标准与规范

1. 乙方作业应满足设计图纸，现行国家、地方、行业标准要求，包括但不限于：
（1）＿＿＿＿＿＿＿＿＿＿＿＿；
（2）＿＿＿＿＿＿＿＿＿＿＿＿；
（3）其他相关标准。

上述标准若有不一致或矛盾之处，按较为严格标准执行。

2. 技术要求与参数按建设单位、监理和甲方最终确认的施工方案执行。

第十条　安全施工及文明施工

1. 乙方承诺在施工过程中，严格遵照国家和上级有关部门下发的有关安全生产的方针、政策、法规、规定及其他文件、甲方的相关规定中之安全管理体系和本项目各阶段安全生产、文明施工设计方案，建立安全生产保障体系并经甲方审批，按＿＿＿＿＿＿＿＿市规定，配置专职安全管理人员，以确保完善该安全体系，如在乙方承包范围内，由于乙方安全意识不到位、安全措施不及时、不力等，造成人员伤亡事故，不论事故伤（死）者是乙方自有工人还是其他分包方，均认为是乙方的责任，该责任均由乙方承担，甲方并将向乙方索赔所有的经济上及工期上的损失。

2. 乙方承诺在施工过程中遵守有关施工作业时间、安全文明施工、环境管理等方面的规定，凡因违反政府有关规定造成的所有责任，均由乙方承担。

3. 乙方承诺在施工过程中遵守有关消防、交通安全、社会治安等的规定，凡因违反政府有关规定造成的所有责任，均由乙方承担。

4. 本工程安全、环保标准为：无安全事故；环保达标。乙方承诺保证安全、环保标准满足上述要求，施工中须认真按甲方及相关政府部门的标准，达到建设单位、甲方及监理单位要求；如有一项目标未达到上述的安全、环保标准，甲方将按乙方结算总价的3%对乙方进行罚款。为达到上述标准，乙方采取各种措施的费用已包含于合同价中，不再增加任何费用。

第十一条　付款条件

1. 本合同项下费用均以人民币支付。

2. 月度付款前提：

（1）月度施工内容经甲方同意；

（2）施工进度在甲方的总控制计划之内；

（3）试验／复试报告证明所用材料合格或满足合同要求；

（4）经监理单位、建设单位、甲方验收合格（分项验收时）；

（5）随月进度提交了相关技术资料（试验报告、验收资料）。

3. 付款方式。

（1）工程进度款支付方式和时间：工程款按进度支付，每月_____日乙方向甲方报送自上月_____至本月_____日完成工程量。甲方在_____日内审核无误后于次月的_____—_____日按乙方已完成且经检验合格后工程量的_____%支付工程进度款。工程保留金为_____%，待乙方工程完成并通过甲方、监理及建设单位验收合格_____天内支付至审核工程量的_____%，在甲方地下室结构工程完成并通过甲方、监理及建设单位验收合格后_____天内支付至审核工程量的_____%，余款作为保修金，待保修期满后_____天内无息支付。

（2）每次付款乙方需提供符合甲方要求的正规发票。

第十二条　设计、制造进度及期限

1. 乙方应严格遵守建设单位、监理、甲方确定的剪刀撑加工详图、加工制作时间表。

2. 建设单位、甲方若要求变更剪刀撑规格或设计，应以书面方式通知乙方，乙方收到建设单位、甲方的书面通知后必须立即进行相应的变更并确保满足建设单位、甲方的要求。但乙方可在收到建设单位、甲方书面通知后7日内视增减工时和材料调整交货期限报甲方批准，甲方应在收到建设单位审批意见后7日内批复。

3. 除不可抗力因素及建设单位、甲方未尽本合同责任之情形外，因乙方未按进度计划表的要求完成工作而造成工期延误，按相应条款执行。

4. 在乙方的工作满足建设单位、甲方的要求后，建设单位和甲方应及时付款以保证乙方能够按时供货。

第十三条　封装和清点

1. 剪刀撑制造完毕，经建设单位、监理、甲方三方驻厂代表验收后方能装车起运，乙方应在货物运抵施工现场前7日前通知甲方，以便甲方准备（如准备道路，堆放场地等）。

2. 货物到达施工现场后，建设单位、监理、甲方应立即组织验收，如因质量和数量上的原因导致验收不能通过，乙方应无条件更换或补足，所发生的一切费用由乙方承担，且须赔偿由此给建设单位、甲方造成的损失。建设单位、甲方对货物质量的检验并不意味着对货物质量的最终认可。

3. 乙方应负责提供货物清单，所需费用已包含在合同总价内；且现场仓储量需至少满足甲方现场7日的吊装量。

第十四条　产品检验

1. 加工制造完毕运输前，乙方应提前一周安排建设单位、监理和甲方人员到乙方工厂进行交货发运前检验，未经建设单位、甲方人员的确认或检验通过，乙方不得发运。

2. 如在工厂或工地验收过程中，甲方发现货物的质量、规格、性能与合同不符合，乙方必须按甲方要求退换或修复，且进场构件发生质量问题须返修的，由乙方负责维修或由甲方指定厂家进行维修，所发生的一切费用及损失均由乙方承担，保证所供货物达到合同要求，并且不能影响施工进度，如有延误，按相应条款执行。

3. 乙方负责构件在出厂前的拼装检验工作，以及各种试验检验工作，并做好记录。

4. 乙方负责提供制作中的各项技术资料（包括产品质量证明书等）。

第十五条　乙方声明和保证

乙方对产品质量做出下列声明及保证：

1. 乙方对产品的质量保证期按《房屋建筑工程质量保修办法》及相关规定执行，在此期间内，如产品在正常操作和正常使用的情况下出现材料质量问题，乙方应免费提供维修或更换服务，并承担相应责任（包括法律责任和经济责任）。在质保期内，乙方在接到甲方要求提供维修服务的通知4个日历天内，需派专人到现场处理质量问题。如乙方在接到甲方通知后4个日历天内未派人处理，则甲方可委托他人处理，费用由乙方承担。如非乙方材料本身质量缘故造成的损失，乙方不承担维修更换费用。

2. 乙方提供质检验收所必须的有关加工详图设计、制作的文件、资料和图纸。

3. 乙方提供的所有剪刀撑及所有辅料能满足相关技术标准要求。

4. 本工程之剪刀撑必须在经建设单位、监理、甲方考察的加工厂加工制作，不允许在上述加工厂以外的加工厂进行加工制作，且不允许转包。

第十六条 技术资料和单据

1. 乙方应在产品送达工地时随车将下列技术资料交给甲方：

（1）产品加工图_____份。

（2）提供剪刀撑安装指导书。

（3）提供剪刀撑制造的技术资料原件_____套，包括但不限于：制造检查、试验（摩擦系数）、高强度螺栓（轴力）、预拼装等。

（4）以上未列而甲方认为必要的合理的其他资料。

2. 乙方应在产品运出后，把下列单据交给甲方。

（1）税务发票，内容注明本合同编号、项目名称等。

（2）交货清单一式_____份。

（3）制造厂签发的质量证明书。

（4）上述未列而甲方认为必要的合理的其他单据。

第十七条 竣工验收及竣工结算

1. 在分包工程具备验收条件后，乙方向甲方提供其施工区域内完整的施工资料，按甲方要求配合甲方进行验收工作。

2. 甲方在收到乙方提交的完工报告之日起_____日内通知建设单位验收，乙方应该配合甲方会同建设单位进行验收。验收不能通过的，乙方应负责修复相应缺陷并承担相应的质量责任。

3. 分包工程竣工验收通过，分包工程竣工日期为乙方提供竣工验收报告的日期。需要修复的，实际竣工日期为修复后提交竣工报告的日期。

第十八条 工程保修

本工程保修期为_____年，自总包工程竣工交付使用日或总包工程认定的保修期限起算日起算，具体按照甲方与建设单位签订的合同中约定的期限执行，且保修服务期满后，并不免除其自身施工质量责任。

第十九条 施工保障

1. 人员保障

（1）管理人员：乙方委派的现场项目经理及其主要管理人员必须有承担类似工程的工作经验；乙方任命的主要管理人员需得到甲方认可，在合同履约过程中，乙方无权更换，如因特殊原因需更换上述人员，须事先向甲方提出申请并提交拟任命的管理人员的详细资料，经甲方审查批准后方可更换，否则将被视为违约。擅自更换管理人员，每人次违约扣款_____元；如果在履约过程中，甲方认为乙方的管理人员不能胜任其工作，则有权要求乙方更换，乙方应在5日内提交拟更换的管理人员的详细资料，经甲方批准后更换。如乙方在5日内未提出新的人选，或两次提出的人选都不能令甲方满意，将被视为乙方违约，甲方有权终止合同，按违约条款处理。在施工中，乙方必须服从甲方管理，甲方保留更换分包队伍的权利。

（2）操作人员：现场操作人员应该具备一定的施工经验，能正确并按时执行其任务。未经甲方批准，擅自减少项目施工管理人员，将处以每人次_____元的违约扣款。

2. 资源保障

（1）应配置足以满足工程进度、质量的设备、机具、工具、物资、材料、器材、设施等。若乙方在上述资源配置上满足不了现场施工生产需要，应无条件增加配置，并且不得以此为借口，向甲方索要任何额外费用。

（2）乙方不服从甲方要求增加资源的指示，甲方有权自行组织相应资源，所发生的费用从乙方合同价中扣除。

（3）乙方自备包括但不限于磁力钻、电焊机等中小型机械及随机所用的电焊把线、电线和配件。乙方自备所有防护用品及劳动保护用品，包括但不限于安全帽、安全带、绝缘手套等。

3. 乙方应保障甲方免于承担下述有关的全部损失和索赔：

（1）任何乙方过失造成的人员伤亡；

（2）任何乙方原因造成的财产损失；

（3）任何因乙方与其他单位的经济、法律纠纷。

上述事件系在工程实施期间以及修补缺陷过程中引起或发生的，乙方应保障甲方免除为此及与此有关的一切索赔、诉讼、损害赔偿、诉讼费和其他开支。

第二十条　不可抗力

1. 甲乙双方中任何一方，由于不可抗力事件而影响合同执行时，则延迟履行合同的期限，延迟的时间相当于事件所影响的时间，受事件影响一方应于事件发生后一周内将所发生的不可抗力事故的情况用书面方式通知对方，并在7日内递交有关证明文件给另一方确认。当不可抗力事故终止后，受事故影响的一方应于事故终止后7日内以书面方式通知对方，并以照片、有关文件资料证实。

2. 不可抗力指建设单位、甲、乙方都不可预见、不可避免、不能克服的超出一般防范能力的事件。此类事件的发生导致合同一方不可能履约。不可抗力事故包括仅限于：如战争、叛乱、暴动、火灾、自然灾害、禁运等。

3. 因不可抗力事件导致的费用及延误的工期按以下方法分别承担。

（1）下列费用由甲方支付给乙方：

① 工程本身的损害、因工程损害导致第三方人员伤亡和财产损失以及运至施工场地用于施工的材料和待安装的设备的损害；

② 停工期间，乙方应甲方要求留在施工场地的必要的管理人员及保卫人员的费用；

③ 分包工程所需清理、修复费用。

（2）乙方人员伤亡由自身负责，并承担相应费用。

（3）乙方机械设备损坏及停工损失，由乙方自行承担。

（4）延误的工期相应顺延。

4. 因合同一方迟延履行合同后发生不可抗力的，不能免除迟延履行方的相应责任。

第二十一条　合同文件组成与解释顺序

1. 补充协议书（若有）；

2. 本分包合同书；

3. 明确双方职责的会议纪要、往来函件；

4. 本合同所列标准、图集；

5. 图纸、洽商、变更、方案及指导书；

6. 相关标准及有关技术文件；

7. 试验报告。

组成合同的各项文件应互相解释，互为说明。除本合同另有约定外，解释合同文件的优先顺序应按照上述排列顺序确定。上述各项合同文件包括合同当事人就该项合同文件所做出的补充和修改，属于同一类内容的文件，应以最新签署的为准。在合同订立及履行过程中形成的与合同有关的文件均构成合同文件组成部分，并根据其性质确定优先解释顺序。

第二十二条　合同使用的语言文字及适用法律

1. 合同语言：本合同文件使用汉语，与合同有关的联络应使用汉语。

2. 适用法律法规：《中华人民共和国民法典》《中华人民共和国建筑法》《建设工程质量管理条例》《房屋建筑工程质量保修办法》，其他现行法律、法规和规范性文件（含＿＿＿＿＿＿省＿＿＿＿＿＿市地方性法规）。

第二十三条　违约责任

1. 若乙方提供的加工详图及设计图纸不符合合同的要求和期限，或所供货物质量（包括建筑物使用过程体现出的货物本身质量问题）或期限不符合合同要求，或安装质量不合格，或节点工期不符合合同及甲方要求，给甲方造成的工期延误和经济损失，均由乙方承担责任（包括法律责任和经济责任），且乙方应赔偿由此给甲方造成的损失。

2. 甲乙双方明确约定，对于在本合同项下产生的或与本合同相关的事宜产生的乙方对甲方拥有的债权，乙方承诺不将其转让给第三方，除非经过甲方的书面同意，方可转让，否则，乙方应在违约转让债权之日起5日内，按照违约转让债权总额的5%向甲方支付违约金，逾期支付并应承担违约付款责任。

第二十四条　争议解决

双方因履行本合同或因与本合同相关的事项发生争议的，应通过协商方式解决，协商不成的，应首先提交＿＿＿＿＿＿

调解中心进行调解，调解不成的，一方有权按照下列第_____项约定方式解决争议：

（1）向_____仲裁委员会申请仲裁；

（2）向_____人民法院提起诉讼。

第二十五条 未尽事宜

本合同在执行中若有未尽事宜，双方经友好协商以补充协议、会议纪要、谈判记录等形式约定。

第二十六条 其他约定

1. 本合同经甲、乙双方签字及盖章后生效。双方的所有责任和义务履行完毕，本合同终止。

2. 双方承诺不将本合同成交价格透露给任何第三方。

3. 本合同所述之内容与条款只限于_____市_____工程使用，乙方不得将本合同内容细节透露给任何第三方。

4. 本合同一式_____份，均具有同等法律效力，甲方执_____份，乙方执_____份。

（以下无正文）

甲方：（公章）   乙方：（公章）

法定代表人或其委托代理人：   法定代表人或其委托代理人：
（签字）   （签字）

统一社会信用代码：_____   统一社会信用代码：_____
地址：_____   地址：_____
电话：_____   电话：_____
电子信箱：_____   电子信箱：_____
开户银行：_____   开户银行：_____
账号：_____   账号：_____

第五章　桩基础工程

水泥粉煤灰碎石桩（CFG 桩）施工分包合同

合同编号：

工程名称：_____

工程地址：_____

甲　　方：_____

乙　　方：_____

_____年_____月_____日

_____工程水泥粉煤灰碎石桩（CFG 桩）施工分包合同

甲方（承包方）：_____
乙方（分包方）：_____

根据《中华人民共和国民法典》《中华人民共和国建筑法》《建设工程质量管理条例》及其他有关法律、行政法规，遵循平等、自愿、公平和诚实信用的原则，甲方将_____工程中的水泥粉煤灰碎石桩（CFG 桩）施工委托给乙方完成，双方就相关事宜达成如下协议：

第一条　工程概况

1. 工程名称：_____；
2. 工程地点：_____。

第二条　分包范围

1. CFG 桩成孔、土方清理至坑外指定地点（场内运输）、混凝土浇筑等（混凝土甲供）。
2. 截桩头并外运至政府指定地点消纳、桩间土开挖外运至现场指定地点（含人工清槽）、褥垫层回填、分层压实施工，详见土方施工界面划分图（本书略）。
3. 甲方有权将本合同施工区域外的施工内容指令乙方完成，乙方需积极配合。
4. 甲方有权根据现场施工情况及乙方履约能力在施工期间重新界定本合同施工区域，乙方不得因施工区域的变化要求甲方调整合同单价或对甲方提出任何索赔要求。
5. 乙方不得以任何形式转包、分包本合同工程。

第三条　承包方式

包工包甲供材料以外的所有材料。

第四条　乙方基本工作内容

完成根据工程设计图纸、岩土工程勘察报告、建筑技术说明书、施工方案、技术标准可合理推断出的为完成本合同工作内容所需进行的一切工作，包括但不限于：

1. 接受并接管现场现状及遗留问题，在工程履约过程中，乙方不得以此为借口索赔费用及工期等。
2. 施工区域场地清理、场地平整、桩位测量定位放线等。
3. 桩成孔、成孔土方运至场内指定地点、浇筑混凝土、桩间土开挖外运至政府指定消纳地点、截桩头并外运至政府指定消纳地点、清槽清渣、回填褥垫层。
4. 配合甲方进行和完成承包范围内甲方、有关政府部门或单位要求的各种试验，包括混凝土试块、基坑检测、监测，基础桩静载力、小应变等。该等试验由甲方单独委托具备相应资质的单位进行，乙方负责上述试验的埋点、必要埋件的提供、混凝土取样、制作、养护、取送等所有配合工作。
5. 根据甲方确认的布设方案，乙方自行布设自施范围内的临水临电（必须满足现场安全文明施工的标准要求以及工程施工的需要），费用由乙方自行承担。
6. 按照甲方的要求及安全文明施工方案进行安全文明施工的相关工作，如果乙方未能按要求进行安全文明施工的相关工作，则甲方另行指令其他分包方完成，另行分包费用将从乙方工程款中扣除。
7. 对暗浜区域的施工提出针对性的技术措施及施工方案，经甲方审批后执行，乙方报价时已综合考虑此部分施工难度。
8. 按业主、监理、甲方及有关标准要求及时提供完整的技术资料及竣工资料。
9. 提供完成合同工作内容所必需的机械设备、工具、机具、材料以及个人安全防护用品。
10. 提供满足质量、工期、安全要求的施工作业人员与管理人员。
11. 负责本合同范围内其所实施工程的保修工作。

第五条　价款与计量

1. 本合同暂估价款为：（人民币）_____元（大写：_____）。

工程量清单详见附件 2。

2. 本合同为固定单价合同，除商品混凝土外，乙方负责为履行完合同工作内容、达到验收标准所发生的一切材料费、人工费、机械费、劳保费、食宿费、交通费、行政事业收费、政府税费等；任何因人工费、机械运输费、取费的变动或政府及行业主管部门红头文件的颁发而引起的乙方的实际支出的增减，均视为乙方已经事先充分估计并已经列入合同单价之中。合同签字盖章生效后，不作任何调整。

3. 对单价的说明。

本合同单价已综合考虑并包括了本合同显示的乙方的所有工作、职责、责任和义务，包括但不限于以下内容：

（1）完成本合同所需一切机械、设备、机具、配件、材料以及人工；

（2）甲供材料的超耗增加费；

（3）发电机及燃油费，如甲方提供水电，单价中发电机发电费用直接从综合单价中扣除；

（4）大面积施工与局部分块施工之间的各种差异造成的费用增加；

（5）分阶段、分断面、分区段施工造成的费用增加；

（6）特殊部位施工难度增加造成的费用增加；

（7）试桩及试验类桩特殊要求所带来的施工难度的增加造成的费用增加；

（8）本综合单价已经包括空钻部分的施工费用；

（9）综合单价包含满足甲方及业主要求的安全文明施工工作所需费用；

（10）为完成本合同工作内容所必须进行的地面及地面以下 3m 以内障碍物清除及管线处理造成的费用增加；

（11）扰民和民扰对现场施工造成的影响及乙方自身原因引起的扰民或民扰调停费；

（12）与其他分包方同一时间施工对施工造成的影响；

（13）施工现场交叉作业造成的窝工及工期延长；

（14）冬（雨）期施工增加的措施费；

（15）施工机械进退场费；

（16）施工人员个人安全防护用品费用；

（17）各项技术措施费、赶工措施费、节假日加班费、检验试验费、人员设备保险费；

（18）按甲方要求提供技术资料及竣工资料所需费用；

（19）完成合同内测量放线、试验配合、竣工清理所需费用；

（20）食宿交通费；

（21）成品保护费；

（22）与其他分包方（包含甲方指定的分包方、业主及乙方自己的分包方）的配合照管费；

（23）现场管理费、企业管理费、利润；

（24）应该缴纳给政府有关部门的各项税费。

4. 附件 2 中工程量为暂定，并不作为结算依据，双方根据本条第 5 款的计量原则进行结算。

5. 工程量计量原则：根据施工图纸、施工方案及现行国家标准的计量原则计算工程量。

第六条　付款

1. 本工程无预付款。

2. 月度付款前提：

（1）月度施工内容经甲方同意；

（2）施工进度在甲方的总控制计划之内；

（3）试验／复试报告证明所用材料合格或满足合同要求；

（4）经监理单位、业主、甲方验收合格（分项验收时）；

（5）随月进度提交了相关技术资料（试验报告、验收资料）。

3. 付款程序和额度：

（1）乙方负责于每月＿＿＿＿＿＿＿日向甲方递交当月（上月＿＿＿＿＿＿＿日到本月＿＿＿＿＿＿＿日）经验收合格的已完工作量的付款申请及甲方各部门会签完毕的"分包工程款支付会签单"，甲方收到上述文件并予审核后于次月＿＿＿＿＿＿＿—＿＿＿＿＿＿＿日付款，付款比例为＿＿＿＿＿＿＿%，保留金为＿＿＿＿＿＿＿%。保留金作为工期、质量、安全文明施工、资料等的保证金，在甲方、业主及监理出具合格验收报告，双方办理完结算手续后_____个月内支付至结算金额的_____%，剩余_____% 在办理完结算手续一年内付清。每次付款前乙方需提供合法发票，并应当按月考核农民工工作量，编制工资支付表，经农民工本人签字确认后，与当月工程进度等情况一并交甲方。甲方根据乙方编制的工资支付表，将进度款中的农民工工资直接支付至农民工工资专用账户。

（2）乙方确认，其每月农民工及管理人员工资总额不会超过该月完成工程量价款的_____%，因此甲方的进度款支付比例足够乙方按照政府规定支付施工人员全部工资。

（3）甲方每月最多支付1次工程款。

（4）甲方已确认的变更洽商及签证费用在工程结算时随结算工程款支付，不进行月度付款。

第七条 甲供资源、材料

1. 施工图纸一套。

2. 商品混凝土。

3. 基坑外临水临电设施，包括现场一级电箱、水源接驳点、现场周边的镝灯照明以及基坑周边的防护围挡。

4. 临建：现场厕所以及临时围挡、大门、道路、警卫室、试验室、制度牌等由甲方建造。

5. 测量：提供工程定位、轴线控制点及水准点。

6. 试验：负责试验室的建造，承担试验费（含第三方见证试验）。

7. 监测及检测：静荷载试验、低应变动测等工作由甲方提供预埋管线并聘请专业监测及检测单位负责相关指导工作，由乙方负责进行埋点布设及相关管线预埋和安装等相关配合工作。

8. 甲方提供给乙方使用的机具机械材料等，双方指定专职的材料员验收，乙方从甲方领用。乙方退场时应将除实体性消耗材料以外的甲供材料、机具、机械清理后完好地返还甲方，丢失及损坏部分，均由乙方承担赔偿费用。

9. 甲供材料结算原则：混凝土按合同约定计算工程量，规定混凝土充盈系数（含损耗）为_____，超出部分由乙方承担。

10. 双方工作界面划分表见附件1。

第八条 工期要求

1. 施工范围内施工工期规定如下：

（1）1号楼自甲方通知起算_____日历天；

（2）2号楼自甲方通知起算_____日历天；

（3）3号楼自甲方通知起算_____日历天；

（4）4号楼自甲方通知起算_____日历天。

乙方需按工程进度总控制进度计划编制乙方施工进度计划，按经甲方批准的施工进度计划及时组织施工。未按甲方要求施工，乙方承担违约责任。如由于乙方原因造成工期延误（包括由于乙方原因造成其他分包方工期延误的），甲方有权对乙方进行处罚，具体处罚措施见相关条款约定，且乙方应承担因此给甲方及其他第三方造成的一切损失。

2. 以上工期已经考虑下列因素：

（1）法定节假日或公休日；

（2）不利的条件（不可抗力除外）；

（3）与降水、土方等施工工序间不可避免的交叉作业影响。

3. 乙方须按甲方的总控进度计划施工，确保每周的工作均在甲方的总控进度计划内完成；如乙方不能按甲方总控制进度计划完成其工作，乙方须按甲方指令无偿追加现场使用的设备、人员投入，以满足甲方、业主的合理进度要求。如乙方追加现场使用的机械设备、人员后，仍然不能达到甲方、业主合理要求，甲方有权另行聘请其他分包方承建上述工程，乙方承担所有相关费用并支付违约金，违约金金额为合同总价的_____%。

4. 根据本工程总体工期考虑，甲方有权要求乙方优先完成分包工程的某部位的工作，在现场条件许可的情况下，乙方应尽量满足并遵从甲方要求，且不得延误剩余部分的工作。

5. 非甲方原因（不可抗力除外）造成工期延误，每拖延一天罚款_____元，且乙方应承担甲方一切相关损失。

第九条 质量要求

1. 质量验收等级：按照现行国家标准《建筑工程施工质量验收统一标准》GB 50300，一次性验收通过，合格率达到

100%。

2. 质量目标：该工程成为让业主满意的精品工程。乙方须保证工程质量满足上述要求，施工中须认真落实本工程有关现行国家标准要求，达到业主、监理及甲方要求。

3. 质量违约处罚：如乙方施工质量未达到上述标准，乙方必须返修整改以达到上述标准，返修费用全部由乙方承担，返修工期计入总工期考核；另外，乙方须按合同总价的5%向甲方支付质量违约金。

第十条 工期延误

1. 因以下任何一项原因造成乙方延误实施分包工程的，经甲方项目经理书面确认，分包工程的竣工时间相应延长：

（1）非分包单位造成工程延误，而且甲方根据总包合同已经从业主处获得与分包合同相关的竣工时间的延长；

（2）甲方未按约定时间提供开工条件、施工现场等造成的延误；

（3）甲方发出错误的指令或者延迟发出指令确认批准造成分包合同工程延误；

（4）不可抗力（有关定义见第十一条）等其他非分包原因造成分包工程的延误；

（5）甲方认可的其他可以谅解的工程延误。

2. 乙方在上述任一事件发生后的两天内，就延误的工期以书面的形式向总包单位提出报告。如果上述事件具有持续的影响，则分包单位应每隔两天发出一份报告，事件影响结束之日起＿＿＿＿天内提交最终报告给甲方商务部门，甲方在收到报告后＿＿＿＿天内就报告内容予以答复或提出修改意见。

第十一条 不可抗力

1. 不可抗力指业主、甲方、乙方都不可预见、不可避免、不能克服的超出一般防范能力的事件，此类事件的发生导致合同一方不可能履约。不可抗力包括：

（1）地震、洪水、海啸、飓风、台风、剧烈雷击等天灾以及恶劣气候（气象资料以中央气象台记录为准）；

（2）战争、敌对行动（无论是否宣战）；

（3）叛乱、暴动、军事政变、内战；

（4）暴乱、骚乱、游行示威或混乱（乙方自身及相关联的人员内部因从事本工程而发生的事件除外）；

（5）空中飞行物体坠落；

（6）声速或超声速飞行物或装置产生的压力波；

（7）国家重大庆典、国外政府首脑或国际政要到访、全国人大或政协会议、全国党代会等重大政治事件要求停工或进行各项管制而影响到工期；

（8）由于法律法规的变更或后续颁布的法律法规导致本合同不合法。

2. 不可抗力事件发生后，乙方应立即通知甲方，并在力所能及的条件下迅速采取措施，尽量减少损失，并根据总包合同的约定处理。不可抗力事件结束后48小时内乙方向甲方通报受害情况和损失情况，及预计清理和修复的费用。不可抗力事件持续发生，乙方应每隔3天向甲方报告一次受害情况。不可抗力事件结束后7天内，乙方向甲方提交清理和修复费用的正式报告及有关资料。

3. 因不可抗力事件导致的费用及延误的工期按以下方法分别承担。

（1）下列费用由甲方向业主索要后支付给乙方：

① 工程本身的损害、因工程损害导致第三方人员伤亡和财产损失以及运至施工场地用于施工的材料和待安装的设备的损害；

② 停工期间，乙方应甲方要求留在施工场地的必要的管理人员及保卫人员的费用；

③ 分包工程所需清理、修复费用。

（2）乙方人员伤亡自行负责，并承担相应费用。

（3）乙方机械设备损坏及停工损失，由乙方自行承担。

（4）延误的工期相应顺延。

4. 因合同一方迟延履行合同后发生不可抗力的，不能免除迟延履行方的相应责任。

第十二条 变更与变更计价

1. 如果甲方认为有必要对分包工程或其中的任何部分的形式、质量、数量做出变更或调整，甲方有权指示乙方进行以下任何工作，乙方应遵照执行。该指示应该包括来自业主、设计、监理单位的设计变更、洽商、指示等。

（1）增加或减少合同中已经包含的工作量；
（2）改变工程做法、材料；
（3）改变分包工程任何部位的标高、位置或尺寸；
（4）改变施工顺序或时间安排；
（5）为确保工程质量和工程竣工而必需的任何附加的工作。

2. 上述变更指令发出后，双方应继续履行本合同，本分包合同不能因以上变更而失效或者作废。因变更而导致合同价款发生变化，则按相应条款规定调整。

3. 如果上述变更是因为乙方违约或分包自身原因导致甲方不得不发出变更指令，则任何此类变更后增加的费用由乙方自行承担。

4. 乙方没有任何权利对合同工作内容提出变更，更不得在施工中擅自改变材料做法、进行未经甲方许可的施工作业。

5. 如果变更仅仅造成工程量增减，而单价不变，仍按原合同单价执行。

6. 如果合同中没有适用于变更工作的价格，则双方协商一个合理的市场价格。

第十三条　施工图和施工方案

1. 甲方将于本分包工程开工前 7 天向乙方提供一套施工图纸。

2. 协助甲方审查本工程图纸和技术说明中可能存在的任何缺陷、疏漏和不足是乙方的合同责任和义务，乙方应在甲方提供图纸后 3 天内将其认为相关图纸（包括工程标准和技术说明）中可能存在的任何缺陷、疏漏或不足以书面方式报告甲方，乙方可以在此书面报告中附上关于弥补或修改此类缺陷、疏漏、不足的建议或方案，以及按此建议或方案实施对合同价格的影响。如果乙方迟于上述期限提出图纸的缺陷、疏漏或不足，则在本分包工程的施工过程中，乙方只能提出技术变更，必须按甲方批准或指示的变更实施，且将不会得到任何费用的补偿和工期顺延的许可。

3. 乙方进场前需向甲方提供完整施工图（包括按甲方要求需完成的深化设计图）和施工方案，其中应包括以下内容：
（1）本工程施工依据的现行国家标准及其他相关规定；
（2）采取的主要施工方法、工艺流程；
（3）根据工期要求和现场情况为每阶段施工安排的机具型号／数量；
（4）拟安排在每一施工阶段、区段现场作业人员、管理人员的数量；
（5）乙方现场管理人员组织结构和隶属关系及通信方式；
（6）进度计划；
（7）需要甲方配合的事项和最迟解决完成时间；
（8）各项保证工期、质量、安全的措施以及冬（雨）期施工措施，此费用已包含在本合同价款中，不另计取。

4. 乙方须按业主、监理和甲方最终确认的施工图和施工方案进行施工，但业主、监理和甲方的确认并不免除乙方承担因设计图、方案缺陷、错误所导致各种后果的一切相关责任。

第十四条　技术质量要求

1. 乙方应严格按照本合约和相关标准进行施工作业，确保施工质量满足相关标准和设计要求。

2. 乙方应选派业务水平较高、经验丰富的专业施工技术人员和操作人员在本工程施工。

3. 乙方提供的材料应严格确保其质量合格，满足标准、方案的要求。禁止提供假冒伪劣产品。

4. 施工作业人员需持有有效且符合当地政府规定要求的上岗证，并提供加盖单位公章的复印件，报甲方备案。

5. 标准

施工作业应满足下列现行国家、地方、行业标准和权威手册等的要求：
（1）《建筑地基处理技术规范》JGJ 79；
（2）《建筑基坑支护技术规程》JGJ 120；
（3）《建筑地基基础设计规范》GB 50007；
（4）《混凝土结构设计规范》GB 50010；
（5）《建筑工程施工质量验收统一标准》GB 50300；
（6）《建筑施工安全检查标准》JGJ 59；
（7）《施工现场临时用电安全技术规范》JGJ 46；

（8）《建设工程施工现场供用电安全规范》GB 50194；

（9）《建筑工程资料管理规程》JGJ/T 185；

（10）《建筑边坡工程技术规范》GB 50330；

（11）《建筑桩基技术规范》JGJ 94；

（12）其他相关标准；

（13）国家、地方、行业后续颁布的标准及甲方发布的图纸。

上述标准若有不一致或矛盾或新出台之处，按较为严格以及较新标准执行。

6. 技术要求与参数：按业主、监理和甲方最终确认的并经专家论证的施工方案执行。

第十五条 文物和地下障碍物

1. 正式施工前，甲方向乙方转交由业主方提供的地质勘察报告复印件一份，以供乙方施工参考。甲方不对此类资料的准确性负责，对此乙方不得表示任何异议。

2. 在施工中遇到下列情况乙方应立即停止施工，甲方应立即保护好现场：

（1）古墓、古建筑遗址、历史文物；

（2）化石或其他有考古、地质研究等价值的物品；

（3）被怀疑为有危险的爆炸物，如残旧的炸弹、手榴弹、炮弹、地雷等；

（4）走向不明的管线、管沟、防空洞。

3. 若能明显判断和怀疑为文物，甲方于 4 小时内以书面形式通知建设单位，由其收到书面通知后报告当地文物管理部门。甲方按文物管理部门的要求采取妥善保护措施，乙方按文物管理部门的要求配合发掘工作，费用由乙方与建设单位自行商议。

4. 若被怀疑为有危险的爆炸物或不明物体，乙方应立即停止施工并立即报告甲方，甲方立即报告给公安机关。甲方按公安机关的要求采取妥善保护措施，由公安机关处置。若乙方疏忽大意未能及时发现或发现后继续施工未及时报告或自行处置，造成一切后果和责任由乙方自行承担。

5. 乙方发现文物或化石后隐瞒不报，致使文物化石遭受破坏或遭哄抢、私分，由乙方依法承担相应责任。

6. 发现不明管线、防空洞等，乙方应立即停止施工并向甲方报告，待政府市政管理部门调查处理，明确为废弃物后方可继续施工，相关处理费用在合同价款中已经综合考虑。若需采取一定的保护措施或需要全部或部分继续留存的，则待甲方与建设单位或其他单位协商后处理。

7. 上述事件处理过程中，甲方应加强警卫，做好现场安全保卫工作，防止不法人员或无关人员进入现场。

第十六条 机械设备、材料管理

1. 计划管理

（1）所有物资、机械设备须经过甲方书面同意后方能进退场。

（2）进场的物资材料、机械设备应满足甲方制定的月计划、周计划施工进度要求。

（3）所有材料进场前，乙方需提供相应的合格证、生产许可证、出厂证明、复试报告等合法资料，否则不得进场。

（4）物资、材料的进场后的申报程序执行_____省_____市的有关规定和要求。

（5）所有进退场材料物资、机械设备应提前 12 小时向甲方申报物资进退场计划，经甲方相关人员签字同意后，由乙方向甲方申请填制生产要素出入许可证，报至甲方相应部门确认后，方可组织物资进退场；否则严禁进退场。

（6）生产要素出入许可证（一式四份），需明确进出场时间、车号、物资名称、进出场理由及乙方负责人签名。

2. 仓储管理

（1）由乙方自行负责对材料、机械设备加以妥善保管，防止人为破坏、偷盗以及不利自然条件的侵蚀，费用自理。如果乙方未采取适当的保管保护措施，造成的一切损失将由乙方自行承担。

（2）进场物资堆放地点必须经过甲方批准，服从甲方的统筹安排。

（3）现场物资堆放、标识等须符合甲方的有关管理规定。

第十七条 现场及人员管理

1. 乙方应遵守国家、行业、地方以及甲方有关现场安全文明施工的各项管理规定，在设施的投入、现场的布置等各方面严格按照甲方的规定执行，并符合甲方的 CI（企业形象标识）要求。

2. 乙方进入现场的施工人员必须持有符合地方政府要求的上岗证书，现场施工人员必须统一佩戴安全帽及胸卡，施工人员须持证进出现场。

3. 现场不允许出现宣传乙方单位的标识、标语。

4. 乙方所有现场施工人员需持有_____市政府指定卫生防疫部门核发的健康证，非_____市户籍人员需持有_____市有关政府部分核发的外来人员就业证、_____市公安局下属驻地派出所办理的暂住证。乙方承担上述证件不齐而造成的责任，因此给甲方造成的损失由乙方承担，办理证件所需费用乙方自理。

5. 乙方应该采取一切合理的措施防止其人员实施违法或妨害社会治安和公共安全的行为，并有完全的责任和义务保护周围其他人员和财产免受上述行为的危害，由此造成的一切后果由乙方负责。

6. 严格遵守有关消防、保卫、交通安全、环卫、社会治安方面的规定。凡是由于乙方对上述要求贯彻执行不得力而造成的一切事故、灾害，其经济及法律责任由乙方独自承担。由此造成甲方的损失由乙方赔偿，此外甲方有权对其进行处罚。

第十八条 甲方一般职责

1. 甲方驻现场代表（项目经理）为_____，项目经理代表甲方全面履行合同各项职责。

2. 甲方其他主要管理人员

技术负责人：_____；

生产负责人：_____；

商务负责人：_____。

3. 负责协调乙方与现场其他分包方、施工工序之间的关系。

4. 及时向乙方提供施工所需指令、指示、洽商等相关施工文件。

5. 当甲方对工程材料、质量发生怀疑时，有权随时进行抽查。

6. 如果乙方在工程质量、进度、安全、现场管理等方面满足不了甲方、监理、业主任何一方的合理要求，甲方有权将分包合同范围的工作指定给其他单位完成，所发生的分包费用、劳务费、材料费等费用从分包款中扣除，对此乙方不得有任何异议。

7. 协调解决乙方现场的材料堆放及库存场所。

8. 负责基坑外临水临电设施，包括现场一级电箱、水源接驳点、现场周边的镝灯照明以及基坑周边的防护围挡。乙方根据甲方现场临水临电管线的布设，在得到甲方批准的情况下，根据施工需要，自行提供除一级电箱以外的电箱、电缆、接水管等，将施工水电接引至施工地点。施工水电费用由甲方承担，乙方应厉行节约。甲方有权随时抽查监督乙方用水用电行为，若发现有浪费或不良使用行为，甲方有权重罚，并禁止乙方使用甲方提供的水电资源。

9. 提供工程定位、轴线控制点及水准点，乙方负责校核并承担除此以外的所有测量工作。

10. 负责进行工程常规试验及第三方见证试验，并承担费用（乙方需安排固定的专职试验员配合甲方完成其承包范围内所有按规定要求进行的材料的检验、试验工作并提供试验模具）。

11. 组织分部工程和工程竣工验收工作。

12. 提供施工现场公共部位、施工通道的照明，保证其通畅并负责其维护工作。

13. 在施工现场提供临时厕所设施，并负责定期清理。

14. 负责提供现场出入口的保卫工作，但乙方须自行看管好己方的机械设备及材料物资并配备消防设施。

15. 负责接洽政府有关部门对施工现场的检查，乙方应积极配合，因此造成乙方人员、机械等窝工损失由乙方自行承担。

16. 负责定期召开现场协调例会（乙方驻工地负责人必须准时参加，并服从于会议决议以及甲方的协调管理。若乙方驻工地负责人无法正常参加，需事先向甲方项目经理请假，并指定全权代表参加）。

第十九条 乙方一般职责

1. 按合同约定及甲方要求的时间准时进场；严格按业主方、监理方及甲方审批后的试验方案组织施工。

2. 乙方驻现场代表：项目经理为_____；技术负责人为_____。

3. 自备施工所需机械设备、机具、工具及其他随身工具。

4. 自备符合标准要求的个人安全防护用品，如：安全帽、安全带、口罩等。

5. 向甲方提供单位资质等证明文件及施工人员名单（需经地方政府有关部门备案）及特殊工种的上岗证复印件（加盖单位公章）。

6. 服从甲方总体安排，在甲方指定地点自行布设其管理人员办公场地、加工棚、钢筋加工场地、库房、材料堆放等临时设施。

7. 施工中，不得碰撞、破坏基坑周围控制点。

8. 施工过程中，要随时检查坑槽（壁）和边坡的状态，发现问题及时向甲方汇报。

9. 提供满足_____省住建部门《建筑安装工程资料管理规程》和国家档案管理规定要求的分包工程竣工资料、技术资料；上述工作不限于技术资料的填写、收集、复制、归档、提交。

10. 负责己方施工范围的成品保护工作，并保证不损害其他施工方已完项目，如有损害乙方应自费予以修理。

11. 随时准备接受甲方对工程质量、安全、文明施工的检验、检查，并为检验、检查提供便利条件。

12. 每天向甲方汇报现场劳动力及机械设备配置情况，乙方配置的现场实际工作的劳动力及有效机械设备必须满足甲方现场需求，否则甲方有权更换劳动队伍或增加该区域的劳动力及机械设备，所发生费用从乙方工程款中扣除。

13. 在施工之前应先探明每根桩处是否有障碍物及市政管线，如有地坪以下3m以内障碍物，应负责清理并回填素土（不得含有块石和生活垃圾）分层夯实后施工，若有市政管线乙方应及时上报甲方，并同时呈报切实可行的解决方案，待业主、监理及甲方审批通过后实施。现场地坪以下3m以内障碍物清除及管线处理费用乙方在报价时已经综合考虑，不得向甲方进行任何形式的索赔。

14. 负责与其他分包方之间的配合照管工作，在施工安排上应充分考虑到本工程分包队伍多、交叉作业多及施工难度大的特点，确保本工程的工期及质量，并且不应以此为借口向甲方提出工期或经济等方面的任何索赔。

15. 制定并采取切实有效措施，防止自身材料、机具失窃等，防止工作面交叉引起的打架斗殴等事件，共创文明工地，保障甲方免于承担发生任何本款提及的不良事件而带来的任何损失和损害。

16. 保障甲方免于承担因乙方过失、失误造成的任何人员伤亡、财产损失的全部责任和索赔，另外还应保障甲方免于承担与此有关的一切索赔、诉讼、损害赔偿、抚恤费和其他相关开支。

17. 负责乙方施工区域的安全文明施工，做到工完场清，及时将己方施工区域的泥浆、渣土、施工垃圾运至施工现场内甲方指定地点，由甲方指定单位负责将垃圾渣土淤泥运输并消纳至_____市政府的指定地点。

18. 乙方现场负责人需按时参加甲方项目经理部组织的有关安全、质量、进度、文明施工等方面的各种会议、检查活动，不得无故缺席。若乙方代表临时有其他紧急事务无法出席，须指派全权代表参加。会议所做出的决议、事项，双方需共同恪守，严格遵照执行。

19. 未经甲方许可，不得私自在现场包括生活区私搭乱建临时用房。

20. 负责作业面的施工照明，自行从甲方提供的水电接驳点将水源、电源引至其施工作业地点，所需配件、电线等设备设施自备。合理使用甲方提供的水电资源，杜绝浪费。

21. 有义务保管、维护施工范围现场临水、临电、临时消防设施。

22. 在分包工程完工后，除非甲方同意，乙方必须按甲方要求拆除一切其搭设的临时设施（包括施工和生活设施），恢复原样。

23. 自行解决现场施工人员就餐问题，乙方人员必须在甲方指定的区域就餐，餐后及时清扫，保持区域卫生。

24. 乙方施工人员应在指定的区域使用卫生设施，注意保持卫生。

25. 未经甲方许可，不得擅自使用和拆改现场安全防护设施、脚手架、操作平台。否则，发生一切意外事故与责任由乙方独自承担。

26. 入场前需按甲方的要求提供法定代表人对相关人员的授权委托书，被授权人包括乙方在本工程的项目经理、技术人员、材料人员等。

27. 必须与使用的人员签订书面劳动合同，建立合法的劳动关系。在劳动合同中必须明确工资标准及支付形式、支付日期，不得以任何理由拖欠工人工资。

28. 严格执行_____市《外来人员管理规定》，做到合法用工，并及时办理暂住证、身份证、健康证、施工许可证等_____市相关规定要求的合法手续、证件。操作人员100%持证上岗，特殊工种100%持证上岗。所有的手续必须在进场时按项目劳务管理员、安全部的要求报项目备案。信号工必须严格按照操作规程指挥，不能违章指挥，否则承担相应的安全责任及事故引发的经济损失。

29. 按照_____市相关规定到施工所在的区（县）社会保险经办机构为其全部进入施工现场人员办理基本医疗保

险和工伤保险手续。相关费用已包含在分包合同价款中。

第二十条　检查与验收

1. 乙方应认真按照标准、试验方案要求以及甲方依据合同发出的指令施工，随时接受业主、监理及甲方的检查检验，并为检查检验提供便利条件。

2. 工程质量达不到约定标准的部分，甲方有权要求拆除和重新施工，直到符合约定标准。因乙方原因达不到约定标准，由乙方承担拆除和重新施工的费用，工期不予顺延。

3. 甲方的检查检验不应影响施工正常进行。如影响施工正常进行，检查检验不合格时，影响正常施工的费用由乙方承担。除此之外影响正常施工的发生的费用由甲方承担，相应顺延工期。

因甲方指令失误或其他非乙方原因发生的费用，由甲方承担。

第二十一条　竣工验收及竣工结算

1. 在分包工程具备验收条件后，乙方向甲方提供完整竣工资料及竣工验收报告，乙方应按甲方要求提供完整合格的竣工资料和竣工图各一式_____份。

2. 甲方在收到乙方提交的分包工程竣工验收报告之日起 3 日内通知业主验收，乙方应该配合甲方会同业主进行验收。验收不能通过，乙方应负责修复相应缺陷并承担相应的质量责任。

3. 分包工程竣工验收通过，分包工程竣工日期为乙方提供竣工验收报告的日期。需要修复的，通过竣工验收的实际竣工日期为修复后竣工报告的日期。

4. 乙方按时完成分包合同约定的所有工程内容，经甲方、设计单位、监理、业主四方验收，分包工程达到分包合同约定的质量标准，办理完成竣工工程移交手续，甲方在同业主办理完结算后的一个月内和乙方办理工程结算，按设计图纸显示及分包合同相关计量规则计算完成工作量，扣完乙方保修金及其他应扣款项后付清剩余款项（不计利息）。

5. 若乙方混凝土损耗超出合同约定的使用量，由乙方承担费用。

6. 延期支付的工程款项不计取利息。

第二十二条　工程保修

在总包工程竣工交付使用后，乙方应按国家有关规定对分包工程承担保修责任。具体保修责任按照乙方与甲方签订的质量保修书执行，保修期按照甲方与业主签订的合同中规定的期限执行，且保修服务期满后，并不免除乙方施工质量责任。

第二十三条　环保与职业安全

1. 本合同双方应共同遵守国家和地方有关的环境保护的法律、法规，努力营造绿色建筑。

2. 乙方在整个施工作业过程中满足甲方制定并经国家权威部门认证的 ISO 14001 环境管理体系、现行国际标准《职业健康安全管理体系要求及使用指南》ISO 45001 的要求，保证施工生产符合相关标准的要求。

3. 乙方进驻现场员工需接受经 ISO 14001 环境管理体系、现行国际标准《职业健康安全管理体系要求及使用指南》ISO 45001 认证的教育培训。

4. 乙方在运输材料（包括废料）、机具过程中应执行_____省_____市政府有关道路交通等的管理规定。

5. 乙方须采取有效措施，防止运输机械噪声超标或机械漏油污染环境。运输车辆要定期进行噪声检测，对于不符合要求的机械要及时采取必要的措施。

6. 车辆进入现场后禁止鸣笛。

第二十四条　合同文件组成与解释顺序

1. 补充协议书（若有）；

2. 本分包合同书；

3. 明确双方职责且经甲乙双方确认的会议纪要、往来函件；

4. 本合同所列标准、图集；

5. 图纸、洽商、变更、方案及指导书；

6. 有关技术文件；

7. 试验报告；

8. 甲方指令单（若有）。

第二十五条 违约

1. 合同双方任何一方不能全面履行本合同条款，均属违约；违约所造成的损失、后果、责任，概由违约方承担。
2. 除非双方协商终止本合同，违约方承担前述条违约责任、损失后仍需严格履行本合同。
3. 不允许非法转包本分包合同工程。
4. 甲乙双方明确约定，对于在本合同项下产生的或与本合同相关的事宜产生的乙方对甲方拥有的债权，乙方承诺不将其转让给第三方，除非经过甲方的书面同意；否则，乙方应在违约转让债权之日起 5 日内，按照违约转让债权总额的 5% 向甲方支付违约金，逾期支付应承担违约付款责任。

第二十六条 合同生效与终止

本合同自双方签字盖章之日起生效，技术资料齐全有效，履行完保修职责，保修期结束，本合同即告终止。

第二十七条 争议解决

双方因履行本合同或因与本合同相关的事项发生争议的，应通过协商方式解决，协商不成的，应首先提交_____调解中心进行调解，调解不成的，一方有权按照下列第_____项约定方式解决争议：

（1）向_____仲裁委员会申请仲裁；
（2）向_____人民法院提起诉讼。

第二十八条 未尽事宜

本合同在执行中若有未尽事宜，双方经友好协商以补充协议、会议纪要、谈判记录等形式约定。

第二十九条 其他约定

1. 双方承诺不将本合同成交价格透露给任何第三方。
2. 本合同所述之内容与条款只限于_____工程使用，乙方不得将本合同内容细节透露给任何第三方。
3. 本合同一式_____份，均具有同等法律效力，甲方执_____份，乙方执_____份。

（以下无正文）

甲方：（公章）   乙方：（公章）

法定代表人或其委托代理人：   法定代表人或其委托代理人：
（签字）   （签字）

统一社会信用代码：_____   统一社会信用代码：_____
地址：_____   地址：_____
电话：_____   电话：_____
电子信箱：_____   电子信箱：_____
开户银行：_____   开户银行：_____
账号：_____   账号：_____

附件 1

双方工作界面划分表

序号	工作内容	甲方工作（仅限于此）	乙方工作（包括但不限于此）
1	临建／临水临电	现场既有条件	1. 乙方临时设施的搭设、维护、拆除； 2. 负责乙方施工所需的支管、水嘴
2	测量	测量场地标高	配合并参与土方开挖标高测量，包括但不限于临时性的人员提供、为甲方测量人员提供安全的工作面、清除障碍
3	试验及检测	—	负责乙方材料和机械的检测及费用
4	冬（雨）期施工	—	1. 乙方冬（雨）期施工措施和物资； 2. 乙方人员雨季生活和生产的防护用品／设施
5	安全	负责临边防护	乙方人员安全防护用品／设施
6	消防	现场既有条件	乙方施工所需的临时消防设施
7	保卫	一般性的现场保卫	乙方自有设施的保卫
8	文明施工	现场既有条件	1. 乙方工作面及临时设施 CI 标志维护、打扫卫生； 2. 乙方提供材料、机具的覆盖和保护； 3. 施工降尘、降噪
9	政府／业主检查	—	乙方工作面、临时设施为迎接政府／业主检查做的一切工作，包括但不限于遮挡掩盖、倒运、现场清理和重新布置
10	资料	—	编制、报验／报审、整理过程资料和竣工资料

1. 在表中任意一项"工作内容"中，甲方的工作仅限于"甲方工作"中明示的工作，"乙方工作"中明示的工作和该项"工作内容"之下"甲方工作"和"乙方工作"中均未明示之工作均由乙方完成。
2. 如无特殊注明，表中所示"甲方工作"与"乙方工作"所需之所有人员、材料、设备和机械均由相应单位承担。

附件 2

工程量清单

序号	分部分项工程名称	数量	单位	综合单价	合价
1	CFG桩施工，包含成孔、灌注混凝土、成孔土方场内运输至指定地点，混凝土甲供				
1.1	发电机发电				
2	截桩头并外运至政府指定地点消纳				
3	桩间土开挖、人工清槽运场内指定地点				
4	300mm厚褥垫层回填、分层压实				
4.1	褥垫层回填				
5	专家论证				

乙方签字（盖章）：

高压旋喷桩施工分包合同

合同编号：

工程名称：_____
工程地址：_____
甲　方：_____
乙　方：_____

_____年_____月_____日

＿＿＿＿＿＿＿＿＿＿工程高压旋喷桩施工分包合同

甲方（承包方）：＿＿＿＿＿＿＿＿＿＿＿＿＿＿＿＿＿＿＿＿＿＿＿＿
乙方（分包方）：＿＿＿＿＿＿＿＿＿＿＿＿＿＿＿＿＿＿＿＿＿＿＿＿

根据《中华人民共和国民法典》《中华人民共和国建筑法》《建设工程质量管理条例》及其他有关法律、行政法规、遵循平等、自愿、公平和诚实信用的原则，甲方将＿＿＿＿＿＿＿＿＿＿＿＿＿＿＿工程高压旋喷桩施工委托给乙方完成，双方就相关事宜达成如下协议：

第一条　工程概况

1. 工程名称：＿＿＿＿＿＿＿＿＿＿＿＿＿＿＿＿＿＿＿＿＿＿＿＿＿＿＿＿＿＿＿＿。
2. 工程地点：＿＿＿＿＿＿＿＿＿＿＿＿＿＿＿＿＿＿＿＿＿＿＿＿＿＿＿＿＿＿＿＿。

第二条　承包范围

本工程高压旋喷桩灌注桩工程（共＿＿＿＿＿＿根，桩直径＿＿＿＿＿＿mm，桩长为＿＿＿＿＿＿m，有效桩长为＿＿＿＿＿＿m）的施工。

第三条　价款与说明

1. 合同暂定总价：＿＿＿＿＿＿元（大写：＿＿＿＿＿＿＿＿＿＿＿＿＿＿＿＿）。

序号	项目	直径	桩长度	暂定数量	单价	合价
1						
2						
3						

2. 合同价款的说明

（1）合同价款为固定综合单价。合同总价已包括了满足合同文件要求及所有相关的直接费及其他直接费，如人工费、主材费、辅助材料费、中小型机械费（包括机械进退场、钻机组装就位等费用）、雨期施工费、附件或配件及现场管理费、企业管理费、与其他分包方的配合及同前期工程衔接产生的费用、风险费、利润、税金、人工降效等从项目说明中可获知的任何合理的必不可少的费用。

（2）乙方进场前需向甲方提供完整详细的施工方案，保证该方案的可行性并能够获得监理、设计及业主单位的批准。如该方案与原方案不一致，则发生的费用由乙方自行承担。

（3）工程量计算：每组旋喷桩按设计桩顶标高至桩脚标高乘以旋喷桩加固面积计算。

第四条　付款及结算

1. 本工程无预付款。

2. 付款前提：

（1）施工方案经甲方同意，并获得监理、设计及业主单位的批准；

（2）施工进度在甲方的总控制计划之内。

3. 进度款支付：乙方＿＿＿＿＿＿日前向甲方上报工程量，次月＿＿＿＿＿＿—＿＿＿＿＿＿日按照甲方审核金额的＿＿＿＿＿＿%支付。每次付款前乙方需提供合法发票，并应当按月考核农民工工作量，编制工资支付表，经农民工本人签字确认后，与当月工程进度等情况一并交甲方。甲方根据乙方编制的工资支付表，将进度款中的农民工工资直接支付至农民工工资专用账户。

4. 结算：本合同工程完工并验收合格后乙方向甲方提供一套完整的结算资料，双方办理结算后一个月内支付结算审核金额的100%。

第五条　工期要求

1. 开工日期为＿＿＿＿＿＿年＿＿＿＿＿＿月＿＿＿＿＿＿日（具体开工日期以甲方正式通知为准），总工期为＿＿＿＿＿＿日历天。

2. 乙方须按甲方的总控进度计划施工，确保每项工作均在甲方的总控进度计划内完成；如乙方不能按甲方总控制进度计划完成其工作，则须按甲方指令无偿追加现场使用的设备、人员投入，以满足甲方、业主的合理进度要求。如乙方在追加现场使用的、机具后，仍然不能达到甲方、业主之合理要求，甲方有权另行聘请其他分包方承建上述工程，乙方承担所有相关费用并承担违约赔偿责任。

3. 非甲方原因造成未按合同工期交工的，双方约定：乙方除补偿甲方遭受的任何损失费用外，乙方还须向甲方支付工期延误违约金，其工期延误违约金为＿＿＿＿＿＿＿元／天，甲方有权从应付给乙方的工程款中直接予以扣除。

第六条 施工方案

乙方进场前需向甲方提供完整施工方案，其中应包括以下内容：

（1）本工程施工依据的现行国家标准及其他相关规定；

（2）采取的主要施工方法、工艺流程；

（3）根据工期要求和现场情况为塔式起重机基础桩施工安排的机具型号／数量；

（4）拟安排在现场作业人员、管理人员的数量；

（5）乙方现场管理人员组织结构和隶属关系及通信方式；

（6）进度计划；

（7）需要甲方配合的事项和最迟解决完成时间；

（8）各项保证工期、质量、安全的措施以及雨期施工措施。

第七条 技术质量要求

1. 总则

（1）乙方应严格按照本合同和施工方案及现行标准进行高压旋喷桩施工作业，确保施工质量满足相关标准和设计要求。

（2）乙方应选派业务水平较高、经验丰富的专业施工技术人员和操作人员在本工程施工。

（3）乙方提供的材料应严格确保其质量合格，满足规范、方案的要求。禁止提供假冒伪劣产品。

2. 标准与规范

施工作业应满足设计图纸，现行国家、地方、行业标准要求。

第八条 甲方职责

1. 甲方驻现场代表：项目总监为＿＿＿＿＿＿＿；项目经理为＿＿＿＿＿＿＿；技术负责人为＿＿＿＿＿＿＿。

2. 检验高压旋喷桩的位置或场地的定位控制线（桩）、水准基点，并向乙方办理交验手续。

3. 负责协调乙方与现场其他分包方、施工工序（如土方、降水、测绘、结构）之间的关系。

4. 负责组织施工技术交底，并审查乙方图纸资料、施工方案。但审查通过并不能免除乙方承担因方案缺陷、错误所导致各种后果的一切相关责任。

5. 及时向乙方提供施工所需指令、指示、洽商等相关施工文件。

6. 如果乙方在工程质量、进度、安全、现场管理等方面满足不了甲方、监理、业主任何一方的合理要求，甲方有权将分包合同范围的工作指定给其他单位完成，所发生的分包费用从分包款中扣除，对此乙方不得有任何异议。

7. 做好施工现场的用水、用电准备，以满足施工要求。

8. 开工前向乙方进行现场情况交底并提供施工场地。

9. 在安排本合同以外的工程时不影响工程进度。

10. 按照合同文件的规定，及时支付工程款。

11. 及时组织对工程的验收。

第九条 乙方职责

1. 不允许转包和分包，按合同约定及甲方要求的时间准时进场；严格按相关标准、设计方案以及施工顺序进行施工。

2. 乙方驻现场代表：项目经理为＿＿＿＿＿＿＿；技术负责人为＿＿＿＿＿＿＿。

3. 向甲方提供施工人员名单及特殊工种的上岗证复印件（加盖单位公章）。

4. 施工机械设备应保证性能良好、外观清洁。自行办理所属现场人员生命财产和机械设备的保险并支付保险费用。

5. 负责对进入现场人员进行安全交底，承担乙方人员不遵守甲方现场安全管理规定造成的安全事故的全部责任。

6. 保障甲方免于承担因乙方过失、失误造成的任何人员伤亡、财产损失的全部责任和索赔，另外还应保障甲方免于承担与此有关的一切索赔、诉讼、损害赔偿、抚恤费和其他相关开支。

7. 严格依据国家、行业、地方有关标准进行施工，做好自检和工程隐蔽工作，做好施工原始记录和隐蔽工程记录的收集、整理工作，并及时上报甲方合格的工程验收资料，确保工程质量，任何因乙方原因而引致的责任和费用均由乙方承担。

8. 施工过程中，不得碰撞、破坏基坑周围控制点。防止邻近建筑物、道路、管线等发生下沉或变形。

9. 有义务保管、维护施工范围现场临水、临电、临时消防设施。

10. 乙方现场负责人需按时参加甲方项目经理部组织的有关安全、质量、进度、文明施工等方面的各种会议、检查活动，不得无故缺席。若乙方代表临时有其他紧急事务无法出席，须指派全权代表参加。会议所做出的决议、事项，双方需共同恪守，严格遵照执行。

11. 自行解决工人食宿等生活问题。

第十条　环保与职业安全

1. 本合同双方应共同遵守国家和地方有关的环境保护的法律、法规，努力营造绿色建筑。

2. 乙方在整个施工作业过程中满足甲方制定并经国家权威部门认证的 ISO 14001 环境管理体系、现行国际标准《职业健康安全管理体系要求及使用指南》ISO 45001 的要求，保证施工生产符合相关标准的要求。

3. 乙方进驻现场员工需接受经 ISO 14001 环境管理体系、现行国际标准《职业健康安全管理体系要求及使用指南》ISO 45001 认证的教育培训。

4. 乙方须采取有效措施，防止机械噪声超标或机械漏油污染环境。对于不符合要求的机械要及时采取必要的措施。

第十一条　违约

1. 合同双方任何一方不能全面履行本合同条款，均属违约；违约所造成的损失、后果、责任，概由违约方承担。

2. 除非甲乙双方协商终止本合同，违约方承担前述条违约责任、损失后仍需严格履行本合同。

3. 不允许非法转包本分包合同工程。

4. 甲乙双方明确约定，对于在本合同项下产生的或与本合同相关的事宜产生的乙方对甲方拥有的债权，乙方承诺不将其转让给第三方，除非经过甲方的书面同意；否则，乙方应在违约转让债权之日起 5 日内，按照违约转让债权总额的 5% 向甲方支付违约金，逾期支付应承担违约付款责任。

第十二条　合同生效与终止

本合同自双方签字盖章之日起生效，技术资料齐全有效，合同内容全部完成并结清尾款后，本合同即告终止。

第十三条　争议解决

双方因履行本合同或因与本合同相关的事项发生争议的，应通过协商方式解决，协商不成的，应首先提交＿＿＿＿＿＿＿＿＿＿＿调解中心进行调解，调解不成的，一方有权按照下列第＿＿＿＿＿＿＿项约定方式解决争议：

（1）向＿＿＿＿＿＿＿＿＿＿＿仲裁委员会申请仲裁；

（2）向＿＿＿＿＿＿＿＿＿＿＿人民法院提起诉讼。

第十四条　未尽事宜

本合同在执行中若有未尽事宜，双方经友好协商以补充协议、会议纪要、谈判记录等形式约定。

第十五条　其他约定

1. 双方承诺不将本合同成交价格透露给任何第三方。

2. 本合同所述之内容与条款只限于＿＿＿＿＿＿＿＿＿＿＿项目使用，乙方不得将本合同内容细节透露给任何第三方。

3. 本合同一式＿＿＿＿＿＿份，均具有同等法律效力，甲方执＿＿＿＿＿＿份，乙方执＿＿＿＿＿＿份。

（以下无正文）

（本页为签署页）

甲方：（公章） 乙方：（公章）

法定代表人或其委托代理人： 法定代表人或其委托代理人：
（签字） （签字）

统一社会信用代码：_____ 统一社会信用代码：_____
地址：_____ 地址：_____
电话：_____ 电话：_____
电子信箱：_____ 电子信箱：_____
开户银行：_____ 开户银行：_____
账号：_____ 账号：_____

三轴搅拌桩施工分包合同

合同编号：

工程名称：_____
工程地址：_____
甲　　方：_____
乙　　方：_____

_____年_____月_____日

_____工程三轴搅拌桩施工分包合同

甲方（承包方）：_____
乙方（分包方）：_____

依照《中华人民共和国民法典》《中华人民共和国建筑法》《建设工程质量管理条例》及其他有关法律、行政法规，遵循平等、自愿、公平和诚实信用的原则，双方就_____工程的三轴搅拌桩施工分包事项协商一致，订立本合同。

协 议 书

第一条 工程概况

1. 工程名称：_____。
2. 工程地点：_____。
3. 工程内容：三轴搅拌桩施工。

第二条 工程承包范围

1. 工作界面划定：

_____三轴搅拌桩施工（具体以甲方指令为准）。

注：如果加固体及三轴搅拌桩施工范围扩大，分包方需积极组织施工并执行本协议条款（双方另有约定的除外）；不可参照执行的双方另行商定。

2. 本合同范围为完成合同内工程所需完成的所有项目，包括机械进出场、场地平整、测量定位放线、所有相关机械设备、障碍物清理（地坪以下 3m 以内）、开沟槽、设置导架与孔位放样、桩机就位与垂直度校正、水泥浆液拌制、喷浆搅拌成桩、材料试验和桩的各项检测以及图纸显示的、工程建筑技术说明书阐述的和根据图纸内容、施工方案、技术标准可合理推断出的内容。包括但不限于：

（1）乙方接受并接管现场现状及遗留问题，在工程履约过程中，乙方不得以此为借口索赔费用及工期等。工地范围内地面以下可能存在原建筑物拆除后的基础或支撑结构或地下室或其他地下设施及管线（地坪以下 3m 以内），乙方不能因此等障碍物的拆除等向甲方索赔。因此对于现场地上或地下之情形，无论是否明确，乙方均被视为有详尽的了解、完全同意接受，合同价格内已包含一切风险费用。

（2）乙方负责本工程三轴搅拌桩设计的复核计算、施工方案编制、施工、验收以及自身施工区域的现场施工测量放线等。乙方必须对本工程的三轴搅拌桩方案进行详细复核验算，以确保本方案安全可靠并现实可行，同时承担相应责任；乙方根据甲方提供的施工图纸及技术资料，报出其认为最安全可靠、经济合理的施工方案。在正式的施工过程中，出现任何意想不到的情况，乙方承诺不提出任何涉及工期、费用的索赔；乙方履行合同过程中，不可因甲方根据现场实际调整施工方案和施工工序等带来的资源投入变化而提出价款和工期的调整。

（3）乙方按照_____市和国家规定，提供满足要求的工程竣工资料、技术资料、竣工图纸等。

（4）乙方完成承包范围内所有甲方、有关政府部门或单位要求的各种试验，包括水泥试验（必须具有供应商提供的出厂合格证和质保书，并按批次取样送甲方指定的检测中心试验合格后方能使用）、桩的相关检测等并承担相应费用。

（5）乙方负责其合约范围内工程的保修工作。

（6）乙方指导帽梁施工单位进行套管预留工作，由此所产生的责任由乙方承担。

（7）乙方负责提供张拉、锁定所需的所有人工、材料、机械并按监理及施工方案要求进行施工。

（8）乙方所提供的设备、机具应按照甲方的施工组织设计所规定的时间进场，并且应得到甲方的书面指令才能退场。此类设备、机具甲方将统一协调使用，乙方应听从甲方的指令。

（9）乙方须负责清理施工产生的泥浆、弃土、垃圾，并堆放至甲方指定场内地点，由甲方指定的厂家负责外运、消纳至政府指定的消纳场所。

（10）乙方设置的空气压缩机、电箱、照明、消防以及临水设施由乙方根据甲方确认的布设方案自行布置，乙方负责现场内沟槽、弃土堆放池等与本工程施工相关的施工场地并提供相关设备和机械。乙方负责自身施工现场（直至本工程正式移交给甲方为止）临时用水和临时用电等临时设施的提供（参见合同条款规定）、保管维护、临边安全防护的搭设维护、竣工清理等工作，保证整个施工现场的临时设施能正常运行以满足施工的正常需要，相关费用已包含于其合同价格中，且其分包工作截止到本工程正式移交给甲方之时。

（11）乙方负责与现场内其他分包方之间的配合、协调等工作，由于本工程拟由两家或两家以上分包方共同承担施工，为此乙方必须考虑与各分包方之间的配合、协调，乙方的施工范围由甲方划定，乙方在报价中已考虑与各分包方之间的配合、协调费用及因有可能交叉作业带来的施工降效的影响费用。另外，乙方应制定并采取切实有效措施，防止自身材料、机具失窃等，防止工作面交叉引起的打架斗殴等事件，共创文明工地，乙方应保障甲方免于承担发生任何本项提及的不良事件给甲方带来的任何损失和损害，凡因乙方原因引致甲方而遭受的各种损失均由乙方承担。

（12）乙方应提供保护措施以适应工程冬（雨）期施工，应充分考虑今后遇到冬（雨）期施工而给自身带来任何不便和妨碍，并有可能造成费用的增加和工期的延长，因此乙方在方案设计、合同价格中已考虑此项措施和费用。

（13）乙方须按图纸设计要求进行三轴搅拌桩的施工。因乙方施工未能满足设计图纸要求，造成施工不满足设计强度等缺陷的，乙方须及时进行补救（补桩等）措施，并且承担补救此类缺陷所需费用及承担一切相关损失。

乙方为完成以上所有工作所需费用应视为已包括在合同单价之内，乙方不得以任何借口向甲方提出任何经济或工期等索赔。

第三条 合同工期

1. 乙方按工程总控制进度计划编制乙方施工进度计划，按经甲方批准的施工进度计划及时组织施工。未按甲方要求施工，乙方承担违约责任。如由于乙方原因造成工期延误（包括由于乙方原因造成其他分包方工期延误的）按工期延误处理，具体处罚见合同条款约定，并承担因此给甲方及其他第三方造成的一切损失。

2. 以上施工时间含不可避免交叉施工影响因素及国家法定节假日。

第四条 质量标准

按照现行国家标准《建筑工程施工质量验收统一标准》GB 50300，本工程质量等级：_____，一次性验收通过，100%合格。未一次性验收通过的，乙方应承担本分包工程总造价的5%的质量违约金并承担修复义务直至通过验收，甲方有权从结算款中直接扣除质量违约金。

第五条 合同价款

1. 工程量清单

暂定金额：_____元（大写：_____）。

序号	项目名称	水泥型号及掺量	计量单位	暂定数量	固定单价	暂定合计
1						
①						
2						
①						
3						
①						
4						
①						
5						
①						
6						

2. 单价说明

（1）本合同为固定单价合同，乙方的价格包括为完成本合同文件约定的所有工作内容，包含的工作应视为按照图纸、施工方案及工程技术标准说明的全部内容。即乙方应视为是包工包料、包工期、包质量，并包括所有有关的费用，如材料费、人工费、设备费、机械费、损耗费、附件及配件费、乙方自身排污费、运输费、价差、开办费、特殊技术措施费、冬（雨）期施工费、成品保护费、技术措施费、管理费、利润、企业经营费、所得税等除甲方缴纳税费以外的所有税费、技术资料配合费、竣工资料费、赶工费、临时设施（乙方自有工人住房、加工场等）费、安全防护费、安全文明施工费、汽车吊装费、二次倒运费、测量放线费、试验费、桩检测费、夜间施工费、垃圾清理及堆放费、竣工清理费、消防设施费、环境保护费、窝工费及与其他分包方（包含甲方指定的分包方、业主及乙方自己的分包方）的配合照管费等。乙方承诺履行合同过程中不会就上述各项费用向甲方提出补偿。

（2）如果水泥掺入量改变，则甲方可以同一施工工艺任一水泥掺量的固定单价为基础，按下述公式折算：改变后水泥掺量的固定单价＝同一施工工艺任一水泥掺量的固定单价±（改变后的水泥掺量±选择作为基价的水泥掺量）×1.8×260（以土的天然重度 18kN/m³，PO42.5 水泥单价 260 元 /t 为例）。

（3）单价中不包括施工用水电费和泥浆外运费用。

（4）工程量清单的所列项目和固定单价已经完全包括本合同文件所规定的乙方所有工作。

3. 付款方式

（1）本工程为月度付款，无预付款。

（2）月度付款前提：

① 月度施工内容经甲方同意；

② 施工进度在甲方的总控计划之下；

③ 试验／复试报告证明所用材料合格或满足合同要求；

④ 经监理单位、业主、甲方验收合格（分项验收时）；

⑤ 随月进度提交了相关技术资料（试验报告、验收资料）。

4. 付款程序和额度

（1）乙方每月＿＿＿＿＿＿日向甲方上报当月完成工作量，并附详细的计算书，甲方接到申请后一个月内审核完毕，并于次月的＿＿＿＿＿＿－＿＿＿＿＿＿日按照审核工作量的＿＿＿＿＿＿％支付，保留金为＿＿＿＿＿＿％，保留金作为工期、质量、安全文明施工、资料等的保证金。施工范围内的工程完工一个月内付至审核工程量的＿＿＿＿＿＿％；基坑支护工程竣工验收合格后一个月内付至甲方审核工程量的＿＿＿＿＿＿％，若无遗留问题，余款将在整体工程竣工验收后一年内付清（不计延期付款利息）。每次付款前乙方需提供合法发票，并应当按月考核农民工工作量，编制工资支付表，经农民工本人签字确认后，与当月工程进度等情况一并交甲方。甲方根据乙方编制的工资支付表，将进度款中的农民工工资直接支付至农民工工资专用账户。

（2）乙方确认，其每月农民工工资以及管理人员工资总额不会超过该月完成工程量价款的＿＿＿＿＿＿％，因此甲方的进度款支付比例足够乙方按照政府规定支付施工人员全部工资。

（3）甲方每月最多支付 1 次工程款。

（4）甲方已确认的变更洽商及签证费用在工程结算时随结算工程款支付，不计算在月度付款中。

（5）任何缓付、支付的工程款均不计利息。

5. 工程量计量

ϕ850@600 三轴水泥搅拌桩工程量计算按设计图纸的布桩（一幅，即 1.495m²）截面面积计算，即 1.495× 有效桩长× 幅数；

第六条　组成合同的文件

组成本分包合同的文件包括：

（1）协议书；

（2）合同条款；

（3）相关标准及有关技术文件；

（4）施工图纸；

（5）安全生产及消防保卫协议；

（6）职业安全卫生及环境管理协议；

（7）发包方履约授权管理协议；

（8）社会责任自我评价、承诺书；

（9）关于代缴农民工工伤保险费的协议等。

第七条　工程保修

乙方向甲方承诺按合同约定进行施工、竣工并在质量保修期内承担工程质量保修责任。

第八条　付款

甲方向乙方承诺按照合同约定的付款期限和付款方式支付合同价款及其他应当支付或扣减的款项。

第九条　其他约定

本协议书中有关词语的含义，除分包合同另有约定外，与本分包合同第二部分《合同条款》中分别赋予它们的定义相同。

合 同 条 款

第一条 词语定义及合同文件

1. 词语定义

下列词语除专用条款另有约定外，应具有本条所赋予的定义。

（1）业主：指在总包合同协议书中约定具有工程发包主体资格和支付工程价款能力的当事人以及取得该当事人资格的合法继承人，在本工程中指＿＿＿＿＿＿＿＿＿＿＿＿＿＿＿＿＿＿＿＿＿＿。

（2）甲方：指在分包合同协议书中约定的发包该工程的当事人，以及取得该当事人资格的合法继承人，本工程指＿＿＿＿＿＿＿＿＿＿＿＿＿＿＿＿＿＿＿＿＿＿＿建筑工程。

（3）乙方：指被甲方接受的负责该工程分包施工的当事人以及取得该当事人资格的合法继承人，在本工程中指＿＿＿＿＿＿＿＿＿＿＿＿＿＿＿＿＿＿＿＿＿＿＿。

（4）项目经理：除非本分包合同条款另有约定，指本分包合同中指定的甲方负责施工管理和合同履行的代表。

（5）分包项目经理：除非本分包合同条款另有约定，指本分包合同中指定的乙方履行本分包合同的项目负责人。

（6）工程师：指在总包合同协议书中所指定的工程监理单位委派的甲方或业主指定的履行总包合同的代表。

（7）总包合同：指业主与甲方签订的施工合同。

（8）分包合同：指分包合同协议书、工程量清单、合同技术标准、分包合同图纸、双方确认的议标文件、职业安全卫生与环境管理协议书、安全施工协议书、履约授权管理协议、履约保函、承诺书以及明确列入双方签订的分包合同协议书第六条中的文件。

（9）分包合同标准：指与分包工程相关的国内外标准，以及经甲方确认的对标准进行的任何修改或增补。

（10）图纸：指由甲方提供的符合总包合同要求及分包合同需要的所有图纸、计算书、配套说明以及相关的技术资料。

（11）总包工程：指业主与甲方签订的总包合同中的永久工程。

（12）分包工程：指总包工程范围内分包合同协议书中的分包工程承包的永久工程。

（13）分包合同价款：指甲方与乙方在分包合同协议书中约定，甲方用以支付乙方按照分包合同约定完成分包范围内全部工程并承担质量保修责任的款项。

（14）合同价款的增减：指在本分包合同履行中发生需要增加或减少合同价款的情况，经甲方根据本分包合同确认后按计算分包合同价款的方法增加或减少的分包合同价款。

（15）工期：指甲方与乙方在分包合同协议书中约定，按总日历天数（包括法定节假日）计算的天数。

（16）开工日期：指甲方与乙方在分包合同协议书中约定，分包工程开始施工的绝对的或相对的日期。

（17）竣工日期：指甲方与乙方在分包合同协议书中约定，乙方完成本分包工程并通过四方竣工验收签字确认的绝对的或相对的日期，或经甲方书面认可的延长日期。

（18）施工场地：指由甲方提供的用于分包工程施工的场所以及甲方在图纸中具体指定的供施工使用的任何其他场所。

（19）书面形式：指分包合同书、信件和数据电文（包括电报、电传、传真、电子数据交换和电子邮件）等可以有形地表现所载内容的形式。

（20）违约责任：指分包合同双方中的任何一方不履行分包合同义务或履行分包合同义务不符合约定所应承担的责任。

（21）索赔：指在分包合同履行过程中，对于并非自己的过错，而是应由对方承担责任的情况造成的实际损失，向对方提出经济补偿和／或工期顺延的要求。

（22）不可抗力：指不能预见、不能避免且不能克服的客观情况。

（23）时间：本分包合同中规定按小时计算时间的，从事件有效开始时计算（不扣除休息时间）；规定按天计算时间的，开始当天不计入，从次日开始计算。时限的最后一天是休息日或者其他法定节假日的，以节假日次日为时限的最后一天，但竣工日期除外。时限的最后一天的截止时间为当日24时。

（24）缺陷保修期：由甲方发出实际竣工证书日期起24个月。

2. 合同文件

合同文件应能相互解释，互为说明。包括：

（1）协议书；

（2）合同条款；

（3）相关标准及有关技术文件；

（4）施工图纸；

（5）安全生产及消防保卫协议；

（6）职业安全卫生及环境管理协议；

（7）发包方履约授权管理协议；

（8）社会责任自我评价、承诺书；

（9）关于代缴农民工工伤保险费的协议等。

当合同文件内容含糊不清或不相一致时，在不影响工程正常进行的情况下，以甲方书面指示为准。

3. 适用法律、标准及语言文字

（1）适用法律和法规

除非本分包合同条款另有约定外，本分包合同文件适用国家的法律和行政法规应与总包合同文件适用国家的法律和行政法规相同。分包合同需要明示的法律、行政法规，可由双方另行约定。

（2）适用标准

① 本合同文件中约定的任何乙方应予遵照执行的国内外标准，包括适用的地方性标准，均指其最新版本。如果任何本工程技术说明与国家标准之间出现相互矛盾或不一致之处，乙方应书面请求予以澄清；除非甲方有特别的指示，乙方应按照其中要求最严格的标准执行。材料、施工工艺和本工程都应依照相关标准的最新版本，或把最新版本的要求当作对乙方工作的最起码要求，而执行更高的标准。

② 本分包工程没有相应标准的，由甲方向乙方提出施工技术要求，乙方按约定的时间和要求提出施工工艺，经甲方书面认可后执行，乙方应对其提出的施工工艺承担全部责任。

③ 本分包工程没有相应标准的，由甲方向乙方提出施工技术要求，具体参见由甲方技术部编制的_____工程三轴搅拌桩施工方案，乙方按约定的时间和要求提出施工工艺，经甲方书面认可后执行，乙方应对其提出的施工工艺承担全部责任。

④ 本条所发生的购买、复印、翻译标准或制定施工工艺的费用，由乙方承担。

（3）语言和文字

除非合同中另有约定，本合同的拟定和解释使用中文。如果本合同文件需要译成另一种或几种语言文字，中文应为合同主导语言，具有优先解释权。

4. 图纸

（1）甲方应按约定的日期和套数，于签订合同后一周内向乙方提供施工图纸。

（2）协助甲方审查本工程图纸和技术说明中可能存在的任何缺陷、疏漏和不足是乙方的合同责任和义务，乙方应在甲方提供图纸后3天内将其认为相关图纸（包括工程标准和技术说明）中可能存在的任何缺陷、疏漏或不足以书面方式报告甲方，乙方可以在此书面报告中附上关于弥补或修改此类缺陷、疏漏、不足的建议或方案，以及按此建议或方案实施对合同价格的影响；但不论乙方是否有此类建议或方案，均必须按甲方批准或指示的变更实施，并按照合同条件约定的变更计价方式与程序变更合同价格。如果乙方迟于上述期限提出图纸的缺陷、疏漏或不足，则在本分包工程的施工过程中，乙方只能提出技术变更，必须按甲方批准或指示的变更实施，且将不会得到任何费用的补偿和工期顺延的许可。

第二条　双方一般权利和义务

1. 分包合同

（1）乙方对分包工程应负的责任

① 提供的包括建筑技术说明书、技术标准、图纸等在内的所有合同文件所包含、涉及的一切内容与含义，只要适用，都应作为对乙方合同工作内容的定义。由上述合同文件所定义的合同工作内容包括合同中明确约定的工作、甲方发出的任何指示所带来的工作、合同中写明的或隐含的由乙方的任何义务产生的任何工作以及合同中虽未提及但可合理推论得到的对工

程的稳定、完整、安全、可靠及有效运行或为了符合及实现合同目的所必需的全部工作。

② 除非分包合同另有要求，乙方应在对分包工程进行设计（如果分包合同规定有时）、实施、竣工以及保修时，避免其任何行为或疏漏构成、引起或促使甲方违反总包合同规定甲方应负的任何义务。乙方应履行与分包工程有关的总包合同规定的甲方的所有义务与责任。

（2）对合同文件的理解

应当认为在正式签订合同以前，乙方已经认真研究了甲方提供的包括建筑技术说明书、技术标准、图纸在内的合同文件，已经得到甲方对任何可能存在的疑问的澄清和解答，并对由合同文件所定义的乙方合同工作内容有透彻和充分的理解，且已将这种理解全部反映到了本合同中。因此应当认为，本合同已经全面、充分地体现和覆盖了：

① 乙方根据包括建筑技术说明书、技术标准、图纸在内的合同文件规定应承担的全部义务和工作；

② 为该工程的正确实施、竣工和修补其任何缺陷所必须发生的一切费用；

③ 为完成约定的全部合同工作内容而必须发生的任何费用；

④ 可以预见的任何紧急情况的处理费用。

（3）工程量清单

① 工程量清单应是本合同下合同价格的唯一和全部载体。但在任何情况下，工程量清单中的工作内容的列项及其工程量只是估算，不应被理解为对乙方合同工作内容的全部定义，也不能作为乙方在履行合同规定的义务过程中应完成的实际和确切的工程量清单，甲方不对此工程量清单的充分性和正确性负责。乙方应根据工程标准和技术说明、合同图纸及其他合同文件的要求对工程量清单进行检查和校核。但是甲乙双方签订合同后，构成合同文件的工程量清单乙方所填入的价格应包括了乙方按照合同约定的要求完成全部合同工作内容所需发生的一切费用。

② 应当认为，乙方的工程量清单是基于对合同文件、合同图纸及附件中可能包含的图纸的全面、充分、正确的理解而编制的，且乙方应对工程量清单中的所有项目、工程量、单价或价格、费率的完整性和正确性负责，工程量清单的所有项目已经完全包括合同文件所规定的乙方所有工作和合同范围，对于清单未载明的工作，甲方将认为已经包括在其相关的工程的承包内容中。

2. 甲方项目经理

（1）项目经理可委派具体的管理人员行使自己的部分职权，并可在认为必要时撤回委派，委派和撤回均应提前7天以书面形式通知乙方，项目经理以委派书的形式委派具体管理人员，委派书要写明被委派人员的姓名、职责及委派的期限。委派书及撤回通知均作为分包合同的附件。

（2）甲方所发出的指令、通知由项目经理（或其授权人）签字后，以书面形式交给乙方后生效。项目经理应按分包合同约定，及时向乙方提供所需的指令、批准、图纸并履行其他约定的义务。

3. 甲方指令和决定

（1）根据分包合同所发出的指令

就分包工程范围内的有关工作，乙方应遵守甲方根据分包合同所发出的所有指令。如果乙方拒不服从指令，甲方可雇佣其他施工单位完成指令事项，同时从应付给乙方的任何款项中扣除该雇佣费用。乙方仅从甲方处接受指令。甲方所有指令均以书面发出。

（2）业主或工程师指令

就分包工程范围内的有关工作，乙方应该遵守经甲方确认和转发的业主或工程师发出的所有指令和决定。

4. 乙方项目经理

（1）乙方的报告、要求和通知以书面形式由乙方项目经理签字后送交甲方项目经理，甲方项目经理在回执上签署姓名和收到的时间后生效。

（2）乙方项目经理按甲方项目经理批准的施工组织设计（或施工方案）和依据分包合同发出的指令、要求组织施工。

（3）乙方项目经理更换，乙方应提前7日内书面通知甲方，并征得甲方书面同意，乙方所做出的各种承诺不得因为乙方项目经理更换而改变。

5. 甲方义务

（1）甲方根据本合同相关规定，一次或分阶段完成以下工作：

① 按分包合同条款约定的时间和数量向乙方提供设计图纸，组织乙方参加业主组织的图纸会审，并向乙方进行设计图

纸交底，编制施工组织设计及总的工期控制计划，审查乙方编制的详细施工作业计划；

② 为乙方在本工程施工的工人提供临建生活区内现有临时住房；

③ 负责指定乙方的工作区域；

④ 负责整个施工现场的管理工作，协调乙方与其他分包方之间的交叉配合，确保乙方按经其批准的施工组织设计进行施工；

⑤ 组织分项工程的隐蔽和预检，对乙方的质量、进度、安全和文明施工进行监督；

⑥ 提供工程定位、轴线控制点及水准点；

⑦ 负责与业主和政府有关部门的联系工作；

⑧ 组织分部工程和工程竣工验收工作；

⑨ 定期组织召开生产例会。

（2）甲方提供以下资源和工作：

① 基坑外临水临电设施，包括现场一级电箱，消火栓，现场周边的镝灯照明，基坑周边的围挡；乙方根据甲方现场临水临电管线的布设和施工需要，自行提供二级电箱及线缆接引至施工地点。

② 测量：甲方负责工程红线、轴线的测定，并提供给乙方。除此之外所有三轴搅拌桩的定点、标高、垂直度等均由乙方提供专职测量人员负责进行。

③ 提供工人宿舍（生活设施及工人生活区水电费乙方自理）。

④ 现场洗车池、垃圾房、现场大门、围挡和保卫。

⑤ 现场工程水电的使用。

⑥ 现场保卫。

除上述由甲方提供资源以外，其他未列明但需用于或服务于本工程的资源均由乙方提供。所有由乙方提供的材料、机械等资源必须符合工程标准、技术要求等规定，提供相应资料供甲方核查，并在材料进场使用之前，进行相关复试和提供复试报告。

6. 乙方义务

（1）乙方按照本合同完成的工程应完全符合合同约定并达到合同中约定的工程的预期目的。乙方的工作应包括约定的全部合同工作内容。

（2）可认为乙方在合同签订之前，对本工程的一切相关图纸及其目录、技术标准、工程量清单、地质勘探报告及施工现场的周围环境以及地下情况均已详细研究和完全明了，并已实地察看；乙方将被视为已充分了解并已接受本工程现场现状，包括但不限于：工程位置、周围环境、道路、交通、材料堆放场地、地下管线及障碍物等。

（3）甲方向乙方提供的有关施工现场的资料和数据，都是甲方现有的和客观的，并力求真实地反映施工现场的实际。但甲方不对所提供的资料、数据、图纸等的准确性负责。乙方应根据自身的施工经验、对现场周边工程施工进行调查以及必要的补充勘探，对工程的现场地质水文条件和可能遇到的各种困难进行充分的估计，制定切实可靠和经济合理的施工方案，并针对各种可能出现的困难与紧急情况制定预防和应急措施。乙方应已充分考虑与本款相关的风险。甲方对因水文地质情况引起的任何额外费用和工期拖延概不负责。

（4）现场条件：甲方可提供工人住房，由乙方自行准备工人被褥、床铺、厨具等生活用品，但甲方并不保证得到业主及政府允许。租赁二类场地、二类场地内临时设施、冬季取暖以及工人上下班的交通均由乙方自行解决，费用由乙方承担。在此规定，工人住宿、生活所需床铺、生活用品，乙方的办公设备和用品以及二场地水电费等均由乙方负责，生活区内各项生活条件及管理必须符合政府相关法律法规及要求、甲方的各项要求［包括 CI（企业形象标识）标准以及 ISO 14001 环境管理体系的要求等］，符合建设管理部门安全文明工地的标准等的要求。另外乙方应服从甲方总体安排，自行考虑其管理人员办公场地、材料加工棚、库房、材料堆放等设施的布设。

（5）乙方应按照本工程技术说明书、技术标准、合同文件、图纸等进行与本工程有关的所有工作和义务，并依照保修书的要求履行工程保修义务和职责。保修服务期满后，并不能免除乙方自身施工质量责任。

（6）乙方应为工程的设计、实施、竣工以及修补缺陷提供所需的全部工程照管、监督、劳务、工程设备、材料、施工机械、临时工程以及其他所有相关物品或工作。

（7）如果合同中约定由乙方进行部分永久工程的设计，则在开始此类设计之前，乙方应完全理解甲方的要求及甲方可能为此而向乙方提供的任何资料或文件。乙方应将甲方的要求或上述的资料或文件中可能出现的任何错误、失误或其他缺陷通知甲方进行改进。

（8）乙方应严格按照合同进行施工、竣工并保修。在涉及或关系到该项工程的任何事项上，无论这些事项在合同中是否写明，乙方都要严格遵守和执行甲方的指示。乙方应按照分包合同的约定，以应有的精心和努力对分包工程进行设计（如分包合同有约定时）、施工、竣工和保修。乙方在审阅分包合同或在分包合同的施工中，如果发现分包工程的设计或标准、技术要求存在任何错误、遗漏、失误或其他缺陷，应立即通知甲方。

（9）乙方应按照并根据分包合同完成本分包工程的施工，并在各方面达到合同要求。乙方必须服从甲方的现场管理，遵守甲方的指示和要求。

（10）已竣工工程未交付甲方之前，乙方应对其进行保护。该期间发生损坏，乙方自行予以修复，并由甲乙双方共同调查原因，由责任方赔偿乙方损失。

（11）乙方应遵守政府有关主管部门以及甲方对施工场地交通、施工噪声以及环境保护和安全生产等的管理规定，按规定办理有关手续，并以书面形式通知甲方，承担由此发生的费用。

（12）乙方在施工中必须满足甲方关于统一着装及完成甲方关于企业形象宣传要求的有关工作；自备符合甲方企业形象标识及安全要求的安全帽、安全带、绝缘手套等所有防护用品。

（13）乙方应在条款约定的时间内，向甲方提交一份详细的分包工程施工组织设计及进度计划，甲方应在约定的时间内批准，乙方予以执行。如乙方不能按甲方批准的进度计划施工，应根据甲方的要求调整或修订进度计划，以保证分包工程如期竣工。

（14）乙方须在甲方总体计划下按甲方要求的格式编制月度、周生产计划和材料需用计划；每月_____日前上报次月施工进度计划及材料需用计划，每周末前上报下周的施工进度计划；经甲方审批后的施工进度计划一旦下达，必须保证全面完成；乙方每月_____日提供满足甲方要求的当月形象进度统计报表。

（15）乙方代表及施工管理人员应按甲方要求及时参加甲方组织召开的月度、周生产例会。

（16）工程施工现场统一以甲方的名称和字样标识。

（17）乙方应允许甲方授权的人员进入分包工程施工现场或材料存放的地点以及施工现场以外与分包合同有关的工作地点，并为此种进入提供方便。

（18）乙方委派的现场项目经理及其主要管理人员必须有承担类似工程的工作经验；乙方任命的主要管理人员，一旦被甲方接受，在合同履约过程中，乙方无权更换，如因特殊原因需更换上述人员，须事先向甲方提出申请并提交拟任命的管理人员的详细资料，经甲方审查批准后方可更换，否则将被视为违约。擅自更换管理人员，每人次罚款 1 万元；擅自减少项目施工人员，每人次罚款 2000 元。如果在履约过程中，甲方认为乙方的管理人员不能胜任其工作，则有权要求乙方更换，乙方应在两日内提交重新任命的管理人员的详细资料，经甲方批准后更换。如乙方在 3 日内未提出新的人选，或两次提出的人选都不能令甲方满意，将被视为乙方违约，甲方有权终止合同，按违约条款处理。在施工中，乙方必须服从甲方管理，甲方保留更换分包施工队伍的权利。乙方不得为此而向甲方提出任何费用及工期方面的要求。

（19）乙方还须完成在其承包范围内技术标准和合约图纸中规定的乙方应完成的工作、责任。

（20）为满足工期、质量要求，乙方须随时按甲方指令追加现场使用的设备、机具、辅材、安全设施及人员投入，以达到甲方的要求，如乙方无力或不愿投入上述资源，甲方将于通知乙方后自行投入该等资源，并按该等资源实际投入费用从乙方之结算总价中扣除其费用；为达到上述要求，乙方采取各种措施的费用已包含于合同价格中，不再增加任何费用。

（21）甲方有权随时对乙方的工作进行监督、检查、控制，如由于乙方履约不力（如乙方不具备工程之施工条件或甲方出于工程进度、质量、劳动力资源、技术等级等方面考虑，认为其中有达不到要求的），不能达到业主或甲方要求时，甲方可另行分包本合同范围内的部分或全部工作，另行分包的费用由甲方经谈判后确定，无须征求乙方意见，甲方按实际发生费用从乙方费用中扣除并追加索赔。

（22）乙方须在本分包工程合同签订后三天内进场并具备施工条件。

（23）乙方须保管自有及甲方移交、委托乙方管理、使用的材料、机具、设备等，并保证其完好无缺。

（24）乙方须负责自身承包范围内的成品保护工作，并且须注意保护其他分包方的成品、半成品。

（25）乙方须在进场前自行办理进_____市施工手续、施工许可证、暂住证，甲方提供相应协助，并缴纳_____市政府规定的有关费用，因未办完或未办理进_____市施工手续而导致的损失由乙方自行承担，并赔偿甲方因此而发生的损失。

（26）本工程正常的扰民协调工作由甲方和业主负责。乙方承担因其自身施工不当或违反操作规程等原因引起扰民及民扰造成乙方自己、甲方、业主、其他所有参与本工程的分包方的所有责任和经济损失（包括调解民扰的费用支出）。确保甲方免负由乙方引致的所有责任和损失。

（27）施工中由于发生临时停水、停电，乙方应采取补救措施保证按计划完成施工，且不得要求索要任何费用。

（28）由甲方原因造成的冷缝责任由甲方承担，但由乙方负责冷缝处理施工，处理费用按照合同中约定的固定单价执行，保证起到应有的效果。非甲方原因造成的冷缝处理责任由乙方承担，乙方需按照甲方指令的处理方式进行冷缝处理施工，并承担全部费用。

（29）基坑开挖后，乙方应派专人定期检查三轴搅拌桩的质量，由于乙方施工原因引起围护发生渗漏或质量缺陷时，乙方要立即进行堵漏，费用由乙方承担。如果因乙方施工质量问题给工程带来损失，则损失由乙方承担。

（30）乙方需进行竣工资料的整理及竣工资料（包括竣工图）的制作，并承诺在施工过程中按甲方要求填报各种技术及商务资料并达到甲方及_____市的有关要求；甲方对文件、资料、材料、设备等的审批，并不能免除乙方之所有责任。

（31）工程常规试验及第三方见证试验由乙方负责，并承担费用。

（32）乙方应负的其他义务。

乙方不履行上述各项义务，造成工期延误、工程损失均由乙方承担，并赔偿甲方的所有损失。

7. 加工图、大样图及协调配合图

（1）对根据合同要求、甲方的指示或一般常识性要求需要制作的加工图（也称"施工图"，但此类施工图不应理解为合同图纸）、大样图、安装图或配合图，乙方应精心制作并及时报批。乙方绘制的加工图和大样图等应在各方面都是完整和规范的，并应在相关工作开始前充裕的时间内将此类图纸和必要的辅助资料分阶段报给监理审批。

（2）除非乙方绘制的加工图、大样图、安装图和配合图的错误或遗漏是直接源于合同文件中的任何错误或遗漏，或这类错误或遗漏超出了乙方作为一个具有足够经验的承包人的识别能力，乙方应对自己绘制的加工图和大样图等的正确性负责。

（3）乙方应配合与本工程有关其他分包方的工作，包括绘制和报批必要的加工图、大样图、安装图和配合图，并负责总体配合协调工作；为保证总包工程和各分包工程、各分包工程之间的交圈，乙方应制作必要的用于各工序的交圈协调的配合图并在相关工作开始前充裕的时间内报甲方审批，以保证工程施工的完整性。

（4）乙方有责任检查由甲方提供的图纸和文件以及经甲方审批的加工图、大样图、安装图和配合图；一旦在此类图纸或文件中发现任何不一致，乙方应立即以书面形式将此类差异报告给甲方并请求澄清。如果乙方需要任何进一步的图纸，乙方应在相关工作开始前充裕的时间内以书面形式向甲方申请此类图纸。乙方应注意图纸和文件中要求的预留洞和预埋件等并在工程实施过程中严格检查落实，乙方承担因预留预埋不当、错误、不按图纸施工等造成的任何剔凿、植筋等一切修补费用，并承担因此产生的任何责任。甲方对此类图纸的审核并不意味在任何方面解除乙方严格按合同文件要求进行施工的责任，甲方也不会接受任何因此而带来的变更的索赔。

（5）加工图、大样图、安装图和配合图不是合同文件的组成部分，他们的作用仅限于方便乙方自身的施工组织和保证竣工工程的完整性。甲方的审批是为了保证工程的总体设计意图，在有利于维护甲方利益又不会造成合同价格发生显著变化的条件下，出现与合同文件要求的有限差异是允许的和可以接受的。甲方对此类图纸的审批不应被理解为：

① 任何对合同文件要求的违背，除非甲方专门说明；
② 解除乙方在任何节点详图和尺寸截面的出错的责任，违背甲方此前提供的任何追加的详图和指示；
③ 解除乙方对各工序、各个分包人和其他分包方（如果有）做交圈配合和协调的责任。

（6）绘制和报批加工图、大样图、安装图和协调配合图以及必要的补充和辅助资料所发生的费用由乙方承担。

8. 总包合同的终止

在乙方全面履行分包合同义务之前，无论何种原因，当总包合同终止时，甲方应通知乙方终止分包合同，乙方接到通知后应立即无条件撤离现场，结算事宜另行协商。

9. 禁止转包与再分包

（1）乙方不得转包其分包工程。

（2）乙方不得将其分包工程全部或部分再分包。

第三条 工期

1. 开工与竣工

（1）乙方应当按照协议书约定的开工日期开始分包工程的施工。如乙方不能按时开工，应当不迟于协议书约定的开工日期前7天，以书面形式向甲方报告延期开工的理由和要求。甲方应当在接到延期开工申请后的48小时内以书面形式答复乙方。甲方在接到延期开工申请后48小时内不答复，视为同意乙方延期开工的要求，工期相应顺延。甲方不同意延期开工要求或乙方未在规定时间内提出延期开工要求，工期不予顺延。

（2）因甲方原因不能按照协议书约定的开工日期开工，应以书面形式通知乙方，推迟开工日期，并相应顺延工期。

（3）乙方应当按照协议书约定的竣工日期或甲方同意顺延的工期竣工。

（4）如果乙方未能在分包合同约定的期限内或乙方获得的延长期内完成分包工程或其中任何部分，对因此使甲方遭受或招致的任何损失或损害，乙方应予赔偿。并且乙方应向甲方支付分包合同中约定的工期延误违约金。

（5）本工程开工日期为暂定日期，甲方并不能保证预计开工日期的准确性。任何预计开工和实际开工日期的差异均不能构成乙方对费用或工期的索赔依据。另外，本工程施工进行过程中，有可能因业主或其他因素导致工程工期放缓或停工，乙方不因此类原因而向甲方提出费用索赔。

2. 工期延误及拖误违约罚金

（1）因以下任一项原因造成乙方延误实施分包工程的，经甲方项目经理确认，分包工程的竣工时间相应延长，延期费用不予补偿：

① 重大设计变更；
② 导致乙方根据本合同条件的某条款有权获得延期的延误原因（乙方未能遵守该条款时除外）；
③ 不可抗力事件；
④ 无法合理事先预见的异常恶劣的气候条件、现场自然条件或环境；
⑤ 由甲方原因造成的任何延误，干扰或阻碍；
⑥ 政府、相关行政管理部门和机构、居民、公众及任何按照合同约定不应由乙方代其承担责任的第三方造成的延误；
⑦ 除乙方不履行合同或违约以外，其他可能发生的特殊情况。

（2）乙方在上述情况发生后两天内，就延误的内容和因此发生的经济支出向甲方代表提出书面报告。甲方在与业主协商后，书面给出乙方公平和合理的工程期限的延长和经济损失的赔偿。在此规定，因上述情况所引致的工期延长，都不应构成任何额外费用的索赔。

（3）工期拖误违约罚金。如果因乙方原因未能在规定的期限内或延长期内完成分包工程或其中任何部分，乙方除向甲方按分包合同约定的方式和数额支付延误违约金外，每延期一天，罚款人民币两万元，罚金累计不超过分包结算总价的10%。

（4）乙方告知义务。当其分包工程的进展已变得明显延迟时，乙方应提前以书面形式通知甲方进展延迟的原因和分包工程及其任何部分完成的情况。但此通知不能减少或降低乙方对此应负的责任。

3. 暂停施工

工程师认为确有必要暂停分包工程施工时，应通过甲方向乙方发出暂停施工指令。乙方停工和复工程序按总包合同相应条款执行。

第四条 合同价款

1. 本合同价款（重大设计变更、暂定数量和暂定项目除外）在协议书内约定后，任何一方不得因任何法令、法规、规定或规章的更改或增订而导致的价格升降而擅自做出调整。

2. 任何变更指示应有设计单位、工程监理、业主及甲方代表签字后才能生效，因乙方不遵守此条款引起的任何返工，其损失或工期延误都应由乙方负责。

3. 乙方应按照甲方的指示在要求的进度内完成有关变更洽商工作，如乙方与甲方对变更洽商的估价发生争议，该争议并不构成乙方不完成或不按进度完成该洽商变更的理由。此外，乙方亦不能将"甲方需对变更洽商的估价金额与乙方达成一致意见"作为执行该项变更洽商的条件。

4. 乙方应承诺除下述项目可以按如下方式作价款调整（但不进行工期调整）外，其余任何项目不作调整（含工期调整）：

（1）对于变更以及任何需要按照本款要求予以确定其价格的追加或扣减项目（本合同中称为变更工作），只要工程量清单中已经包含和存在同样或类似项目并已标明费率或单价，则应直接按照此类合同中列明的费率或单价进行估价。如果合同中没有该项目，则双方以甲方确定的价格为基础，协商确定合理的价格。

（2）任何情况下，暂定数量、暂定项目、变更洽商及追加工程不再计取开办费。

第五条 工程变更

1. 乙方应根据以下指令，以更改、增补或省略的方式对分包工程进行变更：设计单位、工程监理、业主及甲方代表共同签字认可的书面设计变更。

2. 乙方不应执行从工程师处直接收到的有关分包工程变更的未经项目经理书面确认的指令。如果乙方直接收到此类变更指令，应立即将此指令通知项目经理并向项目经理提供一份此类直接指令的副本，项目经理应在24小时内提出关于此类直接指令的书面处理意见。

3. 分包工程变更的价款应按照本分包合同相关条款处理。

4. 合同外签工：本分包工程不存在合同外签工。

第六条 工程竣工及结算

1. 竣工验收

（1）分包工程具备验收条件的，乙方应向甲方提供完整竣工资料及竣工验收报告。乙方需要提供竣工资料六份、竣工图纸六份。甲方应该在收到乙方提交的分包工程竣工验收报告之日起3日内通知业主验收，乙方应该配合甲方会同业主进行验收。验收不能通过且属于乙方原因的，乙方应负责修复相应缺陷并承担相应的质量责任。

（2）分包工程竣工验收通过，分包工程竣工日期为乙方提供竣工验收报告的日期。需要修复的，通过竣工验收的日期为修复后竣工报告的日期。

2. 竣工结算及移交

乙方按时完成分包合同约定的所有工程内容，经甲方、设计单位、监理、业主四方验收，分包工程达到分包合同约定的质量标准、办理妥竣工工程移交手续。结算计算方法及付款程序、额度参照有关条款。

第七条 违约、索赔及争议

1. 乙方的违约

（1）如果出现以下情况，则视为乙方违约：

①乙方已否定分包合同有效；

②乙方无正当理由，未能分包合同约定开工或实施分包工程；

③在甲方做出要求乙方清除有缺陷的材料或修补有缺陷的工作的指示后，乙方拒绝执行或忽视此类指示；

④乙方无视甲方的事先书面警告，公然忽视履行分包合同所规定的任何义务；

⑤业主或工程师根据总包合同规定预先通知甲方后，要求甲方指令乙方从总包工程上撤出；

⑥根据分包合同的组成文件的要求，乙方未能完成必要的登记或从有关机构获得必要的认可；

⑦在完工之前没有合理的原因中止完成分包工程；

⑧乙方不能履行合同。

（2）如果出现上述情况，且在不影响甲方任何其他权利或采取任何补救方法的情况下，甲方可以根据分包合同，在通知乙方后，立即终止对乙方的雇佣。随后甲方可占有乙方带至现场的所有材料、乙方的设备或其他物品，并由甲方或甲方同意的其他分包方将上述物品用于施工和完成分包工程以及修补其中任何缺陷。甲方可以将上述物品全部或部分出售，并将所得收入用于补偿乙方应支付甲方的款额。上述占有或扣押并不影响甲方采取其他措施维护其利益的权利。

（3）因终止雇佣而导致的甲方的所有损失由乙方来承担，包括甲方必须重新雇佣其他分包方而发生的费用。

（4）对于乙方的雇佣的解除将不免除乙方在解除雇佣之前为履行分包合同的所有行为、工作等根据此分包合同应负的所有责任。

（5）如果乙方在工程的施工过程中的履约不能令甲方满意或者乙方在质量、进度、安全、文明施工、资源配置等任何一方面不能令甲方、业主、监理、管理公司满意，乙方便被认为无力承担本分包工程或其某些分项工程的施工，甲方有权重新发包。重新发包的费用从乙方合同价款中扣除。

（6）发生此类合同终止情况时，受上述条款的约束，甲方与乙方的权利与责任应按下述情况处理：_____。

2. 乙方的撤场

（1）在甲方与乙方雇佣关系解除或分包工程完工或乙方的施工进度不能满足甲方的要求时，乙方在接到甲方要求撤场的通知后 10 天内应将其在施工现场的所有雇员及财产全部撤出施工现场，并妥善保护施工现场的所有甲方财产和已完工程，对于乙方在施工过程当中搭设的临时工程或临时设施，如果甲方要求拆除，乙方应无条件拆除并将现场清理干净直至甲方满意。上述撤场应不影响甲方根据分包合同约定得到赔偿的权利。

（2）如果乙方拖延撤场，甲方将扣留其最终付款，待乙方按甲方的要求撤场后再予以结算。如果乙方拖延撤场，每逾期一天按分包合同价款的千分之五支付甲方损失费，上述损失费还应加上因为乙方拖延撤场而导致总包工程延期产生的业主对甲方的罚款或其他分包方因此而蒙受的损失。如果乙方逾期撤场达 5 天，甲方将强制乙方撤场施工现场，由此导致的一切损失及责任均由乙方承担。

3. 索赔

（1）甲方根据总包合同条件向工程师递交任何索赔意向通知或其他资料时，要求乙方协助时，乙方应该就分包工程情况以书面形式向甲方发出通知或其他资料以及同期施工记录，以便甲方能遵守总包合同有关索赔的约定。

（2）甲方付给乙方的各种款项或确认的索赔等，以甲方从业主处获得对应款项／索赔等为前提。

4. 争议解决

双方因履行本合同或因与本合同相关的事项发生争议的，应通过协商方式解决，协商不成的，应首先提交_____调解中心进行调解，调解不成的，一方有权按照下列第_____项约定方式解决争议：

（1）向_____仲裁委员会申请仲裁；

（2）向_____人民法院提起诉讼。

第八条 保障、保险及担保

1. 保障

除应由甲方承担的风险外，乙方应该保障甲方免于承受在分包工程施工过程中及修补缺陷时引起的下列损失、索赔及与此有关的一切索赔、诉讼、损害赔偿：

（1）任何人员的伤亡；

（2）分包工程以外的任何财产的损失或损害。

2. 不可抗力

（1）当不可抗力事件涉及乙方施工现场时，乙方应立即通知甲方，并在力所能及的条件下，迅速采取措施，尽力减少损失，并根据分包合同的约定处理。

（2）处理措施：不可抗力发生后，乙方应迅速采取措施，尽力减少损失，并在 24 小时内向甲方代表通报受害情况，灾害继续发生，乙方应每隔 10 天向甲方报告一次灾害情况，直到灾害结束。

（3）费用承担原则：

① 人员伤亡由其所属单位负责，并承担相应费用；

② 造成乙方设备、机械的损坏及停工等损失，由乙方承担；

③ 所需清理修复工作的责任与费用承担，双方另签补充协议约定。

3. 后继法规

如果在合同签订完成之后，国家或地方政府以及有关管理机构任何法律、法规、规章或规范性文件发生了变更，或国家或地方政府以及有关管理机构颁布或采用了任何新的后继法律、法规、规章或规范性文件，使得乙方在合同中发生了费用增加或减少，此类增加或减少引起费用变化的情况乙方报价时已综合考虑，工程量清单中固定单价不随政策的调整而变化。

4. 合同生效与终止

（1）甲方、乙方在协议书中约定合同生效方式。

（2）甲方、乙方履行合同全部义务，竣工结算尾款支付完毕，分包工程移交后，本合同即告终止。

5. 合同份数

本合同一式_____份，均具有同等法律效力，甲方执_____份，乙方执_____份。

（以下无正文）

（本页为签署页）

甲方：（公章） 乙方：（公章）

法定代表人或其委托代理人： 法定代表人或其委托代理人：
（签字） （签字）

统一社会信用代码：_____ 统一社会信用代码：_____
地址：_____ 地址：_____
电话：_____ 电话：_____
电子信箱：_____ 电子信箱：_____
开户银行：_____ 开户银行：_____
账号：_____ 账号：_____

水泥搅拌桩施工分包合同

合同编号：

工程名称：_____
工程地址：_____
甲　　方：_____
乙　　方：_____

_____年_____月_____日

_____工程水泥搅拌桩施工分包合同

甲方（承包方）：_____

乙方（分包方）：_____

根据《中华人民共和国民法典》《中华人民共和国建筑法》《建设工程质量管理条例》及其他有关法律、行政法规，遵循平等、自愿、公平和诚实信用原则，双方就_____工程水泥搅拌桩施工分包事宜达成如下协议：

第一条　工程概况

1. 工程名称：_____。
2. 工程地点：_____。
3. 基坑面积：_____。
4. 基坑周长：_____。
5. 建设单位：_____。
6. 监理单位：_____。

第二条　分包范围

工程承包范围：_____工程_____轴线至_____轴线，_____轴线至_____轴线水泥搅拌桩施工（可添加图示标段范围划分作为本合同附件）。

第三条　承包方式

本合同的承包方式采用下列第_____种：

（1）包工包料包机具；

（2）包人工包辅料包机具（主材由甲方提供）。

第四条　乙方基本工作内容

1. 工程图纸、技术标准显示和根据图纸内容、技术标准可合理推断出的内容，包括但不限于：

（1）乙方负责水泥搅拌桩施工机械进出场、场地工作面清理、测量定位放线及复核，提供需配合的相关机械、设备，提供配合检测及监测施工等所有完成本分包工程所需要的人员、材料、机械、设施、资源等。

（2）乙方应接管现场现状及遗留问题，在工程履约过程中，乙方不得以此为借口索赔费用及工期等。乙方在开工前，应细心勘查现场状况，如发现现场出现任何缺陷及不利影响应实时通知甲方以得到及时处理。工地范围内地面以下可能存在原建筑物拆除后的基础、支撑结构、地下室或其他地下设施及管线，乙方不得以此等障碍物的拆除等影响而向甲方进行索赔。对于现场地上或地下之情形，无论是否明确，乙方均被视为有详尽了解、完全同意并接受，合同价格已包含一切风险费用。

（3）乙方须按图纸设计要求进行水泥搅拌桩施工，对因乙方施工未能满足设计图纸要求，造成水泥搅拌桩不满足设计强度等缺陷的，乙方须及时采取局部补桩等措施，并且承担补救此类缺陷所需费用及一切相关损失。

（4）乙方负责在本合同范围内自身所实施工程之保修工作。

（5）乙方所提供的设备、机具应按照甲方的施工组织设计所规定的时间进场，并且得到甲方的书面指令才能退场。甲方将统一协调使用乙方所提供的设备、机具，乙方必须听从甲方的指令。

（6）乙方须负责对施工产生的置换土、垃圾进行清理，并堆放至甲方指定地点，由甲方负责外运、消纳至政府指定的消纳场所，从而保障现场施工面具备作业条件。

（7）乙方设置的空气压缩机、照明、消防以及临水设施由乙方根据甲方确认的布设方案自行布置。乙方承担自身施工现场直至本工程正式移交给甲方时为止的配合、照管责任（包括但不限于现场的文明施工、临水及临电设施的维护、临边安全防护的维护、竣工清理等），其费用已包含于合同单价中，且其分包工作截止到本工程正式移交给甲方之时，乙方保证整个施工现场的临时设施能正常运行以满足施工的正常需要。

（8）乙方必须考虑与现场内其他分包方之间的配合协调，乙方的施工范围由甲方划定，乙方的合同单价中应已经考虑对各分包方之间的配合、协调费用及因有可能交叉作业带来的施工降效的影响费用。乙方不应以此为借口向甲方提出工期或经济等方面的索赔。

（9）乙方应制定并采取切实有效措施，防止自身材料、机具失窃等，防止工作面交叉引起的打架斗殴等事件，共创文明工地，乙方应保障甲方免于承担发生任何本项提及的不良事件给甲方带来的任何损失和损害，凡因乙方原因引致甲方遭受的各种罚款均由乙方承担。

（10）乙方提供保护措施以适应工程冬（雨）期施工，乙方应充分考虑今后遇到冬（雨）期施工而给自身带来的不便和妨碍。

2. 乙方为完成以上所有工作所需费用应视为已包括在合同单价之内，乙方不得以任何借口向甲方提出任何合同外经济索赔。

3. 在乙方没有全面履行分包合同义务之前，无论何种原因，当总包合同终止时，甲方应通知乙方终止分包合同，乙方接到通知后应立即无条件撤离现场。

4. 甲方与乙方雇佣关系解除或分包工程完工或乙方的施工质量、工期进度不能满足甲方的要求时，乙方应在接到甲方要求撤场的通知后 10 天内将其所有雇员及财产全部撤出施工现场，并妥善保护施工现场的所有甲方财产和已完工程，对于乙方在施工过程当中搭设的临时工程或临时设施，如果甲方要求拆除，乙方应无条件予以拆除并将现场清理干净，直至甲方满意。上述撤场不影响甲方根据分包合同约定得到赔偿的权利。

5. 如果乙方拖延撤场，甲方将扣留其最终付款，待乙方按甲方的要求撤场后再予以结算。如果乙方拖延撤场，每逾期一天按分包合同价款的千分之五支付甲方损失费，此外乙方还应赔偿甲方因为其拖延撤场而导致总包工程延期造成的业主对甲方的罚款或其他甲方的损失。如果乙方逾期撤场达 10 天，甲方将强制乙方撤场施工现场，由此导致的一切损失及责任均由乙方承担。

第五条 价款与计量

1. 合同价款：本合同暂定总价_____元（大写：_____）。

2. 合同组成明细：

序号	内容	暂定数量（m³）	固定单价（元）	暂定合价（元）	备注
1	水泥搅拌桩				水泥损耗率_____%
2					
3	合计				

3. 按_____% 的掺量计算，水泥搅拌桩水泥用量按_____kg/m³ 核定。超过部分由乙方承担水泥的材料及运输费用（适用于承包方式 2 包人工包辅料包机具）。

4. 合同组成明细表所列数量为暂估量，并不作为结算依据，双方结算根据本条第 6 款工程量计算方法进行。

5. 合同价格采用工程量清单固定综合单价形式，本合同价格包括为完成本合同约定的所有工作内容，包含的工作应视为按照设计图纸、施工方案及工程技术标准说明的全部内容的所有费用，即合同单价应视为是包工、包料（水泥甲供）、包机械、包损耗、包工期、包质量，包括但不限于如下费用：机械设备费、附件及配件费、机械运输及进出场费、机械操作照管人员费、材料的进出场费、测量放线费、排污费、渣土场内清运费、保险费、清洁费、机械材料场内运输、吊装费、冬（雨）期施工费、夜间施工费、成品保护费、技术措施费、资料费、赶工费、治安保卫费、临时设施费、特殊技术措施费、安全防护费、文明施工费、人工费调增、材料费调增、竣工清理费、消防设施费、环境保护费、扰民调停费、风险费与其他所有分包方（包含业主、发包方指定的分包方及投标方自己的施工队伍）的配合照管费、企业管理费、现场经费、利润、增值税、城市建设维护税、教育费附加等各种税费等，任何一方不得因任何原因而做出调整。

6. 工程量计量方法。

（1）乙方应于每月_____日向甲方提交上月已完工程量的报告。甲方在收到已完工程量报告后自行按合约图纸计量。甲方应在自行计量前 24 小时通知乙方，乙方为计量提供方便并派人参加。对乙方自行超出合约图纸范围施工或因乙方原因造成返工的工程量，甲方不予计量。

（2）计量原则：水泥搅拌桩的体积按设计桩长乘以设计桩截面面积，以立方米为单位计算桩身净量。

（3）任何变更指示应有设计单位、工程监理、业主及甲方代表签字后才能生效，乙方因违反此条款发生任何返工，其损失或工期延误都应自行承担。

7. 乙方应按照甲方的指示在要求的进度内完成有关变更洽商工作，如乙方与甲方对变更洽商的估价发生争议，该争议并不构成乙方不完成或不按进度完成该洽商变更的理由。此外，乙方亦不能将"甲方需对变更洽商的估价金额与乙方达成一致意见"作为执行该项变更洽商的条件。

第六条 付款

1. 本工程无预付款，月度付款前提：

（1）业主已经将相应款项支付给甲方；

（2）月度施工内容经甲方同意；

（3）施工进度在甲方的总控制计划之内；

（4）试验／复试报告证明所用材料合格或满足合同要求；

（5）经监理单位、甲方验收合格（分项验收时）；

（6）随月进度提交了相关技术资料（试验报告、验收资料等）。

2. 付款程序：乙方于每月_____日向甲方递交本期按合同约定应付的费用汇总表和请款报告，甲方收到报告后于次月的_____—_____日完成审核，在完成审核的次月_____—_____日通过网上银行支付。

3. 付款额度：按业主实际支付给甲方的比例来支付乙方进度款，付款额度最高不超过乙方当月完成量的_____％，其中_____％为资料保证金，_____％为质量保证金，_____％为工期保证金。工程结算价款支付的前提是业主已经将相应部分的结算价款支付给甲方。

4. 保证金的返还：

（1）乙方应及时递交各项技术资料，甲方收到乙方全部完整的技术资料，经甲方现场技术负责人确认无误后支付资料保证金。

（2）若乙方按合同工期（含甲方认可的工期顺延时间）如期完成合同内容，返还全部工期保证金，否则将酌情扣除。

（3）质量的保证金于结构工程封顶，扣除各种罚款、违约金后一个月内无息支付。

（4）分包工程具备验收条件的，乙方应向甲方提供完整竣工资料及竣工验收报告。甲方应该在收到乙方提交的分包工程竣工验收报告之日起3日内通知业主验收，乙方应该配合甲方会同业主进行验收。验收不能通过且属于乙方原因的，乙方应负责修复相应缺陷并承担相应的质量责任。

（5）分包工程竣工验收通过，竣工日期为乙方提供竣工验收报告的日期。需要修复的，实际竣工日期为修复后竣工报告的日期。

5. 乙方按时完成分包合同约定的所有工程内容，经甲方、设计单位、监理、业主四方验收分包工程达到分包合同约定的质量标准，办理完成竣工工程移交手续后，甲方在同业主办理完结算后的一个月内和乙方办理完工程结算，扣完乙方保修金及其他应扣款项后付清剩余款项（不计利息）。

6. 乙方应按国家有关规定对分包工程承担保修责任。具体保修责任按照乙方与甲方在工程竣工验收之前签订的质量保修书执行。保修服务期满后，并不免除乙方施工质量责任。

第七条 工期

开工日期为_____年_____月_____日，完工日期为_____年_____月_____日，计_____日历天（包括法定节假日和不利的天气条件以及不可避免的交叉作业影响因素在内）。

第八条 工期要求

1. 乙方应当按照约定的开工日期开始分包工程的施工。如乙方不能按时开工，应当不迟于约定的开工日期前7天，以书面形式向甲方提出延期开工的理由和要求。甲方应当在接到延期开工申请后的48小时内以书面形式答复乙方。甲方不同意延期开工要求或乙方未在规定时间内提出延期开工要求，工期不予顺延。

2. 因甲方原因不能按照约定的开工日期开工，应以书面形式通知乙方，推迟开工日期，并相应顺延工期。

3. 因以下任何一项原因造成乙方延误实施分包工程的，经甲方项目经理书面确认，分包工程的竣工时间相应延长，延期费用不予补偿：

（1）非乙方造成工程延误，而且甲方根据总包合同已经从业主获得与分包合同相关的竣工时间的延长；

（2）非乙方原因造成分包工程范围内的工程变更及工程量增加超过_____％；

（3）甲方未按约定时间提供开工条件、施工现场等造成的延误；

（4）甲方发出错误的指令或者延迟发出指令造成分包合同工期延误；

（5）不可抗力等其他非分包原因造成分包工程的延误；

（6）甲方认可的其他可以谅解的工程延误。

4. 乙方在上述情况发生后48小时内，就延误的内容和因此发生的经济支出向甲方代表提出书面报告。甲方在与业主协商后，书面通知乙方公平和合理的工程期限的延长，上述延长和赔偿建立在业主同意就以上延误给予甲方以竣工期限的延长的基础之上。在此规定，因上述情况所引致的工期延长，均不应构成任何额外费用的索赔。

5. 乙方必须按照约定的竣工日期或甲方同意顺延的工期竣工。如果乙方未能在分包合同约定的期限内或乙方根据本条第4款获得的延长期内完成分包工程或其中任何部分，对因此使甲方遭受或招致的任何损失或损害，乙方应予赔偿，并且乙方应向甲方支付分包合同条款约定的工期延误违约金。

6. 工期延误违约罚金。如果因乙方原因（不可抗力除外）未能在规定的期限内完成分包工程或其中任何部分，乙方除向甲方按分包合同约定的方式和数额支付延误违约金外，每延期一天，罚款_____元人民币，罚金累计不超过分包合同总价的_____%。

7. 乙方告知义务。当分包工程的进展已有明显延迟时，乙方应提前以书面形式通知甲方进展、延迟的原因和分包工程及其任何部分完成的情况，但此通知不能减少或降低乙方因此而应负的责任。

第九条　变更与变更计价

1. 如果甲方认为有必要对分包工程或其中的任何部分的形式、质量、数量做出变更或调整，则其有权书面指示乙方进行以下任何工作，乙方应遵照执行。该指示应该包括来自业主、设计、监理单位的设计变更、洽商、指示等，但来自业主、设计、监理单位的上述指示应由甲方签认并转发乙方。

（1）增加或减少合同中已经包含的工作量；

（2）改变工程做法、材料；

（3）改变分包工程任何部位的标高、位置或尺寸；

（4）改变施工顺序或时间安排；

（5）为确保工程质量和工程竣工而必需的任何附加的工作。

2. 乙方应根据设计单位、工程监理、业主及甲方代表共同签字认可的书面设计变更，以更改、增补或省略的方式对分包工程进行变更。

3. 乙方不应执行从工程师处直接收到的有关分包工程变更的未经甲方项目经理书面确认的指令。乙方一旦直接收到此类变更指令，应立即将此指令通知甲方项目经理并向其提供一份此类直接指令的副本。甲方项目经理应在24小时内提出关于此类直接指令的书面处理意见。

（1）上述变更指令发出后，双方应继续履行本合同，本分包合同不能因以上变更而失效或者作废。因变更而导致合同价款发生变化，则按相应条款规定调整。

（2）如果上述变更是因为乙方违约或乙方自身原因造成甲方不得不发出变更指令，则任何此类变更后增加的费用由乙方自己承担。

（3）乙方不得在施工中擅自改变材料做法，进行未经甲方许可的施工作业。

（4）如果变更仅仅造成工程量发生变化，则其单价不变，仍按原合同单价执行。

（5）如果合同中没有适用于变更工作的价格，则双方协商一个合理的市场价格。

第十条　技术质量要求

1. 总则：本合同文件中约定的任何乙方应遵照执行的国内外标准（包括适用的地方性标准）均指其现行有效版本。如果任何本工程技术说明与国家标准之间出现相互矛盾之处或不一致之处，乙方应书面请求予以澄清；除非甲方有特别的指示，乙方应按照其中要求最为严格的标准执行。

2. 本分包工程没有相应标准的，由甲方向乙方提出施工技术要求，具体参见由甲方技术部编制的《_____工程水泥搅拌桩施工方案》，乙方按约定的时间和要求提出施工工艺，经甲方书面认可后执行，乙方应对其提出的施工工艺承担全部责任。本条所发生的购买、复印、翻译标准或制定施工工艺的费用，由乙方承担。

3. 现行标准或现有方案技术参数要点：

_____

第十一条 材料管理（适用于承包方式2）

1. 总包合同范围内由业主供应的材料、设备视为甲方供应的材料、设备。

2. 甲方供应的材料，乙方须在接到合同签订后5日内，根据施工图纸、施工进度计划、施工方案等编制整体工程的材料需用计划，在施工过程中编制材料备料计划和材料进场计划，各种材料计划中须按照甲方的格式要求列明其规格、品种、数量、进场时间、地点等。在材料进场前，乙方需提前30天提供材料备料计划，提前7天提供材料进场计划，且上述材料计划的提供时间须充分考虑材料的加工周期。上述所有材料计划均须上报甲方审核批准后实施。任何乙方所提计划之错误、遗漏、延迟等原因造成的材料浪费、工期延误及甲方的其他损失，均由乙方承担。甲方对于上述计划的审核批准并不免除乙方的任何责任。

3. 如果乙方的材料进场计划发生变更，应提前3天通知甲方；如果乙方的备料计划发生变更，应提前15天通知甲方，以便甲方能够采取补救措施。任何因乙方责任导致材料计划的变更所造成的损失均由乙方承担，上述通知并不能减少或免除乙方应承担的责任。

4. 所有由甲方供应的材料，由甲方负责供应至施工现场，乙方及时清点接收，负责卸货，并办理领用手续。材料一经领用，均由乙方负责保管，直至工程完工。由于乙方现场保管不善，造成材料丢失或损坏，均由乙方负责赔偿，由此造成的工期延误不予顺延。所有甲方供应的材料，如果需要退场，乙方应负责提供装车等人工配合工作；因乙方计划不周而导致材料多进现场，该等多进现场材料退场所发生的所有费用由乙方承担。

5. 本工程由乙方负责供应的材料，其材质必须符合技术标准、设计之要求，并通过甲方认可的合格供应商采购。乙方在正式采购之前，须提供不少于三家供应商的资料（图纸、技术资料、样品、报价、施工做法等）给甲方，得到甲方的书面认可后乙方才能采购和使用，否则一切材料退场及工程返工等损失由乙方承担，工期不予顺延。

第十二条 现场及人员管理

1. 乙方应遵守国家、行业、地方以及甲方有关现场安全文明施工的各项管理规定，在设施的投入、现场的布置等各方面严格按照甲方的规定执行，并符合甲方的CI（企业形象标识）要求。

2. 现场施工人员必须统一着装，统一佩戴安全帽及胸卡，施工人员须持证进出现场。

3. 现场不允许出现宣传乙方单位的标识、标语。

4. 乙方所有现场施工人员需持有当地政府部门核发的就业证、暂住证、健康证等，乙方承担上述证件不齐而产生的责任，因此给甲方造成的损失由乙方承担，办理证件所需费用乙方自理。

5. 乙方应该采取一切合理的措施防止其人员实施违法或妨害社会治安和公共安全的行为，并有完全的责任和义务保护周围其他人员和财产免受上述行为的危害，由此造成的一切后果由乙方负责。

6. 乙方应严格遵守有关消防、保卫、交通安全、环卫、社会治安方面的规定。由于乙方对上述要求贯彻执行不得力而造成的一切事故、灾害，其经济及法律责任由乙方独自承担。由此造成甲方的损失由乙方赔偿，此外甲方有权对其进行处罚。

第十三条 甲方一般职责

1. 甲方驻现场代表：项目经理为_____；技术负责人为_____。

2. 负责协调乙方与现场其他分包方、施工工序之间的关系。及时向乙方提供施工所需指令、指示、设计变更、洽商等相关施工文件。当甲方对工程材料、质量发生怀疑时，有权随时进行抽查。

3. 负责向乙方提供设计图纸，组织乙方参加业主组织的图纸会审，并向乙方进行设计图纸交底，编制施工组织设计及总的工期控制计划，审查乙方编制的详细施工作业计划。

4. 向乙方提供的有关施工现场的资料和数据，都是甲方现有的和客观的，并力求真实地反映施工现场的实际。但不对所提供的资料、数据、图纸等的准确性负责。

5. 负责定期组织召开生产例会。

6. 负责组织分部分项工程的隐蔽和预检，对乙方的质量、进度、安全和文明施工进行监督。

7. 负责提供工程定位、轴线控制点及水准点。

8. 负责与业主和政府有关部门的一切联系工作。

9. 协调解决现场的乙方材料堆放及库存场所。

10. 提供生活、生产用水用电，乙方应节约使用。甲方有权随时抽查监督乙方用水用电行为，若发现浪费或不良使用行为，甲方有权重罚，并禁止乙方使用甲方提供的水电资源。

11. 如果乙方在工程质量、进度、安全、现场管理等方面满足不了甲方、监理、业主任何一方的合理要求，甲方有权将分包合同范围的工作指定给其他单位完成，所发生的分包费用、劳务费、材料费等费用从乙方款项中扣除，对此乙方不得有任何异议。甲方保留因乙方原因导致工作范围调整而向其索赔的权利。

第十四条　乙方一般职责

1. 乙方驻现场代表：项目经理为_____；技术负责人为_____。
2. 乙方施工前需向甲方提供完整技术方案，其中应包括以下内容：
（1）施工依据的现行国家标准及其他相关规定；
（2）主要施工方法；
（3）根据工期要求和现场情况为每阶段施工安排的机具型号、数量；
（4）每一阶段现场作业人员、管理人员数量；
（5）乙方现场管理人员组织结构和隶属关系以及通信联系方式；
（6）根据现场实际情况和可能出现的情况（包括有毒害环境作业）所采取的保证措施；
（7）对甲方移交的红线、主定位轴线进行复核确认。
3. 乙方应向甲方提供施工人员名单（需经当地住建部门备案）及特殊工种的上岗证复印件（加盖单位公章）。
4. 乙方应随时准备接受甲方对工程质量、安全、文明施工的检验、检查，并为检验、检查提供便利条件。
5. 乙方应保障甲方免于承担因乙方过失、失误造成的任何人员伤亡、财产损失的全部责任和索赔，另外还应保障甲方免于承担与此有关的一切索赔、诉讼、损害赔偿、抚恤费和其他相关开支。乙方不履行职责而造成的工期延误、工程损失，责任均由乙方承担，并由乙方赔偿甲方的所有损失。
6. 乙方负责己方施工区域的安全文明施工，及时将己方施工区域的施工垃圾清理到甲方指定的区域。否则甲方有权自行组织他人完成该项工作，费用从乙方款项中扣除。
7. 乙方项目经理需按时参加甲方项目经理部组织的有关安全、质量、进度、文明施工等方面的各种会议、检查活动，不得无故缺席。若乙方项目经理临时有其他紧急事务无法出席，须指派全权代表参加。会议所做出的决议、事项，双方需共同恪守，严格遵照执行。
8. 未经甲方许可，乙方不得私自在现场（包括生活区）私搭乱建临时用房。
9. 乙方的食堂和宿舍需接受甲方的统一监督管理，并严格执行_____市卫生防疫有关规定，采取必要措施，防止蚊蝇、老鼠、蟑螂等疾病传染源的孳生和疾病流行。
10. 乙方应按照本工程技术说明书、技术标准、合同文件、图纸等进行与本工程有关的所有工作，并依照保修书的要求履行工程保修义务和职责。
11. 乙方应根据自身的施工经验、对现场周边及基坑内工程施工进行调查以及必要的补充勘探，对工程的现场地质水文条件（包括原有基础、管线等处理和自身施工等因素）进行充分的估计，制定切实可靠和经济合理的施工方案，并针对各种可能出现的困难和紧急情况制定预防和应急措施。乙方已充分考虑与本款相关的风险，不会对因上述情况引起的任何额外费用和工期拖延提出额外的费用要求。
12. 乙方应严格按照合同进行工作施工、竣工并保修。在涉及该项工程的任何事项上，无论这些事项在合同中是否写明，乙方都要严格遵守和执行甲方的指示。乙方应按照分包合同的约定，以应有的精心和努力对分包工程进行设计（如分包合同有约定时）、施工、竣工和保修。乙方在审阅分包合同或在分包合同的施工中，如果发现分包工程的设计或技术要求存在任何错误、遗漏、失误或其他缺陷，有义务以最快捷的方式通知甲方。
13. 已竣工工程未交付甲方之前，乙方应对已完分包工程进行保护。该期间发生损坏，乙方自行予以修复，并由甲乙双方共同调查责任原因，由责任方赔偿乙方损失。
14. 遵守政府有关主管部门以及甲方对施工场地交通、施工噪声以及环境保护和安全生产等的管理规定，按规定办理有关手续，并以书面形式通知甲方，相应费用已包含在合同单价内。
15. 乙方在施工中必须满足甲方关于统一着装及完成甲方关于企业形象宣传的有关工作要求；自备符合甲方CI（企业形象标识）工作及安全要求的安全帽、安全带、绝缘手套等所有防护用品并办理出入证，工程施工现场统一以甲方的名称和字样出现，相应费用已包含在合同单价内。

16. 乙方应在条款约定的时间内，按甲方要求提交一份详细的分包工程施工组织设计及进度计划，甲方应在约定的时间内批准，乙方予以执行。如乙方不能按甲方批准的进度计划施工，应根据甲方的要求调整或修订进度计划，以保证分包工程如期竣工。

17. 乙方须在甲方总体计划下按甲方要求的格式编制月度、周生产计划和材料需用计划；每月_____日前上报次月施工进度计划及材料需用计划，每周末前上报下周的施工进度计划；经甲方审批后的施工进度计划一旦下达，必须保证全面完成；乙方每月_____日提供满足甲方要求的当月形象进度统计报表。

18. 乙方代表及施工管理人员应按甲方要求及时参加甲方组织召开的月度、周生产例会等会议。

19. 乙方应允许甲方授权的人员在工作时间内进入分包工程施工现场或材料存放的地点以及施工现场以外与分包合同有关的工作的地点，并为此种进入提供方便。

20. 乙方委派的现场项目经理及其主要管理人员必须有承担类似工程的工作经验。乙方的主要管理人员，一经甲方接受，在合同履约过程中，乙方不得更换。擅自更换管理人员，每人次罚款_____元；擅自减少项目施工人员，每人次罚款_____元。如果在履约过程中，甲方认为乙方的管理人员不能胜任其工作，有权要求乙方更换。乙方应在 3 日内提交拟重新任命的管理人员的详细资料，经甲方批准后更换。如乙方在 3 日内未提出新的人选，或两次提出的人选都不能令甲方满意，将被视为乙方违约，甲方有权终止合同，按违约条款处理。乙方不得为此而向甲方提出任何费用及工期方面的要求。

21. 乙方必须按甲方总控进度计划施工，确保每周的工作均在甲方的总控进度计划内完成。为满足工期、质量要求，乙方须随时按甲方指令追加现场使用的设备、机具、辅材、安全设施及人员投入，以达到甲方的要求，如乙方无力或不愿投入上述资源，甲方将于通知乙方后自行投入该等资源，并按该等资源实际投入价值从乙方之结算款中扣除其费用；为达到上述要求，乙方采取各种措施的费用已包含于合同单价中，不再增加任何费用。

22. 甲方有权随时对乙方的工作进行监督、检查、控制，如由于乙方履约不力（如乙方不具备工程之施工条件或甲方出于工程进度、质量、劳动力资源、技术等级等方面考虑，认为其中有达不到要求的），不能达到业主或甲方要求时，甲方可另行分包本合同乙方工作范围内的部分或全部工作，另行分包的费用由甲方确定，无须征求乙方意见，甲方按实际发生费用从乙方费用中扣除并追加索赔。

23. 对于分包工程范围内的有关工作，乙方应遵守甲方根据分包合同所发出的所有指令。如果乙方拒不服从该指令，甲方可雇佣其他施工单位完成指令事项，并从应付给乙方的任何款项中扣除该雇佣费用。乙方仅从甲方处接受指令。对于分包工程范围内的有关工作，乙方应该遵守经甲方确认和转发的业主或工程师发出的所有指令和决定。

24. 乙方须保管自有及甲方移交、委托乙方管理、使用的材料、机具、设备等，并保证其完好无缺。

25. 基坑开挖后，乙方应派专人定期检查水泥搅拌桩的质量，由于乙方施工原因引起围护发生渗漏或质量缺陷，要立即派专业人员进行堵漏，费用由乙方承担。如果因乙方施工质量问题给项目带来损失，则损失由乙方承担。

26. 本工程正常的扰民协调工作由甲方和业主负责。但乙方须承担因其自身施工不当或违反操作规程等自身原因引起扰民及民扰造成乙方自身、甲方、业主、其他所有参与本工程的分包方所有受到的影响和 / 或经济损失（包括调解民扰的费用支出），确保甲方免负由乙方引致的所有责任和损失。

27. 施工中由于发生临时停水、停电，乙方应采取补救措施保证按计划完成施工，且不得因此索要任何费用。

28. 乙方须负责自身承包范围内的成品保护工作，并且须注意保护其他分包方的成品、半成品。

29. 乙方应保证施工现场绝不发生重大伤亡责任事故，如出现伤亡责任事故，不论事故的大小，也不论该事故受损方是乙方自身的人员还是其他分包方（供应商）等之人员，乙方承担一切经济及法律上的责任。

30. 在施工过程中，严格遵照甲方的《安全管理手册》中的安全管理体系和本项目各阶段安全生产、文明施工设计方案，建立安全生产保证体系并经甲方审批。按工程所在地建设管理部门规定，配置专职安全管理人员，以确保完善该安全体系，如在乙方承包范围内，由于乙方安全意识不到位、安全措施不及时、不力等，造成人员伤亡事故，不论伤（死）者是乙方自有工人还是其他分包方人员，均认为是乙方的责任，该责任均由乙方承担，甲方并将向乙方索赔所有的经济上及工期上的损失。

31. 乙方须在进场前自行办理完进入当地施工所需的建设管理部门批准手续，并缴纳工程所在地政府规定的有关费用，因未办完或未办理相关施工手续而导致的损失由乙方自行承担。乙方为此采取各种措施的费用已被认为包含于合同价款中，不再增加任何费用。

32. 乙方遵从甲方总体安排，自行考虑其管理人员办公场地、加工棚、库房、材料堆放等设施的布设。

第十五条 双方资源界面划分

1. 甲方提供以下资源和工作：

（1）提供水泥原材（适用于承包方式2）；

（2）提供临电接驳口至一级电箱，临时施工用水及消火栓接口，并负责缴纳水电费；

（3）负责搭设现场周边的镝灯照明，基坑周边的围挡；

（4）负责组织工程常规试验及第三方检验；

（5）负责工程红线、主定位轴线的测定，并移交给乙方；

（6）负责提供现场厕所、垃圾房、现场大门、围挡和现场保卫。

2. 乙方提供以下资源和工作：

（1）水泥搅拌桩型号及数量为_____，施工机械_____台，配套水泥储存罐及施工相关机械设施。

（2）根据甲方现场临水临电管线的布设，自行提供二级电箱及线缆接引至施工地点。

（3）提供试验员及模具，并负责试验材料的取样、制作、养护、取送等工作；自备符合相关标准要求的个人安全防护用品，包括但不限于：安全帽、安全带、口罩等。

（4）负责提供工人住宿、办公的临建房屋。

（5）负责提供办公设备与用品。乙方现场人员宿舍人均使用面积不小于两平方米，包括但不限于宿舍床铺、衣柜、吊架、被褥、床铺等生活用品以及冬季取暖设施、夏季通风防蝇设施等生活设施。

（6）负责乙方施工人员冬季取暖以及工人上下班的交通及二场地水电费。生活区内各项生活条件及管理必须符合政府相关法律法规及要求、甲方的各项要求，符合工程所在地政府建设管理部门安全文明工地的标准等的要求，各种电器应符合甲方安全管理要求。

（7）除本条第1款所述由甲方提供的资源以外，其他未列明但需用于或服务于本工程的资源均由乙方提供。所有由乙方提供的材料、机械等资源必须符合工程标准、技术要求等规定，提供相应资料供甲方核查，并在材料进场使用之前，进行相关复试，提供复试报告。

第十六条 检查与验收

1. 乙方应认真按照标准和设计图纸要求以及甲方依据合同发出的指令施工，随时接受甲方的检查检验，并为检查检验提供便利条件。

2. 工程质量达不到约定标准的部分，按甲方的要求拆除和重新施工，直到符合约定标准。因乙方原因达不到约定标准，由乙方承担拆除和重新施工的费用，工期不予顺延。

3. 甲方的检查检验不应影响施工正常进行，如影响施工正常进行，检查检验不合格时，影响正常施工的费用由乙方承担。除此之外影响正常施工发生的费用由甲方承担，相应顺延工期。

4. 因甲方指令失误或其他非乙方原因发生的费用，由甲方承担。

5. 乙方质量保证措施。

（1）乙方应建立符合ISO 9002质量管理体系要求和工程特点的质量保证体系及质量保证措施，在签订合同后15天内报甲方审核。乙方提交的质量保证体系及质量保证措施一旦通过甲方的审核。乙方必须认真执行，保证质量体系的有效运行，因乙方质量体系运转不灵、措施不力造成的损失将由乙方承担。

（2）三检制：本分包工程的实施执行"三检制"。在与其他分包单位交叉施工时，上道工序要为下道工序创造良好的施工条件，注重现场的文明施工及成品保护，下道工序要注意保护上道工序。由于交叉施工相互破坏造成的返工、返修、工期损失等由导致破坏的分包单位承担。

（3）质量整改通知单：对于乙方施工质量不符分包合同及甲方的要求，甲方向乙方发出"质量整改通知单"。乙方在接到甲方"质量整改通知单"的要求后应认真、及时整改，若逾期不予整改或整改不彻底，甲方将根据情况给予_____元的罚款，且甲方有权另行雇佣其他分包单位代替乙方进行整改，乙方应承担因此发生的所有经济支出及工期损失。

（4）技术及质量资料：乙方需配合甲方进行竣工资料的整理及竣工资料（包括竣工图）的制作，在施工过程中必须按工程所在地住建部门等有关管理部门《建筑工程资料管理规程》或分包工程所在地政府的关于建筑安装工程技术资料管理的规定、ISO 9002质量管理体系及ISO 14001环境管理体系规定的工程技术资料管理等要求及时向甲方提供有关的技术及质量保证资料。甲方对文件、资料、材料、设备等的审批,并不能免除乙方的任何责任。

(5)乙方的资质、上岗证及工人劳动合同等:签订合同后3日内,乙方必须将企业资质、项目管理人员的资格证书、特殊工种人员的上岗证等文件的复印件报甲方备案,提供工人花名册、劳动合同、上岗证并提供在指定银行办理的工资卡信息(工人最低工资标准及需办理的任何备案取证缴费须符合工程所在地相关建设管理部门要求)。

(6)质量问题反映:乙方在施工中如发现质量问题或隐患须立即通知甲方,不得自行处理,甲方如在施工中发现乙方对质量问题隐瞒不报,甚至未经总包允许自行处理,每次罚款_____元,并保留其他向乙方索赔的权利。

(7)隐蔽工程的检查:隐蔽工程是指具备覆盖、掩盖条件的达到设计、标准要求和协议条款约定的中间验收部位,乙方经自检合格后在隐蔽验收前24小时通知甲方代表参加,通知时提供自检记录、隐蔽验收的内容(资料)。验收不合格的,乙方在甲方限定的时间内整改完毕重新验收,达到设计要求,报监理验收签字后,乙方方可进行下道工序施工。如未按上述约定组织施工,每违约一次罚款_____元,甲方保留其他索赔的权利。

第十七条 安全生产与环保、职业安全

1. 本合同双方应共同遵守国家和地方有关的环境保护的法律、法规,努力营造绿色建筑。

2. 乙方在整个施工作业过程中满足甲方制定并经国家权威部门认证的ISO 14001环境管理体系、现行国际标准《职业健康安全管理体系要求及使用指南》ISO 45001的要求,保证施工生产符合相关标准的要求。

3. 乙方进驻现场员工需接受经ISO 14001环境管理体系、现行国际标准《职业健康安全管理体系要求及使用指南》ISO 45001认证的教育培训。

4. 乙方在运输材料(包括废料)、机具过程中应执行《_____市人民政府关于禁止车辆运输泄漏遗撒的规定》。

5. 乙方应采取一切合理的措施,防止其任何运输对连接现场的或通往现场的道路或桥梁造成破坏或损伤,乙方应特别注意选择合理的运输线路、运输工具,限制和分配载运重量,使现场的材料、工程设备、乙方设备或临时工程运送等受到合理限制,从而避免对道路和桥梁造成损害或损伤。

6. 乙方须采取有效措施,防止运输机械噪声超标或机械漏油污染环境。运输车辆要定期进行噪声检测。对于不符合要求的机械要及时采取必要的措施。

7. 车辆进入现场后禁止鸣笛。

8. 乙方应遵守工程安全生产有关管理规定,严格按照安全操作规程组织施工,承担由于自身安全措施不力或管理不善造成事故的责任和发生的费用。

第十八条 图纸技术资料

1. 甲方将于本合同签订后向乙方提供一套施工图纸。

2. 乙方具有协助甲方审查本工程图纸和技术说明中可能存在的任何缺陷、疏漏和不足的责任和义务,乙方应在甲方提供图纸后14天内将其认为相关图纸(包括工程标准技术说明)中可能存在的任何缺陷、疏漏或不足以书面方式报告甲方,乙方可以在此书面报告中附上关于弥补或修改此类缺陷、疏漏、不足的建议或方案,以及按此建议或方案实施对合同价格的影响。如果乙方迟于上述期限提出图纸的缺陷、疏漏或不足,则其在本分包工程的施工过程中只能提出技术变更,除甲方批准或指示的变更外,将不会得到任何费用的补偿和工期顺延的许可。

第十九条 违约

1. 乙方的违约

(1)如果出现以下情况,则视为乙方违约:

① 乙方被依法判定不能支付到期债务,自愿或非自愿地宣告破产、停业整顿或解体(为合并或重建目的而自愿的清理除外)、失去偿付能力;与其债权人做出安排,或做出对债权人的转让;同意在其债权人的监督委员会监督之下执行分包合同;指定破产案件产业管理人、遗产管理人、财产受托管理人或资产清算人监督其财产的任何实质部分。其他对乙方或其财产采取的行动或发生的事件,根据适用法律,具有与前述的行动或事件相似的后果;乙方再承包或转包其承包的工程;货物被扣押。

② 乙方已否定分包合同有效。

③ 乙方无正当理由,未能按分包合同约定开工或实施分包工程。

④ 甲方做出要求乙方清除有缺陷的材料或修补有缺陷的工作的指示后,乙方拒绝执行或忽视此类指示。

⑤ 乙方无视甲方的事先书面警告,忽视履行分包合同规定的责任和义务。

⑥业主或工程师根据总承包合同规定预先通知甲方后，要求甲方指令乙方从总承包工程上撤出。

⑦根据分包合同的组成文件的要求，乙方未能完成必要的登记或从有关机构获得必要的认可。

⑧在没有合理原因的情况下提前终止分包工程。

⑨执行分包工程不力。

在不影响甲方任何其他权利或采取任何补救方法的情况下，甲方可以根据分包合同，在通知乙方后，立即终止对乙方的分包。随后甲方可占有乙方带至现场的所有材料、乙方的设备或其他物品，并由甲方或甲方同意的其他分包方将上述物品用于施工和完成分包工程以及修补其中任何缺陷。如果甲方认为适当，可以将上述物品全部或部分出售，并将所得收入用于补偿乙方应支付甲方的款额。上述占有或扣押并不影响甲方采取其他措施维护其利益的权利。

（2）若由于本款第1项原因解除合同，则：

①甲方解除对乙方分包工程当月的月度应付款项将不予支付。因终止合同而导致的甲方的所有损失将由乙方来承担，包括甲方必须重新雇佣其他分包方而发生的额外费用。

②合同终止并不能免除乙方在解除雇佣之前为履行分包合同的所有行为、工作等应负的责任。

③发生此类合同终止情况时，受上述条款的约束，甲方与乙方的权利与责任应按下述情况处理：_____。

2. 乙方的撤场

（1）甲方与乙方雇佣关系解除或分包工程完工或乙方的施工进度不能满足甲方的要求，乙方在接到甲方要求撤场的通知后5天内应将其在施工现场的所有人员及财产全部撤出，并妥善保护施工现场的所有甲方财产和已完工程，对于乙方在施工过程中搭设的临时工程或临时设施，如果甲方要求拆除，乙方应无条件予以拆除并将现场清理至甲方满意。上述撤场应不影响甲方根据分包合同约定得到赔偿的权利。

（2）如果乙方拖延撤场，甲方将扣留其最终应收款项，待乙方按甲方的要求撤场后再予以结算。如果乙方拖延撤场，每逾期一天按分包合同价款的千分之五支付甲方损失费，上述损失费还应加上因为乙方拖延撤场而导致总承包工程延期产生的业主对甲方的罚款或其他分包方因此而蒙受的损失。如果乙方逾期撤场达10天，甲方将强制乙方撤出施工现场，由此导致的一切损失及责任均由乙方承担。

3. 索赔

（1）甲方根据总承包合同条件向工程师递交任何索赔意向通知或其他资料，要求乙方协助时，乙方应该就分包工程情况以书面形式向甲方发出通知或其他资料，保存并出示同期施工记录，以便甲方能遵守总承包合同有关索赔的约定。

（2）乙方未予积极配合造成阻碍，使得甲方索赔未获成功，则甲方可以在按分包合同约定应支付给乙方的金额中扣除上述本应获得的索赔款中比例适当的部分。

（3）在分包工程实施过程中，如乙方遇到不利外部条件等根据总承包合同可以索赔的情形，乙方可按照总承包合同的索赔程序通过甲方及时向业主提出索赔要求。甲方收到索赔报告后28天内应给予乙方明确的答复或要求进一步补充索赔理由和证据。甲方应该定期向乙方反馈索赔情况。索赔成功后，甲方应该将相应部分转交给乙方。乙方应该及时向甲方提交分包工程的索赔报告，以保证甲方可以及时向业主索赔。

4. 甲方的违约责任

（1）如果甲方不按照分包合同履行责任，乙方应提醒甲方及时履行责任，甲方在接到乙方的提醒通知后7天内，应履行责任或向乙方解释不能及时履行责任的原因。

（2）如果甲方在接到乙方提醒后7天内仍未履行责任，也未向乙方解释原因，那么甲方在确认违约后，合理补偿乙方的损失。

5. 争议解决

双方因履行本合同或因与本合同相关的事项发生争议的，应通过协商方式解决，协商不成的，应首先提交_____调解中心进行调解，调解不成的，一方有权按照下列第_____项约定方式解决争议：

（1）向_____仲裁委员会申请仲裁；

（2）向_____人民法院提起诉讼。

第二十条　不可抗力

1. 当不可抗力事件涉及乙方施工现场时，乙方应立即通知甲方，并在力所能及的条件下，迅速采取措施，尽力减少损失。并根据分包合同的约定处理。

2. 处理措施：不可抗力发生后，乙方应迅速采取措施，尽力减少损失，并在_____小时内向甲方代表通报受害情况，事件继续发生，乙方应每隔_____天向甲方报告一次情况，直到该事件结束。

3. 费用承担原则：

（1）人员伤亡由其所属单位负责，并承担相应费用；

（2）造成乙方设备、机械的损坏及停工等损失，由乙方承担；

（3）所需清理修复工作的责任与费用承担，双方另签补充协议约定。

第二十一条　合同生效与终止

本合同自双方签字盖章之日起生效。乙方移交甲方资料齐全有效，履行完保修职责，保修期结束，本合同即告终止。

第二十二条　其他约定

1. 本合同在执行中若有未尽事宜，双方经友好协商以补充协议、会议纪要、谈判记录等形式约定。

2. 双方承诺不将本合同成交价格透露给任何第三方。

3. 本合同所述之内容与条款只限于_____工程使用，乙方不得将本合同内容细节透露给任何第三方。

4. 本合同一式_____份，均具有同等法律效力，甲方执_____份，乙方执_____份。

（以下无正文）

甲方：（公章）　　　　　　　　　　　　　乙方：（公章）

法定代表人或其委托代理人：　　　　　　　法定代表人或其委托代理人：
（签字）　　　　　　　　　　　　　　　　（签字）

统一社会信用代码：_____　统一社会信用代码：_____
地址：_____　地址：_____
电话：_____　电话：_____
电子信箱：_____　电子信箱：_____
开户银行：_____　开户银行：_____
账号：_____　账号：_____

现浇钢筋混凝土桩施工分包合同

合同编号：

工程名称：_____

工程地址：_____

甲　方：_____

乙　方：_____

_____年_____月_____日

_____工程现浇钢筋混凝土桩施工分包合同

甲方（承包方）：_____

乙方（分包方）：_____

根据《中华人民共和国民法典》《中华人民共和国建筑法》《建设工程质量管理条例》及其他有关法律、行政法规，遵循平等、自愿、公平和诚实信用的原则，双方就_____工程现浇钢筋混凝土桩施工分包事宜达成如下协议：

第一条　工程概况

1. 工程名称：_____。
2. 工程地点：_____。
3. 基坑面积：_____。
4. 基坑周长：_____。
5. 建设单位：_____。
6. 监理单位：_____。

第二条　分包范围

工程承包范围：_____工程_____轴线至_____轴线，_____轴线至_____轴线现浇钢筋混凝土桩施工（可添加图示标段范围划分作为本合同附件）。

第三条　承包方式

本合同的承包方式采用下列第_____种：

（1）包工包料包机具；

（2）包人工包辅料包机具（主材由甲方提供）。

第四条　乙方基本工作内容

1. 工程图纸、技术标准显示和根据图纸内容、技术标准可合理推断出的内容，包括但不限于：

（1）乙方负责现浇钢筋混凝土桩施工机械进出场、场地工作面清理、测量定位放线及复核，提供需配合的相关机械、设备，提供配合检测及监测施工等所有完成本分包工程所需要的人员、材料、机械、设施、资源等。

（2）乙方应接管现场现状及遗留问题，在工程履约过程中，乙方不得以此为借口索赔费用及工期等。乙方在开工前，应细心勘查现场状况，如发现现场出现任何缺陷及不利影响应实时通知甲方以便得到及时处理。工地范围内地面以下可能存在原建筑物拆除后的基础、支撑结构、地下室或其他地下设施及管线，乙方不得以此等障碍物的拆除等影响而向甲方进行索赔。对于现场地上或地下之情形，无论是否明确，乙方均被视为有详尽了解、完全接受并认为合同价格已包含一切风险费用。

（3）乙方须按图纸设计要求进行现浇钢筋混凝土桩施工，对因乙方施工未能满足设计图纸要求，造成现浇钢筋混凝土桩不满足设计强度等缺陷，乙方须及时采取局部补桩等措施，并且承担补救此类缺陷所需费用及一切相关损失。

（4）乙方负责在本合同范围内自身所实施工程之保修工作。

（5）乙方所提供的设备、机具应按照甲方的施工组织设计所规定的时间进场，并且得到甲方的书面指令才能退场。甲方将统一协调使用乙方所提供的设备、机具，乙方必须听从甲方的指令。

（6）乙方须负责清理施工产生的置换土、垃圾，并堆放至甲方指定地点，由甲方负责外运、消纳至政府指定的消纳场所，从而保障现场施工面具备作业条件。

（7）乙方设置的空气压缩机、照明、消防以及临水设施由乙方根据甲方确认的布设方案自行布置。乙方承担自身施工现场配合、照管责任（包括但不限于现场的文明施工、临水及临电设施的维护、临边安全防护的维护、竣工清理等），直至本工程正式移交给甲方，其费用已包含于合同单价中。

（8）乙方必须考虑与现场内其他分包方之间的配合协调，乙方的施工范围由甲方划定，乙方的合同单价中应已经考虑其与各方的配合、协调费用及因有可能交叉作业带来的施工降效的影响费用。乙方不应以此为借口向甲方提出工期或经济等方面的索赔。

（9）乙方应制定并采取切实有效措施，防止自身材料、机具失窃等，防止工作面交叉引起的打架斗殴等事件，共创文明工地，乙方应保障甲方免于承担发生任何本项提及的不良事件给甲方带来的任何损失和损害，凡因乙方原因引致甲方遭受的各种罚款均由乙方承担。

（10）乙方提供保护措施以适应工程冬（雨）期施工，乙方应充分考虑今后遇到冬（雨）期施工而给自身带来的不便和妨碍。

2. 以上所有工作所需费用应视为已包括在合同单价之内，乙方不得以任何借口向甲方提出任何合同外经济索赔。

3. 在乙方没有全面履行分包合同义务之前，无论何种原因，当总包合同终止时，甲方应通知乙方终止分包合同，乙方接到通知后应立即无条件撤离现场。

4. 在甲方与乙方雇佣关系解除或分包工程完工或乙方的施工质量、工期进度不能满足甲方的要求时，乙方应在接到甲方要求撤场的通知后 10 天内将其在施工现场的所有雇员及财产全部撤出施工现场，并妥善保护施工现场的所有甲方财产和已完工程，对于乙方在施工过程当中搭设的临时工程或临时设施，如果甲方要求拆除，乙方应无条件予以拆除并将现场清理干净，直至甲方满意。上述撤场不影响甲方根据分包合同约定得到赔偿的权利。

5. 如果乙方拖延撤场，甲方将扣留其最终付款，待乙方按甲方的要求撤场后再予以结算。如果乙方拖延撤场，每逾期一天按分包合同价款的千分之五支付甲方损失费，此外乙方还应赔偿甲方因为其拖延撤场导致的总包工程延期造成的业主对甲方的罚款或其他损失。如果乙方逾期撤场达 10 天，甲方将强制乙方撤场施工现场，由此导致的一切损失及责任均由乙方承担。

第五条　价款与计量

1. 合同价款：本合同暂定总价＿＿＿＿＿＿＿元（大写：＿＿＿＿＿＿＿＿＿＿）。

2. 合同组成明细：

序号	内容	单位	暂定数量	固定单价（元）	暂定合价（元）	备注
1						
2						
3	合计					

3. 合同组成明细表所列数量为暂估量，并不作为结算依据，双方结算根据本条第 5 款工程量计算方法进行。

4. 合同价格采用工程量清单固定综合单价形式，本合同价格包括为完成本合同约定的所有工作内容，包含的工作应视为按照设计图纸、施工方案及工程技术标准所说明的全部内容的所有费用，即合同单价应视为是包工、包料（水泥甲供）、包机械、包损耗、包工期、包质量，并包括但不限于如下费用：机械设备、附件及配件费，机械运输及进出场费，机械操作照管人员、材料的进出场费，测量放线费，排污费，渣土场内清运费，保险费，清洁费，机械材料场内运输、吊装费，冬（雨）期施工费，夜间施工费，成品保护费，技术措施费，资料费，赶工费，治安保卫费，临时设施费，特殊技术措施费，安全防护费，文明施工费，人工费调增，材料费调增，竣工清理费，消防设施费，环境保护费，扰民调停费，风险费，与其他所有分包方（包含业主、发包方指定的分包方及投标方自己的施工队伍）的配合照管费，企业管理费，现场经费，利润，增值税等各种税费等。任何一方不得因任何原因而做出调整。

5. 工程量计量方法。

（1）乙方应于每月＿＿＿＿＿＿＿日向甲方提交上月已完工程量的报告。甲方在收到已完工程量报告后自行按合约图纸计量。甲方应在自行计量前 24 小时通知乙方，乙方为计量提供方便并派人参加。对乙方自行超出合约图纸范围施工或因乙方原因造成返工的工程量，甲方不予计量。

（2）计量原则：＿＿＿。

（3）任何变更指示应由设计单位、工程监理、业主及甲方代表签字后才能生效，乙方因违反此条款发生任何返工，其损失或工期延误都应自行承担。

6. 乙方应按照甲方的指示在要求的进度内完成有关变更洽商工作，如乙方与甲方对变更洽商的估价发生争议，该争议并不构成乙方不完成或不按进度完成该洽商变更的理由。此外，乙方亦不能将"甲方需对变更洽商的估价金额与乙方达成一致意见"作为执行该项变更洽商的条件。

第六条 付款

1. 本工程无预付款，月度付款前提：

（1）业主已经将相应款项支付给甲方；

（2）月度施工内容经甲方同意；

（3）施工进度在甲方的总控制计划之内；

（4）试验／复试报告证明所用材料合格或满足合同要求；

（5）经监理单位、甲方验收合格（分项验收时）；

（6）随月进度提交了相关技术资料（试验报告、验收资料等）。

2. 付款程序：乙方于每月_____日向甲方递交本期按合同约定应付的费用汇总表和请款报告，甲方收到报告后于次月的_____—_____日完成审核，在完成审核的次月_____—_____日通过网上银行支付。

3. 付款额度：按业主实际支付给甲方的比例来支付乙方进度款，付款额度最高不超过乙方当月完成量的_____%，其中_____%为资料保证金，_____%为质量保证金，_____%为工期保证金。工程结算价款支付的前提是业主已经将相应部分的结算价款支付给甲方。

4. 保证金的返还：

（1）乙方应及时递交各项技术资料，甲方收到乙方全部完整的技术资料，经甲方现场技术负责人确认无误后支付资料保证金。

（2）若乙方按合同工期（含甲方认可的工期顺延时间）如期完成合同内容，返还全部工期保证金，否则将酌情扣除。

（3）质量的保证金于结构工程封顶，扣除各种罚款、违约金后一个月内无息支付。

（4）分包工程具备验收条件的，乙方应向甲方提供完整竣工资料及竣工验收报告。甲方应该在收到乙方提交的分包工程竣工验收报告之日起3日内通知业主验收，乙方应该配合甲方会同业主进行验收。验收不能通过且属于乙方原因的，乙方应负责修复相应缺陷并承担相应的质量责任。

（5）分包工程竣工验收通过，竣工日期为乙方提供竣工验收报告的日期。需要修复的，实际竣工日期为修复后竣工报告的日期。

5. 乙方按时完成分包合同约定的所有工程内容，经甲方、设计单位、监理、业主四方验收分包工程达到分包合同约定的质量标准，办理完成竣工工程移交手续后，甲方在同业主办理完结算后的一个月内和乙方办理工程结算，扣完乙方保修金及其他应扣款项后付清剩余款项（不计利息）。

6. 乙方应按国家有关规定对分包工程承担保修责任。具体保修责任按照乙方与甲方在工程竣工验收之前签订的质量保修书执行。保修服务期满后，并不免除乙方施工质量责任。

第七条 工期

开工日期为_____年_____月_____日，完工日期为_____年_____月_____日，计_____日历天。（包括法定节假日和不利的天气条件以及不可避免的交叉作业影响因素在内）

第八条 工期要求

1. 乙方应当按照约定的开工日期开始分包工程的施工。如乙方不能按时开工，应当不迟于约定的开工日期前7天，以书面形式向甲方提出延期开工的理由和要求。甲方应当在接到延期开工申请后的48小时内以书面形式答复乙方。甲方不同意延期开工要求或乙方未在规定时间内提出延期开工要求，工期不予顺延。

2. 因甲方原因不能按照约定的开工日期开工，其应以书面形式通知乙方，推迟开工日期，并相应顺延工期。

3. 因以下任何一项原因造成乙方延误实施分包工程的，经甲方项目经理书面确认，分包工程的竣工时间相应延长，延期费用不予补偿：

（1）非乙方造成工程延误，而且甲方根据总包合同已经从业主获得与分包合同相关的竣工时间的延长；

（2）非乙方原因造成分包工程范围内的工程变更及工程量增加超过_____%；

（3）甲方未按约定时间提供开工条件、施工现场等造成的延误；

（4）甲方发出错误的指令或者延迟发出指令造成分包合同工期延误；

（5）不可抗力等其他非分包原因造成分包工程的延误；
（6）甲方认可的其他可以谅解的工程延误。

4. 乙方在上述情况发生后48小时内，就延误的内容和因此发生的经济支出向甲方代表提出书面报告。甲方在与业主协商后，书面通知乙方公平和合理的工程期限的延长，上述延长和赔偿建立在业主同意就以上延误给予甲方竣工期限的延长的基础之上。在此规定，因上述情况所导致的工期延长，均不应构成任何额外费用的索赔。

5. 乙方必须在约定的竣工日期或甲方同意顺延的工期竣工。如果乙方未能在分包合同约定的期限内或乙方根据本条第4款获得的延长期内完成分包工程或其中任何部分，对因此使甲方遭受或招致的任何损失或损害，乙方应予赔偿，并且应向甲方支付分包合同条款约定的工期延误违约金。

6. 工期延误违约罚金。如果因乙方原因（不可抗力除外）未能在规定的期限内完成分包工程或其中任何部分，乙方除向甲方按分包合同约定的方式和数额支付延误违约金外，每延期一天，罚款_____元人民币，罚金累计不超过分包合同总价的_____%。

7. 乙方告知义务。当分包工程的进展已有明显延迟时，乙方应提前以书面形式通知甲方进展、延迟的原因和分包工程及其任何部分完成的情况，但此通知不能减少或降低乙方对此应负的责任。

第九条 变更与变更计价

1. 如果甲方认为有必要对分包工程或其中的任何部分的形式、质量、数量做出变更或调整，则其有权书面指示乙方进行以下任何工作，乙方应遵照执行。该指示应该包括来自业主、设计、监理单位的设计变更、洽商、指示等，但来自业主、设计、监理单位的上述指示应由甲方签认并转发乙方。

（1）增加或减少合同中已经包含的工作量；
（2）改变工程做法、材料；
（3）改变分包工程任何部位的标高、位置或尺寸；
（4）改变施工顺序或时间安排；
（5）为确保工程质量和工程竣工而必需的任何附加的工作。

2. 乙方应根据设计单位、工程监理、业主及甲方代表共同签字认可的书面设计变更，以更改、增补或省略的方式对分包工程进行变更。

3. 乙方不应执行从工程师处直接收到的有关分包工程变更的未经甲方项目经理书面确认的指令。如果乙方直接收到此类变更指令，应立即将此指令通知甲方项目经理并向甲方项目经理提供一份此类直接指令的副本。甲方项目经理应在24小时内提出关于此类直接指令的书面处理意见。

（1）上述变更指令发出后，双方应继续履行本合同，本分包合同不能因以上变更而失效或者作废。因变更而导致合同价款发生变化，则按相应条款规定调整。

（2）如果上述变更是因为乙方违约或乙方自身原因造成甲方不得不发出变更指令，则任何此类变更后增加的费用由乙方自行承担。

（3）乙方不得在施工中擅自改变材料做法、进行未经甲方许可的施工作业。

（4）如果变更仅仅造成工程量发生变化，则其单价不变，仍按原合同单价执行。

（5）如果合同中没有适用于变更工作的价格，则双方协商一个合理的市场价格。

第十条 技术质量要求

1. 总则：本合同文件中约定的任何乙方应予遵照执行的国内外标准（包括适用的地方性标准）均指其现行有效版本。如果任何本工程技术说明与国家标准之间出现相互矛盾之处或不一致之处，乙方应书面请求予以澄清；除非甲方有特别的指示，乙方应按照其中要求最为严格的标准执行。

2. 本分包工程没有相应标准的，由甲方向乙方提出施工技术要求，具体参见由甲方技术部编制的《_____工程现浇钢筋混凝土桩施工方案》，乙方按约定的时间和要求提出施工工艺，经甲方书面认可后执行，乙方应对其提出的施工工艺承担全部责任。本条所发生的购买、复印、翻译标准或制定施工工艺的费用，由乙方承担。

3. 现行标准或现有方案技术参数要点：

第十一条 材料管理（适用于承包方式 2）

1. 总包合同约定分包工程部分由业主供应的材料、设备，视为甲方供应的材料、设备。

2. 甲方供应的材料，乙方须在合同签订后 5 日内，根据施工图纸、施工进度计划、施工方案等编制整体工程的材料需用计划，在施工过程中编制材料备料计划和材料进场计划，各种材料计划中须按照甲方的格式要求列明其规格、品种、数量、进场时间、地点等。在材料进场前，乙方需提前 30 天提供材料备料计划，提前 7 天提供材料进场计划，且上述材料计划的提供时间须充分考虑材料的加工周期。上述所有材料计划均须上报甲方审核批准后实施。任何乙方所提计划之错误、遗漏、延迟等原因造成的材料浪费、工期延误及甲方的其他损失，均由乙方承担。甲方对于上述计划的审核批准并不能免除乙方的任何责任。

3. 如果乙方的材料进场计划发生变更，应提前 3 天通知甲方；如果乙方的备料计划发生变更，应提前 15 天通知甲方，以便甲方能够采取补救措施。任何因乙方责任导致材料计划的变更所造成的损失均由乙方承担，上述通知并不能减少或免除乙方应承担的责任。

4. 所有由甲方供应的材料，由甲方负责供应至施工现场，乙方及时清点接收，负责卸货，并办理领用手续。材料一经领用，均由乙方负责保管，直至工程完工。由于乙方现场保管不善，造成材料丢失或损坏，均由乙方负责赔偿，由此造成的工期延误不予顺延。所有甲方供应的材料，如果需要退场，乙方应负责提供装车等人工配合工作；因乙方计划不周而导致材料多进现场，该等多进现场材料退场所发生的所有费用由乙方承担。

5. 本工程由乙方负责供应的材料，其材质必须符合技术标准、设计之要求，并通过甲方认可的合格供应商采购。乙方在正式采购之前，须提供不少于三家供应商的资料（图纸、技术资料、样品、报价、施工做法等）给甲方，得到甲方的书面认可后方能采购和使用，否则一切材料退场及工程返工等损失均由乙方承担，工期不予顺延。

第十二条 现场及人员管理

1. 乙方应遵守国家、行业、地方以及甲方有关现场安全文明施工的各项管理规定，在设施的投入、现场的布置等各方面严格按照甲方的规定执行，并符合甲方的 CI（企业形象标识）要求。

2. 现场施工人员必须统一着装，统一佩戴安全帽及胸卡，施工人员须持证进出现场。

3. 现场不允许出现宣传乙方单位的标识、标语。

4. 乙方所有现场施工人员需持有当地政府部门核发的就业证、暂住证、健康证等，凡因乙方上述证件不齐而给甲方造成的损失由乙方承担，办理证件所需费用乙方自理。

5. 乙方应该采取一切合理的措施防止其人员实施违法或妨害社会治安和公共安全的行为，并有完全的责任和义务保护周围其他人员和财产免受上述行为的危害，由此造成的一切后果由乙方负责。

6. 乙方应严格遵守有关消防、保卫、交通安全、环卫、社会治安方面的规定。由于乙方对上述要求贯彻执行不得力而造成的一切事故、灾害，其经济及法律责任由乙方独自承担。由此造成甲方的损失由乙方赔偿，此外甲方有权对其进行处罚。

第十三条 甲方一般职责

1. 甲方驻现场代表：项目经理为_____；技术负责人为_____。

2. 负责协调乙方与现场其他分包方、施工工序之间的关系。及时向乙方提供施工所需指令、指示、设计变更、洽商等相关施工文件。当甲方对工程材料、质量发生怀疑时，有权随时进行抽查。

3. 负责向乙方提供设计图纸，组织乙方参加业主组织的图纸会审，及向乙方进行设计图纸交底，编制施工组织设计及总的工期控制计划，审查乙方编制的详细施工作业计划。

4. 向乙方提供的有关施工现场的资料和数据，都是甲方现有的和客观的，并力求真实地反映施工现场的实际。但不对所提供的资料、数据、图纸等的准确性负责。

5. 负责定期组织召开生产例会。

6. 负责组织分部分项工程的隐蔽和预检，对乙方的质量、进度、安全和文明施工进行监督。

7. 负责提供工程定位、轴线控制点及水准点。

8. 负责与业主和政府有关部门的一切联系工作。

9. 协调解决现场的乙方材料堆放及库存场所。

10. 提供生活、生产用水用电，乙方应节约使用。甲方有权随时抽查监督乙方用水用电行为，若发现浪费或不良使用行为，甲方有权重罚，并禁止乙方使用甲方提供的水电资源。

11. 如果乙方在工程质量、进度、安全、现场管理等方面满足不了甲方、监理、业主任何一方的合理要求，甲方有权将分包合同范围的工作指定给其他单位完成，所发生的分包费用、劳务费、材料费等费用从乙方款项中扣除，对此乙方不得有任何异议。甲方保留就因乙方原因导致的工作范围调整向其索赔的权利。

第十四条　乙方一般职责

1. 乙方驻现场代表：项目经理为_____；技术负责人为_____。
2. 乙方施工前需向甲方提供完整技术方案，其中应包括以下内容：
（1）施工依据现行的国家标准及其他相关规定；
（2）主要施工方法；
（3）根据工期要求和现场情况为每阶段施工安排的机具型号、数量；
（4）每一阶段现场作业人员、管理人员数量；
（5）乙方现场管理人员组织结构和隶属关系以及通信联系方式；
（6）根据现场实际情况和可能出现的情况（包括有毒害环境作业）所采取的保证措施。
（7）对甲方移交的红线、主定位轴线进行复核确认。
3. 乙方应向甲方提供施工人员名单（需经当地住建部门备案）及特殊工种的上岗证复印件（加盖单位公章）。
4. 乙方应随时准备接受甲方对工程质量、安全、文明施工的检验、检查，并为检验、检查提供便利条件。
5. 乙方应保障甲方免于承担因乙方过失、失误造成的任何人员伤亡、财产损失的全部责任和索赔，另外还应保障甲方免于承担与此有关的一切索赔、诉讼、损害赔偿、抚恤费和其他相关开支。乙方不履行职责而造成的工期延误、工程损失，责任均由乙方承担，并由乙方赔偿甲方的所有损失。
6. 乙方负责乙方施工区域的安全文明施工，及时将己方施工区域的施工垃圾清理到甲方指定的区域。否则甲方有权自行组织他人完成该项工作，费用从乙方款项中扣除。
7. 乙方项目经理需按时参加甲方项目经理部组织的有关安全、质量、进度、文明施工等方面的各种会议、检查活动，不得无故缺席。若乙方项目经理临时有其他紧急事务无法出席，须指派全权代表参加。会议所做出的决议、事项，双方需共同恪守，严格遵照执行。
8. 未经甲方许可，乙方不得私自在现场（包括生活区）私搭乱建临时用房。
9. 乙方的食堂和宿舍需接受甲方的统一监督管理，并严格执行_____市卫生防疫有关规定，采取必要措施，防止蚊蝇、老鼠、蟑螂等疾病传染源的孳生和疾病流行。
10. 乙方应按照本工程技术说明书、技术标准、合同文件、图纸等进行与本工程有关的所有工作，并依照保修书的要求履行工程保修义务和职责。
11. 乙方应根据自身的施工经验、对现场周边及基坑内工程施工进行调查以及必要的补充勘探，对工程的现场地质水文条件（包括原有基础、管线等处理和自身施工等因素）进行充分的估计，制定切实可靠和经济合理的施工方案，并针对各种可能出现的困难和紧急情况制定预防和应急措施。乙方已充分考虑与本款相关的风险，不会对因上述情况引起的任何额外费用和工期拖延提出额外的费用要求。
12. 乙方应严格按照合同进行工作施工、竣工并保修。在涉及该项工程的任何事项上，无论这些事项在合同中是否写明，乙方都要严格遵守和执行甲方的指示。乙方应按照分包合同的约定，以应有的精心和努力对分包工程进行设计（如分包合同有约定时）、施工、竣工和保修。乙方在审阅分包合同或在分包合同的施工中，如果发现分包工程的设计、技术要求存在任何错误、遗漏、失误或其他缺陷，有义务以最快捷的方式通知甲方。
13. 已竣工工程未交付甲方之前，乙方应对已完分包工程进行保护。该期间发生损坏，乙方自行予以修复，并由甲乙双方共同调查责任原因，由责任方赔偿乙方损失。
14. 遵守政府有关主管部门以及甲方对施工场地交通、施工噪声以及环境保护和安全生产等的管理规定，按规定办理有关手续，并以书面形式通知甲方，相应费用已包含在合同单价内。
15. 乙方在施工中必须满足甲方关于统一着装及企业形象宣传的有关工作要求；自备符合甲方CI（企业形象标识）工作及安全要求的安全帽、安全带、绝缘手套等所有防护用品并办理出入证，工程施工现场统一以甲方的名称和字样出现，相应费用已包含在合同单价内。

16. 乙方应在条款约定的时间内，按甲方要求提交一份详细的分包工程施工组织设计及进度计划，甲方应在约定的时间内批准，乙方按此执行。如乙方不能按甲方批准的进度计划施工，应根据甲方的要求调整或修订进度计划，以保证分包工程如期竣工。

17. 乙方须在甲方总体计划下按甲方要求的格式编制月度、周生产计划和材料需用计划；每月_____日前上报次月施工进度计划及材料需用计划，每周末前上报下周的施工进度计划；经甲方审批后的施工进度计划一旦下达，必须保证全面完成；乙方每月_____日提供满足甲方要求的当月形象进度统计报表。

18. 乙方代表及施工管理人员应按甲方要求及时参加甲方组织召开的月度、周生产例会等会议。

19. 乙方应允许甲方授权的人员在工作时间内进入分包工程施工现场或材料存放的地点以及施工现场以外与分包合同有关的工作地点，并为此种进入提供方便。

20. 乙方委派的现场项目经理及其主要管理人员必须有承担类似工程的工作经验。乙方的主要管理人员，一经甲方接受，在合同履约过程中，乙方不得更换。擅自更换管理人员，每人次罚款_____元；擅自减少项目施工人员，每人次罚款_____元。如果在履约过程中，甲方认为乙方的管理人员不能胜任其工作，则有权要求乙方更换，乙方应在3日内提交拟重新任命的管理人员的详细资料，经甲方批准后更换。如乙方在3日内未提出新的人选，或两次提出的人选都不能令甲方满意，将被视为乙方违约，甲方有权终止合同，按违约条款处理。乙方不得为此而向甲方提出任何费用及工期方面的要求。

21. 乙方必须按甲方总控进度计划施工，确保每周的工作均在甲方之总控进度计划内完成。为满足工期、质量要求，乙方须随时按甲方指令追加现场使用的设备、机具、辅材、安全设施及人员投入，以达到甲方的要求，如乙方无力或不愿投入上述资源，甲方将于通知乙方后自行投入该等资源，并按该等资源实际投入价值从乙方之结算总价中扣除相关费用；为达到上述要求，乙方采取各种措施的费用已包含于合同单价中，不再增加任何费用。

22. 甲方有权随时对乙方的工作进行监督、检查、控制，如由于乙方履约不力（如乙方不具备工程之施工条件或甲方出于工程进度、质量、劳动力资源、技术等级等方面考虑，认为其中有达不到要求的），不能达到业主或甲方要求，甲方可另行分包本合同乙方工作范围内的部分或全部工作，另行分包的费用由甲方确定，无须征求乙方意见，甲方按实际发生费用从乙方费用中扣除并追加索赔。

23. 对于分包工程范围内的有关工作，乙方应遵守甲方根据分包合同所发出的所有指令。如果乙方拒不服从该指令，甲方可雇佣其他施工单位完成指令事项，同时从应付给乙方的任何款项中扣除该雇佣费用。乙方仅从甲方处接受指令。对于分包工程范围内的有关工作，乙方应该遵守经甲方确认和转发的业主或工程师发出的所有指令和决定。

24. 乙方须保管自有及甲方移交、委托乙方管理、使用的材料、机具、设备等，并保证其完好无缺。

25. 基坑开挖后，乙方应派专人定期检查桩的质量，由于乙方施工原因引起围护发生渗漏或质量缺陷时，要立即派专业人员进行堵漏，费用由乙方承担。如果因乙方施工质量问题给项目带来损失，则损失由乙方承担。

26. 本工程正常的扰民协调工作由甲方和业主负责。但乙方须承担因其自身施工不当或违反操作规程等自身原因引起扰民及民扰造成乙方自身、甲方、业主、其他所有参与本工程的分包方所有受到的影响和/或经济损失（包括调解民扰的费用支出），确保甲方免负由乙方引致的所有责任和损失。

27. 施工中由于发生临时停水、停电，乙方应采取补救措施保证按计划完成施工，且不得因此索要任何费用。

28. 乙方须负责自身承包范围内的成品保护工作，并且须注意保护其他分包方的成品、半成品。

29. 乙方应保证施工现场绝不发生重大伤亡责任事故，如出现伤亡责任事故，不论事故的大小，也不论该事故受损方是乙方自身的人员，还是其他分包方（供应商）等之人员，乙方承担一切经济及法律上的责任。

30. 在施工过程中，严格遵照甲方的《安全管理手册》中之安全管理体系和本项目各阶段安全生产、文明施工设计方案，建立安全生产保证体系并经甲方审批。按工程所在地建设管理部门规定，配置专职安全管理人员，以确保完善该安全体系，如在乙方承包范围内，由于乙方安全意识不到位、安全措施不及时、不力等，造成人员伤亡事故，不论伤（死）者是乙方自有工人还是其他分包方人员，均认为是乙方的责任，该责任均由乙方承担，甲方将向乙方索赔所有的经济上及工期上的损失。

31. 乙方须在进场前自行办理完进入当地施工所需的建设管理部门批准手续，并缴纳工程所在地政府规定的有关费用，因未办完或未办理相关施工手续而导致的损失由乙方自行承担。乙方为此采取各种措施的费用已被认为包含于合同价款中，不再增加任何费用。

32. 乙方遵从甲方总体安排，自行考虑其管理人员办公场地、加工棚、库房、材料堆放等设施的布设。

第十五条　双方资源界面划分

1. 甲方提供以下资源和工作：

（1）提供水泥原材料（适用于承包方式2）；

（2）提供临电接驳口至一级电箱，临时施工用水及消火栓接口，并负责缴纳水电费；

（3）负责搭设现场周边的镝灯照明，基坑周边的围挡；

（4）负责组织工程常规试验及第三方检验；

（5）负责工程红线、主定位轴线的测定，并移交给乙方；

（6）负责提供现场厕所、垃圾房、现场大门、围挡和现场保卫；

2. 乙方提供以下资源和工作：

（1）现浇钢筋混凝土桩型号及数量的_____，施工机械_____台，配套水泥储存罐及施工相关机械设施。

（2）根据甲方现场临水临电管线的布设，自行提供二级电箱及线缆接引至施工地点。

（3）提供试验员及模具，并负责试验材料的取样、制作、养护、取送等工作；自备符合标准要求的个人安全防护用品，包括但不限于：安全帽、安全带、口罩等。

（4）负责提供工人住宿、办公的临建房屋。

（5）负责提供办公设备与用品。乙方现场人员宿舍人均使用面积不小于两平方米，包括但不限于宿舍床铺、衣柜、吊架、被褥、床铺等生活用品，以及冬季取暖设施、夏季通风防蝇设施等生活设施。

（6）负责乙方施工人员冬季取暖以及工人上下班的交通及二场地水电费。生活区内各项生活条件及管理必须符合政府相关法律法规及要求、甲方的各项要求，符合工程所在地政府建设管理部门安全文明工地的标准等的要求，各种电器应符合甲方安全管理要求。

（7）除本条第1款所述由甲方提供的资源以外，其他未列明但需用于或服务于本工程的资源均由乙方提供。所有由乙方提供的材料、机械等资源必须符合工程标准、技术要求等规定，提供相应资料供甲方核查，并在材料进场使用之前，进行相关复试，提供复试报告。

第十六条　检查与验收

1. 乙方应认真按照标准和设计图纸要求以及甲方依据合同发出的指令施工，随时接受甲方的检查检验，并为检查检验提供便利条件。

2. 工程质量达不到约定标准的部分，按甲方的要求拆除和重新施工，直到符合约定标准。因乙方原因达不到约定标准，由乙方承担拆除和重新施工的费用，工期不予顺延。

3. 甲方的检查检验不应影响施工正常进行，如影响施工正常进行，检查检验不合格时，影响正常施工的费用由乙方承担。除此之外影响正常施工的发生的费用由甲方承担，相应顺延工期。

4. 因甲方指令失误或其他非乙方原因发生的费用，由甲方承担。

5. 乙方质量保证措施：

（1）乙方应建立符合ISO 9002质量管理体系要求及工程特点的质量保证体系及质量保证措施，在签订合同后15天内报甲方审核。乙方提交的质量保证体系及质量保证措施一旦通过甲方的审核，必须认真执行，保证质量体系的有效运行，如因乙方质量体系运转不灵、措施不力造成的损失将由乙方承担。

（2）三检制：本分包工程的实施执行"三检制"。在与其他分包单位交叉施工时，上道工序要为下道工序创造良好的施工条件，注重现场的文明施工及成品保护，下道工序要注意保护上道工序。由于交叉施工相互破坏造成的返工、返修、工期损失等由导致破坏的分包单位承担。

（3）质量整改通知单：对于乙方施工质量不符分包合同及甲方的要求，甲方向乙方发出"质量整改通知单"。乙方在接到甲方"质量整改通知单"的要求后应认真、及时整改，若逾期不予整改或整改不彻底，甲方将根据情况给予_____元的罚款，且甲方有权另行雇佣其他分包单位代替乙方进行整改，乙方应承担因此发生的所有经济及工期损失。

（4）技术及质量资料：乙方需配合甲方进行竣工资料的整理及竣工资料（包括竣工图）的制作，在施工过程中必须按工程所在地住建部门等有关管理部门《建筑工程资料管理规程》或分包工程所在地政府的关于建筑安装工程技术资料管理的规定、ISO 9002质量管理体系及ISO 14001环境管理体系规定的工程技术资料管理等要求及时向甲方提供有关的技术及质量保证资料。甲方对文件、资料、材料、设备等的审批，并不能免除乙方之任何责任。

（5）乙方的资质、上岗证及工人劳动合同等：乙方在签订合同后 3 日内必须将企业资质、项目管理人员的资格证书、特殊工种人员的上岗证等文件的复印件报甲方备案，提供工人花名册、劳动合同、上岗证及在指定银行办理的工资卡信息（工人最低工资标准及需办理的任何备案取证缴费须符合工程所在地相关建设管理部门要求）。

（6）质量问题反映：乙方在施工中如发现质量问题或隐患须立即通知甲方，不得自行处理，甲方如在施工中发现乙方对质量问题隐瞒不报，甚至未经总包允许自行处理，每次罚款_____元，并保留其他向乙方索赔的权利。

（7）隐蔽工程的检查：隐蔽工程是指具备覆盖、掩盖条件的达到设计、标准要求和协议条款约定的中间验收部位，乙方经自检合格后在隐蔽验收前 24 小时通知甲方代表参加，通知时提供自检记录、隐蔽验收的内容（资料）。验收不合格的，乙方在甲方限定的时间内整改完毕重新验收，达到设计要求，报监理验收签字后，乙方方可进行下道工序施工。如未按上述约定组织施工，每违约一次罚款_____元，甲方并保留其他索赔的权利。

第十七条　安全生产与环保、职业安全

1. 本合同双方应共同遵守国家和地方有关的环境保护的法律、法规，努力营造绿色建筑。

2. 乙方在整个施工作业过程中满足甲方制定并经国家权威部门认证的 ISO 14001 环境管理体系、现行国际标准《职业健康安全管理体系要求及使用指南》ISO 45001 的要求，保证施工生产符合相关标准的要求。

3. 乙方进驻现场员工需接受经 ISO 14001 环境管理体系、现行国际标准《职业健康安全管理体系要求及使用指南》ISO 45001 认证的教育培训。

4. 乙方在运输材料（包括废料）、机具过程中应执行《_____市人民政府关于禁止车辆运输泄漏遗撒的规定》。

5. 乙方应采取一切合理的措施，防止其任何运输对连接现场的或通往现场的道路或桥梁造成破坏或损伤，乙方应特别注意选择合理的运输线路、运输工具，限制和分配载运重量，使现场的材料、工程设备、乙方设备或临时工程运送等受到合理限制，从而避免对道路和桥梁造成损害或损伤。

6. 乙方须采取有效措施，防止运输机械噪声超标或机械漏油污染环境。运输车辆要定期进行噪声检测。对于不符合要求的机械要及时采取必要的措施。

7. 车辆进入现场后禁止鸣笛。

8. 乙方应遵守工程安全生产有关管理规定，严格按照安全操作规程组织施工，承担由于自身安全措施不力或管理不善造成事故的责任和发生的费用。

第十八条　图纸技术资料

1. 甲方将于本合同签订后向乙方提供一套施工图纸。

2. 乙方具有协助甲方审查本工程图纸和技术说明中可能存在的任何缺陷、疏漏和不足的责任和义务，乙方应在甲方提供图纸后 14 天内将其认为相关图纸（包括工程标准和技术说明）中可能存在的任何缺陷、疏漏或不足以书面方式报告甲方，乙方可以在此书面报告中附上关于弥补或修改此类缺陷、疏漏、不足的建议或方案，以及按此建议或方案实施对合同价格的影响。如果乙方迟于上述期限提出图纸的缺陷、疏漏或不足，则其在本分包工程的施工过程中只能提出技术变更，除甲方批准或指示的变更外，将不会得到任何费用的补偿和工期顺延的许可。

第十九条　违约

1. 乙方的违约

（1）如果出现以下情况，则视为乙方违约：

① 乙方被依法判定不能支付到期债务，自愿或非自愿地宣告破产、停业整顿或解体（为合并或重建目的而自愿的清理除外）、失去偿付能力；与其债权人做出安排，或做出对债权人的转让；同意在其债权人的监督委员会监督之下执行分包合同；指定破产案件产业管理人、遗产管理人、财产受托管理人或资产清算人监督其财产的任何实质部分。其他对乙方或其财产采取的行动或发生事件，根据适用法律，具有与前述的行动或事件相似的后果；乙方再承包或转包其承包的工程；货物被扣押。

② 乙方已否定分包合同有效。

③ 乙方无正当理由，未能按分包合同约定开工或实施分包工程。

④ 在甲方做出要求乙方清除有缺陷的材料或修补有缺陷的工作的指示后，乙方拒绝执行或忽视此类指示。

⑤ 乙方无视甲方的事先书面警告，忽视履行分包合同规定的责任和义务。

⑥ 业主或工程师根据总承包合同规定预先通知甲方后，要求甲方指令乙方从总承包工程上撤出。

⑦ 根据分包合同的组成文件的要求，乙方未能完成必要的登记或从有关机构获得必要的认可。

⑧ 在没有合理原因的情况下提前终止完成分包工程。

⑨ 执行分包工程不力。

在不影响甲方任何其他权利或采取任何补救方法的情况下，甲方可以根据分包合同，在通知乙方后，立即终止对乙方的分包。随后甲方可占有乙方带至现场的所有材料、乙方的设备或其他物品，并由甲方或甲方同意的其他分包方将上述物品用于施工和完成分包工程以及修补其中任何缺陷。如果甲方认为适当，可以将上述物品全部或部分出售，并将所得收入用于补偿乙方应支付甲方的款额。上述占有或扣押并不影响甲方采取其他措施维护其利益的权利。

（2）若由于本款第1项原因解除合同，则：

① 甲方解除对乙方分包工程当月的月度应付款项将不予支付。因终止合同而导致的甲方的所有损失将由乙方来承担，包括甲方必须重新雇佣其他分包方而发生的额外费用。

② 合同终止不能免除乙方在解除雇佣之前为履行分包合同的所有行为、工作等应负的所有责任。

③ 发生此类合同终止情况时，受上述条款的约束，甲方与乙方的权利与责任应按下述情况处理：_____。

2. 乙方的撤场

（1）甲方与乙方雇佣关系解除或分包工程完工或乙方的施工进度不能满足甲方的要求，乙方在接到甲方要求撤场的通知后5天内应将其施工现场的所有人员及财产全部撤出，并妥善保护施工现场的所有甲方财产和已完工程，对于乙方在施工过程中搭设的临时工程或临时设施，如果甲方要求拆除，乙方应无条件予以拆除并将现场清理至甲方满意。上述撤场应不影响甲方根据分包合同约定得到赔偿的权利。

（2）如果乙方拖延撤场，甲方将扣留其最终应收款项，待乙方按甲方的要求撤场后再予以结算。如果乙方拖延撤场，每逾期一天按分包合同价款的千分之五支付甲方损失费，上述损失费还应加上因为乙方拖延撤场而导致总承包工程延期产生的业主对甲方的罚款或其他分包方因此而蒙受的损失。如果乙方逾期撤场达10天，甲方将强制乙方撤出施工现场，由此导致的一切损失及责任均由乙方承担。

3. 索赔

（1）甲方根据总承包合同条件向工程师递交任何索赔意向通知或其他资料，要求乙方协助时，乙方应该就分包工程情况以书面形式向甲方发出通知或其他资料，保存并出示同期施工记录，以便甲方能遵守总承包合同有关索赔的约定。

（2）乙方未予积极配合造成阻碍，使得甲方索赔未获成功，则甲方可以在按分包合同约定应支付给乙方的金额中扣除上述本应获得的索赔款中比例适当的部分。

（3）在分包工程实施过程中，如乙方遇到不利外部条件等根据总承包合同可以索赔的情形，乙方可按照总承包合同的索赔程序通过甲方及时向业主提出索赔要求。甲方收到索赔报告后28天内应给予乙方明确的答复或要求进一步补充索赔理由和证据。甲方应该定期向乙方反馈索赔情况。索赔成功后，甲方应该将相应部分转交给乙方。乙方应该及时向甲方提交分包工程的索赔报告，以保证甲方可以及时向业主索赔。

4. 甲方的违约责任

（1）如果甲方不按照分包合同履行责任，乙方应提醒甲方及时履行责任，甲方在接到乙方的提醒通知后7天内，应履行责任或向乙方解释不能及时履行责任的原因。

（2）如果甲方在接到乙方提醒后7天内仍未履行责任，也未向乙方解释原因，那么甲方在确认违约后，合理补偿乙方的损失。

5. 争议解决

双方因履行本合同或因与本合同相关的事项发生争议的，应通过协商方式解决，协商不成的，应首先提交_____调解中心进行调解，调解不成的，一方有权按照下列第_____项约定方式解决争议：

（1）向_____仲裁委员会申请仲裁；

（2）向_____人民法院提起诉讼。

第二十条 不可抗力

1. 当不可抗力事件涉及乙方施工现场时，乙方应立即通知甲方，并在力所能及的条件下，迅速采取措施，尽力减少损失，并根据分包合同的约定处理。

2. 处理措施：不可抗力发生后，乙方应迅速采取措施，尽力减少损失，并在_____小时内向甲方代表通报受害情况，事件继续发生，乙方应每隔_____天向甲方报告一次灾害情况，直到该事件结束。

3. 费用承担原则：

（1）人员伤亡由其所属单位负责，并承担相应费用；

（2）造成乙方设备、机械的损坏及停工等损失，由乙方承担；

（3）所需清理修复工作的责任与费用承担，双方另签补充协议约定。

第二十一条　合同生效与终止

本合同自双方签字盖章之日起生效。乙方移交甲方资料齐全有效，履行完保修职责，保修期结束，本合同即告终止。

第二十二条　其他约定

1. 本合同在执行中若有未尽事宜，双方经友好协商以补充协议、会议纪要、谈判记录等形式约定。

2. 双方承诺不将本合同成交价格透露给任何第三方。

3. 本合同所述之内容与条款只限于_____工程使用，乙方不得将本合同内容细节透露给任何第三方。

4. 本合同一式_____份，均具有同等法律效力，甲方执_____份，乙方执_____份。

（以下无正文）

甲方：（公章）　　　　　　　　　　　　　乙方：（公章）

法定代表人或其委托代理人：　　　　　　　法定代表人或其委托代理人：
（签字）　　　　　　　　　　　　　　　　（签字）

统一社会信用代码：_____　　　　统一社会信用代码：_____
　地址：_____　　　　　　地址：_____
　电话：_____　　　　　　电话：_____
　电子信箱：_____　　　　　　电子信箱：_____
　开户银行：_____　　　　　　开户银行：_____
　账号：_____　　　　　　账号：_____

预制管桩施工分包合同

合同编号：

工程名称：_____
工程地址：_____
甲　　方：_____
乙　　方：_____

_____年_____月_____日

_____工程预制管桩施工分包合同

甲方（承包方）：_____

乙方（分包方）：_____

依照《中华人民共和国民法典》《中华人民共和国建筑法》及其他有关法律、行政法规，遵循平等、自愿、公平和诚实信用的原则，结合本工程的具体情况，甲乙双方经过充分协商达成一致，订立本合同。

第一条 工程概况：

1. 工程名称：_____。
2. 工程地点：_____。
3. 桩基形式：_____。
4. 管桩型号：_____。
5. 建设单位：_____。

第二条 承包范围及内容

1. 承包范围：本工程所有管桩的施工，包括但不仅限于完成本工程所需的人工、机械、辅材、安全文明施工措施等。
2. 承包方式：除PHC（预应力高强度混凝土）管桩材料以外的所有本工程的内容。

第三条 合同工期

_____年_____月_____日至_____年_____月_____日，总日历天为_____天，此工期除甲方同意延长外不得调整，阴雨天不顺延工期。

第四条 合同价款

1. 本工程的合同价款采用方式：固定单价。
2. 合同单价：

序号	规格型号	暂定数量	固定单价	合价	备注
1					
2					
3					

3. 合同总价：暂定_____元（大写：_____）。

4. 合同单价说明：单价中包括临时设施、桩机设备进出场费，测量定位、吊桩、接桩、移桩、压桩、截桩、桩头刷防腐漆、雨期施工费（包括但不限于抽水、排水等），工程资料及竣工资料的编制费用，满足甲方及业主要求的安全文明施工措施费，桩顶至地表间的孔洞回填，桩尖安装费，管理费，税金等完成桩基工程所需的全部费用（增值税由甲方代扣代缴）。

5. 水电线路由乙方负责从业主方提供的变压器接至现场，以满足现场所有的用水及用电需要，所发生费用均已包含在合同单价中，电费由甲方承担。

第五条 质量标准

1. 按照本工程设计文件及国家工程建设、质量验收标准，施工技术条件，施工指南及相关规定进行施工，工程一次合格率100%，质量达到合格要求。
2. 本工程质量及技术参考现行行业标准《建筑桩基技术规范》JGJ 94、《建筑基桩检测技术规范》JGJ 106等现行国家、行业及地方标准。

第六条 双方责任

1. 甲方责任

（1）将施工所需临时道路从施工场地外接至施工现场，并保证施工期间的需要。

（2）乙方进场前，在乙方人员的配合下做好场地的平整，为桩机提供工作所需平台。

（3）统一制定各项管理目标，组织编制月、周施工计划及物资需用量计划表，实施对工程质量、工期、安全生产、文明施工，计量检测、实验化验的控制、监督、检查和验收。

（4）确定水准点与坐标控制点，以书面形式交给乙方，并进行现场交验。

（5）组织技术交底，图纸会审，统一安排技术档案资料的收集整理及交工验收。

（6）按时提供图纸，及时交付应供材料，保证施工需要。

（7）按本合同约定，向乙方支付工程价款。

（8）负责与业主、监理、设计及有关部门联系，协调现场工作关系。

2. 乙方责任

（1）及时编制施工组织设计，并在施工前_____天报甲方审查。

（2）组织具有相应资格证书的熟练工人投入工作，并指定专人负责与甲方进行工作联系。

（3）配备满足工程需要的设备（至少配备_____台_____t静压桩机），如设备出现故障，必须在约定的时间内完成维修或更换设备。

（4）根据甲方施工组织设计乙方总进度计划，施工计划相应的劳动力及机械设备安排计划，经甲方批准后严格实施。

（5）承担由于自身原因造成的质量返工、工期拖延、安全事故、非文明施工等责任及因此发生的费用。

（6）自觉接受甲方及有关部门的管理、监督和检查；接受甲方和建设主管部门、业主随时检查其设备、材料保管、使用情况以及操作人员的有效证件、持证上岗情况；与现场其他单位协调配合，照顾全局。

（7）根据要求进行工程测量、试验检测、试件取样工作。

（8）按甲方统一规划堆放材料、机具，按甲方和业主标准化工地要求设置标牌，搞好生活区的管理，做好自身责任区的治安保卫工作。

（9）按时提交报表，完整的原始技术、经济资料，配合甲方办理交工验收。

（10）做好施工场地周围建筑物、构筑物、地下管线和已完工程部分的成品保护工作，因乙方原因发生损坏，乙方自行承担由此引起的一切经济损失及各种罚款。

（11）妥善保管、合理使用甲方提供或租赁给乙方使用的机具、材料及其他设施，如发生丢失、损坏、浪费，乙方按原价赔偿。

（12）做到工完料清，及时清理施工现场，达到文明施工标准。

（13）在施工现场内必须使用经检测合格的安全防护用品（如安全帽、安全带及其他保护用品）。

（14）做好农民工工资发放工作。

（15）若本工程处在_____出口加工区或相似地域内，乙方应严格遵守当地的各项管理制度，因乙方原因导致甲方或业主受到处罚或致使甲方或业主受到直接或间接损失，由乙方承担相应责任并赔偿甲方或业主的一切损失。

（16）若当地降雨量比较大，乙方应做好场地排水及雨天施工的各项准备，所发生费用均已包含在合同单价中。

第七条 付款及结算方式

1. 工程量的确认

工程量按图纸设计管桩长度计算。由乙方在完成本工程后_____天内将工程量报甲方确认，对于因打桩质量问题造成的业主、监理及甲方验收不合格，超出设计图纸范围和因乙方原因造成返工的工程量，不予计量。

2. 工程价款的支付

（1）工程完工后按双方确认结算价款的_____%拨付工程款；

（2）本桩基工程经四方（监理、业主、设计院、甲方）验收合格后_____天内支付双方确认工程结算价款的_____%；

（3）剩余_____%作为保修金，保修期（一年）满后_____天内付清剩余款项，保修金不计利息。

3. 结算

（1）工程桩完工_____天内，乙方向甲方递交结算报告及结算资料，进行竣工结算。

（2）甲方在收到乙方结算报告后_____天内审核。

第八条 违约责任

1. 甲方代表不能及时给出必要指令，确认批准，不按合同约定履行自己的各项义务，支付款项及发生其他使合同无法履行的行为应承担违约责任，乙方有权索赔。

2. 乙方不能按合同工期竣工，施工质量达不到设计要求或发生其他使合同无法履行的行为，应承担违约责任。严格执行合同工期约定，每拖延一天应承担罚款_____元，质量达不到要求，应承担返工和拖延工期所造成的损失。

3. 因一方违约使合同无法履行，另一方有权中止或解除全部合同。

4. 一方违约后，另一方要求违约方继续履行合同时，违约方承担违约责任后仍应继续履行合同。

第九条 争议解决

双方因履行本合同或因与本合同相关的事项发生争议的，应通过协商方式解决，协商不成的，应首先提交_____调解中心进行调解，调解不成的，一方有权按照下列第_____项约定方式解决争议：

（1）向_____仲裁委员会申请仲裁；

（2）向_____人民法院提起诉讼。

第十条 特别条款

1. 甲乙双方明确约定，对于在本合同项下产生的或与本合同相关的事宜产生的乙方对甲方拥有的债权，乙方承诺不将其转让给第三方，除非经过甲方的书面同意，否则，乙方应在违约转让债权之日起 5 日内，按照违约转让债权总额的 5% 向甲方支付违约金，逾期支付并应承担违约付款责任，其债权转让不具备法律效力。

2. 本合同中关于管辖权的约定是唯一的，任何一方不得通过债权转让或其他方式对涉及本合同约定事项或与之相关的事项的争议解决方式进行另行约定或对本合同关于管辖权的约定进行变更，如发生类似情形，该等约定亦属无效。

第十一条 其他

本合同一式_____份，均具有同等法律效力，甲方执_____份，乙方执_____份。

（以下无正文）

甲方：（公章） 　　　　　　　　　　　　　　　　乙方：（公章）

法定代表人或其委托代理人： 　　　　　　　　　　法定代表人或其委托代理人：
（签字） 　　　　　　　　　　　　　　　　　　　（签字）

统一社会信用代码：_____ 　　统一社会信用代码：_____
地　　址：_____ 　　地　　址：_____
电　　话：_____ 　　电　　话：_____
电子信箱：_____ 　　电子信箱：_____
开户银行：_____ 　　开户银行：_____
账　　号：_____ 　　账　　号：_____

围护桩、立柱桩及工程桩施工分包合同

合同编号：

工程名称：_____
工程地址：_____
甲　方：_____
乙　方：_____

_____年_____月_____日

_____工程围护桩、立柱桩及工程桩施工分包合同

甲方（承包方）：_____
乙方（分包方）：_____

根据《中华人民共和国民法典》《中华人民共和国建筑法》《建设工程质量管理条例》及其他有关法律、行政法规、遵循平等、自愿、公平和诚实信用的原则，甲方将_____工程围护桩、立柱桩及工程桩施工委托给乙方完成，双方就相关事宜达成如下协议：

第一条 工程概况

1. 工程名称：_____。
2. 工程地点：_____。
3. 基坑面积：_____。
4. 基坑周长：_____。
5. 建设单位：_____。
6. 监理单位：_____。

第二条 分包范围

1. 在甲方指定的施工范围内，按设计图纸、施工方案、相关标准的要求完成相应的施工。
2. 本合同的施工区域暂定如下：

（1）施工区域详见附图（施工范围平面布置图）；

（2）甲方有权将本合同施工区域外的施工内容指令乙方完成，乙方需积极执行。

甲方有权根据现场施工情况及乙方履约能力在施工期间重新界定本合同施工区域，乙方不得因施工区域的变化要求甲方调整合同单价或对甲方提出任何索赔要求。

第三条 承包方式

包工、包甲供材料以外的所有材料。

第四条 乙方基本工作内容

完成包括工程设计图纸显示、建筑技术说明书所阐述的和根据图纸（包括岩土工程勘察报告）、施工方案、技术标准可合理推断出的为完成本合同工作内容所需进行的一切工作，包括但不限于：

（1）接受并接管现场现状及遗留问题，在工程履约过程中，乙方不得以此为借口索赔费用及工期等。

（2）施工区域场地清理、场地平整、场地硬化、测量定位放线、施工现场地坪以下3m以内障碍物清除等。

（3）桩成孔、泥浆场内制运、清槽清渣。

（4）钢筋加工场地清理、场地平整、场地硬化、钢筋笼加工制作、现场倒运、吊装就位。

（5）混凝土浇筑。

（6）钢格构柱与钢筋笼的焊接及除吊车之外的安装配合。

（7）钢格构柱施工前，针对立柱垂直度控制、水平及竖向偏差制定详尽可行的专项施工方案，采取有效措施配合安装以满足设计要求。

（8）负责甲供材料的装卸车及场内材料的搬运。

（9）配合甲方进行和完成承包范围内甲方、有关政府部门或单位要求的各种试验：包括混凝土试块、钢筋试验、基坑检测、监测等。该等试验由甲方单独委托具备相应资质的单位进行，乙方负责上述试验的埋点、必要埋件的提供，混凝土和钢筋取样、制作、养护、取送等所有配合工作。

（10）负责将施工产生的泥浆、渣土以及施工垃圾运至施工现场内甲方指定的地点，由甲方指定单位负责将泥浆、渣土及施工垃圾外运并消纳至政府指定地点并承担费用。

（11）甲方负责为施工监测提供传感器、应变片、测斜管等主材，乙方应在甲方指导下进行埋设，配合甲方指定的检测单位对下述内容进行连续监测，这种测量应贯穿施工全过程，直至结构底板完成，并采取一切必要的预防措施，避免相邻的

已有建筑物和构筑物等发生损坏,并使其沉降和变形减至最小。监测内容包括但不限于:

① 邻近建筑物、道路与管线等的沉降、倾斜、裂缝与水平位移;

② 支护结构水平位移、基坑边坡位移、土体分层沉降、柱体变形、基坑底部隆起、支撑轴力、桩墙内力、地下水位变化等。

(12)乙方负责建造现场内钢筋加工场、泥浆池、弃土堆放池等与本工程施工相关的施工设施(必须符合甲方安全文明施工的标准并满足施工需),费用已包含在合同单价中。

(13)据甲方确认的布设方案,自行布设其施工范围内的临水临电,必须满足现场安全文明施工的标准要求以及工程施工的需要,自行承担费用。

(14)按照甲方的要求及安全文明施工方案进行安全文明施工的相关工作,如果未能按要求进行安全文明施工的相关工作,则甲方另行指定其他分包方进行,另行分包费用将从乙方工程款中扣除。

(15)负责合同范围内工程施工完毕后的清理移交及整体工程竣工前的清理工作。

(16)按照设计方和甲方要求,提供和设置所有的键槽和预留插筋。

(17)对暗浜区域的施工提出针对性的技术措施及施工方案,经甲方审批后执行,乙方报价时已综合考虑此部分施工难度。

(18)按业主、监理、甲方及有关标准要求及时提供完整的技术资料及竣工资料。

(19)提供完成合同工作内容所必需的机械设备、工具、机具、材料以及个人安全防护用品。

(20)提供满足质量、工期、安全要求的施工作业人员与管理人员。

(21)负责本合同范围内其所实施工程之保修工作。

第五条 价款与计量

序号	项目名称	暂定工程量	单价(元)	合价(元)	备注
1	围护桩				
2	工程桩(抗拔桩)				
3	立柱桩				
暂定总价:_____元					

本合同暂定总价为人民币:_____元(大写_____)。

1.本合同为固定单价合同,除钢筋原材、直螺纹套筒、商品混凝土及施工用水用电由甲方提供外,乙方负责实施完合同工作内容、达到验收标准所发生的一切材料费、人工费、机械费、劳保费、食宿费、交通费、行政事业收费、政府税费(增值税除外)等;任何因人工费、机械运输费、取费的变动或政府及行业主管部门红头文件的颁发而引起的乙方的实际支出的增减,均视为已事先充分估计并列入合同单价之中,合同签字盖章生效后,不做任何调整。

2.对单价的说明。

本合同单价已综合考虑并包括了本合同显示的乙方的所有工作、职责、责任和义务,包括但不限于以下内容:

(1)完成本合同所需一切机械、设备、机具、配件、材料以及人工费;

(2)钢格柱卸车、场内搬运及安装等图纸显示的、施工方案要求的与钢格构柱相关工作内容费用;

(3)甲供材料的超耗增加费;

(4)大面积施工与局部分块施工之间的各种差异造成的费用增加;

(5)分阶段、分断面、分区段施工造成的费用增加;

(6)特殊部位施工难度增加造成的费用增加;

(7)试桩、锚桩及试验类桩特殊要求所带来的施工难度的增加;

(8)钢筋密度差异,造成的费用增加;

(9)空钻部分的施工费用;

(10)满足甲方及业主要求的安全文明施工工作所需费用;

（11）钢筋笼连接形式改变所带来的施工难度及施工费用的增加；
（12）配合钢格构柱安装所发生的人工、辅材、机械费用；
（13）配合钢格构柱施工所带来的施工降效；
（14）钢格构柱拼接安装施工所带来的施工难度增加的费用；
（15）为完成本合同工作内容所必须进行的地面及地面以下3m以内障碍物清除及管线处理；
（16）扰民和民扰对现场施工造成的影响及乙方自身原因引起的扰民或民扰调停费；
（17）与其他分包方同一时间施工对施工造成的影响；
（18）施工现场交叉作业造成的窝工及工期延长；
（19）冬（雨）期施工增加的措施费；
（20）施工机械进退场费；
（21）施工人员个人安全防护用品费用；
（22）各项技术措施费、赶工措施费、节假日加班费、检验试验费、人员设备保险费；
（23）按甲方要求提供技术资料及竣工资料；
（24）完成合同内测量放线、试验配合、竣工清理；
（25）食宿交通费；
（26）成品保护费；
（27）与其他分包方（包含甲方指定的分包方、业主及乙方自己的分包方）的配合照管费；
（28）现场管理费、企业管理费、利润；
（29）应该缴纳给政府有关部门的、除增值税以外的各项税费。

3. 如果甲方指定乙方完成其他部分桩的施工，乙方无条件接受并继续按本合同规定执行。

4. 双方来往文件中暂定工程量并不作为结算依据，双方根据本条的计量原则进行结算。

5. 工程量计量原则：依据施工图纸，按甲方指定施工区域内的不同桩的形式分别计算工程量并累加，单根桩工程量＝3.14×（桩径/2）×（桩径/2）×桩长（桩长指图纸显示的有效桩长）。

第六条　付款

1. 本工程无预付款。

2. 月度付款前提：

（1）月度施工内容经甲方同意；

（2）施工进度在甲方的总控制计划之内；

（3）试验/复试报告证明所用材料合格或满足合同要求；

（4）经监理单位、业主、甲方验收合格（分项验收时）；

（5）随月进度提交了相关技术资料（试验报告、验收资料）。

3. 付款程序和额度：

（1）工程款按月支付，乙方每月_____日向甲方上报当月完成工作量，并附详细的计算书，甲方接到申请后当月审核完毕，并于次月的_____－_____日按照审核工作量的_____%支付进度款，保留金为_____%，保留金作为工期、质量、安全文明施工、资料等的保证金，待分包范围内工作完成并退场后一个月内付至审核工程量的_____%，分包范围内的施工通过甲方、业主及监理方验收合格并出具相应合格报告后一个月内付至审核工程量的_____%，余款在甲方、业主及监理方出具合格验收报告后_____个月内无息支付。每次付款前乙方需提供合法发票，并应当按月考核农民工工作量，编制工资支付表，经农民工本人签字确认后，与当月工程进度等情况一并交甲方。甲方根据乙方编制的工资支付表，将进度款中的农民工工资直接支付至农民工工资专用账户。

（2）乙方确认其每月农民工以及管理人员工资总额不会超过该月完成工程量价款的_____%，因此甲方的进度款支付比例足够乙方按照政府规定支付施工人员全部工资。

（3）甲方每月最多支付1次工程款。

（4）甲方已确认的变更洽商及签证费用在工程结算时随结算工程款支付，不进行月度付款。

第七条 甲供资源、材料

1. 施工图纸一套。
2. 钢筋原材、直螺纹套筒及其加工连接机械。
3. 商品混凝土。
4. 钢格构柱的加工制作并运至施工现场（由乙方负责卸车及场内运输）。
5. 基坑外临水临电设施，包括现场一级电箱、水源接驳点、现场周边的镝灯照明以及基坑周边的防护围挡。
6. 临建：现场厕所以及临时围挡、大门、道路、警卫室、试验室、制度牌等由甲方建造。
7. 提供现场施工人员住宿所需临时建筑。
8. 测量：提供工程定位、轴线控制点及水准点。
9. 试验：负责试验室的建造，承担试验费（含第三方见证试验）。
10. 工程现场施工的水电费由甲方负责缴纳。
11. 监测及检测：静荷载试验、声波透射测试、低应变动测、后压浆等工作由甲方提供预埋管线并聘请专业监测及检测单位负责相关指导工作，由乙方负责进行埋点布设及其相关管线预埋和安装等相关配合工作。
12. 甲方提供给乙方使用的机具机械材料等，双方指定专职的材料员验收，乙方从甲方领用。乙方退场时应将除实体性消耗材料以外的甲供材料、机具、机械清理后完好地返还甲方，丢失及损坏部分，均由乙方承担赔偿费用。
13. 甲供材料结算原则。
（1）钢筋：按图纸及施工方案的计算工程量，规定钢筋制作安装的损耗率为2%（含2%），超出损耗部分由乙方承担，因乙方配筋单错误造成的钢筋损耗或采取其他措施费用，由乙方承担经济损失。
（2）混凝土：按合同约定计算工程量，规定混凝土充盈系数（含损耗）为10%（含10%），超出部分由乙方承担。

第八条 工期要求

1. 施工范围平面布置图（见附图）内分包区域内施工工期规定如下：

施工计划开始时间为_____年_____月_____日，计划完成时间_____年_____月_____日，共计_____日历天，实际开工日期以甲方通知为准。

2. 其他范围乙方施工区域，乙方需按工程进度总控制进度计划编制乙方施工进度计划，按经甲方批准的施工进度计划及时组织施工。未按甲方要求施工，乙方承担违约责任。如由于乙方原因造成工期延误（包括由于乙方原因造成其他分包方工期延误的），按工期延误处理，具体处罚见相关条款约定，并承担因此给甲方及其他第三方造成的一切损失。

3. 如乙方在甲方批准的工期内保质保量完成，甲方将给予乙方在合同固定单价的基础上增加10元/m³的工期及质量奖励。

4. 以上工期已经考虑下列因素：
（1）法定节假日或公休日；
（2）不利的条件（不可抗力除外）；
（3）与降水、土方等施工工序间不可避免的交叉作业影响。

5. 乙方须按甲方的总控进度计划施工，确保每周的工作均在甲方的总控制进度计划内完成；如乙方不能按甲方的总控制进度计划完成其工作，乙方须按甲方指令无偿追加现场使用的设备、人员投入，以满足甲方、业主的合理进度要求。如乙方在追加现场使用的机械设备、人员后，仍然不能达到甲方、业主之合理要求，甲方有权另行聘请其他分包方承建上述工程，乙方承担所有相关费用并支付违约金，违约金金额为合同总价的_____%。

6. 根据本工程总体工期，甲方有权要求乙方优先完成分包工程的某部位的工作，在现场条件许可的情况下，乙方应尽量满足并遵从甲方要求，且不得延误剩余部分的工作。

7. 非甲方原因（不可抗力除外）造成工期延误，每拖延一天罚款_____元，且乙方应承担甲方一切相关损失。

第九条 质量要求

1. 质量验收等级：按照现行国家标准《建筑工程施工质量验收统一标准》GB 50300，一次性验收通过，合格率达到100%。

2. 质量目标：该工程成为让业主完全满意的精品工程。乙方须保证工程质量满足上述要求，施工中须认真按本工程的技术要求及国家有关技术标准要求，达到业主、监理及甲方要求。

3. 质量违约处罚：如施工质量未达到上述标准，乙方必须返修整改直至达到上述标准，返修费用全部由乙方承担，返修工期计入总工期考核。另外，乙方须按合同总价的5%向甲方支付质量违约金。

第十条　工期延误

1. 因以下任何一项原因造成乙方延误实施分包工程的，经甲方项目经理书面确认，分包工程的竣工时间相应延长：

（1）非分包单位造成工程延误，而且甲方根据总包合同已经从业主获得与分包合同相关的竣工时间的延长；

（2）甲方未按约定时间提供开工条件、施工现场等造成的延误；

（3）甲方发出错误的指令或者延迟发出指令确认批准造成分包合同工期延误；

（4）不可抗力（有关定义见第十一条）等其他非乙方原因造成分包工程的延误；

（5）甲方认可的其他可以谅解的工程延误。

2. 乙方在上述任一事件发生后的_____天内，就延误的工期以书面形式向总包单位提出报告。如果上述事件具有持续的影响，则乙方应每隔_____天发出一份报告，事件影响结束之日起_____天内提交最终报告给甲方商务部门。甲方在收到报告后_____天内就报告内容予以答复或提出修改意见。

第十一条　不可抗力

1. 不可抗力指业主、甲方、乙方都不可预见、不可避免、不能克服的超出一般防范能力的事件。此类事件的发生导致合同一方不可能履约。不可抗力包括：

（1）地震、洪水、海啸、飓风、台风、剧烈雷击等天灾以及恶劣气候（气象资料以中央气象台记录为准）；

（2）战争、敌对行动（无论是否宣战）；

（3）叛乱、暴动、军事政变、内战；

（4）暴乱、骚乱、游行示威或混乱（乙方自身及相关联的人员内部因从事本工程而发生的事件除外）；

（5）空中飞行物体坠落；

（6）声速或超声速飞行物或装置产生的压力波；

（7）国家重大庆典、国外政府首脑或国际政要到访、全国人大或政协会议、全国党代会等重大政治事件要求停工或进行各项管制而影响到工期；

（8）由于法律法规的变更或后续颁布的法律法规导致本合同不合法。

2. 不可抗力事件发生后，乙方应立即通知甲方，并在力所能及的条件下迅速采取措施，尽量减少损失，并根据总包合同的约定处理。不可抗力事件结束后_____小时内乙方向甲方通报受害情况和损失情况及预估的清理和修复的费用。不可抗力事件持续发生，乙方应每隔_____天向甲方报告一次受害情况。不可抗力事件结束后_____天内，乙方向甲方提交清理和修复费用的正式报告及有关资料。

3. 因不可抗力事件导致的费用及延误的工期按以下方法分别承担：

（1）下列费用由甲方向业主索要回来以后支付给乙方。

① 工程本身的损害、因工程损害导致第三方人员伤亡和财产损失以及运至施工场地用于施工的材料和待安装的设备的损害。

② 停工期间，乙方应甲方要求留在施工场地的必要的管理人员及保卫人员的费用。

③ 分包工程所需清理、修复费用。

（2）乙方人员伤亡自行负责，并承担相应费用。

（3）乙方机械设备损坏及停工损失，由乙方自行承担。

（4）延误的工期相应顺延。

4. 因合同一方迟延履行合同后发生不可抗力的，不能免除迟延履行方的相应责任。

第十二条　变更与变更计价

1. 如果甲方认为有必要对分包工程或其中的任何部分的形式、质量、数量做出变更或调整，甲方有权指示乙方进行以下任何工作，乙方应遵照执行。该指示应该包括来自业主、设计、监理单位的设计变更、洽商、指示等。

（1）增加或减少合同中已经包含的工作量；

（2）改变工程做法、材料；

（3）改变分包工程任何部位的标高、位置或尺寸；

（4）改变施工顺序或时间安排；

（5）为确保工程质量和工程竣工而必需的任何附加的工作。

2. 上述变更指令发出后，双方应继续履行本合同，本分包合同不能因以上变更而失效或者作废。因变更而导致合同价款发生变化则按相应条款规定调整。

3. 如果上述变更是因为乙方违约或乙方自身原因造成甲方不得不发出变更指令，则任何此类变更后增加的费用由乙方自己承担。

4. 乙方没有任何权利对合同工作内容提出变更，更不得在施工中擅自改变材料做法、进行未经甲方许可的施工作业。

5. 如果变更仅仅造成工程量增减，则其单价不变，仍按原合同单价执行。

6. 如果合同中没有适用于变更工作的价格，则双方协商一个合理的市场价格。

第十三条 施工图和施工方案

1. 甲方将于本分包工程开工前_____天向乙方提供一套施工图纸。

2. 协助甲方审查本工程图纸和技术说明中可能存在的任何缺陷、疏漏和不足是乙方的合同责任和义务，乙方应在甲方提供图纸后_____天内将其认为相关图纸（包括工程标准和技术说明）中可能存在的任何缺陷、疏漏或不足以书面方式报告甲方，乙方可以在此书面报告中附上关于弥补或修改此类缺陷、疏漏、不足的建议或方案，以及按此建议或方案实施对合同价格的影响。如果乙方迟于上述期限提出图纸的缺陷、疏漏或不足，则在本分包工程的施工过程中，乙方只能提出技术变更，必须按甲方批准或指示的变更实施，且将不会得到任何费用的补偿和工期顺延的许可。

3. 乙方进场前需向甲方提供完整施工图（包括按甲方要求需完成的深化设计图）和施工方案，其中应包括以下内容：

（1）本工程施工依据的现行国家标准及其他相关规定；

（2）采取的主要施工方法、工艺流程；

（3）根据工期要求和现场情况为每阶段施工安排的机具型号／数量；

（4）拟安排在每一施工阶段、区段现场作业人员、管理人员的数量；

（5）乙方现场管理人员组织结构和隶属关系及通信方式；

（6）进度计划；

（7）需要甲方配合的事项和最迟解决完成时间；

（8）各项保证工期、质量、安全的措施以及冬（雨）期施工措施，此费用已包含在本合同价款中，不另计取。

4. 乙方须按业主、监理和甲方最终确认的施工图和施工方案进行施工，但业主、监理和甲方的确认并不免除乙方承担因设计图、方案缺陷、错误所导致各种后果的一切相关责任。

第十四条 技术质量要求

1. 乙方应严格按照本合约和现行标准进行施工作业，确保施工质量满足标准和设计要求。

2. 乙方应选派有一定业务水平、经验的专业施工技术人员和操作人员在本工程施工。

3. 乙方提供的材料应严格确保其质量合格，满足标准、方案的要求。禁止提供假冒伪劣产品。

4. 施工作业人员需持有有效的且符合当地政府规定的上岗证，并提供加盖单位公章的复印件，报甲方备案。

5. 施工作业应满足现行国家、地方、行业标准、设计图纸和权威手册等的要求：

（1）《建筑地基处理技术规范》JGJ 79；

（2）《建筑基坑支护技术规程》JGJ 120；

（3）《建筑地基基础设计规范》GB 50007；

（4）《混凝土结构设计规范》GB 50010；

（5）《建筑工程施工质量验收统一标准》GB 50300；

（6）《建筑施工安全检查标准》JGJ 59；

（7）《施工现场临时用电安全技术规范》JGJ 46；

（8）《建设工程施工现场供用电安全规范》GB 50194；

（9）《建筑工程资料管理规程》JGJ/T 185；

（10）《建筑边坡工程技术规范》GB 50330；

（11）《建筑桩基技术规范》JGJ 94；

（12）《钢结构焊接规范》GB 50661；

（13）《电弧螺柱焊用圆柱头焊钉》GB/T 10433；

（14）其他相关标准；

（15）国家、地方、行业后续颁布的标准及甲方发布的图纸。

上述标准若有不一致或矛盾或新出台之处，按较为严格以及较新标准执行。

6. 技术要求与参数：按业主、监理和甲方最终确认的施工方案执行。

第十五条　文物和地下障碍物

1. 正式施工前，甲方向乙方转交由业主方提供的地质勘察报告复印件一份，以供乙方施工参考。

2. 在施工中遇到下列情况乙方应立即停止施工，甲方应立即保护好现场：

（1）古墓、古建筑遗址、历史文物；

（2）化石或其他有考古、地质研究等价值的物品；

（3）被怀疑为有危险的爆炸物，如残旧的炸弹、手榴弹、炮弹、地雷等；

（4）走向不明的管线、管沟、防空洞。

3. 若能明显判断和怀疑为文物，甲方于_____小时内以书面形式通知建设单位，由其收到书面通知后报告当地文物管理部门。甲方按文物管理部门的要求采取妥善保护措施，乙方按文物管理部门的要求配合发掘工作，费用由甲方、乙方共同与建设单位进行商议。

4. 若被怀疑为有危险的爆炸物或不明物体，乙方应立即停止施工并立即报告甲方，甲方立即报告给公安机关。甲方按公安机关的要求采取妥善保护措施，由公安机关处置。若乙方疏忽大意未能及时发现或发现后继续施工未及时报告或自行处置，造成一切后果和责任由乙方自行承担。

5. 乙方发现文物或化石后隐瞒不报，致使文物化石遭受破坏或遭哄抢、私分，由乙方依法承担相应责任。

6. 发现不明管线、防空洞等，乙方应立即停止施工并向甲方报告，待政府市政管理部门调查处理，明确为废弃物后方可继续施工，相关处理费用在合同价款中已经综合考虑。若需采取一定的保护措施或需要全部或部分继续留存的，则待甲方与建设单位或其他单位协商后处理。

7. 上述事件处理过程中，甲方应加强警卫，做好现场安全保卫工作，防止不法人员或无关人员进入现场。

第十六条　机械设备、材料管理

1. 计划管理

（1）所有物资、机械设备须经过甲方书面同意后方能进退场。

（2）进场的物资材料、机械设备应满足甲方制定的月计划、周计划施工进度要求。

（3）所有材料进场前，乙方需提供相应的合格证、生产许可证、出厂证明、复试报告等合法资料，否则不得进场。

（4）物资、材料的进场后的申报程序执行_____省_____市的有关规定和要求。

（5）所有进退场材料物资、机械设备应提前_____小时向甲方申报物资进退场计划，经甲方相关人员签字同意后，由乙方向甲方申请填制生产要素出入许可证，报至甲方项目经理部相应部门确认后，方可组织物资进退场；否则严禁进退场。

（6）生产要素出入许可证（一式四份），需明确进出场时间、车号、物资名称、进出场理由并有乙方负责人签名。

2. 仓储管理

（1）由乙方自行负责对材料、机械设备加以妥善保管，防止人为破坏、偷盗以及不利自然条件的侵蚀，费用自理。如果乙方未采取适当的保管保护措施，造成的一切损失将由乙方自行承担。

（2）进场物资堆放地点，必须经过甲方批准，服从甲方的统筹安排。

（3）现场物资堆放、标识等须符合甲方的有关管理规定。

第十七条　现场及人员管理

1. 乙方应遵守国家、行业、地方以及甲方有关现场安全文明施工的各项管理规定，在设施的投入、现场的布置等各方面严格按照甲方的规定执行，并符合甲方的CI（企业形象标识）要求。

2. 乙方进入现场的施工人员必须持有符合地方政府要求的上岗证书，现场施工人员必须统一佩戴安全帽及胸卡，施工人员须持证进出现场。

3. 现场不允许出现宣传乙方单位的标识、标语。

4. 乙方所有现场施工人员需持有_____市政府指定卫生防疫部门核发的健康证，非_____市户籍人员需持有_____市有关政府部分核发的外来人员就业证、_____市公安局下属驻地派出所办理的暂住证。乙方承担上述证件不齐而造成的责任，因此给甲方造成的损失由乙方承担，办理证件所需费用乙方自理。

5. 乙方应该采取一切合理的措施防止其人员实施违法或妨害社会治安和公共安全的行为，并有完全的责任和义务保护周围其他人员和财产免受上述行为的危害，由此造成的一切后果由乙方负责。

6. 严格遵守有关消防、保卫、交通安全、环卫、社会治安方面的规定。由于乙方对上述要求贯彻执行不得力而造成的一切事故、灾害，其经济及法律责任由乙方独自承担。由此造成甲方的损失由乙方赔偿，此外甲方有权对其进行处罚。

第十八条　甲方一般职责

1. 甲方驻现场代表（项目经理）：_____。项目经理代表甲方全面履行合同各项职责。

2. 甲方其他主要管理人员：技术负责人为_____；生产负责人为_____；商务负责人为_____。

3. 负责协调乙方与现场其他分包方、施工工序之间的关系。

4. 及时向乙方提供施工所需指令、指示、洽商等相关施工文件。

5. 当对工程材料、质量发生怀疑时，有权随时进行抽查。

6. 如果乙方在工程质量、进度、安全、现场管理等方面满足不了甲方、监理、业主任何一方的合理要求，有权将分包合同范围的工作指定给其他单位完成，所发生的分包费用、劳务费、材料费等费用经协商后从分包款中扣除。

7. 协调解决乙方现场的材料堆放及库存场所。

8. 负责基坑外临水临电设施，包括现场一级电箱、水源接驳点、现场周边的镝灯照明以及基坑周边的防护围挡。乙方根据甲方现场临水临电管线的布设，在得到甲方批准的情况下，根据施工需要，自行提供除一级电箱以外的电箱、电缆、接水管等，将施工水电接引至施工地点。施工水电费用由甲方承担，乙方应厉行节约。甲方有权随时抽查监督乙方用水用电行为，若发现有浪费或不良使用行为，甲方有权处罚。

9. 提供工程定位、轴线控制点及水准点，乙方负责校核并承担除此以外的所有测量工作。

10. 负责进行工程常规试验及第三方见证试验，并承担费用（乙方需安排固定的专职试验员配合甲方完成其承包范围内所有按规定要求进行的材料的检验、试验工作并提供试验模具）。

11. 组织分部工程和工程竣工验收工作。

12. 向乙方提供现场施工人员宿舍（临时建筑），生活水电费、排污费、垃圾外运费由乙方承担。宿舍床铺、衣柜、吊架等生活设施以及冬季取暖设施、夏季通风防蝇设施、食堂用具等由乙方自备。生活区内各项生活条件及管理必须符合政府相关法律法规及甲方的各项要求，符合_____市建设管理部门安全文明工地的标准等。

13. 提供施工现场公共部位、施工通道的照明，保证其通畅并负责其维护工作。

14. 在施工现场提供临时厕所设施，并负责定期清理。

15. 负责提供现场出入口的保卫工作，但乙方须自行看管好己方的机械设备及材料物资并配备消防设施。

16. 负责接洽政府有关部门对施工现场的检查，乙方应积极配合，因此造成乙方人员、机械等窝工损失由乙方自行承担。

17. 负责定期召开现场协调例会（乙方驻工地负责人应准时参加，并服从于会议决议以及甲方的协调管理。若乙方驻工地负责人无法正常参加，需事先向甲方项目经理请假，并指定全权代表参加）。

第十九条　乙方一般职责

1. 按合同约定及甲方要求的时间准时进场；严格按业主、监理及甲方审批后的试验方案组织施工。

2. 乙方驻现场代表（项目经理）：_____。技术负责人：_____。

3. 自备施工所需机械设备、机具、工具及其他随身工具。

4. 自备符合标准要求的个人安全防护用品，如：安全帽、安全带、口罩等。

5. 向甲方提供单位资质等证明文件及施工人员名单（需经地方政府有关部门备案）及特殊工种的上岗证复印件（加盖单位公章）。

6. 服从甲方总体安排，在甲方指定地点自行布设其管理人员办公场地、加工棚、钢筋加工场地、库房、材料堆放场等临时设施。

7. 施工中，不得碰撞、破坏基坑周围控制点。

8. 施工过程中，要随时检查坑槽（壁）和边坡的状态，发现问题及时向甲方汇报。

9. 提供满足_____省住建部门《建筑安装工程资料管理规程》和国家档案管理规定要求的分包工程竣工资料、技术资料；上述工作不限于技术资料的填写、收集、复制、归档、提交。

10. 负责施工范围内的成品保护工作，并保证不损害其他施工方已完项目，如有损害应自费予以修理。

11. 随时准备接受甲方对工程质量、安全、文明施工的检验、检查，并为检验、检查提供便利条件。

12. 每天向甲方汇报现场劳动力及机械设备配置情况，乙方配置的现场实际工作的劳动力及有效机械设备必须满足甲方现场需求，否则甲方有权更换劳动队伍或增加该区域的劳动力及机械设备，所发生费用从乙方工程款中扣除。

13. 在施工之前应先探明每根桩处是否有障碍物及市政管线，如有地坪以下3m以内障碍物应负责清理并回填素土（不得含有块石和生活垃圾），若有市政管线应及时上报甲方，并同时呈报切实可行的解决方案，待业主方、监理方及甲方审批通过后实施。乙方在报价时已经综合考虑现场地坪以下3m以内障碍物清除及管线处理费用，不得就该部分向甲方进行任何形式的索赔。

14. 负责与其他分包方之间的配合照管工作，在施工安排上应充分考虑到本工程分包队伍多、交叉作业多及施工难度大的特点，确保本工程的工期及质量，并且不应以此向甲方提出工期或经济等方面的任何索赔。

15. 制定并采取切实有效措施，防止自身材料、机具失窃等，防止工作面交叉引起的打架斗殴等事件，共创文明工地，保障甲方免于承担发生任何本款提及的不良事件带来的任何损失和损害。

16. 保障甲方免于承担因乙方过失、失误造成的任何人员伤亡、财产损失的全部责任和索赔，另外还应保障甲方免于承担与此有关的一切索赔、诉讼、损害赔偿、抚恤费和其他相关开支。

17. 负责己方施工区域的安全文明施工，做到工完场清，及时将己方施工区域的泥浆、渣土、施工垃圾运至施工现场内甲方指定地点，由甲方指定单位负责将垃圾渣土淤泥运输并消纳至政府的指定地点。

18. 乙方现场负责人需按时参加甲方项目经理部组织的有关安全、质量、进度、文明施工等方面的各种会议、检查活动，不得无故缺席。若乙方代表临时有其他紧急事务无法出席，须指派全权代表参加。会议所做出的决议、事项，双方需共同恪守，严格遵照执行。

19. 未经甲方许可，乙方不得私自在现场（包括生活区）私搭乱建临时用房。

20. 负责作业面的施工照明，自行从甲方提供的水电接驳点将水源、电源引至其施工作业地点，所需配件、电线等设备设施自备。合理使用甲方提供的水电资源，杜绝浪费。

21. 有义务保管、维护施工范围现场临水、临电、临时消防设施。

22. 在分包工程完工后，除非甲方同意，否则必须按甲方要求拆除一切其搭设的临时设施（包括施工和生活设施），恢复原样。

23. 自行解决现场施工人员就餐问题，乙方人员必须在甲方指定的区域就餐，餐后及时清扫，保持区域卫生。

24. 乙方施工人员应在指定的区域使用卫生设施，注意保持卫生。

25. 可免费使用甲方设在现场已有的脚手架、操作平台、防护设施，但使用前必须向甲方提出申请，明确使用部位和使用时间，经甲方批准后方可使用，未经甲方同意擅自使用的，发生一切意外事故与责任由乙方独自承担。

26. 未经甲方许可，不得擅自使用和拆改现场安全防护设施、脚手架、操作平台。否则，发生一切意外事故与责任由乙方独自承担。

27. 入场前需按甲方的要求提供法定代表人对相关人员的授权委托书，被授权人包括乙方在本工程的项目经理、技术人员、材料人员等。

28. 必须与使用的人员签订书面劳动合同，建立合法的劳动关系。在劳动合同中必须明确工资标准及支付形式、支付日期，不得以任何理由拖欠工人工资。每月的工资表报项目劳务管理员处备案。全面实行农民工劳动计酬手册制度、施工现场悬挂农民工权益告知牌制度、农民工上岗前常识培训制度。

29. 严格执行_____市《外来人员管理规定》做到合法用工，并及时办理暂住证、新身份证、健康证、施工许可证等_____市相关规定要求的合法手续、证件。操作人员100%持证上岗，特殊工种100%持证上岗。所有的手续必须在进场时按甲方劳务管理员、安全部的要求报甲方备案。信号工必须严格按照操作规程指挥，不能违章指挥，否则承担相应的安全责任及事故引发的经济损失。

30. 按照_____市相关规定到施工所在的区（县）社会保险经办机构为其全部进入施工现场人员办理基本医疗保

险和工伤保险手续。相关费用已包含在分包合同价款中。

第二十条　检查与验收

1. 乙方应认真按照相关标准、试验方案要求以及甲方依据合同发出的指令施工，随时接受业主方、监理方及甲方的检查检验，并为检查检验提供便利条件。

2. 工程质量达不到约定标准的部分，甲方有权要求拆除和重新施工，直到符合约定标准。因乙方原因达不到约定标准，由乙方承担拆除和重新施工的费用，工期不予顺延。

3. 甲方的检查检验不应影响施工正常进行。如影响施工正常进行，检查检验不合格时，影响正常施工的费用由乙方承担。除此之外影响正常施工的发生的费用由甲方承担，相应顺延工期。

4. 因甲方指令失误或其他非乙方原因发生的费用，由甲方承担。

第二十一条　竣工验收及竣工结算

1. 在分包工程具备验收条件后，乙方向甲方提供完整竣工资料及竣工验收报告，乙方应按甲方要求提供完整合格的竣工资料和竣工图各一式六份。

2. 甲方在收到乙方提交的分包工程竣工验收报告之日起 3 日内通知业主验收，乙方应该配合甲方会同业主进行验收。验收不能通过，乙方应负责修复相应缺陷并承担相应的质量责任。

3. 分包工程竣工验收通过，竣工日期为乙方提供竣工验收报告的日期。需要修复的，实际竣工日期为修复后竣工报告的日期。

4. 乙方按时完成分包合同约定的所有工程内容，经甲方、设计单位、监理、业主四方验收，分包工程达到分包合同约定的质量标准，办理完成竣工工程移交手续，甲方在同业主办完结算后的一个月内和乙方办理工程结算，按设计图纸显示及分包合同相关计量规则计算完成工作量，扣完乙方保修金及其他应扣款项后付清剩余款项（不计利息）。

5. 若乙方混凝土钢筋等损耗超出合同约定的使用量，由乙方承担费用。

6. 延期支付的工程款项不计取利息。

第二十二条　工程保修

1. 在总包工程竣工交付使用后，乙方应按国家有关规定对分包工程承担保修责任。具体保修责任按照乙方与甲方签订的质量保修书执行，保修期按照甲方与业主签订的合同中规定的期限执行，且保修服务期满后，并不免除乙方施工质量责任。

2. 工程款支付保留金为本分包合同价款的_____%。甲方在乙方每期工程进度款支付中以同等的比例扣除，工程完工前全部扣完；基坑支护工程经甲方、业主、监理验收合格，双方办理完本分包工程结算后_____天内支付结算价款的_____%；其余_____%作为工程保修的保证金，在整体工程竣工并通过验收之日起两年后_____天内扣除按保险合同应扣除的款项后无息付清。

第二十三条　环保与职业安全

1. 本合同双方应共同遵守国家和地方有关的环境保护的法律、法规，努力营造绿色建筑。

2. 乙方在整个施工作业过程中满足甲方制定并经国家权威部门认证的 ISO 14001 环境管理体系、现行国际标准《职业健康安全管理体系要求及使用指南》ISO 45001 的要求，保证施工生产符合相关标准的要求。

3. 乙方进驻现场员工需接受经 ISO 14001 环境管理体系、现行国际标准《职业健康安全管理体系要求及使用指南》ISO 45001 认证的教育培训。

4. 乙方在运输材料（包括废料）、机具过程中应执行_____省_____市政府有关道路交通等的管理规定。

5. 乙方须采取有效措施，防止运输机械噪声超标或机械漏油污染环境。运输车辆要定期进行噪声检测，对于不符合要求的机械要及时采取必要的措施。

6. 车辆进入现场后禁止鸣笛。

第二十四条　合同文件组成与解释顺序

1. 补充协议书（若有）；

2. 本分包合同书；

3. 明确双方职责的会议纪要、往来函件；

4. 本合同所列标准、图集；

5. 图纸、洽商、变更、方案及指导书；

6. 有关技术文件；

7. 试验报告；

8. 甲方指令单（若有）。

第二十五条 合同使用的语言文字及适用法律

1. 合同语言：本合同文件使用汉语。

2. 适用法律法规：《中华人民共和国民法典》《中华人民共和国建筑法》《建设工程质量管理条例》以及其他现行法律、法规和规范性文件（含地方性法规）。

第二十六条 违约

1. 合同双方任何一方不能全面履行本合同条款，均属违约；违约所造成的损失、后果、责任，概由违约方承担。

2. 除非双方协商终止本合同，违约方承担前述条违约责任、损失后仍需严格履行本合同。

3. 不允许非法转包本分包合同工程。

4. 双方明确约定，对于在本合同项下产生的或与本合同相关的事宜产生的乙方对甲方拥有的债权，乙方承诺不将其转让给第三方，除非经过甲方的书面同意；否则，乙方应在违约转让债权之日起5日内，按照违约转让债权总额的5%向甲方支付违约金，逾期支付并应承担违约付款责任。

第二十七条 合同生效与终止

本合同自双方签字盖章之日起生效，技术资料齐全有效，履行完保修职责，保修期结束，本合同即告终止。

第二十八条 争议解决

双方因履行本合同或因与本合同相关的事项发生争议的，应通过协商方式解决，协商不成的，应首先提交_____调解中心进行调解，调解不成的，一方有权按照下列第_____项约定方式解决争议：

（1）向_____仲裁委员会申请仲裁；

（2）向_____人民法院提起诉讼。

第二十九条 未尽事宜

本合同在执行中若有未尽事宜，双方经友好协商以补充协议、会议纪要、谈判记录等形式约定。

第三十条 其他约定

1. 双方承诺不将本合同成交价格透露给任何第三方。

2. 本合同所述之内容与条款只限于_____工程使用，乙方不得将本合同内容细节透露给任何第三方。

3. 本合同一式_____份，均具有同等法律效力，甲方执_____份，乙方执_____份。

（以下无正文）

（本页为签署页）

甲方：（公章） 乙方：（公章）

法定代表人或其委托代理人： 法定代表人或其委托代理人：
（签字） （签字）

统一社会信用代码：_____ 统一社会信用代码：_____
地址：_____ 地址：_____
电话：_____ 电话：_____
电子信箱：_____ 电子信箱：_____
开户银行：_____ 开户银行：_____
账号：_____ 账号：_____

桩头剔凿施工分包合同

合同编号：

工程名称：_____
工程地址：_____
甲　　方：_____
乙　　方：_____

_____年_____月_____日

_____工程桩头剔凿分包合同

甲方（承包方）：_____

乙方（分包方）：_____

根据《中华人民共和国民法典》《中华人民共和国建筑法》《建设工程质量管理条例》及其他有关法律、行政法规，遵循平等、自愿、公平和诚实信用的原则，甲方将_____工程桩头剔凿工程施工委托给乙方完成，双方就相关事宜达成如下协议：

第一条　工程概况

1. 工程名称：_____。
2. 工程地点：_____。
3. 基坑面积：_____。
4. 基坑周长：_____。
5. 建设单位：_____。
6. 监理单位：_____。

第二条　分包范围

1. 在甲方指定的施工范围内，按设计图纸、施工方案、相关标准的要求完成相应的施工。

2. 本合同的施工区域暂定如下：

（1）_____工程中甲方规定区域内的工程桩桩头剔凿；

（2）甲方有权将本合同外施工区域外的同类施工内容指令乙方完成，乙方需积极执行，单价按本合同执行（有补充协议的除外）。

甲方有权根据现场施工情况及乙方履约能力在施工期间重新界定本合同施工区域，乙方不得因施工区域的变化要求甲方调整合同单价或对甲方提出任何索赔要求。

第三条　承包方式

包工、包甲供材料以外的所有材料。

第四条　乙方基本工作内容

完成包括工程设计图纸显示、建筑技术说明书所阐述的和根据图纸（包括岩土工程勘察报告）、施工方案、技术标准可合理推断出的为完成本合同工作内容所需进行的一切工作，包括但不限于：

（1）接受并接管现场现状及遗留问题，在工程履约过程中，乙方不得以此为借口索赔费用及工期等。

（2）施工区域场地清理、场地平整、场地硬化、测量定位放线、施工现场地坪以下3m以内障碍物清除等。

（3）按照甲方、监理及相关标准的要求进行桩头剔凿，乙方不得因土方开挖形式（单面开挖、双面开挖或不开挖等）而向甲方进行任何形式的索赔。

（4）负责甲方规定区域内的桩头剔凿，桩头打平、修补、钢筋切割及调直等，并将破碎混凝土块运至基坑外甲方指定地点，并保证剔凿工作完成之后满足下道工序施工需要。

（5）负责甲供材料的装卸车及场内材料的搬运。

（6）负责将施工产生的渣土、剔凿的混凝土块以及施工垃圾运至施工现场内甲方指定的地点，由甲方指定单位负责将渣土、剔凿的混凝土块及施工垃圾外运并消纳至政府指定地点并承担费用。

（7）根据甲方确认的布设方案，乙方自行布设其施工范围内的临水临电（必须满足现场安全文明施工的标准要求以及工程施工的需要），费用由乙方自行承担。

（8）按照甲方的要求及安全文明施工方案进行安全文明施工的相关工作，如果未能按要求进行安全文明施工的相关工作，则甲方另行指令其他分包完成该工作，另行分包费用将从乙方工程款中扣除。

（9）负责合同范围内工程施工完毕后的清理移交及整体工程竣工前的清理工作。

（10）按照设计方和甲方要求，提供和设置所有的键槽和预留插筋等。

（11）对暗浜区域的施工提出针对性的技术措施及施工方案，经甲方审批后执行，乙方报价时已综合考虑此部分施工难度。

（12）按业主、监理、甲方及有关标准要求及时提供完整的技术资料及竣工资料。

（13）提供完成合同工作内容所必需的机械设备、工具、机具、材料以及个人安全防护用品。

（14）提供满足质量、工期、安全要求的施工作业人员与管理人员。

（15）负责自施范围内的现场保护工作，包括但不限于雨期施工桩头剔凿等防护、防雨覆盖等工作。

（16）现场作业队伍比较多，作业面相对狭小，乙方对此应有充分认识，且已在固定单价中考虑相应费用，乙方不得因各分包方交叉作业及条件限制而向甲方进行任何形式的索赔。

（17）负责本合同范围内其所实施工程之保修工作。

第五条 价款与计量

序号	项目名称	暂定工程量	固定单价（元）	暂定合价（元）	备注
1	桩头剔凿				
	总计				

本合同暂定总价：＿＿＿＿＿＿元（大写＿＿＿＿＿＿＿＿＿＿）。

1.本合同为固定单价合同，除施工用水用电由甲方提供外，乙方负责实施合同工作内容、达到验收标准所发生的一切材料费、人工费、机械费、劳保费、食宿费、交通费、行政事业收费、政府税费（增值税除外）等；任何因人工费、机械运输费、取费的变动或政府及行业主管部门红头文件的颁发而引起的乙方的实际支出的增减，均视为乙方已经事先充分估计并已经列入合同单价之中。合同签字盖章生效后，不做任何调整。

2.对单价的说明。

本合同单价已综合考虑并包括了本合同显示的乙方的所有工作、职责、责任和义务，包括但不限于以下内容：

（1）完成本合同所需一切机械、设备、机具、配件、材料以及人工费。

（2）大面积施工与局部分块施工之间的各种差异造成的费用增加。

（3）分阶段、分断面、分区段施工造成的费用增加。

（4）特殊部位施工难度增加造成的费用增加。

（5）综合单价包含满足甲方及业主要求的安全文明施工工作所需费用。

（6）完成桩头剔凿所需一切机械、设备、机具以及人工费，包括特殊部位施工难度的增加，扩孔所带来的剔凿工作费用的增加，剔凿围护桩、试桩、锚桩等特殊部位及特殊要求的桩所带来的施工难度的增加。固定单价已经综合考虑桩径的差异。

（7）扰民和民扰对现场施工造成的影响及乙方自身原因引起的扰民或民扰调停费。

（8）与其他分包方同一时间施工对施工造成的影响。

（9）施工现场交叉作业造成的窝工及工期延长。

（10）冬（雨）期施工增加的措施费。

（11）施工机械进退场费。

（12）施工人员个人安全防护用品费用。

（13）各项技术措施费、赶工措施费、节假日加班费、检验试验费、人员设备保险费。

（14）按甲方要求提供技术资料及竣工资料。

（15）完成合同内测量放线、试验费用、竣工清理。

（16）食宿交通费。

（17）成品保护费。

（18）与其他分包方（包含甲方指定的分包方、业主及乙方自己的分包方）的配合照管费。

（19）现场管理费、企业管理费、利润。

（20）应该缴纳给政府有关部门的各项税费。

（21）任何因市场人工、材料、配件、能源、运输、税费的变动或政府及行业主管部门红头文件的颁发而引起的乙方的实际支出的增减，均属于乙方自身经营风险，视为事先充分估计并已列入合同价款之中。

3. 本条第1款表格中工程量为暂定，并不作为结算依据，双方结算根据本条的计量原则进行。

4. 工程量计量原则：按经过甲方、业主、监理验收通过后的实际剔凿桩头个数结算。

第六条 付款

1. 本工程无预付款。

2. 月度付款前提：

（1）月度施工内容经甲方同意；

（2）施工进度在甲方的总控制计划之内；

（3）试验／复试报告证明所用材料合格或满足合同要求；

（4）经监理单位、业主、甲方验收合格（分项验收时）；

（5）随月进度提交了相关技术资料（试验报告、验收资料）。

3. 付款程序和额度：

（1）工程款按月支付，乙方每月＿＿＿＿＿＿＿日向甲方上报当月完成工作量，并附详细的计算书，甲方接到申请后当月审核完毕，并于次月的＿＿＿＿＿＿＿－＿＿＿＿＿＿＿日按照审核工作量的＿＿＿＿＿＿＿%支付进度款，保留金为＿＿＿＿＿＿＿%，保留金作为工期、质量、安全文明施工、资料等的保证金，余款在乙方完成其合同范围内所有工作，并通过甲方、业主及监理方验收合格后＿＿＿＿＿＿＿个月内无息全额支付。每次付款前乙方需提供合法发票，并应当按月考核农民工工作量，编制工资支付表，经农民工本人签字确认后，与当月工程进度等情况一并交甲方。甲方根据乙方编制的工资支付表，将进度款中的农民工工资直接支付至农民工工资专用账户。

（2）乙方确认其每月农民工以及管理人员工资总额不会超过该月完成工程量价款的＿＿＿＿＿＿＿%，因此甲方的进度款支付比例足够乙方按照政府规定支付施工人员全部工资。

（3）甲方每月最多支付1次工程款。

（4）甲方已确认的变更洽商及签证费用在工程结算时随结算工程款支付，不进行月度付款。

第七条 甲供资源、材料

1. 施工图纸一套。

2. 基坑外临水临电设施，包括现场一级电箱、水源接驳点、现场周边的镝灯照明以及基坑周边的防护围挡。

3. 临建：现场厕所以及临时围挡、大门、道路、警卫室、试验室、制度牌等由甲方建造。

4. 提供现场施工人员住宿所需临时建筑。

5. 测量：提供工程定位、轴线控制点及水准点。

6. 工程现场施工的水电费由甲方负责缴纳。

7. 甲方提供给乙方使用的机具机械材料等，双方指定专职的材料员验收，乙方从甲方领用。乙方退场时应将除实体性消耗材料以外的甲供材料、机具、机械清理后完好地返还甲方，丢失及损坏部分，均由乙方承担赔偿费用。

第八条 工期要求

1. 乙方按甲方工程进度总控制进度计划编制乙方施工进度计划，并按经甲方批准的施工进度计划及时组织施工。未按甲方要求施工，乙方承担违约责任。如由于乙方原因造成工期延误（包括由于乙方原因造成其他分包方工期延误的），按工期延误处理，具体处罚见相关约定，并承担因此给甲方及其他第三方造成的一切损失。

2. 以上工期已经考虑下列因素：

（1）法定节假日或公休日；

（2）不利的条件（不可抗力除外）；

（3）与降水、土方等施工工序间不可避免的交叉作业影响。

3. 乙方须按甲方的总控进度计划施工，确保每周的工作均在甲方的总控制进度计划内完成；如乙方不能按甲方的总控制进度计划完成其工作，乙方须按甲方指令无偿追加现场使用的设备、人员投入，以满足甲方、业主的合理进度要求。如乙方在追加现场使用的机械设备、人员后，仍然不能达到甲方、业主之合理要求，甲方有权另行聘请其他分包方承建上述工程，乙方承担所有相关费用并支付违约金，违约金金额为合同总价的_____%。

4. 根据本工程总体工期，甲方有权要求乙方优先完成分包工程的某部位的工作，在现场条件许可的情况下，乙方应尽量满足并遵从甲方要求，且不得延误剩余部分的工作。

5. 非甲方原因（不可抗力除外）造成工期延误，每拖延一天罚款_____元，且乙方应承担甲方一切相关损失。

第九条　质量要求

1. 质量验收等级：按照现行国家标准《建筑工程施工质量验收统一标准》GB 50300，一次性验收通过，合格率达到100%。

2. 质量目标：该工程成为让业主完全满意的精品工程。乙方须保证工程质量满足上述要求，施工中须认真按本工程的技术要求及国家有关技术标准要求，达到业主、监理及甲方要求。

3. 质量违约处罚：如施工质量未达到上述标准，乙方必须返修整改直至达到上述标准，返修费用全部由乙方承担，返修工期计入总工期考核。另外，乙方须按合同总价的 5% 向甲方支付质量违约金。

第十条　工期延误

1. 因以下任何一项原因造成乙方延误实施分包工程的，经甲方项目经理书面确认，分包工程的竣工时间相应延长：

（1）非分包单位造成工程延误，而且甲方根据总包合同已经从业主获得与分包合同相关的竣工时间的延长；

（2）甲方未按约定时间提供开工条件、施工现场等造成的延误；

（3）甲方发出错误的指令或者延迟发出指令确认批准造成分包合同工期延误；

（4）不可抗力（有关定义见第十一条）等其他非乙方原因造成分包工程的延误；

（5）甲方认可的其他可以谅解的工程延误。

2. 乙方在上述任一事件发生后的_____天内，就延误的工期以书面形式向总包单位提出报告。如果上述事件具有持续的影响，则乙方应每隔_____天发出一份报告，事件影响结束之日起_____天内提交最终报告给甲方商务部门。甲方在收到报告后_____天内就报告内容予以答复或提出修改意见。

第十一条　不可抗力

1. 不可抗力指业主、甲方、乙方都不可预见、不可避免、不能克服的超出一般防范能力的事件。此类事件的发生导致合同一方不可能履约。不可抗力包括：

（1）地震、洪水、海啸、飓风、台风、剧烈雷击等天灾以及恶劣气候（气象资料以中央气象台记录为准）；

（2）战争、敌对行动（无论是否宣战）；

（3）叛乱、暴动、军事政变、内战；

（4）暴乱、骚乱、游行示威或混乱（乙方自身及相关联的人员内部从事本工程而发生的事件除外）；

（5）空中飞行物体坠落；

（6）声速或超声速飞行物或装置产生的压力波；

（7）国家重大庆典、国外政府首脑或国际政要到访、全国人大或政协会议、全国党代会等重大政治事件要求停工或进行各项管制而影响到工期；

（8）由于法律法规的变更或后续颁布的法律法规导致本合同不合法。

2. 不可抗力事件发生后，乙方应立即通知甲方，并在力所能及的条件下迅速采取措施，尽量减少损失，并根据总包合同的约定处理。不可抗力事件结束后_____小时内乙方向甲方通报受害情况和损失情况及预估的清理和修复的费用。不可抗力事件持续发生，乙方应每隔_____天向甲方报告一次受害情况。不可抗力事件结束后_____天内，乙方向甲方提交清理和修复费用的正式报告及有关资料。

3. 因不可抗力事件导致的费用及延误的工期按以下方法分别承担：

（1）下列费用由甲方向业主索要回来以后支付给乙方。

① 工程本身的损害、因工程损害导致第三方人员伤亡和财产损失以及运至施工场地用于施工的材料和待安装的设备的损害。

② 停工期间，乙方应甲方要求留在施工场地的必要的管理人员及保卫人员的费用。

③ 分包工程所需清理、修复费用。

（2）乙方人员伤亡自行负责，并承担相应费用。

（3）乙方机械设备损坏及停工损失，由乙方自行承担。

（4）延误的工期相应顺延。

4. 因合同一方迟延履行合同后发生不可抗力的，不能免除迟延履行方的相应责任。

第十二条　变更与变更计价

1. 如果甲方认为有必要对分包工程或其中的任何部分的形式、质量、数量做出变更或调整，甲方有权指示乙方进行以下任何工作，乙方应遵照执行。该指示应该包括来自业主、设计、监理单位的设计变更、洽商、指示等。

（1）增加或减少合同中已经包含的工作量；

（2）改变工程做法、材料；

（3）改变分包工程任何部位的标高、位置或尺寸；

（4）改变施工顺序或时间安排；

（5）为确保工程质量和工程竣工而必需的任何附加的工作。

2. 上述变更指令发出后，双方应继续履行本合同，本分包合同不能因以上变更而失效或者作废。因变更而导致合同价款发生变化则按相应条款规定调整。

3. 如果上述变更是因为乙方违约或乙方自身原因造成甲方不得不发出变更指令，则任何此类变更后增加的费用由乙方承担。

4. 乙方没有任何权利对合同工作内容提出变更，更不得在施工中擅自改变材料做法、进行未经甲方许可的施工作业。

5. 如果变更仅仅造成工程量增减，则其单价不变，仍按原合同单价执行。

6. 如果合同中没有适用于变更工作的价格，则双方协商一个合理的市场价格。

第十三条　施工图和施工方案

1. 甲方将于本分包工程开工前_____天向乙方提供一套施工图纸。

2. 协助甲方审查本工程图纸和技术说明中可能存在的任何缺陷、疏漏和不足是乙方的合同责任和义务，乙方应在甲方提供图纸后_____天内将其认为相关图纸（包括工程标准和技术说明）中可能存在的任何缺陷、疏漏或不足以书面方式报告甲方，乙方可以在此书面报告中附上关于弥补或修改此类缺陷、疏漏、不足的建议或方案，以及按此建议或方案实施对合同价格的影响。如果乙方迟于上述期限提出图纸的缺陷、疏漏或不足，则在本分包工程的施工过程中，乙方只能提出技术变更，必须按甲方批准或指示的变更实施，且将不会得到任何费用的补偿和工期顺延的许可。

3. 乙方进场前需向甲方提供完整施工图（包括按甲方要求需完成的深化设计图）和施工方案，其中应包括以下内容：

（1）本工程施工依据的现行国家标准及其他相关规定；

（2）采取的主要施工方法、工艺流程；

（3）根据工期要求和现场情况为每阶段施工安排的机具型号/数量；

（4）拟安排在每一施工阶段、区段现场作业人员、管理人员的数量；

（5）乙方现场管理人员组织结构和隶属关系及通信方式；

（6）进度计划；

（7）需要甲方配合的事项和最迟解决完成时间；

（8）各项保证工期、质量、安全的措施以及冬（雨）期施工措施，此费用已包含在本合同价款中，不另计取。

4. 乙方须按业主、监理和甲方最终确认的施工图和施工方案进行施工，但业主、监理和甲方的确认并不免除乙方承担因设计图、方案缺陷、错误所导致各种后果的一切相关责任。

第十四条　技术质量要求

1. 乙方应严格按照本合约和现行标准进行施工作业，确保施工质量满足标准和设计要求。

2. 乙方应选派业务水平较高、经验丰富的专业施工技术人员和操作人员在本工程施工。

3. 乙方提供的材料应严格确保其质量合格，满足标准、方案的要求。禁止提供假冒伪劣产品。

4. 施工作业人员需持有有效的且符合当地政府规定的上岗证，并提供加盖单位公章的复印件，报甲方备案。

5. 标准

施工作业应满足现行国家、地方、行业标准、设计图纸和权威手册等的要求：

（1）《建筑地基处理技术规范》JGJ 79；

（2）《建筑基坑支护技术规程》JGJ 120；

（3）《建筑地基基础设计规范》GB 50007；

（4）《混凝土结构设计规范》GB 50010；

（5）《建筑工程施工质量验收统一标准》GB 50300；

（6）《建筑施工安全检查标准》JGJ 59；

（7）《施工现场临时用电安全技术规范》JGJ 46；

（8）《建设工程施工现场供用电安全规范》GB 50194；

（9）《建筑工程资料管理规程》JGJ/T 185；

（10）《建筑边坡工程技术规范》GB 50330；

（11）《建筑桩基技术规范》JGJ 94；

（12）其他相关标准；

（13）国家、地方、行业后续颁布的标准及甲方发布的图纸。

上述标准若有不一致或矛盾或新出台之处，按较为严格以及较新标准执行。

6. 技术要求与参数：按业主、监理和甲方最终确认的施工方案执行。

第十五条 文物和地下障碍物

1. 正式施工前，甲方向乙方转交由业主方提供的地质勘察报告复印件一份，以供乙方施工参考。甲方不对此类资料的准确性负责，对此乙方不得表示任何异议。

2. 在施工中遇到下列情况乙方应立即停止施工，甲方应立即保护好现场：

（1）古墓、古建筑遗址、历史文物；

（2）化石或其他有考古、地质研究等价值的物品；

（3）被怀疑为有危险的爆炸物，如残旧的炸弹、手榴弹、炮弹、地雷等；

（4）走向不明的管线、管沟、防空洞。

3. 若能明显判断和怀疑为文物，甲方于_____小时内以书面形式通知建设单位，由其收到书面通知后报告当地文物管理部门。甲方按文物管理部门的要求采取妥善保护措施，乙方按文物管理部门的要求配合发掘工作，费用由乙方与建设单位自行商议。

4. 若被怀疑为有危险的爆炸物或不明物体，乙方应立即停止施工并立即报告甲方，甲方立即报告给公安机关。甲方按公安机关的要求采取妥善保护措施，由公安机关处置。若乙方疏忽大意未能及时发现或发现后继续施工未及时报告或自行处置，造成一切后果和责任由乙方自行承担。

5. 乙方发现文物或化石后隐瞒不报，致使文物化石遭受破坏或遭哄抢、私分，由乙方依法承担相应责任。

6. 发现不明管线、防空洞等，乙方应立即停止施工并向甲方报告，待政府市政管理部门调查处理，明确为废弃物后方可继续施工，相关处理费用在合同价款中已经综合考虑。若需采取一定的保护措施或需要全部或部分继续留存的，则待甲方与建设单位或其他单位协商后处理。

7. 上述事件处理过程中，甲方应加强警卫，做好现场安全保卫工作，防止不法人员或无关人员进入现场。

第十六条 机械设备、材料管理

1. 计划管理

（1）所有物资、机械设备须经过甲方书面同意后方能进退场。

（2）进场的物资材料、机械设备应满足甲方制定的月计划、周计划施工进度要求。

（3）所有材料进场前，乙方需提供相应的合格证、生产许可证、出厂证明、复试报告等合法资料，否则不得进场。

（4）物资、材料的进场后的申报程序执行_____省_____市的有关规定和要求。

（5）所有进退场材料物资、机械设备应提前_____小时向甲方申报物资进退场计划，经甲方相关人员签字同意后，由乙方向甲方申请填制生产要素出入许可证，报至甲方项目经理部相应部门确认后，方可组织物资进退场；否则严禁进退场。

（6）生产要素出入许可证（一式四份），需明确进出场时间、车号、物资名称、进出场理由并有乙方负责人签名。

2. 仓储管理

（1）由乙方自行负责对材料、机械设备加以妥善保管，防止人为破坏、偷盗以及不利自然条件的侵蚀，费用自理。如果乙方未采取适当的保管保护措施，造成的一切损失将由乙方自行承担。

（2）进场物资堆放地点，必须经过甲方批准，服从甲方的统筹安排。

（3）现场物资堆放、标识等须符合甲方的有关管理规定。

第十七条 现场及人员管理

1. 乙方应遵守国家、行业、地方以及甲方有关现场安全文明施工的各项管理规定，在设施的投入、现场的布置等各方面严格按照甲方的规定执行，并符合甲方的CI（企业形象标识）要求。

2. 乙方进入现场的施工人员必须持有符合地方政府要求的上岗证书，现场施工人员必须统一佩戴安全帽及胸卡，施工人员须持证进出现场。

3. 现场不允许出现宣传乙方单位的标识、标语。

4. 乙方所有现场施工人员需持有_____市政府指定卫生防疫部门核发的健康证，非_____市户籍人员需持有_____市有关政府部分核发的外来人员就业证、_____市公安局下属驻地派出所办理的暂住证。乙方承担上述证件不齐而造成的责任，因此给甲方造成的损失由乙方承担，办理证件所需费用乙方自理。

5. 乙方应该采取一切合理的措施防止其人员实施违法或妨害社会治安和公共安全的行为，并有完全的责任和义务保护周围其他人员和财产免受上述行为的危害，由此造成的一切后果由乙方负责。

6. 严格遵守有关消防、保卫、交通安全、环卫社会治安方面的规定。凡是由于乙方对上述要求贯彻执行不得力而造成的一切事故、灾害，其经济及法律责任由乙方独自承担。由此造成甲方的损失由乙方赔偿，此外甲方有权对其进行处罚。

第十八条 甲方一般职责

1. 甲方驻现场代表（项目经理）：_____。项目经理代表甲方全面履行合同各项职责。

2. 甲方其他主要管理人员：技术负责人为_____；生产负责人为_____；商务负责人为_____。

3. 负责协调乙方与现场其他分包方、施工工序之间的关系。

4. 及时向乙方提供施工所需指令、指示、洽商等相关施工文件。

5. 当对工程材料、质量发生怀疑时，有权随时进行抽查。

6. 如果乙方在工程质量、进度、安全、现场管理等方面满足不了甲方、监理、业主任何一方的合理要求，甲方有权将分包合同范围的工作指定给其他单位完成，所发生的分包费用、劳务费、材料费等费用从分包款中扣除，对此乙方不得有任何异议。

7. 协调解决乙方现场的材料堆放场所。

8. 负责基坑外临水临电设施，包括现场一级电箱、水源接驳点、现场周边的镝灯照明以及基坑周边的防护围挡。乙方根据甲方现场临水临电管线的布设，在得到甲方批准的情况下，根据施工需要，自行提供除一级电箱以外的电箱、电缆、接水管等，将施工水电接引至施工地点。施工水电费用由甲方承担，乙方应厉行节约。甲方有权随时抽查监督乙方用水用电行为，若发现有浪费或不良使用行为，甲方有权重罚，并禁止乙方使用甲方提供的水电资源。

9. 提供工程定位、轴线控制点及水准点，乙方负责校核并承担除此以外的所有测量工作。

10. 负责进行工程常规试验及第三方见证试验，并承担费用（乙方需安排固定的专职试验员配合甲方完成其承包范围内所有按规定要求进行的材料的检验、试验工作并提供试验模具）。

11. 组织分部工程和工程竣工验收工作。

12. 向乙方提供现场施工人员宿舍（临时建筑），生活水电费、排污费、垃圾外运费由乙方承担。宿舍床铺、衣柜、吊架等生活设施以及冬季取暖设施、夏季通风防蝇设施、食堂用具等由乙方自备。生活区内各项生活条件及管理必须符合政府相关法律法规及甲方的各项要求，符合_____市建设管理部门安全文明工地的标准等。

13. 提供施工现场公共部位、施工通道的照明，保证其通畅并负责其维护工作。

14. 在施工现场提供临时厕所设施，并负责定期清理。

15. 负责提供现场出入口的保卫工作，但乙方须自行看管好己方的机械设备及材料物资并配备消防设施。

16. 负责接洽政府有关部门对施工现场的检查，乙方应积极配合，因此造成乙方人员、机械等窝工损失由乙方自行承担。

17. 负责定期召开现场协调例会（乙方驻工地负责人必须准时参加，并服从于会议决议以及甲方的协调管理。若乙方驻工地负责人无法正常参加，需事先向甲方项目经理请假，并指定全权代表参加）。

第十九条　乙方一般职责

1. 按合同约定及甲方要求的时间准时进场；严格按业主、监理及甲方审批后的试验方案组织施工。
2. 乙方驻现场代表（项目经理）：_____。技术负责人：_____。
3. 自备施工所需机械设备、机具、工具及其他随身工具。
4. 自备符合标准要求的个人安全防护用品，如：安全帽、安全带、口罩等。
5. 向甲方提供单位资质等证明文件及施工人员名单（需经地方政府有关部门备案）及特殊工种的上岗证复印件（加盖单位公章）。
6. 服从甲方总体安排，在甲方指定地点自行布设其管理人员办公场地、加工棚、钢筋加工场地、库房、材料堆放场等临时设施。
7. 施工中，乙方不得碰撞、破坏基坑周围控制点。
8. 施工过程中，要随时检查坑槽（壁）和边坡的状态，发现问题及时向甲方汇报。
9. 提供满足_____省住建部门《建筑安装工程资料管理规程》和国家档案管理规定要求的分包工程竣工资料、技术资料；上述工作不限于技术资料的填写、收集、复制、归档、提交。
10. 负责己方施工范围内的成品保护工作，并保证不损害其他施工方已完项目，如有损害乙方应自费予以修理。
11. 随时准备接受甲方对工程质量、安全、文明施工的检验、检查，并为检验、检查提供便利条件。
12. 每天向甲方汇报现场劳动力及机械设备配置情况，乙方配置的现场实际工作的劳动力及有效机械设备必须满足甲方现场需求，否则甲方有权更换劳动队伍或增加该区域的劳动力及机械设备，所发生费用从乙方工程款中扣除。
13. 在施工之前应先探明施工处是否有障碍物及市政管线，如有地坪以下3m以内障碍物应负责清理并回填素土（不得含有块石和生活垃圾），若有市政管线应及时上报甲方，并同时呈报切实可行的解决方案，待业主方、监理方及甲方审批通过后实施。乙方在报价时已经综合考虑现场地坪以下3m以内障碍物清除及管线处理费用，不得向甲方进行任何形式的索赔。
14. 负责与其他分包方之间的配合照管工作，在施工安排上应充分考虑到本工程分包队伍多、交叉作业多及施工难度大的特点，确保本工程的工期及质量，并且不应以此为借口向甲方提出工期或经济等方面的任何索赔。
15. 制定并采取切实有效措施，防止自身材料、机具失窃等，防止工作面交叉引起的打架斗殴等事件，共创文明工地，保障甲方免于承担发生任何本款提及的不良事件带来的任何损失和损害。
16. 保障甲方免于承担因乙方过失、失误造成的任何人员伤亡、财产损失的全部责任和索赔，另外还应保障甲方免于承担与此有关的一切索赔、诉讼、损害赔偿、抚恤费和其他相关开支。
17. 负责己方施工区域的安全文明施工，做到工完场清，及时将己方施工区域的泥浆、渣土、施工垃圾运至施工现场内甲方指定地点，由甲方指定单位负责将垃圾渣土淤泥运输并消纳至_____市政府的指定地点。
18. 乙方现场负责人需按时参加甲方项目经理部组织的有关安全、质量、进度、文明施工等方面的各种会议、检查活动，不得无故缺席。若乙方代表临时有其他紧急事务无法出席，须指派全权代表参加。会议所做出的决议、事项，双方需共同恪守，严格遵照执行。
19. 未经甲方许可，乙方不得私自在现场（包括生活区）私搭乱建临时用房。
20. 负责作业面的施工照明，自行从甲方提供的水电接驳点将水源、电源引至其施工作业地点，所需配件、电线等设备设施自备。合理使用甲方提供的水电资源，杜绝浪费。
21. 有义务保管、维护施工范围现场临水、临电、临时消防设施。
22. 在分包工程完工后，除非甲方同意，否则必须按甲方要求拆除一切其搭设的临时设施（包括施工和生活设施），恢复原样。
23. 自行解决现场施工人员就餐问题，否则人员必须在甲方指定的区域就餐，餐后及时清扫，保持区域卫生。
24. 乙方施工人员应在指定的区域使用卫生设施，注意保持卫生。
25. 可免费使用甲方设在现场已有的脚手架、操作平台、防护设施，但使用前必须向甲方提出申请，明确使用部位和使用时间，经甲方批准后方可使用，未经甲方同意擅自使用的，发生一切意外事故与责任由乙方独自承担。
26. 未经甲方许可，不得擅自使用和拆改现场安全防护设施、脚手架、操作平台。否则，发生一切意外事故与责任由乙方独自承担。

27. 入场前需按甲方的要求提供法定代表人对相关人员的授权委托书,被授权人包括乙方在本工程的项目经理、技术人员、材料人员等。

28. 必须与使用的人员签订书面劳动合同,建立合法的劳动关系。在劳动合同中必须明确工资标准及支付形式、支付日期,不得以任何理由拖欠工人工资。每月的工资表报项目劳务管理员处备案。全面实行农民工劳动计酬手册制度、施工现场悬挂农民工权益告知牌制度、农民工上岗前常识培训制度,劳务承包人应严格遵照执行。

29. 严格执行_____市《外来人员管理规定》做到合法用工,并及时办理暂住证、新身份证、健康证、施工许可证等_____市相关规定要求的合法手续、证件。操作人员100%持证上岗,特殊工种100%持证上岗。所有的手续必须在进场时按甲方劳务管理员、安全部的要求报甲方备案。信号工必须严格按照操作规程指挥,不能违章指挥,否则承担相应的安全责任及事故引发的经济损失。

30. 按照_____市相关规定到施工所在的区(县)社会保险经办机构为其全部进入施工现场人员办理基本医疗保险和工伤保险手续。相关费用已包含在分包合同价款中。

第二十条 检查与验收

1. 乙方应认真按照相关标准、试验方案要求以及甲方依据合同发出的指令施工,随时接受业主方、监理方及甲方的检查检验,并为检查检验提供便利条件。

2. 工程质量达不到约定标准的部分,甲方有权要求拆除和重新施工,直到符合约定标准。因乙方原因达不到约定标准,由乙方承担拆除和重新施工的费用,工期不予顺延。

3. 甲方的检查检验不应影响施工正常进行。如影响施工正常进行,检查检验不合格时,影响正常施工的费用由乙方承担。除此之外影响正常施工的发生的费用由甲方承担,相应顺延工期。

4. 因甲方指令失误或其他非乙方原因发生的费用,由甲方承担。

第二十一条 竣工验收及竣工结算

1. 在分包工程具备验收条件后,乙方向甲方提供完整竣工资料及竣工验收报告,乙方应按甲方要求提供完整合格的竣工资料和竣工图各一式_____份。

2. 甲方在收到乙方提交的分包工程竣工验收报告之日起_____日内通知业主验收,乙方应该配合甲方会同业主进行验收。验收不能通过,乙方应负责修复相应缺陷并承担相应的质量责任。

3. 分包工程竣工验收通过,竣工日期为乙方提供竣工验收报告的日期。需要修复的,实际竣工日期为修复后竣工报告的日期。

4. 乙方按时完成分包合同约定的所有工程内容,经甲方、设计单位、监理、业主四方验收,分包工程达到分包合同约定的质量标准,办理完成竣工工程移交手续后,甲方在一个月内和乙方办理工程结算,按设计图纸显示及分包合同相关计量规则计算完成工作量,扣完乙方保修金及其他应扣款项后付清剩余款项(不计利息)。

5. 延期支付的工程款项不计取利息。

第二十二条 工程保修

1. 在总包工程竣工交付使用后,乙方应按国家有关规定对分包工程承担保修责任。具体保修责任按照乙方与甲方签订的质量保修书执行,保修期按照甲方与业主签订的合同中规定的期限执行,且保修服务期满后,并不免除乙方施工质量责任。

2. 工程款支付保留金为本分包合同价款的_____%。甲方在乙方每期工程进度款支付中以同等的比例扣除,工程完工前全部扣完;基坑支护工程经甲方、业主、监理验收合格,双方办理完本分包工程结算后_____天内支付结算价款的_____%;其余_____%作为工程保修的保证金,在整体工程竣工并通过验收之日起两年后_____天内扣除按保险合同应扣除的款项后无息付清。

第二十三条 环保与职业安全

1. 本合同双方应共同遵守国家和地方有关的环境保护的法律、法规,努力营造绿色建筑。

2. 乙方在整个施工作业过程中满足甲方制定并经国家权威部门认证的ISO 14001环境管理体系、现行国际标准《职业健康安全管理体系要求及使用指南》ISO 45001的要求,保证施工生产符合相关标准的要求。

3. 乙方进驻现场员工需接受经ISO 14001环境管理体系、现行国际标准《职业健康安全管理体系要求及使用指南》ISO 45001认证的教育培训。

4. 乙方在运输材料（包括废料）、机具过程中应执行_____省_____市政府有关道路交通等的管理规定。

5. 乙方须采取有效措施，防止运输机械噪声超标或机械漏油污染环境。运输车辆要定期进行噪声检测，对于不符合要求的机械要及时采取必要的措施。

6. 车辆进入现场后禁止鸣笛。

第二十四条　合同文件组成与解释顺序

1. 补充协议书（若有）；

2. 本分包合同书；

3. 明确双方职责的会议纪要、往来函件；

4. 本合同所列标准、图集；

5. 图纸、洽商、变更、方案及指导书；

6. 有关技术文件；

7. 试验报告；

8. 甲方指令单（若有）。

第二十五条　合同使用的语言文字及适用法律

1. 合同语言：本合同文件使用汉语。

2. 适用法律法规：《中华人民共和国民法典》《中华人民共和国建筑法》《建设工程质量管理条例》以及其他现行法律、法规和规范性文件（含_____省_____市地方性法规）。

第二十六条　违约

1. 合同双方任何一方不能全面履行本合同条款，均属违约；违约所造成的损失、后果、责任，概由违约方承担。

2. 除非双方协商终止本合同，违约方承担前述条违约责任、损失后仍需严格履行本合同。

3. 不允许非法转包本分包合同工程。

4. 双方明确约定，对于在本合同项下产生的或与本合同相关的事宜产生的乙方对甲方拥有的债权，乙方承诺不将其转让给第三方，除非经过甲方的书面同意；否则，乙方应在违约转让债权之日起5日内，按照违约转让债权总额的5%向甲方支付违约金，逾期支付并应承担违约付款责任。

第二十七条　合同生效与终止

本合同自双方签字盖章之日起生效，技术资料齐全有效，履行完保修职责，保修期结束，本合同即告终止。

第二十八条　争议解决

双方因履行本合同或因与本合同相关的事项发生争议的，应通过协商方式解决，协商不成的，应首先提交_____调解中心进行调解，调解不成的，一方有权按照下列第_____项约定方式解决争议：

（1）向_____仲裁委员会申请仲裁；

（2）向_____人民法院提起诉讼。

第二十九条　未尽事宜

本合同在执行中若有未尽事宜，双方经友好协商以补充协议、会议纪要、谈判记录等形式约定。

第三十条　其他约定

1. 双方承诺不将本合同成交价格透露给任何第三方。

2. 本合同所述之内容与条款只限于_____工程使用，乙方不得将本合同内容细节透露给任何第三方。

3. 本合同一式_____份，均具有同等法律效力，甲方执_____份，乙方执_____份。

（以下无正文）

（本页为签署页）

甲方：（公章） 乙方：（公章）

法定代表人或其委托代理人： 法定代表人或其委托代理人：
（签字） （签字）

统一社会信用代码：_____ 统一社会信用代码：_____
地址：_____ 地址：_____
电话：_____ 电话：_____
电子信箱：_____ 电子信箱：_____
开户银行：_____ 开户银行：_____
账号：_____ 账号：_____

第六章 结构工程

建设工程施工劳务分包合同

合同编号：

工程名称：_____

工程地址：_____

甲　　方：_____

乙　　方：_____

_____年_____月_____日

＿＿＿＿＿＿＿＿＿＿＿＿工程建设工程施工劳务分包合同

甲方（承包方）：＿＿＿＿＿＿＿＿＿＿＿＿＿＿＿＿＿＿＿＿＿＿＿＿＿＿＿
乙方（分包方）：＿＿＿＿＿＿＿＿＿＿＿＿＿＿＿＿＿＿＿＿＿＿＿＿＿＿＿

依照《中华人民共和国民法典》《中华人民共和国建筑法》及其他法律、法规，遵循平等、自愿、公平和诚实信用的原则，双方协商达成一致，订立本合同。

第一条　工程概况

1. 工程名称：＿＿＿＿＿＿＿＿＿＿＿＿＿＿＿＿＿＿＿＿＿＿＿＿＿＿＿。
2. 分包范围：＿＿＿＿＿＿＿＿＿＿＿＿＿＿＿＿＿＿＿＿＿＿＿＿＿＿＿。
3. 劳务作业内容：＿＿＿＿＿＿＿＿＿＿＿＿＿＿＿＿＿＿＿＿＿＿＿＿＿。
4. 工程地点：＿＿＿＿＿＿＿＿＿＿＿＿＿＿＿＿＿＿＿＿＿＿＿＿＿＿＿。
5. 建筑面积：＿＿＿＿＿＿＿＿＿＿＿＿＿＿＿＿＿＿＿＿＿＿＿＿＿＿＿。

第二条　结算说明

按照最终竣工图纸的清单实物量结算。结算时，结合现行国家标准《建筑工程建筑面积计算规范》GB/T 50353 计算规则计算建筑面积，建筑面积计算至结构外边线；所有实物量按照现行国家标准《建设工程工程量清单计价规范》GB 50500 计算规则计算；单价均为固定单价，施工过程中无论条件是否发生变化均不得调整。

第三条　合同价款

暂定合同价款总额：＿＿＿＿＿＿＿元（大写：＿＿＿＿＿＿＿＿＿＿＿）（明细组成详见合同清单）。

第四条　分包工作期限

1. 开工日期：＿＿＿＿＿年＿＿＿＿＿月＿＿＿＿＿日。
2. 竣工日期：＿＿＿＿＿年＿＿＿＿＿月＿＿＿＿＿日。
3. 总日历天数为：＿＿＿＿＿＿天（绝对工期，不因任何情况发生改变）。
4. 总工期和阶段节点工期已经考虑下列因素：

法定节假日或公休日；不利的气候条件（不可抗力除外）；高考、中考期间政府对施工的限制；重大政治事件要求停工或进行各项管制而影响的工期；与其他施工工序间不可避免的交叉作业影响；政府部门的执法检查、各种奖项的评比检查；分阶段、分区段检查验收。

如果乙方无法满足质量和工期要求，甲方有权用其他分包方完成乙方未能完成的工作内容，扣除合同价款＿＿＿＿＿＿%。

第五条　劳务作业人数

本工程劳务作业人数共＿＿＿＿＿＿＿人。

第六条　合同文件组成

组成本合同的文件及优先解释顺序如下：

（1）补充协议或会议纪要；
（2）本合同；
（3）中标通知书（若有）；
（4）投标书及其附件（若有）；
（5）合同工程量清单；
（6）专用条款；
（7）通用条款；
（8）标准及有关技术文件；
（9）图纸；
（10）合同履行过程中，甲乙双方协商一致的其他书面文件。

第七条　甲方权利和义务

1. 劳务分包合同约定的劳务作业完成后，甲方自收到乙方依照约定提交的结算资料之日起 28 日内完成审核并书面答复乙方；逾期不答复的，视为甲方同意乙方提交的结算资料。

2. 上款所述结算程序完成后，甲方应当自结算完成之日起 28 日内支付全部结算价款。合同价款的支付应当以银行转账的形式办理。

3. 负责编制施工组织设计，统一制定各项管理目标，编制施工计划、物资需用量总控制进度计划表，实施对工程质量、工期、安全生产、文明施工、计量析测、实验化验的控制、监督、检查和验收。

4. 统筹安排、协调解决非乙方独立使用的生产、生活临时设施，工作用水、用电及施工场地。

5. 按时提供图纸，及时交付应供材料、设备，所提供的施工机械设备、周转材料、安全设施保证施工需要。

6. 随时对乙方实施的劳务作业进行监督检查，确保工程质量，对存在的质量隐患及时提出整改要求。

7. 及时签认劳务作业变更洽商及确认乙方停工、窝工损失。

8. 认真执行安全技术标准，严格遵守安全制度，制定安全防护措施，提供安全防护设备，确保施工安全。

9. 检查乙方工人持证情况，禁止未获得相应资格证书的工人进入施工现场。

10. 在发现乙方存在未按照约定履行本合同行为时，应自发现之日起_____日内书面告知乙方并提出明确要求，逾期不行使告知权利的，视为放弃此项权利。

11. 依照本合同约定对乙方行使扣款权利时，应当采用书面方式并获得乙方有相应委托权限人员的书面认可。

12. 按照行政主管部门相关规定的要求为本项目作业人员办理工伤保险。

13. 乙方按约定完成劳务作业，必须由甲方或施工场地内的第三方配合时，甲方应配合乙方工作或确保乙方获得该第三方的配合。

14. 其他甲方应当承担的义务。

第八条　乙方权利和义务

1. 组织具有相应资格证书的工人（持证上岗率 100%）投入工作，自觉遵守法律法规及有关规章制度。

2. 按照相关法律法规的要求，按时足额支付劳动者工资。

3. 按甲方要求提交施工计划，完成施工计划相应的劳动力安排计划，经甲方批准后实施。

4. 按照设计图纸、施工验收标准、有关技术要求及施工组织设计精心组织施工；投入足够的人力，确保工期；服从甲方安全施工管理，自备劳动保护用品，确保施工安全。

5. 承担由于自身责任造成的质量修改、返工、工期拖延、安全事故、现场管理不符合规定造成的损失及各种扣款。

6. 自觉接受甲方及有关部门的管理、监督和检查；接受甲方随时检查其设备、材料的保管、使用情况及其操作人员的有效证件、持证上岗情况。

7. 按甲方统一规划堆放材料、机具，按甲方标准化工地要求设置标牌，搞好生活区的管理，做好自身责任区的治安保卫工作。

8. 做好成品保护工作。

9. 妥善保管、合理使用甲方提供的机具、周转材料及其他设施。

10. 与施工管理、作业人员签订书面劳动合同，并每月向甲方提供上月本企业在本项目上所有施工管理、作业人员的劳动合同签署情况、出勤情况及工资核算及支付情况的盖章书面记录。确保除此书面记录的用工行为外，在本项目不存在其他用工行为。

11. 配合甲方按甲方或行政主管部门要求进行涉及乙方工作内容、施工场地的检查，配合甲方对隐蔽工程、工程竣工的验收工作。

12. 甲方或施工场地内第三方的工作需要乙方配合时，乙方应按甲方的指令予以配合。

13. 在劳务作业中发现古墓、古建筑遗址等文物和化石或其他有考古、地质研究价值的物品时，立即保护好现场并以书面形式通知甲方。

14. 劳务作业全部内容经验收合格后，按照劳务分包合同的约定及时将该劳务作业交付甲方，不得以双方存在争议为理由拒绝交付。

15. 在发现甲方存在未按照约定履行本合同的行为时，自发现之日起_____日内书面告知甲方并提出明确要求，逾期不行使告知权利的，视为放弃此项权利。

16. 其他乙方应当承担的义务。

第九条 以下原因造成完工日期推迟的，工期相应顺延：

1. 不可抗力（见第十一条）；

2. 设计变更和工程量增加；

3. 甲方未能按合同约定日期支付劳务费，致使施工不能正常进行；

4. 乙方以书面形式提出申请，但仍未能从甲方获得施工必需的指示、工程材料、图纸等，致使施工不能正常进行；

5. 一周内非乙方原因停水、停电、停气或安排任务不及时造成停工、窝工累计超过 8 小时。

第十条 由于非乙方原因或甲方同意的其他情况造成乙方窝工的，乙方应在上述情况发生后_____日内，就延误内容和因此产生的经济支出向甲方提出书面报告，甲方应于_____日内就延长完工日期和赔偿经济损失给予书面答复。乙方逾期未提出书面报告的，视为放弃此项权利；甲方逾期未答复也不提出修改意见，视为承认此事实。

第十一条 不可抗力

1. 不可抗力事件发生后，乙方应立即通知甲方，并在力所能及的条件下迅速采取措施，尽力减少损失，甲方应协助乙方采取措施。甲方认为乙方应当暂停工作的，乙方应暂停工作。不可抗力事件结束后 48 小时内乙方应向甲方通报受害情况、损失情况以及预计清理和修复的费用；不可抗力事件持续发生时，乙方应每隔 7 天向甲方通报一次受害情况。

2. 不可抗力结束后 14 天内，乙方应向甲方提交清理和修复费用的正式报告及有关资料。

3. 因合同一方迟延履行合同后发生不可抗力的，不能免除迟延履行方的相应责任。

4. 乙方承担因不可抗力事件导致的自身财产损失。

第十二条 送达

1. 本合同履行过程中的相关书面文件的送达方式为：一方应当以书面方式将本方的明确要求送达对方本合同中注明的地址，接收方应当在收到之日起 7 日内予以书面答复，逾期未答复或无人接收、拒收的，视为同意对方要求。

2. 一方本合同中注明的地址发生变更时，应当在 7 日内书面告知对方，逾期告知或不履行告知义务的，由过错方承担相应责任。

第十三条 事故处理

1. 发生重大伤亡及其他安全事故，甲方应按有关规定立即上报有关部门，同时按国家有关法律、行政法规对事故进行处理。

2. 乙方要积极配合甲方做好事故处理工作及伤亡人员家属的安抚工作，避免过激行为的发生。

第十四条 施工变更

1. 施工中如需对原工作内容进行变更（甲乙双方书面确认并经监理签认的变更可作为劳务价款结算的依据），甲方应提前 7 天以书面形式向乙方发出变更通知，并提供变更的相应图纸和说明。乙方按照甲方发出的变更通知及有关要求，进行需要的变更。变更内容包括：

（1）更改工程有关部分的标高、基线、位置和尺寸；

（2）增减合同中约定的工程量；

（3）改变有关的施工时间和顺序；

（4）其他有关工程变更需要的附加工作。

2. 由非乙方原因造成的变更导致合同价款的增加及乙方损失由甲方承担，延误的工期相应顺延；因变更减少工程量，合同价款应相应减少，工期相应调整。

3. 由乙方原因造成的变更费用和由此导致的甲方直接损失由乙方承担（损失补偿总额不能超出分包合同价款的 5%），延误的工期不予顺延。

第十五条 合同价款支付

乙方应向甲方出具合法有效的收款发票，乙方应指定专人配合甲方办理付款手续，甲方须将填写齐全的、收款人为乙方全称的支票或汇票交给乙方，在二十条第 4 款中指定的合同价款收取负责人，并索要收款凭证。

第十六条 由于甲方安全施工方案不完善、安全施工投入不足造成的安全事故责任由甲方承担。由于乙方不能落实安全施工方案或不服从甲方安全施工管理所造成的安全事故责任由乙方承担。

第十七条 争议

发生争议后，除非出现下列情况，双方均应继续履行合同，保持工作连续，保护好已完成工作成果：

（1）单方违约导致合同确已无法继续履行，双方协议终止合同；

（2）调解要求停止合同工作，且为双方接受；

（3）仲裁机构要求停止合同工作；

（4）法院要求停止合同工作。

第十八条 合同解除

1. 乙方和甲方协商一致的，可以解除劳务分包合同。

2. 甲方与建设单位的施工总承包合同解除的，甲方可以发出通知解除本合同。

3. 甲方不按照本合同的约定支付合同价款，乙方可以停止工作。停止工作超过28天，甲方仍不支付合同价款，乙方可以向甲方发出通知解除合同。

4. 乙方不按照本合同的约定提供符合施工要求的作业人员或不履行本合同约定的其他义务，其违约行为足以影响本施工项目的质量、安全、竣工工期时，甲方可以书面告知乙方并限期要求其完全、恰当履行合同义务，乙方逾期不能按约定履行义务的，甲方可以发出通知解除合同。

5. 如因不可抗力致使本合同无法履行，或者因工程建设单位的原因造成工程停建或缓建致使合同无法履行的，可以解除合同。

6. 本合同约定的解除条件成立时，甲方应通知乙方解除本合同并办理分包合同价款结算支付手续。分包合同价款结算支付手续完毕后，乙方应及时撤离现场。乙方未及时退场，给发包人造成经济损失的由乙方承担。

7. 合同解除后，乙方应妥善做好已完工程和剩余材料、设备的保护和移交工作，按甲方要求撤出施工场地。甲方应为乙方撤出提供必要条件。

8. 合同解除后，不影响双方在合同中约定的结算和清理条款的效力，有过错的一方应当赔偿因合同解除给对方造成的损失。

第十九条 合同终止

双方履行完合同全部义务，合同价款支付完毕，乙方向甲方交付劳务作业成果并经甲方验收合格后，本合同即告终止。

第二十条 双方代表

1. 甲方中标建造师（项目经理）为_____，职务为_____。有现场签认用工、办理洽商变更手续的权利，人员如有变动，应提前7日书面通知乙方。

2. 乙方委派的驻地负责人为_____，职务为_____，岗位证书号为_____，身份证号码为_____，委托权限为_____。人员如有变动，应提前7日书面通知甲方。

3. 乙方现场劳动力管理员_____，上岗证号为_____，职责为_____。

4. 乙方委派的分包合同价款收取负责人为_____，身份证号码为_____，职务为_____，联系电话为_____，住址为_____。

第二十一条 图纸

甲方应在劳务分包工作开工前_____天，向乙方提供与分包工程有关的图纸_____套。

第二十二条 材料

1. 乙方应在接到图纸后_____天内，向甲方提交材料、设备、构配件供应计划。甲方确认后，应按供应计划要求的质量、品种、规格、型号、数量和供应时间等组织货源并及时交付乙方。需要乙方运输、卸车的，乙方必须积极配合，费用另行约定。甲方保证所提供的材料、设备机具、构配件符合国家有关质量要求，如质量、品种、规格、型号不符合要求，乙方应在验收时以书面形式提出，甲方应在_____日内更换或调整。

2. 乙方应妥善保管、合理使用甲方供应的材料、设备机具及构配件。因保管不善发生丢失、损坏，乙方应赔偿并承担因此造成的经济损失，但赔付总额不超过合同总价的_____%。

3. 施工中由乙方提供的低值易耗材料、工具、用具包括钢筋弯曲机、钢筋调直机、钢筋切断机等。

第二十三条 质量标准

1. 本工程应当达到质量一次性验收合格。因乙方施工实体质量问题造成本工程未能一次性验收合格的，由乙方承担违约责任，甲方有权按照_____元/m²标准扣款。

2. 本工程适用中华人民共和国现行设计和施工验收标准以及甲方可能随相关施工图纸向乙方提出的本工程具体技术要求。

3. 本工程质量标准必须符合设计图纸，现行国家、行业、_____省及_____市地方标准，上述标准有任何不一致之处时，按较高标准执行。

4. 质量验收等级：一次性验收合格。

5. 乙方须保证工程质量满足上述要求，须认真按相关标准要求施工，达到业主、甲方及监理单位要求；如未达到上述标准，乙方除补偿甲方遭受的全部损失费用外，还应按合同总价的2%另行支付质量违约金。为达到上述标准，乙方采取各种措施的费用已经包含于投标价中，不再增加任何费用。

6.（部分）相关标准清单

序号	类别	内容	编号
1	文件及图纸		
2	标准	《工程测量标准》	GB 50026
		《建筑工程施工质量验收统一标准》	GB 50300
		《建筑地基基础工程施工质量验收标准》	GB 50202
		《砌体结构工程施工质量验收规范》	GB 50203
		《混凝土结构工程施工质量验收规范》	GB 50204
		《钢结构工程施工质量验收标准》	GB 50205
		《屋面工程质量验收规范》	GB 50207
		《地下防水工程质量验收规范》	GB 50208
		《建筑地面工程施工质量验收规范》	GB 50209
		《建筑装饰装修工程质量验收标准》	GB 50210
		《混凝土质量控制标准》	GB 50164
		《建筑给水排水及采暖工程施工质量验收规范》	GB 50242
		《通风与空调工程施工质量验收规范》	GB 50243
		《建筑电气工程施工质量验收规范》	GB 50303
		《建筑机械使用安全技术规程》	JGJ 33
		《钢筋机械连接技术规程》	JGJ 107
		其他本工程施工图纸设计要求及图纸所列标准	
3	其他	《工程建设标准强制性条文——房屋建筑部分》	2013版
		住房和城乡建设部关于工程建设的相关法规	
		_____省工程建设的相关法规	
		_____市工程建设的相关法规	
		甲方相关管理手册	

以上所列标准均为现行最新版本，其他未列出及后续出台（投标截止期以后）的相关国家、行业、地方标准也一并遵守。

第二十四条　安全文明施工标准

本工程安全文明施工要求达到：_____省安全文明工地。未达到此标准，发包人将按照_____元/m²（建筑面积）标准予以处罚。

第二十五条　送达

本合同约定的送达方式适用于以下情况：

1. 乙方要求甲方依照约定进行结算或支付分包合同价款；
2. 因甲方原因造成工期延误；
3. 乙方要求甲方依照约定提供施工必须的工程材料、图纸；
4. 乙方要求甲方停止分包合同价款支付违约行为；
5. 乙方要求甲方确认设计变更和工程量增加、签认零星用工、窝工；
6. 甲方要求乙方对劳务工程不符合约定部分予以整改的；
7. 甲方要求乙方提供符合合同约定的人员或合法有效的管理资料等的；
8. 双方约定的其他情况。

第二十六条　本合同价款核算规则及构成方式

1. 本工程的裙房合同价款采用下列第＿＿＿＿种方式计算，塔楼合同价款采用下列第＿＿＿＿种方式计算：

（1）固定合同价款；

（2）工种工日单价；

（3）固定综合单价；

（4）建筑面积综合单价。

2. 分包合同价款包含以下内容：劳务人工费、中小型机械费、辅材费、安全文明施工费、材料看管费、部分甲方供应材料的卸货费、二场地生活区的管理费、水电费、卫生清洁费、甲方需向政府缴纳的费用等所有费用。

3. 本工程的合同价款，除经双方书面确认的工程变更以及依照本合同约定的价格调整的因素外，不再调整。

4. 采用第（1）种方式计价的，合同价款中包含＿＿＿＿＿＿＿＿＿＿＿＿＿＿＿＿＿＿＿＿＿，其中人工费为＿＿＿＿元。

5. 采用第（2）种方式计价的，不同工种工日单价为＿＿＿＿，单价为＿＿＿＿元／工日，共＿＿＿＿工日。

另：低值易耗材料费、工具用具费为＿＿＿＿元。

6. 采用第（3）种方式计价的，综合单价为＿＿＿＿元，共＿＿＿＿元（详见工程量清单）。

另：低值易耗材料费、工具用具费为＿＿＿＿元（详见工程量清单）。

7. 采用第（4）种方式计价的，建筑面积为＿＿＿＿m^2，分包合同价款单价为＿＿＿＿元／m^2，其中：地上结构为＿＿＿＿元／m^2，地下结构为＿＿＿＿元／m^2，初装修为＿＿＿＿元／m^2，精装修为＿＿＿＿元／m^2，机电设备安装为＿＿＿＿元／m^2，奖励费用为＿＿＿＿元／m^2。

另：低值易耗材料费、工具用具费为＿＿＿＿元。

8. 施工中发生的零星用工单价为＿＿＿＿元／工日，停工、窝工单价为＿＿＿＿元／工日（实际工日，非任何定额工日）。

9. 未能完成合同全部工作。

（1）遇本合同终止、中止、解除时，双方约定劳务作业工程量的计算方式为：完成部分按实际完成实物量计算，剩余未完成工作量按照合同价格的130%扣除，按照清单单价进行实物量计算，以建筑面积为单位的费用按照实际完成建筑面积与应完成建筑面积的比例计算。

（2）双方约定，本合同面积的计算规则为＿＿＿＿＿＿＿＿＿＿＿＿＿＿＿＿＿＿（详见《补充协议》）。

（3）双方约定，本合同面积的变更规则为＿＿＿＿＿＿＿＿＿＿＿＿＿＿＿＿＿＿（详见《补充协议》）。

第二十七条　施工过程中分包合同价款结算及支付方式

详见《补充协议》。

第二十八条　违约责任

1. 甲方违约责任：甲方不履行或不按约定履行合同义务的其他情况时，应向乙方支付违约金＿＿＿＿元。

2. 乙方违约责任：

（1）乙方因自身原因延期交工的，每延误一日，应向甲方支付违约金＿＿＿＿元，最高不超过合同总金额的2%。

（2）施工质量不符合本合同约定的质量标准，乙方应向甲方支付违约金＿＿＿＿元／m^2，最高不超过合同总金额的2%。甲方可以要求乙方整改，乙方因自身原因无法完成的，甲方可以委派其他劳务企业完成，产生的费用由乙方承担。

（3）乙方未达到约定的安全文明施工标准的，乙方应向甲方支付违约金_____元/m²，最高不超过合同总金额的10%。

（4）乙方以非正当方式（包括10人以上围堵、占据施工现场、发包人办公场所；以任何手段阻止施工现场正常施工、甲方正常办公秩序；阻塞交通；攀爬塔式起重机、建筑物、广告牌等；以及《信访工作条例》第二十六条规定的行为）向甲方提出要求的，乙方支付违约金_____元；如该违约金不足以弥补甲方的损失，甲方可以要求乙方继续予以赔偿。由此造成工期延误、质量未达到约定标准、文明安全施工未达到约定标准的，甲方索赔违约金不受本合同约定的上限约束。

（5）乙方未在每月_____日前向甲方提供上月本企业在本项目上所有工人的出勤情况及工资核算及支付情况的盖章书面记录的，每发生一次，应向甲方支付违约金_____元。

（6）乙方不履行或不按约定履行合同的其他义务时，应向甲方支付违约金_____元，最高不超过合同总金额的5%。工期不予顺延。

3.一方违约后，另一方要求违约方继续履行合同时，违约方承担上述违约责任后仍应继续履行合同。

第二十九条　特别约定

甲方承诺按照本合同约定结算、支付分包合同价款，如存在违约行为，造成乙方拖欠本工程务工人员工资的，除按照本合同的违约条款承担责任外，还应对乙方拖欠本工程务工人员工资承担连带责任。

以上违约责任的免责条件为：在双方签订了本合同结算书，甲方全额支付了合同价款、乙方全额支付本项目上所有工人的工资并将全部工资支付情况书面报送甲方之后15日后签订特别协议。

第三十条　争议解决

双方因履行本合同或因与本合同相关的事项发生争议的，应通过协商方式解决，协商不成的，应首先提交_____调解中心进行调解，调解不成的，一方有权按照下列第_____项约定方式解决争议：

（1）向_____仲裁委员会申请仲裁；

（2）向_____人民法院提起诉讼。

第三十一条　本合同一式_____份，均具有同等法律效力，甲方执_____份，乙方执_____份。

第三十二条　补充条款

详见《补充协议》。

（以下无正文）

甲方：（公章）　　　　　　　　　　　　　乙方：（公章）

法定代表人或其委托代理人：　　　　　　　法定代表人或其委托代理人：
（签字）　　　　　　　　　　　　　　　　（签字）

统一社会信用代码：_____　　统一社会信用代码：_____
地址：_____　　地址：_____
电话：_____　　电话：_____
电子信箱：_____　　电子信箱：_____
开户银行：_____　　开户银行：_____
账号：_____　　账号：_____

补 充 协 议

甲方（承包方）：_____
乙方（分包方）：_____

根据《中华人民共和国民法典》《中华人民共和国建筑法》及其他有关法律、行政法规，遵循平等、自愿、公平和诚实信用的原则，双方就本建设工程施工事项协商一致，订立本补充协议。

第一条 工程洽商、设计变更的计量、计价方式

1. 按照建筑面积计算部分除因设计变更导致建筑面积变化及需要返工的洽商变更外，所有变更只做工程变更而不做合同并价的变更，按照实物量计算部分按照最终完成实物量进行结算，仅需要返工的洽商变更按现场签证进行计算。

2. 需要返工的洽商变更，按照建筑面积部分及按照实物量计算部分的单价进行结算，如发现实物量清单中没有该项目，双方按_____年_____省预算定额分析人工量，人工单价调整为_____元／工日，辅材、中小型机械按_____年_____省预算定额分析量计算（管理费、利率不取），除此之外不再计取其他任何费用。

3. 需要返工的洽商变更单个项目按_____年_____省预算定额计价的单项子目直接费计算。变更金额少于_____元（大写：_____）时，则只由乙方实施工程变更而不做合同价格的变更；若单项子目直接费变更金额超过_____元（大写：_____）（含），该项变更费用估值应全数计算在合同金额内。

第二条 乙方负责的脚手架工作界面

1. 负责本分包工程所需所有架料的卸车、倒运、码放、保管、使用、维修及退场（乙方配合甲方将进场的钢管架料卸车及整齐码放至总包指定的位置，拆除完毕后将使用的物料码放至总包指定的位置，配合甲方钢管架料的退场工作）。

2. 负责外爬架的安装、维护和拆除及改装。

3. 负责外爬架的预埋件安装、拆除和改装。

4. 负责搭设、维护、拆除所有满堂架用架子的人工及辅材。

5. 负责"四口""五临边"的搭设、维护、拆除：

（1）"四口"是指楼梯口、电梯口、所有安全通道口、所有楼层的预留洞口；

（2）"五临边"即基坑边，各楼层、楼板及屋面等边防护，所有楼层洞口临边。

6. 负责搭设及拆除钢筋加工棚、库房、木工加工棚。

7. 负责内外防护栏杆、各类操作棚、楼层挡脚板、地上施工人员上下楼梯通道、场地扩大平台架、斜道架、安全挡脚板、上下料挑出平台的搭设、修改、拆除。

8. 负责电梯井防护门、施工电梯进楼层安全门、剪力墙孔洞、施工电梯间的防护门、物料提升机进楼层安全门及外防护架搭设、修改、拆除。

9. 负责电梯井水平防护、预留洞口防护、楼层安全通道。

10. 负责所有防护栏杆、外架剪刀撑及挡脚板制作及涂刷油漆。

11. 负责钢丝绳拉接外架用预埋铁环的制作及安装，楼层分层标志牌搭设及拆除，各类架子因工程需要所做的调整、修改。

12. 负责挂拆立面、水平安全网，固定架子预埋件安放及连墙件设置，各类架子按甲方要求分段全封闭及施工时的操作层脚手板固定。

13. 负责各层脚手架自身材料清理、转堆和安全网内垃圾清理，完工拆卸后所有脚手架材料清理、修整等日常检查与维护。

14. 按照甲方要求在各类指定架体上悬挂安全标语及安全标识牌并进行维护。

15. 负责塔式起重机、施工电梯等垂直运输设备的隔离防护。

16. 负责作业面的防护。

17. 材料退还时，乙方必须负责把钢管上的扣件清理干净，并将拆除的脚手架材料运送至甲方指定的地点集中码放，否则甲方将派他人清理，按照钢管_____元／t、扣件_____元／个从合同价款中扣除费用。

18. 不得以钢管代替木方支模。

19. 不得切割、掩埋、损坏钢管、扣件等材料，如有上述情况发生，按照钢管_____元/m（如有钢管切割后导致可用长度不足1m，则等同于报废论处），扣件_____元/个赔偿损失。

第三条 原则上禁止所有合同外零星用工，必须用工的在得到相关的审批后，方可进行。

详见《分包合同外费用、现场签证及零星用工管理协议》（附件1）。

第四条 乙方应严格执行甲方《质量环境职业安全健康管理体系》规定，从事有毒、有害施工作业的应做到：

1. 与从事有毒、有害作业人员签订告知协议。

2. 对劳动者提供应有的劳动保护、培训等。

3. 根据《中华人民共和国职业病防治法》要求组织职业健康检查。

第五条 工人工资支付与权益保护。

1. 承包人应采取积极措施严格执行《中华人民共和国劳动合同法》《国务院关于解决农民工问题的若干意见》和《____省工资支付条例》《_____省最低工资规定》《_____省建筑劳务工程款和建筑业企业工资支付管理办法》等，依法明确工人基本工资、岗位工资标准、加班工资计算基数等，不得克扣截留工人工资。按每个月不低于最低工资的标准预付工资，年终或项目结束后一次结清工资。

2. 乙方必须与工人签订书面劳动合同（建议使用政府推荐劳动合同文本），建立合法的劳动关系。在劳动合同中必须明确工资标准及支付形式、支付日期和项目名称。劳动合同应一式三份，乙方与工人各执一份，甲方项目经理部保留一份备案。乙方不得以任何理由拖欠工人工资。每月的工资表报项目劳务管理员处备案，工资表须包括姓名、年龄、性别、身份证号码、家庭住址、联系电话、入场日期、月度应发工资、预借生活费、实发工资、领款人等项。上月工资发放表是甲方支付当月进度款的凭据之一。

3. 乙方应严格执行_____市《外来人员管理规定》，做到合法用工。及时办理暂住证、健康证、施工许可证等_____市相关规定要求的合法手续、证件。操作人员100%持证上岗，特殊工种100%持证上岗。所有的手续必须在进场时按项目劳务管理员、安全部的要求报项目备案。信号工必须严格按照操作规程指挥，不能违章指挥，否则承担相应的安全责任及事故引发的经济损失。

4. 乙方应严格规范用工行为，禁止招用零散工。

5. 乙方应严格落实并积极推行实名制管理，包括农民工情况备案管理、劳动合同管理、出勤管理、工资发放管理、工资发放公示等。实施工资"月结季清"制度，如确有困难，在工资表中明示欠付数额并于每季度末结清欠付工资。乙方必须直接发放劳务作业人员工资，严禁由施工队长、班组长代发。

6. 每月支付进度款时，甲方项目经理部依据乙方月度完成任务量，参考工资单总额向乙方支付进度款；乙方应提供一份工资发放证明或工资单（有工人签字的）给甲方备案。

7. 乙方收到进度款后应优先支付工人工资，不得挪作他用。

8. 乙方要坚决贯彻落实工人工资"月结季清"制度，确保工人工资及时足额发放。

9. 乙方不得克扣截留工资，不得教唆、纠集工人以围堵业主、甲方、政府部门，集体上访，甚至采取打、砸毁坏公物等种恶劣手段和极端行为恶意讨薪，或者以讨薪为名要求甲方予以各种名目的涨价、补偿、索赔。

10. 若地方政府实行建筑业企业工资支付保证金制度，乙方必须依法缴纳工人工资保证金或提供担保，存入指定专户，作为欠薪时支付工人工资的应急保障。

11. _____市目前 □是 □否 要求建筑施工项目须在银行设立职工工资预留保障资金账户，为工人办理个人工资账户，实行月薪制，乙方应严格遵照执行。

12. 根据_____省住房和城乡建设厅、劳动和社会保障厅、总工会《关于在全省建设领域实行农民工劳动计酬手册制度的通知》等文件精神，从_____年_____月_____日起，在_____省建设领域全面实行农民工劳动计酬手册制度、施工现场悬挂农民工权益告知牌制度、农民工上岗前常识培训制度，乙方应严格遵照执行。

（1）劳动计酬手册制度

①《劳动计酬手册》由_____市住房和城乡建设局根据省住房和城乡建设厅提供的样本统一印制，用工单位领取后向工人发放，并加盖用工单位印章。用工单位向工人发放《劳动计酬手册》时应做好发放记录，由本人签字领取，他人不得代领。《劳动计酬手册》发放记录应作为台账备查。

②《劳动计酬手册》由工人保管，与劳动合同、上岗证配套使用，做到一人一证一合同一手册。用工单位在《劳动计酬手册》上按实记载工人出勤、加班加点、工资支付、上岗培训、劳动保护等情况，每月汇总核定后，由工人签字确认，用工单位按手册记载内容备份保存。

③《_____省工资支付条例》规定，用工单位对工资支付承担举证责任。《劳动计酬手册》载有农民工出勤和工资支付等原始数据，当发生农民工工资报酬争议时，《劳动计酬手册》记载情况可作为用工单位发放工资情况的有效凭证。

（2）施工现场悬挂农民工权益告知牌制度

施工现场须设立农民工权益告知牌，由乙方在项目开工一周内悬挂施工现场醒目处，明确告知农民工的权利、义务和拖欠工资投诉监督电话等内容。农民工权益告知牌应根据住房和城乡建设局提供的格式制作。

（3）农民工上岗前常识培训制度

① 乙方应组织施工管理人员参加相应的培训。未参加培训及取得合格证书的管理人员，建设行政主管部门将要求其限期参加相应的培训，考核合格后方可从事劳务管理工作。

② 乙方应在上岗前对农民工进行社会治安、法律法规、施工安全及劳动保护常识、生活安全常识等方面的培训教育。培训合格后，乙方应向农民工发放由建设主管部门监制的建筑业工人岗位证，并将岗位证发放情况报建设行政主管部门登记。

③ 施工项目所用工人岗位证持证率不得低于80%。

④ 违反《劳动计酬手册》制度，施工现场未悬挂农民工权益告知牌，农民工岗位证持证率低于80%的施工项目一律不得评为"文明工地"，乙方承担相应违约责任。

13. 乙方严格执行国家及地方政府各项有关工资支付及劳动保护和社会保障等法律、制度、规定，均不构成向甲方提出额外补偿、追加费用的理由，乙方确认相关费用均已在合同中标单价/总价中充分考虑。

第六条 乙方不得将本工程非法转包，不得使用非本企业职工或私招乱雇零散人员进入施工现场施工。一旦发现，将扣除乙方已完成工作量10%的合同款项作为处罚，并解除合同责令退场，一切后果均由乙方承担。

第七条 根据_____市总工会指示精神，乙方应建立工会组织，并在所承包的工程设立分会，将有关工会组织、人员编制情况报甲方并与项目工会取得联系。

第八条 乙方应按照_____市相关规定到施工所在的区（县）社会保险经办机构为其全部进入施工现场人员办理基本医疗保险和工伤保险手续。相关费用已包含在分包合同价款中。

第九条 施工过程中甲方不支付洽商费用给乙方，结算完毕时支付。

第十条 双方明确约定，对于在本合同项下产生的或与本合同相关的事宜产生的乙方对甲方拥有的债权，乙方承诺不将其转让给第三方，除非经过甲方的书面同意，否则，乙方应在违约转让债权之日起5日内，按照违约转让债权总额的5%向甲方支付违约金，逾期支付并应承担违约付款责任。本合同中关于管辖权的约定是唯一的，任何一方不得通过债权转让或其他方式对涉及本合同约定事项或与之相关的事项的争议解决方式进行另行约定或对本合同关于管辖权的约定进行变更，如发生类似情形，该等约定亦属无效。

第十一条 月度付款前提

1. 月度施工内容经甲方同意；

2. 施工进度在甲方的总控制进度计划之下；

3. 试验/复试报告证明所用材料合格或满足合同要求；

4. 经监理单位、业主、甲方验收合格（分项验收时）；

5. 随月进度提交了相关技术资料（试验报告、验收资料）。

第十二条 工程款支付

1. 本工程无预付款，任何缓付、迟付的工程款均不计取利息。

2. 工程款按月支付，乙方每月_____日向甲方上报当月完成工作量，并附详细计算书，甲方接到申请后，在项目经理部各部门加权计算百分比后_____日内审核完毕，并于隔月的_____－_____日按照"审核工作量×加权百分比"的_____%支付，保留金为_____%，保留金作为工期、质量（及奖项）、安全文明施工及奖项、资料等的保证金。每次付款时承包人需提供_____市税务局劳务发票。

3. 乙方确认，其每月工人以及管理人员工资总额不会超过该月工程进度款的_____%，因此甲方的进度款支付比例足够乙方按照政府规定支付施工人员全部工资。

4. 甲方每月最多支付1次工程款。

5. 保留金的扣留及返还

（1）乙方提交进度请款单以及甲方开具进度付款单时，均应按照本合同规定比例扣留保留金，保留金为合同价款的_____%。

（2）各标段区域结构封顶后甲方返还该标段合同价款的_____%。

（3）整体工程通过竣工验收，接到各方竣工验收单一个月内，再返还合同价款的_____%。

（4）整体工程保修期满后（整体工程竣工通过验收后两年）_____天内，扣除对应保修费（若有）后，甲方应一次性将余款无息返还乙方。

6. 乙方的索赔、签证经甲方代表确认后，作为结算的凭证，竣工结算时一次性支付。

第十三条 甲方提供给乙方使用的机具机械材料等，乙方从甲方领用，双方指定专职的材料员验收。乙方退场时甲方与乙方一同清点，少于甲方供应数量部分，由乙方承担损失。

第十四条 本项目乙方项目经理为_____，工作时间内项目经理必须在现场工作，必须随时参加甲方要求参加的任何会议。

第十五条 由于乙方配筋单错误造成的钢筋损耗或采用其他措施的费用由乙方承担。

第十六条 乙方需在甲方提供的场地内指定场地管理人员_____名、保洁人员_____名，负责生活区的日常管理及消防保卫保洁等工作，被指定人员需严格接受甲方的考核及上岗考勤，且其工资由甲方代发（该笔费用须包含在乙方的合同总价中）。

第十七条 乙方还需考虑提供不少于_____名现场安全文明施工专员供甲方调遣使用，负责包括办公区、加工区在内的整个现场的安全文明施工及清理、清扫保洁、混凝土车清洗等工作，文明施工专员由甲方考勤，接受甲方的考核，工资由甲方代发（该笔费用须包含在乙方的合同总价中）。

第十八条 安全文明施工

1. 乙方须按甲方及_____省及_____市现场安全文明施工要求组织施工，达到_____省安全文明工地要求。

2. 安全文明目标：死亡事故为零，重伤事故为零，月均负伤率控制在_____‰以内，安全隐患整改率100%，施工期间无重大火灾，确保获得_____省"省级文明工地"。

3. 如果本工程在施工期间，乙方不能按甲方及_____省_____市有关现场安全文明施工之要求组织施工，除乙方补偿甲方遭受的损失费用外，甲方还将扣除合同总价的3%。为达到上述标准，乙方采取各种措施的费用须包含在合同总价中，不再增加任何费用。

第十九条 甲方资源结算方法

1. 主材结算：结构施工混凝土、钢筋按_____年_____省预算定额供应（变更洽商另计），不再另计损耗。在实际的施工中，乙方负责混凝土使用量的控制，混凝土供应的申请计划由乙方负责（但乙方不得自行向混凝土搅拌站申请混凝土）。钢筋的领用需由乙方与甲方一同按照尺寸或重量确认，乙方负责保管使用。如果乙方使用混凝土或钢筋的数量超出合同规定，超出部分价款由乙方承担。

2. 配筋单：主体结构封顶前_____日，乙方应提供内容详尽的钢筋配筋单（一式三份）给甲方，并负责委派业务精湛的技术人员协助甲方与监理公司、业主、审计等相关单位核对结构钢筋数量。此配筋单必须真实可靠，实事求是。如果发现弄虚作假，视作乙方主动放弃钢筋量差调整的权利，钢筋数量依照业主最终确认量的_____%结算。

3. 本工程施工所需的周转材料（双面覆膜板、多层板、木方、钢圆柱模板及配件、几字梁、槽钢、钢管、扣件、碗扣式脚手架、可调式支撑、跳板、安全网、穿墙螺栓、山形卡）由甲方负责提供时，甲方将按照其制定的施工方案考虑合理的损耗系数与乙方共同确定周转材料的总用量，乙方应按上述用量控制使用。超出合同规定用量部分，乙方应当自费购买或由甲方将上述超额材料费用从应付给乙方的工程款中直接扣除。乙方应提前向甲方提供材料进场计划，甲方审核后实施，但甲方的审核并不免除乙方的任何责任。本工程钢模板、所有机械使用的配件（含支架、背楞、插销、穿墙螺栓及配套的螺母、垫片）由甲方一次性提供，乙方负责保管使用，施工过程中的损耗、丢失、损坏等均由乙方负责。本工程所有木/竹模板所需的附件（包括但不限于：止水片、垫片、螺母等其他配件）均由乙方自行提供，对拉螺栓（含止水螺栓）由甲方提供原材，乙方负责加工制作或由甲方直接提供。本工程甲方提供的架料、模板的维护、清理、修理、码放、保管等均由乙方负责，本工程甲方提供的周转材料在本工程现场内的进退场所需的人工配合由乙方负责，进退场的运输车辆由甲方负责；其余的所有材料由乙方提供，相关费用已经包含在合同总价中。

4. 本工程周转材料管理：施工过程中甲方在确认方案的基础上核定的施工周转材料总控制进度计划，经双方认可并签字确认后，作为乙方周转材料管理的考核依据，乙方实际使用量超出总控制进度计划部分由乙方承担，乙方须确保在本结构分包工程完工之时将周转材料完好地如数归还给甲方。

5. 如乙方施工过程中恶意损毁或者照管不周等导致模板无法继续使用，乙方无法按上述约定的模板归还量归还给甲方，甲方将按市场单价×归还量不足部分从乙方结算价款中扣除。

6. 由甲方供应的其余资源的结算：甲方将按照其制定的施工方案考虑合理的损耗系数与乙方共同确定其总用量，乙方应按上述用量控制使用。超出合同规定用量部分，乙方应当支付其超额部分的费用或由甲方将上述超额费用从应付给乙方的工程款中直接扣除。

第二十条 资源保障

1. 人员保障

管理人员：乙方委派的现场项目经理及其主要管理人员必须有承担类似工程的工作经验；乙方任命的主要管理人员，必须为投标时提供之人员，在合同履约过程中，乙方无权更换，如因特殊原因需更换上述人员，须事先向甲方提出书面申请并提交拟任命的管理人员的详细资料，经甲方书面批准后方可更换，否则将被视为违约，擅自更换管理人员每人次违约金_____万元。如果在履约过程中，甲方认为乙方的管理人员不能胜任其工作，有权要求乙方更换。乙方应在_____日内提交拟任命的管理人员的详细资料，经甲方批准后更换。如乙方在_____日内未提出新的人选，或两次提出的人选都不能令甲方满意，视为乙方违约，甲方有权终止合同并按违约条款处理。在施工中，乙方必须服从甲方管理，甲方保留更换分包队伍的权利。

操作人员：现场操作人员应该具备一定的施工经验，能正确并按时执行其所属任务。电焊工、气焊工、信号工、电工及架子工等特殊工种均需持证上岗。未经发包人批准，擅自减少项目施工人员，每人次违约金_____元。

2. 材料及机械等资源保障

（1）乙方应配置足以满足工程进度、质量的设备、机具、工具、物资、材料、器材、设施等。若乙方在上述资源配置上满足不了现场施工生产需要，应无条件增加配置，并且不得以此为借口向甲方索要任何额外费用。

（2）如果乙方未能执行甲方要求增加资源的指示，甲方有权自行组织相应资源，所发生的费用从乙方合同价款中扣除。

（3）乙方承诺在本工程的施工过程中完全接受并执行甲方制定的施工方案以及施工过程中进一步细化调整后的施工方案，乙方的投标价格也已完全考虑了不同的施工方案带来的资源以及工序调整等因素，乙方承诺不因甲方调整施工方案而向甲方提出价格及工期方面的索赔。

第二十一条 提前退场

1. 如果乙方在工程的施工过程中的履约不能令甲方满意或者乙方在质量、进度、安全、文明施工、资源配置等任何一方面不能令业主、监理、甲方满意，或者甲方发现乙方违法转包、以包代管，视作乙方无力承担本分包工程或其某些分项工程的施工，合同自动解除，甲方有权重新发包给他人。重新发包的工程费用将从本合同价款中以_____%比例扣除。

2. 提前退场结算原则。

（1）以在现场实际完成工作量（实物量）为基础，直接费套用_____省_____市_____年预算定额有关子目定额分析工日，按_____元/定额工日单价结算已完工程价款。

（2）其他综合费用：按上述合计总价的_____%计取（含所有其他相关费用，包括辅助材料、中小型机械机具、现场零星用工、配合用工、税费、搭设临时设施用工、零星材料等按招标文件要求分包单位应尽的义务与责任所需的费用）。

（3）建筑面积：按照现行国家标准《建筑工程建筑面积计算规范》GB/T 50353 规则计算且按结构外皮面积计量。

3. 只加工配置未绑扎完毕的钢筋，按_____元/t计算。

4. 模板按已经浇筑完混凝土的接触面积计算，只拼装就位但未浇筑混凝土的按照定额工日的_____%计量。

5. 中途退场时，乙方应在甲方规定期限内继续履行以下职责：

（1）将已经就位但尚未绑扎完毕的钢筋继续绑扎完毕，并达到隐蔽检查要求；

（2）将混凝土表面的模板全部拆除（达到强度后）；

（3）保护好现场，保持现场文明施工；
（4）做好现场架料、扣件、模板、木材等材料的清点移交工作。

6.提前退场时，乙方应及时组织工人、设备、机具在规定的期限内退场，且：
（1）不得索要任何名目的"退场费""遣散费""补偿费"；
（2）不得纠集、唆使工人闹事；
（3）不得蓄意破坏、损坏现场设施、材料以及工程成品；
（4）不得隐匿、私藏、转移招标单位的材料物资；
（5）不得影响工程的正常施工。

第二十二条　争议解决

双方因履行本合同或因与本合同相关的事项发生争议的，应通过协商方式解决，协商不成的，应首先提交_____调解中心进行调解，调解不成的，一方有权按照下列第_____项约定方式解决争议：
（1）向_____仲裁委员会申请仲裁；
（2）向_____人民法院提起诉讼。

第二十三条　本协议一式_____份，均具有同等法律效力，甲方执_____份，乙方执_____份。

（以下无正文）

甲方：（公章）　　　　　　　　　　　　　　乙方：（公章）

法定代表人或其委托代理人：　　　　　　　　法定代表人或其委托代理人：
（签字）　　　　　　　　　　　　　　　　　（签字）

统一社会信用代码：_____　　统一社会信用代码：_____
地址：_____　　地址：_____
电话：_____　　电话：_____
电子信箱：_____　　电子信箱：_____
开户银行：_____　　开户银行：_____
账号：_____　　账号：_____

附件1

分包合同外费用、现场签证及零星用工管理协议

甲方（承包方）：_____

乙方（分包方）：_____

为规范与该合同有关的合同外费用、零星用工、现场签证（以下简称"签证"）的管理工作，提高结算效率，保护双方的合法利益，双方约定如下：

第一条　基本原则

1. 乙方对于甲方正式发出的变更、指令，应及时、完整地执行，并保证工程的质量和进度要求。

2. 甲方应按照变更、签证的内容及其完成情况及时、足量地支付乙方变更签证的价款。

3. 无论何时，乙方不得以变更价款未得到确认为由拒绝实施或者消极怠工。

第二条　变更、签证办理要求

1. 施工过程办理签证（零星用工）时，乙方严格遵守甲方管理规定，分包单位应仔细阅读理解并熟知该规定，若因乙方疏忽或者未严格执行此项规定，相关责任由乙方承担。

2. 甲方发出的涉及变更的施工指令，加盖甲方指定的印章或本协议约定的人员签字后方可实施，否则乙方可以不接受。

3. 乙方出具的甲方结算价款的变更、签证通知单，如果没有甲方指定的印章，视为乙方放弃对此项费用的要求。甲方口头通知乙方实施变更工作，在口头指令发出24小时内，应向甲方要求书面确认，逾期视为放弃索赔要求。

4. 甲方、乙方双方指定的有效印章式样如下：

（甲方印章样式）　　　　　　　　　　　　　　　　　　（乙方印章样式）

5. 合同履约中，双方填制的变更、签证通知单都应使用本协议后附的标准表格（本书略），否则发生的任何费用甲方可以不予认可。

6. 双方均应对变更、签证通知单分专业连续编号、妥善保存；双方都应设置变更、签证事项的单据交付记录，交付对方单据时应要求对方签收，接收方不得拒签。

7. 乙方应充分了解合同承包范围，不得将本属合同职责范围的工作分解为若干小项，利用现场人员对于合同内容不熟悉的特点，向甲方另行索要费用。

第三条　现场签证及零星用工支出

现场签证及零星用工支出要严格执行以下原则。

1. 事前申请原则

各区域、部门因业务工作需要劳动力或遇到与施工图纸不一致需要额外用工时，必须事前提出申请，报相关人员批准后由项目经理签发施工指令，无申请单一律不予结算。

2. 权力限制原则

项目经理部对变更及现场签证管理实行严格的权限规定，不在权限之内的签字一律无效，如对项目造成损失，追究越权签字人的责任。

（1）现场责任师：对分包合同外工作有权提出工作指令申请，但未经施工经理同意，不得直接向作业队伍发出任何额外施工指令（包括口头）。

（2）区域经理：对于应急事项有权做出应急工作指令，应于指令发出 24 小时内通知施工经理和商务经理，说明事件缘由并做好施工记录，并及时上报用工申请。

（3）任何合同外工作费用（签证、零星用工）经项目施工经理、商务经理、项目经理联签署后才具有合法的支付效力，其他人签署的指令不作为付款和结算依据。

3. 时间限制原则

（1）对变更及现场签证及结算实行严格的时间限制，禁止事后补办。以下行为一律视为乙方义务劳动或者已经包含在合同价款之中，乙方自动放弃该项工作的经济补偿权利：

① 变更签证内容单项工作完工超过 7 天（无论是否通过验收）；

② 变更签证工作开工超过 5 天；

③ 变更的隐蔽工作已经完成。

（2）正常的变更和现场签证单应由有效签字人共同签署完成，与作业单位核定费用后，方可通知作业单位开始实施。

（3）特急类（如果不立即实施将造成更大损失）变更和现场签证，可以先实施再核定费用。

（4）如属隐藏工程及事后不可复核的工程，则必须要求乙方在隐藏部位覆盖之前或拆毁前提出预算并对清工程量。

4. 一单一算原则

一个变更、签证事项、用工申请应独立编制一份结算单。禁止多项、多次事项、不同时间发生的事项合并申报结算。

5. 一月一清原则

每月 5 日前，乙方应就截止到上月末已完工且手续完备（指签字手续齐全、工作内容表述清晰、图纸完备、计量准确）的变更及现场签证以及零星用工报项目商务部审核汇总，逾期不报视为放弃经济追偿权利。

6. 完工确认原则

涉及合同外及签证、零星用工内容完工后，现场责任师、区域经理和施工经理在完工后 3 日内签字确认，如属隐蔽工程，必须在其覆盖之前签字确认，并附有可以佐证的能详细记录施工内容的图纸、影像资料。

7. 原件结算原则

变更及现场签证以及零星用工的结算必须要有齐备的、有效的原件作为结算的依据，有甲方签署意见证据的必须出具原件，复印件无效。

8. 多级审核原则

涉及合同外费用至少要经过两级审核，即项目经理部和总包公司合约管理部，最终款项以公司合约管理部与乙方商定价格为准。

9. 表格标准化原则

所有的变更及现场签证单都必须使用甲方规定的标准表格，其他自制表格一律无效。

10. 可追溯性原则

所有的变更及现场签证单内容均应有详细记录，记载事件发生缘由、责任及施工作业时的人员机械材料消耗以及作业时间。

11. 法律约束原则

（1）乙方进场时须向甲方项目经理部提交本单位具体负责该项目的经办人员岗位职责书。岗位职责书包括乙方所有需在相应文件、图纸、变更记录、函件、会议纪要、单据、小票、结算书等文件中签字的人员；列明上述管理人员的姓名、岗位名称、职责范围以及可签署文件范围、签名留样。岗位职责书由该单位法定代表人签字并加盖该单位公章。上述人员如有变动，应及时调整岗位职责书，或单独开具授权委托书。

（2）乙方授权委托书应包括以下内容：授权人（单位盖章、法定代表人签字）、被授权人（签字）、授权权限、授权期限、开具委托书的时间。

（3）岗位职责书及授权委托书中的被授权人应提供经本人签字的身份证复印件。

（4）被授权人在文件、图纸、变更记录、函件、会议纪要、单据、结算书等文件上的签字必须与授权委托书中的签字、身份证中的姓名完全一致。

第四条 现场签证的主要内容

1. 现场签证是指对施工管理中发生的零星事件的确认，例如：因设计变更引起的拆除、障碍的清除迁移、现场简易通道的搭建、零星用工等。

2. 现场签证（零星用工）的主要类型：

（1）因设计变更导致已施工的部位需要拆除需注明设计变更编号；

（2）施工过程中出现的未包含在合同中的各种技术措施处理；

（3）在施工过程中，由于施工条件变化、地下状况（地质、地下水、构筑物及管线等）变化，导致工程量增减，材料代换或其他变更事项；

（4）施工合同之外，委托分包单位施工的2000元以内的零星作业；

（5）合同规定需实测工程量的工作项目；

（6）乙方因种种原因不能尽其合同责任，因工程需要而委托第三方完成的作业。

3. 所有的现场签证单（零星用工）都必须使用甲方规定的标准表格，并明确以下内容：编号、工程名称、发生的时间、发生的部位或范围、变更签证的内容做法及原因说明、增加的工程量、减少的工程量、相关图纸说明。

4. 关于临时用工的签证事项，双方应在确定以下问题：工作内容及工作量、工日、工日单价（如属综合单价，则包含管理费和利润，并明确是否包含税金）。

5. 甲方项目经理和分包单位均应对现场签证单（零星用工）进行编号（可按归属合同连续编号，分专业连续编号），并整理归档、妥善保存；双方都应做设计变更、现场签证事项的单据交付记录。

第五条 现场签证的办理要求

1. 申请：各区域、部门在需要零星用工以及将发生签证事项前一律先申请。乙方凭经甲方项目经理签发的指令实施相关作业，完工后凭《零星用工申请单》办理验收及结算手续。

2. 现场零星用工申请部门在相关工作进行时会同项目商务部，认真核对实施零星用工作业的施工时间、工作内容、发生原因、发生的工程量、工日数、机械台班数以及签证所发生的费用应由何方负担等并出具书面文件，特别是对发生的原因以及责任单位进行详细交代，并由责任单位签字认可。

3. 签证（零星用工）工作完成后，零星用工申请部门应及时验收确认，在签署验收意见时，应避免签署类似"情况属实"或"工程量属实"等模糊性内容，而必须实度实量后签字确认完成或未完成的事实或者工程量、材料材质和规格、工日数、机械台班等。

4. 零星用工申请部门及相关责任人不得直接在签证单上签认有关单价和总价。若分包签证单（零星用工）涉及单价，相关责任师应签署类似"只对工程量确认，不对价格负责"等免责字样。

5. 所有的确认和签证单都需经商务部及商务经理核准报项目经理批准后方为有效。对于措辞含糊容易引起歧义的签证，现场责任师在签署时应征求商务人员的意见，避免用词不准造成结算经济纠纷。

6. 若签证（零星用工）单附有完工图纸，则项目责任部门应核准图纸是否与实际施工结果相符，并在图纸上签字确认，此时可以不确认工程量，由商务部按照图纸核算工程量。

7. 如签证（零星用工）单涉及隐蔽施工、材料、工日、机械台班及其他事后不可复核的项目，则应由申请部门及商务部共同现场认定。责任部门应做好施工记录，包括图纸、施工做法、出勤人数、材料机械投入、隐蔽部分照片等。

第六条 计价及结算

1. 变更、签证的计价严格执行与其相关的主合同的经济条款，当没有合适的合同单价时，双方可以按当地的市场合理价协商确定。

2. 在双方核对变更、签证的价款时，乙方负责事先就每张变更、签证单做一份完整结算书，提交给甲方；甲方不接受乙方以汇总方式编制的多项变更、签证事项的结算书。

3. 申报的签证单必须用不可褪色的同一颜色钢笔书写，若发现有涂改、事后增补项目以及不同笔迹和颜色书写，一律视为弄虚作假，费用无效。

4. 结算书的内容必须完整、准确，不得弄虚作假。若结算报价超过最终审定价10%，则乙方自愿同比例降低最终审定价。结算书一般包括以下内容：

（1）结算总费用；

（2）变更、签证单（零星用工申请单）原件；

（3）所有相关的往来函件、其他需要说明的与造价有关的问题；

（4）隐蔽记录、验收记录；

（5）人工、材料、机械作业记录（施工日记）。

5. 乙方接到甲方发出的变更通知单后，应立即组织计算变更费用，最迟在该变更内容全部施工完毕后7日内（自甲方工地代表确认完工情况的日期起算）向甲方报送完整变更费用计算；每迟报一天，将扣除最终定价的1%。

6. 原则上甲方和乙方应于每项变更签证实施前商定总价，特急变更签证应于施工后5天内商定价款。乙方提交的变更签证结算书，应与事先商定的价格一致。

7. 关于临时用工的签证事项，双方应在签证通知单上协商确定以下问题：工作内容及工作量、工作时间、工作人数、确定的人工单价（综合单价，已含管理费和利润、税金）。

8. 当变更、签证的工作内容完成之后，乙方要及时督促甲方工地代表在完工后5日内签字确认，否则甲方可以不予审核。对于隐藏工程和事后无法计算工程量的变更和签证，必须在覆盖或拆除前，会同现场工程师、合同管理人员共同完成工程量的确认和费用谈判，否则甲方可以不计价款。

9. 因设计变更或现场签证涉及可重复利用的材料时，应在拆除前与甲方谈定材料的可重复利用率，否则视为乙方100%回收利用。

10. 双方核定变更、签证事项的价格后，应在结算书上注明最终审定价格，并由双方签字、盖章后生效。

11. 每月10日前，甲方和乙方应就截止到上月末已确定最终费用的变更、签证的费用结算书进行综合性核对，并形成核对与商谈记录清单。甲方应按主合同约定的付款比例同期支付。

第七条 其他

本协议作为分包合同的补充协议，与该合同具有同等法律效力，并有优先解释权。一式_____份，甲方执_____份，乙方执_____份，具有同等法律效力。

第八条 附件

附件① 分包方进场须知。

（以下无正文）

甲方：（公章）　　　　　　　　　　　　　　乙方：（公章）

法定代表人或其委托代理人：　　　　　　　　法定代表人或其委托代理人：
（签字）　　　　　　　　　　　　　　　　　（签字）

统一社会信用代码：_____　　统一社会信用代码：_____
地址：_____　　地址：_____
电话：_____　　电话：_____
电子信箱：_____　　电子信箱：_____
开户银行：_____　　开户银行：_____
账号：_____　　账号：_____

附件① 分包方进场须知

第一条 进退场要求

1. 与甲方（承包方）签订合同后，乙方（分包方）正式进场需要向甲方提交以下资料：

（1）项目总负责人姓名、可以随时联系的电话、本人身份证复印件；

（2）项目各专业负责人姓名、电话以及各工种的负责人姓名、电话；

（3）公司授权书（负责人与财务负责人）。

以上资料必须加盖乙方公章留存甲方商务部。

2. 甲方在收到以上文件之后，会立即向乙方被授权人签发《＿＿＿＿＿＿＿＿＿＿项目分包进场通知单》并同时向甲方其他部门下发，以示乙方正式进入现场工作并正式启动合同签订的工作。

3. 在完成了甲方要求的工作之后，乙方退出现场必须遵循以下程序：

乙方确认完成了所有工作之后，请填写"分包退场项目会签单"（附表①）。

第二条 合同外工作的认可

合同内工作按照合同严格执行，如遇合同未提及的项目工作，除遇特殊情况，任何人口头指令均不能作为指令执行，需经过正式申请并签订补充协议方可计入工程施工总结算中，未在甲方商务部处留下任何记录的项目，可不计入工程总结算中。

工程如发生合同外项目，乙方可直接向甲方商务部提出申请（包括口头申请），由甲方商务部进行核实并会同甲方工程部、技术部以及商务经理、项目经理与乙方商定具体施工方法以及确定价格，在甲方商务部备案记录后乙方可进行施工，同时甲方商务部会与乙方签订合同补充协议，甲方商务部会在结算中添加这部分合同外的工作。

第三条 零星用工的认可

原则上不允许发生零星用工，超过 5 个工日或连续同种工作超过两天的零星用工需填写"＿＿＿＿＿＿＿＿＿＿项目经理部零星用工申请单"（附表②），如未申请，任何人签字都不予认可。

第四条 接收使用甲方提供的材料与机械

合同中约定的甲方应该提供给乙方的材料或机械由甲方提供，但乙方必须按照实际情况接收，认可真实的数量以及包含的各种零配件，并在使用期间保管好乙方已签字认可接收的材料和机械，如果发生丢失或损坏，乙方必须照价赔偿。

在接收甲方提供的材料和机械时，请配合甲方工程部／物资部等部门填写"材料／机械移交单"（附表③）。

附表①

分包退场项目会签单

编号：

分包方全称		专业		合约编号	
班组名称		现场负责人		联系电话	
分包提出退场日期		开工日期		实际完工日期	
		缺陷责任期开始		质量验收等级	
		缺陷责任期结束		作业区域	

关于工程形象进度（部位）：

分包单位确认（签字或盖章生效）

确认人	签名	姓名	日期	盖章
负责人				

总包单位确认

经办及审核审批	退场意见	负责人签字	日期	备注
质量部				
安全部				
物资部				
技术部				
行政部				
生产经理				
商务经理				

项目经理确认	
年　月　日	

（1）此表格一式两份，分包留底一份，项目商务部存档一份。
（2）此表是分包结算的前提。
（3）此表格可到总包商务部领取。
（4）签署完毕"分包退场申请表"之后，请按照表底要求交至总包商务部处，作为分包最后结算的前提。

附表②

_____项目经理部零星用工申请单

总包联／分包联　　　　　　　　　　　　　　　　　　　　　　　　　　编号：

单位工程：		施工部位：		
施工班组：		施工时间：　　月　　日　　时—　　月　　日　　时		
序号	施工内容记录	计划用工人数	备注	
1				
2				
3				
4				
5				
签字栏	计划提出	现场确认（区域经理）	审批（项目经理）	

_____项目经理部零星用工确认单

总包联／分包联　　　　　　　　　　　　　　　　　　　　　　编号：分包名称-001

单位工程：		施工部位：		
施工班组：		施工时间：　　月　　日　　时—　　月　　日　　时		
序号	施工内容记录	计划用工人数	实际用工人数	备注
1				
2				
3				
4				
5				
签字栏	计划提出（申请人）	施工班组	现场确认	审批（项目经理）

注意：本表一式两份，总包一份，分包一份。

附表③

材料／机械移交单

编号：

分包方全称		专业		合约编号	
班组名称		现场负责人		联系电话	

接收的材料／机械（所有零配件名称与数量）：

以上数量以及规格型号均认可由总包移交至分包，在使用期间由分包进行保存和使用。

确认人	签名	姓名	日期	
甲方				
乙方				

备注：此表格可到总包商务部领取。

附件 2

建设工程农民工工资支付承诺书

发包人（甲方）：_____
承包人（乙方）：_____
劳务分包人（丙方）：_____

_____工程于_____年_____月_____日竣工。根据《中华人民共和国劳动合同法》之规定，经三方协议，现就农民工工资支付事宜承诺如下：

第一条 发包人承诺在竣工之日起 1 个月内按合同约定向承包人支付工程款。

第二条 承包人承诺在收到工程款后 10 日内付清全部农民工工资。

第三条 劳务分包人承诺在收到农民工工资后 5 日内全部如数发到农民工本人。

第四条 期间如发生拖欠农民工工资现象，按以下方式处理。

1. 发包人按合同约定支付工程款的：

（1）剩余工程款大于等于拖欠数额的 N 倍（$N=$_____）时，由发包人垫付农民工工资，垫付费用由发包人按垫付总额乘以系数 N 向承包人收回，从剩余工程款中直接扣除。

（2）剩余工程款大于等于拖欠数额但小于拖欠数额的 N 倍时，由承、发包双方共同支付所拖欠工资，其中发包人支付拖欠数额的 $[(2-N)\times100]\%$，承包人支付剩余拖欠额，发包人所支付数额抵扣全部剩余工程款。

（3）剩余工程款小于拖欠数额时，由承、发包双方共同支付所拖欠工资，其中发包人以剩余工程款的 $[(2-N)\times100]\%$ 为支付额度，承包人支付剩余拖欠额，发包人所支付数额抵扣全部剩余工程款。

2. 发包人未按合同约定支付工程款的，由发包人无条件支付农民工工资，且不得向承包人追讨，不得从工程款中扣除。

3. 所支付的农民工工资必须直接发给农民工本人或劳务分包人，并由其签收。

第五条 任何一方未履行承诺，负全部法律责任。

第六条 本承诺书一式_____份。

（以下无正文）

甲方：（公章）	乙方：（公章）	丙方：（公章）
法定代表人或其委托代理人： （签字）	法定代表人或其委托代理人： （签字）	法定代表人或其委托代理人： （签字）
统一社会信用代码：_____	统一社会信用代码：_____	统一社会信用代码：_____
地址：_____	地址：_____	地址：_____
电话：_____	电话：_____	电话：_____
电子信箱：_____	电子信箱：_____	电子信箱：_____
开户银行：_____	开户银行：_____	开户银行：_____
账号：_____	账号：_____	账号：_____

附件3

履约授权管理协议

甲方（承包方）：_____

乙方（分包方）：_____

为使甲乙双方更有效地履行合同，双方特此约定：

由甲方发出的、超出乙方承包范围外的指令，无论何种形式（包括但不仅限于往来函件、会议纪要、洽商变更、签证等），凡涉及合同价款变动的，必须经甲方项目经理_____（人名）、商务经理_____（人名）签字确认。甲方项目经理部其他任何人员的任何形式的签字仅作为对该事件发生的证明，不作为甲方付款及结算的依据。

乙方货物进场需经甲方人员验收并签认收货凭据，收货凭据无论采取何种形式（包括但不仅限于收货单、供货小票、月度统计单或其他数量统计文件等）均仅作为甲方收到乙方所供应货物的数量、型号、规格等的证明，无论该收货凭据上是否载有单价或合价或合计等涉及价款的内容，均不作为甲方付款及结算的依据。供应过程中双方不办理任何形式的结算，待供货全部结束后，以合同约定的计算量为准结算。收货单、供货小票、月度统计单或其他数量统计文件中的任何带有"结算"字眼的凭证均不代表双方的阶段及最终结算。甲方签认收货凭据的授权人：_____（人名）。

乙方确认已知悉：甲方将上述工作范围内的签字权仅授予上述人员，甲方其他任何人员的签字均不作为甲方付款及结算的依据，甲方对未经上述人员签字的任何单据不予认可。

任何因乙方忽视上述条款约定而造成的损失由乙方自行承担。

本协议作为《建设工程施工劳务分包合同》合同的补充协议，与该合同具有同等法律效力。一式_____份，甲方执_____份，乙方执_____份，具有同等法律效力。

（以下无正文）

甲方：（公章） 乙方：（公章）

法定代表人或其委托代理人： 法定代表人或其委托代理人：
（签字） （签字）

统一社会信用代码：_____ 统一社会信用代码：_____
地址：_____ 地址：_____
电话：_____ 电话：_____
电子信箱：_____ 电子信箱：_____
开户银行：_____ 开户银行：_____
账号：_____ 账号：_____

附件 4

社会责任自我评价表（选填）

本表基于诚实信用原则填报，根据持有本表人要求配合证实本表的真实性，并明确由我单位_____具体负责此事。

填报单位：_____ 填报人：_____ 时间：_____

印　　章：

根据实际情况在相应栏打"√"。

是否通过 SA8000 社会责任体系认证	□通过 □未通过
SA8000 条款 1　童工： 不使用、不支持使用童工和未成年工	□符合 □基本符合 □不符合
SA8000 条款 2　强迫劳动： 不得使用、不支持使用强迫劳动；不扣押身份证等证件、不收取押金	□符合 □基本符合 □不符合
SA8000 条款 3　健康与安全： 改善工作和生活条件，保护员工的健康和安全	□符合 □基本符合 □不符合
SA8000 条款 4　结社自由及集体谈判权： 尊重员工自由组建和参加工会及集体谈判权	□符合 □基本符合 □不符合
SA8000 条款 5　歧视： 不得基于种族、国籍、宗教、身体残疾、性别、政治派别或年龄等原因，在处理有关聘用、报酬、升职、解聘等事务时从事或支持歧视行为	□符合 □基本符合 □不符合
SA8000 条款 6　惩罚措施： 不得从事或支持体罚、精神或肉体强迫及语言侮辱	□符合 □基本符合 □不符合
SA8000 条款 7　工作时间： 不得超时加班，合理安排工作时间	□符合 □基本符合 □不符合
SA8000 条款 8　工资报酬： 不拖欠工资，支付合理的工资报酬，奖励员工贡献	□符合 □基本符合 □不符合

附件 5

社会责任承诺书（选填）

基于合法持续经营的意愿，基于诚实信用原则，我单位在此承诺：

1. 支持和积极实施 SA8000 社会责任体系的要求，遵守相关的法律法规和国际公约，包括但不限于：

（1）不使用和不支持使用童工；

（2）不使用和不支持使用强迫劳动，不使用劳改产品；

（3）不得基于种族、宗教、性别、工会会员、政治派别或年龄等的原因，在员工聘用、报酬、解聘时歧视或支持歧视；

（4）尊重员工的人权、工作权、休息权、生命权，维护员工合法权益等。

2. 积极采取措施持续改进我单位在 SA8000 社会责任体系方面的管理和表现，并努力对我单位相关方施加社会责任的影响。

3. 配合承诺书持有人关于对社会责任表现证实或监督检查的安排。

单位名称：_____

签 署 人：_____

盖　　章：

日　　期：_____

附件 6

职业安全卫生与环境管理协议（选填）

为遵守国家和地方环境法律、法规及_____公司职业安全卫生和环境管理方针，满足甲方制定并经认证的 ISO 14001 环境管理体系和《职业健康安全管理体系要求及使用指南》ISO 45001 要求，保证项目施工生产符合要求，甲乙双方协议如下：

第一条 甲方责任／义务

1. 甲方负责对乙方进行职业安全卫生管理体系和环境管理体系的培训；推行 ISO 14001 环境管理体系和 OHSAS18001 职业健康安全管理体系目标、指标、管理方案；制定有关职业安全卫生与环境管理的措施和规定。

2. 甲方定期对乙方进行职业安全卫生与环境管理的考核。

3. 甲方负责协助乙方做好危险源的识别，并负责对乙方进行重大危险源控制的措施与要求的交底，监督检查乙方的执行情况。

4. 甲方有权对乙方职业安全卫生与环境管理进行监督检查，如乙方管理不力、达不到甲方要求，其必须采取有效措施加以改善，并承担相应费用。

第二条 乙方责任／义务

1. 乙方须严格执行 ISO 14001 环境管理体系、《职业健康安全管理体系要求及使用指南》ISO 45001 标准。

2. 乙方须严格贯彻执行甲方 ISO 14001 环境管理体系、OHSAS18001 职业健康安全卫生体系要求，遵守甲方现场有关职业安全卫生与环境管理的各项管理规定，并制定相关的环境、职业安全卫生管理保证措施，经甲方审核后实施。

3. 乙方负责组织所属员工接受经 ISO 14001 环境管理体系、《职业健康安全管理体系要求及使用指南》ISO 45001 认证的教育培训。

4. 乙方必须遵守国家及_____市政府有关施工扰民、噪声控制、扬尘控制、固体废弃物排放及文明施工等有关规定，施工中乙方应采取有效措施使之降低至现行文件规定的允许值，并且承担因违反上述规定而导致的一切责任和费用。

5. 乙方应严格按甲方《污染物（扬尘、噪声、废水、废弃物）控制及管理程序》和作业指导书进行垃圾清理及消纳。

6. 乙方负责在甲方指导下辨识所承包工程实施中的危险源，并采取有效控制措施。

7. 乙方应严格贯彻执行甲方关于施工技术管理、现场防护、施工用电、机械、化学危险品管理、消防防护及保护女工和未成年工的各程序。

8. 乙方须配备专职或者兼职的职业卫生专业人员，负责现场工人的职业病防治工作。

9. 乙方应对接触职业病危害源的现场工人提供符合要求的防护品，定期对其健康进行检查，并承担相应费用。

10. 在建筑施工中，乙方须采取有效措施防止噪声超标或机械漏油污染环境；杜绝敲击等人为噪声，定期对所用机械进行噪声检测，对于不符合要求的机械要及时采取措施；木工棚要封闭，以减少噪声影响和粉尘的排放。

11. 乙方须采取必要措施保护施工现场和周围的环境，在施工中若遇古树、文物要按照《古树名木保护条例》和《中华人民共和国文物保护法》执行，严禁破坏自然环境。

12. 乙方须按规定对建筑施工过程中产生的废弃物进行分类堆放并及时清运。

13. 乙方设置于现场的办公室、食堂、宿舍、仓库等，须严格按甲方的要求做好环境保护，生活区应加强节水节电管理，食堂废水先经隔油处理，再向外排放，并按要求进行废水监测。

14. 加强对机动车辆的日常维护和保养，并对机动车辆进行定期检查，以保证机动车性能良好，尾气年检合格。

15. 乙方在施工中应保证施工、生活及办公废弃物得到有效控制与管理，本着"节约资源，减少环境污染"的原则，确保废弃物处理后不对环境造成二次污染。

16. 乙方负责的废弃物处理必须执行国家、_____市政府和甲方有关环境管理规定，严格按照规定进行分类处理，最大限度地回收利用。

17. 甲方有权监督、跟踪检查乙方废弃物处理情况，如乙方在处理过程中对环境造成污染，甲方有权另行委托第三方进行废弃物处理，发生费用由乙方承担，甲方保留采用其他处罚措施的权利。

18. 废弃物必须及时处理到合理、合法的场所，不得随意排放。如乙方在处理过程中对环境造成严重污染，一切责任由乙方负责。

19. 乙方负责向甲方提供废弃物收购站的有关资质及证明材料。

20. 乙方应严格按甲方的《工程项目文明施工管理实施细则》规定组织施工。乙方应设专职文明施工管理员和专职班组负责现场文明施工工作。

21. 现场材料应按照甲方的施工平面布置图指定的位置整齐堆放，乙方应随时将施工垃圾清运出施工现场，且乙方使用的生活设施应保持整洁和卫生。

22. 如乙方违反上述规定造成环境破坏及甲方损失，由乙方承担全部责任和损失，包括但不限于无偿修整和恢复在施工过程中受到破坏的环境及赔偿业主／甲方的损失。

第三条　其他

本协议一式＿＿＿＿＿＿份，均具有同等法律效力，甲方执＿＿＿＿＿＿份，乙方执＿＿＿＿＿＿份。

（以下无正文）

甲方：（公章）　　　　　　　　　　　　乙方：（公章）

法定代表人或其委托代理人：　　　　　　法定代表人或其委托代理人：
（签字）　　　　　　　　　　　　　　　（签字）

统一社会信用代码：＿＿＿＿＿＿＿＿＿＿　　统一社会信用代码：＿＿＿＿＿＿＿＿＿＿
地址：＿＿＿＿＿＿＿＿＿＿＿＿＿＿＿　　地址：＿＿＿＿＿＿＿＿＿＿＿＿＿＿＿
电话：＿＿＿＿＿＿＿＿＿＿＿＿＿＿＿　　电话：＿＿＿＿＿＿＿＿＿＿＿＿＿＿＿
电子信箱：＿＿＿＿＿＿＿＿＿＿＿＿＿　　电子信箱：＿＿＿＿＿＿＿＿＿＿＿＿＿
开户银行：＿＿＿＿＿＿＿＿＿＿＿＿＿　　开户银行：＿＿＿＿＿＿＿＿＿＿＿＿＿
账号：＿＿＿＿＿＿＿＿＿＿＿＿＿＿＿　　账号：＿＿＿＿＿＿＿＿＿＿＿＿＿＿＿

第七章 预应力工程

预应力工程分包合同

合同编号：

工程名称：_____

工程地址：_____

甲　　方：_____

乙　　方：_____

_____年_____月_____日

_____工程预应力工程分包合同

甲方（承包方）：_____
乙方（分包方）：_____

根据《中华人民共和国民法典》《中华人民共和国建筑法》《建设工程质量管理条例》及其他有关法律、行政法规，遵循平等、自愿、公平和诚实信用的原则，双方就_____工程预应力工程的深化设计、材料供应及现场施工事宜达成一致。

第一条　工程概况

1. 工程名称：_____。
2. 工程地点：_____。
3. 建筑面积：_____。
4. 建设单位：_____。

第二条　分包范围

1. 分包工程范围如下：_____工程甲方指定部位预应力工程，包括施工详图深化设计、材料供应、加工、施工、张拉等。

2. 甲方可根据乙方履约情况变更分包工程内容、提前终止或延长合同，乙方对此表示接受，并承诺竭尽所能满足甲方要求。

3. 乙方不得以任何形式转包、分包本分包合同工程。

第三条　承包方式与合同价款

1. 承包方式：包工包料固定单价，数量暂定，结算时以设计院批准的详图为依据计算。按图示长度并在每个张拉端增加_____mm 操作长度，换算重量以吨为单位计算。

2. 合同价款：本合同价款暂定为_____元（大写：_____）。

名称	暂定数量	单价（元）	合价（元）	备注
无粘结预应力钢绞线				

注：①本合同单价包含乙方按照设计图纸和施工方案要求完成本分包合同预应力工程并且全部施工到位的所有费用：所需全部主辅材（如预应力钢绞线、锚具、锚固件、埋件、螺旋钢筋、穴模、防腐罩等）费用，材料运输倒运费，预应力工程所需要的全部人工费，钢丝夹具及张拉机具等预应力工程所需要的全部机械费，预应力工程所需要的全部施工措施费用，深化设计费用，出图费，按标准、方案、图纸要求必须做的但图纸没有显示的工作所需费用，张拉验收后预应力筋端部的切筋、防锈处理及混凝土浇筑封锚施工费用，成品保护费，竣工资料费，现场管理费、企业管理费、利润，应该缴纳给政府有关部门的除增值税以外的各项税费。

②任何因生活费用变化、人员工资变化、政府税收与收费的调整以及政府与行业主管部门红头文件的颁发等因素引起的乙方的实际支出的增减，均属于乙方自身经营风险，视为已经事先充分估计并包含在合同单价之中。

3. 对于低松弛无粘结预应力钢绞线材料市场价格波动的调价规定：施工工程量累计在_____t（含）以内的不因市场价格波动而调整，执行本合同单价_____元/t（其中低松弛无粘结预应力钢绞线_____元/t）；施工工程量在_____t以外的部分，低松弛无粘结预应力钢绞线施工期价格比合同签订时价格涨跌在_____%（含）以内的部分不作调整，涨跌在_____%以外相应调整差价。

第四条　设计

1. 基本原则：本合同所有预应力施工区域均由乙方按照设计图纸要求进行设计，配合甲方与设计院沟通，乙方设计的构配件全部由乙方加工制作。

2. 具体范围：按下列要求提供预应力深化设计。

（1）图纸要求；

（2）设计变更文件、补充图纸、更改图纸；

（3）建设方、设计方、甲方的指示和要求；

（4）若以上资料前后存在差异，以日期居后的为准。

3. 乙方应严格按现行国家、地方、行业标准进行设计，若不同技术标准要求出现不一致，执行较高标准。各方的审核通过并不免除属于乙方的任何责任。

4. 乙方对其提供的设计深化详图的合理性、准确性、完备性负责。所有因乙方设计图纸错误、失误、缺陷造成的一切损失和责任，均由乙方承担。

第五条 现场施工

（1）预应力施工必须符合设计图纸、现行国家、地方以及行业标准要求。

（2）预应力施工方案必须报甲方审批，并按照甲方指令进行施工。

（3）乙方必须详细勘察本工程的施工现场，并充分了解所有混凝土结构及预应力结构的情况，做出经济、合理、可行的施工方案，并且有义务与混凝土结构施工单位密切配合，互提条件，保证施工质量。

（4）因乙方自身原因造成损失的，由乙方自行承担相关责任。

第六条 付款

1. 本工程无预付款。

2. 月度付款前提：

（1）月度施工内容经甲方同意；

（2）施工进度在甲方的总控制计划之内；

（3）试验／复试报告证明所用材料合格或满足合同要求；

（4）经监理单位、甲方验收合格（分阶段验收时）；

（5）随月进度提交了相关技术资料（试验报告、验收资料等）。

3. 下列情况不予计量与付款：

（1）乙方强行施工的；

（2）不能证明施工质量合格的；

（3）乙方自身原因返工的；

（4）超出现场实际需要的材料制作费用；

（5）未经监理单位、甲方验收的（包括阶段验收）。

4. 付款方式：乙方向甲方递交本期按合同约定应付的费用汇总表和请款报告，甲方收到报告后于次月的_____日向乙方签发付款证书，在签发证书的下月_____日至_____日，以网上银行汇款的方式支付进度款。

5. 付款额度：预应力铺设完成，甲方按审核完成工程量的_____%支付；全部预应力工程施工完毕、验收合格、相应资料全部交付甲方后支付至审核完成工程量的_____%，余款在整体工程竣工验收合格并结算后_____月内付清。工程结算价款支付的前提是业主已经将相应部分的结算价款支付给甲方。

6. 甲方对乙方的其他扣款：

（1）未能按甲方规定的施工进度完成施工，给甲方因延误工期所造成的损失。

（2）在施工过程中，因交叉作业，给其他分包方造成的损失。

（3）在施工过程中，因不符合施工标准，给甲方造成的损失。

第七条 工期要求

1. 开工日期：具体进场日期以甲方指令为准。

完工日期：满足结构施工工期要求，具体完工日期以甲方指令为准。

2. 以上总工期和阶段工期已经考虑下列因素：

（1）法定节假日或公休日；

（2）不利的气候条件（不可抗力除外）；

（3）与其他施工工序间不可避免的交叉作业影响；

（4）政府部门的执法检查、各种奖项的评比检查；

（5）分阶段、分区段检查验收。

3. 乙方须按甲方的总控进度计划施工，确保每周的工作均在甲方的总控进度计划内完成；如乙方不能按甲方总控进度计划完成其工作，则须按甲方指令无偿追加现场使用的设备、机具、材料、人员投入，以满足甲方、业主的合理进度要求。如乙方在追加现场使用的设备、机具、材料后，仍然不能达到甲方、业主之合理要求，甲方有权另行聘请其他分包方承建上述工程，乙方承担所有相关费用并承担违约赔偿责任。

4. 甲方有权要求乙方优先完成分包工程的某项或多项工作，在现场条件许可并可以实施的情况下，乙方应尽量满足并遵从甲方要求，且不得延误剩余部分的工作。

5. 非甲方原因（不可抗力除外）造成工期延误，每拖延一天对乙方处以罚款_____元，且乙方应承担甲方相关损失，违约金的总金额不得超过合同总价的_____%。

第八条 工期延误

1. 因以下任何一项原因造成乙方延误实施分包工程的，经甲方项目经理书面确认，分包工程的竣工时间相应延长：

（1）非分包单位造成工程延误，而且总包单位根据总包合同已经从业主获得与分包合同相关的竣工时间的延长；

（2）非乙方原因造成分包工程范围内的工程变更及工程量增加超过_____%；

（3）甲方未按约定时间提供开工条件、施工条件等造成的延误，如其他分包方的非正常影响，结构严重偏差，标高线、轴线未及时提供；

（4）甲方发出错误的指令或者延迟发出指令确认批准造成分包合同工期延误；

（5）不可抗力（有关定义见第九条）等其他非分包原因造成分包工程的延误；

（6）甲方认可的其他可以谅解的工程延误。

2. 因业主原因造成工期延误需经业主认可并同意给甲方工期补偿。

3. 乙方在上述任一事件发生后的_____天内，就延误的工期以书面的形式向总包单位提出报告。如果上述事件具有持续的影响，则分包单位应每隔_____天发出一份报告，事件影响结束之日起_____天内提交最终报告给甲方商务部门。甲方在收到报告后_____天内就报告内容予以答复或提出修改意见，否则视为已经同意。

第九条 不可抗力

1. 不可抗力指业主、甲方、乙方都不可预见、不可避免、不能克服的超出一般防范能力的事件。此类事件的发生导致合同一方不可能履约。不可抗力包括：

（1）地震、洪水、海啸、飓风、台风、剧烈雷击等天灾以及恶劣气候；

（2）战争、敌对行动（无论是否宣战）；

（3）叛乱、暴动、军事政变、内战；

（4）暴乱、骚乱、游行示威或混乱（乙方自身及相关联的人员内部因从事本工程而发生的事件除外）；

（5）空中飞行物体坠落；

（6）声速或超声速飞行物或装置产生的压力波；

（7）由于法律法规的变更或后续颁布的法律法规导致本合同不合法。

2. 不可抗力事件发生后，乙方应立即通知甲方，并在力所能及的条件下迅速采取措施，尽量减少损失，并根据总包合同的约定处理。不可抗力事件结束后_____小时内乙方向甲方通报受害情况和损失情况及预估的清理和修复的费用。不可抗力事件持续发生，乙方应每隔_____天向甲方报告一次受害情况。不可抗力事件结束后_____天内，乙方向甲方提交清理和修复费用的正式报告及有关资料。

3. 因不可抗力事件导致延误工期的后果按以下方法分别承担：

（1）乙方机械设备损坏及停工损失，由乙方自行承担。

（2）乙方人员伤亡由自身负责，并承担相应费用。

（3）延误的工期相应顺延。

4. 因合同一方迟延履行合同后发生不可抗力的，不能免除迟延履行方的相应责任。

第十条 变更与变更计价

1. 如果甲方认为有必要对分包工程或其中的任何部分的形式、质量、数量做出变更或调整，有权指示乙方进行以下任何工作，乙方应遵照执行。该指示应该包括来自业主、设计、监理单位的设计变更、洽商、指示等。

（1）增加或减少合同中已经包含的工作量；

（2）改变工程做法、材料；
（3）改变分包工程任何部位的标高、位置或尺寸；
（4）改变施工顺序或时间安排；
（5）为确保工程质量和工程竣工而必需的任何附加的工作。

2. 上述变更指令发出后，双方应继续履行本合同，本分包合同不能因以上变更而失效或者作废。因变更而导致合同价款发生变化则按相应条款规定调整。

3. 如果上述变更是因为乙方违约或乙方自身原因导致甲方不得不发出变更指令，则任何此类变更后增加的费用由乙方自己承担。

4. 无论什么时候，乙方没有任何权利对合同工作内容提出变更，更不得在施工中擅自改变材料做法、进行未经甲方许可的施工作业。

5. 如果变更仅仅造成工程量增减，则其单价不变，仍按原合同单价执行。

6. 如果合同中没有适用于变更工作的价格，则双方协商一个合理的市场价格。

第十一条　技术质量要求

1. 总则

（1）乙方应严格按照设计院图纸设计、本合约和现行标准提供工程建设材料、安排组织本分包工程的施工作业。严格确保施工质量满足标准和设计要求。

（2）乙方应选派业务水平较高、经验丰富的专业施工技术人员和操作人员在本工程施工。

（3）施工作业人需持有有效的当地住建局（委）颁发的上岗证，并提供加盖单位公章的复印件，报甲方备案。

2. 质量验收要求

确保一次性验收通过，100%"合格"，质量目标：确保_____省"××杯"，争创"鲁班奖"。

3. 标准

工程材料应满足现行国家、地方、行业标准和权威手册等的要求：

(1)施工图纸及有关设计变更、工程洽商的要求；
(2)《预应力混凝土用钢绞线》GB/T 5224；
(3)《预应力筋用锚具、夹具和连接器》GB/T 14370；
(4)《预应力混凝土用金属波纹管》JG/T 225；
(5)《建筑工程施工质量验收统一标准》GB 50300；
(6)《建筑施工安全检查标准》JGJ 59；
(7)《工程建设标准强制性条文——房屋建筑部分》；
(8)其他相关标准；
(9)国家、地方、行业后续颁布的标准。

上述标准若有不一致或矛盾之处，按较为严格的标准执行。

4. 材质要求

（1）乙方应保证所有构成工程实体的材料是全新的、未曾使用过，满足设计标准、业主要求和工艺要求生产制造的，是经有资质的检测部门检验合格的产品，各方面符合规定的质量、规格、品种和性能。

（2）乙方按甲方要求提供本工程所需的样品，经监理方、设计方、甲方验收合格后，将样品在施工现场封存，甲方按封样的质量标准对乙方进场材料进行验收。乙方进场材料必须达到封样的质量标准，否则将清退出场，同时甲方将按合同总价的_____%向乙方收取质量违约金，并且乙方需承担因此给甲方造成的一切损失。

（3）乙方的材料、设备进入施工现场后需经业主方、监理方及甲方质量检验，并按照标准要求进行复检。但业主方、监理方及甲方的这种检验并不免除乙方采购的材料设备的质量责任，如对进场材料有怀疑，业主方、监理方及甲方有权要求乙方随时进行材料抽验。若抽验合格，发生的损失由甲方承担；若抽验不合格，损失由乙方自行承担。

（4）若材料在施工期间或保修期出现质量问题，乙方均应无偿修复。

（5）材料配置。

① 预应力钢绞线：ϕ^s15.2，强度级别1860MPa，低松弛。

钢绞线尺寸及性能

钢绞线结构	直径	强度级别	截面面积	最大力总伸长率（%）

② 锚具：本工程锚具采用单孔锚具，分别为 QM 型锚具及 B&S 型锚具，所用锚具必须达到本项目的技术要求。

5. 预应力锚具、夹具和连接器的性能均应符合现行国家标准《预应力筋用锚具、夹具和连接器》GB/T 14370 的规定。同时预应力筋－锚具组装件还应经过循环次数为 50 次的周期荷载试验（供货方需提供型式检验报告）检验。

第十二条　材料物资管理

1. 计划管理

（1）乙方进场前_____周内，应依据甲方的总进度计划提交工程所需的、与设计图纸相符的材料、设备清单，其中须明确材料设备的名称、规格型号、单位、数量、供应时间及其送达地点。

（2）进场的物资材料应满足甲方制定的月计划、周计划施工进度要求。

2. 物资进、退场要求

（1）所有物资、设备须经过甲方书面同意后方能进场。

（2）如乙方不按规定通知甲方参加验收或未按规定提供配套资料，甲方对材料设备的验收结果不负责，一切损失由乙方负责，乙方进场材料设备与清单不符时，双方约定如下：

① 如材料运至现场后甲方经检验发现材料的性能或数量或规格与清单不符，乙方应及时更换、赔偿或修理，所有费用（如检验费、修理费、返修货物的往来费用、保险费、仓储及装卸费用）均由乙方承担，由此造成的工程直接与间接损失概由乙方承担；

② 到货地点与清单不符时，乙方负责将其倒运出施工现场；

③ 材料应有的技术资料不全时，甲方可拒绝验收并由乙方负责补齐资料后再验收；

④ 供应时间早于清单规定的日期，甲方可拒绝进入现场，由乙方自行安排场地；

⑤ 由于上述原因或供货时间迟于合同约定和工程进度计划的要求而给整个工程及其他单位造成的工期、质量及费用损失，均由乙方承担。

（3）所有进、退场材料物资应提前 48 小时向甲方申报物资进、退场计划，经甲方相关人员签字同意后，由乙方向甲方申请填制生产要素出入许可证，报至甲方项目经理部相应部门确认后，方可组织物资进、退场；否则严禁进、退场。

（4）生产要素出入许可证（一式四份），需明确进出场时间、车号、物资名称、进出场理由及乙方负责人签名。

（5）所有材料进场前，乙方需提供相应的合格证、生产许可证、出厂证明、复试报告等合法资料，否则不得进场。

3. 材料包装与装卸要求

（1）所有材料货物应按较高标准妥善包装，适合交通运输，并且有良好的防潮湿、防震动、防腐蚀的措施。

（2）包装箱须坚固耐用，易损伤材料须贴保护膜或附加软质材料包裹，以便于装卸、运输、存贮。

（3）包装箱外应用不易褪色的标记标明物品的名称、件数以及警告性中文文字。如：防止潮湿、小心轻放、此面向上等。

（4）禁止野蛮装卸。

（5）确保货物使用前完好无损，符合国家标准和合同要求。

4. 物资存放管理

（1）进场物资堆放地点，必须经过甲方批准，服从甲方的统筹安排。

（2）乙方现场物资堆放、保管、标识等管理必须符合甲方的管理规定。

（3）存放要求

① 进场物资材料存放环境要符合干燥通风的要求。

② 注意防日晒雨淋，远离火源，避免碰撞，乙方在库房外自备消防设备及防火标识。

第十三条　施工方案与图纸

1. 乙方负责预应力施工图纸的深化设计。

2. 乙方进场前需向甲方提供完整施工方案，其中应包括以下内容：

（1）本工程施工依据的现行国家标准及其他相关规定；
（2）采取的主要施工方法、工艺流程；
（3）根据工期要求和现场情况为每阶段施工安排的机具型号／数量；
（4）拟安排在每一施工阶段、区段现场作业指导人员、管理人员的数量；
（5）乙方现场管理人员组织结构和隶属关系及通信方式；
（6）进度计划；
（7）需要甲方配合的事项和最迟解决完成时间；
（8）各项保证工期、质量、安全的措施以及冬（雨）期施工措施。

3. 乙方设计的图纸应满足现有在施工其他专业图纸的要求，若其他专业图纸与乙方的施工图纸有矛盾，必须立即与甲方协调解决，乙方不可因图纸问题停工或向甲方索赔追加费用或工期延长。

4. 在工程需要时，甲方应及时联系业主、设计提供合理的补充要求、指令、洽商等资料，以便乙方能按本合同执行并完成分包工程。

第十四条 现场工程师及施工人员

1. 乙方应遵守国家、行业、地方以及甲方有关现场安全文明施工的各项管理规定，在设施的投入、现场的布置等各方面严格按照甲方的规定执行。

2. 现场不允许出现宣传乙方单位的标识、标语。

3. 乙方所有现场施工人员需持有_____市政府指定卫生防疫部门核发的健康证，非_____市户籍人员需持有_____市有关政府部分核发的外来人员就业证，_____市公安局下属驻地派出所办理的暂住证。乙方承担上述证件不齐而造成的责任，因此给甲方造成的损失由乙方承担，办理证件所需费用乙方自理。

4. 乙方应该采取一切合理的措施防止其人员实施违法或妨害社会治安和公共安全的行为，并有完全的责任和义务保护周围其他人员和财产免受上述行为的危害，由此造成的一切后果由乙方负责。

5. 严格遵守有关消防、保卫、交通安全、环卫、社会治安方面的规定。凡是由于乙方对上述要求贯彻执行不得力而造成的一切事故、灾害，其经济及法律责任由乙方独自承担。由此造成甲方的损失由乙方赔偿，此外甲方有权对其进行处罚。

第十五条 甲方一般职责

1. 甲方驻现场代表（项目经理）：_____。项目经理代表甲方全面履行合同各项职责。

2. 甲方其他主要管理人员：商务负责人为_____；技术负责人为_____；生产负责人为_____；物资负责人为_____。

3. 负责协调乙方与现场其他分包方、施工工序之间的关系。

4. 分项工程施工前，负责组织施工技术交底，审查乙方施工方案。但这种审查通过不能免除乙方承担因方案缺陷、错误所导致各种后果的一切相关责任。

5. 及时向乙方提供施工所需指令、指示、洽商等相关文件。

6. 当对工程材料、质量发生怀疑时，有权随时进行抽查。

7. 如果乙方在工程质量、进度、安全、现场管理等方面满足不了甲方、监理、业主任何一方的合理要求，甲方有权将分包合同范围的工作指定给其他单位完成，所发生的分包费用、劳务费、材料费等费用从分包款中扣除，对此乙方不得有任何异议。

8. 为乙方提供下列施工便利：
（1）提供支架钢筋原材、封锚用混凝土及木模板材料；
（2）协调解决乙方现场的材料堆放及库存场所，提供现场施工所需材料堆放场地；
（3）负责在施工现场提供水源电源接口，并免费提供用水、用电。
现场水源分布：_____；
现场电源分布：_____。
（4）提供现场已有的操作平台、脚手架、安全防护设施。
（5）负责提供楼层轴线、高程，并对其精度负责。
（6）提供施工现场公共部位、施工通道、施工用楼梯间的照明，保证其通畅并负责其维护工作。

（7）负责将乙方归集成堆并堆放在指定地点的施工垃圾运出现场。

（8）提供现场已有的垂直运输机械，乙方须提前_____小时提交详细使用计划，说明其使用的起始时间、运输的材料品种、规格和最大重量，由甲方统一协调安排使用。

（9）提供生产用水用电，乙方应厉行节约。甲方有权随时抽查监督乙方用水用电行为，若发现有浪费或不良使用行为，甲方有权重罚，并禁止乙方使用甲方提供的水电资源。

（10）提供现场施工工人宿舍。

（11）负责接洽政府有关部门对施工现场的检查，乙方应积极配合，因此造成乙方人员、机械等窝工损失由乙方自行承担。

9. 甲方负责定期召开现场协调例会（乙方驻工地负责人必须准时参加，并服从于会议决议以及甲方的协调管理。若乙方驻工地负责人无法正常参加，需事先向甲方项目经理请假，并指定全权代表参加）。

第十六条 乙方一般职责

1. 按合同约定及甲方要求的时间准时进场；严格按现行国家标准、设计方案进行施工。

2. 乙方驻现场代表：_____。

3. 自备施工所需机具、机械及其他随身工具。

4. 自备符合标准要求的个人安全防护用品，如安全帽、安全带、口罩等。

5. 提供预应力成套技术方案和预应力项目对土建施工的具体要求措施的书面资料。

6. 负责提供预应力专用的机具设备并运输至现场。

7. 负责提供预应力筋、锚具及配件（螺旋筋、承压板）等预应力材料并运输至现场。

8. 负责预应力筋铺放及节点安装、预应力筋的张拉。

9. 负责张拉验收后预应力筋端部的切筋、防锈处理及混凝土灌注封锚。

10. 解决有关预应力施工方面的技术问题，按有效变更洽商执行修改要求。

11. 采取恰当的方式对施工成品、半成品进行妥善保护和标识，防止交叉施工造成污染与损害，并保证不损害其他施工单位的施工作业成果，如有损害乙方应自费予以修理。

12. 随时准备接受甲方、政府职能部门对工程质量、安全、文明施工的检验、检查，并为检验、检查提供便利条件。

13. 保障甲方免于承担因乙方过失、失误造成的任何人员伤亡、财产损失的全部责任和索赔，另外还应保障甲方免于承担与此有关的一切索赔、诉讼、损害赔偿、抚恤金和其他相关开支。

14. 负责乙方施工区域的安全文明施工，及时将施工区域的施工垃圾清理到甲方指定的区域。否则甲方有权自行组织他人完成该项工作，费用从乙方款项中扣除。

15. 乙方现场负责人需按时参加甲方项目经理部组织的有关安全、质量、进度、文明施工等方面的各种会议、检查活动，不得无故缺席。若乙方代表临时有其他紧急事务无法出席，须指派全权代表参加。会议所做出的决议、事项，双方需共同恪守，严格遵照执行。

16. 未经甲方许可，不得私自在现场包括生活区私搭乱建临时用房。

17. 向甲方提供施工人员名单（外来人员需向_____市住建部门外管处备案）及特殊工种（如电焊工、气焊工、电工、架子工）的上岗证。

18. 自行从甲方引出的水电接驳点将水源、电源引至其施工地点，所需配件、电线等设备设施自备。合理使用甲方提供的水电资源，杜绝浪费。

19. 有义务保管、维护施工范围现场临水、临电、临时消防设施。

20. 负责施工范围工程技术资料的编制。按照现行国家标准《建筑工程施工质量验收统一标准》GB 50300 和_____省《优质建筑工程质量评价标准》及时编制报审工程资料，做到和施工同步进行；因资料报验不及时导致的一切损失由乙方负责。乙方按合同规定提供相应的材质证明后，甲方对材质、工程质量发生怀疑时，乙方应无条件积极配合，对已完工程或现场材料进行剥露、试验等检测。如检测结果满足合同要求，费用由甲方承担。否则，相关损失由乙方承担。

21. 负责原材料、成品的检验试验的一切相关工作，诸如样品、试件制作、取样等，包括标准要求的各种无损检测。

22. 负责将乙方施工区域的施工垃圾清理运输到现场的指定地点。

23. 在分包工程完工后,除非甲方同意,乙方必须按甲方要求拆除一切其搭设的临时设施(包括施工和生活设施),恢复原样。

24. 乙方人员在甲方指定的区域就餐,餐后及时清扫,保持区域卫生。

25. 乙方施工人员应在指定的区域使用卫生设施,注意保持卫生与清洁。

26. 按时参加甲方项目经理部组织的有关安全、质量、进度、文明施工等方面的各种会议、检查活动。

27. 按照计划提供预应力锚固件并与其他各专业分包方仔细核对图纸尺寸和标高以及锚固件位置与数量,以防其他分包方因尺寸、标高、标注不统一或错误造成施工错误。如乙方未能提供或提供数据有误,造成的一切损失由乙方承担。

28. 负责分包工程竣工前清理、竣工移交前的看管和保洁工作。

29. 乙方可免费使用甲方已设在现场的脚手架、操作平台、防护设施,但使用前必须向甲方提出申请,明确使用部位和使用时间,经甲方批准后方可使用,未经甲方同意擅自使用的,发生一切意外事故与责任由乙方独自承担。

30. 未经甲方许可,不得擅自拆改现场安全防护设施、脚手架、操作平台。否则,因此造成安全事故的一切责任由乙方承担。

31. 根据施工需要,乙方自行搭设的脚手架、操作平台需满足现行安全标准要求,不符合要求的禁止使用。若乙方无能力搭设可委托甲方完成,相关费用由乙方承担。

第十七条 检查与验收

1. 乙方应认真按照标准和设计图纸要求以及甲方依据合同发出的指令施工,随时接受甲方的检查检验,并为检查检验提供便利条件。

2. 工程质量达不到约定标准的部分,甲方有权要求拆除和重新施工,直到符合约定标准。因乙方原因达不到约定标准,由乙方承担拆除和重新施工的费用,工期不予顺延。

3. 甲方的检查检验不应影响施工正常进行。如影响施工正常进行,检查检验不合格时,影响正常施工的费用由乙方承担。除此之外影响正常施工的发生的费用由甲方承担,相应顺延工期。

4. 因甲方指令失误或其他非乙方原因发生的费用,由甲方承担。

5. 隐蔽工程和中间验收

(1)工程具备隐蔽条件时先由乙方进行自检,并在隐蔽验收前＿＿＿＿＿＿＿小时以书面形式通知甲方验收。通知包括隐蔽的内容、验收时间和地点。甲方组织业主、监理单位进行验收。乙方准备验收记录,验收合格且甲方、监理单位在验收记录上签字后,乙方方可进行隐蔽或继续施工。验收不合格,乙方在甲方限定的时间内修改后重新验收。

(2)甲方不能按时进行验收,应在验收前＿＿＿＿＿＿＿小时告知乙方,延期不能超过＿＿＿＿＿＿＿小时。甲方未能按以上时间提出延期要求,不进行验收,乙方可自行组织验收,甲方应承认验收记录。

(3)经甲方、监理单位验收,工程质量符合标准和设计图纸等要求,验收＿＿＿＿＿＿＿小时后,甲方、监理单位不在验收记录上签字,视为甲方已经认可验收记录,乙方可进行隐蔽或继续施工。

6. 重新检验

无论甲方是否进行验收,当其要求对已经隐蔽的工程重新检验时,乙方应按要求进行剥离或开孔,并在检验后重新覆盖或修复。检验合格,甲方承担由此发生的全部费用,赔偿乙方损失,并相应顺延工期。检验不合格,乙方承担发生的全部费用,工期不予顺延。

第十八条 竣工决算

1. 分包工程竣工,经国家相关机构验收后＿＿＿＿＿＿＿天内,乙方向甲方递交竣工结算报告及完整的结算资料,双方按照本合同约定的合同价款以及价款调整方式,进行工程竣工结算。

2. 甲方收到乙方递交的竣工结算报告及结算资料后＿＿＿＿＿＿＿天内进行核实,给予确认或者提出修改意见,如果甲方提出修改意见,则相应顺延乙方再次递交竣工结算报告及结算资料日期的时间。

3. 分包工程竣工验收报告经甲方认可后＿＿＿＿＿＿＿天内,乙方未能递交竣工结算报告及完整的结算资料,造成工程竣工结算不能正常进行的,乙方承担违约责任。

4. 甲方和乙方对工程竣工结算价款发生争议时,按本合同关于争议条款的约定处理。

5. 延期支付的工程款项不计取利息。

第十九条　环保与职业安全

1. 本合同双方应共同遵守国家和地方有关的环境保护的法律、法规，努力营造绿色建筑。

2. 乙方在整个施工作业过程中满足甲方制定并经国家权威部门认证的 ISO 14001 环境管理体系、现行国际标准《职业健康安全管理体系要求及使用指南》ISO 45001 的要求，保证施工生产符合相关标准的要求。

3. 乙方进驻现场员工需接受经 ISO 14001 环境管理体系、现行国际标准《职业健康安全管理体系要求及使用指南》ISO 45001 认证的教育培训。

4. 乙方在运输材料（包括废料）、机具过程中应执行＿＿＿＿＿＿省＿＿＿＿＿＿市政府有关道路交通等的管理规定。

5. 乙方须采取有效措施，防止运输机械噪声超标或机械漏油污染环境。运输车辆要定期进行噪声检测，对于不符合要求的机械要及时采取必要的措施。

6. 车辆进入现场后禁止鸣笛。

第二十条　技术资料

1. 乙方应严格按现行国家标准《建筑工程施工质量验收统一标准》GB 50300 和＿＿＿＿＿＿省《优质建筑工程质量评价标准》的规定，及时、真实、准确地提供完整而规范的技术资料。乙方对资料的完整性、真实性负责。资料不齐全时，甲方有权扣留部分工程款抵押。

2. 如果政府或其他组织在建筑工程评比过程中对技术资料有特殊要求，乙方有义务竭力满足，不得以任何借口拒绝、推诿。

3. 递交资料：

（1）预应力工程竣工图（一式五份）；

（2）预应力深化设计图（一式五份）；

（3）物资类进场检验记录；

（4）施工类验收文件记录；

（5）其他。

第二十一条　合同使用的语言文字及适用法律

1. 合同语言：本合同文件使用汉语。

2. 适用法律法规：《中华人民共和国民法典》《中华人民共和国建筑法》《建设工程质量管理条例》及其他现行法律、法规和规范性文件。

第二十二条　违约

1. 合同双方任何一方不能全面履行本合同条款，均属违约；违约所造成的损失、后果、责任，概由违约方承担。

2. 除非甲乙双方协商终止本合同，违约方承担前述条违约责任、损失后仍需严格履行本合同。

3. 不允许转包本分包合同工程。

第二十三条　保修

1. 分包工程竣工后＿＿＿＿＿＿周内，分包单位应免费提供预应力维护保养手册一式＿＿＿＿＿＿份，内容应包括：

（1）分包单位名称、住所、维修服务联系方式；

（2）日常使用注意事项以及维修保养细则；

（3）配件性能介绍；

（4）推荐使用备用零配件及其生产经销单位联系方式。

2. 乙方在质量保修期内，按照有关法律、法规、规章的管理规定和双方约定，承担本分包工程质量保修责任。

3. 具体保修的内容，双方约定如下：＿＿＿＿＿＿＿＿＿＿＿＿＿＿＿＿＿＿＿＿＿＿＿＿＿＿＿＿＿＿＿＿＿＿＿＿＿＿。

4. 质量保修期：根据《建设工程质量管理条例》、＿＿＿＿＿＿市关规定以及业主的要求，本分包工程保修期为＿＿＿＿＿年。

5. 质量保修期自整体工程竣工验收合格之日起计算。

6. 质量保修责任：

（1）属于保修范围、内容的项目，乙方应当在接到维修通知之日起＿＿＿＿＿＿小时内派人维修。乙方不在约定期限内派人维修的，甲方可以委托他人修理，费用从乙方保留金中扣除。

（2）发生紧急抢修事故时，乙方在接到事故通知后，应当立即到达事故现场抢修。

（3）若乙方技术水平与资质不能胜任操作工艺、材料质量、施工质量存在的缺陷，需进行的剥离、剔凿和恢复面层、底层以及其他与因缺陷影响的抹灰、装修、管线等相关工作，甲方有权指定专业施工队伍完成相关作业，全部费用由乙方承担。

（4）对于涉及结构安全的质量问题，应当按照《房屋建筑工程质量保修办法》的规定，立即向当地建设行政主管部门报告，采取安全防范措施；由原设计单位或者具有相应资质等级的设计单位提出维修方案，乙方实施维修作业，相关费用由乙方承担。

（5）质量问题维修完成后，由业主、使用方会同甲方组织验收，各方验收合格后当次维修即告结束。

7. 维修费用与赔偿责任：

（1）维修费用由造成质量缺陷的责任方承担。

（2）如乙方施工质量缺陷、工艺缺陷、材料老化等缺陷与瑕疵给使用方、业主造成人员物资财产等直接损失以及其他间接损失，均由乙方负责赔偿。

（3）为返修而剥落、恢复面层、底层以及受其影响的相关联工作所需费用由乙方承担。

（4）因业主、使用方使用或保养不当造成质量问题，乙方应尽量进行维修，维修费用由甲方牵头，乙方配合，向责任方索要，但甲方没有追索此项债务的义务。

（5）若合同双方对分包工程质量发生争议，则共同约请_____市建筑住建部门下属质量监督总站或其他权威机构进行鉴定。如果鉴定认为乙方施工质量不合格，则鉴定费用由乙方承担；鉴定合格，费用由甲方承担。

8. 保修金返还。

（1）乙方履行完保修责任，保修期满后_____天内，返还扣留的保修金。

（2）保修金需扣除以下费用：

① 甲方委托他人完成保修维修工作的费用；

② 因乙方过失、责任而赔偿业主、使用方的相关损失；

③ 为返修、维修而剥落、恢复面层、底层以及其他与之相关联工作所需费用（甲方代为支付时）；

④ 其他与保修维修有关的费用；

⑤ 若本工程剩余保修金不足以支付上述费用，则甲方有权从双方任何其他经济往来的账务中扣除；

⑥ 保修金不计取任何利息。

第二十四条　保险

1. 乙方以双方联合名义按全部重置成本对分包工程、材料、施工机械设备与财产办理工程保险，其费用已包含在合同价款之中。

2. 乙方以己方的名义对其在现场的雇员办理人身保险。

第二十五条　合同生效与终止

本合同自双方签字盖章之日起生效，技术资料齐全有效，履行完保修职责，保修期结束，本合同即告终止。

第二十六条　争议解决

1. 双方因履行本合同或因与本合同相关的事项发生争议的，应通过协商方式解决，协商不成的，应首先提交_____调解中心进行调解，调解不成的，一方有权按照下列第_____项约定方式解决争议：

（1）向_____仲裁委员会申请仲裁；

（2）向_____人民法院提起诉讼。

2. 甲乙双方明确约定，对于在本合同项下产生的或与本合同相关的事宜产生的乙方对甲方拥有的债权，乙方承诺不将其转让给第三方，经过甲方的书面同意后方可转让，否则，乙方应在违约转让债权之日起5日内，按照违约转让债权总额的5%向甲方支付违约金，逾期支付并应承担违约付款责任。

第二十七条　未尽事宜

本合同在执行中若有未尽事宜，双方经友好协商以补充协议、会议纪要、谈判记录等书面形式解决。

第二十八条　其他约定

1. 双方承诺不将本合同成交价格透露给任何第三方。

2. 本合同所述之内容与条款只限于_____工程使用，乙方不得将本合同内容细节透露给任何第三方。

3. 本合同一式_____份，均具有同等法律效力，甲方执_____份，乙方执_____份。

（以下无正文）

甲方：（公章） 乙方：（公章）

法定代表人或其委托代理人： 法定代表人或其委托代理人：
（签字） （签字）

统一社会信用代码：_____ 统一社会信用代码：_____
地址：_____ 地址：_____
电话：_____ 电话：_____
电子信箱：_____ 电子信箱：_____
开户银行：_____ 开户银行：_____
账号：_____ 账号：_____

第八章　加固改造工程

加固改造工程分包合同

合同编号:

工程名称:＿＿＿＿＿＿＿＿＿＿＿＿＿＿＿＿＿＿＿＿
工程地址:＿＿＿＿＿＿＿＿＿＿＿＿＿＿＿＿＿＿＿＿
甲　　方:＿＿＿＿＿＿＿＿＿＿＿＿＿＿＿＿＿＿＿＿
乙　　方:＿＿＿＿＿＿＿＿＿＿＿＿＿＿＿＿＿＿＿＿

＿＿＿＿年＿＿＿＿月＿＿＿＿日

_____工程加固改造工程分包合同

甲方（承包方）：_____
乙方（分包方）：_____

根据《中华人民共和国民法典》《中华人民共和国建筑法》及其他有关法律法规，遵循平等、自愿和诚信的原则，经甲乙双方友好协商就_____项目的加固改造工程达成以下协议。

第一条 工程概况

1. 工程名称：_____。
2. 工程地点：_____。
3. 建筑面积：_____。
4. 地上_____层，地下_____层。
5. 结构形式：_____。

第二条 分包方式及内容

1. 本工程采用包工包料固定综合单价方式（除钢筋以及搭建脚手架所需的钢管、扣件和跳板由甲方提供外）。
2. 分包工程内容：_____工程的加固改造以及混凝土破碎，切除的混凝土块内所含钢筋归甲方所有。
3. 甲方可根据乙方履约情况变更分包工程内容、提前终止或延长合同，乙方对此表示接受，并承诺竭尽所能满足甲方要求。
4. 乙方不得以任何形式转包、分包本分包工程。

第三条 工程价款

1. 合同价款：金额小写_____元（大写：_____），其中税金_____元（大写：_____）。
2. 合同价款明细表：

名称	规格	单价（元）	数量（暂定）	总价（元，暂定）
植筋				
……				
粘钢				
……				
水钻开洞				
……				
混凝土				
……				
合计				

（1）本合同为固定单价合同，合同单价已包含除水电费、工人住房（不含室内设施）、钢筋主材供应、搭建脚手架所需的钢管、扣件和跳板等费用之外，所有与本合同项下的施工相关的费用及各种检验试验费，且植筋、粘钢胶全部满足加固图纸对结构胶的质量要求。

（2）本合同签字盖章生效后，合同单价不再做任何调整。乙方在其承包范围内，为履行本合同约定的义务和职责，满足国家相关法律法规、设计要求和业主、监理、甲方的合理要求，以及因自身经营风险所发生的一切相关费用均已包含在合同总价之内。

（3）任何因市场物价波动、生活费用变化、人员工资变化、政府税收与收费的调整以及政府与行业主管部门红头文件的颁发等因素引起的乙方的实际支出的增减，均属于乙方自身经营风险，视为已经事先充分估计并已经包含在合同总价之中。

3. 工程计量：根据图纸和现行国家标准《建设工程工程量清单计价规范》GB 50500 中的计量规则计算工程量，再根据合同固定单价和双方认可的图纸工程量计算费用。合同价格按不同规格植筋植入深度计量。

第四条 双方工作界面划分

1. 甲方提供施工用水到干管，提供施工用电到二级配电箱。甲方提供生活、生产用水用电，乙方应厉行节约。甲方有权随时抽查监督乙方用水用电行为，若发现浪费或不良使用行为，甲方有权重罚，并禁止乙方使用甲方提供的水电资源。

2. 甲方只向乙方提供施工所用的临水临电、钢筋以及搭建脚手架所需的钢管、扣件和跳板。

3. 甲方向乙方提供工人的宿舍，但宿舍内的设施由乙方自行负责。

4. 除上述明确甲方提供的资源外，其余资源均由乙方自行提供。

第五条 工程款支付

1. 本工程无预付款。

2. 工程款款项支付的前提为收到业主支付的相应部分款项。甲方根据乙方当月（上月_____日到本月_____日）已完工程量和合同单价确定乙方当月施工产值，月付款支付额度为上月施工产值的_____%扣减当月应缴纳违约金和其他应缴纳款项之后的金额。

3. 乙方于每月_____日向甲方递交该期月付款申请和已由甲方项目经理部各部门会签完毕的《分包工程款支付会签单》，甲方收到上述文件并予审核后于次月的_____—_____日向乙方签发付款证书，在签发证书的下月_____—_____日支付。当已付款总额达到合同总价的_____%时，甲方不再进行月度付款。

4. 结算程序。工程结算价款支付的前提是业主已经将相应部分的结算价款支付给甲方。工程竣工后一月内，乙方向甲方提供完整的竣工结算报告和结算资料，甲方在收到上述文件后一月内予以核实。如有争议，甲方核实时间后延，直到双方达成一致。若双方对决算金额无争议，甲方将在_____日内扣除保修金（保修金金额为分包工程造价的_____%）后，支付工程尾款。

5. 保修期满后一次性无息支付保修金。

第六条 工期

1. 开工日期：_____年_____月_____日。完工日期：_____年_____月_____日。

2. 合同工程之工期应符合甲方认可的施工总进度计划、月计划、周计划和其他针对本合同工程的计划。

3. 若乙方延误工期，甲方有权要求其缴纳违约金，每拖延一天违约金金额为合同总价的_____‰，违约金总额度不超过合同总价的_____%。乙方为达到甲方工期要求而采取的措施的所有费用应被视为已全部包含在乙方的总价中。

第七条 技术与质量

1. 质量要求：质量验收等级达到合格。

2. 技术要求：依据施工图及标准和图集的现行版本。

3. 所有过程资料和竣工资料必须随施工进度及时编制、报验／报审、整理。

4. 因乙方施工质量未达到验收合格标准而导致的一切返工及修补责任均由乙方承担，任何因返工及修补导致的甲方损失亦由乙方承担。

5. 乙方为达到上述技术和质量要求而采取的措施的所有费用应被视为已包含在合同总价中。若乙方在合同履行中因自身原因导致工程未能达到上述技术和质量要求，则其须向甲方支付技术质量违约金，违约金金额不超过合同总价的10%。

第八条 安全文明施工

1. 安全文明施工要求：达到_____。

2. 乙方为达到上述安全文明施工要求而采取的措施的所有费用应被视为已全部包含在合同总价中。若乙方在合同履行中因自身原因导致工程未能达到上述安全文明施工要求，则其须向甲方支付安全文明施工违约金，违约金金额不超合同总价的_____%。

第九条 甲方职责

甲方驻工地代表姓名：_____。

1. 甲方应具备承包合同工程并予以分包的资质和权限，办理一切与此相关的手续和证件。

2. 甲方应对乙方进行以下指导和协调工作：

（1）编制施工进度计划，组织并部署现场施工，审核乙方详细施工作业计划；

（2）提供必须的施工图纸和设计文件，审核乙方提供的施工方案和技术措施、进行技术交底和现场技术指导；

（3）明确质量要求，审核乙方质量管理体系及人员设施配备，对施工质量进行过程控制，组织验收；

（4）进行安全交底及安全教育，审核乙方安全管理体系及人员设施配备，监督乙方班前安全交底和施工过程中的安全操作；

（5）指导并监督乙方消防、环卫、员工健康保障、生活设施配套等工作；

（6）协调乙方与现场其他分包方的配合、交替施工，以及其他在施工现场发生的影响到施工顺利进行的事件（不包括乙方与其他分包方之间的经济往来事务）；

（7）组织并主持与施工有关的各种会议、检查。

3. 甲方未能按照合同约定完成以上工作造成乙方损失和／或工期延误，工期予以后延，损失不予赔偿。

第十条　乙方职责

乙方驻工地代表姓名：_____。

1. 乙方应具备承包合同工程并进行施工的资质和权限，办理一切与此相关的手续和证件。

2. 乙方应配备完整的项目管理机构及人员；建立完善的质量管理体系并配备专门的技术和质检人员及设施；建立完善的安全管理体系并配备相应的人员和设施，该等人员须持有甲方认可的相关证件。

3. 乙方应在施工前详细研究图纸，编制加固施工方案和技术措施。

4. 乙方确保现场所有施工人员持有工作证。

5. 乙方应及时、准确反映现场施工情况，并向甲方提出有利于现场施工的作业计划、技术措施、质量和安全等方面的改进措施。

6. 乙方应遵守并执行甲方的以下管理制度：

（1）入场前应向甲方办理"分包入场会签"并遵守甲方各部门之管理规定。

（2）遵守甲方关于安全（包括交通安全）、消防、保卫、环卫和文明施工管理的规定。乙方现场三级配电箱必须为甲方指定产品。

（3）采取一切合理的措施防止其人员实施违法或妨害社会治安和公共安全的行为，并有完全的责任和义务保护周围其他人员和财产免受上述行为的危害，由此造成的一切后果由乙方负责。

（4）确保其现场施工人员具备在此现场进行其特定作业的所有证件，并给其配备足够的安全设施和用品，提供必要的生活及卫生条件，进行定期的健康检查，建立传染病和职业病防治体系，确保现场施工人员的健康和安全。经双方协商一致，甲方可代乙方进行上述工作，费用由乙方承担。

7. 乙方应具备设计能力，所有需要加固的洞口需要由加固公司负责设计并报设计院签认。

8. 乙方未能按照合同约定完成以上工作造成甲方损失和／或工期延误，乙方应赔偿甲方损失，除此之外甲方还可视情形要求整改、罚款、延期支付工程款、变更分包内容和提前终止合同。

第十一条　乙方资源保障

1. 乙方应依据甲方之要求及时配备足够的、合格的管理人员、劳动力、材料和机械设备资源。

2. 人员保障

（1）管理人员：履约过程中，乙方无权更换其任命的主要管理人员，如因特殊原因需更换上述人员，须事先向甲方提出书面申请并提交拟任命的管理人员的详细资料，经甲方审查书面批准后方可更换，否则将被视为违约。擅自更换管理人员的，每人次支付违约金_____元；如果在履约过程中，甲方认为乙方的管理人员不能胜任其工作，则有权要求乙方更换，乙方应在5日内提交拟任命的管理人员的详细资料，经甲方批准后更换。如乙方在5日内未提出新的人选，或两次提出的人选都不能令甲方满意，将被视为乙方违约，甲方有权终止合同，按违约条款处理。

（2）操作人员：现场操作人员应该具备一定的施工经验，能正确并按时执行其所属任务，并拥有相应的上岗证，工人必须办理工作证。未经甲方批准，擅自减少项目施工人员，每人次支付违约金_____元。

3. 材料及机械等资源保障

（1）乙方应配置足以满足工程进度、质量的设备、机具、工具、物资、材料、器材、设施等。若乙方在上述资源配置上满足不了现场施工生产需要，应无条件增加配置，并且不得以此为借口向甲方索要任何额外费用。

（2）如果乙方不能完全满足甲方要求增加资源的要求，甲方有权自行组织相应资源，按所发生的费用从乙方合同价中扣除。

第十二条　违约

1. 合同双方任何一方不能全面履行本合同条款，均属违约，违约责任如下：

（1）甲方未能按照合同约定完成以上工作造成乙方损失和／或工期延误，工期予以后延，损失不予赔偿。

（2）因乙方违约造成甲方损失和／或工期延误，乙方应赔偿甲方损失，工期不予后延，除此之外甲方还可视情形要求整改、扣除工程款、延期支付工程款、变更分包内容和提前终止合同。

2. 除非合同终止，否则违约方承担前述条款违约责任后仍需严格履行本合同。

3. 甲乙双方明确约定，对于在本合同项下产生的或与本合同相关的事宜产生的乙方对甲方拥有的债权，乙方承诺不将其转让给第三方，除非经过甲方的书面同意，否则，乙方应在违约转让债权之日起5日内，按照违约转让债权总额的5%向甲方支付违约金，逾期支付应承担违约付款责任。

第十三条　争议解决

双方因履行本合同或因与本合同相关的事项发生争议的，应通过协商方式解决，协商不成的，应首先提交_____调解中心进行调解，调解不成的，一方有权按照下列第_____项约定方式解决争议：

（1）向_____仲裁委员会申请仲裁；

（2）向_____人民法院提起诉讼。

第十四条　合同生效与终止

1. 本合同自签字盖章之日起生效，完成合同约定的全部内容并结清工程价款之日即告终止。

2. 因乙方原因导致甲方要求提前终止合同，甲方将依据已完工程量与乙方办理结算，乙方应根据甲方要求迅速退场并不得以任何形式拖延退场时间、胁迫甲方或借此向甲方索要任何额外费用。

第十五条　未尽事宜

本合同在执行中若有未尽事宜，双方经友好协商以书面补充协议的形式解决。

第十六条　合同份数

本合同一式_____份，均具有同等法律效力，甲方执_____份，乙方执_____份。

（以下无正文）

甲方：（公章）　　　　　　　　　　　　　　　乙方：（公章）

法定代表人或其委托代理人：　　　　　　　　　法定代表人或其委托代理人：
（签字）　　　　　　　　　　　　　　　　　　（签字）

统一社会信用代码：_____　　统一社会信用代码：_____
地址：_____　　地址：_____
电话：_____　　电话：_____
电子信箱：_____　　电子信箱：_____
开户银行：_____　　开户银行：_____
账号：_____　　账号：_____

混凝土破除施工分包合同

工程名称：_____

工程地址：_____

甲　　方：_____

乙　　方：_____

_____年_____月_____日

_____工程混凝土破除施工分包合同

甲方（承包方）：_____
乙方（分包方）：_____

根据《中华人民共和国民法典》《中华人民共和国建筑法》《建设工程质量管理条例》及其他有关法律、行政法规、遵循平等、自愿、公平和诚实信用的原则，甲方将_____工程混凝土破除施工委托给乙方完成，双方就相关事宜达成如下协议：

第一条　工程概况

1. 工程名称：_____。
2. 工程地点：_____。
3. 工程范围：_____。
4. 工程工期：_____。
5. 建设单位：_____。
6. 监理单位：_____。

第二条　破除程序

1. 乙方破除过程需保证原有结构安全，如造成原有结构破坏，相关后果由乙方承担。
2. 乙方对市政、公用设施采取相应保护措施。
3. 乙方负责制定并落实施工方案（施工方案中应包括：施工方法、安全措施、环保措施等主要内容）。
4. 破除施工过程中，乙方应合理安排破除机械，破除机械乙方自备，保证不影响甲方的正常施工进度。如因设计变更及不可抗力因素影响导致停工，工期相应顺延。

第三条　承包方式

包工包甲供材料以外的所有材料。

第四条　价款

1. 本合同暂定总价为人民币：_____元（大写：_____）。
2. 本合同为固定单价合同，除施工用水用电由甲方提供外，乙方负责实施完合同工作内容、达到验收标准所发生的一切材料费、人工费、机械费、劳保费、食宿费、交通费、行政事业收费、政府税费（增值税除外）等；任何因人工费、机械运输费、取费的变动或政府及行业主管部门红头文件的颁发而引起的乙方的实际支出的增减，均视为乙方已经事先充分估计并已经列入合同单价之中。合同签字盖章生效后，不做任何调整。
3. 对单价的说明。

本合同单价已综合考虑并包括了本合同显示的乙方的所有工作、职责、责任和义务，包括但不限于以下内容：

（1）完成本合同所需一切机械、设备、机具、配件、材料以及人工；
（2）大面积施工与局部分块施工之间的各种差异造成的费用增加；
（3）分阶段、分断面、分区段施工造成的费用增加；
（4）特殊部位施工难度增加；
（5）综合单价包含满足甲方及业主要求的安全文明施工工作所需费用；
（6）特殊部位施工难度的增加等所带来的破除工作费用的增加；
（7）扰民和民扰对现场施工造成的影响及乙方自身原因引起的扰民或民扰调停费；
（8）与其他分包方同一时间施工对施工造成的影响；
（9）施工现场交叉作业造成的窝工及工期延长；
（10）冬（雨）期施工增加的措施费；
（11）施工机械进退场费；
（12）施工人员个人安全防护用品费用；

（13）各项技术措施费、赶工措施费、节假日加班费、检验试验费、人员设备保险费；
（14）按甲方要求提供技术资料及竣工资料；
（15）完成合同内测量放线、试验费用、竣工清理；
（16）食宿交通费；
（17）成品保护费；
（18）与其他分包方（包含甲方指定的分包方、业主及乙方自己的分包方）的配合照管费；
（19）现场管理费、企业管理费、利润；
（20）应该缴纳给政府有关部门的各项税费；
（21）任何因市场人工、材料、配件、能源、运输、税费的变动或政府及行业主管部门红头文件的颁发而引起的乙方的实际支出的增减，均属于乙方自身经营风险，视为事先充分估计并已列入合同价款之中。

4. 如果甲方指令乙方完成其他部分同类工程的施工，乙方无条件接受并继续按本合同规定执行。

5. 工程量计量原则：按经过甲方、业主、监理验收通过后的实际破除工程量结算。

第五条　乙方责任

1. 安全责任

（1）负责制定破除工程现场安全操作规程，对施工人员进行安全交底，按安全程序施工；
（2）建立完善的施工现场安全组织机构，明确岗位、职责，在施工中出现的一切安全事故由乙方自行解决，并承担由此产生的经济和法律责任；
（3）接受甲方提出的安全处理意见，并及时改正；
（4）在施工期间严格遵守《中华人民共和国消防法》和其他相关的法律法规；
（5）遵守国家或地方政府及有关部门对施工现场的管理，妥善保护好施工现场周围建筑物和设备管线；
（6）做好施工现场清理和垃圾清运等工作。

2. 环境保护

（1）制定破除施工方案，提出具体的防止扬尘，降噪声等环保措施；
（2）施工过程中应注意保持清洁卫生，破除过程中应随拆随洒水，避免大量扬尘；
（3）垃圾清运车辆应按规定装载，遮盖严密，沿途不得遗撒。

3. 文明施工

（1）乙方应做好文明施工及消防准备工作；
（2）乙方应保证施工现场内、外清洁卫生，道路畅通；
（3）乙方应保证在用市政、公用设施完好、畅通。

第六条　破除费用及支付方式

双方约定，破除费用按实际完成工程量计算，甲方在乙方人员进场＿＿＿＿＿＿＿天后根据实际施工人数按每日每人＿＿＿＿＿＿＿元支付预付款；破除全部完成后，经甲乙双方共同核定明确后，甲方一次性全部付清余款。

第七条　质量要求

1. 质量验收等级：按照现行国家标准《建筑工程施工质量验收统一标准》GB 50300，一次性验收通过，合格率达到100%。

2. 质量目标：该工程成为让业主完全满意的精品工程。乙方须保证工程质量满足上述要求，施工中须认真按有关的技术标准要求，达到业主方、监理方及甲方要求。

3. 质量违约处罚：如乙方施工质量未达到上述标准，乙方必须返修整改，直至达到上述标准，返修费用全部由乙方承担，返修工期计入总工期考核。另外，乙方须按合同总价的＿＿＿＿＿＿＿%向甲方支付质量违约金。

第八条　工期延误

1. 因以下任何一项原因造成乙方延误实施分包工程的，经甲方项目经理书面确认，分包工程的竣工时间相应延长：
（1）非分包单位造成工程延误，而且总包单位根据总包合同已经从业主处获得与分包合同相关的竣工时间的延长；
（2）甲方未按约定时间提供开工条件、施工现场等造成的延误；
（3）甲方发出错误的指令或者延迟发出指令确认批准造成分包合同工期延误；

（4）不可抗力（有关定义见第九条）等其他非分包原因造成分包工程的延误；

（5）甲方认可的其他可以谅解的工程延误。

2. 乙方在上述任一事件发生后的两天内，就延误的工期以书面的形式向总包单位提出报告。如果上述事件具有持续的影响，则分包单位应每隔两天发出一份报告，事件影响结束之日起10天内提交最终报告给甲方商务部门。甲方在收到报告后10天内就报告内容予以答复或提出修改意见，否则视为同意。

第九条 不可抗力

1. 不可抗力指业主、甲方、乙方都不可预见、不可避免、不能克服的超出一般防范能力的事件。此类事件的发生导致合同一方不可能履约。不可抗力包括：

（1）地震、洪水、海啸、飓风、台风、剧烈雷击等天灾以及恶劣气候（气象资料以中央气象台记录为准）；

（2）战争、敌对行动（无论是否宣战）；

（3）叛乱、暴动、军事政变、内战；

（4）暴乱、骚乱、游行示威或混乱（乙方自身及相关联的人员内部因从事本工程而发生的事件除外）；

（5）空中飞行物体坠落；

（6）声速或超声速飞行物或装置产生的压力波；

（7）国家重大庆典、国外政府首脑或国际政要到访、全国人大或政协会议、全国党代会等重大政治事件要求停工或进行各项管制而影响到工期；

（8）由于法律法规的变更或后续颁布的法律法规导致本合同不合法。

2. 不可抗力事件发生后，乙方应立即通知甲方，并在力所能及的条件下迅速采取措施，尽量减少损失，并根据总包合同的约定处理。不可抗力事件结束后48小时内乙方向甲方通报受害情况和损失情况及预估的清理和修复的费用。不可抗力事件持续发生，乙方应每隔3天向甲方报告一次受害情况。不可抗力事件结束后7天内，乙方向甲方提交清理和修复费用的正式报告及有关资料。

3. 因不可抗力事件导致的费用及延误的工期按以下方法分别承担。

（1）下列费用由甲方向业主索要后支付给乙方：

① 工程本身的损害、因工程损害导致第三方人员伤亡和财产损失以及运至施工场地用于施工的材料和待安装的设备的损害的赔偿；

② 停工期间，乙方应甲方要求留在施工场地的必要的管理人员及保卫人员的费用；

③ 分包工程所需清理、修复费用。

（2）乙方自行负责人员伤亡，并承担相应费用。

（3）乙方机械设备损坏及停工损失，由乙方自行承担。

（4）延误的工期相应顺延。

4. 因合同一方迟延履行合同后发生不可抗力的，不能免除迟延履行方的相应责任。

第十条 变更与变更计价

1. 如果甲方认为有必要对分包工程或其中的任何部分的形式、质量、数量做出变更或调整，甲方有权指示乙方进行以下任何工作，乙方应遵照执行。该指示应该包括来自业主、设计、监理单位的设计变更、洽商、指示等。

（1）增加或减少合同中已经包含的工作量；

（2）改变工程做法、材料；

（3）改变分包工程任何部位的标高、位置或尺寸；

（4）改变施工顺序或时间安排；

（5）为确保工程质量和工程竣工而必需的任何附加的工作。

2. 上述变更指令发出后，双方应继续履行本合同，本分包合同不能因以上变更而失效或者作废。因变更而导致合同价款发生变化则按相应条款规定调整。

3. 如果上述变更是因为乙方违约或其自身原因导致甲方不得不发出变更指令，则任何此类变更后增加的费用由乙方自己承担。

4. 无论什么时候，乙方没有任何权利对合同工作内容提出变更，更不得在施工中擅自改变材料做法、进行未经甲方许可的施工作业。

5. 如果变更仅仅造成工程量增减，则其单价不变，仍按原合同单价执行。

6. 如果合同中没有适用于变更工作的价格，则双方协商一个合理的市场价格。

第十一条　施工图和施工方案

1. 甲方将于本分包工程开工前7天向乙方提供一套施工图纸。

2. 协助甲方审查本工程图纸和技术说明中可能存在的任何缺陷、疏漏和不足是乙方的合同责任和义务，乙方应在甲方提供图纸后3天内将其认为相关图纸（包括工程标准和技术说明）中可能存在的任何缺陷、疏漏、不足以书面方式报告甲方，乙方可以在此书面报告中附上关于弥补或修改此类缺陷、疏漏、不足的建议或方案，以及按此建议或方案实施对合同价格的影响。如果乙方迟于上述期限提出图纸的缺陷、疏漏或不足，则在本分包工程的施工过程中，乙方只能提出技术变更，必须按甲方批准或指示的变更实施，且将不会得到任何费用的补偿和工期顺延的许可。

3. 乙方进场前需向甲方提供完整施工图（包括按甲方要求需完成的深化设计图）和施工方案，其中应包括以下内容：

（1）本工程施工依据的现行国家标准及其他相关规定；

（2）采取的主要施工方法、工艺流程；

（3）根据工期要求和现场情况为每阶段施工安排的机具型号/数量；

（4）拟安排在每一施工阶段、区段现场作业人员、管理人员的数量；

（5）乙方现场管理人员组织结构和隶属关系及通信方式；

（6）进度计划；

（7）需要甲方配合的事项和最迟解决完成时间；

（8）各项保证工期、质量、安全的措施以及冬（雨）期施工措施（此费用已包含在本合同价款中，不另计取）。

4. 乙方须按业主、监理和甲方最终确认的施工图和施工方案进行施工，但业主、监理和甲方的确认并不免除乙方承担因设计图、方案缺陷、错误所导致各种后果的一切相关责任。

第十二条　现场及人员管理

1. 乙方应遵守国家、行业、地方以及甲方有关现场安全文明施工的各项管理规定，在设施的投入、现场的布置等各方面严格按照甲方的规定执行。

2. 乙方进入现场的施工人员必须持有符合地方政府要求的上岗证书，现场施工人员必须统一佩戴安全帽及胸卡，施工人员须持证进出现场。

3. 现场不允许出现宣传乙方单位的标识、标语。

4. 乙方所有现场施工人员需持有_____市政府指定卫生防疫部门核发的健康证，非_____市户籍人员需持有_____市有关政府部分核发的外来人员就业证、_____市公安局下属驻地派出所办理的暂住证。乙方承担上述证件不齐而造成的责任，因此给甲方造成的损失由乙方承担，办理证件所需费用乙方自理。

5. 乙方应该采取一切合理的措施防止其人员实施违法或妨害社会治安和公共安全的行为，并有完全的责任和义务保护周围其他人员和财产免受上述行为的危害，由此造成的一切后果由乙方负责。

6. 严格遵守有关消防、保卫、交通安全、环卫、社会治安方面的规定。由于乙方对上述要求贯彻执行不得力而造成的一切事故、灾害，其经济及法律责任由乙方独自承担。由此造成甲方的损失由乙方赔偿，此外甲方有权对其进行处罚。

第十三条　甲方一般职责

1. 甲方驻现场代表（项目经理）姓名：_____，项目经理代表甲方全面履行合同各项职责。

2. 甲方其他主要管理人员姓名：

技术负责人为_____；

生产负责人为_____；

商务负责人为_____。

3. 负责协调乙方与现场其他分包方、施工工序之间的关系。

4. 及时向乙方提供施工所需指令、指示、洽商等相关施工文件。

5. 当对工程材料、质量发生怀疑时，有权随时抽查。

6. 如果乙方在工程质量、进度、安全、现场管理等方面满足不了甲方、监理、业主任何一方的合理要求，甲方有权将分包合同范围的工作指定给其他单位完成，所发生的分包费用、劳务费、材料费等费用从分包款中扣除，对此乙方不得有任何异议。

7. 协调解决乙方现场的材料堆放场所。

8. 施工水电费用由甲方承担，乙方应厉行节约。甲方有权随时抽查监督乙方用水用电行为，若发现浪费或不良使用行为，甲方有权重罚，并禁止乙方使用甲方提供的水电资源。

9. 提供工程定位、轴线控制点及水准点，乙方负责校核并承担除此以外的所有测量工作。

10. 负责进行工程常规试验及第三方见证试验，并承担费用（乙方需安排固定的专职试验员配合甲方完成其承包范围内所有按规定要求进行的材料的检验、试验工作并提供试验模具）。

11. 组织分部工程和工程竣工验收工作。

12. 向乙方提供现场施工人员宿舍（临时建筑），生活水电费、排污费、垃圾外运费由乙方承担。宿舍床铺、衣柜、吊架等生活设施以及冬季取暖设施、夏季通风防蝇设施、餐饮用具等由乙方自备。生活区内各项生活条件及管理必须符合政府相关法律法规及甲方的各项要求，符合_____市建设管理部门安全文明工地标准等的要求。

13. 提供施工现场公共部位、施工通道的照明，保证其通畅并负责其维护工作。

14. 在施工现场提供临时厕所设施，并负责定期清理。

15. 负责提供现场的出入口的保卫工作，但乙方须自行看管好自己的机械设备及材料物资并配备消防设施。

16. 负责接洽政府有关部门对施工现场的检查，乙方应积极配合，因此造成乙方人员、机械等窝工损失由乙方自行承担。

17. 负责定期召开现场协调例会（乙方驻工地负责人必须准时参加，并服从于会议决议以及甲方的协调管理。若乙方驻工地负责人无法正常参加，需事先向甲方项目经理请假，并指定全权代表参加）。

第十四条　乙方一般职责

1. 按合同约定及甲方要求的时间准时进场；严格按业主、监理及甲方审批后的试验方案组织施工。

2. 乙方驻现场代表姓名：

项目经理_____；

技术负责人_____。

3. 自备施工所需机械设备、机具、工具及其他随身工具。

4. 自备符合标准要求的个人安全防护用品，如：安全帽、安全带、口罩等。

5. 向甲方提供单位资质等证明文件、施工人员名单（需经地方政府有关部门备案）及特殊工种的上岗证复印件（加盖单位公章）。

6. 乙方应服从甲方总体安排，在甲方指定地点自行布设其管理人员办公场地、加工棚、钢筋加工场地、库房、材料堆放等临时设施。

7. 负责自行施工范围的成品保护工作，并保证不损害其他施工方已完项目，如有损害，乙方应自费修理。

8. 随时准备接受甲方对工程质量、安全、文明施工的检验、检查，并为检验、检查提供便利条件。

9. 每天向甲方汇报现场劳动力及机械设备配置情况，乙方配置的现场实际工作的劳动力及有效机械设备必须满足甲方现场需求，否则甲方有权更换劳动队伍或增加该区域的劳动力及机械设备，所发生费用从乙方工程款中扣除。

10. 乙方现场负责人需按时参加甲方项目经理部组织的有关安全、质量、进度、文明施工等方面的各种会议、检查活动，不得无故缺席。若乙方代表临时有其他紧急事务无法出席，须指派全权代表参加。会议所做出的决议、事项，双方需共同恪守，严格遵照执行。

11. 未经甲方许可，不得私自在现场包括生活区私搭乱建临时用房。

12. 有义务保管、维护施工范围现场临水、临电、临时消防设施。

13. 在分包工程完工后，除非甲方同意，乙方必须按甲方要求拆除一切其搭设的临时设施（包括施工和生活设施），恢复原样。

14. 自行解决现场施工人员餐饮问题，乙方人员必须在甲方指定的区域就餐，餐后及时清扫，保持区域卫生。

15. 乙方施工人员应在指定的区域使用卫生设施，注意保持卫生与清洁。

16. 可免费使用甲方设在现场的脚手架、操作平台、防护设施，但使用前必须向甲方提出申请，明确使用部位和使用时间，经甲方批准后方可使用，未经甲方同意擅自使用的，发生一切意外事故与责任由乙方独自承担。未经甲方许可，禁止乙方擅自使用和拆改现场安全防护设施、脚手架、操作平台。否则，发生一切意外事故与责任由乙方独自承担。

17. 入场前需按甲方的要求提供法定代表人对相关人员的授权委托书，被授权人包括乙方在本工程的项目经理、技术人员、材料人员等。

18. 与使用的人员签订书面劳动合同，建立合法的劳动关系。在劳动合同中必须明确工资标准及支付形式、支付日期，不得以任何理由拖欠工人工资。每月的工资表报项目劳务管理员处备案。

19. 严格执行_____市《外来人员管理规定》，做到合法用工，并及时办理暂住证、身份证、健康证、施工许可证等_____市相关规定要求合法手续、证件。操作人员100%持证上岗，特殊工种100%持证上岗。所有的手续必须在进场时按项目劳务管理员、安全部的要求报项目备案。信号工必须严格按照操作规程指挥，不能违章指挥，否则承担相应的安全责任及事故引发的经济损失。

20. 按照_____市相关规定到施工所在的区（县）社会保险经办机构为其全部进入施工现场人员办理基本医疗保险和工伤保险手续。相关费用已包含在分包合同价款中。

第十五条　检查与验收

1. 乙方应认真按照标准、试验方案要求以及甲方依据合同发出的指令施工，随时接受业主方、监理方及甲方的检查检验，并为检查检验提供便利条件。

2. 工程质量达不到约定标准的部分，甲方有权要求拆除和重新施工，直到符合约定标准。因乙方原因达不到约定标准，由乙方承担拆除和重新施工的费用，工期不予顺延。

3. 甲方的检查检验不应影响施工正常进行。如影响施工正常进行，检查检验不合格时，影响正常施工的费用由乙方承担。除此之外影响正常施工的发生的费用由甲方承担，相应顺延工期。

4. 因甲方指令失误或其他非乙方原因发生的费用，由甲方承担。

第十六条　竣工验收及竣工结算

1. 在分包工程具备验收条件后，乙方向甲方提供完整竣工资料及竣工验收报告，乙方应按甲方要求提供完整合格的竣工资料和竣工图各一式_____份。

2. 甲方在收到乙方提交的分包工程竣工验收报告之日起3日内通知业主验收，乙方应该配合甲方会同业主进行验收。验收不能通过，乙方应负责修复相应缺陷并承担相应的质量责任。

3. 分包工程竣工验收通过，分包工程竣工日期为乙方提供竣工验收报告的日期。需要修复的，通过竣工验收的实际竣工日期为修复后竣工报告的日期。

4. 乙方按时完成分包合同约定的所有工程内容，经甲方、设计单位、监理、业主四方验收，分包工程达到分包合同约定的质量标准，办理完成竣工工程移交手续，甲方在同业主办理完结算后的一个月内和乙方办理完工程结算，按设计图纸显示及分包合同相关计量规则计算完成工作量，扣完乙方保修金及其他应扣款项后付清剩余款项（不计利息）。

5. 延期支付的工程款项不计取利息。

第十七条　工程保修

1. 在总包工程竣工交付使用后，乙方应按国家有关规定对分包工程承担保修责任。具体保修责任按照乙方与甲方签订的质量保修书执行，保修期按照甲方与业主签订的合同中规定的期限执行，且保修服务期满后，并不免除乙方施工质量责任。

2. 工程款支付保留金为本分包合同价款的_____%。甲方在乙方每期工程进度款支付中以同等的比例扣除，工程完工前扣完；混凝土破除工程经甲方、业主、监理验收合格，双方办理完本分包工程结算后_____天内支付结算价款的_____%；其余_____%作为工程保修的保证金，在整体工程竣工并通过验收之日起两年后_____天内扣除按保险合同应扣除的款项后无息付清。

第十八条　环保与职业安全

1. 本合同双方应共同遵守国家和地方有关的环境保护的法律、法规，努力营造绿色建筑。

2. 乙方在整个施工作业过程中满足甲方制定并经国家权威部门认证的 ISO 14001 环境管理体系、现行国际标准《职业健康安全管理体系要求及使用指南》ISO 45001 的要求，保证施工生产符合相关标准的要求。

3. 乙方进驻现场员工需接受经 ISO 14001 环境管理体系、现行国际标准《职业健康安全管理体系要求及使用指南》ISO 45001 认证的教育培训。

4. 乙方在运输材料（包括废料）、机具过程中应执行_____省_____市政府有关道路交通等的管理规定。

5. 乙方须采取有效措施,防止运输机械噪声超标或机械漏油污染环境。运输车辆要定期进行噪声检测,对于不符合要求的机械要及时采取必要的措施。

6. 车辆进入现场后禁止鸣笛。

第十九条 合同文件组成与解释顺序

1. 补充协议书（若有）；
2. 本分包合同书；
3. 明确双方职责的会议纪要、往来函件；
4. 本合同所列标准、图集；
5. 图纸、洽商、变更、方案及指导书；
6. 其他相关标准及有关技术文件；
7. 试验报告；
8. 甲方指令单（若有）。

第二十条 合同使用的语言文字及适用法律

1. 合同语言：本合同文件使用汉语。
2. 适用法律法规：《中华人民共和国民法典》《中华人民共和国建筑法》以及其他现行法律、法规和规范性文件（含_____省_____市地方性法规）。

第二十一条 违约

1. 合同双方任何一方不能全面履行本合同条款,均属违约；违约所造成的损失、后果、责任,概由违约方承担。
2. 除非双方协商终止本合同,违约方承担前述条违约责任、损失后仍需严格履行本合同。
3. 不允许非法转包本分包合同工程。
4. 甲乙双方明确约定,对于在本合同项下产生的或与本合同相关的事宜产生的乙方对甲方拥有的债权,乙方承诺不将其转让给第三方,除非经过甲方的书面同意。否则,乙方应在违约转让债权之日起_____日内,按照违约转让债权总额的_____%向甲方支付违约金,逾期支付并应承担违约付款责任。

第二十二条 合同生效与终止

本合同自双方签字盖章之日起生效,技术资料齐全有效,履行完保修职责,保修期结束,本合同即告终止。

第二十三条 争议解决

双方因履行本合同或因与本合同相关的事项发生争议的,应通过协商方式解决,协商不成,应首先提交_____调解中心进行调解,调解不成的,一方有权按照下列第_____项约定方式解决争议：

（1）向_____仲裁委员会申请仲裁；

（2）向_____人民法院提起诉讼。

第二十四条 未尽事宜

本合同在执行中若有未尽事宜,双方经友好协商以补充协议、会议纪要、谈判记录等书面形式解决。

第二十五条 其他约定

1. 双方承诺不将本合同成交价格透露给任何第三方。
2. 本合同所述之内容与条款只限于_____工程使用,乙方不得将本合同内容细节透露给任何第三方。
3. 本合同一式_____份,均具有同等法律效力,甲方执_____份,乙方执_____份。

（以下无正文）

（本页为签署页）

甲方：（公章） 乙方：（公章）

法定代表人或其委托代理人： 法定代表人或其委托代理人：
（签字） （签字）

统一社会信用代码：_____ 统一社会信用代码：_____
地址：_____ 地址：_____
电话：_____ 电话：_____
电子信箱：_____ 电子信箱：_____
开户银行：_____ 开户银行：_____
账号：_____ 账号：_____

植筋施工分包合同

合同编号:

工程名称: _____
工程地址: _____
甲　　方: _____
乙　　方: _____

_____年_____月_____日

_____工程植筋施工分包合同

甲方（承包方）：_____

乙方（分包方）：_____

根据《中华人民共和国民法典》《中华人民共和国建筑法》及其他有关法律、行政法规，遵循平等、自愿、公平和诚实信用的原则，甲方将_____项目植筋施工委托给乙方完成，双方就相关事宜达成如下协议：

第一条　工程概况

1. 工程名称：_____。
2. 工程地点：_____。
3. 建设单位：_____。
4. 监理单位：_____。

第二条　分包范围

按照甲方指定范围、指定部位进行植筋施工，提供的人工、材料、机械需保证施工进度，质量满足标准、图纸及甲方要求。

第三条　价款与计量

1. 合同价款

（1）合同暂定总价人民币：_____元（大写：_____）。

序号	钢筋品种	直径（mm）	单位	暂定数量	固定单价	合计
1		6	根			
2		8	根			
3		10	根			
4		12	根			
5		14	根			
6		16	根			
7		18	根			
8		20	根			
9		22	根			
10		25	根			
11	暂定总价：_____元					

（2）本合同固定单价包括植筋施工所需的人工费、材料费、机械费、风险费、管理费、利润、除增值税以外的税金等一切费用，单价包含但不限于：

① 满足施工进度的足够数量机械设备费；
② 植筋施工所用植筋胶及相关所有辅材费，植筋胶满足国标 A 类标准；
③ 机械设备、人员在施工过程中的转移费；
④ 特殊部位施工难度增加造成的费用；
⑤ 施工现场交叉作业造成的窝工及工期延长造成的费用；
⑥ 冬（雨）期施工增加的措施费；
⑦ 施工机械、人员进退场费；
⑧ 施工人员个人安全防护用品费用；

⑨ 赶工费、节假日加班费及人员设备保险费；
⑩ 按甲方要求提供技术资料的费用。

2. 工程量计算规则

按经监理及甲方确认合格的植筋工程量计算。

第四条 付款条件

1. 本合同项下费用均以人民币支付。

2. 月度付款前提：

（1）月度施工内容经甲方同意；

（2）施工进度在甲方的总控制计划之内；

（3）试验/复试报告证明所用材料合格或满足合同要求；

（4）经监理单位、业主、甲方验收合格（分项验收时）；

（5）随月进度提交了相关技术资料（试验报告、验收资料）。

3. 付款方式。

工程进度款支付方式和时间：工程款按进度支付，每月_____日乙方向甲方报送自上月_____日至本月_____日完成工程量，甲方在_____日内审核无误后于次月的_____—_____日按乙方已完成且经检验合格工程量的_____%支付工程进度款；工程保留金为_____%，待乙方工程全部完成通过甲方、监理及业主验收合格并办理完结算后_____天内无息支付。

4. 每次付款乙方需提供抬头为_____的发票。

第五条 责任及义务

1. 甲方一般职责

（1）甲方驻现场代表（项目经理）：_____。

（2）甲方提供至二级电箱（二级电箱以外的三级电箱、手提活动电箱及电缆等由乙方负责提供）。

（3）提供钢管、扣件并负责植筋施工用脚手架的搭拆。

（4）及时向乙方提供施工所需指令、指示、洽商等相关施工文件。

（5）负责协调乙方与现场其他分包方之间的关系。负责定期召开现场协调例会（乙方驻工地负责人必须准时参加，并服从于会议决议以及甲方的协调管理。若乙方驻工地负责人无法正常参加，需事先向甲方请假，并指定全权代表参加）。

（6）负责施工用水用电费用，乙方方应厉行节约。甲方有权随时抽查监督乙方用水用电行为，若发现有浪费或不良使用行为，甲方有权重罚，并禁止乙方使用甲方提供的水电资源。

2. 乙方一般职责

（1）乙方驻现场代表（项目经理）：_____。

（2）严格按照标准、图纸及甲方要求进行植筋施工，确保通过第三方实验、检测，满足下道工序施工要求。

（3）按甲方要求提供足够数量的施工人员及机械设备，在规定的工期内完成植筋施工，因乙方施工进度滞后给甲方造成的一切损失由乙方承担。

（4）提供的植筋胶必须满足国标A类标准，乙方建议用_____牌植筋胶，如不满足甲方技术要求，甲方有权指定品牌，乙方不得因此向甲方进行任何形式的索赔。

（5）接受并接管现场现状及遗留问题，工程履约过程中，不得以此为借口索赔费用或延长工期等。

（6）服从甲方现场人员的安排，遵守现场施工规定，如出现不服从指挥及不遵守现场规定的情况，每次支付违约金200元，从乙方的进度款支付中扣除，因此给甲方造成的一切损失由乙方承担。

（7）向甲方提供施工人员名单及特殊工种的上岗证复印件（加盖单位公章）。

（8）负责对进入现场人员进行安全交底，承担乙方人员不遵守需方现场安全管理规定造成安全事故的全部责任。

（9）保障甲方免于承担因乙方过失、失误造成的任何人员伤亡、财产损失的全部责任和索赔，另外还应保障甲方免于承担与此有关的一切索赔、诉讼、损害赔偿、抚恤费和其他相关开支。

（10）乙方现场负责人需按时参加甲方项目经理部组织的有关安全、质量、进度、文明施工等方面的各种会议、检查活动，不得无故缺席。若乙方代表临时有其他紧急事务无法出席，须指派全权代表参加。会议所做出的决议、事项，双方需共同恪守，严格遵照执行。

（11）有义务保管、维护施工范围现场临水、临电、临时消防设施。

（12）负责自身人员的人身保险、材料保险、自身设备保险。

（13）自行解决所有二级电箱以外的临电及水源点以外的临水设施，必须满足甲方、监理及业主要求。

第六条 工期责任

1. 乙方须按甲方的工程进度总控制进度计划编制乙方施工进度计划，按经甲方批准的施工进度计划及时组织施工。未按甲方要求施工，乙方承担违约责任。如由于乙方原因造成工期延误（包括因乙方原因造成其他分包方工期延误），每拖延一天（以施工进度计划之分项计划为准），乙方应向甲方交纳违约金_____元，并承担因此给甲方及其他第三方造成的一切损失。

2. 因甲方原因致使工期推迟，工期相应顺延。

3. 以上工期已经考虑下列因素：

（1）法定节假日或公休日；

（2）不利的条件（不可抗力除外）；

（3）施工工序间不可避免的交叉作业影响。

第七条 工程质量

1. 质量验收等级：按照现行国家标准《建筑工程施工质量验收统一标准》GB 50300，一次性验收通过，合格率达到100%。

2. 乙方承诺保证工程质量满足上述要求，施工中须认真按本工程的技术标准要求，达到业主、甲方及监理单位要求。如未达到上述标准，甲方将按结算总价的5%对乙方进行违约扣款。为达到上述标准，乙方采取各种措施的费用已包含在合同价中，不再增加任何费用。

3. 如果甲方的要求与有关施工验收标准之间有不一致或差异的地方，乙方应按较高标准执行。

第八条 违约责任

1. 若乙方所供货物质量（包括建筑物使用过程体现出的货物本身质量问题）或期限不符合合同要求，给甲方造成工期延误和经济损失均由乙方承担（包括法律责任和经济责任），且乙方应赔偿因此给甲方造成的损失。

2. 甲乙双方明确约定，对于在本合同项下产生的或与本合同相关的事宜产生的乙方对甲方拥有的债权，乙方承诺不将其转让给第三方，除非经过甲方的书面同意，方可转让。否则，乙方应在违约转让债权之日起_____日内，按照违约转让债权总额的5%向甲方支付违约金，逾期支付并应承担违约付款责任。

第九条 争议解决

双方因履行本合同或因与本合同相关的事项发生争议的，应通过协商方式解决，协商不成的，应首先提交_____调解中心进行调解，调解不成的，一方有权按照下列第_____项约定方式解决争议：

（1）向_____仲裁委员会申请仲裁；

（2）向_____人民法院提起诉讼。

第十条 未尽事宜

本合同在执行中若有未尽事宜，双方经友好协商以补充协议、会议纪要、谈判记录等书面形式解决。

第十一条 其他约定

1. 本合同经甲、乙双方签字及盖章后生效。甲乙双方的所有责任和义务履行完毕，本合同自然终止。

2. 双方承诺不将本合同成交价格透露给任何第三方。

3. 本合同所述之内容与条款只限于_____使用，乙方不得将本合同内容细节透露给任何第三方。

4. 本合同一式_____份，均具有同等法律效力，甲方执_____份，乙方执_____份。

（以下无正文）

（本页为签署页）

甲方：（公章） 乙方：（公章）

法定代表人或其委托代理人： 法定代表人或其委托代理人：
（签字） （签字）

统一社会信用代码：_____ 统一社会信用代码：_____
地址：_____ 地址：_____
电话：_____ 电话：_____
电子信箱：_____ 电子信箱：_____
开户银行：_____ 开户银行：_____
账号：_____ 账号：_____

第九章 防水工程

卷材类防水分包合同

合同编号：

工程名称：_____
工程地址：_____
甲　　方：_____
乙　　方：_____

_____年_____月_____日

_____工程卷材类防水分包合同

承包方（甲方）：_____
分包方（乙方）：_____

根据《中华人民共和国民法典》《中华人民共和国建筑法》《建设工程质量管理条例》《房屋建筑工程质量保修办法》及其他有关法律法规，遵循平等、自愿、公平和诚实信用的原则，双方就_____工程卷材类防水工程分包施工事宜达成如下协议：

第一条　工程概况

1. 工程名称：_____；
2. 工程地点：_____；
3. 建筑面积：_____；
4. 结构形式：_____；
5. 工程概况：_____；
6. 建设单位：_____；
7. 监理单位：_____。

第二条　分包范围

（1）_____办公楼、_____综合楼等；
（2）上述建（构）筑物的基础筏板、地下室外墙、首层防潮层、阳台、屋顶、室外景观水池等卷材类防水；
（3）防水施工设计图纸，编号_____或以甲方技术交底为准；
（4）乙方不得以任何形式转包、再分包本工程。

第三条　乙方基本工作内容

1. 提交满足甲方要求的施工方案。
2. 检查防水基层是否满足施工要求，铲除、清理表面灰浆块等突起物，清扫尘土杂物以及表面积水。
3. 涂刷基层处理剂，如改性沥青溶液、冷底子油等。
4. 防水面层土工布覆盖及浇水养护。
5. 定位、弹线、试铺。
6. 满铺卷材。
7. 阴阳角等特殊部位设置附加层。
8. 收头与节点处密封。
9. 清理、检查、满水实验与修补缺陷。
10. 施工工序和质量满足施工设计图纸要求。
11. 提供5年的免费保修服务（包括维修、堵漏等）。
12. 提交原材料试验检验报告，并承担相关费用。
13. 提供完成合同工作所需的材料。
14. 提供与防水施工作业有关的工具、机具，如：
（1）扫帚、钢丝刷、扁铲或铲刀；
（2）滚刷、剪刀、壁纸刀、彩色粉袋；
（3）皮卷尺、喷灯、铁桶、压辊；
（4）安全帽、安全带、口罩、防护鞋等个人安全防护用品；
（5）其他施工必需的工具与用品。
15. 提供满足质量、工期、安全要求的施工作业人员与管理人员。

第四条 价款与计量

合同单价

序号	内容	单位	暂定数量	固定单价（元）	合价（元）	材料品牌及规格
一	_____建（构）筑物					
1						
2						
3	小计					
二	_____建（构）筑物					
1						
2						
3	小计					
三	合计					暂定总价

（1）以上单价为包工、包主材、包辅料、包施工机具的固定单价，本合同签字盖章生效后，双方未协商一致不做调整。单价已包括乙方为履行本合同约定的义务，完成合同工作内容，承担自身经营风险，满足国家标准和设计要求，达到业主、监理、甲方验收标准所发生的一切相关费用。

（2）对单价的说明

本合同单价已经综合考虑以下内容：

① 大面积施工与局部、小面积施工之间的各种差异；

② 特殊部位如：阴阳角、转角处、基础桩出垫层处细部处理；

③ 按图纸、标准、方案、图集规定局部增加的附加层；

④ 人工费、材料费、机具费、食宿交通费、试验检验费、安全劳保用品费、冬（雨）期施工用品费；

⑤ 现场管理费、企业管理费、利润、增值税（_____%）；

⑥ 本表所列数量为暂估量，并不作为结算依据，双方根据本条第3款计量原则进行结算；

⑦ 甲方现有的塔式起重机、电梯可供乙方使用，因施工需增加的其他机械由乙方自行承担。

（3）工程量计算方法

① 基本原则：以甲方审批通过的地下室防水工程施工方案为基础，按设计图示尺寸的贴铺面积计算。

② 甲供卷材用量为_____m^2，含量里包括搭接、附加层、材料自身损耗等。如乙方使用量超出此含量，超出部分材料费由乙方自行承担，相关费用直接从乙方工程款中扣除。

③ 不另行计算费用的项目：

a. 防水层收口处的防水密封膏涂封；

b. 转角、变形缝、施工缝、穿墙管等按设计及相关标准要求应增加的卷材附加层；

c. 卷材防水接头处的搭接面积；

d. 基层阴阳角弧形或坡度处理。

以上不另行计算项目的相应价款已在合同单价中考虑。

第五条 付款

1. 本工程无预付款。

2. 月度付款前提

（1）月度施工内容经甲方同意；

（2）施工进度满足甲方的施工计划；

（3）试验/复试报告证明所用材料合格；

（4）经监理单位、甲方验收合格（分项验收时）；
（5）随月进度提交了相关技术资料（试验报告、验收资料等）。

3. 付款程序

（1）乙方于每月_____日向甲方报送付款申请及甲方各部门会签完毕的"分包工程款支付会签单"，甲方收到报告后于次月的_____日向乙方签发付款证书，乙方按付款证书提供足额税收发票，发包方在收到发票后_____日内支付分包款。

（2）乙方每月报送的付款申请，应单独列明包含在其中的当月应支付的工人工资，附工人签字并按手印的工资清单、收款账号、考勤表，并提供工人身份证原件用于核对信息。

4. 付款额度

每月付款时，甲方按应付款的_____%支付（已包含应支付的农民工工资），保留金为_____%，保留金作为工期、质量、安全文明施工及技术资料保证金，工程结算价款支付的前提是业主已经将相应部分的结算价款支付给甲方。

5. 保留金的支付

（1）防水工程施工完毕并验收合格后，支付_____%的保留金。

（2）整体工程竣工验收合格后，工程款支付到_____%，剩余_____%作为工程保修金，保修期满（5年）后一天内支付。

第六条　工期要求

1. 开工日期：_____年_____月_____日，完工日期：_____年_____月_____日，以甲方下发的工期指令为准。

2. 乙方必须按甲方总控进度计划施工，确保每周之工作均在甲方的总控进度计划内完成；如果乙方不能按甲方总控制进度计划完成其工作，乙方必须按甲方指令无偿追加各项投入，以达到甲方的合理工期要求。

第七条　工期延误

1. 因以下任何一项原因造成乙方延误实施分包工程的，经甲方项目经理书面确认，分包工程的竣工时间相应延长：

（1）非乙方造成工程延误，并且甲方根据总包合同已经从业主获得与分包合同相关的竣工时间的延长；

（2）甲方未按约定时间提供施工场地、设计图纸造成的延误；

（3）甲方发出错误的指令或者延迟发出指令造成分包合同工期延误；

（4）不可抗力事件造成分包工程的延误；

（5）甲方认可的其他可以谅解的工程延误。

2. 乙方在上述任一事件发生后的_____天内，就延误的工期以书面的形式向甲方提出报告。如果事件具有持续的影响，则乙方应每隔_____天发出一份报告，事件影响结束之日起_____天内提交最终报告给甲方商务部门，乙方逾期未提出报告的，视为工期不顺延。甲方在收到报告后_____天内就报告内容予以答复或提出修改意见。

第八条　不可抗力

1. 不可抗力事件指业主、甲方、乙方都不可预见、不可避免、不能克服的超出一般防范能力的事件。此类事件的发生导致合同一方不可能履约。不可抗力包括：

（1）地震、洪水、海啸、飓风、台风、剧烈雷击等天灾以及恶劣气候（气象资料以中央气象台记录为准）；

（2）战争、敌对行动（无论是否宣战）；

（3）叛乱、暴动、军事政变、内战；

（4）暴乱、骚乱、游行示威或混乱（乙方自身及相关联的人员参与的事件除外）；

（5）空中飞行物体坠落；

（6）声速或超声速飞行物或装置产生的压力波；

（7）国家重大庆典、国外政府首脑或国际政要到访、全国人大或政协会议、全国党代会等重大政治事件要求停工或管制；

（8）由于法律法规的变更或后续颁布的法律法规导致本合同不合法。

2. 不可抗力事件发生后，乙方应立即通知甲方，并在力所能及的条件下迅速采取措施，尽量减少损失，并根据总包合同的约定处理。不可抗力事件结束后_____小时内乙方向甲方通报受害情况和损失情况，及预计清理和修复的费用。不可抗事件持续发生，乙方应每隔_____天向甲方报告一次受害情况。不可抗力事件结束后_____天内，乙方向甲方提交清理和修复费用的正式报告及有关资料。

3. 对于有预报的洪水、台风等不可抗力事件，乙方应做好预防保护方案并报甲方，最大程度减少损失，否则乙方无权就损失主张赔偿。

4. 因不可抗力事件导致的费用及延误的工期按以下方法分别承担：

（1）下列损失由甲方承担：

① 工程本身的损害、因工程损害导致第三人人员伤亡和财产损失以及运至施工场地用于施工的材料和待安装的设备的损害。

② 停工期间，乙方应甲方要求留在施工场地的必要的管理人员及保卫人员的费用。

（2）乙方人员伤亡由自身负责，并承担相应费用。

（3）乙方机械设备损坏，由乙方自行承担。

（4）延误的工期相应顺延，停工期间产生人工、材料、机械等费用由乙方自行承担。

5. 因合同一方迟延履行合同后发生不可抗力的，不能免除迟延履行方的相应责任。

第九条　变更与变更计价

1. 如果甲方认为有必要对分包工程的形式、质量、数量做出变更或调整，甲方有权指示乙方进行以下任何工作，乙方应遵照执行。

（1）增加或减少合同中的工作量。

（2）改变工程做法、材料。

（3）改变分包工程任何部位的标高、位置或尺寸。

（4）改变施工顺序或时间安排。

（5）为确保工程质量和工程竣工而必需的任何附加的工作。

2. 上述变更指令发出后，乙方应按变更指示继续履行本合同，分包合同不因变更而失效或者作废。因变更而导致合同价款发生变化则按相应条款规定调整。

3. 如果上述变更是因为乙方违约或其自身原因导致的，则此类变更增加的费用由乙方承担。

4. 乙方应严格按照设计图纸和施工方案施工，不得在施工中擅自变更、进行未经甲方许可的施工作业。

5. 如果变更仅造成工程量增减，则单价不变，按原合同单价执行。

6. 如果合同中没有适用于变更工作的单价，经协商确定一个合理的市场价格。

第十条　技术质量要求

1. 总则

（1）乙方应具备防水防腐保温专业承包一级资质。

（2）乙方应选派业务水平较高、经验丰富的专业施工技术人员和操作人员在本工程施工。

（3）施工作业人员需持有有效且符合当地政府规定要求的上岗证，并提供加盖单位公章的复印件报甲方备案。

2. 标准

防水材料和施工质量应满足设计图纸及现行国家、地方、行业标准要求，标准若有不一致或矛盾之处，按较为严格的执行。

3. 材料要求

（1）卷材外观质量

① 不允许出现断裂、皱折、孔洞、剥离；

② 边缘整齐、砂砾均匀，无明显差异；

③ 胎体未浸透、不允许露胎，面层涂盖均匀。

（2）卷材物理性能（供参考）

项目	性能
拉力（_____N/5cm）	
延伸率（_____%）	
耐热度（80℃＋2℃，2h）	
柔性（-20℃）	
不透水性	

（3）其他（划√）

胎体：玻纤胎□ 复合胎□ 聚酯胎□ 其他□。

（4）卷材厂家信息

厂家名称：_____；

注册商标：_____；

其他：_____。

4. 材料检查与检验

（1）材料进场前，需提供材料试验报告、出厂合格证等相关材质证明材料。

（2）材料进场抽样复检，100%见证取样。根据规定，同一品种、牌号和规格的卷材，抽样数量为：大于1000卷抽取5卷；500～1000卷抽取4卷；100～499卷抽取3卷；小于100卷抽取2卷（供参考，以有关试验要求为准）。

（3）复试检验费和第三方见证试验费由乙方承担。

5. 施工要点

（1）严格执行样板制施工。正式施工前，需做2m×2m的样板，待检验合格后，才可以进行大面积的施工；

（2）屋面找平层分格缝处，横纵向需用_____mm宽卷材覆盖做附加层；

（3）下列位置应严格按节点详图和甲方的施工方案处理特殊部位，确保粘结牢固，密封良好：

①屋面反梁、机房及水箱间门槛处；

②女儿墙、管根、排气管处；

③穿出屋面的竖管处；

④风机出屋面洞口处；

⑤设备基础处；

⑥屋面凹凸处；

⑦阴阳角处。

（4）上下层及相邻两幅卷材的搭接缝应错开_____cm以上，卷材搭接宽度不得小于_____mm，阴阳角处附加层宽度不小于_____mm。

（5）卷材的接缝部位应牢固，封边要严密，不得出现皱折、翘边、脱层或滑移。

第十一条　材料管理

1. 计划管理

（1）所有物资、设备须经过甲方书面同意后方能进场。

（2）进场后一周内，应向甲方提供工程所需主要材料物资供应计划书，以满足施工进度计划要求。

（3）进场的物资材料应满足甲方制定的月（周）施工进度计划要求。

（4）所有材料进场前，乙方需提供相应的合格证、生产许可证、出厂证明、复试报告等合法资料，否则不得进场。

（5）物资、材料的进场后的申报程序执行_____省_____市的有关规定和要求。

（6）乙方应提前_____小时向甲方申报物资进、退场计划，经甲方相关人员签字同意后，申请填制生产要素出入许可证，报至甲方项目经理部相应部门确认后，方可组织物资进退场；否则严禁进退场。

（7）生产要素出入许可证一式四份，需明确进出场时间、车号、物资名称、进出场理由并有乙方负责人签名。

2. 仓储管理

（1）由乙方自行负责材料保管，定期巡视，防火防盗，防止人为破坏以及不利自然条件的侵蚀，费用自理。如果乙方未采取适当的保管保护措施，甲方有权指派他人完成，所发生的费用由乙方承担，费用可从工程款中扣除，对此乙方不得有任何异议。

（2）进场物资堆放地点，必须经过甲方批准，服从甲方的统筹安排。

（3）现场物资堆放、标识等须符合甲方的有关管理规定。

（4）材料存放要求

① 防水材料存放环境要符合干燥通风的要求。甲方提供库房场地，并建造其围护结构，乙方自行建造房内设施。

② 防水涂料包装容器必须密封，容器表面应有明确标志标明涂料各组分名称，生产日期及有效期。

③ 防水材料严防日晒雨淋，远离火源，避免碰撞，乙方在库房内外自备消防设备及防火标识。

第十二条　现场及人员管理

1. 乙方应遵守国家、行业、地方以及甲方有关现场安全文明施工的各项管理规定，在设施的投入、现场的布置等各方面严格按照甲方的规定执行，并符合甲方的CI（企业形象标识）要求。

2. 乙方项目经理、质量员、安全员等相关人员必须持有符合地方政府要求的上岗证书，现场施工人员必须统一着装，统一佩戴安全帽及胸卡，施工人员须持证进出现场。

3. 现场不允许出现宣传乙方单位的标识、标语。

4. 乙方所有现场施工人员需持有_____市政府指定卫生防疫部门核发的健康证，非_____市户籍人员需持有_____市有关政府部门核发的外来人员就业证、_____市公安局下属驻地派出所办理的暂住证。凡因乙方承担上述证件不齐给甲方造成损失由乙方承担，办理证件所需费用乙方自理。

5. 乙方应该采取一切合理的措施防止其人员发生任何违法犯罪或妨害社会治安和公共安全的行为，并有完全的责任和义务保护周围其他人员和财产免受上述行为的危害，由此造成一切后果由乙方负责。

6. 严格遵守有关消防、保卫、交通安全、环卫、社会治安方面的规定。凡是由于乙方对上述要求贯彻执行不得力而造成的一切事故、灾害的经济及法律责任由乙方独自承担，由此造成甲方的损失由乙方赔偿，此外甲方有权对其进行处罚。

第十三条　甲方一般职责

1. 甲方驻现场代表

项目经理_____；

技术负责人_____；

生产负责人_____；

商务负责人_____。

2. 负责协调乙方与现场其他分包方、施工工序之间的关系，提供施工场地、提供标高基准点。

3. 及时向乙方提供施工所需指令、指示、洽商等相关施工文件。

4. 当甲方对工程材料、质量发生怀疑时，有权随时抽查。

5. 如果乙方在工程质量、进度、安全、现场管理等方面满足不了甲方、监理、业主中任何一方的合理要求时，甲方有权将分包合同范围的工作指定给其他单位完成，所发生的分包费用、劳务费、材料费等费用从分包款中扣除，对此乙方不得有任何异议。

6. 协调解决乙方现场的材料堆放及库存场所。

7. 提供乙方临时办公场所，办公室1间（非乙方独有），办公设备与用品乙方自备。

8. 负责防水基层的施工，确保基层作业面满足标准要求。

9. 提供生活、生产用水用电，乙方应厉行节约。甲方有权随时抽查监督乙方用水用电行为，若发现有浪费或不良使用行为，甲方有权重罚，并禁止乙方使用甲方提供的水电资源。

10. 向乙方提供现场人员宿舍_____间。宿舍床铺、衣柜、吊架等生活设施以及冬季取暖设施、夏季通风防蝇设施等其他设施由乙方自备。生活区保洁费用由乙方承担。

第十四条　乙方一般职责

1. 按合同约定及甲方要求的时间准时进场；严格按甲方的方案施工，根据甲方月／周施工计划组织施工。

2. 乙方驻现场代表（项目经理）：_____，项目经理必须持有公司盖章且法定代表人签字的授权文件；

技术负责人：_____；
安全员：_____；
质量员：_____。

3. 自备施工所需机具、工具及其他随身工具。

4. 自备符合规范要求的个人安全防护用品，如安全帽、安全带、口罩等。

5. 乙方施工前需向甲方提供完整技术方案，其中应包括以下内容：

（1）施工依据的设计图纸、技术和质量验收标准及其他相关规定；

（2）主要施工方法；

（3）根据工期要求和现场情况为每阶段施工安排的机具型号、数量；

（4）每一阶段现场作业人员、管理人员数量；

（5）乙方现场管理人员组织结构和隶属关系以及通信联系方式；

（6）根据现场实际情况和可能出现的情况（包括有毒害环境作业），所采取的安全措施。

6. 向甲方提供单位资质等证明文件和施工人员名单（需经地方政府有关部门备案）及特殊工种的上岗证复印件（加盖单位公章）。

7. 负责自行施工范围的成品保护工作，并保证不损害其他施工方已完项目，如有损害乙方应自费予以修理。

8. 乙方应随时准备接受甲方对工程质量、安全、文明施工的检验、检查，并为检验、检查提供便利条件。

9. 乙方应保障甲方免于承担因乙方过失、失误造成的任何人员伤亡、财产损失的全部责任和索赔，另外还应保障甲方免于承担与此有关的一切索赔、诉讼、损害赔偿、抚恤费和其他相关开支。

10. 乙方应为施工人员缴纳工伤保险，相关费用包含在合同价格中，乙方人员发生伤亡事故的，应及时上报，并自行承担相关伤亡赔偿责任。甲方因乙方人员伤亡事故承担责任的，有权向乙方追偿，有权从工程款中扣除相关费用。

11. 必须与工人签订书面劳动合同并报甲方备案，配合甲方的实名制管理，每月足额支付工人工资。

12. 负责已方施工区域的安全文明施工做到工完场清，及时将已方施工区域的施工垃圾清理到甲方指定的区域。否则甲方有权自行组织他人完成该项工作，费用从乙方款项中扣除。

13. 乙方现场负责人需按时参加甲方项目经理部组织的有关安全、质量、进度、文明施工等方面的各种会议、检查活动，不得无故缺席。若乙方代表临时有其他紧急事务无法出席，须指派全权代表参加。会议所做出的决议、事项，双方需共同恪守，严格遵照执行。

14. 未经甲方许可，乙方不得私自在现场包括生活区私搭乱建临时用房。

15. 乙方的食堂和宿舍需接受甲方的统一监督管理，并严格执行工程所在地卫生防疫有关规定，采取必要措施，防止蚊蝇、老鼠、蟑螂等疾病传染源的孳生和疾病流行。

16. 乙方清楚底板、覆土顶板尤其是外墙防水保护层（铺挤塑板）由其他分包方施工，乙方有责任在其进行防水保护层施工时进行监督指导并采取相关措施防止已施工完毕防水层受破坏，不能因防水保护层不在防水分包工程范围内而推卸防水层的质量责任。如遇防水层遭破坏应及时上报甲方，并按指示修补；乙方未及时上报的，视为乙方自担责任。

17. 乙方应特别注意室内防水的基层质量，在接收基层时对管根、地漏等处进行仔细检查，避免因基层不合格导致日后漏水，一旦乙方同意施工防水，视为乙方已对基层质量表示认可，其后因基层原因导致的漏水一概由乙方承担责任。

第十五条　检查与验收

1. 乙方应认真按照相关标准和设计图纸要求以及甲方依据合同发出的指令施工，随时接受甲方的检查检验，并为检查检验提供便利条件。

2. 工程质量达不到约定标准的部分，甲方有权要求拆除和重新施工，直到符合约定标准。因乙方原因达不到约定标准，由乙方承担拆除和重新施工的费用，工期不予顺延。

3. 甲方的检查检验不应影响施工正常进行。如影响施工正常进行，工期应顺延；但检查检验不合格时，工期不顺延，相关检查检验费用由乙方承担。

4. 因甲方指令失误或其他非乙方原因发生的费用，由甲方承担。

5. 隐蔽工程和中间验收

（1）工程具备隐蔽条件时先由乙方进行自检，并在隐蔽验收前_____小时以书面形式通知甲方验收，通知应包括隐蔽的内容、验收时间和地点。甲方组织业主、监理单位进行验收，乙方准备验收记录。验收合格，甲方、监理单位在验收记录上签字后，乙方可进行隐蔽或继续施工；验收不合格，乙方在甲方限定的时间内修改后重新验收。

（2）甲方不能按时进行验收，应在验收前_____小时告知乙方，延期不能超过_____小时。甲方未能按以上时间提出延期要求，不进行验收，乙方可自行组织验收，甲方应承认验收记录。

（3）经甲方、监理单位及业主单位验收，工程质量符合标准和设计图纸等要求，验收_____小时后，甲方、监理单位不在验收记录上签字，视为甲方已经认可验收记录，乙方可进行隐蔽或继续施工。

6. 重新检验

无论甲方是否进行验收，当其要求对已经隐蔽的工程重新检验时，乙方应按要求进行剥离或开孔，并在检验后重新覆盖或修复。检验合格，甲方承担由此发生的全部费用，赔偿乙方损失，并相应顺延工期。检验不合格，乙方承担发生的全部费用，工期不予顺延。

第十六条 环保与职业安全

1. 本合同双方应共同遵守国家和地方有关的环境保护的法律、法规，努力营造绿色建筑。

2. 乙方在整个施工作业过程中满足甲方制定并经国家权威部门认证的 ISO 14001 环境管理体系、现行国际标准《职业健康安全管理体系要求及使用指南》ISO 45001 的要求，保证施工生产符合相关标准的要求。

3. 乙方进驻现场员工需接受经 ISO 14001 环境管理体系、现行国际标准《职业健康安全管理体系要求及使用指南》ISO 45001 认证的教育培训。

4. 乙方在运输材料（包括废料）、机具过程中应遵守道路交通管理的规定。

5. 乙方须采取有效措施，防止运输机械噪声超标或机械漏油污染环境。运输车辆要定期进行噪声检测。对于不符合要求的机械要及时采取必要的措施。

6. 车辆进入现场后禁止鸣笛。

第十七条 技术资料

1. 乙方应严格按照工程所在地技术资料的有关规定，及时、真实、准确地提供完整而规范的技术资料。乙方对资料的完整性、真实性负责，资料不齐全时甲方有权扣留部分工程款抵押。

2. 如果政府、社会在建筑工程评比过程中对技术资料有特殊要求，乙方有义务竭力满足，不得以任何借口拒绝、推诿。

3. 应提交的资料

乙方应按照甲方要求的时间和标准提供以下资料：

（1）防水卷材及胶粘剂试验报告；

（2）防水涂料试验报告；

（3）分项工程施工报验表；

（4）隐蔽工程检查记录表；

（5）其他。

第十八条 合同文件组成与解释顺序

1. 补充协议书（若有）；

2. 本分包合同书；

3. 明确双方职责的会议纪要、往来函件；

4. 施工设计图纸及技术交底书；

5. 甲方制定的施工方案；

6. 现行国家、行业、地方技术、验收标准；

7. 甲方制定的施工总进度计划。

第十九条 合同使用的语言文字及适用法律

1. 合同语言：本合同文件使用汉语。

2. 适用法律法规：《中华人民共和国民法典》《中华人民共和国建筑法》《建设工程质量管理条例》《房屋建筑工程质量保修办法》及其他现行法律法规和规范性文件。

第二十条 违约责任及合同解除权

1. 合同双方任何一方不能全面履行本合同条款，均属违约；违约所造成的损失、后果、责任，概由违约方承担。
2. 除非双方协商终止本合同，违约方承担前述条违约责任、损失后仍需严格履行本合同。
3. 甲方的违约责任
（1）不按约定向乙方支付分包合同价款的，应按同期贷款市场报价利率（LPR）向乙方支付利息。
（2）不能按时提供甲供材料、工作面，造成窝工的，按照_____元／日的标准支付窝工费用。
4. 乙方的违约责任
（1）乙方转包、再分包本工程的，甲方有权解除合同。乙方应按照结算金额的_____%支付违约金，甲方可在结算时直接扣除。
（2）总分包双方明确约定，对于在本合同项下产生的或与本合同相关的事宜产生的乙方对甲方拥有的债权，乙方承诺不将其转让给第三方，除非经过甲方的书面同意，否则，乙方应在违约转让债权之日起5日内，按照违约转让债权总额的_____%向甲方支付违约金，甲方可在结算时直接扣除。
（3）乙方因自身原因延期交工的，每延误一日，应向甲方支付违约金_____元，最高不超过合同总金额的_____%，工期延误达_____天的，甲方有权解除合同。
（4）乙方施工质量验收不合格，乙方无权主张工程款，甲方可以要求乙方整改，乙方因自身原因无法完成的，甲方有权解除合同，并且甲方可以委派其他劳务企业完成，产生的费用由乙方承担。
（5）乙方未达到甲方要求的安全文明施工标准，应向甲方支付违约金_____元／次。
（6）乙方及其工人以非正当方式（包括多人围堵、占据施工现场、甲方办公场所；以任何手段阻止施工现场正常施工、甲方正常办公秩序；阻塞交通；攀爬塔式起重机、建筑物、广告牌等）向甲方提出要求的，乙方支付违约金_____元／次。
（7）乙方未在每月_____日前向甲方提供上月本企业在本项目上所有工人的出勤情况及工资核算及支付情况的盖章书面记录的，每发生一次，应向甲方支付违约金_____元。
（8）乙方拖欠工人工资，每发现一次，应向甲方支付违约金_____元，且甲方有权解除合同。
（9）因乙方拖欠工人工资，导致业主或甲方垫付工人工资的，乙方下列人员对业主或甲方承担连带责任：
姓名：_____，身份证号：_____；
姓名：_____，身份证号：_____；
姓名：_____，身份证号：_____。

第二十一条 保修

1. 乙方在质量保修期内，按照有关法律、法规、规章的管理规定和双方约定，承担本分包工程质量保修责任。
2. 具体保修的内容，双方约定如下：本合同施工范围内的渗水、透水等质量缺陷以及因上述质量缺陷造成的其他工程损坏均为本合同保修内容。
3. 质量保修期：双方根据《建设工程质量管理条例》及有关规定，屋面防水工程、有防水要求的房间和外墙面的渗漏保修期为5年。
4. 质量保修期自本整体工程竣工验收合格之日起计算。
5. 质量保修责任
（1）属于保修范围、内容的项目，乙方应当在接到保修通知之日起_____小时内派人维修。乙方不在约定期限内派人维修的，甲方可以委托他人修理。费用从乙方保留金中扣除。
（2）发生紧急抢修事故时，乙方在接到事故通知后，应当立即到达事故现场抢修。
（3）防水密封性能存在缺陷或材料出现老化或退化，为修补该缺陷需进行剥离、剔凿和恢复面层、底层以及其他抹灰、装修、管线等相关工作的，若乙方自身技术水平与资质不能胜任类似工作，甲方有权指定专业施工队伍完成相关作业，全部费用由乙方承担。
（4）对于涉及结构安全的质量问题，应当按照《房屋建筑工程质量保修办法》的规定，立即向当地建设行政主管部门报告，采取安全防范措施；由原设计单位或者具有相应资质等级的设计单位提出维修方案，乙方实施维修作业，相关费用由乙方承担。
（5）质量问题保修完成后，由业主、使用方会同甲方组织验收，各方验收合格后当次维修即告结束。

6. 保修费用与赔偿责任

（1）保修费用由造成质量缺陷的责任方承担。

（2）如乙方施工质量缺陷、工艺缺陷、材料老化等造成防水工程渗漏，该缺陷给使用方、业主造成物资财产等直接损失以及其他间接损失均由乙方负责赔偿。

（3）为返修、维修防水层而剥落、恢复面层、底层以及受其影响的相关联工作所需费用由乙方承担。

（4）因业主、使用方使用或保养不当造成屋面防水渗漏，乙方应尽义务进行维修，维修费用则由甲方牵头、乙方配合向责任方索要，但甲方没有追索此项债务的义务。

（5）若合同双方对分包工程质量发生争议，则共同约请工程所在地质量监督总站或其他权威机构进行鉴定。如果鉴定结论乙方质量不合格，则鉴定费用由乙方承担。

7. 保修金返还

（1）乙方履行完保修责任，保修期满后_____天内，甲方返还扣留的保修金。

（2）保修金需扣除以下费用：

① 甲方委托他人完成保修维修工作的费用；

② 因乙方过失、责任而赔偿业主、使用方的相关损失；

③ 为返修、维修防水层而剥落、恢复面层、底层以及其他与之相关联工作所需花费的费用（甲方代为支付时）；

④ 其他与保修维修有关的费用。

（3）若本工程剩余保修金不足以支付第（2）项所述费用，则甲方有权从双方任何其他经济往来的账务中扣除。

（4）保修金不计取任何利息。

8. 其双方约定的其他工程质量保修事项：_____。

第二十二条　合同生效与终止

本合同自双方签字盖章之日起生效，技术资料齐全有效，履行完保修职责，保修期结束，本合同即告终止。

第二十三条　争议解决

双方因履行本合同或因与本合同相关的事项发生争议的，应通过协商方式解决，协商不成的，应首先提交_____调解中心进行调解，调解不成的，一方有权按照下列第_____项约定方式解决争议：

（1）向_____仲裁委员会申请仲裁；

（2）向_____人民法院提起诉讼。

第二十四条　未尽事宜

本合同在执行中若有未尽事宜，双方经友好协商以补充协议、会议纪要、谈判记录等形式约定。

第二十五条　其他约定

1. 双方承诺不将本合同成交价格透露给任何第三方。

2. 本合同所述之内容与条款只限于本工程使用，乙方不得将本合同内容细节透露给任何第三方。

3. 本合同一式_____份，均具有同等法律效力，甲方执_____份，乙方执_____份。

（以下无正文）

（本页为签署页）

甲方：（公章） 乙方：（公章）

法定代表人或其委托代理人： 法定代表人或其委托代理人：
（签字） （签字）

统一社会信用代码：＿＿＿＿＿＿＿＿＿＿＿＿＿＿ 统一社会信用代码：＿＿＿＿＿＿＿＿＿＿＿＿＿＿
地址：＿＿＿＿＿＿＿＿＿＿＿＿＿＿＿＿＿＿＿ 地址：＿＿＿＿＿＿＿＿＿＿＿＿＿＿＿＿＿＿＿
电话：＿＿＿＿＿＿＿＿＿＿＿＿＿＿＿＿＿＿＿ 电话：＿＿＿＿＿＿＿＿＿＿＿＿＿＿＿＿＿＿＿
电子信箱：＿＿＿＿＿＿＿＿＿＿＿＿＿＿＿＿＿ 电子信箱：＿＿＿＿＿＿＿＿＿＿＿＿＿＿＿＿＿
开户银行：＿＿＿＿＿＿＿＿＿＿＿＿＿＿＿＿＿ 开户银行：＿＿＿＿＿＿＿＿＿＿＿＿＿＿＿＿＿
账号：＿＿＿＿＿＿＿＿＿＿＿＿＿＿＿＿＿＿＿ 账号：＿＿＿＿＿＿＿＿＿＿＿＿＿＿＿＿＿＿＿

涂料类防水分包合同

合同编号：

工程名称：_____
工程地址：_____
甲　　方：_____
乙　　方：_____

_____年_____月_____日

_____工程涂料类防水分包合同

甲方（承包方）：_____
乙方（分包方）：_____

根据《中华人民共和国民法典》《中华人民共和国建筑法》《建设工程质量管理条例》《房屋建筑工程质量保修办法》及其他有关法律法规，遵循平等、自愿、公平和诚实信用的原则，双方就_____工程涂料类防水工程分包施工事宜达成如下协议：

第一条　工程概况

1. 工程名称：_____工程项目；
2. 工程地点：_____市_____区_____路_____号；
3. 建筑面积：_____；
4. 结构形式：_____；
5. 工程概况：_____；
6. 建设单位：_____；
7. 监理单位：_____。

第二条　分包范围

分包范围如下：

（1）包括：_____办公楼、_____综合楼等；
（2）包括：上述建（构）筑物的桩基础桩头、基础筏板、地下室外墙、电梯基坑、施工缝、后浇带、穿墙孔、坡道、卫生间、屋面等涂料类防水；
（3）防水施工设计图纸：编号_____或以甲方技术交底为准；
（4）乙方不得以任何形式转包、再分包本工程。

第三条　乙方基本工作内容

1. 提交满足甲方要求的施工方案。
2. 检查防水基层是否满足施工要求，铲除、清理表面灰浆块等突起物，清扫尘土杂物以及表面积水。
3. 基层阴阳角应做成圆弧，涂料不得在阴雨、大风、低温天气施工。
4. 定位、弹线、试铺，分层涂刷、喷涂防水涂料（涂料厚度不小于设计厚度）。
5. 铺贴胎体增强材料，再分层涂刷、喷涂防水涂料。
6. 清理、检查、满水试验与修补缺陷。
7. 施工工序和质量满足施工设计图纸要求。
8. 提供5年的保修服务（包括维修、堵漏等）。
9. 提交原材料试验检验报告，并承担相关实验费用。
10. 提供完成合同工作所需的材料。
11. 提供与防水施工作业有关的工具、机具，如：
（1）扫帚、钢丝刷、扁铲或铲刀；
（2）滚刷、剪刀、壁纸刀、彩色粉袋；
（3）皮卷尺、喷灯、铁桶、压辊；
（4）安全帽、安全带、口罩、防护鞋等个人安全防护用品；
（5）其他施工必需的工具与用品。
12. 提供满足质量、工期、安全要求的施工作业人员与管理人员。

第四条　价款与计量

合同单价：

序号	内容	单位	暂定数量	固定单价（元）	合价（元）	材料品牌及规格
一	＿＿＿＿建（构）筑物					
1						
2						
3	小计					
二	＿＿＿＿建（构）筑物					
1						
2						
3	小计					
三	合计					暂定总价

（1）以上单价为包工、包主材、包辅料、包施工机具的固定单价，本合同签字盖章生效后，在对方未协商一致不调整。单价已包括乙方为履行本合同约定的义务，完成合同工作内容，承担自身经营风险，满足国家标准和设计要求，达到业主、监理、甲方验收标准所发生的一切相关费用。

（2）对单价的说明

本合同单价已经综合考虑以下内容：

① 大面积施工与局部、小面积施工之间的各种差异；

② 特殊部位如：阴阳角、转角处、基础桩出垫层处细部处理；

③ 按图纸、标准、方案、图集规定局部增加的附加层；

④ 人工费、材料费、机具费、食宿交通费、试验检验费、安全劳保用品费、冬（雨）期施工用品费；

⑤ 现场管理费、企业管理费、利润、增值税（税率＿＿＿＿%）；

⑥ 本表所列数量为暂估量，并不作为结算依据，双方根据本条第3款计量原则进行结算；

⑦ 甲方现有的塔式起重机、电梯可供乙方使用，因施工需增加的其他机械由乙方自行承担。

（3）工程量计算方法

① 基本原则：以甲方审批通过的涂料类防水工程施工方案为基础，按设计图示尺寸的涂刷面积计算。

② 甲供涂料用量为＿＿＿＿kg/m²，含量里包括材料施工损耗等。如乙方使用量超出此含量，超出部分材料费由乙方自行承担，相关费用直接从乙方工程款中扣除。

③ 不另行计算费用的项目：

a. 防水层收口处的防水密封膏涂封；

b. 按设计及标准要求应增加的胎体增强材料；

c. 基层阴阳角弧形或坡度处理。

以上不另行计算的项目相应价款已在合同单价中考虑。

第五条 付款

1. 本工程无预付款。

2. 月度付款前提

（1）月度施工内容经甲方同意；

（2）施工进度满足甲方的施工计划；

（3）试验/复试报告证明所用材料合格；

（4）经监理单位、甲方验收合格（分项验收时）；

（5）随月进度提交了相关技术资料（试验报告、验收资料等）。

3. 付款程序

（1）乙方于每月＿＿＿＿日向甲方报送付款申请及甲方各部门会签完毕的"分包工程款支付会签单"，甲方收到报告后于次月的_____日向乙方签发付款证书，乙方按付款证书提供足额税收发票，发包方在收到发票后_____日内支付分包款。

（2）乙方每月报送的付款申请，应单独列明包含在其中的当月应支付的工人工资，附工人签字并按手印的工资清单、收款账号、考勤表，并提供工人身份证原件用于核对信息。

4. 付款额度

每月付款时，甲方按应付款的_____%支付（已包含应支付的农民工工资），保留金为_____%，保留金作为工期、质量、安全文明施工及技术资料保证金，工程结算价款支付的前提是业主已经将相应部分的结算价款支付给甲方。

5. 保留金的支付

（1）防水工程施工完毕并验收合格后，支付_____%的保留金。

（2）整体工程竣工验收合格后，工程款支付到_____%，剩余_____%作为工程保修金，保修期满（5年）后_____天内支付。

第六条　工期要求

1. 开工日期：_____年_____月_____日，完工日期：_____年_____月_____日，以甲方下发的工期指令为准。

2. 乙方必须按甲方总控进度计划施工，确保每周之工作均在甲方之总控进度计划内完成；如果乙方不能按甲方总控制进度计划完成其工作，乙方必须按甲方指令无偿追加各项投入，以达到甲方的合理工期要求。

第七条　工期延误

1. 因以下任何一项原因造成乙方延误实施分包工程的，经甲方项目经理书面确认，分包工程的竣工时间相应延长：

（1）非乙方造成工程延误，并且甲方根据总包合同已经从业主获得与分包合同相关的竣工时间的延长；

（2）甲方未按约定时间提供施工场地、设计图纸造成的延误；

（3）甲方发出错误的指令或者延迟发出指令造成分包合同工期延误；

（4）不可抗力事件造成分包工程的延误；

（5）甲方认可的其他可以谅解的工程延误。

2. 乙方在上述任一事件发生后的_____天内，就延误的工期以书面的形式向甲方提出报告。如果事件具有持续的影响，则乙方应每隔_____天发出一份报告，事件影响结束之日起_____天内提交最终报告给甲方商务部门，乙方逾期未提出报告的，视为工期不顺延。甲方在收到报告后_____天内就报告内容予以答复或提出修改意见。

第八条　不可抗力

1. 不可抗力事件指业主、甲方、乙方都不可预见、不可避免、不能克服的超出一般防范能力的事件。此类事件的发生导致合同一方不可能履约。不可抗力包括：

（1）地震、洪水、海啸、飓风、台风、剧烈雷击等天灾以及恶劣气候（气象资料以中央气象台记录为准）；

（2）战争、敌对行动（无论是否宣战）；

（3）叛乱、暴动、军事政变、内战；

（4）暴乱、骚乱、游行示威或混乱（乙方自身及相关联的人员参与的事件除外）；

（5）空中飞行物体坠落；

（6）声速或超声速飞行物或装置产生的压力波；

（7）国家重大庆典、国外政府首脑或国际政要到访、全国人大或政协会议、全国党代会等重大政治事件要求停工或管制；

（8）由于法律法规的变更或后续颁布的法律法规导致本合同不合法。

2. 不可抗力事件发生后，乙方应立即通知甲方，并在力所能及的条件下迅速采取措施，尽量减少损失，并根据总包合同的约定处理。不可抗力事件结束后_____小时内乙方向甲方通报受害情况和损失情况，及预计清理和修复的费用。不可抗力事件持续发生，乙方应每隔_____天向甲方报告一次受害情况。不可抗力事件结束后_____天内，乙方向甲方提交清理和修复费用的正式报告及有关资料。

3. 对于有预报的洪水、台风等不可抗力事件，乙方应做好预防保护方案并报甲方，最大程度减少损失，否则乙方无权就损失主张赔偿。

4. 因不可抗力事件导致的费用及延误的工期按以下方法分别承担：

（1）下列损失由甲方承担：

① 工程本身的损害、因工程损害导致第三人人员伤亡和财产损失以及运至施工场地用于施工的材料和待安装的设备的损害。

② 停工期间，乙方应甲方要求留在施工场地的必要的管理人员及保卫人员的费用。

（2）乙方人员伤亡由自身负责，并承担相应费用。

（3）乙方机械设备损坏，由乙方自行承担。

（4）延误的工期相应顺延，停工期间产生人工、材料、机械等费用由乙方自行承担。

5. 因合同一方迟延履行合同后发生不可抗力的，不能免除迟延履行方的相应责任。

第九条 变更与变更计价

1. 如果甲方认为有必要对分包工程的形式、质量、数量做出变更或调整，甲方有权指示乙方进行以下任何工作，乙方应遵照执行。

（1）增加或减少合同中的工作量。

（2）改变工程做法、材料。

（3）改变分包工程任何部位的标高、位置或尺寸。

（4）改变施工顺序或时间安排。

（5）为确保工程质量和工程竣工而必需的任何附加的工作。

2. 上述变更指令发出后，乙方应按变更指示继续履行本合同，分包合同不因变更而失效或者作废。因变更而导致合同价款发生变化则按相应条款规定调整。

3. 如果上述变更是因为乙方违约或其自身原因导致的，则此类变更增加的费用由乙方承担。

4. 乙方应严格按照设计图纸和施工方案施工，不得在施工中擅自变更、进行未经甲方许可的施工作业。

5. 如果变更仅造成工程量增减，则单价不变，按原合同单价执行。

6. 如果合同中没有适用于变更工作的单价，经协商确定一个合理的市场价格。

第十条 技术质量要求

1. 总则

（1）乙方应具备防水防腐保温专业承包一级资质。

（2）乙方应选派业务水平较高、经验丰富的专业施工技术人员和操作人员在本工程施工。

（3）施工作业人员需持有有效且符合当地政府规定要求的上岗证，并提供加盖单位公章的复印件报甲方备案。

2. 标准

防水材料和施工质量应满足设计图纸及现行国家、地方、行业标准要求，标准若有不一致或矛盾之处，按较为严格的执行。

3. 材料要求

（1）涂料外观质量

① 良好耐水性、耐久性、耐腐蚀性；

② 无毒、难燃、低污染；

③ 良好的湿干粘结性、耐磨性和延伸性。

（2）涂料物理性能（供参考）

项目	性能
抗折性能	
粘结性能	
抗渗性	
冻融循环	

4.材料检查与检验

（1）材料进场前，需提供材料试验报告、出厂合格证等相关材质证明材料。

（2）材料进场抽样复检，100%见证取样。

（3）复试检验费和第三方见证试验费由乙方承担。

第十一条　材料管理

1.计划管理

（1）所有物资、设备须经过甲方书面同意后方能进场。

（2）进场后一周内，应向甲方提供工程所需主要材料物资供应计划书，以满足施工进度计划要求。

（3）进场的物资材料应满足甲方制定的月计划、周计划施工进度要求。

（4）所有材料进场前，乙方需提供相应的合格证、生产许可证、出厂证明、复试报告等合法资料，否则不得进场。

（5）物资、材料的进场后的申报程序执行_____省_____市的有关规定和要求。

（6）乙方应提前_____小时向甲方申报物资进、退场计划，经甲方相关人员签字同意后，申请填制生产要素出入许可证，报至甲方项目经理部相应部门确认后，方可组织物资进退场；否则严禁进退场。

（7）生产要素出入许可证一式四份，需明确进出场时间、车号、物资名称、进出场理由并有乙方负责人签名。

2.仓储管理

（1）由乙方自行负责材料保管，定期巡视，防火防盗，防止人为破坏以及不利自然条件的侵蚀，费用自理。如果乙方未采取适当的保管保护措施，甲方有权指派他人完成，所发生的费用由乙方承担，费用可从工程款中扣除，对此乙方不得有任何异议。

（2）进场物资堆放地点，必须经过甲方批准，服从甲方的统筹安排。

（3）现场物资堆放、标识等须符合甲方的有关管理规定。

（4）材料存放要求

①防水材料存放环境要符合干燥通风的要求。甲方提供库房场地，并建造其围护结构，乙方自行建造房内设施。

②防水涂料包装容器必须密封，容器表面应有明确标志标明涂料各组分名称，生产日期及有效期。

③防水材料严防日晒雨淋，远离火源，避免碰撞，乙方在库房内外自备消防设备及防火标识。

第十二条　现场及人员管理

1.乙方应遵守国家、行业、地方以及甲方有关现场安全文明施工的各项管理规定，在设施的投入、现场的布置等各方面严格按照甲方的规定执行，并符合甲方的企业形象识别要求。

2.乙方项目经理、质量员、安全员等相关人员必须持有符合地方政府要求的上岗证书，现场施工人员必须统一着装，统一佩戴安全帽及胸卡，施工人员须持证进出现场。

3.现场不允许出现宣传乙方单位的标识、标语。

4.乙方所有现场施工人员需持有_____市政府指定卫生防疫部门核发的健康证，非_____市户籍人员需持有_____市有关政府部门核发的外来人员就业证、_____市公安局下属驻地派出所办理的暂住证。凡因乙方承担上述证件不齐给甲方造成损失由乙方承担，办理证件所需费用乙方自理。

5.乙方应该采取一切合理的措施防止其人员发生任何违法犯罪或妨害社会治安和公共安全的行为，并有完全的责任和义务保护周围其他人员和财产免受上述行为的危害，由此造成一切后果由乙方负责。

6.严格遵守有关消防、保卫、交通安全、环卫、社会治安方面的规定。凡是由于乙方对上述要求贯彻执行不得力而造成的一切事故、灾害的经济及法律责任由乙方独自承担，由此造成甲方的损失由乙方赔偿，此外甲方有权对其进行处罚。

第十三条　甲方一般职责

1.甲方驻现场代表

项目经理_____；

技术负责人_____；

生产负责人_____；

商务负责人_____。

2.负责协调乙方与现场其他分包方、施工工序之间的关系，提供施工场地、提供标高基准点。

3. 及时向乙方提供施工所需指令、指示、洽商等相关施工文件。

4. 当甲方对工程材料、质量发生怀疑时，有权随时抽查。

5. 如果乙方在工程质量、进度、安全、现场管理等方面满足不了甲方、监理、业主中任何一方的合理要求时，甲方有权将分包合同范围的工作指定给其他单位完成，所发生的分包费用、劳务费、材料费等费用从分包款中扣除，对此乙方不得有任何异议。

6. 协调解决乙方现场的材料堆放及库存场所。

7. 提供乙方临时办公场所，办公室1间（非乙方独有），办公设备与用品乙方自备。

8. 负责防水基层的施工，确保基层作业面满足标准要求。

9. 提供生活、生产用水用电，乙方应厉行节约。甲方有权随时抽查监督乙方用水用电行为，若发现有浪费或不良使用行为，甲方有权重罚，并禁止乙方使用甲方提供的水电资源。

10. 向乙方提供现场人员宿舍_____间。宿舍床铺、衣柜、吊架等生活设施以及冬季取暖设施、夏季通风防蝇设施等其他设施由乙方自备。生活区保洁费用由乙方承担。

第十四条　乙方一般职责

1. 按合同约定及甲方要求的时间准时进场；严格按甲方的方案施工，根据甲方月／周施工计划组织施工。

2. 乙方驻现场代表

项目经理_____，项目经理必须持有公司盖章且法定代表人签字的授权文件；

技术负责人_____；

安全员_____；

质量员_____。

3. 自备施工所需机具、工具及其他随身工具。

4. 自备符合标准要求的个人安全防护用品，如安全帽、安全带、口罩等。

5. 乙方施工前需向甲方提供完整技术方案，其中应包括以下内容：

（1）施工依据的设计图纸、技术和质量验收标准及其他相关规定；

（2）主要施工方法；

（3）根据工期要求和现场情况为每阶段施工安排的机具型号、数量；

（4）每一阶段现场作业人员、管理人员数量；

（5）乙方现场管理人员组织结构和隶属关系以及通信联系方式；

（6）根据现场实际情况和可能出现的情况（包括有毒害环境作业），所采取的安全措施。

6. 向甲方提供单位资质等证明文件和施工人员名单（需经地方政府有关部门备案）及特殊工种的上岗证复印件（加盖单位公章）。

7. 负责自行施工范围的成品保护工作，并保证不损害其他施工方已完项目，如有损害乙方应自费予以修理。

8. 乙方应随时准备接受甲方对工程质量、安全、文明施工的检验、检查，并为检验、检查提供便利条件。

9. 乙方应保障甲方免于承担因乙方过失、失误造成的任何人员伤亡、财产损失的全部责任和索赔，另外还应保障甲方免于承担与此有关的一切索赔、诉讼、损害赔偿、抚恤费和其他相关开支。

10. 乙方应为施工人员缴纳工伤保险，相关费用包含在合同价格中，乙方人员发生伤亡事故的，应及时上报，并自行承担相关伤亡赔偿责任。甲方因乙方人员伤亡事故承担责任的，有权向乙方追偿，有权从工程款中扣除相关费用。

11. 必须与工人签订书面劳动合同并报甲方备案，配合甲方的实名制管理，每月足额支付工人工资。

12. 负责己方施工区域的安全文明施工做到工完场清，及时将己方施工区域的施工垃圾清理到甲方指定的区域。否则甲方有权自行组织他人完成该项工作，费用从乙方款项中扣除。

13. 乙方现场负责人需按时参加甲方项目经理部组织的有关安全、质量、进度、文明施工等方面的各种会议、检查活动，不得无故缺席。若乙方代表临时有其他紧急事务无法出席，须指派全权代表参加。会议所做出的决议、事项，双方需共同恪守，严格遵照执行。

14. 未经甲方许可，乙方不得私自在现场包括生活区私搭乱建临时用房。

15. 乙方的食堂和宿舍需接受甲方的统一监督管理，并严格执行工程所在地卫生防疫有关规定，采取必要措施，防止蚊蝇、老鼠、蟑螂等疾病传染源的孳生和疾病流行。

16. 乙方清楚底板、覆土顶板尤其是外墙防水保护层（铺挤塑板）由其他分包方施工，乙方有责任在其进行防水保护层施工时进行监督指导并采取相关措施防止已施工完毕防水层受破坏，不能因防水保护层不在防水分包工程范围内而推卸防水层的质量责任。如遇防水层遭破坏应及时上报甲方，并按指示修补；乙方未及时上报的，视为乙方自担责任。

17. 乙方应特别注意室内防水的基层质量，在接收基层时对管根、地漏等处进行仔细检查，避免因基层不合格导致日后漏水，一旦乙方同意施工防水，视为乙方已对基层质量表示认可，其后因基层原因导致的漏水一概由乙方承担责任。

第十五条　检查与验收

1. 乙方应认真按照相关标准和设计图纸要求以及甲方依据合同发出的指令施工，随时接受甲方的检查检验，并为检查检验提供便利条件。

2. 工程质量达不到约定标准的部分，甲方有权要求拆除和重新施工，直到符合约定标准。因乙方原因达不到约定标准，由乙方承担拆除和重新施工的费用，工期不予顺延。

3. 甲方的检查检验不应影响施工正常进行。如影响施工正常进行，工期应顺延；但检查检验不合格时，工期不顺延。相关检查检验费用由乙方承担。

4. 因甲方指令失误或其他非乙方原因发生的费用，由甲方承担。

5. 隐蔽工程和中间验收

（1）工程具备隐蔽条件时先由乙方进行自检，并在隐蔽验收前_____小时以书面形式通知甲方验收，通知应包括隐蔽的内容、验收时间和地点。甲方组织业主、监理单位进行验收，乙方准备验收记录。验收合格，甲方、监理单位在验收记录上签字后，乙方可进行隐蔽或继续施工；验收不合格，乙方在甲方限定的时间内修改后重新验收。

（2）甲方不能按时进行验收，应在验收前_____小时告知乙方，延期不能超过_____小时。甲方未能按以上时间提出延期要求，不进行验收，乙方可自行组织验收，甲方应承认验收记录。

（3）经甲方、监理单位及业主单位验收，工程质量符合标准和设计图纸等要求，验收_____小时后，甲方、监理单位不在验收记录上签字，视为甲方已经认可验收记录，乙方可进行隐蔽或继续施工。

6. 重新检验

无论甲方是否进行验收，当其要求对已经隐蔽的工程重新检验时，乙方应按要求进行剥离或开孔，并在检验后重新覆盖或修复。检验合格，甲方承担由此发生的全部费用，赔偿乙方损失，并相应顺延工期。检验不合格，乙方承担发生的全部费用，工期不予顺延。

第十六条　环保与职业安全

1. 本合同双方应共同遵守国家和地方有关的环境保护的法律、法规，努力营造绿色建筑。

2. 乙方在整个施工作业过程中满足甲方制定并经国家权威部门认证的 ISO 14001 环境管理体系、现行国际标准《职业健康安全管理体系要求及使用指南》ISO 45001 的要求，保证施工生产符合相关标准的要求。

3. 乙方进驻现场员工需接受经 ISO 14001 环境管理体系、现行国际标准《职业健康安全管理体系要求及使用指南》ISO 45001 认证的教育培训。

4. 乙方在运输材料（包括废料）、机具过程中应遵守道路交通管理的规定。

5. 乙方须采取有效措施，防止运输机械噪声超标或机械漏油污染环境。运输车辆要定期进行噪声检测。对于不符合要求的机械要及时采取必要的措施。

6. 车辆进入现场后禁止鸣笛。

第十七条　技术资料

1. 乙方应严格按照工程所在地技术资料的有关规定，及时、真实、准确地提供完整而规范的技术资料。乙方对资料的完整性、真实性负责，资料不齐全时甲方有权扣留部分工程款抵押。

2. 如果政府、社会在建筑工程评比过程中对技术资料有特殊要求，乙方有义务竭力满足，不得以任何借口拒绝、推诿。

3. 应提交的资料

乙方应按照甲方要求的时间和标准提供以下资料：

（1）防水涂料试验报告；

（2）分项工程施工报验表；

（3）隐蔽工程检查记录表；
（4）其他。

第十八条　合同文件组成与解释顺序
（1）补充协议书（若有）；
（2）本分包合同书；
（3）明确双方职责的会议纪要、往来函件；
（4）施工设计图纸及技术交底书；
（5）甲方制定的施工方案；
（6）现行国家、行业、地方技术、验收标准；
（7）甲方制定的施工总进度计划。

第十九条　合同使用的语言文字及适用法律
1. 合同语言：本合同文件使用汉语。
2. 适用法律法规：《中华人民共和国民法典》《中华人民共和国建筑法》《建设工程质量管理条例》《房屋建筑工程质量保修办法》及其他现行法律法规和规范性文件。

第二十条　违约责任及合同解除权
1. 合同双方任何一方不能全面履行本合同条款，均属违约；违约所造成的损失、后果、责任，概由违约方承担。
2. 除非双方协商终止本合同，违约方承担前述条违约责任、损失后仍需严格履行本合同。
3. 甲方的违约责任
（1）不按约定向乙方支付分包合同价款的，应按同期贷款市场报价利率（LPR）向乙方支付利息。
（2）不能按时提供甲供材料、工作面，造成窝工的，按照_____元/日的标准支付窝工费用。
4. 乙方的违约责任：
（1）乙方转包、再分包本工程的，甲方有权解除合同。乙方应按照结算金额的_____%支付违约金，甲方可在结算时直接扣除。
（2）总分包双方明确约定，对于在本合同项下产生的或与本合同相关的事宜产生的乙方对甲方拥有的债权，乙方承诺不将其转让给第三方，除非经过甲方的书面同意，否则，乙方应在违约转让债权之日起_____日内，按照违约转让债权总额的_____%向甲方支付违约金，甲方可在结算时直接扣除。
（3）乙方因自身原因延期交工的，每延误一日，应向甲方支付违约金_____元，最高不超过合同总金额的_____%，工期延误达_____天的，甲方有权解除合同。
（4）乙方施工质量验收不合格，乙方无权主张工程款，甲方可以要求乙方整改，乙方因自身原因无法完成的，甲方有权解除合同，并且甲方可以委派其他劳务企业完成，产生的费用由乙方承担。
（5）乙方未达到甲方要求的安全文明施工标准的，应向甲方支付违约金_____元/次。
（6）乙方及其工人以非正当方式（包括多人围堵、占据施工现场、甲方办公场所；以任何手段阻止施工现场正常施工、甲方正常办公秩序；阻塞交通；攀爬塔式起重机、建筑物、广告牌等）向甲方提出要求的，乙方支付违约金_____元/次。
（7）乙方未在每月_____日前向甲方提供上月本企业在本项目上所有工人的出勤情况及工资核算及支付情况的盖章书面记录的，每发生一次，应向甲方支付违约金_____元。
（8）乙方拖欠工人工资，每发现一次，应向甲方支付违约金_____元，且甲方有权解除合同。
（9）因乙方拖欠工人工资，导致业主或甲方垫付工人工资的，乙方下列人员对业主或甲方承担连带责任：
姓名：_____；身份证号：_____；
姓名：_____；身份证号：_____；
姓名：_____；身份证号：_____。

第二十一条　保修
1. 乙方在质量保修期内，按照有关法律、法规、规章的管理规定和双方约定，承担本分包工程质量保修责任。
2. 具体保修的内容，双方约定如下：本合同施工范围内的渗水、透水等质量缺陷以及因上述质量缺陷造成的其他工程损坏均为本合同保修内容。

3. 质量保修期：双方根据《建设工程质量管理条例》及有关规定，屋面防水工程、有防水要求的房间和外墙面的渗漏保修期为5年。

4. 质量保修期自本整体工程竣工验收合格之日起计算。

5. 质量保修责任

（1）属于保修范围、内容的项目，乙方应当在接到保修通知之日起_____小时内派人维修。乙方不在约定期限内派人维修的，甲方可以委托他人修理费用从乙方保留金中扣除。

（2）发生紧急抢修事故时，乙方在接到事故通知后，应当立即到达事故现场抢修。

（3）防水密封性能存在缺陷或材料出现老化或退化，为修补该缺陷需进行剥离、剔凿和恢复面层、底层以及其他抹灰、装修、管线等相关工作的，若乙方自身技术水平与资质不能胜任类似工作，甲方有权指定专业施工队伍完成相关作业，全部费用由乙方承担。

（4）对于涉及结构安全的质量问题，应当按照《房屋建筑工程质量保修办法》的规定，立即向当地建设行政主管部门报告，采取安全防范措施；由原设计单位或者具有相应资质等级的设计单位提出维修方案，乙方实施维修作业，相关费用由乙方承担。

（5）质量问题保修完成后，由业主、使用方会同甲方组织验收，各方验收合格后当次维修即告结束。

6. 保修费用与赔偿责任

（1）保修费用由造成质量缺陷的责任方承担。

（2）如乙方施工质量缺陷、工艺缺陷、材料老化等造成防水工程渗漏，该缺陷给使用方、业主造成物资财产等直接损失以及其他间接损失均由乙方负责赔偿。

（3）为返修、维修防水层而剥落、恢复面层、底层以及受其影响的相关联工作所需费用由乙方承担。

（4）因业主、使用方使用或保养不当造成屋面防水渗漏，乙方应尽义务进行维修，维修费用则由甲方牵头、乙方配合向责任方索要，但甲方没有追索此项债务的义务。

（5）若合同双方对分包工程质量发生争议，则共同约请工程所在地质量监督总站或其他权威机构进行鉴定。如果鉴定结论乙方质量不合格，则鉴定费用由乙方承担。

7. 保修金返还

（1）乙方履行完保修责任，保修期满后_____天内，甲方返还扣留的保修金。

（2）保修金需扣除以下费用：

① 甲方委托他人完成保修维修工作的费用；

② 因乙方过失、责任而赔偿业主、使用方的相关损失；

③ 为返修、维修防水层而剥落、恢复面层、底层以及其他与之相关联工作所需花费的费用（甲方代为支付时）；

④ 其他与保修维修有关的费用。

（3）若本工程剩余保修金不足以支付第（2）款所述之费用，则甲方有权从双方任何其他经济往来的账务中扣除。

（4）保修金不计取任何利息。

8. 其双方约定的其他工程质量保修事项：_____。

第二十二条　合同生效与终止

本合同自双方签字盖章之日起生效，技术资料齐全有效，履行完保修职责，保修期结束，本合同即告终止。

第二十三条　争议解决

双方因履行本合同或因与本合同相关的事项发生争议的，应通过协商方式解决，协商不成的，应首先提交_____调解中心进行调解，调解不成的，一方有权按照下列第_____项约定方式解决争议：

（1）向_____仲裁委员会申请仲裁；

（2）向_____人民法院提起诉讼。

第二十四条　未尽事宜

本合同在执行中若有未尽事宜，双方经友好协商以补充协议、会议纪要、谈判记录等形式约定。

第二十五条　其他约定

1. 双方承诺不将本合同成交价格透露给任何第三方。

2. 本合同所述之内容与条款只限于本工程使用，乙方不得将本合同内容细节透露给任何第三方。

3. 本合同一式＿＿＿＿＿份，均具有同等法律效力，甲方执＿＿＿＿＿份，乙方执＿＿＿＿＿份。

（以下无正文）

甲方：（公章）   乙方：（公章）

法定代表人或其委托代理人：   法定代表人或其委托代理人：

（签字）   （签字）

统一社会信用代码：＿＿＿＿＿＿＿＿＿＿＿   统一社会信用代码：＿＿＿＿＿＿＿＿＿＿＿

地址：＿＿＿＿＿＿＿＿＿＿＿＿＿＿＿＿＿   地址：＿＿＿＿＿＿＿＿＿＿＿＿＿＿＿＿＿

电话：＿＿＿＿＿＿＿＿＿＿＿＿＿＿＿＿＿   电话：＿＿＿＿＿＿＿＿＿＿＿＿＿＿＿＿＿

电子信箱：＿＿＿＿＿＿＿＿＿＿＿＿＿＿＿   电子信箱：＿＿＿＿＿＿＿＿＿＿＿＿＿＿＿

开户银行：＿＿＿＿＿＿＿＿＿＿＿＿＿＿＿   开户银行：＿＿＿＿＿＿＿＿＿＿＿＿＿＿＿

账号：＿＿＿＿＿＿＿＿＿＿＿＿＿＿＿＿＿   账号：＿＿＿＿＿＿＿＿＿＿＿＿＿＿＿＿＿

建设工程土建分包合同编制范例

（下册）

富强 曹珊 编著

中国建筑工业出版社

目　录

上册

第一篇　土建部分

第一章　临建工程 ·· 2
　　活动板房工程分包合同 ··· 3
　　临时工程移交及接收合同 ·· 8
　　土地及物业租赁合同 ·· 13
　　现场临建施工分包合同 ··· 18
　　办公电子设备采购安装合同 ·· 26
　　安防监控设备合同 ·· 32
　　临水临电工程分包合同 ··· 36
　　临水临电照管协议 ·· 41
　　箱式变压器安装工程合同 ··· 45
　　活动厕所租赁合同 ·· 49
　　门禁系统分包合同 ·· 54
　　厕所清抽合同 ··· 59
　　大门围挡分包合同 ·· 63
　　汽车租赁合同 ··· 68

第二章　土方工程 ·· 73
　　土方分包合同 ··· 74
　　房心回填分包合同 ·· 82
　　肥槽回填分包合同 ·· 87
　　路基板租赁合同 ·· 97
　　淤泥外运合同 ·· 102

第三章　降水工程 ·· 108
　　降水施工分包合同 ··· 109
　　排水分包合同 ·· 121

第四章　护坡工程 ·· 125
　　钢支撑安装拆除分包合同 ·· 126
　　钢支撑及钢围檩租赁安装拆除分包合同 ·· 138
　　基坑内支撑拆除分包合同 ·· 150
　　喷锚护坡工程施工分包合同 ··· 156
　　基坑支护分包合同 ··· 168
　　钢平台安装分包合同 ··· 176
　　钢板桩施工分包合同 ··· 184
　　剪刀撑施工分包合同 ··· 189

第五章　桩基础工程 ·· 198
　　水泥粉煤灰碎石桩（CFG桩）施工分包合同 ·· 199
　　高压旋喷桩施工分包合同 ·· 212

	三轴搅拌桩施工分包合同	217
	水泥搅拌桩施工分包合同	232
	现浇钢筋混凝土桩施工分包合同	244
	预制管桩施工分包合同	256
	围护桩、立柱桩及工程桩施工分包合同	260
	桩头剔凿施工分包合同	273
第六章	结构工程	285
	建设工程施工劳务分包合同	286
第七章	预应力工程	314
	预应力工程分包合同	315
第八章	加固改造工程	327
	加固改造工程分包合同	328
	混凝土破除施工分包合同	333
	植筋施工分包合同	342
第九章	防水工程	347
	卷材类防水分包合同	348
	涂料类防水分包合同	360

下册

第十章	钢结构工程	371
	钢结构加工制作安装分包合同（总价合同）	372
	钢结构制作分包合同	386
	钢结构安装合同	396
	钢结构防火涂料分包合同	403
	钢结构设计合同	411
	起重机租赁合同	416
	钢结构工程合同（单价合同）	420
第十一章	粗装修工程	434
	二次结构及粗装修分包合同	435
第十二章	粗装修选择项	445
	供货安装合同	446
第十三章	人防工程	450
	人防设备供应及安装分包合同	451
第十四章	门窗工程	459
	塑钢门窗制作安装分包合同	460
第十五章	外装工程	465
	外墙保温分包合同	466
	幕墙施工分包合同	474
第十六章	室外工程	487
	室外正式道路及雨污水管线分包合同	488
	景观绿化分包合同	499
	室外工程分包合同	512

  永久道路施工分包合同 520

第二篇　措施部分

第十七章　大型机械 530
  塔式起重机租赁分包合同 531
  塔式起重机安装拆除分包合同 537
  施工升降机租赁安装拆除分包合同 543
  外用电梯租赁合同 548
  混凝土泵租赁合同 553
  吊篮租赁安装拆除分包合同 558
  起重机租赁合同 562
  发电机租赁合同 567

第十八章　周转材料 572
  大钢模板租赁合同 573
  小钢模板租赁合同 581
  爬模设计供货回购分包合同 589
  专项操作脚手架搭设拆除分包合同 597
  外脚手架搭设拆除分包合同 605
  特殊硬防护、外用电梯层间防护脚手架分包合同 614

第十九章　测量及试验 623
  测量分包合同 624
  沉降观测分包合同 629
  检测试验分包合同 634
  第三方见证试验分包合同 638
  结构构件回弹检测分包合同 642
  钢结构探伤检测分包合同 645
  桩基类检测分包合同 649
  室内环境污染物浓度检测分包合同 653

第二十章　成品保护 656
  成品保护分包合同 657
  竣工保洁分包合同 662

第二十一章　警卫与安保 667
  安保服务分包合同 668
  消防安全保卫分包合同 672

第二十二章　垃圾清运 676
  垃圾清运分包合同 677

第二十三章　安全与防护 681
  高压防护安装维护拆除合同 682

第三篇　其　　他

  工程招标代理合同 690
  建设工程咨询服务合同 697
  科研课题技术服务合同 713
  建筑信息模型（BIM）服务合同 717

专项法律服务合同 …………………………………………………………………… 723
　　常年法律顾问聘用合同 ………………………………………………………………… 727
　　实名制工伤三方协议 …………………………………………………………………… 731
　　分包合同解除协议 ……………………………………………………………………… 734
　　安全生产与消防保卫协议 ……………………………………………………………… 738
附录 …………………………………………………………………………………………… 745

第十章 钢结构工程

钢结构加工制作安装分包合同
（总价合同）

合同编号：

工程名称：_____

工程地址：_____

甲　　方：_____

乙　　方：_____

_____年_____月_____日

_____工程钢结构加工制作安装分包合同
（总价合同）

本项目钢结构制作、安装工程施工分包合同由以下各方于_____年_____月_____日在_____签署。

甲方（承包方）：_____

乙方（分包方）：_____

甲乙双方本着平等互利的原则，经过友好协商，就分包工程相关事宜约定如下：

第一条　工程概况

1. 工程名称：_____工程项目；

2. 工程地点：_____市_____区_____路_____号；

3. 建筑面积：_____；

4. 结构形式：_____；

5. 工程概况：_____；

6. 建设单位：_____；

7. 监理单位：_____。

第二条　承包范围

承包范围及内容为_____、_____、_____、_____工程的钢结构制作安装，相关工程的设计图纸编号：_____、_____、_____，本合同条款、设计图纸、甲方下发的设计与施工说明、技术交底等文件对本工程的描述和要求均属于乙方的工作内容，工作内容包括但不限于：

（1）钢结构加工工艺图深化设计（不含钢结构和混凝土结构连接部位预埋件）；

（2）钢结构原材料采购；

（3）钢结构制作；

（4）钢结构安装；

（5）子结构延性试验模型制作安装（包括工艺设计和原材料采购）；

（6）膜结构焊接固定件制作安装（包括工艺设计和原材料采购）；

（7）钢结构空腔内连接通道、马道及吊轨制作安装（包括工艺设计和原材料采购）；

（8）玻璃幕墙分割线处钢结构的制作安装（包括工艺设计和原材料采购）；

（9）钢结构检测；

（10）钢结构防腐及表面处理；

（11）钢结构安全监测配合；

（12）膜结构安装施工配合；

（13）与钢结构有关的其他相关专业施工配合。

以上工作内容所需费用乙方已经考虑在合同总价中。

第三条　质量标准和质量等级

1. 本工程质量标准必须符合现行国家标准，包括《_____质量验收规范》。若本合同中约定的任何工程质量标准低于国家标准，则按国家标准执行；若合同中约定的任何工程质量标准高于国家标准，则按合同中约定的标准执行。

2. 特别约定：_____。

3. 质量目标：确保本工程获得国家"××奖"，并力争获得"××奖"。

4. 违约金：如乙方不能达到本条第3款约定的质量奖项，则乙方向甲方支付违约金额为本钢结构工程合同总价的1%（百分之一），甲方从乙方任何应得的款项中扣除该质量违约金。

第四条 合同工期

1. 本钢结构工程施工计划开工日期：_____年_____月_____日，完工日期：_____年_____月_____日。
2. 制作安装控制性工期为：
（1）_____年_____月_____日，完成钢结构钢材供应及制作厂家的招标选定工作；
（2）_____年_____月_____日前，提交钢结构工程施工组织设计；
（3）_____年_____月_____日，具备现场安装条件，开始正式安装；
（4）_____年_____月底（或根据膜结构专业分包单位要求），提供膜结构现场试拼装和效果测试工作界面；
（5）_____年_____月_____日，专业工程施工完工。

第五条 合同价格

（1）本钢结构工程的总价：_____元（大写：_____）。合同总价包括乙方按本分包合同要求完成全部分包工程所发生的设计费、人工费、材料费、机械费、管理费、利润、规费、税金等一切费用，其中税金为_____税（税率为_____%）。

（2）合同规定范围内的钢结构工程为固定总价，本合同清单中列出的工程量仅为估算工程量，不得视为乙方施工的实际或准确的工作量，除非甲方以书面形式确认发生变更并确认调整合同价格具体金额的，结算时每项钢结构工程的工程量、单价、总价均不作调整。

（3）甲方按合同总价的_____%向乙方收取总包管理费，在甲方支付乙方进度款的同期按比例扣除，因优化设计产生的额外收益甲乙双方等额共享。

（4）为确保本钢结构工程质量所发生的检验、试验费用、业主、监理进行考察、见证以及驻厂监造费用等已包含在本钢结构工程总价内，甲方不再支付任何与此有关的费用。

（5）经甲方委托的第三方审图机构批准的施工图纸与签约时使用图纸的任何差异和变更造成的费用增加均已包括在合同总价中，由于该等差异而造成的工期延长将不会得到甲方的批准。

（6）深化施工图纸而增加的构件、配件等包含在合同总价中，甲方不额外支付费用。

（7）鉴于乙方投标时已进行多次现场踏勘，对现场施工情况充分了解，固定合同总价包含了一切施工过程中的风险因素，甲方不接受乙方由此提出的任何索赔。

第六条 工程款的支付

1. 进度款付款基数为合同总价 ± 变更价款，当变更价款暂时无法确定时，由甲方暂定进度款付款基数。

2. 乙方完成下表约定的相应工作内容后，甲方按照约定的付款比例乘以进度款付款基数向乙方支付进度款（表中内容可根据实际情况调整）。

序号	完成工作内容	付款比例（已包含农民工工资）	备注
1	合同签订后14日内		付款比例对应的合同价格为本合同总价扣除相应的管理费后的数值
2	确定材料采购或加工制作厂家，并已签订合同		
3	墙体钢结构安装开始		
4	屋面安装开始		
5	二区屋面安装开始		
6	通过主钢结构验收、甲乙双方确认最终竣工结算价款		
7	整体工程竣工验收合格		
8	缺陷责任期满两年		

3. 根据上表的工程款支付比例计算的进度款总额，已包含工人工资，工人工资按月支付，按上表计算进度款的应付金额时应扣除累计已支付的工人工资。

4. 乙方每月月初报送的工人工资的付款申请，列明上月应支付的工人工资，附工人签字并按手印的工资清单、收款账号、考勤表，并提供工人身份证原件用于核对信息。

第七条　变更与竣工结算

1. 变更

（1）甲方有变更权，乙方应遵照执行。变更的变现形式包括：

① 增加或减少合同中的工作量；

② 改变工程做法、材料；

③ 改变分包工程任何部位的标高、位置或尺寸。

（2）变更必须有甲方书面确认并明确涉及的价款变化，否则不构成变更，不改变合同总价。

（3）如果上述变更是因为乙方违约或乙方自身原因导致的，则此类变更增加的费用由乙方承担。

（4）如果变更仅造成工程量增减，则单价不变，仍按原合同单价执行，因乙方不平衡报价导致单价明显不合理的除外。

（5）变更的工程量按照现行国家标准《建设工程工程量清单计价规范》GB 50500等国家标准计算。

（6）如果合同中没有适用于变更工作的单价，经协商由甲方确定一个合理的市场价格。

2. 竣工结算

乙方应在工程验收合格后28日内按照甲方指定的格式上报竣工结算，以甲方审核确定的金额作为付款的依据。乙方不及时上报结算的，甲方有权拒绝支付工程款。

3. 本钢结构工程的保留金为合同总价的5%。保留金的返还支付方式如下：

（1）本钢结构工程竣工验收移交业主后满24个月后28天内，甲方将按照本款扣留的保留金总额的80%支付给乙方。（但如果此时乙方尚有任何保修工作未完成，则甲方有权在此类工作完成之前扣发与完成此类工作所需费用相应的保留金金额的付款单）；

（2）在乙方实现本合同第三条"质量目标"后28天内，甲方将把剩余的保留金金额全部支付给乙方。

第八条　工程完工和移交

1. 完工验收的条件：

（1）工程按合同约定和设计图纸实施完毕；

（2）竣工资料齐备完整；

（3）符合政府或有关管理机构规定的其他任何完工条件。

2. 如果乙方认为工程已具备第1款中约定的完工验收条件，乙方通知甲方，根据本条约定进行完工验收。乙方应至少提前21天将某一确定的日期通知甲方工程师，说明在该日期后工程将具备完工验收的条件，同时为甲方提供一份副本，该日期在本款中称为"完工报验申请日期"。

除非合同中另有约定，甲方工程师在此类通知中确定的日期之后28天内组织业主、监理、设计单位等各方，按照本合同的约定以及有关行政主管部门或机构规定的程序对工程进行完工验收。

3. 如果工程未能通过完工验收，则乙方应根据验收结果对工程进行整改或修复。整改修复完毕之后，应根据第2款重新通知一个日期，要求在该日期之后14天内甲方工程师组织重新验收，该日期在本款中称为"重新报验申请日期"，以此类推，直至重新验收通过。但是这样的重新验收的次数最多一次，如果重新验收仍然不能通过，则自重新验收未能通过之日起至最终的验收通过之间的时间均应理解为本合同规定的乙方延误，乙方应按照合同的约定向甲方支付误期违约金和误期损害赔偿金。

4. 如果工程通过了第2款所述的完工验收或第3款所述的重新验收，则甲方工程师在上述验收通过之日后7天内向乙方颁发由业主、监理工程师、甲方、乙方和设计单位等多方共同签署的完工验收证书，完工验收证书上应写明完工验收合格的日期，该日期即为工程实际完工日期。

第九条　竣工资料

乙方在申请工程完工验收之前，应按照本合同以及任何有关行政主管部门或机构的要求和政府关于建设工程档案管理的规定整理和装订全套竣工资料（含竣工图）并保证其正确性、有效性和完整性。乙方应将竣工资料和工程档案（一式五份）提交给甲方，并提交竣工图纸一份及电子文档三份。本工程的竣工资料相关费用由乙方承担。

第十条　双方的一般责任

1. 甲方

（1）甲方代表

甲方驻工地代表：＿＿＿＿＿＿＿。

甲方代表应受理与其有关的所有通知、指示、同意、批准、证书、决定及其他通信联络。对本合同而言，甲方代表应是甲方唯一的合法代理人。

（2）委派具体管理人员

甲方代表可委派具体管理人员，并可随时撤销任何此类委派，任何此类委派和撤销均应采取书面形式，委派的具体管理人员须及时通知乙方。

2. 甲方的一般职责

（1）负责协调乙方与现场其他分包方、施工工序之间的关系，提供施工场地、提供标高基准点。

（2）及时向乙方提供施工所需指令、指示、洽商等相关施工文件。

（3）当甲方对工程材料、质量发生怀疑时，有权随时抽查。

（4）如果乙方在工程质量、进度、安全、现场管理等方面满足不了甲方、监理、业主中任何一方的合理要求时，甲方有权将分包合同范围的工作指定给其他单位完成，所发生的分包费用、劳务费、材料费等费用从分包款中扣除，对此乙方不得有任何异议。

（5）协调解决乙方现场的材料堆放及库存场所。

（6）甲方按总承包合同约定办理相关手续，以保证乙方在现场的正常作业。

3. 乙方

（1）乙方代表

乙方驻工地代表：＿＿＿＿＿＿＿。

乙方代表应受理与其有关的所有通知、指示、同意、批准、证书、决定及其他通信联络。对本合同而言，乙方代表应是乙方唯一的合法代理人，没有甲方的事先同意，乙方不得更换和撤销乙方代表的授权。乙方代表根据本合同之要求，行使约定的职责。

（2）乙方委派具体管理人员

乙方代表可委派胜任的具体管理人员，可随时撤销任何此类委托。任何此类的委托和撤销均应采取书面形式，并应征得甲方的同意；在取得甲方书面同意之前，此类委托或撤销不应产生效力。

乙方必须派出强有力的项目管理班子进入现场，全面负责分包工程施工管理和施工操作任务（管理班子名单及成员履历作为合同的附件，报请监理及甲方批准，其中安全员、质量员必须持证上岗并按甲方要求配备），并对自身的施工、技术、质量、工期、安全、文明施工、消防、保卫等进行全面管理。

本分包合同签订后3日内，乙方将负责本工程的全部管理人员名单报送甲方审核。现场派驻管理人员不少于两名（经济、技术各一名），在甲方指定的办公场所工作，负责本工程前期的准备工作。

乙方在施工现场的管理人员必须满足合同中约定的人员数量和素质，且乙方的管理人员不经甲方批准不能更换，如其能力和素质不能使甲方满意，甲方有权要求乙方更换该人员。

4. 乙方的一般责任

（1）乙方应严格履行本合同中的乙方的义务及责任，尊重并认真执行甲方为总承包工程正常施工所制定的各项规定、规则及制度，严格服从甲方的管理。

（2）乙方不得将本合同的部分或全部利益转让给他人，或将本分包工程的部分或全部再分包给他人。

（3）因乙方未履行本合同约定的义务及责任给甲方和其他分包方造成的损失由乙方承担。

5. 施工方案

（1）施工前乙方提交一份包括下列内容的施工方案，包括：

① 详细的施工工艺。

② 所有施工的顺序和计划。

③ 所用机械和设备清单。

④ 吊装和安装所有钢结构工程所需的暂设工程设计。必须保证施工阶段不会引起钢结构和其他结构超限或破坏。乙方应同时提交暂设工程框架和结构稳定性验算，以保证所有暂设工程的稳定。

⑤ 拆除暂设工程的方案。

⑥ 乙方应提供一个经建设管理方批准的独立注册的材料试验室，负责测试、测量工厂和现场所有钢构件，以保证其符合技术规程。

⑦ 乙方应向甲方结构工程师提供完整的焊接方法说明供审核和批准。

（2）乙方应向甲方结构工程师提交一份完整的加工和安装的质量控制措施，主要内容如下：

① 乙方项目组织及组织机构图，规定以下主要成员的职责：项目经理，合约经理，项目工程师，设计工程师，安全负责人等。

② 材料可追踪性：所有钢结构材料均应可以从车间追踪到结构中的最终位置，包括给每个构件一个独立编号，使得该构件从工厂加工到吊装至最终位置的整个过程都可追踪。

③ 纠正措施：乙方应建立一套系统用以识别不符合要求的施工和材料，乙方应在进行纠正工作之前向甲方结构工程师提交纠正措施供审核。

④ 存储：乙方应建立一个材料存储系统以保证材料在工厂、运输和施工现场各个过程中均不发生损坏现象。

⑤ 测试：乙方应按有关现行标准采用破损和非破损试验对材料和结构进行测试，质量检验人员应具有焊缝质量检查资质。

⑥ 乙方应聘请合格的焊工进行车间和现场的焊接操作。

⑦ 乙方应提交的样本包括但不限于：

a. 暴露钢构件的焊缝样本；

b. 防护层；

c. 受拉连接件焊接材料；

d. 各种类型，各种规格的螺栓；

e. 结构或监理工程师要求的其他物品。

⑧ 乙方应向甲方工程师提交所有主要材料商和加工制作商详情供审核认可，包括但不限于下列方面：

a. 钢厂；

b. 加工制作商；

c. 吊装分包方；

d. 材料试验室外的其他实验室。

⑨ 乙方应绘制钢结构工程加工图并提交甲方结构工程师审核和认可。在甲方结构工程师认可有关相关图纸前，不得开始该构件加工。

⑩ 图纸上所示尺寸和标高均为最终的尺寸和标高。乙方应在加工构件时为起拱和轴向压缩变形留出余量，使所有钢构件达到最终位置。

⑪ 所有钢构件均应按有关标准规定的允许误差加工制作。

⑫ 对节点的细节设计，乙方应充分考虑减少薄片撕裂效应。

6. 现场管理

（1）乙方应遵守甲方的现场管理制度及各项管理要求，违反规定造成的一切责任和损失由乙方自负。乙方应随时接受甲方关于安全生产、文明施工、后勤卫生、环保、消防、保卫等方面的检查及工期的控制，并随时接受政府有关部门的各种检查，乙方应为上述检查提供便利条件。若上述检查未达到要求，乙方必须接受甲方发出的合理正确的书面指示，并在甲方规定的合理期限内改正完毕直至得到甲方认可；若乙方不能在规定的期限内完成改正，则甲方可委托其他分包方完成上述工作，所需费用将由甲方从任何应支付给乙方的款项中扣除。

（2）乙方应随时接受业主、甲方和政府有关部门对质量的检查，如发生质量缺陷，乙方应立即予以改正直至达到本合同规定的质量要求。如乙方对质量缺陷的修改不能达到本合同规定的质量要求，则甲方有权委派其他分包方完成该工作。

（3）施工现场一律以甲方的名称和字样出现。

（4）乙方若要在施工现场布置宣传品、布告、广告及招牌等，必须事先报甲方批准。未经甲方批准，乙方不得在施工现场以任何形式布置、悬挂、张贴能表示其单位的招牌、广告等，如乙方违反上述规定，视为乙方违约，甲方有权给予处罚。

7. 乙方资格

乙方必须具备钢结构工程专业承包_____级承包资质。

8. 施工协调与材料采购

（1）乙方应与施工现场的其他分包方通力合作，并遵守甲方关于现场工作协作方面的一切指导。乙方与其他分包方在工作的相互移交、交叉施工等过程中可能会有矛盾之处，乙方须服从甲方的协调并积极配合。

（2）乙方应根据甲方的进度计划制定钢结构材料的进场计划并报甲方审核；如上述计划不符合甲方的总体进度计划，甲方有权修改，乙方应严格遵照执行。

（3）乙方须负责分包工程所用的材料设备、半成品、成品的反复搬运、场内外运输及装卸车的工作；运到现场的上述材料及成品、半成品应在甲方的施工平面布置图指定的位置整齐堆放；甲方有权发出指示，要求从现场搬走任何与本分包工程不符合的材料、半成品及设备。

9. 文明施工

（1）乙方应当按照甲方施工总平面布置图设置各项临时设施。堆放大宗材料、成品、半成品和机具设备，不得侵占场内道路及安全防护等措施。施工机械进场须经过安全检查，经检查合格的方能使用。

（2）施工现场的乙方主要管理人员在施工现场应当佩戴证明其身份的证（卡）。

（3）乙方应该服从甲方指挥，保证施工现场道路畅通，排水系统处于良好的使用状态，保持场容场貌的整洁，随时清理建筑垃圾。在车辆、人员通行的地方施工，应当设置沟井坎覆盖物和施工标志。

（4）施工现场应当设置各类必要的职工生活设施，并符合卫生、通风、照明等要求，职工的膳食、饮水供应等应当符合卫生要求。乙方不得搭设食堂，乙方自行解决餐饮问题，在甲方划分的现场区域内就餐，餐后立即清扫。

（5）乙方应当严格依照《中华人民共和国消防法》的规定，在施工现场建立和执行防护管理制度，设置符合消防和甲方要求的消防设施，使用易燃器材时，乙方应当采取特殊的消防安全措施。

（6）乙方应设专职文明施工管理员和专职班组负责现场的文明施工工作，由于乙方未服从甲方的文明施工要求引起的违约责任均由乙方承担。

（7）乙方须采取一切必需的步骤来降低尘埃和噪声的干扰，风动钻机要装配消声器，压缩机要性能良好并尽可能低音运转，应使之尽可能地远离邻近房屋的地方；乙方还须设法减少尘埃，现场有尘埃的地方及周围要经常洒水。乙方应按照甲方的要求，避免施工扰民并控制噪声，以达到文明施工要求。

10. 乙方的工人应持有效证件、乙方人员进出现场需经甲方的批准，且进场前必须进行安全入场教育并报甲方有关安全教育资料。

乙方应与所有工人签订劳动合同，并缴纳工伤保险，相关费用包含在合同价格中，乙方人员发生伤亡事故的，应及时上报，并自行承担相关伤亡赔偿责任。甲方因乙方人员伤亡事故承担责任的，有权向乙方追偿并从工程款中扣除相关费用。

11. 废弃物

乙方应将工程弃渣料按规定分选运至有关部门认可的存弃场堆放，由于乙方违反施工存弃渣规定而招致人身安全事故、环境破坏和经济损失的，乙方承担全部责任。

12. 临建拆除

在分包工程完成后，除已征得甲方同意保留的之外，乙方必须按甲方要求拆除一切必须拆除的施工临时设施和施工时的生活设施，拆除后的现场应彻底清理直至甲方满意。凡业主决定不予拆除的设施，应由业主通过甲方与乙方协商解决。

13. 临时工程

（1）乙方须与甲方协调取得场地作为办公室和物料存储仓库，并在不再需要时拆除。所有工地上的物料必须整齐码放。

（2）甲方无偿为乙方提供管理人员办公室1间，办公家具、用品、电话等费用由乙方承担。

（3）临时工程的布置，应配合甲方总体施工组织的要求。

14. 图纸及资料的审核

（1）提交文件

如果提交的文件没有乙方盖章，甲方即认为无效，该等文件将被退回。

（2）复核业主提供的图纸

① 乙方应预先核实施工图纸，复核现场尺寸方可施工及采购材料。

②由乙方所作的施工、翻样图等，甲方及监理认为必要的，可要求设计单位会审。任何未经甲方及监理审核批准的施工图纸是无效的，施工中不得使用。

（3）施工标准

①本钢结构工程应满足的施工规范包括国家、行业、地方标准，包括_____。

②分包工程亦须按照图纸上的说明施工。

③若国家标准及图纸上的说明互相矛盾，须遵从较严格的规定。

④若乙方发现图纸和施工标准之间有矛盾或差异，须立即以书面向甲方提出，并说明问题所在。

第十一条　指示、文件及申诉

1.甲方的指示

（1）甲方代表发出的任何的指令、通知均以书面形式做出。甲方根据合同做出的任何决定，乙方均须在甲方规定的时间内执行。如果乙方对甲方的指示有异议，可在甲方规定的期限内提出修改意见，但在甲方做出修改或不修改的决定前乙方仍应继续执行原指令。因甲方的指令有误造成的乙方经济损失由甲方承担。

（2）若乙方超过甲方规定的时间（7日）仍未执行甲方的书面指示且未提出申诉，甲方经业主同意后可雇佣其他人执行指示所要求的工作，乙方承担因此而发生的所有费用。

2.乙方给甲方的文件

（1）乙方的要求、请求和通知，应以书面形式由乙方代表签字后送交甲方，甲方也应以书面形式回复乙方。

（2）乙方在分包工程施工过程中发生意外、紧急情况且无法与甲方联系的情况下，可采取保证工程和人员生命、财产安全的紧急措施，并在采取措施后24小时内向甲方递交书面报告。

第十二条　施工组织管理

1.甲方的修改

（1）分包工程施工期间，如果因总承包工程进度提前（须经监理审核批准）导致乙方的分包工程工期进度发生变化，在甲方与乙方协商并经乙方同意后，乙方应力争根据甲方的要求修订其进度计划，并在商定后7日内提交给甲方重新审核并报监理审核批准，以保证分包工程能按甲方的总体进度计划按期完工。

（2）分包工程施工期间，如因总承包工程进展滞后导致乙方的分包工程不能按期完成，由甲方承担责任。

（3）工程施工组织方案及进度计划表（包括修改）提交给甲方审核及获得监理的认可，不能免除乙方在合同及本合同中的任何义务和责任。

2.计划及报告

每月10日，乙方须按甲方要求的格式向其提交5份当月已完工程量月报表和下月计划报表，由甲方审核确认。

第十三条　乙方的保护工作及分包工程的照管

1.公共财产的保护

乙方应自觉保护所有公共财产、道路、公共设施、临时设施、现存管线等，并承担修理因自身的疏忽造成损坏所需的一切费用。乙方须自费修复所有因乙方的疏忽或过失而引起的缺陷工程，否则应承担由此导致的任何相关费用及索赔。

2.乙方对工程的照管

（1）自进场之日起直至分包工程通过完工验收并移交甲方，乙方应完全承担对已送抵工地的分包工程材料及设备已安装的分包工程的照管责任。此外，若乙方在保修期间尚有任何应完成但未完成的工程，则乙方应对该未完成工程的照管完全负责，直至保修期结束。

（2）在乙方负责照管期间，如已送抵工地的分包工程材料及设备和已安装的分包工程或其任何部分不论因何原因遭受损坏、被盗、损失或伤害，乙方在报请甲方及业主同意后应首先进行修理修复，以保证相关物资在本工程竣工时完好且在各方面均能符合合同的要求，待分清责任后，费用由责任方承担。

（3）乙方必须注意甲方在工地现场提供的任何安保措施，不能减轻乙方在现场照管上的任何责任；乙方应加强乙方工作面及仓库、材料堆放场地的保卫，保障安全。

3.对甲方财产的保护

乙方在施工期间必须保护和维护甲方及其他分包方的临时设施、临时工程及半成品、材料设备和已安装的任何永久工程；如甲方发现上述物资因乙方的原因损坏甚至造成不良隐患，甲方有权在任何时候发出指令要求乙方立即予以修补直至甲方满意，乙方承担由此发生的修补及维护的费用。

第十四条 设备、材料及临时工程管理

1. 一般规定

乙方对分包范围内的设备、设施的维护保管应遵循设备说明书要求和厂家的相关规定，上述文件均由乙方自费翻译成中文，并同时报送给业主方及甲方各一份审阅。由于乙方原因造成其他分包方安装的材料设备受损的，一切费用和补救措施由乙方负责。

2. 所有权

由乙方提供的所有设备、临时工程和材料，一经运至现场，则应视为本工程专供，乙方可将上述物品从现场某一部位移至另一部位，但未经甲方同意，不得将上述物品或其中任一部分移出现场。如乙方需将上述物品部分移出现场，需提前以书面形式报告甲方，在征得甲方同意后方可将其移出现场；上述报告时间需在工作时间内提出。如因特殊情况（如乙方的小型机具需随时进出场），乙方应事先通知甲方。

3. 保管和维护

（1）甲方将根据施工现场的总体安排考虑将现场的部分区域在一段时间内作为乙方的材料、设备、机具存放场地，乙方在甲方的安排下自费搭设临时库房以存放材料设备，并自行负责看管和保卫。

（2）乙方应负责材料、设备、机具在现场存放时的防火、防盗、防潮等，并按照甲方的要求自费配置消防器具。

（3）乙方须保障材料在存放期间，不因存放和维护措施不当而产生变形、变质。

（4）乙方应对材料、设备、机具负完全责任，对非乙方责任的损失或损坏，甲方负责协调责任方赔偿。

（5）乙方需负责有关设备安装就位后的施工环境的清洁工作。

（6）对于其他分包方施工完毕的工程，乙方应自觉予以维护，因乙方原因而造成其他分包工程损坏的，乙方应负责修复或赔偿损失。

第十五条 材料设备试验与检验

1. 本工程材料试验与检验应按照设计图纸和国家有关工程试验标准实施。

2. 甲方有权根据自己工作需要和工程具体情况不定时进行抽样材料试验，乙方应向甲方无偿提供试验用材料和各种试件，并为甲方进行抽样检查提供必要的条件和一切便利。此类抽样试验均由甲方指定的有试验资质的单位进行，如抽样试验结果不合格，其抽样试验费用由乙方承担。

3. 本工程严禁不合格材料、成品和半成品进场或使用。若进场材料、成品或半成品不合格，其损失及后果由乙方承担，同时不能以此为由要求增加额外费用及工期延误。

4. 乙方使用的工程材料必须符合设计要求，并具有有关材质证明或合格证件。如乙方在工程中使用无材质证明或业主、甲方检查不合格的材料，甲方有权要求其返工并更换该种材料；或要求乙方重新进行试验，试验后向业主方递交新的材质试验结果，不管试验结果如何，试验所需费用均由乙方承担。

第十六条 材料设备进场验收

1. 在本合同签订的同时，乙方应向甲方提供一份依据甲方的总体进度计划制定的材料设备供应计划，其中须明确材料设备的名称、规格型号、单位、数量、供应时间及其送达地点，作为本合同的附件。

2. 甲方拒绝验收的权利

乙方不按规定通知甲方参加验收或未按规定提供全部资料，甲方对材料设备的验收结果不负责，一切损失由乙方负责。乙方供应的材料设备与清单不符时，各方约定如下：

（1）种类、规格及质量与清单不符时，甲方有权拒绝验收，乙方负责运出施工现场并重新采购；

（2）到货地点与清单不符时，乙方负责倒运至清单指定地点；

（3）供应数量与清单不符时，由乙方负责补齐或将多余部分运出施工现场；

（4）供应时间原则上按供货计划执行，如发生供应时间与清单规定的日期不符，乙方应提前与甲方协商解决；

（5）由于上述原因或供货时间迟于清单规定时间而给甲方及其他分包方造成的工期、质量及费用损失均应由乙方承担。经甲方检验后又发现部分材料设备的规格、质量等级与清单不符时，乙方仍应承担重新采购及拆卸和重建的经济支出，其工期不予顺延。

3. 为进场验收提供方便

（1）乙方应随时按甲方根据工程需要可能提出的要求，在制造、装配地点、现场、合同可能规定的地点或其他地点进行检验。

（2）乙方应为检查、测量和检验上述任何材料或工程设备提供需要的协助、劳务、物力、燃料、备用品、装置和仪器，并应在用于工程之前，按甲方的选择和要求，递交有关材料样品，以供试验。

第十七条　施工过程验收及完工验收

1. 中间检查

乙方随时接受甲方代表及其委派人员的检查检验，为检查检验提供便利条件，如发现不合格项目，应按甲方代表及委派人员的要求返工、修改，承担自身原因导致返工、修改的费用。在工程的施工中，如某分部分项工程的施工未能通过业主及甲方的验收，乙方不得进行下一工序的施工。

2. 再次检查

甲方的检查认可并不代表乙方责任的转移，即检查检验合格后，再次检查又发现由乙方原因引起的质量问题，仍由乙方负责进行整改。

3. 隐蔽工程的检查

（1）工程具备覆盖、掩盖条件或达到合同约定的中间验收部位时，乙方自检合格后通知甲方，甲方在12小时内组织相关单位和部门参加验收。通知应包括乙方的自检记录、隐蔽和中间验收的内容、验收时间和地点，乙方还应准备验收记录。验收合格且业主、甲方在验收记录上签字后，方可进行隐蔽和继续施工；验收不合格，乙方按甲方的要求在限定时间内修改后重新验收。

（2）工程质量符合标准及本合同的要求，验收＿＿＿＿小时后，业主、甲方不在验收记录上签字，可视为业主、甲方已经批准，乙方可进行隐蔽或继续施工。

（3）业主或监理不能按时参加验收，且未在开始验收＿＿＿＿小时之前向甲方提出延期要求或延期超过两天的，甲方可牵头组织乙方验收。

（4）甲方不能按时参加验收，需在开始验收＿＿＿＿小时之前向乙方提出延期要求，但延期不能超过两天；甲方未能按以上时间提出延期要求，又不参加验收，乙方可与业主自行组织验收，甲方应承认验收记录。

4. 按业主、监理及甲方的要求剥露

不论业主、监理或甲方是否参加验收，当其提出对已经隐蔽工程的前一道工序重新检验的要求时，乙方应按要求进行剥露，并在检验后重新进行覆盖或修复。检验合格，由提出方承担由此发生的经济支出，工期给予顺延；检验不合格，乙方承担由此发生的经济支出及给甲方、其他分包方造成的二次检验损失，分包工期不予顺延。

5. 返工

验收达不到质量标准的部分，甲方有权要求乙方返工，乙方应按甲方要求的时间返工，直至符合质量标准。由此所发生的费用及给甲方及其他分包方造成的相应的返工损失均由乙方承担，工期不予顺延。

第十八条　费用分担

1. 以下工作内容由甲方提供：

（1）现场已有的脚手架、垂直运输机械。

（2）临时水电接口、计量设施。

（3）足够和无障碍的工作面、工作空间和工作时限。

（4）满足施工需要的办公室及临时仓库用地或用房。

2. 电源、电费、水源及水费

正常施工用水、电费用由甲方承担，办公及生活用水、电费由乙方自行承担。乙方应尽量节约用水、用电，如甲方发现乙方浪费水电的现象，可对乙方进行罚款。

第十九条　违约责任

1. 甲方的违约责任

（1）如果甲方不履行本合同约定之责任，乙方以书面形式提醒甲方及时履行责任，甲方在接到乙方提醒通知后2个工作日内，应履行责任或向乙方解释不能及时履行责任的理由。

（2）甲方不按约定向乙方支付分包合同价款的，应按同期贷款市场报价利率（LPR）向乙方支付利息。

（3）甲方不能提供按时提供甲供材料、工作面，造成窝工的，按照_____元/日的标准支付窝工费用。

2. 乙方的违约责任

（1）如果乙方不按本合同履行责任，则甲方应根据本合同的有关规定通知乙方纠正这种失误或疏忽。乙方在接到甲方的纠正通知后两天内，向甲方提交纠正措施和方案，交甲方审批后由乙方实施并在甲方要求的期限内完成，由此产生的费用由乙方承担。

（2）如果乙方在接到甲方的纠正通知后两天内没有向甲方提交纠正措施和方案或实施后未在甲方要求的期限内完成，经甲方催促后，乙方仍未达到本合同约定的要求，甲方有权更换并选择其他分包方。乙方人员应在接到终止本合同的通知后两天内撤离施工现场，甲方将接管乙方存放在现场的材料、设备及其他物品；甲方或者受委托的其他分包方使用这些材料、设备及其他物品以完成分包合同工程。

（3）由于乙方不履行本合同约定之责任，不论本合同是否解除，乙方都应赔偿甲方及其他分包方因此而遭受的所有损失，同时乙方须保障甲方免于承担其他方的惩罚或索赔。甲方将没收乙方的保留金以补偿受损方。

（4）因乙方自身的原因导致工期拖延，乙方除应承担由此给甲方和其他分包方造成的损失外，甲方有权对乙方处以人民币_____万元/天的拖期罚金，但该罚金累计不超过合同总价的_____%。

（5）乙方向甲方承担违约责任，并不能免除乙方给甲方造成的其他损失，包括甲方按总承包合同约定向业主承担的违约责任。

（6）乙方转包、再分包本工程的，甲方有权解除合同，并且乙方应按照结算金额的_____%支付违约金，甲方可在结算时直接扣除。

（7）乙方施工质量验收不合格，乙方无权主张工程款，甲方可以要求乙方整改，乙方因自身原因无法完成的，甲方有权解除合同，并且甲方可以委派其他分包方完成，产生的费用由乙方承担。

（8）乙方及其工人以非正当方式（包括多人围堵、占据施工现场、甲方办公场所；以任何手段阻止施工现场正常施工、甲方正常办公秩序；阻塞交通；攀爬塔式起重机、建筑物、广告牌等）向甲方提出要求的，乙方需支付违约金_____元/次。

（9）乙方拖欠工人工资，每发现一次，应向甲方支付违约金_____元，并且甲方有权解除合同。

第二十条　保修

1. 根据《建设工程质量管理条例》，本工程的保修期为_____年。

2. 质量保修期自本工程整体竣工验收合格之日起计算。

3. 质量保修责任

（1）乙方应当在接到保修通知之日起_____小时内派人维修。乙方不在约定期限内派人维修的或者发生紧急抢修事故的，甲方可以委托他人修理，费用从乙方保留金中扣除。

（2）对于涉及结构安全的质量问题，应当按照《房屋建筑工程质量保修办法》的规定，立即向当地建设行政主管部门报告，采取安全防范措施；由原设计单位或者具有相应资质等级的设计单位提出维修方案，乙方实施维修作业，相关费用由乙方承担。

（3）质量问题维修完成后，由业主、使用方会同甲方组织验收，各方验收合格后当次维修即告结束。

4. 保修费用与赔偿责任

（1）因乙方施工质量缺陷给使用方、业主造成的物资财产等直接损失以及其他间接损失均由乙方负责赔偿。

（2）返修、维修及受其影响的相关联工作所需费用由乙方承担。

（3）若合同双方对分包工程质量发生争议，则共同约请工程所在地质量监督总站或其他权威机构进行鉴定。如果鉴定结论为乙方质量合格，则鉴定费用由甲方承担；否则，鉴定费用由乙方承担。

第二十一条　争议解决

双方因履行本合同或因与本合同相关的事项发生争议的，应通过协商方式解决，协商不成的，应首先提交_____调解中心进行调解，调解不成的，一方有权按照下列第_____项约定方式解决争议：

（1）向_____仲裁委员会申请仲裁；

（2）向_____人民法院提起诉讼。

第二十二条　其他

本合同一式_____份，均具有同等法律效力，甲方执_____份，乙方执_____份。

附件1：钢结构设计与施工说明；

附件2：钢结构报价编制说明；

附件3：图纸及图纸清单；

附件4：策划书；

附件5：钢结构细化工期。

（以下无正文）

甲方：（公章）	乙方：（公章）
法定代表人或其委托代理人：	法定代表人或其委托代理人：
（签字）	（签字）
统一社会信用代码：_____	统一社会信用代码：_____
地址：_____	地址：_____
电话：_____	电话：_____
电子信箱：_____	电子信箱：_____
开户银行：_____	开户银行：_____
账号：_____	账号：_____

附件1：钢结构设计与施工说明

（本说明将在钢结构施工图中根据设计情况进行修改）

一、概述

二、设计与施工标准

三、材料

四、荷载

五、焊缝等级

六、除锈防腐

七、施工安装工艺

八、钢结构附加施工内容

附件2：钢结构报价编制说明

　　第一部分　设计文件
　　图纸
　　其他设计说明
　　第二部分　报价应考虑的因素
　　钢结构主材
　　损耗
　　深化设计
　　工作内容，包括但不只限于：
　　加工制作
　　运输
　　拼装组对
　　安装
　　测量定位
　　探伤检测
　　安全防护
　　成品保护
　　第三部分　报价表

附件3：图纸及图纸清单

（本书略）

附件4：策划书

（本书略）

附件5：钢结构细化工期

（本书略）

钢结构制作分包合同

合同编号：

工程名称：_____
工程地址：_____
甲　　方：_____
乙　　方：_____

_____年_____月_____日

_____工程钢结构制作分包合同

甲方（承包方）：_____

乙方（分包方）：_____

按照《中华人民共和国民法典》《中华人民共和国建筑法》及其他有关法律、行政法规、规章、本工程招标文件、投标文件，甲乙双方本着遵循公平、诚实、守信的原则，双方就本工程钢结构制作、运输有关事项协商达成一致，订立本合同，以资双方遵照执行。

第一条 工程概况及工期质量要求

1. 工程名称：_____；
2. 工地地址：_____；
3. 工程质量标准：符合施工图设计要求，符合国家验收标准；
4. 工程量：_____；
5. 钢结构制作开始时间：_____，钢结构制作完成时间：_____；

工期应满足甲方总控工期计划及现场要求，具体以甲方指令为准。

第二条 钢结构制作范围

1. 承包范围：_____、_____、_____建（构）筑物地下钢骨柱、钢骨梁、型钢柱、型钢梁、埋件等所有钢结构，具体范围以甲方提供的设计图纸和书面指令为准。

若因乙方的构件加工制作进度不能满足甲方的要求，甲方有权将其承包范围内的构件委托给其他单位加工。如甲方将本次承包范围外的其他类似构件委托给乙方加工，则单价及合同条件均按本合同执行，双方另行签订补充协议。

2. 工作内容包括为了完成本合同内的钢结构制作工程必须完成的所有项目（包括图纸显示和未显示的内容），包括但不限于：

（1）钢结构钢构件的原材料复试、原材料矫正、制作、成品检验、储存、运输、涂装（包括底层清扫、除污、喷砂除锈；油漆、防锈防腐处理等所有应在加工厂完成的涂装工作；防锈漆应使用图纸及甲方认可的油漆），油漆颜色具体色标由设计选定。安装后补漆漆料由乙方无偿提供（同加工厂用漆）等。

（2）储运：乙方负责卸车和钢材保管，如发生钢材丢失、损坏，由乙方承担损失；乙方制作构件应考虑运输车辆最大装载尺寸，负责组装拼装焊接平台或胎架费用；乙方负责将构件运输至工地现场指定位置，对因运输原因造成的钢构件质量问题负全面责任。

（3）安装配合：乙方负责配合在钢结构安装过程中的技术指导和问题处理，包括返修、局部切割焊接、修补油漆等。

（4）采用包加工制作、包储运、包质量、包工期、包安全的固定综合单价形式的承包施工。乙方自行采购用于本工程的材料须向甲方报审，核准后方可使用。所有为按时、合格地完成本工程必须的其他工作均属于乙方工程内容。以上工作内容涉及的相关费用，均包含在综合单价中，乙方不可再主张增加费用。

3. 甲、乙双方工作责任划分

序号	工作内容	甲方责任	甲方工作纲要	乙方责任	乙方工作纲要	备注
1	钢材采购					
1.1	材料采购	√	甲方与钢厂签订定货合同并支付料款			
1.2	材料运输	√	甲方负责支付钢厂到乙方加工厂的运输费用	√	由乙方联系钢厂将材料运输至其加工厂，在工厂卸货并清点所有甲供材料，并将下料质量及时反馈甲方。运输包括钢厂内材料倒运以及从钢厂加工完毕运至现场或甲方指定地点，且包含从指定地点的二次倒运至甲方工地	材料不得出厂加工

续表

序号	工作内容	甲方责任	甲方工作纲要	乙方责任	乙方工作纲要	备注
1.3	材料复试		—	√	原材料复试	由乙方委托国家见证实验室完成，并支付费用
2	辅材采购					
2.1	焊材牌号确认		—	√	乙方按图纸及标准要求推荐焊材型号及相关资料，经审核确认后使用	与焊接工艺评定一致
2.2	焊材采购		—	√	按甲方确认品牌进行采购	
3	图纸提供	√	甲方提供一套施工及加工详图		乙方对图纸问题及时书面反馈意见，不得随意更改	
4	车间制造					
4.1	下料		甲方主材排版图发至乙方加工厂	√	乙方加工厂：甲方发至加工厂加工图与甲方排版图核对一致，方可下料	加工图与排版图不一致时，乙方须及时与甲方确认
4.2	钢材预处理和预油漆		—	√	按计划、施工详图、技术标准及乙方工艺完成	
4.3	车间制造		—	√	按计划、施工详图、技术标准及乙方工艺完成	包括组对、焊接、校正、抛丸除锈、涂装、钻孔等；加工厂部分的栓钉、螺栓焊接、油漆等
4.4	制造过程的探伤		常规实验室和第三方见证实验室必须得到甲方认可	√	按施工详图、技术标准及乙方工艺完成，乙方委托第三方实验室进行相关检测	UT探伤报告、钢结构焊接工艺评定
4.5	高强度螺栓抗滑移系数检测		—	√	试件由乙方负责。甲乙双方分别送检出具检测报告，费用各自承担	高强度螺栓抗滑移系数检测报告
4.6	涂装：底漆、面漆等		—	√	根据图纸、技术标准及相关工艺要求完成	使用油漆品牌须得到甲方认可
5	检验		—	√	提前两天通知甲方进行检验	
5.1	自检		—	√	按乙方工艺及技术标准进行	
5.2	甲方和第三方检验		常规实验室和第三方见证实验室必须得到甲方认可	√	乙方自检，积极配合甲方复检	
5.3	检验文件提交		—	√	乙方负责	
6	包装		编号标识应事先与甲方协商	√	裸装、编号标识	
7	包装清单		—	√	交货前两天	按甲方提供形式
8	桁架预拼装		（本条暂不适用）	√		
9	合格证，检验报告		—	√	交货前两天	
10	辅材证明		—	√	交货前两天	
11	成品运输		—	√	乙方负责从加工厂到施工现场的运输及运输过程中的保险、成品保护等	

续表

序号	工作内容	甲方责任	甲方工作纲要	乙方责任	乙方工作纲要	备注
12	现场清点交验	√	甲乙双方指定人员共同清点	√	派驻工地现场指导人员发运前两天到场	指定验收人员签字
13	桁架现场组拼		（本条暂不适用）		（本条暂不适用）	
14	驻厂监造	√	向工厂派驻1～2人监造代表	√	提供1～2人食宿、办公条件，并承担与之相关费用	如有
15	结算单		按合同付款条件执行	√	发运后7天内，乙方提供验收合格资料	
16	竣工资料		—	√	提供甲方要求数量的竣工资料：8套竣工资料（不含加工图）	

第三条 钢结构制作技术要求

1. 按照甲方提供的图纸和技术标准及工艺的要求。

2. 乙方在加工时须提供并焊接安装好钢构件所需的连接板、防坠板、引弧板、衬板、耳板、加劲板、补强板等，引弧板、衬板、耳板以及图示中显示的所有构配件重量不计入结算工程量（材料均由甲方提供）。

3. 乙方向甲方提供与加工厂构件涂刷的相同的油漆材料，品牌、数量应能满足安装阶段的钢构件补漆需要（如有另议）。

4. 因甲方工地现场场地狭窄，各种构件必须按运输车辆最大装载尺寸在乙方的加工场拼装成成品构件（非单根杆件）运输至工地现场指定位置，最大限度减少在工地现场进行拼装、焊接、钻孔等工作。成品构件从工厂运输至工地现场，钢柱、钢梁分段长度以加工详图为准，钢柱、钢梁随甲方要求整根运输，不得任意肢解，经甲方同意肢解的需要乙方在现场进行组拼，费用已含在合同价款中。

5. 乙方负责配备有上岗资格证书的专职试验员完成其承包范围内所有按规定要求进行的各种材料和板块的检验、试验，包括板块和试件的制作、取样、送检、取检、首次使用钢材的焊接工艺评定试验等，常规实验室和第三方见证实验室必须得到甲方的认可。

第四条 双方责任

1. 甲方责任

（1）提供钢结构施工总控制计划；

（2）提供结构施工图及过程当中的变更、深化设计图纸、钢结构加工详图1套，如乙方认为详图不能满足工厂加工需求，经甲方项目经理签字同意批复后，则乙方自行负责深化以满足自身加工需要；

（3）现场监督所有钢材见证取样；

（4）按合同规定的期限及时支付工程款；

（5）如有需要，派驻1～2名监造工程师在加工过程中驻厂；

（6）指派专人负责加工事宜的联络工作；

（7）审批乙方报验的钢结构加工方案、焊接工艺评定方案、焊工培训考试计划、钢结构加工进度计划、钢构件交货计划等；

（8）甲方高级项目总监：_____；项目经理：_____，甲方出具的文件需由二人共同签署，缺一不可，未见其二人签字之文件均不生效。

2. 乙方责任

（1）按甲方提供的和国家颁布的相关技术及验收标准的要求精心安排工艺及施工，对钢结构原材料及成品的质量、数量和工期全面负责。

（2）参加本工程焊接的全部焊工的培训考试。

（3）乙方在收到中标通知书后7天内，向甲方递交一份包括乙方所有工作在内工作进度计划时间表，该进度计划应合理、恰当地考虑甲方整体工程进度计划，并能准确反映为恰当和按时地完成本工程乙方每个工序的节点时间，以及材料的到场时间、批次构件加工完成时间、批次构件到工地现场时间。

（4）每周向甲方提供该周进度报告和下周进度计划。

（5）对甲方所遣的技术人员的建议应予以积极的配合，在甲方要求时，应及时给予书面答复。

（6）指派两名设计专业人员配合甲方完成详图设计工作，在工作期间，发现甲方提供的图纸或技术要求不合理，或其他任何技术问题，应当立即书面通知甲方；甲方应该在三个工作日内回复，提供修改意见。

（7）乙方必须根据安装图纸对所有钢构件进行编号，保证按甲方进度计划要求及时将钢构件配套运输至施工现场；如乙方未按甲方批准的制作进度计划配套安排钢构件进场，发生超期的（以施工进度计划之分项为准），甲方有权对乙方罚款，且乙方还需赔偿由此给业主、甲方造成的其他经济损失。未经甲方书面批准，禁止乙方在所有钢构件标注有关宣传的标记。

（8）乙方负责自身人员的人身工伤保险、材料保险、自身设备保险，应当为钢构件办理保险预防意外事件发生。

（9）乙方需制作8套竣工资料，在施工过程中必须按甲方要求填报所有甲方及国家规定的工程技术及商务资料；文件、资料、材料、设备等获得设计、业主、甲方及其代表审批并不能免除乙方应承担的所有责任。

（10）乙方的加工方案必须与甲方的安装方案相吻合，满足安装要求，并通过甲方审批后实施，提交甲方审批的方案在取得甲方同意前不得擅自改动。

（11）为保证钢构件加工质量，乙方总部须在合同签订当日出具书面保证措施，该承诺书视为合同的重要组成部分。

（12）负责解决甲方、监理驻加工厂监制人员的食宿、交通和办公费用。

（13）乙方代表：＿＿＿＿＿＿＿＿，乙方法人代表须出具书面的授权委托书，从本工程中标之日至全部钢结构制作完成后30天，＿＿＿＿＿＿＿＿作为乙方加工厂负责本工程钢结构加工制作的指定负责人，拥有包括人员调用权、资金使用权、设备物资使用权、对外函件及结算的签字权等为解决处理与本合同有关事宜的一切权利；该授权书作为合同附件，与合同构成整体。

（14）乙方必须书面出具：钢结构制作组织保证书、钢结构制作项目人员保证书、钢结构制作加工设备到位保证书，该书面保证作为合同附件，与合同构成整体。

（15）乙方必须提供充分的资金来源，保证钢结构制作过程中资金需要，乙方不能因甲方资金不到位而影响加工工期、质量和供货时间。

（16）未经甲方书面批准，禁止乙方在任何钢构件上做宣传标记。

（17）有关开洞补强、穿筋孔预留、钢筋连接器和连接板在工厂进行的焊接加工等工作已经包含在单价中，乙方不得因此类原因而提出任何索赔。

（18）乙方负责复核甲方提供的图纸，因图纸不一致而引起加工错误由乙方承担，不得索赔。

（19）业主、监理、甲方随时有权对乙方的工作进行监督、检查、控制，乙方履约不力时，甲方可另行发包该工程的全部或部分工程，另行发包的费用由甲方确定并从乙方合同总价中扣除，无须征求乙方意见，由此引发的一切损失由乙方承担，相关费用从乙方履约保证金中扣除并追加索赔。

（20）未经甲方许可，乙方不得全部或部分转包或分包本工程。

（21）乙方自行负责办理所有相关跨区经营和备案手续，并承担相应费用。

（22）乙方应与所有工人签订劳动合同，并缴纳工伤保险，相关费用包含在合同价格中。乙方人员发生伤亡事故的，应及时上报，并自行承担相关伤亡赔偿责任。甲方因乙方人员伤亡事故承担责任的，有权向乙方追偿，有权从工程款中扣除相关费用。

3. 乙方派驻工地现场指导人员

乙方须向工地现场派驻现场指导人员，承担因乙方原因造成的返修工作及所发生的费用，并配合甲方做好安装中技术问题的处理，具体如下：

（1）乙方至少配备1名具有类似工程实际经验的、能独立协调处理问题的工作人员，现场配合甲方安装施工；工作人员应持有乙方授予的有效委托书（委托书需说明委托人之责任及权限）。该授权书作为合同附件，与合同构成一体。

（2）如果甲方认为乙方的现场指导人员不能胜任现场配合钢结构安装工作，甲方有权要求乙方更换。

（3）乙方现场指导人员应在钢构件到达现场前两天到达工地现场，并在钢结构工程安装完毕后撤离。现场指导人员的食宿、交通、通信、仪器及办公用具由乙方负担。

（4）乙方的现场指导人员应服从甲方的管理，配合钢结构安装前的技术准备工作；负责钢构件的清理交验及返修工作；配合现场加工组织、拼装与操作。

（5）乙方现场指导人员的工作时间应满足甲方的施工需要，如因工作需要，甲方可以要求乙方现场指导人员进行合理限时的加班，乙方自行承担其职员的加班费用。

（6）乙方办公设备及用品自行解决。

4. 乙方责任之材料管理使用要求

（1）如果甲方委托乙方采购部分材料的，采购单价、厂家、数量必须事先经甲方项目经理确认，乙方不得擅自决定所供钢材的钢厂品牌，否则不予核算，所有损失均由乙方承担。

（2）由乙方委托国家见证实验室完成甲供材料的进厂复试，不合格材料应及时将甲方反馈书面意见，乙方承担不及时反馈及申报资料造成的损失。

（3）节点板、连接板由乙方负责排板，甲方进行复核确认。

（4）甲方提供的钢材乙方只有使用权、保管权，调配权归甲方，乙方使用前必需经甲方驻厂人员确认，甲方驻场人员应在接到乙方通知后 24 小时内给予确认。甲供材料的总消耗系数不超过 3%，其中钢材烧损损耗不超过 1.7%；甲供材料的剩余尾料、吊耳、安装用临时连接板、防坠板，焊接所需的引弧板、衬板、耳板返还甲方。甲供材料超过总消耗系数部分的材料费由乙方承担。

（5）甲方供应材料依据图纸按定尺考虑总消耗系数，如因乙方原因造成钢材实际消耗量超量，由乙方承担给甲方造成的全部损失，并承担工期延误对甲方造成的损失。

（6）乙方在加工时需尽最大能力合理利用余料无偿焊好现场安装钢构件上所需的吊耳、安装用临时连接板、防坠板；乙方应利用甲方委托采购的同板厚度及材质的剩余尾料制作引弧板、衬板、耳板等，严格控制损耗。

（7）乙方负责管理甲方委托采购的钢材，做到不丢失、不串用，每月向甲方上报剩余钢材盘点表，并向甲方提供钢材保管承诺书。

（8）甲方按加工图所示数量提供栓钉，栓钉的损耗不得超过 1%，如乙方实际使用数量超出损耗，则由乙方承担超出部分栓钉材料费用。

第五条　合同金额

1. 该项目采用固定单价合同（明细见报价清单），合同单价不因该项清单构件重量的增减和连接形式调整而改变。

2. 合同单价包括完成该项目所需的加工工艺设计费、人工费、材料费、机械费、管理费、利润、规费、税金等一切费用，其中税金为_____税（税率为_____%）。合同单价中包含但不限于以下工作：所有钢结构加工制作、材料损耗、涂装、包装、运输至安装工地的仓库、装卸、材料检测（包括进场复试、第三方见证试验）、二次倒运、焊缝检测检验探伤、缴纳保险、使用技术安全措施、编制技术资料、编制竣工资料、半成品及成品保护、办理履约保证金等。

3. 以重量为单位计算的清单项目，构件重量按设计图示尺寸的净量计算重量。

4. 本工程的质量监督费（工厂监造 1～2 人食宿费用及甲方、监理、建设单位在工厂检查所发生的费用）由乙方承担并已综合考虑在固定单价中。

5. 合同金额暂定为：_____元（大写：_____）。

第六条　工程款支付

1. 本工程无预付款，无延期付款利息。

2. 甲方不能确保每次进度款及时足额到位，在此条件下，乙方应保证连续正常加工、运输。

3. 工程款按月支付，分包方每月 25 日向发包方上报本月运至工地完成量，并附详细的计算书，发包方接到申请一个月内审核完毕，并于 10 日内支付扣除保留金、罚金等后的金额；最多每月支付一次工程款，保留金为 20%；按月支付 80% 的工程进度款已包含工人工资，工资按月 100% 支付，乙方每月 25 日报送的工人工资的付款申请应列明上月应支付的工人工资，附工人签字并按手印的工资清单、收款账号、考勤表，并提供工人身份证原件用于核对信息。

4. 在乙方按照本合同规定提交了履约保证金并得到甲方的认可之前，甲方没有义务向乙方颁发任何进度付款单，乙方也无权要求和接受任何来自甲方的付款。

5. 保留金的扣留及返还

（1）在乙方提交进度请款单以及甲方开具进度付款单时，均应按照本招标文件中规定比例扣留保留金。扣留保留金的比例为_____%，其中_____% 作为质量保证金，_____% 作为工期保证金，_____% 作为施工技术质量资料、竣工资料保证金；乙方代购材料亦全部按本付款要求执行。

（2）在工程完工通过验收，达到合同规定的各项目标后，从保留金中扣留结算价款的5%作为保修金；剩余的质量保证金、工期保证金、资料保证金于15天内无息返还。

（3）保修金的返还：待工程保修期满后（保修期为整体工程竣工后2年），且甲方从业主处获得对应款项后14天内，扣除对应扣款后，甲方一次性将余款无息返还乙方。

第七条　结算方式

1. 工程量计算规则：由合同双方在工程量清单中具体约定。

2. 以重量为单位结算的清单项目，按构成施工安装主体实际完成并达到合同约定的质量标准后的图示工程量计算净量。

3. 工程如果发生材料替代，以重量为单位结算的清单项目按实际替代规格根据设计图示尺寸结算重量，但必须由甲方认可；以"个""项"为单位结算的清单项目，不因材料替换改变清单单价。

4. 对乙方超出设计图纸范围和因乙方原因造成返工的工程量，不予计量。

5. 在未经甲方书面授权的情况下，乙方不得使用其他规格、品牌的材料代替甲方所供材料，否则，全部损失由乙方承担。

6. 工程发生其他变更或修改，双方补充临时协议内容。

7. 本工程所有金额均以人民币计算。

8. 乙方应在工程验收合格后28天内按照甲方指定的格式上报竣工结算，以甲方审核确定的金额作为付款的依据。乙方不及时上报结算的，甲方有权拒绝支付工程款。

第八条　工程质量目标及技术要求

1. 本工程质量目标：验收合格，达到申报"＿＿＿＿＿＿＿＿奖"条件。

2. 技术要求详见图纸和钢结构施工总说明。

3. 设计30mm以上厚板的焊接前，对距焊道中心线两侧各两倍板厚加30mm区域内的母材进行超声波探伤检查，母材中不得有裂纹夹层及分层等缺陷存在。对于钢板对接焊缝、钢梁与钢柱对接焊缝的钢梁端部母材和柱翼缘板母材焊道中心线两侧各两倍板厚加30mm的区域，加工厂须进行超声波探伤检查，通过对钢板的合理排版下料，保证以上部位使用的钢板满足图纸性能要求。

4. 乙方对钢构件质量做出以下声明及保证：乙方对钢构件的质量保修期按《房屋建筑工程质量保修办法》及相关规定执行，在此期间内，如钢构件在正常安装和正常使用的情况下出现质量问题，乙方应免费提供维修或更换服务，并承担相应责任。在质保期内，乙方在接到甲方要求提供维修服务的通知两个日历天内，需派专人到现场处理质量问题。如乙方在接到甲方通知后两个日历天内未派人处理，则甲方可委托他人处理，费用由乙方承担。

第九条　验收标准和方法

1. 本工程按照国家现行验收标准、施工图纸及有关的技术要求验收。

2. 钢结构在乙方厂区加工完毕后，乙方应及时书面通知甲方，甲方在接到通知三个工作日内组织有关人员进行验收。

3. 乙方须免费提供经检测合格的50m钢尺四把，与现场测量专用50m钢尺校对一致，加工厂、现场安装、测量、监理、甲方统一使用以对钢构件进行验收，保证钢构件验收质量。

4. 现场施工中属于乙方加工错误引起的质量问题，乙方应承担全部责任。

5. 验收前乙方应当向甲方提交专职质量检查人员签署的质量报告。

6. 钢构件到达施工现场后，甲方应立即组织安装，如因质量、数量和钢构件不配套等原因导致验收不能正常安装，乙方应无条件更换或补充，由此所发生的一切费用由乙方承担；且须赔偿由此给甲方造成的损失。甲方对钢构件质量的检验并不意味着对钢构件质量的最终认可。

7. 甲乙双方对加工的钢结构在检验中发生争议时，可由双方同意的有关质量监督检验机关提供检验证明，所需费用由责任方承担。

第十条　交货方式、期限

1. ＿＿＿＿＿年＿＿＿＿月起分批交货，甲方指令在3日前书面发给乙方，乙方做好准备，具体时间以甲方指令为准。

2. 第一批钢构件出厂前，乙方安排业主、监理和甲方人员到乙方工厂进行钢构件发运前检验。

3. 如在工厂或工地验收过程中，甲方发现钢构件的质量、规格、性能与合同不符合的，乙方必须按甲方要求退换或修复。

4. 进场钢构件如发生质量问题须返修的，由乙方进行返修或由甲方指定厂家进行维修，所发生的一切费用及损失均由乙方承担。

5. 乙方应保证所供钢构件达到合同要求，并且不能影响施工进度，如有延误，所有费用由乙方承担。

6. 乙方负责钢构件在出厂前的构件检验工作，以及各种实验检验工作，并做好记录。

7. 乙方应配合钢结构安装相关工作，并在钢构件送达工地时随时将下列技术资料交给甲方：

（1）钢构件制造的技术资料原件 3～5 套，复印件按甲方要求；包括但不限于：制造检查、试验（工艺评定、母材复试、摩擦系数）、无损检测 UT 和 MT、预拼装等；

（2）上述未列而甲方认为必要的合理的其他资料。

8. 乙方应在钢构件运出后，把下列单据交给甲方：

（1）交货清单一式四份；

（2）制造厂签发的质量证明书；

（3）钢构件运输保险单据；

（4）上述未列而甲方认为必要的合理的其他单据。

第十一条　工程变更及增加费用的计算

1. 工程变更是指在工程项目实施过程中，甲方指令改变钢构件的材料、尺寸、工程数量。工程变更必须经过甲方书面确认，包括变更项目涉及的工程价款调整，否则不构成变更。

2. 因工程变更而增减的费用，按合同单价作为计算依据，但乙方存在明显不平衡报价的合同单价不适用。若合同单价中没有相同或类似可作为换算基础的，则根据市场情况及合同单价的计价原则，由双方协商确定变更项目的工程量及单价以计算增/减费用。单项设计变更中费用变化（包括增加或减少）的绝对值金额少于 5000 元（不含），竣工结算不予调整。

3. 因工程变更而增/减工程量，乙方应于当月 20 日以前报甲方审核，增/减工程费用超过合同规定调整金额的于核定次月支付。

4. 为保证工作效率，乙方应保证递交给甲方的计量和计价的准确性和合理性，否则承担延期审批责任。

5. 乙方在双方确定变更后 7 天内不向甲方提出变更工程价款报告的，视为该项变更不涉及合同价款的增项变更。

6. 因乙方自身原因导致的工程变更，乙方无权要求追加合同价款。

7. 乙方均不得拒绝或拖延执行。

第十二条　乙方违约责任

1. 未按合同规定的质量或数量交付造成的损失由乙方赔偿。如乙方所供钢构件质量（包括建筑物使用过程体现出的构件加工质量问题）或期限不符合设计及合同要求，给甲方造成工期延误和经济损失，均由乙方承担责任，并赔偿由此给业主和甲方造成的损失。

2. 如乙方不能随甲方指令按期交货，每延期 1 天处以罚金 10000 元，若因此造成甲方结构封顶工期延误，每延误一天处以罚金 5 万元，累计延误 30～60 日历天内，每延误 1 天工期罚款 10 万元（同时扣除过程交货期延误累计罚金）。

3. 按合同要求，本工程所有钢构件必须在乙方总厂加工，不得在分厂加工，不得转包或违法分包，否则甲方有权解除合同，并按合同总价 20% 对乙方进行罚款。

4. 如因乙方原因（材料、构件加工质量、资料、竣工图等）造成本工程不能获得_____奖项，乙方将承担合同总价 30% 的罚款。

5. 如乙方自身原因所提供材料计划错误，导致已加工完成或正在加工之钢材变更之损失，由乙方承担。

6. 若因乙方现场工程师书面指导错误造成质量事故或影响甲方工作，由乙方承担违约责任。

7. 乙方及其工人以非正当方式（包括多人围堵、占据施工现场、甲方办公场所；以任何手段阻止施工现场正常施工、甲方正常办公秩序；阻塞交通；攀爬塔式起重机、建筑物、广告牌等）向甲方提出要求的，乙方支付违约金_____元/次。

8. 乙方拖欠工人工资，每发现一次，应向甲方支付违约金_____元，且甲方有权解除合同。

第十三条　甲方违约责任

1. 甲方对已完工项目的质量要求或设计的修改，若造成乙方工作量的增加，按本合同第十一条标准执行。

2. 甲方未按合同规定的时间和要求向乙方提供图纸、技术标准或其他技术资料造成的乙方停工损失，乙方不得向甲方索要，此等停工以乙方承接其他工程任务量转移消化为前提。

第十四条　不可抗力

1. 加工合同生效后如因不可抗力致使合同目的无法履行，双方因此宣告合同终止的行为均不应被认为违约或毁约。如果乙方认为某一事件已构成不可抗力并可能影响其正常履行义务，则在此事件发生后 8 小时内应以书面形式通知甲方，并立即采取必要的措施，防止损失的进一步扩大。

2. 不可抗力范围仅包括战争、动乱、空中飞行物体坠落以及百年以上一遇的重大自然灾害和特大传染病与瘟疫。除此以外的所有不可预见的风险均被认为已由乙方考虑并包含在合同价中。

3. 因不可抗力事件导致的费用及延误的工期由双方按以下方法分别承担：

（1）甲方、乙方各自承担自身的人员伤亡、机械设备和材料的损坏、停工等造成的损失；

（2）在得到建设单位对总包工程工期顺延的许可后，乙方加工工程延误的工期相应顺延；

（3）工程自身的损害、因工程损害导致第三人伤亡、工程清理维修费由甲方与乙方协商处理。

4. 因合同一方延迟履行合同后发生不可抗力的，不能免除延迟履行方的相应责任。

第十五条　争议解决

双方因履行本合同或因与本合同相关的事项发生争议的，应通过协商方式解决，协商不成的，应首先提交_____调解中心进行调解，调解不成的，一方有权按照下列第_____项约定方式解决争议：

（1）向_____仲裁委员会申请仲裁；

（2）向_____人民法院提起诉讼。

第十六条　特别条款

双方明确约定，对于在本合同项下产生的或与本合同相关的事宜产生的乙方对甲方拥有的债权，乙方承诺不将其转让给第三方，除非经过甲方的书面同意，否则，乙方应在违约转让债权之日起_____日内，按照违约转让债权总额的_____%向甲方支付违约金，逾期支付并应承担违约付款责任。

第十七条　合同组成

1. 本合同条款及附件；
2. 有关本工程之工程技术标准及施工工艺要求；
3. 本工程之图纸；
4. 双方签字认可的本工程之其他文件、函件、资料、照片、传真等；
5. 招标文件、补充招标文件；
6. 投标文件。

以上顺序为合同解释先后顺序。

第十八条　其他未尽事宜双方协商解决

本合同一式_____份，均具有同等法律效力，甲方执_____份，乙方执_____份。

（以下无正文）

（本页为签署页）

甲方：（公章） 乙方：（公章）

法定代表人或其委托代理人： 法定代表人或其委托代理人：
（签字） （签字）

统一社会信用代码：_____ 统一社会信用代码：_____
地址：_____ 地址：_____
电话：_____ 电话：_____
电子信箱：_____ 电子信箱：_____
开户银行：_____ 开户银行：_____
账号：_____ 账号：_____

钢结构安装合同

合同编号：

工程名称：_____

工程地址：_____

甲　　方：_____

乙　　方：_____

_____年_____月_____日

_____工程钢结构安装合同

甲方（承包方）：_____
乙方（分包方）：_____

根据《中华人民共和国民法典》《中华人民共和国建筑法》《建设工程质量管理条例》等法律法规，甲乙双方本着自愿、平等、协商一致的原则，就_____钢结构安装事宜达成以下协议：

第一条 工程概况

1. 工程名称：_____。
2. 工程地点：_____。
3. 乙方承包范围：_____建筑物、_____建筑物所有格构柱和地下室钢结构（包括地下室钢柱、钢梁、地下室临时支撑梁等钢结构）焊接施工安装。设计图纸编号：_____。
4. 乙方工作内容：乙方负责钢结构深化设计图的核实、钢构件加工详图的核实、钢结构安装焊接、螺栓安装、锚栓固定、安全检测配合、钢结构成品检测、安装部位防腐处理等与钢结构安装工程施工有关的所有工作。
5. 质量等级：质量合格，确保_____奖。
   质量标准：满足现行国家标准《钢结构工程施工质量验收标准》GB 50205，满足本合同约定及设计图纸要求。

第二条 合同价款

1. 本合同固定单价：钢结构安装_____元/t，包含全部为完成本工程安装所需的一切费用。合同单价中包含但不限于：人工费、机械费、材料费、管理费、利润、规费、税金（增值税专用发票税率_____%）等。单价中包含吊索具、焊接材料、气割材料、临时装焊辅材、场地内运输、吊装、校正、测量配合、卸车、安全防护、垃圾清运、技术资料编写（提供满足工程所在地和国家档案管理规定要求的分包工程技术资料的填写、收集、复制、提交）、焊工考试取证、半成品及成品保护等全部工作内容所需费用。从合同签订到完成竣工结算，单价固定不变，单价不因合同履行过程中的不利因素而调整。合同履行过程中可能引起单价变化的风险，乙方已经考虑在合同单价中。
2. 合同暂估总价：_____元（大写：_____）。
3. 合同单价清单明细见下表：

序号	子目内容说明	计量单位	工程量（暂定）	单价（元）	合价（元）	工作内容	备注
1	地下室钢结构安装						
2	临时支撑加工						
3	临时支撑拆除						
...							
合计							

4. 工程量计算规则：以重量为单位计算的清单项目，构件重量按设计图示尺寸的净量计算重量。其他项目计算规则优先适用现行国家标准《建设工程工程量清单计价规范》GB 50500，缺漏的适用现行国家标准《通用安装工程工程量计算规范》GB 50856。

第三条 付款条件

1. 本合同费用均以人民币支付。
2. 本工程无预付款。
3. 安装费支付方式和时间：
   工程进度款按月支付，支付金额为当月批准工程量价款的_____%；按月支付_____%的工程进度款已包含工人工资，工资按月100%支付，乙方每月_____日报送的工人工资的付款申请，列明上月应支付的工人工资，附工人签字并按手印的工资清单、收款账号、考勤表，并提供工人身份证原件用于核对信息。每月_____日乙方将当月实际完成工程量清单报甲方审核，次月的_____日按照经甲方审核认可的工程量办理工程请款单，甲方在工程请款单办理完成且乙方开具符合甲方要求的国家及地方要求的正式发票后的每月_____日至_____日，向乙方支付工程款。若甲方不能及时支付当月工程款，乙方不会因工程款不到位而影响安装工期和构件运输到现场时间。

4. 结算及工程款支付。

（1）工程结算：钢构件全部安装完成并验收合格，乙方将钢构件重量及价款结算书报送甲方。

（2）甲方在接到乙方报送的结算书后60天内进行审核，甲方在完成审核批准乙方结算书后的60天内向乙方支付工程款；

（3）工程款支付：月度工程款支付额度为月度已完工程价款的70%，办理完结算后的6个月内，甲方直接向乙方支付至工程结算价款的95%，扣留工程结算价款的5%作为保修金。

5. 保修金的扣留及返还：本工程乙方所组织焊接安装的钢构件乙方应终身负责；保修期按《房屋建筑工程质量保修办法》和相关文件规定执行，保修金为本合同结算总价的5%，保修金将于整体工程竣工验收合格（两年）后的两个月内无息返还，在保修期内发生的乙方工作范围内之一切保修费用、保修责任均由乙方承担。

6. 甲方支付的款项均以甲方收到业主对应款为前提条件；在甲方资金周转困难的情况下，乙方不得因资金不到位，而影响现场施工工期、质量。

第四条 工期要求

1. 本工程合同工期为_____日历天。钢结构安装开始日期：_____年_____月_____日，具体以甲方书面通知为准。

2. 合同工期内已含了高考、中考、春节等节假日、政府重大活动及不利气候对工期的影响。乙方必须按合同工期完成，如果因乙方原因延误工期，每延误一天处罚_____万元人民币。

第五条 甲方（业主）驻地代表

1. 甲方（业主）驻工地代表姓名（项目经理）：_____。

2. 职责：按合同约定，及时向乙方提供所需指令、批复图纸并履行其他约定的义务。

第六条 乙方驻工地代表

1. 乙方驻工地代表：_____。

2. 乙方驻工地代表需具有书面的授权委托书，自本工程中标之日至全部钢结构安装完成后30天，作为乙方负责本工程钢结构安装的指定负责人，拥有包括人员调用权、资金使用权、设备物资使用权、对外函件及结算的签字权等为解决处理与本合同有关事宜的一切权利；该授权书作为合同附件提供给甲方。

第七条 甲方工作

1. 工程开工前15天向乙方提供1套施工图纸。

2. 负责监督乙方在合法的范围内进行生产经营，不得有违法乱纪行为。

3. 提供钢结构钢梁、钢柱等钢构件、高强度螺栓等主材。

4. 提供现场垂直运输所需塔式起重机，如塔式起重机无法满足吊装要求，乙方必须自行提供吊装所需的一切机械设备（不含大型机械）费用已包含的单价中，乙方不得另行索要。

5. 提供现场钢结构安装焊接用衬板、引弧板。

6. 提供现场钢结构安装焊接及小型电动工具的所需用电，提供至楼层二级电箱。

7. 提供钢结构安装所需的钢管架料及安全网。

8. 负责各分包单位及城管交通部门的协调及承包方管理工作。

9. 提供住宿、办公室、库房。

第八条 乙方工作

1. 乙方管理工作内容

（1）安全文明施工

本工程需达到并保持安全文明工地标准，乙方需加强现场的安全管理。

（2）钢结构安装工艺详见施工图纸或甲方的技术交底。

（3）钢结构焊接安装部分

① 乙方负责配合甲方对钢结构的加工详图设计工作的审核。

②乙方负责配合监督工厂制造工艺具体的实施，见证各种检验试验，监督工厂进行全过程质量检验、标识记录齐全有效。

③乙方负责制定钢结构制作运输进场工期计划，监督工厂实施工期计划，并严格遵守甲方制定的总体施工进度计划。

④乙方负责监督加工厂按构件进场计划，运输本项目全部钢构件运至施工现场指定地点。

⑤乙方负责监督工厂依据安装图纸对构件进行编号。

⑥负责监督工厂及时处理因构件加工质量问题、运输变形问题造成的返工，配合甲方做好施工中技术问题的处理以及现场钢结构安装超声波探伤检查。

⑦甲方随时有权对乙方的工作进行监督、检查、控制，乙方履约不力时，甲方可另行委托安装施工单位。所有因此给甲方带来的一切损失全部由乙方承担，将一并从乙方工程款中扣除。

⑧配合乙方制作竣工资料，在施工过程中按甲方要求填报所有甲方要求及国家规定的工程技术及商务资料。

⑨乙方配合负责派出满足项目需要的经验丰富的驻场人员。

（4）工厂监造：

①乙方提供满足项目需要的具有类似工程实际经验的能独立协调处理问题的工厂监造人员，并提供工厂监造人员的有效委托书（委托书需说明工厂监造人员之责任及权限）。

②乙方监造人员应在钢材到达工厂前两天抵达加工厂，并在钢结构制作完毕后撤离。工厂监造人员的食宿、交通、通信、仪器及办公用具均由甲方承担。

③乙方的工厂监造人员应配合钢结构安装前的技术准备工作，负责钢结构部件的清理交验工作。

④乙方工厂监造人员的工作时间应满足甲方的施工需要，如因工作需要，甲方可以要求乙方工厂监造人员进行合理时限的加班，工厂监造人员的加班费用由乙方自行承担。

2.乙方（钢结构安装）工作内容

（1）图纸要求的全部钢构件安装，包括钢构件进场卸车、吊装、就位、二次倒运、临时连接、永久高强度螺栓连接、焊接、校正、测量配合、安装后验收、除锈等工作。

（2）参加本工程焊接的全部焊工的培训考试并负责所有相关费用。

（3）首次使用钢材的焊接工艺评定试验；半成品、成品构件保护；管理运到现场内的钢构件，做到不丢失、不串用。

（4）更改文件及图纸（包括补充图纸及更改）等所有有关本工程钢结构的文件、资料、图纸、标准、工艺做法及业主/甲方要求的全部工作内容，如资料前后表述不一致，以日期居后的为准。图纸变更按实调整，但乙方不能因图纸更改、变动而向甲方提出提高合同单价或索赔其他任何费用。

（5）提供必要的资金来源，保证钢结构安装过程中资金需要，不能因甲方资金不到位而影响安装工期、质量。

（6）按照合同工期及相关质量标准负责安装，做到保质保量，按期完成任务。

（7）负责安装所需的机械及工具、用具。

（8）按甲方要求编制进度计划，构件总进场计划、阶段进场计划，并在合理的时间内报送甲方。做好施工记录，按工程所在地《建设工程资料管理规程》的相关要求汇总整理交工资料，并提供给甲方。

（9）负责安装施工中的安全生产和文明施工，服从现场安全和文明施工的统一管理，对自己使用的工具、用具做好保卫工作。

（10）在施工中应考虑到各种因素（包括施工环境、周边环境及气候）对安全（人身安全、工程安全）的影响，由于考虑不周，造成的安全事故责任及损失，由乙方自行承担。

（11）钢构件及附件运至现场后，由乙方负责保护。在乙方施工工期内，钢构件、附件及成品的丢失损坏由乙方负责，乙方赔偿甲方损失，且不能延误工期。

（12）业主、监理、甲方随时有权对乙方的工作进行监督、检查、控制，乙方履约不力时，甲方可另行发包该工程，另行发包的费用由甲方确定，无须征求乙方意见，由此引发的一切损失由乙方负责，相关费用从履约不力方履约保证金中扣除并追加索赔。

（13）本合同原则上禁止发生任何零星用工，如有发生必须填报相关申报表，除高级项目总监_____、项目经理_____签字的任何形式的零星用工、零星台班均是无效的，不作依据，以商务核算为最终依据。

（14）乙方负责乙方人员的工伤保险、自身设备保险、材料保险，应为钢构件办理保险预防意外事件发生。

（15）提供8套竣工资料，在施工过程中必须按甲方要求填报所有甲方及国家规定的工程技术及商务资料。设计单位、业主、甲方及其代表对文件、资料、材料、设备等的审批，并不能免除属于乙方应承担的责任。

（16）与所有工人签订劳动合同，并缴纳工伤保险，相关费用包含在合同价格中，乙方人员发生伤亡事故的，应及时上报，并自行承担相关伤亡赔偿责任。甲方因乙方人员伤亡事故承担责任的，有权向乙方追偿，有权从工程款中扣除相关费用。

（17）以上乙方的工作和相关风险对应的费用，均已包含在合同单价中。

第九条 设计、制造、安装进度及期限

1. 乙方应按照甲方制定的总控施工进度计划对钢结构施工安装进行充分准备，以高效组织施工。

2. 除不可抗力因素及甲方未尽本协议责任之情形外，因乙方未按进度计划表的要求完成工作而造成的工期延误由乙方负全责。

第十条 装运和清点

1. 钢结构制造完毕，经监理、驻厂代表验收后方能装运到施工现场，乙方配合管理好货物运抵施工现场前的堆放场地。

2. 货物到达施工现场后，乙方应组织验收。

第十一条 产品检验

1. 第一批构件出厂前2天，甲方组织安排业主、监理和乙方人员到加工厂进行交货发运前检验。

2. 乙方负责验收加工厂构件出厂前的拼装检验等试验检验工作，并做好记录。

3. 乙方配合负责组织编制钢结构各项技术资料。

4. 施工中甲方代表可随时检查、检验工程质量。

5. 竣工验收按现行国家标准《钢结构工程施工质量验收标准》GB 50205规定执行。

第十二条 质量检查及返工

1. 在施工中，甲方代表可随时检查、检验工程质量，如因检验不合格需返工、修改，费用由乙方承担；如果屡次发生同样的质量问题，甲方有权对乙方进行罚款。

2. 由于甲方责任造成返工，费用由甲方承担。

3. 若发生由乙方原因引起的质量问题，由乙方负责修复，并承担相应责任。

第十三条 设计变更

1. 施工中对原设计进行变更，经批准后，甲方应在安装前一天向乙方发出书面变更通知。

2. 施工中乙方对原设计提出的变更要求，经甲方和有关单位批准后方可实施，未经批准，乙方不得擅自变更设计。

3. 设计变更按实调整，但乙方不能因设计更改提高合同单价或索赔其他任何费用；乙方必须按甲方要求填报相关申报表，未按要求及时填报视为放弃申报，过期不予核算。因工程量变更而增（减）的费用，以合同单价作为计算依据，但乙方存在明显的不平衡报价的合同单价不适用。若合同单价中没有相同或类似可作为换算基础的，则根据市场情况及合同单价的计价原则，由双方协商确定变更项目的工程量及单价，并据以计算增（减）费用。

4. 乙方按照图纸、标准及甲方要求进行安装后，如果设计院或甲方要求变更造成返工，经甲方现场确认后，费用由甲方承担，乙方配合甲方向业主单位申报此费用的工作。

第十四条 竣工验收

按总承包合同中规定的进行。

第十五条 安全

1. 乙方必须执行甲方总体工程施工组织设计和安全技术方案。乙方编制的单项作业安全防护措施，需报甲方审批，改变原方案必须重新报批。如发现图纸或设计有问题，应及时向甲方有关部门提出。

2. 乙方必须执行安全技术交底制度和班长班前安全讲话制度，并跟班检查管理。

3. 乙方必须接受甲方或上级主管部门组织的各种安全生产检查。

4. 乙方必须自行建立安全生产定期检查制度并严格贯彻实施。

5. 乙方必须严格执行检查整改消项制度。甲方发出安全整改通知，乙方在甲方指定的期限内仍然未整改或整改不符合甲方要求的，甲方有权给予乙方一定额度的罚款。

6. 乙方必须执行验收表和施工变化后的交接验收制度。

7. 发生事故后，乙方必须立即用最快捷的方式向甲方报告。

8. 乙方要积极配合甲方上级部门、政府部门对事故的调查和现场探测，不得提供伪证，不准隐瞒不报。

9. 乙方应承担由自身原因造成安全事故的全部责任及损失。如乙方对该类损失造成人员伤亡拒不支付，甲方有权从工程款中扣除相应赔偿金支付给伤者，此方式并不能免除乙方对造成事故损失的全部责任。乙方必须将事故处理完毕，不得影响项目施工。

第十六条　补充条款

1. 乙方承担由于己方违约给其他方造成的实际损失。

2. 乙方必须提供高素质的管理人员和合格的工人，如果甲方或业主认为乙方的管理人员及工人不能胜任本工程的管理、安装工作，有权要求乙方更换人员，乙方应满足甲方的要求，并且不能影响工程进度。

第十七条　违约

1. 任何一方不能按本协议条款约定内容履行己方各项义务及发生使合同无法履行的行为，应承担相应的违约责任，包括支付违约金，赔偿因其违约给对方造成的全部经济损失。

2. 除双方协议提前将合同终止，任何一方违约使合同无法履行的，违约方承担责任后仍应继续履行合同。

3. 乙方违约责任：

（1）乙方未按合同规定的质量或数量交付的，由此造成的损失由乙方赔偿。因乙方所供钢构件质量（包括建筑物使用过程体现出的构件加工质量问题）或期限不符合设计及合同要求，造成甲方工期延误由乙方承担责任，乙方还应赔偿由此给业主和甲方造成的损失。

（2）按合同要求本工程所有钢构件必须在乙方总厂加工，不得在分厂加工，不得转包或违法分包，否则甲方有权解除合同，有权对乙方按合同总价的20%进行罚款。

（3）如乙方所提供材料计划错误，导致已加工完成或正在加工之钢材变更产生损失，相关责任由乙方承担。

（4）若因乙方现场工程师书面指导错误造成质量事故或影响甲方工作，由乙方承担违约责任。

（5）乙方及其工人以非正当方式（包括多人围堵、占据施工现场、甲方办公场所；以任何手段阻止施工现场正常施工、甲方正常办公秩序；阻塞交通；攀爬塔式起重机、建筑物、广告牌等）向甲方提出要求的，乙方支付违约金_____元/次。

（6）乙方拖欠工人工资，每发现一次，应向甲方支付违约金_____元，且甲方有权解除合同。

4. 甲方违约责任：

（1）甲方未按合同规定的时间和要求向乙方提供图纸、技术标准或其他技术资料造成的乙方停工损失，乙方不得向甲方索要，此等停工以乙方承接其他工程任务量转移消化为前提。

（2）甲方不按约定向分包方支付分包合同价款的，应按同期贷款市场报价利率（LPR）向乙方支付利息。

（3）甲方不能按时提供甲供材料、工作面造成窝工的，按照_____元/日的标准支付窝工费用。

第十八条　争议解决

双方因履行本合同或因与本合同相关的事项发生争议，应通过协商方式解决，协商不成的，应首先提交_____调解中心进行调解，调解不成的，一方有权按照下列第_____项约定方式解决争议：

（1）向_____仲裁委员会申请仲裁；

（2）向_____人民法院提起诉讼。

第十九条　其他

1. 本合同一式_____份，均具有同等法律效力，甲方执_____份，乙方执_____份。

2. 本合同自双方签订之日生效，未尽事宜，需经双方协商，做出补充协定。补充协定与本合同具有同等效力，但不得与本合同内容抵触。

3. 甲方付款的前提为甲方收到业主支付的相应部分款项，按照合同约定时间及比例支付款项的前提条件是业主已经将相应款项支付给甲方，工程结算价款支付的前提是业主已经将相应部分的结算价款支付给甲方。

（以下无正文）

（本页为签署页）

甲方：（公章） 乙方：（公章）

法定代表人或其委托代理人： 法定代表人或其委托代理人：
（签字） （签字）

统一社会信用代码：_____ 统一社会信用代码：_____
地址：_____ 地址：_____
电话：_____ 电话：_____
电子信箱：_____ 电子信箱：_____
开户银行：_____ 开户银行：_____
账号：_____ 账号：_____

钢结构防火涂料分包合同

合同编号：

工程名称：_____

工程地址：_____

甲　　方：_____

乙　　方：_____

_____年_____月_____日

_____工程钢结构防火涂料分包合同

甲方（承包方）：_____
乙方（分包方）：_____

根据《中华人民共和国民法典》《中华人民共和国建筑法》《建设工程质量管理条例》及其他有关法律、行政法规，遵循平等、自愿、公平和诚实信用的原则，双方就_____工程钢结构防火涂料分包事宜达成如下协议：

第一条　工程概况

1. 工程名称：_____。工程地点：_____。
2. 建筑面积：_____。建筑高度：_____。层数：地下_____层／地上_____层。结构形式：_____。
3. 工程质量目标：_____。

第二条　承包范围、内容及方式

1. 承包范围：图纸指定范围内全部钢构件表面清理、防火涂料供料、施工、配合检查验收、保修维修。
2. 工作内容：准备现场、安装支架，清理钢构件表面的油污、灰尘和泥沙等污垢，防火涂料基层施工、防火涂料面层施工等。

第三条　价款与计量

1. 合同价款：本合同暂定总价_____元（大写：_____）。
2. 合同组成明细

工程量暂估为_____ m^2，综合单价为_____元／m^2。

（耐火时间为_____h，涂层颜色为_____色，采用_____型防火涂料，品牌为_____，厚度按厂家提供检测报告执行。）

3. 对单价的说明

（1）本合同为固定综合单价合同，本合同采取固定单价（含税）形式，单价包含完成工作的人工费、材料费、机械费、管理费、利润、规费、税金（增值税专用发票税率为_____%）等全部费用；合同签字盖章生效后，单价不做任何调整。该单价包括乙方为履行本合同约定的义务，完成合同工作内容，承担自身经营风险，满足国家标准、招标文件和设计要求，达到业主、监理、甲方要求所发生的一切相关费用。任何在合同价款清单以外的而根据设计和标准必不可少项目，无论是否有单独列项，其价款均视为已经平均分摊在清单所列项目之内，不再单独计取。

（2）本合同单价已综合考虑为完成本分包工程的所有项目（包括图纸显示和根据图纸内容可合理推断出的内容），包括但不仅限于：

① 大面积施工与局部、小面积施工之间的各种差异；
② 特殊部位的细部处理；
③ 按标准、方案、图纸要求必须做的，但图纸没有显示的工作；
④ 钢构件表面清理（如泥浆等），对作业面的保护措施（如保护板、毡布等）；
⑤ 各项安全文明施工费、技术措施费、赶工措施费、检验试验费（如兼容性试验）；
⑥ 材料包装、运输、搬运、保管及对其他分包方及供应商的照管及配合；
⑦ 垃圾外运费、排污费、生活设施费、成品保护费、材料样品费用、竣工资料费；
⑧ 生活用水电费、保险费、现场管理费、利润、风险费、税金等；
⑨ 乙方自行负责由甲方提供的水电接驳点将水源、电源引至其施工地点，所需配件、电线等设备设施自备；
⑩ 施工操作架及各种安全防护措施投入、搭拆、维护，现场内的所有材料物品、施工机具的倒运；因各种原因而引起的二次进出场费；
⑪ 自行负责自身安全防护用品，如安全帽、安全带、口罩等，食宿、人员差旅自行负责。

（3）任何因市场人工费、材料费、机械运输费、税费的变动或政府及行业主管部门红头文件的颁发而引起的乙方的实际支出的增减，均属于乙方自身经营风险，视为已经事先充分估计并列入合同价款之中（本合同另有说明的除外）。

4. 工程量计算方法：所列工程数量为暂估量，并不作为结算依据，结算按实际喷涂完成深化图图示净尺寸计算净量进行调整。

第四条　付款

1. 本工程无预付款。

2. 月度付款前提

（1）业主已经将相应款项支付给甲方；

（2）月度施工内容经甲方同意；

（3）施工进度在甲方的总控制计划之内；

（4）试验／复试报告证明所用材料合格或满足合同要求；

（5）经监理单位、甲方验收合格（分项验收时）；

（6）随月进度提交了相关技术资料（试验报告、验收资料等）。

（7）提供符合甲方要求的建安工程款发票。

3. 付款程序

乙方于每月25日向甲方递交本期按合同约定应付费用的汇总表和请款报告，甲方收到报告后于次月的_____日完成审核，在完成审核后的次月_____日通过网上银行支付。

4. 付款额度

按业主实际支付给甲方的比例来支付乙方进度款，付款额度最高不超过乙方当月完成量的_____%；_____% 的进度款总额，已包含工人工资，工人工资按月_____% 支付，进度款的应付金额中应扣除累计已支付的工人工资。乙方每月_____日报送工人工资的付款申请，列明上月应支付的工人工资，附工人签字并按手印的工资清单、收款账号、考勤表，并提供工人身份证原件用于核对信息。进度款保留金为_____%，其中_____% 为资料保证金，_____% 为质量保证金，_____% 为工期保证金。工程结算价款支付的前提是业主已经将相应部分的结算价款支付给甲方。

5. 保证金的返还

（1）乙方应及时递交各项技术资料，甲方收到乙方全部完整的技术资料，经甲方现场技术负责人确认无误后支付全部资料保证金。

（2）若乙方按合同工期（含甲方认可的工期顺延时间）如期完成合同内容，返还全部工期保证金，否则将酌情扣除。

（3）单位工程验收合格后，质量保证金全部转为保修金，保修期满后30天内支付。

6. 甲方对乙方的其他扣款

（1）_____；

（2）_____。

第五条　工期要求

1. 开工日期为_____年_____月_____日，完工日期为_____年_____月_____日，共计_____日历天（已考虑法定节假日和不利的天气条件以及不可避免的交叉作业影响因素）。

2. 乙方必须按甲方总控进度计划施工，确保每周的工作均在甲方的总控进度计划内完成；如果乙方不能按甲方总控制进度计划完成其工作，则其必须按甲方指令无偿追加各项投入，以达到甲方的合理工期要求。

3. 非甲方原因（不可抗力除外）造成工期延误，每拖延一天罚款_____元，并承担甲方一切相关损失。

4. 工期延误

因以下任何一项原因造成乙方延误实施分包工程的，经甲方项目经理书面确认，分包工程的竣工时间相应延长：

（1）非乙方造成工程延误，而且甲方根据总包合同已经从业主处获得与分包工程相关的竣工时间的延长；

（2）非乙方原因造成分包工程范围内的工程变更及工程量增加超过_____%；

（3）甲方未按约定时间提供开工条件、施工现场等造成的延误；

（4）甲方发出错误的指令或者延迟发出指令造成分包合同工期延误；

（5）不可抗力（有关定义见第六条）等其他非分包原因造成分包工程的延误；

（6）甲方认可的其他可以谅解的工程延误。

5. 乙方在上述任一事件发生后的 5 天内，就延误的工期以书面的形式向甲方提出报告。如果上述事件具有持续的影响，则乙方应每隔 5 天发出一份报告，事件影响结束之日起 10 天内提交最终报告给甲方商务部门。甲方在收到报告后 10 天内就报告内容予以答复或提出修改意见，否则视为已经同意。

第六条　不可抗力

1. 不可抗力指业主、甲方、乙方都不可预见、不可避免、不能克服的超出一般防范能力的事件，此类事件的发生导致合同一方不可能履约。

2. 不可抗力事件发生后，乙方应立即通知甲方，并在力所能及的条件下迅速采取措施，尽量减少损失，并根据总包合同的约定处理。

第七条　变更与变更计价

1. 如果甲方认为有必要对分包工程或其中的任何部分的形式、质量、数量做出变更或调整，甲方有权指示乙方进行以下任何工作，乙方应遵照执行。

（1）增加或减少合同中已经包含的工作量；

（2）改变工程做法、材料；

（3）改变分包工程任何部位的标高、位置或尺寸；

（4）改变施工顺序或时间安排；

（5）为确保工程质量和工程竣工而必需的任何附加的工作。

2. 上述变更指令发出后，双方应继续履行本合同，本分包合同不能因以上变更而失效或者作废。因变更而导致合同价款发生变化的，按相应条款规定调整。

3. 如果上述变更是因为乙方违约或其自身原因造成甲方不得不发出变更指令，则任何此类变更后增加的费用由乙方自行承担。

4. 乙方不得在施工中擅自改变材料做法、进行未经甲方许可的施工作业。

5. 如果变更仅仅造成工程量发生变化，则其单价不变，仍按原合同单价执行。

6. 因工程变更而增（减）的费用，以合同单价作为计算依据，但乙方存在明显不平衡报价的合同单价不适用。若合同单价中没有相同或类似可作为换算基础的价格，则根据市场情况及合同单价的计价原则，由双方协商确定变更项目的工程量及单价，并计算增（减）费用。

第八条　技术质量要求

1. 总则

（1）乙方应严格按照本合同和现行标准提供工程建设材料、安排组织本分包工程的加工作业，严格确保施工质量满足标准和设计要求；

（2）乙方应选派业务水平较高、经验丰富的专业技术人员和操作人员实施本工程；

（3）特种作业人员必须持有特种作业操作证。

2. 质量验收等级：质量合格，并保证通过消防部门验收。

3. 质量问题整改率：100%。

4. 标准

工程施工材料及质量应满足设计图纸和现行国家、地方、行业标准要求，不同标准若有不一致或矛盾之处，按较为严格标准执行。

5. 材质要求

（1）乙方应保证所有构成工程实体的材料是全新的，在保质期内的，满足设计标准、业主要求和工艺要求生产制造的，各方面符合规定的质量、规格、品种和性能，并提供合格证书。

（2）乙方的材料、设备进入施工现场后需经业主方、监理方及甲方质量检验，并按照标准要求进行复验。但业主方、监理方及甲方的这种检验并不免除乙方采购材料设备的质量责任。对进场材料有怀疑时，业主方、监理方及甲方有权要求乙方随时进行材料抽验。若抽验合格，发生的损失由甲方承担；若抽验不合格，损失由乙方承担。

（3）甲方可以发出指示，要求乙方拆除或从现场撤走任何与本分包合同要求不相符的工程材料。

（4）乙方应对其提供材料的遗失或损坏负责。

（5）若材料质量在施工期间或保修期出现质量问题，乙方均应无偿修复。

第九条　材料管理

1. 计划管理

（1）所有物资、设备须经过甲方书面同意后方能进场。

（2）进场后一周内，乙方应向甲方提供工程所需主要材料物资供应计划书，以满足施工进度计划要求。

（3）进场的物资材料应满足甲方制定的月计划、周计划施工进度要求。

（4）所有材料进场前，乙方需提供相应的合格证、生产许可证、出厂证明、复试报告等合法资料，否则不得进场。

（5）所有进、退场材料物资应提前12小时向甲方申报物资进、退场计划，经甲方相关人员签字同意后，由乙方向甲方申请填报进出场记录，报至甲方项目经理部相应部门确认后，方可组织物资进退场，否则严禁进退场。

（6）进出场记录需明确进出场时间、车号、物资名称、进出场理由并有乙方负责人签名。

2. 仓储管理

（1）由乙方自行负责对材料加以妥善保管，防止人为破坏、偷盗以及不利自然条件的侵蚀，费用自理。如果乙方未采取适当的保管保护措施，甲方有权指派他人完成。发生的费用概由乙方承担，对此乙方不得有任何异议。

（2）进场物资堆放地点，必须经过甲方批准，服从甲方的统筹安排。

（3）现场物资堆放、标识等须符合甲方的有关管理规定。

（4）材料存放环境要符合干燥通风的要求。甲方提供库房场地，并建造其围护结构，乙方自行建造房内设施。材料严防日晒雨淋、远离火源、避免碰撞，乙方在库房外自备消防设备及防火标识。

第十条　现场及人员管理

1. 乙方应遵守国家、行业、地方以及甲方有关现场安全文明施工的各项管理规定，在设施的投入、现场的布置等各方面严格遵守甲方的规定，并符合甲方的安全文明施工制度要求。

2. 现场施工人员必须统一着装，统一佩戴安全帽及胸卡，施工人员须持证进出现场。

3. 现场不允许出现宣传乙方单位的标识、标语。

4. 乙方所有现场施工人员需持有当地政府部门核发的就业证、暂住证、健康证等，乙方承担上述证件不齐给甲方造成的损失，办理证件所需费用乙方自理。

5. 乙方应该采取一切合理的措施防止其人员实施违法或妨害社会治安和公共安全的行为，并有完全的责任和义务保护周围其他人员和财产免受上述行为的危害，由此造成的一切后果由乙方负责。

6. 严格遵守有关消防、保卫、交通安全、环卫、社会治安方面的规定。凡是由于乙方对上述要求贯彻执行不得力而造成的一切事故、灾害，其经济及法律责任由乙方独自承担；由此造成甲方的损失由乙方赔偿，此外甲方有权对其进行处罚。

第十一条　甲方一般职责

1. 甲方项目经理为_____，商务经理为_____，代表甲方全面履行合同各项职责。

2. 及时提供施工图纸一套。

3. 负责审查乙方加工方案。但这种审查通过并不能免除乙方承担因方案缺陷、错误所导致各种后果的一切相关责任。

4. 及时向乙方提供加工所需指令、指示、洽商等相关施工文件。

5. 如果乙方在工程质量、进度管理等方面满足不了甲方、监理、业主任何一方的合理要求，甲方有权将分包合同范围的工作指定给其他单位完成，所发生的费用从分包款中扣除，对此乙方不得有任何异议。

6. 负责接洽业主、监理单位对加工进程的检查，乙方应积极配合。

7. 负责定期召开关于进度、质量之协调例会。

8. 负责提供如下便利：工人宿舍（用品及水电费自行承担）、库房、现场办公室，现场施工电源接驳点。

第十二条　乙方一般职责

1. 乙方代表（项目经理）为_____，项目经理代表乙方全面履行合同各项职责。乙方项目经理需具有书面的授权委托书，从本工程中标之日起至全部钢结构安装完成后30天，作为乙方负责本工程钢结构安装的指定负责人，拥有包括人员调用权、资金使用权、设备物资使用权、对外函件及结算的签字权等为解决处理与本合同有关事宜的一切权利；该授权书作为合同附件，与合同构成整体。

2. 乙方按合同约定及甲方要求的时间准时进场，严格按国家的标准、设计方案及进度计划进行施工。

3. 乙方应仔细核对甲方所提供图纸，如发现问题，应以书面形式及时通知甲方，甲方确认后，方可施工。

4. 乙方负责钢构件表面的清理工作（如泥浆等），并采取妥善措施，对施工区域其他分包方的作业成果进行保护，防止交叉施工造成污染及损坏。

5. 乙方必须按照甲方要求对安全防护措施进行专款专用的专项投入，一旦甲方发现乙方的安全防护不符合要求，甲方有权利要求乙方追加款项或将该款项从分包款中扣除。

6. 乙方应采取恰当的方式对施工成品、半成品进行妥善保护，防止交叉施工造成污染与损害，并保证不损害其他施工单位的施工作业成果，如有损害乙方应自费修理。

7. 乙方应负责己施工区域的安全文明施工，及时将己方施工区域的施工垃圾清运至甲方指定的区域。负责分包工程竣工前清理、竣工移交前的看管和保洁工作。否则甲方有权自行组织他人完成该项工作，费用从乙方款项中扣除。

8. 未经甲方许可，乙方不得在现场包括生活区私搭乱建临时用房。

9. 乙方的食堂和宿舍需接受甲方的统一监督管理，餐后及时清扫，保持区域卫生。并严格执行当地防疫有关规定，采取必要措施，防止蚊蝇、老鼠、蟑螂等疾病传染源的孳生和疾病流行。

10. 乙方负责自身人员的人身保险、材料保险、设备保险；采取一切措施，保障甲方免于承担因乙方过失、失误造成的任何人员伤亡、财产损失的全部责任和索赔，另外还应保障甲方免于承担与此有关的一切索赔、诉讼、损害赔偿、抚恤费和其他相关开支。

11. 乙方需按时参加甲方组织的涉及施工事宜的各类会议、检查活动，不得无故缺席。若乙方代表临时有其他紧急事务无法出席，须指派全权代表参加。会议所做出的决议、事项，双方需共同恪守，严格遵照执行。

12. 乙方负责乙方人员的工伤保险、材料保险、自身设备保险，并应为钢构件办理保险预防意外事件发生。

13. 乙方需提供 8 套竣工资料，在施工过程中必须按甲方要求填报所有甲方及国家规定的工程技术及商务资料；设计单位、业主、甲方及其代表对文件、资料、材料、设备等的审批，并不能免除属于乙方应承担的责任。

14. 乙方应与所有工人签订劳动合同，并缴纳工伤保险，相关费用包含在合同价格中，乙方人员发生伤亡事故的，应及时上报，并自行承担相关伤亡赔偿责任。甲方因乙方人员伤亡事故承担责任的，有权向乙方追偿，有权从工程款中扣除相关费用。

15. 以上工作内容涉及费用已包含于合同单价中，结算时不予另行调整。

第十三条　检查与验收

1. 乙方应认真按照标准和设计图纸要求以及甲方依据合同发出的指令施工，随时接受甲方的检查检验，并为检查检验提供便利条件。

2. 工程质量达不到约定标准的部分，按甲方的要求拆除和重新施工，直到符合约定标准。因乙方原因达不到约定标准，由乙方承担拆除和重新施工的费用，工期不予顺延。

3. 甲方的检查检验不应影响施工正常进行。如影响施工正常进行，检查检验不合格时，影响正常施工的费用由乙方承担；除此之外影响正常施工的发生的费用由甲方承担，相应顺延工期。

4. 因甲方指令失误或其他非乙方原因发生的费用，由甲方承担。

第十四条　隐蔽工程和中间验收

1. 工程具备隐蔽条件时先由乙方进行自检，并在隐蔽验收前 48 小时以书面形式通知甲方验收，通知包括隐蔽的内容、验收时间和地点。甲方组织业主、监理单位进行验收。乙方准备验收记录。验收合格，甲方、监理单位在验收记录上签字后，乙方方可进行隐蔽或继续施工；验收不合格，乙方在甲方限定的时间内修改后重新验收。

2. 甲方不能按时进行验收，应在验收前 24 小时告知乙方，延期不能超过 48 小时。甲方未能按以上时间提出延期要求，不进行验收，乙方可自行组织验收，甲方应承认验收记录。

3. 经甲方、监理单位验收，工程质量符合标准和设计图纸等要求，验收 24 小时后，甲方、监理单位不在验收记录上签字，视为甲方已经认可验收记录，乙方可进行隐蔽或继续施工。

4. 无论甲方是否进行验收，当其要求对已经隐蔽的工程重新检验时，乙方应按要求进行剥离或开孔，并在检验后重新覆盖或修复。检验合格，甲方承担由此发生的全部费用，赔偿乙方损失，并相应顺延工期；检验不合格，乙方承担发生的全部费用，工期不予顺延。

第十五条　安全生产与环保、职业安全

1. 本合同双方应共同遵守国家和地方有关的环境保护的法律、法规，努力营造绿色建筑。

2. 乙方在施工作业过程中应满足国家标准要求，保证施工生产符合相关标准的要求。

3. 乙方进驻现场员工需接受环境管理、职业安全卫生知识的教育培训。

4. 乙方在运输材料（包括废料）、机具过程中应执行《_____市人民政府关于禁止车辆运输泄漏遗撒的规定》。

5. 乙方须采取有效措施，防止运输机械噪声超标或机械漏油污染环境。运输车辆要定期进行噪声检测，对于不符合要求的机械要及时采取必要的措施。

6. 车辆进入现场后禁止鸣笛。

第十六条　技术资料

1. 乙方应严格按_____市《建筑安装工程资料管理规范》的规定，及时、真实、准确地提供完整而规范的技术资料。乙方对资料的完整性、真实性负责，资料不齐时甲方有权扣留部分工程款作为抵押。

2. 如果政府、社会在建筑工程评比过程中对技术资料有特殊要求，乙方有义务竭力满足，不得以任何借口拒绝、推诿。

3. 乙方应提交的资料与时间需完全满足甲方要求。

第十七条　合同文件组成与解释顺序

（1）补充协议书（如有）；

（2）本分包合同书；

（3）明确双方职责的会议纪要、往来函件（若有）；

（4）甲方审核批准的施工方案；

（5）本合同所列标准；

（6）甲方制定的施工总进度计划。

第十八条　违约

1. 合同双方任何一方不能全面履行本合同条款，均属违约；违约所造成的损失、后果、责任，概由违约方承担。

2. 除非双方协商终止本合同，违约方承担违约责任、损失后仍需严格履行本合同。

3. 乙方违约责任：

（1）乙方未按合同规定的质量或数量交付造成的损失由乙方赔偿。因乙方所供钢构件质量（包括建筑物使用过程体现出的构件加工质量问题）或期限不符合设计及合同要求，给甲方造成工期延误和经济损失的，均由乙方承担责任，且乙方应赔偿由此给业主和甲方造成的损失。

（2）乙方不得转包或违法分包，否则甲方有权解除合同，有权对乙方按合同总价的20%进行罚款。

（3）若乙方现场工程师书面指导错误造成质量事故或影响甲方工作，由乙方承担违约责任。

（4）乙方及其工人以非正当方式（包括多人围堵、占据施工现场、甲方办公场所；以任何手段阻止施工现场正常施工、甲方正常办公秩序；阻塞交通；攀爬塔式起重机、建筑物、广告牌等）向甲方提出要求的，乙方支付违约金_____元/次。

（5）乙方拖欠工人工资，每发现一次，应向甲方支付违约金_____元，且甲方有权解除合同。

（6）甲乙双方明确约定，对于在本合同项下产生的或与本合同相关的事宜产生的乙方对甲方拥有的债权，乙方承诺不将其转让给第三方，除非经过甲方的书面同意，否则，乙方应在违约转让债权之日起5日内，按照违约转让债权总额的5%向甲方支付违约金，逾期支付应承担违约付款责任。

4. 甲方违约责任：

（1）甲方未按合同规定的时间和要求向乙方提供图纸、技术标准或其他技术资料，因此造成的乙方停工损失乙方不得向甲方索要，此等停工以乙方承接其他工程任务量转移消化为前提。

（2）甲方不按约定向乙方支付分包合同价款的，应按同期贷款市场报价利率（LPR）向乙方支付利息。

（3）甲方不能提供按时提供甲供材料、工作面，造成窝工的，按照_____元/日的标准支付窝工费用。

第十九条　保修

1. 乙方在质量保修期内，按照有关法律、法规、规章的管理规定和双方约定，承担本分包工程质量保修责任。

2. 质量保修期：双方根据《建设工程质量管理条例》及有关规定执行。

3. 质量保修期自整体工程竣工验收合格之日起计算。

4. 乙方履行完保修维修责任，保修期（2年）满后30天内，返还扣留的保修金，保修金不计取任何利息。

5. 双方约定的其他工程质量保修事项：_____。

第二十条　合同生效与终止

本合同自双方签字盖章之日起生效，技术资料齐全有效，履行完保修职责，保修期结束，本合同即告终止。

第二十一条　争议解决

双方因履行本合同或因与本合同相关的事项发生争议的，应通过协商方式解决，协商不成的，应首先提交＿＿＿＿＿＿＿＿＿＿＿调解中心进行调解，调解不成的，一方有权按照下列第＿＿＿＿＿＿＿项约定方式解决争议：

（1）向＿＿＿＿＿＿＿＿＿＿＿仲裁委员会申请仲裁；

（2）向＿＿＿＿＿＿＿＿＿＿＿人民法院提起诉讼。

第二十二条　其他事宜

本合同在执行中若有未尽事宜，双方经友好协商以补充协议、会议纪要、谈判记录等形式约定。

第二十三条　其他约定

1. 本合同附件为：＿＿＿＿＿＿＿＿＿＿＿＿＿＿＿＿＿＿＿＿＿＿＿＿＿。

2. 双方承诺不将本合同成交价格透露给任何第三方。

3. 本合同所述之内容与条款只限于＿＿＿＿＿＿＿＿＿＿＿工程使用，乙方不得将本合同内容细节透露给任何第三方。

4. 本合同一式＿＿＿＿＿＿份，均具有同等法律效力，甲方执＿＿＿＿＿＿份，乙方执＿＿＿＿＿＿份。

（以下无正文）

甲方：（公章）   乙方：（公章）

法定代表人或其委托代理人：   法定代表人或其委托代理人：

（签字）   （签字）

统一社会信用代码：＿＿＿＿＿＿＿＿＿＿＿＿   统一社会信用代码：＿＿＿＿＿＿＿＿＿＿＿＿

地址：＿＿＿＿＿＿＿＿＿＿＿＿＿＿＿＿＿＿   地址：＿＿＿＿＿＿＿＿＿＿＿＿＿＿＿＿＿＿

电话：＿＿＿＿＿＿＿＿＿＿＿＿＿＿＿＿＿＿   电话：＿＿＿＿＿＿＿＿＿＿＿＿＿＿＿＿＿＿

电子信箱：＿＿＿＿＿＿＿＿＿＿＿＿＿＿＿＿   电子信箱：＿＿＿＿＿＿＿＿＿＿＿＿＿＿＿＿

开户银行：＿＿＿＿＿＿＿＿＿＿＿＿＿＿＿＿   开户银行：＿＿＿＿＿＿＿＿＿＿＿＿＿＿＿＿

账号：＿＿＿＿＿＿＿＿＿＿＿＿＿＿＿＿＿＿   账号：＿＿＿＿＿＿＿＿＿＿＿＿＿＿＿＿＿＿

钢结构设计合同

合同编号：

工程名称：_____
工程地址：_____
甲　　方：_____
乙　　方：_____

_____年_____月_____日

_____工程钢结构设计合同

甲方（承包方）：_____
乙方（分包方）：_____

甲方委托乙方承担_____项目钢结构优化设计和深化设计、钢结构加工图设计及相关配合服务工程，双方协商一致，签订本合同。

第一条 本合同签订的法律依据

1.《中华人民共和国民法典》《中华人民共和国建筑法》《建设工程勘察设计管理条例》。
2. 国家及地方有关建设工程勘察设计管理法规和规章。

第二条 本合同钢结构设计内容

1. 钢结构优化设计阶段：根据甲方提供的施工图及办理的相关设计变更和工程洽商，对结构进行整体空间建模分析和优化，提交优化计算文件、优化图纸，并与设计师沟通，直至设计师采纳并应用于本工程。

2. 钢结构深化设计阶段：

序号	分项目名称	深化设计阶段	设计内容
1	钢结构主体	钢结构深化设计	依据原结构设计单位的施工图纸与相关设计变更和工程洽商，对钢结构施工图进行优化设计，提出可行的满足制造、安装的优化建议，使钢结构经济合理、制造安装方便可行
2	主体钢结构节点设计	节点图设计	提供完善的节点设计，并绘制全套连接节点图：包括但不限于柱与柱连接节点、梁与柱连接节点、梁与梁连接节点、梁与支撑连接节点、支撑与柱连接节点、桁架等钢结构工程涉及的全部节点设计工作及平面图、立面图
3	技术支持服务	设计施工	为甲方全过程提供有关钢结构设计、制造、安装的建议，配合甲方与设计单位办理工程洽商、设计变更等技术文件，提供深化设计、加工制作、施工安装相关的技术支持与服务，包括提交确实可行、完整的验算报告书及其相应技术资料文件

3. 钢结构加工图：根据审核确认的深化设计图，完成构件安装图及构件加工详图，包括结构安装布置图，构件加工详图，零件图，材料表，连接焊缝、螺栓、开孔图等。

4. 提供相关的技术服务及现场服务：现场服务包括设计交底，对制造厂的加工设计进行设计交底及指导，解答施工单位的问题，施工安装验算，施工服务。

5. 提供优化设计图和深化设计图（蓝图）各8份，加工图（A3白图）4份。

第三条 甲方向乙方提交的有关资料及文件

序号	资料及文件名称	份数	提交日期	有关事宜
1	原建筑设计图纸	1	—	图纸1套及电子版一套
2	原结构设计图纸	1	—	图纸1套及电子版一套
3	加工图技术要求说明	1	合同签订日	另附
4	深化设计图完成进度计划表	1	合同签订日	另附
5	加工图完成进度计划表	1	合同签订日	另附

第四条 乙方向甲方交付的设计资料及文件

序号	资料及文件名称	份数	提交日期	有关事宜
1	优化结构图纸和深化设计图纸	8	满足总进度计划要求及工程进度	蓝图8套及电子版1套
2	计算书及相关计算文件	2	满足总进度计划要求及工程进度	2套
3	全套加工图	4	满足总进度计划要求及工程进度	白图4套及电子版1套

注：超出合同规定数量的图纸费用由甲方承担。

第五条 合同价款及付款

1. 本合同金额价款为暂估总价人民币_____万元（大写：_____），详见价格表。其中，深化设计阶段设计费采用固定单价，单价为_____元/t；加工图设计阶段设计费采用固定单价，单价为_____元/t；现场人员服务费固定总价_____万元。

2. 本合同暂估工程用钢量单位为吨，工程计量以设计图示尺寸的净量计算。

3. 结算工程量计算规则优先适用现行国家标准《建设工程工程量清单计价规范》GB 50500，缺漏的适用现行国家标准《通用安装工程工程量计算规范》GB 50856。

4. 设计费支付方式和时间如下：

（1）乙方提交正负零以下的深化设计图给甲方后，甲方支付乙方合同暂估总价款的10%。

（2）完成裙房部分深化设计和加工图设计，此部分工程款按暂估总价设计费的15%支付。

（3）完成30层以下全部优化及深化设计图和加工图设计，此部分工程款按暂估总价设计费的35%支付。

（4）完成全部优化及深化设计图和加工图设计，支付至暂估总价设计费的75%；如果出现设计变更或发现暂估工程量与实际工程量存在较大差距，甲方有权直接调整暂估总价控制进度款的支付金额。

（5）提供全部技术服务并保质保量保时地完成本工程设计，且结构工程竣工验收后28天内，双方结算，并支付剩余款项。

（6）付款手续办理流程

① 每月25日前乙方将当月完成的工程量清单报甲方审核，次月的18日按照经甲方审核认可的工程量办理工程请款单，甲方在工程请款单办理后的每月1日至10日支付工程价款。

② 一旦发生甲方因资金困难不能及时支付当期工程款的情况，乙方不会因工程款不到位而影响设计出图时间，双方友好协商确定延期支付时间。

第六条 双方责任与权利

1. 甲方责任与权利

（1）甲方按本合同第三条规定的内容，在规定的时间内向乙方提交基础资料及文件，并对其完整性、正确性及时限负责。同时，甲方应及时派人员配合乙方工作，并为乙方提供完成本工程钢结构深化设计图及加工图设计工作所需的全部技术资料。

（2）甲方应及时向乙方提供特殊结构加工工艺要求，以便乙方在相应的加工图设计中予以体现。乙方按照甲方提供的特殊结构加工工艺要求分别完成详图设计后，如果出现加工制造的困难，由双方协商解决。

（3）甲方按本合同第五条规定的内容，在规定的阶段、时间内向乙方支付设计费。

（4）甲方不得要求乙方违反国家有关标准进行设计。

（5）甲方或设计单位变更而引起委托设计项目规模、条件改变，或因提交的资料错误所提交资料做较大修改造成乙方返工，返工量超过（含）20%的，甲方应增加费用。

（6）甲方应为乙方派赴加工厂处理有关技术问题的设计工作人员提供必要的工作条件。

（7）甲方要求乙方早于合同规定时间交付设计文件时，乙方应尽量按甲方要求完成，如工期太紧，引起设计成本增加，甲方需支付赶工费，费用由双方商定。

（8）甲方应保护乙方的文件、资料图纸、数据、计算软件和专利技术。未经乙方同意，甲方对乙方交付的设计资料及文件不得擅自修改、复制或向第三人转让或用于本合同外的项目，如发生以上情况，甲方应负法律责任，乙方有权向甲方提出索赔。

2. 乙方责任和权利

（1）乙方应按现行国家、行业、地方标准及甲方提出的设计要求，进行工程设计，按合同规定的进度要求提交质量合格的设计资料，并对其负责。

（2）乙方采用的主要技术标准是：

① 现行国家标准《钢结构设计标准》GB 50017；

② 现行行业标准《高层民用建筑钢结构技术规程》JGJ 99；

③ 现行国家标准《建筑结构荷载规范》GB 50009；

④ 设计图纸及其他现行相应的国家及行业标准。

以上标准如有更新，按最新版本执行。

（3）设计合理使用年限为 50 年。

（4）乙方按本合同第四条规定的内容、进度及份数向甲方交付资料及文件。

（5）乙方交付的设计资料及文件，按规定需要经过设计院的设计审核，且乙方应根据审核结论负责对不超出原定范围的内容做必要调整补充。乙方提交设计文件的时间需要考虑设计院合理的审核时间及审核过程中进行的调整、修改时间，设计院审核签字时间为乙方最终提交时间。乙方按合同规定时限交付设计资料及文件，负责向甲方、制作加工单位及安装施工单位进行设计交底、处理有关设计问题和参加竣工验收。

（6）乙方在构件设计时除应满足标准及图纸质量要求外，需兼顾构件的施工安装便利性、材料损耗降低等因素，不能满足安装需要时应提前与甲方协商并通知设计单位修正。乙方需按其设计之加工图纸，对加工厂提供之钢板排版套裁设计进行复核，将钢材排版损耗率控制在 2% 以内。同时对加工厂提供之钢材批量采购计划表进行审核确认，以控制钢材采购材质、规格、数量的准确性。

（7）乙方应保护甲方的知识产权，不得向第三人泄露、转让甲方提交的产品图纸等技术经济资料。如发生以上情况并给甲方造成经济损失，甲方有权向乙方索赔。

（8）乙方派专人负责配合甲方做好施工中技术问题的处理，该负责人姓名_____。如工作需要，甲方要求乙方派专人留驻施工现场进行配合与解决有关问题时，甲方应提供必要的办公条件，如计算机、办公桌椅、网络等。

（9）乙方应按国家标准及甲方提出的设计要求，进行工程设计，按合同规定的进度要求提交质量合格的设计资料，并对其负责。

（10）特别说明：因本工程深化设计图不作为业主与甲方的结算依据，故需乙方在办理深化设计的同时配合甲方技术人员办理相应的设计变更、工程洽商等技术文件，只有在变更、洽商办理完成后，乙方才能据此进行相关的深化设计工作。

第七条 违约责任

1. 甲方提交资料及文件顺延，乙方按本合同第四条规定交付设计文件时间也相应顺延，超过规定期限 7 天时，乙方人员有权重新确定提交设计文件的时间。

2. 乙方对设计资料及文件出现的遗漏或错误负责修改或补充。乙方所承担的加工图出现设计质量事故时，按如下方式处理：

（1）乙方发现图纸错误时，应及时以电话或传真方式通知甲方，未造成甲方的损失时，乙方应立即将图纸换版，修正图纸错误；

（2）当加工厂已按图纸开始加工并造成甲方的损失时，乙方除应采取补救措施外，还应免除发生质量事故部分工程的设计费，并根据甲方损失程度向甲方支付赔偿金，赔偿金为钢材直接损失的 25%；

（3）当加工构件已安装完成时，乙方除采取补救措施及与设计单位确定加固措施外，还应免除发生质量事故部分工程的设计费，并根据甲方损失程度向甲方支付赔偿金，赔偿金为钢材直接损失的 25%；

（4）全部赔偿金的最高限额为本合同暂定合同总价的 25%。

3. 甲方应按本合同第五条规定的金额和时间向乙方支付设计费，无故延迟支付由甲方承担延迟支付责任，延迟 15 天以上每天按应付部分的 1‰ 赔偿，但最终的索偿均在合同履行完毕后按本条第 2 款执行，乙方在履约过程中均可保留此项权利，除双方协议停止合同外，乙方无权暂停工作。

4. 由于乙方自身原因，延误了按本合同第四条规定的设计资料及设计文件的交付时间，每延误一天，乙方应减收延误部分应收设计费的 2‰，并承担因此造成甲方工期延误造成的损失。

5. 如本合同项目停缓建，按如下方式处理：

（1）乙方未开始设计工作的，不退还甲方已付定金；

（2）乙方已开始设计工作的，甲方应根据乙方已进行完成实际工作量支付设计费。

第八条 争议解决

双方因履行本合同或因与本合同相关的事项发生争议的，应通过协商方式解决，协商不成的，应首先提交_____调解中心进行调解，调解不成的，一方有权按照下列第_____项约定方式解决争议：

（1）向_____仲裁委员会申请仲裁；

（2）向_____人民法院提起诉讼。

第九条 其他

1. 本工程设计资料及文件中，建筑材料、建筑构配件和设备，应当注明其规格、型号、性能等技术指标，乙方不得指定生产厂、供应商。

2. 由于不可抗力因素致使合同无法履行时，双方应及时协商解决。

3. 本合同一式_____份，均具有同等法律效力，甲方执_____份，乙方执_____份。

4. 本合同未尽事宜，双方可签订补充协议，有关协议及双方签字认可的来往传真、会议纪要等，均为本合同组成部分，与本合同具有同等法律效力。

（以下无正文）

甲方：（公章） 乙方：（公章）

法定代表人或其委托代理人： 法定代表人或其委托代理人：
（签字） （签字）

统一社会信用代码：_____ 统一社会信用代码：_____
地址：_____ 地址：_____
电话：_____ 电话：_____
电子信箱：_____ 电子信箱：_____
开户银行：_____ 开户银行：_____
账号：_____ 账号：_____

起重机租赁合同

合同编号：

工程名称：_____
工程地址：_____
甲　　方：_____
乙　　方：_____

_____年_____月_____日

_____工程起重机租赁合同

甲方（承租方）：_____
乙方（出租方）：_____

经甲乙双方友好协商，在双方平等互利的基础上，依据《中华人民共和国民法典》的有关规定，就甲方租用乙方吊车的有关事宜达成以下协议：

第一条 工程概况

工程名称：_____。

第二条 租赁设备概况

序号	设备名称	车牌号	单价	暂定数量	合计（元）	机械要求
1						

合同总额：人民币_____元（大写：_____）。

第三条 费用的组成、计取、结算与支付

1. 费用确定的原则

（1）本合同的各项费用是在参照了工程所在地同类吊车市场租赁价格后双方商定的。若未发生本条第（2）款中所列情况，价格一旦确定，则合同双方不得以任何理由增（减）各项费用。

（2）若发生下列情况，所增（减）的费用双方另行协商或签订补充协议：

由于甲方原因，所租吊车改型。
_____

2. 费用计取时间

租赁费从吊车进场后经甲方签字出具启用单之日起至吊车实际退场之日止连续计取，最终以甲方代表书面确认的金额为准。

3. 不足台班费用计算方式（若有）

起码计算时间为 4 小时，超过 4 小时按一台班计算，一台班为 8 小时，超过 8 小时按小时递进，不足 1 小时按 1 小时计算（特别约定除外）。

4. 费用结算与支付方式

（1）月租赁费按月结算，每月的 25 日为结算日期。乙方在每月 25 日前向甲方递交当月工程量申报表并附计价明细，该表需由乙方单位盖章，且有法定代表人或法定代表人授权人签字。

（2）甲方于次月 15 日前审核完成，并于次月的 5—10 日支付对应款项，支付比例为 80%。

乙方提供合法正规合格发票至甲方财务处认可后，财务办理付款手续。

（3）待甲方确认乙方全部吊车停止使用后 3 个月内无息支付所有余款。

第四条 甲方责任

1. 甲方须具备使用该设备的施工资质，严格执行现行行业标准《建筑机械使用安全技术规程》JGJ 33 之规定，指挥与作业人员必须持证上岗，严禁违章指挥强行超负荷吊装。

2. 甲方在乙方进场后，应向乙方操作人员进行安全技术交底教育。

3. 甲方负责为吊车提供安全可靠的作业条件，场地应平整坚实，清除或避开吊臂起落及回转半径内的障碍物。无论任何原因（不可抗力除外）都不能免除乙方应对安全所负的责任。

4. 甲方负责掌握天气情况，在露天有六级以上大风或大雪、大雾等恶劣天气时，应停止起重吊装作业。

5. 甲方现场授权人（项目经理）为_____；其他人员对于租赁时间的签字确认概不作数。

第五条　乙方责任

1. 乙方负责提供由特种设备安全技术部门检验合格的起重机械设备，并向工程所在地相关部门进行安全使用备案。

2. 乙方负责吊车的进出场，严格按照甲方约定时间进场安装，达到甲方使用条件。

3. 乙方负责吊车操作，根据与甲方确定的吊车运转工作情况提供足够的吊车司机。

4. 乙方操作人员必须持证上岗，技术达到行业管理要求，不得以任何借口向甲方吃、拿、卡、要。由于司机不配合、不按服务规范要求工作，不能满足甲方要求，甲方有权提出更换司机。

5. 乙方应定期对吊车进行检查、维修、保养，保证吊车的正常运转，并承担所租吊车在正常使用情况下的维修保养费用。

6. 吊车发生故障后乙方应迅速组织抢修，由于故障原因造成吊车停止使用时间累计不得超过24小时／（台·月），故障所计时间的相关费用将从所支付工程款中扣除。超过上述时间，影响了正常使用，甲方有权从乙方吊车租赁费中三倍扣除超出时间的日租费。

7. 乙方人员进入甲方现场应遵守现场的各项管理规定与制度，听从甲方指挥、安排。

8. 乙方应按双方约定的进场期限提供吊车及附件，保证甲方能够按双方约定的时间正常使用。

9. 乙方在设备进场后，应会同甲方进行试吊，双方确认后进行正式吊装作业。

第六条　违约

1. 合同双方任何一方不能全面履行本合同条款，均属违约；违约所造成的损失、后果、责任，概由违约方承担。

2. 除非甲乙双方协商终止本合同，违约方承担前述条违约责任、损失后仍需严格履行本合同。

第七条　争议解决

1. 双方因履行本合同或因与本合同相关的事项发生争议的，应通过协商方式解决，协商不成，应首先提交_____调解中心进行调解，调解不成的，一方有权按照下列第_____项约定方式解决争议：

（1）向_____仲裁委员会申请仲裁；

（2）向_____人民法院提起诉讼。

2. 双方明确约定，对于在本合同项下产生的或与本合同相关的事宜产生的乙方对甲方拥有的债权，乙方承诺不将其转让给第三方，除非经过甲方的书面同意，否则，乙方应在违约转让债权之日起5日内，按照违约转让债权总额的5%向承包方支付违约金，逾期支付应承担违约付款责任。

第八条　合同生效与终止

1. 本合同未尽事宜，双方协商解决。合同执行过程中，如发生吊车型号变化、台数增加，双方以书面形式签字认可后作为本合同附件，与本合同具有同等效力。

2. 本合同自双方签字盖章之日起生效，在双方完成约定工作内容，费用全部结清后即告终止。

第九条　合同份数

本合同一式_____份，均具有同等法律效力，甲方执_____份，乙方执_____份。

（以下无正文）

（本页为签署页）

甲方：（公章） 乙方：（公章）

法定代表人或其委托代理人： 法定代表人或其委托代理人：
（签字） （签字）

统一社会信用代码：_____ 统一社会信用代码：_____
地址：_____ 地址：_____
电话：_____ 电话：_____
电子信箱：_____ 电子信箱：_____
开户银行：_____ 开户银行：_____
账号：_____ 账号：_____

钢结构工程合同（单价合同）

合同编号：

工程名称：_____
工程地址：_____
甲　　方：_____
乙　　方：_____

_____年_____月_____日

_____工程钢结构工程合同（单价合同）

本项目钢结构制作、安装工程分包合同由以下各方于_____年_____月_____日签署。

甲方（承包方）：_____

乙方（分包方）：_____

甲方及乙方本着平等互利的原则，经过友好协商，就分包工程相关事宜约定如下：

第一条　工程概况

1. 工程名称：_____工程项目。
2. 工程地点：_____市_____区_____路_____号。
3. 建筑面积：_____。
4. 结构形式：_____。
5. 工程概况：_____。
6. 建设单位：_____。
7. 监理单位：_____。

第二条　承包范围

承包范围及内容为_____、_____、_____、_____工程的钢结构制作安装（以下简称"本钢结构工程"），相关工程的设计图纸编号为_____、_____、_____，乙方的承包范围以甲方书面指示或最终确认的竣工结算为准，工作内容一般包括以下内容：

（1）钢结构加工工艺图深化设计（不含钢结构和混凝土结构连接部位预埋件）；

（2）钢结构原材料采购；

（3）钢结构制作；

（4）钢结构安装；

（5）子结构延性试验模型制作安装（包括工艺设计和原材料采购）；

（6）膜结构焊接固定件制作安装（包括工艺设计和原材料采购）；

（7）钢结构空腔内连接通道、马道及吊轨制作安装（包括工艺设计和原材料采购）；

（8）玻璃幕墙分割线处钢结构的制作安装（包括工艺设计和原材料采购）；

（9）钢结构检测；

（10）钢结构防腐及表面处理；

（11）钢结构安全监测配合；

（12）膜结构安装施工配合；

（13）与钢结构有关的其他相关专业施工配合。

第三条　质量标准和质量等级

1. 本工程质量标准必须符合现行国家标准，包括《_____质量验收规范》。若本合同中约定的任何工程质量标准低于国家标准，则按国家标准执行；若合同中约定的任何工程质量标准高于国家标准，则按合同中约定的标准执行。

2. 特别约定：_____。

3. 质量目标：确保本工程获得国家"_____奖"，并力争获得"_____奖"。

4. 违约金：如乙方不能达到本条第3款约定的质量奖项，则乙方向甲方支付违约金额为本钢结构工程总价的1%（百分之一），甲方可从乙方任何应得的款项中扣除该质量违约金额。

第四条　合同工期

1. 本钢结构工程施工计划开工日期为_____年_____月_____日，完工日期为_____年_____月_____日。

2. 制作安装控制性工期为：

（1）_____年_____月_____日，完成钢结构钢材供应及制作厂家的招标选定工作；

（2）_____年_____月_____日前，提交钢结构工程施工组织设计；
（3）_____年_____月_____日，具备现场安装条件，开始正式安装；
（4）_____年_____月底（或根据膜结构专业分包单位要求），提供膜结构现场试拼装和效果测试工作界面；
（5）_____年_____月_____日，专业工程施工完工。

第五条 合同价格、工程款的支付及保证金

1. 合同价格

（1）本钢结构工程合同价格暂定为_____元（大写：_____），合同价格明细见已标价工程量清单。

（2）本合同采用固定单价形式，从合同签订到完成竣工结算，单价固定不变，单价不因合同履行过程中的不利因素而调整。合同履行过程中可能引起单价变化的风险，乙方已经考虑在合同单价中。本已标价工程量清单中列出的工程量仅为暂定工程量，结算工程量按照乙方实际完成情况依据工程量的计算规则计算。合同单价包括完成该项目所需的设计费、人工费、材料费、机械费、管理费、利润、规费、税金等一切费用，其中税金为_____元（税率为_____%）。

（3）甲方按合同价的 3% 向乙方收取总包管理费，在甲方支付乙方进度款的同期按比例扣除。

（4）为确保本钢结构工程质量所发生的检验、试验费用，业主、监理进行考察、见证以及驻厂监造费用等已包含在本钢结构工程单价内，甲方不再支付任何与此有关的费用。

（5）深化施工图纸而增加的构件、配件等按照主结构的单价计算。

（6）鉴于乙方在投标时已进行多次现场踏勘，对现场施工情况充分了解，固定合同单价包含了一切施工过程中的风险因素，甲方不接受乙方由此提出的任何索赔。

（7）工程量计算规则：结算工程量计算规则优先适用现行国家标准《建设工程工程量清单计价规范》GB 50500，缺漏的适用现行国家标准《通用安装工程工程量计算规范》GB 50856。

第六条 工程款的支付

1. 进度款付款基数为合同暂定总价 ± 变更价款，当变更价款一时无法确定时，由甲方暂定进度款付款基数。如果甲方发现已标价工程量清单中工程量与实际工程量差距过大，甲方有权直接调整进度款的付款基数。

2. 乙方完成下表约定的相应工作内容后，甲方按照约定的付款比例乘以进度款付款基数向乙方支付进度款（可根据实际情况调整）。

序号	完成工作内容	付款比例（已包含工人工资）	备注
1	合同签订后 14 日内		付款比例对应的合同价格为本合同总价扣除相应的管理费后的数值
2	确定材料采购或加工制作厂家，并已签订合同		
3	墙体钢结构安装开始		
4	屋面安装开始		
5	二区屋面安装开始		
6	通过主钢结构验收、甲乙双方确认最终竣工结算价款		
7	整体工程竣工验收合格		
8	缺陷责任期满两年		

3. 根据上表的工程款支付比例计算的进度款总额已包含工人工资，工资按月支付，按上表计算进度款的应付金额时应扣除累计已支付的工人工资。

4. 乙方每月月初报送的工人工资的付款申请，列明上月应支付的工人工资，附工人签字并按手印的工资清单、收款账号、考勤表，并提供工人身份证原件用于核对信息。

第七条 变更与竣工结算

1. 变更

（1）甲方有变更权，乙方应遵照执行。变更的形式包括：

① 增加或减少合同中的工作量；

② 改变工程做法、材料；

③ 改变分包工程任何部位的标高、位置或尺寸。

（2）变更必须有甲方书面确认并明确涉及的价款变化，否则不构成变更，不改变合同总价。

（3）如果上述变更是因为乙方违约或乙方自身原因导致的，则此类变更增加的费用由乙方承担。

（4）如果变更仅造成工程量增减，则单价不变，仍按原合同单价执行，因乙方不平衡报价导致单价明显不合理的除外。

（5）变更的工程量按照现行国家标准《建设工程工程量清单计价规范》GB 50500 等标准计算。

（6）如果合同中没有适用于变更工作的单价，经协商确定一个合理的市场价格。

2. 竣工结算

乙方应在工程验收合格后 28 日内按照甲方指定的格式上报竣工结算，以甲方审核确定的金额作为付款的依据。乙方不及时上报结算的，甲方有权拒绝支付工程款。

3. 本钢结构工程的保留金为合同总价的_____%。保留金的返还支付方式如下：

（1）本钢结构工程竣工验收移交业主后满 24 个月后 28 天内，甲方将保留金总额的 80% 支付给乙方（但如果此时乙方尚有任何保修工作未完成，则甲方有权在此类工作完成之前扣发与完成此类工作所需费用相应的保留金金额的付款单）；

（2）在乙方实现本合同第三条质量奖项后 28 天内，甲方将剩余的保留金金额全部支付给乙方。

第八条 工程完工和移交

1. 完工验收的条件：

（1）工程按合同约定和设计图纸实施完毕；

（2）竣工资料齐备完整；

（3）符合政府或有关管理机构规定的其他任何完工条件。

2. 如果乙方认为工程已具备本条第 1 款中约定的完工验收条件，乙方通知甲方，根据本条约定进行完工验收。乙方应至少提前 21 天将某一确定的日期通知甲方工程师，说明在该日期后工程将具备完工验收的条件，同时为甲方提供一份副本，该日期称为"完工报验申请日期"。

除非合同中另有约定，甲方工程师在此类通知中确定的日期之后 28 天内组织业主、监理、设计单位等各方，按照本合同的约定以及有关行政主管部门或机构规定的程序对工程进行完工验收。

3. 如果工程未能通过完工验收，则乙方应根据验收结果对工程进行整改或修复。整改修复完毕之后，应重新通知一个新的日期，要求在该日期之后 14 天内甲方工程师组织重新验收，该日期在本款中称为"重新报验申请日期"，以此类推，直至重新验收通过。但是，这样的重新验收的次数最多_____次，如果重新验收仍然未能通过，则自重新验收未能通过之日起至最终的验收通过之间的时间均为乙方延误，乙方应按照合同的约定向甲方支付误期违约金和误期损害赔偿金。

4. 如果工程通过了本条第 2 款所述的完工验收或本条第 3 款所述的重新验收，则甲方工程师在上述验收通过之日后 7 天内向乙方颁发由业主、监理工程师、甲方、乙方和设计单位等多方共同签署的完工验收证书，完工验收证书上应写明完工验收合格的日期，该日期即为工程实际完工日期。

第九条 竣工资料

乙方在申请工程完工验收之前，应按照本合同以及任何有关行政主管部门或机构的要求和政府关于建设工程档案管理的规定整理和装订全套竣工资料（含竣工图）并保证其正确性、有效性和完整性。乙方应将竣工资料和工程档案（一式五份）提交给甲方，并提交竣工图纸一份及电子文档三份。本工程的竣工资料相关费用由乙方承担。

第十条 双方的一般责任

1. 甲方

（1）甲方代表

甲方驻工地代表：_____。

甲方代表应受理与其有关的所有通知、指示、同意、批准、证书、决定及其他通信联络。对本合同而言，甲方代表应是甲方唯一的合法代理人。

（2）委派具体管理人员

甲方代表可委派胜任的具体管理人员，并可随时撤销任何此类委托，任何此类的委托和撤销均应采取书面形式。此类委派胜任的具体管理人员须及时通知乙方。

2. 甲方的一般职责

（1）负责协调乙方与现场其他分包方、施工工序之间的关系，提供施工场地、标高基准点。

（2）及时向乙方提供施工所需指令、指示、洽商等相关施工文件。

（3）当甲方对工程材料、质量发生怀疑时，有权随时抽查。

（4）如果乙方在工程质量、进度、安全、现场管理等方面满足不了甲方、监理、业主中任何一方的合理要求，甲方有权将分包合同范围的工作指定给其他单位完成，所发生的分包费用、劳务费、材料费等费用从乙方分包款中扣除，对此乙方不得有任何异议。

（5）协调解决乙方现场的材料堆放及库存场所。

（6）甲方按合同约定办理相关手续，以保证乙方在现场的正常作业。

3. 乙方

（1）乙方代表

乙方驻工地代表：_____。

乙方代表应受理与其有关的所有通知、指示、同意、批准、证书、决定及其他通信联络。对本合同而言，乙方代表应是乙方唯一的合法代理人。没有甲方的事先同意，乙方不得更换和撤销乙方代表的授权。乙方代表根据本合同之要求，行使约定的职责。

（2）乙方委派具体管理人员

① 乙方代表可委派胜任的具体管理人员，可随时撤销任何此类委托。任何此类的委托和撤销均应采取书面形式，并应征得甲方的同意；在取得甲方书面同意之前，此类委托或撤销不应产生效力。

② 乙方必须派出强有力的项目管理班子进入现场，全面负责分包工程施工管理和施工操作任务（管理班子名单及成员履历作为合同的附件，报请监理及甲方批准，其中安全员、质量员必须持证上岗并按甲方要求配备），并对自身的施工、技术、质量、工期、安全、文明施工、消防、保卫等进行全面管理。

③ 本分包合同签订后3日内，乙方将负责本工程的全部管理人员名单报送甲方审核。现场派驻管理人员不少于2名（经济、技术人员各一名），在甲方指定的办公场所工作，负责本工程前期的准备工作。

④ 乙方在施工现场的管理人员必须满足合同中约定的人员数量和素质，且未经甲方批准不能更换，如其能力和素质不能使甲方满意，甲方有权要求乙方更换该人员。

4. 乙方的一般责任

（1）乙方应严格履行本合同中乙方的义务及责任，尊重并认真执行甲方为总承包工程正常施工所制定的各项规定、规则及制度，严格服从甲方的管理。

（2）乙方不得将本合同的部分或全部利益转让给他人，或将本分包工程的部分或全部再分包给他人。

（3）因乙方未履行本合同约定的义务及责任给甲方和其他分包方造成的损失由乙方承担。

5. 施工方案

（1）施工前乙方提交一份包括下列内容的施工方案：

① 详细的施工工艺。

② 所有施工的顺序和计划。

③ 所用机械和设备清单。

④ 吊装和安装所有钢结构工程所需的暂设工程设计。必须保证施工阶段不会引起钢结构和其他结构超限或破坏。同时提交暂设工程框架和结构稳定性验算，以保证所有暂设工程的稳定。

⑤ 拆除暂设工程的方案。

⑥ 一个经建设管理方批准的独立注册的材料试验室，负责测试、测量工厂和现场所有钢构件，以保证其符合技术规程。

⑦ 完整的焊接方法说明。供甲方结构工程师审核和批准。

（2）乙方应向甲方结构工程师提交一份完整的加工和安装的质量控制措施，主要内容如下。

① 乙方项目组织及组织机构图，规定以下主要成员的职责：项目经理、合约经理、项目工程师、设计工程师、安全负责人等。

② 材料可追踪性：所有钢结构材料均应可以从车间追踪到结构中的最终位置，包括给每个构件一个独立编号，使得该构件从工厂加工到吊装至最终位置的整个过程都可追踪。

③ 纠正措施：乙方应建立一套系统用以识别不符合要求的施工和材料。乙方应在进行纠正工作之前向甲方结构工程师提交纠正措施供审核。

④ 存储：乙方应建立一个材料存储系统以保证材料在工厂、运输和施工现场各个过程中的不发生损坏。

⑤ 测试：乙方应按有关现行标准采用破损和非破损试验对材料和结构进行测试。质量检验人员应具有焊缝质量检查资质。

⑥ 乙方应聘请合格的焊工进行车间和现场的焊接操作。

⑦ 乙方应提交的样本包括但不限于：

a. 暴露钢构件的焊缝样本；

b. 防护层；

c. 受拉连接件焊接材料；

d. 各种类型，各种规格的螺栓；

e. 结构或监理工程师要求的其他物品。

⑧ 乙方应向甲方工程师提交所有主要材料商和加工制作商详情供审核认可，包括但不限于下列方面：

a. 钢厂；

b. 加工制作商；

c. 吊装分包方；

d. 材料试验室外的其他实验室。

⑨ 乙方应绘制钢结构工程加工图并提交甲方结构工程师审核和认可。在甲方结构工程师认可有关相关图纸前，不得开始该构件加工。

⑩ 图纸上所示尺寸和标高均为最终的尺寸和标高。乙方应在加工构件时为起拱和轴向压缩变形留出余量，使所有钢构件达到最终位置。

⑪ 所有钢构件均应按有关标准规定的允许误差加工制作。

⑫ 对节点的设计，乙方应充分考虑减少薄片撕裂效应。

6. 现场管理

（1）乙方应遵守甲方的现场管理制度及各项管理要求，违反规定造成的一切责任和损失由乙方自负。乙方应随时接受甲方关于安全生产、文明施工、后勤卫生、环保、消防、保卫等方面的检查及工期的控制，并随时接受政府有关部门的各种检查，乙方应为上述检查提供便利条件。若上述检查未达到要求，乙方必须接受甲方发出的合理正确的书面指示，并在甲方规定的合理期限内改正完毕直至得到甲方认可；若乙方不能在规定的期限内完成改正，则甲方可委托其他分包方完成上述工作，所需费用将由甲方从任何应支付给乙方的款项中扣除。

（2）乙方应随时接受业主、甲方和政府有关部门对质量的检查，如发生质量缺陷，乙方应立即予以改正直至达到本合同规定的质量要求。如乙方对质量缺陷的修改不能达到本合同规定的质量要求，则甲方有权委派其他分包方完成该工作。

（3）施工现场一律以甲方的名称和字样出现。

（4）乙方若要在施工现场布置宣传品、布告、广告及招牌等，必须事先报甲方批准。未经甲方批准，乙方不得在施工现场以任何形式布置、悬挂、张贴能表示其单位的招牌、广告等，如乙方违反上述规定，视为乙方违约，甲方有权给予处罚。

7. 乙方资格

乙方必须具备钢结构工程专业承包_____级承包资质。

8. 施工协调与材料采购

（1）乙方应与施工现场的其他分包方通力合作，并遵从甲方关于现场工作协作方面的一切指导。乙方与其他分包方在工作的相互移交、交叉施工等过程中可能会有矛盾之处，乙方须服从甲方的协调并积极配合。

（2）乙方应根据甲方的进度计划制定钢结构材料的进场计划并报甲方审核；如上述计划不符合甲方的总体进度计划，甲方有权修改，乙方应严格遵照执行。

（3）乙方须负责分包工程所用的材料设备、半成品、成品的反复搬运、场内外运输及装卸车的工作；运到现场的上述材料及成品、半成品应在甲方的施工平面布置图指定的位置整齐堆放；甲方有权发出指示，要求从现场搬走任何与此分包工程不符合的材料、半成品及设备。

9. 文明施工

（1）乙方应当按照甲方施工总平面布置图设置各项临时设施。堆放大宗材料、成品、半成品和机具设备，不得侵占场内道路及安全防护等措施。施工机械进场须经过安全检查，经检查合格的方能使用。

（2）施工现场的乙方主要管理人员在施工现场应当佩戴证明其身份的证（卡）。

（3）乙方应该服从甲方指挥，保证施工现场道路畅通，排水系统处于良好的使用状态，保持场容场貌的整洁，随时清理建筑垃圾。在车辆、人员通行的地方施工，应当设置沟井坎覆盖物和施工标志。

（4）施工现场应当设置各类必要的职工生活设施，并符合卫生、通风、照明等要求，职工的膳食、饮水供应等应当符合卫生要求。乙方不得搭设食堂，乙方自行解决餐饮问题，在甲方划分的现场区域内就餐，餐后立即清扫。

（5）乙方应当严格依照《中华人民共和国消防法》的规定，在施工现场建立和执行防护管理制度，设置符合消防部门和甲方要求的消防设施，使用易燃器材时，乙方应当采取特殊的消防安全措施。

（6）乙方应设专职文明施工管理员和专职班组负责现场的文明施工工作，由于乙方未服从甲方的文明施工要求引起的违约责任均由乙方承担。

（7）乙方须采取一切必要手段来降低尘埃和噪声的干扰，风动钻机要装配消声器，压缩机要性能良好并尽可能低噪声运转，应使之尽可能地远离房屋；乙方还须设法减少尘埃，并在现场有尘埃的地方及周围经常洒水。乙方应按照甲方的要求，避免施工扰民并控制噪声，以达到文明施工。

10. 工人管理

（1）乙方的工人应持有有效证件、乙方人员进出现场需经甲方批准，且进场前必须进行安全入场教育并向甲方提交有关安全教育资料。

（2）乙方应与所有工人签订劳动合同，并缴纳工伤保险，相关费用包含在合同价格中，乙方人员发生伤亡事故的，应及时上报，并自行承担相关伤亡赔偿责任。甲方因乙方人员伤亡事故承担责任的，有权向乙方追偿或从工程款中扣除相关费用。

11. 废弃物

乙方应将工程弃渣料按规定分选运至有关部门认可的存弃渣场堆放，由于乙方违反施工存弃渣规定而导致发生人身安全事故、环境破坏和经济损失的，应由乙方承担全部责任。

12. 临建拆除

在分包工程完成后，除已征得甲方同意保留的之外，乙方必须按甲方要求拆除一切必须拆除的施工临时设施和施工时的生活设施，拆除后的现场应彻底清理直至甲方满意。凡业主决定不予拆除的设施，应由业主通过甲方与乙方协商解决。

13. 临时工程

（1）乙方须与甲方协调取得场地作为办公室和物料存储仓库，并在不再需要时拆除。所有工地上的物料必须整齐码放。

（2）甲方无偿为乙方提供管理人员办公室1间，办公家具、用品、电话等费用由乙方承担。

（3）临时工程的布置应配合甲方总体施工组织的要求。

14. 图纸及资料的审核

（1）提交文件

如果提交的文件没有乙方盖章，甲方即认为无效，该等文件将会被退回。

（2）复核业主提供的图纸

① 乙方应预先核实施工图纸，复核现场尺寸方可施工及采购材料。

② 由乙方所作的施工、翻样图等，甲方及监理认为必要的，可要求设计单位会审。未经甲方及监理审核批准的施工图纸是无效的，施工中不得使用。

（3）施工标准

① 本钢结构工程应满足的施工规范包括国家、行业、地方标准，包括_____。

② 分包工程亦须按照图纸上的说明施工。

③ 若国家标准、施工规范及图纸上的说明互相矛盾，须遵从较严格的规定。

④若乙方发现图纸和施工规范之间有矛盾或差异，须立即以书面形式向甲方提出，并说明问题所在。

第十一条　指示、文件及申诉

1. 甲方的指示

（1）甲方代表发出的任何的指令、通知均以书面形式做出。甲方根据合同做出的任何决定，乙方均须在甲方规定的时间内执行。如果乙方对甲方的指示有异议，可在甲方规定的期限内提出修改意见，但在甲方做出修改或不修改的决定前乙方仍应继续执行原指令。因甲方的指令有误造成的乙方经济损失由甲方承担。

（2）若乙方超过甲方规定的时间（7日）仍未执行甲方的书面指示且未提出申诉，甲方经业主同意后可雇佣其他人执行指示所要求的工作，乙方承担因此而发生的所有费用。

2. 乙方给甲方的文件

（1）乙方的要求、请求和通知，应以书面形式由乙方代表签字后送交甲方，甲方也应以书面形式回复乙方。

（2）乙方在分包工程施工过程中发生意外、紧急情况且无法与甲方联系的情况下，可采取保证工程和人员生命、财产安全的紧急措施，并在采取措施后24小时内向甲方送交书面报告。

第十二条　施工组织管理

1. 甲方的修改

（1）分包工程施工期间，如果因总承包工程进度提前（须经监理审核批准）导致乙方的分包工程工期进度发生变化，在甲方与乙方协商并经乙方同意后，乙方应力争根据甲方的要求修订其进度计划，并在商定后7日内提交给甲方重新审核并报监理审核批准，以保证分包工程能按甲方的总体进度计划按期完工。

（2）分包工程施工期间，如因总承包工程进展滞后导致乙方的分包工程不能按期完成，由甲方承担责任。

（3）工程施工组织方案及进度计划表（包括修改）应提交给甲方审核并获得监理的认可，即获得监理的认可免除乙方在合同及本合同中的任何义务和责任。

2. 计划及报告

每月10日，乙方须按甲方要求的格式向其提交5份当月已完工程量月报表和下月计划报表，由甲方审核确认。

第十三条　乙方的保护工作及分包工程的照管

1. 公共财产的保护

乙方应自觉保护所有公共财产、道路、公共设施、临时设施、现存管线等，并承担修理因自身的疏忽造成损坏所需的一切费用。乙方须自费修复所有因乙方的疏忽或过失而引起的缺陷工程，否则应承担由此产生的任何相关费用及索赔。

2. 乙方对工程的照管

（1）自进场之日直至分包工程通过完工验收并移交甲方，乙方应完全承担对已送抵工地的分包工程材料及设备已安装的分包工程的照管责任。此外，若乙方在保修期间尚有任何应完成但未完成的工程，则其应对该未完成工程的照管完全负责，直至保修期结束。

（2）在乙方负责照管期间，如已送抵工地的分包工程材料及设备和已安装的分包工程或其任何部分不论因何原因遭受损坏、被盗、损失或伤害，乙方在报请甲方及业主方同意后应首先进行修理修复，以保证本工程在竣工时全部完好及在各方面均能符合合同的要求，待分清责任后，费用由责任方承担。

（3）乙方必须注意：甲方在工地现场提供的任何安保措施，不会减轻乙方在现场照管上的任何责任；乙方应加强己方工作面及仓库、材料堆放场地的保卫，保障安全。

3. 对甲方财产的保护

乙方在施工期间必须保护和维护甲方及其他分包方的临时设施、临时工程及半成品、材料设备和已安装的任何永久工程；如甲方发现上述物资因乙方的原因损坏甚至造成隐患，甲方有权在任何时候发出指令要求乙方立即予以修补直至甲方满意，乙方承担由此发生的修补及维护的费用。

第十四条　设备、材料及临时工程管理

1. 一般规定

乙方对分包范围内的设备、设施的维护保管应遵循设备说明书要求和厂家的相关规定，上述文件均由乙方自费翻译成中文，并同时报送给业主方及甲方各一份审阅。由于乙方原因造成其他分包方安装的材料设备受损的，一切费用和补救措施由乙方负责。

2. 所有权

由乙方提供的所有设备、临时工程和材料，一经运至现场，则应视为本工程专供，乙方可将上述物品从现场某一部位移至另一部位，但未经甲方同意，不得将上述物品或其中任一部分移出现场。如乙方需将上述物品部分移出现场，需提前以书面形式报告甲方，在征得甲方同意后方可将其移出现场；上述报告需在工作时间内提出。如遇特殊情况（如乙方的小型机具需随时进出场），乙方应事先通知甲方。

3. 保管和维护

（1）甲方将根据施工现场的总体安排考虑将现场的部分区域在一段时间内作为乙方的材料、设备、机具存放场地，乙方在甲方的安排下自费搭设临时库房以存放材料设备，并自行负责看管和保卫。

（2）乙方应负责材料、设备、机具在现场存放时的防火、防盗、防潮等，并按照甲方的要求自费配置消防器具。

（3）乙方须保障材料在存放期间，不因存放和维护措施不当而产生变形、变质。

（4）乙方应对材料、设备、机具负完全责任，对非乙方责任的损失或损坏，甲方负责协调责任方赔偿。

（5）乙方需负责有关设备安装就位后的施工环境的清洁工作。

（6）对于其他分包方施工完毕的工程，乙方应自觉予以维护，因乙方原因而造成其他分包工程损坏的，乙方应负责修复或赔偿损失。

第十五条　材料设备试验与检验

1. 本工程材料试验与检验应按照设计图纸和国家有关工程试验标准实施。

2. 甲方有权根据自己工作需要和工程具体情况不定时进行抽样材料试验，乙方应向甲方无偿提供试验用材料和各种试件，并为甲方进行抽样检查提供必要的条件和一切便利。此类抽样试验均由甲方指定的有试验资质的单位进行，如抽样试验结果不合格，其抽样试验费用由乙方承担。

3. 本工程严禁不合格材料、成品和半成品进场或使用。若进场材料、成品或半成品不合格，其损失及后果由乙方承担，同时不能以此为由要求增加额外费用及工期延误。

4. 乙方使用的工程材料必须符合设计要求，并具有有关材质证明或合格证件。如乙方在工程中使用无材质证明或业主、甲方检查不合格的材料，甲方有权要求其返工并更换该种材料；或要求乙方重新进行试验，试验后向业主方递交新的材质试验结果，不管试验结果如何，试验所需费用均由乙方承担。

第十六条　材料设备进场验收

1. 在本合同签订的同时，乙方应向甲方提供一份依据甲方的总体进度计划制定的材料设备供应计划，其中须明确材料设备的名称、规格型号、单位、数量、供应时间及其送达地点，作为本合同的附件。

2. 乙方不按规定通知甲方参加验收或未按规定提供全部资料，甲方对材料设备的验收结果不负责，一切损失由乙方负责。乙方供应的材料设备与清单不符时，各方约定如下：

（1）种类、规格及质量与清单不符时，甲方有权拒绝验收，乙方负责运出施工现场并重新采购；

（2）到货地点与清单不符时，乙方负责倒运至清单指定地点；

（3）供应数量与清单不符时，由乙方负责补齐或将多余部分运出施工现场；

（4）供应时间原则上按供货计划执行，如发生供应时间与清单规定的日期不符，乙方应提前与甲方协商解决；

（5）由于上述原因或供货时间迟于清单规定时间而给甲方及其他分包方造成的工期、质量及费用损失均应由乙方承担。经甲方检验后又发现部分材料设备的规格、质量等级与清单不符时，乙方仍应承担重新采购及拆卸和重建的经济支出，其工期不予顺延。

3. 乙方应为进场验收提供方便：

（1）乙方应随时按甲方根据工程需要提出的要求，在制造、装配地点、现场或其他地点进行检验。

（2）乙方应为检查、测量和检验上述任何材料或工程设备提供通常提供需要的协助、劳务、物力、燃料、备用品、装置和仪器，并应在用于工程之前，按甲方的选择和要求，递交有关材料样品，以供试验。

第十七条　施工过程验收及完工验收

1. 中间检查

乙方随时接受甲方代表及其委派人员的检查检验，为检查检验提供便利条件，如发现不合格项目，应按甲方代表及委派人员的要求返工、修改，承担自身原因导致返工、修改的费用。在工程的施工中，如某分部分项工程的施工未能通过业主及甲方的验收，乙方不得进行下一工序的施工。

2. 再次检查

甲方的检查认可并不代表乙方责任的转移，即检查检验合格后，再次检查又发现由乙方原因引起的质量问题，仍由乙方负责进行整改。

3. 隐蔽工程的检查

（1）工程具备覆盖、掩盖条件或进展到合同约定的中间验收部位时，乙方自检合格后通知甲方，甲方在12小时内组织相关单位和部门参加验收。通知应包括乙方的自检记录、隐蔽和中间验收的内容、验收时间和地点，乙方还应准备验收记录。验收合格且业主、甲方在验收记录上签字后，方可进行隐蔽和继续施工；验收不合格，乙方按甲方的要求在限定时间内修改后重新验收。

（2）工程质量符合标准及本合同的要求，验收12小时后，业主、甲方不在验收记录上签字，可视为业主、甲方已经批准，乙方可进行隐蔽或继续施工。

（3）业主或监理不能按时参加验收，且未在开始验收12小时之前向甲方提出延期要求或延期超过两天的，甲方可牵头组织乙方验收。

（4）甲方不能按时参加验收，需在开始验收12小时之前向乙方提出延期要求，但延期不能超过两天；甲方未能按以上时间提出延期要求，又不参加验收，乙方可与业主自行组织验收，甲方应承认验收记录。

4. 按业主、监理及甲方的要求剥露

不论业主、监理或甲方是否参加验收，当其提出对已经隐蔽工程的前一道工序重新检验的要求时，乙方应按要求进行剥露，并在检验后重新进行覆盖或修复。检验合格，由提出方承担由此发生的经济支出，工期给予顺延；检验不合格，乙方承担由此发生的经济支出及给甲方、其他分包方造成的二次检验损失，分包工期不予顺延。

5. 返工

验收达不到质量标准的部分，甲方有权要求乙方进行返工，乙方应按甲方要求的时间返工，直至符合质量标准，由此所发生的费用及给甲方及其他分包方造成的相应损失均由乙方承担，工期不予顺延。

第十八条 费用分担

1. 以下工作内容由甲方提供：

（1）现场已有的脚手架、垂直运输机械。

（2）临时水电接口、计量设施。

（3）足够的、无障碍的工作面、工作空间和工作时限。

（4）满足施工需要的办公室及临时仓库用地或用房。

2. 电源、电费、水源及水费

正常施工用水、电费用由甲方承担，办公及生活用水、电费由乙方自行承担。乙方应尽量节约用水、用电，如甲方发现乙方浪费水电的现象，可对乙方进行罚款。

第十九条 违约责任

1. 甲方的违约责任

（1）如果甲方不履行本合同约定之责任，乙方以书面形式提醒甲方及时履行责任，甲方在接到乙方提醒通知后2个工作日内，应履行责任或向乙方解释不能及时履行责任的理由。

（2）甲方不按约定向乙方支付分包合同价款的，应按同期贷款市场报价利率（LPR）向乙方支付利息。

（3）甲方不能按时提供甲供材料、工作面，造成窝工的，按照_____元／日的标准支付窝工费用。

2. 乙方的违约责任

（1）如果乙方不按本合同履行责任，则甲方应根据本合同的有关规定通知乙方纠正这种失误或疏忽。乙方在接到甲方的纠正通知后2天内，向甲方提交纠正措施和方案，交甲方审批后由乙方实施并在甲方要求的期限内完成，由此产生的费用由乙方承担。

（2）如果乙方在接到甲方的纠正通知后2天内没有向甲方提交纠正措施和方案或实施后未在甲方要求的期限内完成，经甲方催促后，乙方仍未达到本合同约定的要求，甲方有权更换并选择其他分包方。乙方人员应在接到终止本合同的通知后2天内撤离施工现场，甲方将接管乙方存放在现场的材料、设备及其他物品；甲方或者受委托的其他分包方可使用这些材料、设备及其他物品以完成分包合同工程。

（3）若乙方不履行本合同约定之责任，不论本合同是否解除，乙方都应赔偿甲方及其他分包方因此而遭受的所有损失，同时乙方须保障甲方免于承担其他方的惩罚或索赔。甲方将没收乙方的履约保证金以补偿受损方。

（4）因乙方自身的原因导致工期拖延，乙方应承担由此给甲方和其他分包方造成的损失，除此之外，甲方有权对乙方处以人民币_____万元/天的罚金，但该罚金累计不超过合同总价的3%。

（5）乙方向甲方承担违约责任，并不能免除乙方给甲方造成的其他损失的赔偿责任，包括甲方按总承包合同约定向业主承担的违约责任。

（6）乙方转包、再分包本工程的，甲方有权解除合同，并且乙方应按照结算金额的10%支付违约金，甲方可在结算时直接扣除。

（7）乙方施工质量验收不合格，乙方无权主张工程款，甲方可以要求乙方整改，乙方因自身原因无法完成的，甲方有权解除合同，并且甲方可以委派其他分包方完成，产生的费用由乙方承担。

（8）乙方及其工人以非正当方式（包括多人围堵、占据施工现场、甲方办公场所；以任何手段阻止施工现场正常施工、甲方正常办公秩序；阻塞交通；攀爬塔式起重机、建筑物、广告牌等）向甲方提出要求的，乙方需支付违约金_____元/次。

（9）乙方拖欠工人工资，每发现一次，应向甲方支付违约金_____元，并且甲方有权解除合同。

第二十条　保修

1. 根据《建设工程质量管理条例》，本工程的保修期为_____年。

2. 质量保修期自本工程整体竣工验收合格之日起计算。

3. 质量保修责任：

（1）乙方应当在接到保修通知之日起_____小时内派人维修。乙方不在约定期限内派人维修的或者发生紧急抢修事故的，甲方可以委托他人修理，费用从乙方保留金中扣除。

（2）对于涉及结构安全的质量问题，应当按照《房屋建筑工程质量保修办法》的规定，立即向当地建设行政主管部门报告，采取安全防范措施；由原设计单位或者具有相应资质等级的设计单位提出维修方案，乙方实施维修作业，相关费用由乙方承担。

（3）维修完成后，由业主、使用方会同甲方组织验收，各方验收合格后当次保修即告结束。

4. 保修费用与赔偿责任：

（1）因乙方施工质量缺陷给使用方、业主造成的物资财产等直接损失以及其他间接损失均由乙方负责赔偿。

（2）实施返修、维修及受其影响的相关联工作所需费用由乙方承担。

（3）若合同双方对分包工程质量发生争议，则共同约请工程所在地质量监督总站或其他权威机构进行鉴定。如果鉴定结论为质量合格，则鉴定费用由甲方承担；否则，鉴定费用由乙方承担。

第二十一条　争议解决

双方因履行本合同或因与本合同相关的事项发生争议的，应通过协商方式解决，协商不成的，应首先提交_____调解中心进行调解，调解不成的，一方有权按照下列第_____项约定方式解决争议：

（1）向_____仲裁委员会申请仲裁；

（2）向_____人民法院提起诉讼。

第二十二条　其他

本合同一式_____份，均具有同等法律效力，甲方执_____份，乙方执_____份。

附件1：钢结构设计与施工说明。

附件2：钢结构报价编制说明。

附件3：图纸及图纸清单。

附件4：策划书。

附件5：钢结构细化工期。

（以下无正文）

（本页为签署页）

甲方：（公章）   乙方：（公章）

法定代表人或其委托代理人：   法定代表人或其委托代理人：
（签字）   （签字）

统一社会信用代码：_____   统一社会信用代码：_____
地址：_____   地址：_____
电话：_____   电话：_____
电子信箱：_____   电子信箱：_____
开户银行：_____   开户银行：_____
账号：_____   账号：_____

附件1 钢结构设计与施工说明

（本说明将在钢结构施工图中根据设计情况进行修改）

  一、概述
  二、设计与施工标准
  三、材料
  四、荷载
  五、焊缝等级
  六、除锈防腐
  七、施工安装工艺
  八、钢结构附加施工内容

附件 2：钢结构报价编制说明

    第一部分　设计文件
    图纸
    其他设计说明
    第二部分　报价应考虑的因素
    钢结构主材
    损耗
    深化设计
    工作内容，包括但不限于：
    加工制作
    运输
    拼装组对
    安装
    测量定位
    探伤检测
    安全防护
    成品保护
    第三部分　报价表

附件 3：图纸及图纸清单

（本书略）

附件 4：策划书

（本书略）

附件 5：钢结构细化工期

（本书略）

第十一章 粗装修工程

二次结构及粗装修分包合同

合同编号：

工程名称：_____
工程地址：_____
甲　　方：_____
乙　　方：_____

_____年_____月_____日

_____工程二次结构及粗装修分包合同

甲方（承包方）：_____
注册地址：_____
法定代表人：_____
乙方（分包方）：_____
注册地址：_____
法定代表人：_____

根据《中华人民共和国民法典》《中华人民共和国建筑法》《建设工程质量管理条例》及其他有关法律、行政法规，遵循平等、自愿、公平和诚实信用的原则，双方就_____工程二次结构及粗装修事宜达成如下协议：

第一条 工程概况

1. 工程名称：_____。
2. 工程地点：_____。
3. 建筑面积：_____。
4. 建筑檐高：_____。
5. 结构形式：_____。
6. 地上_____层，地下_____层，局部_____层。
7. 建设单位：_____。
8. 监理单位：_____。

第二条 承包范围

1. 施工范围：_____栋（座）_____区段_____楼（层）。
2. 工作内容：完成二次结构及粗装修工程之所有项目，包括_____。

第三条 价款与计量

1. 本合同采用_____价格形式。
2. 计量规则：_____。
3. 合同单价及总价组成明细：

（1）分包价款（不含税）为人民币_____元（大写：_____）；建筑面积包干价为_____元/m^2，其中，固定措施费为_____元，工程量清单费为_____元。

（2）税金为_____元，税率为_____（根据工程所在地规定，如税金由甲方缴纳，则无此项；如由乙方缴纳，则填写此项）。

4. 特别说明：

（1）除合同约定或双方另行约定的情形外，清单项目单价和措施项目总价不做调整。合同价款（单价或总价）均包括乙方为履行本合同约定的义务和职责，完成合同工作内容，并达到合同约定的标准，承担自身经营风险，满足国家标准和设计要求，达到业主、监理、甲方要求所发生的一切相关费用。

（2）合同价款（单价或总价）还包括因施工不良或缺陷及瑕疵而造成剔凿、返工、改良、修补等支出以及在合同保修期内发生的保修费用。

（3）任何因市场物价波动、生活费用变化、人员工资的变化、政府税收与收费的调整以及政府与行业主管部门红头文件的颁发而引起的乙方的实际支出的增/减，均属于乙方自身经营风险，视为已经事先充分估计并已经列入合同价款之中。

（4）本合同履行过程中不得发生合同外零星用工。必须发生的，在得到承包方项目经理书面同意后方可发生；情况紧急的，须在发生后_____天内报送甲方项目经理签认。零星用工确认单必须附对所完成工作的详细说明，包括且不限于工作内容、时间、工人姓名或班组、用工数量等（能有效计算工程量的要标明具体工作量）。现场合同外零星用工确认单必须在发生零星用工当月报至承包方汇总。

第四条 付款

1. 本工程预付款比例及支付方式：＿＿＿＿＿＿＿＿＿＿＿＿＿＿＿＿＿＿＿。
2. 进度款支付条件及方式：＿＿＿＿＿＿＿＿＿＿＿＿＿＿＿＿＿＿＿＿＿。
3. 付款程序：

　　乙方于每月＿＿＿＿＿日向承包方递交本期按合同约定应付的费用汇总表和请款报告，承包方收到报告后于＿＿＿＿＿日内向乙方签发付款证书，在签发付款证书的＿＿＿＿＿日内完成支付。

4. 质量保证金：

（1）本工程的质量保证金为＿＿＿＿＿＿，缺陷责任期为＿＿＿＿＿年，从工程验收合格之日起计算，缺陷责任期届满后＿＿＿＿＿天内，承包方向乙方支付质量保证金。

（2）缺陷责任期满后＿＿＿＿＿天内，承包方向乙方返还全部质量保证金。

第五条 工期要求

1. 开工日期为＿＿＿＿年＿＿＿＿月＿＿＿＿日，完工日期为＿＿＿＿年＿＿＿＿月＿＿＿＿日，计＿＿＿＿日历天。

其中，阶段进度：

（1）＿＿＿＿＿＿＿＿（部位／名称）：＿＿＿＿年＿＿＿＿月＿＿＿＿日完；
（2）＿＿＿＿＿＿＿＿（部位／名称）：＿＿＿＿年＿＿＿＿月＿＿＿＿日完；
（3）＿＿＿＿＿＿＿＿（部位／名称）：＿＿＿＿年＿＿＿＿月＿＿＿＿日完；
（4）＿＿＿＿＿＿＿＿（部位／名称）：＿＿＿＿年＿＿＿＿月＿＿＿＿日完；
（5）＿＿＿＿＿＿＿＿（部位／名称）：＿＿＿＿年＿＿＿＿月＿＿＿＿日完。

2. 乙方须按甲方的总控制进度计划施工，确保每周的工作均在甲方的总控制进度计划内完成；如乙方不能按甲方总控制进度计划完成其工作，乙方须按甲方指令赶工，以满足甲方、业主的合理进度要求。

3. 根据本工程总体工期考虑，甲方有权要求乙方优先完成分包工程的某项或多项工作，在现场条件许可并可以实施的情况下，乙方应尽量满足并遵从甲方要求，且不得延误剩余部分的工作。

4. 乙方原因造成工期延误的，每拖延一天工期需向甲方支付违约金＿＿＿＿＿＿元，并承担甲方相关损失。

5. 材料及机械设备保证

（1）乙方应配置足以满足工程进度、质量的设备、机具、工具、物资、材料、器材、设施等，相关费用由乙方承担。

（2）如果乙方的配置不能满足工程需要，甲方有权自行组织相应资源，所发生的费用由乙方承担。

（3）由于乙方自己管理原因（材料损坏、丢失等）造成的甲供材料超额，超额部分的费用由乙方承担。

第六条 工期延误

1. 因以下任何一项原因造成乙方延误实施分包工程的，经甲方项目经理书面确认，分包工程的竣工时间相应延长：

（1）非乙方造成工程延误，并且甲方根据总包合同已经从业主获得与分包合同相关的竣工时间的延长。

（2）非乙方原因造成分包工程范围内的工程变更及工程量增加超过＿＿＿＿＿％。

（3）甲方未按约定时间提供开工条件、施工条件等造成的延误。如：其他分包方的非正常影响，结构严重偏差。

（4）甲方发出错误的指令或者延迟发出指令确认批准造成分包合同工期延误。

（5）不可抗力等其他非分包原因造成分包工程的延误。

（6）甲方认可的其他可以谅解的工程延误。

2. 乙方在上述任一事件发生后的＿＿＿＿＿天内，就延误的工期以书面形式向甲方提出报告。如果上述事件具有持续的影响，则乙方应每隔＿＿＿＿＿天发出一份报告，事件影响结束之日起＿＿＿＿＿天内提交最终报告给甲方。甲方在收到报告后＿＿＿＿＿天内就报告内容予以答复或提出修改意见。

第七条 不可抗力

1. 不可抗力指业主、甲方、乙方都不可预见、不可避免、不能克服的超出一般防范能力的事件。此类事件的发生导致合同一方不可能履约。

2. 不可抗力事件发生后，乙方应立即通知甲方，并在力所能及的条件下迅速采取措施，尽量减少损失，并根据总包合同的约定处理。不可抗力事件结束后＿＿＿＿＿小时内，乙方向甲方通报受害情况和损失情况及预估的清理和修复费用。不可抗力事件持续发生，乙方应每隔_____天向甲方报告一次受害情况。不可抗力事件结束后_____天内，乙方向甲方提交清理和修复费用的正式报告及有关资料。

3. 因不可抗力事件产生的费用及延误的工期。

（1）下列费用由甲方支付给乙方：

① 工程本身发生损害、因工程损害导致第三方人员伤亡和财产损失以及运至施工场地用于施工的材料和待安装的设备发生损害，乙方在损害发生后立即采取相应减少损害的措施所需的并先行垫付的费用。

② 停工期间，乙方应甲方要求留在施工场地的必要的管理人员及保卫人员的费用。

③ 分包工程所需清理、修复费用。

（2）乙方人员伤亡由乙方负责，工伤保险以外发生的费用自行承担。

（3）乙方机械设备损坏及停工损失，由乙方自行承担。

（4）延误的工期相应顺延。

4. 合同一方延迟履行合同后发生不可抗力的，不能免除延迟履行方的相应责任。

第八条 变更与计价

1. 如果甲方认为有必要对分包工程或其中的任何部分的形式、质量、数量做出变更或调整，甲方有权指示乙方进行以下任何工作，乙方应遵照执行。该指示主要来自业主、设计、监理单位的设计变更、洽商、指示等，包括：

（1）增加或减少合同中已经包含的工作量；

（2）改变工程做法、材料；

（3）改变分包工程任何部位的标高、位置或尺寸；

（4）改变施工顺序或时间安排；

（5）为确保工程质量和工程竣工而必需的任何附加的工作。

2. 除上述变更导致合同无法继续履行外，上述变更指令发出后，双方应继续履行本合同，因变更而导致合同价款发生变化则按合同约定的方法调整。

3. 如果上述变更是因为乙方自身原因造成，则任何此类变更后增加的费用由乙方承担。

4. 乙方不得在施工中擅自改变材料做法，进行未经甲方许可的施工作业。

5. 如果变更仅仅造成工程量发生变化，单价不变，仍按原合同单价执行。

6. 如果合同中没有适用于变更工作的价格，双方协商确认合理的价格。

第九条 技术质量

1. 总体要求

（1）乙方应严格按照本合同和现行标准安排组织本分包工程的施工作业，确保施工质量满足标准和设计要求。

（2）乙方应选派业务水平较高、经验丰富的专业施工技术人员和操作人员在本工程施工。

（3）施工作业人员需持有有效的上岗证，并提供加盖乙方公章的复印件，报甲方备案。

2. 质量验收标准

_____。

3. 标准

工程材料应满足设计图纸、招标文件、现行国家、地方、行业标准要求，包括_____。上述标准若有不一致或矛盾之处，按较为严格标准执行。

第十条 材料管理

1. 计划管理

（1）乙方进场前_____日内，应依据甲方的总进度计划提交工程所需的材料设备的名称、规格型号、单位、数量、供应时间及其送达地点。

（2）进场的物资材料应满足甲方制定的月计划、周计划施工进度要求。

2. 物资进、退场要求

（1）所有物资、设备须经过甲方书面同意后方能进场。供应时间早于清单规定的日期，甲方可拒绝其进入现场，由乙方自行安排场地。

（2）所有进、退场材料物资应提前_____小时向甲方申报物资进、退场计划，经甲方相关人员签字同意后，由乙方向甲方申请填制物资出入许可证，报至甲方项目经理部确认后，方可组织物资进退场；否则严禁进退场。

（3）物资出入许可证一式_____份，需明确进出场时间、车号、物资名称、进出场理由并有乙方负责人签名。

（4）所有乙方自行供应的材料进场前，乙方需提供相应的合格证、生产许可证、出厂证明、复试报告等合法资料，否则不得进场。

（5）物资、材料进场后的申报程序执行_____。

3. 物资存放管理

（1）由于施工场地限制，乙方不得将所有材料一次性运到现场储存，甲方保证提供_____天施工作业周转量的储存场地。

（2）乙方须在现场以外的地区自行解决物资材料的仓储与周转，以确保进场材料满足施工进度与工期要求。

（3）进场物资堆放地点必须经过甲方批准，服从甲方的统筹安排。

（4）乙方现场物资堆放、保管、标识等管理必须符合甲方的企业形象识别管理规定。

4. 物资存放要求

（1）进场物资材料存放环境要符合干燥通风的要求。甲方提供库房场地，并建造其围护结构，乙方自行建造房内设施。

（2）注意防日晒雨淋，乙方在库房外自备消防设备及防火标识。

第十一条 双方提供材料、机械

1. 下列材料及机械由甲方提供：_____。

2. 下列工作、材料由乙方负责：

（1）工程施工及配合照管所须人工。

（2）除前述明确由甲方提供材料之外的其他所有材料均由乙方提供并承担其费用（包括水泥、砂子、砂浆、砌块等），甲供主材的损耗参考项目所在地定额；其中砌筑与抹灰砂浆需选用预拌砂浆，且所选用的砂浆必须有产品检验报告，并在使用前将拟选用的砂浆品牌报至甲方审批。

（3）除前述明确由甲方提供的机械，其余所有施工机械均由乙方提供并承担其费用。

（4）自行解决工程人员的食宿及场地；负责生活区发生的水电费、垃圾清运费、消防器材等；食宿卫生及住宿条件达到政府相关要求，接受甲方的检查与管理；获取政府关于食堂卫生许可等各项批准、检查、证件并承担此发生的费用。

（5）自本工程开工直至本分包工程结束，除上述明确由甲方提供的临水、临电外其余所有临水、临电设施及耗材均由乙方提供，并由乙方负责现场所有临水、临电的维护及保管。

（6）负责甲方提供测量以外的所有小线的测量、放线工作并承担其费用。

（7）负责试件制作、养护、搬运，现场内试件的试压并提供固定的试验人员配合甲方进行试验。

（8）设置专职文明施工班组并提供清扫、洒水等工具，负责现场办公区及生产区、厕所及道路的清理、清扫、洒水，将本施工现场内的垃圾集中存放至垃圾池并负责将垃圾装车并覆盖妥当，负责政府要求的本工程门前三包工作。

（9）负责材料（包括甲供材料）场内外的二次搬运。

（10）对其他分包方及供应商（包括但不限于甲方的其他分包、供应商，业主指定分包方、供应商以及其他专业承包方）的配合照管工作，包括但不仅限于现场的文明施工、临水及临电设施的维护、脚手架的维护、洞口及临边安全防护的维护、垃圾的清运、完工清理等，其费用须考虑在分包总价中，且其配合照管工作均截止到本工程分包合同期满。

（11）本工程施工期间的所有施工、防护所需的脚手架的搭设、整改、维护、拆除、清理、修理、保管、退场所需的人工等工作。

（12）甲供材料总量超过定额部分。

3. 乙方所提供的设备、机具应按照甲方的施工组织设计所规定的时间进场，得到甲方的书面指令才能退场。甲方将统一协调使用此等设备，乙方应听从甲方的合理指令。

第十二条 现场及人员管理

1. 乙方应遵守国家、行业、地方以及甲方有关现场安全文明施工的各项管理规定，在设施的投入、现场的布置等各方面严格按照甲方的规定执行，并符合甲方的企业形象识别要求。

2. 乙方须设置专职劳动力管理员，劳动力管理员须持有岗位证书。乙方在进场施工前必须与每个施工作业人员签订劳动合同，在进场前须按实名制管理要求将进场施工人员花名册、身份证、劳动合同文本、岗位技能证书复印件及时报送甲方项目经理部核验、备案。

3. 乙方须在分包合同签订后_____日内办理人员备案手续及分包合同备案手续，人员或分包合同变动时，应随时办理变动手续。

4. 乙方必须每月按时向劳务作业人员发放劳动报酬，每月提供作业人员的工资发放表、考勤表。

5. 现场施工人员必须统一着装、统一佩戴安全帽及胸卡，施工人员须持证进出现场。

6. 现场不允许出现宣传乙方的标识、标语。

7. 乙方所有现场施工人员须持有_____，凡因上述证件不齐而产生的责任由乙方承担。

8. 乙方应该采取一切合理的措施防止其人员实施违法或妨害社会治安和公共安全的行为，并有完全的责任和义务保护周围其他人员和财产免受上述行为的危害，由此造成的一切后果由乙方负责。

9. 严格遵守有关消防、保卫、交通安全、环卫、社会治安方面的规定。凡是由于乙方对上述要求贯彻执行不得力而造成的一切事故、灾害，其经济及法律责任由乙方独自承担，由此造成甲方的损失由乙方赔偿。

第十三条　甲方一般职责

1. 甲方驻现场代表：项目经理为_____，身份证号为_____，项目经理代表甲方全面履行合同各项职责。

2. 甲方其他主要管理人员：技术负责人为_____，身份证号为_____；生产负责人为_____，身份证号为_____；商务负责人为_____，身份证号为_____。

3. 甲方负责协调乙方与现场其他分包方、施工工序之间的关系。

4. 分项工程施工前，甲方负责组织施工技术交底，审查乙方施工方案。但审查通过并不能免除乙方承担因方案缺陷、错误而导致各种后果的相关责任。

5. 甲方应及时向乙方提供施工所需指令、指示、洽商等相关施工文件。

6. 当甲方对施工质量发生怀疑时，有权随时进行抽查。

7. 当乙方在工程质量、进度、安全、现场管理等方面满足不了甲方、监理、业主任何一方的合理要求时，甲方有权将分包合同范围的工作指定给其他单位完成，由此产生的费用增加由乙方承担。

8. 甲方为乙方提供下列施工便利：

（1）负责在施工现场提供水源电源接口，临电提供到二级电箱，临水提供到楼层消防主干管，承担施工水电费。

（2）提供现场已架设完毕的操作平台、脚手架、安全防护设施。

（3）负责提供楼层轴线、高程，并对其精度负责。

（4）提供施工现场公共部位、施工通道、施工用楼梯间的照明，由乙方负责维护工作并保证其通畅。

（5）负责将指定地点乙方归集成堆的施工垃圾运出现场。

（6）在施工现场及楼层提供临时厕所设施，并负责定期清理。

（7）提供现场已有的垂直运输机械，乙方须提前_____小时提交详细使用计划，说明其使用的起始时间，运输的材料品种、规格和最大重量，由甲方统一协调安排使用。

（8）出具相关证明材料，协助乙方办理项目所在地施工手续。

（9）负责提供现场出入口的保卫工作，但乙方须自行提供其仓库的警卫和消防设施。

（10）提供生产用水用电，乙方应厉行节约。甲方有权随时抽查监督乙方用水用电行为，若发现有浪费或不良使用行为，甲方有权要求乙方支付_____元/次的违约金，并禁止乙方使用甲方提供的水电资源。

9. 甲方负责接洽政府有关部门对施工现场的检查，乙方应积极配合，因乙方不配合造成的损失由乙方自行承担。

10. 甲方负责定期召开现场协调例会（乙方驻工地负责人必须准时参加，并服从于会议决议以及甲方的协调管理。若乙方驻工地负责人无法正常参加，需事先向甲方项目经理请假，并指定全权代表参加）。

第十四条　乙方一般职责

1. 按合同约定及甲方要求的时间准时进场；严格按国家标准、设计方案进行施工。

2. 乙方驻现场代表：项目经理为_____，身份证号为_____；技术负责人为_____，身份证号为_____。

3. 乙方进场前需向甲方提供完整施工方案，其中应包括以下内容：

（1）本工程施工依据的现行国家技术标准、质量验收标准及其他相关规定；
（2）采取的主要施工方法、工艺流程；
（3）根据工期要求和现场情况为每阶段施工安排的机具型号/数量；
（4）拟安排在每一施工阶段、区段现场作业人员、管理人员的数量；
（5）乙方现场管理人员组织结构和隶属关系及通信方式；
（6）进度计划；
（7）需要甲方配合的事项和最迟解决完成时间；
（8）各项保证工期、质量、安全的措施以及冬（雨）期施工措施。

4. 乙方应自备施工所需机具、机械及其他随身工具，自备符合标准要求的个人安全防护用品（如：安全帽、安全带、口罩等）。所有施工器具及安全防护用品必须使用甲方指定产品。

5. 乙方进场_____天内，负责对主体结构墙体或洞口标高尺寸轴线进行复核，确保各项尺寸符合标准要求，不影响后续工作。正式施工前_____天，乙方将复核结果书面报告给甲方，由甲方负责对影响后续工作的结构瑕疵或缺陷进行修复、修整。逾期不报，视为乙方默认主体结构质量不影响其分包作业的质量。如果事后发现主体结构超出标准的偏差，则由乙方自费对缺陷、瑕疵进行修整。

6. 乙方应采取恰当的方式对施工成品、半成品进行妥善保护，防止交叉施工造成污染与损害，并保证不损害其他施工单位的施工作业成果，如有损害乙方应自费予以修理。

7. 乙方应随时准备接受甲方、政府职能部门对工程质量、安全、文明施工的检验、检查，并为检验、检查提供便利条件。

8. 乙方应保障甲方免于承担因乙方过失、失误造成的任何人员伤亡、财产损失的全部责任和索赔，另外还应保障甲方免于承担与此有关的一切索赔、诉讼、损害赔偿、抚恤费和其他相关开支。

9. 乙方负责己方施工区域的安全文明施工，及时将己方施工区域的施工垃圾清理到甲方指定的区域，否则甲方有权自行组织他人完成该项工作，费用从乙方款项中扣除。

10. 乙方现场负责人需按时参加甲方项目经理部组织的有关安全、质量、进度、文明施工等方面的各种会议、检查活动，不得无故缺席。若乙方代表临时有其他紧急事务无法出席，须指派全权代表参加。会议所做出的决议、事项，双方需共同恪守，严格遵照执行。

11. 未经甲方许可，乙方不得私自在现场包括生活区私搭乱建临时用房。

12. 乙方的食堂和宿舍需接受甲方的统一监督管理，并严格执行_____市卫生防疫有关规定，采取必要措施，防止蚊蝇、老鼠、蟑螂等疾病传染源的孳生和疾病流行。生活区临时设施、临水临电设施、水电费、排污费由乙方承担。

13. 乙方向甲方提供施工人员名单及特殊工种（如：电焊工、气焊工、电工、架子工）的上岗证。

14. 乙方负责作业面的施工照明，自行从甲方引出的水电接驳点将水源、电源引至其施工作业地点，所需配件、电线等设备设施自备。合理使用甲方提供的水电资源，杜绝浪费。

15. 乙方有义务保管、维护施工范围现场临水、临电、临时消防设施。

16. 乙方负责将混凝土墙体、柱子、梁底预留的拉结筋剔凿就位，并清理渣土。

17. 工程完工后_____天内，乙方提交完整且能满足业主、甲方、行政主管部门要求的竣工资料（仅限于自身合同范围）。

18. 乙方负责原材料、成品的检验试验的一切相关工作（如：试件制作、取样、运输、取试验报告等），费用由乙方自行承担。

19. 乙方负责将己方施工区域的施工垃圾清理运输到现场的指定地点。

20. 在分包工程完工后，除非甲方同意，乙方必须按甲方要求拆除一切其搭设的临时设施（包括施工和生活设施），恢复原样。

21. 乙方人员在甲方指定的区域就餐，餐后及时清扫，保持区域卫生。

22. 乙方施工人员应在指定的区域使用卫生设施，注意保持卫生与清洁。

23. 乙方应按时参加甲方项目经理部组织的有关安全、质量、进度、文明施工等方面的各种会议、检查活动。

24. 乙方应与其他各专业分包方一同仔细核对图纸尺寸和标高以及预埋件位置与数量，以防其他分包方因尺寸、标高、标注不统一或错误造成施工错误。如乙方未能提供或提供数据有误，造成的一切损失由乙方承担。

25. 乙方负责分包工程竣工前清理、竣工移交前的看管、成品保护和保洁工作。

26. 乙方可免费使用甲方已设在现场的脚手架、操作平台、防护设施，但使用前必须向甲方提出申请，明确使用部位和使用时间，经甲方批准后方可使用，未经甲方同意擅自使用的，发生一切意外事故与责任由乙方独自承担。

27. 未经甲方许可，乙方不得擅自拆改现场安全防护设施、脚手架、操作平台。否则，因此而造成安全事故的一切责任由乙方承担。

28. 根据施工需要，乙方自行搭设的脚手架、操作平台需满足现行安全标准要求，不符合要求的禁止使用。若乙方无能力搭设可委托给甲方完成，相关费用由乙方承担。

29. 乙方应严格按项目所在地行政主管部门的要求，及时、真实、准确、完整地提供技术资料。乙方对资料的完整性、真实性负责。

第十五条　检查与验收

1. 乙方应认真按照标准和设计图纸要求以及甲方依据合同发出的指令施工，随时接受甲方的检查检验，并为检查检验提供便利条件。

2. 工程质量达不到约定标准的部分，乙方应按甲方的要求进行修复，直到符合约定标准。因乙方原因达不到约定标准，由乙方承担修复费用，工期不予顺延。

3. 甲方的检查检验不应影响施工正常进行。如影响施工正常进行，检查检验不合格时，影响正常施工的费用由乙方承担。除此之外，影响正常施工的增加费用和工期由甲方承担。

4. 因甲方指令错误或其他非乙方原因增加的费用和延长的费用，由甲方承担。

5. 隐蔽工程和中间验收：

（1）工程具备隐蔽条件时先由乙方进行自检，并在隐蔽验收前_____小时以书面形式通知甲方验收。通知包括隐蔽的内容、验收时间和地点。甲方组织业主、监理单位进行验收。乙方准备验收记录。验收合格后，乙方可进行隐蔽或继续施工。验收不合格，乙方在甲方限定的时间内修改后重新验收。

（2）甲方不能按时进行验收，应在验收前_____小时告知乙方，延期不能超过_____小时。甲方未能按以上时间要求提出延期要求，不进行验收，乙方可自行组织验收，甲方应承认验收记录。

（3）经甲方、监理单位验收，工程质量符合标准和设计图纸等要求，验收_____小时后，甲方、监理单位不在验收记录上签字的，视为验收合格，乙方可进行隐蔽或继续施工。

6. 重新检验：无论甲方是否进行验收，当其要求对已经隐蔽的工程重新检验时，乙方应按要求进行剥离或开孔，并在检验后重新覆盖或修复；检验合格，甲方承担由此发生的全部费用，赔偿乙方损失，并相应顺延工期；检验不合格，乙方承担发生的全部费用，工期不予顺延。

第十六条　竣工结算

1. 分包工程竣工经业主、监理、甲方验收后_____天内，乙方向甲方递交竣工结算报告及完整的结算资料，双方按照本合同约定的合同价款以及价款调整方式，进行工程竣工结算。

2. 乙方的索赔、签证经甲方代表确认后，作为结算的凭证，在竣工结算中一次性支付。

3. 甲方收到乙方递交的竣工结算报告及结算资料后_____天内进行核实，给予确认或者提出修改意见。

4. 双方对决算金额无争议，甲方于决算确认之日起_____天内，支付工程尾款。

5. 分包工程竣工验收报告经甲方认可后_____天内，乙方未能递交竣工结算报告及完整的结算资料，造成工程竣工结算不能正常进行的，乙方承担违约责任。

6. 甲方和乙方对工程竣工结算价款发生争议时，按本合同关于争议的条款约定处理。

第十七条　环保与职业安全

1. 本合同双方应共同遵守国家和地方有关的环境保护的法律、法规，努力营造绿色建筑。

2. 乙方在运输材料（包括废料）、机具过程中应执行项目所在地政府规定。

3. 乙方须采取有效措施，防止运输机械噪声超标或机械漏油污染环境。运输车辆要定期进行噪声检测。对于不符合要求的机械要及时采取必要的措施。

4. 车辆进入现场后禁止鸣笛。

5. 施工垃圾应每天清理，堆放在指定的地点。

6. 如果本工程在施工期间，乙方不能按甲方及项目所在地政府有关现场安全文明施工之要求组织施工，乙方赔偿甲方因此遭受的损失。为达到上述标准，乙方采取各种措施的费用须包含于分包价中，不再增加任何费用。

第十八条 违约

1. 合同双方任何一方不能全面履行本合同条款，均属违约；违约所造成的损失、后果、责任，概由违约方承担。

2. 除非甲乙双方协商终止本合同，违约方承担前述条违约责任、损失后仍需严格履行本合同。

3. 乙方不得转包、违法分包本分包工程。

第十九条 保修

1. 乙方在质量保修期内，按照有关法律、法规、规章的管理规定和双方约定，承担本分包工程质量保修责任。

2. 质量保修期：根据《建设工程质量管理条例》、项目所在地相关规定以及业主的要求，本分包工程保修期为_____年，外墙防渗漏保修期为_____年。

3. 质量保修期自乙方工作范围内工程竣工验收合格之日起计算。

4. 质量保修责任：

（1）属于保修范围、内容的项目，乙方应当在接到保修通知之日起_____小时内派人维修。乙方不在约定期限内派人维修的，甲方可以委托他人修理，乙方在其保修范围内承担相应费用。

（2）发生紧急抢修事故时，乙方在接到事故通知后，应当立即到达事故现场抢修。

（3）若乙方的操作工艺、施工质量存在的缺陷，乙方负责修补该缺陷而需进行的剥离、剔凿和恢复面层、底层以及其他与因缺陷影响的抹灰、装修、管线等相关工作，若乙方自身技术水平与资质不能胜任类似工作，甲方有权指定专业施工队伍完成相关作业，乙方在其保修范围内承担相应费用。

（4）对于涉及安全的质量问题，应当按照《房屋建筑工程质量保修办法》的规定，立即向当地建设行政主管部门报告，采取安全防范措施；由原设计单位或者具有相应资质等级的设计单位提出保修方案，乙方实施保修作业，相关费用由乙方承担。

（5）质量问题维修完成后，由业主、使用方会同甲方组织验收，各方验收合格后当次维修即告结束。

5. 维修费用与赔偿责任：

（1）维修费用由造成质量缺陷的责任方承担。

（2）由于乙方施工质量缺陷、工艺缺陷与瑕疵给使用方、业主造成人员、财产等的直接损失以及其他间接损失均由乙方负责赔偿。

（3）因返修而剥落、恢复面层、底层以及受其影响的相关联工作所需费用由乙方承担。

（4）因业主、使用方使用或保养不当造成质量问题，乙方应尽义务进行维修，维修费用由甲方牵头、乙方配合，向责任方索要。

（5）若合同双方对分包工程质量问题发生原因产生争议，可由合同双方共同约请质量问题鉴定权威机构进行鉴定。如果鉴定认为系乙方施工工程质量存在问题的，则鉴定费用由乙方承担，反之由甲方承担。

6. 双方约定的其他工程质量保修事项：_____。

第二十条 履约担保

1. 乙方在本分包工程合同签订后_____天内，按照甲方要求提供签约合同价_____%的履约保函。

2. 办理保函所需的费用由乙方承担。合同履行期限延长的，保函相应延期，延期产生的费用由乙方承担。

3. 乙方也可向甲方支付一笔履约保证金，以代替履约保函，其金额应等同于履约保函金额，于签约后_____天内提供。

第二十一条 保险

1. 甲方已按照项目所在地_____（文件）规定进行了投保。

2. 乙方雇佣的任何员工或其他人员发生任何意外事故或受到伤害所产生的一切损失或法律补偿费用，由乙方承担。乙方应使甲方免遭此类损失或补偿费，免遭一切此方面或与此相关的索赔、索要、诉讼、成本、款项和费用。当其雇佣的人员或其他任何人员或与此分包工程相关的人员受到伤害时，无论其是否要索赔，乙方都应立即告知甲方。

3. 乙方必须为从事危险作业的自有职工办理意外伤害保险。乙方必须为施工场地内自有财产、运至施工场内用于分包工程的材料和待安装设备以及施工机械设备办理保险，支付保险费用。

乙方应保持保险单的有效性，偿付上述分包工程的所有雇员及其他人员的损失或补偿费，由乙方负责。本分包工程工作的持续时间内，乙方应延续此保险。乙方应按照甲方的要求，在本分包合同履约期间，妥善保存此保单及保险费付款收据。

如果乙方未能投保并保持上述保险或任何其他按分包合同约定的保险的有效性，甲方可以拒绝其到现场施工或代为投保并维持此保险的有效性，并支付此保险费，相关费用从乙方的应收款项中扣除。

4. 保险事故发生时，甲乙双方均有责任尽力采取必要的措施，防止或者减少损失。

第二十二条 合同生效与终止

本合同自双方签字盖章之日起生效，技术资料齐全有效，履行完保修职责，保修期满，本合同即告终止。

第二十三条 争议解决

双方因履行本合同或因与本合同相关的事项发生争议的，应通过协商方式解决，协商不成的，应首先提交_____调解中心进行调解，调解不成的，一方有权按照下列第_____项约定方式解决争议：

（1）向_____仲裁委员会申请仲裁；

（2）向_____人民法院提起诉讼。

第二十四条 其他约定

1. 双方承诺不将本合同成交价格透露给任何第三方。

2. 本合同所述之内容与条款只限于_____工程使用，乙方不得将本合同内容细节透露给任何第三方。

3. 本合同一式_____份，均具有同等法律效力，甲方执_____份，乙方执_____份。

（以下无正文）

甲方：（公章）   乙方：（公章）

法定代表人或其委托代理人：   法定代表人或其委托代理人：
（签字）   （签字）

统一社会信用代码：_____   统一社会信用代码：_____
地址：_____   地址：_____
电话：_____   电话：_____
电子信箱：_____   电子信箱：_____
开户银行：_____   开户银行：_____
账号：_____   账号：_____

第十二章　粗装修选择项

供货安装合同

合同编号：

工程名称：_____
工程地址：_____
甲　　方：_____
乙　　方：_____

_____年_____月_____日

_____工程供货安装合同

甲方（承包方）：_____
乙方（分包方）：_____

依照《中华人民共和国民法典》《中华人民共和国产品质量法》《中华人民共和国建筑法》《建设工程质量管理条例》及其他有关法律、行政法规，遵循平等、自愿、公平和诚实信用的原则，经甲乙双方协商一致，就_____工程供货安装相关事宜达成如下协议：

第一条 工程概况

1. 工程名称：_____。
2. 工程地点：_____。
3. 建筑面积：_____。

第二条 工程内容

工程内容：_____。

第三条 合同价款及明细表

1. 合同价款

人民币_____元（大写：_____）。

2. 合同价款明细表

序号	工程名称	规格型号	单位	工程量（暂定）	固定综合单价（元）	合价（元）
1						
2						
3						
4						
5						
合计						

3. 合同价款说明

本合同为固定综合单价合同，综合单价已包括产品本身价格、包装费、运输费、装卸费、安装费、试验检验费、保险费、税金（包括关税、增值税等）、资料费、调试费，以及承担自身风险及满足国家标准等要求的一切费用（其中五金配件严格按照业主送样的要求、数量、材质进行配置）。

合同单价包括乙方为履行本合同约定的义务和职责，完成合同工作内容，并达到合同约定的标准，承担自身经营风险，满足国家标准和设计要求，达到业主、监理、甲方要求所发生的一切相关费用。

4. 工程量

暂定，以实际完成的工程量计算。

第四条 合同价款支付

1. 月度付款前提：施工质量达到合同约定的要求，施工进度符合甲方的总控制计划和月进度计划，甲方收到业主支付的相应部分款项。

2. 月度付款程序：乙方于每月_____日向甲方递交本月已完工程量、至本月累计完成工程量和本月按合同约定应付的费用汇总表和请款报告，甲方收到报告后于次月的_____—_____日向乙方签发付款证书，在签发证书的下月_____—_____日支付进度款。

3. 付款方式：全部产品到场后支付到货价款的_____%，安装完毕并竣工验收合格后支付至结算价款的_____%。

剩余_____%为质量保证金。

4. 质量保证金返还：本工程的质量保证金为_____，缺陷责任期为_____年，从乙方工作范围内工程验收合格之日起计算，缺陷责任期满后_____天内，甲方向乙方返还质量保证金。

第五条 工期

1. 开工日期：_____年_____月_____日（以甲方开工指令为准）。

2. 完工日期：_____年_____月_____日（以甲方现场进度要求为准）。

3. 共计_____日历天。

第六条 质量标准

产品质量及安装质量标准：

（1）产品必须是全新的，并在各方面符合相应工程的设计和施工标准要求。

（2）产品必须满足工程的使用要求。

（3）具体尺寸、节点等做法符合施工图纸、标准图集及甲方要求。

第七条 甲方职责

1. 甲方驻现场代表（项目经理）为_____，身份证号为_____，代表甲方全面履行合同各项职责。

2. 提供施工图纸及技术方案。

3. 及时向乙方提供施工指令、指示、洽商等相关文件。

4. 货到工地后，组织对物资的规格、数量、外观质量验收。

5. 负责协调乙方与现场其他分包方、施工工序之间的关系。

6. 监督检查乙方安装质量，随时进行质量抽查。

7. 工程整体竣工后，组织业主、监理单位、设计单位对乙方的安装质量进行验收。

8. 如果乙方在工程质量、进度、安全、现场管理等方面不能满足甲方、监理单位、业主的合理要求，甲方有权将分包合同范围的工作指定给其他单位完成，由此产生的费用增加由乙方承担。

第八条 乙方职责

1. 乙方驻现场代表（项目经理）为_____，身份证号为_____，代表乙方全面履行合同各项职责。

2. 负责现场实际安装尺寸的测量。

3. 根据安装进度计划，组织物资进场，负责物资的运输、装卸、保管，承担相应费用。

4. 在施工现场指定地点卸货，并码放整齐，保证堆放安全。

5. 提供产品说明书、出厂合格证、检验报告、报验资料及工程竣工所需的资料。

6. 遵守政府有关物资运输的时间限制、道路限制的规定。

7. 遵守甲方施工现场安保、通行证发放等管理规定。

8. 按甲方要求施工和清退场。

9. 若因乙方供应的产品不符合相关规定或因此产品出现事故，乙方须负全部责任并赔偿甲方因此而造成的损失，乙方须全力补救，不得因此要求增加费用。

第九条 产品质量保证期限

1. 质量保修期为自乙方工作范围内工程竣工验收合格之日起（以单位工程竣工验收证明书日期为准）_____年。

2. 质量保修期内，工程出现质量问题，乙方在接到甲方或业主通知_____小时内赶到现场解决问题。如遇重大事故，乙方接到通知应立即赶赴现场，在合理时间内解决问题或提供替代方案。

3. 对于合理使用期内，因乙方工程质量问题导致的用户或甲方所遭受的损失，乙方负有赔偿责任。

第十条 安全文明施工

1. 乙方所有进入施工现场的人员应遵守国家及地方政府、业主、监理及甲方关于安全文明施工的要求，乙方应为其进入施工现场的人员的安全负责。

2. 乙方必须保证对自身出入现场的人员、车辆等进行安全交底，对因自身原因造成的安全事故承担全部责任。

3.若乙方在合同履行中因自身原因导致工程未能达到上述安全文明施工要求，乙方须向甲方支付安全文明施工违约金_____元。

第十一条 授权管理

1.甲方驻场代表为_____，身份证号为_____。

2.甲方驻场代表仅有对分包工作的确认权，涉及该工作的工作量及金额必须得到甲方项目经理的书面签认，作为该工作结算的依据。

第十二条 违约责任

1.合同双方任何一方不能全面履行本合同条款，均属违约；违约所造成的损失、后果、责任，概由违约方承担。

2.除非甲乙双方协商终止本合同，违约方承担前述条违约责任、损失后仍需严格履行本合同。

3.乙方不得转包、违法分包本分包工程。

第十三条 争议解决

双方因履行本合同或因与本合同相关的事项发生争议的，应通过协商方式解决，协商不成的，应首先提交_____调解中心进行调解，调解不成的，一方有权按照下列第_____项约定方式解决争议：

（1）向_____仲裁委员会申请仲裁；

（2）向_____人民法院提起诉讼。

第十四条 合同生效与终止

1.本合同自双方签字盖章之日起生效。

2.本合同在双方完成约定工作内容，费用全部结清后即告终止。

第十五条 合同份数

本合同一式_____份，均具有同等法律效力，甲方执_____份，乙方执_____份。

（以下无正文）

甲方：（公章） 乙方：（公章）

法定代表人或其委托代理人： 法定代表人或其委托代理人：
（签字） （签字）

统一社会信用代码：_____ 统一社会信用代码：_____
地址：_____ 地址：_____
电话：_____ 电话：_____
电子信箱：_____ 电子信箱：_____
开户银行：_____ 开户银行：_____
账号：_____ 账号：_____

第十三章 人防工程

人防设备供应及安装分包合同

合同编号：

工程名称：_____
工程地址：_____
甲　　方：_____
乙　　方：_____

_____年_____月_____日

_____工程人防设备供应及安装分包合同

甲方（承包方）：_____
乙方（分包方）：_____

根据《中华人民共和国民法典》《中华人民共和国建筑法》《建设工程质量管理条例》及其他有关法律、行政法规，遵循平等、自愿、公平和诚实信用的原则，甲方将_____工程_____区域人防设备的供应、安装工程委托给乙方完成，双方就相关事宜达成如下协议：

第一条　工程概况

1. 工程名称：_____。
2. 建设地点：_____。
3. 建筑面积：_____。
4. 承包范围：_____。
5. 承包方式：_____。
6. 建设单位：_____。
7. 监理单位：_____。
8. 工程质量标准：_____。
9. 工期：人防门门框进场时间为_____，预埋件安装时间为_____，人防门门扇进场时间（暂定）为_____，合同工期共计_____日历天，从进场之日起算，具体进场时间以甲方书面通知为准。

第二条　合同价款

1. 本合同采用固定综合单价合同，设备综合单价详见《综合单价表》，设备综合单价为安装完毕、验收合格的最终合同价格，包括该设备供应、安装费用和安装所需的配件费用，及运输费、保险费、装卸费、检测费、验收费、安装调试费、保修期内售后服务费、税金等一切必要且合理的费用。

综合单价表

序号	设备名称	型号	单位	数量	综合单价（元）	总价（元）
1						
2						
3						
4						
5						
6						
7						
8						
9						
10						
11						
12						
13						
14						
15						

续表

序号	设备名称	型号	单位	数量	综合单价（元）	总价（元）
16						
17						
18						
19						
20						
21						
22						
23						
24						
25						
26						
	小计（人防门）					
	小计（封堵框）					
	安装费					
	小计（封堵板）					
	合计					

2. 合同总价暂定为：_____元（大写：_____）。

3. 合同总价、数量暂定，不作为结算依据，结算时按照实际完成工作量计算。

第三条 合同文件组成与解释顺序

组成合同的各项文件应互相解释，互为说明。除另有约定外，解释合同文件的优先顺序如下：

1. 补充协议书、承诺书；
2. 明确双方职责的会议纪要、往来函件；
3. 本分包合同；
4. 投标文件；
5. 甲方批准的施工方案；
6. 本合同所列标准；
7. 甲方制定的施工总进度计划。

第四条 甲方职责

1. 甲方驻现场代表：项目经理为_____，身份证号为_____；商务经理为_____，身份证号为_____。

2. 负责协调乙方与现场其他分包方、施工工序的关系。

3. 向乙方提供施工图纸，并审查乙方图纸资料、施工组织设计；但甲方的审查并不能免除乙方承担因其图纸资料、施工组织设计缺陷、错误所产生的责任。

4. 及时向乙方提供施工所需指令、指示、洽商等相关施工文件。

5. 如果乙方在工程质量、进度、安全、现场管理等方面满足不了甲方、监理、业主任何一方的合理要求，甲方有权将合同范围内的工作指定给其他单位完成，由此产生的损失由乙方承担。

6. 按照合同文件的约定，及时支付工程款。

7. 及时组织对工程的验收。

8. 负责定期召开现场协调会（乙方驻现场代表必须准时参加，并服从于会议决议以及甲方的协调管理。若乙方驻现场代表无法按时参加，需事先通知甲方项目经理，并指定全权代表参加）。

第五条　乙方职责

1. 不得转包和再分包，但必要的劳务分包除外。按合同约定及甲方要求的时间准时进场；严格按法律法规、现行国家、地方标准进行施工。

2. 乙方驻现场代表：项目经理为_____，身份证号为_____；技术负责人为_____，身份证号为_____。

3. 向甲方提供乙方项目经理的项目经理证书或注册建造师证书，项目经理与企业签订的劳动合同，特殊工种的上岗证、企业相关资质等原件供查验，并提供加盖乙方公章的复印件；向甲方提供乙方为项目经理缴纳的_____年_____月至_____年_____月的社保缴费证明；向甲方提供加盖乙方公章的授权委托书及施工人员名单原件。

4. 在人防设备的运输过程中，应遵守交通法规，安全行驶。除法律另有规定外，无论何种原因发生交通事故，乙方自行承担相关责任，甲方不承担连带责任。

5. 自行办理所属现场人员生命财产和机械设备的保险并支付保险费用。

6. 对进入现场的人员进行安全交底。因乙方人员不遵守甲方现场安全管理规定造成安全事故的全部责任由乙方自行承担。

7. 乙方司机应服从甲方人员指挥，进入现场施工区域后，未经甲方指挥人员许可不得随意开行、停泊。

8. 如因乙方原因破坏了甲方已有设施及已完成工作，乙方负责修复。经催告乙方仍拒绝修复的，甲方将另行安排其他单位修复，由此产生的费用由乙方承担，从其工程款中扣除。

9. 乙方现场负责人需按时参加甲方项目经理部组织的有关安全、质量、进度、文明施工等方面的各种会议、检查活动，不得无故缺席。若乙方驻现场代表临时有其他紧急事务无法出席，须指派全权代表参加，无故不参加例会每次罚款_____元，乙方拒绝缴纳的，甲方将从其工程款中扣除。会议所做出的决议、事项，双方需共同恪守，严格遵照执行。

10. 提供本合同范围内的人防设备的验收资料，并确保其提供安装的产品一次性通过相关部门的验收。

11. 提供能保证合同范围内的人防设备的正常安装、调试和运行的整套备品备件。

12. 安装调试。提供合同范围内的人防设备安装方案，并负责合同范围内的人防设备的安装和调试，不得委托其他单位进行安装、调试。提供有关安装、调试、质量监督及其他服务所需人员（包括在本项目中拟派的项目经理和现场主要人员）的配备情况，包括其姓名、年龄、学历、资质、履历、类似项目或工程经验等。需详细注明前述人员在本项目中所承担的职务、职权范围以及服务时间，同时确认其服务在合同执行完毕后方可结束，所有由其提供的服务的费用均已包含在合同总价内。在合同执行后提供有关上述人员全部履职有效证明。若该人员因不可抗力因素无法提供合同中所承诺的服务，应提供同等资质人员代替其执行合同，新换人员须获得甲方确认后方可开始工作，由于人员更换产生的责任由乙方承担。

13. 合同当事人保证在履行合同过程中不侵犯对方及第三方的知识产权。因乙方在工程设计、使用材料、施工设备、工程设备或采用施工工艺时，侵犯他人的专利权或其他知识产权所引起的责任由乙方承担；因甲方提供的材料、施工设备、工程设备或施工工艺导致侵权的，由甲方承担责任。

14. 技术服务要求

（1）设备到货后应派专业人员安装、调试。

（2）提供必备的技术资料（各项测试数据、产品合格证明书等），提供售后保修服务，保修期从整体工程验收合格有关部门发证后起算。

15. 交货时须向甲方提供全套技术资料和文件，至少应包括以下内容：

（1）设备装箱清单；

（2）质检合格证明；

（3）中文版安装说明书；

（4）中文版使用维修保养说明书。

16. 负责办理运输及装卸，直接将设备送至甲方指定地点。

第六条　质量标准及缺陷责任期

1. 产品质量标准：_____。

工程质量标准：乙方保证本合同工程质量均达到人防工程质量验收标准，保证一次性通过_____省_____市人防办的人防验收。

质量保证金：合同价款的_____%。

2. 缺陷责任期：_____年（缺陷责任期从整体分项工程验收合格，相关部门发证后起开始计算）。

3. 供应及安装标准：应满足现行国家与地方以及行业标准要求，包括_____。

4. 本工程还应满足_____。

第七条 施工方案

乙方进场前需向甲方提供完整施工方案，其中应包括以下内容：

（1）本工程施工依据的现行国家技术标准、质量验收标准及其他相关规定；

（2）采取的主要施工方法、工艺流程；

（3）根据工期要求和现场情况为每阶段施工安排的机具型号／数量；

（4）拟安排在每一施工阶段、区段现场作业人员、管理人员数量；

（5）乙方现场管理人员组织机构和隶属关系及通信方式；

（6）进度计划；

（7）需要甲方配合的事项和最迟解决完成时间；

（8）各项保证工期、质量、安全的措施以及雨期施工措施。

第八条 材料物资管理

1. 计划管理

（1）乙方应按甲方书面通知的计划开展工作。

（2）乙方进场前_____日内，应根据甲方的总进度计划提交工程所需的材料、设备清单，其中需明确材料设备的名称、规格型号、单位、数量、供应时间及其送达地点。

（3）进场的物资材料应满足甲方制定的月计划、周计划施工进度要求。

2. 进、退场要求

（1）所有物资、设备须经过甲方书面同意后方能进场。

（2）如乙方不按照合同约定通知甲方参加验收或提供配套资料，甲方不负责材料设备的验收，一切损失由乙方承担。

（3）所有进、退场材料物资应提前_____小时向甲方申报，经甲方相关人员签字同意后，由乙方填制分包机械材料进场／退场申请单和携物进／出门证，报至甲方项目经理部确认后，方可组织物资进退场。

（4）分包机械材料进场／退场申请单和携物进／出门证（一式四份），需明确进／出场时间、车号、物资名称、进／出场理由并有乙方驻现场代表签字。

（5）所有材料进场前，乙方需提供相应的合格证、生产许可证、出厂证明、复试报告等资料，否则不得进场。

3. 物资设备存放管理

（1）由于材料堆放场地狭小，未经甲方允许，乙方不得将所有材料一次性运到现场储存。

（2）乙方须在现场以外的地区自行解决物资材料的仓储与周转，以确保进场材料满足施工进度与工期要求。

（3）进场物资堆放地点，必须经过甲方批准，服从甲方的统筹安排。

（4）乙方现场物资堆放、保管、标识等管理必须符合甲方的企业形象识别管理规定。

（5）存放要求

① 进场物资材料存放环境要符合干燥通风的要求。

② 注意防日晒雨淋，远离火源，避免碰撞，乙方在库房外自备消防设备及防火标识。

第九条 工期责任

1. 乙方按工程进度总控制进度计划编制其施工进度计划，按经甲方批准的施工进度计划及时组织供货及施工。未按甲方要求施工的，乙方承担违约责任。因本分项工程为总控制进度计划中的关键线路，如由于乙方原因造成工期延误，乙方按_____元／日标准向甲方支付违约金。

2. 因甲方原因致使工期推迟，工期相应顺延。

第十条 安全施工

1. 乙方应建立健全符合要求的质量保证体系并制定质量保证措施，遵守甲方的各项管理制度，服从现场施工管理。自行完善本身的有关材料供应及施工的手续、证件、企业资质等并在进场前三天向甲方备案。因乙方有关资料、资质、证件等不符合国家有关部门规定所造成的甲方及其他方损失，由乙方承担。

2. 乙方必须严格执行按甲方下发的《分包队伍入场须知》的有关规定组织进场及组织施工。乙方承诺在施工过程中，严格遵照国家和上级有关部门下发的有关安全生产的方针、政策、法规、规定、其他文件及甲方的《安全管理手册》之安全管理体系和本项目各阶段安全生产、文明施工要求，按_____规定，配置专职安全管理人员，采取有效的安全防护措施，消除事故隐患。如在乙方承包范围内，由于乙方安全意识不到位，安全措施不及时、不力等，造成人员伤亡事故，不论受害方是乙方还是其他分包方人员，均由乙方承担责任，甲方将向乙方索赔费用及工期损失。

3. 乙方保证施工场地符合环境、卫生管理的有关规定，并把垃圾运到甲方指定的地点，交工前清理现场至达到甲方要求，承担因自身原因违反有关规定造成的损失和违约扣款。

4. 乙方负责所承包工程的施工及安全防护工作，配备专职安全员对其人员及施工安全负责。乙方为建设工程和施工场内的自有人员及第三方人员生命财产办理保险，支付保险费用。乙方对自有人员身份的合法性负责，并不得实施非法入侵行为，否则，乙方承担由此产生的一切责任和造成的损失。

5. 乙方应对己方施工人员进行进场前安全生产文明施工交底，并承担因其施工人员违反有关生产及安全规定给甲方及其他分包方带来的损失，在施工中接受甲方管理人员检查、监督。

6. 遵守政府有关主管部门对施工场地交通、施工噪声以及环境保护和安全生产等的管理规定，按规定办理有关手续，并报甲方备案。

7. 乙方非工作人员不得停留现场，施工现场禁止工人住宿，乙方自行解决工人食宿、交通等问题，费用乙方自理。

8. 乙方应采取有效的安全措施防止发生安全事故，因乙方原因造成的安全事故引发的责任均由乙方承担。无论何种原因致使现场发生紧急情况或事故，乙方驻现场代表必须在现场采取有效措施进行处理，防止事态扩大，并做好善后工作，自行承担发生的费用，并承担因措施不力或处理不当所造成的一切损失和责任。

第十一条　环保与职业安全

1. 本合同双方应共同遵守国家和地方有关的环境保护的法律、法规，努力营造绿色建筑。

2. 乙方在运输过程中应执行当地政府关于禁止车辆运输泄露遗撒的规定。

3. 乙方须采取有效措施，防止机械噪声超标或机械漏油污染环境，对于不符合要求的机械要及时采取必要的措施。

4. 车辆进入现场后禁止鸣笛。

第十二条　现场及人员管理

1. 乙方应遵守国家、行业、地方以及甲方有关现场安全文明施工的各项管理规定，在设施的投入、现场的布置等各方面严格按照甲方的规定执行，并符合甲方的企业形象识别要求。

2. 现场施工人员必须统一着装，统一佩戴安全帽及胸卡，施工人员需持证进出现场。

3. 现场不允许出现宣传乙方单位的标识、标语。

4. 禁止将与施工作业无关的人员带到施工现场。

5. 乙方应该采取一切合理的措施防止其人员实施违法或妨害社会治安和公共安全的行为，并有完全的责任和义务保护周围其他人员和财产免受上述行为的危害，因乙方管理不当造成的后果由乙方承担。

6. 严格遵守有关消防、保卫、交通安全、环卫、社会治安方面的规定。凡是由于乙方对上述要求贯彻执行不得力而造成的一切事故、灾害，由乙方承担相应责任。由此给造成甲方损失的，甲方有权向乙方索赔。

第十三条　检查验收

1. 乙方应认真按照现行标准和设计要求施工（如标准之间不一致，按最高标准解释执行并应得到甲方的认可），随时接受甲方检查检验，为检查检验提供便利条件。对检验不符合要求的，乙方应按甲方的要求，及时进行返工、修复，并承担由此造成的损失和发生的费用。

2. 甲方对材料、施工的验收并不能免除乙方的质量保证责任，如在材料使用过程中或在工程完工前的任何时间内及保修期内发现材料及施工质量问题，乙方须承担所有责任。

3. 工程完成后，乙方应书面通知甲方验收，甲方自接到验收通知三天内组织验收，无质量问题且验收通过后，办理验收、签字手续。

4. 人防验收时甲方须通知乙方相关技术人员到场参加，乙方负责消防验收。

5. 乙方按规定配备相应专职工程、技术、质量、安全、资料等方面管理人员，其数量、素质必须满足施工生产及甲方要求。

6. 乙方按甲方要求提供合格、真实、同步的工程技术资料。

第十四条　变更与变更计价

1. 如果甲方认为有必要对合同内项目或其中的任何部分的形式、质量、数量做出变更或调整，甲方有权指示乙方进行以下任何工作，乙方应遵照执行：

（1）增加或减少合同中已经包含的工作项目；

（2）增加或减少合同中已经包含的工作量；

（3）改变工程做法、材料；

（4）改变合同内项目任何部位的标高、位置或尺寸；

（5）改变施工顺序或时间安排；

（6）为确保工程质量和工程竣工而必须的任何附加工作。

2. 因上述变更而引起的工期和费用变化由甲方承担，但如果上述变更是因为乙方违约或乙方自身原因造成甲方不得不发出变更指令，则任何此类变更后增加的费用由乙方承担。

3. 乙方无权对合同内容提出变更，不得在施工中擅自改变材料和做法、进行未经甲方许可的施工作业，但乙方可以向甲方提出合理建议，经甲方采纳后可以进行相应变更，由此产生的收益由甲乙双方协商分享。

4. 如果合同中没有适用于变更工作的价格，则该变更项的综合单价可以按本次合同范围内的设备综合单价与标底价之间的差价比例换算确定或由甲乙双方协商采用其他方法确定。

第十五条　付款

1. 本工程　□有　□无　预付款，预付款金额为＿＿＿＿＿＿＿＿。

2. 付款方法和条件：

（1）合同订立后＿＿＿＿＿＿＿日内，乙方将金额为合同价款的＿＿＿＿＿＿＿％的履约保函交付甲方，甲方向乙方支付预付款。

（2）甲方发出要求供货通知，乙方接到通知后，按合同条款第九条（工期责任）中承诺的交货期提交所需设备。

① 第1次进度款（供应部分）：货物按施工进度节点运抵交货地点（甲方指定地点），验收合格后＿＿＿＿＿＿＿日历天内，甲方向乙方支付本批次货物供应价款的＿＿＿＿＿＿＿％。

② 第2次进度款（安装调试款）：货物安装、调试全部结束，验收合格后＿＿＿＿＿＿＿日历天内，甲方向乙方支付本批次安装调试价款的＿＿＿＿＿＿＿％。

（3）结算款：整体分项工程竣工验收合格且双方办理完结算后，甲方向乙方支付至结算价款的＿＿＿＿＿＿＿％。

（4）质量保证金（＿＿＿＿＿＿＿％）在缺陷责任期满＿＿＿＿＿＿＿日历天后一次付清。

第十六条　竣工结算

1. 分项工程内容完成，且经甲方及相关监督部门验收合格后＿＿＿＿＿＿＿天内，乙方向甲方递交分项工程竣工结算报告及完整的结算资料，双方按照本合同约定的合同价款以及价款调整方式，进行分项工程竣工结算。

2. 甲方收到乙方递交的分项工程竣工结算报告及结算资料后＿＿＿＿＿＿＿天内进行核实，给予确认或者提出修改意见。

3. 双方对结算金额无争议，甲方按合同约定支付工程款。

4. 甲乙双方对工程分项工程竣工结算价款发生争议时，按本合同争议解决条款的约定处理。

第十七条　工程保修

1. 在保修期内，乙方提供人防门工程项目的免费维修，发生事故及时处理，并达到协议约定的质量标准，如果乙方不能及时进行事故处理，甲方有权委托第三方进行处理，发生的费用、责任及损失仍由乙方承担。

2. 保修期限：＿＿＿＿＿＿＿年。

3. 乙方承诺提供优质的售后服务，保证在接到甲方通知后＿＿＿＿＿＿＿小时内及时解决质量问题，达到合同约定的质量标准，否则乙方承担所造成的责任和损失。

第十八条　违约

1. 合同双方任何一方不能全面履行本合同条款，均属违约，因违约所造成的法律责任，概由违约方承担。

2. 除非甲乙双方协商终止本合同，违约方承担前述违约责任、损失后仍需严格履行本合同。

3. 乙方不得转包或违法分包本工程。

4. 双方承诺不将本合同成交价格透露给任何第三方。

5. 本合同所述之内容与条款只限于本工程使用，任何一方不得将本合同内容细节透露给任何第三方。

第十九条　争议解决

双方因履行本合同或因与本合同相关的事项发生争议的，应通过协商方式解决，协商不成的，应首先提交_____调解中心进行调解，调解不成的，一方有权按照下列第_____项约定方式解决争议：

（1）向_____仲裁委员会申请仲裁；

（2）向_____人民法院提起诉讼。

第二十条　未尽事宜

本合同在执行中若有未尽事宜，双方经友好协商以补充协议、会议纪要、谈判记录等形式约定。

第二十一条　合同效力

1. 本合同一式_____份，均具有同等法律效力，甲方执_____份，乙方执_____份。

2. 本合同自双方签字盖章之日起生效，技术资料齐全有效，合同内容全部完成并结清工程款后，本合同即告终止。

（以下无正文）

甲方：（公章）　　　　　　　　　　　　　乙方：（公章）

法定代表人或其委托代理人：　　　　　　　法定代表人或其委托代理人：

（签字）　　　　　　　　　　　　　　　　（签字）

统一社会信用代码：_____　统一社会信用代码：_____

地址：_____　地址：_____

电话：_____　电话：_____

电子信箱：_____　电子信箱：_____

开户银行：_____　开户银行：_____

账号：_____　账号：_____

第十四章 门窗工程

塑钢门窗制作安装分包合同

合同编号：

工程名称：_____
工程地址：_____
甲　　方：_____
乙　　方：_____

_____年_____月_____日

_____工程塑钢门窗制作安装分包合同

甲方（承包方）：_____
乙方（分包方）：_____

依照《中华人民共和国民法典》《中华人民共和国建筑法》《建设工程质量管理条例》及其他有关法律、行政法规，遵循平等、自愿、公平和诚实信用的原则，经甲乙双方协商一致，就_____工程塑钢门窗制作、安装工程相关事宜达成如下协议：

第一条　工程概况

1. 工程名称：_____。
2. 工程地点：_____。
3. 建筑面积：_____。

第二条　工程内容

1. 工程内容：塑钢门窗制作、安装。
2. 承包方式：包工包料。

第三条　合同价款及明细表

1. 合同价款

本合同为综合单价合同，综合单价详见合同价款明细；

合同暂定总价人民币_____元（大写：_____）。

2. 合同价款明细

序号	项目名称	门窗编号	宽（mm）	高（mm）	工程量（樘）	综合单价（元/樘）	合价（元）	备注
1	塑钢平开门装门板							
2	塑钢平开门装门板							
3	塑钢平开门装门板							
4	塑钢平开门装玻璃							
5	塑钢平开门装玻璃							
6	塑钢平开门装玻璃							
7	塑钢平开门装玻璃							
8	塑钢平开门装玻璃							
9	塑钢平开窗							
10	塑钢平开窗							
11	塑钢平开窗							
12	塑钢平开窗							
13	塑钢平开窗							
14	塑钢平开窗							
15	塑钢平开窗							
16	塑钢平开窗							
17	塑钢平开窗							
18	塑钢平开窗							
19	塑钢平开窗							

续表

序号	项目名称	门窗编号	宽（mm）	高（mm）	工程量（樘）	金额（元）		备注
						综合单价（元/樘）	合价（元）	
20	塑钢平开窗							
21	塑钢平开窗							
22	塑钢平开窗							
23	塑钢平开窗							
24	塑钢平开窗							
25	塑钢平开窗							
26	塑钢平开窗							
27	塑钢平开窗							
28	塑钢平开窗							
29	塑钢平开窗							
30	塑钢平开窗							
合计								

3. 合同价款说明

（1）本合同为综合单价合同，包含的工作应当视为按照施工方案所显示及工程标准说明的所有内容。综合单价将被视为已包括了满足施工技术及工艺要求的所有相关的直接费（如人工费、材料费、制作安装费）、附件或配件费，按照施工技术及工艺要求规定的除甲方提供的资源及服务之外的测试费、保险费、运输装卸费、工具费、水电费、试验费、冬（雨）期施工费，成品保护费、扰民调停费（指乙方自身原因引起的扰民或民扰）、临时设施费（除甲方提供之外的乙方为完成本工程所必需的临时设施）、赶工费、文明施工费、与其他分包方的配合照管费、企业管理费、现场管理费、利润、风险费、人员及财产保险费、资料费、税金等一切相关费用，并符合业主确认之图纸中的各项要求。除另有约定外，本合同综合单价在本项目竣工前不得调整。

（2）合同单价均包括乙方为履行本合同约定的义务和职责，完成合同工作内容，并达到合同约定的标准，承担自身经营风险，满足国家标准和设计要求，达到业主、监理、甲方要求所发生的一切相关费用。

（3）合同单价还包括因施工不良或缺陷及瑕疵而造成剔凿、返工、改良、修改等支出以及在合同保修期内发生的维修费用。

（4）任何因市场物价波动、生活费用变化、人员工资的变化、政府税收与收费的调整以及政府与行政主管部门红头文件的颁发等情况而引起的乙方的实际支出的增减，均属于乙方自身经营风险，视为已经事先充分估计并包含在合同单价之中。

4. 工程量暂定，根据竣工图按实计算。

第四条 合同价款支付

1. 月度付款前提：施工质量达到合同约定的要求，施工进度符合甲方的总控制计划和月进度计划。

2. 工程款按进度支付，每月_____日前乙方向甲方报送本月完成的工程量进度报表，甲方于次月_____日前审定乙方工程进度报表，甲方于_____日内按乙方已完工程量的_____%支付工程进度款。

3. 竣工验收并结算完毕后付至结算额的_____%。

4. 质量保证金为工程结算价款的_____%，缺陷责任期为_____年，质量保证金在缺陷责任期满后_____日内一次性退还。

第五条 工期

开工日期为_____年_____月_____日，完工日期为_____年_____月_____日，共计_____日历天，从进场之日起算，具体进场时间以甲方书面通知为准。

第六条 质量标准

1. 产品质量及安装质量标准：_____。

2. 产品须是未使用过的，并在各方面符合合同约定、相应工程的设计和施工标准要求。

3. 产品必须满足工程的使用要求。

4. 产品的材质、壁厚、焊接等相关指标必须严格按照封样样品的标准加工及制作。

5. 具体尺寸、节点等做法按照施工图纸、标准图集制作。

第七条　甲方职责

1. 甲方项目经理为_____，身份证号为_____，代表甲方全面履行合同各项职责。

2. 提供施工图纸及技术方案。

3. 及时向乙方提出施工指令、指示、洽商等相关文件。

4. 货到指定交货地点后，组织对物资的规格、数量、外观质量的验收。

5. 负责协调乙方与现场其他分包方、施工工序之间的关系。

6. 监督检查乙方安装质量，随时进行质量抽查。

7. 工程整体竣工后，组织建设单位、监理单位、设计单位对乙方的安装质量进行验收。

8. 如果乙方在工程质量、进度、安全、现场管理等方面不能满足甲方、监理单位、建设单位的合理要求，甲方有权将分包合同范围的工作指定给其他单位完成，由此产生的损失由乙方承担。

第八条　乙方职责

1. 乙方项目经理为_____，身份证号为_____，代表乙方全面履行合同各项职责。

2. 负责现场实际安装尺寸的测量。

3. 根据安装进度计划，组织物资进场，负责物资的运输、装卸、保管，承担相应费用。

4. 在施工现场指定地点卸货，并码放整齐，保证堆放安全。

5. 提供产品说明书、出厂合格证、检验报告、报验资料及工程竣工所需的资料。

6. 遵守政府有关物资运输的时间限制、道路限制的规定。

7. 遵守甲方施工现场管理规定。

8. 按甲方要求进行塑钢门窗安装，做到工完场清。

9. 若因乙方供应的构配件不满足相关合同约定或相关标准规定要求而出现事故，乙方须负全部责任并赔偿甲方因此而受到的损失。乙方须进行全力补救，并不得因此而要求增加费用。

第九条　安全文明施工

1. 乙方所有进入施工现场的人员应遵守国家及地方政府、业主、监理及甲方关于安全文明施工的要求，乙方应对其进入施工现场的人员安全承担全部责任。

2. 乙方必须对自身出入现场的人员车辆等进行安全交底，对因非甲方原因造成的安全事故承担全部责任。

3. 若乙方在合同履行中因自身原因导致工程未能达到上述安全文明施工要求，乙方须向甲方支付安全文明施工违约罚款。

第十条　授权管理

1. 甲方现场代表为_____，身份证号为_____。

2. 甲方现场代表仅有对施工工作的确认权，涉及该工作的工作量及金额必须得到甲方项目经理或商务经理的书面签认，方能作为该工作结算的依据。

第十一条　违约责任

1. 在设备进出场、设备使用或停用等过程中，由于乙方不尽责、违章操作或所带设备及设施不符合有关安全要求等非甲方原因造成的安全责任、法律责任及经济赔偿责任由乙方承担；如因第三方原因造成事故，甲乙双方共同向第三方索赔。

2. 甲方按照合同约定向乙方支付工程价款，乙方按照合同约定施工，任一方应对违反本合同任意一项约定给对方造成的损失承担赔偿责任。

第十二条　争议解决

双方因履行本合同或因与本合同相关的事项发生争议的，应通过协商方式解决，协商不成的，应首先提交_____调解中心进行调解，调解不成的，一方有权按照下列第_____项约定方式解决争议：

（1）向_____仲裁委员会申请仲裁；

（2）向_____人民法院提起诉讼。

第十三条　合同生效与终止

1. 本合同自双方签字盖章之日起生效。

2. 本合同在双方完成约定工作内容，费用全部结清后即告终止。

第十四条　合同份数

本合同一式_____份，均具有同等法律效力，甲方执_____份，乙方执_____份。

（以下无正文）

甲方：（公章）　　　　　　　　　　　　　　　乙方：（公章）

法定代表人或其委托代理人：　　　　　　　　　法定代表人或其委托代理人：
（签字）　　　　　　　　　　　　　　　　　　（签字）

统一社会信用代码：_____　　统一社会信用代码：_____
地址：_____　　地址：_____
电话：_____　　电话：_____
电子信箱：_____　　电子信箱：_____
开户银行：_____　　开户银行：_____
账号：_____　　账号：_____

第十五章 外装工程

外墙保温分包合同

合同编号：

工程名称：_____

工程地址：_____

甲　　方：_____

乙　　方：_____

_____年_____月_____日

_____工程外墙保温分包合同

甲方（承包方）：_____

乙方（分包方）：_____

根据《中华人民共和国民法典》《中华人民共和国建筑法》《建设工程质量管理条例》及其他有关法律、行政法规，遵循平等、自愿、公平和诚实信用的原则，双方就_____工程外墙保温分包施工事宜达成如下协议：

第一条　工程概况

1. 工程名称：_____。
2. 工程地点：_____。
3. 檐高：_____。层数：_____。

第二条　承包范围

承包范围：_____。

第三条　承包方式

本合同的承包方式采用下列第_____种：

（1）包工包料；

（2）包人工包辅料（主材由甲方提供）。

第四条　乙方基本工作内容

1. 自备完成本合同所需材料、机具、人工；
2. 对外墙进行基层处理、粘贴保温板、固定镀锌钢丝网、安装锚固件、抹抗裂砂浆；
3. 负责施工人员个人安全防护用品；
4. 现场倒运原材料；
5. 挑选或筛选原材料，并将废渣清理到指定地点；
6. 除本合同明确由甲方负责以外的乙方承包范围内的测量放线；
7. 窗口、檐口、变形缝、造型等所有节点施工；
8. 自行采购合格的材料，负责相关试验检验；
9. 按甲方要求提供竣工资料；
10. 负责己方人员食宿交通；
11. 提供满足质量、工期、文明施工、安全要求的施工作业人员与管理人员；
12. 搭设满足施工的基本操作架子。

第五条　价款与计量

1. 合同价款：本合同暂定总价为_____元（大写：_____）。
2. 合同组成明细：

序号	内容	单位	综合单价（元）	暂定数量	合价（元）	备注
1						
2						
3						
4						
5						
合计						

3. 本表所列数量为暂估量，并不作为结算依据，双方根据本条第 5 款之工程量计算方法进行结算。

4. 以上单价为综合单价，本合同生效后，除合同约定或双方另行商定外，综合单价不予调整。综合单价包括乙方为履行本合同约定的义务、完成合同工作内容承担自身经营风险，满足合同约定和国家标准和设计要求所需的相关费用。

5. 工程量计算方法：_____。

第六条 付款及结算

1. 本工程预付款比例及支付方式：_____。进度款支付条件及方式：_____。

2. 付款程序：乙方于每月_____日向甲方递交本期按合同约定应付的费用汇总表和请款报告，甲方收到报告后向乙方签发付款证书，在签发付款证书的_____日内完成支付。

3. 质量保证金：

（1）本工程的质量保证金为_____，缺陷责任期为_____年，从工程验收合格之日起计算，缺陷责任期届满后_____天内，甲方向乙方支付质量保证金。

（2）缺陷责任期满后_____天内，甲方返还全部质量保证金。

4. 竣工结算：

（1）分包工程内容完成，经甲方验收合格后_____天内，乙方向甲方递交竣工结算报告及完整的结算资料，双方按照本合同约定的合同价款以及价款调整方式进行工程竣工结算。

（2）甲方收到乙方递交的竣工结算报告及结算资料后_____天内进行核实，给予确认或者提出修改意见。

（3）双方对结算金额无争议，甲方于结算金额确认之日起_____天内，支付工程尾款。

第七条 工期要求

1. 开工日期：_____年_____月_____日，以甲方书面通知为准。

2. 完工日期：_____年_____月_____日，共计_____日历天。

3. 乙方必须按甲方总控制进度计划施工，确保每周之工作均在甲方之总控制进度计划内完成；如果因乙方原因不能按甲方总控制进度计划完成其工作，乙方必须按甲方指令赶工，以达到甲方的合理工期要求。

第八条 工期延误

1. 因以下任何一项原因造成乙方延误实施分包工程的，经甲方项目经理书面确认，分包工程的竣工时间相应延长：

（1）非乙方造成工程延误，而且甲方根据总包合同已经从业主获得与分包合同相关的竣工时间的延长；

（2）非乙方原因造成分包工程范围内的工程变更及工程量增加超过_____%；

（3）甲方未按约定时间提供开工条件、施工现场等造成的延误；

（4）甲方发出错误的指令或者延迟发出指令确认批准造成分包合同工期延误；

（5）不可抗力等其他非分包原因造成分包工程的延误；

（6）甲方认可的其他可以谅解的工程延误。

2. 乙方在上述任一事件发生后的_____天内，就延误的工期以书面的形式向总包单位提出报告。如果延误事件具有持续的影响，则分包单位应每隔_____天发出一份报告，事件影响结束之日起_____天内提交最终报告给甲方。甲方在收到报告后_____天内就报告内容予以答复或提出修改意见，否则视为同意。

3. 因乙方原因造成工期延误，每延误一天违约金为_____元。

第九条 不可抗力

1. 不可抗力指业主、甲方、乙方都不可预见、不可避免、不能克服的超出一般防范能力的事件。

2. 不可抗力事件发生后，乙方应立即通知甲方，并在力所能及的条件下迅速采取措施，尽量减少损失，并根据合同的约定处理。

第十条 变更与计价

1. 如果甲方认为有必要对分包工程或其中的任何部分的形式、质量、数量做出变更或调整，甲方有权指示乙方进行以下任何工作，乙方应遵照执行。该指示可能是来自业主、设计、监理单位的设计变更、洽商、指示等，包括：

（1）增加或减少合同中已经包含的工作量。

（2）改变工程做法、材料。

（3）改变分包工程任何部位的标高、位置或尺寸。

（4）改变施工顺序或时间安排。

（5）为确保工程质量和工程竣工而必需的任何附加的工作。

2. 除上述变更导致合同无法继续履行外，上述变更指令发出后，双方应继续履行本合同，因变更而导致合同价款发生变化则按合同约定的方法调整。

3. 如果上述变更是因为乙方自身原因造成，则任何此类变更后增加的费用由乙方承担。

4. 乙方不得在施工中擅自改变材料做法，进行未经甲方许可的施工作业。

5. 如果变更仅仅造成工程量发生变化，则其单价不变，仍按原合同单价执行。

6. 如果合同中没有适用于变更工作的价格，则双方协商确认合理的价格。

第十一条　技术质量要求

1. 总体要求

（1）乙方应严格按照合同和现行标准提供保温材料及其相关证明文件、安排组织本承包方施工的作业，确保施工质量满足标准和设计要求。

（2）乙方应选派业务水平较高、经验丰富的专业施工技术人员和操作人员在本工程施工。

（3）施工作业人员需持有有效的上岗证，并提供加盖乙方公章的复印件，报甲方备案。

（4）所有进场的保温材料及其辅材须提供样品，且现场进行封样，每批进场材料抽样检验复试合格后方可正式使用。

2. 标准

保温材料应满足设计图纸及现行国家、地方、及行业标准要求，包括：_____。

上述标准与合同签订后新颁布标准若有不一致或矛盾之处，按较为严格标准执行。

3. 施工要求：_____。

4. 材料性能指标及质量要求：_____。

第十二条　材料管理

1. 计划管理

（1）所有物资、设备须经过甲方书面同意后方能进场。

（2）进场后一周内，乙方应向甲方提供工程所需主要材料物资供应计划书，以满足施工进度计划要求。

（3）进场的物资材料应满足甲方制定的月计划、周计划施工进度要求。

（4）所有材料进场前，乙方需提供相应的合格证、生产许可证、出厂证明、复试报告等合法资料，否则不得进场。

（5）物资、材料的进场后按程序执行申报。

（6）所有进、退场材料物资应提前_____小时向甲方申报物资进、退场计划，经甲方相关人员签字同意后，由乙方向甲方申请填制生产要素出入许可证，报至甲方项目经理部相应部门确认后，方可组织物资进、退场，否则严禁进、退场。

（7）生产要素出入许可证(一式_____份)，需明确进出场时间、车号、物资名称、进/出场理由并有乙方负责人签名。

2. 仓储管理

（1）由乙方自行负责对材料加以妥善保管，防止人为破坏、偷盗以及不利自然条件的侵蚀，费用自理。如果乙方未采取适当的保管保护措施，甲方有权指派他人完成。所发生的合理费用由乙方承担。

（2）进场物资堆放地点须经过甲方同意，服从甲方的统筹安排。

（3）现场物资堆放、标识等须符合甲方的有关管理要求。

第十三条　现场及人员管理

1. 乙方应遵守国家、行业、地方以及甲方有关现场安全文明施工的各项管理规定，在设施的投入、现场的布置等各方面严格按照甲方的规定执行，并符合甲方的企业形象识别要求。

2. 现场施工人员必须统一着装，统一佩戴安全帽及胸卡，施工人员须持证进出现场。

3. 现场不允许出现宣传乙方单位的标识、标语。

4. 乙方所有现场施工人员需持有_____，因上述证件不齐而造成的责任由乙方承担。

5. 乙方应该采取一切合理的措施防止其人员实施违法或妨害社会治安和公共安全的行为，并有完全的责任和义务保护周围其他人员和财产免受上述行为的危害，由此造成的一切后果由乙方负责。

6. 严格遵守有关消防、保卫、交通安全、环卫、社会治安方面的规定。由于乙方对上述要求贯彻执行不得力而造成的一切事故、灾害，其经济及法律责任由乙方独自承担，由此造成甲方的损失由乙方赔偿。

第十四条　甲方一般职责／权利

1. 甲方驻现场代表：项目经理为_____，身份证号为_____；技术负责人为_____，身份证号为_____。

2. 负责协调乙方与现场其他分包方、施工工序之间的关系。

3. 及时向乙方提供施工所需指令、指示、洽商等相关施工文件。

4. 当对工程材料、质量发生怀疑时，有权随时进行抽查。

5. 如果乙方在工程质量、进度、安全、现场管理等方面满足不了甲方、监理、业主任何一方的合理要求，甲方有权将分包合同范围的工作指定给其他单位完成，由此产生的费用增加由乙方承担。

6. 协调解决乙方现场的材料堆放及库存场所。

7. 测量放线：甲方提供外墙保温施工基准点。

8. 提供乙方临时办公场所，办公室_____间（非乙方独有），办公设备与用品乙方自备。

9. 提供生活、生产用水用电，乙方应厉行节约。甲方有权随时抽查监督乙方用水用电行为，若发现有浪费或不良使用行为，甲方有权要求乙方支付_____元／次的违约金，并禁止乙方使用甲方提供的水电资源。

10. 向乙方提供现场人员宿舍_____间，人均使用面积不小于_____ m^2。宿舍床铺、衣柜、吊架等生活设施以及冬季取暖设施、夏季通风防蝇设施等其他设施乙方自备。

第十五条　乙方一般职责

1. 按合同约定及甲方要求的时间准时进场；严格按甲方的方案施工，根据甲方月／周施工计划组织施工。

2. 乙方驻现场代表：项目经理为_____，身份证号为_____；技术负责人为_____，身份证号为_____。

3. 自备施工所需机具、工具及其他随身工具。

4. 自备符合标准要求的个人安全防护用品，如：安全帽、安全带、口罩等。

5. 施工前需向甲方提供完整技术方案，其中应包括以下内容：

（1）施工依据的现行国家技术标准、质量验收标准及其他相关规定；

（2）主要施工方法；

（3）根据工期要求和现场情况为每阶段施工安排的机具型号／数量；

（4）每一阶段现场作业人员、管理人员数量；

（5）乙方现场管理人员组织结构和隶属关系以及联系方式；

（6）根据现场实际情况和可能出现的情况（包括有毒害环境作业），所采取的保证措施。

6. 向甲方提供施工人员名单及加盖乙方公章的特殊工种的上岗证复印件。

7. 负责自行施工范围的成品保护工作，并保证不损害其他施工方已完项目，如有损害乙方应自费予以修理。

8. 随时准备接受甲方对工程质量、安全、文明施工的检验、检查，并为检验、检查提供便利条件。

9. 保障甲方免于承担因乙方过失、失误造成的任何人员伤亡、财产损失的全部责任和索赔，另外还应保证甲方免于承担与此有关的一切索赔、诉讼、损害赔偿、抚恤费和其他相关开支。

10. 乙方现场负责人需按时参加甲方项目经理部组织的有关安全、质量、进度、文明施工等方面的各种会议、检查活动，不得无故缺席。若乙方代表临时有其他紧急事务无法出席，须指派全权代表参加。会议所做出的决议、事项，双方需共同恪守，严格遵照执行。

11. 未经甲方许可，不得私自在现场（包括生活区）私搭乱建临时用房。

12. 乙方的食堂和宿舍需接受甲方的统一监督管理，并严格执行市卫生防疫有关规定，采取必要措施，防止蚊蝇、老鼠、蟑螂等疾病传染源的孳生和疾病流行。

13. 乙方负责施工的保温工程必须满足_____市有关节能、消防等的要求，如果节能、消防等检测达不到设计要求，乙方承担相应责任。

14. 双方应于本合同签订_____日内，到相关部门办理合同备案，乙方的合同备案费用已经在合同总价内。

第十六条　检查与验收

1. 乙方应认真按照标准和设计图纸要求以及甲方依据合同发出的指令施工，随时接受甲方的检查检验，并为检查检验提供便利条件。

2. 工程质量达不到约定标准的部分，甲方有权要求乙方进行修复，直到符合约定标准。因乙方原因达不到约定标准，由乙方承担修复费用，工期不予顺延。

3. 甲方的检查检验不应影响施工正常进行。如影响施工正常进行，检查检验不合格时，影响正常施工的费用由乙方承担，除此之外影响正常施工的增加费用和工期延误由甲方承担。

4. 因甲方指令错误或其他非乙方原因增加的费用和延长的工期，由甲方承担。

5. 隐蔽工程和中间验收：

（1）工程具备隐蔽条件时先由乙方进行自检，并在隐蔽验收前_____小时以书面形式通知甲方验收，通知包括隐蔽的内容、验收时间和地点。甲方组织业主、监理单位进行验收，乙方准备验收记录。验收合格后，乙方可进行隐蔽或继续施工；验收不合格，乙方在甲方限定的时间内修改后重新验收。

（2）若甲方不能按时进行验收，应在验收前_____小时告知乙方，延期不能超过_____小时。甲方未能按以上时间提出延期要求，不进行验收，乙方可自行组织验收，甲方应承认验收记录。

（3）经甲方、监理单位验收，工程质量符合标准和设计图纸等要求的，验收_____小时后，甲方、监理单位不在验收记录上签字的，视为验收合格，乙方可进行隐蔽或继续施工。

6. 重新检验：无论甲方是否进行验收，当其要求对已经隐蔽的工程重新检验时，乙方应按要求进行剥离或开孔，并在检验后重新覆盖或修复；检验合格，甲方承担由此发生的全部费用，赔偿乙方损失，并相应顺延工期；检验不合格，乙方承担发生的全部费用，工期不予顺延。

第十七条　安全文明施工

1. 乙方应建立健全符合要求的安全保证体系并制定安全保证措施，遵守甲方的各项管理规定，服从现场施工管理，自行完善有关材料供应及施工的手续、证件、企业资质等，并在进场前_____天向甲方备案，因乙方有关资料、安全资质、证件等不符合国家有关部门规定造成的损失由乙方承担。

2. 乙方必须按照甲方的要求组织进场和施工，乙方承诺在施工过程中，严格遵照行政主管部门颁布的有关安全生产的法律、法规、规范性文件等，甲方配置专职安全管理人员，采取有效的安全保护措施，消除事故隐患。如在乙方承包范围内，由于乙方安全意识不到位，安全措施不当等造成人员伤亡事故，乙方承担相应责任。

3. 保证施工现场符合环境、卫生管理的有关规定，并把垃圾运到甲方指定的地点，交工前清理现场至达到甲方要求，承担因自身原因违反有关规定造成的损失和罚款。

4. 乙方负责所承包工程的施工及安全保护工作，配备专职安全员，对其人员安全及施工负责。乙方应为建设工程和施工现场的自有人员及第三方人员生命财产办理保险，支付保险费用。乙方对己方人员身份的真实性、合法性负责。

5. 乙方应对其施工人员进行进场前安全、文明施工交底，并承担因施工人员违反有关生产及安全规定给甲方及其他分包方带来的损失，在施工中接受甲方管理人员检查、监督。

6. 遵守政府有关主管部门对施工场地交通、施工噪声以及环境保护和安全生产等的管理规定，按规定办理有关手续，并报甲方备案。

7. 乙方非工作人员不得在现场停留，施工现场禁止工人住宿，乙方自行解决工人食宿及交通等问题，费用自理。

8. 无论何种原因致使现场发生紧急情况或事故，乙方项目经理及管理人员必须采取有效措施，防止事态扩大，并做好善后工作。

9. 乙方必须与工人订立劳动合同，为其购买工伤保险和基本医疗保险等，相关文件的复印件报甲方备案。

10. 乙方负责其施工区域的文明施工，及时将己方施工区域的施工垃圾清理到甲方指定的地点。否则甲方有权自行组织他人完成该项工作，费用由乙方承担。

第十八条　技术资料

1. 乙方应严格按工程所在地技术资料档案管理的规定，及时、真实、准确、完整地准备技术资料，并对资料的完整性、真实性负责。

2. 如在本合同订立后技术资料有新的要求，乙方应在合理范围内满足，因此增加的费用由甲方承担。

3. 应提交的资料包括：

（1）保温材料及聚合物砂浆试验报告；

（2）分项工程施工报验表；

（3）隐蔽工程检查记录表；

（4）其他：_____。

第十九条　违约

1. 合同双方任何一方不能全面履行本合同条款，均属违约；违约所造成的损失、后果、责任，概由违约方承担。

2. 除非双方协商终止本合同，违约方承担前述条违约责任、损失后仍需严格履行本合同。

3. 不得违法转包、分包本工程。

第二十条　保修

1. 在约定的保修期内，乙方提供所施工工程项目的保修，发生事故及时处理，并达到约定的质量标准。如果乙方不能及时进行事故处理，甲方有权委托第三方进行处理，因此发生的费用、损失仍由乙方承担，费用直接从保修金扣除。

2. 保修期自乙方工作范围内工程竣工验收之日起计算，保修期为_____年。

3. 乙方承诺提供优质的售后服务，属于保修范围内的工作，乙方应当在接到保修通知之日起_____天内派人保修，并在合理的时间内修复到合同约定的质量标准，否则乙方承担所造成的损失。保修期内，在正常使用条件下乙方产品出现变色、变形、开裂、起鼓、脱漆等质量问题，乙方在_____小时内到现场免费维修。

4. 质量保修责任：

（1）乙方不在约定期限内派人维修的或该质量问题是由多方原因造成使得乙方不能维修的，则甲方可以委托其他第三方修理，乙方在其保修范围内承担相应费用。

（2）发生紧急抢修事故时，乙方在接到事故通知后，应当立即到达事故现场抢修。

（3）如果乙方的操作工艺、材料质量、施工质量、保温性能不满足要求，材料出现老化、退化或存在缺陷，为修补该缺陷需进行剥离、剔凿和恢复面层、底层以及其他由缺陷影响带来的抹灰、装修、管线等相关工作，若乙方自身技术水平与资质不能胜任类似工作，甲方有权指定专业施工队伍完成相关作业，全部费用由乙方承担。

（4）对于涉及结构安全的质量问题，应当按照《房屋建筑工程质量保修办法》的规定，立即向当地建设行政主管部门报告，采取安全防范措施；由原设计单位或者具有相应资质等级的设计单位提出保修方案，乙方实施保修作业，相关费用由乙方承担。

（5）质量问题保修完成后，由业主、使用方会同甲方组织验收，各方验收合格后当次保修即告结束。

5. 保修费用与赔偿责任：

（1）保修费用由造成质量缺陷的责任方承担。

（2）如乙方施工质量缺陷、工艺缺陷、材料老化等造成保温工程缺陷，给使用方、业主造成物资财产等直接损失以及其他间接损失均由乙方负责赔偿。

（3）为返修、维修、恢复面层、底层以及受其影响的相关联工作所需费用由乙方承担。

（4）若合同双方对分包工程质量问题发生原因产生争议，可由合同双方共同约请质量问题鉴定机构进行鉴定。如果鉴定意见认为乙方施工工程质量存在问题，鉴定费用由乙方承担，反之由甲方承担。

第二十一条　合同生效与终止

本合同自双方签字盖章之日起生效，技术资料齐全有效，履行完保修职责，保修期满，合同即告终止。

第二十二条　争议解决

双方因履行本合同或因与本合同相关的事项发生争议的，应通过协商方式解决，协商不成的，应首先提交_____调解中心进行调解，调解不成的，一方有权按照下列第_____项约定方式解决争议：

（1）向_____仲裁委员会申请仲裁；

（2）向_____人民法院提起诉讼。

第二十三条　其他约定

1. 双方承诺不将本合同成交价格透露给任何第三方。

2. 本合同所述之内容与条款只限于_____工程使用，乙方不得将本合同内容细节透露给任何第三方。

3. 本合同一式_____份，均具有同等法律效力，甲方执_____份，乙方执_____份。

（以下无正文）

（本页为签署页）

甲方：（公章） 乙方：（公章）

法定代表人或其委托代理人： 法定代表人或其委托代理人：
（签字） （签字）

统一社会信用代码：_____ 统一社会信用代码：_____
地址：_____ 地址：_____
电话：_____ 电话：_____
电子信箱：_____ 电子信箱：_____
开户银行：_____ 开户银行：_____
账号：_____ 账号：_____

幕墙施工分包合同

合同编号：

工程名称：_____
工程地址：_____
甲　　方：_____
乙　　方：_____

_____年_____月_____日

_____工程幕墙施工分包合同

甲方（承包方）：_____
乙方（分包方）：_____

根据《中华人民共和国民法典》《中华人民共和国建筑法》《建设工程质量管理条例》及其他相关法律法规，并结合本工程的实际情况，遵循平等、自愿、公平和诚实信用的原则，甲乙双方就乙方负责完成的施工事宜达成以下协议，订立本合同以共同遵守。

第一条　工程概况

1. 项目名称：_____。
2. 工程地点：_____。

第二条　承包范围及方式

1. 承包范围：本工程的供应、制作安装、保修、保养、验收等，具体承包范围详见工程量清单及施工图纸，最终以甲方或业主指定范围为准。
2. 承包方式：包工、包料、包工期、包质量、包安全、包验收等。

第三条　工期

1. 本工程工期：开工日期为_____年_____月_____日，竣工日期为_____年_____月_____日，共计_____日历天，从进场之日起算，具体进场时间以甲方书面通知为准。
2. 工期除本合同另有约定外，均不予调整。
3. 乙方最终的施工进度计划（必须经甲方书面认可）中的节点工期及竣工日期必须符合合同条款中竣工日期的要求，特别是节点工期及竣工日期要与合同条款中竣工日期完全保持一致。甲方及业主对乙方施工进度计划的认可，并不免除乙方工期违约责任。
4. 因乙方责任，不能按期开工或中途停工，影响工期，工期不顺延。
5. 因设计变更或非乙方原因造成的停电、停水、停气，由此增加的费用和工期由甲方承担。
6. 本合同中表述的"工期"是指从开工日期开始计算至竣工日期止，按总日历天数（包括法定节假日）计算的乙方承包天数。

第四条　质量标准

根据现行国家、地方、行业相关质量验收标准及本合同文件技术要求（各验收标准有差异时，以要求较高者为准），一次性验收合格。

第五条　合同价款

1. 本合同固定总价合同，含税总价为_____元（大写：_____）。其中，安装劳务费含税价为_____元，税率为_____；材料费含税价为_____元，税率为_____。
2. 本合同固定总价及乙方所报综合单价均已包括完成本工程所需的所有人工费，机械费，材料费，检验试验费（包括但不仅限于三性试验、平面变形性能检测、防雷、淋水试验、石材弯曲强度检测、室内用花岗岩放射性检测、各类材料检测等所有检验试验费用），临时设施、设备进出场、设备转移搭设、住宿、保险、运输所需费用，资料费，野外作业及室内作业、预留备品费用，施工及生活用水电费，市场价格波动风险费，施工时不可预见的风险、改造部位的拆除、文明施工费用，垃圾清运费用，成品保护费，各项措施费，各项管理费，利润，赶工费，夜间施工费，与其他工程（如外立面照明系统、机电安装、电动开启系统、室内装修、消防、屋面、墙体防水等的预留预埋、开孔、预留穿线路由等）配合工作所发生之费用，设计费用，设计深化费用及深化后所增加工作量的费用，现有场地中地上地下障碍物拆除清理的费用，编写及审核修正专业施工方案、相关部位验收、编制全套完整的竣工资料、后续服务及相关单位及部门配合的费用，各环节的规费及税金等所需的一切费用。
3. 计价基础：施工图纸、技术要求等资料用作计价依据，前述文件除供本工程用外，乙方不能把有关的资料作其他用途。乙方需参考图纸及进行实地量度而进行施工或订购物料。乙方因不采取这些步骤导致错误或虚耗物料或工作，须自负后果，造成甲方和业主损失的，还应当承担赔偿责任。

4. 合同固定总价的包干范围：

（1）本合同属于按图纸（包括乙方所做的后期完善及加工图纸）及技术要求的总价包干合同，为完成本合同约定的工程内容及达到本合同约定的检验、验收要求等的所有费用已包在本合同的固定包干总价内。该总价除甲方或业主主动提出的设计变更或甲乙双方约定的调整外，一概不予调整。

（2）本合同固定总价为包干总价，其总价、价款及单价不会因人工、物价、政策性调整、费率或汇率之变动及其他因素而有所调整。

（3）本合同固定总价已充分考虑现场甲方已预埋部分预埋件，该部分预埋件的费用及责任由乙方承担。

（4）本合同固定总价已充分考虑土建现已完成的工作面、甲方已埋设的预埋件、钢结构及幕墙等后续工程的接收面，由此发生的（如尺寸修正、预埋件的调整、预埋件的后置、预埋件增加设置、局部修补、预埋件检测等）一切费用均包括在本合同固定总价中，结算时均不得另行计取。

（5）乙方在签订合同时，所有可能发生之报价误差、报价调整、不可预见费用、合同履行过程中因深化设计增加的工程造价、可能发生的合同图纸或询价图纸与现场实际施工工作量差异导致增加的造价等均已包括在本合同固定包干总价中，结算时均不得另行计取。

（6）凡图纸上或在合同范围内的内容，如果乙方在工程量清单报价中未列项目或未报费用，均视同已包含在其他项目内或免费。

第六条 变更与价款计算

1. 设计变更

（1）甲方或业主有权发出指令要求做出设计变更，除得甲方或业主指令外，乙方不能擅自做出设计变更。

（2）工程中所有发生的变更均需在事发前或事发时起1个日历天内经甲方或其代表书面签证认可，变更费用最终以审价结果为准。

（3）本合同下，乙方主张的任何变更、签证、索赔等费用，皆以业主委托的审价单位最终结论及确认的金额为准。

2. 设计变更价款计算

设计变更价款＝设计变更工程量×设计变更综合单价。

（1）设计变更工程量计算规则

① 玻璃幕墙：根据图纸显示的外露平面完成净面积计算，并且根据清单要求按系统或节点形式分开计算。

② 石材幕墙：根据图纸显示的外露平面完成净面积计算，并且根据清单要求按系统或节点形式分开计算。

③ 铝板、百叶窗、门窗：根据图纸显示的外露平面完成净面积计算，并且根据清单要求按系统或节点形式分开计算。

④ 天窗、雨篷：根据图纸显示的按水平投影方向外露平面完成净面积计算，并且根据清单要求按系统或节点形式分开计算。

（2）设计变更价款计算

① 变更工作内容在原报价中有相同项目的，则按原报价综合单价取定，数量按前述工程量计算规则及工程量清单所述进行增减。

② 变更工作内容在原报价中有相似综合单价的，则可参考原报价综合单价，参考原则由甲方或业主确定，数量按前述工程量计算规则及工程量清单所述进行增减。

③ 变更工作内容在原报价中无相似或相同综合单价时，按下列情况分别计取：

a. 仅主要材料发生变化时，若报价中有相同材料价格，则以相同材料价格进行替换，若报价中没有此类材料，则以甲方或业主的询价确定价格为准，企业管理费、规费、税金、利润、其他费用等费率固定，其余项目不调整。

b. 仅立面分格或立面尺寸发生变化时，按原报价中原综合单价计取。

c. 结构或节点形式发生变化时，相关含量、单价、费率在原报价中有参考的，可参考原报价，具体界定以甲方或业主确定为准。

若没有适当的换算基础，则采用甲方或业主的询价确定计算价格。

在施工过程中使用附件2《幕墙工程主要材料品牌承诺表》中没有的材料时需在该等材料正式采购前_____个工作日送样并报价，报甲方及业主书面认可后方可使用；工程中所有发生变更的均需在事发前或事发时起_____日历天内经甲方或发包人代表书面签证认可，最终以审价结果为准。

第七条 付款及结算

1. 付款

（1）乙方工作满足本合同约定的付款节点及付款条件后提出书面申请，甲方书面确认后向乙方支付。

（2）乙方应在收款日前10个工作日内开具国家税务机关统一监制的正本税务发票给甲方（发票及保函抬头为：_____）。

（3）付款进度：

序号	付款项目	付款条件	支付比例	备注说明
1	预付款	本合同签订完成，乙方提交本合同固定总价_____%的履约保函和本合同固定总价_____%的预付款保函后，经甲方书面认可后_____日历天内支付	本合同固定总价的_____%	预付款将平均分_____次从第一次工程进度款支付时开始回扣，如乙方应得工程款不足以扣回预付款，不足部分从下期付款中一并扣除
2	工程进度款	乙方正式进场施工后，从次月开始，每月_____日向甲方递交工程款申请报告，且乙方提供完整的申请资料（包括但不限于已完工程的形象进度、工程量计算书等）。甲方在_____个工作日内审核初步确认完成，确认计量结果后，在_____个工作日内按初步确认的当月累计已完工程的价值的_____%减去以前已支付的工程款(含预付款)后的余额支付一次		
3	工程结算款	本工程竣工验收合格后_____个月后审价结束并支付	审计结束累计付至结算审计总价的_____%	
4	质量保证金	缺陷责任期为_____年，缺陷责任期届满时工程无质量缺陷或已经修复完毕	结算总价的_____%	

2. 本工程竣工验收合格，经甲方和业主书面认可后，乙方提出工程结算并将完整的工程结算资料（包括但不限于竣工图、结算工程量计算书、工程结算书、甲方及业主书面签证、经甲方及业主确认的设计变更、乙方的有关费用的原始单据及凭证等）送交甲方。甲方自接到前述全部完整资料后_____个月后审查完毕并支付（乙方需密切配合甲方及审价单位结算审价，因乙方原因造成的审价迟延，甲方及业主不承担逾期支付责任）。

第八条 甲方责任

1. 甲方驻现场代表：项目经理为_____，身份证号为_____；商务经理为_____，身份证号为_____。

2. 协调乙方与现场其他分包方、施工工序的关系。

3. 向乙方提供施工图纸，并审查乙方图纸资料、施工组织设计；但甲方的审查并不能免除乙方承担因乙方图纸资料、施工组织设计缺陷、错误所产生的责任。

4. 及时向乙方提供施工所需指令、指示、洽商等相关文件。

5. 如果乙方在工程质量、进度、安全、现场管理等方面满足不了甲方、监理、业主任何一方的合理要求，甲方有权将合同范围内的工作指定给其他单位完成，由此产生的损失由乙方承担。

6. 按照合同文件的约定，及时支付工程款。

7. 及时组织对工程的验收。

8. 负责定期召开现场协调会（乙方驻现场代表必须准时参加，并服从于会议决议以及甲方的协调管理。若乙方驻现场代表无法按时参加，需事先通知甲方项目经理，并指定全权代表参加）。

第九条 乙方责任

1. 严格遵守甲方现场相关管理制度规定，服从甲方对现场的统一协调管理。

2. 指派_____为乙方项目经理，身份证号为_____，负责合同履行。按施工组织要求组织施工，保质、保量、按期完成施工任务，解决由乙方负责的各项事宜。项目经理需常驻工地，离开工地24小时以上，应向监理及甲方请假并经批准，否则，乙方向甲方支付违约金人民币_____元/次；若累计发生三次及以上，乙方向甲方支付违约金人民币_____元/次。

3. 施工所涉及的各种申请、批件、验收等手续均由乙方负责办理，甲方仅协助办理，因手续办理不善等所造成的后果均由乙方负责。

4. 接受甲方提供的现场场地，并根据踏勘现场的结果自行制定相应措施，由此产生的合理措施费用由乙方承担，且已包括在合同固定总价中。

5. 甲方有权要求乙方调离不遵守甲方的施工及安全管理制度或不称职或疏忽的人员。未获甲方书面准许，不得在本工程任何岗位再用此等人员。否则，乙方向甲方支付违约金人民币_____元/次；若累计发生三次及以上，乙方向甲方支付违约金人民币_____元/次。

6. 遵守国家或地方政府或有关部门及甲方对施工现场管理的规定，妥善保护好施工现场周围建筑物、设备管线、古树名木。做好施工现场保卫和垃圾处理等工作，处理好由于施工带来的扰民问题及与周围单位（住户）的关系。

7. 施工中未经甲方同意或有关部门批准，不得随意拆改原建筑物结构及各种设备管线。

8. 本工程竣工未移交甲方之前，乙方负责对现场的一切设施和工程成品进行保护，相应费用由乙方承担。

9. 本工程施工期间需注意安全等，因乙方原因发生的一切安全、质量事故等，均由乙方负全部责任。

10. 严格执行施工、安全操作、防火安全、环境保护相关标准、规定。严格按照图纸或做法说明进行施工，做好各项质量检查记录及竣工资料，参加竣工验收，编制工程结算。

11. 工程验收合格后按建设工程所在地档案馆等政府相关部门的要求制作工程竣工图纸（不少于5套，并提供电子版），编制全套完整的工程资料（不少于5套），并交付甲方，以便甲方存档。

12. 施工时严格遵守有关市容、道路、环境、安全及甲方对施工现场的管理等的规定，若发生因违反此类规定被罚款的事件，由乙方自行负责。

13. 严格遵循已确认的施工技术方案，并应接受甲方及监理单位对工程进度、工程质量等方面的统一管理、监督、协调，并严格按照甲方及监理单位的要求展开施工工作。

14. 签订合同前已根据国家、地方及行业关于幕墙工程的相关标准、现场实际情况、验收要求及设计的合理性等要求审核合同图纸，确认合同图纸与前述要求完全一致，完全达到详细完善之施工图要求。在合同履行过程中，前述不一致导致的任何责任，甲方和业主均不承担，所有设计、验收、质量责任等由乙方承担。合同履行过程中对询价图纸及合同图纸的修正、完善、深化等费用及因前述完善造成的造价增加均视为含在本合同固定总价中，结算时一律不另行计取。乙方对合同图纸的任何修改必须得到甲方和业主书面同意后方可实施。

15. 施工过程中使用的材料品牌必须为《幕墙工程主要材料品牌承诺表》中的材料品牌（详见附件2），若表中无某种材料的品牌，乙方必须在满足该等材料合理供货期及甲方审核期的前提下提前通知甲方或业主，等待甲方或业主的指令，经甲方或业主同意后，方可确定使用此种材料的品牌；若未经甲方及业主同意，擅自改变或决定材料品牌，一经发现，乙方向甲方支付违约金人民币_____元/次，因此造成的拆除、搬迁、更换的责任与损失均由乙方承担。乙方须提供其与用于本工程的设备、材料供应商所签订的合同原件，供甲方或业主核查，并同意由设备、材料供应商直接向工地发货。

16. 现场已有的甲方塔式起重机、吊篮、外用电梯、脚手架等均须在甲方的协调管理下使用，若前述机械或设备不能满足乙方的施工要求，则由乙方自行解决，由此产生的费用由乙方承担，工期不顺延。乙方承担架设、使用、拆除前述机械而产生的所有责任，即甲方不为乙方施工作业单独或追加设备及设施，若乙方要求保留甲方已无自用之需的设施，需向甲方申请，相关费用乙方另行支付给甲方。

17. 乙方在执行本工程时须遵守下列各项规定以配合整个项目的执行：

（1）在土建浇筑前_____天通知甲方所有影响土建的事项（如预埋配件等的位置，按时供应及放置预埋配件等），并预先提交图纸说明前述影响土建的事项的位置、数量、范围等给甲方审批。一切因乙方未能遵守此条款而对甲方造成的损失及费用（包括拆除及修补费用），乙方须应予以补偿。

（2）在土建浇筑前核实有关图纸以确定空间、孔洞、设备基础及其他土建项目是否符合本工程的施工需要，若发现任何差异，须立即以书面方式通知甲方及监理，由甲方给予指示。

（3）乙方的辅助设施及贮存仓须在甲方安排的地方提供、架设和维修，并按整体工程的进度而迁移，在不需要时拆除。所有工地上的物料必须整齐存放。因工程进度发生的辅助设施及贮存仓的反复搭拆产生的费用由甲方承担。

（4）不能阻碍通道及他人的施工场地。

（5）不能滥用或破坏甲方提供的设施。

（6）按标准要求做好防腐、防锈、防盗、防损等以贮存及保护物料。

（7）尽早提出供电量的要求。

（8）不得造成用水漫溢或打湿不能湿水的物料。

（9）本工程完成时，进行全面的清理及清洁工作（包括建筑垃圾及包装物的清运出场）后方可交付甲方。

（10）除已有约定的外，乙方须负责本工程移交甲方前的保护、维护、损坏及损坏修复、遗缺及重置、污染清洁等所有责任，任何因与其他分包方之间产生的前述问题均由乙方自行解决。

（11）完成本工程所需的场外运输设施、保险等均由乙方提供。

（12）乙方须在甲方满意的情况下提供、架设和维修与本工程有关的工程施工及保护所需的一切机械装置、工具、器械、梯子、防水油布及其他用品，并在不再需要时拆除。

第十条 工程质量及验收的约定

1. 本工程以询价文件、合同文件、合同图纸、技术要求、变更及国家、＿＿＿＿＿＿＿市和幕墙行业制定的施工及验收标准为质量评定验收标准，标准如有差异，以标准较高者为准。

2. 施工用料、成品、半成品都必须符合标准和设计要求，并附有质保书和出厂合格证，需测试的材料必须按照标准及验收要求进行检验测试，测试单位及测试方案要取得业主、甲方、监理单位及设计单位的认可，测试单位必须有资质，测试费用由乙方承担。对于进口材料，乙方必须提供商检海关手续原件及其他有效证明文件（如贸易合同、进口发票、提单、装箱单、报关单、产地来源证、品质说明书等）给甲方及业主。

3. 为了做出公正的试验，乙方必须选择一家经甲方及业主认可的或甲方指定的具备足够器材及丰富经验的专业测试单位，该测试单位应有合格的建筑幕墙设计顾问或有丰富的同类型工作经验的结构工程师，主持仿真实验及编制实验报告，测试费用由乙方承担。乙方应提供详细资料以证明该单位有足够的实验设施，已达到实验要求。

4. 甲、乙双方应及时办理隐蔽工程和中间工程的检查与验收手续。乙方应提前＿＿＿＿＿＿＿小时书面通知甲方、业主及监理隐蔽工程和中间工程的验收内容、验收时间和集中地点，乙方准备验收记录。验收合格，甲方、业主及监理签字后，乙方可进行隐蔽和继续施工；验收不合格，乙方应在甲方、业主及监理限定的时间内修改后重新验收直至验收合格，工期不顺延。验收时间已含在本合同约定工期内。

5. 若甲方要求对已验收合格部位进行复验，乙方应按要求办理复验。若复验合格，相关费用由甲方承担，工期顺延；若复验不合格，复验及返工费用由乙方承担，工期不顺延。

6. 由于乙方原因造成质量事故，其返工费用由乙方承担，所有损失乙方负责承担，工期不顺延。

7. 本工程完工后，乙方应先组织自检，以便确保甲方、监理及其他相关政府部门一次验收合格；乙方自检验收合格后，应提前＿＿＿＿＿＿＿天书面通知甲方验收，甲方自接到验收通知＿＿＿＿＿＿＿天内组织验收，验收后工程如需要整改的，乙方应立即组织有关人员进行整改，以便再次验收，费用由乙方承担；甲方、业主、监理及其他相关政府部门验收合格视为本工程竣工，双方办理移交手续。

8. 分期竣工的工程，每一期工程须个别验收及移交。任何一方均不得无理拒收或不交，乙方应同时撤离该期工程的范围。乙方在工程任何一期竣工验收合格后，无故不移交，并给甲方造成经济损失，须负责赔偿。

9. 甲方在本工程竣工验收合格后，无故拒绝乙方的移交，并给乙方造成经济损失，须负责赔偿。

第十一条 保修责任

1. 本工程的保修期为本项目工程竣工验收合格之日起＿＿＿＿＿＿＿年。

2. 乙方按标准规定承担保修期内的缺陷保修及免费维修的责任，包括一切所需物料及零件的更换。

3. 乙方须免费修补在保修期内发现的任何因材料、技术或其他分包方原因造成的不符合本合同约定的不合格工程，并赔偿因此而产生的损失。

4. 若甲方及业主认为修补的工作由他人执行更为恰当或有益，则甲方或业主可直接委托他人执行，费用由乙方承担。

第十二条　授权管理

1. 乙方领用甲方提供材料的唯一授权人为_____，甲方确认发放甲方提供材料的唯一授权人为_____。双方特此约定，本工程所有甲供料的领用单必须同时具有上述二人的签字。

2. 对于本工程承包范围外发生的零星用工，双方约定：_____。

3. 凡涉及合同价款变更、结算、付款的，必须经甲方项目经理签字确认并加盖甲方公章。甲方项目经理部其他任何人员的任何形式的签字不作为合同价款变更、付款及结算的依据。

4. 甲方项目部章的使用范围为往来函件、会议纪要、洽商变更等履约过程中的文件，但不包括签署合同及其补充协议、办理结算。

第十三条　关于材料供应的约定

1. 在展开任何工作或订购任何物料前，乙方核实图纸及现场的所有尺寸，不同图纸、图纸和技术标准之间有无不符，若发现任何偏差，须立即以书面通知甲方或业主，由甲方按业主指令给予指示。甲方及业主均不负责因乙方未充分审核而引致的虚耗物料、工作量增加或工期迟延。

2. 本工程所用的一切物料和技术必须符合合同文件所规定的种类及标准。

3. 业主、监理、甲方有权发出指示，要求不符合合同文件约定的物料即时迁离工地，因此而增加的费用及工期延误责任由乙方承担。

4. 在签订合同时，乙方已提供样本并获甲方或业主书面确认，则该样本将作为验收货物的标准。若在签订合同时未有确定样本，则在订购物料或展开工作前，乙方应免费提供样本或说明书供甲方审查之用。说明书须详细列明产品名称、规格、型号、产地来源、主体及附件之质量标准及技术要求等，乙方须将审查合格的样本或说明书存放在工地作为验收货物的标准。甲方或业主对任何样本的认可，并不解除或减轻乙方按本合同须履行的义务。

第十四条　有关安全生产和防火的约定

1. 乙方必须执行国家、地方行政主管部门颁发的有关安全生产、劳动保护的法律、法规、规范性文件、政策等。

2. 乙方需建立健全施工现场安全生产保证体系，设立安全生产管理机构，包括设置安全负责人，配备专职安全员。制定施工现场安全管理制度，对施工现场的安全生产负总责，定期布置、实施、检查、评价、总结工程的安全生产情况。

3. 甲方或业主有权对乙方承包范围内的安全生产活动进行监督、检查和管理，对检查中发现的隐患有权要求乙方整改。对于乙方违章指挥、违章操作的，甲方或业主有权立即制止，有权要求乙方改正。对甲方或业主做出的决定，乙方须及时并严格执行。

4. 乙方要对所有工程范围内工作人员的安全负责。乙方必须采取一切严密的、符合安全标准的预防措施确保所有工作场所安全，不存在妨碍工人安全和卫生的情况，并保证建筑工地的所有人员或附近的人员免遭工地可能发生的一切危险。乙方的专业分包方和其在现场雇佣的所有人都应全面遵守各种适用于工程或任何临建的相关法律或规定的安全施工条款。

5. 乙方必须认真遵守国家和地方有关治安、消防、交通安全等的法律、法规、规范性文件等。乙方应严格按甲方消防保卫制度及甲方施工现场消防保卫的特殊要求组织施工，并接受甲方的安全检查，对甲方所签发的隐患整改通知，乙方在甲方指定的期限内立即整改完毕，逾期不改或整改不符合甲方的要求，乙方向甲方支付违约金。

6. 乙方已在签订本合同前对本合同图纸或做法说明进行审核，乙方认为本合同图纸及做法说明已符合《中华人民共和国消防法》和有关防火设计标准要求，乙方应确保本工程经消防部门及有关政府部门验收合格，若验收不合格，所导致的后果均由乙方承担（包括由此产生的一切经济损失）。

7. 乙方在施工期间必须配备专职的安全员，建立动用明火申请批准制度，按照相关规定配备一定数量的消防灭火器材，并按照有关规定报批，另外还应抄送监理单位备案。乙方应严格遵守《中华人民共和国消防法》等相关的法律、法规、标准等。

8. 因乙方违反有关消防、安全操作和防火设计的标准，导致发生安全或火灾事故的，乙方应承担由此给甲方、业主以及其他方造成的一切经济损失。

第十五条　违约责任

1. 乙方具有下列违约情形且在甲方催告后仍未履约的，甲方可以解除合同：

（1）乙方未按合同约定提供履约保函或预付款保函的；

（2）乙方违反本合同第三条的工期约定或未按甲方书面认可的最终施工进度计划实施的；

（3）在本工程完成前停工或合同约定的期限内不具备竣工条件，且在甲方催告并限定的期限内仍不具备竣工条件的；

（4）本工程质量未达到本合同约定质量标准，或在保修期内发生质量问题拒绝修复或无法修复至合格的；

（5）乙方将承包的工程转包、违法分包的；

（6）其他法律规定可解除合同的事由。

2. 甲方具有下列违约情形且在乙方催告后仍未履约的，乙方可以解除合同：

（1）甲方逾期支付工程价款超过_____天的；

（2）因甲方原因暂停工作超过_____天的；

（3）其他法律规定可解除合同的事由。

3. 如发生前述事由，一方应在发出正式解除合同通知前_____天告知违约方其解除合同意向，除非违约方在收到该解除合同意向通知后_____天内采取了补救措施，否则可向违约方发出正式解除合同通知，立即解除合同。合同解除后，合同的结算及结算后的付款约定仍然有效，直至解除合同的结算工作完成。

4. 乙方应妥善保护甲方提供的设备及现场堆放的家具、陈设和工程成品、半成品，如造成损失，乙方应照价赔偿。

5. 未经甲方书面同意，乙方擅自拆改原建筑物结构或设备管线的，发生的损失或事故（包括罚款）由乙方负责并承担损失。

6. 未办理验收手续，甲方不得擅自动用。

7. 甲方应按本合同约定的金额和时间向乙方支付工程款，逾期支付的应向乙方支付利息。

8. 由于乙方施工造成项目损失，乙方应负责采取补救措施、返还或免收直接受损失部分的工程款，造成财产损失或人身损害的，乙方还应赔偿甲方及业主的所有损失。

9. 乙方由于自身等原因，延误了按本合同规定的工程竣工时间，应按人民币_____万元／天支付违约金，甲方可从乙方工程款中直接扣除。

10. 如乙方的资质和所派遣从事本项目工作的人员资格不符合合同约定和法律规定，过错全部由乙方承担，且乙方应赔偿由此造成的甲方的全部损失。

11. 缺陷责任期内乙方不及时进行质量修复或修复不合格的，甲方可将质量保证金用于工程修复，质量保证金不足的，超出部分由乙方承担。

第十六条　履约保函

1. 乙方须在签订本合同之日起_____天内按照甲方要求提供签约合同价_____%的履约保函。

2. 履约保函须交由甲方保管，按合同约定应支付乙方的款项在乙方提交履约保函后或在扣除未提交的履约保函金额的款项后支付。

3. 若工期延长，则乙方须自费将履约保证书有效期相应延长。

4. 本工程履约保函的有效期至乙方工作范围内工程验收合格之日。

第十七条　预付款保函

1. 乙方须在签订本合同之日起_____天内向甲方提供签约合同价_____%的预付款保函。

2. 预付款保函须交由甲方保管，按合同约定应支付给乙方的预付款须在乙方提交预付款保函后支付。

3. 预付款保函的有效期自本合同签订之日起至甲方扣回全部预付款之日止。

第十八条　赔偿责任及保险

1. 乙方须承担与本工程有关或本工程进行期间发生或本工程引致的人身伤亡及财产损坏的费用、责任、损失、索偿或诉讼的法律责任，并须保证甲方及业主免负该等责任，除非有关伤亡及损坏是业主、甲方引致的。

2. 业主已投并维持建筑工程一切险及第三者责任险，但乙方按本合同所承担的义务、工作和责任并不因甲方或业主投有此种保险而免除或降低，若乙方认为前述的免赔额及赔偿限额不足，可自费补充投保。

3. 乙方须积极地遵从保险条款和承保人关于解决索偿、追讨损失和防止意外的一切合理要求，并承担不遵从的后果。乙方须承担保险单内规定的免赔额、不负责项目或限制的费用（包括所有乙方在本合同内应承担的风险或责任）。

4. 乙方可向甲方或业主处了解有关保险的具体条款，并应充分考虑此等条款对本合同的影响。任何因忽视或不遵循有关保险条款而引起的索偿或工期延长要求均不会获得批准。

5. 若因乙方的原因保险期需延长，因此而增加的保险费由乙方负担。

第十九条　争议解决

双方因履行本合同或因与本合同相关的事项发生争议的，应通过协商方式解决，协商不成的，应首先提交_____调解中心进行调解，调解不成的，一方有权按照下列第_____项约定方式解决争议：

（1）向_____仲裁委员会申请仲裁；

（2）向_____人民法院提起诉讼。

第二十条　附则

本合同一式_____份，均具有同等法律效力，甲方执_____份，乙方执_____份。

第二十一条　附件

附件为本合同组成部分，与本合同具有同等法律效力。

附件1：幕墙工程供应和安装专业工程技术要求。

附件2：幕墙工程主要材料品牌承诺表。

附件3：幕墙工程现场情况及甲乙方工作界面划分表。

（以下无正文）

甲方：（公章）　　　　　　　　　　　　　乙方：（公章）

法定代表人或其委托代理人：　　　　　　　法定代表人或其委托代理人：

（签字）　　　　　　　　　　　　　　　　（签字）

统一社会信用代码：_____　　　　　统一社会信用代码：_____

地址：_____　　　　　　　　　　　　地址：_____

电话：_____　　　　　　　　　　　　电话：_____

电子信箱：_____　　　　　　　　　　电子信箱：_____

开户银行：_____　　　　　　　　　　开户银行：_____

账号：_____　　　　　　　　　　　　账号：_____

附件1：幕墙工程供应和安装专业工程技术要求

第一条 设计依据、技术要求及参照标准

1. 设计依据
2. 技术要求
3. 参照标准

除特别指定外，本工程所采用的标准必须为最新版本，且以较严格的为准，具体规范包括但不限于：

《玻璃幕墙工程技术规范》JGJ 102；
《民用建筑设计统一标准》GB 50352；
《建筑设计防火规范》GB 50016；
《建筑物防雷设计规范》GB 50057；
《建筑结构荷载规范》GB 50009；
《建筑抗震设计规范》GB 50011；
《钢结构设计标准》GB 50017；
《冷弯薄壁型钢结构技术规范》GB 50018；
《建筑结构可靠性设计统一标准》GB 50068；
《中国地震动参数区划图》GB 18306；
《建筑幕墙》GB/T 21086；
《玻璃幕墙工程质量检验标准》JGJ/T 139；
《金属与石材幕墙工程技术规范》JGJ 133；
《建筑制图标准》GB/T 50104；
《民用建筑热工设计规范》GB 50176；
《公共建筑节能设计标准》GB 50189；
《严寒和寒冷地区居住建筑节能设计标准》JGJ 26；
《夏热冬冷地区居住建筑节能设计标准》JGJ 134；
《夏热冬暖地区居住建筑节能设计标准》JGJ 75；
《既有居住建筑节能改造技术规程》JGJ/T 129；
《建筑玻璃点支承装置》JG/T 138；
《吊挂式玻璃幕墙用吊夹》JG/T 139；
《铝合金建筑型材 第1部分：基材》GB/T 5237.1；
《铝合金建筑型材 第2部分：阳极氧化型材》GB/T 5237.2；
《铝合金建筑型材 第3部分：电泳涂漆型材》GB/T 5237.3；
《铝合金建筑型材 第4部分：喷粉型材》GB/T 5237.4；
《铝合金建筑型材 第5部分：喷漆型材》GB/T 5237.5；
《铝合金建筑型材 第6部分：隔热型材》GB/T 5237.6；
《玻璃幕墙光热性能》GB/T 18091；
《建筑幕墙层间变形性能分级及检测方法》GB/T 18250；
《建筑幕墙抗震性能振动台试验方法》GB/T 18575；
《紧固件机械性能 螺栓、螺钉和螺柱》GB/T 3098.1；
《紧固件机械性能 螺母》GB/T 3098.2；
《紧固件机械性能 自攻螺钉》GB/T 3098.5；
《紧固件机械性能 不锈钢螺栓、螺钉和螺柱》GB/T 3098.6；
《紧固件机械性能 不锈钢螺母》GB/T 3098.15；

《螺纹紧固件应力截面积和承载面积》GB/T 16823.1；

《耐候结构钢》GB/T 4171；

《平板玻璃》GB 11614；

《建筑用安全玻璃 第1部分：防火玻璃》GB 15763.1；

《建筑用安全玻璃 第2部分：钢化玻璃》GB 15763.2；

《建筑用安全玻璃 第3部分：夹层玻璃》GB 15763.3；

《镀膜玻璃 第1部分：阳光控制镀膜玻璃》GB/T 18915.1；

《镀膜玻璃 第2部分：低辐射镀膜玻璃》GB/T 18915.2；

《半钢化玻璃》GB/T 17841；

《一般工业用铝及铝合金板、带材 第1部分：一般要求》GB/T 3880.1；

《一般工业用铝及铝合金板、带材 第2部分：力学性能》GB/T 3880.2；

《一般工业用铝及铝合金板、带材 第3部分：尺寸偏差》GB/T 3880.3；

《铝幕墙板 第1部分：基材》YS/T 429.1；

《铝幕墙板 第2部分：有机聚合物喷涂铝单板》YS/T 429.2；

《建筑幕墙用铝塑复合板》GB/T 17748；

《铝塑复合板用铝及铝合金冷轧带、箔材》YS/T 432；

《干挂饰面石材及其金属挂件 第一部分：干挂饰面石材》JC/T 830.1；

《干挂饰面石材及其金属挂件 第二部分：金属挂件》JC/T 830.2；

《混凝土用机械锚栓》JG/T 160；

《混凝土结构后锚固技术规程》JGJ 145；

《混凝土接缝用建筑密封胶》JC/T 881；

《幕墙玻璃接缝用密封胶》JC/T 882；

《石材用建筑密封胶》GB/T 23261；

《中空玻璃用丁基热熔密封胶》JC/T 914；

《天然花岗石建筑板材》GB/T 18601。

第二条　工作范围

1. 工程范围

2. 工作内容

第三条　技术要求

1. 材料及系统构件

2. 概述

3. 玻璃

4. 夹胶玻璃

5. 铝型材

6. 铝板系统

7. 铝合金材料表面处理

8. 钢材

9. 密封胶

10. 密封胶条

11. 玻璃垫块

12. 手动开启窗

13. 电动开启窗

14. 五金件及其他配件
15. 保温隔热材料
16. 石材
17. 安装
18. 模型和测试

附件 2：幕墙工程主要材料品牌承诺表

序号	项目名称	乙方承诺品牌			
		品牌	产地	供应商	备注
1	中空 Low-E 玻璃				
2	铝型材				
3	幕墙五金配件				
4	门窗五金配件				
5	密封胶				
6	结构胶				
7	耐候胶				
8	石材专用胶				
9	隔热条				
10	发泡剂				
11	背栓				
12	保温棉				
13	防火岩棉				
14	防火密封胶				
15	三元乙丙橡胶条				
16	钢型材				
17	铝单板				
18	电动开启器				
19	幕墙爪件、锚具				
20	不锈钢螺栓		国产免检优质		

乙方（公章）：

法定代表人或授权委托人（签章）：

附件 3：幕墙工程现场情况及甲乙方工作界面划分表

（本书略）

第十六章 室外工程

室外正式道路及雨污水管线分包合同

合同编号:

工程名称:＿＿＿＿＿＿＿＿＿＿＿＿＿＿＿＿＿＿＿＿
工程地址:＿＿＿＿＿＿＿＿＿＿＿＿＿＿＿＿＿＿＿＿
甲　　方:＿＿＿＿＿＿＿＿＿＿＿＿＿＿＿＿＿＿＿＿
乙　　方:＿＿＿＿＿＿＿＿＿＿＿＿＿＿＿＿＿＿＿＿

＿＿＿＿年＿＿＿＿月＿＿＿＿日

_____工程室外正式道路及雨污水管线分包合同

甲方（承包方）：_____
乙方（分包方）：_____

根据《中华人民共和国民法典》《中华人民共和国建筑法》《建设工程质量管理条例》及其他有关法律、行政法规，遵循平等、自愿、公平和诚实信用的原则，经甲乙双方友好协商，达成以下协议：

第一条　工程概况

1. 工程名称：_____。
2. 工程地点：_____。
3. 建筑面积：_____。
4. 建筑檐高：_____。
5. 结构形式：_____。
6. 建设单位：_____。
7. 监理单位：_____。
8. 工期：_____年_____月_____日起至_____年_____月_____日止，共计_____日历天。

第二条　分包方式及内容

1. 分包方式：包人工、包材料、包机械、包工期、包质量、包安全、包文明施工。
2. 分包施工范围：本工程总包范围内室外正式道路及雨污水管线施工。
3. 分包工程内容：正式道路、雨污水管线、室外构筑物。具体内容如下：

（1）分包施工范围内的所有正式道路土方开挖、回填及倒运、外运。

（2）分包施工范围内图纸显示的所有地下管线（包括市政给水、消防管线、预埋套管）以及室外构筑物的土方开挖及回填，回填材料包括土方、砂、碎石等，其中市政给水、消防管线以及预埋套管的土方开挖及回填（土方、砂、碎石等）必须根据甲方已审核确定的管线制定分包单位的施工计划，无条件配合并满足其施工进度等各项要求。

（3）分包施工范围内所有挖出的土方按照甲方要求倒运至指定地点。

（4）分包施工范围内多余土方根据甲方要求运至开发区范围内指定堆土场，若甲方未提供堆土场，由乙方负责自行消纳。

（5）分包施工范围内正式道路路基改良（_____cm厚，_____%灰土），须达到_____%的压实系数。

（6）分包施工范围内所有雨污水管线施工。

（7）分包施工范围内正式道路结构层施工，包括但不限于_____cm厚级配碎石垫层、_____cm厚_____%水泥稳定碎石基层摊铺、_____cm厚混凝土路面浇筑等。

（8）分包施工范围内构筑物的施工。现浇构筑物的井身由其他分包方施工，乙方负责井筒及井盖施工。

（9）分包施工范围内正式道路两边临时排水沟塑形及混凝土保护层施工。

（10）配合现场其他分包单位施工，乙方应尤其注意与现场同时施工的市政管线施工单位、临建施工单位、临水临电施工单位、桩基施工单位等的配合，协调交叉作业面施工。

每个分项工程中所包括的工作内容以附件2《室外正式道路及雨污水管线分包工程合同清单》中的工作内容为准。

第三条　工程价款

1. 本合同为固定单价合同，工程量为暂定工程量，按本条第2款规定的工程量计量规则结算。

乙方在其承包范围内，为履行本合同约定的义务和职责，满足国家相关法律法规、设计要求和建设单位、监理、甲方的合理要求，承担自身经营风险所发生的一切相关费用视为已经事先充分估计并已经包含在合同单价之中，本合同签字盖章生效后，合同单价不再做任何调整，合同单价包括但不限于以下内容：

（1）任何因市场物价波动、生活费用变化、人员工资变化、政府税收与收费的调整以及政府与行业主管部门红头文件的颁发等因素引起的乙方的实际支出的增减，均属乙方自身经营风险。

（2）所有赶工措施、冬（雨）期施工措施（覆盖、排水、降水等）以及酷热天气施工措施的所有费用。

（3）乙方为完成本合同第二条所述工作，超出工程量清单项目之外工作内容的任何费用。

（4）乙方为提供满足建设单位、甲方以及图纸设计要求之材料所需的全部费用。

（5）乙方为完成分包工程所需遵守的甲方一切有关工期、质量、安全文明施工要求所需的费用、施工人员个人安全防护用品费用、各项技术措施费、赶工措施费、节假日加班费、检验试验费、人员设备保险费。

（6）乙方为应付在施工过程遇到的土质变化、水位变化、天气变化及政府的检查／指令所需的费用。

（7）因施工期间场内临时道路出现短期中断以及部分工程施工时并无符合要求的临时道路可抵达，乙方需自行承担解决道路运输问题所增加的费用，且乙方所需施工便道费用也已包含在合同单价内。

（8）由于部分区域作业面狭窄而导致的土方一次或多次翻挖的费用，施工过程中出现的不可避免的翻挖等费用。

（9）因部分工程较为分散，而乙方需进行土方长距离倒运所增加的费用。

（10）大面积施工与小面积及零星施工差异而引起的费用增加。

（11）外运土方至政府许可的堆放地点的费用。

（12）在清除开挖过程中遇到的渣土、地上／地下障碍物的清除费用。

（13）因多家单位交叉施工、图纸以及其他原因影响导致窝工及工期延长等乙方不能连续施工所增加的费用。

（14）临时排水、施工过程中所需临时排水沟开挖等费用。

（15）乙方提供满足建设单位、监理、甲方以及相关标准要求的工程资料的全部费用。

（16）乙方在施工过程中为保护道路周边已完工程、地下建筑物／构筑物／管线采取必要措施和修复因乙方原因导致建筑物／构筑物或地下管线遭受破坏的费用，乙方需确保甲方不会因该等上述状况而受到损失或者承担任何责任。

（17）扰民和民扰对现场施工造成的影响及乙方自身原因引起的扰民或民扰调停费。

（18）食宿交通费、成品保护费、现场管理费、企业管理费、利润、与其他分包方（包含甲方指定的分包方、建设单位及乙方自己的分包方）配合照管的费用。

（19）一切符合政府税费缴纳要求之费用。

（20）乙方为完成本合同文件要求所需的一切费用。

2. 工程量计量规则：

（1）土方工程根据甲方工程部、商务部及乙方三方签字确认的原始标高，结合施工图纸及作业指导书，以实方量计算。

（2）软弱地基开挖及换填的工程量以甲方工程部、商务部及乙方三方共同确认的现场开挖图，结合施工图纸及作业指导书，以实方量计算。

（3）其他工程量根据甲方下发的满足规范以及建设单位要求的作业指导书剖面图截面尺寸按图示工程量计算；若甲方未下发作业指导书剖面图，即根据国家现行计量标准的工程量计算规则，按照每个分项工程完成施工后的图示净尺寸计量。

（4）施工时出现任何隐蔽工程费用增加或事后无法计量的费用增加事宜（包含在合同单价之内的工作内容除外），乙方须严格按照甲方现场签证流程办理现场签证（现场签证流程详见甲方下发的《现场签证管理办法》），并将必要影像资料及费用增加依据作为附件，所有现场签证须由甲方现场经理、商务经理和乙方共同签字确认方可作为结算依据。未严格按照甲方管理流程办理现场签证或其附件所提供的依据不充分的，结算时甲方将坚决不予受理，对此乙方不得有任何异议。

第四条 合同价款及工程款支付

1. 合同价款

本合同暂估价款为：（人民币）_____元（大写：_____）。

工程量清单详见附件2《室外正式道路及雨污水管线分包工程合同清单》。

2. 工程款支付

（1）本工程无预付款。

（2）月度付款前提：

① 月度施工内容经甲方审核同意。

② 施工进度在甲方的总控制计划之内。

③ 试验／复试报告证明所用材料合格或满足合同要求。

④ 经监理单位、建设单位、甲方验收合格（分项验收时）。

⑤ 随月进度提交了相关技术资料（试验报告、验收资料等）。

⑥ 乙方负责向甲方递交开工日（或上月_____日）至本月_____日经验收合格的已完工作量之付款申请及甲方各部门会签完毕的《分包工程款支付会签单》，甲方收到上述文件并予审核后于次月_____日至_____日付款，付款比例为_____%，保留金为_____%，保留金作为工期、质量、安全文明施工、资料等的保证金。在甲方、建设单位及监理方出具合格验收报告双方办理完结算手续后_____个月内支付至结算金额的_____%，剩余_____%在办理完结算手续一年内付清。

⑦ 每次付款前乙方需提供合法发票，并应当按月考核工人工作量，编制工资支付表，经工人本人签字确认后，与当月工程进度等情况一并交甲方。甲方根据乙方编制的工资支付表，通过工人工资专用账户直接将工资支付到工人本人的银行账户，并向乙方提供代发工资凭证。

⑧ 乙方确认，其工人以及管理人员日工资总额不会超过该月完成工程量价款的_____%，因此甲方的进度款支付比例完全足够乙方按照政府规定支付施工人员全部工资。

⑨ 甲方每月最多支付1次工程款。

⑩ 甲方已确认的变更洽商及签证费用在工程结算时随结算工程款支付，不进行月度付款。

第五条　工期

1. 开工日期为_____年_____月_____日，竣工日期为_____年_____月_____日，本合同范围内施工工期共计_____日历天，以上工期已经考虑下列因素：

（1）法定节假日或公休日；

（2）不利的条件（不可抗力除外）；

（3）与各施工工序间不可避免的交叉作业影响。

2. 合同工程之工期必须符合甲方认可的施工总进度计划、月计划、周计划和其他针对本合同工程的计划的要求。如乙方不能按甲方总控制进度计划完成其工作，乙方须按甲方指令无偿追加现场使用的设备、人员投入，以满足甲方、建设单位的合理进度要求。如乙方在追加现场使用的机械设备、人员后，仍然不能达到甲方、建设单位之合理要求，甲方有权另行聘请其他分包方承建上述工程，乙方承担所有相关费用并支付违约金，违约金金额为合同总价的_____%。

3. 由于乙方自身原因延误工期，甲方有权对乙方进行罚款，每拖延一天罚款_____元，累计罚款总额不超过合同总价的_____%，乙方为达到甲方工期要求而采取之措施的所有费用应被视为已全部包含在合同单价中。

4. 根据本工程总体工期，甲方有权要求乙方优先完成分包工程的某部位的工作，在现场条件许可的情况下，乙方应尽量满足并遵从甲方要求，且不得延误剩余部分的工作。

第六条　技术与质量

1. 质量验收等级：按照现行国家标准《建筑工程施工质量验收统一标准》GB 50300，一次性验收通过，合格率达到100%。

2. 因乙方施工质量未达到上述标准，乙方必须返修整改达到上述标准，返修费用全部由乙方承担，返修工期计入总工期考核。另外，乙方须按合同总价的_____%向甲方支付质量违约金，任何因返工导致的甲方损失亦由乙方承担。

3. 乙方为达到上述技术和质量要求而采取之措施的所有费用应被视为已全部包含在合同单价中。若乙方在合同履行中因自身原因导致工程未能达到上述技术和质量要求，乙方须向甲方支付技术质量违约罚款，每次_____元，罚款金额不超过合同总价的_____%。

4. 乙方应严格按照本合同和现行标准进行施工作业，确保施工质量满足标准和设计图要求，应选派业务水平较高、经验丰富的专业施工技术人员和操作人员在本工程施工。

5. 乙方应确保提供的材料质量合格，满足标准、方案的要求，禁止提供假冒伪劣产品。

6. 乙方应保证施工作业人员持有有效且符合当地政府规定要求的上岗证，并提供加盖单位公章的复印件，报甲方备案。

7. 标准。

施工作业应满足现行国家、地方、行业标准和设计图纸、权威手册等的要求：

（1）《建筑工程施工质量验收统一标准》GB 50300；

（2）《建筑装饰装修工程质量验收标准》GB 50210；

（3）《建筑施工安全检查标准》JGJ 59；

（4）《施工现场临时用电安全技术规范》JGJ 46；

（5）《建设工程施工现场供用电安全规范》GB 50194；

（6）《建筑工程资料管理规程》JGJ/T 185；

（7）其他相关标准；

（8）国家、地方、行业后续颁布的标准及甲方发布的图纸。

本分包工程施工中的相关标准、图纸等出现相互矛盾或新出台变更，按较为严格以及较新标准执行。

第七条 安全文明施工

1. 甲乙双方必须贯彻、执行国家、地方政府、建设单位主管部门颁布实施的有关安全生产的法律法规及各项规定，严格按安全标准组织施工。

2. 乙方应遵守国家、行业、地方以及甲方有关质量、安全文明施工、消防、保卫、交通安全、环卫、社会治安方面的各项管理规定和要求，进入现场的施工人员必须持有符合地方政府要求的上岗证书，现场施工人员必须统一佩戴安全帽及胸卡，施工人员须持证进出现场。乙方人员因违反上述要求而导致人员伤亡的，由乙方承担全部责任。对于本工程安全生产标准，双方约定如下：

（1）杜绝重大伤亡事故，因工死亡责任指标力争为零；

（2）因工负伤频率控制在6‰以内，其中因工重伤频率控制在1‰以内；

（3）杜绝重大机械事故及急性中毒事故；

（4）杜绝重大火灾事故及火灾伤亡事故。

3. 乙方应该采取一切合理的措施防止其人员实施违法或妨害社会治安和公共安全的行为，并有完全的责任和义务保护周围其他人员和财产免受上述行为的危害，由此造成的一切后果由乙方负责。

4. 乙方应尤其注意挖土机械及运土机械进出工地时的卫生打扫、降尘处理、土方覆盖及工地附近的道路清扫。如果乙方出现违反该等要求的情况，甲方可根据乙方违反的程度和对甲方造成的损失以及负面影响，对乙方进行罚款或者终止与乙方的合同，并要求乙方赔偿甲方损失。

5. 乙方为达到甲方安全文明施工要求所采取措施的所有费用应被视为已全部包含在合同单价中。若乙方在合同履行中因自身原因导致工程未能满足上述安全文明施工要求，乙方须向甲方支付安全文明施工违约罚款，罚款金额不超合同总价的_____%。

第八条 甲方代表

1. 甲方派驻_____为现场项目经理，组织协调现场工作，甲方驻现场代表的授权范围为：_____。

2. 其他主要管理人员在项目经理的授权下工作：

技术负责人为_____，生产负责人为_____，商务负责人为_____。

第九条 乙方代表

1. 乙方指定_____为乙方现场代表，即乙方项目经理，具有中级职称及一级建造师执业资格，从事工程施工项目经理_____年以上，具备履行其职责所需的资格、经验和能力，并为乙方正式聘用的员工。乙方应向甲方提交项目经理的劳动合同，以及乙方为项目经理缴纳社会保险的有效证明。乙方不提交上述文件的，项目经理无权履行职责，甲方有权要求更换项目经理，由此增加的费用和／或延误的工期由乙方承担。

2. 未经甲方同意，乙方不得更换项目经理，否则视为违约，甲方有权给予相应的经济处罚。

3. 甲方有要求更换乙方不合格项目经理及其他管理人员的权利，对此乙方不得有任何异议并须在甲方提出相应要求____天内更换，否则视为违约。

第十条 甲方职责

1. 甲方应具备承包合同工程并予以分包的资质和权限，办理一切与此相关的手续和证件。

2. 甲方应对乙方进行以下指导和协调工作：

（1）编制施工进度计划，组织并部署现场施工，审核乙方详细施工作业计划，但该等审核不减免本合同规定的乙方的义务和责任；

（2）提供必要的施工图纸和设计文件，审核乙方提供的施工方案和技术措施、进行技术交底和现场技术指导；

（3）明确质量要求，审核乙方质量管理体系及人员设施配备，对施工质量进行过程控制，组织验收；

（4）组织并主持与施工有关的各种会议、检查。

3. 甲方有权发出通知、指令，并以书面形式交给乙方。时间紧急时，甲方有关人员可发出口头指令，并于_____小时内给予书面确认，乙方应执行。

4. 甲方应向乙方提供工程水准点、坐标控制点（仅限于此）。

5. 甲方负责监督乙方的工期、质量、安全生产和文明施工。

第十一条　乙方职责

1. 乙方按照本合同完成的工程应完全符合合同中约定的工程预期目的。

2. 乙方必须无条件配合市政管线（市政给水、消防）施工单位根据其施工计划进行沟槽土方挖运、回填土、回填沙、回填碎石等作业。

3. 乙方负有配合其他分包方施工的责任。

4. 乙方须按相关技术标准以及建设单位、甲方要求按期、保质保量地完成规定的工作内容。

5. 乙方须对自身区域作业和施工方法的适用性、合理性和安全承担全部责任。

6. 乙方须完成自身施工所需的测量放线工作，并对其准确性负责。如有需要，乙方须与甲方其他专业分包施工单位主动核对须统一的尺寸、标高等。

7. 乙方必须严格按照图纸以及经建设单位、监理、甲方审查确认的乙方所报施工组织设计、施工方案施工，不得擅自更改。

8. 乙方应严格遵守本工程的验收程序，若上道工序未经建设单位、监理、甲方验收合格则不得进行下道工序的施工，凡违反上述规定，甲方有权对乙方进行罚款。

9. 乙方须按甲方审核通过或甲方制定的冬（雨）期施工方案进行施工，负责冬（雨）期施工防雨、防冻工作，发生的全部费用均已包含在合同综合单价中。

10. 乙方应配备完整的项目管理机构及人员，并在进入现场前向甲方提交项目经理部全部主要成员履历和相关证书供甲方审批，一经审批，未经甲方书面同意，乙方不能撤换任何上述人员。乙方应建立完善的质量管理体系并配备相应人员和设施，建立完善的安全管理体系并配备相应的人员和设施。

11. 乙方在施工现场必须配备专职质量员、安全员对工程的质量及安全把关。对于质量、安全方面存在的问题，乙方应及时予以纠正，并按照经甲方批准的方案予以整改。乙方承担由于自身原因造成建设单位对甲方的全部处罚。

12. 乙方在需要特殊作业处必须配备具有国家承认的操作证或资格证的专职人员，持证上岗。

13. 乙方应及时、准确反映现场施工情况，并向甲方提出有利于现场施工的作业计划、技术措施、质量和安全等方面的改进措施。

14. 乙方应遵守并执行甲方的以下管理制度：

（1）乙方入场前应向甲方办理"分包入场会签"并遵守甲方各部门之管理规定；

（2）乙方应遵守甲方关于安全（包括交通安全）、消防、保卫、环卫、企业形象标识（CI）和文明施工管理的规定；

（3）乙方应确保其现场施工人员具备在此现场进行其特定作业的所有证件，并给其配备足够的安全设施和用品，提供必要的生活及卫生条件，进行定期的健康检查，建立传染病和职业病防治体系，确保现场施工人员的健康和安全。

15. 乙方未能按照合同约定完成以上工作造成甲方损失和/或工期延误，须承担全部责任，包括但不限于赔偿甲方损失。

16. 乙方负责对自有材料、机具、设备、已施工成品和半成品及相邻部位的其他分包方的成品和半成品的保护，因乙方方原因造成上述成品和半成品遭到破坏，乙方须无条件立即予以修复或赔偿，同时甲方有权视情节轻重对乙方进行罚款。在未经正式向甲方移交之前，上述成品和半成品在任何条件下发生的损坏、丢失等由乙方负责修补和赔偿。

17. 乙方应承担的本分包工程所有分项工程的检测试验，工作费用已包含在合同单价内，所有乙方提供的材料的生产厂家、规格型号及采购价格必须经甲方及建设单位现场代表专业人员确认方可采购。

18. 乙方应负责自施范围内全部工程资料编制工作，所有资料须完全符合甲方和建设单位、管理公司、监理对工程资料的严格要求，此部分费用已包含在合同单价内。

19. 乙方对施工场地条件、地质条件、气候条件等均有充分了解，并已经在合同工期和价格条件中考虑了上述条件的合理影响。

第十二条 乙方资源保障

1. 乙方应依据甲方之要求及时配备足够的、合格的管理人员、劳动力、材料和机械设备资源。

2. 若乙方在上述资源配置上满足不了现场施工生产需要，应无条件增加配置，并且不得以此为借口向甲方索要任何额外费用。

第十三条 机械设备、材料管理

1. 甲供材料

（1）甲方仅提供商品混凝土，乙方应合理、节省使用甲方资源，严禁浪费。

（2）乙方应严格按照甲方材料管理流程，提交甲供材料的材料计划。所有由甲方供应的材料，由甲方供应至施工现场，乙方须及时清点接收，负责卸货并办理领用手续，甲方不保证将所有甲供材料运输至乙方工作面或指定地点，由此产生的所有材料二次倒运费用已包含在合同单价中，乙方不得向甲方索要此类费用。材料一经领用，均由乙方负责保管，直至工程完工。由于乙方现场保管不善，造成丢失或损坏，均由乙方负责赔偿，由此造成的工期延误不予顺延。所有甲方供应的材料，如果需要退场，乙方应负责提供装车等人工配合工作；如因乙方计划不周而导致材料多进现场，该等多进现场材料退场所发生的所有费用由乙方承担。

（3）甲方在最终结算时将甲供材料图纸所示的工程量与材料实际进场数量做对比，超出正常施工损耗（定额损耗）范围的部分将按照甲方材料采购价格的_____% 在乙方结算金额中扣除。

2. 乙供材料

其余所有人工、材料、机械均由乙方提供。

（1）计划管理

① 所有物资、机械设备须经过甲方书面同意后方能进退场。

② 进场的物资材料、机械设备应满足甲方制定的月计划、周计划施工进度要求。

③ 所有材料进场前，乙方需提供相应的合格证、生产许可证、出厂证明、复试报告等合法资料，否则不得进场。

④ 物资、材料进场后的申报程序按项目所在地的有关规定和要求执行。

⑤ 所有进、退场材料物资、机械设备应提前12小时向甲方申报物资进、退场计划，经甲方相关人员签字同意后，由乙方向甲方申请填制生产要素出入许可证，报至甲方项目经理部相应部门确认后，方可组织物资进退场，否则严禁进退场。

⑥ 生产要素出入许可证（一式四份），需明确进出场时间、车号、物资名称、进出场理由及乙方负责人签名。

（2）仓储管理

① 由乙方自行负责妥善保管材料、机械设备，防止人为破坏、偷盗以及不利自然条件的侵蚀，费用自理。如果乙方未采取适当的保管保护措施，造成的一切损失将由乙方承担。

② 进场物资堆放地点，必须经过甲方批准，服从甲方的统筹安排。

③ 现场物资堆放、标识等须符合甲方的有关管理规定。

第十四条 检查与验收

1. 乙方应认真按照标准、试验方案要求以及甲方依据合同发出的指令施工，随时接受建设单位、监理及甲方的检查检验，并为检查检验提供便利条件。

2. 工程质量达不到约定标准的部分，甲方有权要求拆除和重新施工，直到符合约定标准。因乙方原因达不到约定标准，由乙方承担拆除和重新施工的费用，工期不予顺延。

3. 甲方的检查检验不应影响施工正常进行。如影响施工正常进行，检查检验不合格时，影响正常施工的费用由乙方承担。除此之外影响正常施工的发生的费用由甲方承担，相应顺延工期。

4. 因甲方指令失误或其他非乙方原因产生的费用，由甲方承担。

第十五条 竣工验收及竣工结算

1. 在分包工程具备验收条件后，乙方向甲方提供完整竣工资料及竣工验收报告，乙方应按甲方要求提供完整合格的竣工资料和竣工图各一式六份。

2. 甲方在收到乙方提交的分包工程竣工验收报告之日起3日内通知建设单位验收，乙方应该配合甲方会同建设单位进行验收。验收不能通过，乙方应负责修复相应缺陷并承担相应的质量责任。

3. 分包工程竣工验收通过，分包工程竣工日期为乙方提供竣工验收报告的日期。需要修复的，通过竣工验收的实际竣工日期为修复后竣工报告的日期。

4. 乙方按时完成分包合同约定的所有工程内容，经甲方、设计单位、监理、建设单位四方验收，分包工程达到分包合同约定的质量标准，办理完成竣工工程移交手续，甲方在同建设单位办理完结算后的一个月内和乙方办理工程结算，根据设计图纸显示及分包合同相关计量规则计算完成工作量，扣完乙方保修金及其他应扣款项后付清剩余款项（不计利息）。

5. 若乙方混凝土损耗超出合同约定的使用量，由乙方承担超出部分的费用。

6. 延期支付的工程款项不计取利息。

第十六条　工程保修

在总包工程竣工交付使用后，乙方应按国家有关规定对分包工程承担保修责任。具体保修责任按乙方与甲方签订的质量保修书执行，保修期按照甲方与建设单位签订的合同中规定的期限执行，且保修服务期满后，并不免除乙方的施工质量责任。

第十七条　不可抗力

1. 不可抗力系指不能预见、不能避免且不能克服的客观情况。任何一方由于受到诸如战争、严重火灾、瘟疫、洪水、台风、地震等不可抗力的影响而不能执行合同时，履行合同的期限应予以延长，延长期限相当于不可抗力所影响的时间。

2. 受影响的一方应在不可抗力事件发生后尽快用书面形式（包括传真、电子邮件方式）通知对方，并于不可抗力事件发生后14日内将有关部门出具的证明文件用特快专递或挂号信寄给对方审阅确认，同时受影响的一方应尽可能继续履行合同义务，积极采取合理的方案履行不受不可抗力影响的其他义务。

3. 不可抗力事件影响持续60日以上，双方通过友好协商，在合理时间内达成进一步履行或解除合同的协议。

4. 任何一方没有采取有效措施导致损失扩大的，应对扩大的损失承担责任。因合同一方迟延履行合同义务，在迟延履行期间遭遇不可抗力的，不免除其违约责任。

第十八条　合同文件组成

1. 补充协议书（若有）；

2. 本分包工程招标文件；

3. 本分包合同及附件；

4. 安全生产与消防保卫协议；

5. 职业安全卫生与环境管理协议；

6. 社会责任自我评价表和社会责任承诺书；

7. 履约授权管理协议；

8. 明确双方职责且经甲乙双方确认的会议纪要、谈判记录、往来函件；

9. 甲方认可的施工方案和技术措施；

10. 适用的标准；

11. 图纸、洽商变更、工程签证。

第十九条　工程分包

乙方不得将合同范围内任何部分的工程分包或转包，否则视为违约，立即终止合同，清退出场，一切损失由乙方承担。

第二十条　保险

1. 因乙方原因造成的任何事故（包括第三者人员在内）所发生的依法应该支付的损失赔偿费、抚恤费和法律责任均由乙方承担，甲方不承担此等责任。

2. 乙方应负责给施工现场本单位人员的生命财产和材料、设备等自有财产办理保险。

3. 乙方应就其为完成本合同工程而在现场或其他地方建造的各种临时设施、投入的各类机械设备、办公设施等办理相应保险。保证一旦这类设施和设备等遭受破坏或损坏，保险金足够用于有关设施、机械、设备等的清运和在现场重置。

4. 乙方的所有保险由乙方自行办理，相关费用已包含在综合单价中。

第二十一条　违约

1. 合同双方任何一方不能全面履行本合同条款，均属违约，违约责任如下：因乙方违约造成甲方损失和／或工期延误，乙方应赔偿甲方损失，工期不予后延。

2. 除非合同终止，否则违约方承担前述条款违约责任后仍需严格履行本合同。

3. 甲乙双方明确约定，对于在本合同项下产生的或与本合同相关的事宜产生的乙方对甲方拥有的债权，乙方承诺不将其转让给第三方，除非经过甲方的书面同意，否则，乙方应在违约转让债权之日起 5 日内，按照违约转让债权总额的 5% 向甲方支付违约金，逾期支付并应承担违约付款责任。

第二十二条　提前退场

1. 如果乙方在工程的施工过程中的履约不能令甲方满意，或者乙方在质量、进度、安全、文明施工、资源配置等任何一方面不能令建设单位、监理、甲方满意，或者发现乙方违法转包、以包代管，乙方将被认为无力承担本分包工程或其某些分项工程的施工，甲方有权以书面通知方式单方解除合同，并有权重新发包给他人。重新发包的费用从乙方结算价款中扣除。

2. 提前退场结算原则：工程量按照现场实际完成工作量计量，单价根据合同单价的_____% 计算。

3. 收到甲方提前退场通知后_____日内，乙方应及时组织工人、设备、机具在甲方规定的期限内退场，并且不得有任何如下行为或类似行为：

（1）索要任何名目的"退场费""遣散费""补偿费"；

（2）纠集、唆使工人闹事；

（3）蓄意破坏、损坏现场设施、材料以及工程成品；

（4）隐匿、私藏、转移招标单位的材料物资；

（5）影响后续施工单位正常施工。

如果乙方拒绝退场或出现以上行为，应向甲方承担合同金额_____% 的违约责任，并赔偿由此造成的一切损失。

第二十三条　争议解决

双方因履行本合同或因与本合同相关的事项发生争议的，应通过协商方式解决，协商不成的，应首先提交_____调解中心进行调解，调解不成的，一方有权按照下列第_____项约定方式解决争议：

（1）向_____仲裁委员会申请仲裁；

（2）向_____人民法院提起诉讼。

第二十四条　合同生效与终止

1. 本合同自签字盖章之日起生效，技术资料齐全有效，履行完保修职责，保修期结束，本合同即告终止。

2. 出现以下情况时，甲方可单方面终止与乙方的合同关系，并自行派人完成余下之工作，因此导致甲方增加的费用从乙方结算金额中扣除：

（1）乙方严重违反合同条款；

（2）甲方有足够证据证明乙方不具备完成分包工程的能力；

（3）本合同约定的甲方有权终止与乙方的合同关系的情况。

3. 因乙方原因导致甲方单方面终止合同，乙方应根据甲方要求迅速退场并不得以任何形式拖延退场时间、胁迫甲方或借此向甲方索要任何额外费用，否则甲方有权对乙方进行罚款，罚款金额不超过乙方实际完成合同金额的_____%。

第二十五条　未尽事宜

本合同未约定事宜，双方可协商签订补充协议，补充协议与本合同具有同等法律效力。

第二十六条　合同份数

本合同一式_____份，均具有同等法律效力，甲方执_____份，乙方执_____份。

（以下无正文）

（本页为签署页）

甲方：（公章） 乙方：（公章）

法定代表人或其委托代理人： 法定代表人或其委托代理人：
（签字） （签字）

统一社会信用代码：_____ 统一社会信用代码：_____
地址：_____ 地址：_____
电话：_____ 电话：_____
电子信箱：_____ 电子信箱：_____
开户银行：_____ 开户银行：_____
账号：_____ 账号：_____

附件1 双方工作界面划分表

序号	工作内容	甲方工作（仅限于此）	乙方工作（包括但不限于此）
1	临建／临水临电	提供水电接驳条件： （1）临电至二级电箱； （2）临水至工作面附近接驳点	除甲方工作之外的所有工作
2	测量	提供水准点以及坐标控制点	负责施工过程中的所有测量工作，并且对于甲方的检查要无条件配合
3	试验及检测	施工过程中若对乙方施工质量或材料质量存在怀疑，委托第三方检测机构进行所需试验。若试验结果不满足图纸及标准要求，则试验费用由乙方承担，反之试验费用甲方承担	负责乙方自施范围内的所有常规试验、材料和机械的检测及由此产生的所有费用
4	雨期施工	无	1. 乙方雨期施工措施和物资； 2. 乙方人员雨季生活和生产的防护用品／设施
5	安全	无	乙方人员安全防护用品／设施
6	消防	无	乙方施工所需的临时消防设施
7	保卫	一般性的现场保卫	乙方自有设施的保卫
8	文明施工	无	1. 乙方工作面及临时设施企业形象标识（CI）标志维护、打扫卫生； 2. 乙方提供材料、机具的覆盖和保护； 3. 施工降尘（如采取洒水、覆盖等措施）、降噪
9	政府／建设单位检查	—	乙方为迎接政府／建设单位检查对工作面、临时设施做的一切工作，包括但不限于遮挡掩盖、倒运、现场清理和重新布置
10	材料装卸及堆放	负责将甲供材料运至现场	1. 负责甲供材料的卸车及码放； 2. 负责乙方材料的装卸、运输及码放。
11	资料	—	配合甲方编制、报验／报审、整理过程资料和竣工资料

注：1. 在表中任意一项"工作内容"中，甲方之工作仅限于"甲方工作"中明示之工作，"乙方工作"中明示之工作和该项"工作内容"之下"甲方工作"和"乙方工作"中均未明示之工作均由乙方完成。

2. 如无特殊注明，表中所示"甲方工作"与"乙方工作"所需之所有人员、材料、设备和机械均由相应单位承担。

附件2 室外正式道路及雨污水管线分包工程合同清单

（本书略）

景观绿化分包合同

合同编号：

工程名称：_____
工程地址：_____
甲　　方：_____
乙　　方：_____

_____年_____月_____日

_____工程景观绿化分包合同

甲方（承包方）：_____
乙方（分包方）：_____

根据《中华人民共和国民法典》《中华人民共和国建筑法》项目所在地有关规定及工程的具体情况，本着平等互利、协商一致、真诚合作的原则，就甲方委托乙方进行_____项目景观绿化事宜，达成以下合同条款，以资双方共同遵照执行。

第一条 工程概况

1. 工程名称：_____。
2. 合同范围：_____。
3. 工程地点：_____。
4. 建设单位：_____。
5. 监理单位：_____。

第二条 承包范围

1. 项目区域范围内的（包括但不限于下列范围）：景观建筑工程，景观水、电系统与设备设施配套工程，景观小品与公共艺术配套设施工程、园林种植土回填、绿化工程、水景及洒水及水循环过滤系统、标识系统、雕塑、亮化工程等，以及以上工作内容所涉及的深化设计、材料检测、设备采购、安装、施工、验收、成品保护、质量、进度、工期、冬（雨）期施工措施、围护防护、脚手架、运输、安全施工、文明施工、清洁、保养、垃圾清运、基层清理、定位放线等。

2. 乙方具体承包、施工、采购范围最终以甲方书面指定范围为准，乙方无条件服从。

3. 景观工程施工面积：约_____ m^2，最终以甲方书面确认的面积为准。

第三条 承包方式

1. 包工、包料、包工期、包损耗、包文明施工、包质量、包进度、包安全、包运输及二次运输、包施工水电费、包苗木成活率、包养护、包维护、包验收、包税金等。

2. 景观建筑工程部分包保修 24 个月、绿化（含所有乔木、灌木、草皮、花草等）包养护 24 个月。

第四条 质量要求

1. 质量验收等级：按照现行国家标准《建筑工程施工质量验收统一标准》GB 50300，一次性验收通过，合格率达到 100%。

2. 质量目标和技术要求

（1）确保本工程及本项目获得"鲁班奖"，乙方合同工作，包括本工程质量、施工过程资料、检测资料、竣工资料（包括竣工图、施工组织设计、技术交底、施工日志等）、文明施工等均达到"鲁班奖"标准。

（2）按国家、_____省、_____市相关现行的施工、验收标准等要求，达到优质工程要求；现场企业形象标识（CI）形象必须符合甲方相关要求，具体标准可到甲方办公室查阅。

（3）甲方书面确认的施工图纸、施工组织设计方案，依照园林、装饰、安装、景观、土建等相关施工标准进行施工，保证本工程达到甲方的要求及现行国家、地方、行业施工验收及施工安全技术标准，包括但不仅限于：

《民用建筑电气设计标准》GB 51348；
《城市道路照明设计标准》CJJ 45；
《供配电系统设计规范》GB 50052；
《低压配电设计规范》GB 50054；
《建筑照明设计标准》GB 50034；
《电力工程电缆设计标准》GB 50217；
《交流电气装置的接地设计规范》GB/T 50065；
《系统接地的型式及安全技术要求》GB 14050；

《剩余电流动作保护装置安装和运行》GB/T 13955；

《建筑电气工程施工质量验收规范》GB 50303；

《等电位联结安装》15D502；

《利用建筑物金属体做防雷及接地装置安装》15D503；

《住宅小区建筑电气设计与施工》12DX603；

《特殊灯具安装》03D702-3；

《建筑电气工程设计常用图形和文字符号》23DX001；

《电力电缆井设计与安装》07SD101-8；

《园林绿化工程施工及验收规范》CJJ 82；

《园林绿化木本苗》CJ/T 24；

《园林工程质量检验评定标准》DG/TJ 08-701；

《园林绿化养护技术等级标准》DG/TJ 08-702；

《建筑工程施工质量验收统一标准》GB 50300。

前述标准或要求对同一内容的规定若有差异时，按较高标准及最新颁布的执行。

（4）乙方保证本工程除达到前款规定要求外，还须达到甲方的下列技术要求：

① 施工严格按照绿化种植、移植总平面图中的苗木表所列规格、设计图及甲方要求执行；

② 常绿树种要求带土球，所种苗木要求根系完整、枝干健康、无病虫害、造型完好。观赏类树木花果鲜艳，物候期正常，生长期内黄叶、焦叶、卷叶、积尘叶的枝数在 6% 以下，花卉生长繁荣，植枝整齐，同种花卉高度基本一致，群体效果较好；

③ 草坪和苗木种植通过验收后的成活率达到 100%，其他苗木成活率必须达到 100%（以上苗木含甲供苗木，并由承包人负责施工及正常养护）；

④ 树坑各向需比苗木土球规格大 15cm，且深度需比土球底深 20cm，加肥塘泥种植；

⑤ 较大乔木种植完毕需加三向竹子支扶；

⑥ 经过验收合格的工程，对于交工后的未成活植物（苗木、草皮等），乙方必须及时进行补栽和养护，直到成活，养护期为 24 个月，补种树木养护期计算自补种日起算，养护 24 个月。

（5）文明工地要求：乙方应按国家相关标准化文明工地要求进行标准化及施工，达到项目所在地政府文明工地要求。

第五条 工期

1. 开工日期为_____年_____月_____日，确保完工日期为_____年_____月_____日，开工日期并非乙方实际进场时间，而应包括乙方熟悉施工图纸及现场状况，制定实施方案及施工订货准备的时间，无论实际进场时间及工作面的交付时间如何，完工日期不变。

2. 完工日期是指乙方完成本合同承包范围内所有内容，并经甲方、监理初步验收合格之日。

3. 竣工日期为_____年_____月_____日，以整个_____项目全部完工后，甲方、建设单位、监理、_____市建筑工程质量监督站、消防部门、_____市有关政府部门验收合格之日为准。

4. 因设计变更或非乙方原因造成的停电、停水、停气，为确保完工日期，乙方在保证安全、工程质量的前提下无条件服从，进行赶工，及时采取措施，保证按甲方要求完工。赶工费、措施费、夜间施工措施费等相关费用均不计算，如有工期延误，仍按本合同违约条款进行处罚。

第六条 合同价款及结算约定

1. 本合同暂定总价为：人民币_____万元（大写：_____）。

2. 本合同为固定单价合同，工程量清单详见附件2，结算总价按下列原则计取。

（1）本工程结算总价＝工程量 × 综合单价。

（2）工程量计量原则：依据施工图纸、施工方案及国家现行计量原则计算工程量。

（3）综合单价包含范围。

① 综合单价均已包括但不限于完成本工程所需的所有人工费，材料费，辅助性材料费，机械费，设备本身价格，设备配套配件及辅材费，检验试验费，因质量问题引起的维修和更换费用，报关费，系统调试费，设备质量保修期内的备品备件

费，保养费用，维保费用，保修费用，临时设施费，设备进出场费，设备转移搭设费，住宿费，保险费，运输费，资料费，野外作业及室内作业费，施工及生活用水电费，市场价格波动风险费，施工时地下不可预见的风险费，改造部位的拆除费，现场已有墙体及后砌筑墙体开槽及修补费用，合同图纸与现场实际施工工程量之差异所增加的费用，现场因素对造价、工期、质量等造成不利影响增加费用，文明施工费用，安全施工费用，垃圾清运费用，成品及半成品保护费，各种措施费，水电安装后的补洞工料费，施工中非乙方责任的临时停水停电、基础埋深2m以内挖土方的塌方、夜间照明施工增加费，赶工费、夜间施工费，各种设计费用，设计深化完善费用及深化完善后所增加工作量的费用，现有场地中地上地下障碍物拆除清理的费用，乙方工作面的防护费用，编写及审核修正专业施工方案、相关部位验收、编制全套完整的竣工资料、技术培训、保修服务、办理相关手续及相关单位及部门配合的费用，各种管理费，各种规费，利润，税金（包括但不仅限于关税、增值税、城建税、所得税、印花税等）等所需的一切费用。

② 本工程施工措施费（包括但不仅限于环境保护费，现场安全文明施工措施费，临时设施费，夜间施工增加费，二次搬运费，大型机械设备进出场及安拆费，混凝土、钢筋混凝土模板及支架、脚手架费用，已完工程及设备保护费，水电费，施工排水、降水费，检验试验费，赶工措施费等，以上措施费范围以甲方书面确认为准）已全部含在综合单价中，以上责任和费用由乙方承担，结算时不再计取。

③ 本工程管理费（包括但不仅限于企业管理费、现场管理费、冬（雨）期施工增加费、生产工具用具使用费、工程定位复测点交场地清理费、远地施工增加费、非甲方原因4小时以内的临时停水停电费等，以上管理费范围以甲方书面确认为准）、利润、税金、规费等费用已全部含在综合单价中，以上责任和费用由乙方承担，结算时不再计取。

④ 本工程工作界面划分详见附件1，且发生的所有费用已含在综合单价中，不再计取；附件1中甲方提供之相关服务、设备、机械等如有不足，则由乙方自费完善。

⑤ 本工程不涉及任何与施工总承包单位有关的施工管理及配合费用，如有发生由乙方承担，本工程结算时不予计取。

⑥ 最终结算总价需由甲方及建设单位委托的审计单位审计后，经甲方书面确认。

⑦ 其他结算约定：

a. 乙方在签订本合同前，已勘踏工地现场，充分了解了现场实际情况，充分考虑了现场不利因素对本工程工期、成本、扰民、民扰、建筑垃圾清理、运输、管线保护等产生的一切影响，由此产生的费用及后果均由乙方自行承担，本工程结算时不予计取。

b. 乙方在签订本合同前已充分了解了现场土建及其他专业的施工情况，现工程完成面即为乙方施工接收面，乙方为按甲方及标准要求进行施工，对现工程完成面进行修正、凿除、修补、垃圾清运、拆除等工作及对工期的影响，乙方已有充分的考虑，由此产生的费用及后果均由乙方自行承担，本工程结算时不予计取。

c. 现场已有的临时设施，如外脚手架、提升装置、临时水电接入口等乙方可以免费使用，在乙方施工期间，如果甲方提前拆除，则由乙方自行解决，所需的费用均由乙方承担，本工程结算时不予计取。

d. 由目前现场临时水电接口至施工现场或生活区的施工或生活水电管线、配电箱、临时雨污水管线等均由乙方自行安装使用，费用自理，本工程结算时不予计取。

e. 乙方在景观施工过程中与其他单位（如幕墙、水电安装、消防、智能化、电梯、家具等）穿插协调配合管理费用由乙方承担，本工程结算时不予计取。

⑧ 工程结算资料提交的时间：本工程竣工验收合格，经甲方书面认可的，乙方应在工程竣工验收后_____个日历天内一次性向甲方提交全部结算资料。工程竣工结算资料包括但不限于：开工报告、初步验收申请报告、竣工验收证明书、竣工图（含竣工图电子文档）、甲方及建设单位书面签证及设计变更通知单、现场签证单、工程结算书（含电子文档）、工程量计算书（含电子文档）、施工合同复印件、承诺书、乙方有关费用的原始单据及凭证、其他与结算有关的资料等。在本工程结算审计过程中，乙方需密切配合甲方、建设单位、审计公司结算审计，因乙方工作不力造成的延期，甲方及建设单位不承担任何责任。

第七条 设计变更及工程签证

1. 本工程施工中，未经甲方书面确认同意，乙方不得对原工程设计进行变更。因乙方擅自变更设计、乙方施工质量问题发生的费用及由此导致甲方的直接损失由乙方承担，延误的工期不予顺延。

2. 双方约定合同价款的其他调整因素：甲方书面确认的设计变更及工程签证。

3. 工程签证统一使用甲方规定的工程签证单格式，此单须由乙方填写，甲方、监理、审计经办人审核工程量和单价，经总监、甲方项目经理、审计单位审定后方为有效，违反本要求的签证为无效签证。

4. 设计变更及工程签证的结算方法按本合同第六条约定执行。

第八条　付款方式

1. 乙方工作满足本合同约定的付款节点及付款条件后，在无违约情况的前提下，由乙方书面申请，经甲方书面确认后，按本合同约定方式付款，乙方应当按月考核工人工作量，编制工资支付表，经工人本人签字确认后，与当月工程进度等情况一并交甲方。甲方根据乙方编制的工资支付表，通过工人工资专用账户直接将工资支付到工人本人的银行账户，并向乙方提供代发工资凭证。

2. 乙方应在每个收款日_____个工作日之前到_____税务机关开具建筑安装发票给甲方（发票抬头为：_____），否则甲方有权拒绝付款而无需承担任何责任。因非合同约定发票造成的损失全部由乙方承担，并支付发票全额的违约金给甲方。

3. 税金费用如甲方代扣代缴，乙方凭借甲方开具的完税证明开具发票，此项费用将从结算额中扣除。

4. 乙方要熟知_____的税务政策，税务机关附加征收的企业所得税、个人所得税、防洪基金等除合同中单列的四项税金外的一切需乙方缴纳的费用，由乙方自行承担。

5. 付款方式：

序号	付款项目	付款条件	支付比例	备注
1	预付款	本合同签订，乙方提交相关书面付款申请后，经甲方书面认可后_____个日历天内支付	本合同暂定总价的_____%（扣除暂估甲方代购主材价款）	预付款将平均分_____次，从第一次支付工程进度款开始回扣，如乙方应得工程款不足扣回预付款，不足部分从下期付款中一并扣除
2	工程进度款	乙方正式进场施工后，从次月开始，每月_____日向甲方递交工程款申请报告，且乙方应提供完整的申请资料（包括但不限于已完工程的形象进度、工程量计算书等）。甲方在_____个工作日内审核初步确认完成，甲乙双方确认计量结果后，在_____个工作日内按初步确认的当月累计已完工程的价值的_____%减去以前已支付的工程款（含预付款）、甲方代购主材的余额支付一次	累计支付至实际完成工程量的_____%	
3	结算审计后付款	本项目综合竣工验收合格通过，甲方及建设单位方委托之审计单位审计，由甲方书面确认结算总价，乙方提交相关书面付款申请，经甲方书面认可后_____日历天内支付	累计支付至结算总价（扣除甲方代购主材、其他甲方认为需扣除费用）的_____%	
4	质量保修金	结算总价（扣除甲方代购主材之价款、其他甲方认为需扣除费用）的_____%为质量保修金，自本项目综合竣工验收合格之日起，两年保修期满后，在工程无质量问题且评为鲁班奖，乙方无任何违约行为前提下，乙方提交相关书面付款申请后，经甲方书面认可_____日历天内支付	结算总价（扣除甲方代购主材、其他甲方认为需扣除费用）的_____%	

6. 本前述付款可能对乙方造成的相关利息负担、间接成本等均由乙方自行承担。

7. 付款信息。

（1）本合同乙方收款人及开户银行的名称、地址及账号如下所示。

收款人名称：_____。

收款人地址：_____。

开户银行名称：_____。

开户银行账号：_____。

（2）乙方对上述乙方单位名称、地址及账号的正确性负责，乙方承担上述信息错误造成的一切责任。

第九条 材料管理

1. 甲方代购主材

（1）主要材料（包括但不限于墙地砖、石材、马赛克、喷泉系统、饰面板、植物、苗木、室外小品、灯具、标识系统、插座面板、太阳能设备等，材料范围以甲方书面确认为准）由甲方代购，但此代购行为并不免除乙方承担全部相关采购责任及供货履约责任，乙方依然为相关材料的实际采购方。乙方对供货进度及质量负全责。乙方需无条件接受甲方及建设单位与相关供应商合理范围内的议定合同条件，并承诺不因供应商的任何问题向甲方及建设单位提出任何工期及费用索赔。

（2）自本合同签订之日起5天内，乙方在确保满足正常询价周期（三周）及正常供货期的前提下，将属甲方代购主材（包括但不限于墙地砖、石材、马赛克、喷泉系统、饰面板、植物、苗木、室外小品、灯具、标识系统、插座面板、太阳能设备等，材料范围以甲方书面确认为准）的技术要求、数量、规格、到货时间报甲方采购(如乙方需要补充或修改采购计划，应在甲方对该材料设备询价前10天提出)，如上报数量或规格有误，造成供货及施工的损失或工期延误等，全部责任由乙方承担。

（3）甲方选定符合要求的供应厂家及品牌并确定材料价格通知乙方后，乙方必须及时按要求采购，与甲方及供应商签订三方供货协议，乙方对甲方代购主材的供货周期、材料品质、过程监督等承担责任，如乙方在3个日历天内不采购导致材料价格上涨，由此造成的损失由乙方承担，延误的工期不予顺延。

（4）在乙方确保满足正常供货期、询价周期的前提下，乙方将甲方代购主材最终订货信息书面提供给甲方及供应商，乙方对订货数量、规格、材料、品质的准确性负责，甲方代购主材价款将按实际订货数量×实际订货单价从乙方结算总价中扣除。

（5）乙方负责甲方代购主材的验货、卸车、搬运、仓储、水平及垂直运输、安装及成品保护等；乙方应按有关标准要求或供货方技术要求进行安装，并接受供货方技术人员的指导；乙方在甲方代购主材的收货、卸车、验货、搬运、仓储、安装、成品保护、水平及垂直运输、安装过程中造成材料损坏或工程竣工交付前将材料丢失的，应负全部经济赔偿及工期延误等责任。

（6）所有材料的检验或试验责任、费用由乙方承担。乙方需按要求提供相关检验及复试报告。

（7）甲方代购主材的材料价款由乙方委托甲方按供货协议约定流程直接支付给材料供应单位。

2. 乙供材料设备

（1）计划管理

① 乙方采购材料在正式采购前必须得到甲方认可。在订购影响景观效果的材料前，乙方要免费提供样本/样品，甲方认可的样本/样品乙方须在工地保存封样，作为验收货物和/或工程的标准；甲方对任何样本/样品的认可不能免除乙方对此应负的责任。

② 乙方应按照设计样品要求、标准要求、本工程质量标准要求、环保要求采购所需乙供材料，在验货前通知甲方和监理验收，并有义务协助甲方验收材料设备，组织报验。

③ 乙方应根据工程总进度计划，于采购材料前10个日历天内提交材料设备进场计划、材料样板给甲方确认。前述计划内容须包括材料设备的品种、规格、数量、技术要求、进场时间、供货周期等。

④ 乙方需将乙供材料的厂家、规格、价格及试验报告、产品合格证明、质量标准复印提供甲方备案。

⑤ 甲方有权要求更换不合格产品，由此引起的一切工期和经济损失由乙方承担。

⑥ 乙供材料经甲方和监理书面签字认可后，方可使用。

⑦ 使用乙方采购的材料设备前，乙方应按标准要求进行检验或试验，不合格的不得使用，检验或试验费用由乙方承担。

（2）仓储管理

① 由乙方自行负责材料、机械设备保管，防止人为破坏、偷盗以及不利自然条件的侵蚀，费用自理。如果乙方未采取适当的保管保护措施，造成的一切损失将由乙方自己承担。

② 进场物资堆放地点，必须经过甲方批准，服从甲方的统筹安排。

③ 现场物资堆放、标识等须符合甲方的有关管理规定。

3. 如一方对对方提供的材料持有异议需要进行复检，检测费用由乙方先行垫付；材料经检测确实不合格的，检测费用由责任方承担。

4. 乙方所采购的景观工程材料（包括甲方代购），必须符合国家市场监督管理总局等部门发布的标准要求，并具有由有关行政主管部门认可的专业检测机构出具的检测合格报告。

5. 材料验收时参照封样实物，以甲方对已封样材料的技术要求、国家有关标准及本合同质量标准作为验收标准。

第十条　水电费用管理办法

1. 乙方从施工进场到工程竣工退场期间内的现场施工及生活用水电费用由乙方承担，由乙方在甲方指定位置自行安装水电表。

2. 水电费支付方式：

（1）乙方单独接水电表具，乙方在工程竣工后 5 日内将水电读数抄报甲方，并请监理和甲方签字确认，本工程完工后 5 日内甲乙双方办理相关水电费扣款（水电费扣款以甲方书面确认之表数乘以水电部门实收单价计取）手续。

（2）乙方不得偷水偷电，一经发现，每次处以 2 千元罚款。

第十一条　甲方责任义务

1. 甲方提供临时水电源以现场位置为准，临时电提供至二级配电箱，后续乙方施工、生活所需的线路铺设、配电箱、电线、电缆等均由乙方负责，费用由乙方承担。

2. 甲方派驻_____为现场项目经理，组织协调现场工作，甲方驻现场代表的授权范围为：_____。_____为本工程专业工程师，负责与乙方的日常业务对接，在项目经理的授权下工作。

3. 建设单位委托_____公司委派项目总监理工程师，负责工程实施阶段全过程的工程质量、进度、投资、资料的现场监理、管理工作。

4. 本合同经双方签字盖章生效后，甲方向乙方分批提供施工图纸及说明各四套（包括图纸及电子文档），甲方对本工程有保密要求，乙方必须履行图纸保密义务，乙方未经甲方同意，不得将本工程图纸转给或者泄露给第三人。

5. 甲方负责提供本工程现场定位资料给乙方，负责对乙方的施工过程进行监督，负责对本工程分部分项工程进行验收，负责本工程的竣工验收。

6. 甲方其他责任义务详见附件 1。若乙方认为附件 1 中甲方提供的提升设备、临时设施、临时水电等不足以满足施工要求，则由乙方自行解决，责任及费用由乙方承担。

第十二条　乙方责任义务

1. 乙方指定_____为乙方现场代表（即乙方项目经理，具有中级职称及一级建造师执业资格，从事景观工程施工项目经理 5 年以上，具备履行其职责所需的资格、经验和能力，并为乙方正式聘用的员工，乙方应向甲方提交该项目经理与乙方之间的劳动合同，以及乙方为项目经理缴纳社会保险的有效证明。乙方不提交上述文件的，项目经理无权履行职责，甲方有权要求更换项目经理，由此增加的费用和／或延误的工期由乙方承担），行使合同约定的乙方权利，履行合同约定的乙方职责。

2. 乙方项目经理需常驻施工现场，乙方项目经理负责本合同履行，代表乙方行使合同约定的权利，履行合同约定的义务，项目经理在乙方授予的权限范围内履行本合同约定职责，项目经理的授权范围为：_____。乙方的要求、通知等均须以书面形式并由乙方项目经理签字或加盖乙方公章后递交给甲方，对项目经理所签署或加盖乙方公章的文件乙方均予以认可。

3. 乙方应根据本工程的有关图纸、资料，并结合施工现场的实际情况，在进场施工的 3 天内向甲方提供详细施工组织设计和进度计划及材料设备进场计划。施工组织设计应包括总工程计划网络图和横道图、施工方案和施工技术的选用、施工现场平面布置图及说明、材料进场计划、大型施工机械设备进场计划、劳动力进场计划、质量安全控制计划、创优保证措施、安全文明施工措施、工程资金使用计划等。甲方应在收到该施工组织设计后提出审查意见，乙方应按甲方的审查意见进行修改调整，严格执行。

4. 乙方应在图纸会审后 15 天内编制甲供材料、设备、苗木供货计划，明确数量、规格、到货时间，并报甲方审核，乙方不及时上报或上报材料数量、规格、到货时间有误的，由乙方负责。由于设计变更引起的甲供材料、设备数量、规格的变化，乙方应在收到变更通知后 5 天内书面通知甲方。如因乙方不及时上报供货计划而造成工期延误，责任由乙方承担。

5. 本工程建设单位已委托专业设计院进行景观设计，若甲方或乙方认为相关设计图纸无法满足现场施工要求，则由乙方承担本工程图纸的具体深化设计并提交设计图纸（深度达到施工图要求，应明确各种材料规格、型号、做法等，在本合同签订之日起 10 日历天内提供）及材料明细（如乙方不具备相应设计资质，该图纸应由乙方委托具备相应设计资质的设计院审阅并盖章出图），并经甲方及监理审批通过后，方可施工；对于设计中节点不详尽或由于施工现场与设计有冲突的部位，由乙方补充节点做法，对有冲突部位提出具体解决方案报甲方审批通过后施工，前述费用由乙方承担。

6. 乙方在施工过程中严格执行景观施工图纸、施工质量标准、安全操作规程、消防规定（现场配备足够的手提灭火器），安全、保质、按期完成本合同约定的工程内容。

7. 按当地有关政府部门规定办理应由乙方办理的施工场地交通、卫生和施工噪声管理等手续并承担政府规定的应由乙方承担的相应费用。

8. 做好施工资料的记录和整理，按形象进度向甲方报送已完工程进度报表和下阶段施工进度计划报表，并报送符合合同约定的工程资料。

9. 根据工程需要提供和维修非夜间施工使用的照明、围栏设施并设置现场看守、保卫等，自行承担相应费用，如未履行该义务造成工程财产损失和人身伤害，由乙方承担责任及发生的费用。

10. 本工程所有其他必须完成而没有包括在合同文件内的图纸、细节大样、标准说明等，乙方均须提交给甲方、监理及设计单位审批，书面认可后方可施工；甲方可拒绝、认可或更改上述资料。甲方的审批并不会免除或减轻乙方应负的责任。

11. 开工前乙方应对施工图纸认真核查，积极配合甲方组织的施工图纸交底及会审工作，指出图纸上任何不符合施工常规、惯例或标准之处，以及设计图纸中错、漏、碰的问题，并做好各系统管线的综合平衡工作。如因乙方未能在该道工序施工前 10 天协调解决好此类矛盾、问题而造成工程费用增加和工期损失，乙方承担全部责任。

12. 乙方在本工程施工前，须全面检查在工地上已由其他施工单位完成，将影响本工程的有关工程的标高、定位、尺寸、质量等，直至满足景观施工要求。若此等已完成的工程有错误或不符合本工程的需要，乙方须立刻以书面通知甲方。若乙方没有按上述要求通知甲方而进行施工，则被视为已全面接受此等已完成的工程，任何以后因上列原因而引起之延误及损失一概由乙方承担。

13. 对于墙地面等重要部位的块料铺装，乙方应在施工前绘制详细的排版图，并在现场局部预拼，经甲方、设计单位审批通过后方可施工。

14. 乙方必须参加施工协调会，由于工地交叉施工引起的问题，有义务配合协商解决，服从甲方及监理做出的决定。

15. 由于乙方责任导致工程质量不合格，乙方按下列约定进行返工修理和赔付：对工程质量不合格的部位，乙方必须进行彻底返工修理。因返工造成工程的延期交付视同工程延误，按本合同约定的标准支付违约金。

16. 乙方必须采取有效的现场保护措施，保护好已有建筑、结构和管线及其他相关措施，如乙方未按甲方要求保护，甲方有权另行组织人员、材料实施成品保护，所发生的一切费用另加 30% 管理费由乙方承担，从工程款中扣除。

17. 在施工中，乙方应爱护场区及其他设施，遵守现场甲方现场的有关规章制度。否则，所造成的后果由乙方负责。

（1）安全、文明施工：

① 乙方应严格遵守国家及地方政府颁发的安全施工、文明施工等标准、条例，遵守甲方的现场管理规定。

② 室内施工要求材料、工具堆放整齐，按照甲方要求做好标识，做好施工现场清扫工作。

③ 乙方油漆施工要注意通风，严禁烟火，防止静电和工具碰撞起火。

（2）工程施工期间需注意安全，发生一切安全、质量事故等，所有责任均由乙方承担。

（3）施工过程中所产生的建筑垃圾和土方等，乙方应及时运出施工现场或运至甲方确认的地点。若经甲方催告后，乙方仍不运出，甲方有权雇用第三方完成，发生的费用由乙方承担，该费用在当期工程款中双倍扣除。

（4）乙方负责己方工作区域的临边防护、照明、脚手架、封闭围护、劳动保护设施等，并承担相关费用。

（5）乙方负责承包范围内的半成品及成品的保护，并承担相关费用。如乙方已完产品被损坏，有明确责任人的则由责任人负责赔偿；如无明确责任人则由乙方自费修复或更换。

（6）乙方不得以任何理由中途停工，否则由乙方承担违约责任。

（7）乙方不得将确认甲方专有的技术图纸及合同条款内容故意泄露给第三人或不正当使用。否则，一经查实，乙方应向甲方支付违约金_____万元，并赔偿因此而给甲方造成的损失。

（8）在本工程施工过程中以及本工程竣工保修期内，因乙方责任出现质量事故、安全事故、文明施工措施不到位等问题受到报纸、电视等新闻媒体的曝光或政府有关主管部门的通报批评，给本工程或甲方或建设单位企业的社会形象造成负面影响，乙方应向甲方或建设单位支付名誉损失费_____万元／次，并赔偿甲方或建设单位由此遭受的经济损失，前述赔偿费用从乙方工程进度款或保修款中扣除。

（9）乙方的其他责任及义务详见附件1，附件1的乙方责任中所发生之费用均由乙方承担。

第十三条　违约责任

1. 乙方项目经理应常驻施工现场，如甲方抽查乙方项目经理两次不在现场，则按2000元／次罚款，甲方有权在应付款中直接扣除；抽查不在现场累计达五次的，则按5000元／次罚款。

2. 如乙方需要调换项目经理必须提前_____天以书面提出申请，并经甲方书面同意后方可调换。

监理或甲方提出更换乙方以下人员，乙方必须将其在24小时内调离本工程范围，否则每拖延1日历天，每人次乙方向甲方支付违约金2000元／日历天。同时乙方应在3日历天内，用合格的人员代替下列调离的任何人员，否则每拖延1日历天，乙方支付违约金2000元：

（1）甲方确认无法胜任工作者，包括对分部分项工程进度及施工质量达不到合格要求负有责任的施工人员，不熟悉本专业工作的施工人员等，工作责任心不强的施工人员，不积极配合甲方工作，不积极执行甲方指令者；

（2）不能积极配合监理及甲方正常工作者；

（3）违反甲方或乙方工地现场管理规定者；

（4）无证上岗者（适用于按规定必须有上岗证）；

（5）与本合同规定名册不符者；

（6）与本工程施工无关的人员；

（7）高空抛倒建筑垃圾者。

3. 乙方采购的材料设备与设计图纸或甲方要求不符时，乙方应按甲方要求的时间运出施工场地，重新采购符合要求的产品，并承担由此发生的费用，由此延误的工期不予顺延。

4. 甲方或监理工程师发现乙方采购并使用不符合甲方设计图纸或甲方要求的材料设备时，应要求由乙方负责修复、拆除或重新采购，乙方承担发生的费用，由此延误的工期不予顺延。

5. 乙方在施工期间应严格遵守《中华人民共和国消防法》和其他相关的法规、标准，若发生任何安全或火灾事故等，乙方应承担由此产生的一切经济损失及法律责任。

6. 未经甲方书面同意，乙方擅自拆改原建筑物结构或设备管线，由此发生的损失或事故（包括罚款），由乙方负责并承担损失。

7. 乙方具有下列情形，甲方可以单方解除合同，乙方除返还已收取的费用外，另需按本合同暂定总价的100%赔偿甲方，造成的甲方损失超过前述约定的乙方应继续赔偿：

（1）合同约定的完工日期内没有完工，且在甲方催告并限定的期限内仍未完工。

（2）在施工过程中未按本合同约定进行报验或在建设单位、甲方及监理验收合格前进行下一道工序施工。

（3）工程质量没有达到本合同约定质量标准。

（4）因乙方原因导致本工程未评到_____省文明工地。

（5）在保修期内发生质量问题拒绝修复或在5天内无法修复至合格的。

（6）停工超过5天的。

（7）将承包的工程非法转包、违法分包。

（8）延误工期累计达到10日历天。

（9）不服从甲方要求移走及更换不合规格物料的整改意见或其他之书面指令的。

（10）将本合同部分或全部转让的。

（11）在合同签订过程中或履行期间中有欺诈行为，或被认为有严重违反合同的其他违约行为。

（12）其他法律规定可解除合同的事由。

8. 甲方将解除合同的意见（书面或传真或快递）通知乙方后合同解除，乙方无异议并在收到解除合同的通知后应无条件立即与甲方处理善后事宜。甲方因本条规定的事项行使权利所发生的费用（包括但不限于诉讼费、鉴定费、律师费等）全部由乙方承担。

9. 甲方应按本合同约定的付款方式向乙方支付工程款，甲方延期支付进度工程款超过 15 天的，自第 16 天起，应承担当期应付金额的利息，利息按贷款市场报价利率（LPR）计算。

10. 由于乙方原因造成本工程损失，乙方除负责采取补救措施、返还或免收直接受损失部分的工程款外，如造成财产损失或人身损害的，应根据直接和间接经济损失的程度的 100% 向甲方支付赔偿金。

11. 无论何种原因，乙方未按本合同规定的时间完工，每延误 1 日历天，按本合同暂定总价的 1% 赔偿甲方损失，甲方可在乙方应得工程款中直接扣除。延误工期累计达到 10 日历天，甲方可单方面解除合同，乙方已完工程不予结算，乙方已完工程的所有权归甲方所有，乙方放弃任何追索。

12. 如乙方的资质和所派遣从事本项目工作的人员资格不符合本项目要求和法律规定，过错全部由乙方承担，且乙方应赔偿由此给甲方造成的全部损失。

13. 本工程确保一次性验收达到本合同约定质量标准，如一次性验收不合格，则扣罚工程款_____万元，甲方可在乙方应得工程款中直接扣除，同时乙方负责在甲方限定时间内整改，如二次验收不合格，则以此累加罚款，并计入工期考量，可与工期延误同时处罚。

14. 如乙方应得的工程款不够所有罚款或所有赔偿的，甲方有继续追偿的权利，乙方有继续赔偿的义务。

第十四条　工程验收

1. 在施工过程中分下列阶段对工程质量进行联合验收：

（1）材料验收；

（2）隐蔽工程和中间验收；

（3）竣工验收。

2. 工程具备隐蔽条件或进入下道工序施工前，乙方自检合格后，于验收前 24 小时以书面形式通知甲方和监理，并提供有关验收资料。经甲方及监理验收合格并签字后方可进行隐蔽。验收不合格，乙方在甲方限定的时间内修改后重新验收。

3. 竣工验收应具备下列条件：

（1）完成合同约定的全部工程内容及甲方的所有指令；

（2）有符合合同约定的技术档案和施工资料；

（3）有材料、设备、构配件的质量合格证明资料和试验、检验报告；

（4）有勘察、设计、施工等单位分别签署的质量验收合格的文件；

（5）有乙方签署的工程质量保修书。

4. 本工程验收竣工日期的界定：本项目综合竣工验收合格签字的日期为本工程的竣工日期，竣工验收通过后的第二天开始进入到本工程质量的保养保修期。

5. 工程完工后，乙方应通知甲方验收，甲方自接到竣工验收通知单后 5 日内组织验收。验收合格后，双方办理移交手续，乙方应向甲方提交其施工部分的水电、土建、景观改造图（包括文字图纸材料及电子文档）。

6. 如本工程经竣工验收不合格，乙方应负责修复，修复费用由乙方承担。如因质量问题造成本工程不能使用，乙方应退还甲方已收取的所有工程款并承担由此给甲方造成的损失。

7. 双方进行竣工验收前，乙方负责保护工程成品和工程现场的全部安全。

第十五条　工程保修、保养

1. 本工程保修期：本项目综合验收合格之日起两年；有防水要求的工程、防渗漏工程的保修期限为 5 年。保养保修期自本项目综合验收合格之日起计，景观绿化工程保养期为 24 个月，园建工程保修期为 24 个月。

2. 保修范围：本合同结算款所包含的工程项目、设计变更、现场签证及双方会议纪要约定等全部内容及甲方代购主材设备均属乙方保修范围，因此造成的甲方和建设单位的全部损失，均由乙方负责赔偿。

3. 乙方在保养期内的养护内容为：每天浇水充足，按时施肥（每周一次）、杀虫，植物倒伏后立即扶正。养护期内，如发生植物、苗木死亡，乙方在收到甲方或建设单位通知后 5 个日历天内免费补种同类型及要求的植物、苗木。养护期内，乙方应派出足够养护人员负责养护工作，认真履行养护义务；否则，甲方有权委托他人代为养护，费用由乙方承担。养护期内水电费由乙方承担。

4. 发生须紧急抢修事故如漏水、渗水、供电线路故障等影响样板层展示的情况，乙方须在甲方通知后 4 小时内赶到现场并于 6 小时内完成维修。

5. 乙方保修负责人：_____。

通信地址：_____。

电话／手机：_____。

传真：_____。

以上内容若有变动需及时书面知会甲方，无法联系时，视为乙方已收到甲方传达之信息。

6. 每个维修项目完成，经甲方代表或委托人签字后，本次维修完毕。应保证在三个月内不再出现类似问题。

7. 在保修期内，乙方在甲方通知的时间内未能赶到维修或维修未能取得甲方认可的效果，甲方有权委托第三方进行维修，该维修费用无需得到乙方同意，甲方可以直接在乙方保修金中扣除；如乙方的保修金不够抵扣，甲方有继续追偿的权利，乙方有继续赔偿的义务。

8. 在保养保修期满并通过甲方或建设单位与物业方检查合格后的一个月内，乙方无任何违约责任、本工程无任何质量问题，甲方无息返还乙方保养保修金。

第十六条　保险

1. 乙方须对与本工程有关或本工程进行期间发生或本工程引致的人身伤亡及财产损坏负一切责任（包括但不限于承担所有费用，赔偿对方损失），并须保证甲方及建设单位免负该等责任，除非有关伤亡及损坏是建设单位、甲方引致的。

2. 甲方已为_____项目工程所有工人购买人身意外险，该保险已将本工程所需工人列为被保险人，但乙方仍须对其雇员的意外或伤亡负全责。但若乙方认为上述的免赔额及赔偿限额不足以保障风险，可自费补充投保。

3. 建设单位已投有并维持建筑工程一切险及第三者责任险，但乙方按本合同所承担的义务、工作和责任并不因建设单位或甲方投有此种保险而受影响或降低，乙方可向建设单位了解有关保险的具体条款，并应已充分考虑此等条款对本合同的影响。若乙方认为上述的免赔额及赔偿限额不足以保障其风险，可自费补充投保。

4. 乙方须积极地遵从保险条款和承保人关于解决索偿、追讨损失和防止意外的一切合理要求，并承担因违反上述约定产生的后果。乙方须负责保险单内规定的免赔额、不负责项目或限制的费用等乙方在本合同内应承担的风险或责任。

5. 乙方可向建设单位或甲方了解有关保险的具体条款，并应已充分考虑此等条款对本合同的影响。任何因忽视或不遵循有关保险条款而引起的索偿或工期延长要求均不会获得批准。

6. 保险期内因乙方的原因造成工期延长而增加的保险费由乙方负担。

第十七条　争议解决

双方因履行本合同或因与本合同相关的事项发生争议的，应通过协商方式解决，协商不成的，应首先提交_____调解中心进行调解，调解不成的，一方有权按照下列第_____项约定方式解决争议：

（1）向_____仲裁委员会申请仲裁；

（2）向_____人民法院提起诉讼。

第十八条　附则

1. 本合同一式_____份，均具有同等法律效力，甲方执_____份，乙方执_____份。

2. 本合同未尽事宜，甲乙双方另行友好协商。

附件（表）为本合同组成部分，与本合同具有同等法律效力。

附件1：景观施工现场情况及甲乙方工作界面划分表。

附件2：工程量清。

附件3：职业安全卫生与环境管理协议。

附件4：社会责任自我评价及责任书。

附件5：授权管理协议。

附件6：安全生产与消防保卫协议。

（以下无正文）

（本页为签署页）

甲方：（公章） 乙方：（公章）

法定代表人或其委托代理人： 法定代表人或其委托代理人：
（签字） （签字）

统一社会信用代码：_____ 统一社会信用代码：_____
地址：_____ 地址：_____
电话：_____ 电话：_____
电子信箱：_____ 电子信箱：_____
开户银行：_____ 开户银行：_____
账号：_____ 账号：_____

附件 1：景观施工现场情况及甲乙方工作界面划分表
（本书略）

附件 2：工程量清单
（本书略）

附件 3：职业安全卫生与环境管理协议
（本书略）

附件 4：社会责任自我评价及责任书
（本书略）

附件 5：授权管理协议
（本书略）

附件 6：安全生产与消防保卫协议
（本书略）

室外工程分包合同

合同编号:

工程名称:＿＿＿＿＿＿＿＿＿＿＿＿＿＿＿＿＿＿＿＿
工程地址:＿＿＿＿＿＿＿＿＿＿＿＿＿＿＿＿＿＿＿＿
甲　　方:＿＿＿＿＿＿＿＿＿＿＿＿＿＿＿＿＿＿＿＿
乙　　方:＿＿＿＿＿＿＿＿＿＿＿＿＿＿＿＿＿＿＿＿

＿＿＿＿年＿＿＿＿月＿＿＿＿日

_____工程室外工程分包合同

甲方（承包方）：_____

乙方（分包方）：_____

依照《中华人民共和国民法典》《中华人民共和国建筑法》《建设工程质量管理条例》及其他有关法律、行政法规，遵循平等、自愿和诚实信用的原则，经甲乙双方友好协商，就_____工程室外工程相关事宜协商一致，订立本合同。

第一条　工程概况

1. 工程名称：_____。
2. 工程地点：_____。
3. 分包范围及内容：_____。
4. 工程区域范围：_____。
5. 建设单位：_____。
6. 监理单位：_____。

第二条　承包范围

1. 分包范围：室外工程和市政道路土建工程。
2. 分包方式：_____。
3. 分包内容：土方开挖、土方回填、垫层混凝土浇筑、道路面层混凝土浇筑、模板制作安装及拆除、路面钢筋绑扎、碎石垫层铺设、雨污水井砌筑及抹灰、管道砌筑及抹灰、井盖供应及安装等其他零星工作。
4. 分包方工作内容包括施工图纸所示全部工作内容，包括但不限于：

（1）提交满足甲方、监理单位及设计单位要求的施工方案；

（2）道路管沟施工测量放线工作；

（3）路面管道土方开挖、人工清槽、场内倒运、归堆、回填、外运、消纳、边坡修整及局部边坡喷锚支护；

（4）路基及路面工程，包括碎石垫层路基铺设及夯实、钢筋混凝土路基铺设；

（5）雨水井、污水井、强弱电井、阀门井、电缆井、输油检查井、输油管沟的砌筑及抹灰，不限于砌筑墙体、绑扎圈梁及压顶钢筋、混凝土浇筑、模板的制作安装及拆除、井内爬梯的供应及安装、铸铁井盖的供应及安装、预制混凝土井盖的制作及安装等；

（6）原施工现场垃圾、生活垃圾及渣土等外运及消纳工作；

（7）地上、地下及周边管线的保护；

（8）提供满足质量、工期、安全要求的施工作业人员、管理人员及材料、机械设备等；

（9）外运土方时道路的清理；

（10）设置专职文明施工人员（并提供清扫、洒水等工具），负责现场区域及道路的清扫、洒水，负责本工程政府要求的门前三包工作；

（11）乙方方应严格按_____市《建筑安装工程资料管理规范》的规定，及时、真实、准确地提供完整而规范的技术资料，对资料的完整性、真实性负责，资料不齐全时，甲方有权扣留部分工程款抵押；

（12）须由分包方负责的其他事项。

第三条　工期

1. 计划开工日期为_____年_____月_____日，计划完工日期为_____年_____月_____日，工期总日历天数为_____天。工期总日历天数与根据前述计划开工、完工日期计算的工期天数不一致的，以工期总日历天数为准。

2. 以上总工期或阶段工期已经考虑下列因素：

（1）法定节假日或公休日；

（2）不利的条件（不可抗力除外）。

3. 因乙方原因造成工期延误，乙方承诺无条件接受甲方任何处罚，并承担因此而造成的甲方一切相关损失。

4. 因建设单位原因及甲方原因造成工期延误，经乙方申请，甲方同意后工期可以顺延，乙方不能索赔费用。

第四条 质量标准

1. 分包工程质量应符合标准，并达到总包合同约定的分包工程的质量标准，本合同约定质量标准与总包合同约定的质量标准不一致的，按照较严格的质量标准执行。

2. 因乙方施工质量未达到验收合格标准而导致的一切返工及修补责任均由乙方承担，任何因返工及修补导致的甲方损失亦由乙方承担。

3. 乙方为达到上述技术和质量要求而采取的措施的所有费用应被视为已包含在乙方的固定综合单价中。若乙方在合同履行中因自身原因导致工程未能达到上述技术和质量要求，乙方须向甲方支付技术质量违约罚款。

4. 乙方应特别注意建设单位、监理和甲方的质量要求，因乙方原因导致甲方遭受建设单位、监理的任何处罚，甲方将会对乙方处以双倍罚款。

第五条 计价方式与合同价款

1. 合同价款：本合同暂定含税总价为_____元（大写：_____）；不含税合同价为_____元（大写：_____）；增值税为_____元（大写：_____）。增值税税率为_____%。

2. 价格组成明细：

序号	内容	暂定工程量	单价	合价	备注
一	分部分项部分				
1	机械开挖管沟土方				包含人工配合清土
2	机械回填管沟土方				
3	人工分层浇水振捣棒振捣沙土				
4	雨水管道基座浇筑_____混凝土				甲供混凝土
5	基础垫层浇筑_____混凝土				甲供混凝土
6	垫层模板、管道基座模板的制作及安拆				包工包料
7	_____水泥砂浆砌井、砌管沟（雨水井、污水井、电缆沟等）				包工包料（含入砌砖墙、圈梁及压顶梁混凝土浇筑、钢筋制作安装、模板制作安装等）
8	_____mm厚_____水泥砂浆抹灰				
9	管井内爬梯把手供应及安装				
10	铸铁井盖供应及安装（重承重）				
11	_____角钢供应安装				
12	路面碎石垫层铺设夯实				
13	路面钢筋制作安装				
14	室外道路混凝土浇筑				
15	零星边坡喷锚支护（混凝土厚度____mm，钢丝网直径____mm间距____mm）				
小计					
二	开办费包干费用				
1	管理人员（含测量放线）、工人生活区水电费/排污费/垃圾清运费以及按招标文件需要乙方提供生活设施等一切相关费用				

续表

序号	内容	暂定工程量	单价	合价	备注
2	中小型机械及各类辅材				
3	文明施工环境保护及其他辅助用工				
三	税金（一+二）×_____%＝				
四	合计：_____元				

3. 本合同为固定单价合同，签字盖章生效后，除本合同另有约定外，合同单价不再做任何调整。乙方在其承包范围内，为履行本合同约定的义务和职责，满足国家相关法律法规、设计要求和建设单位、监理、甲方的合理要求，并承担自身经营风险所发生的一切相关费用均已包含在合同单价之内。

4. 合同单价包括但不限于：人工费、材料费、机械费、机械进出场费、试验检验费、冬（雨）期施工费、成品保护费、清洁费、工具费、赶工费、食宿交通费、文明施工费、临时设施费（除甲方提供之外的乙方为完成本工程所必需的临时设施）、保险费、技术资料费、与其他分包方配合照管的费用、管理费、利润及税金等相关所有费用。固定综合单价已包含保修期（本工程保修期至总承包工程竣工）内各种保修费等。

5. 合同单价已包含因施工不良或缺陷、瑕疵而造成剔凿、返工、改良、修补等支出以及在合同保修期内发生的保修费用。

6. 任何因市场物价波动、生活费用变化、人员工资变化、政府税收与收费的调整以及政府与行政建设单位主管部门红头文件的颁发等因素引起的分包方的成本的增减，均属于乙方自身经营风险，视为事先已充分估计并已经包含在合同固定综合单价之中。

7. 合同单价已包含乙方为完成本合同第二条所述工作所需之费用，乙方不得就该条所提到的工作在工程量清单项目之外另行索要任何费用。

8. 合同单价已包含乙方为完成分包工程所需遵守的甲方一切有关工期、质量、安全文明施工的要求所需的费用。

9. 合同单价已包含乙方为应付在施工过程遇到的土质变化、水位变化、天气变化及政府的检查/指令所需的费用。

10. 合同单价已包含因施工期间场内临时道路出现短期中断以及部分工程施工时因无符合要求的临时道路可抵达，乙方需自行解决道路运输问题所增加的费用，乙方为施工而修筑的临时道路费用也已包含在合同单价内。

11. 合同单价已包含乙方大面积施工与小面积及零星施工差异而引起的费用增加。

12. 合同单价已包含乙方因多家单位交叉施工、天气、图纸以及其他原因影响导致不能连续施工所增加的费用。

13. 合同单价已包含乙方在施工过程中处理扰民和民扰事项所需之费用。

14. 合同单价已包含乙方在施工过程中与其他施工工序或其他施工单位交接导致的施工难度加大或施工效率降低所产生的费用。

15. 合同单价已包含乙方向甲方提供一切符合政府税费缴纳要求之发票/凭证的费用。

16. 工程量计算规则：按甲方提供的市政施工图纸图示尺寸净量计算。

第六条　工程款支付

1. 本分包工程无预付款。

2. 工程进度款付款前提：

（1）月度施工内容经甲方同意；

（2）施工进度在甲方的总控制计划之内；

（3）试验/复试报告证明所用材料合格或满足合同要求；

（4）经监理单位、甲方验收合格（分项验收时）；

（5）随月进度提交了相关技术资料（试验报告、验收资料等）。

3. 分包方于每向甲方递交本期（上月_____日到本月_____日）按合同约定应付费用的汇总表和请款报告，甲方收到报告后于次月的_____日到_____日向分包方签发付款证书，在签发证书的下月_____日到_____日支付进度款，付款比例为_____%。

4. 分包方负责按照法律要求实行工人实名制管理，具备条件的应当通过相应的管理服务信息平台进行用工实名登记、管理。乙方负责建立工人劳动计酬手册，记录施工现场作业工人的身份信息、劳动考勤信息、工资结算信息。乙方确认，其每月工人以及管理人员工资总额不会超过该月完成工程量价款的_____%，因此甲方的进度款支付比例足够乙方按照政府规定支付施工人员全部工资；除本合同另有约定外，乙方将其雇佣及其劳务分包的工人工资委托甲方代发。

5. 甲方每月最多支付_____次工程款。

6. 甲方已确认的变更洽商及签证费用在工程结算时随结算工程款支付，不进行月度付款。

7. 完工结算

（1）分包工程结算依据以下原则：

依据本合同内约定图纸、工程量计算规则和单价计算结算金额；乙方违反本合同约定导致甲方增加的费用从结算金额中扣除；乙方违反合同约定产生的罚款从结算金额中扣除。

（2）分包工程完工后乙方向甲方提供完整的竣工结算报告和结算资料，甲方在收到上述文件后予以核实。若双方对结算金额无争议，办理完结算手续后_____个月内支付至_____%。其他_____%工程款作为工程保证金，工程竣工验收且双方结算后_____天内支付至_____%，剩余_____%工程款作为工程保修金，保修期满后_____天内扣除相关款项后一次性支付。

第七条 竣工结算

1. 在分包工程具备验收条件后，乙方向甲方提供其施工区域内完整的施工资料，按甲方要求配合甲方进行验收工作。

2. 甲方在收到分包方提交的完工报告之日起_____日内通知建设单位验收，乙方应该配合甲方会同建设单位进行验收。验收不能通过，乙方应负责修复相应缺陷并承担相应的质量责任。

3. 分包工程竣工验收通过，竣工日期为乙方提供竣工验收报告的日期。需要修复的，通过竣工验收的实际竣工日期为修复后提交竣工报告的日期。

4. 乙方按时完成分包合同约定的所有工程内容，经甲方、设计单位、监理单位、建设单位四方验收，分包工程达到分包合同约定的质量标准，办理竣工工程移交手续；甲方在工程通过甲方、建设单位及监理验收合格后____日内和乙方办理完工程结算，按设计图纸显示及分包合同相关计量规则计算完成工作量，扣完保修金及其他应扣款项后无息付清剩余款项。

5. 延期支付的工程款项不计取利息。

6. 甲方与乙方对工程竣工结算价款发生争议时，按本合同关于争议条款的约定处理。

第八条 甲方责任

1. 甲方驻现场代表为_____，甲方驻现场代表由甲方任命并派驻施工现场，代表甲方在其授权范围内履行合同各项职责。甲方驻现场代表的授权范围为：_____。甲方应在现场组织管理、监督，负责与施工组织有关问题的处理、竣工验收、工程进度款签证。

2. 甲方随时有权对乙方的工作进行监督、检查、控制。

3. 根据工程的进展及现场的实际需要，甲方在本工程的履约过程中，可以将乙方工程承包范围中的任何工作内容另行分包给第三方，乙方须承诺不因此向甲方索赔。

4. 甲方有责任协调市政工程施工过程中的各方关系。

5. 甲方应向乙方提供技术支持。

6. 甲方应按合同约定及时支付工程款。

第九条 乙方责任

1. 乙方驻现场项目经理为：_____，项目经理应具备履行其职责所需的资格、经验和能力，并为乙方正式聘用的员工。乙方应向甲方提交项目经理与乙方之间的劳动合同，以及乙方为项目经理缴纳社会保险的有效证明。乙方不提交上述文件的，项目经理无权履行职责，甲方有权要求更换项目经理，由此增加的费用和/或延误的工期由乙方承担。项目经理在乙方授予的权限范围内履行本合同约定职责，项目经理的授权范围为：_____。

2. 乙方应具备承包合同工程并进行施工的资质和权限，办理一切与此相关的手续和证件。

3. 进场前，乙方须向甲方报送施工人员的注册花名册、提供特殊工种上岗证，并接受安全培训、考核，办理相关证件。

4. 乙方必须保证进场材料满足设计、建设单位质量要求，负责所有材料检验并承担全部试验费用。提供施工资质证明及进场材料的材质证明和复试报告。施工前，乙方首先对现场材料进行检验，然后由甲、乙双方及监理共同核验，满足质量要求方可使用。

5. 乙方应在双方约定的时间内向甲方报送施工组织设计（或施工方案）、进场设备明细、材料清单、组织框图和施工进度计划。

6. 乙方应按甲方要求实行现场文明施工，做到工完场清。负责自身承包范围成品保护工作，并保证不损坏其他施工方的已完成项目，如有损坏，乙方自费予以修复。协助甲方做好施工现场周围建筑物、构筑物、地下管线的保护工作。

7. 工程完成后乙方需根据施工方案结合施工过程中变更、洽商等相关资料绘制临电工程竣工图作为双方工程结算依据。

8. 乙方必须严格遵守_____市及工程施工现场有关消防、保卫的各项管理规定。如有违反，产生的一切损失均由乙方承担。

9. 乙方需设置专（兼）职安全员，负责施工、交通安全。发生问题立即解决或报告甲方代表，承担由于自身安全措施不力及安全管理不到位造成的事故责任和损失，非乙方责任造成的事故责任和损失由责任方承担。

10. 乙方自行解决工人食宿、交通等问题，费用自理。

11. 如发生扰民及民扰问题，乙方应密切配合甲方，将本专业施工的影响降到最低。

12. 乙方现场所有人员必须服从甲方关于现场工作内容和工作时间的安排。

13. 乙方严格遵守国家和甲方制定的各种管理规章制度，服从甲方关于现场施工的各项安排和指令。

14. 在乙方履行合同期间，因乙方的过错给甲方造成的损失，乙方应予赔偿。

第十条 授权管理

1. 乙方领用甲方提供材料的唯一授权人为_____，经甲方确认发放甲方提供材料的唯一授权人为_____。双方特此约定，本工程所有甲供料的领用单必须同时具有上述二人的签字。

2. 对于本工程承包范围外发生的零星用工，双方约定：甲方的项目经理仅有对施工工作的确认权；涉及该工作的工作量及金额必须得到甲方项目经理书面签认，方能作为该工作结算的依据；签证应当天办理，每月汇总上报甲方；除此以外的零星用工签证，均按无效处理；本工程承包范围内乙方承诺不发生零星用工。

3. 凡涉及合同价款变更、结算、付款的，必须经甲方项目经理部项目经理、商务经理共同签字确认并加盖甲方与本合同相同的印章。甲方项目经理部其他任何人员的任何形式的签字不作为合同价款变更、付款及结算的依据。

4. 甲方项目经理部公章的使用范围为往来函件、会议纪要、洽商变更等履约过程中的文件，但不包括签署合同及其补充协议、办理结算。

第十一条 现场及人员管理

1. 乙方应遵守国家、行业、地方以及甲方有关现场安全文明施工的各项管理规定。

2. 现场施工人员必须统一着装，统一佩戴安全帽及胸卡，施工人员须持证进出现场。

3. 现场不允许出现宣传乙方单位的标识、标语。

4. 禁止将与施工作业无关的人员带到施工现场。

5. 乙方所有现场施工人员需持有当地政府指定卫生部门核发的健康证，非当地户籍需持有外来人员就业证。乙方承担上述证件不齐给甲方造成的损失，办理证件所需费用乙方自理。

6. 施工作业人员需持有有效证件，并提供加盖单位公章的复印件，报甲方备案。

7. 乙方应该采取一切合理的措施防止其人员实施违法或妨害社会治安和公共安全的行为，并有完全的责任和义务保护周围其他人员和财产免受上述行为的危害，由此造成的一切后果由乙方负责。

8. 严格遵守有关消防、保卫、交通安全、环卫、社会治安方面的规定。由于乙方对上述要求贯彻执行不得力而造成的一切事故、灾害，其经济及法律责任由乙方独自承担。由此造成甲方的损失由乙方赔偿。

第十二条 工程安全文明保障及措施

1. 乙方所有进入施工现场的人员应遵守国家及地方政府、建设单位、监理及甲方关于安全文明施工的要求，乙方应为其进入施工现场人员的安全承担全部责任。

2. 若乙方在合同履行中因自身原因导致工程未能达到上述安全文明施工要求，乙方须向甲方支付安全文明施工违约罚款。

3. 施工中乙方应根据甲方要求，随时提供有关工程质量的技术资料。

4. 乙方所有现场人员必须统一着装，并应采取一切措施，保持现场施工环境清洁卫生，符合_____市政府各项要求。

5. 乙方必须有健全的安全检查制度和安全保障措施，施工安全保障措施不符合甲方要求及国家现行有关标准要求给甲方造成的工期及经济损失由乙方承担。

第十三条　检验与验收

1. 乙方应认真按照标准和施工图纸要求以及甲方依据合同发出的指令施工，随时接受甲方的检查检验，并为检查检验提供便利条件。

2. 工程质量达不到约定标准的部分，按甲方的要求拆除和重新施工，直到符合约定标准。因乙方施工质量未达到验收合格标准而导致的一切返工及修补责任均由乙方承担，任何因返工及修补导致的甲方损失亦由乙方承担。

3. 乙方为达到上述技术和质量要求而采取的措施的所有费用应被视为已全部包含在固定综合单价中。若乙方在合同履行中因自身原因导致工程未能达到上述技术和质量要求，须向甲方支付技术质量违约罚款，罚款金额不超过合同总价的＿＿＿%。

4. 临建设施施工、安装应填写安装施工过程记录，并由双方项目负责人签字后，作为价款结算依据。安装完成后，必须经甲方验收。若未经验收甲方自行启用，则默认已通过验收，但甲方的此类验收并不减免乙方任何责任。

第十四条　保修

1. 自总包工程竣工交付使用之日起或总包工程认定的保修期限起算之日，乙方应按国家有关规定对分包工程承担保修责任。具体保修责任按照乙方与甲方签订的质量保修书执行，保修期按照甲方与建设单位签订的合同中规定的期限执行，且保修服务期满后，并不免除乙方施工质量责任。

2. 工程款支付保留金为本分包合同价款的＿＿＿＿＿%。甲方在乙方每期工程进度款支付中以同等的比例扣除，工程完工前全部扣完；工程经甲方、建设单位、监理验收合格，双方办理完本分包工程结算后＿＿＿＿＿天内支付结算价款的＿＿＿＿＿%；若无遗留问题，其余＿＿＿＿＿%作为工程保修的保证金，在整体工程竣工并通过验收之日起＿＿＿＿＿年内无息付清。

3. 乙方应能及时处理所有的保修服务，该服务必须是24小时的。保修期内，乙方接到甲方的保修通知后必须在＿＿＿＿＿小时内予以答复，＿＿＿＿＿小时内派人员维修。

第十五条　不可抗力

1. 不可抗力指建设单位、甲方、乙方都不可预见、不可避免、不能克服的超出一般防范能力的事件，此类事件的发生导致合同一方不可能履约。不可抗力包括：

（1）地震、洪水、海啸、飓风、台风、剧烈雷击等天灾以及恶劣气候；

（2）战争、敌对行动（无论是否宣战）；

（3）叛乱、暴动、军事政变、内战；

（4）暴乱、骚乱、游行示威（分包方自身及相关联的人员内部发生的事件除外）；

（5）空中飞行物体坠落、恐怖袭击；

（6）声速或超声速飞行物或装置产生的压力波；

（7）由于法律法规的变更或后续颁布的法律法规导致本合同不合法。

2. 不可抗力事件发生后，乙方应立即通知甲方，并在力所能及的条件下迅速采取措施，尽量减少损失，并根据分包合同的约定处理。不可抗力事件结束后＿＿＿＿＿小时内乙方向甲方通报受害情况和损失情况及预估的清理和修复的费用。若不可抗力事件持续发生，分包方应每隔＿＿＿＿＿天向甲方报告一次受害情况。不可抗力事件结束后＿＿＿＿＿天内，乙方向甲方提交清理和修复费用的正式报告及有关资料。

3. 因不可抗力事件导致的费用及延误的工期按以下方法分别承担：

（1）工程本身的损害、因工程损害导致第三方人员伤亡和财产损失以及运至施工场地用于施工的材料的损害，由甲方向建设单位索要并支付给乙方。

（2）停工期间，乙方应按甲方要求对施工场地及工程进行的必要的管理、保卫，并提供相应的管理、保卫人员及设施。

（3）乙方人员伤亡和财产损失自行负责并承担相应费用，有关费用已考虑并包含在合同固定综合单价内。

（4）乙方的工具及临时工程、临时设施损坏、损失及停工损失，由乙方自行承担，有关费用已考虑并包含在合同固定综合单价内。

（5）延误的工期双方协商，并按甲方通知相应顺延。

4. 因合同一方延迟履行合同后发生不可抗力的，不能免除延迟履行方的相应责任。

第十六条　违约

1. 合同双方任何一方不能全面履行本合同条款，均属违约，违约责任如下：

（1）甲方未能按照合同约定完成以上工作造成分包方损失和／或工期延误，工期予以后延，损失不予赔偿。

（2）因乙方违约造成甲方损失和／或工期延误，工期不予后延，且乙方应承担给甲方造成的损失并接受甲方罚款。

2. 除非合同终止，否则违约方承担前述条款违约责任后仍需严格履行本合同。

3. 甲乙双方明确约定，对于在本合同项下产生的或与本合同相关的事宜产生的乙方对甲方拥有的债权，乙方不得将其转让给第三方，除非经过甲方的书面同意；否则，乙方应在违约转让债权之日起 5 日内，按照违约转让债权总额的 5% 向甲方支付违约金，逾期支付违约金应承担违约付款责任，同时债权转让不具备法律效力。

第十七条　补充协议

本协议未尽事宜，经双方协商同意可签订补充协议，补充协议将作为本合同的附件，补充协议具有同等法律效力。

第十八条　合同终止

若乙方未能积极保证本合同承包范围内市政设施正常使用或发生其他违反合同约定的情况，甲方可书面通知终止合同。乙方补偿甲方因终止协议产生的一切损失，甲方可雇佣他人继续进行及完成本合同分包工程。

第十九条　争议解决

双方因履行本合同或因与本合同相关的事项发生争议的，应通过协商方式解决，协商不成的，应首先提交_____调解中心进行调解，调解不成的，一方有权按照下列第_____项约定方式解决争议：

（1）向_____仲裁委员会申请仲裁；

（2）向_____人民法院提起诉讼。

第二十条　合同生效与终止

1. 本合同自签字盖章之日起生效，完成合同约定的全部内容并结清工程价款之日即告终止。

2. 出现以下情况时，甲方可单方面终止与乙方的合同关系，并派人完成余下之工作，因此而导致甲方增加的费用从结算金额中扣除：

（1）乙方严重违反合同条款；

（2）甲方有足够证据证明乙方不具备完成分包工程的能力。

3. 若因乙方原因导致甲方单方面终止合同，乙方应根据甲方要求迅速退场，不得以任何形式拖延退场时间、胁迫甲方或借此向甲方索要任何额外费用，否则甲方有权对乙方进行罚款，罚款金额为乙方实际完成合同金额的_____%。

4. 因甲方原因导致乙方单方面终止合同的，甲方应赔偿乙方损失。

第二十一条　其他

本合同一式_____份，均具有同等法律效力，甲方执_____份，乙方执_____份。

（以下无正文）

甲方：（公章）　　　　　　　　　　　　　乙方：（公章）

法定代表人或其委托代理人：　　　　　　　法定代表人或其委托代理人：
（签字）　　　　　　　　　　　　　　　　（签字）

统一社会信用代码：_____　　统一社会信用代码：_____
地址：_____　　　　地址：_____
电话：_____　　　　电话：_____
电子信箱：_____　　　　电子信箱：_____
开户银行：_____　　　　开户银行：_____
账号：_____　　　　账号：_____

永久道路施工分包合同

合同编号：

工程名称：_____
工程地址：_____
甲　方：_____
乙　方：_____

_____年_____月_____日

_____工程永久道路施工分包合同

甲方（承包方）：_____
乙方（分包方）：_____

根据《中华人民共和国民法典》《中华人民共和国建筑法》及其他有关法律法规，遵循平等、自愿和诚信的原则，经甲乙双方友好协商达成以下协议。

第一条　工程概况

1. 工程名称：_____工程。
2. 工程地点：_____市_____区_____路_____号。
3. 建设单位：_____。
4. 监理单位：_____。

第二条　分包范围及内容

1. 分包方式：包人工、包材料、包机械、包工期、包质量、包安全、包文明施工。
2. 分包施工范围：本工程总包范围内所有停车场、道路硬化工程以及室外正式道路沥青面层及人行道、路缘石施工。
3. 分包工程具体内容如下（各分项工程中所包括的工作内容以定额及附件2《分包工程合同清单》中的项目特征、工作内容为准）：

（1）分包施工范围内的土方开挖、回填及倒运、外运。
（2）停车场及道路结构层施工。
（3）分包施工范围内正式道路沥青面层的摊铺，包括摊铺前的基层清理、玻纤格栅铺设、黏层（乳化沥青）铺洒以及沥青摊铺等。
（4）分包施工范围内所有挖出的土方按照甲方要求倒运至指定地点。
（5）分包施工范围内人行道施工，包括场地平整、模板支设、垫层浇筑、水泥砂浆结合层以及人行道板砖铺砌等。
（6）分包施工范围内所有路缘石、侧石安砌，包括挖槽、台背砂浆搅拌及路缘石、侧石安砌等。
（7）所有正式道路范围内的构筑物或管线的清理及维护，已确保能够满足验收移交条件。
（8）配合现场其他分包单位施工，乙方应尤其注意与现场同时施工的市政管线施工单位、其他指定分包方或直接承包商之间的配合，协调交叉作业面施工。

第三条　工程价款

1. 本合同为固定单价合同。

（1）本合同签字盖章生效后，合同单价不再做任何调整。乙方在其承包范围内，为履行本合同约定的义务和职责，满足国家相关法律法规、设计要求和建设单位、监理、甲方的合理要求，并承担自身经营风险所发生的一切相关费用均已包含在合同单价之内。
（2）任何因市场物价波动、生活费用变化、人员工资变化、政府税收与收费的调整以及政府与行业主管部门红头文件的颁发等因素引起的乙方的实际支出的增减，均属于乙方自身经营风险，视为事先已充分估计并包含在合同单价之中。
（3）合同单价已包括所有赶工措施、冬（雨）期施工措施（覆盖、排水、降水等）以及酷热天气施工措施的所有费用。
（4）合同单价已包含分包单位为完成本合同第二条所述工作所需之费用，分包单位不得就该条提到的工作在工程量清单项目之外另行索要任何费用。
（5）合同单价已包含乙方为提供满足建设单位、甲方以及图纸设计要求之材料所需的全部费用，乙方不能以任何材料品牌选定或变更为由向甲方要求增加费用。
（6）合同单价已包含乙方为完成分包工程所需遵守的有关工期、质量、安全文明施工要求所需的费用。
（7）合同单价已包含大面积施工与小面积及零星施工差异引起的费用增加，在签订合同之后，施工过程中由于任何原因导致的分部分项工程量的变化均不影响合同单价。
（8）分包工程所需的所有机械调遣费用，尤其是沥青摊铺所需的机械，由于分段施工引起机械的反复进出场所需的调遣费用已全部包含在合同单价之内。

（9）合同单价已包含因多家单位交叉施工、图纸以及其他原因影响导致乙方不能连续施工所增加的费用。

（10）合同单价已包括乙方为提供满足建设单位、监理、甲方以及相关标准要求之工程资料的全部费用。

（11）合同单价已包含分包单位在施工过程中为保护道路周边已完工程、地下建筑物/构筑物/管线采取的必要措施和修复因分包原因导致建筑物、构筑物或地下管线破坏产生的费用，并确保甲方不会因该等上述状况而受到损失或者承担任何责任。

（12）合同单价已包含乙方在施工过程中处理扰民和民扰事项所需的费用。

（13）合同单价已包含乙方向甲方提供的一切符合政府税费缴纳要求的发票/凭证的费用。

（14）合同单价已包含乙方为完成本合同文件其他部分的要求所需的一切费用。

（15）合同单价已包所有税金，乙方负责向甲方提供完税证明。

2. 本分包工程工程量计算规则如下：

（1）土方工程根据甲方工程部、商务部及分包单位三方签字确认的原始标高，结合施工图纸及作业指导书以实方量计算（详见附件3）。

（2）其他工程量根据甲方下发的满足标准以及建设单位要求的作业指导书剖面图截面尺寸按图示工程量计算；若甲方未下发作业指导书剖面图，即根据国家现行国家标准《建设工程工程量清单计价规范》GB 50500 中的工程量计算规则按照每个分项工程完成施工后的图示净尺寸计量。

（3）施工时出现任何隐蔽工程中发生费用增加或事后无法计量的费用增加事宜（包含在合同单价之内的工作内容除外），乙方须严格按照甲方现场签证流程办理现场签证（现场签证流程详见日后甲方发行的《现场签证管理办法》），并将影像资料及费用增加依据收集齐全作为附件，所有现场签证须由甲方现场经理和商务经理共同签字确认方可作为结算依据。未严格按照甲方管理流程办理现场签证或其附件所提供的依据不充分者，结算时甲方将坚决不予受理，对此乙方不得有任何异议。

第四条 合同价款及工程款支付

1. 合同价款

本合同暂估价款为_____元（大写：_____）；不含税合同价为_____元（大写：_____）；增值税为_____元（大写：_____），增值税税率为_____%。

详见附件2：《分包工程合同清单》。

2. 工程款支付

（1）本工程无预付款。

（2）月度付款前提：

① 月度施工内容经甲方审核同意。

② 施工进度在甲方的总控制计划之内。

③ 试验/复试报告证明所用材料合格或满足合同要求。

④ 经监理单位、发包方验收合格（分项验收时）。

⑤ 随月进度提交了相关技术资料（试验报告、验收资料等）。

（3）乙方于每月_____日向甲方递交本期（上月_____日至本月_____日）按合同约定应付的费用汇总表和请款报告，甲方收到报告后于次月的_____—_____日向乙方签发付款证书，在签发证书的下月_____—_____日支付进度款，付款比例为_____%。

（4）乙方负责按照法律要求实行农民工实名制管理，具备条件的应当通过相应的管理服务信息平台进行用工实名登记、管理。乙方负责建立农民工劳动计酬手册，记录施工现场作业农民工的身份信息、劳动考勤信息、工资结算信息。乙方确认，其每月农民工以及管理人员工资总额不会超过该月完成工程量价款的_____%，因此甲方的进度款支付比例足够乙方按照政府规定支付施工人员全部工资；除本合同另有约定外，乙方将其雇佣的农民工及其劳务分包中的农民工工资委托给甲方代发。

（5）甲方每月最多支付_____次工程款。

（6）甲方已确认的变更洽商及签证费用在工程结算时随结算工程款支付，不进行月度付款。

3. 完工结算

（1）分包工程结算依据以下原则：

① 依据本合同内约定图纸、工程量计算规则和单价计算结算金额。

② 乙方未能满足本分包合同要求导致甲方费用增加的，此等费用须从结算金额中扣除。

③ 乙方未能满足本分包合同要求导致的罚款须从结算金额中扣除。

（2）分包工程完工后乙方向甲方提供完整的竣工结算报告和结算资料，甲方在收到上述文件后予以核实。若双方对决算金额无争议，甲方在完成结算手续办理之后的两个月内支付工程尾款（扣除_____% 质量保修金）。

（3）质量保修期 2 年，自验收合格后开始计算保修期。在保修期内，乙方须在接到甲方维修通知后_____小时内赴现场免费保修，甲方有权利在乙方不及时保修的情况下自行修理，费用从保修金中扣除。保修期满一个月后无息支付质量保修金（扣除甲方自行修理的费用）。

第五条　工期

1. 计划开工日期为_____年_____月_____日；计划完工日期为_____年_____月_____日；工期总日历天数为_____天。工期总日历天数与根据前述计划开工、完工日期计算的工期天数不一致的，以工期总日历天数为准。

2. 合同工程工期必须符合甲方认可的施工总进度计划、月计划、周计划和其他针对本合同工程的计划的要求，以上计划工期均已考虑法定节假日或公休日以及不利气象条件（不可抗力除外）的因素，乙方不能以上述原因提出工期顺延的要求。

3. 由于乙方自身原因延误工期，甲方有权对乙方进行罚款，每拖延一天罚款_____元，累计罚款总额不超过合同总价的_____%。

4. 乙方为达到甲方工期要求而采取的措施的所有费用应被视为已全部包含在合同单价中。

第六条　技术与质量

1. 分包工程质量应符合_____标准，并达到总包合同约定的分包工程的质量标准，本协议书约定质量标准与总包合同约定的质量标准不一致的，按照较严格的质量标准执行。

2. 若乙方施工质量未达到验收合格标准，乙方应无条件按甲方代表要求的时间无偿返工修复，一切返工费用及责任均由乙方承担，任何因返工导致的甲方损失亦由乙方承担。

3. 甲方在对乙方施工质量或材料质量存在怀疑时将委托第三方监测机构进行检测；若检测结果不满足图纸及相关标准要求，则此部分费用由乙方承担，并且无条件进行返工；反之费用由甲方承担。

4. 乙方为达到上述技术和质量要求而采取的措施的所有费用应被视为已全部包含在合同单价中。若乙方在合同履行中因自身原因导致工程未能达到上述技术和质量要求，乙方须向甲方支付技术质量违约罚款，罚款金额不超过合同总价的____%。

5. 本分包工程施工中任何相关标准、图纸等出现相互矛盾时均以较高标准执行。

第七条　安全文明施工

1. 甲乙双方必须贯彻、执行国家和地方政府、建设行业主管单位颁布的有关安全生产的法律法规及各项规定，严格按安全标准组织施工。因乙方人员违反国家现行安全标准及甲方安全要求而导致人员伤亡的由乙方承担全部责任。对于本工程安全生产标准，双方约定如下：

（1）杜绝重大伤亡事故，因工死亡责任指标力争为零；

（2）因工负伤频率 6‰ 以内，其中因工重伤频率 1‰ 以内；

（3）杜绝重大机械事故及急性中毒事故；

（4）杜绝重大火灾事故及火灾伤亡事故。

2. 乙方应遵守甲方及当地政府在质量及安全文明施工方面的要求。乙方应尤其注意挖土机械及运土机械进出工地时的卫生打扫、降尘处理、土方覆盖及工地附近的道路清扫。如果乙方出现违反该等要求的情况，甲方可根据乙方违反的程度和对甲方造成的损失以及负面影响，对乙方进行罚款或者终止与乙方的合同，并要求乙方赔偿甲方损失。

3. 乙方为达到甲方安全文明施工要求而采取的措施的所有费用应被视为已全部包含在合同单价中。若乙方在合同履行中因自身原因导致工程未能达到上述安全文明施工要求，须向甲方支付安全文明施工违约罚款，罚款金额不超合同总价的_____%。

第八条　双方代表及一般职责

1. 甲方代表及一般职责

甲方驻现场代表：_____。甲方驻现场代表由甲方任命并派驻工作现场，代表甲方在其授权范围内履行合同各项职责。甲方驻现场代表的授权范围为：_____。

2. 乙方代表（项目经理）及一般职责

乙方项目经理：_____。项目经理应具备履行其职责所需的资格、经验和能力，并为乙方正式聘用的员工。乙方应向甲方提交项目经理与乙方之间的劳动合同，以及乙方为项目经理缴纳社会保险的有效证明。乙方不提交上述文件的，项目经理无权履行职责，甲方有权要求更换项目经理，由此增加的费用和／或延误的工期由乙方承担。项目经理在乙方授予的权限范围内履行本合同约定职责，项目经理的授权范围为：_____。

第九条　甲方职责

1. 甲方应具备承包合同工程并予以分包的资质和权限，办理一切与此相关的手续和证件。

2. 甲方应对乙方进行以下指导和协调工作：

（1）编制施工进度计划，组织并部署现场施工，审核乙方详细施工作业计划；

（2）提供必须的施工图纸和设计文件，审核乙方提供的施工方案和技术措施、进行技术交底和现场技术指导；

（3）明确质量要求，审核乙方质量管理体系及人员设施配备，对施工质量进行过程控制，组织验收；

（4）组织并主持与施工有关的各种会议、检查。

3. 甲方有权发出通知、指令，并以书面形式交给乙方，时间紧急时，甲方有关人员可发出口头指令，并于_____小时内给予书面确认，乙方应执行。

4. 甲方负责向乙方提供工程水准点、坐标控制点（仅限于此）。

5. 甲方有权监督乙方的工期、质量、安全生产和文明施工，但该等审核不减免本合同规定的乙方的义务和责任。

第十条　乙方职责

1. 乙方按照本合同完成的工程应完全符合合同中约定的工程预期目的。

2. 乙方负有配合其他分包方施工的责任。

3. 乙方须按相关技术标准以及建设单位、甲方要求按期、保质保量地完成规定的工作内容。

4. 乙方须对自身区域作业和施工方法的适用、稳妥和安全承担全部责任。

5. 乙方须完成自身施工所需的测量放线工作，并对其准确性负责。如有需要，乙方须与甲方其他专业分包施工单位主动核对各专业图纸间须统一的尺寸、标高等。

6. 乙方必须严格按照图纸以及经建设单位、监理、甲方审查确认的乙方所报施工组织设计、施工方案施工，不得擅自更改。

7. 乙方应严格遵守本工程的验收程序，若上道工序未通过建设单位、监理、甲方验收不得进行下道工序的施工，凡违反上述规定，甲方有权对乙方进行罚款。

8. 乙方须按甲方审核通过或甲方制定的冬（雨）期施工方案施工，负责冬（雨）期施工防雨、防冻工作，所发生的全部费用均已包含在合同综合单价中。

9. 乙方应配备完整的项目管理机构及人员，并在进入现场前向甲方提交项目经理部全部主要成员履历和相关证书供甲方审批，审批通过后未经甲方书面同意，乙方不能撤换任何上述人员。乙方应建立完善的质量管理体系并配备相应人员和设施，建立完善的安全管理体系并配备相应的人员和设施。

10. 乙方在施工现场必须配备专职质量员、安全员，对工程的质量及安全进行把关。对于质量、安全中存在的问题，乙方应及时予以纠正，并按照经甲方批准的方案予以整改。乙方承担由于自身原因造成建设单位对甲方的全部处罚。

11. 乙方在需要特殊作业处必须配备具有国家承认的操作证或资格证的专职人员，持证上岗。

12. 乙方应及时、准确反映现场施工情况，并向甲方提出有利于现场施工的作业计划、技术措施、质量和安全等方面的改进措施。

13. 乙方应遵守并执行甲方的以下管理制度：

（1）乙方入场前应向甲方办理"分包入场会签"并遵守甲方各部门之管理规定；

（2）乙方应遵守甲方关于安全（包括交通安全）、消防、保卫、环卫、企业形象标识（CI）和文明施工管理的规定；

（3）乙方应该采取一切合理的措施防止其人员实施违法或妨害社会治安和公共安全的行为，有完全的责任和义务保护工地周边其他人员和财产免受上述行为的危害，因上述行为造成一切的后果均由乙方承担；

（4）乙方应确保其现场施工人员具备在此现场进行其特定作业的所有证件，并给其配备足够的安全设施和用品，提供必要的生活及卫生条件，进行定期的健康检查，建立传染病和职业病防治体系，确保现场施工人员的健康和安全。

14. 乙方未能按照合同约定完成以上工作造成甲方损失和/或工期延误，乙方承担全部责任，包括但不限于赔偿甲方损失。

15. 乙方负责对自有材料、机具、设备、成品和半成品及相邻部位的其他分包方的成品和半成品的保护，因乙方原因造成上述成品和半成品遭到破坏，乙方须无条件立即予以修复或赔偿，同时甲方有权视情节轻重对乙方进行罚款。在正式向甲方移交之前，上述成品和半成品在任何条件下发生的损坏、丢失等由乙方负责修复和赔偿。

16. 乙方承担本分包工程所有分项工程的检测试验工作，此费用已包含在合同单价内。所有乙方提供的材料，其生产厂家、规格型号及采购价格必须经甲方及建设单位现场代表专业人员确认方可采购。

17. 乙方应负责其施工范围内全部工程资料编制工作，所有资料须完全符合甲方要求；应尤其注意建设单位、管理公司、监理对工程资料的要求，此部分费用已包含在合同单价内。

18. 乙方对施工场地条件、地质条件、气候条件等均有充分了解，并已经在合同工期和价格条件中考虑了上述条件的影响，承诺不以任何此类理由提出费用和工期索赔。

第十一条　乙方资源保障

1. 乙方应依据甲方之要求及时配备足够的、合格的管理人员、劳动力、材料和机械设备资源。

2. 若乙方在上述资源配置上满足不了现场施工生产需要，应无条件增加配置，并且不得以此为借口向甲方索要任何额外费用。

3. 若乙方不能满足甲方上述要求，甲方可视情形对分包单位进行罚款，或自行组织相应资源进行施工，所发生的费用从乙方结算金额中扣除。

第十二条　合同文件组成

1. 本分包合同及附件；
2. 安全生产与消防保卫协议；
3. 职业安全卫生与环境管理协议；
4. 社会责任自我评价表和社会责任承诺书；
5. 履约授权管理协议；
6. 明确双方职责的会议纪要、谈判记录、往来函件；
7. 甲方认可的施工方案和技术措施；
8. 适用的标准；
9. 图纸、洽商变更、工程签证。

组成合同的各项文件应互相解释，互为说明。除本合同另有约定外，解释合同文件的优先顺序应按照上述排列顺序确定。上述各项合同文件包括合同当事人就该项合同文件所做出的补充和修改，属于同一类内容的文件，应以最新签署的为准。在合同订立及履行过程中形成的与合同有关的文件均构成合同文件组成部分，并根据其性质确定优先解释顺序。

第十三条　工程分包

乙方不得将合同范围内任何部分的工程分包或转包，否则视为违约，立即终止合同，清退出场，一切损失由乙方承担。

第十四条　保险

1. 乙方应负责给施工现场本单位人员的生命财产和材料、设备等自有财产办理保险。因乙方原因造成的任何事故（包括第三者人员在内）所发生的依法应该支付的损失赔偿费、抚恤费和法律责任均由乙方承担，甲方不承担此等责任。

2. 乙方应就其为实现本合同目的而在现场或其他地方建造的各种临时设施、投入的各类机械设备、办公设施等办理相应保险。要保证一旦这类设施和设备等遭受破坏或损坏，保险金足够用于有关设施、机械、设备等的清运和在现场重置。

3. 乙方的所有保险由乙方自行办理，相关费用已包含在综合单价中。

第十五条　违约

1. 合同双方任何一方不能全面履行本合同条款，均属违约。

因乙方违约造成甲方损失和/或工期延误，乙方应赔偿甲方损失，工期不予后延。

2. 除非合同终止，否则违约方承担前述条款违约责任后仍需严格履行本合同。

3. 甲乙双方明确约定，对于在本合同项下产生的或与本合同相关的事宜产生的乙方对甲方拥有的债权，乙方承诺不将其转让给第三方，除非经过甲方的书面同意，否则，乙方应在违约转让债权之日起 5 日内，按照违约转让债权总额的 5% 向甲方支付违约金，逾期支付并应承担违约付款责任，同时债权转让不发生法律效力。

第十六条　提前退场

1. 如果乙方在工程的施工过程中的履约不能令甲方满意，或者乙方在质量、进度、安全、文明施工、资源配置等任何一方面不能令建设单位、监理、甲方满意，或者发现乙方违法转包、以包代管，乙方将被认为无力承担本分包工程或其某些分项工程的施工，甲方有权以书面通知方式单方解除合同，并有权重新发包给他人，重新发包的费用从乙方结算价款中扣除。

2. 提前退场结算原则：工程量按照现场实际完成工作量计量，单价根据合同单价的_____% 计算。

3. 收到甲方提前退场通知后日内，乙方应及时组织工人、设备、机具在甲方规定的期限内退场，并且不得有任何如下行为或类似行为：

（1）索要任何名目的"退场费""遣散费""补偿费"；

（2）纠集、唆使工人闹事；

（3）蓄意破坏、损坏现场设施、材料以及工程成品；

（4）隐匿、私藏、转移招标单位的材料物资；

（5）影响后续施工单位正常施工。

如果乙方拒绝退场或出现以上行为，应向甲方承担合同金额_____% 的违约责任，并赔偿由此造成的一切损失。

第十七条　争议解决

双方因履行本合同或因与本合同相关的事项发生争议的，应通过协商方式解决，协商不成的，应首先提交_____调解中心进行调解，调解不成的，一方有权按照下列第_____项约定方式解决争议：

（1）向_____仲裁委员会申请仲裁；

（2）向_____人民法院提起诉讼。

第十八条　合同生效与终止

1. 本合同自签字盖章之日起生效，完成合同约定的全部内容并结清工程价款之日即告终止。

2. 出现以下情况时，甲方可单方面终止与分包单位的合同关系，并自行派人完成余下之工作，因此而导致甲方增加的费用从乙方结算金额中扣除：

（1）乙方严重违反合同条款；

（2）甲方有足够证据证明乙方不具备完成分包工程的能力。

3. 因乙方原因导致甲方单方面终止合同的，乙方应根据甲方要求迅速退场并不得以任何形式拖延退场时间、胁迫甲方或借此向甲方索要任何额外费用，否则甲方有权对乙方进行罚款，罚款金额为乙方实际完成合同金额的_____%。

4. 因甲方原因导致乙方单方面终止合同的，甲方应赔偿乙方损失。

第十九条　不可抗力

1. 不可抗力系指不能预见、不能避免且不能克服的客观情况。任何一方由于受到诸如战争、严重火灾、瘟疫、洪水、台风、地震等不可抗力的影响而不能执行合同时，履行合同的期限应予以延长，延长期限相当于不可抗力所影响的时间。

2. 受影响的一方应在不可抗力事件发生后尽快用书面形式（包括传真、电子邮件方式）通知对方，并于不可抗力事件发生后 14 日内将有关部门出具的证明文件用特快专递或挂号信寄给对方审阅确认，同时受影响的一方应尽可能继续履行合同义务，积极采取合理的方案履行不受不可抗力影响的其他事项。

3. 不可抗力事件影响持续 60 日以上，双方通过友好协商，在合理时间内达成进一步履行或解除合同的协议。

4. 任何一方没有采取有效措施导致损失扩大的，应对扩大的损失承担责任。因合同一方迟延履行合同义务，在迟延履行期间遭遇不可抗力的，不免除其违约责任。

第二十条　未尽事宜

本合同在执行中若有未尽事宜，双方经友好协商以补充协议的形式解决。

第二十一条　其他

本合同一式_____份，均具有同等法律效力，甲方执_____份，乙方执_____份。

（以下无正文）

（本页为签署页）

甲方：（公章） 乙方：（公章）

法定代表人或其委托代理人： 法定代表人或其委托代理人：
（签字） （签字）

统一社会信用代码：_____ 统一社会信用代码：_____
地址：_____ 地址：_____
电话：_____ 电话：_____
电子信箱：_____ 电子信箱：_____
开户银行：_____ 开户银行：_____
账号：_____ 账号：_____

附件1 双方工作界面划分表

序号	工作内容	甲方工作（仅限于此）	乙方工作（包括但不限于此）
1	临建/临水临电	提供水电接驳条件 （1）临电至二级电箱 （2）临水至工作面附近接驳点	除甲方工作之外的所有工作
2	测量	提供水准点以及坐标控制点	负责施工过程中的所有测量工作，并且对于甲方的检查要无条件配合
3	试验及检测	施工过程中对乙方施工质量或材料质量存在怀疑，委托第三方检测机构进行所需试验，若试验结果不满足图纸及规范要求，则试验费用由乙方承担，反之试验费用甲方承担	负责乙方自施范围内的所有常规试验、材料和机械的检测及由此产生的所有费用
4	雨期施工	—	1. 乙方雨期施工措施和物资； 2. 乙方人员雨期生活和生产的防护用品/设施
5	安全	—	乙方人员安全防护用品/设施
6	消防	—	乙方施工所需的临时消防设施
7	保卫	一般性的现场保卫	乙方自有设施的保卫
8	文明施工	—	1. 乙方工作面及临时设施企业形象标识（CI）标志维护、打扫卫生； 2. 乙方提供材料、机具的覆盖和保护； 3. 施工降尘（如采取洒水、覆盖等措施）、降噪
9	政府/建设单位检查	—	乙方工作面、临时设施为迎接政府/建设单位检查做的一切工作，包括但不限于遮挡掩盖、倒运、现场清理和重新布置
10	材料装卸及堆放	负责将甲供材料运至现场	1. 负责甲供材料的卸车及码放； 2. 负责乙方材料的装卸、运输及码放
11	资料	—	配合甲方编制、报验/报审、整理过程资料和竣工资料

注：1. 在表中任意一项"工作内容"中，甲方之工作仅限于"甲方工作"中明示的工作，"乙方工作"中明示之工作和该项"工作内容"之下"甲方工作"和"乙方工作"中均未明示的工作均由乙方完成。
    2. 如无特殊注明，表中所示"甲方工作"与"乙方工作"需要的所有人员、材料、设备和机械均由相应单位承担。

附件2 分包工程合同清单

（本书略）

附件3 方量计算

（本书略）

第二篇 措施部分

第十七章　大型机械

塔式起重机租赁分包合同

合同编号：

工程名称：_____
工程地址：_____
甲　　方：_____
乙　　方：_____

_____年_____月_____日

_____工程塔式起重机租赁分包合同

甲方（承租方）：_____

乙方（出租方）：_____

根据《中华人民共和国民法典》《中华人民共和国建筑法》及相关法律法规，甲乙双方经友好协商，本着平等互利、协商一致的原则，就甲方租赁乙方塔式起重机达成以下协议，以便共同遵守。

第一条 工程概况

1. 工程名称：_____项目。
2. 工程地点：_____市_____区_____路_____号。
3. 建设单位：_____。
4. 监理单位：_____。
5. 建筑物檐高：_____。

第二条 租赁设备概况

序号	塔式起重机名称	型号	数量（台）	基础形式	臂长（m）	最大自由高度（m）	最大安装高度（m）	附着次数（道）	超过自由高度30m的标准节数量（暂定）（节）
1	1号塔式起重机								
2	2号塔式起重机								
3	3号塔式起重机								
4	4号塔式起重机								
5	5号塔式起重机								
6	6号塔式起重机								

注：塔式起重机数量以现场实际使用数量为准。

第三条 费用的组成及结算方法

1. 费用的组成原则

（1）本合同为固定单价合同。合同单价包括租赁物的使用费、折旧费、保险费、租赁物进出场地费、运输费、合理损耗费、维修费、检验费及乙方应获的利润、税金、管理费、规费等一切费用，若未发生本款第（2）（3）项中所列情形，则合同双方不得以任何理由调整合同单价。

（2）由于甲方原因，导致所租塔式起重机改型，则合同单价可进行调整。

（3）塔式起重机实际技术性能无法达到所提供塔型出厂技术性能及起重特性，则合同单价可进行调整。

2. 合同单价

序号	塔式起重机名称	型号	数量（台）	月租费[元/（台·月）]	增加预埋节月租费[元/（节·月）]	增加预埋节（节）	租赁时间（月）	小计（元）
1	1号塔式起重机							
2	2号塔式起重机							
3	3号塔式起重机							
4	4号塔式起重机							
5	5号塔式起重机							
6	6号塔式起重机							
合计（元）：								

（1）月租费：塔式起重机吊钩最大自由高度及超过其自由高度30m内的租金，超过部分按实际使用时间收取标准节租赁费；月租费包括为满足吊钩最大自由高度及超过其自由高度30m内（包括30m）施工所需的加高标准节、附着锚固装置、撑杆（距建筑物中心距离10m以内）等设施的费用以及塔式起重机在使用过程中的一切维修费用和保证每台塔式起重机配备3个塔式起重机司机的人工费。该等费用发生时均由乙方负责支付。

（2）当塔式起重机基础预埋节在混凝土浇筑完毕后外露高度大于1.1m时，出租单位应按照购置价的_____%予以回收。

（3）吊钩最大自由高度及其自由高度30m以上的租金为月租费加上其自由高度30m以上部分增加的标准节租赁费用；无论高度多高，不再另行计取增加的附着租金、附着制作费。

（4）吊钩最大自由高度及其自由高度30m以上增加的标准节租赁费计算方法：_____。

（5）本次塔式起重机租赁费用暂定为_____元（大写：_____），其中不含增值税价格为_____元（大写：_____），增值税税额为_____元（大写：_____），增值税税率为_____%。若本合同履行过程中增值税税率发生变化，则租金的调整方式为：_____。

（6）本合同的实际租金，以甲、乙双方结算确认的金额为准。

3. 停置处理

（1）大型机械安装验收合格后到大型机械正式启用之前，由于非乙方原因大型机械发生停置，甲乙双方同意对其按照停置处理，停置期间按照正常使用的日租费的_____%计取费用，停置时间按实际停置天数计算。

（2）大型机械在使用期间，由于甲方原因发生连续15天（含）以上的停置，甲乙双方同意在此期间全部按照停置处理，即停置期间乙方按照正常使用的日租费的_____%计取费用，停置时间按实际停置天数计算；如果大型机械发生15天以内的停置，乙方按照正常使用的日租费计取费用。冬季停工期间，乙方仅计取原租赁价格_____%的租赁费，停置时间按实际停置天数计算。

（3）大型机械书面报停后，由于甲方原因造成延期退场的，则乙方按照正常租赁费的_____%计费；由于乙方原因造成延期退场的，则乙方按照正常租赁费的_____%补偿给甲方，并且延期退场期间乙方不计取任何租赁费。费用按照延期退场天数乘以正常日租赁费的_____%计算。

（4）甲方以书面形式通知乙方启用大型机械或向乙方进行大型机械报停。

（5）当前述停置、报停事项发生时，以甲方向乙方送达的书面通知中注明的停置时间、报停时间作为相应费用变更的起算时间。

4. 费用支付

（1）费用计取时间

大型机械安装验收合格之日至项目经理部书面通知停止使用之日，连续计费。

（2）不足整月计费方式

不足整月的，费用按照对应大型机械日租费乘以租赁天数计取，日租费等于对应大型机械的月租费除以30天；停置期间的费用按照本合同相关条款的规定计取。

（3）费用结算及支付方式

① 租赁费每月结算一次，乙方负责于每月_____日向甲方递交当月（上月_____日到本月_____日）对账单，甲方收到上述文件并予审核后于次月_____日前付款，付款比例为_____%。

② 甲方以_____方式向乙方支付租金。在甲方按照约定向乙方支付租金前，乙方应按照甲方要求提供发票。

③ 一方的付款信息发生变化的，应以书面形式通知另一方，因未及时通知导致租赁费支付发生延迟或错误的，相关责任由该方承担。

（4）结算时间及尾款支付

在乙方已提交所有相关技术资料且乙方的所有人员和设备已退场的前提下，双方办理竣工结算并签署结算协议，签订结算协议后两个月内甲方付款比例应达到结算工程量的_____%，余款在结算协议签署后四个月内一次付清。

第四条 甲方责任

1. 甲方对乙方编制的技术方案涉及设备正常使用及现场配合的部分进行审核，但不因此免除乙方的技术及设备的质量责任。

2. 甲方负责现场安全管理和机械操作人员的入场教育及安全技术交底。
3. 甲方负责机械设备在现场停滞期间的保卫工作。
4. 甲方负责提供满足现场机械设备需要的电源。
5. 甲方在使用机械设备过程中，严格按照设备有关安全管理规定、操作规程要求使用机械设备，禁止违章指挥，甲方信号指挥工必须持证上岗。
6. 甲方负责协调施工现场各分包单位之间以及各分包单位与乙方在机械设备使用方面的关系。
7. 甲方负责提供吊钩以下的吊具、索具、扁担，吊钩以上部分均由乙方提供，双方各自承担相应的安全责任。
8. 甲方负责提供满足塔式起重机正常使用所需的专用_____级电箱，电源箱距离塔式起重机中心不超过_____m，并最大可能地缩短与塔式起重机的距离，塔式起重机的专用_____级电箱由乙方负责提供，且乙方提供的专用电箱的配置及安置应符合国家的相关规定。
9. 甲方负责塔式起重机半径工作范围内已有建筑物及高压线设施的防护。
10. 甲方提供企业形象标识（CI）宣传及标识牌，乙方负责安装。

第五条 乙方责任

1. 乙方应严格执行国家及当地关于建筑起重机械备案管理及建筑起重机械安全管理的规定，并将主管部门核发的备案登记证明随合同一并交甲方。塔式起重机从开始报验到验收合格的所有资料由甲方负责编制，费用由乙方承担。
2. 乙方根据施工现场的条件和甲方使用要求，编制大型机械各项技术方案，该方案经技术负责人签字并加盖单位公章后提交给甲方。
3. 乙方保证提供的塔式起重机及附件（包括塔式起重机专用箱及塔式起重机配重）处于完好、可使用状态，已为其购买足额保险，保险期间可覆盖整个租赁期。乙方提供的塔式起重机及附件（包括塔式起重机专用箱及塔式起重机配重）的各项技术性能指标须经工程所在地具有相应检测资质的专业机构或单位检验，符合法律和国家强制性条文要求，满足甲方在租赁期限内的使用需求。乙方需向甲方出具自检合格证明及塔式起重机技术性能表（包括起重特性表）。
4. 乙方应按双方约定的进场期限提供塔式起重机及附件（包括塔式起重机专用箱及塔式起重机配重），保证甲方能够按双方约定的时间正常使用；组织对塔式起重机基础的验收工作。
5. 乙方负责大型机械进出场，监督拆装单位严格按照审定的技术方案进行大型机械安拆、附着、顶升及基础预埋／枕木轨道施工；负责组织拆装单位人员参加塔式起重机安装完毕的验收工作，并与甲方办理相应使用验收手续。
6. 乙方负责定期对大型机械进行维修保养，保证大型机械的正常运转，并承担所出租的大型机械的维修与保养费用。
7. 大型机械发生故障后，乙方应迅速组织抢修并承担相关费用。由故障造成每台大型机械每月停止使用的时间累计超过_____小时（含_____小时）的，每超过1小时甲方对乙方处以时租金（时租金＝大型机械月租金÷30天÷24小时）_____倍的罚款，不足1小时的按1小时计算。

每台大型机械每次故障连续停滞时间超过_____天（含_____天）的，则甲方对乙方处以按照相应设备的_____倍日租金乘以停滞天数所计算出的罚款，不足24小时的按一天计算；并且乙方承担可能更换大型机械发生的所有费用。

塔式起重机附着及顶升时，因乙方提供的标准节附着装置、撑杆等设施存在问题导致附着顶升时间超过48小时，则甲方有权对乙方处以按照塔式起重机时租金乘以超过时间所计算出的罚款，不足1小时的按1小时计算。
8. 乙方负责组织人员每月对大型机械进行一次用户回访和大型机械检查，用户回访主要是针对大型机械司机的服务征求甲方的意见；塔式起重机检查主要是对塔式起重机结构、连接部位、安全装置和塔身垂直度进行全面检查，并实行检查人员负责制，检查人员应在检查结果报告上签字并交给甲方存档。
9. 乙方人员进入甲方现场应遵守现场规章制度，听从甲方指挥、安排。对不配合者，甲方有权采取措施，由于采取措施发生的费用，甲方从乙方租赁费中扣减。乙方人员必须持证上岗，甲方对乙方的任何扣款必须在发生后一周内书面告知乙方。
10. 乙方承担乙方及乙方人员在本工程现场的人身、财产安全责任。大型机械操作人员必须持证上岗并有完备的用工手续，技术达到行业管理要求，不得以任何借口向甲方吃、拿、卡、要。司机不按服务标准要求进行服务配合或存在其他问题，不能满足甲方要求，甲方有权提出更换司机。
11. 乙方负责大型机械司机操作过程的安全技术交底。塔式起重机操作人员应听从现场有关人员及信号工正确的指挥，但对于违反大型机械安全使用规定的信号及口令，大型机械司机必须予以拒绝，否则应承担相应的安全责任及事故引发的经济损失。如甲方执意要求乙方进行操作，甲方承担安全责任及事故引发的经济损失。

12. 乙方需派现场负责人负责协调及管理现场相关事宜。

13. 乙方向甲方提供加盖公章且有效的营业执照、安全许可证、塔式起重机司机操作证及相关主管部门审发的各种有效证件的复印件。

14. 租赁期限内，标的物毁损、灭失的风险由_____方承担。乙方须自费购买下述保险：

（1）乙方的施工设备、机械和工具保险；

（2）本合同设备进出场所需的车辆保险；

（3）本合同设备进出场途中所可能遭受的损失或毁坏的意外保险。

15. 乙方及乙方人员在本工程现场给甲方或甲方人员造成损害的，应该承担损害赔偿责任。

第六条　送达

1. 与本合同履行相关的通知、指令及其他书面文件，应按照下列送达地址予以送达：

甲方收件人：_____。联系方式：_____。

甲方确认的有效送达地址：_____。

乙方收件人：_____。联系方式：_____。

乙方确认的有效邮箱（必填）：_____。

乙方确认的有效送达地址：_____。

2. 一方送达地址变更未及时告知相对方或者一方指定的收件人拒绝签收，导致文书未能被实际接收的，文书退回之日视为送达之日或用邮政特快专递寄出满 3 天视为已送达。

3. 本合同中注明的电子邮箱须保证有效且能够正常使用，若双方往来函件使用电子邮件等数据电文形式，此数据电文进入指定的电子邮箱运营商服务器即视为送达。

第七条　违约责任

1. 甲乙双方明确约定，对于在本合同项下产生的或与本合同相关的事宜产生的乙方对甲方拥有的债权，乙方承诺不将其转让给第三方，除非经过甲方的书面同意，否则，乙方应在违约转让债权之日起 5 日内，按照违约转让债权总额的 5% 向甲方支付违约金，逾期支付应同时承担违约付款责任。

2. 在设备进出场、设备使用或停用等过程中，因乙方不尽责、违章操作或所提供设备及设施不符合有关安全要求等非甲方原因造成的安全责任、法律责任及经济赔偿责任由乙方承担。如因第三方原因引发事故，甲方可协助乙方向第三方索赔。

3. 乙方应对因违反本合同任意一项约定造成的甲方损失承担全部赔偿责任。

第八条　争议解决

双方因履行本合同或因与本合同相关的事项发生争议的，应通过协商方式解决，协商不成的，应首先提交_____调解中心进行调解，调解不成的，一方有权按照下列第_____项约定方式解决争议：

（1）向_____仲裁委员会申请仲裁；

（2）向_____人民法院提起诉讼。

第九条　合同生效与终止

1. 本合同未约定事宜，双方可协商签订补充协议，补充协议与本合同具有同等法律效力。

2. 本合同自双方签字盖章之日起生效，在双方完成约定工作内容，费用全部结清后即告终止。

第十条　不可抗力

1. 不可抗力系指不能预见、不能避免且不能克服的客观情况。任何一方由于受到诸如战争、严重火灾、瘟疫、洪水、台风、地震等不可抗力的影响而不能执行合同时，履行合同的期限应予以延长，延长期限相当于不可抗力所影响的时间。

2. 受影响的一方应在不可抗力事件发生后尽快以书面形式（包括传真、电子邮件）通知对方，并于不可抗力事件发生后 14 日内将有关部门出具的证明文件用特快专递或挂号信寄给对方审阅确认，同时受影响的一方应尽可能继续履行合同义务，积极采取合理的方案履行不受不可抗力影响的其他事项。

3. 不可抗力事件影响持续 60 日以上的，双方可通过友好协商，在合理时间内达成进一步履行或解除合同的协议。

4. 任何一方没有采取有效措施导致损失扩大的，应对扩大的损失承担责任。合同一方迟延履行合同义务，在迟延履行期间发生不可抗力的，不免除其违约责任。

第十一条 合同份数

本合同一式_____份，均具有同等法律效力，甲方执_____份，乙方执_____份。

（以下无正文）

甲方：（公章）   乙方：（公章）

法定代表人或其委托代理人：   法定代表人或其委托代理人：
（签字）   （签字）

统一社会信用代码：_____   统一社会信用代码：_____
地址：_____   地址：_____
电话：_____   电话：_____
电子信箱：_____   电子信箱：_____
开户银行：_____   开户银行：_____
账号：_____   账号：_____

塔式起重机安装拆除分包合同

合同编号：

工程名称：_____
工程地址：_____
甲　　方：_____
乙　　方：_____

_____年_____月_____日

_____工程塔式起重机安装拆除分包合同

甲方（承包方）：_____

乙方（分包方）：_____

根据《中华人民共和国民法典》《中华人民共和国建筑法》及相关法律法规，甲乙双方经友好协商，本着平等互利、协商一致的原则，就塔式起重机安装、拆除达成以下协议，以便共同遵守。

第一条　工程概况

1. 工程名称：_____项目。
2. 工程地点：_____市_____区_____路_____号。
3. 建设单位：_____。
4. 监理单位：_____。

第二条　塔式起重机概况

序号	塔式起重机名称	型号	数量（台）	基础形式	臂长（m）	最大自由高度（m）	最大安装高度（m）	附着次数	超过自由高度30m以上标准节数量
1	1号塔式起重机								
2	2号塔式起重机								
3	3号塔式起重机								
4	4号塔式起重机								
5	5号塔式起重机								
6	6号塔式起重机								

说明：基础形式指固定式或行走式；最大自由高度、最大安装高度均指从塔式起重机基础表面到吊钩钩体中心的垂直距离。

第三条　工程承包方式和承包范围

1. 工程承包方式：_____。

2. 工程承包范围：塔式起重机安装、附着、顶升、拆除，包括行走式塔式起重机枕木及轨道安装，固定式基础的预埋支腿、预埋节的就位及调整，以及上述承包范围的日常维护。

第四条　塔式起重机安拆施工工期

计划开工日期为_____年_____月_____日，计划完工日期为_____年_____月_____日，工期总日历天数为_____天。工期总日历天数与根据前述计划开工、完工日期计算的工期天数不一致的，以工期总日历天数为准。其中，使用前塔式起重机安装工期为_____天安装、_____天顶升调试；使用中，附墙装置安装时间为_____天，5节以内（含）的标准节顶升时间为_____天，5节以上顶升时间为_____天，如一次性顶升到最大自由高度，则进行两天顶升调试。塔式起重机拆除退场工期为每天降塔_____节、_____天拆除退场。

第五条　工程价款

1. 计价方式

本合同是依据经乙方技术负责人审批的《塔式起重机安装拆除技术方案》确定的固定总价合同。

2. 费用的组成和合同价格

（1）大型机械安拆费：

序号	塔式起重机名称	塔式起重机型号	数量（台）	进退场运输费（元）	塔式起重机安拆费（包括附着、顶升费）（元）	预埋支腿（包括所需马凳、止水钢板及防雷接地）	小计（元）
1	1号塔式起重机						
2	2号塔式起重机						
3	3号塔式起重机						
4	4号塔式起重机						
5	5号塔式起重机						
6	6号塔式起重机						
合计（元）：							

（2）塔式起重机最大自由吊钩高度及其自由高度30m以上增加的标准节安拆费：

序号	塔式起重机名称	塔式起重机型号	塔式起重机最大自由吊钩高度及其自由高度30m以上增加的标准节数量（节）	标准节安拆费单价（元/节）	小计（元）	备注
1	1号塔式起重机					
2	2号塔式起重机					
3	3号塔式起重机					小计数为塔式起重机最大自由吊钩高度及其自由高度30m以上的数量乘以单价
4	4号塔式起重机					
5	5号塔式起重机					
6	6号塔式起重机					
合计（元）：						

（3）塔式起重机最大自由吊钩高度及其自由高度30m以上增加的附着安拆费：

序号	塔式起重机名称	塔式起重机型号	塔式起重机最大自由吊钩高度及其自由高度30m以上增加的附着次数（道）	附着安拆费单价（元/道）	小计（元）	备注
1	1号塔式起重机					
2	2号塔式起重机					
3	3号塔式起重机					小计数为塔式起重机最大自由吊钩高度及其自由高度30m以上的数量乘以单价
4	4号塔式起重机					
5	5号塔式起重机					
6	6号塔式起重机					
合计（元）：						

（4）本合同总价为_____元（大写：_____），不含税合同价为_____元（大写：_____），增值税为_____元（大写：_____）。增值税税率为_____%。

① 塔式起重机JL7050以下吨位（包含55t及以下）塔式起重机安装费为_____元，拆除费为_____元，如受到现场条件限制安拆塔式起重机必须使用更大的吊车，吊车差价由甲方承担；塔式起重机JL7050以上吨位（包含100t）塔式起重机安装费为_____元，拆除费为_____元，如受到现场条件限制安拆塔式起重机必须使用更大的吊车，吊车差价由甲方承担。

② 安拆费为塔式起重机最大自由吊钩高度及超过其自由高度的30m内的价格，对吊钩高度超过部分及附着次数超过2

道以上部分，可收取超过部分的标准节加节费和附着施工费（不再另行计取增加的附着租金、附着制作费）。

③合同总价包括乙方为开具合格发票所缴纳的税金。

（5）黑匣子安装单价为_____元/台，合计为_____台×_____元/台＝_____元。此项为暂定项，如现场不需使用黑匣子，此项费用需在总价中扣除。

3. 费用支付

（1）大型机械安装完毕，由甲方组织验收，验收合格后_____日内甲方向乙方支付大型机械安拆费的_____%、进退场运输费的_____%和全部预埋费。在施工至整个工程中期时，甲方向乙方支付大型机械安拆费的_____%。如有附着及标准节安拆费用，则在附着及标准节安装完成后，甲方向乙方支付附着及标准节安拆费用的_____%。大型机械拆除完毕后的_____日内，甲方与乙方结清全部费用。

（2）甲方以_____方式向乙方支付费用。在甲方按照约定向乙方支付费用前，乙方应按照甲方要求提供发票。

（3）一方的付款信息发生变化的，应以书面形式通知另一方，因未及时通知导致费用支付发生延迟或错误的，相关责任由该方承担。

第六条　甲方责任

1. 甲方应为乙方人员熟悉现场创造条件，并提供相应图纸，向乙方提供确保建筑起重机械设备进场安装所需的施工条件，并设置安全警戒区。

2. 甲方对乙方编制的大型机械安拆、附着、顶升包括塔式起重机基础施工方案中涉及大型机械正常使用及现场配合的部分进行审核。

3. 甲方应按出租方和乙方技术方案的要求，进行塔式起重机枕木以下路基、固定式塔式起重机基础地面及混凝土基础施工（钢筋绑扎、混凝土浇筑）。甲方应向乙方提供塔式起重机安装位置地质条件、混凝土强度报告及隐蔽工程验收记录等资料。

4. 甲方负责提供满足塔式起重机正常使用所需的专用_____级电箱，电源箱距离塔式起重机中心不超过5m，并最大可能地缩短与塔式起重机的距离，塔式起重机的专用_____级电箱由乙方负责提供，且乙方提供的专用电箱的配置及安置应符合国家的相关规定。

5. 为保证大型机械顺利进场，甲方应提前_____天通知乙方进场安装。

6. 甲方负责塔式起重机半径工作范围内已有建筑物及高压线设施的防护，乙方负责大型机械安装工作范围内的安全防护，保证达到相关标准。

7. 甲方指派专人在现场进行协调、监督乙方的安全生产、文明施工。

8. 塔式起重机附着所需埋件或孔洞由甲方制作并施工、验收，如穿墙螺栓或抱柱螺栓可回收，则乙方应按制作费用的_____%回收；施工现场的焊接工作，由乙方负责，并且乙方承担相关质量及安全责任。附着焊接埋件使用完毕后的清理工作由乙方负责。

9. 甲方负责提供吊钩以下的吊具、索具、扁担，吊钩以上部分的配件均乙方提供，双方各自承担相应的安全责任。

第七条　乙方责任

1. 乙方应熟悉施工现场，根据施工现场条件和甲方使用要求，编制大型机械安拆、附着、顶升及基础预埋施工方案，该方案经乙方单位技术负责人审核、签字后加盖单位公章。

2. 乙方与出租方、甲方共同对塔式起重机基础进行验收，尤其是塔式起重机基础混凝土浇筑前，乙方需进行基础预埋节标高的确认，并由安装负责人书面签认。塔式起重机基础经验收合格后，乙方应严格按照审定的施工技术方案进行施工。大型机械的避雷和接地由乙方负责完成，费用由乙方承担。

3. 乙方应在甲方要求的时间内及时进场安装，委派经验丰富的安装工长现场负责工期控制和质量控制。

4. 乙方负责对操作人员进行安全技术交底。乙方人员进入甲方现场应统一着装，按照规定穿戴护具，严格遵守现场规章制度，听从甲方指挥、安排。做好现场安全作业防护，落实安全警戒区内严禁无关人员进入。

5. 乙方应严格执行国家及当地关于建筑起重机械进行备案管理及建筑起重机械安全管理的规定，并将主管部门核发的备案登记证明随合同一并交甲方，配合塔式起重机的出租方委托的检测机构对塔式起重机进行检测，对检测机构发出的整改通知督促出租方及时整改、销项。合格后与乙方、出租方、使用方共同对塔式起重机进行全面验收，并办理相应手续。

6. 大型机械安装（包括附着顶升）完毕后，乙方按照有关技术规范及出厂说明书要求对起重机械进行检验和调试，达到要求，向甲方出具自检合格证明。

7. 乙方应参与甲方组织的使用交接验收，并积极配合甲方向相关主管部门进行使用登记工作。

8. 乙方在施工前应向甲方提供加盖公章且有效的营业执照、安拆资质证书、安全生产许可证、特殊工种操作证、辅助起重机械定期检验证明、主管部门审发的各种有效证件的复印件及经乙方技术负责人审批的方案和技术措施等相关的文件资料，供甲方留存。

9. 乙方承诺对承包范围内的生产安全负责，并承担因此造成的损失。

第八条　质量约定

1. 乙方安拆大型机械必须手续齐全，必须一次通过验收，安装质量达到优良。

2. 乙方切实熟悉现场条件和图纸资料，编制切实可行的大型机械安拆技术方案，并要求安拆人员熟悉方案，并监督执行。

3. 乙方严格按照国家和现行技术标准执行，严格按照大型机械说明书的要求操作。

4. 乙方在施工现场必须配备专业机械工程师，乙方每次作业前，须对参与作业人员进行安全技术交底并签字，甲方在施工现场配备专业工程师对大型机械安拆过程进行监督和检查。对于工作中存在的问题，乙方应及时提出纠正方案并予以纠正，不能以任何理由拒绝甲方专业工程师的检查，否则甲方有权下令停工，由此产生的损失由乙方承担。

第九条　违约责任

1. 甲乙双方明确约定，对于在本合同项下产生的或与本合同相关的事宜产生的乙方对甲方拥有的债权，乙方承诺不将其转让给第三方，除非经过甲方的书面同意，否则，乙方应在违约转让债权之日起 5 日内，按照违约转让债权总额的 5% 向甲方支付违约金，逾期支付应同时承担违约付款责任，该债权转让不因乙方承担违约责任而生效。

2. 乙方的整个大型机械安拆工期要符合甲方通知要求的时间和本合同约定的时间要求，并确保施工质量，如工期延误或施工质量不符合相关规定及合同约定，则乙方应赔偿由此给甲方造成的全部直接和间接损失及可能存在的第三方的损失。

3. 乙方承担在大型机械安拆、附着、顶升及基础施工中由自身不尽责、违章操作或所提供设备及设施不符合关安全要求等非甲方原因引发的事故的全部安全责任、法律责任，并赔偿给甲方造成的经济损失。如因第三方原因引发事故，甲方可协助乙方向第三方索赔。

第十条　争议解决

双方因履行本合同或因与本合同相关的事项发生争议的，应通过协商方式解决，协商不成的，应首先提交＿＿＿＿＿＿＿＿＿＿调解中心进行调解，调解不成的，一方有权按照下列第＿＿＿＿＿＿＿项约定方式解决争议：

（1）向＿＿＿＿＿＿＿＿＿＿＿＿仲裁委员会申请仲裁；

（2）向＿＿＿＿＿＿＿＿＿＿＿＿人民法院提起诉讼。

第十一条　合同生效与终止

1. 本合同未约定事宜，双方可协商签订补充协议，补充协议与本合同具有同等法律效力。

2. 本合同自双方签字盖章之日起生效，在双方完成约定工作内容，费用全部结清后即告终止。

第十二条　不可抗力

1. 不可抗力系指不能预见、不能避免且不能克服的客观情况。任何一方由于受到诸如战争、严重火灾、瘟疫、洪水、台风、地震等不可抗力的影响而不能执行合同时，履行合同的期限应予延长，延长期限相当于不可抗力所影响的时间。

2. 受影响的一方应在不可抗力事件发生后尽快以书面形式（包括传真、电子邮件方式）通知对方，并于不可抗力事件发生后 14 日内将有关部门出具的证明文件用特快专递或挂号信寄给对方审阅确认，同时受影响的一方应尽可能继续履行合同义务，积极采取合理的方案履行不受不可抗力影响的其他事项。

3. 不可抗力事件影响持续 60 日以上的，双方可通过友好协商，在合理时间内达成进一步履行或解除合同的协议。

4. 任何一方没有采取有效措施导致损失扩大的，应对扩大的损失承担责任。合同一方迟延履行合同义务，在迟延履行期间发生不可抗力的，不免除其违约责任。

第十三条　通知

1. 与本合同履行相关的通知、指令及其他书面文件，应按照下列送达地址予以送达：

甲方收件人：＿＿＿＿＿＿＿。联系方式：＿＿＿＿＿＿＿＿＿＿。

甲方确认的有效送达地址：＿＿＿＿＿＿＿＿＿＿＿＿＿＿。

乙方收件人：_____。联系方式：_____。
乙方确认的有效邮箱（必填）：_____。
乙方确认的有效送达地址：_____。

2. 一方送达地址变更未及时告知相对方或者一方指定的收件人拒绝签收，导致文书未能被实际接收的，文书退回之日视为送达之日或用邮政特快专递寄出满 3 天视为已送达。

3. 本合同中注明的电子邮箱须保证有效且能够正常使用，若双方往来函件使用电子邮件等数据电文形式，此数据电文进入指定的电子邮箱运营商服务器即视为送达。

第十四条　合同份数

本合同一式_____份，均具有同等法律效力，甲方执_____份，乙方执_____份。

（以下无正文）

甲方：（公章）　　　　　　　　　　　　　乙方：（公章）

法定代表人或其委托代理人：　　　　　　　法定代表人或其委托代理人：
（签字）　　　　　　　　　　　　　　　　（签字）

统一社会信用代码：_____　　统一社会信用代码：_____
地址：_____　　地址：_____
电话：_____　　电话：_____
电子信箱：_____　　电子信箱：_____
开户银行：_____　　开户银行：_____
账号：_____　　账号：_____

施工升降机租赁安装拆除分包合同

合同编号：

工程名称：_____
工程地址：_____
甲　方：_____
乙　方：_____

_____年_____月_____日

＿＿＿＿＿＿＿＿＿＿工程施工升降机租赁安装拆除分包合同

甲方（承租方）：＿＿＿＿＿＿＿＿＿＿＿＿＿＿＿＿＿＿＿＿＿＿＿＿＿＿＿＿＿＿
乙方（分租方）：＿＿＿＿＿＿＿＿＿＿＿＿＿＿＿＿＿＿＿＿＿＿＿＿＿＿＿＿＿＿

依据《中华人民共和国民法典》及有关法律法规，为明确甲乙双方的权利和义务，遵循平等、自愿、公平和诚信的原则，甲乙双方就＿＿＿＿＿＿＿＿＿＿工程施工升降机租赁安装拆除事宜协商一致，订立本合同。

第一条　工程概况

1. 工程名称：＿＿＿＿＿＿＿＿＿＿＿＿＿＿＿＿＿＿＿＿项目。
2. 工程地点：＿＿＿＿＿市＿＿＿＿＿区＿＿＿＿＿路＿＿＿＿＿号。
3. 建设单位：＿＿＿＿＿＿＿＿＿＿＿＿＿＿＿＿＿＿＿。
4. 监理单位：＿＿＿＿＿＿＿＿＿＿＿＿＿＿＿＿＿＿＿。

第二条　设备安装概况

编号	设备名称	型号	数量（台）	高度（m）
A1	施工升降机			按施工方案要求
B1	施工升降机			按施工方案要求

第三条　工程承包方式和承包范围

1. 工程承包方式：＿＿＿＿＿＿＿＿＿＿＿＿＿＿。
2. 工程承包范围：施工升降机租赁、安拆专业施工承包。

第四条　安拆时间

计划开工日期为＿＿＿＿＿年＿＿＿＿＿月＿＿＿＿＿日，计划完工日期为＿＿＿＿＿年＿＿＿＿＿月＿＿＿＿＿日，工期总日历天数为＿＿＿＿＿天。工期总日历天数与根据前述计划开工、完工日期计算的工期天数不一致的，以工期总日历天数为准。

第五条　费用的组成及结算方法

1. 施工升降机项目

现场编号	型号	数量（台）	租赁安拆费（元/台）
A1			
B1			
合计（元）：			

说明：施工升降机租赁安拆费包含但不限于施工升降机的租赁、安装、拆除、所有附墙件安拆、报检验收发生的人工费、可能发生的材料费，以及施工升降机安装、拆除发生的机械费用，乙方的管理费、利润、税金等。

2. 计价方式

本合同为固定总价合同。本合同总价为＿＿＿＿＿元（大写：＿＿＿＿＿＿＿＿＿＿＿＿＿＿＿＿＿＿），其中不含增值税价格为＿＿＿＿＿元（大写：＿＿＿＿＿＿＿＿＿＿＿＿＿），增值税税额为＿＿＿＿＿元（大写：＿＿＿＿＿＿＿＿＿＿＿＿＿＿＿＿＿），增值税税率为＿＿＿＿＿%。若本合同履行过程中增值税税率发生变化，则费用的调整方式为：＿＿＿＿＿＿＿＿＿＿＿＿＿＿。

3. 费用支付

施工升降机安装验收合格后，甲方向乙方支付合同费用的＿＿＿＿＿%，在施工过程中期时，甲方向乙方支付合同费用的＿＿＿＿＿%，施工升降机退场后＿＿＿＿＿个工作日内甲乙双方完成结算，结算完成后＿＿＿＿＿日内，甲方与乙方结清全部费用。

第六条　甲方责任

1. 甲方与乙方共同勘察施工现场，确定设备定位和安装方案，并负责审定乙方编制的《施工升降机安拆技术方案》和其他涉及施工升降机正常使用的有关技术方案，方案一旦审定，双方严格按照方案实施。

2. 甲方负责升降机基础施工（地基钎探、垫层制作与养护、钢筋加工和绑扎、混凝土浇筑和保养等），所使用的混凝土强度等级不低于C35。甲方应作好施工记录、隐检记录，编制地基钎探报告，基础施工费用由甲方承担。

3. 甲方负责现场安全管理和操作人员的安全教育及任务交底。

4. 甲方应确保施工升降机进出场道路平整、坚实、畅通，确保汽车起重机和载重汽车方便通行，并准备好施工升降机安装、拆除所必需的操作面。

5. 安装前15天乙方确定安装、拆卸所需作业面位置后，甲方负责施工升降机安装、拆卸、附着过程中所需脚手架和安全防护的设计和搭拆工作。

6. 为保证施工升降机顺利进场和安装，甲方应提前编制施工升降机基础试块试验报告，报告合格后甲方通知乙方组织施工升降机进场和安装。甲方应提前两天通知乙方组织设备进场和安装。

7. 甲方负责安拆施工升降机工作范围内的安全防护和安全警示标识设置，保证达到相关标准。

8. 甲方指派专人在施工升降机安拆现场进行协调，并监督乙方的安全生产、文明施工，对不文明作业行为和违章作业可以制止和处罚。

9. 甲方创造夜间施工条件，满足乙方夜间的施工要求与安全要求。

第七条　乙方责任

1. 乙方提供的施工升降机必须处于完好、可使用状态，乙方已为其购买足额保险，保险期间可覆盖整个租赁期。乙方提供的施工升降机的各项技术性能指标经工程所在地具有相应检测资质的专业机构或单位检验符合法律和国家强制性条文要求，满足甲方在租赁期限内的使用需求。

2. 乙方负责定期对施工升降机进行维修保养，保证施工升降机的正常运转，并承担所提供的施工升降机的维修与保养费用。

3. 施工升降机发生故障后，乙方应迅速组织抢修并承担相关费用。故障造成每台施工升降机每月停止使用的时间累计超过_____小时（含_____小时）的，每超过1小时甲方对乙方处以时租金（时租金＝大型机械月租金÷30天÷24小时）_____倍的罚款，不足1小时的按1小时计算。

每台施工升降机每次故障连续停滞时间超过_____天（含_____天）的，则甲方对乙方处以按照相应设备的_____倍日租金乘以停滞天数所计算出的罚款，不足24小时的按一天计算；并且乙方承担可能更换施工升降机发生的所有费用。

4. 乙方应提前勘察施工现场，根据施工现场条件和甲方要求，编制施工升降机安拆技术方案并送交甲方审定，并提供相应的监督检验证明、质量合格证明、安装使用说明书、交接验收等原始资料文件，包括：

（1）历次安装验收资料；

（2）定期检验和定期自行检查的记录；

（3）日常维护保养记录；

（4）维修和技术改造资料；

（5）运行故障和事故记录；

（6）每日运转记录。

5. 乙方应严格执行国家及当地关于施工升降机安拆安全管理的规定，并将主管部门核发的备案登记证明随合同一并交甲方。乙方必须严格按甲方审定的安拆技术方案进行现场施工，因违反方案规定造成的一切损失均由乙方承担。

6. 乙方负责在施工升降机安装、拆卸、升降过程中所需工作面或脚手架的搭拆及施工升降机附墙与建筑物主体连接所需的墙体内所有埋件的预埋（或打孔）工作，埋件由乙方提供。

7. 在安装和拆除施工升降机的过程中发生物件配件损坏由乙方负责并赔偿。

8. 乙方的安装作业人员必须持证上岗，技术达到行业管理要求，并在作业前将上岗证的复印件（加盖公司印章）交与甲方留存。乙方现场作业人员不得以任何借口向甲方吃、拿、卡、要。因作业人员不按服务标准要求进行服务配合或存在其他问题，不能满足甲方要求，甲方有权提出更换作业队伍。

9. 乙方负责组织车辆和人力安全及时将施工升降机运进现场，委派经验丰富的安装工长现场负责工期控制和质量控制。

10. 乙方人员进入甲方现场应统一着装，严格遵守现场规章制度，听从甲方指挥、安排。做好现场安全作业防护，落实安全警戒区内严禁无关人员进入，乙方承担乙方及乙方人员在本工程现场的人身、财产安全责任。

11. 乙方负责对安装作业人员进行安全技术交底。

12. 乙方承担由于不当操作或违章操作引发的安全责任、经济责任等一切法律责任。

13. 乙方配合甲方做好施工升降机安装现场的安全作业防护。

14. 施工升降机的避雷和接地由乙方负责完成,费用由乙方承担。

15. 乙方提供完备的资料给甲方,提供复印件的,应加盖公章。

16. 乙方应向甲方提供乙方的营业执照、拆装单位的拆装资质证书和安装作业人员的操作证复印件。

17. 乙方需配备符合安全文明工地要求的各项配件,按时合法办理使用报验程序,乙方没有按时合法办理使用报验程序造成的一切损失均应自行承担。

18. 租赁期限内标的物毁损、灭失的风险由_____方承担。乙方须自费购买下述保险:

(1) 乙方的施工设备、机械和工具保险;

(2) 本合同设备进出场所需的车辆保险;

(3) 本合同设备进出场途中所可能遭受的损失或毁坏的意外保险。

第八条 质量约定

1. 乙方安拆施工升降机必须手续齐全,必须一次通过验收,安装质量达到合格。

2. 乙方切实熟悉现场条件和图纸资料,编制切实可行的施工升降机安拆技术方案,并要求安拆人员熟悉方案,并监督执行。

3. 施工升降机安装完毕,甲乙双方共同组织对施工升降机进行验收,双方验收人员在验收资料上签字确认后方可投入使用,严禁使用未经验收的施工升降机。

4. 乙方严格按照国家现行技术标准执行,严格按照施工升降机说明书的要求操作。

5. 乙方在施工现场必须配备专业管理人员,甲方在施工现场须配备专业工程师对施工升降机安拆过程进行监督和检查。对于工作中存在的问题,乙方应及时提出纠正方案并予以纠正,不能以任何理由拒绝甲方专业工程师的检查,否则甲方有权下令停工,由此产生的损失由乙方承担。

第九条 争议解决

双方因履行本合同或因与本合同相关的事项发生争议的,应通过协商方式解决,协商不成,应首先提交_____调解中心进行调解,调解不成的,一方有权按照下列第_____项约定方式解决争议:

(1) 向_____仲裁委员会申请仲裁;

(2) 向_____人民法院提起诉讼。

第十条 合同生效与终止

1. 本合同未约定事宜,双方可协商签订补充协议,补充协议与本合同具有同等法律效力。

2. 本合同自双方签字盖章之日起生效,在双方完成约定工作内容,费用全部结清后即告终止。

第十一条 合同份数

本合同一式_____份,均具有同等法律效力,甲方执_____份,乙方执_____份。

第十二条 不可抗力

1. 不可抗力系指不能预见、不能避免且不能克服的客观情况。任何一方由于受到诸如战争、严重火灾、瘟疫、洪水、台风、地震等不可抗力的影响而不能执行合同时,履行合同的期限应予以延长,延长期限相当于不可抗力所影响的时间。

2. 受影响的一方应在不可抗力事件发生后尽快以书面形式(包括传真、电子邮件方式)通知对方,并于不可抗力事件发生后14日内将有关部门出具的证明文件用特快专递或挂号信寄给对方审阅确认,同时受影响的一方应尽可能继续履行合同义务,积极采取合理的方案履行不受不可抗力影响的其他事项。

3. 不可抗力事件影响持续60日以上的,双方可通过友好协商,在合理时间内达成进一步履行或解除合同的协议。

4. 任何一方没有采取有效措施导致损失扩大的,应对扩大的损失承担责任。合同一方迟延履行合同义务,在迟延履行期间发生不可抗力的,不免除其违约责任。

第十三条 送达

1. 与本合同履行相关的通知、指令及其他书面文件,应按照下列送达地址予以送达:

甲方收件人:_____。联系方式:_____。

甲方确认的有效送达地址:_____。

乙方收件人：_____。联系方式：_____。
乙方确认的有效邮箱（必填）：_____。
乙方确认的有效送达地址：_____。

2. 一方送达地址变更未及时告知相对方或者一方指定的收件人拒绝签收，导致文书未能被实际接收的，文书退回之日视为送达之日或用邮政特快专递寄出满 3 天视为已送达。

3. 本合同中注明的电子邮箱须保证有效且能够正常使用，若双方往来函件使用电子邮件等数据电文形式，此数据电文进入指定的电子邮箱运营商服务器即视为送达。

（以下无正文）

甲方：（公章）   乙方：（公章）

法定代表人或其委托代理人：   法定代表人或其委托代理人：
（签字）   （签字）

统一社会信用代码：_____   统一社会信用代码：_____
地址：_____   地址：_____
电话：_____   电话：_____
电子信箱：_____   电子信箱：_____
开户银行：_____   开户银行：_____
账号：_____   账号：_____

外用电梯租赁合同

合同编号：

工程名称：_____
工程地址：_____
甲　　方：_____
乙　　方：_____

_____年_____月_____日

_____工程外用电梯租赁合同

甲方（承租方）：_____
乙方（出租方）：_____

甲乙双方经友好协商，在双方平等互利的基础上，依据《中华人民共和国民法典》及相关规定，就甲方租用乙方外用电梯租赁相关事宜达成以下协议。

第一条　工程概况

1. 工程名称：_____项目。
2. 工程地点：_____市_____区_____路_____号。
3. 建设单位：_____。
4. 监理单位：_____。

第二条　租赁设备概况

序号	设备名称	型号	数量（台）	高度（m）
A1	外用电梯			按施工方案要求
B1	外用电梯			按施工方案要求

第三条　进出场时间

以甲方通知时间为准。从甲方通知时间起_____小时内，主要设备必须进场。

第四条　费用的组成及停置等的约定

1. 费用的组成

电梯型号	现场编号	运输费（元）	月租赁费（元/月）	附加费用（元）
合计				

说明：

（1）运输费指电梯进出场运输过程中所发生的一切费用，包括但不限于进出场费、地方检测费、所有相关的附墙件等材料的进出场费，以及电梯进出场所发生的机械费用，乙方的管理费、利润、税金等。

（2）月租赁费包括电梯在使用过程中的正常检测、维修费用和每台至少_____名司机（满足24小时施工要求）的工资、奖金、劳动保护费、人员劳动保险费、设备保险费、企业管理费、利润、税金等一切费用。

（3）附加费用为因现场条件限制等可能导致的合同范围外费用。

2. 计价方式

本合同为固定单价合同。暂定每台电梯租赁10个月（其中运输费为一次性固定费用），合同总价暂定为_____元（大写：_____），其中不含增值税价格为_____元（大写：_____），增值税税额为_____元（大写：_____），增值税税率为_____%。若本合同履行过程中增值税税率发生变化，则租金的调整方式为：_____。

本合同的实际租金，以甲、乙双方结算确认的金额为准。

3. 电梯停置或停工约定

（1）甲乙双方约定，电梯日租费为月租费除以30天。

（2）电梯安装验收合格后到电梯正式启用之前，由于非乙方原因电梯发生停运，甲乙双方同意将电梯按照停置处理，停置期间乙方按照电梯正常使用的日租费的50%计取费用，停置时间以实际停置天数计算，费用按照电梯停置天数乘以电梯日租费的 50% 计算。

（3）电梯正式启用后，由于非乙方原因发生连续 15 天（含）以上的停运，甲乙双方同意对电梯按照停工处理，停工期间乙方按照正常使用的日租费的 40% 计取费用，停工时间以实际停工天数计算；如果电梯发生连续 15 天以内的停运，乙方按照电梯正常使用的日租费计取费用。如果电梯冬季停工和因春节放假停工，则乙方按照电梯正常使用的日租费的 40% 计取费用，停工时间以实际停工天数计算，费用按照电梯停工天数乘以电梯日租费的 40% 计算。

（4）由于工程长期停工引起电梯停工，甲方应在 3 日内以书面形式通知乙方，同时甲方在工程停工之日起 15 天内与乙方完成结算，同时乙方出租设备退场。由于甲方原因导致乙方设备无法降拆退场的，则电梯在现场滞留期间，乙方按照正常月租赁费的 50% 计费。租赁费停止计费时间以甲方书面通知时间为准。

（5）电梯书面报拆后，由于非乙方原因造成电梯无法及时退场，导致电梯闲置在现场的，则乙方按照电梯日租费的 40% 计费；由于乙方原因造成电梯延期退场的，则乙方按照电梯日租费的 40% 补偿给甲方。费用按照延期退场天数乘以电梯日租费的 40% 计算。

（6）甲乙双方特别约定，电梯租期为电梯实际启用之日到电梯报停之日，电梯报停后，甲方仍需长期使用的，则需提出书面申请，申请租期延至电梯最后使用之日，在此期间乙方正常收取租赁费。若电梯尚未拆除，而甲方仍需要零星使用，则乙方按日租费 × 使用天数收取费用。

第五条 费用结算和支付

1. 费用计取时间

电梯实际启用之日（甲乙双方签订书面启用函）至电梯报停之日，按时间计费。

2. 不足整月计费方式

（1）电梯在正常租赁期间，使用不足整月的，租赁费按照对应电梯日租费乘以不足整月实际作业天数计算。

（2）电梯在停置、停工、闲置或零星使用期间，使用不足整月的，租赁费按照对应电梯日租费乘以天数再乘以本合同第四条第 3 款约定的费率计算。

3. 费用结算及支付方式

（1）电梯月租费按月结算，每月的＿＿＿＿＿＿＿日为结算日期。乙方向甲方递交当月对账单，甲方在＿＿＿＿＿＿＿日内审核签字确认并交与乙方留存。

（2）电梯月租费按月全额支付，于次月＿＿＿＿＿＿＿日前甲方向乙方全额支付当月租赁费。

第六条 甲方责任

1. 电梯使用过程中安全门、呼叫系统等出现问题由＿＿＿＿＿＿＿方解决，费用由＿＿＿＿＿＿＿方承担，＿＿＿＿＿＿＿方配合指导安装。

2. 甲方按照乙方提供的电梯基础图，负责电梯基础施工（地基钎探、垫层制作与养护、钢筋加工和绑扎、混凝土浇筑和保养等），所使用的混凝土强度等级不低于 C35。甲方应做好施工记录、隐检记录，编制地基钎探报告，电梯基础施工费用由甲方承担。

3. 甲方负责现场安全管理和电梯操作人员的安全交底及任务交底。

4. 甲方指挥人员必须持证上岗，严格按双方约定的用途和电梯的操作规程进行指挥作业，禁止违章指挥或强令冒险作业。

5. 甲方根据标准要求，提供满足电梯正常使用所需的电源，电源箱距离电梯中心不超过 5m，电压确保在 380V±5% 范围内，电费由甲方承担。乙方需理解由于现场电压不稳定等因素造成的经常断电等情况，若断电致使相关设备烧坏，责任由乙方承担。

6. 甲方应按双方约定的时间及时向乙方全额支付租赁费用。

7. 甲方承担由于自身原因引发的安全责任、经济责任和法律责任。

8. 甲方有权就现场不符合要求的情况对乙方进行罚款。

第七条 乙方责任

1. 乙方提供的电梯必须处于完好、可使用状态，乙方已为其购买足额保险，保险期间可覆盖整个租赁期。乙方提供的电梯的各项技术性能指标经工程所在地具有相应检测资质的专业机构或单位检验符合法律和国家强制性条文要求，满足甲方在租赁期限内的使用需求。

2. 电梯发生故障后，乙方应迅速组织抢修并承担相关费用。故障造成每台电梯每月停止使用的时间累计超过＿＿＿＿＿＿＿小时（含_____小时）的，每超过 1 小时甲方对乙方处以时租金（时租金＝大型机械月租金÷30 天÷24 小时）_____倍的罚款，不足 1 小时的按 1 小时计算。

每台电梯每次故障连续停滞时间超过_____天（含_____天）的，则甲方对乙方处以按照相应设备的_____倍日租金乘以停滞天数所计算出的罚款，不足 24 小时的按一天计算；并且乙方承担可能更换电梯发生的所有费用。

3. 乙方负责电梯的操作。根据与甲方确定的电梯工作情况保证每台电梯至少配备_____名司机。并保证电梯 24 小时满足甲方使用需求。司机必须及时换班，不得疲劳作业，因疲劳作业造成的一切损失均由乙方承担。

4. 乙方必须严格按照甲方审定的安拆技术方案提供相关设备和材料，违反方案规定造成的一切损失均由乙方承担。

5. 电梯司机必须持证上岗并有完备的用工手续，技术达到行业管理要求，不得以任何借口向甲方吃、拿、卡、要。由于司机不按服务标准要求进行服务配合，不能满足甲方要求，甲方有权提出更换司机，若连续出现司机不听从甲方人员指挥或不在工作岗位的情况，甲方有权按照_____元／次罚款。

6. 乙方需根据外用电梯的位置，考虑附墙件的长度是否满足标准要求，如不满足，要考虑是否需要定制加工，并承担相关费用。

7. 乙方派驻专业维修人员定期对电梯进行检测维修保养，保证电梯的正常运转，并承担所出租电梯正常的维修与保养费用。电梯避雷接地由乙方配合甲方完成。饮食费用由乙方自理。

8. 乙方在进场前需将所有自备物件向甲方物资部及商务部报验，双方联合签字后自备物件方可进入现场，退场时须持有双方联合签字确认的物资进场单，如数退场。

9. 乙方负责安拆的一切事项，若电梯安拆导致事故发生，乙方必须承担一切费用及相关安全事故责任。

10. 乙方自行看管设备及配件。

11. 乙方需配备符合_____省安全文明工地要求的各项配件，按时合法办理使用报验程序，乙方没有按时合法办理使用报验程序造成的一切损失均由乙方自行承担。

12. 乙方应为其所有的司机购买足额的保险，如发生安全事故，乙方自行承担相关费用。

13. 乙方人员进入甲方现场应遵守现场规章制度，听从甲方指挥、安排。不遵守甲方的管理规定造成的一切损失由乙方承担。乙方人员必须持证上岗，并将操作证复印件交与甲方备存。

14. 乙方应按照有关规定对进入现场的电梯进行管理，执行项目管理的要求。

15. 乙方负责电梯司机操作过程的安全技术交底，遵守甲方现场各项安全生产和现场施工管理规定。

16. 乙方应按双方约定的进场期限提供电梯及附件，保证甲方能够按双方约定的时间正常使用。

17. 乙方承担由于设备本身问题或司机误操作引发的安全事故责任。

18. 乙方所出租的电梯须全新，且乙方应提供复检报告。

19. 乙方应当建立电梯及其安全保护装置的安全技术档案，并提交甲方备案，安全技术档案包括以下内容：

（1）相应的监督检验证明、质量合格证明、安装使用说明书、交接验收等原始资料文件；

（2）历次安装验收资料；

（3）定期检验和定期自行检查的记录；

（4）日常维护保养记录；

（5）维修和技术改造资料；

（6）运行故障和事故记录；

（7）每日运转记录。

20. 乙方必须遵守国家和政府相关规定，保证所提供的电梯、附墙件（含加长部分）等设备满足国家相关规定的要求。

第八条　争议解决

双方因履行本合同或因与本合同相关的事项发生争议的，应通过协商方式解决，协商不成的，应首先提交_____调解中心进行调解，调解不成的，一方有权按照下列第_____项约定方式解决争议：

（1）向_____仲裁委员会申请仲裁；

（2）向_____人民法院提起诉讼。

第九条　合同生效与终止

1. 本合同未约定事宜，双方可协商签订补充协议，补充协议与本合同具有同等法律效力。

2. 本合同自双方签字盖章之日起生效，在双方完成约定工作内容，费用全部结清后即告终止。

第十条 合同份数

本合同一式_____份，均具有同等法律效力，甲方执_____份，乙方执_____份。

（以下无正文）

甲方：（公章）　　　　　　　　　　　　乙方：（公章）

法定代表人或其委托代理人：　　　　　　法定代表人或其委托代理人：
（签字）　　　　　　　　　　　　　　　（签字）

统一社会信用代码：_____　统一社会信用代码：_____
地址：_____　地址：_____
电话：_____　电话：_____
电子信箱：_____　电子信箱：_____
开户银行：_____　开户银行：_____
账号：_____　账号：_____

混凝土泵租赁合同

合同编号：

工程名称：_____
工程地址：_____
甲　　方：_____
乙　　方：_____

_____年_____月_____日

_____工程混凝土泵租赁合同

甲方（承包方）：_____
乙方（分包方）：_____

根据《中华人民共和国民法典》及有关法律规定，为明确甲方与乙方的权利义务，双方经友好协商，本着诚实守信、平等互利的原则，就_____项目的混凝土泵租赁事宜达成如下协议，以资共同遵守。

第一条 工程概况

1. 工程名称：_____项目。
2. 工程地点：_____市_____区_____路_____号。
3. 泵送混凝土的概况：_____。
4. 建设单位：_____。
5. 监理单位：_____。

第二条 现场代表

1. 甲方驻现场代表：_____。甲方驻现场代表由甲方任命并派驻工作现场，代表甲方在其授权范围内履行合同各项职责。甲方驻现场代表的授权范围为：_____。
2. 乙方驻现场代表：_____。乙方驻现场代表由乙方任命并派驻工作现场，代表乙方在其授权范围内履行合同各项职责。乙方驻现场代表的授权范围为：_____。

第三条 泵送期

1. 合同签订完成后整个结构施工封顶为止，泵送试验所需全部设备于_____年_____月_____日前到达甲方指定地点。高压泵送全部设备计划于_____年_____月进场，具体满足甲方需要，高压泵使用工期暂定_____个月。
2. 甲方因工程需要延长施工时间，应在合同届满前_____日内，向乙方提出书面请求，如无特殊情况，乙方应同意甲方按本合同条件继续使用。

第四条 合同价款及计价方式

1. 本合同为固定单价合同。合同单价包括但不限于进出场费、安装调试费、设备的运行费、维修保养费、混凝土泵及泵管的供应检修替换零部件的费用，泵车折旧费，泵车司机、维护及技术服务人员工资、燃油、压力油、润滑油及一切所需零星配件费用、加班费、管理费及其他施工过程中的间接费、措施费、国家规定的应交的费用、税金，以及乙方为履行本合同项下义务所需的一切费用。若泵送施工期间的动力柴油价格上涨幅度超过_____%，泵送价格由甲乙双方另行协商。
2. 泵送价格：常规泵送混凝土固定单价为_____元/m³，暂定泵送量为_____m³；高压泵送混凝土固定单价为_____元/m³（_____型双柴油动力泵），暂定泵送量为_____m³；本合同暂估总价为_____元（大写：_____）。不含税合同价为人民币_____元（大写：_____），增值税为人民币_____元（大写：_____）。增值税税率为_____%。
3. 按乙方实际泵送混凝土量计量。以甲方现场负责人签字确认的混凝土送货小票作为月度付款的参考，月度结算量以经甲方核实的数量为准（核实方法：甲方与乙方将共同对混凝土公司的送货罐车进行不定期抽查，实际泵送量＝月度泵送混凝土总量×当月各次抽检测定的差异之和÷抽检次数，抽检测定的差异＝罐车内混凝土抽检实测量÷混凝土送货小票量×100%）。
4. 乙方每月_____日向甲方提交月度完成泵送费用请款单，甲方于次月_____日前完成核定工作并办理付款手续，并于核定完_____日内向乙方支付。甲方按核定完成的泵送产值的_____%向乙方支付泵送费。在设备撤场后_____个月内，甲乙双方办理最终结算，甲方付清全部剩余结算款。
5. 支付上述费用前，乙方应向甲方提供合法的完税发票。

第五条 乙方义务

1. 乙方在现场的一切管理活动需遵守现场的各项规章制度，听从甲方的指挥安排。甲方认为乙方派驻现场工作人员不合格，有权通知乙方更换不合格人员，乙方应在甲方通知后_____日内指派合格人员到场工作。

2. 乙方应按照甲方要求如期完成泵送机械设备的进场、调试等工作。乙方的上述工作引发安全生产责任事故的，责任由乙方承担。

3. 乙方保证设备按设计参数正常运转，保证甲方的施工进度，非因设备自身故障，乙方不得擅自停机。

4. 乙方应根据甲方要求指派合格的维修、操作人员，保证其持证上岗。操作人员的薪酬、奖金由乙方自行支付。受现场条件的限制，乙方维修、操作人员食宿自理。

5. 乙方负责施工期间泵送机械设备的检查，并将检查的结果及时反馈给甲方，对自己提供的泵管的壁厚进行定期检测，承担泵管自身原因造成的安全事故及其他一切损失。

6. 乙方与甲方共同负责现场安全管理和泵送机械设备操作人员的安全教育和任务交底，甲方对泵送设备配件进行签收。

7. 乙方向甲方提供相关的泵送设备资质证明文件、安装资质证明文件和特种作业操作人员的操作证。

8. 乙方负责为泵送机械设备办理财产保险，因不可抗力导致泵送机械设备损毁、灭失的，由此产生的损失和费用由乙方承担。

9. 乙方在甲方施工现场进行企业形象宣传，必须遵守甲方的有关规定。

10. 乙方承租除上述工作以外，本合同虽无约定，但乙方作为有相应资质、经验的专业公司为实现本合同目的，应当预料和给予充分的注意，以及为尽量减少乙方和甲方损失所应做的全部工作。

第六条　甲方义务

1. 甲方应提供良好的泵送场地。

2. 甲方应按合同约定向乙方支付本合同约定的价款。

3. 甲方负责保证泵送机械设备进出场的道路畅通，拆装、清洗泵管。

4. 甲方与乙方共同负责现场安全管理和泵送机械设备操作人员的安全教育和任务交底。

5. 甲方应按合同约定，如数返还泵送机械及相关配件，如丢失应照价赔偿。

第七条　设备养护

1. 乙方负责泵送施工期间泵送机械设备的保养，并承担全部费用。

2. 乙方应向甲方提交设备泵送施工期间的维修保养计划，按经甲方批准的泵送机械设备保养计划进行泵送机械设备的保养，并作做好保养进行过程中的质量记录。

3. 乙方应及时进行泵送机械设备的保养，乙方如需保养设备必须提前取得甲方同意，泵送机械设备在保养期间不计取租赁费用。

4. 甲方同意乙方按照泵送机械设备的保养规程安排泵送机械设备保养的时间，保养时间应经甲方确认。

第八条　设备维修

1. 乙方应保证有足够的设备配件库存（包括但不限于各种泵管、配件及油料等），以便及时修复或更换不合格的机械设备配件，保证泵送机械设备满足施工需要。

2. 在甲方同意的时间内，乙方每月定期进行泵送机械的维修保养工作。保养时间不占用正常施工时间。

3. 混凝土浇筑过程中，泵送机械设备发生故障的，停用时间不得超过1小时；累计每台设备每月有24小时的设备维修保养时间（在甲方同意的时间内）。

4. 如果泵送机械设备发生故障，单次停机时间超过24小时，给甲方造成经济损失或工期延误，损失可从泵送费中扣除或通过其他途径从乙方处扣除，乙方应采取措施避免损失扩大。

5. 乙方应如实填报泵送机械设备维修记录，并将其交与甲方存档备查。

第九条　变更、转让使用

1. 在泵送施工期间，乙方如将泵送机械设备所有权转移给第三人，应正式通知甲方，并征得甲方同意，否则视为乙方违约。

2. 在泵送期间，甲方不可将泵送机械设备转给第三人使用。

第十条　违约责任

1. 乙方违约责任

（1）乙方未按时间提供机械设备，应向甲方按_____元/天的标准偿付违约金，并根据甲方通知在要求时间内提供设备，若乙方在甲方通知期限内未提供，甲方有权按其认为适当的条件和方式承租类似机械设备，乙方应向甲方偿付_____元的违约金，并且承担甲方另行聘请他方产生的合同金额差额、工期损失等。

（2）乙方未按合同约定的泵送机械设备品牌、规格、型号等特征提供泵送机械设备，应向甲方按_____元／天的标准偿付违约金，并按甲方要求尽快提供合格的设备。

（3）乙方未按数量提供泵送机械设备，致使甲方不能如期正常使用的，还应向甲方按_____元／天的标准偿付违约金，并按甲方要求尽快提供数量合格的设备。

（4）其他违约行为：法律法规禁止的其他行为。

2. 甲方违约责任

若甲方在合同规定的付款时间内未能按时支付，应承担相应违约责任，甲方应按照_____标准向乙方支付违约金。

第十一条　争议解决

双方因履行本合同或因与本合同相关的事项发生争议的，应通过协商方式解决，协商不成的，应首先提交_____调解中心进行调解，调解不成的，一方有权按照下列第_____项约定方式解决争议：

（1）向_____仲裁委员会申请仲裁；

（2）向_____人民法院提起诉讼。

第十二条　合同生效与终止

1. 本合同未约定事宜，双方可协商签订补充协议，补充协议与本合同具有同等法律效力。

2. 本合同自双方签字盖章之日起生效，在双方完成约定工作内容，费用全部结清后即告终止。

第十三条　不可抗力

1. 不可抗力系指不能预见、不能避免且不能克服的客观情况。任何一方由于受到诸如战争、严重火灾、瘟疫、洪水、台风、地震等不可抗力的影响而不能执行合同时，履行合同的期限应予以延长，延长期限相当于不可抗力所影响的时间。

2. 受影响的一方应在不可抗力事件发生后尽快以书面形式（包括传真、电子邮件方式）通知对方，并于不可抗力事件发生后14日内将有关部门出具的证明文件用特快专递或挂号信寄给对方审阅确认，同时受影响的一方应尽可能继续履行合同义务，积极采取合理的方案履行不受不可抗力影响的其他事项。

3. 不可抗力事件影响持续60日以上的，双方可通过友好协商，在合理时间内达成进一步履行或解除合同的协议。

4. 任何一方没有采取有效措施导致损失扩大的，应对扩大的损失承担责任。合同一方迟延履行合同义务，在迟延履行期间发生不可抗力的，不免除其违约责任。

第十四条　通知

1. 与本合同履行相关的通知、指令及其他书面文件，应按照下列送达地址予以送达：

甲方收件人：_____。联系方式：_____。

甲方确认的有效送达地址：_____。

乙方收件人：_____。联系方式：_____。

乙方确认的有效邮箱（必填）：_____。

乙方确认的有效送达地址：_____。

2. 一方送达地址变更未及时告知相对方或者一方指定的收件人拒绝签收，导致文书未能被实际接收的，文书退回之日视为送达之日或用邮政特快专递寄出满3天视为已送达。

3. 本合同中注明的电子邮箱须保证有效且能够正常使用，若双方往来函件使用电子邮件等数据电文形式，此数据电文进入指定的电子邮箱运营商服务器即视为送达。

第十五条　合同份数

本合同一式_____份，均具有同等法律效力，甲方执_____份，乙方执_____份。

（以下无正文）

（本页为签署页）

甲方：（公章） 乙方：（公章）

法定代表人或其委托代理人： 法定代表人或其委托代理人：
（签字） （签字）

统一社会信用代码：_____ 统一社会信用代码：_____
地址：_____ 地址：_____
电话：_____ 电话：_____
电子信箱：_____ 电子信箱：_____
开户银行：_____ 开户银行：_____
账号：_____ 账号：_____

吊篮租赁安装拆除分包合同

合同编号：

工程名称：_____

工程地址：_____

甲　　方：_____

乙　　方：_____

_____年_____月_____日

_____工程吊篮租赁安装拆除分包合同

甲方(承租方):_____
乙方(出租方):_____

根据《中华人民共和国民法典》《中华人民共和国建筑法》及其他有关法律、行政法规,遵循平等、自愿、公平和诚实信用的原则,甲乙双方经协商一致,就_____工程吊篮租赁、安装、拆除的相关事宜达成如下协议。

第一条 工程概况

1. 工程名称:_____项目。
2. 工程地点:_____市_____区_____路_____号。
3. 建筑物檐高:_____。
4. 建筑面积:_____。

第二条 吊篮设备概况

序号	设备名称	型号	起重量(t)	出厂日期
1				
2				

第三条 合同价款及明细表

1. 合同价款

合同金额为_____元(大写:_____元),不含税合同价为_____元(大写:_____元);增值税为_____元(大写:_____),增值税税率为_____%。

2. 合同价款明细表

序号	设备名称	数量(台)	进出场安拆费(元)	租赁天数(天)	日租赁费(元)	小计(元)
1						
2						
合计						

3. 合同价款说明

(1)本合同为固定单价合同。合同单价包括吊篮在使用过程中的折旧费、大修费、日常维修费、保养费、调试费、检测费、安全文明施工措施费、保险费、企业管理费、利润、税金等满足甲方使用要求和达到相关企业形象标识(CI)标准、安全文明工地标准等所需发生的全部费用,以及进出场运输费、安装拆除人工费和辅助机械材料费等。

(2)建筑物檐高无论多高,日租费均执行以上租赁价格,不再额外计取超高费。

4. 合同价款结算

吊篮进场安装验收合格,甲方出具启用证明之日至停止使用之日,按日计费。

5. 合同价款支付

(1)租赁费每月结算一次,结算截止日期为每月_____日。上月_____日前乙方向甲方提供上月结算单。甲方在接到结算单后_____日内审核签字,于次月_____日前向乙方支付上期租赁费。

(2)甲方以_____方式向乙方支付费用。在甲方按照约定向乙方支付费用前,乙方应按照甲方要求提供发票。

(3)一方的付款信息发生变化的,应以书面形式通知另一方,因未及时通知导致费用支付发生延迟或错误的,相关责任由该方承担。

第四条 甲方责任

1. 甲方须对乙方编制的技术方案涉及设备正常使用及现场配合的部分进行审核。

2. 甲方负责现场安全管理和机械操作人员的安全教育及任务交底。

3. 甲方负责机械设备在现场停滞期间的保卫工作。

4. 甲方提供满足现场机械设备正常使用所需的二级电箱。

5. 甲方在使用机械设备的过程中，严格按照设备有关安全管理规定、操作规程要求使用机械设备，禁止违章指挥。

6. 甲方负责协调施工现场各分包单位之间以及各分包单位与乙方在机械设备使用方面的关系。

第五条　乙方责任

1. 乙方根据施工现场的条件和甲方使用要求，编制吊篮各项技术方案，该方案经技术负责人签字并加盖单位公章后提交给甲方。

2. 乙方对出租给甲方的吊篮进行全方位的检查，吊篮应符合甲方的技术要求与文明施工的要求，乙方保证吊篮完好，安全装置及设施齐全有效，并向甲方出具相应的合格证明及相关文件资料。

3. 乙方应按双方约定的进场期限提供吊篮及附件，保证甲方能够按双方约定的时间正常使用。

4. 乙方编制安全交底书并交予甲方处存档，并对吊篮的安装工及安装辅助工进行安全交底。

5. 乙方负责组织吊篮进出场，严格按照审定的技术方案进行吊篮安拆施工，乙方应对上述承包范围内的生产安全负责，并承担由此造成的损失。乙方负责吊篮安装完毕的验收工作，并与甲方办理相应使用验收手续。

6. 乙方负责提供吊篮设备的三级电箱，为每台吊篮配备一机一闸一漏。

7. 乙方根据吊篮的使用数量，为每10台吊篮配备一名驻现场技术服务人员，定期对吊篮进行维修保养及日常检查，保证吊篮的正常运转，并承担所出租吊篮的维修与保养费用。

8. 吊篮发生故障后，乙方应迅速组织抢修，并在两小时内予以解决。乙方原因致使设备停止使用时间在4小时以上的，甲方扣除相应设备当日的租赁费；停止使用时间超过24小时，影响了甲方使用的，甲方可扣除相应设备对应停止时间的租赁费，除此之外，乙方还应赔偿因此给甲方造成的全部损失，包括但不限于工期的损失、可能更换吊篮的损失等。

9. 乙方负责组织人员每月对吊篮进行一次用户回访和检查，用户回访主要就吊篮司机的服务征求甲方的意见；吊篮检查主要对吊篮结构、连接部位、安全装置和悬挂系统进行全面检查，并实行检查人员负责制，检查人员在检查结果报告上签字并交由甲方存档。

10. 乙方人员进入甲方现场应遵守现场规章制度，听从甲方指挥、安排。对不配合者，甲方有权采取措施，对于采取措施发生的费用，甲方从乙方租赁费中扣减。

11. 乙方负责对进入吊篮施工现场的人员进行免费培训，施工人员经培训考核合格后获得操作证，持证上篮作业。

12. 乙方应按照有关规定对进入现场的吊篮进行管理，按甲方要求对吊篮进行企业形象标识（CI）宣传及标识，使其符合项目管理的要求。

13. 乙方须自费购买下述保险：

（1）乙方的施工设备、机械和工具保险；

（2）本合同设备进出场所需的车辆保险；

（3）本合同设备进出场途中所可能遭受的损失或毁坏的意外保险。

第六条　违约责任

1. 甲乙双方明确约定，对于在本合同项下产生的或与本合同相关的事宜产生的乙方对甲方拥有的债权，乙方承诺不将其转让给第三方，除非经过甲方的书面同意，否则，乙方应在违约转让债权之日起5日内，按照违约转让债权总额的5%向甲方支付违约金，逾期支付应同时承担违约付款责任。

2. 在设备进出场、设备使用或停用等过程中，由乙方不尽责、违章操作或所提供设备及设施不符合有关安全要求等非甲方原因造成的安全责任、法律责任及经济赔偿责任由乙方承担。如因第三方原因引发事故，甲方可协助乙方向第三方索赔。

3. 乙方应对违反本合同任意一项约定造成的甲方损失承担全部赔偿责任。

第七条　争议解决

双方因履行本合同或因与本合同相关的事项发生争议的，应通过协商方式解决，协商不成，应首先提交_____调解中心进行调解，调解不成的，一方有权按照下列第_____项约定方式解决争议：

（1）向_____仲裁委员会申请仲裁；

（2）向_____人民法院提起诉讼。

第八条 合同生效与终止

1. 本合同未约定事宜，双方可协商签订补充协议，补充协议与本合同具有同等法律效力。

2. 本合同自双方签字盖章之日起生效，在双方完成约定工作内容，费用全部结清后即告终止。

第九条 不可抗力

1. 不可抗力系指不能预见、不能避免且不能克服的客观情况。任何一方由于受到诸如战争、严重火灾、瘟疫、洪水、台风、地震等不可抗力的影响而不能执行合同时，履行合同的期限应予以延长，延长期限相当于不可抗力所影响的时间。

2. 受影响的一方应在不可抗力事件发生后尽快以书面形式（包括传真、电子邮件方式）通知对方，并于不可抗力事件发生后 14 日内将有关部门出具的证明文件用特快专递或挂号信寄给对方审阅确认，同时受影响的一方应尽可能继续履行合同义务，积极采取合理的方案履行不受不可抗力影响的其他事项。

3. 不可抗力事件影响持续 60 日以上的，双方可通过友好协商，在合理时间内达成进一步履行或解除合同的协议。

4. 任何一方没有采取有效措施导致损失扩大的，应对扩大的损失承担责任。合同一方迟延履行合同义务，在迟延履行期间发生不可抗力的，不免除其违约责任。

第十条 通知

1. 与本合同履行相关的通知、指令及其他书面文件，应按照下列送达地址予以送达：

甲方收件人：_____。联系方式：_____。

甲方确认的有效送达地址：_____。

乙方收件人：_____。联系方式：_____。

乙方确认的有效邮箱（必填）：_____。

乙方确认的有效送达地址：_____。

2. 一方送达地址变更未及时告知相对方或者一方指定的收件人拒绝签收，导致文书未能被实际接收的，文书退回之日视为送达之日或用邮政特快专递寄出满 3 天视为已送达。

3. 本合同中注明的电子邮箱须保证有效且能够正常使用，若双方往来函件使用电子邮件等数据电文形式，此数据电文进入指定的电子邮箱运营商服务器即视为送达。

第十一条 合同份数

本合同一式_____份，均具有同等法律效力，甲方执_____份，乙方执_____份。

（以下无正文）

甲方：（公章） 乙方：（公章）

法定代表人或其委托代理人： 法定代表人或其委托代理人：
（签字） （签字）

统一社会信用代码：_____ 统一社会信用代码：_____
地址：_____ 地址：_____
电话：_____ 电话：_____
电子信箱：_____ 电子信箱：_____
开户银行：_____ 开户银行：_____
账号：_____ 账号：_____

起重机租赁合同

合同编号:

工程名称:_____
工程地址:_____
甲　　方:_____
乙　　方:_____

_____年_____月_____日

_____工程起重机租赁合同

甲方（承租方）：_____
乙方（分租方）：_____

根据《中华人民共和国民法典》《中华人民共和国建筑法》《建设工程安全生产管理条例》及其他有关法律、行政法规、地方性法规等，遵循平等、自愿、公平和诚实信用的原则，甲乙双方就甲方为_____工程租赁乙方吊车的事项协商一致，共同签订本合同，供双方共同遵守。

第一条 工程概况

1. 工程名称：_____工程项目。
2. 工程地点：_____市_____区_____路_____号。
3. 建筑物檐高：_____。
4. 建筑面积：_____。

第二条 起重机设备概况

1. 乙方出租给甲方使用的租赁物为_____。

序号	租赁物名称	规格型号	车牌号	数量	起重量（t）	出厂日期	备注
1	1号吊车						
2	2号吊车						

2. 乙方提供的租赁物处于完好、可使用状态，租赁物已购买足额保险，保险期间可覆盖整个租赁期。乙方提供的租赁物的各项技术性能指标经工程所在地具有相应检测资质的专业机构或单位检验符合法律和国家强制性条文要求，满足甲方在租赁期限内的使用需求。

3. 租赁物的质量标准：_____。

第三条 起重机租赁期

1. 计划租赁起始日期为_____年_____月_____日，计划租赁截止日期为_____年_____月_____日。除双方另有约定外，实际租赁期限为乙方吊车进场，甲方出具启用单之日起至停止使用之日，按月计算。

2. 租期不足整月的，租赁费按照日租费乘以租赁天数计算，日租费等于月租费除以30天。

3. 甲方需延长租赁期的，应在租赁期届满前_____日以书面形式通知乙方，双方经协商一致后另行订立租赁合同，同等条件下甲方享有优先承租权。

第四条 合同价款及明细表

1. 合同价款

本合同的租金暂定为_____元（大写：_____），其中不含增值税价格为_____元（大写：_____），增值税税额为_____元（大写：_____），增值税税率为_____%。若本合同履行过程中增值税税率发生变化，则租金的调整方式为：_____。

2. 合同价款明细表

序号	租赁物名称	规格型号	数量	进出场按拆费（元）	租赁月数	月租赁费（元）	总价
1	1号起重机						
2	2号起重机						

3. 合同价款说明

（1）本合同为单价合同，按照乙方实际提供租赁物的数量及综合单价计算租金。月租赁费包括吊车在使用过程中的使用费、燃油费、折旧费、大修费、日常维修费、保养费、检测费、合理损耗费、安全文明施工措施费、起重机司机的人工费、保险费及乙方应获的利润、税金、管理费、规费等一切费用。除本合同另有约定外，租赁物综合单价在本合同履行期限内不作调整。

（2）进出场安拆费包含吊车的进出场运输费和起重机的安装拆除人工费和辅助机械材料费。

（3）起重机租赁费已综合考虑起重机在使用过程中的转移、拆除及换杆费。

（4）本合同的实际租金，以甲乙双方结算确认的金额为准。

第五条　合同价款支付

1. 租赁费用每月结算一次，结算截止日期为每月_____日。上月_____日前，乙方应向甲方提交上月结算付款申请，付款申请应包括以下内容：付款节点前交付、返还租赁物的情况；付款节点前计算的租金；付款节点前应扣除的费用。甲方应在收到乙方提交的结算付款申请后_____日内完成审核，并在审核确认后_____日内向乙方支付审核确定的租金。

2. 甲方以_____方式向乙方支付租金。在甲方按照约定向乙方支付租金前，乙方应按照甲方要求提供发票。迟延提交发票的，甲方有权相应顺延支付时间。

3. 一方的付款信息发生变化的，应以书面形式通知另一方，因未及时通知导致租金支付发生延迟或错误的，相关责任由该方承担。

第六条　甲方责任

1. 甲方须具备使用该设备的施工资质，严格执行《建筑机械使用安全技术规程》JGJ 33之规定，指挥人员与作业人员必须持证上岗，严禁违章指挥及强行超负荷吊装。

2. 甲方在乙方进场后，应对乙方操作人员进行安全技术交底及安全教育。

3. 甲方负责为吊车提供安全可靠的作业条件，场地应平整坚实，甲方应清除或避开吊臂起落及回转半径内的障碍物。

4. 甲方负责掌握天气情况，在露天有六级以上大风或大雪、大雾等恶劣天气时，应停止起重吊装作业。

5. 甲方为乙方操作人员无偿提供住宿，饮食费用由乙方自理。

6. 甲方在出租期间内对出租吊车具有使用权，但无所有权，不得转让、转租、变卖或抵押乙方的设备，不得擅自转移作业地点，不得自行操作乙方吊车，如果由此引发事故或造成损失，甲方应承担全部责任。

7. 甲方应按照合同约定向乙方支付租金。

第七条　乙方责任

1. 乙方应按照合同约定的质量标准、数量和时间，及时提供经特种设备安全技术部门检验合格的起重机械设备，严格按照与甲方约定的时间和甲方审定的技术方案进行安装、拆除，并保证租赁期限内甲方有权不受限制地使用乙方提供的吊车。

2. 乙方在设备进场后，应会同甲方进行试吊，双方确认后进行正式吊装作业。

3. 乙方在本工程现场时应遵守甲方的现场安全、环保等管理制度，服从甲方人员的指挥和管理。

4. 乙方负责吊车操作工作，需根据与甲方确定的吊车运转工作情况派出足够的吊车操作人员。乙方操作人员必须持证上岗，技术达到行业管理要求，不得以任何借口向甲方吃、拿、卡、要。若乙方操作人员不按服务标准要求进行服务配合，甲方有权提出更换操作人员。

5. 乙方应定期对吊车进行检查、维修、保养，保证吊车的正常运转，并承担所提供吊车在正常使用情况下的维修保养费用。

6. 吊车发生故障后乙方应迅速组织抢修，故障造成吊车停止使用的时间每台每月累计不得超过24小时。超过上述时间，影响了正常使用，甲方有权从乙方的吊车租赁费中扣除超出时间的日租费。

7. 乙方承担乙方及乙方人员在本工程现场的人身、财产安全责任。

8. 乙方及乙方人员在本工程现场给甲方或甲方人员造成损害的，应该承担损害赔偿责任。

第八条　授权管理

1. 甲方现场授权人为_____，其他人员对于租赁时间的签字确认无效。

2. 甲方现场授权人仅有对施工工作的确认权，涉及该工作的工作量及金额必须得到发包人高级项目总监_____或项目经理_____或商务经理_____的书面签认，方能作为该工作结算的依据。

第九条　合同变更与解除

1. 甲方有权根据本工程的施工需要对吊车的型号、规格或数量以及交付时间进行变更。涉及变更事项的，甲方应及时以本合同约定的方式通知乙方，乙方应按照甲方通知要求及本合同约定办理相关手续。

2. 根据工程项目施工需要，甲方有权在提前_____日通知后解除合同，甲方解除合同的，应按照本合同约定的暂定租金的_____%向乙方支付违约金。

3. 乙方未按照甲方要求的质量标准、数量或时间提供吊车，且经甲方合理催告后仍未能按照甲方要求提供的，甲方有权解除合同。乙方应按照本合同约定的暂定租金的_____%向甲方支付违约金。

4. 未经甲方书面同意，乙方将本合同项下的任何权利义务（包含债权、债务）转让给第三方的，甲方有权解除合同。乙方应按照本合同约定的暂定租金的_____%向甲方支付违约金。

5. 乙方擅自中止或终止提供租赁物的，甲方有权解除合同。乙方应按照本合同约定的暂定租金的_____%向甲方支付违约金。

第十条　违约责任

1. 甲方不能按照合同约定向乙方支付租金的，应按照_____标准向乙方支付违约金。但乙方不得以此为由中止或终止提供租赁物。

2. 乙方不能按照甲方要求组织租赁物进场的，包括未按照甲方通知期限、数量提供租赁物和乙方提供的租赁物不符合合同约定，应按照_____标准向甲方支付违约金，并赔偿甲方因此遭受的损失，包括但不限于甲方停工期间的现场工人工资、机械设备及周转材料租赁费用，以及第三方向甲方主张的工期延误赔偿等。

3. 在租赁物进出场、租赁物使用或停用等过程中，因乙方不尽责、违章操作或提供的租赁物及设施不符合有关安全要求等非甲方原因造成的安全责任、法律责任及经济赔偿责任由乙方承担。如因第三方原因引发事故，甲方可协助乙方向第三方索赔。

第十一条　不可抗力

1. 不可抗力系指不能预见、不能避免且不能克服的客观情况。任何一方由于受到诸如战争、严重火灾、瘟疫、洪水、台风、地震等不可抗力的影响而不能执行合同时，履行合同的期限应予以延长，延长期限相当于不可抗力所影响的时间。

2. 受影响的一方应在不可抗力事件发生后尽快以书面形式（包括传真、电子邮件方式）通知对方，并于不可抗力事件发生后14日内将有关部门出具的证明文件用特快专递或挂号信寄给对方审阅确认，同时受影响的一方应尽可能继续履行合同义务，积极采取合理的方案履行不受不可抗力影响的其他事项。

3. 不可抗力事件影响持续60日以上的，双方可通过友好协商，在合理时间内达成进一步履行或解除合同的协议。

4. 任何一方没有采取有效措施导致损失扩大的，应对扩大的损失承担责任。合同一方迟延履行合同义务，在迟延履行期间发生不可抗力的，不免除其违约责任。

第十二条　送达

1. 与本合同履行相关的通知、指令及其他书面文件，应按照下列送达地址予以送达：

甲方收件人：_____。联系方式：_____。

甲方确认的有效送达地址：_____。

乙方收件人：_____。联系方式：_____。

乙方确认的有效邮箱（必填）：_____。

乙方确认的有效送达地址：_____。

2. 一方送达地址变更未及时告知相对方或者一方指定的收件人拒绝签收，导致文书未能被实际接收的，文书退回之日视为送达之日或用邮政特快专递寄出满3天视为已送达。

3. 本合同中注明的电子邮箱须保证有效且能够正常使用，若双方往来函件使用电子邮件等数据电文形式，此数据电文进入指定的电子邮箱运营商服务器即视为送达。

第十三条　争议解决

双方因履行本合同或因与本合同相关的事项发生争议的，应通过协商方式解决，协商不成的，应首先提交_____调解中心进行调解，调解不成的，一方有权按照下列第_____项约定方式解决争议：

（1）向_____仲裁委员会申请仲裁；

（2）向_____人民法院提起诉讼。

第十四条　合同生效与终止

1. 本合同未约定事宜，双方可协商签订补充协议，补充协议与本合同具有同等法律效力。

2. 本合同自双方签字盖章之日起生效，在双方完成约定工作内容，费用全部结清后即告终止。

第十五条　其他

本合同一式_____份，均具有同等法律效力，甲方执_____份，乙方执_____份。

（以下无正文）

甲方：（公章）　　　　　　　　　　　　　　乙方：（公章）

法定代表人或其委托代理人：　　　　　　　　法定代表人或其委托代理人：
（签字）　　　　　　　　　　　　　　　　　（签字）

统一社会信用代码：_____　　统一社会信用代码：_____
地址：_____　　地址：_____
电话：_____　　电话：_____
电子信箱：_____　　电子信箱：_____
开户银行：_____　　开户银行：_____
账号：_____　　账号：_____

发电机租赁合同

合同编号：

工程名称：_____
工程地址：_____
甲　　方：_____
乙　　方：_____

_____年_____月_____日

_____工程发电机租赁合同

甲方（承租方）：_____
乙方（出租方）：_____

根据《中华人民共和国民法典》《中华人民共和国建筑法》《建设工程安全生产管理条例》及其他有关法律、行政法规、地方性法规等；遵循平等、自愿、公平和诚实信用的原则，甲乙双方就甲方为_____工程租赁乙方发电机的事项协商一致，共同签订本合同，供双方共同遵守。

第一条　工程概况

1. 工程名称：_____工程项目。
2. 工程地点：_____市_____区_____路_____号。
3. 建筑物檐高：_____。
4. 建筑面积：_____。

第二条　发电机设备概况

1. 乙方出租给甲方使用的租赁物为_____。

序号	租赁物名称	规格型号	额定功率	数量	技术性能	备注
1	1号发电机					
2	2号发电机					
……						

2. 乙方提供的租赁物处于完好、可使用状态，租赁物已购买足额保险，保险期间可覆盖整个租赁期。乙方提供的租赁物的各项技术性能指标经工程所在地具有相应检测资质的专业机构或单位检验符合法律和国家强制性条文要求，满足甲方在租赁期限内的使用需求。

3. 租赁物的质量标准：_____。

第三条　发电机租赁期

1. 租赁期总日历天数为_____天，计划租赁起始日期为____年____月____日，计划租赁截止日期为____年____月____日。租赁期总日历天数与根据计划租赁起始、租赁截止日期计算的天数不一致的，以租赁期总日历天数为准。除双方另有约定外，实际租赁期限为乙方发电机到达现场组装调试完毕并具备使用条件，甲方出具启用单之日至停止使用之日。

2. 若甲方需延长租赁期的，应在租赁期届满前_____日以书面形式通知乙方，双方经协商一致后另行订立租赁合同，同等条件下甲方享有优先承租权。

第四条　合同价款及明细表

1. 合同价款

本合同的租金暂定为_____元（大写：_____），其中不含增值税价格为_____元（大写：_____），增值税税额为_____元（大写：_____），增值税税率为_____%。若本合同履行过程中增值税税率发生变化，则租金的调整方式为：_____。

2. 合同价款明细

序号	租赁物名称	规格型号	数量	租赁天数	日租赁费	总价
1	1号发电机					
2	2号发电机					
…						

3. 合同价款说明

（1）本合同为单价合同，按照乙方实际提供租赁物的数量及综合单价计算租金。日租赁费包括发电机折旧费、购置更换构配件费用、维护保养费、设备往返运输费及装卸费、人工配合服务费及乙方应获的利润、税金、管理费、规费等一切费用。除本合同另有约定外，租赁物综合单价在本合同履行期限内不作调整。

（2）由于发电机维修发生的进出场无进出场费。

（3）本合同的实际租金，以甲乙双方结算确认的金额为准。

第五条 合同价款支付

1. 租赁费用每月结算一次，结算截止日期为每月_____日。上月_____日前，乙方应向甲方提交上月结算付款申请，付款申请应包括以下内容：付款节点前交付、返还租赁物的情况；付款节点前计算的租金；付款节点前应扣除的费用。甲方应在收到乙方提交的结算付款申请后_____日内完成审核，并在审核确认后_____日内向乙方支付审核确定的租金。

2. 甲方以_____方式向乙方支付租金。在甲方按照约定向乙方支付租金前，乙方应按照甲方要求提供发票。迟延提交发票的，甲方有权相应顺延支付时间。

3. 一方的付款信息发生变化的，应以书面形式通知另一方，因未及时通知导致租金支付发生延迟或错误的，相关责任由该方承担。

第六条 甲方责任

1. 甲方须严格执行安全规程及安全措施，指挥人员与作业人员必须持证上岗，严禁违章指挥。

2. 甲方在乙方进场后，应对乙方操作人员进行安全技术交底及安全教育。

3. 甲方为乙方操作人员无偿提供住宿，饮食费用由乙方自理。

4. 甲方在出租期间内对租赁物具有使用权，但无所有权。不得转让、转租、变卖或抵押乙方的设备，不得擅自转移作业地点，不得自行操作乙方发电机，如果由此引发事故或造成损失，甲方应承担全部责任。

5. 甲方应按照合同约定向乙方支付租金。

第七条 乙方责任

1. 乙方应按照合同约定的质量标准、数量和时间，及时提供工况良好的发电机设备，乙方需在正式进场前提供安检部门需要的有效合格的特种操作证、安全检验合格证，并提供机械性能检测证明。甲方现场经理书面确认后乙方可进场。

2. 乙方应严格按照甲方约定的时间和审定的技术方案进行发电机的安装、拆除，并负责设备在工程现场的照管、维护保养，以及协助设备在施工现场内的看护，确保设备不被人为破坏、零部件不丢失。

3. 乙方负责发电机的操作工作，需根据与甲方确定的发电机运转工作情况派出足够的发电机机组人员。乙方机组人员技术须达到行业管理要求，若乙方机组人员不按服务标准要求进行服务配合，甲方有权提出更换机组人员。

4. 乙方机组人员在本工程现场时应遵守甲方的现场安全、环保等管理制度，服从甲方人员的指挥和管理。

5. 乙方机组人员应加强发电机的检修和保养，使设备处于良好的运行状态。乙方应提供充足的易损件备件，如设备发生故障或损坏，乙方应于3个小时内排除故障或完成修理，如果更换不及时，甲方视后果严重程度，有权终止合同，同时要求乙方承担违约责任。

6. 施工发电机租赁期间，乙方照管人员须确保24小时在施工现场待命，手机24小时畅通。

7. 乙方需保证现场用油的安全，用油期间乙方需安排专人在现场看管，备足消防器材，防爆防火。

8. 为保证发电机用电安全，符合业主、监理单位对现场临时用电的要求，乙方须将发电机进行重复接地，接地线连接工作由乙方完成，不计取任何费用。

9. 乙方承担乙方及乙方人员在本工程现场的人身、财产安全责任。

10. 乙方及乙方人员在本工程现场给甲方或甲方人员造成损害的，应该承担损害赔偿责任。

第八条 授权管理

1. 甲方现场授权人为_____，其他人员对于租赁时间的签字确认无效。

2. 甲方现场授权人仅有对施工工作的确认权，涉及该工作的工作量及金额必须得到发包人高级项目总监_____或项目经理_____或商务经理_____的书面确认，方能作为该工作结算的依据。

第九条 合同变更与解除

1. 甲方有权根据本工程的施工需要对发电机的型号、规格或数量以及交付时间进行变更。涉及变更事项的，甲方应及时以本合同约定的方式通知乙方，乙方应按照甲方通知要求及本合同约定办理相关手续。

2. 根据工程项目施工需要，甲方有权在提前_____日通知后解除合同，甲方解除合同的，应按照本合同约定的暂定租金的_____%向乙方支付违约金。

3. 乙方未按照甲方要求的质量标准、数量或时间提供发电机，且经甲方合理催告后未能按照甲方要求提供的，甲方有权解除合同。乙方应按照本合同约定的暂定租金的_____%向甲方支付违约金。

4. 未经甲方书面同意，乙方将本合同项下的任何权利义务（包含债权、债务）转让给第三方的，甲方有权解除合同。乙方应按照本合同约定的暂定租金的_____%向甲方支付违约金。

5. 乙方擅自中止或终止提供租赁物的，甲方有权解除合同。乙方应按照本合同约定的暂定租金的_____%向甲方支付违约金。

第十条 违约责任

1. 甲方不能按照合同约定向乙方支付租金的，应按照_____标准向乙方支付违约金。但乙方不得以此为由中止或终止提供租赁物。

2. 乙方不能按照甲方要求组织租赁物进场的，包括未按照甲方通知期限、数量提供租赁物和提供的租赁物不符合合同约定，应按照_____标准向甲方支付违约金，并赔偿甲方因此遭受的损失，包括但不限于甲方停工期间的现场工人工资、机械设备及周转材料租赁费用，以及第三方向甲方主张的工期延误赔偿等。

3. 在租赁物进出场、租赁物使用或停用等过程中，由乙方不尽责、违章操作或所提供设备及设施不符合有关安全要求等非甲方原因造成的安全责任、法律责任及经济赔偿责任由乙方承担。如因第三方原因引发事故，甲方可协助乙方向第三方索赔。

第十一条 不可抗力

1. 不可抗力系指不能预见、不能避免且不能克服的客观情况。任何一方由于受到诸如战争、严重火灾、瘟疫、洪水、台风、地震等不可抗力的影响而不能执行合同时，履行合同的期限应予以延长，延长期限相当于不可抗力所影响的时间。

2. 受影响的一方应在不可抗力事件发生后尽快以书面形式（包括传真、电子邮件方式）通知对方，并于不可抗力事件发生后14日内将有关部门出具的证明文件用特快专递或挂号信寄给对方审阅确认，同时受影响的一方应尽可能继续履行合同义务，积极采取合理的方案履行不受不可抗力影响的其他事项。

3. 不可抗力事件影响持续60日以上的，双方可通过友好协商，在合理时间内达成进一步履行或解除合同的协议。

4. 任何一方没有采取有效措施导致损失扩大的，应对扩大的损失承担责任。合同一方迟延履行合同义务，在迟延履行期间发生不可抗力的，不免除其违约责任。

第十二条 送达

1. 与本合同履行相关的通知、指令及其他书面文件，应按照下列送达地址予以送达：

甲方收件人：_____。联系方式：_____。

甲方确认的有效送达地址：_____。

乙方收件人：_____。联系方式：_____。

乙方确认的有效邮箱（必填）：_____。

乙方确认的有效送达地址：_____。

2. 一方送达地址变更未及时告知相对方或者一方指定的收件人拒绝签收，导致文书未能被实际接收的，文书退回之日视为送达之日或用邮政特快专递寄出满 3 天视为已送达。

3.本合同中注明的电子邮箱须保证有效且能够正常使用，若双方往来函件使用电子邮件等数据电文形式，此数据电文进入指定的电子邮箱运营商服务器即视为送达。

第十三条　争议解决

双方因履行本合同或因与本合同相关的事项发生争议的，应通过协商方式解决，协商不成的，应首先提交_____调解中心进行调解，调解不成的，一方有权按照下列第_____项约定方式解决争议：

（1）向_____仲裁委员会申请仲裁；

（2）向_____人民法院提起诉讼。

第十四条　合同生效与终止

1.本合同未约定事宜，双方可协商签订补充协议，补充协议与本合同具有同等法律效力。

2.本合同自双方签字盖章之日起生效，在双方完成约定工作内容，费用全部结清后即告终止。

第十五条　其他

本合同一式_____份，均具有同等法律效力，甲方执_____份，乙方执_____份。

（以下无正文）

甲方：（公章）　　　　　　　　　　　　　　　乙方：（公章）

法定代表人或其委托代理人：　　　　　　　　　法定代表人或其委托代理人：

（签字）　　　　　　　　　　　　　　　　　　（签字）

统一社会信用代码：_____　　统一社会信用代码：_____

地址：_____　　地址：_____

电话：_____　　电话：_____

电子信箱：_____　　电子信箱：_____

开户银行：_____　　开户银行：_____

账号：_____　　账号：_____

第十八章 周转材料

大钢模板租赁合同

合同编号：

工程名称：_____
工程地址：_____
甲　　方：_____
乙　　方：_____

_____年_____月_____日

_____工程大钢模板租赁合同

甲方（承租方）：_____
乙方（出租方）：_____

根据《中华人民共和国民法典》《中华人民共和国建筑法》《建设工程安全生产管理条例》《中华人民共和国产品质量法》及其他有关法律、行政法规、地方性法规等，遵循平等、自愿、公平和诚实信用的原则，甲乙双方就甲方为_____工程租赁乙方大钢模板的事项协商一致，共同签订本合同，供双方共同遵守。

第一条 工程概况

1. 工程名称：_____工程项目。
2. 工程地点：_____市_____区_____路_____号。
3. 建筑面积：_____。
4. 层数：地上_____层，地下_____层。
5. 工程质量标准：_____。

第二条 租赁物

1. 乙方出租给甲方使用的租赁物为_____。

序号	钢模板名称	规格型号	数量（个）	出厂日期	备注
1					
2					

2. 乙方提供的租赁物处于完好、可使用状态，租赁物已购买足额保险，保险期间可覆盖整个租赁期。乙方提供的租赁物的各项技术性能指标经工程所在地具有相应检测资质的专业机构或单位检验符合法律和国家强制性条文要求，满足甲方在租赁期限内的使用需求。

3. 租赁物的质量标准：_____。

第三条 租赁期限

1. 租赁期总日历天数为_____天，计划租赁起始日期为_____年_____月_____日，计划租赁截止日期为_____年_____月_____日。租赁期总日历天数与根据计划租赁起始、租赁截止日期计算的天数不一致的，以租赁期总日历天数为准。

2. 除双方另有约定外，实际租赁开始日期以乙方材料实际进场，并经过甲方书面授权人员签字确认的时间为准，租赁结束日期以甲方书面（包括传真、电子邮件方式）通知乙方该批租赁物的退场时间为准，如乙方收到通知后不及时办理退货手续，视为在甲方通知之日即已经退货完毕，租赁期终止；同时租赁物在现场的超期保管费及一切丢失责任由乙方承担。

3. 甲方需延长租赁期的，应在租赁期届满前_____日以书面形式通知乙方，双方经协商一致后另行订立租赁合同，同等条件下甲方享有优先承租权。

第四条 合同价款及计算方式

1. 合同价款

本合同的租金暂定为_____元（大写：_____），其中不含增值税价格为_____元（大写：_____），增值税税额为_____元（大写：_____），增值税税率为_____%。若本合同履行过程中增值税税率发生变化，则租金的调整方式为：_____。

2. 合同价款明细表

序号	钢模板名称	规格型号	数量（个）	租赁时间（天）	日租赁费（元）	小计（元）
1						
2						
合计：_____元						

3. 合同价款说明

（1）本合同为单价合同，合同价款按照租赁物品种、数量和租赁天数据实结算。日租赁费包括租赁物的使用费、折旧费、保险费、合理损耗费、维修费、检验费，以及乙方应获的利润、税金、管理费、规费等一切费用。除本合同另有约定外，租赁物综合单价在本合同履行期限内不作调整。

（2）租赁费已包含背楞、穿墙螺栓、垫片等所有配件费用，乙方不再单独就大模板配件索要租赁费。

（3）甲方将进、退场运输交由乙方负责，费用按_____元/t计取。甲乙双方同意当地政府有关部门颁布的对价格调整的政策性文件对本合同不适用，即本租赁单价不会因此而做出调整。

（4）甲方如遇特殊情况（不可抗力、暂时性停工等）可向乙方报停，甲方报停期间，租赁费由甲乙双方协商确定，报停时间的起止日期以甲方书面（包括传真、电子邮件方式）通知乙方的日期为准。

（5）每月末甲方对租赁物进行盘点，对于发生损坏、丢失的租赁物品，甲方有权以书面形式（传真、电子邮件方式）向乙方进行报赔，报赔物品在甲方书面报赔当天停止收取租赁费。损坏部分按其原价值的_____%赔偿；报废部分按其原价值的_____%赔偿；丢失部分按其原价值_____%赔偿。各类赔偿以赔偿款方式支付赔偿金，不能以同类材料或其他材料相抵。

（6）租赁物退租时，模板的清理、修理费用已包含在租赁单价内，清理、修理赔偿费用不再单独计取。

（7）本合同的实际租金，以甲乙双方结算确认的金额为准。

第五条 租赁物交付使用

1. 甲方应提前_____天通知乙方其所需提供的租赁物的品种、质量及数量，乙方应在收到甲方的租赁物进场通知之日起____日内，按照甲方通知的租赁物型号、规格、数量等要求将甲方所需租赁物运到位于_____的工地现场。

2. 租赁物到达甲方指定的交付地点后，由乙方负责卸货。若租赁物需乙方在甲方指定地点进行组装的，乙方需按照标准要求在_____日内完成组装，甲方应及时对到达指定交付地点的租赁物进行验收，对验收不符合要求的租赁物，乙方应按照甲方要求进行维修、更换或退货。乙方实际交付的租赁物的型号、规格、数量以甲方签字确认的《租赁物交付清单》（详见附件1）为准。

3. 乙方提供的租赁物均有生产（制造）许可证、产品许可证，在签订本合同前乙方已对出租的租赁物的安全性能进行检测。乙方在交付租赁物时应向甲方提供对应的检测合格证明，否则甲方有权拒绝接收租赁物。

4. 本合同约定租赁期限内，租赁物发生故障和异常的，由_____方负责维修并承担相关费用。

5. 租赁物进场时，需在工地现场点交，进场租赁物在工地现场卸车后，在地面上进行点数验收。租赁物时在工地现场外发生的任何丢失、损坏等均与甲方无关。

第六条 租赁物返还

1. 甲方提前_____天通知乙方退还租赁物，乙方应在接到甲方通知之日起_____日内在甲方指定的地点接收甲方返还的租赁物。乙方应对返还租赁物进行清点，若租赁物交付时由乙方负责组装，则租赁物返还时由乙方负责拆卸。实际返还的租赁物的型号、规格和数量以双方签字确认的《租赁物返还清单》（详见附件2）为准。

2. 若乙方未按照甲方通知的日期在甲方的指定地点接收甲方返还的租赁物，视为租赁物已在甲方通知的日期全部返还乙方，租赁物毁损、灭失的风险由乙方自行承担，且乙方应自甲方通知日期的次日起按照_____标准向甲方支付场地占用费。

3. 租赁物退场时，需在工地现场点交，退场租赁物在地面上点交验收后再装车。租赁物在工地现场外发生的任何丢失、损坏等均与甲方无关。

第七条 合同价款支付

1. 租赁费用每月结算一次，结算截止日期为每月_____日。上月_____日前，乙方应向甲方提交上月结算付款申请，付款申请应包括以下内容：付款节点前交付、返还租赁物的情况；付款节点前计算的租金；付款节点前应扣除的费用。甲方应在收到乙方提交的结算付款申请后_____日内完成审核，并在审核确认后_____日内向乙方支付审核确定的租金。

2. 甲方以_____方式向乙方支付租金。在甲方按照约定向乙方支付租金前，乙方应按照甲方要求提供发票。迟延提交发票的，甲方有权相应顺延支付时间。

3. 一方的付款信息发生变化的，应以书面形式通知另一方，因未及时通知导致租金支付发生延迟或错误的，相关责任由该方承担。

第八条　技术标准及质量要求

1. 钢模板应具有足够的承载能力、刚度和稳定性，能可靠地承受浇筑混凝土的重量、侧压力以及施工荷载。

2. 钢模板表面平整度偏差达到_____mm 以内。

3. 符合技术标准及质量要求。

第九条　甲方权利与义务

1. 甲方需提供租赁物的技术标准及质量要求。

2. 租赁物在移交给甲方时，甲方有权对乙方提供的租赁物进行检查、验收，确认乙方提供的租赁物符合合同约定，并保留按重量进行抽样验收的权利。对残损及不符合国家标准、项目要求及约定规格的租赁物甲方不予接收，由此造成的甲方损失由乙方承担。

3. 甲方应按照合同约定向乙方支付租金。

4. 甲方负责租赁期间租赁物的维护保养。

第十条　乙方权利与义务

1. 乙方应按照合同约定的质量标准、数量和时间，及时提供满足国家标准和甲方要求的租赁物，并对其不适当履行造成的自身及甲方的全部损失承担赔偿责任。

2. 乙方应负责租赁物的进场、退场，并承担租赁物的运输费用。

3. 乙方应按照甲方的要求随时派人到现场提供技术指导服务工作。

4. 乙方负责对进入现场人员的进行安全交底，乙方人员在本工程现场时应遵守甲方的现场安全、环保等管理制度，服从甲方人员的指挥和管理。乙方不得带领与本合同无关的人员进入施工现场。

5. 乙方有权按照约定收取租金。

6. 租赁期满，租赁物交还乙方时，乙方有权检查其完好状态。对丢失和损坏的租赁物，乙方有权向甲方申请赔偿。

7. 乙方承担乙方及乙方人员在本工程现场的人身、财产安全责任。

8. 乙方及乙方人员在本工程现场给甲方或甲方人员造成损害的，应该承担损害赔偿责任。

第十一条　授权管理

1. 本合同中甲方项目经理部项目经理为_____，商务经理为_____，物资负责人为_____。

2. 甲方项目经理部物资负责人负责租赁物进场的签收。由物资负责人及相应收料人至少两人共同签署的收货凭据（包括但不限于收货单、送货单、供货小票、月度统计单或其他数量统计文件等）仅作为甲方收到乙方提供租赁物的数量、型号、规格、到场时间等的证明，而不作为乙方付款及结算的依据，无论该收货凭据上是否载有单价或合价或合计等涉及价款的内容。甲方项目经理部除物资负责人外的其他任何人员签署的任何形式的收货凭据不作为租赁物进场的依据。

3. 凡涉及合同价款变更、结算、付款的，必须经甲方项目经理部项目经理、商务经理共同签字确认并加盖甲方与本合同相同的印章方才有效。甲方项目经理部其他任何人员的任何形式的签字不作为合同价款变更、结算、付款的依据。

4. 甲方项目经理部公章（方章）的使用范围为签署往来函件、会议纪要、洽商变更等履约过程中的文件，但不包括签署合同及其补充协议、办理结算。

5. 乙方已完全理解以上各款含义，乙方未遵守以上条款而导致甲方无法结算、付款的，由乙方自行承担责任。

6. 乙方现场负责人：_____。

联系方式：_____。传真：_____。电子邮箱：_____。

第十二条　合同变更与解除

1. 甲方有权根据本工程的施工需要对租赁物的型号、规格或数量以及交付时间进行变更。涉及变更事项的，甲方应及时以本合同约定的方式通知乙方，乙方应按照甲方通知要求及本合同约定办理相关手续。

2. 根据工程项目施工需要，甲方有权在提前_____日通知后解除合同，甲方解除合同的，应按照本合同约定的暂定租金的_____%向乙方支付违约金。

3. 乙方未按照甲方要求的质量标准、数量或时间提供租赁物，且经甲方合理催告后的未能按照甲方要求提供的，甲方有权解除合同。乙方应按照本合同约定的暂定租金的_____%向甲方支付违约金。

4. 未经甲方书面同意，乙方将本合同项下的任何权利义务（包含债权、债务）转让给第三方的，甲方有权解除合同。乙方应按照本合同约定的暂定租金的_____%向甲方支付违约金。

5. 乙方擅自中止或终止提供租赁物的，甲方有权解除合同。乙方应按照本合同约定的暂定租金的_____%向甲方支付违约金。

第十三条　违约责任

1. 甲方不能按照合同约定向乙方支付租金的，应按照_____标准向乙方支付违约金。但乙方不得以此为由中止或终止提供租赁物。

2. 乙方不能按照甲方要求组织租赁物进场的，包括未按照甲方通知期限、数量提供租赁物和提供的租赁物不符合合同约定，应按照_____标准向甲方支付违约金，并赔偿甲方因此遭受的损失，包括但不限于甲方停工期间的现场工人工资、机械设备及周转材料租赁费用，以及第三方向甲方主张的工期延误赔偿等。租赁物质量、规格、型号不符合要求的，应在2日内予以更换，并视为租赁物逾期到场，乙方应承担相应的违约责任。

3. 当甲方将租赁结束日期以书面形式通知乙方，但乙方收到通知后仍未到现场进行租赁物的退场验收时，甲方有权采取公证送达的形式通知乙方，由此而发生的公证费用及一切损失均由乙方承担。

4. 未经甲方书面同意，乙方将本合同项下的任何权利义务（包含债权、债务）转让给第三方的，应在违约转让债权之日起5日内，按照本合同约定的暂定租金的_____%向甲方支付违约金。

第十四条　不可抗力

1. 不可抗力系指不能预见、不能避免且不能克服的客观情况。任何一方由于受到诸如战争、严重火灾、瘟疫、洪水、台风、地震等不可抗力的影响而不能执行合同时，履行合同的期限应予以延长，延长期限相当于不可抗力所影响的时间。

2. 受影响的一方应在不可抗力事件发生后尽快以书面形式（包括传真、电子邮件方式）通知对方，并于不可抗力事件发生后14日内将有关部门出具的证明文件用特快专递或挂号信寄给对方审阅确认，同时受影响的一方应尽可能继续履行合同义务，积极采取合理的方案履行不受不可抗力影响的其他事项。

3. 不可抗力事件影响持续60日以上的，双方可通过友好协商，在合理时间内达成进一步履行或解除合同的协议。

4. 任何一方没有采取有效措施导致损失扩大的，应对扩大的损失承担责任。合同一方迟延履行合同义务，在迟延履行期间发生不可抗力的，不免除其违约责任。

第十五条　送达

1. 与本合同履行相关的通知、指令及其他书面文件，应按照下列送达地址予以送达：

甲方收件人：_____。联系方式：_____。

甲方确认的有效送达地址：_____。

乙方收件人：_____。联系方式：_____。

乙方确认的有效邮箱（必填）：_____。

乙方确认的有效送达地址：_____。

2. 一方送达地址变更未及时告知相对方或者一方指定的收件人拒绝签收，导致文书未能被实际接收的，文书退回之日视为送达之日或用邮政特快专递寄出满3天视为已送达。

3. 本合同中注明的电子邮箱须保证有效且能够正常使用，若双方往来函件使用电子邮件等数据电文形式，此数据电文进入指定的电子邮箱运营商服务器即视为送达。

第十六条　争议解决

双方因履行本合同或因与本合同相关的事项发生争议的，应通过协商方式解决，协商不成的，应首先提交_____调解中心进行调解，调解不成的，一方有权按照下列第_____项约定方式解决争议：

（1）向_____仲裁委员会申请仲裁；

（2）向_____人民法院提起诉讼。

第十七条　合同生效与终止

1. 本合同未约定事宜，双方可协商签订补充协议，补充协议与本合同具有同等法律效力。

2. 本合同自双方签字盖章之日起生效，在双方完成约定工作内容，费用全部结清后即告终止。

第十八条　其他

1. 本合同附件为本合同的有效组成部分，附件与本合同内容发生冲突的，若冲突的内容相较于本合同对履行合同义务提出更为严格的标准或要求，则附件内容效力优先，否则以本合同为准。本合同附件包括：

附件1　租赁物交付清单。

附件2　租赁物返还清单。

2. 本合同一式_____份，均具有同等法律效力，甲方执_____份，乙方执_____份。

（以下无正文）

甲方：（公章）　　　　　　　　　　　　　　乙方：（公章）

法定代表人或其委托代理人：　　　　　　　　法定代表人或其委托代理人：
（签字）　　　　　　　　　　　　　　　　　（签字）

统一社会信用代码：_____　　　　　统一社会信用代码：_____
地址：_____　　　　　　　　　　　地址：_____
电话：_____　　　　　　　　　　　电话：_____
电子信箱：_____　　　　　　　　　电子信箱：_____
开户银行：_____　　　　　　　　　开户银行：_____
账号：_____　　　　　　　　　　　账号：_____

附件 1

租赁物交付清单

序号	钢模板名称	规格型号	数量（个）	租赁时间（元）	单价（元/天）	总价（元）	是否需出租人拆/装
出租人意见							
承租人验收意见							
验收日期：	年　　月　　日						

附件 2

租赁物返还清单

序号	钢模板名称	规格型号	数量（个）	租赁时间（元）	单价（元／天）	总价（元）	是否需出租人拆／装
承租人意见							
出租人意见							
返还日期：	年　　月　　日						

小钢模板租赁合同

合同编号：

工程名称：_____
工程地址：_____
甲　　方：_____
乙　　方：_____

_____年_____月_____日

_____工程小钢模板租赁合同

甲方（承租方）：_____
乙方（出租方）：_____

根据《中华人民共和国民法典》《中华人民共和国建筑法》《建设工程安全生产管理条例》《中华人民共和国产品质量法》及其他有关法律、行政法规、地方性法规等，遵循平等、自愿、公平和诚实信用的原则，甲乙双方就甲方为_____工程租赁乙方小钢模板以下简称租赁物的事项协商一致，共同签订本合同，供双方共同遵守。

第一条 工程概况

1. 工程名称：_____工程项目。
2. 工程地点：_____市_____区_____路_____号。
3. 建筑面积：_____。
4. 层数：地上_____层，地下_____层。
5. 工程质量标准：_____。

第二条 租赁物

1. 乙方出租给甲方使用的租赁物为_____。

序号	钢模板名称	规格型号	数量（个）	出厂日期	备注
1					
2					

2. 乙方提供的租赁物处于完好、可使用状态，租赁物已购买足额保险，保险期间可覆盖整个租赁期。乙方提供的租赁物的各项技术性能指标经工程所在地具有相应检测资质的专业机构或单位检验符合法律和国家强制性条文要求，满足甲方在租赁期限内的使用需求。

3. 租赁物的质量标准：_____。

第三条 租赁期限

1. 租赁期总日历天数为_____天，计划租赁起始日期为_____年_____月_____日，计划租赁截止日期为_____年_____月_____日。租赁期总日历天数与根据计划租赁起始、租赁截止日期计算的天数不一致的，以租赁期总日历天数为准。

2. 除双方另有约定外，实际租赁开始日期以乙方材料实际进场，并经过甲方书面授权人员签字确认的时间为准，租赁结束日期以甲方书面（包括传真、电子邮件方式）通知乙方该批租赁物的退场时间为准，如乙方收到通知后不及时办理退货手续，视为在甲方通知之日即已经退货完毕，租赁期终止；同时租赁物在现场的超期保管费及一切丢失责任由乙方承担。

3. 甲方需延长租赁期的，应在租赁期届满前_____日以书面形式通知乙方，双方经协商一致后另行订立租赁合同，同等条件下甲方享有优先承租权。

第四条 合同价款及计算方式

1. 合同价款

本合同的租金暂定为_____元（大写：_____），其中不含增值税价格为_____元（大写：_____），增值税税额为_____元（大写：_____），增值税税率为_____%。若本合同履行过程中增值税税率发生变化，则租金的调整方式为：_____。

2. 合同价款明细表

序号	钢模板名称	规格型号	数量（个）	租赁时间（日）	日租赁费（元）	合计（元）
1						
2						

3. 合同价款说明

（1）本合同为固定综合单价（日租金）合同，合同价款按照租赁物规格、数量和租赁时间据实结算。日租赁费包括租赁物的使用费、折旧费、保险费、合理损耗费、维修费、检验费，以及乙方应获的利润、税金、管理费、规费等一切费用。除本合同另有约定外，租赁物综合单价在本合同履行期限内不作调整。

（2）租赁费已包含背楞、穿墙螺栓、垫片等所有配件费用，乙方不再单独就模板配件索要租赁费。

（3）甲方将进、退场运输交由乙方负责，费用按＿＿＿＿＿＿元/t计取。甲乙双方同意当地政府有关部门颁布的对价格调整的政策性文件对本合同不适用，即本租赁单价不会因此而做出调整。

（4）甲方如遇特殊情况（不可抗力、暂时性停工等）可向乙方报停，甲方报停期间，租赁费由甲乙双方协商确定，报停时间的起止日期以甲方书面（包括传真、电子邮件方式）通知乙方的日期为准。

（5）每月末甲方对租赁物进行盘点，对于发生损坏、丢失的租赁物品，甲方有权以书面形式（包括传真、电子邮件方式）向乙方进行报赔，报赔物品在甲方书面报赔当天停止收取租赁费。损坏部分按其原价值的＿＿＿＿＿＿%赔偿；报废部分按其原价值的＿＿＿＿＿＿%赔偿；丢失部分按其原价值＿＿＿＿＿＿%赔偿。各类赔偿以赔偿款方式支付赔偿金，不能以同类材料或其他材料相抵。

（6）租赁物退租时，模板的清理、修理费用已包含在租赁单价内，清理、修理赔偿费用不再单独计取。

（7）本合同的实际租金，以甲乙双方结算确认的金额为准。

第五条　租赁物交付使用

1. 甲方应提前＿＿＿＿＿＿天通知乙方其所需提供的租赁物的品种、质量及数量，乙方应在收到甲方的租赁物进场通知之日起＿＿＿＿＿＿日内，按照甲方通知的租赁物型号、规格、数量等要求将甲方所需租赁物运到位于＿＿＿＿＿＿＿＿＿＿的工地现场。

2. 租赁物到达甲方指定的交付地点后，由乙方负责卸货。若租赁物需乙方在甲方指定地点进行组装的，乙方需按照标准要求在＿＿＿＿＿＿日内完成组装，甲方应及时对到达指定交付地点的租赁物进行验收，对验收不符合要求的租赁物，乙方应按照甲方要求进行维修、更换或退货。乙方实际交付的租赁物的型号、规格、数量以甲方签字确认的《租赁物交付清单》（详见附件1）为准。

3. 乙方提供的租赁物均有生产（制造）许可证、产品许可证，在签订本合同前乙方已对出租的租赁物的安全性能进行检测。乙方在交付租赁物时应向甲方提供对应的检测合格证明，否则甲方有权拒绝接收租赁物。

4. 本合同约定租赁期限内，租赁物发生故障和异常的，由＿＿＿＿＿＿方负责维修并承担相关费用。

5. 租赁物进场时，需在工地现场点交，进场租赁物在工地现场卸车后，在地面上进行点数验收。租赁物在工地现场外发生的任何丢失、损坏等均与甲方无关。

第六条　租赁物返还

1. 甲方提前＿＿＿＿＿＿天通知乙方退还租赁物，乙方应在接到甲方通知之日起＿＿＿＿＿＿日内在甲方指定的地点接收甲方返还的租赁物。乙方应对返还租赁物进行清点，若租赁物交付时由乙方负责组装，则租赁物返还时由乙方负责拆卸。实际返还的租赁物的型号、规格和数量以双方签字确认的《租赁物返还清单》（详见附件2）为准。

2. 若乙方未按照甲方通知的日期在甲方的指定地点接收甲方返还的租赁物，视为租赁物已在甲方通知的日期全部返还乙方，租赁物毁损、灭失的风险由乙方自行承担，且乙方应自甲方通知日期的次日起按照＿＿＿＿＿＿＿＿＿＿标准向甲方支付场地占用费。

3. 租赁物退场时，需在工地现场点交，退场租赁物在地面上点交验收后再装车。租赁物在工地现场外发生的任何丢失、损坏等均与甲方无关。

第七条 合同价款支付

1. 租赁费用每月结算一次，结算截止日期为每月_____日。上月_____日前，乙方应向甲方提交上月结算付款申请，付款申请应包括以下内容：付款节点前交付、返还租赁物的情况；付款节点前计算的租金；付款节点前应扣除的费用。甲方应在收到乙方提交的结算付款申请后_____日内完成审核，并在审核确认后_____日内向乙方支付审核确定的租金。

2. 甲方以_____方式向乙方支付租金。在甲方按照约定向乙方支付租金前，乙方应按照甲方要求提供发票。迟延提交发票的，甲方有权相应顺延支付时间。

3. 一方的付款信息发生变化的，应以书面形式通知另一方，因未及时通知导致租金支付发生延迟或错误的，相关责任由该方承担。

第八条 技术标准及质量要求

1. 钢模板应具有足够的承载能力、刚度和稳定性，能可靠地承受浇筑混凝土的重量、侧压力以及施工荷载。

2. 钢模板表面平整度偏差达到_____mm 以内。

3. 符合技术标准及质量要求。

第九条 甲方权利与义务

1. 甲方需提供租赁物的技术标准及质量要求。

2. 租赁物在移交给甲方时，甲方有权对乙方提供的租赁物进行检查、验收，确认乙方提供的租赁物符合合同约定，并保留按重量进行抽样验收的权利。对残损及不符合国家标准、项目要求及约定规格的租赁物甲方不予接收，由此造成的甲方损失由乙方承担。

3. 甲方应按照合同约定向乙方支付租金。

4. 甲方负责租赁期间租赁物的维护保养。

第十条 乙方权利与义务

1. 乙方应按照合同约定的质量标准、数量和时间，及时提供满足国家标准和甲方要求的租赁物，并对其不适当履行造成的自身及甲方的全部损失承担赔偿责任。

2. 乙方应负责租赁物的进场、退场，并承担租赁物的运输费用。

3. 乙方应按照甲方的要求随时派人到现场提供技术指导服务工作。

4. 乙方负责对进入现场的人员进行安全交底，乙方人员在本工程现场时应遵守甲方的现场安全、环保等管理制度，服从甲方人员的指挥和管理。乙方不得带领与本合同无关的人员进入施工现场。

5. 乙方有权按照约定收取租金。

6. 租赁期满，租赁物交还乙方时，乙方有权检查其完好状态。对丢失和损坏的租赁物，乙方有权向甲方申请赔偿。

7. 乙方承担乙方及乙方人员在本工程现场的人身、财产安全责任。

8. 乙方及乙方人员在本工程现场给甲方或甲方人员造成损害的，应该承担损害赔偿责任。

第十一条 授权管理

1. 本合同中甲方项目经理部项目经理为_____，商务经理为_____，物资负责人为_____。

2. 甲方项目经理部物资负责人负责租赁物进场的签收。由物资负责人及相应收料人至少两人共同签署的收货凭据（包括但不限于收货单、送货单、供货小票、月度统计单或其他数量统计文件等）仅作为甲方收到乙方提供租赁物的数量、型号、规格、到场时间等的证明，而不作为乙方付款及结算的依据，无论该收货凭据上是否载有单价或合价或合计等涉及价款的内容。甲方项目经理部除物资负责人外的其他任何人员签署的任何形式的收货凭据不作为租赁物进场的依据。

3. 凡涉及合同价款变更、结算、付款的，必须经甲方项目经理部项目经理、商务经理共同签字确认并加盖甲方与本合同相同的印章方才有效。甲方项目经理部其他任何人员的任何形式的签字不作为合同价款变更、付款及结算的依据。

4. 甲方项目经理部公章（方章）的使用范围为签署往来函件、会议纪要、洽商变更等履约过程中的文件，但不包括签署合同及其补充协议、办理结算。

5. 乙方已完全理解以上各款含义，乙方未遵守以上条款而导致甲方无法结算、付款的，由乙方自行承担责任。

6. 乙方现场负责人：_____。

联系方式：_____。传真：_____。电子邮件：_____。

第十二条 合同变更与解除

1. 甲方有权根据本工程的施工需要对租赁物的型号、规格或数量以及交付时间进行变更。涉及变更事项的,甲方应及时以本合同约定的方式通知乙方,乙方应按照甲方通知要求及本合同约定办理相关手续。

2. 根据工程项目施工需要,甲方有权在提前_____日通知后解除合同,甲方解除合同的,应按照本合同约定的暂定租金的_____%向乙方支付违约金。

3. 乙方未按照甲方要求的质量标准、数量或时间提供租赁物,且经甲方合理催告后仍未能按照甲方要求提供的,甲方有权解除合同。乙方应按照本合同约定的暂定租金的_____%向甲方支付违约金。

4. 未经甲方书面同意,乙方将本合同项下的任何权利义务(包含债权、债务)转让给第三方的,甲方有权解除合同。乙方应按照本合同约定的暂定租金的_____%向甲方支付违约金。

5. 乙方擅自中止或终止提供租赁物的,甲方有权解除合同。乙方应按照本合同约定的暂定租金的_____%向甲方支付违约金。

第十三条 违约责任

1. 甲方不能按照合同约定向乙方支付租金的,应按照_____标准向乙方支付违约金。但乙方不得以此为由中止或终止提供租赁物。

2. 乙方不能按照甲方要求组织租赁物进场的,包括未按照甲方通知期限、数量提供租赁物和提供的租赁物不符合合同约定,应按照_____标准向甲方支付违约金,并赔偿甲方因此遭受的损失,包括但不限于甲方停工期间的现场工人工资、机械设备及周转材料租赁费用,以及第三方向甲方主张的工期延误赔偿等。因租赁物质量、规格、型号不符合要求的,乙方应在2日内予以更换,并视为租赁物逾期到场,乙方应承担相应的违约责任。

3. 当甲方将租赁结束日期以书面形式通知乙方,但乙方收到通知后仍不到现场进行租赁物的退场验收时,甲方有权采取公证送达的形式通知乙方,由此而发生的公证费用及一切损失均由乙方承担。

4. 未经甲方书面同意,乙方将本合同项下的任何权利义务(包含债权、债务)转让给第三方的,应在违约转让债权之日起5日内,按照本合同约定的暂定租金的_____%向甲方支付违约金。

第十四条 不可抗力

1. 不可抗力系指不能预见、不能避免且不能克服的客观情况。任何一方由于受到诸如战争、严重火灾、瘟疫、洪水、台风、地震等不可抗力的影响而不能执行合同时,履行合同的期限应予以延长,延长期限相当于不可抗力所影响的时间。

2. 受影响的一方应在不可抗力事件发生后尽快以书面形式(包括传真、电子邮件方式)通知对方,并于不可抗力事件发生后14日内将有关部门出具的证明文件用特快专递或挂号信寄给对方审阅确认,同时受影响的一方应尽可能继续履行合同义务,积极采取合理的方案履行不受不可抗力影响的其他事项。

3. 不可抗力事件影响持续60日以上的,双方可通过友好协商,在合理时间内达成进一步履行或解除合同的协议。

4. 任何一方没有采取有效措施导致损失扩大的,应对扩大的损失承担责任。合同一方迟延履行合同义务,在迟延履行期间发生不可抗力的,不免除其违约责任。

第十五条 送达

1. 与本合同履行相关的通知、指令及其他书面文件,应按照下列送达地址予以送达:

甲方收件人:_____。联系方式:_____。

甲方确认的有效送达地址:_____。

乙方收件人:_____。联系方式:_____。

乙方确认的有效邮箱(必填):_____。

乙方确认的有效送达地址:_____。

2. 一方送达地址变更未及时告知相对方或者一方指定的收件人拒绝签收,导致文书未能被实际接收的,文书退回之日视为送达之日或用邮政特快专递寄出满3天视为已送达。

3. 本合同中注明的电子邮箱须保证有效且能够正常使用,若双方往来函件使用电子邮件等数据电文形式,此数据电文进入指定的电子邮箱运营商服务器即视为送达。

第十六条 争议解决

双方因履行本合同或因与本合同相关的事项发生争议的,应通过协商方式解决,协商不成的,应首先提交_____

调解中心进行调解，调解不成的，一方有权按照下列第_____项约定方式解决争议：

（1）向_____仲裁委员会申请仲裁；

（2）向_____人民法院提起诉讼。

第十七条　合同生效与终止

1. 本合同未约定事宜，双方可协商签订补充协议，补充协议与本合同具有同等法律效力。

2. 本合同自双方签字盖章之日起生效，在双方完成约定工作内容，费用全部结清后即告终止。

第十八条　其他

本合同附件为本合同的有效组成部分，附件与本合同内容发生冲突的，若冲突的内容相较于本合同对履行合同义务提出更为严格的标准或要求，则附件内容效力优先，否则以本合同为准。

附件1：租赁物交付清单。

附件2：租赁物返还清单。

本合同一式_____份，均具有同等法律效力，甲方执_____份，乙方执_____份。

（以下无正文）

甲方：（公章）　　　　　　　　　　　　　乙方：（公章）

法定代表人或其委托代理人：　　　　　　　法定代表人或其委托代理人：
（签字）　　　　　　　　　　　　　　　　（签字）

统一社会信用代码：_____　　　统一社会信用代码：_____
地址：_____　　　地址：_____
电话：_____　　　电话：_____
电子信箱：_____　　　电子信箱：_____
开户银行：_____　　　开户银行：_____
账号：_____　　　账号：_____

附件 1

租赁物交付清单

序号	钢模板名称	规格型号	数量（个）	租赁时间（天）	单价（天/元）	总价（元）	是否需出租人拆/装
出租人意见							
承租人验收意见							
验收日期：	年　　　月　　　日						

附件 2

租赁物返还清单

序号	钢模板名称	规格型号	数量（个）	租赁时间（天）	单价（天/元）	总价（元）	是否需出租人拆/装
承租人意见							
出租人意见							
返还日期：	年　　月　　日						

爬模设计供货回购分包合同

合同编号：

工程名称：_____

工程地址：_____

甲　　方：_____

乙　　方：_____

_____年_____月_____日

＿＿＿＿＿＿＿＿工程爬模设计供货回购分包合同

甲方（承包方）：＿＿＿＿＿＿＿＿＿＿＿＿＿＿＿＿＿＿＿＿＿＿＿＿＿＿＿
乙方（分包方）：＿＿＿＿＿＿＿＿＿＿＿＿＿＿＿＿＿＿＿＿＿＿＿＿＿＿＿

根据《中华人民共和国民法典》《中华人民共和国建筑法》《建设工程安全生产管理条例》《中华人民共和国产品质量法》及其他有关法律、行政法规、地方性法规等，遵循平等、自愿、公平和诚实信用的原则，甲乙双方经协商一致，就＿＿＿＿＿＿＿＿＿＿＿＿工程施工爬模设计、供货、回购的相关事宜达成如下协议。

第一条　工程概况

1. 工程名称：＿＿＿＿＿＿＿＿＿＿＿＿＿＿＿＿＿＿工程项目。
2. 工程地点：＿＿＿＿＿市＿＿＿＿＿区＿＿＿＿＿路＿＿＿＿＿号。
3. 建筑面积：＿＿＿＿＿＿＿＿＿＿＿＿＿＿＿＿＿＿。
4. 层数：地上＿＿＿＿＿＿层，地下＿＿＿＿＿＿层。
5. 工程质量标准：＿＿＿＿＿＿＿＿＿＿＿＿＿＿＿＿＿＿＿。

第二条　爬模设备

1. 乙方出售给甲方使用的设备为＿＿＿＿＿＿＿＿＿＿＿＿＿＿＿＿＿。

序号	爬模名称	规格型号	数量（个）	出厂日期	备注
1					
2					

2. 乙方提供的设备的各项技术性能指标经工程所在地具有相应检测资质的专业机构或单位检验符合法律和国家强制性条文要求，满足甲方在工期内的使用需求。
3. 设备的质量标准：＿＿＿＿＿＿＿＿＿＿＿＿＿＿＿＿＿＿＿。

第三条　工期

1. 加工周期：＿＿＿＿＿＿天。
2. 合同工期总日历天数暂定为＿＿＿＿＿＿天，计划起始日期为＿＿＿＿＿＿年＿＿＿＿＿＿月＿＿＿＿＿＿日，计划截止日期为＿＿＿＿年＿＿＿＿＿＿月＿＿＿＿＿＿日。工期总日历天数与根据计划起始、截止日期计算的天数不一致的，以工期总日历天数为准。
3. 除双方另有约定外，实际工期开始日期以乙方材料实际进场，并经过甲方书面授权人员签字确认的时间开始计算，工期结束日期以甲方书面（包括传真、电子邮件方式）通知乙方该批爬模设备的回购退场时间为准，如乙方收到通知后不及时办理回购退货手续的，视为在甲方通知之日即已经退货完毕；同时回购设备在现场的超期保管费及一切丢失责任由乙方承担。

第四条　合同价款及计算方式

1. 合同价款

本合同价款暂定为＿＿＿＿＿＿元（大写：＿＿＿＿＿＿＿＿＿＿），其中不含增值税价格为＿＿＿＿＿＿元（大写：＿＿＿＿＿＿），增值税税额为＿＿＿＿＿＿元（大写：＿＿＿＿＿＿＿＿＿＿），增值税税率为＿＿＿＿＿＿%。若合同履行过程中增值税税率发生变化，则合同价款的调整方式为：＿＿＿＿＿＿＿＿＿＿。

2. 合同价款明细表

序号	爬模名称	规格型号	数量（个）	销售价（元）	回购价（元）	合计（元）
1						
2						

3. 合同价款说明

（1）本合同为固定总价合同。合同价款包括按合同书规定进行设计、制造、运输、现场技术指导费用；工厂内外试验、检验、涂装及竣工资料费用；运费、保险费、管理费、利润、税金等所有费用；上述以外其他所有与之相关的费用和风险费（不可抗力因素除外）。除本合同另有约定外，合同价款在本合同履行期限内不作调整。

（2）本合同价款的组成方式为：合同价款＝销售合价－回购合价。《合同价款明细表》中的所有回购单价不为零的项目产权属乙方所有，工程结束后由乙方回购。

（3）乙方提供的模板设备中工地未使用的部分及合同的备用设备中工地没有使用的部分，乙方按销售原价回购。

（4）合同数量由乙方根据甲方现场实际情况设计并与甲方共同审核确认，合同期间，若非重大方案变更（如模板面积增减超出10%），合同价款不作调整；若施工过程中，乙方自身原因致使模板工程需求数量超出其初始设计数量，则超出部分相关费用由乙方自行承担。

第五条　爬模交付使用

1. 甲方应提前_____天通知乙方其所需提供的爬模设备的品种、质量及数量，乙方应在收到甲方的爬模进场通知之日起_____日内，按照甲方通知的爬模型号、规格、数量等要求将甲方所需爬模设备运到位于_____的工地现场。

2. 模到达甲方指定的交付地点后，由乙方负责卸货。若爬模需乙方在甲方指定地点进行组装，乙方需按照标准要求在_____日内完成组装，甲方应及时对到达指定交付地点的爬模进行验收，对验收不符合要求的爬模，乙方应按照甲方要求进行维修、更换或退货。乙方实际交付的爬模的型号、规格、数量以甲方签字确认的《爬模交付清单》（详见附件1）为准。

3. 乙方提供的爬模均有生产（制造）许可证、产品许可证，在签订本合同前乙方已对提供的爬模的安全性能进行检测。乙方在交付爬模时应向甲方提供对应的检测合格证明，否则甲方有权拒绝接收爬模。

4. 本合同约定工期内，爬模发生故障和异常的，由_____方负责维修并承担相关费用。

5. 设备进场时，需在工地现场点交，进场设备在工地现场卸车后，在地面上进行点数验收。设备在工地现场外发生的任何丢失、损坏等均与甲方无关。

第六条　爬模返还

1. 甲方提前_____天通知乙方回购退还的设备，乙方应在接到甲方通知之日起_____日内在甲方指定的地点接收甲方返还的爬模。乙方应对返还爬模进行清点，若爬模交付时由乙方负责组装，则爬模返还时由乙方负责拆卸。实际返还的爬模的型号、规格和数量以双方签字确认的《爬模返还清单》（详见附件2）为准。

2. 若乙方未按照甲方通知的日期在甲方的指定地点接收甲方返还的爬模，视为爬模已在甲方通知的日期全部返还乙方，爬模毁损、灭失的风险由乙方自行承担，且乙方应自甲方通知日期的次日起按照_____标准向甲方支付场地占用费。

3. 设备退场时，需在工地现场点交，退场设备在地面上点交验收后再装车。设备在工地现场外发生的任何丢失、损坏等均与甲方无关。

第七条　合同价款支付

1. 预付款：在本合同签订_____个工作日内，甲方向乙方支付合同总额_____%的预付款。在甲方支付预付款时，乙方需向甲方提供等额的甲方指定银行开具的预付款银行保函。

2. 到货款：合同项下全部产品均已经到达施工现场，并在全部产品经进场四方验收合格后30日内，甲方向乙方支付所到货物总额（含预付款）的_____%作为到货款。

3. 调试款：全部产品安装完毕，且通电试运行合格、通过工程竣工验收后_____日内，甲方向乙方支付的总价款应达到结算总价的_____%。

4. 结构封顶，办理结算后，甲方于次月_____日将全部结算价款支付完毕。

5. 如有超过合同价部分，买卖双方需另行签订补充协议，并在补充协议中约定超出部分的货款的支付比例。

第八条　技术标准及质量要求

1. 乙方已通过ISO 9001质量管理体系认证，产品加工、质检及过程控制均按认证内容严格执行。

2. 模板拼装成型后，板面对角线误差小于3.0mm，模板拼装完后板面平整度误差小于2.0mm（2m靠尺），拼装成型后的整块模板内相邻面板间的错台小于1.0mm。

3. 本套模板施工时混凝土最大浇筑速度为2m/h，混凝土最大侧压力60kN/m²。甲方原因致使侧压力超过设计值而造成的质量、安全责任由甲方承担；反之，乙方原因造成的质量、安全责任由乙方承担。

第九条　甲方权利与义务

1. 合同生效之日起，甲方须向乙方提供经确认的建筑、结构施工图纸，保证乙方进行爬模模板布置设计，如图纸有变更，甲方应及时以书面形式（包括传真、电子邮件方式）通知乙方。

2. 甲方应将与模板工程相关的内容及要求以文件形式提前_____日交与乙方，以便乙方在设计、拼装、施工过程中达到甲方的要求，避免产生施工不利因素。

3. 乙方运送设备至甲方指定地点时，甲方应派本合同约定人员接受设备，并签字确认。甲方有权对乙方提供的产品进行检查、验收，确认乙方提供的产品符合合同约定，并保留按重量进行抽样验收的权利。对残损及不符合国家标准、项目要求及约定规格的设备甲方不予接收，由此造成的甲方损失由乙方承担。

4. 甲方应在本合同约定时间范围内及时支付货款。

5. 甲方向乙方的现场技术服务人员免费提供必要的住宿及办公条件，乙方工作人员就餐按规定收费或由乙方自理。

6. 甲方将提供劳动力配合协助乙方进行设备进场和退场的装卸工作以及现场模板的拼装。

第十条　乙方权利与义务

1. 乙方应按甲方提供的施工图纸与要求，在甲方约定时间设计并生产出甲方所需设备，并按时保质保量地运送到甲方施工现场，并对其不适当履行造成的自身及甲方的全部损失承担赔偿责任。

2. 交付模板时，乙方应向甲方提交相应的产品合格证书、试验报告书、系统模板使用操作标准、拼装标识图、构件零部件清单。

3. 乙方入场时为甲方提供该套模板体系编制完整、详细的施工方案并进行安全技术交底，乙方已充分考虑并保证专家论证的通过，且同意在专家论证会中提出的任何修改和补充项目，此部分费用均视为已包含在合同价款中，乙方不得以此为由向甲方索要任何其他费用。

4. 乙方提供爬模体系、设备安装及使用所需的一切资料供审批所用，负责完成专家论证及地方安检、质检等部门的验收，此部分所产生的费用已包含在合同价款中。

5. 乙方对爬模系统的实用性、安全性及所编制的施工方案负责，对所提供物品的加工质量负责，因乙方设计方案或加工制作错误而导致的经济损失由乙方全部承担。

6. 乙方负责对进入现场的人员进行安全交底，乙方人员在本工程现场时应遵守甲方的现场安全、环保等管理制度，服从甲方人员的指挥和管理。乙方不得带领与本合同无关的人员进入施工现场。

7. 乙方提供技术服务及现场售后技术服务。乙方派出2名现场技术人员（不得随意更换）在现场进行安全、技术支持，全程指导所供模板的安拆及操作工作、提供维修服务等。乙方保证其维修时间不超过8小时，若因维修超时而延误工期，每延误一天，甲方有权对乙方处以合同价款_____%的罚款。

8. 乙方进场的管理人员及特殊工种必须持证上岗，有承担类似工程的工作经验，一旦被甲方接受后，在合同履约过程中，乙方无权更换。如因特殊情况需要更换上述人员，须事先向甲方提出申请并提交拟任命的管理人员的详细资料，经甲方审查后方可更换，否则将被视为违约，并由甲方对乙方处以_____元／人的罚款。如在履约过程中，甲方认为乙方的管理人员不能胜任其工作，则有权要求乙方更换，乙方应在5日内提交拟任命的管理人员的详细资料，经甲方批准后更换。

9. 乙方技术人员按双方约定时间指导现场劳务人员完成爬模拼装，其中爬模体系的液压顶升系统的连接与拼装由乙方负责完成；乙方技术人员对甲方管理人员进行技术交底，按照约定时间对劳务人员进行爬模体系的操作培训，使其可以独立完成所属内容；在施工过程中若需要对模板进行更换，须由乙方技术人员亲自进行现场指导，并保证模板更换不能超过两个工作日，若乙方技术指导失误导致甲方工期延误，每延误一天，甲方有权对乙方处以合同价款_____%的罚款。

10. 乙方负责爬模系统使用过程中日常的保养和维护，及时更换破损的彩钢板和其他安全防护设施，以保证外架使用的安全，此部分费用已包含在合同价款中，若因乙方日常保养和维护不到位而发生安全事故，乙方承担一切法律责任及一切相关费用。

11. 乙方技术服务人员必须统一着装，统一佩戴安全帽及胸卡。

12. 租赁设施的进退场运输费、出厂装车费以及安装期间的所有外围费用由乙方承担，进场卸车、退场装车由甲方负责。

13. 乙方承担乙方及乙方人员在本工程现场的人身、财产安全责任。

14. 乙方及乙方人员在本工程现场给甲方或甲方人员造成损害的，应该承担损害赔偿责任。

第十一条 授权管理

1. 本合同中甲方项目经理部项目经理为_____，商务经理为_____，物资负责人为_____。

2. 甲方项目经理部物资负责人负责设备进场的签收。由物资负责人及相应收料人至少两人共同签署的收货凭据（包括但不限于收货单、送货单、供货小票、月度统计单或其他数量统计文件等）仅作为甲方收到乙方提供设备的数量、型号、规格、到场时间等的证明，而不作为乙方付款及结算的依据，无论该收货凭据上是否载有单价或合价或合计等涉及价款的内容。甲方项目经理部除物资负责人外的其他任何人员签署的任何形式的收货凭据不作为设备进场的依据。

3. 凡涉及合同价款变更、结算、付款的，必须经甲方项目经理部项目经理、商务经理共同签字确认并加盖甲方与本合同相同的印章方才有效。甲方项目经理部其他任何人员的任何形式的签字不作为合同价款变更、付款及结算的依据。

4. 甲方项目经理部公章（方章）的使用范围为签署往来函件、会议纪要、洽商变更等履约过程中的文件，但不包括签署合同及其补充协议、办理结算。

5. 乙方已完全理解以上各款含义，乙方未遵守以上条款而导致甲方无法结算、付款的，由乙方自行承担责任。

6. 乙方现场负责人：_____。

联系方式：_____。传真：_____。电子邮箱：_____。

第十二条 合同变更与解除

1. 甲方有权根据本工程的施工需要对爬模的型号、规格或数量以及交付时间进行变更。涉及变更事项，甲方应及时以本合同约定的方式通知乙方，乙方应按照甲方通知要求及本合同约定办理相关手续。

2. 根据工程项目施工需要，甲方有权在提前_____日通知后解除合同，甲方解除合同的，应按照本合同约定价款的_____%向乙方支付违约金。

3. 乙方未按照甲方要求的质量标准、数量或时间提供爬模，且经甲方合理催告后仍未能按照甲方要求提供的，甲方有权解除合同。乙方应按照本合同约定价款的_____%向甲方支付违约金。

4. 未经甲方书面同意，乙方将本合同项下的任何权利义务（包含债权、债务）转让给第三方的，甲方有权解除合同。乙方应按照本合同约定价款的_____%向甲方支付违约金。

5. 乙方擅自中止或终止提供设备的，甲方有权解除合同。乙方应按照本合同约定价款的_____%向甲方支付违约金。

第十三条 违约责任

1. 甲方不能按照合同约定向乙方支付合同价款的，应按照_____标准向乙方支付违约金。但乙方不得以此为由中止或终止提供设备。

2. 合同签署生效后，如果乙方不履行合同，则乙方应按合同总价款的_____%向甲方支付违约金；甲方已向乙方支付进度款的，乙方除如数退还甲方相关款项外，还应按照当期贷款利率向甲方支付相关款项的利息。

3. 乙方如不按合同约定时间向甲方提供设备，则每逾期一日，除应向甲方支付逾期提供部分_____‰的违约金外，还应赔偿甲方因此遭受的损失，包括但不限于甲方停工期间的现场工人工资、机械设备及周转材料租赁费用，以及第三方向甲方主张的工期延误赔偿等。

4. 乙方未按合同规定的质量完成甲方模板设计制造工作的，应当负责修理或重作；同时，每发生一项质量不合格返工事件或安全事故，除按有关规定处罚外，甲方将给予乙方_____元／次的罚金，并从乙方结算款中扣减，由此给甲方造成损失的，还应当赔偿损失。

5. 未经甲方书面同意，乙方将本合同项下的任何权利义务（包含债权、债务）转让给第三方的，应在违约转让债权之日起5日内，按照本合同约定价款的_____%向甲方支付违约金。

第十四条 不可抗力

1. 不可抗力系指不能预见、不能避免且不能克服的客观情况。任何一方由于受到诸如战争、严重火灾、瘟疫、洪水、台风、地震等不可抗力的影响而不能执行合同时，履行合同的期限应予以延长，延长期限相当于不可抗力所影响的时间。

2. 受影响的一方应在不可抗力事件发生后尽快以书面形式（包括传真、电子邮件方式）通知对方，并于不可抗力事件发生后14日内将有关部门出具的证明文件用特快专递或挂号信寄给对方审阅确认，同时受影响的一方应尽可能继续履行合同义务，积极采取合理的方案履行不受不可抗力影响的其他事项。

3. 不可抗力事件影响持续60日以上的，双方可通过友好协商，在合理时间内达成进一步履行或解除合同的协议。

4. 任何一方没有采取有效措施导致损失扩大的，应对扩大的损失承担责任。合同一方迟延履行合同义务，在迟延履行期间发生不可抗力的，不免除其违约责任。

第十五条　送达

1. 与本合同履行相关的通知、指令及其他书面文件，应按照下列送达地址予以送达：

甲方收件人：_____。联系方式：_____。

甲方确认的有效送达地址：_____。

乙方收件人：_____。联系方式：_____。

乙方确认的有效邮箱（必填）：_____。

乙方确认的有效送达地址：_____。

2. 一方送达地址变更未及时告知相对方或者一方指定的收件人拒绝签收，导致文书未能被实际接收的，文书退回之日视为送达之日或用邮政特快专递寄出满3天视为已送达。

3. 本合同中注明的电子邮箱须保证有效且能够正常使用，若双方往来函件使用电子邮件等数据电文形式，此数据电文进入指定的电子邮箱运营商服务器即视为送达。

第十六条　争议解决

双方因履行本合同或因与本合同相关的事项发生争议的，应通过协商方式解决，协商不成的，应首先提交_____调解中心进行调解，调解不成的，一方有权按照下列第_____项约定方式解决争议：

（1）向_____仲裁委员会申请仲裁；

（2）向_____人民法院提起诉讼。

第十七条　合同生效与终止

1. 本合同未约定事宜，双方可协商签订补充协议，补充协议与本合同具有同等法律效力。

2. 本合同自双方签字盖章之日起生效，在双方完成约定工作内容，费用全部结清后即告终止。

第十八条　其他

1. 本合同附件为本合同的有效组成部分，附件与本合同内容发生冲突的，若冲突的内容相较于本合同对履行合同义务提出更为严格的标准或要求，则附件内容效力优先，否则以本合同为准。

附件1：爬模交付清单。

附件2：爬模返还清单。

2. 本合同一式_____份，均具有同等法律效力，甲方执_____份，乙方执_____份。

（以下无正文）

甲方：（公章）　　　　　　　　　　　　　　乙方：（公章）

法定代表人或其委托代理人：　　　　　　　　法定代表人或其委托代理人：

（签字）　　　　　　　　　　　　　　　　　（签字）

统一社会信用代码：_____　　　　统一社会信用代码：_____

地址：_____　　　　　　　　　　地址：_____

电话：_____　　　　　　　　　　电话：_____

电子信箱：_____　　　　　　　　电子信箱：_____

开户银行：_____　　　　　　　　开户银行：_____

账号：_____　　　　　　　　　　账号：_____

附件 1

爬模交付清单

序号	爬模名称	规格型号	数量（个）	销售价（元）	回购价（元）	合计（元）	是否需乙方拆／装
乙方意见							
甲方验收意见							
验收日期：	年 月 日						

附件2

爬模返还清单

序号	爬模名称	规格型号	数量（个）	销售价（元）	回购价（元）	合计（元）	是否需乙方拆/装
甲方意见							
乙方意见							

返还日期：　　年　　月　　日

专项操作脚手架搭设拆除分包合同

合同编号：

工程名称：_____
工程地址：_____
甲　　方：_____
乙　　方：_____

_____年_____月_____日

_____工程专项操作脚手架搭设拆除分包合同

甲方（承包方）：_____
注册地址：_____
法定代表人：_____
乙方（分包方）：_____
注册地址：_____
法定代表人：_____

根据《中华人民共和国民法典》《中华人民共和国建筑法》《建设工程质量管理条例》《建设工程安全生产管理条例》及其他有关法律、行政法规、地方性法规等，遵循平等、自愿、公平和诚实信用的原则，甲乙双方经协商一致，就_____工程专项操作脚手架搭设拆除施工事宜达成如下协议。

第一条　工程概况

1. 工程名称：_____项目。
2. 建筑檐高：_____。
3. 建筑面积：_____。
4. 结构形式：_____。
5. 楼层：地上_____层，地下_____层。
6. 建设单位：_____。
7. 监理单位：_____。

第二条　承包范围

1. 施工部位：_____。
2. 承包内容：上述部位施工所需脚手架的施工，包括脚手架的搭设、拆除、脚手板铺设、防护安全网的安拆、脚手架使用过程中的日常调整及保养维护、拆除后搬运至指定位置分规格码放、钢管扣件等材料的清理与退场、配合甲方物资人员退料盘点等工作。

第三条　承包方式

清工＋辅料＋机具。包工包料，包工期，包文明施工，符合本工程安全文明施工要求。

第四条　价款与计量

1. 合同价款

本合同价款暂定为_____元（大写：_____），其中不含增值税价格为_____元（大写：_____），增值税税额为_____元（大写：_____），增值税税率为_____%。若本合同履行过程中增值税税率发生变化，则合同价款的调整方式为：_____。

2. 合同价款明细表

序号	项目内容	暂定工程量（m²）	固定综合单价（元）	小价（元）
1	_____脚手架搭拆			
2	_____脚手架搭拆			
3	_____脚手架搭拆			
4	使用期调整费用			
合计（元）：				

3. 合同价款说明

（1）本合同为固定单价合同（已含税金）。合同单价包括乙方为履行本合同约定的义务，完成合同工作内容，承担自身经营风险，满足国家标准和设计要求，使业主、监理单位、甲方满意所发生的一切相关费用，包括但不限于脚手架的搭拆所需的材料费、人工费、辅材费、运输费、装卸费、保管费、机具费、食宿交通费、材料损耗费、应该缴纳给政府有关部门的各项税费以及乙方应获的利润、税金、管理费、规费等一切费用。除本合同另有约定外，合同固定综合单价在本合同履行期限内不作调整。

（2）其中材料费具体包含钢管、扣件、安全网（选择项）、竹笆、跳板、连墙杆件、铁丝等所有材料的费用。

4. 工程量计算方法

（1）工程量计算基本原则：按甲方审核批准的《脚手架搭设维护拆除施工方案》进行计算，其中满堂脚手架按搭设架体的体积计算、单／双排脚手架按搭设架体的垂直投影面积计算、其他脚手架按座计算。

（2）使用期调整费用：按照甲方要求的实际拆除日期与合同约定的拆除日期差计取，日租费等于月租费除以30天。

第五条 付款

1. 本工程无预付款。

2. 月度付款前提：

（1）月度施工内容经甲方同意；

（2）施工进度在甲方的总控制计划之内；

（3）经甲方、监理单位验收合格；

（4）随月进度提交甲方要求的相关资料。

3. 进度款：按月度完成合格工程的数量结算进度款。

4. 下列情况不予以计量与付款：

（1）乙方强行施工的；

（2）不能证明施工质量合格的；

（3）乙方自身原因致使返工的；

（4）未经甲方、监理单位验收的。

5. 付款程序：

（1）费用每月结算一次，结算截止日期为每月_____日。上月_____日前，乙方应向甲方递交本期按合同约定应付的费用的汇总表和请款报告，甲方应在收到乙方提交的结算付款申请后_____日内完成审核，并在审核确认后_____日内向乙方支付审核确定的合同价款。

（2）甲方以_____方式向乙方支付合同价款。在甲方按照约定向乙方支付合同价款前，乙方应按照甲方要求提供发票。

6. 一方的付款信息发生变化的，应以书面形式通知另一方，因未及时通知导致款项支付发生延迟或错误的，相关责任由该方承担。

第六条 工期要求

1. 开工日期：_____年_____月_____日（以甲方通知开工日期为准）。

2. 完工日期：_____年_____月_____日，计_____日历天（以甲方工期安排计划日期为准）。

3. 以上总工期与阶段工期已考虑下列因素：

（1）法定节假日或公休日；

（2）不利的气候条件（不可抗力除外）；

（3）高考、中考期间政府对施工的限制；

（4）重大政治事件要求停工或进行各项管制而影响的工期；

（5）与其他施工工序间不可避免的交叉作业影响；

（6）政府职能部门的执法检查、各种奖项的评比检查；

（7）分阶段、分区段检查验收。

4. 乙方须按甲方的进度计划施工，乙方确保在甲方的进度计划要求的时间内完成脚手架搭设、拆除及材料退场，并通过验收；若乙方未按甲方进度计划完成工作，则必须按甲方指令无偿追加各项投入，以达到甲方的合理工期要求。

5. 非甲方原因（不可抗力除外）造成上述工作延误，每拖延一天罚款_____元，且乙方应赔偿甲方因此遭受的损失，包括但不限于甲方停工期间的现场工人工资、机械设备及周转材料租赁费用，以及第三方向甲方主张的工期延误赔偿等。

第七条　工期延误

1. 以下任何一项原因造成乙方延误实施分包工程的，经甲方项目经理书面确认，分包工程的竣工时间可相应延长：

（1）非乙方原因造成的工程延误，并且甲方已根据总包合同从业主处获得与分包合同相关的竣工时间的延长许可；

（2）非乙方原因造成分包工程范围内的工程变更及工程量增加超过10%；

（3）甲方未按约定时间提供开工条件、施工现场等造成的延误；

（4）甲方发出错误的指令或者延迟发出确认批准指令造成分包合同工期延误；

（5）不可抗力等其他非分包原因造成分包工程的延误；

（6）甲方认可的其他可以谅解的工程延误。

2. 因业主原因造成工期延误的，经业主认可反对甲方进行工期补偿。

3. 乙方在上述任一事件发生后的5天内，就延误的工期以书面的形式向甲方提出报告。如果上述事件具有持续的影响，则乙方应每隔5天发出一份报告，事件影响结束之日起10天内提交最终报告给甲方商务部门。甲方在收到报告后10天内就报告内容予以答复或提出修改意见，否则视为已经同意。

第八条　不可抗力

1. 不可抗力系指不能预见、不能避免且不能克服的客观情况。任何一方由于受到诸如战争、严重火灾、瘟疫、洪水、台风、地震等不可抗力的影响而不能执行合同时，履行合同的期限应予以延长，延长期限相当于不可抗力所影响的时间。

2. 受影响的一方应在不可抗力事件发生后尽快以书面形式（包括传真、电子邮件方式）通知对方，并于不可抗力事件发生后14日内将有关部门出具的证明文件用特快专递或挂号信寄给对方审阅确认，同时受影响的一方应尽可能继续履行合同义务，积极采取合理的方案履行不受不可抗力影响的其他事项。

3. 不可抗力事件影响持续60日以上的，双方可通过友好协商，在合理时间内达成进一步履行或解除合同的协议。

4. 任何一方没有采取有效措施导致损失扩大的，应对扩大的损失承担责任。合同一方迟延履行合同义务，在迟延履行期间发生不可抗力的，不免除其违约责任。

第九条　变更与变更计价

1. 甲方有权根据本工程的施工需要对分包工程或其中的任何部分的形式、质量、数量做出变更或调整，甲方有权指示乙方进行以下任何工作，乙方应遵照执行：

（1）增加或减少合同中已经包含的工作量；

（2）改变工程做法、材料；

（3）改变分包工程任何部位的标高、位置或尺寸；

（4）改变施工顺序或时间安排；

（5）为确保工程质量和工程竣工而必需的任何附加的工作。

2. 涉及变更事项的，甲方应及时以本合同约定的方式通知乙方，乙方应按照甲方通知要求及本合同约定办理相关手续。上述变更指令发出后，双方应继续履行本合同，本分包合同不因以上变更而失效或者作废。因变更而导致合同价款发生变化则按相应条款约定做出调整。

3. 如果乙方违约或分包自身原因造成甲方不得不发出变更指令，则任何此类变更发生后增加的费用由乙方自行承担。

4. 若变更仅涉及工程量的增减，则单价不变，仍按原合同单价执行。若合同中没有适用于变更工作的价格，则双方根据市场价格，通过协商确定相关变更工作的单价。

第十条　技术质量要求

1. 验收要求

本工程以甲方的施工图纸、双方约定的施工方案、设计变更及国家施工及验收标准进行施工，乙方应保证所承包的工程质量和保修符合国家现行施工验收标准和业主总包合同要求的标准，并能通过业主、有关部门及监督机构的验收。

2. 标准

本工程的脚手架搭设应符合现行国家、地方、行业标准及施工图纸要求，包括：

（1）《建筑施工安全检查标准》JGJ 59；

（2）《建筑施工高处作业安全技术规范》JGJ 80；

（3）《建设工程施工现场供用电安全规范》GB 50194；
（4）《建筑施工扣件式钢管脚手架安全技术规范》JGJ 130；
（5）《建筑施工门式钢管脚手架安全技术标准》JGJ/T 128；
（6）《施工企业安全生产评价标准》JGJ/T 77；
（7）《建筑工程施工质量验收统一标准》GB 50300；
（8）其他相关标准。

上述标准若有不一致或矛盾之处，按较为严格标准执行。

3. 一般规则

（1）安全网产品标准：必须采用甲方认可的厂家及产品。

（2）产品材质应符合现行国家标准《碳素结构钢》GB/T 700 中_____级钢的规定。

（3）产品力学性能应符合现行国家标准《直缝电焊钢管》GB/T 13793 或《低压流体输送用焊接钢管》GB/T 3091 中的要求。

（4）外观及尺寸符合现行行业标准《建筑施工扣件式钢管脚手架安全技术规范》JGJ 130 的要求，即外径_____mm，最大负公差_____mm；壁厚_____mm，最大负公差_____mm。

（5）钢管表面应平直光滑，不应有裂缝、结疤、分层、错位、硬弯、毛刺、压痕、深的划道和孔洞，并应涂有防锈漆。

（6）单根脚手架钢管的最大质量不宜大于_____kg。

（7）脚手架扣件（铸铁可锻铁或铸钢制造）应符合现行国家标准《钢管脚手架扣件》GB/T 15831 的规定。

（8）钢板冲压扣件执行现行行业标准《钢板冲压扣件》GB 24910 的规定。

（9）旧扣件无裂缝、变形，螺栓不滑丝。

（10）钢管脚手架的杆件连接必须使用合格的钢扣件，不得使用铅丝和其他材料绑扎。

（11）脚手架搭设时应设安全警戒区，设置警戒标志，派专人看管，并顾及附近人员的安全。

第十一条　材料机具管理

1. 材料机具供应

（1）甲方供应的材料机具：钢管、扣件、脚手板、安全网、垫板、架体拉结用钢丝绳、爬梯原材料，现场现有的塔式起重机、外用电梯等大型垂直运输机械。

（2）上述材料以外的绑扎铁丝、扳手、切割机等材料、机具均由乙方提供。

2. 仓储管理

（1）乙方自行对材料（包括甲供材料）加以妥善保管，防止人为破坏、偷盗以及不利自然条件的侵蚀，费用自理。如果乙方未采取适当的保管保护措施，甲方有权指派他人完成，所发生的费用无论多少概由乙方承担，对此乙方不得有任何异议。

（2）进、退场的材料机具堆放地点，必须经过甲方批准，服从甲方的统筹安排。乙方无条件提供人员进行卸货、装车，所提供人员必须服从甲方物资部管理人员管理，乙方拒不进行卸货，甲方有权安排其他人员卸货，发生的费用从应付乙方的工程款中扣除。

第十二条　现场、人员管理、安全文明施工

1. 乙方应遵守国家、行业、地方以及甲方有关现场安全文明施工的各项管理规定，在设施的投入、现场的布置等各方面严格按照甲方的规定执行，并符合甲方的企业形象标识（CI）要求。

2. 现场施工人员进场前到甲方经理部办理出入证件，进场后必须统一着装、统一佩戴安全帽及胸卡，施工人员须持证进出现场。

3. 乙方所有进入施工现场的人员必须遵守安全施工的有关规章制度，严格遵守安全操作规程，严格遵守工地现场施工管理制度，确保安全施工。

4. 乙方严格执行国家特种作业工种人员年龄及健康要求，架子工应为年龄在18～55岁之间的健康男性成人。从业者需具有一定的学习能力、计算能力，有较强的空间感，有准确的分析推理判断能力，手指、手臂、腿脚灵活，动作协调，身体健康，能适应高空作业。

5. 乙方要对工人进行三级教育，工人应定期检查身体并持证（特种作业证）上岗，禁止有高血压、心脏病、癫痫病的人员从事架子搭设作业。

6. 乙方应该采取一切合理的措施防止其人员实施违法或妨害社会治安和公共安全的行为，并有完全的责任和义务保护周围其他人员和财产免受上述行为的危害，否则造成的一切后果由乙方承担。

第十三条　甲方责任

1. 甲方指定＿＿＿＿＿＿＿＿为现场代表，负责合同的履行，并对工程质量、进度、安全、文明施工及施工过程中出现的问题进行监督、检查等，以及处理其他与本工程施工有关的事宜。

2. 甲方负责协调乙方与现场其他分包方、施工工序之间的关系。

3. 分项工程施工前，甲方负责组织施工技术交底，审查乙方施工方案。

4. 甲方及时向乙方提供施工所需指令、指示、洽商等相关施工文件。

5. 搭设时，甲方负责用塔式起重机调运脚手架材料至各个楼面；拆除时，甲方负责用塔式起重机调运各个楼面脚手架材料至地面。

6. 甲方对乙方工程质量、进度和安全进行监督检查，对存在的问题，有权要求乙方立即进行整改，乙方应在规定期限内整改完毕达到标准。

7. 对乙方不能胜任工作或不听从指挥的人员，甲方有权要求乙方撤换；若乙方执意不撤换，甲方有权与乙方终止合同并向乙方追索相应的损失。

8. 如果乙方在工程质量、进度、安全、现场管理等方面不能满足甲方要求，甲方有权将分包合同范围的工作指定给其他方完成，所发生的分包费用从乙方的分包款中扣除。

9. 甲方为乙方提供下列施工便利：

（1）协调解决乙方现场的材料堆放及库存场所。

（2）向乙方提供现场施工人员宿舍。宿舍床铺、衣柜、吊架等生活设施以及冬季取暖设施、夏季通风防蝇设施等其他设施由乙方自备。

（3）提供生产用水用电，乙方应厉行节约。甲方有权随时抽查监督乙方用水用电行为，若发现有浪费或不良使用行为，甲方有权重罚，并禁止乙方使用甲方提供的水电资源。

（4）提供施工现场公共部位、施工通道、施工用楼梯间的照明，保证其通畅并负责其维护工作。

（5）负责将乙方归集堆放在指定地点的施工垃圾运出现场。

（6）在施工现场提供临时厕所设施，并负责定期清理。

（7）提供现场已有的垂直运输机械，乙方须提前24小时提交详细使用计划，说明其使用的起始时间、材料品种、规格和最大重量，由甲方统一协调安排使用。

（8）出具相关证明材料，协助乙方办理有关施工手续。

（9）负责提供现场的出入口的保卫工作，但乙方需自行负责其仓库的警卫和消防设施。

第十四条　乙方责任

1. 乙方必须具备相应的脚手架搭设施工资质。

2. 乙方指定＿＿＿＿＿＿＿＿为现场代表，全面负责本合同工程的施工与管理，负责合同的履行，负责处理现场所发生的一切事务，协调与本工程施工有关的事宜。若乙方现场代表易人，须提前7天书面通知甲方并经甲方认可，后任现场代表应全面承担包括乙方前任代表应负责任在内的所有责任。未经甲方同意，乙方不得任意调换和撤离人员。

3. 乙方必须参加甲方组织的施工图纸审核和施工现场交底，编制详尽的《脚手架搭设维护拆除施工方案》，经甲方审核审批后实施，乙方严格按照有关施工标准和施工方案进行施工，确保工程质量达标、进度完成、安全生产、文明施工。

4. 乙方自备施工所需机具、机械及其他随身工具，自备符合标准要求的个人安全防护用品，如安全帽、安全带、口罩等。

5. 乙方操作工必须持证上岗，进场前，乙方应向甲方提交施工人员注册花名册、特殊工种上岗证。进入施工现场人员都必须体检，有健康证，并接受安全培训、考核，办理相关证件。

6. 乙方负责办理自身施工现场人员的意外伤害保险，并负责缴纳保险费。

7. 乙方应于合同签订后7日内到政府主管部门办理合同备案，未及时办理而产生的责任及罚金由乙方自行承担。

8. 乙方必须遵守甲方的现场管理规定，服从甲方现场人员的管理，满足甲方对此分项工程的要求。

9. 乙方必须服从甲方的管理和监督，严格遵守安全技术规程和规章制度，乙方进场施工人员必须听从甲方管理人员的统一指挥，因乙方原因造成的损失由乙方负责赔偿。

10. 乙方必须遵守甲方的规章制度和纪律，服从甲方的统一管理和指导，不得与其他分包方发生纠纷。

11. 在施工期间，乙方应安排足够的人员看管自施工程材料，甲方予以协助，加强对内部工人的管理。

12. 乙方应严格遵守政府有关工程施工现场消防、保卫、交通安全的各项管理规定。如违反规定，由此造成的一切损失均由乙方承担。

13. 乙方应严格执行施工规范，安全防火、环境保护等国家、地方的有关规定及甲方现场的纪律，作好质量记录。施工中由乙方的责任引发的工伤事故由乙方负责。

14. 现场做到文明施工，工完场清，不损坏其他施工方的已完成工程，如有损坏，乙方自费予以修复。

15. 对已完成但尚未交接的工程，乙方应承担保护责任，如发生损坏，由乙方负责修复。

16. 在施工过程中，未经甲方许可，乙方不得擅自动用甲方现场的各种材料设备，不得擅自使用、拆改甲方现场的临时设施，否则由此引发的一切事故及损失均由乙方承担。

17. 乙方设置专（兼）职安全员，负责施工、交通安全，发生问题立即解决，并向甲方报告，承担由于自身安全措施不力及安全管理不到位造成的事故责任和损失。

18. 乙方驻工地代表应按甲方要求准时参加由业主、监理单位、甲方（三方中任意一方）主持的现场办公例会，并服从会议决议以及甲方的协调管理。若乙方驻工地代表无法正常参加会议，需指派代表参加。

19. 乙方对其领用或自备的材料负有保管、维修、保养责任，材料发生损坏、遗失、被盗的均由乙方自行负责，甲方不承担任何责任。

第十五条　授权管理

1. 乙方领用甲方提供材料的唯一授权人为_____，同时甲方确认发放甲方提供材料的唯一授权人为_____。双方特此约定，本工程所有甲供料的领用单必须同时具有上述二人的签字。

2. 对于本工程承包范围外发生的零星用工，双方约定，甲方的项目经理仅有对施工工作的确认权；涉及该工作的工作量及金额必须得到甲方高级项目总监_____或项目经理_____或商务经理_____的书面签认，方能作为该工作结算的依据；签证应当天办理，每月汇总上报给甲方；除此之外的零星用工签证，均作无效处理。

3. 凡涉及合同价款变更、结算、付款的，必须经甲方项目经理部项目经理、商务经理共同签字确认并加盖甲方与本合同相同的印章。甲方项目经理部其他任何人员的任何形式的签字不作为合同价款变更、付款及结算的依据。

4. 甲方项目经理部公章（方章）的使用范围为签署往来函件、会议纪要、洽商变更等履约过程中的文件，但不包括签署合同及其补充协议、办理结算。

第十六条　检查与验收

1. 乙方应认真按照相关标准、设计图纸和施工方案要求以及甲方依据合同发出的指令施工，随时接受甲方的检查检验，并为检查检验提供便利条件。

2. 脚手架搭设完成后须经甲方、业主、监理单位共同验收合格后方可使用。

3. 乙方在其承包的工程完工后，应立即通知甲方验收，乙方怠于通知，视为乙方未完成该工程；甲方收到乙方要求验收的通知后，及时组织人员对已完工程进行验收，乙方随时作好验收准备。乙方未完成的部分必须在合同约定的时间内完成，不符合质量标准的部分必须按甲方要求，在规定时间内整改完善，并经验收合格。

4. 应用扭力扳手检查安装后的扣件螺栓拧紧扭力矩，抽样应按随机均布原则进行。抽样检查数目与质量判定标准，应按《脚手架结构设计的扣件连接要求》的规定确定，不合格的必须重新拧紧，直至合格为止。

5. 脚手架的验收和日常检查应在以下情况下，验收合格后，方允许投入使用或继续使用：

（1）搭设完毕后；

（2）施工中途停止使用超过15天，在重新使用之前；

（3）在使用过程中，发现有显著的变形、拆除杆件和拉结以及安全隐患存在的情况时。

第十七条　环保与职业安全

1. 本合同双方应共同遵守国家和地方有关环境保护的法律、法规，努力营造绿色建筑。

2. 乙方在施工作业过程中满足甲方制定并经国家权威部门认证的 ISO 14001 环境管理体系、现行国际标准《职业健康安全管理体系要求及使用指南》ISO 45001 的要求，保证施工生产符合相关标准的要求。

3. 乙方进驻现场员工需接受经 ISO 14001 环境管理体系、现行国际标准《职业健康安全管理体系要求及使用指南》ISO

45001 认证的教育培训。

4. 乙方在运输材料（包括废料）、机具过程中应执行工程所在地政府关于禁止车辆运输泄漏、遗撒的规定。

5. 乙方须采取有效措施，防止运输机械噪声超标或机械漏油污染环境。运输车辆要定期进行噪声检测。对于不符合要求的机械要及时采取必要的措施。

第十八条　违约责任

1. 甲方不能按照合同约定向乙方支付合同价款的，应按照_____标准向乙方支付违约金。

2. 合同签署生效后，如果乙方不履行合同，则乙方应按合同价款的 10% 向甲方支付违约金；甲方已向乙方支付进度款的，乙方除如数退还甲方相关款项外，还应按照当期贷款利率向甲方支付相关款项的利息。

3. 乙方如不按合同约定时间完成脚手架搭设，进而影响甲方工程进度，造成的损失由乙方负责，包括但不限于甲方停工期间的现场工人工资、机械设备及周转材料租赁费用，以及第三方向甲方主张的工期延误赔偿等，乙方需按_____元/天向甲方支付赔偿费。

4. 未经甲方书面同意，乙方将本合同项下的任何权利义务（包含债权、债务）转让给第三方的，应在违约转让债权之日起 5 日内，按照本合同约定价款的_____% 向甲方支付违约金。

第十九条　争议解决

双方因履行本合同或因与本合同相关的事项发生争议的，应通过协商方式解决，协商不成，应首先提交_____调解中心进行调解，调解不成的，一方有权按照下列第_____项约定方式解决争议：

（1）向_____仲裁委员会申请仲裁；

（2）向_____人民法院提起诉讼。

第二十条　合同生效与终止

1. 本合同未约定事宜，双方可协商签订补充协议，补充协议与本合同具有同等法律效力。

2. 本合同自双方签字盖章之日起生效，在双方完成约定工作内容，费用全部结清后即告终止。

第二十一条　其他约定

本合同一式_____份，均具有同等法律效力，甲方执_____份，乙方执_____份。

（以下无正文）

甲方：（公章）　　　　　　　　　　　　　　　　　乙方：（公章）

法定代表人或其委托代理人：　　　　　　　　　　　法定代表人或其委托代理人：
（签字）　　　　　　　　　　　　　　　　　　　　（签字）

统一社会信用代码：_____　　　统一社会信用代码：_____
地址：_____　　　地址：_____
电话：_____　　　电话：_____
电子信箱：_____　　　电子信箱：_____
开户银行：_____　　　开户银行：_____
账号：_____　　　账号：_____

外脚手架搭设拆除分包合同

合同编号：

工程名称：_____
工程地址：_____
甲　　方：_____
乙　　方：_____

_____年_____月_____日

_____工程外脚手架搭设拆除分包合同

甲方（承包方）：_____
注册地址：_____
法定代表人：_____
乙方（分包方）：_____
注册地址：_____
法定代表人：_____

根据《中华人民共和国民法典》《中华人民共和国建筑法》《建设工程质量管理条例》《建设工程安全生产管理条例》及其他有关法律、行政法规、地方性法规等，遵循平等、自愿、公平和诚实信用的原则，甲乙双方经协商一致，就_____工程外脚手架搭设拆除施工事宜达成如下协议。

第一条 工程概况

1. 工程名称：_____项目。
2. 建设地点：_____市_____区_____路_____号。
3. 建筑面积：_____。
4. 结构形式：_____。
5. 楼层：地上_____层，地下_____层。
6. 建设单位：_____。
7. 监理单位：_____。

第二条 工程内容及承包范围

1. 工程内容：外脚手架的搭设、拆除及安全防护。
2. 承包范围：

（1）外双排脚手架的搭设、维护和拆除；

（2）"四口""五临边"的搭设、维护和拆除（"四口"是指楼梯口、电梯口、所有安全通道口、所有楼层的预留洞口；"五临边"即基坑边，各楼层、楼板及屋面等临边、所有楼层洞口临边）；

（3）悬挑架的搭设、维护和拆除；

（4）内外防护栏杆、各类操作棚、楼层挡脚板、地下及地上施工人员上下楼梯通道、场地扩大平台架、斜道架、安全挡脚板、上下料挑出钢平台的安拆；

（5）电梯井防护门、施工电梯进楼层安全门、剪力墙孔洞、施工电梯间的防护门、物料提升机进楼层安全门及外防护架的搭设及拆除防护门、安全门若为成品则由甲方提供，若用钢管则由乙方供应；

（6）电梯井水平防护、预留洞口防护、进楼层安全通道；

（7）所有防护栏杆、外架剪刀撑及挡脚板刷油漆，贴警示带；

（8）悬挑架挑梁及预埋件的安拆、钢丝绳拉接外架用铁环预埋的安装、楼层分层标志牌的搭设及拆除；

（9）挂拆立面、水平安全网、固定架子预埋件安放及连墙件设置，各类架子按甲方要求分段全封闭及施工时的操作层脚手板固定；

（10）各层脚手架自身材料清理、转堆和安全网内垃圾清理，完工拆卸后所有脚手架材料清理、修整等日常检查与维护；

（11）塔式起重机、施工电梯等垂直运输设备的隔离防护；

（12）按甲方要求在各类指定部位悬挂安全标语及宣传牌（条幅）并进行维护；

（13）架管、扣件、脚手板、安全网进入场地内的二次转运、码堆、看管；

（14）所用钢管均需刷黄色、黑色油漆，扣件清洗、刷油、修理；

（15）脚手架、扣件、脚手板的水平和垂直运输配合；

（16）外架及防护架体搭拆完毕，及时派人清理作业面；
（17）楼层标志挂设；
（18）外脚手架地坪垫层混凝土施工（必要时由甲方负责配合）；
（19）钢管扣件等材料的清理与退场，拆除后搬运至指定位置分规格码放；
（20）提供满足本市建筑安装工程资料管理规定、标准和国家档案管理规定要求的脚手架检查验收资料。

第三条　价款与计量

1. 合同价款

本合同价款暂定为_____元（大写：_____），其中不含增值税价格为_____元（大写：_____），增值税税额为_____元（大写：_____），增值税税率为_____%。若本合同履行过程中增值税税率发生变化，则合同价款的调整方式为：_____。

2. 合同价款明细表

序号	工程内容	暂定工程量	固定综合单价（元）	小计（元）
1	外脚手架搭拆、租赁、维护			
2	安全防护搭拆、租赁、维护			
3	使用期调整费用			
3.1	外脚手架材料租赁维护			
3.2	安全防护材料租赁维护			
合计（元）：				

3. 合同价款说明

（1）本合同为固定单价合同（已含税金）。合同单价包括乙方为履行本合同约定的义务，完成合同工作内容，承担自身经营风险，满足国家标准和设计要求，使业主、监理单位、甲方满意所发生的一切相关费用，包括但不限于脚手架的搭拆所需的材料费、人工费、辅材费、运输费、装卸费、保管费、机具费、食宿交通费、材料损耗费、应该缴纳给政府有关部门的各项税费以及乙方应获的利润、税金、管理费、规费等一切费用。除本合同另有约定外，合同固定综合单价在本合同履行期限内不作调整。

（2）其中材料费具体包含钢管、扣件、安全网（选择项）、竹笆、跳板、连墙杆件、铁丝等所有材料的费用。

4. 工程量计算方法

（1）工程量计算基本原则：按甲方审核批准的《脚手架搭设维护拆除施工方案》进行计算，其中满堂脚手架按搭设架体的体积计算，单/双排脚手架按搭设架体的垂直投影面积计算，其他脚手架按座计算。

（2）使用期调整费用：按照甲方要求的实际拆除日期与合同约定的拆除日期差计取，日租费等于月租费除以30天。

第四条　付款

1. 本工程无预付款。
2. 月度付款前提：
（1）月度施工内容经甲方同意；
（2）施工进度在甲方的总控制计划之内；
（3）经监理单位、甲方验收合格（分阶段验收时）；
（4）随月进度提交甲方要求的相关资料。
3. 进度款：按月度完成合格工程的数量结算进度款。
4. 下列情况不予以计量与付款：
（1）乙方强行施工的；
（2）不能证明施工质量合格的；
（3）乙方自身原因致使返工的；

（4）未经甲方、监理单位验收的。

5. 付款程序：

（1）费用每月结算一次，结算截止日期为每月＿＿＿＿＿＿＿日。上月＿＿＿＿＿＿＿日前，乙方应向甲方递交本期按合同约定应付的费用的汇总表和请款报告，甲方应在收到乙方提交的结算付款申请后＿＿＿＿＿＿＿日内完成审核，并在审核确认后＿＿＿＿＿＿＿日内向乙方支付审核确定的合同价款。

（2）甲方以＿＿＿＿＿＿＿＿＿＿＿＿方式向乙方支付合同价款。在甲方按照约定向乙方支付合同价款前，乙方应按照甲方要求提供发票。

6. 一方的付款信息发生变化的，应以书面形式通知另一方，因未及时通知导致款项支付发生延迟或错误的，相关责任由该方承担。

第五条　工期要求

1. 开工日期：＿＿＿＿＿＿年＿＿＿＿＿＿月＿＿＿＿＿＿日（以甲方通知开工日期为准）。

2. 完工日期：＿＿＿＿＿＿年＿＿＿＿＿＿月＿＿＿＿＿＿日，计＿＿＿＿＿＿＿日历天（以甲方工期安排计划日期为准）。

3. 以上总工期和阶段工期已经考虑下列因素：

（1）法定节假日或公休日；

（2）不利的气候条件（不可抗力除外）；

（3）高考、中考期间政府对施工的限制；

（4）与其他施工工序间不可避免的交叉作业影响；

（5）政府职能部门的执法检查、各种奖项的评比检查；

（6）分阶段、分区段检查验收；

（7）重大政治事件要求停工或进行各项管制而影响的工期。

4. 乙方须按甲方的总控制进度计划施工，确保每周的工作均在甲方的总控制进度计划内完成；如乙方不能按甲方总控制进度计划完成工作，则须按甲方指令无偿追加现场使用的机具、人员投入，直到满足甲方、业主的合理进度要求为止。如乙方在追加现场使用的机具、人员后，仍然不能达到甲方、业主之合理要求，甲方有权另行聘请其他分包方承建上述工程，乙方承担所有相关费用并承担违约赔偿责任。

5. 非甲方原因（不可抗力除外）造成上述工作延误，每拖延一天罚款＿＿＿＿＿＿＿元，且乙方应赔偿甲方因此遭受的损失，包括但不限于甲方停工期间的现场工人工资、机械设备及周转材料租赁费用，以及第三方向甲方主张的工期延误赔偿等。

第六条　工期延误

1. 以下任何一项原因造成乙方延误实施分包工程的，经甲方项目经理书面确认，分包工程的竣工时间相应延长：

（1）非分包单位造成的工程延误，而且总包单位已根据总包合同从业主处获得与分包合同相关的竣工时间的延长许可；

（2）非乙方原因造成分包工程范围内的工程变更及工程量增加超过10%；

（3）甲方未按约定时间提供开工条件、施工现场等造成的延误，如其他分包方的非正常影响，结构严重偏差；

（4）甲方发出错误的指令或者延迟发出确认批准指令造成分包合同工期延误；

（5）不可抗力等其他非分包原因造成分包工程的延误；

（6）甲方认可的其他可以谅解的工程延误。

2. 因业主原因造成工期延误的，经业主认可后对甲方进行工期补偿。

3. 乙方在上述任一事件发生后的5天内，就延误的工期以书面的形式向甲方提出报告。如果上述事件具有持续的影响，则分包单位应每隔5天发出一份报告，事件影响结束之日起10天内提交最终报告给甲方商务部门。甲方在收到报告后10天内就报告内容予以答复或提出修改意见，否则视为已经同意。

第七条　不可抗力

1. 不可抗力系指不能预见、不能避免且不能克服的客观情况。任何一方由于受到诸如战争、严重火灾、瘟疫、洪水、台风、地震等不可抗力的影响而不能执行合同时，履行合同的期限应予以延长，延长期限相当于不可抗力所影响的时间。

2. 受影响的一方应在不可抗力事件发生后尽快以书面形式（包括传真、电子邮件方式）通知对方，并于不可抗力事件发生后14日内将有关部门局出具的证明文件用特快专递或挂号信寄给对方审阅确认，同时受影响的一方应尽可能继续履行合同义务，积极采取合理的方案履行不受不可抗力影响的其他事项。

3. 不可抗力事件影响持续 60 日以上的，双方可通过友好协商，在合理时间内达成进一步履行或解除合同的协议。

4. 任何一方没有采取有效措施导致损失扩大的，应对扩大的损失承担责任。合同一方迟延履行合同义务，在迟延履行期间发生不可抗力的，不免除其违约责任。

第八条　变更与变更计价

1. 甲方有权根据本工程的施工需要对分包工程或其中的任何部分的形式、质量、数量做出变更或调整，甲方有权指示乙方进行以下任何工作，乙方应遵照执行：

（1）增加或减少合同中已经包含的工作量；

（2）改变施工顺序或时间安排；

（3）为确保工程质量和工程竣工而必需的任何附加的工作。

2. 涉及变更事项的，甲方应及时以本合同约定的方式通知乙方，乙方应按照甲方通知要求及本合同约定办理相关手续。上述变更指令发出后，双方应继续履行本合同，本分包合同不因以上变更而失效或者作废。因变更而导致合同价款发生变化则按相应条款约定做出调整。

3. 如果乙方违约或分包自身原因造成甲方不得不发出变更指令，则此类变更发生后增加的费用由乙方自行承担。

4. 若变更仅涉及工程量的增减，则单价不变，仍按原合同单价执行。若合同中没有适用于变更工作的价格，则双方根据市场价格，通过协商确定相关变更工作的单价。

第九条　技术质量

1. 验收要求

本工程以甲方的施工图纸、双方约定的施工方案、设计变更及国家施工及验收标准进行施工，乙方应保证所承包的工程质量和保修符合国家现行施工验收标准和业主总包合同要求的标准，并能通过业主、有关部门及监督机构的验收。

2. 标准

本工程的脚手架搭设应符合现行国家、地方、行业标准及设计图纸要求，包括：

（1）《建筑施工安全检查标准》JGJ 59；

（2）《建筑施工高处作业安全技术规范》JGJ 80；

（3）《建设工程施工现场供用电安全规范》GB 50194；

（4）《建筑施工扣件式钢管脚手架安全技术规范》JGJ 130；

（5）《建筑施工门式钢管脚手架安全技术标准》JGJ/T 128；

（6）《施工企业安全生产评价标准》JGJ/T 77；

（7）《建筑工程施工质量验收统一标准》GB 50300；

（8）其他相关标准。

上述标准若有不一致或矛盾之处，按较为严格标准执行。

3. 一般要求

（1）安全网产品标准：必须采用甲方认可的厂家及产品。

（2）产品材质应符合现行国家标准《碳素结构钢》GB/T 700 中_____级钢的规定。

（3）产品力学性能应符合现行国家标准《直缝电焊钢管》GB/T 13793 或《低压流体输送用焊接钢管》GB/T 3091 中的要求。

（4）外观及尺寸符合现行行业标准《建筑施工扣件式钢管脚手架安全技术规范》JGJ 130 的要求，即外径____mm，最大负公差_____mm；壁厚_____mm，最大负公差_____mm。

（5）钢管表面应平直光滑，不应有裂缝、结疤、分层、错位、硬弯、毛刺、压痕、深的划道和孔洞，并应涂有防锈漆。

（6）单根脚手架钢管的最大质量不宜大于_____kg。

（7）脚手架扣件（铸铁可锻铁或铸钢制造）应符合现行国家标准《钢管脚手架扣件》GB/T 15831 的规定。

（8）钢板冲压扣件执行现行行业标准《钢板冲压扣件》GB 24910 的规定。

（9）旧扣件无裂缝、变形，螺栓不滑丝。

（10）钢管脚手架的杆件连接必须使用合格的钢扣件，不得使用铅丝和其他材料绑扎。

（11）脚手架搭设时应设安全警戒区，设置警戒标志，派专人看管，并顾及附近人员的安全。

第十条 材料机具管理

1. 材料机具供应

（1）甲方供应的材料机具：钢管、扣件、脚手板、安全网、垫板、架体拉结用钢丝绳、爬梯原材料，现场现有的塔式起重机、外用电梯等大型垂直运输机械。

（2）上述材料以外的绑扎铁丝、扳手、切割机等材料、机具均由乙方提供。

2. 仓储管理

（1）乙方自行对材料（包括甲供材料）加以妥善保管，防止人为破坏、偷盗以及不利自然条件的侵蚀，费用自理。如果乙方未采取适当的保管保护措施，甲方有权指派他人完成，所发生的费用无论多少概由乙方承担，对此乙方不得有任何异议。

（2）进、退场的材料机具堆放地点，必须经过甲方批准，服从甲方的统筹安排。乙方无条件提供人员进行卸货、装车，所提供人员必须服从甲方物资部管理人员管理，乙方拒不进行卸货，甲方有权安排其他人员卸货，发生的费用从应付乙方的工程款中扣除。

第十一条 现场、人员管理、安全文明施工

1. 乙方应遵守国家、行业、地方以及甲方有关现场安全文明施工的各项管理规定，在设施的投入、现场的布置等各方面严格按照甲方的规定执行，并符合甲方的企业形象标识（CI）要求。

2. 现场施工人员必须统一着装，统一佩戴安全帽及胸卡，施工人员须持证进出现场。

3. 乙方所有进入施工现场的人员必须遵守安全施工的有关规章制度，严格遵守安全操作规程，严格遵守工地现场施工管理制度，确保安全施工。

4. 乙方严格执行国家特种作业工种人员年龄及健康要求，架子工应为年龄在18~55岁之间的健康男性成人。从业者需具有一定的学习能力、计算能力，有较强的空间感，有准确的分析推理判断能力，手指、手臂、腿脚灵活，动作协调，身体健康，能适应高空作业。

5. 乙方要对工人进行三级教育，工人应定期检查身体并持证（特种作业证）上岗，禁止有高血压、心脏病、癫痫病的人员从事架子搭设作业。

6. 乙方应该采取一切合理的措施防止其人员实施违法或妨害社会治安和公共安全的行为，并有完全的责任和义务保护周围其他人员和财产免受上述行为的危害，否则造成的一切后果由乙方承担。

第十二条 甲方责任

1. 甲方驻现场代表：项目经理为_____，代表甲方全面履行合同各项职责。

2. 甲方其他主要管理人员姓名：技术负责人为_____，生产负责人为_____，商务负责人为_____。

3. 甲方负责协调乙方与现场其他分包方、施工工序之间的关系。

4. 分项工程施工前，甲方负责组织施工技术交底，审查乙方施工方案。

5. 甲方及时向乙方提供施工所需指令、指示、洽商等相关施工文件。

6. 甲方为乙方提供下列施工便利：

（1）协调解决乙方现场的材料堆放及库存场所。

（2）向乙方提供现场施工人员宿舍。宿舍床铺、衣柜、吊架等生活设施以及冬季取暖设施、夏季通风防蝇设施等其他设施由乙方自备。

（3）提供生产用水用电，乙方应厉行节约。甲方有权随时抽查监督乙方用水用电行为，若发现有浪费或不良使用行为，甲方有权重罚，并禁止乙方使用甲方提供的水电资源。

（4）提供施工现场公共部位、施工通道、施工用楼梯间的照明，保证其通畅并负责其维护工作。

（5）负责将乙方归集堆放在指定地点的施工垃圾运出现场。

（6）在施工现场提供临时厕所设施，并负责定期清理。

（7）提供现场已有的垂直运输机械，乙方须提前24小时提交详细使用计划，说明其使用的起始时间、材料品种、规格和最大重量，由甲方统一协调安排使用。

（8）出具相关证明材料，协助乙方办理有关施工手续。

（9）负责提供现场的出入口的保卫工作，但乙方需自行负责其仓库的警卫和消防设施。

第十三条　乙方责任

1. 乙方必须具备相应的脚手架搭设施工资质。

2. 乙方指定＿＿＿＿＿＿＿为现场代表，全面负责本合同工程的施工与管理，负责合同的履行，负责处理现场所发生的一切事务，协调与本工程施工有关的事宜。若乙方现场代表易人，须提前7天书面通知甲方并经甲方认可，后任现场代表应全面承担包括乙方前任代表应负责任在内的所有责任。未经甲方同意，乙方不得任意调换和撤离人员。

3. 乙方必须参加甲方组织的施工图纸审核和施工现场交底，编制详尽的《脚手架搭设维护拆除施工方案》，经甲方审核审批后实施，乙方严格按照有关施工标准和施工方案进行施工，确保工程质量达标、进度完成、安全生产、文明施工。

4. 乙方自备施工所需机具、机械及其他随身工具，自备符合标准要求的个人安全防护用品，如安全帽、安全带、口罩等。

5. 乙方应采取恰当的方式对施工成品、半成品进行妥善保护，防止交叉施工造成污染与损害，并保证不损害其他施工单位的施工作业成果，如有损害乙方应自费予以修理。

6. 乙方应随时准备接受甲方、政府职能部门对工程质量、安全、文明施工的检验、检查，并为检验、检查提供便利条件。

7. 乙方应负责己方施工区域的安全文明施工，及时将己方施工区域的施工垃圾清理到甲方指定的区域，否则甲方有权自行组织他人完成该项工作，费用从乙方款项中扣除。

8. 乙方现场负责人需按时参加甲方项目经理部组织的有关安全、质量、进度、文明施工等方面的各种会议、检查活动，不得无故缺席。若乙方代表临时有其他紧急事务无法出席，须指派代表参加。会议所做出的决议、事项，双方需共同恪守，严格遵照执行。

9. 未经甲方许可，乙方不得私自在现场包括生活区私搭乱建临时用房。

10. 乙方负责作业面的施工照明，自行从甲方引出的水电接驳点将水源、电源引至其施工作业地点，自备所需配件、电线等设备设施。合理使用甲方提供的水电资源，杜绝浪费。

11. 在分包工程完工后，除甲方同意无需拆除外，乙方必须按甲方要求拆除其搭设的一切临时设施，将现场恢复原样。

12. 乙方应与其他各专业分包仔细核对图纸尺寸和标高以及预埋件位置与数量，以防因尺寸、标高、标注不统一或错误造成其他施工错误。如乙方未能提供或提供数据有误，造成的一切损失由乙方承担。

13. 乙方可免费使用甲方设在现场的已有的脚手架、操作平台、防护设施，但使用前必须向甲方提出申请，明确使用部位和使用时间，经甲方批准后方可使用，未经甲方同意擅自使用的，发生一切意外事故或责任由乙方独自承担。

14. 未经甲方许可，乙方不得擅自拆改现场安全防护设施、脚手架、操作平台。否则，发生安全事故的一切责任由乙方承担。

第十四条　授权管理

1. 乙方领用甲方提供材料的唯一授权人为＿＿＿＿＿＿＿，同时甲方确认发放甲方提供材料的唯一授权人为＿＿＿＿＿＿＿。双方特此约定，本工程所有甲供料的领用单必须同时具有上述二人的签字。

2. 对于本工程承包范围外发生的零星用工，双方约定，甲方的项目经理仅有对施工工作的确认权；涉及该工作的工作量及金额必须得到甲方高级项目总监＿＿＿＿＿＿＿或项目经理＿＿＿＿＿＿＿或商务经理＿＿＿＿＿＿＿的书面签认，方能作为该工作结算的依据；签证应当天办理，每月汇总上报给甲方；除此之外的零星用工签证，均作无效处理。

3. 凡涉及合同价款变更、结算、付款的，必须经甲方项目经理部项目经理、商务经理共同签字确认并加盖甲方与本合同相同的印章。甲方项目经理部其他任何人员的任何形式的签字不作为合同价款变更、付款及结算的依据。

4. 甲方项目经理部公章（方章）的使用范围为签署往来函件、会议纪要、洽商变更等履约过程中的文件，但不包括签署合同及其补充协议、办理结算。

第十五条　检查与验收

1. 乙方应认真按照标准和设计图纸要求以及甲方依据合同发出的指令施工，随时接受甲方的检查检验，并为检查检验提供便利条件。

2. 脚手架搭设完成后须经甲方、业主、监理单位共同验收合格后方可使用。

3. 乙方在其承包的工程完工后，应立即通知甲方验收，乙方怠于通知，视为乙方未完成该工程；甲方收到乙方要求验收的通知后，及时组织人员对已完工程进行验收，乙方随时作好验收准备。乙方未完成的部分必须在合同约定的时间内完成，不符合质量标准的部分必须按甲方要求，在规定时间内整改完善，并经验收合格。

4.安装后的扣件螺栓拧紧扭力矩应用扭力扳手检查，抽样应按随机均布原则进行。抽样检查数目与质量判定标准，应按《脚手架结构设计的扣件连接要求》的规定确定，不合格的必须重新拧紧，直至合格为止。

5.脚手架的验收和日常检查应在以下情况下进行，验收合格后，方允许投入使用或继续使用：

（1）搭设完毕后；

（2）施工中途停止使用超过 15 天，在重新使用之前；

（3）在使用过程中，发现有显著的变形、拆除杆件和拉结以及安全隐患存在的情况时。

第十六条 环保与职业安全

1.本合同双方应共同遵守国家和地方有关环境保护的法律、法规，努力营造绿色建筑。

2.乙方在施工作业过程中满足甲方制定并经国家权威部门认证的 ISO 14001 环境管理体系、现行国际标准《职业健康安全管理体系要求及使用指南》ISO 45001 的要求，保证施工生产符合相关标准的要求。

3.乙方进驻现场员工需接受经 ISO 14001 环境管理体系、现行国际标准《职业健康安全管理体系要求及使用指南》ISO 45001 认证的教育培训。

4.乙方在运输材料（包括废料）、机具过程中应执行工程所在地政府关于禁止车辆运输泄漏、遗撒的规定。

5.乙方须采取有效措施，防止运输机械噪声超标或机械漏油污染环境。运输车辆要定期进行噪声检测。对于不符合要求的机械要及时采取必要的措施。

6.施工人员进入施工现场，要正确穿戴安全防护用品。

第十七条 违约责任

1.甲方不能按照合同约定向乙方支付合同价款的，应按照_____标准向乙方支付违约金。

2.合同签署生效后，如果乙方不履行合同，则乙方应按合同价款的 10% 向甲方支付违约金；甲方已向乙方支付进度款的，乙方除如数退还甲方相关款项外，还应按照当期贷款利率向甲方支付相关款项的利息。

3.乙方如不按合同约定时间完成脚手架搭设，进而影响甲方工程进度，造成的损失由乙方负责，包括但不限于甲方停工期间的现场工人工资、机械设备及周转材料租赁费用，以及第三方向甲方主张的工期延误赔偿等，乙方需按_____元 / 天向甲方支付赔偿费。

4.未经甲方书面同意，乙方将本合同项下的任何权利义务（包含债权、债务）转让给第三方的，应在违约转让债权之日起 5 日内，按照本合同约定价款的_____% 向甲方支付违约金。

第十八条 争议解决

双方因履行本合同或因与本合同相关的事项发生争议的，应通过协商方式解决，协商不成的，应首先提交_____调解中心进行调解，调解不成的，一方有权按照下列第_____项约定方式解决争议：

（1）向_____仲裁委员会申请仲裁；

（2）向_____人民法院提起诉讼。

第十九条 合同生效与终止

1.合同未约定事宜，双方可协商签订补充协议，补充协议与本合同具有同等法律效力。

2.本合同自双方签字盖章之日起生效，在双方完成约定工作内容，费用全部结清后即告终止。

第二十条 其他约定

本合同一式_____份，均具有同等法律效力，甲方执_____份，乙方执_____份。

（以下无正文）

（本页为签署页）

甲方：（公章） 乙方：（公章）

法定代表人或其委托代理人： 法定代表人或其委托代理人：
（签字） （签字）

统一社会信用代码：_____ 统一社会信用代码：_____
地址：_____ 地址：_____
电话：_____ 电话：_____
电子信箱：_____ 电子信箱：_____
开户银行：_____ 开户银行：_____
账号：_____ 账号：_____

特殊硬防护、外用电梯层间防护脚手架分包合同

合同编号：

工程名称：_____
工程地址：_____
甲　　方：_____
乙　　方：_____

_____年_____月_____日

_____工程特殊硬防护、外用电梯层间防护脚手架分包合同

甲方（承包方）：_____
乙方（分包方）：_____

根据《中华人民共和国民法典》《中华人民共和国建筑法》《建设工程质量管理条例》《建设工程安全生产管理条例》及其他有关法律、行政法规、地方法规等，遵循平等、自愿、公平和诚实信用的原则，甲乙双方经协商一致，就_____工程特殊硬防护、外用电梯层间防护脚手架搭拆的相关事宜达成如下协议。

第一条 工程概况

1. 工程名称：_____项目。
2. 工程地点：_____市_____区_____路_____号。
3. 结构类型：_____。
4. 建筑面积：_____。
5. 楼层：地上_____层；地下_____层。
6. 建设单位：_____。
7. 监理单位：_____。

第二条 工程内容及承包范围

1. 工程内容：特殊硬防护、外用电梯层间防护脚手架及安全防护。
2. 承包范围：

（1）特殊硬防护、内外防护栏杆、各类操作棚、楼层挡脚板、地下及地上施工人员上下楼梯通道、场地扩大平台架、斜道架、安全挡脚板、上下料挑出钢平台的安拆；

（2）电梯井防护门、施工电梯进楼层安全门、剪力墙孔洞、施工电梯间的防护、物料提升机进楼层安全门及外防护架的搭设及拆除；

（3）电梯井水平防护、预留洞口防护、进楼层安全通道防护；

（4）所有防护栏杆、外架剪刀撑及挡脚板刷油漆、贴警示带；

（5）各层脚手架自身材料清理、转堆和安全网内垃圾清理，完工拆卸后所有脚手架材料清理、修整等日常检查与维护；

（6）施工电梯等垂直运输设备的隔离防护；

（7）按甲方企业形象标识（CI）要求在各类指定部位悬挂安全标语及宣传牌（条幅）并进行维护；

（8）架管、扣件、脚手板、安全网进入场地内的二次转运、码堆、看管；

（9）外架及防护架体搭拆完毕，及时派人清理作业面；

（10）钢管扣件等材料的清理与退场，拆除后搬运至指定位置分规格码放；

（11）提供满足本市建筑安装工程资料管理规定、标准和国家档案管理规定要求的脚手架检查验收资料。

第三条 承包方式

包工包料，包工期，包文明施工，符合本工程安全文明施工要求。

第四条 价款与计量

1. 合同价款

本合同价款暂定为_____元（大写：_____），其中不含增值税价格为_____元（大写：_____），增值税税额为_____元（大写：_____），增值税税率为_____%。若本合同履行过程中增值税税率发生变化，则合同价款的调整方式为：_____。

2. 合同价款明细表

序号	项目内容	暂定工程量（m²）	固定综合单价（元）	小计（元）
1	特殊硬防护搭拆、租赁、维护			
2	外用电梯层间防护脚手架搭拆、租赁、维护			
3	使用期调整费用			
合计：_____元				

3. 合同价款说明

（1）本合同为固定单价合同（已含税金）。合同单价包括乙方为履行本合同约定的义务，完成合同工作内容，承担自身经营风险，满足国家标准和设计要求，使业主、监理单位、甲方满意所发生的一切相关费用，包括但不限于脚手架的搭拆所需的材料费、人工费、辅材费、运输费、装卸费、保管费、机具费、食宿交通费、材料损耗费、应该缴纳给政府有关部门的各项税费以及乙方应获的利润、税金、管理费、规费等一切费用。除本合同另有约定外，合同固定综合单价在本合同履行期限内不作调整。

（2）其中材料费具体包含钢管、扣件、安全网（选择项）、竹笆、跳板、连墙杆件、铁丝等所有材料的费用。

4. 工程量计算方法

（1）工程量计算基本原则：按甲方审核批准的《脚手架搭设维护拆除施工方案》进行计算，其中满堂脚手架按搭设架体的体积计算，单/双排脚手架按搭设架体的垂直投影面积计算，其他脚手架按座计算。

（2）使用期调整费用：按照甲方要求的实际拆除日期与合同约定的拆除日期差计取，日租费等于月租费除以30天。

第五条 合同价款支付

1. 本工程无预付款。

2. 月度付款前提：

（1）月度施工内容经甲方同意；

（2）施工进度在甲方的总控制计划之内；

（3）经监理单位、甲方验收合格（分阶段验收时）；

（4）随月进度提交甲方要求的相关资料。

3. 进度款：按月度完成合格工程的数量结算进度款。

4. 下列情况不予以计量与付款：

（1）乙方强行施工的；

（2）不能证明施工质量合格的；

（3）乙方自身原因致使返工的；

（4）未经监理单位、甲方验收的（包括阶段验收）。

5. 付款程序：

（1）费用每月结算一次，结算截止日期为每月_____日。上月_____日前，乙方应向甲方递交本期按合同约定应付的费用的汇总表和请款报告，甲方应在收到乙方提交的结算付款申请后_____日内完成审核，并在审核确认后_____日内向乙方支付审核确定的合同价款。

（2）甲方以_____方式向乙方支付合同价款。在甲方按照约定向乙方支付合同价款前，乙方应按照甲方要求提供发票。

6. 一方的付款信息发生变化的，应以书面形式通知另一方，因未及时通知导致款项支付发生延迟或错误的，相关责任由该方承担。

第六条 合同工期

1. 开工日期：_____年_____月_____日（以甲方通知开工日期为准）。

2. 完工日期：_____年_____月_____日，计_____日历天（以甲方工期安排计划日期为准）。

3. 以上总工期与阶段工期已考虑下列因素：

（1）法定节假日或公休日；

（2）不利的气候条件（不可抗力除外）；

（3）高考、中考期间政府对施工的限制；
（4）重大政治事件要求停工或进行各项管制而影响的工期；
（5）与其他施工工序间不可避免的交叉作业影响；
（6）政府职能部门的执法检查、各种奖项的评比检查；
（7）分阶段、分区段检查验收。

4. 乙方须按甲方的进度计划施工，乙方确保在甲方的进度计划要求的时间内完成脚手架搭设、拆除及材料退场，并通过验收；若乙方未按甲方进度计划完成工作，则必须按甲方指令无偿追加各项投入，以达到甲方的合理工期要求为止。

5. 非甲方原因（不可抗力除外）造成上述工作延误，每拖延一天罚款_____元，且乙方应赔偿甲方因此遭受的损失，包括但不限于甲方停工期间的现场工人工资、机械设备及周转材料租赁费用，以及第三方向甲方主张的工期延误赔偿等。

第七条　工期延误

1. 以下任何一项原因造成乙方延误实施分包工程的，经甲方项目经理书面确认，分包工程的竣工时间可相应延长：
（1）非乙方原因造成的工程延误，并且甲方已根据总包合同从业主处获得与分包合同相关的竣工时间的延长许可；
（2）非乙方原因造成分包工程范围内的工程变更及工程量增加超过10%；
（3）甲方未按约定时间提供开工条件、施工现场等造成的延误；
（4）甲方发出错误的指令或者延迟发出确认批准指令造成分包合同工期延误；
（5）不可抗力等其他非分包原因造成分包工程的延误；
（6）甲方认可的其他可以谅解的工程延误。

2. 因业主原因造成工期延误的，经业主认可后对甲方进行工期补偿。

3. 乙方在上述任一事件发生后的5天内，就延误的工期以书面的形式向甲方提出报告。如果上述事件具有持续的影响，则乙方应每隔5天发出一份报告，事件影响结束之日起10天内提交最终报告给甲方商务部门。甲方在收到报告后10天内就报告内容予以答复或提出修改意见，否则视为已经同意。

第八条　不可抗力

1. 不可抗力系指不能预见、不能避免且不能克服的客观情况。任何一方由于受到诸如战争、严重火灾、瘟疫、洪水、台风、地震等不可抗力的影响而不能执行合同时，履行合同的期限应予以延长，延长期限相当于不可抗力所影响的时间。

2. 受影响的一方应在不可抗力事件发生后尽快以书面形式（包括传真、电子邮件方式）通知对方，并于不可抗力事件发生后14日内将有关当局出具的证明文件用特快专递或挂号信寄给对方审阅确认，同时受影响的一方应尽可能继续履行合同义务，积极采取合理的方案履行不受不可抗力影响的其他事项。

3. 不可抗力事件影响持续60日以上的，双方可通过友好协商，在合理时间内达成进一步履行或解除合同的协议。

4. 任何一方没有采取有效措施导致损失扩大的，应对扩大的损失承担责任。合同一方迟延履行合同义务，在迟延履行期间发生不可抗力的，不免除其违约责任。

第九条　变更与变更计价

1. 甲方有权根据本工程的施工需要对分包工程或其中的任何部分的形式、质量、数量做出变更或调整，甲方有权指示乙方进行以下任何工作，乙方应遵照执行：
（1）增加或减少合同中已经包含的工作量；
（2）改变工程做法、材料；
（3）改变分包工程任何部位的标高、位置或尺寸；
（4）改变施工顺序或时间安排；
（5）为确保工程质量和工程竣工而必需的任何附加的工作。

2. 涉及变更事项的，甲方应及时以本合同约定的方式通知乙方，乙方应按照甲方通知要求及本合同约定办理相关手续。上述变更指令发出后，双方应继续履行本合同，本分包合同不因以上变更而失效或者作废。因变更而导致合同价款发生变化则按相应条款约定做出调整。

3. 如果乙方违约或分包自身原因造成甲方不得不发出变更指令，则任何此类变更发生后增加的费用由乙方自行承担。

4. 若变更仅涉及工程量的增减，则单价不变，仍按原合同单价执行。若合同中没有适用于变更工作的价格，则双方根据市场价格，通过协商确定相关变更工作的单价。

第十条　技术质量要求

1. 验收要求

本工程以甲方的施工图纸、双方约定的施工方案、设计变更及国家施工及验收标准进行施工，乙方应保证所承包的工程质量和保修符合国家现行施工验收标准和业主总包合同要求的标准，并能通过业主及有关部门及监督机构的验收。

2. 标准

应满足现行国家、地方、行业标准及设计图纸的要求：

（1）《建筑施工安全检查标准》JGJ 59；
（2）《建筑施工高处作业安全技术规范》JGJ 80；
（3）《建设工程施工现场供用电安全规范》GB 50194；
（4）《建筑施工扣件式钢管脚手架安全技术规范》JGJ 130；
（5）《建筑施工门式钢管脚手架安全技术标准》JGJ/T 128；
（6）《施工企业安全生产评价标准》JGJ/T 77；
（7）《建筑工程施工质量验收统一标准》GB 50300；
（8）其他相关标准。

上述标准若有不一致或矛盾之处，按较为严格标准执行。

3. 一般规则

（1）安全网产品标准：必须采用甲方认可的厂家及产品。
（2）产品材质应符合现行国家标准《碳素结构钢》GB/T 700 中_____级钢的规定。
（3）产品力学性能应符合现行国家标准《直缝电焊钢管》GB/T 13793 或《低压流体输送用焊接钢管》GB/T 3091 中的要求。
（4）外观及尺寸符合现行行业标准《建筑施工扣件式钢管脚手架安全技术规范》JGJ 130 的要求，即外径_____mm，最大负公差_____mm；壁厚_____mm，最大负公差_____mm。
（5）钢管表面应平直光滑，不应有裂缝、结疤、分层、错位、硬弯、毛刺、压痕、深的划道和孔洞，并应涂有防锈漆。
（6）单根脚手架钢管的最大质量不宜大于_____kg。
（7）脚手架扣件（铸铁可锻铁或铸钢制造）应符合现行国家标准《钢管脚手架扣件》GB/T 15831 的规定。
（8）钢板冲压扣件执行现行行业标准《钢板冲压扣件》GB 24910 的规定。
（9）旧扣件无裂缝、变形，螺栓不滑丝。
（10）钢管脚手架的杆件连接必须使用合格的钢扣件，不得使用铅丝和其他材料绑扎。
（11）脚手架搭设时应设安全警戒区，设置警戒标志，派专人看管，并顾及附近人员的安全。

4. 成品保护

（1）乙方在施工中应采取恰当的措施对成品进行妥善保护。
（2）大风雨及大雪后，及时组织人员对架子进行检查，对马道、脚手板、跳板上的积水、积雪及时清理。
（3）架子拆除需注意成品保护，不得损坏已施工完的装修面层。

第十一条　材料机具管理

1. 材料机具供应

（1）甲方供应的材料机具：钢管、扣件、脚手板、安全网、垫板、架体拉结用钢丝绳、爬梯原材料，现场现有的塔式起重机、外用电梯等大型垂直运输机械。
（2）上述材料以外的绑扎铁丝、扳手、切割机等材料、机具均由乙方提供。

2. 仓储管理

（1）乙方自行对材料（包括甲供材料）加以妥善保管，防止人为破坏、偷盗以及不利自然条件的侵蚀，费用自理。如果乙方未采取适当的保管保护措施，甲方有权指派他人完成，所发生的费用无论多少概由乙方承担，对此乙方不得有任何异议。

（2）进、退场的材料机具堆放地点，必须经过甲方批准，服从甲方的统筹安排。乙方无条件提供人员进行卸货、装车，所提供人员必须服从甲方物资部管理人员管理，乙方拒不进行卸货，甲方有权安排其他人员卸货，发生的费用从应付乙方的工程款中扣除。

第十二条　现场、人员管理、安全文明施工

1. 乙方应遵守国家、行业、地方以及甲方有关现场安全文明施工的各项管理规定，在设施的投入、现场的布置等各方面严格按照甲方的规定执行，并符合甲方的企业形象标识（CI）要求。

2. 现场施工人员进场前到甲方经理部办理出入证件，进场后必须统一着装、统一佩戴安全帽及胸卡，施工人员须持证进出现场。

3. 乙方所有进入施工现场的人员必须遵守安全施工的有关规章制度，严格遵守安全操作规程，严格遵守工地现场施工管理制度，确保安全施工。

4. 乙方严格执行国家特种作业工种人员年龄及健康要求，架子工应为年龄在18~55岁之间的健康男性成人。从业者需具有一定的学习能力、计算能力，有较强的空间感，有准确的分析推理判断能力，手指、手臂、腿脚灵活，动作协调，身体健康，能适应高空作业。

5. 乙方要对工人进行三级教育，工人应定期检查身体并持证（特种作业证）上岗，禁止有高血压、心脏病、癫痫病的人员从事架子搭设作业。

6. 乙方应该采取一切合理的措施防止其人员实施违法或妨害社会治安和公共安全的行为，并有完全的责任和义务保护周围其他人员和财产免受上述行为的危害，否则造成的一切后果由乙方承担。

第十三条　甲方责任

1. 甲方指定_____为现场代表，负责合同的履行，并对工程质量、进度、安全、文明施工及施工过程中出现的问题进行监督、检查等，以及处理其他与本工程施工有关的事宜。

2. 甲方负责协调乙方与现场其他分包方、施工工序之间的关系。

3. 分项工程施工前，甲方负责组织施工技术交底，审查分包施工方案。

4. 甲方及时向乙方提供施工所需指令、指示、洽商等相关施工文件。

5. 搭设时，甲方负责用塔式起重机调运脚手架材料至各个楼面；拆除时，甲方负责用塔式起重机调运各个楼面脚手架材料至地面。

6. 甲方对乙方工程质量、进度和安全进行监督检查，对存在的问题，有权要求乙方立即进行整改，乙方应在规定期限内整改完毕达到标准。

7. 对乙方不能胜任工作或不听从指挥的人员，甲方有权要求乙方撤换；若乙方执意不撤换，甲方有权与乙方终止合同并向乙方追索相应的损失。

8. 如果乙方在工程质量、进度、安全、现场管理等方面不能满足甲方要求，甲方有权将分包合同范围的工作指定给其他方完成，所发生的分包费用从乙方的分包款中扣除。

9. 甲方为乙方提供下列施工便利：

（1）协调解决乙方现场的材料堆放及库存场所。

（2）向乙方提供现场施工人员宿舍。宿舍床铺、衣柜、吊架等生活设施以及冬季取暖设施、夏季通风防蝇设施等其他设施由乙方自备。

（3）提供生产用水用电，乙方应厉行节约。甲方有权随时抽查监督乙方用水用电行为，若发现有浪费或不良使用行为，甲方有权重罚，并禁止乙方使用甲方提供的水电资源。

（4）提供施工现场公共部位、施工通道、施工用楼梯间的照明，保证其通畅并负责其维护工作。

（5）负责将乙方归集堆放在指定地点的施工垃圾运出现场。

（6）在施工现场提供临时厕所设施，并负责定期清理。

（7）提供现场已有的垂直运输机械，乙方须提前24小时提交详细使用计划，说明其使用的起始时间、材料品种、规格和最大重量，由甲方统一协调安排使用。

（8）出具相关证明材料，协助乙方办理有关施工手续。

（9）负责提供现场的出入口的保卫工作，但乙方需自行负责其仓库的警卫和消防设施。

第十四条　乙方责任

1. 乙方必须具备相应的脚手架搭设施工资质。

2. 乙方指定_____为现场代表，全面负责本合同工程的施工与管理，负责合同的履行，负责处理现场所发生的一切事务，协调与本工程施工有关的事宜。若乙方现场代表易人，须提前7天书面通知甲方并经甲方认可，后任现场代表应全面承担包括乙方前任代表应负责任在内的所有责任。未经甲方同意，乙方不得任意调换和撤离人员。

3. 乙方必须参加甲方组织的施工图纸审核和施工现场交底，编制详尽的《脚手架搭设维护拆除施工方案》，经甲方审核审批后实施，乙方严格按照有关施工标准和施工方案进行施工，确保工程质量达标、进度完成、安全生产、文明施工。

4. 乙方自备施工所需机具、机械及其他随身工具，自备符合标准要求的个人安全防护用品，如安全帽、安全带、口罩等。

5. 操作工必须持证上岗，进场前，乙方应向甲方提交施工人员注册花名册、特殊工种上岗证。进入施工现场人员都必须体检，有健康证，并接受安全培训、考核，办理相关证件。

6. 乙方负责办理自身施工现场人员的意外伤害保险，并负责缴纳保险费。

7. 乙方应于合同签订7日内到政府主管部门办理合同备案，未及时办理而产生的责任及罚金由乙方自行承担。

8. 乙方必须服从甲方的管理和监督，严格遵守安全技术规程和规章制度，乙方进场施工人员必须听从甲方管理人员的统一指挥，因乙方原因造成的损失由乙方负责赔偿。

9. 乙方应严格遵守政府有关工程施工现场消防、保卫、交通安全的各项管理规定。如违反规定，由此造成的一切损失均由乙方承担。

10. 乙方应严格执行施工标准，安全防火、环境保护等国家、地方的有关规定及甲方现场的纪律，作好质量记录。施工中由、乙方的责任引发的工伤事故由乙方负责。

11. 现场做到文明施工，工完场清，不损坏其他施工方的已完成工程，如有损坏，乙方自费予以修复。

12. 对已完成但尚未交接的工程，乙方应承担保护责任，如发生损坏，由乙方负责修复。

13. 在施工过程中，未经甲方许可，乙方不得擅自动用甲方现场的各种材料设备，不得擅自使用、拆改甲方现场的临时设施，否则由此引发的一切事故及损失均由乙方承担。

14. 乙方设置专（兼）职安全员，负责施工、交通安全，发生问题立即解决，并向甲方报告，承担由于自身安全措施不力及安全管理不到位造成的事故责任和损失。

15. 乙方驻工地代表应按甲方要求准时参加由业主、监理单位、甲方（三方中任一方）主持的现场办公例会，并服从会议决议以及甲方的协调管理。若乙方驻工地代表无法正常参加会议，需指派代表参加。

16. 施工过程中所用到的所有工程材料全部由乙方自行采购或租赁，施工前乙方应提供上述材料的试验报告和原材料合格证明。

17. 乙方对其领用或自备的材料负有保管、维修、保养责任，材料发生损坏、遗失、被盗的均由乙方自行负责，甲方不承担任何责任。

第十五条　授权管理

1. 乙方领用甲方提供材料的唯一授权人为_____，同时甲方确认发放甲方提供材料的唯一授权人为_____。双方特此约定，本工程所有甲供料的领用单必须同时具有上述二人的签字。

2. 对于本工程承包范围外发生的零星用工，双方约定，甲方的项目经理仅有对施工工作的确认权；涉及该工作的工作量及金额必须得到甲方高级项目总监_____或项目经理_____或商务经理_____的书面签认，方能作为该工作结算的依据；签证应当天办理，每月汇总上报给甲方；除此之外的零星用工签证，均作无效处理。

3. 凡涉及合同价款变更、结算、付款的，必须经甲方项目经理部项目经理、商务经理共同签字确认并加盖甲方与本合同相同的印章。甲方项目经理部其他任何人员的任何形式的签字不作为合同价款变更、付款及结算的依据。

4. 甲方项目经理部公章（方章）的使用范围为签署往来函件、会议纪要、洽商变更等履约过程中的文件，但不包括签署合同及其补充协议、办理结算。

第十六条　检查与验收

1. 乙方应认真按照标准、设计图纸和施工方案要求以及甲方依据合同发出的指令施工，随时接受甲方的检查检验，并为检查检验提供便利条件。

2. 脚手架搭设完成后须经甲方、业主、监理单位共同验收合格后方可使用。

3. 乙方在其承包的工程完工后，应立即通知甲方验收，乙方怠于通知，视为乙方未完成该工程；甲方收到乙方要求验收的通知后，及时组织人员对已完工程进行验收，乙方随时作好验收准备。乙方未完成的部分必须在合同约定的时间内完成，不符合质量标准的部分必须按甲方要求，在规定时间内整改完善，并经验收合格。

4. 安装后的扣件螺栓拧紧扭力矩应用扭力扳手检查，抽样应按随机均布原则进行。抽样检查数目与质量判定标准，应按《脚手架结构设计的扣件连接要求》的规定确定，不合格的必须重新拧紧，直至合格为止。

5. 脚手架的验收和日常检查应在以下情况下进行，验收合格后，方允许投入使用或继续使用：

（1）搭设完毕后；

（2）施工中途停止使用超过 15 天，在重新使用之前；

（3）在使用过程中，发现有显著的变形、拆除杆件和拉结以及安全隐患存在的情况时。

第十七条　环保与职业安全

1. 本合同双方应共同遵守国家和地方有关环境保护的法律、法规，努力营造绿色建筑。

2. 乙方在施工作业过程中满足甲方制定并经国家权威部门认证的 ISO 14001 环境管理体系、现行国际标准《职业健康安全管理体系要求及使用指南》ISO 45001 的要求，保证施工生产符合相关标准的要求。

3. 乙方进驻现场员工需接受 ISO 14001 环境管理体系、现行国际标准《职业健康安全管理体系要求及使用指南》ISO 45001 认证的教育培训。

4. 乙方在运输材料（包括废料）、机具过程中应执行工程所在地政府关于禁止车辆运输泄漏、遗撒的规定。

5. 乙方须采取有效措施，防止运输机械噪声超标或机械漏油污染环境。运输车辆要定期进行噪声检测。对于不符合要求的机械要及时采取必要的措施。

第十八条　违约责任

1. 甲方不能按照合同约定向乙方支付合同价款的，应按照_____标准向乙方支付违约金。

2. 合同签署生效后，如果乙方不履行合同，则乙方应按合同价款的 10% 向甲方支付违约金；甲方已向乙方支付进度款的，乙方除如数退还甲方相关款项外，还应按照当期贷款利率向甲方支付相关款项的利息。

3. 乙方如不按合同约定时间完成脚手架搭设，进而影响甲方工程进度，造成的损失由乙方负责，包括但不限于甲方停工期间的现场工人工资、机械设备及周转材料租赁费用，以及第三方向甲方主张的工期延误赔偿等，乙方需按_____元／天向甲方支付赔偿费。

4. 未经甲方书面同意，乙方将本合同项下的任何权利义务（包含债权、债务）转让给第三方的，应在违约转让债权之日起 5 日内，按照本合同约定价款的_____% 向甲方支付违约金。

第十九条　争议解决

双方因履行本合同或因与本合同相关的事项发生争议的，应通过协商方式解决，协商不成的，应首先提交_____调解中心进行调解，调解不成的，一方有权按照下列第_____项约定方式解决争议：

（1）向_____仲裁委员会申请仲裁；

（2）向_____人民法院提起诉讼。

第二十条　合同生效与终止

1. 本合同未约定事宜，双方可协商签订补充协议，补充协议与本合同具有同等法律效力。

2. 本合同自双方签字盖章之日起生效，在双方完成约定工作内容，费用全部结清后即告终止。

第二十一条　其他约定

本合同一式_____份，均具有同等法律效力，甲方执_____份，乙方执_____份。

（以下无正文）

（本页为签署页）

甲方：（公章） 乙方：（公章）

法定代表人或其委托代理人： 法定代表人或其委托代理人：
（签字） （签字）

统一社会信用代码：_____ 统一社会信用代码：_____
地址：_____ 地址：_____
电话：_____ 电话：_____
电子信箱：_____ 电子信箱：_____
开户银行：_____ 开户银行：_____
账号：_____ 账号：_____

第十九章　测量及试验

测量分包合同

合同编号：

工程名称：_____
工程地址：_____
甲　　方：_____
乙　　方：_____

_____年_____月_____日

_____工程测量分包合同

甲方（承包方）：_____
乙方（分包方）：_____

根据《中华人民共和国民法典》及其他有关法律、行政法规、地方性法规等，遵循平等、自愿、公平和诚实信用的原则，结合本工程的具体情况，甲方委托乙方进行_____工程施工测量任务。为明确责任，协作配合，做好该工程的测量工作，双方经协商一致，共同签订本合同，以供共同遵守。

第一条　工程概况

1. 工程名称：_____项目。
2. 工程地点：_____市_____区_____路_____号。
3. 建筑面积：_____。

第二条　工作范围

1. 控制测量：
（1）建筑物平面控制网的建立并保证精度；
（2）建筑物高程控制网的建立并保证精度；
（3）上述两项工作的检查及记录；
（4）测量方案的编制。

2. 土方测量：
（1）现场土方边坡上、下口线的测量并保证精度；
（2）分步开挖的控制标高的测量并保证精度；
（3）底层轴线、标高、重要的坑位细部线的测设并保证精度；
（4）上述三项工作的检查及记录；
（5）测量方案的编制。

3. 主体结构测量：
（1）代表项目及时配合监理、业主的测量检查工作；
（2）结构主体每施工段的主轴、轴线的测量并保证精度；
（3）结构标高传递及结构标高 1 m 控制点的测量并保证精度；
（4）按项目授权检查分包的主要小线，即电梯井、圆弧墙；
（5）上述四项工作的成品保护、检查及记录；
（6）测量方案的编制。

第三条　进场时间及测量施工组织设计

1. 甲方要求乙方进场测量时间为：_____年_____月_____日。
甲乙双方协商确定的测量工程开工日期为：_____年_____月_____日。
测量完成日期（即乙方退场日期）为：_____年_____月_____日。

2. 合同签订后 5 日内，乙方需向甲方提供本工程组织设计，应包含以下内容：进行本工程测量的人数、现场负责人、质量控制措施、测量方法等。

第四条　合同价款

1. 经双方协商，本工程测量费按单位建筑面积造价形式计取，按_____元/m² 计算。
2. 本工程面积合计为_____m²。
3. 本合同的暂估价为人民币_____元（大写：_____）（结算时以图纸总说明中标明的建筑面积为准）。

第五条　合同价款支付

1. 本合同无预付款。

2. 按照工期及工程进度，工程款分四次付清。

第一次：_____。

第二次：_____。

第三次：_____。

第四次：结算完成，乙方结算及竣工验收资料齐全，余款全部付清。

第六条　图纸

1. 工程总平面布置图、规划部门拨地文件及土方开挖图最晚于乙方开始工作前 4 天送达乙方。

2. 施工图最晚于土方开挖前 2 天送达乙方。

3. 施工中修改图、洽商结果必须在放线前 24 小时送达乙方。

第七条　甲方代表及甲方责任

1. 甲方驻工地代表：_____。

2. 甲方驻工地代表职责：按合同约定，及时向乙方提供所需指令、批准、图纸并履行其他约定的义务。

3. 甲方需按时提供相关图纸、技术交底和乙方测量工作所需指令。

4. 在乙方进场前，甲方应做好工程测量控制精度的交底。

5. 土方测量、工程测量开工前，甲方应提供施工现场当年城市有效水准点、坐标点资料。

6. 甲方应派员协助乙方与有关部门进行工作联系，及时为乙方创造必要的工作条件，并安排有关配合人员排除现场测量障碍；协调乙方与甲方其他分包方的关系以及现场第三方的交叉配合，并监督各方现场控制桩点的保护情况。

7. 各项测量施工前，甲方负责向乙方进行书面交底，明确责任分工，将技术交底记录作为合同附件；技术交底的内容应包括测量内容、测量部位、测量精度、工作起止时间等。

8. 基础工程施工前和地下结构施工完成时，甲方负责通知业主请测绘单位现场验线。

9. 甲方负责为乙方测量人员提供其在现场的临时办公室及住宿条件，为乙方人员提供就餐条件，费用由乙方人员自行承担。

10. 甲方负责提供乙方现场测量工作所需的安全防护设施。

第八条　乙方代表及乙方责任

1. 乙方驻工地代表：常驻负责人为_____，身份证号为_____，电话为_____；常驻技术人为_____，身份证号为_____。

2. 乙方驻工地代表职责：按甲方代表批准的施工方案、工期控制计划、质量目标和甲方代表依据合同发出的指令、要求组织测量，履行本合同中约定的权利及义务，并对施工中涉及甲方的先进工作和技术保密。

3. 乙方需按甲方项目施工进度要求，在满足施工需要的前提下，除指派 3 名常驻现场工作人员外，配备足够的工作人员组织测量。

4. 乙方需按甲乙双方约定的日期准时进场，在满足施工需要的工作时间内组织测量。

5. 乙方应提供工程现场验线条件，并配合规划部门、测绘单位现场验线。

6. 乙方应按照国家现行的标准进行测量，根据甲方提出的技术要求，按合同规定的进度，提交测量成果，并对测量精度和质量负责。

7. 乙方测量、放线人员应严格遵守并执行甲方的各项现场管理制度及要求。

8. 乙方应按照甲方的总体施工组织设计和方案进行施工，提供各项测量方案，未经甲方代表同意，不得擅自更改测量方案。

9. 乙方代表必须按甲方要求及时参加甲方组织召开的月度、周生产例会。

10. 乙方人员须严格遵守国家法律及当地政府有关法规及管理条例。

第九条　合同变更与解除

1. 根据工程项目施工需要，甲方有权在提前_____日通知后解除合同，甲方解除合同的，应按照本合同约定的暂定测量费用的_____%向乙方支付违约金。

2. 乙方未按照甲方要求的测量时间进场或未在合理时限内完成测量工作，且经甲方合理催告后仍未能按照甲方的要求进场或完成测量的，甲方有权解除合同。乙方应按本合同约定的暂定测量费用的_____%向甲方支付违约金。

3. 未经甲方书面同意，乙方将本合同项下的任何权利义务（包含债权、债务）转让给第三方的，甲方有权解除合同。乙方应按照本合同约定的暂定测量费用的_____%向甲方支付违约金。

4. 乙方擅自中止或终止测量的，甲方有权解除合同。乙方应按照本合同约定的暂定测量费用的_____%向甲方支付违约金。

第十条　违约责任

1. 若甲方未按照合同约定向乙方支付测量费用，甲方应按照_____标准向乙方支付违约金。

2. 由于乙方测量工作未在合理时限内完成，或严重滞后致使甲方窝工超过24小时，乙方应承担违约责任，并赔偿甲方相应的损失。

3. 由于甲方原因，致使乙方已测量放线项目必须复测，由甲方承担复测费，复测费按组日计算，价格按_____元／组日执行。

第十一条　不可抗力

1. 不可抗力系指不能预见、不能避免且不能克服的客观情况。任何一方由于受到诸如战争、严重火灾、瘟疫、洪水、台风、地震等不可抗力的影响而不能执行合同时，履行合同的期限应予以延长，延长期限相当于不可抗力所影响的时间。

2. 受影响的一方应在不可抗力事件发生后尽快用书面形式（包括传真、电子邮件方式）通知对方，并于不可抗力事件发生后14日内将有关部门出具的证明文件用特快专递或挂号信寄给对方审阅确认，同时受影响的一方应尽可能继续履行合同义务，积极采取合理的方案履行不受不可抗力影响的其他义务。

3. 不可抗力事件影响持续60天以上，双方可通过友好协商，在合理时间内达成进一步履行或解除合同的协议。

4. 任何一方没有采取有效措施导致损失扩大的，应对扩大的损失承担责任。合同一方迟延履行合同义务，在迟延履行期间发生不可抗力的，不免除其违约责任。

第十二条　送达

1. 与本合同履行相关的通知、指令及其他书面文件，应按照下列送达地址予以送达：

甲方收件人：_____。联系方式：_____。

甲方确认的有效送达地址：_____。

乙方收件人：_____。联系方式：_____。

乙方确认的有效邮箱（必填）：_____。

乙方确认的有效送达地址：_____。

2. 一方送达地址变更未及时告知相对方或者一方指定的收件人拒绝签收，导致文书未能被实际接收的，文书退回之日视为送达之日或用邮政特快专递寄出满3天视为已送达。

3. 本合同中注明的电子邮箱须保证有效且能够正常使用，若双方往来函件使用电子邮件等数据电文形式，此数据电文进入指定的电子邮箱运营商服务器即视为送达。

第十三条　争议解决

双方因履行本合同或因与本合同相关的事项发生争议的，应通过协商方式解决，协商不成的，应首先提交_____调解中心进行调解，调解不成的，一方有权按照下列第_____项约定方式解决争议：

（1）向_____仲裁委员会申请仲裁；

（2）向_____人民法院提起诉讼。

第十四条　合同生效与终止

1. 本合同未约定事宜，双方可协商签订补充协议，补充协议与本合同具有同等法律效力。

2. 本合同自双方签字之日起生效，在双方完成约定工作内容，费用全部结清后即告终止。

第十五条　其他

本合同一式_____份，均具有同等法律效力，甲方执_____份，乙方执_____份。

（以下无正文）

（本页为签署页）

甲方：（公章） 乙方：（公章）

法定代表人或其委托代理人： 法定代表人或其委托代理人：
（签字） （签字）

统一社会信用代码：_____ 统一社会信用代码：_____
地址：_____ 地址：_____
电话：_____ 电话：_____
电子信箱：_____ 电子信箱：_____
开户银行：_____ 开户银行：_____
账号：_____ 账号：_____

沉降观测分包合同

合同编号:

工程名称:_____

工程地址:_____

甲　　方:_____

乙　　方:_____

_____年_____月_____日

_____工程沉降观测分包合同

甲方（承包方）：_____
乙方（分包方）：_____

根据《中华人民共和国民法典》及其他有关法律、行政法规、地方性法规等，遵循平等、自愿、公平和诚实信用的原则，结合本工程的具体情况，甲方委托乙方进行_____工程施工沉降观测任务。为明确责任，协作配合，做好该工程的测量工作，双方经协商一致，共同签订本合同，以供共同遵守。

第一条　工程概况

1. 工程名称：_____项目。
2. 工程地点：_____市_____区_____路_____号。
3. 建筑面积：_____。

第二条　工作范围

1. 根据甲方编制的《_____工程施工沉降观测方案》（以下简称《施工沉降方案》）对本工程新建永久建筑物进行沉降变形观测。自现场具备观测条件后开始观测，直至观测完全稳定为止。

2. 执行标准：现行国家标准《国家一、二等水准测量规范》GB/T 12897，《工程测量标准》GB 50026和现行行业标准《建筑变形测量规范》JGJ 8。

3. 承包范围：车间、中央动力厂房及附属建筑的建筑物沉降观测。

4. 工作内容：踏勘、埋设基准点、沉降观测、内业计算、绘制变形曲线图、编写说明、资料整理、编写沉降观测报告等。

第三条　进场时间及沉降观测施工组织设计

1. 甲方要求乙方进场时间为：_____年_____月_____日。

甲乙双方协商确定的沉降观测工程开工日期为：_____年_____月_____日。

沉降观测完成日期（即乙方退场日期）为：_____年_____月_____日。

2. 合同签订后5日内，乙方需向甲方提供本工程组织设计，应包含以下内容：进行本工程测量的人数、现场负责人、质量控制措施、测量方法等。

第四条　合同价款

1. 本合同的暂估价为_____元（大写：_____）。

2. 合同价款的说明：本合同总价为固定综合总价，已包括为完成本分包合同规定范围内工作所需的全部费用，包括建点及观测标志的加工，除本合同另有约定外，合同价款在本合同履行期限内不作调整。

第五条　合同价款支付

1. 本合同无预付款。

2. 本合同付款前提：

（1）乙方严格按照《施工沉降方案》完成沉降观测工作；

（2）乙方按时完整提交《施工沉降方案》中要求提交的全部合格的沉降资料；

（3）乙方提供必要的有效发票。

3. 按照工期及工程进度，工程款分四次付清。

第一次：基准点、观测点设置完成并进行首次观测后甲方支付第一笔观测费用_____元。

第二次：主要建筑物及附属建筑物结构封顶，按《施工沉降方案》规定提交相应完整合格的沉降资料后，一周之内支付第二笔观测费用_____元。

第三次：本工程竣工，按《施工沉降方案》规定提交相应完整合格的沉降资料后，一周之内支付第三笔观测费用_____元。

第四次：剩余款项于沉降观测工作全部完成，且全部沉降资料按时完整提交完毕后，一个月内一次性支付。

4. 乙方理解并遵循甲方的付款流程，且在甲方没有按时收到采购方工程进度款的情况下，允许甲方延迟付款，因此延迟的付款不计利息。

第六条 甲方权利与义务

1. 甲方编制并向乙方提供《施工沉降方案》，对方案的合理性及可行性负责。

2. 甲方需为乙方布设沉降基准点提供必要的场地条件，但不负责布设工作。

3. 甲方接收乙方提交的沉降资料，并有权检验资料的真实性和准确性，且在有足够证据证明乙方提交的沉降资料不真实或不准确的情况下，要求乙方重新进行观测，并提交新的真实准确的沉降资料，乙方因此进行的二次观测不收取任何本合同总价以外的费用。

4. 甲方可在乙方布设沉降基准点、沉降观测点或进行沉降观测期间对乙方的工作进行监督检查及抽查乙方观测的原始数据，对于乙方采用的任何与《施工沉降方案》规定不符的布点方式、观测仪器、观测方法等，甲方均有权要求乙方纠正、更换。

5. 在满足相应付款条件后，甲方需按本合同第四条之约定向乙方支付价款。

6. 甲方负责为乙方测量人员提供其在现场的临时办公室及住宿条件，为乙方人员提供就餐条件，费用由乙方人员自行承担。

7. 甲方负责提供乙方现场测量工作所需的安全防护设施。

第七条 乙方权利与义务

1. 乙方需严格按《施工沉降方案》进行沉降观测工作，负责沉降基准点的布设以及协助甲方埋设观测点（费用已包含在合同总价中），按时向甲方提交完整合格的沉降资料，对所提交的沉降资料的完整性、真实性、准确性负责。

2. 乙方的观测人员应当具备相应的执业资格和必要的工作经验，以保证观测工作顺利完成。甲方根据乙方出示的测绘资格证书确认乙方具备国家规定的相应工程测量资质，乙方保证所出示的测绘资格证书的真实性和有效性，任何因乙方资质不合格导致的后果由乙方承担。

3. 乙方布点人员及观测人员必须遵守施工现场的各种安全文明施工规定，乙方自行配备个人防护用品，包括安全帽、护目镜、反光背心、劳保鞋等，费用由乙方自行承担，且不得影响施工现场的正常施工，否则甲方有权对乙方进行相应的处罚。

4. 乙方必须承担下列情况给甲方造成的损失：

（1）布设沉降基准点和沉降观测点不符合《施工沉降方案》规定及由此导致的观测数据不准确或超出标准规定的误差范围。

（2）观测方法不符合《施工沉降方案》规定及因此导致观测数据不准确或超出规范标准的误差范围。

（3）观测仪器不合格或采用比《施工沉降方案》要求的精度低的观测仪器及因此导致观测数据不准确或超出标准规定的误差范围。

（4）数据整理方法错误或计算错误及由此导致的沉降资料不准确或超出标准规定的误差范围。

（5）未及时向甲方报告所观测建筑物超出标准限值的非正常沉降。

（6）其他乙方的不当行为。

5. 在有足够证据证明乙方提交的沉降资料不真实或不准确的情况下，乙方需重新观测并提交新的合格的沉降资料。

6. 乙方必须将观测原始数据妥善保存，并允许甲方随时查阅。

7. 乙方对观测成果负有保密责任，不得将观测原始数据及任何应当提交甲方的沉降资料以任何方式透露给第三方。

8. 乙方工作人员违反现场安全规定，造成安全事故的，由乙方承担责任。

第八条 合同变更与解除

1. 根据工程项目施工需要，甲方有权在提前_____日通知后解除合同，甲方解除合同的，应按照本合同约定的暂定合同价款的_____%向乙方支付违约金。

2. 乙方未按照甲方要求的观测时间进场、未在合理时限内完成观测工作、观测结果有误，且经甲方合理催告后仍未能按照甲方的要求进场、完成观测、提交新的沉降观测报告的，甲方有权解除合同。乙方应按照本合同约定的暂定合同价款的_____%向甲方支付违约金。

3. 未经甲方书面同意，乙方将本合同项下的任何权利义务（包含债权、债务）转让给第三方的，甲方有权解除合同。乙方应按照本合同约定的暂定合同价款的_____%向甲方支付违约金。

4. 乙方擅自中止或终止观测的，甲方有权解除合同。乙方应按照本合同约定的暂定合同价款的_____%向甲方支付违约金。

第九条 违约责任

1. 若甲方未按照合同约定向乙方支付观测费用，甲方应按照_____标准向乙方支付违约金。

2. 由于乙方观测工作未在合理时限内完成，或严重滞后致使甲方窝工超过 24 小时，乙方应承担违约责任，并赔偿甲方相应的损失。

第十条 不可抗力

1. 不可抗力系指不能预见、不能避免且不能克服的客观情况。任何一方由于受到诸如战争、严重火灾、瘟疫、洪水、台风、地震等不可抗力的影响而不能执行合同时，履行合同的期限应予以延长，延长期限相当于不可抗力所影响的时间。

2. 受影响的一方应在不可抗力事件发生后尽快用书面形式（包括传真、电子邮件方式）通知对方，并于不可抗力事件发生后 14 日内将有关部门出具的证明文件用特快专递或挂号信寄给对方审阅确认，同时受影响的一方应尽可能继续履行合同义务，积极采取合理的方案履行不受不可抗力影响的其他义务。

3. 不可抗力事件影响持续 60 日以上，双方可通过友好协商，在合理时间内达成进一步履行或解除合同的协议。

4. 任何一方没有采取有效措施导致损失扩大的，应对扩大的损失承担责任。合同一方迟延履行合同义务，在迟延履行期间发生不可抗力的，不免除其违约责任。

第十一条 送达

1. 与本合同履行相关的通知、指令及其他书面文件，应按照下列送达地址予以送达：

甲方收件人：_____。联系方式：_____。

甲方确认的有效送达地址：_____。

乙方收件人：_____。联系方式：_____。

乙方确认的有效邮箱（必填）：_____。

乙方确认的有效送达地址：_____。

2. 一方送达地址变更未及时告知相对方或者一方指定的收件人拒绝签收，导致文书未能被实际接收的，文书退回之日视为送达之日或用邮政特快专递寄出满 3 天视为已送达。

3. 本合同中注明的电子邮箱须保证有效且能够正常使用，若双方往来函件使用电子邮件等数据电文形式，此数据电文进入指定的电子邮箱运营商服务器即视为送达。

第十二条 争议解决

双方因履行本合同或因与本合同相关的事项发生争议的，应通过协商方式解决，协商不成的，应首先提交_____调解中心进行调解，调解不成的，一方有权按照下列第_____项约定方式解决争议：

（1）向_____仲裁委员会申请仲裁；

（2）向_____人民法院提起诉讼。

第十三条 合同生效与终止

1. 本合同未约定事宜，双方可协商签订补充协议，补充协议与本合同具有同等法律效力。

2. 本合同自双方签字之日起生效，在双方完成约定工作内容，费用全部结清后即告终止。

第十四条 其他

本合同一式_____份，均具有同等法律效力，甲方执_____份，乙方执_____份。

（以下无正文）

（本页为签署页）

甲方：（公章）   乙方：（公章）

法定代表人或其委托代理人：   法定代表人或其委托代理人：
（签字）   （签字）

统一社会信用代码：_____   统一社会信用代码：_____
地址：_____   地址：_____
电话：_____   电话：_____
电子信箱：_____   电子信箱：_____
开户银行：_____   开户银行：_____
账号：_____   账号：_____

检测试验分包合同

合同编号:

工程名称:＿＿＿＿＿＿＿＿＿＿＿＿＿＿＿＿＿＿＿＿＿
工程地址:＿＿＿＿＿＿＿＿＿＿＿＿＿＿＿＿＿＿＿＿＿
甲　　方:＿＿＿＿＿＿＿＿＿＿＿＿＿＿＿＿＿＿＿＿＿
乙　　方:＿＿＿＿＿＿＿＿＿＿＿＿＿＿＿＿＿＿＿＿＿

＿＿＿＿年＿＿＿＿月＿＿＿＿日

_____工程检测试验分包合同

甲方（承包方）：_____
乙方（分包方）：_____

依据《中华人民共和国民法典》《建设工程质量检测管理办法》，甲方检测要求及其他有关法律、行政法规，就_____工程所需检测、试验，甲乙双方友好协商和共同确认，达成本协议，以资共同遵守执行。

第一条　工程概况

1. 工程名称：_____。
2. 工程地址：_____。
3. 结构形式：_____。
4. 总建筑面积：_____。

第二条　承包范围及工期

1. 承包范围：建设工程质量检测和建筑材料试验，并出具相应的检测报告。
2. 工期：_____。

第三条　价款与说明

1. 合同总价暂定为_____元（大写：_____）。
2. 本合同检测实际费用总额按各项发生的费用累计计算，合同单价在后附清单《_____省建设工程质量检测和建筑材料试验收费标准》的常规检测项目单价基础上下浮_____%。
3. 合同单价为固定综合价，包括乙方按本合同要求完成相应工作所产生的一切费用（直接费、管理费、税金以及当地政府规定应缴纳的其他费用等），即使市场价格波动和政府进行政策性调整，在工程结算期内，合同单价均为固定价。不合格检测复试费用　□包含　□不包含　在本合同费用中　□不再另行　□另行　计算。

第四条　付款

1. 预付款金额为_____，预付款支付期限为_____（或无预付款）。
2. 付款方式：

（1）付款为一季度付款一次，乙方每季度的最后一个月_____日向甲方递交本季度按合同约定应支付的费用的汇总表和请款报告，甲方在收到报告后于次月的_____日至_____日向乙方签发付款证书，在签发证书的次月_____日至_____日，以网上银行汇款的方式支付进度款。支付甲方确认金额的_____%，本工程全部结构封顶支付_____%，甲方委托乙方工程完成，资料全部交齐双方手续办理完结后_____个月内支付剩余_____%。

（2）合同价款支付的前提是甲方收到业主方支付的相应部分的工程款，同时乙方提供必要的有效发票（税率为_____%）和检测报告。

第五条　技术质量要求

1. 甲乙双方必须共同履行国家标准、企业标准、建材验收的标准规定。甲方明确检测标准（可以是国家标准、行业标准或企业标准）的，按甲方指定标准进行检测。甲方未明确检测标准的，按工程施工验收规定的标准执行。
2. 建材检验目的：保障工程质量和安全符合国家、行业、地方、企业标准的规定。
3. 有关试验的技术资料、试验报告为合同的组成部分，与本合同具有同等的法律约束力。

第六条　甲方职责

1. 甲方应以书面形式如实向乙方提供与公章相符的委托单位全称，与图纸相符的工程名称、建筑面积、层数、结构类型，定额工期总天数，委托人姓名。
2. 甲方的委托内容应包括明确的试验质量要求和试验目的。
3. 现场检测时甲方应提供必要的协助。
4. 甲方应按照合同约定及时支付费用。
5. 甲方应委派1名现场联系人，联系人为_____，电话为_____。

第七条　乙方职责

1. 乙方根据甲方提供的工程名称、委托单位、委托人等信息依据不同材料、不同标准，出具相关试验报告。
2. 乙方保证按照甲方所提出的质量要求和试验目的进行符合国家标准的检验。
3. 乙方保证在规定期限内完成试验，出具标准的试验报告。
4. 乙方应提供试验方面的咨询、监督等服务。
5. 乙方负责进行取样指导和委托试验交底。
6. 乙方应对甲方的技术保密。
7. 乙方应委派 1 名现场联系人，联系人为＿＿＿＿＿＿＿＿，电话为＿＿＿＿＿＿＿＿＿＿。

第八条　违约责任

1. 本协议一经签订，双方应自觉履行合同，执行期内，甲乙双方均不得随意变更或解除合同。根据工程项目施工需要，甲方有权在提前＿＿＿＿日通知后解除合同，甲方解除合同的，应按照本合同约定的暂定总价的＿＿＿＿％向乙方支付违约金。
2. 任何一方不能全面履行本合同条款的，均属违约；违约所造成的损失、后果、责任，由违约方承担。
3. 因不可抗力等非甲乙双方过错导致本协议无法履行的，协议自动终止，双方互不承担责任，互不赔偿对方损失。

第九条　检测程序

1. 由甲方将送检产品送到乙方实施检验。
2. 需乙方现场抽样的，甲方须提前一天通知乙方并与乙方商定现场检测日期。
3. 乙方不得分包业务，乙方如将业务分包必须征得甲方的同意。
4. 每次送样或乙方现场抽样，甲方需填写检测委托书，明确样品的相关信息及检测要求。

第十条　合同的生效和终止

1. 除非甲乙双方协商终止本合同，否则违约方承担前述违约责任、赔偿损失后仍需严格履行本合同。
2. 不允许转包、分包本分包合同工程。
3. 本合同自双方签字盖章之日起生效，工程竣工且乙方提供检测报告，甲方结清全部价款后本合同即告终止。

第十一条　争议解决

双方因履行本合同或因与本合同相关的事项发生争议的，应通过协商方式解决，协商不成的，应首先提交＿＿＿＿＿＿＿调解中心进行调解，调解不成的，一方有权按照下列第＿＿＿＿＿项约定方式解决争议：

（1）向＿＿＿＿＿＿＿＿＿＿仲裁委员会申请仲裁；
（2）向＿＿＿＿＿＿＿＿＿＿人民法院提起诉讼。

第十二条　未尽事宜

本合同在执行中若有未尽事宜，双方经友好协商以补充协议、会议纪要、谈判记录等形式约定。补充协议、会议纪要、谈判记录与本合同具有同等效力。

第十三条　合同份数

本合同一式＿＿＿＿份，均具有同等法律效力，甲方执＿＿＿＿份，乙方执＿＿＿＿份。

（以下无正文）

（本页为签署页）

甲方：（公章） 乙方：（公章）

法定代表人或其委托代理人： 法定代表人或其委托代理人：
（签字） （签字）

统一社会信用代码：_____ 统一社会信用代码：_____
地址：_____ 地址：_____
电话：_____ 电话：_____
电子信箱：_____ 电子信箱：_____
开户银行：_____ 开户银行：_____
账号：_____ 账号：_____

第三方见证试验分包合同

合同编号：

工程名称：＿＿＿＿＿＿＿＿＿＿＿＿＿＿＿＿＿＿＿＿
工程地址：＿＿＿＿＿＿＿＿＿＿＿＿＿＿＿＿＿＿＿＿
甲　　方：＿＿＿＿＿＿＿＿＿＿＿＿＿＿＿＿＿＿＿＿
乙　　方：＿＿＿＿＿＿＿＿＿＿＿＿＿＿＿＿＿＿＿＿

＿＿＿＿年＿＿＿＿月＿＿＿＿日

_____工程第三方见证试验分包合同

甲方（承包方）：_____
乙方（分包方）：_____

根据《中华人民共和国民法典》《中华人民共和国建筑法》《建设工程质量管理条例》《建设工程安全生产管理条例》及其他有关法律、行政法规，遵循平等、自愿、公平和诚实信用的原则，甲乙双方经协商一致，就_____工程第三方见证试验的相关事宜达成如下协议。

第一条　工程概况

1. 工程名称：_____。
2. 工程地点：_____。
3. 建筑面积：_____。
4. 建筑檐高：_____。
5. 结构形式：_____。
6. 计划开竣工时间：_____。
7. 承包范围：_____工程的见证试验。
8. 试验内容：《房屋建筑工程和市政基础设施工程实行见证取样和送检的规定》及现行行业标准《建筑工程资料管理规程》JGJ/T 185规定的试验项目。具体为：普通混凝土、普通砂浆配合比试验，力学试验；钢材力学试验；钢筋焊接试验；土壤标准击实试验，回填土干密度含水率试验；防水材料试验及水泥、砂、石砖等建筑材料物理力学性能试验等。

第二条　合同价款

1. 本合同单价在_____公布的市场价格的基础上下浮_____%（或根据建筑面积按固定综合单价_____元/m² 计算）。合同期间单价不作调整。本分包合同单价为完整价，即包含为完成本分包合同工程，乙方所需的所有直接费用、间接费用和上缴政府部门的税金或其他有关费用。

2. 试验费按双方签认的工程试验量进行核算，暂估总价为_____元（大写：_____）。其中不含增值税价格为_____元（大写：_____），增值税税额为_____元（大写：_____），增值税税率为_____%。

第三条　技术要求

1. 满足施工技术要求和国家、政府关于建设工程试验的规定。
2. 试验报告符合_____规定。

第四条　甲方工作

1. 甲方应严格按照国家有关标准，认真及时做好施工现场各项试验材料的批量取样、送试工作，应做到真实、齐全、有效。
2. 甲方要明确材料试验负责人和专职持证上岗的试验人员，以便做好各项试验工作，并做到资料与工程同步。
3. 甲方要严格遵守试验规定，认真填写各类试验委托单，包括材料名称、厂别、规格、牌号及取样批量，各项子目应填写准确、清楚、字迹工整。
4. 甲方应及时将所需的一般见证试验的材料送至试验室，给乙方留有必要的试验时间，特殊材料和试验项目的试验时间由甲乙双方协商，酌情安排。
5. 凡送试水泥、钢筋、砖（砌块）、外加剂、防水材料等，需按规定附持有相关认证证书、说明书或材质单，应与来样相符。
6. 遇有钢筋或其他试验数据异常时应按有关标准规定及时复试，以便采取相应的技术措施，防止质量事故的发生。
7. 见证试验应附有见证试验记录，其他事项均符合_____市质监部门有关规定。
8. 本合同生效后甲方每次送样应直接到有关试验室办理委托手续；甲方提供的样品数量、外观、标识或标志应符合相应标准，若与规定内容不符乙方有权拒绝收样。

第五条　乙方工作

1. 乙方在接受甲方委托后，应严格按有关标准进行试验检测，对所出具的试验报告负责。
2. 乙方在接受甲方委托时，有责任认真、耐心地解答甲方提出的有关试验的各种技术问题，为甲方提供优质服务。
3. 乙方负责对甲方进行取样指导。因乙方未提供合理指导造成甲方取样存在问题并造成甲方损失的，应由乙方承担赔偿责任。
4. 乙方在收样时，要认真检查核对试验来样及委托单，并及时进行委托登记，当出现试件与委托单不符合要求的情况时应耐心向甲方说明，使甲方能够及时更正。
5. 乙方接受甲方委托后，要严格遵守试验室的各项试验时间，按时发放试验报告单。材料试验结果有问题时应及时通知甲方试验负责人，以便采取相应技术措施。
6. 乙方要经常与甲方保持联系，虚心征求、听取甲方的合理建议和意见，共同把好材料试验关。
7. 乙方有义务充分保护甲方的机密信息和所有权。

第六条　试块、试件运送

本合同试验工程项目需试验的试件、试块由乙方负责从现场取样运至试验室。

第七条　试验费用支付方式

试验费按半年结算，乙方应在每半年最后月份的＿＿＿＿＿日向甲方递交工程量付款请求报告，甲方在收到乙方报告后＿＿＿＿＿日内核实完毕，并签发分包付款单，在核实后的次月＿＿＿＿＿日至＿＿＿＿＿日支付分包款。乙方应按照本合同约定的税率、金额提供有效发票。

第八条　违约责任

1. 因甲方自身原因，造成漏取试样或未及时委托导致试验结果不符合交工验收要求或造成质量事故，由甲方自行承担相应责任。
2. 乙方接收试件后，试验出现差错，造成工程质量问题，或乙方未在合理的时限完成试验，或漏做试验造成损失，由乙方承担全部责任和因此造成的一切损失。
3. 乙方原因造成甲方工期延误，由乙方承担责任，并赔偿因此给甲方造成的一切损失；甲方未按时委托、拖延不付试验费，造成延误工期等后果，由甲方自行承担一切责任和损失。

第九条　合同文件及补充合同文件

甲乙双方签订的合同、甲方对特殊试验项目提出的书面要求说明、委托试验交底等文件构成对双方有约束力的合同文件。

在双方履约过程中，甲方提出增加试验项目委托的，应与乙方另行签订补充合同，补充合同自签字之日起生效。甲乙双方商议签订的各种书面合同、协议构成补充合同文件，与原合同文件同时有效。

第十条　争议解决

双方因履行本合同或因与本合同相关的事项发生争议的，应通过协商方式解决，协商不成的，应首先提交＿＿＿＿＿＿调解中心进行调解，调解不成的，一方有权按照下列第＿＿＿＿＿项约定方式解决争议：

（1）向＿＿＿＿＿＿＿＿＿＿仲裁委员会申请仲裁；

（2）向＿＿＿＿＿＿＿＿＿＿人民法院提起诉讼。

第十一条　合同生效与终止

本合同自双方签字盖章之日起生效，合同约定的全部事项完成，甲方结清价款之日本合同即告终止。

第十二条　合同份数

本合同一式＿＿＿＿份，均具有同等法律效力，甲方执＿＿＿＿份，乙方执＿＿＿＿份。

（以下无正文）

（本页为签署页）

甲方：（公章） 乙方：（公章）

法定代表人或其委托代理人： 法定代表人或其委托代理人：
（签字） （签字）

统一社会信用代码：_____ 统一社会信用代码：_____
地址：_____ 地址：_____
电话：_____ 电话：_____
电子信箱：_____ 电子信箱：_____
开户银行：_____ 开户银行：_____
账号：_____ 账号：_____

结构构件回弹检测分包合同

合同编号：

工程名称：_____

工程地址：_____

甲　　方：_____

乙　　方：_____

_____年_____月_____日

_____工程结构构件回弹检测分包合同

甲方（承包方）：_____

乙方（分包方）：_____

依据《中华人民共和国民法典》和_____市建筑工程检测质量监督部门的相关规定，甲方委托乙方就_____工程施工过程提供结构构件回弹检测技术服务，双方经协商一致签订本合同。

第一条 检测的内容方式和要求

乙方负责对甲方结构工程构件保护层厚度、强度回弹提供检测服务，并出具试验报告（一式_____份），并保证所检测部位或批量构件的代表性和真实性。

第二条 履行合同的期限、地点和方式

1. 合同期限：自_____年_____月_____日起至_____年_____月_____日止，乙方应于_____年_____月_____日前向甲方交付报告。

2. 地点：_____。

3. 方式：由乙方负责现场抽检部位或构件，并对所抽检的部位或构件进行现场检测，并出具检测报告。

第三条 验收标准和方法

1. 验收标准：按照国家、省、市现行的标准，依据委托单要求的检测内容和完成日期进行验收。

2. 验收方式：每一项目完成后，由乙方填写检测报告，甲方按标准验收。

第四条 费用标准及其支付方式

1. 合同费用：本合同采用固定总价形式。

序号	项目名称	检测点数（个）	固定综合单价（元/点）	小价（元）	备注
1	结构回弹检测				
2	……				
合计：_____元					

合同固定总价为_____元（大写：_____），□含 □不含税费，税率为_____%。

上述总价中包含了乙方的人工费、辅材费、设备使用损耗费、机械维修保养费、检测报告费、管理费、措施费、利润、税金等为实施完成本合同工作内容所发生的一切费用。

2. 支付方式：检测全部完成，出具检测报告后_____日内支付全部费用。

3. 乙方在收取甲方工程款前，须提供合法发票。

第五条 争议解决

双方因履行本合同或因与本合同相关的事项发生争议的，应通过协商方式解决，协商不成的，应首先提交_____调解中心进行调解，调解不成的，一方有权按照下列第_____项约定方式解决争议：

（1）向_____仲裁委员会申请仲裁；

（2）向_____人民法院提起诉讼。

第六条 其他

1. 因甲方自身原因，向乙方迟延支付合同费用，应按_____%的利率向乙方支付利息。

2. 因乙方自身原因，向甲方迟延交付试验报告，应向甲方支付_____违约金，因此导致项目施工工期延长、费用增加或甲方产生其他损失，应由乙方赔偿。

3. 甲乙双方明确约定，对于在本合同项下产生的或与本合同相关的事宜产生的乙方对甲方拥有的债权，乙方承诺不将其转让给第三方，除非经过甲方书面同意，否则，乙方应在违约转让债权之日起 5 日内，按照违约转让债权总额的 5% 向甲方支付违约金，逾期支付应同时承担违约付款责任。

4. 本合同一式_____份，均具有同等法律效力，甲方执_____份，乙方执_____份。

（以下无正文）

甲方：（公章）   乙方：（公章）

法定代表人或其委托代理人：   法定代表人或其委托代理人：
（签字）   （签字）

统一社会信用代码：_____   统一社会信用代码：_____
地址：_____   地址：_____
电话：_____   电话：_____
电子信箱：_____   电子信箱：_____
开户银行：_____   开户银行：_____
账号：_____   账号：_____

钢结构探伤检测分包合同

合同编号：

工程名称：_____
工程地址：_____
甲　　方：_____
乙　　方：_____

_____年_____月_____日

_____工程钢结构探伤检测分包合同

甲方（承包方）：_____
乙方（分包方）：_____

根据《中华人民共和国招标投标法》《中华人民共和国民法典》《中华人民共和国建筑法》及其他有关法律、行政法规、规章，甲乙双方经友好协商，本着平等、自愿、公平和诚信守诺的原则，就_____工程钢结构焊缝探伤检测事项协商一致，订立本合同，以资遵照执行。

第一条 工程概况

1. 工程名称：_____。
2. 工程地址：_____。
3. 工程规模：占地面积：_____ m^2，檐高：_____ m，地下_____层，地上_____层。
4. 结构类型：_____。

第二条 检测项目

1. 根据工程设计说明、图纸、相关方案要求及现行国家相关标准对本工程现场全部钢结构安装工程的探伤工作全熔透焊缝进行_____%抽检。

2. 无损检验，要求如下（以具体设计要求为准）。

（1）一级焊缝：_____%的超声波检验，评定等级_____，检验等级_____级。

（2）二级焊缝：至少_____%的超声波检验，评定等级_____，检验等级_____级。

（3）三级焊缝：至少_____%的磁粉检测。

（4）对T形全熔透接头需增加层状撕裂检测。

（5）所有焊缝100%进行外观检验，三级焊缝按照二级焊缝外观要求检验，对外观检验有疑问时需进行着色渗透探伤或磁粉检验。

（6）对于厚度小于8mm钢板的一级、二级坡口全熔透对接焊缝，应采用X射线探伤。

第三条 工程价款及支付方式

1. 本合同固定总价为_____元（大写：_____）。其中税金为_____元，税率为_____%。

序号	名称	单位	暂定数量	固定综合单价	合价	备注
1	超声波探伤检测					
2	磁粉探伤检测					
3	……					
合计（元）：						

该价格包括检测设备及材料使用费、人工费、加班费、差旅交通费、食宿费、保险费、统一服装费、检验报告费、管理费、利润、各种应上缴的税费、风险费以及其他为圆满完成甲方委托工作所需的一切费用及钢结构焊缝检验所需的一切费用。

2. 支付方式：按进度支付。

（1）检验工作达到_____时，甲方向乙方支付合同款的_____%，即_____元；

（2）检验工作达到_____时，甲方向乙方支付合同款的_____%，即_____元。

甲方领取最后一份检测报告（即全部委托内容完成）后，将向乙方支付剩余全部款项。

每次付款前，在甲方要求的时间内，乙方开具符合合同约定税率、与甲方确认的金额等额且票面信息准确的增值税专用发票（包含税务机关代开），并准确填写发票项目。

第四条 工期要求

本工程钢结构工期为：_____年_____月_____日至_____年_____月_____日。乙方保证不会因自身原因造成甲方工期的延误，若因乙方工作不到位造成甲方工期延误，乙方承担相应所有损失，且不得有异议。

第五条 工作内容

1. 甲方工作

（1）甲方应依据工程相关的标准要求以及现场需要，提供有关设计说明中关于无损检测的技术要求，提供委托检测单。信息应准确无误，以便乙方出具相应报告。

（2）甲方负责焊缝及焊缝两侧探头移动范围的打磨。

（3）甲方负责无损检测时操作平台的搭设。

2. 乙方工作

（1）乙方须提供不少于两台符合甲方要求的探伤仪器，可同时进行现场探伤工作。乙方须派出不少于两名有资质的探伤人员常驻现场，可24小时随时进行检测；乙方技术服务人员进场时应依据地方政府的要求对进场的所有员工进行管理，且员工必须统一着装，统一佩戴安全帽及胸卡。

（2）乙方接到甲方的委托检测单后，应立即组织开展检测工作，不得因任何理由延误现场施工；乙方根据标准和检测的需要向甲方明确检测实施前的准备方法及要求，并按时组织检测人员和设备进场，检测前调试仪器设备，保证检测仪器设备能正常运行。

（3）乙方对甲方的工作、信息必须进行复核和验证，以及协助甲方进行整改。

（4）乙方须在接到甲方检测委托单24～48小时内出具标准的书面检测报告；乙方应负责报告的有关解释工作并承担相关的法律责任。

（5）在工期紧张的情况下，探伤单位须按甲方要求增加现场探伤人员及仪器以满足现场探伤要求。

（6）现场探伤仪器等需要与第三方检测仪器进行校对，检测仪器精确程度、人员检测技能、检测结果评判应符合检测标准，乙方不得因自身检测能力不足出现与第三方检测判定结论不一致的情况。如果出现上述情况，乙方负责向甲方出具书面报告，汇报不一致原因；乙方对检测的结果负责，并承担相应的法律责任。

（7）乙方应及时提供与检测相关的咨询、监督等服务。

（8）乙方遵守甲方制定的安全考核奖惩管理办法，如发生安全事故自行负担。

（9）乙方负责进行检测指导和委托检测交底，提供正式报告一式五份。

（10）若乙方不按合同约定完成上述工作，应承担由此引起的一切损失。

（11）乙方有义务充分保护甲方的机密信息和所有权。

第六条 检测标准、规范的要求

1. 乙方依据现行国家标准《焊缝无损检测 超声检测 技术、检测等级和评定》GB/T 11345、现行行业标准《钢结构超声波探伤及质量分级法》JG/T 203、工程图纸、相关方案要求及现行国家相关规范进行检测。甲方有权根据工程实际情况进行调整。

2. 检测目的：按国家标准、企业标准的规范、规定检测钢结构焊缝质量。

第七条 违约及争议解决

1. 甲乙双方明确约定，对于在本合同项下产生的或与本合同相关的事宜产生的乙方对甲方拥有的债权，乙方承诺不将其转让给第三方，除非经过甲方的书面同意，否则，乙方应在违约转让债权之日起5日内，按照违约转让债权总额的5%向甲方支付违约金，逾期支付应同时按_____%的利率承担违约付款责任。

2. 双方因履行本合同或因与本合同相关的事项发生争议的，应通过协商方式解决，协商不成的，应首先提交_____调解中心进行调解，调解不成的，一方有权按照下列第_____项约定方式解决争议：

（1）向_____仲裁委员会申请仲裁；

（2）向_____人民法院提起诉讼。

第八条 其他约定

1. 转让与分包：乙方应以自己的设备、技术和劳动力，完成本合同所属任务，不得转包与分包。

2. 利益冲突：乙方不得向甲方任何有关人员支付任何形式的佣金、回扣或其他任何有损于甲方及其工作人员的工作及形象的物品。乙方应禁止其工作人员参与与甲方利益有冲突的或有损于甲方利益的任何活动。

3. 合同的完整性：本合同书，包括所附的各项合同书附件、双方协商后的费用单，构成双方完整的合同，是本合同不可分割的部分，均具有法律效力。

4. 甲乙双方在履行本合同过程中，应自觉遵守有关廉政规定，廉洁自律。

5. 若发现有违纪者，双方各按照有关规定给予处分；若有违法者，移送司法机关追究其法律责任。

6. 有关试验的技术资料、试验报告为合同的组成部分，与本合同具有同等的法律约束力。

7. 合同终止：工程通过验收及试验费全部付清，合同自行终止。

8. 本合同一式_____份，均具有同等法律效力，甲方执_____份，乙方执_____份。

（以下无正文）

甲方：（公章）　　　　　　　　　　　　　　乙方：（公章）

法定代表人或其委托代理人：　　　　　　　　法定代表人或其委托代理人：
（签字）　　　　　　　　　　　　　　　　　（签字）

统一社会信用代码：_____　　　　　统一社会信用代码：_____
地址：_____　　　　　　　　　 地址：_____
电话：_____　　　　　　　　　 电话：_____
电子信箱：_____　　　　　　　　　 电子信箱：_____
开户银行：_____　　　　　　　　　 开户银行：_____
账号：_____　　　　　　　　　 账号：_____

桩基类检测分包合同

合同编号：

工程名称：_____
工程地址：_____
甲　　方：_____
乙　　方：_____

_____年_____月_____日

_____工程桩基类检测分包合同

甲方（承包方）：_____
乙方（分包方）：_____

根据《中华人民共和国民法典》《中华人民共和国建筑法》等有关法律法规，结合本工程具体情况，遵循平等、自愿和诚信的原则，甲乙双方经协商就_____工程桩基检测事宜达成如下协议。

第一条 工程概况

1. 工程名称：_____。
2. 工程地点：_____。

第二条 合同内容及检测依据

1. 合同内容：_____。
2. 检测依据：_____。

第三条 甲方工作

1. 甲方负责清理现场、平整场地及现场车行道路，为乙方检测设备进出场创造条件，并提供水、电等生产生活基本保障，保证现场试验设备的中间倒运道路平整。

2. 甲方提供场地工程地质勘察报告、施工桩位平面图、基桩施工现场记录及其他乙方需要的必要的工程资料。

3. 甲方确认乙方现场实际完成工作量，并按本合同相关条款约定及时支付检测费用。

4. 甲方有权对乙方技术服务过程进行监督、检查，有权对乙方技术服务过程提出疑问或建议。

第四条 乙方工作

1. 乙方自备检测仪器设备，按照双方约定的时间，自行安排仪器设备进出场并负责现场装卸荷载以及支付相关费用；乙方应合理安排现场检测人员，检测人员应具有相应资质，否则甲方有权要求及时更换检测人员。

2. 现场技术服务期间，做到文明施工和环境保护，自觉采取必要的安全防护措施，因乙方原因造成的人员伤亡事故或其他损害，由乙方自行承担赔偿责任。

3. 乙方应服从甲方、监理的现场管理规定，接受甲方和监理的监督检查，并根据要求及时提供必要的技术资料或资质材料等。

4. 乙方的技术服务过程和技术服务成果资料应符合国家相关技术标准。

5. 乙方在外业完工后_____天内提交简易结果，在所有现场检测工作完成后_____个工作日内（节假日顺延）提交正式检测成果报告。

6. 乙方在技术服务过程中发现工程质量问题，应立即通知甲方，并积极配合甲方工作，不得私下与施工单位协商隐瞒工程质量问题。

7. 乙方有权根据需要对技术服务过程进行人员安排，有权针对影响检测工作或检测进度的因素向甲方提出意见。

8. 乙方有义务保证检测结果的真实性、准确性和可靠性。

9. 乙方自行承担因自身技术原因造成的返工损失。

第五条 合同价款及支付方式

1. 合同总额为_____元（大写：_____）。其中税金为_____元，税率为_____%。具体见下表：

序号	楼号	低应变			静载试验				合计（元）
		暂定数量（根）	单价（元/根）	总价（元）	暂定数量（根）	最终荷载（kN）	单价（元/根）	总价（元）	
1									
2									
3									
4									

合同单价说明：

（1）本合同为固定综合单价合同，双方签字盖章生效后，合同单价不再作任何调整。单价包括人工费、材料费、机械费、试验费、风险费、管理费、成本、利润、各种税金、政府收费等乙方在其承包范围内为履行本合同约定的义务和职责，满足国家及地方相关法律法规、国家和地方标准、设计图纸要求，并满足业主、管理公司、顾问、监理单位和甲方的合理要求，并承担自身经营风险所发生的一切相关费用。

（2）任何由市场物价波动、生活费用变化、人员工资变化、政府税收与收费的调整以及政府与行业主管部门红头文件的颁发等因素引起的乙方的成本的增减，均属于乙方自身经营风险，视为事先已充分估计并已经包含在合同总价之中。

2. 工程款支付及结算方式。

（1）价款付款前提：

① 本合同规定的全部检测任务完成，经监理单位、甲方验收合格；

② 相关技术资料（试验报告、验收资料等）已提交；

③ 乙方提交付款申请及甲方各部门会签完毕的分包工程款支付会签单；

④ 乙方提供符合本合同约定税率、金额的有效发票。

（2）付款额度及结算方式：

本合同规定的全部检测任务完成、提交正式检测报告并办理完结算＿＿＿＿＿＿＿天内，甲方一次性付给乙方全部检测费用，最终结算费用按实际工程量计算。

第六条　技术服务成果验收

1. 乙方完成技术服务工作的形式：出具正式检测成果报告。

2. 技术服务成果的验收标准：国家相关技术标准。

第七条　安全文明施工

1. 乙方所有进入施工现场的人员应遵守国家及地方政府、业主、监理单位及甲方关于安全文明施工的要求，乙方应为其进入施工现场的人员之安全承担全部责任。

2. 乙方为达到甲方安全文明施工要求而采取之措施的所有费用应被视为已全部包含在乙方的单价中。若乙方在合同履行中因自身原因导致其未能达到上述安全文明施工要求，须向甲方支付安全文明施工违约罚款，罚款金额为＿＿＿＿＿＿＿元/次，罚款总额不超合同总价的10%。

3. 乙方应特别注意业主、监理单位和甲方对乙方安全文明施工的严格要求，凡是因乙方原因导致甲方受到业主、监理单位的处罚，甲方将会对乙方处以双倍罚款。

第八条　违约

1. 合同双方任何一方不能全面履行本合同条款的，均属违约，违约责任如下：

（1）甲方未能按照合同约定完成工作造成乙方损失和/或工期延误，工期予以顺延，损失不予赔偿。

（2）因乙方违约造成甲方损失和/或工期延误，乙方应赔偿甲方损失，工期不予顺延。

2. 除非合同终止，否则违约方承担前述条款违约责任后仍需严格履行本合同。

3. 甲乙双方明确约定，对于在本合同项下产生的或与本合同相关的事宜产生的乙方对甲方拥有的债权，乙方承诺不将其转让给第三方，除非经过甲方的书面同意，否则，乙方应在违约转让债权之日起5日内，按照违约转让债权总额的5%向甲方支付违约金，逾期支付应同时承担违约付款责任。

第九条 争议解决

双方因履行本合同或因与本合同相关的事项发生争议的，应通过协商方式解决，协商不成的，应首先提交_____调解中心进行调解，调解不成的，一方有权按照下列第_____项约定方式解决争议：

（1）向_____仲裁委员会申请仲裁；

（2）向_____人民法院提起诉讼。

第十条 保密要求

1. 未经乙方同意，甲方不得将乙方保密的检测技术及检测费用对外公开。

2. 未经甲方同意，乙方不得留存甲方提供的工程地质勘察报告、设计图纸等技术资料，并应于合同履行完毕后将其归还甲方。

第十一条 合同生效

1. 本合同自签字盖章之日起生效，完成合同约定的全部内容并结清工程价款即告终止。

2. 因乙方原因导致甲方要求提前终止合同，甲方将依据已完工程量与乙方办理结算，乙方应按照甲方要求迅速退场。

第十二条 未尽事宜

本合同在执行中若有未尽事宜，双方经友好协商以补充协议的形式解决。

第十三条 合同份数

本合同一式_____份，均具有同等法律效力，甲方执_____份，乙方执_____份。

（以下无正文）

甲方：（公章）   乙方：（公章）

法定代表人或其委托代理人：   法定代表人或其委托代理人：

（签字）   （签字）

统一社会信用代码：_____   统一社会信用代码：_____

地址：_____   地址：_____

电话：_____   电话：_____

电子信箱：_____   电子信箱：_____

开户银行：_____   开户银行：_____

账号：_____   账号：_____

室内环境污染物浓度检测分包合同

合同编号：

工程名称：_____
工程地址：_____
甲　　方：_____
乙　　方：_____

_____年_____月_____日

_____工程室内环境污染物浓度检测分包合同

甲方（承包方）：_____

乙方（分包方）：_____

工程即将竣工交付使用，根据现行国家标准《民用建筑工程室内环境污染控制标准》GB 50325 和_____文件的规定，为做好室内环境污染物浓度检测工作，双方经协商一致，同意签订本合同。

第一条　检测地点

_____。

第二条　检测范围及面积

_____。

第三条　检测项目及限量标准

1. 依据现行国家标准《民用建筑工程室内环境污染控制标准》GB 50325 第 6.0.4 条之规定，室内污染物及浓度限量见下表：

污染物	Ⅰ类民用建筑工程	Ⅱ类民用建筑工程
氡（Bq/m³）	≤ 150	≤ 150
甲醛（mg/m³）	≤ 0.07	≤ 0.08
氨（mg/m³）	≤ 0.15	≤ 0.20
苯（mg/m³）	≤ 0.06	≤ 0.09
甲苯（mg/m³）	≤ 0.15	≤ 0.20
二甲苯（mg/m³）	≤ 0.20	≤ 0.20
TVOC（mg/m³）	≤ 0.45	≤ 0.50

2. 依据现行国家标准《民用建筑工程室内环境污染控制标准》GB 50325 第 1.0.4 条之规定，Ⅰ类民用建筑工程包括住宅、居住功能公寓、医院病房、老年人照料房屋设施、幼儿园、学校教室、学生宿舍等；Ⅱ类民用建筑包括办公楼、商店、旅馆、文化娱乐场所、书店、图书馆、展览馆、体育馆、公共交通等候室、餐厅等。该建筑工程为_____类民用建筑工程，本工程为_____。

3. 实际检测项目应根据工程实际情况由合同当事人双方协商并作书面调整。

第四条　采样点的布置

1. 室内环境污染物浓度检测点的布置。按照现行国家标准《民用建筑工程室内环境污染控制标准》GB 50325 第 6.0.12 条～第 6.0.17 条之规定布设采样点：（1）民用建筑工程验收时，应抽检每个建筑单体有代表性的房间室内环境污染物浓度，氡、甲醛、氨、苯、甲苯、二甲苯、TVOC 的抽检量不得少于房间总数的 5%，每个建筑单体不得少于 3 间，当房间总数少于 3 间时，应全数检测；（2）民用建筑工程验收时，凡进行了样板间室内环境污染物浓度检测且检测结果合格的，其同一装饰装修设计样板间类型的房间抽检量可减半，并不得少于 3 间；（3）幼儿园、学校教室、学生宿舍、老年人照料房屋设施室内装饰装修验收时，室内空气中氡、甲醛、氨、苯、甲苯、二甲苯、TVOC 的抽检量不得少于房间总数的 50%，且不得少于 20 间，当房间总数不大于 20 间时，应全数检测；（4）当进行民用建筑工程验收时，室内环境污染物浓度检测点数应符合下表规定；

房间使用面积（m²）	检测点数（个）
＜ 50	1
≥ 50，＜ 100	2
≥ 100，＜ 500	≥ 3
≥ 500，＜ 1000	≥ 5
≥ 1000	≥ 1000m² 的部分，每增加 1000m² 增设 1，增加面积不足 1000m² 时按增加 1000m² 计算

（5）当房间内有2个及以上检测点时，应采用对角线、斜线、梅花状均衡布点，并应取各点检测结果的平均值作为该房间的检测值；（6）民用建筑工程验收时，室内环境污染物浓度现场检测点应距房间地面高度0.8~1.5m，距房间内墙面不应小于0.5m，检测点应均匀分布，且应避开通风道和通风口。

2. 本项目检测点应距内墙面不小于_____m²，距离地面高度_____m²，检测点应均匀分布。总计采样点数为____个。

第五条 收费标准及付款方式

1. 该建筑工程室内环境污染物检测采样点共_____个，检测费按_____元／点计，检测总费用共计_____元（大写：_____）。其中税金为_____元，税率为_____%。

2. 甲方在收到乙方检测报告后_____日内即全部付清检测费。付款前乙方应开具符合合同约定税率、与甲方确认的金额等额且票面信息准确的增值税专用发票（包含税务机关代开），并准确填写发票项目。

第六条 争议解决

双方因履行本合同或因与本合同相关的事项发生争议的，应通过协商方式解决，协商不成的，应首先提交_____调解中心进行调解，调解不成的，一方有权按照下列第_____项约定方式解决争议：

（1）向_____仲裁委员会申请仲裁；

（2）向_____人民法院提起诉讼。

第七条 其他

1. 依据标准和检测的需要乙方应向甲方明确检测实施前的准备方法及要求。乙方应按时组织检测人员和设备进场，检测前调试仪器设备，保证检测仪器设备能正常运行。甲方应按照现行国家标准《民用建筑工程室内环境污染控制标准》GB 50325之规定做好检测前的准备工作：

（1）采用集中空调的建筑工程，在检测当日应使空调正常运转；

（2）采用自然通风的建筑工程，在检测人员进场前1小时关闭门窗。

2. 乙方承诺在现场采样工作完成后_____天内提交正式检测报告，负责报告的有关解释工作并承担相关的法律责任。乙方迟延提交报告的，甲方按每日_____元、合同总价的_____‰的标准在应付的检测费中扣除相应费用。

3. 乙方向甲方提供检测报告_____份。

4. 乙方应积极处理甲方的质疑、申诉或投诉，及时答复。

5. 本合同一式_____份，均具有同等法律效力，甲方执_____份，乙方执_____份。

（以下无正文）

甲方：（公章） 乙方：（公章）

法定代表人或其委托代理人： 法定代表人或其委托代理人：
（签字） （签字）

统一社会信用代码：_____ 统一社会信用代码：_____
地址：_____ 地址：_____
电话：_____ 电话：_____
电子信箱：_____ 电子信箱：_____
开户银行：_____ 开户银行：_____
账号：_____ 账号：_____

第二十章 成品保护

成品保护分包合同

合同编号：

工程名称：＿＿＿＿＿＿＿＿＿＿＿＿＿＿＿＿＿＿＿＿
工程地址：＿＿＿＿＿＿＿＿＿＿＿＿＿＿＿＿＿＿＿＿
甲　　方：＿＿＿＿＿＿＿＿＿＿＿＿＿＿＿＿＿＿＿＿
乙　　方：＿＿＿＿＿＿＿＿＿＿＿＿＿＿＿＿＿＿＿＿

＿＿＿＿＿年＿＿＿＿＿月＿＿＿＿＿日

_____工程成品保护分包合同

甲方（承包方）：_____
乙方（分包方）：_____

根据《中华人民共和国民法典》《中华人民共和国建筑法》《建设工程质量管理条例》及其他有关法律、行政法规，遵循平等、自愿、公平和诚实守信的原则，双方就_____工程的成品保护事宜达成以下协议：

第一条　工程概况

1. 工程名称：_____。
2. 工程地点：_____。

第二条　乙方工作内容

1. 乙方按照甲方安排的具体区域负责施工现场材料设备看管，工程成品、半成品看护，消防监督及巡视、安全防盗，具体以甲方出具的成品保护方案为准。认真贯彻执行甲方的各项施工现场管理制度。

2. 各分包单位人员因工作等原因需进入看护区域的，应填写入场登记；凡入场人员携物料、设备出门的，必须进行准确记录。甲方工地所有材料，必须经过甲方现场人员和乙方派遣人员的共同签字确认后方可进出场。

3. 乙方人员在工作时间（白班、夜班）不得睡觉并应定时走动巡视，熟记甲方交代的"事故后报告程序"。

4. 乙方对所管区域（以甲方指示为准）临时进场的电线、电缆、机械设备以及其他专业的材料设备（如有必要，以甲方安排为准）进行看护，避免其在安装前损坏丢失。重点监督及巡视区域包括但不限于以下各项：

（1）电缆、电线、母线；
（2）配电箱柜（包含按钮、指示灯、漏电报警、进出线、元器件）；
（3）灯具；
（4）柴油发电机组；
（5）开关、插座。

5. 乙方应熟悉所管区域内各单位人员的构成，及时答复咨询，态度友好。

6. 乙方承担甲方委派的其他具体工作。

7. 乙方进行成品保护的内容以书面交底为准。

第三条　甲方责任

1. 甲方负责向乙方进行工作交底，包括紧急情况下的解决办法和报告程序。

2. 甲方应建立现场施工现场各项管理制度并下发至乙方人员，以便其遵照执行。

3. 落实现场防火责任制，现场动用明火的要有甲方签发的动火证，为确保现场防火安全，甲方应按规定配备足够数量的有效消防器材。

4. 甲方负责协调乙方与其他施工方的关系。

第四条　乙方责任

1. 乙方按照本合同的要求，进行本工程甲方指定范围内的看护工作，派遣人员必须身体健康、热衷于本职工作、责任心强、工作认真负责，办公楼地上消防巡检（同时负责成品保护工作）年龄在25～40岁之间，成品保护人员年龄在20～50岁之间，无疾病或潜在疾病，无酗酒、偷盗、赌博以及其他不良嗜好。具有书面文字记录能力。因工程工作特点，原则上不使用女工。乙方成品保护人员须经过甲方组织的面试方可正式进场，未经甲方书面允许乙方不得更换人员。

2. 乙方应严格遵守国家及_____市的各项法律、法规及甲方的各项规章制度，服从甲方的管理，接受甲方的监督指导，做到定岗、定人、定责。乙方承担执行上述规章制度不力或违反上述规章制度所产生的一切责任，并赔偿由此给甲方造成的一切损失。

3. 乙方应遵守_____市关于成品保护工程所需的资质和技术能力的有关规定，具备符合_____市规定的资格，乙方人员必须持健康证上岗。乙方承担因自身资质手续不齐而产生的一切损失和责任。

4. 乙方应做到文明值勤，值班人员要统一着装，佩戴袖标，不得穿拖鞋、短裤，着装要整洁，能够使用标准普通话，以保持沟通及时顺畅。应给办公楼上消防巡检人员每人配备一台对讲机。

5. 乙方负责现场材料的看护，防止盗窃或损坏，做好值班的原始记录。

6. 乙方应熟知现场消防设施及消防器材布置情况，做到遇火能救，发生火灾及时向甲方指定联系人报告。

7. 工作中发现盗窃、破坏、损坏事件或其他违章、违纪事件，乙方应及时报告甲方，作好原始记录，违章、违纪人员要交甲方保卫部门处理，不得私自罚款处理。如乙方未能明确责任单位，相关责任和经济损失均由乙方承担。

8. 乙方应在工作中认真做好值班记录及交接班记录。这些记录将作为甲方抽查乙方工作以及对乙方进行考核的必备依据。

9. 对于乙方管理及自身安全措施不力及乙方人员的责任造成的安全事故，乙方应承担全部的经济责任和法律责任，并承担事故处理的后果。上述事故给甲方及其他方造成的损失由乙方一并承担。对于乙方对第三方提出的经过甲方认可的整改要求，因第三方未及时整改造成损失的由第三方承担。

10. 现场不允许做饭，食宿由乙方自理。乙方应负责岗亭、岗亭周围卫生及其负责的主要出入口的卫生。

11. 人员安排：每岗_____人，一天_____班，共_____人，24小时值班。工作人员每日上下班时按照要求进行打卡考勤。

第五条 合同文件组成及解释次序

本合同文件组成部分：本合同及_____，之后的补充协议以及双方签署的各种形式的附件。本合同各组成部分为相互解释和补充的关系，乙方已分别对各部分予以认可和接受，各部分之间出现不一致的以甲方的解释为准。

第六条 合同价款

1. 按照岗位计价，固定单价为_____元/（岗·月），不足整月按日结算（每月按30日考虑）。乙方需保证24小时有人看护，保证看护物料不损坏、丢失。若发生损坏、丢失的情况，乙方按照甲方实际损失数额向甲方赔偿，甲方可从任何一期对乙方的付款中抵扣。岗位具体设置以甲方根据实际需要进行的安排为准。

暂定合同总价，结算时以甲方确认的实际服务时间为准。暂定总价为_____元（大写：_____），含税，税率为_____%。

2. 本合同单价为固定单价，包括完成本合同工作内容所需的人工费、交通费、食宿费、保险费、统一服装费、劳保用品费、通信工具配置费、管理费、税金以及其他为圆满完成甲方委托工作内容所需的各种费用，除本合同另有说明外，本合同单价不作任何调整。国家和项目所在地政府规定乙方人员应缴纳的五险一金等一切费用由乙方负责缴纳。

3. 组价明细：

序号	项目	暂定岗数	暂定期限	暂定月数	固定单价[元/（月·岗）]	暂定合价（元）
1						
2						
3						

第七条 工程款支付与结算

1. 本工程无工程预付款。

2. 每月_____日乙方向甲方上报当月完成工作量，甲方一个月内审核完成并于审核完次月的_____日支付审核确认工作量的_____%的价款作为进度款，待合同规定乙方职责履行完毕并经甲方确认后支付余款。每次付款前，双方确认后_____日内，乙方开具按合同约定税率、与甲方确认的金额等额且票面信息准确的增值税专用发票（包含税务机关代开），并准确填写发票项目。

3. 乙方未履行合同的责任、义务，未按甲方的要求开展工作，甲方将缓付或停付乙方的款项，直至乙方完成工作并达到合同的约定及甲方的要求后，同下期款项一并支付给乙方。

4. 因乙方违约，甲方按照合同规定应当扣除的款项，将成为甲方的永久扣款，并在乙方的结算款中予以扣除。

第八条 乙方用工制度

1. 乙方须严格遵守《_____市建筑市场管理条例》等_____市政府关于外地来_____的施工企业管

理的相关的法律、法规及条例；乙方违反上述规定造成的事件等的经济责任及法律责任均由乙方承担；乙方因不严格执行政府有关规定给甲方造成的损失由乙方双倍给予赔偿；

2. 乙方应遵守甲方制定的《安全生产与消防保卫协议》《职业安全卫生与环境管理协议》及甲方关于分包管理的其他所有制度、规定等。

第九条　安全生产

1. 乙方应熟悉并能自觉遵守、执行《建设工程施工现场管理规定》《＿＿＿＿＿市〈建设工程施工现场管理规定〉实施细则》《＿＿＿＿＿市建设工程施工现场管理问题性质的认定及处罚规定》《＿＿＿＿＿市建筑施工现场安全防护基本标准》《施工现场临时用电安全技术规范》及其他中华人民共和国国家政府（含地方政府）、行业主管部门颁布实施的有关安全生产的法律、法规、标准及各项规定；能积极参加关于促进安全生产的各项活动。

2. 乙方必须尊重并服从甲方现行的关于安全生产的各项规章制度和方式，并加强自身管理，履行己方责任。

3. 乙方必须执行下列安全管理制度。

（1）安全技术管理制度：

① 必须执行甲方总体工程施工组织设计和安全技术方案，包括编制的单项作业防护措施；

② 必须执行上岗交底制度和班前安全讲话制度，并跟班管理。

（2）安全教育培训持证上岗制度：

派出人员须全部接受培训、考试合格。

（3）安全生产检查制度：

① 接受甲方或甲方上级主管部门组织的各种安全生产检查；

② 接受政府有关主管部门的安全生产检查；

③ 自行建立安全管理定期检查制度并严格贯彻实施，做好自检工作，随时准备接受甲方检查。

4. 乙方必须教育并约束员工严格遵守施工现场安全管理规定；对违章作业、违章指挥、违反劳动纪律和规章制度者给予处罚；本分包工程必须贯彻执行安全生产的各种标准；严格执行甲方的《安全生产与消防保卫协议》和《职业安全卫生与环境管理协议》等管理协议。

5. 乙方承担因违反有关安全生产规定、标准造成安全事故的一切民事、刑事责任，由此给甲方带来的损失由乙方承担。

第十条　保障

1. 人员保障

（1）合同签订时，乙方须书面提交本工程组织机构图及管理人员名单，必须确保配备的人员能满足本工程之需要。

（2）未经甲方书面同意，乙方人员不得随意调离、调换、缺岗，任何人员调离后的替代人员需经甲方书面认可，否则甲方将对乙方处以＿＿＿＿＿元罚款。

（3）乙方给现场配备的人员必须满足下列要求：

① 管理人员对自身工作有一定的经验，并有一定的领导能力；

② 消防安全巡视成品保护人员能够正确并按时执行其所承担的工作任务。

（4）甲方有权要求乙方更换或调离不称职的人员，有权增加或减少相关岗位，乙方应服从安排并于24小时内落实。

2. 其他保障

除非本合同另有约定，乙方应保障甲方免于承担下述因乙方责任造成的有关的全部损失和赔偿：

（1）任何乙方过失造成的人员伤亡；

（2）任何财产损失或损害；

（3）乙方与其他单位的任何经济纠纷；

（4）乙方与乙方工作人员的劳动、劳务等纠纷。

上述事件系在工程实施期间以及修补缺陷过程中引起或发生的，乙方还应保障甲方免于负责为此产生及与此有关的一切索赔、诉讼、损害赔偿、诉讼费和其他开支。

第十一条　违约

1. 合同双方任何一方不能全面履行本合同条款的，均属违约；违约所造成的损失、后果、责任，概由违约方承担。

2. 除非甲乙双方协商终止或甲方根据相关条款中止本合同，违约方承担前述违约责任、损失后仍需严格履行本合同。

3. 若乙方对本合同的履行敷衍塞责或忽视履行合同中的实质性义务，或者发生违背甲方意愿的行为，甲方有权单方面解除本合同，并且书面通知乙方收回分包工程。由此造成的经济损失，甲方有权从乙方的任何款项中扣除。

4. 若乙方原因致使本合同终止，甲方有权决定是否扣留属于乙方的在现场的一切设施、材料、设备。

第十二条　争议解决

双方因履行本合同或因与本合同相关的事项发生争议的，应通过协商方式解决，协商不成的，应首先提交＿＿＿＿＿＿调解中心进行调解，调解不成的，一方有权按照下列第＿＿＿＿项约定方式解决争议：

（1）向＿＿＿＿＿＿＿＿＿＿仲裁委员会申请仲裁；

（2）向＿＿＿＿＿＿＿＿＿＿人民法院提起诉讼。

第十三条　合同生效与终止

1. 本合同自双方签字并盖章之日起生效。

2. 本合同在双方完成合同工作内容，结算工程价款后即告终止。

第十四条　其他

1. 甲方项目竣工后，如需乙方退场要提前3日通知乙方单位。

2. 本合同未尽事宜由双方协商解决。

3. 甲乙双方明确约定，对于在本合同项下产生的或与本合同相关的事宜产生的乙方对甲方拥有的债权，乙方承诺不将其转让给第三方，除非经过甲方的书面同意，否则，乙方在违约转让债权之日起5日内，按照违约转让债权总额的5%向甲方支付违约金，逾期支付应同时承担违约责任。

4. 本合同只限于＿＿＿＿＿＿＿项目工程使用，未经甲方许可，乙方不得将本合同内容透露给任何第三方。

第十五条　合同份数

本合同一式＿＿＿＿＿份，均具有同等法律效力，甲方执＿＿＿＿＿份，乙方执＿＿＿＿＿份。

（以下无正文）

甲方：（公章）　　　　　　　　　　　　　　　　乙方：（公章）

法定代表人或其委托代理人：　　　　　　　　　　法定代表人或其委托代理人：
（签字）　　　　　　　　　　　　　　　　　　　（签字）

统一社会信用代码：＿＿＿＿＿＿＿＿＿＿＿＿　　统一社会信用代码：＿＿＿＿＿＿＿＿＿＿＿＿
地址：＿＿＿＿＿＿＿＿＿＿＿＿＿＿＿＿＿　　　地址：＿＿＿＿＿＿＿＿＿＿＿＿＿＿＿＿＿
电话：＿＿＿＿＿＿＿＿＿＿＿＿＿＿＿＿＿　　　电话：＿＿＿＿＿＿＿＿＿＿＿＿＿＿＿＿＿
电子信箱：＿＿＿＿＿＿＿＿＿＿＿＿＿＿＿　　　电子信箱：＿＿＿＿＿＿＿＿＿＿＿＿＿＿＿
开户银行：＿＿＿＿＿＿＿＿＿＿＿＿＿＿＿　　　开户银行：＿＿＿＿＿＿＿＿＿＿＿＿＿＿＿
账号：＿＿＿＿＿＿＿＿＿＿＿＿＿＿＿＿＿　　　账号：＿＿＿＿＿＿＿＿＿＿＿＿＿＿＿＿＿

竣工保洁分包合同

合同编号：

工程名称：_____
工程地址：_____
甲　　方：_____
乙　　方：_____

_____年_____月_____日

_____工程竣工保洁分包合同

甲方（承包方）：_____
乙方（分包方）：_____

根据《中华人民共和国民法典》《中华人民共和国建筑法》《建设工程质量管理条例》《建设工程安全生产管理条例》及其他有关法律、行政法规，遵循平等、自愿、公平和诚实信用的原则，甲乙双方经协商一致，就_____工程竣工保洁的相关事宜达成如下协议。

第一条　工程概况

1. 工程名称：_____。
2. 工程地点：_____。
3. 建筑面积：_____。
4. 层数：_____。

第二条　乙方工作范围

1. 乙方按照甲方安排的具体区域负责已竣工区域的卫生清理保洁工作，包括但不限于以下内容：外立面清洗、室内墙面清洗、门窗清洗、室内装饰地面抛光打蜡、建筑物内的垃圾清扫以及堆放至甲方指定地点等工作。
2. 甲方委派的其他具体工作：_____。

第三条　合同价款

1. 合同价款为_____元（大写：_____），含税，税率为_____%。
2. 合同价款明细表

序号	竣工保洁项目	建筑面积	固定综合单价	合价
合计：_____元				

3. 本合同为固定总价形式。合同价款包括完成本合同工作内容所需的人工费、加班费、保洁工具、地板蜡、洗涤剂、交通费、食宿费、保险费、统一服装费、管理费、利润、各种应上缴的税费、风险费以及其他为圆满完成甲方委托工作内容所需的一切费用，乙方不得以物价上涨、工资调整等原因向甲方提出增加费用。项目所在地政府规定乙方人员应缴纳的五险一金等一切费用由乙方承担。

第四条　工程款支付与结算

1. 本工程预付款金额为_____，预付款付款日期为_____，本工程无预付款。
2. 每月_____日乙方向甲方上报当月完成工作量，甲方一个月内审核完成并于审核完次月的_____日至_____日支付审核确认工作量的_____%作为进度款，待合同规定乙方职责全部履行完毕且双方办理完结算后支付余款。每次付款前，双方确认后_____日内乙方必须向甲方出具符合合同约定税率、与甲方确认的金额等额且票面信息准确的正式发票，否则甲方有权不支付工程款。
3. 乙方未履行合同的责任、义务，未按甲方的要求开展工作，甲方将缓付或停付乙方的款项，直至乙方完成工作并达到合同的约定及甲方的要求后，同下期款项一并支付给乙方。
4. 因乙方违约，甲方按照合同规定应当扣除的款项，将成为甲方的永久扣款，并在乙方的结算款中予以扣除。

第五条　工期

1. 开工日期：_____年_____月_____日。
2. 完工日期：_____年_____月_____日。

第六条　甲方工作

1. 甲方负责向乙方进行工作交底。

2. 甲方应建立健全现场各项管理制度，教育乙方人员遵守施工现场各项管理制度。

3. 甲方负责办理工人现场出入证。

4. 要求进入房间施工的人员，必须出示甲方核发的现场出入证，经检查登记后方可进入施工，施工完毕检查通过后返还出入证。施工前双方对房间内的物品进行书面签认。

5. 甲方有权根据现场情况调整乙方的承包范围，乙方不得因此而提出异议。

6. 甲方有权要求乙方对不称职的人员进行更换。

7. 保洁人员在现场发生违纪、违规时，甲方有权根据现场相关规定做出处理和处罚。

8. 甲方应全力支持乙方的工作，负责协调乙方与其他施工方的关系。

第七条　乙方工作

1. 乙方应按照本合同的要求，进行本工程甲方指定范围的竣工保洁，派遣人员必须身体健康、热衷于本职工作、有相关工作经验、工作认真负责，无疾病或潜在疾病，无不良嗜好（如酗酒、偷盗、赌博以及其他）。

2. 乙方应严格遵守国家及工程所在地的各项法律、法规及甲方的各项规章制度，服从甲方的管理，接受甲方的监督指导，做到定岗、定人、定责，未经甲方书面允许不得更换人员，承担执行上述规章制度不力或违反上述规章制度所产生的一切损失和责任，并赔偿由此给甲方造成的一切损失。

3. 乙方应遵守工程所在地政府关于承包工程所需的资质和技术能力的有关规定，具备符合规定的资格，乙方人员必须持健康证上岗。乙方承担因自身资质手续不齐而导致的一切损失和责任。

4. 乙方负责现场竣工保洁工作的交底，乙方人员上岗前必须经过专业培训，熟悉施工现场，了解工作内容。

5. 乙方应做到文明值勤，值班人员要统一着装，佩戴袖标，不得穿拖鞋、短裤，着装要整洁，并使用文明语言。

6. 乙方应及时清理所负责保洁区域内的废弃物、碎纸、烟头等非建筑垃圾类生活垃圾以及地面积水等。

7. 工作过程中，乙方人员岗位发生变化需及时上报甲方，甲方相关人员书面确认后方可进行人员岗位变更。

8. 乙方负责定期对保洁人员进行安全教育，加强保洁人员的安全意识，严格遵守甲方的安全规章制度。

9. 工作中认真做好值班记录及交接班记录。这些记录将作为甲方抽查乙方工作以及对乙方进行考核的必备依据。

10. 对于乙方管理及自身安全措施不力及乙方人员的责任造成的安全事故（包括对乙方保洁人员造成的安全事故），乙方应承担全部的经济责任和法律责任，并承担事故处理的结果。由于上述事故给甲方及其他方造成的损失，应由乙方一并承担。

11. 乙方不得将承包范围内的全部或部分工作转包或再分包给其他单位，否则视为乙方违约，应承担由此造成的一切后果。

12. 乙方保洁人员不得在现场做饭，食宿由乙方自理。

第八条　乙方用工制度

1. 乙方须严格遵守工程所在地关于施工企业管理的相关的法律、法规及条例；乙方违反上述规定造成的事件等的经济责任及法律责任均由乙方承担；乙方因不严格执行政府有关规定给甲方造成的损失由乙方双倍给予赔偿。

2. 乙方应遵守甲方制定的_____及甲方关于分包管理的其他所有制度、规定等。

第九条　安全生产

1. 乙方应熟悉并能自觉遵守、执行中华人民共和国国家政府（含地方政府）、行业主管部门颁布实施的有关安全生产的法律、法规、标准及各项规定；能积极参加各种有关促进安全生产的各项活动。

2. 乙方必须尊重并服从甲方现行的有关安全生产的各项规章制度和方式，并加强自身管理，履行己方责任。

3. 乙方承担违反有关安全生产规定、规程造成安全事故的一切民事、刑事责任，由此给甲方带来的损失由乙方承担。

第十条　保障

1. 人员保障

（1）合同签订时，乙方须书面提交本工程组织机构图及管理人员名单，必须确保各系统人员能满足本工程之需要。

（2）未经甲方书面同意，乙方各主要职责管理人员不得随意调离、调换、缺岗，任何人员调离后的替代人员需经甲方书面认可。

（3）乙方给现场配备的人员必须满足下列要求：

① 管理人员对自身工作有一定的经验，并有一定的领导能力；

②上岗人员能够正确并按时执行其所承担的工作任务。
(4)甲方有权要求乙方更换或调离不称职的人员，有权增加或减少相关岗位，乙方应服从安排。
2.其他保障
除非本合同另有约定，乙方应保障甲方免于承担下述因乙方责任造成的有关的全部损失和赔偿：
(1)任何乙方过失造成的人员伤亡；
(2)任何财产损失或损害；
(3)乙方与其他单位的任何经济纠纷；
(4)乙方与乙方工作人员的劳动、劳务等纠纷。
上述事件系在工程实施期间以及修补缺陷过程中引起或发生的，乙方还应保障甲方免于负责因此产生及与此有关的一切索赔、诉讼、损害赔偿、诉讼费和其他开支。

第十一条 违约责任
1.合同双方任何一方不能全面履行本合同条款的，均属违约；违约所造成的损失、后果、责任，概由违约方承担；
2.除非甲乙双方协商终止或甲方根据相关条款中止本合同，违约方承担前述违约责任、损失后仍需严格履行本合同。
3.若乙方对本合同的履行敷衍塞责或忽视履行合同中的实质性义务，或者发生违背甲方意愿的行为，甲方有权单方面解除本合同，由此造成的经济损失，甲方有权从乙方的任何款项中扣除。
4.若乙方原因致使本合同终止，甲方有权决定是否扣留属于乙方的在现场的一切设施、材料、设备。
5.甲乙双方明确约定，对于在本合同项下产生的或与本合同相关的事宜产生的分包方对甲方拥有的债权，乙方承诺不将其转让给第三方，除非经过甲方的书面同意，否则，乙方应在违约转让债权之日起5日内，按照违约转让债权总额的5%向甲方支付违约金，逾期支付应同时承担违约付款责任。

第十二条 争议解决
双方因履行本合同或因与本合同相关的事项发生争议的，应通过协商方式解决，协商不成的，应首先提交_____调解中心进行调解，调解不成的，一方有权按照下列第_____项约定方式解决争议：
(1)向_____仲裁委员会申请仲裁；
(2)向_____人民法院提起诉讼。

第十三条 其他
1.合同执行过程中，如发生方案变更、增项，相关文件经双方书面签字认可后作为本合同附件，与本合同具有同等效力。
2.本合同未尽事宜，双方协商解决。
3.本合同只限于本工程使用，未经甲方许可，乙方不得将本合同内容透露给任何第三方。

第十四条 合同生效与终止
1.本合同自双方签字并盖章之日起生效。
2.在双方完成合同工作内容，甲方支付价款后即告终止。

第十五条 合同份数
本合同一式_____份，均具有同等法律效力，甲方执_____份，乙方执_____份。

（以下无正文）

（本页为签署页）

甲方：（公章） 乙方：（公章）

法定代表人或其委托代理人： 法定代表人或其委托代理人：
（签字） （签字）

统一社会信用代码：_____ 统一社会信用代码：_____
地址：_____ 地址：_____
电话：_____ 电话：_____
电子信箱：_____ 电子信箱：_____
开户银行：_____ 开户银行：_____
账号：_____ 账号：_____

第二十一章 警卫与安保

安保服务分包合同

合同编号：

工程名称：_____
工程地址：_____
甲　　方：_____
乙　　方：_____

_____年_____月_____日

_____工程安保服务分包合同

甲方（承包方）：_____
乙方（分包方）：_____

根据《中华人民共和国民法典》和国家有关法律法规，为做好甲方治安保卫、安全防范工作，本着友好合作的精神，双方经协商一致同意签订本合同。

第一条　服务概况

1. 服务内容：由乙方派出护卫员，负责甲方的守卫工作。

2. 服务期限：自_____起至_____止。

3. 服务地点：_____。

4. 服务范围：_____。

第二条　双方人员

1. 甲方负责人：_____（高级项目总监），_____（项目经理）。

2. 乙方负责人：_____，驻场护卫员暂定_____人_____岗（以甲方书面确认为准）。

第三条　甲方工作

1. 甲方负责提供乙方驻施工现场护卫员的住宿和伙食等生活条件及执勤（岗亭、照明、通信等）条件。

2. 甲方应及时对安全隐患进行整改，凡甲方不及时整改或整改不彻底而造成的损失，由甲方承担。

3. 甲方应教育现场施工人员遵守各项规章制度；人员、车辆出入要服从乙方执勤人员的检查，甲方负责处理乙方护卫员在执勤中与甲方人员及进入施工现场的外来人员发生的各类问题。

4. 甲方贵重物品要妥善保管，电焊把线、小型电动工具等在下班后要有专人妥善保管或锁进指定的工具室内；办公室（办公桌）内不得存放大量现金或有价证券（包括私人存放），要有防范措施。凡甲方管理不善或防范措施不严密造成的物品被盗、丢失或损坏由甲方自行负责。

5. 护卫员受甲方和乙方双重领导，甲方有权对护卫员的各项工作进行检查和具体指导，有权要求调换不合格的护卫员。甲方有权随时指派人员对乙方当值护卫员进行监督，如发现值勤期间有睡岗、漏岗、脱岗或玩忽职守，在岗哨上吸烟、看书、看报、玩手机、会客等一切不履行岗位职责的情况，甲方按每次_____元/人对乙方进行处罚。

6. 甲方应尊重护卫员的工作，对护卫员实施甲方有关制度规定的行为予以支持、配合。

第四条　乙方工作

1. 乙方负责选派护卫员进驻甲方，乙方派出的护卫员应身体健康、无不良嗜好，年龄为_____~_____岁。乙方护卫员的工资和社会保障福利等待遇、服装及日常管理培训费等由乙方负责。乙方负责为每名保安队员办理在甲方项目工作的全部手续，交纳并承担项目所在地政府规定的有关费用。

2. 乙方保安队员须具备项目所在地政府规定的各种证件，乙方负责将所有现场人员的全部证件的复印件提交甲方备案。乙方人员证件不齐而引发的一切责任均由乙方承担，乙方应赔偿由此给甲方造成的损失。

3. 乙方承担甲方的守卫任务，对甲方指定的重点目标实行重点守护。乙方应保障服务范围内的人身和财产安全，如因乙方原因造成甲方或他人的人身和财产损失，乙方应承担赔偿责任。

4. 乙护卫员和甲方管理人员必须对所有出场机具、材料共同进行清点并签认。

5. 乙方护卫员必须遵守国家法律、法规及甲方有关规章制度，服从甲方主管人员的管理。乙方应根据甲方要求制定保安工作计划和制度，并向甲方提交书面材料，取得甲方认可后方可执行。

6. 乙方护卫员在执行勤务等公务时，因保护甲方财产而发生人身伤害的，由甲乙双方协商承担受伤护卫员的医药费等费用。非执行公务时间造成的人身伤害，由乙方自行负责。

7. 乙方护卫员在勤务中勇于同违法犯罪分子作斗争表现突出，或在各种险情中全力抢救，使甲方财产免受危害和损失的，甲方应根据情况给予奖励，奖励最高额不超过_____元；由此造成护卫员人身伤、残、亡的，由甲乙双方按照国家有关规定协商处理。

8. 乙方应满足甲方对护卫员人数的要求，对不合格的护卫员及时进行调换，并负责护卫员在工作中的违纪失职行为的处理。

9. 护卫员在工作中发生违法、违纪行为，甲方通知乙方进行严肃处理，甲方有权清退违反甲方现场管理规定的护卫员，并且有权扣除违反规定的护卫员的当月费用，护卫员在工作中严重失职给甲方造成损失的，乙方承担全部经济责任。

10. 乙方有权对甲方治安、消防范围内的安全隐患提出书面整改意见及措施，甲方应认真改进。

11. 乙方必须随时保持保安室岗亭内整洁干净，甲方有权随时进行检查，如发现保安室岗亭内出现脏乱差等情况，甲方有权酌情给予处罚，相关费用已包含在合同费用中。

第五条　费用结算及标准

1. 护卫费按月结算，费用按包食宿每人_____元／月标准结算。护卫员上下岗路费为（按_____标准）_____元总价固定，护卫员轮岗换岗及增减人数此费用不再计取。如乙方上级单位调整服务费标准，则按调整后的标准执行。合同期总费用暂定_____元（大写：_____），□含 □不含税，税率为_____%。

2. 款项按季度支付，每季末_____日，甲乙双方核对并书面确认本季度护卫费用，甲方于次月_____日前支付给乙方。每次付款前，在甲方要求的时间内，乙方开具符合合同约定税率、与甲方确认的金额等额且票面信息准确的增值税专用发票（包含税务机关代开），并准确填写发票项目。

3. 若甲方增加（减少）护卫员人数或延长护卫使用时间，则护卫服务费按增加（减少）后的人数及实际护卫截止时间结算。

第六条　合同生效及终止

1. 本合同自双方签字盖章之日起生效。甲乙双方如提前解除合同，必须在解除合同前15天通知对方，并说明终止合同原因，合同不得单方终止，如任何一方无故单方终止合同应承担因此给对方造成的经济损失。

2. 本合同在双方完成约定的工作内容后即告终止，不得单方终止。

第七条　违约责任

在合同有效期内，除不可抗拒的因素外，任何一方违反本合同约定事项均应承担违约责任，并向对方支付违约金，违约金数额为合同总酬金的20%。

第八条　合同份数

本合同正本一式_____份，副本一式_____份，甲乙双方分别保存，具同等法律效力。

第九条　争议解决

双方因履行本合同或因与本合同相关的事项发生争议的，应通过协商方式解决，协商不成的，应首先提交_____调解中心进行调解，调解不成的，一方有权按照下列第_____项约定方式解决争议：

（1）向_____仲裁委员会申请仲裁；

（2）向_____人民法院提起诉讼。

第十条　其他

1. 因乙方主观原因，无故连续一个月不派护卫员进驻并展开工作时，甲方可视为合同解除。

2. 未经甲方同意，乙方擅自更改重点守护目标或对工作有重大失误造成甲方经济损失的护卫员进行包庇的，甲方可视为合同解除，乙方应承担因此给甲方带来的损失。

3. 遇有不可抗拒的因素，合同无法履行时，双方可终止合同。

4. 本合同中未尽事宜，由甲乙双方本着友好合作的精神，另行协商签订补充协议，补充协议与本合同具有同等效力。

（以下无正文）

（本页为签署页）

甲方：（公章） 乙方：（公章）

法定代表人或其委托代理人： 法定代表人或其委托代理人：
（签字） （签字）

统一社会信用代码：_____ 统一社会信用代码：_____
地址：_____ 地址：_____
电话：_____ 电话：_____
电子信箱：_____ 电子信箱：_____
开户银行：_____ 开户银行：_____
账号：_____ 账号：_____

消防安全保卫分包合同

合同编号:

工程名称:_____
工程地址:_____
甲　　方:_____
乙　　方:_____

_____年_____月_____日

_____工程消防安全保卫分包合同

甲方（承包方）：_____
乙方（分包方）：_____

根据《中华人民共和国民法典》《中华人民共和国建筑法》《建设工程安全生产管理条例》及其他有关法律、行政法规，遵循平等、自愿、公平和诚实信用的原则，甲乙双方经协商一致，就工程施工现场消防安全保卫的相关事宜达成如下协议。

第一条 工程概况

1. 工程名称：_____；
2. 工程地点：_____；
3. 建筑面积：_____。

第二条 服务内容

1. 服务范围：工程施工现场治安消防交通安全管理。
2. 服务期限：自_____年_____月_____日至_____年_____月_____日止。

第三条 合同价款

1. 暂定合同价款为_____元（大写：_____），其中税金为_____元，税率为_____%。
2. 实际管理费按标准工程建筑面积计取，为_____元/m^2。实际管理费必须由甲乙双方书面确认。乙方派驻人员的工资和社会保障福利等待遇，以及乙方为完成工作支付的其他费用，除合同另有约定外，由乙方负责。
3. 价款分两次支付，第一次于_____年_____月_____日支付_____元，余款在工程竣工结算_____日内后一次性付清。每次付款前，在甲方要求的时间内，乙方开具符合合同约定税率、与甲方确认的金额等额且票面信息准确的增值税专用发票（包含税务机关代开），并准确填写发票项目。

第四条 甲方工作

1. 甲方负责人姓名：_____，电话：_____。
2. 甲方负责提供乙方驻现场管理人员的办公条件和食宿条件。
3. 甲方应对乙方在治安消防防范检查中提出的安全隐患进行整改。凡甲方不及时整改或整改不彻底而造成的损失，由甲方自行负责。
4. 甲方应教育本单位员工遵守各项规章制度，人员、车辆出入服从乙方人员的管理。
5. 乙方驻现场人员受甲方和乙方双重领导，甲方有权对乙方人员的各项工作进行检查和具体指导，有权要求调换不合格的人员。
6. 甲方的贵重物品要妥善保管，电焊把线、小型电动工具等要有专人保管或在下班后锁进指定的工具保管室；重点要害部位要有防范措施，凡乙方提出隐患，责任方不整改或整改不及时而造成的物品丢失、损坏，由责任方自行负责。

第五条 乙方工作

1. 乙方负责人姓名：_____，电话：_____。
2. 制定安全防范管理制度，对重点要害部位制定专项保卫措施，随时进行安全防范检查；负责外协人员进场出入证、暂住证的办理。
3. 乙方负责协助甲方与周边地方政府进行联系；协助处理民扰问题。
4. 乙方负责协助公安机关对发生在甲方的违法犯罪案件进行查处。
5. 乙方负责甲方的消防管理工作，进行消防安全检查，提出火险隐患整改建议；保证项目文明工地消防安全指标达标。
6. 乙方负责项目开工消防审批手续的办理，以及工程竣工后消防验收销项的办理。
7. 乙方应协助甲方做好甲方办公、生产生活区域消防器材的管理，按有关规定配备、保养与维修消防器材（费用由甲方或使用方支付）。
8. 乙方应协助公安部门做好交通事故的调解与处理（含代理公司总部对违章责任者的处理）。
9. 乙方派驻现场人员必须遵守国家法律法规及甲方的有关规章制度，廉洁奉公，不留用扣押物品。

10. 乙方人员在履行合同期间发生的人身伤害事故，若属乙方因私所致，由乙方负责解决；因公发生的人身伤害事故，由甲乙双方协商解决。

11. 乙方人员在工作中勇于同违法犯罪分子作斗争表现突出，或在各种险情中全力抢救，使甲方财产免受危害和损失的，甲方应视情况给予适当奖励，奖励最高不超过_____元。

第六条 违约责任

1. 甲乙双方明确约定，对于在本合同项下产生的或与本合同相关的事宜产生的乙方对甲方拥有的债权，乙方承诺不将其转让给第三方，除非经过甲方的书面同意，否则，乙方应在违约转让债权之日起 5 日内，按照违约转让债权总额的 5% 向甲方支付违约金，逾期支付应同时承担违约付款责任。

2. 乙方应对违反本合同任意一项约定造成的甲方损失承担全部赔偿责任。

3. 在合同有效期内，除不可抗拒的因素外，任何一方违反本合同约定事项均应承担违约责任，并向对方支付违约金，违约金数额为合同期总酬金的 10%。

第七条 争议解决

双方因履行本合同或因与本合同相关的事项发生争议的，应通过协商方式解决，协商不成的，应首先提交_____调解中心进行调解，调解不成的，一方有权按照下列第_____项约定方式解决争议：

（1）向_____仲裁委员会申请仲裁；

（2）向_____人民法院提起诉讼。

第八条 合同中止与解除

1. 遇有不可抗拒的因素，合同无法履行时，双方可中止合同。

2. 甲乙双方如提前解除合同，必须在解除合同前 15 天通知对方，并说明终止合同原因，合同不得单方终止，任何一方无故单方终止合同应承担由此给对方造成的经济损失。

3. 未经甲方书面同意，乙方擅自更改重点守护目标或对工作有重大失误造成甲方经济损失的护卫员进行包庇的，甲方可视为合同解除。

4. 合同签订后_____日内，甲方无正当理由不向乙方支付本合同约定的费用的，乙方可视为合同解除。

5. 本合同未尽事宜，由甲乙双方本着友好合作的精神，另行协商签订补充协议，补充协议与本合同具有同等效力。

第九条 合同生效与终止

1. 本合同自双方签字盖章之日起生效。

2. 本合同在双方完成约定工作内容，费用全部结清后即告终止，不得单方终止。

第十条 合同份数

本合同一式_____份，均具有同等法律效力，甲方执_____份，乙方执_____份。

（以下无正文）

（本页为签署页）

甲方：（公章） 乙方：（公章）

法定代表人或其委托代理人： 法定代表人或其委托代理人：
（签字） （签字）

统一社会信用代码：_____ 统一社会信用代码：_____
地址：_____ 地址：_____
电话：_____ 电话：_____
电子信箱：_____ 电子信箱：_____
开户银行：_____ 开户银行：_____
账号：_____ 账号：_____

第二十二章 垃圾清运

垃圾清运分包合同

合同编号:

工程名称:_____
工程地址:_____
甲　　方:_____
乙　　方:_____

_____年_____月_____日

_____工程垃圾清运分包合同

甲方（承包方）：_____

乙方（分包方）：_____

根据《中华人民共和国民法典》《中华人民共和国建筑法》《城市建筑垃圾管理规定》，甲方作为_____工程项目的施工总承包商，为加强现场的文明施工管理，甲方将本工程的垃圾清运、消纳工作委托给乙方完成，双方通过友好协商达成如下一致条款，以资共同遵守：

第一条　工程概况

1. 工程名称：_____工程项目。
2. 工程地点：_____市_____区_____路_____号。
3. 建筑面积：_____m^2。

第二条　承包范围

1. 乙方负责本工程现场内产生的如下垃圾的清运及消纳工作：

（1）本协议第一条约定的工程地点内产生的所有建筑垃圾（包括但不限于土建工程、机电安装工程、初期装修、精装修部分等开工至竣工期间所有的建筑垃圾）；

（2）甲方工作人员（含甲方劳务分包及专业分包的工作人员）生活区和办公区的生活垃圾的装卸、外运及消纳。

2. 乙方的垃圾清理范围为甲方在现场内设置的所有垃圾池、垃圾桶、垃圾箱、垃圾池周围10m以内的垃圾堆场。

第三条　合同价款

甲乙双方经协商一致选择以下第_____种方式作为本合同的计价方式。

（1）固定总价。

① 本合同固定总价为_____元（大写：_____）。

② 本合同为总价固定合同，合同价款内包含但不仅限于装车费、运输费、垃圾消纳费、管理费、利润、税金等一切费用，在整个清运期间不得因任何原因而调整。

（2）清单计价。

① 计价方式：本合同采用清单计价，固定单价为_____元/t（不含增值税），暂估工程量为_____t，合同价为人民币_____元（大写：_____），实际结算金额按最终双方确认的工程量计算。

② 计量方式：以甲方指定磅站的磅单为计量依据，乙方对每次清运的垃圾实物量应当予以记录并与甲方指定负责人进行确认。

第四条　结算方法及付款方式

1. 结算方法

（1）每次甲方通知乙方进场清运垃圾后，应签字确认本次垃圾清运完毕。

（2）甲乙双方应当于每月_____日前办理本月清运完成确认单，采用清单计价的，甲方应当对本月已完成的垃圾清运实物量进行签字确认。

（3）本合同工期结束后，甲乙双方应当办理整体工程书面清运完成确认单，整体工程书面清运完成确认单为甲乙双方最终的结算依据。

（4）本合同价款按季度结算，甲乙双方应当于每季度最后一月的_____日就当季费用进行结算。

2. 付款方式

（1）乙方应当按照甲乙双方于每季度最后一月的_____日结算的本季度费用开具增值税专用发票，并于次月的_____日前将发票送达给甲方。

（2）甲方应当在收到乙方发票后的_____日内按照发票金额的95%向乙方支付费用。

（3）剩余费用待垃圾清运、消纳工作全部完成，且双方办理完最终结算手续后60天内支付。

第五条 工期

自＿＿＿＿年＿＿＿＿月＿＿＿＿日至甲方将现场完全移交给业主。

第六条 甲方权利和义务

1. 在施工现场内设置垃圾池、垃圾桶、垃圾箱，并向乙方说明垃圾池、垃圾桶、垃圾箱的具体位置。

2. 按照本合同第四条约定的结算方法和付款方式按时向乙方支付工程款。

3. 甲方有权在施工现场及生活区需要清理垃圾时随时通知乙方清理。

4. 甲方有权现场指导和监督乙方对垃圾进行装运、清理的过程。

5. 甲方负责对乙方每月清运垃圾的情况及清运垃圾的实物量进行核对和确认。

6. 甲方负责人：＿＿＿＿＿＿（项目经理），＿＿＿＿＿＿（现场负责人）。联系电话：＿＿＿＿＿＿＿＿。

第七条 乙方权利和义务

1. 甲方通知乙方清理垃圾的，乙方应当在接到甲方通知后24小时内将需要清理的垃圾清运、消纳完毕，否则甲方有权另行安排清运、消纳，因此产生的费用从乙方当期工程款中扣除。

2. 乙方的清运、消纳工作不得影响正常施工，乙方不得将施工材料擅自当垃圾处理，否则应当赔偿由此给甲方造成的一切损失。

3. 甲方委托乙方按照需要提供垃圾箱的，垃圾箱的制作费用由乙方承担，使用完毕后垃圾箱归乙方所有。

4. 乙方负责对其履行合同的人员进行安全、环保等方面的交底工作。

5. 乙方应当按月对其当月清运垃圾的情况及实物量进行统计，并于每月＿＿＿＿日以书面形式与甲方进行核对和确认。

6. 乙方负责人为＿＿＿＿＿＿，联系电话为＿＿＿＿＿＿＿＿，现场负责人为＿＿＿＿＿＿，联系电话为＿＿＿＿＿＿＿＿。

第八条 环保与职业安全

1. 本合同双方应共同遵守国家和地方有关的环境保护的法律、法规，努力营造绿色建筑。

2. 乙方在施工作业过程中满足甲方制定并经国家权威部门认证的ISO 14001环境管理体系、现行国际标准《职业健康安全管理体系要求及使用指南》ISO 45001的要求，保证施工生产符合相关标准的要求。

3. 乙方进驻现场员工需接受经ISO 14001环境管理体系、现行国际标准《职业健康安全管理体系要求及使用指南》ISO 45001认证的教育培训。

4. 乙方在运输过程中应执行当地政府关于禁止车辆运输泄漏、遗撒、扬尘的规定。

5. 乙方须采取有效措施，防止车辆噪声超标或车辆漏油污染环境。对于不符合要求的车辆要及时采取必要的措施。

6. 车辆进入现场后禁止鸣笛。

7. 乙方人员进入甲方施工现场必须将安全防护用品佩戴齐全，执行甲方现场的安全规定，乙方自行配备进入甲方现场所需的安全防护用品，包括但不限于安全帽、防护眼镜、防护鞋及安全背心等。

第九条 合同生效与终止

本合同自双方签字盖章之日起生效，承包内容全部完成并结清尾款后即告终止。

第十条 争议解决

1. 双方因履行本合同或因与本合同相关的事项发生争议的，应通过协商方式解决，协商不成的，应首先提交＿＿＿＿＿＿调解中心进行调解，调解不成的，一方有权按照下列第＿＿＿＿项约定方式解决争议：

（1）向＿＿＿＿＿＿＿＿仲裁委员会申请仲裁；

（2）向＿＿＿＿＿＿＿＿人民法院提起诉讼。

2. 甲乙双方明确约定，对于在本合同项下产生的或与本合同相关的事宜产生的乙方对甲方拥有的债权，乙方承诺不将其转让给第三方，除非经过甲方的书面同意，否则，乙方应在违约转让债权之日起5日内，按照违约转让债权总额的5%向甲方支付违约金，逾期支付应同时承担违约付款责任。

第十一条 未尽事宜

本合同在执行中若有未尽事宜，双方经友好协商以补充协议、会议纪要、谈判记录等形式约定。

第十二条 送达

1. 与本合同履行相关的通知、指令及其他书面文件，应按照下列送达地址予以送达：

甲方收件人：_____。联系方式：_____。
甲方确认的有效送达地址：_____。
乙方收件人：_____。联系方式：_____。
乙方确认的有效邮箱（必填）：_____。
乙方确认的有效送达地址：_____。

2. 一方送达地址变更未及时告知相对方或者一方指定的收件人拒绝签收，导致文书未能被实际接收的，文书退回之日视为送达之日或用邮政特快专递寄出满 3 天视为已送达。

3. 本合同中注明的电子邮箱须保证有效且能够正常使用，若双方往来函件使用电子邮件等数据电文形式，此数据电文进入指定的电子邮箱运营商服务器即视为送达。

第十三条　其他

1. 双方承诺不将本合同成交价格透露给任何第三方。
2. 本合同所述之内容与条款只限于_____工程使用，乙方不得将本合同内容细节透露给任何第三方。
3. 本合同一式_____份，均具有同等法律效力，甲方执_____份，乙方执_____份。

（以下无正文）

甲方：（公章） 　　　　　　　　　　　　　　乙方：（公章）

法定代表人或其委托代理人： 　　　　　　　　法定代表人或其委托代理人：
（签字） 　　　　　　　　　　　　　　　　　（签字）

统一社会信用代码：_____ 　　统一社会信用代码：_____
地址：_____ 　　　　　　　　地址：_____
电话：_____ 　　　　　　　　电话：_____
电子信箱：_____ 　　　　　　电子信箱：_____
开户银行：_____ 　　　　　　开户银行：_____
账号：_____ 　　　　　　　　账号：_____

第二十三章 安全与防护

高压防护安装维护拆除合同

合同编号：

工程名称：_____
工程地址：_____
甲　　方：_____
乙　　方：_____

_____年_____月_____日

_____工程高压防护安装维护拆除合同

甲方（承包方）：_____
乙方（分包方）：_____
　　根据《中华人民共和国民法典》《中华人民共和国建筑法》，甲乙双方经友好协商，本着平等互利、协商一致的原则，就_____工程高压防护安装、维护、拆除工程达成以下协议，以便共同遵守。

第一条　工程概况
1. 工程名称：_____。
2. 工程地点：_____。
3. 工程投资：_____。

第二条　工程范围及工程内容
1. 工程范围：甲方将本合同第一条中约定工程中的高压防护安拆维护施工工作分包给乙方实施。
2. 工程内容：
（1）乙方负责完成甲方指定地点的高压防护架设及其过程中的维护，甲方指定时间的拆除工作；
（2）乙方负责应对政府、建设单位、监理单位、咨询公司等有关部门的检查、验收，直至通过；
（3）乙方负责对甲方施工过程中的高压防护进行看管、维护；
（4）乙方负责高压防护拆除后将防护材料装车、运输并卸至甲方指定地点。

第三条　工程工期
1. 高压防护安装及维护工期：_____年_____月_____日至_____年_____月_____日。
2. 高压防护拆除工期：甲方指定可以拆除的时间并提前_____个工作日通知乙方，乙方保证在收到甲方通知后_____个工作日拆除完毕并将防护材料卸至甲方指定地点。

第四条　费用的组成、合同总价及费用支付
1. 费用的组成原则
　　本合同是依据甲方技术负责人审批的《高压防护搭设拆除技术方案》及本合同第二条工程范围及工程内容所确定的固定总价合同，合同总价包含乙方完成全部工程内容的一切人工费、材料费、辅材费、生产工具使用费、中小型机械使用费、文明施工费、照管费、维护费、扰民措施费、管理费、利润、政府收取的所有费用（包括税金，税金部分如甲方已为其代扣代缴，甲方将从总价中扣除这部分费用）等一切费用，除发生以下情况，否则均不调整：
（1）甲方调整《高压防护搭设拆除技术方案》导致乙方施工费用（不含乙方管理费、利润的变化）发生10%以上的变更（含减少10%的情况）；
（2）发生不可抗力情形的，由甲乙双方合理分担因不可抗力增加的费用。
2. 合同总价
　　本合同为固定总价合同。合同固定总价为人民币_____元（大写_____），其中高压防护搭设及维护费用为人民币_____元（大写_____），高压防护拆除费用为人民币_____元（大写_____）。
3. 费用支付
（1）乙方按照甲方要求在指定地点完成高压防护搭设工作，并通过政府、建设单位、监理单位、咨询公司等有关部门的检查、验收后，甲方应当向乙方支付60%的高压搭设及维护费用。
（2）乙方完成高压防护维护工作后，在高压防护拆除前应当向甲方支付剩余40%的高压搭设及维护费用。
（3）乙方完成高压防护拆除工作并将防护材料卸至甲方指定地点后，甲方应当向乙方支付高压防护拆除费用。
（4）乙方在完成本条规定的每项工作后应当向甲方书面申请审核工程量及费用，甲方应当在收到乙方书面申请后的____个工作日内审核完毕，确认已完工程量及应付费用并通知乙方开具相应的增值税专用发票，甲方在收到乙方提供的增值税专用发票后的_____个工作日内向乙方指定账户支付工程款。

4. 乙方指定收款账户

账户名称：_____。

开户银行：_____。

账户号码：_____。

第五条 甲方的权利和义务

1. 甲方应为乙方人员熟悉现场创造条件，并提供相应图纸。

2. 甲方对乙方编制的《高压防护搭设拆除技术方案》及《高压防护搭设安拆施工方案》进行审核。

3. 如乙方需夜间施工的，甲方应根据乙方书面申请提供夜间施工条件，使现场满足夜间施工安全要求。

4. 甲方有权对乙方高压防护安拆施工过程进行监督，并有权制止乙方不当的施工行为。

第六条 乙方的权利和义务

1. 乙方应熟悉施工现场，根据施工现场条件和甲方使用要求，编制《高压防护搭设拆除技术方案》及《高压防护搭设安拆施工方案》，上述方案必须经乙方单位技术负责人审核、签字后加盖单位公章，并提交甲方审核。

2. 乙方应按照本合同第三条约定的工期完成高压防护安拆工作。

3. 乙方应于高压防护拆除后，及时将材料卸至甲方指定地点。

4. 乙方应当具备完成高压防护搭设拆除施工工作所需要的资质，并且应当确保其安排的施工人员具有完成相应工作的资质。

5. 乙方全过程的施工必须按甲方审核通过的《高压防护搭设拆除技术方案》及《高压防护搭设安拆施工方案》进行。在施工过程中乙方应当委派经验丰富的安装工长现场负责工期控制和质量控制；配备专职安全人员，在施工现场对高压防护安拆、维护施工全过程进行监督和检查。对于工作中存在的问题乙方应及时提出纠正方案并予以纠正。

6. 乙方负责高压防护安装工作范围内的安全防护及安全警戒线的设置，防止无关人员进入塔式起重机施工区域。

7. 乙方在施工过程中使用的起重设备必须有甲方认可的检测机构出具的定期检验证明，并保证所使用工具及其他设施完好。

8. 乙方负责对参与施工的操作人员进行安全技术交底。乙方人员进入甲方现场应统一着装，严格遵守现场规章制度，听从甲方指挥、安排。

9. 乙方应配合检测机构对高压防护进行检测，按照检测机构发出的有关安装整改通知及时进行整改。高压防护经检测机构检测合格及政府、建设单位、监理单位、咨询公司验收通过后，乙方应当与甲方、施工使用等单位共同对其进行交接验收，并办理相应手续。

10. 乙方负责办理政府有关部门要求的安装告知手续，因未完成告知手续造成塔式起重机无法在规定时间进行安装的，乙方应承担由此给甲方造成的一切损失。

11. 乙方在施工前应向甲方提供加盖公章且有效的营业执照、安拆资质证书、安全生产许可证、特殊工种操作证、辅助起重机械定期检验证明、市住房和城乡建设主管部门审发的各种有效证件的复印件及经乙方技术负责人审批通过的方案和技术措施，供甲方留存。

12. 乙方应承担由自身安装原因引发的相关安全及法律责任。

第七条 质量约定

1. 乙方的高压防护安装、拆除等各项有关指标必须达到国家及地方的有关规定，质量达到优良。验收前手续齐全，必须一次通过政府指定部门的检测。

2. 乙方切实熟悉现场条件和图纸资料，编制切实可行的《高压防护搭设拆除技术方案》及《高压防护搭设安拆施工方案》，且要求安拆人员熟悉方案，并监督执行。

3. 乙方严格执行国家和工程所在地现行技术标准，严格按照高压防护说明书的要求进行有关操作。

4. 乙方负责的高压防护安装工作范围内的安全防护，保证达到相关标准。

第八条 违约责任

1. 甲乙双方明确约定，对于在本合同项下产生的或与本合同相关的事宜产生的乙方对甲方拥有的债权，乙方承诺不将其转让给第三方。

2. 乙方如未按照本合同第三条第1款约定的工期施工，或未按照本合同第三条第2款约定按期完成拆除工作的，每逾期

1日，乙方应当以本合同固定总价为基数按照每日1‰的标准向甲方支付违约金。前述违约金不足以弥补甲方所受损失的，乙方还应当承担由此给甲方造成的一切损失（包括甲方的预期可得利益损失、第三方向甲方主张的赔偿等）。

3. 乙方应当按照本合同第七条约定的质量标准及法律法规规定的质量标准进行施工，若乙方未按质量要求施工或因自身原因造成高压防护搭设拆除不符合本合同约定或法律法规的规定，应当承担由此给甲方造成的一切损失（包括甲方的预期可得利益损失、第三方向甲方主张的赔偿等）。

4. 乙方承担在高压防护安装、维护、拆除等过程中由自身不尽责、违章操作或所带设备及设施不符合有关安全要求等非甲方原因而导致的事故的全部安全责任、法律责任和由此给甲方造成的经济损失，如第三方原因造成事故，甲方可协助乙方向第三方索赔。

第九条 争议解决

双方因履行本合同或因与本合同相关的事项发生争议的，应通过协商方式解决，协商不成的，应首先提交_____调解中心进行调解，调解不成的，一方有权按照下列第_____项约定方式解决争议：

（1）向_____仲裁委员会申请仲裁；

（2）向_____人民法院提起诉讼。

第十条 合同生效与终止

1. 本合同未尽事宜，由双方协商解决。合同执行过程中，如发生方案变更、增项，双方以书面形式签字认可后将其作为本合同附件，附件与本合同具有同等效力。

2. 本合同自双方签字盖章之日起生效，在双方完成约定工作内容，费用全部结清后即告终止。

第十一条 送达

1. 与本合同履行相关的通知、指令及其他书面文件，应按照下列送达地址予以送达：

甲方收件人：_____。联系方式：_____。

甲方确认其有效送达地址：_____。

乙方收件人：_____。联系方式：_____。

乙方确认其有效邮箱（必填）：_____。

乙方确认其有效送达地址：_____。

2. 一方送达地址变更未及时告知相对方或者一方指定的收件人拒绝签收，导致文书未能被实际接收的，文书退回之日视为送达之日或用邮政特快专递寄出满3天视为送达。

3. 本合同中注明的电子邮箱须保证有效且能够正常使用，若双方往来函件使用电子邮件等数据电文形式，此数据电文进入指定的电子邮箱运营商服务器即视为已送达。

第十二条 其他

1. 乙方编制并经甲方书面审核确认的《高压防护搭设拆除技术方案》及《高压防护搭设安拆施工方案》为本合同的附件，与本合同具有同等法律效力。

2. 本合同一式_____份，均具有同等法律效力，甲方执_____份，乙方执_____份。

（以下无正文）

（本页为签署页）

甲方：（公章） 乙方：（公章）

法定代表人或其委托代理人： 法定代表人或其委托代理人：
（签字） （签字）

统一社会信用代码：_____ 统一社会信用代码：_____
地址：_____ 地址：_____
电话：_____ 电话：_____
电子信箱：_____ 电子信箱：_____
开户银行：_____ 开户银行：_____
账号：_____ 账号：_____

附件 1 高压防护塔搭设拆除技术方案

（本书略）

附件 2 高压防护塔安拆施工方案

（本书略）

第三篇 其 他

工程招标代理合同

合同编号：

工程名称：_____
工程地址：_____
甲　　方：_____
乙　　方：_____

_____年_____月_____日

工程招标代理合同

甲方（委托人）：_____
乙方（受托人）：_____

依照《中华人民共和国民法典》《中华人民共和国招标投标法》及国家有关法律、行政法规的规定，遵循平等、自愿、公平和诚实信用的原则，双方就_____工程招标代理事项协商一致，订立本合同。

第一条　工程概况

1. 工程名称：_____工程项目。
2. 工程地点：_____市_____区_____路_____号。
3. 工程项目审批文件：_____。
4. 资金来源：_____。
5. 工程规模：_____。
6. 总投资额：_____。

第二条　委托代理范围

1. 委托代理招标内容（有委托的在□中打√，并说明具体内容，无委托的在□中打×）：

□勘察

□设计，具体包括：_____。

□施工，具体包括：_____。

□监理，具体包括：_____。

□设备，具体包括：_____。

□材料，具体包括：_____。

2. 委托代理范围内单项合同估算价：_____

3. 委托代理的事项（有委托的在□中打√，无委托的在□中打×）：

□代拟发包方案；

□发布招标公告（发出投标邀请书）；

□编制资格预审文件；

□组织接收投标申请人报名；

□审查潜在投标人资格，确定潜在投标人；

□编制招标文件；

□编制工程量清单；

□编制工程标底；

□组织现场踏勘和答疑；

□组织开标、评标；

□草拟工程合同；

□编制招标投标情况书面报告；

□与发包有关的其他事宜：_____。

第三条　委托人的权利

1. 委托人有权参与招标投标的有关活动，并按本合同约定，接收招标代理成果。
2. 委托人有权要求受托人及时提供代理工作阶段性的进展情况。
3. 委托人有权要求受托人更换不称职或应回避的招标代理从业人员。
4. 委托人有权确定受托人的具体工作内容。
5. 委托人有权要求受托人提交招标代理业务工作报告。

6. 委托人有权审查受托人为本合同工程编制的各种文件，并提出修改意见。

7. 委托人有权依法选择中标人。

8. 本合同履行期间，受托人不履行本合同约定的义务或者履行义务不符合法律、法规等规定的，委托人有权终止本合同，受托人应当承担违约责任并赔偿由此给委托人造成的一切损失（包括委托人的预期可得利益损失）。

第四条　委托人的义务

1. 委托人在受托人开展招标代理业务之前应按照有关规定办理本项目招标所需的有关审批手续，使招标工作具备条件。

2. 委托人应当向受托人及时、无偿、真实、详细地提供招标投标代理工作范围内所需的文件和资料（如建设批文、资金证明、地质勘察资料、施工图纸等）。

3. 对受托人提出的书面要求，委托人应当在_____日内做出书面答复，如因此造成时间延长由委托人负责。

4. 委托人指派_____作为委托人代表，配合受托人工作。

委托人代表联系方式：＿＿＿＿＿＿＿＿＿＿＿＿＿＿＿＿＿＿＿＿＿＿。

委托人代表通信地址：＿＿＿＿＿＿＿＿＿＿＿＿＿＿＿＿＿＿＿＿＿＿。

5. 委托代理咨询项目中如内容、时间等有重大调整，委托人应当书面提前_____日通知受托人，以便委托人调整相应的工作安排，如因此造成时间延长由委托人负责。

6. 委托人应当根据需要，做好与第三方的协调工作。

7. 委托人应当对受托人为本合同提供的技术服务进行知识产权保护。

8. 委托人应当承担由于自己的过失给受托人造成的经济损失。

9. 委托人及其工作人员，不得以任何形式向受托人收受或索要回扣、好处费、礼金、有价证券和其他礼物，或者以任何其他形式向受托人索取贿赂。

10. 委托人应当完成的其他工作：＿＿＿＿＿＿＿＿＿＿＿＿＿＿＿＿＿＿＿＿＿＿。

第五条　受托人的权利

1. 受托人有权拒绝委托人提出的违反法律、行政法规及规章等规范性文件的要求，并向委托人做出说明。

2. 受托人依据国家有关法律法规的规定，在授权范围内实施委托项目的招标工作。

3. 受托人有权建议更换不称职或有其他原因不宜参与招标活动的委托方人员。

4. 对招标过程中应由委托人做出决定的事项，受托人有提出建议的权利。

5. 当委托人提供的资料不足或不明确时，受托人有权要求委托人补足资料或做出明确的答复。

6. 受托人有权参加委托人组织的涉及招标工作的所有会议和活动。

7. 受托人拥有对于为本合同工程编制的所有文件的知识产权，委托人仅有使用或复制的权利。

第六条　受托人的义务

1. 受托人应当按照国家法律、法规以及住房和城乡建设行政主管部门的有关规定从事招标投标代理活动。

2. 受托人指派_____作为招标代理项目负责人，负责招标代理项目工作的开展以及与委托人沟通。受托人成立招标代理项目组，负责本项目招标代理工作。项目组组成人员情况见附件1。

受托人指派的项目负责人联系方式：＿＿＿＿＿＿＿＿＿＿＿＿＿＿＿＿。

受托人指派的项目负责人通信地址：＿＿＿＿＿＿＿＿＿＿＿＿＿＿＿＿。

3. 受托人应当在本合同约定的委托授权范围内为委托方提供招标代理服务，不得将本合同所确定的招标代理服务的部分或全部转让给第三方。

4. 受托人应当按照本合同第八条约定的时间及时开展招标代理工作，并应当应用专业技术与技能为委托人提供完成招标工作相关的咨询服务。

5. 受托人有义务向委托方提供招标计划以及相关的招标投标资料，做好相关法律、法规及规章的解释工作。

6. 受托人工作人员如与本工程潜在投标人有任何利益关系应主动提出回避。

7. 受托人在代理活动中不得泄露任何依法应当保密的信息。

8. 受托人应当对招标工作中委托人出具的有关技术方案、数据参数、技术经济分析等资料的科学性和准确性负责。

9. 受托人不得接受本合同工程建设项目中委托招标范围之内的相关的投标咨询业务。

10. 对于受托人的单方过失造成的经济损失，受托人应当向委托人进行赔偿。累计赔偿总额不应超过建设工程招标代理服务费总额（除去税金）。

11. 受托人为本合同提供技术服务的知识产权应属受托人专有。任何第三方如提出侵权指控，受托人须自行处理并承担由此可能引起的一切法律责任和产生的一切费用。

12. 受托人不得采用行贿、给予其他利益或者诋毁他人等不正当手段进行竞争，不得接受投标人的礼品、宴请或其他好处，不得泄露招标、评标、定标过程中依法需要保密的内容。

13. 本合同终止后，未经委托人书面同意，受托人不得泄露与本合同工程相关的任何资料或受托人所掌握的情况。

第七条 招标代理服务收费的计取

1. 根据国家现行取费政策，按照以下计算方法确定招标代理服务费金额：

_____。

2. 招标代理服务费的支付，采用以下第_____种方式：

（1）由委托人支付；

（2）与投标人约定，由中标人支付。

采用第（2）种方式支付招标代理服务费的，招标文件必须写明，且招标代理服务费应包含在投标报价中。

3. 支付招标代理服务费的时间：_____。

第八条 委托人对受托人完成本合同委托内容的时间要求

1. 代理工作开始时间：_____。

2. 代理工作完成时间：_____。

非受托人原因造成的时间延误，结束时间相应延长；代理结束时间以完成_____为准。

第九条 违约

1. 委托人违约。当发生下列情形时，委托人应当向受托人承担违约责任，赔偿因此给受托人造成的实际损失：

（1）委托人未按照本合同第四条第1款、第2款、第3款、第5款的规定向受托人提供保证招标工作顺利完成的条件或说明，致使招标工作无法进行；

（2）委托人侵犯受托人的知识产权，给受托人造成损失的；

（3）委托人不履行合同义务或不按合同约定履行义务的其他情况。

2. 受托人违约。当发生下列情形时，受托人应当向委托人承担违约责任，赔偿因此给委托人造成的一切损失（包括委托人履行合同可能获得的预期利益损失）：

（1）受托人未按照本合同第六条第1款和第4款的约定对委托人提供完成招标工作的咨询服务；

（2）受托人违反本合同约定接受本合同工程建设项目中委托招标范围之内的相关的投标咨询业务；

（3）受托人违反本合同第六条第3款的约定，擅自将委托事项的部分或全部转让给第三方；

（4）受托人擅自向第三方泄露与本合同工程相关的任何招标资料和情况；

（5）受托人不履行合同义务或不按合同约定履行义务的其他情况。

3. 第三方违约。若委托人或受托人违约是由于第三方原因造成的，则违约方应当先行向守约方承担全部违约责任，再向第三方追偿。

4. 委托人与受托人明确，对于本合同项下受托人对委托人拥有的债权，受托人承诺不将其债权转让给第三方，除非委托人书面同意受托人进行债权转让。否则受托人应在违约转让债权之日起5日内，按照违约转让债权总额的5%向委托人支付违约金，逾期支付应同时承担违约付款责任。

第十条 争议解决

双方因履行本合同或因与本合同相关的事项发生争议，应通过协商方式解决，协商不成的，应首先提交_____调解中心进行调解，调解不成的，一方有权按照下列第_____项约定方式解决争议：

（1）向_____仲裁委员会申请仲裁；

（2）向_____人民法院提起诉讼。

第十一条 合同生效、变更与终止

1. 本合同自双方当事人签字并盖章之日起生效。

2. 若有本合同未尽事宜，委托人与受托人协商一致可以达成补充协议作为本合同的附件，补充协议与本合同具有同等法律效力。

3.本合同生效后,如法律、行政法规发生变化或其他原因导致本合同约定的代理服务事项、服务时间、代理费用等发生变更,委托人与受托人经协商一致可以另行签订补充协议进行相应变更,另行签订的补充协议作为本合同的附件。

4.委托人与受托人协商一致的,可以解除本合同。

5.受托人出现以下情形的,委托人有权以发出书面解除通知的形式单方解除本合同:

(1)受托人迟延履行本合同中约定的招标代理工作超过15日,经委托人书面催告后仍未履行相应工作的;

(2)受托人擅自向第三方泄露与本合同工程相关的任何招标资料和情况;

(3)受托人接受本合同工程建设项目中委托招标范围之内的相关的投标咨询业务。

6.受托人完成本合同约定的全部委托招标代理业务,且委托人或中标人支付了全部代理费用后本合同即告终止。

第十二条　送达

1.与本合同履行相关的通知、指令及其他书面文件,应按照下列送达地址予以送达:

甲方收件人:_____。联系方式:_____。

甲方确认其有效送达地址:_____。

乙方收件人:_____。联系方式:_____。

乙方确认其有效邮箱(必填):_____。

乙方确认其有效送达地址:_____。

2.一方送达地址变更未及时告知相对方或者一方指定的收件人拒绝签收,导致文书未能被实际接收的,文书退回之日视为送达之日或用邮政特快专递寄出满3天视为已送达。

3.本合同中注明的电子邮箱须保证有效且能够正常使用,若双方往来函件使用电子邮件等**数据电文**形式,此数据电文进入指定的电子邮箱运营商服务器即视为送达。

第十三条　其他

本合同一式_____份,均具有同等法律效力,甲方执_____份,乙方执_____份。

(以下无正文)

甲方:(公章)　　　　　　　　　　　　　　乙方:(公章)

法定代表人或其委托代理人:　　　　　　　　法定代表人或其委托代理人:
(签字)　　　　　　　　　　　　　　　　　(签字)

统一社会信用代码:_____　　　统一社会信用代码:_____
地址:_____　　　　　　　　　地址:_____
电话:_____　　　　　　　　　电话:_____
电子信箱:_____　　　　　　　电子信箱:_____
开户银行:_____　　　　　　　开户银行:_____
账号:_____　　　　　　　　　账号:_____

附件1

工程代理项目组组成人员情况及事项表

工程项目名称			招标内容		
人员情况					
姓名	职务	职称	资格注册	上岗证号	备注
代理事项及承办人安排					
代理事项	承办人		代理事项		承办人
代拟招标方案					
发布招标公告（投标邀请书）					
投标申请人报名					
编制资格预审文件					
审查潜在投标人资格					
编制招标文件、工程量清单					
……					
代理人：（盖章）					

附件 2

建设工程招标代理授权委托书

_____（委托人即招标人的法定代表人的姓名）系_____公司（招标人名称）的法定代表人，现授权委托_____（招标代理机构名称），为_____（拟招标项目名称）的代理人，以招标人的名义办理以下事项（有委托的在□中打√，无委托的在□中打×）：

□代拟发包方案；
□发布招标公告（发出投标邀请书）；
□编制资格预审文件；
□组织接收投标申请人报名；
□审查潜在投标人资格，确定潜在投标人；
□编制招标文件；
□编制工程量清单；
□编制工程标底；
□组织现场踏勘和答疑；
□组织开标、评标；
□草拟工程合同；
□编制招标投标情况书面报告；
□与发包有关的其他事宜：_____。

招标代理人在代理招标过程中为办理上述事宜所签署的一切文件和处理的与之有关的一切事项，委托人均予以承认，但发包方案、中标通知书、招标投标情况书面报告需经委托人签署。代理人无权转委托权。

本授权委托书的有效期为_____。

特此声明。

委托人：（盖章）
法定代表人：（签字）

年　　　月　　　日

建设工程咨询服务合同

合同编号：

工程名称：_____
工程地址：_____
甲　　方：_____
乙　　方：_____

_____年_____月_____日

第一部分 协 议 书

甲方（委托人）：_____
乙方（受托人）：_____

根据《中华人民共和国民法典》及其他有关法律、法规，遵循平等、自愿、公平和诚实信用的原则，双方就下述建设工程委托咨询服务事项协商一致，订立本合同。

第一条 工程概况

1. 工程名称：_____。
2. 工程地点：_____。
3. 工程规模：_____。
4. 投资金额：_____。
5. 资金来源：_____。
6. 建设工期或周期：_____。
7. 其他：_____。

第二条 服务范围及工作内容

双方约定的服务范围及工作内容：
_____。

第三条 服务期限

本合同约定的建设工程咨询服务自_____年_____月_____日开始实施，至合同约定的工作完成后结束。

第四条 质量标准

工程技术、咨询成果文件应符合：
_____。

第五条 酬金或计取方式（二选一）

1. 酬金（含税）：_____元（大写：_____）。
2. 计取方式：按委托人结算值的_____‰。
3. 税率为_____%。

本合同约定价格的不含税金额不因国家税率变化而变化，在合同履行期间，如遇国家的税率调整，则价税合计的金额相应调整，税率以开具发票时间为准。

第六条 合同文件的构成

本协议书与下列文件一起构成合同文件：

1. 中标通知书或委托书（若有）；
2. 投标函及投标函附录或造价咨询服务建议书（若有）；
3. 专用条件及附录；
4. 通用条件；
5. 其他合同文件。

上述各项合同文件包括合同当事人就该项合同文件所做出的补充和修改，约定同一类事项的文件，应以最新签署的为准。

在合同订立及履行过程中形成的与合同有关的文件（包括补充协议）均为合同文件的组成部分。

第七条 词语定义

协议书中相关词语的含义与通用条件中的定义与解释相同。

第八条 合同订立

1. 订立时间：_____年_____月_____日。
2. 订立地点：_____。

第九条 合同生效

本合同自双方盖章之日起生效。

第十条 合同份数

本合同一式_____份,均具有同等法律效力,甲方执_____份,乙方执_____份。

(以下无正文)

甲方:(公章)   乙方:(公章)

法定代表人或其委托代理人: **法定代表人或其委托代理人:**
(签字)   (签字)

统一社会信用代码:_____   统一社会信用代码:_____

地址:_____   地址:_____

电话:_____   电话:_____

电子信箱:_____   电子信箱:_____

开户银行:_____   开户银行:_____

账号:_____   账号:_____

第二部分 通 用 条 件

第一条 词语定义、语言、解释顺序与适用法律

1. 词语定义

组成本合同的全部文件中的下列名词和用语应具有本款所赋予的含义：

（1）"工程"是指按照本合同约定实施咨询服务的建设工程。

（2）"工程造价"是指工程项目建设过程中预计或实际支出的全部费用。

（3）"服务"是指受托人根据本协议书所提供的咨询服务。

（4）"委托人"是指本合同中委托工程咨询服务的一方及其合法的继承人或受让人。

（5）"受托人"是指本合同中提供工程咨询服务的一方及其合法的继承人。

（6）"第三人"是指除委托人、受托人以外与本咨询业务有关的当事人。

（7）"正常工作"是指本合同订立时通用条件和专用条件中约定的受托人的工作。

（8）"附加工作"是指受托人根据合同条件完成的正常工作以外的工作。

（9）"项目咨询团队"是指受托人指派负责履行本合同的团队，其团队成员为本合同的项目咨询人员。

（10）"项目负责人"是指由受托人的法定代表人书面授权，在授权范围内负责履行本合同、主持项目咨询团队工作的负责人。

（11）"委托人代表"是指由委托人的法定代表人书面授权，在授权范围内行使委托人权利的人。

（12）"酬金"是指受托人履行本合同义务，委托人按照本合同约定给付受托人的金额。

（13）"正常工作酬金"是指在协议书中载明的，受托人完成正常工作，委托人应给付受托人的酬金。

（14）"附加工作酬金"是指受托人完成附加工作，委托人应给付受托人的酬金。

（15）"书面形式"是指合同书、信件和数据电文（包括电报、电传、传真、电子数据交换和电子邮件）等可以有形地表现所载内容的形式。

（16）"不可抗力"是指委托人和受托人在订立本合同时不可预见，在合同履行过程中不可避免且不能克服的自然灾害和社会性突发事件，如地震、海啸、瘟疫、水灾、骚乱、暴动、战争等。

2. 语言

本合同使用中文书写、解释和说明。如专用条件约定使用两种及两种以上语言文字时，应以中文为准。

3. 合同文件的优先顺序

组成本合同的下列文件彼此应能相互解释、互为说明。除专用条件另有约定外，本合同文件的解释顺序如下：

（1）协议书；

（2）中标通知书或委托书（若有）；

（3）专用条件及附录；

（4）通用条件；

（5）投标函及投标函附录或造价咨询服务建议书（若有）；

（6）其他合同文件。

上述各项合同文件包括合同当事人就该项合同文件所做出的补充和修改，约定同一类事项的文件，应以最新签署的为准。

在合同订立及履行过程中形成的与合同有关的文件均为合同文件的组成部分。

4. 适用法律

本合同适用中华人民共和国法律、行政法规、部门规章以及工程所在地的地方性法规、自治条例、单行条例和地方政府规章等。

合同当事人可以在专用条件中约定本合同适用的其他技术标准等规范性文件。

第二条 委托人的义务

1. 提供资料

委托人应当在专用条件约定的时间内，无偿向受托人提供与本合同咨询业务有关的资料。在本合同履行过程中，委托人应及时向受托人提供最新的与本合同咨询业务有关的资料。委托人应对所提供资料的真实性、准确性、合法性与完整性负责。

2. 提供工作条件

委托人应为受托人完成咨询提供必要的条件：

（1）委托人需要受托人派驻项目现场咨询人员的，除专用条件另有约定外，项目咨询人员有权无偿使用由委托人提供的房屋及设备。

（2）委托人应负责与本工程咨询业务有关的所有外部关系的协调，为受托人履行本合同提供必要的外部条件。

3. 合理工作时限

委托人应当为受托人完成其咨询工作，设定合理的工作时限。

4. 委托人代表

委托人应授权一名代表负责本合同的履行。委托人应在双方签订本合同7日内，将委托人代表的姓名和权限范围书面告知受托人。委托人更换委托人代表时，应提前7日书面通知受托人。

5. 答复

委托人应当在专用条件约定的时间内就受托人以书面形式提交并要求做出答复的事宜给予书面答复。逾期未答复的，由此造成的工作延误和损失由委托人承担。

6. 支付

委托人应当按照合同的约定，向受托人支付酬金。

第三条 受托人的义务

1. 项目咨询团队及人员

（1）项目咨询团队的主要人员应具有专用条件约定的资格条件，团队人员的数量应符合专用条件的约定。

（2）受托人应以书面形式授权一名项目负责人负责履行本合同、主持项目咨询团队工作。采用招标程序签署本合同的，项目负责人应当与投标文件载明的一致。

（3）在本合同履行过程中，咨询人员应保持相对稳定，以保证咨询工作正常进行。

受托人可根据工程进展和工作需要等情形调整项目咨询团队人员。受托人更换项目负责人时，应提前7日向委托人书面报告，经委托人同意后方可更换。除专用条件另有约定外，受托人更换项目咨询团队其他咨询人员，应提前3日向委托人书面报告，经委托人同意后以具有相当资格与能力的人员替换。

（4）咨询人员有下列情形之一，委托人要求受托人更换的，受托人应当更换：

① 存在严重过失行为的；

② 存在违法行为不能履行职责的；

③ 涉嫌犯罪的；

④ 不能胜任岗位职责的；

⑤ 严重违反职业道德的；

⑥ 专用条件约定的其他情形。

2. 受托人的工作要求

（1）受托人应当按照专用条件约定的时间等要求向委托人提供与工程咨询服务有关的资料，包括提供工程咨询服务所需的资质证书及承担本合同业务的团队人员名单及执业（从业）资格证书、咨询工作大纲等，并按合同约定的服务范围和工作内容实施咨询业务。

（2）受托人应当在专用条件约定的时间内，按照专用条件约定的份数、组成向委托人提交咨询成果文件。

受托人提供造价咨询服务以及出具工程造价咨询成果文件应符合现行国家或行业有关标准的要求。委托人要求的工程造价咨询成果文件质量标准高于现行国家或行业标准的，应在专用条件中约定具体的质量标准，并相应增加服务酬金。

（3）受托人提交的咨询成果文件，除加盖受托人单位公章、工程咨询企业执业印章外，还必须按要求加盖参加咨询的工作人员的执业（从业）资格印章。

（4）受托人应在专用条件约定的时间内，对委托人以书面形式提出的建议或者异议给予书面答复。

（5）受托人从事工程咨询活动，应当遵循独立、客观、公正、诚实信用的原则，不得损害社会公共利益和他人的合法权益。

（6）受托人承诺按照法律规定及合同约定，完成合同范围内的建设工程咨询服务，不转包承接的建设工程咨询服务。

3. 受托人的工作依据

受托人应在专用条件内与委托人协商明确履行本合同约定的咨询服务需要适用的技术标准等工作依据，但不得违反国家及工程所在地的强制性标准。

受托人应自行配备本条所述的技术标准等相关资料。必须由委托人提供的资料，应在附录中载明。需要委托人协助才能获得的资料，委托人应予以协助。

4. 使用委托人房屋及设备的返还

项目咨询人员使用委托人提供的房屋及设备的，受托人应妥善使用和保管，在本合同终止时将上述房屋及设备按专用条件约定的时间和方式返还委托人。

第四条 违约责任

1. 委托人的违约责任

（1）委托人不履行本合同义务或者履行义务不符合本合同约定的，应承担违约责任。双方可在专用条件中约定违约金的计算及支付方法。

（2）委托人违反本合同约定给受托人造成损失的，委托人应予以赔偿。双方可在专用条件中约定赔偿金额的确定及支付方法。

2. 受托人的违约责任

（1）受托人不履行本合同义务或者履行义务不符合本合同约定的，应承担违约责任。双方可在专用条件中约定违约金的计算及支付方法。

（2）受托人违反本合同约定给委托人造成损失的，受托人应予以赔偿。双方可在专用条件中约定赔偿金额的确定及支付方法。

第五条 支付

1. 支付货币

除专用条件另有约定外，酬金均以人民币支付。涉及外币支付的，所采用的货币种类和汇率等应在专用条件中约定。

2. 支付申请

受托人应在本合同约定的每次应付款日期前，向委托人提交支付申请书，支付申请书的提交日期由双方在专用条件中约定。支付申请书应当说明当期应付款总额，并列出当期应支付的款项及其金额。

3. 支付酬金

酬金包括正常工作酬金、附加工作酬金、合理化建议奖励金额及费用。

4. 有异议部分的支付

委托人对受托人提交的支付申请书有异议时，应当在收到受托人提交的支付申请书后7日内，以书面形式向受托人发出异议通知。无异议部分的款项应按期支付，有异议部分的款项按第七条约定办理。

第六条 合同变更、解除与终止

1. 合同变更

（1）任何一方以书面形式提出变更请求时，双方协商一致后可进行合同变更。

（2）除不可抗力外，非受托人原因导致受托人履行合同期限延长、内容增加时，受托人应将此情况与可能产生的影响及时通知委托人。增加的工作内容应视为附加工作。附加工作酬金的确定方法由双方根据委托的服务范围及工作内容在专用条件中约定。

（3）合同履行过程中，遇有与工程相关的法律法规、强制性标准颁布或修订的，双方应遵照执行。非强制性标准、规范、定额等发生变化的，双方协商确定执行依据。由此引起造价咨询的服务范围及内容、服务期限、酬金变化的，双方应通过协商确定。

（4）因工程规模、服务范围及工作内容的变化等导致受托人的工作量增减时，服务酬金应作相应调整，调整方法由双方在专用条件中约定。

2. 合同解除

（1）委托人与受托人协商一致，可以解除合同。

（2）有下列情形之一的，守约方可以单方解除合同：

① 受托人将本合同约定的工程造价咨询服务工作全部或部分转包给他人的，委托人可以解除合同；

② 受托人提供的造价咨询服务不符合合同约定，经委托人催告仍不能达到合同约定要求的，委托人可以解除合同；

③ 委托人未按合同约定支付服务酬金，经受托人催告后，在 28 天内仍未支付的，受托人可以解除合同；

④ 一方违约致使合同无法实际履行或实际履行已无必要。

除上述情形外，双方可以根据委托的服务范围及工作内容，在专用条件中约定解除合同的其他条件。

（3）因不可抗力致使合同无法履行的，合同当事人一方或双方可以解除合同。

（4）任何一方提出解除合同的，应提前 30 天书面通知对方。

（5）合同解除后，委托人应按照合同约定向受托人支付已完成部分的咨询服务酬金。

不可抗力导致合同解除的，损失由合同当事人按照合理分担的原则在专用条件中自行约定如何处理。除不可抗力外，非受托人原因导致合同解除的，损失由委托人承担。受托人自身原因导致合同解除的，按照违约责任处理。

（6）本合同解除后，本合同约定的有关结算、争议解决方式的条款仍然有效。

3. 合同终止

除合同解除外，以下条件全部满足时，本合同终止：

（1）受托人完成本合同约定的全部工作；

（2）委托人与受托人结清并支付酬金；

（3）受托人将委托人提供的资料交还。

第七条 争议解决

1. 协商

双方应本着诚实信用的原则协商解决本合同履行过程中发生的争议。

2. 调解

如果双方不能在 14 日内或商定的其他时间内解决本合同争议，可以将争议提交给专用条件约定的或事后达成协议选择的调解人进行调解。

3. 仲裁或诉讼

双方均有权不经调解直接向专用条件约定的仲裁机构申请仲裁或向有管辖权的人民法院提起诉讼。

第八条 其他

1. 考察及相关费用

除专用条件另有约定外，受托人经委托人同意进行考察发生的费用由委托人审核后另行支付。差旅费及相关费用的承担由双方在专用条件中约定。

2. 奖励

受托人在服务过程中提出合理化建议，使委托人获得效益的，双方在专用条件中约定奖励金额的确定方法。奖励金额在合理化建议被采纳后，与最近一期的正常工作酬金同期支付。

3. 保密

在本合同履行期间或专用条件约定的期限内，双方不得泄露对方申明应予保密的资料，亦不得泄露与实施工程有关的第三人所提供的保密资料。保密事项在专用条件中约定。

4. 联络

（1）与合同有关的通知、指示、要求、决定等，均应采用书面形式，并应在专用条件约定的期限内送达接收人和送达地点。

（2）委托人和受托人应在专用条件中约定各自的送达接收人、送达地点、电子邮箱。任何一方指定的接收人或送达地点或电子邮箱发生变动的，应提前 3 天以书面形式通知对方，否则视为未发生变动。

（3）委托人和受托人应当及时签收另一方发送至送达地点和指定接收人的往来函件，如确有充分证据证明一方无正当理由拒不签收的，视为其认可往来函件的内容。

5. 知识产权

除专用条件另有约定外，委托人提供给受托人的图纸、委托人为实施工程自行编制或委托编制的技术标准以及反映委托人要求的或其他类似性质文件的著作权属于委托人，受托人可以为实现本合同目的而复制或者以其他方式使用此类文件，但不能用于与本合同无关的其他事项。未经委托人书面同意，受托人不得为了本合同以外的目的而复制或者以其他方式使用上述文件或将之提供给任何第三方。

除专用条件另有约定外，受托人为履行本合同约定而编制的成果文件，其著作权属于受托人。委托人可以为实现合同目的而复制、使用此类文件，但不能擅自修改或用于与本合同无关的其他事项。未经受托人书面同意，委托人不得为了本合同以外的目的而复制或者以其他方式使用上述文件或将之提供给任何第三方。

双方保证在履行本合同过程中不侵犯对方及第三方的知识产权。因受托人侵犯他人知识产权所引起的责任，由受托人承担；因委托人提供的基础资料导致侵权的，由委托人承担责任。

除专用条件另有约定外，双方均有权在履行本合同保密义务并且不损害对方利益的情况下，将履行本合同形成的有关成果文件用于企业宣传、申报奖项以及接受上级主管部门的检查。

第三部分 专用条件

第一条 词语定义、语言、解释顺序与适用法律

1. 词语定义

_____。

2. 语言

本合同文件除使用中文外，还可用_____。

3. 合同文件的优先顺序

本合同文件的解释顺序为：_____。

4. 适用法律

本合同适用的其他规范性文件包括：_____。

第二条 委托人的义务

1. 提供资料

委托人按照需要向受托人提供与本合同咨询业务有关资料的时间为：要求提供_____咨询服务前_____天。

2. 委托人代表

委托人代表为：_____。其权限范围：负责委托项目咨询业务的相关协调及咨询成果的审核工作。

3. 答复

委托人同意在 7 日内，对受托人书面提交并要求做出决定的事宜给予书面答复。逾期未答复的，视为委托人认可。

第三条 受托人的义务

1. 项目咨询团队及人员

（1）项目咨询团队的主要人员应具有专业执业资格条件，团队人员的数量为满足委托项目咨询业务要求。

（2）项目负责人为：_____。项目负责人履行本合同的权限为：负责履行本合同、主持项目咨询团队工作。

（3）受托人更换项目咨询团队其他咨询人员的约定：未经委托人同意，受托人不得私自更换咨询人员；受托人如有需要应提前 7 日向委托方提出人员更换申请，经委托人同意并完成相关工作交接后方可更换。

（4）委托人要求更换咨询人员的情形还包括：_____。

2. 受托人的工作要求

（1）受托人向委托人提供有关资料的时间：接到委托任务书_____日内。受托人向委托人提供的资料还包括：_____。

（2）受托人向委托人提供咨询成果文件的名称、组成、时间、份数及质量标准：_____。

（3）受托人应在收到委托人以书面形式提出的建议或者异议后_____日内给予书面答复。

3. 受托人的工作依据

经双方协商，本合同约定的造价咨询服务适用的技术标准等工作依据为：国家及_____省现行技术标准等。

4. 使用委托人房屋及设备的返还

受托人应在本合同终止后_____日内移交委托人提供的房屋及设备，移交的方式为：_____。

第四条 违约责任

1. 委托人的违约责任

（1）委托人违约金的计算及支付方法：委托人原因擅自解除合同且未与受托人达成一致意见的，按_____标准向受托人支付违约金，受托人应按终止合同之日止实际完成工作量占全部工作量比例收取咨询服务费，并向委托人出具完成工作量清单和工作成果文件。

（2）委托人赔偿金额按下列方法确定并支付：_____。

（3）委托人逾期付款利息按下列方法计算并支付：_____。

2. 受托人的违约责任

（1）受托人违约金的计算及支付方法：因受托人原因导致周期延误，不能按照本合同约定周期完成咨询成果文件，视为受托人违约，受托人应当按照_____标准向委托人支付违约金；若逾期超过_____日，委托人有权解除合同，受托人需承担_____的违约金。

（2）受托人赔偿金额按下列方法确定并支付：_____。

第五条　支付

1. 支付货币

币种为：_____。汇率为：_____。其他约定：_____。

2. 支付申请

受托人应在本合同约定的每次应付款日期14日前，向委托人提交支付申请书。

3. 支付酬金

（1）受托人完成独立工程预算编制工作并经委托人审核后，委托人支付对应的咨询费，咨询费按预算造价的_____‰计取。

（2）工程实施阶段，咨询费分两次以暂估额支付：① 委托方施工合同签订日期与完成日期之中间日期前5个工作日内向受托人支付酬金_____元（大写：_____）；② 委托方竣工结算前最后一期工程款审定后14日内向受托人支付酬金_____元（大写：_____）。

（3）受托人完成竣工结算终审定案后1个月内，支付所有剩余咨询费用。

（4）委托人支付费用前，受托人应当向委托人提供等额有效的增值税专用发票，否则委托人有权拒绝付款且不承担违约责任，受托人还应继续履行合同义务。

每次付款时受托人开具符合合同约定税率、与委托人确认的金额等额且票面信息准确的增值税专用发票（包含税务机关代开），并准确填写发票项目。委托人在收到受托人增值税专用发票且该发票经验证合法有效后付款。

受托人开具的增值税专用发票应保证信息完整、内容规范，票面信息按委托人要求填写清楚，否则退回重开；受托人开具增值税发票后，次月必须在税务网进行抄税，未经委托人同意，受托人不得擅自将已向委托人开具的增值税发票作废。受托人承担因擅自作废给委托人造成的所有损失及由此产生的一切责任。

（5）开票及付款信息：

	名称	
甲方	纳税人身份	□一般纳税人 □小规模纳税人（请勾选）
	纳税人识别号	
	地址、电话	
	开户行（全称）及账号	
乙方	名称	
	纳税人身份	□一般纳税人 □小规模纳税人（请勾选）
	纳税人识别号	
	地址、电话	
	开户行（全称）及账号	该账户为乙方在税务局已备案的乙方单位账户

受托人在开具发票前，需向委托人确认上述开票信息，否则，由于受托人未向委托人确认导致开票信息与实际不符，造成发票无法抵扣等问题，全部责任由受托人承担，且受托人应赔偿委托人的相应损失。

（6）附加服务及额外服务酬金的计算按照_____省有关咨询服务收费标准进行计算并应经委托人确认。

第六条　合同变更、解除与终止

1. 合同变更

除不可抗力外，因委托人原因导致本合同履行期限延长时，附加工作酬金由双方另行协商。

2. 合同解除

（1）双方约定解除合同的条件还包括：_____。

（2）因不可抗力导致合同解除的，双方约定损失按如下方式分担：_____。

第七条　争议解决

双方因履行本合同或因与本合同相关的事项发生争议的，应通过协商方式解决，协商不成的，应首先提交_____调解中心进行调解，调解不成的，一方有权按照下列第_____项约定方式解决争议：

（1）向_____仲裁委员会申请仲裁；

（2）向_____人民法院提起诉讼。

第八条　其他

1. 考察及相关费用

（1）考察费用：_____。

（2）差旅费用：_____。

2. 保密

委托人申明的保密事项和期限：_____。

受托人申明的保密事项和期限：_____。

第三人申明的保密事项和期限：_____。

3. 联络

（1）任何一方与合同有关的通知、指示、要求、决定等，均应在_____日内送达对方指定的接收人和送达地点或指定电子邮箱。

（2）委托人指定的送达接收人：_____。送达地点：_____。电子邮箱：_____。

受托人指定的送达接收人：_____。送达地点：_____。电子邮箱：_____。

4. 知识产权

委托人提供给受托人的图纸、委托人为实施工程自行编制或委托编制的技术标准以及反映委托人要求的或其他类似性质文件的著作权属于委托人。

受托人为履行本合同约定而编制的成果文件，其著作权属于_____。

取得委托人授权后，受托人可将履行本合同形成的有关成果文件用于企业宣传、申报奖项以及接受上级主管部门的检查。

第九条　补充条款

_____。

第十条　附件

附件1：授权委托书。

附件2：委托人提供资料清单。

附件3：委托人提供的房屋及设备清单。

第十一条　本合同一式_____份，均具有同等法律效力，甲方执_____份，乙方执_____份。

（以下无正文）

（本页为签署页）

甲方：（公章） 乙方：（公章）

法定代表人或其委托代理人： 法定代表人或其委托代理人：
（签字） （签字）

统一社会信用代码：＿＿＿＿＿＿＿＿＿＿＿＿＿ 统一社会信用代码：＿＿＿＿＿＿＿＿＿＿＿＿＿
地址：＿＿＿＿＿＿＿＿＿＿＿＿＿＿＿＿＿＿＿ 地址：＿＿＿＿＿＿＿＿＿＿＿＿＿＿＿＿＿＿＿
电话：＿＿＿＿＿＿＿＿＿＿＿＿＿＿＿＿＿＿＿ 电话：＿＿＿＿＿＿＿＿＿＿＿＿＿＿＿＿＿＿＿
电子信箱：＿＿＿＿＿＿＿＿＿＿＿＿＿＿＿＿＿ 电子信箱：＿＿＿＿＿＿＿＿＿＿＿＿＿＿＿＿＿
开户银行：＿＿＿＿＿＿＿＿＿＿＿＿＿＿＿＿＿ 开户银行：＿＿＿＿＿＿＿＿＿＿＿＿＿＿＿＿＿
账号：＿＿＿＿＿＿＿＿＿＿＿＿＿＿＿＿＿＿＿ 账号：＿＿＿＿＿＿＿＿＿＿＿＿＿＿＿＿＿＿＿

附件 1

授权委托书

_____：

　　兹授权我单位员工_____（姓名）（身份证号：_____）作为我单位代理人。该委托代理人的授权范围为：作为我单位中标的_____工程（项目）现场负责人，负责合同谈判、签订、履行、办理结算以及签署合同履行过程中的一切文件和处理与之有关的一切事务。

　　该代理人与本项目有关的一切行为，均代表我单位，我单位均予承认并视同我单位行为，由我单位承担该代理人行为的全部法律责任和后果。

　　代理人无转委托权。

　　有效期限：自授权委托书签发之日起至本合同履约结束。

授权单位：（公章）
法定代表人：（签字）
委托代理人：（签字）
年　　　月　　　日

附：法定代表人及委托代理人身份证正反面复印件（复印件要加盖授权单位公章）

（身份证复印件粘贴处）

附件 2

委托人提供资料清单

名称	数量	原件、复印件	提供时间 年 月 日

附件 3

委托人提供的房屋及设备清单

一、委托人提供的建筑物、构筑物和公共设施（按实际需要，双方协商选填下表）

名称	数量	面积	提供时间 年　月　日
住宅			
办公室			
交通道路			
仓储设施			
公共设施			

二、委托人提供的设备设施（按实际需要，双方协商选填下表）

名称	数量	型号与规格	提供时间 年 月 日
1. 交通工具 ① ②			
2. 邮电通信设备与设施 ① ②			
3. 办公设备 ① ②			
4. 机电设备 ① ②			
5. ① ②			
6. ① ②			
7. ① ②			

科研课题技术服务合同

合同编号：

工程名称：_____
工程地址：_____
甲　　方：_____
乙　　方：_____

_____年_____月_____日

科研课题技术服务合同

甲方（委托人）：_____

乙方（受托人）：_____

根据《中华人民共和国民法典》及其他有关法律、法规，遵守平等、自愿、公平和诚实信用原则，甲乙方合作_____项目，甲方委托乙方进行课题研究，双方经协商一致，签订本合同。

第一条 工程概况

1. 工程名称：_____。
2. 工程地点：_____。
3. 工作内容：_____项目科研课题研究。

第二条 资格要求及成果要求

1. 资格要求

乙方应具有相关领域科研成果。

2. 成果要求

（1）_____。

（2）_____。

注：① 论文知识产权为甲方所有；

② 在_____年_____月_____日之前完成上述工作内容。

第三条 合同价款及支付方式

1. 本合同总价款为_____元（大写：_____），其中，不含税价款为_____元，增值税为_____元，增值税税率为_____%。

本合同约定价格的不含税金额不因国家税率变化而变化，在合同履行期间，如遇国家的税率调整，则价税合计的金额相应调整，税率以开具发票时间为准。

2. 本合同签订后，甲方支付合同总金额的_____%。

3. 课题完成并符合甲方要求，甲方支付合同总金额的_____%。

4. 每次付款时乙方开具符合合同约定税率、与甲方确认的金额等额且票面信息准确的增值税专用发票（包含税务机关代开），并准确填写发票项目。甲方在收到乙方增值税专用发票且该发票经验证合法有效后付款。

5. 乙方开具的增值税专用发票应保证信息完整、内容规范，票面信息按甲方要求填写清楚，否则退回重开；乙方开具增值税发票后，次月必须在税务网进行抄税，未经甲方同意，乙方不得擅自将已向甲方开具的增值税发票作废。乙方承担因擅自作废给甲方造成的所有损失及由此产生的一切责任。

6. 开票及付款信息：

	名称	
甲方	纳税人身份	□一般纳税人 □小规模纳税人（请勾选）
	纳税人识别号	
	地址、电话	
	开户行（全称）及账号	
乙方	名称	
	纳税人身份	□一般纳税人 □小规模纳税人（请勾选）
	纳税人识别号	
	地址、电话	
	开户行（全称）及账号	该账户为乙方在税务局已备案的乙方单位账户

乙方在开具发票前，需向甲方确认上述开票信息，否则，由于乙方未向甲方确认导致开票信息与实际不符，造成发票无法抵扣等问题，全部责任由乙方承担，且乙方应赔偿甲方的相应损失。

第四条　双方责任

1. 甲方责任

（1）甲方应就乙方提供的进度、论文、结题报告、说明以及其他文件及时反馈意见，做出认可或提出修改，以便乙方按进度完成相关工作。

（2）在合同履行期间，因甲方原因导致终止或解除合同的，甲方应对乙方已完成并经认可的工作内容的相应款项予以支付。

（3）甲方有权提出自己对科研成果的意见，供乙方参考。

2. 乙方责任

（1）乙方按本合同规定的内容、时间及份数向甲方交付论文及结题报告，并对其完整性、正确性、及时性负责。

（2）乙方必须对其交付的论文及结题报告的质量负责，论文及结题报告应当符合有关法律法规的规定和建筑工程质量安全标准、合同的约定、甲方的实际要求。

（3）乙方交付论文及结题报告后，需通过专家论证，若之后施工单位对其内容有任何疑议，应一一列出，由乙方回复修改。

（4）材料费、人工费等可能发生的费用需由乙方承担。

（5）因乙方论文及结题报告中内容不当或技术问题，导致甲方或施工单位错误施工，甲方因此发生的全部损失由乙方承担。

第五条　违约责任

1. 乙方应按合同要求的数量、质量按时提交论文及结题报告并通过专家论证，因乙方原因逾期的，每逾期一日，乙方应向甲方支付合同价款1%的违约金，延误超过20天的，甲方有权单方解除合同，乙方除承担甲方相应损失外，乙方还应向甲方支付合同价款20%的违约金。

2. 乙方对论文及结题报告中出现的遗漏或错误负责补充或修改。

3. 论文及结题报告交付后，应按规定通过专家论证，乙方应根据论证结论对不超出原定范围的内容作必要调整补充。

4. 结题报告不能通过专家论证，由此造成甲方损失的，乙方需承担全部赔偿责任，并承担合同价款20%的违约金。

第六条　争议解决

双方因履行本合同或因与本合同相关的事项发生争议的，应通过协商方式解决，协商不成的，应首先提交_____调解中心进行调解，调解不成的，一方有权按照下列第_____项约定方式解决争议：

（1）向_____仲裁委员会申请仲裁；

（2）向_____人民法院提起诉讼。

第七条　其他

1. 课题完成后，知识产权归甲方所有，未经甲方书面同意，乙方不得使用、公开。

2. 未经对方许可，双方均不得将本合同中所涉及的权益、责任转让与他人。

3. 本合同如有未尽事宜，经双方友好协商，另签补充协议。

4. 本合同及其附件自双方盖章之日起生效。

5. 本合同一式_____份，均具有同等法律效力，甲方执_____份，乙方执_____份。

第八条　送达

1. 甲方指定的送达接收人：_____。送达地点：_____。电子邮箱：_____。

乙方指定的送达接收人：_____。送达地点：_____。电子邮箱：_____。

2. 本合同中乙方注明的电子邮箱须保证有效且能够正常使，若双方往来函件使用电子邮件等数据电文形式，此数据电文进入乙方提供的电子邮箱运营商服务器即视为送达。

第九条　附则

1. 合同订立地点：_____。

2. 合同订立时间：_____年_____月_____日。

（以下无正文）

(本页为签署页)

甲方：（公章） 乙方：（公章）

法定代表人或其委托代理人： 法定代表人或其委托代理人：
（签字） （签字）

统一社会信用代码：＿＿＿＿＿＿＿＿＿＿ 统一社会信用代码：＿＿＿＿＿＿＿＿＿＿
地址：＿＿＿＿＿＿＿＿＿＿＿＿＿＿＿ 地址：＿＿＿＿＿＿＿＿＿＿＿＿＿＿＿
电话：＿＿＿＿＿＿＿＿＿＿＿＿＿＿＿ 电话：＿＿＿＿＿＿＿＿＿＿＿＿＿＿＿
电子信箱：＿＿＿＿＿＿＿＿＿＿＿＿＿ 电子信箱：＿＿＿＿＿＿＿＿＿＿＿＿＿
开户银行：＿＿＿＿＿＿＿＿＿＿＿＿＿ 开户银行：＿＿＿＿＿＿＿＿＿＿＿＿＿
账号：＿＿＿＿＿＿＿＿＿＿＿＿＿＿＿ 账号：＿＿＿＿＿＿＿＿＿＿＿＿＿＿＿

建筑信息模型（BIM）服务合同

合同编号：

工程名称：_____
工程地址：_____
甲　　方：_____
乙　　方：_____

_____年_____月_____日

建筑信息模型（BIM）服务合同

甲方（委托人）：_____

乙方（受托人）：_____

根据《中华人民共和国民法典》及其他有关法律、法规，遵守平等、自愿、公平和诚实信用原则，甲乙方就_____项目建筑信息模型（BIM）技术服务事项协商一致，订立本合同。

第一条　工程概况

1. 工程名称：_____；
2. 工程地点：_____；
3. 工程规模：_____；
4. 工程投资：_____。

第二条　服务内容

1. 乙方负责为甲方提供_____项目施工阶段的 BIM 技术应用的咨询服务。

2. 乙方具体服务内容如下：

（1）根据甲方提供的图纸及要求进行_____子工程、_____子工程、_____子工程专业模型搭建，并满足本合同第三条中约定的标准。

（2）协助甲方建立项目 BIM 技术应用组织体系和运行管理制度，负责配合建设单位、建设单位的 BIM 技术服务提供方及（或）管理单位实现 BIM 技术在项目建设和管理过程中的应用。

（3）为甲方提供详细施工图纸、各项工程及工程部件的精确位置或细部做法。

（4）根据发生的设计变更或现场变更，分阶段调整 BIM 模型，并向甲方、建设单位提交变更后准确的 BIM 模型。

（5）通过可行的 BIM 技术方法，辅助甲方进行项目工程量核算、工程建设成本控制等。

（6）安排指定技术人员负责本项目 BIM 技术服务工作。

第三条　服务标准

BIM 模型搭建标准：

序号	工程	子工程	阶段	子阶段	专业	内容	应用点	模型几何表达精度	信息深度等级	模型精细度等级
1	____工程	____子工程	施工阶段	施工准备	结构	深化设计	加工详图			
……										

第四条　双方责任和义务

1. 甲方责任和义务

（1）甲方向乙方提供与 BIM 技术应用有关的资料，包括但不限于图纸和方案、关键工艺工序节点的技术方案资料、设备参数等。

（2）甲方应为乙方提供必要的现场资料和办公环境等。

（3）甲方应针对乙方书面请示问题，在_____日内及时做出书面答复或书面决定。

（4）甲方应按照本合同第七条约定的条件及时支付技术服务费。

（5）甲方指派以下人员作为本合同的联系人，负责与乙方进行对接，就本合同所涉事项及履行过程中出现的问题进行沟通和协商。

联系人：_____。

联系电话：_____。

联系地址：_____。

电子邮箱：_____。

2.乙方责任和义务

（1）乙方必须确保必要的技术人员投入、时间投入和相关资源投入，确保能够按照双方协商的计划完成所承担的任务。

（2）乙方应积极协助甲方做好其他协商好的 BIM 技术服务工作。

（3）乙方应按照本合同第五条的约定向甲方交付技术成果。

（4）乙方指派以下人员作为本合同的负责人，与甲方进行对接，就本合同所涉事项及履行过程中出现的问题进行沟通和协商。

联系人：_____。

联系电话：_____。

联系地址：_____。

电子邮箱：_____。

第五条　提交服务成果

提交服务成果包括但不限于以下内容及形式：

（1）服务范围内的项目整体建筑信息模型；

（2）精准的深化施工图纸和具体的现场施工准则、标准，根据 BIM 模型出具 PDF 或 DWG 格式的深化施工图纸（包括平面图、剖面图、三维效果图、细部大样图等）；

（3）提交相关的检查报告、优化建议；

（4）设计单位图纸修改后，进行后期修改，直至最终完成施工并提交施工后的最终 BIM 成果；

（5）提供软件使用培训，培训后业主工作人员可进行基本的操作；

（6）室内净高分析报告；

（7）机电管线建模应包括所有机电设备、风管、风口、桥架、水管管道及管路配件等；

（8）交付格式包括但不限于 RVT、NWD、NWF、DWG、PPT、DOC、PDF。

乙方向甲方提交本条所约定的全部服务成果后，甲乙双方应当签订书面的服务成果提交确认书。

第六条　服务期限

1.服务开始日期

双方同意按照以下第_____项日期作为服务开始日期：

（1）_____年_____月_____日起；

（2）_____年_____月_____日（即本合同签订之日）起；

（3）甲方支付第一笔技术服务费之日起。

2.服务结束日期

双方同意按照以下第_____项日期作为服务结束日期：

（1）_____年_____月_____日；

（2）本项目所有服务项目均已完成，并且全部服务成果移交甲方。

第七条　BIM 技术服务费用及付款方式

1.本项目 BIM 技术服务收费为_____元（大写：_____），其中不含税价款为_____元（大写：_____），增值税为_____元（大写：_____），增值税税率为_____%。

本合同约定价格的不含税金额不因国家税率变化而变化，在合同履行期间，如遇国家的税率调整，则价税合计的金额相应调整，税率以开具发票时间为准。

2.BIM 技术服务费支付进度见下表：

付费次序	付费比例	付费时间
第一次付费	_____%	
第二次付费	_____%	
第三次付费	_____%	
尾款支付	_____%	

3. 每次付款时乙方开具符合合同约定税率、与甲方确认的金额等额且票面信息准确的增值税专用发票（包含税务机关代开），并准确填写发票项目。甲方在收到乙方增值税专用发票且该发票经验证合法有效后付款。

4. 乙方开具的增值税专用发票应保证信息完整、内容规范，票面信息按甲方要求填写清楚，否则退回重开；乙方开具增值税发票后，次月必须在税务网进行抄税，未经甲方同意，乙方不得擅自将已向甲方开具的增值税发票作废。乙方承担因擅自作废给甲方造成的所有损失及由此产生的一切责任。

5. 开票及付款信息：

	名称	
甲方	纳税人身份	□一般纳税人 □小规模纳税人（请勾选）
	纳税人识别号	
	地址、电话	
	开户行（全称）及账号	
乙方	名称	
	纳税人身份	□一般纳税人 □小规模纳税人（请勾选）
	纳税人识别号	
	地址、电话	
	开户行（全称）及账号	该账户为乙方已在税务局备案的账户

第八条 技术服务费的调整

项目成果交付后，根据工程需要调整变更，乙方应该按甲方要求进行调整变更，累计变更工作量不超过5%的，乙方免费予以变更；变更工作量超过5%的，双方签署补充协议，另行确定费用和工作内容。

第九条 知识产权

1. 除合同另有约定外，甲方提供给乙方的施工图纸、电子文件、甲方为实施工程自行编制或委托编制的技术文件等工程资料的著作权属于甲方，乙方可以为实现合同目的而复制、使用此类文件，但不能用于与合同无关的其他事项。未经甲方书面同意，乙方不得将前述文件擅自提供给任何第三方。

2. 除合同另有约定外，乙方为实施工程所建立的建筑信息模型、各类成果、报告及电子文件，除署名权以外的著作权属于甲方，乙方可因实施工程的运行、调试、维修等目的而复制、使用此类文件，但不能用于与合同无关的其他事项，也不得将前述文件擅自提供给任何第三方。

3. 在后续具体项目合作过程中，各方应对合作过程中产生的科技成果按下列方式及时采取知识产权保护措施：

（1）根据合作任务分工，在各方的工作范围内独立完成的科技成果及其形成的知识产权归各方独自所有。一方转让时，另一方有以同等条件优先受让的权利。

（2）共同完成的科技成果的精神权利，如身份权，依法取得荣誉称号、奖章、奖励证书和奖金等荣誉权归完成方共有。

（3）各方对共有科技成果实施许可、转让专利技术、转让非专利技术而获得的经济收益由双方共享。收益共享方式应在行为实施前另行约定。

4. 本协议或其任何条款的终止、中止、失效、无效均不影响上述条款的效力。

第十条 违约责任

1. 任何一方违反本合同的约定均构成违约，违约方应当承担违约责任并赔偿守约方因此受到的损失。

2. 甲方认为乙方提交的服务成果不符合本合同约定的服务标准的，有权要求乙方进行改正，乙方拒绝改正或改正后仍不符合服务标准的要求的，甲方有权单方解除本合同。合同解除后，乙方应当按照本合同约定的技术服务费总价的30%向甲方支付违约金。

3. 甲方应当按照本合同第七条约定的条件支付技术服务费，甲方逾期支付的，乙方有权书面催告甲方支付，甲方在收到乙方书面催告后的15日内仍未支付的，则应当以应付未付的技术服务费为基数按照每日_____的标准向乙方支付违约金。

第十一条 争议解决

双方因履行本合同或因与本合同相关的事项发生争议的,应通过协商方式解决,协商不成的,应首先提交_____调解中心进行调解,调解不成的,一方有权按照下列第_____项约定方式解决争议:

(1)向_____仲裁委员会申请仲裁;

(2)向_____人民法院提起诉讼。

第十二条 其他

1. 未经对方书面同意,甲乙任意一方均不得将其本合同项下的债权或债务转让给第三方。

2. 本合同如有未尽事宜,经双方友好协商,另签补充协议。

3. 本合同及其附件自双方盖章之日起生效。

4. 本合同一式_____份,均具有同等法律效力,甲方执_____份,乙方执_____份。

5. 本合同中甲乙双方注明的电子邮箱须保证有效且能够正常使用,若双方往来函件使用电子邮件等数据电文形式,此数据电文进入合同约定的电子邮箱运营商服务器即视为送达。

第十三条 附则

1. 合同订立地点:_____。

2. 合同订立时间:_____年_____月_____日。

(以下无正文)

甲方:(公章)   乙方:(公章)

法定代表人或其委托代理人: 法定代表人或其委托代理人:
(签字)   (签字)

统一社会信用代码:_____   统一社会信用代码:_____
地址:_____   地址:_____
电话:_____   电话:_____
电子信箱:_____   电子信箱:_____
开户银行:_____   开户银行:_____
账号:_____   账号:_____

附件 1

授权委托书

_____：

　　兹授权我单位员工_____（姓名）（身份证号：_____）作为我单位代理人。该委托代理人的授权范围为：作为我单位中标的_____工程（项目）现场负责人，负责合同谈判、签订、履行、办理结算以及签署合同履行过程中的一切文件和处理与之有关的一切事务。

　　该代理人与本项目有关的一切行为，均代表我单位，我单位均予承认并视同我单位行为，由我单位承担该代理人行为的全部法律责任和后果。

　　代理人无转委托权。

　　有效期限：自授权委托书签发之日起至本合同履约结束。

授权单位：（公章）
法定代表人：（签字）
委托代理人：（签字）
年　　　月　　　日

附：法定代表人及委托代理人身份证正反面复印件（复印件要加盖授权单位公章）

（身份证复印件粘贴处）

专项法律服务合同

合同编号：

签约时间：_____

签约地址：_____

甲　　方：_____

乙　　方：_____

_____年_____月_____日

专项法律服务合同

甲方（委托人）：_____
住所地：_____
联系人：_____
联系电话：_____
传真：_____
乙方（受托人）：_____
住所地：_____
联系人：_____
联系电话：_____
传真：_____

根据《中华人民共和国民法典》以及《中华人民共和国律师法》的有关规定，_____公司聘请_____律师事务所提供_____项目的专项法律服务。双方经协商，达成下列协议，共同遵照履行。

第一条 法律服务人员

1. 主办律师：乙方接受甲方委托，指派_____律师作为本项目提供法律服务的主办律师。
2. 协办律师：乙方指派_____律师作为本项目提供法律服务的协办律师。
3. 辅助人员：乙方指派_____实习律师、律师助理作为本项目提供法律服务的辅助人员。

第二条 专项法律服务的工作内容

乙方根据甲方的委托，为甲方提供如下专项法律服务：

1. 参加甲方就本项目召开的内部会议，就内部会议所讨论的问题提供法律意见、法律依据等；
2. 根据甲方的书面要求，为甲方本项目中所涉的重大决策提供书面法律意见；
3. 协助甲方起草、审议、修改本项目相关的合同、协议等各类法律文件，并根据甲方书面要求提供书面法律意见；
4. 按照甲方的书面指示，参加本项目的各类合同谈判，并提供相关的法律意见；
5. 根据甲方书面要求，安排承办律师或辅助人员赴甲方指定地点提供现场法律服务；
6. 接受甲方委托办理的与本项目相关的其他法律事务。

第三条 涉诉法律事务的办理

1. 因如下情形甲方需要委托乙方提供刑事诉讼、民事诉讼（或仲裁）、行政诉讼等诉讼阶段法律服务的，甲方应当与乙方另行签订法律服务合同：
（1）在乙方提供法律服务过程中，甲方与第三方因本项目产生纠纷的；
（2）本合同约定的专项法律服务工作完成后，甲方与第三方因本项目产生纠纷的；
（3）甲方因本项目之外的其他事项与第三方产生纠纷的。
2. 甲方委托乙方办理本条第1款第（1）项、第（2）项涉诉法律事务的，乙方同意给予甲方_____%的律师费折扣。

第四条 专项法律服务的期限

1. 专项法律服务的开始时间：本合同生效之日。
2. 专项法律服务的结束时间：_____。
3. 专项法律服务期限届满前，经甲乙双方协商一致的，可以另行签订补充协议延长服务期限。

第五条 律师费及支付方式

1. 就本合同约定的法律服务事项，甲方应按照以下第_____项约定的金额和方式向乙方支付律师费：
（1）甲方就本项目向乙方支付专项法律服务费人民币_____元（大写：_____），分_____期支付。
第一期：_____后支付律师费的_____%，即_____元（大写：_____）。
第二期：_____后支付律师费的_____%，即_____元（大写：_____）。

……

（2）甲方按照乙方的工作时间支付律师费。律师费费率为承办律师_____元／小时，实习律师_____元／小时，律师助理_____元／小时。乙方按照工作时间收取的律师费合计最高不得超过人民币_____元。律师费按月度计算；工作时间以律师工作日志记载的时间为准。甲方应当在本合同签署之日起3日内支付预付律师费_____元；账单律师费在律师事务所发出账单、工作日志之日起3日内支付。

（3）其他方式：_____。

2. 与提供本合同项下专项法律服务密切相关的各项支出，包含但不限于长途电信费用、文件快递费用、复印费用、外地或境外差旅费用、必要且合理的鉴定及（或）调查费用以及其他律师费以外的各项因办理法律服务事项发生的支出，由甲方另行承担，并在实际发生时支付。

3. 甲方将法律服务费用汇至乙方如下账户：

账户名：_____。

开户行：_____。

账　号：_____。

第六条　甲方义务

1. 甲方应当向乙方提供与法律服务事项有关的背景信息，并提供有关资料、文件、联系人及联系方式，甲方应当对向乙方提供资料的真实性和准确性负责。

2. 甲方应当为乙方预留处理法律事务的合理时间。

3. 无论何种情况，甲方向乙方和乙方指派的律师提出的要求均不得违反法律、行政法规的禁止性规定，不得要求乙方和乙方指派的律师从事违反律师执业道德和执业纪律的行为。

4. 甲方应根据本合同及时支付法律服务费用及其他约定的费用。

第七条　乙方义务

1. 乙方应指派专业律师为甲方提供专项法律服务，按照律师行业公认的业务标准和道德规范，勤勉尽责地为甲方提供高效、优质的法律服务。

2. 乙方保证与本项目相关各方无关联关系。

3. 乙方不得要求甲方支付本合同约定的律师费和其他费用以外的任何其他款项。

4. 乙方应对处理甲方委托事项过程中所了解到的甲方的商业秘密予以保密并依甲方要求签订保密协议，但因履行法定披露义务或根据监管部门、司法部门的要求进行披露的不受此限。

5. 乙方在本项目中不得接受甲方之外的其他当事人的委托。

6. 乙方不得擅自更换本合同第一条中约定的承办律师及（或）辅助人员，确有必要更换的，应当提前_____日书面通知甲方；若需更换承办律师，应当取得甲方的书面同意。

第八条　责任限制

1. 除律师故意造成甲方损失，或者律师违反律师职业道德和执业纪律且根据其规定需要承担责任的情形外，乙方不对法律服务的结果承担赔偿责任。

2. 律师向甲方就本项目提供的分析、判断和意见，均不可理解为乙方就法律服务结果做出了成功的保证。

第九条　违约责任

1. 如甲方出现以下情形，乙方有权单方解除本合同：

（1）甲方未能按本协议约定按期支付律师费用和其他费用，经乙方催告后仍未支付的；

（2）甲方向乙方或乙方指派的律师提出违反律师职业道德和执业纪律的要求，或乙方接受甲方委托后，发现甲方捏造事实或弄虚作假的。

2. 如乙方出现以下情形，甲方有权随时解除合同，乙方应退还甲方已支付的律师费，并赔偿甲方遭受的实际损失：

（1）乙方无正当理由拒绝提供本合同约定的法律服务；

（2）乙方故意隐瞒与本项目相关方的关联关系，给甲方造成损失的；

（3）乙方故意泄露甲方的商业秘密或甲方要求保密的信息；

（4）乙方律师存在违反律师职业道德的行为，给甲方造成重大损失。

3. 乙方违反约定，累计三次未完成本合同约定的法律服务，甲方有权随时解除合同，乙方已收取的律师费不退还，甲方不再继续支付律师费。

第十条　争议解决

双方因履行本合同或因与本合同相关的事项发生争议的，应通过协商方式解决，协商不成的，应首先提交＿＿＿＿＿＿＿调解中心进行调解，调解不成的，一方有权按照下列第＿＿＿＿＿＿项约定方式解决争议：

（1）向＿＿＿＿＿＿＿＿＿＿仲裁委员会申请仲裁；

（2）向＿＿＿＿＿＿＿＿＿＿人民法院提起诉讼。

第十一条　送达

1. 与本合同履行相关的通知、指令及其他书面文件，应按照下列送达地址予以送达：

甲方收件人：＿＿＿＿＿＿。联系方式：＿＿＿＿＿＿＿＿＿＿。

甲方确认的有效送达地址：＿＿＿＿＿＿＿＿＿＿＿＿＿＿。

乙方收件人：＿＿＿＿＿＿。联系方式：＿＿＿＿＿＿＿＿＿＿。

乙方确认的有效邮箱（必填）：＿＿＿＿＿＿＿＿＿＿＿＿。

乙方确认的有效送达地址：＿＿＿＿＿＿＿＿＿＿＿＿＿＿。

2. 一方送达地址变更未及时告知相对方或者一方指定的收件人拒绝签收，导致文书未能被实际接收的，文书退回之日视为送达之日或用邮政特快专递寄出满3天视为已送达。

3. 本合同中注明的电子邮箱须保证有效且能够正常使用，若双方往来函件使用电子邮件等数据电文形式的，此数据电文进入指定的电子邮箱运营商服务器即视为送达。

第十二条　其他

1. 本合同自双方盖章之日起成立，自＿＿＿＿＿＿年＿＿＿＿＿＿月＿＿＿＿＿＿日起生效。

2. 签约地点：＿＿＿＿＿＿＿＿＿＿＿＿＿＿＿＿＿＿＿＿＿＿＿＿＿＿＿。

3. 本合同一式＿＿＿＿＿＿份，均具有同等法律效力，甲方执＿＿＿＿＿＿份，乙方执＿＿＿＿＿＿份。

（以下无正文）

甲方：（公章）　　　　　　　　　　　　　　乙方：（公章）

法定代表人或其委托代理人：　　　　　　　　法定代表人或其委托代理人：
（签字）　　　　　　　　　　　　　　　　　（签字）

统一社会信用代码：＿＿＿＿＿＿＿＿＿＿＿　统一社会信用代码：＿＿＿＿＿＿＿＿＿＿＿
地址：＿＿＿＿＿＿＿＿＿＿＿＿＿＿＿＿＿　地址：＿＿＿＿＿＿＿＿＿＿＿＿＿＿＿＿＿
电话：＿＿＿＿＿＿＿＿＿＿＿＿＿＿＿＿＿　电话：＿＿＿＿＿＿＿＿＿＿＿＿＿＿＿＿＿
电子信箱：＿＿＿＿＿＿＿＿＿＿＿＿＿＿＿　电子信箱：＿＿＿＿＿＿＿＿＿＿＿＿＿＿＿
开户银行：＿＿＿＿＿＿＿＿＿＿＿＿＿＿＿　开户银行：＿＿＿＿＿＿＿＿＿＿＿＿＿＿＿
账号：＿＿＿＿＿＿＿＿＿＿＿＿＿＿＿＿＿　账号：＿＿＿＿＿＿＿＿＿＿＿＿＿＿＿＿＿

常年法律顾问聘用合同

合同编号：

签约时间：_____

签约地址：_____

甲　　方：_____

乙　　方：_____

_____年_____月_____日

常年法律顾问聘用合同

甲方（委托人）：_____

住所地：_____

联系人：_____

联系电话：_____

传真：_____

乙方（受托人）：_____

住所地：_____

联系人：_____

联系电话：_____

传真：_____

根据《中华人民共和国民法典》以及《中华人民共和国律师法》的有关规定，_____公司聘请_____律师事务所担任常年法律顾问。双方经协商，达成下列协议，共同遵照履行。

第一条 法律顾问

乙方接受甲方聘请为甲方提供常年法律服务，乙方指派_____律师担任甲方的常年法律顾问。

第二条 常年法律服务的工作内容

乙方根据甲方委托，在常年法律服务期限内为甲方提供如下常年法律服务：

1. 为甲方生产、经营、管理方面的重大决策提供法律意见，从法律上进行论证，提供法律依据，并根据甲方要求提供书面法律意见；

2. 协助甲方起草、审议、修改重大复杂的各类合同、协议、章程等各类法律文件；

3. 协助甲方健全和完善内部各项规章制度，根据甲方要求提供书面法律意见；

4. 为甲方有关招标投标、工程施工、房地产开发、投资带动总承包业务、对外投资等提供日常或者专项法律服务；

5. 接受甲方委托，参加甲方各类合同或合作项目的谈判，并提供相关的法律意见；

6. 根据甲方业务需求，提供有关法律咨询及累计_____小时的法律培训服务；

7. 接受甲方委托，担任代理人，参加诉讼、仲裁活动，维护甲方的合法权益；

8. 接受甲方委托办理其他法律事务。

第三条 服务方式

1. 根据甲方的通知参加甲方组织的会议或谈判，甲方至少应当在会议或谈判的前3日书面通知乙方。

2. 通过当面、电话或书面的形式回答甲方咨询的法律问题。

3. 根据甲方的要求和时间出具相关书面的法律意见。

4. 如需乙方现场办公，乙方现场办公时间为_____，办公地点为_____，乙方保证及时安排律师协助甲方处理经营过程中的各项法律事务。

第四条 常年法律服务的期限

1. 常年法律服务的开始时间：本合同生效之日。

2. 常年法律服务的结束时间：_____。

第五条 法律服务费用及支付方式

1. 常年法律顾问服务收费：每个合同年度（12个月）的常年法律顾问费为_____元（大写：_____元），分_____期支付。

第一期：_____后支付常年法律顾问费用的_____%，即_____元（大写：_____）。

第二期：_____后支付常年法律顾问费用的_____%，即_____元（大写：_____）。

……

2. 专项服务收费：诉讼、仲裁、对外投资等专项事务，乙方将与甲方另行协商收费，乙方承诺按当地指导价的_____%收费。

以下事项不构成上述专项服务的标准，应纳入常年法律顾问工作范畴：

（1）诉讼、仲裁：针对案件进行的前期调查取证、出具法律意见书。

（2）对外投资：前期的法律调查（不包括尽职调查）、对策划方案和可行性研究报告出具的法律意见书。

3. 与提供本合同项下专项法律服务密切相关的各项支出，包含但不限于长途电信费用、文件快递费用、复印费用、外地或境外差旅费用、必要且合理的鉴定及（或）调查费用以及其他律师费以外的各项因办理法律服务事项发生的支出，由甲方另行承担，并在实际发生时支付。

4. 甲方将常年法律服务费用汇入乙方如下账户：

账户名：_____。

开户行：_____。

账号：_____。

第六条　甲方义务

1. 甲方应当向乙方提供与委托事项有关的背景信息，并提供有关资料、文件、联系人及联系方式，甲方应当对向乙方提供资料的真实性和准确性负责。

2. 甲方应当为乙方预留处理法律事务的合理时间。

3. 无论何种情况，甲方向乙方和乙方指派的律师提出的要求均不得违反法律、行政法规的禁止性规定，不得要求乙方和乙方指派的律师从事违反律师执业道德和执业纪律的行为。

4. 甲方应根据本合同及时支付法律服务费用及其他约定的费用。

第七条　乙方义务

1. 乙方应指派专业律师处理甲方委托事项，按照律师行业公认的业务标准和道德规范，勤勉尽责地为甲方提供高效、优质的法律服务。

2. 乙方应根据可适用的法律、法规、规章及相关经验，为甲方提供稳健、谨慎的法律意见或建议。

3. 乙方不得要求甲方支付本合同约定的法律服务费用和其他费用以外的任何其他款项。

4. 乙方应对处理甲方委托事项过程中所了解到的甲方的商业秘密予以保密并依甲方要求签订保密协议，但因履行法定披露义务或根据监管部门、司法部门的要求进行披露的不受此限。

5. 本合同履行期内及履行期届满后_____个月内，乙方不得接受与甲方有利害关系的其他当事人的委托、聘用。

6. 乙方应于每季度开始的一周内向甲方提交上季度工作报告，汇报工作内容，提供法律服务人员信息及工作时间、书面法律意见（包括电子邮件）以及企业管理建议等书面材料，乙方为甲方提供常年法律服务不限工作时间及工作量。

第八条　责任限制

1. 除律师故意造成甲方损失，或者律师违反律师职业道德和执业纪律且根据其规定需要承担责任的情形外，乙方不对法律服务的结果承担赔偿责任。

2. 律师向甲方就本项目提供的分析、判断和意见，均不可理解为乙方就法律服务结果做出了成功的保证。

第九条　违约责任

1. 如甲方出现以下情形，乙方有权单方解除本合同：

（1）甲方未能按本协议约定按期支付法律服务费用和其他费用，经乙方催告后仍未支付的。

（2）甲方向乙方或乙方指派的律师提出违反律师职业道德和执业纪律的要求，或乙方接受甲方委托后，发现甲方捏造事实或弄虚作假的。

2. 如乙方出现下列情形，甲方有权随时解除合同，乙方应退还甲方已支付的法律服务费，并赔偿甲方遭受的实际损失：

（1）乙方无正当理由拒绝提供本合同约定的法律服务；

（2）乙方故意泄露甲方的商业秘密或甲方要求保密的信息；

（3）乙方律师存在违反律师职业道德的行为，给甲方造成重大损失。

3. 乙方违反约定，累计三次未按时完成本合同约定的法律服务，甲方有权随时解除合同，乙方已收取的法律服务费不退还，甲方不再继续支付法律服务费。

第十条 争议解决

双方因履行本合同或因与本合同相关的事项发生争议的,应通过协商方式解决,协商不成,应首先提交_____调解中心进行调解,调解不成的,一方有权按照下列第_____项约定方式解决争议:

(1)向_____仲裁委员会申请仲裁;

(2)向_____人民法院提起诉讼。

第十一条 送达

1. 与本合同履行相关的通知、指令及其他书面文件,应按照下列送达地址予以送达:

甲方收件人:_____。联系方式:_____。

甲方确认的有效送达地址:_____。

乙方收件人:_____。联系方式:_____。

乙方确认的有效邮箱(必填):_____。

乙方确认的有效送达地址:_____。

2. 一方送达地址变更未及时告知相对方或者一方指定的收件人拒绝签收,导致文书未能被实际接收的,文书退回之日视为送达之日或用邮政特快专递寄出满3天视为已送达。

3. 本合同中注明的电子邮箱须保证有效且能够正常使用,若双方往来函件使用电子邮件等数据电文形式,此数据电文进入指定的电子邮箱运营商服务器即视为送达。

第十二条 其他

1. 本合同自双方盖章之日起成立,自_____年_____月_____日起生效,合同有效期1年。合同到期前一个月内,双方就甲方是否继续委聘乙方担任下年度常年法律顾问事宜进行协商并确定是否签署新的委聘协议。

2. 签约地点:_____。

3. 本合同一式_____份,均具有同等法律效力,甲方执_____份,乙方执_____份。

(以下无正文)

甲方:(公章)   乙方:(公章)

法定代表人或其委托代理人: 法定代表人或其委托代理人:

(签字)   (签字)

统一社会信用代码:_____   统一社会信用代码:_____

地址:_____   地址:_____

电话:_____   电话:_____

电子信箱:_____   电子信箱:_____

开户银行:_____   开户银行:_____

账号:_____   账号:_____

实名制工伤三方协议

合同编号:

签约时间:＿＿＿＿＿＿＿＿＿＿＿＿＿＿＿＿＿＿＿
签约地址:＿＿＿＿＿＿＿＿＿＿＿＿＿＿＿＿＿＿＿
甲　　方:＿＿＿＿＿＿＿＿＿＿＿＿＿＿＿＿＿＿＿
乙　　方:＿＿＿＿＿＿＿＿＿＿＿＿＿＿＿＿＿＿＿

＿＿＿＿年＿＿＿＿月＿＿＿＿日

实名制工伤三方协议

甲方：_____
住所地：_____
法定代表人：_____

乙方：_____（劳务公司）
住所地：_____
法定代表人：_____

丙方：_____（劳务人员）
住所地：_____
身份证号：_____
联系方式：_____

鉴于：

1. 甲方承建由_____发包的_____工程，甲方依法将_____工程中_____部分的劳务作业依法分包给乙方，甲乙双方就劳务分包事宜于_____年_____月_____日签订了《_____工程施工劳务、专业分包合同》；

2. 丙方为乙方合法雇佣的工作人员，乙方与丙方于_____年_____月_____日签订了《_____劳动合同》；

3. 根据乙方的安排，丙方在_____工程项目现场从事_____工作，于_____年_____月_____日因_____原因在项目现场受伤；

4. 根据人力资源和社会保障部等部门发布的《关于进一步做好建筑业工伤保险工作的意见》等相关文件的要求，对不能按用人单位参保、建筑项目使用的建筑业职工按照工程项目参加工伤保险，由施工总承包单位一次性代缴本项目工伤保险费，甲方作为施工总承包单位已履行完毕该项义务。

甲乙丙三方经过充分协商一致，在自愿平等的基础上，达成如下协议：

第一条 根据_____市政府的_____规定，丙方办理工伤认定、劳动能力鉴定等事项时，需要作为建设项目工伤保险投保人的甲方与作为用人单位的乙方同时在丙方的《_____工伤认定申请表》《_____劳动能力鉴定申请表》上加盖单位公章。在本协议签订并生效后，甲方同意在前述盖章一事中配合乙方、丙方，以便于丙方办理申请工伤认定、劳动能力鉴定等事项。

第二条 《认定工伤决定书》下达后，丙方（或丙方近亲属）应及时向_____市劳动能力鉴定委员会申请劳动能力鉴定，并按照_____市劳动能力鉴定委员会的要求提供鉴定所需的相关材料。

第三条 丙方根据《认定工伤决定书》、劳动能力鉴定结论向工伤保险经办机构申报理赔。

第四条 甲乙丙三方一致同意，甲方盖章的行为仅是根据_____市政府的_____规定为配合丙方申请工伤认定、劳动能力鉴定之用，并无任何其他法律意义；丙方主张的工伤保险待遇责任由其用人单位乙方承担；丙方此次工伤产生的工伤赔偿的总额及标准，按照《工伤保险条例》《_____省实施〈工伤保险条例〉办法》及相关法律法规确定。

第五条 乙丙双方同意，乙方通过及时提供相关材料或派员参与等方式积极协助丙方办理工伤认定、劳动能力鉴定、理赔等事宜；在工伤保险经办机构理赔后，工伤赔偿总额中工伤保险基金不予支付的部分，由乙方承担。乙方应在丙方获得前述工伤保险经办机构的理赔款后_____日内一次性将工伤赔偿总额中工伤保险基金不予支付的部分支付给丙方。

第六条 乙方承诺，甲方在丙方工伤一事中不承担任何责任，在任何时间均不得以任何理由对甲方提出与此次事故有关的任何索赔，否则除应撤回全部索赔主张外，还应向甲方支付与其索赔主张等额的违约金。

第七条 丙方确认，甲丙双方之间不存在劳动关系，丙方不得因甲方的签署配合盖章行为而主张与甲方之间成立劳动关系，丙方不得以工伤为由对甲方提起任何请求、仲裁、诉讼，否则除应撤回全部索赔主张外，还应向甲方支付与其索赔主张等额的违约金。

第八条 丙方收到全部工伤赔偿后，乙丙双方再无其他任何纠纷，丙方不得再对甲方和乙方提起任何形式的诉讼和索赔。

第九条 本协议一式_____份，甲方执_____份，乙方执_____份，丙方执_____份，三方签字或盖章后生效。

甲方：

乙方：

丙方：

签订时间：_____年_____月_____日
签订地点：_____省_____市

分包合同解除协议

合同编号:

签约日期:_____

签约地址:_____

甲　　方:_____

乙　　方:_____

_____年_____月_____日

分包合同解除协议

甲方（承包方）：_____
住所地：_____
法定代表人：_____
乙方（分包方）：_____
住所地：_____
法定代表人：_____

鉴于：

1. 甲方作为施工总承包单位承建了_____公司发包的_____工程；

2. 甲、乙双方于_____年_____月_____日签订《_____合同》（合同编号：_____）（简称《施工合同》），甲方将_____工程的_____工作分包给乙方实施。

现因_____原因导致继续履行《施工合同》不符合双方预期，甲乙双方经友好协商一致，同意解除双方签订的《施工合同》，并就双方权利义务约定如下：

第一条 解除日期

甲、乙双方一致同意于_____年_____月_____日解除《施工合同》。

第二条 退场费用

1. 经甲乙双方共同确认，乙方退场前已完工程量产值为_____元（大写：_____），甲方已支付乙方的工程款为_____元。

2. 经双方友好协商，甲方应支付乙方退场费用共计_____元（大写：_____），包括以下几项费用：

（1）甲方尚欠乙方的工程款人民币_____元（大写：_____）（其中_____%为质量保修金）；

（2）应甲方要求，乙方迟延拆除的脚手架（或其他措施项目），自_____年_____月_____日至_____年_____月_____日的租赁费用_____元（大写：_____）；

（3）应甲方要求，自_____年_____月_____日至_____年_____月_____日期间乙方安排专人留守项目现场，对现场、办公区及生活区进行看护，甲方承担此部分费用，费用包含管理人员工资、生活补助，经双方共同确认，此项费用共计_____元（大写：_____）；

（4）甲方欠付乙方的工程款利息_____元（大写：_____），自_____年_____月_____日至_____年_____月_____日，以欠付的工程款_____元（大写：_____）按照_____%的利率标准计算。

3. 甲、乙双方确认，本条第2款中约定的甲方应支付的退场费用中不包括乙方应当向甲方支付的赔偿款、违约金、代付款、_____费用等。

第三条 付款条件及期限

1. 甲方应当于_____年_____月_____日向乙方指定收款账户支付本协议第二条第2款第（1）项中_____%的工程款，剩余_____%的质量保修金应当在本协议签订满2年后支付。

2. 甲方应当于_____年_____月_____日一次性向乙方指定收款账户支付本协议第二条第2款中第（2）～（4）项约定的退场费用。

3. 乙方指定收款账户：

账户名称：_____。
账户号码：_____。
开户行：_____。

4. 乙方不应以任何理由要求甲方向前款指定账户以外的账户汇款，否则甲方有权拒绝支付任何款项，并由乙方承担一切法律后果。

5. 如因建设单位拖延支付甲方进度款，导致甲方不能按照支付计划向乙方支付退场费用的，甲乙双方同意另行协商付款时间，乙方不得以此为由要求甲方支付利息及任何补偿。

6. 甲方付款前，乙方应向甲方提供乙方公司的正式有效发票或由税务部门代开的应付款金额的足额发票，如不能提供，甲方有权拒绝付款且无需承担任何责任。若乙方提供的发票被确认为无效发票或假发票，则应承担票面金额 20% 的违约金并继续开具有效发票，并承担由此造成的一切责任和损失。

第四条　场地及施工资料移交

1. 甲、乙双方同意在＿＿＿＿年＿＿＿＿月＿＿＿＿日之前办理施工现场、办公区及工人生活区场地移交手续、施工物资交接手续，并在＿＿＿＿年＿＿＿＿月＿＿＿＿日之前完成交接手续。办理交接手续前，甲乙双方代表应当共同到场进行查验，乙方代表因故未能到场的，应及时告知甲方，并取得甲方书面同意；乙方代表无正当理由拒绝到场，或者到场后拒绝签字的，视为接受甲方的查验结果，由此产生的一切法律后果由乙方承担。乙方因故未能按照甲方的要求在＿＿＿＿年＿＿＿＿月＿＿＿＿日之前完成退场的，应按照＿＿＿＿元/天的标准承担逾期违约金。

2. 乙方退场前，应做好善后工作，包括但不限于清扫垃圾，平复场地，已完工程和剩余材料、机具、相关工程资料的保护和移交工作。乙方逾期或拒绝履行保护和移交等善后义务的，甲方可聘请第三人完成应由乙方负责的善后工作。乙方不履行善后义务致使甲方遭受损失的，应向甲方支付实际所需费用及 20% 的管理费。

3. 乙方因故未能按照甲方的要求在＿＿＿＿年＿＿＿＿月＿＿＿＿日之前完成退场工作，其遗留在项目现场的施工设备、财产（包括乙方人员财产）逾期未撤出的，视为乙方及其人员无条件放弃所有权，交由甲方处理。

第五条　已完工程质量

1. 甲方对乙方已完工程进行了验收，经甲乙双方确认，乙方完成的如下工程质量验收合格：

（1）＿＿＿＿＿＿＿＿＿＿＿＿＿＿＿＿工程；

……

2. 甲方验收不免除乙方对自身施工部分工程的质量保证责任，若乙方施工部分在保修期内出现质量问题，甲方有权要求乙方进行修复或委托第三方进行修复或由甲方自行进行修复，甲方委托第三方进行修复或由甲方自行修复的，由乙方承担相应的修复费用；由此给甲方造成损失的，乙方应当承担相应的赔偿责任。

3. 乙方提供的材料继续用于本工程施工的，乙方应确保所提供的施工范围内的材料质量符合要求，并承担因质量问题引发的一切责任。

第六条　乙方承诺

1. 乙方承诺，甲方支付乙方的退场费用应当优先用于支付拖欠的工人工资，若在甲方按照本合同第三条第 1 款约定向乙方支付工程款后发生了工人向甲方或建设单位讨薪的事件，乙方应当按照＿＿＿＿元/次的标准向甲方支付违约金。乙方应当积极妥善处理，若乙方处理不力，甲方有权直接从剩余退场费中扣除乙方应付的工人工资并代为支付，不足部分由甲方代为支付后向乙方追偿。

2. 乙方与相关分包分供商签订的相关合同（含正在履行和尚未履行）均与甲方无关，甲方不承担因此产生的一切后果。若乙方及乙方分包分供商影响本工程及甲方正常工作和名誉的，所有后果由乙方承担。

第七条　争议解决

双方因履行本合同或因与本合同相关的事项发生争议的，应通过协商方式解决，协商不成的，应首先提交＿＿＿＿＿＿调解中心进行调解，调解不成的，一方有权按照下列第＿＿＿＿项约定方式解决争议：

（1）向＿＿＿＿＿＿＿＿＿＿仲裁委员会申请仲裁；

（2）向＿＿＿＿＿＿＿＿＿＿人民法院提起诉讼。

第八条　附则

1. 本合同一式＿＿＿＿份，均具有同等法律效力，甲方执＿＿＿＿份，乙方执＿＿＿＿份。

2. 合同签订地点：＿＿＿＿＿＿＿＿＿＿＿＿＿＿＿＿。

3. 合同签订时间：＿＿＿＿年＿＿＿＿月＿＿＿＿日。

（以下无正文）

（本页为签署页）

甲方：（公章） 乙方：（公章）

法定代表人或其委托代理人： 法定代表人或其委托代理人：
（签字） （签字）

统一社会信用代码：_____ 统一社会信用代码：_____
地址：_____ 地址：_____
电话：_____ 电话：_____
电子信箱：_____ 电子信箱：_____
开户银行：_____ 开户银行：_____
账号：_____ 账号：_____

安全生产与消防保卫协议

合同编号：

工程名称：_____

工程地址：_____

甲　　方：_____

乙　　方：_____

_____年_____月_____日

_____工程安全生产与消防保卫协议

甲方（承包方）：_____

乙方（分包方）：_____

为贯彻执行国务院"安全第一、预防为主、综合治理"的方针，根据《中华人民共和国建筑法》《中华人民共和国安全生产法》《建设工程安全生产管理条例》《中华人民共和国消防法》和地方行业主管部门颁布实施的有关安全生产的法律、法规、标准及各项规定，明确双方的安全生产责任，确保施工安全，双方在签订建筑安装工程合同的同时，签订本协议。

第一条　工程安全责任目标

1. 死亡、重伤事故为零；
2. 负伤事故频率控制在5‰以内；
3. 不发生火灾、急性中毒事故，不发生重大机械事故；
4. 不发生重大交通事故、食品卫生事件；
5. 文明安全创优目标：市级文明安全（或绿色施工）达标工地（或市级文明安全样板工地）。

第二条　甲方权利、责任和义务

1. 政策、法规。

必须认真贯彻国家、地方政府和上级劳动保护、安全生产主管部门颁发的有关安全生产、消防工作的法规、制度、方针、政策，严格执行有关劳动保护法规、条例、规定。

2. 保证体系。

建立健全施工现场安全生产保证体系，设立安全生产管理机构，包括主管安全生产的负责人，配备专职安全员，制定施工现场安全管理制度，对施工现场的安全生产负总责，定期布置、实施、检查、评价、总结工程的安全生产情况。

3. 安全检查。

对总承包范围内的安全生产活动进行监督、检查和管理。对检查中发现的隐患有权责令整改、停工整顿或进行经济处罚。乙方相应承担业主的各项经济处罚，甲方有追偿的权利。对于违章指挥、违章操作的，应当立即制止，有依法查处和纠正的权利，对于甲方做出的决定，乙方须及时并严格执行。

4. 安全资质。

严格审查乙方企业法人营业执照、施工单位资质证书、安全生产许可证，当地（或_____市）的建筑业企业施工项目交易备案注册证书等有效证件，不得将工程分包给不具备相应资质（或资格）的乙方。

5. 编制施工安全技术方案。

负责编制施工组织总设计中应制定的各专项方案中的安全技术措施方案和现场临时用电组织设计、现场总的临时用水方案、现场安全消防保卫方案以及现场安全消防应急预案。对于危险性较大的工程单独编制安全专项施工方案，危险性较大的工程范围详见附件1。以上涉及本合同工程的所有方案必须提供给乙方以遵照执行。

6. 专业设计、施工图纸的管理。

对项目幕墙、钢结构、土方支护等需要进行深化设计的专业设计方案和施工图纸的技术安全进行管理。选择具有相应设计资质的单位进行专业施工图设计并由具备专业资格的人员进行签字盖章，幕墙、钢结构等受力于建筑结构实体的结构的受力计算书必须由项目设计方的结构设计师签字认可，其体系的防火体系也必须由设计方的建筑师签字认可。

7. 对超过一定规模的危险性较大的工程的专项施工方案的管理。

超过一定规模的危险性较大工程专项施工方案由建设方组织召开专家论证评审会，甲方配合。超过一定规模的危险性较大工程范围详见附件2。

8. 安全教育、培训考核。

（1）入场教育：负责对乙方的管理人员、施工人员进行入场三级教育培训管理，并具体负责经理部级安全教育培训工作，并对施工队（班组）级安全教育进行监督、管理。

（2）年审考试：组织现场各级管理人员参加安全培训，培训结束后进行安全年审考试，合格者办理安全生产资格证书，持证上岗。

（3）转场教育：对乙方工人变换施工现场必须实施转场教育。

9. 建立特种作业人员备案档案。

10. 设备、设施验收制度。

由甲方提供的机械设备（如塔式起重机、外用电梯、龙门架、吊篮、爬架、卸料平台等）、脚手架等设施，在搭设、安装完毕提交使用前，甲方应会同搭设、安装专业人员与乙方共同按规定验收，并就以上机械设备和脚手架设施的安全性向乙方做必要的交底，验收通过后方可交付相应乙方使用。交付时，双方应做好书面交付手续，严禁无书面交付手续而擅自使用上述机械设备、脚手架等设施，擅自使用发生的后果概由使用方负责。

11. 遵循当地政府主管部门关于安全文明施工的规定和甲方代表要求而提供维护工地周围临时围墙、有盖围板走道和其他安全维护设施。

12. 提供一切必需之工程临时照明及电力供应。

13. 提供临时消防和紧急疏散设施。

14. 按规定上报施工现场发生的生产安全事故。

15. 对乙方发生生产安全事故时提供协助救援服务。

16. 对乙方开展的安全生产活动提供帮助。

17. 可要求乙方立刻撤走任何现场其认为不遵守政府相关部门及地方当局发布的安全条例和指令的人员，且本工程不再雇佣相关人员。

第三条　乙方权利、责任和义务

1. 政策、法规

必须认真贯彻国家、地方政府和上级劳动保护、安全生产主管部门颁发的有关安全生产、消防工作的法规、制度、方针、政策，严格执行有关劳动保护法规、条例、规定。

2. 保证体系

按甲方制定的安全生产保证体系，建立健全乙方承担的施工范围施工现场的安全生产保证体系，设立乙方的安全生产管理机构，包括但不限于任命主抓安全生产的领导、配备专职安全员；制定乙方自施部分施工现场安全管理制度，对自施部分施工现场的安全生产及由此产生的后果承担全部责任；定期布置、实施、检查、评价、总结工程的安全生产情况；并严格服从、及时履行甲方有关安全生产的全部相关要求。

3. 用工制度

（1）对于北京的项目，乙方须严格遵守《北京市人民政府关于外地建筑企业来京施工管理暂行规定》《北京市建设工程劳务管理若干规定》以及其他关于外地来京施工企业管理的相关的法律、法规及条例。对于京外项目，指定乙方须遵守项目所在地相关的法律、法规。任何因为乙方违反上述条例造成的案件、事故、事件等的经济责任及法律责任均由乙方承担，因此造成的甲方的经济损失由乙方承担。

（2）乙方须持有安全生产许可证（需在规定的有效期内）、_____市住建部门核发的建筑业企业施工项目交易备案注册证书。并按甲方要求提供企业法人营业执照、施工单位资质证书、安全生产许可证、_____市建筑业企业施工项目交易备案注册证书（或施工项目在当地的备案注册证书）等有效的复印件，复印件应字迹清晰，容易辨认，并加盖单位行政公章（不得对复印件再次复印）。

（3）乙方应遵守甲方制定的《劳务市场管理规定》及甲方其他的关于分包管理的制度、规定。

第四条　安全生产

1. 乙方须是具有独立承担民事责任能力的法人或出具上级主管单位（法人单位）的委托书以分包与自己资质相符的工程。

2. 乙方应熟悉并能自觉遵守、执行《建筑施工企业安全生产管理机构设置及专职安全生产管理人员配备办法》《建设工程施工现场管理规定》《_____市〈建设工程施工现场管理规定〉实施细则》《_____市建设工程施工现场生活区设置和管理标准》《_____市建设工程施工现场场容卫生标准》《_____市建设工程施工现场安全防护标准》《_____市建设工程施工现场环境保护标准》《施工现场临时用电安全技术规范》《建筑工程安全防护、文明施工措施费用及使用管理规定》及其他中华人民共和国国家政府（含地方政府）、行业主管部门颁布实施的有关安全生产的法律、法规，标准及当地政府的相关规定，积极参加各种有关促进安全生产的各项活动。

3. 乙方必须尊重并服从甲方现行的有关安全生产的各项规章制度和管理方式,并按合同有关条款、会议纪要或其他任何文件要求加强自身管理,履行己方责任。

4. 乙方必须执行下列安全管理制度。

(1) 安全技术管理制度:

① 乙方必须执行甲方总体工程施工组织设计、各专项方案中的安全技术措施方案、临时用电组织设计、现场总的临时用水方案、现场安全消防保卫方案以及现场安全消防应急预案。负责编制相应的工程临时用电方案,并经甲方审核、批准、共同验收合格后方可投入使用。对于危险性较大的工程乙方应单独编制安全专项施工方案,危险性较大的工程范围详见附件1。由乙方编制的专项方案,需报甲方审批,审批通过后方可实施。乙方在实施过程中如要改变原专项方案,须重新将新改方案上报甲方审批。

② 超过一定规模的危险性较大工程专项施工方案由乙方配合甲方编制,并配合通过专家论证评审会。超过一定规模的危险性较大工程范围详见附件2。

③ 幕墙、钢结构、土方支护等需要进行深化设计的专业施工图设计中,专业施工图由乙方具备专业设计资格的人员签字盖章,并提供符合项目结构设计师要求的受力计算书。

④ 乙方须执行安全技术交底制度和班长班前安全讲话制度,并跟班检查管理。

(2) 乙方必须执行安全教育培训持证上岗制度:

① 乙方项目经理、主管生产经理、技术负责人、安全人员必须持相关部门颁发的安全生产考核资格证(简称:B类、C类本),方可上岗。

② 乙方项目经理、主管生产经理、技术负责人、工长等施工管理人员须接受培训,参加甲方组织的安全培训考试,考试合格后方可上岗。

③ 乙方应对一般工人进行入场安全教育,并负责对本单位施工人员进行施工队、班组的二级安全教育培训,考试合格方准进入施工现场。如果乙方人员需要变化,必须提出计划报告甲方,对新增人员按规定进行教育、考核后方可上岗。

④ 乙方的特种作业人员的配置必须满足施工需要,并持有有效证件,持证上岗。

⑤ 乙方工人变换施工现场必须实施转场教育。

⑥ 乙方必须执行周一安全活动一小时制度。

(3) 乙方必须执行安全生产检查制度:

① 乙方必须接受甲方或甲方上级主管部门组织的各种安全生产检查,并予以积极配合。

② 乙方必须接受政府行业主管部门及监督管理部门的安全生产检查。

③ 乙方必须自行建立安全生产定期检查制度并严格贯彻实施。

④ 乙方必须设专职安全人员实施日常检查制度及工长、班长跟班检查制度和班组自检制度。

⑤ 乙方必须严格执行检查整改消项制度。

(4) 乙方必须执行安全防护设施、设备验收制度:

① 乙方自带施工用机械设备必须是国家正规厂家产品,机械性能良好、安全防护装置灵敏可靠,符合总包要求的机械设备。

② 乙方的中小型机械设备和一般防护设施执行自检后报甲方经理部验收,验收通过后方可投入使用。

③ 乙方的大型防护设施和大型机械设备须向当地政府申报,由专职部门(公司级或第三方专门机构)的专业验收通过后方可使用。

④ 乙方必须按规定提供设备技术数据、防护装置技术特性、设备履历档案及防护设施支搭(安装、拆除)方案,其方案必须满足甲方所在地政府相关规定。

⑤ 乙方须执行验收表和施工变化后的交接验收制度。

(5) 乙方必须执行重要劳动防护用品认定厂家、认定产品的采购制度。重要的劳动防护用品(如:安全帽、安全带、安全网、漏电保护器、配电箱、五芯电缆、脚手架等)必须通过甲方指定厂家购买。

(6) 乙方必须执行个人劳动防护用品定期定量供应制度。

(7) 乙方必须预防和治理职业伤害与中毒事故。

(8) 乙方必须严肃执行生产安全事故报告制度:

① 乙方员工在施工现场在工作时间内从事施工过程中所发生的伤害事故为生产安全事故。

② 如果发生事故，乙方应于事故发生后半小时内向甲方代表报告事故详情；若发生死亡或重大事故，乙方应立即通知甲方，甲方上报政府有关部门并采取相应措施。应组织全力抢救伤员，保护事故现场，如因抢救伤员必须移动现场设备、设施者要以拍照等形式做记录。

③ 乙方要积极配合甲方及甲方上级部门、政府部门对事故的调查和现场勘查，不得提供伪证，不准隐瞒不报。

④ 乙方须承担因为乙方的原因造成的安全事故的经济责任及法律责任。

⑤ 如果发生伤亡事故，无论事故的责任者为何人，乙方须做好事故的善后处理工作，甲方不直接接触伤亡者及其家属。乙方应当承担因其事故善后处理不当而发生的影响甲方工作的事件给甲方及其他承包商造成的经济损失及相关的法律责任。

（9）乙方必须教育并约束员工严格遵守施工现场安全管理规定，对遵章守纪者给予表扬，对违章作业、违章指挥、违反劳动纪律和规章制度者给予处罚。本分包工程必须贯彻执行安全生产的各种标准，严格执行总包单位的《项目管理手册》。

第五条　安全防范

1. 乙方要对所有工程范围内工作人员的安全负责。乙方必须采取一切严密的、符合安全标准的预防措施确保所有工作场所安全，不存在妨碍工人安全和卫生的危险，并保证建筑工地的所有人员或附近的人员免遭工地可能发生的一切危险。乙方的专业分包方和其在现场雇佣的所有人都应全面遵守各种适用于工程或任何临建的相关法律或规定的安全施工条款。

2. 工人可能经过的现场任何工作场所或其他地方均应提供充足和适用的照明，需要时提供手提式照明设备。

3. 施工现场和工人操作面必须严格按国家、政府、甲方规定的安全生产、文明施工标准做好防护预防工作，保证工人有安全可靠、卫生的工作环境，严禁违章作业、违章指挥。

4. 乙方工人应佩戴有效的安全帽，若有必要还需佩戴面罩、眼罩、护耳、安全带及其他人身防护设备。

5. 乙方应在签约后30天内呈送安全防范方案详述将要采取的安全措施报甲方批准，但此批准并不减轻乙方的安全责任。

6. 乙方应按规定每50人配备至少一名专职安全员负责安全检查、贯彻安全方案和措施并执行，每10人配备一名群众安全监督员负责本辖区的安全检查工作。

第六条　消防保卫

1. 乙方必须认真遵守国家的有关法律、法规及住房和城乡建设部、当地政府（或北京市）颁发的有关治安、消防、交通安全管理规定。乙方应严格按甲方消防保卫制度及甲方施工现场消防保卫的特殊要求组织施工，并接受甲方的安全检查；对甲方所签发的隐患整改通知，乙方在甲方指定的期限内必须立即整改完毕并报总包复查验收，逾期不改或整改不符合甲方的要求，甲方有权按规定对乙方进行经济处罚。

2. 乙方需配备至少一名专／兼职保卫人员负责本单位保卫工作。

3. 凡由于乙方管理及自身防范措施不力或乙方工人责任造成的案件、火灾、交通事故（含施工现场内）等灾害事故，事故经济责任、法律责任及善后处理均由乙方独自承担，因此给甲方造成的经济损失由乙方负责赔偿，甲方可对其进行经济处罚。

第七条　现场人员管理

1. 乙方必须遵守现场安全文明施工的规定，在设施投入、现场布置、人员管理等方面要符合甲方要求，按甲方的规定执行，在施工过程中，对全体施工人员的服装、安全帽等进行统一管理。

2. 乙方应采取一切合理的措施，防止其劳务人员实施违法或妨害治安的行为，保持和平安定并且保护工程周围人员和财产不受上述行为的危害，由此造成的一切损失和费用均由乙方自己负责。

3. 乙方应配合甲方建立工地章程，订立在工地执行工作时需遵守的各项制度，工地章程应包括但不限于以下几方面：

（1）保安；

（2）施工安全；

（3）门卫制度；

（4）卫生；

（5）防火、其他保护邻近环境的规章；

（6）现场应急预案。

4. 乙方在现场的人员中，应配足合格的安全员，专门处理安全和防止全部劳务人员发生事故方面的问题，此人应有权发出指令及采取防止事故发生的预防措施，因发生事故而造成的一切费用，均由责任方承担。

5. 乙方应自费采取适当的预防措施，以保证其劳务人员的安全。确保整个合同期间在工人住处配备医务人员和急救设备等，并采取适当的措施以预防传染病，提供所有的工人福利及卫生保障。

6. 乙方应配足合格的质量检查人员，并指定专门的质量负责人进行整个施工现场的质量管理和检查工作，配备足够的质量检测工具。

第八条 乙方对于在本协议书中所提及的各种法律、法规、规章、制度、标准等全部文件均明确知悉其内容，对于本协议中涉及的甲方内部的各种规章制度、管理办法、施工组织文件等全部提及的文件，均已经从甲方处得到并已经认真阅读，对其中的全部内容明确知晓。

第九条 其他约定

本协议一式_____份，均具有同等法律效力，甲方执_____份，乙方执_____份。

第十条 有效期

本施工安全协议之有效期同分包合同。

第十一条 附件

附件1：危险性较大工程范围。

附件2：超过一定规模的危险性较大工程范围。

（以下无正文）

甲方：（公章） 乙方：（公章）

法定代表人或其委托代理人： 法定代表人或其委托代理人：
（签字） （签字）

统一社会信用代码：_____ 统一社会信用代码：_____
地址：_____ 地址：_____
电话：_____ 电话：_____
电子信箱：_____ 电子信箱：_____
开户银行：_____ 开户银行：_____
账号：_____ 账号：_____

附件1 危险性较大的工程范围

（本书略）

附件2 超过一定规模的危险性较大工程范围

（本书略）

附　　录

为方便使用，特搜集权威机构发布的合同示范文本、保函等资料，读者可扫码下载。目录如下（后续新发布示范文本将在数字资源中同步）：

1.《建设工程施工合同（示范文本）》（GF—2017—0201）
2.《建设项目工程总承包合同（示范文本）》
3.《建设工程监理合同（示范文本）》（GF—2012—0202）
4.《建设工程造价咨询合同（示范文本）》（GF—2015—0212）
5.《工程建设项目招标代理合同（示范文本）》
6.《建设工程勘察合同（示范文本）》
7.《建设工程设计合同示范文本（房屋建筑工程）》（GF—2015—0209）
8.《建设工程设计合同示范文本（专业建设工程）》（GF—2015—0210）
9.《建筑工人简易劳动合同（示范文本）》
10.《商品房买卖合同（示范文本）》
11.《全过程工程咨询服务合同（示范文本）》（征求意见稿）
12.《城市管理行政执法文书（示范文本）》（试行）
13.《施工图审查机构认定流程框图及示范文本》
14.《施工图审查流程框图及示范文本》
15.《房屋建筑和市政基础设施项目工程建设全过程咨询服务合同（示范文本）》
16.《履约保函（示范文本）》（独立保函）
17.《履约保函（示范文本）》（非独立保函）
18.《投标保函（示范文本）》（独立保函）
19.《投标保函（示范文本）》（非独立保函）
20.《预付款保函（示范文本）》（独立保函）
21.《预付款保函（示范文本）》（非独立保函）
22.《支付保函（示范文本）》（独立保函）
23.《支付保函（示范文本）》（非独立保函）

（数字资源兑按方式见封三）